普通高等教育“十一五”国家级规划教材
科学出版社“十四五”普通高等教育本科规划教材

无机化学

(第三版)

主编　张寿春　刘又年
副主编　肖　亮　王曼娟　陈　述

科学出版社
北京

内 容 简 介

本书为普通高等教育“十一五”国家级规划教材。全书共 23 章，涵盖了物质结构基础、化学反应原理和无机元素化学三个模块的内容。在保持了前两版的特色和风格的基础上，本书在内容组织与编排等方面进行了改革，如将与本书配套的“无机化学”在线开放课程(MOOC)的教学视频以及章导学、动画、拓展阅读等内容以数字资源形态呈现，读者可直接扫描二维码进行学习。本书在强化基础的同时，注重将与课程内容相关的前沿科学、生产实践应用以及课程思政元素融入教材中。

本书可作为高等学校化学、化工、制药、材料、生物、冶金、矿物、环境等专业本科生的无机化学课程教材，也可供从事相关研究的科研技术人员参考。

图书在版编目（CIP）数据

无机化学 / 张寿春，刘又年主编. —3 版. —北京：科学出版社，2024.6

普通高等教育“十一五”国家级规划教材　科学出版社“十四五”普通高等教育本科规划教材

ISBN 978-7-03-078474-2

Ⅰ. ①无…　Ⅱ. ①张…　②刘…　Ⅲ. ①无机化学-高等学校-教材　Ⅳ. ①O61

中国国家版本馆 CIP 数据核字（2024）第 087787 号

责任编辑：侯晓敏　陈雅娴　张　莉 / 责任校对：杨　赛

责任印制：赵　博 / 封面设计：无极书装

科学出版社 出版

北京东黄城根北街 16 号

邮政编码：100717

http://www.sciencep.com

天津市新科印刷有限公司印刷

科学出版社发行　各地新华书店经销

*

2007 年 8 月第　一　版　开本：787×1092　1/16

2013 年 8 月第　二　版　印张：42 1/2　插页：1

2024 年 6 月第　三　版　2025 年 8 月第二十六次印刷

字数：1146 000

定价：128.00 元

（如有印装质量问题，我社负责调换）

第三版前言

教育是国之大计、党之大计。教育、科技、人才是全面建设社会主义现代化国家的基础性、战略性支撑。教材建设与改革是全面提高教学质量、培养拔尖创新人才的核心要素和重要基础。随着信息化水平的提升和以“线上线下混合式教学”为标志的数智化教育教学改革的不断推进，高等教育的教学模式和大学生的学习方式已经发生了巨大变化。与此同时，无机化学学科也在快速发展，这些都给无机化学教材的建设与改革带来了新的挑战和机遇。

本书为普通高等教育“十一五”国家级规划教材，第一、二版收到了良好的教学效果，并受到了广大师生的好评，对课程建设也起到了很好的推动作用。以本书为基础的中南大学“无机化学”课程分别于 2007 年、2016 年和 2023 年被评为或认定为“国家精品课程”、“国家级精品资源共享课”和“国家级(线上)一流本科课程”。本次改版，编者以第二版教材为基础，召开了多次教材建设研讨会，并经过两年的努力，对第二版进行了较大幅度的修订和完善。主要特色如下：

(1) 升级为新形态教材。将纸质教材与数字资源相融合，其中慕课视频、章导学、动画、拓展阅读等内容以数字化资源形态呈现，读者扫描二维码即能快捷地阅读相应学习资源，既方便了读者学习，也极大地丰富了学习内容。读者还可登录网页 https://www.icourse163.org/course/CSU-1206635811，学习和观看与本书配套的中南大学无机化学在线开放课程。

(2) 改革教材编排形式。纸质教材采用双栏格式，主栏为正文内容和部分拓展阅读，副栏为数字化资源二维码、思考题和部分拓展阅读。同时采用双色印刷，改善了视觉效果，突出了重点内容。

(3) 调整了部分章节顺序，重组了部分内容，修订了部分习题。全书分为三大模块，即物质结构基础、化学反应原理和无机元素化学。物质结构基础模块调整到了第一部分，包括 4 章，重点讲述原子结构、分子结构、固体结构和配位化学基础；化学反应原理模块调整为第二部分，包括 7 章，重点讲述气体、化学热力学和化学动力学基础、各类化学平衡及电化学基础；无机元素化学模块为第三部分，包括 11 章，重点讲述主族元素与过渡元素的性质和特点。在教材内容上，增加了“相”的概念及描述；调整了“化学热力学基础”一章的部分内容，同时将原来一些比较复杂的热力学公式推导进行了精简；对化学反应速率的表示方法进行了新的编排；在杂化轨道理论和价层电子对互斥理论的介绍中，增加了实例，图文结合，描述更清晰；对离域 π 键的内容进行了修订，稍微深化了与分子轨道理论的联系，补充了一些实例；“固体结构”一章加强了对准晶体的描述；将配位平衡调整到了化学原理模块中讲述，更有利于学生对四大化学平衡的理解和掌握；更新了无机元素化学模块部分章节的内容，删减了一些较简单的化学反应和方程式，适当增强了对物质结构的描述，同时注重将“结构决定性质，性质反映结构”的辩证思想贯穿到无机元素化学模块的内容编写中，注重物质结构和化学原理基础知识在无机元素化学中的应用，培养学生理论联系实际的科学态度和创新思维。章末尾的习题删除了填空题和选择题两种题型，对其他题目进行了部分更新。此外，重新核对本书的附录及全书的数据，并对部分数据进行了完善。

(4) 突出“以学生的学习需求为中心”的理念，增设了一些新的板块。例如，设立“章导学”板块，便于学生开展预习以及课后复习；设立“思考题”板块，每一章精心设计若干个思考题，置于正文相应知识点旁边的副栏，引导学生及时巩固所学知识点；设立“物质鉴定”板块，将各章中一些物质鉴定的方法及反应方程式单独列出，便于学生学习掌握；设立“拓展知识”板块，将与课程内容密切关联且深度上稍有加强的知识、与课程内容相关的科技前沿、某些知识点在生产与生活实践中的应用等方面的内容提炼为拓展知识置于正文或副栏；章末设立“化学史话”和“拓展阅读”板块，激发学生学习兴趣，拓展学生视野；此外，将一些较为抽象的重要知识点设计成动画，以二维码形式置于副栏。

本书仍是一项集体研究的成果，由中南大学、武汉理工大学、重庆大学、东北大学、北京科技大学和湖南科技大学 6 校合编，主编单位为中南大学。本书由张寿春、刘又年担任主编，肖亮、王曼娟和陈述担任副主编，张寿春负责全书的统筹协调。主要审稿工作由张寿春、肖亮、王曼娟、王一凡等完成。校对工作由全体编者承担。编者分工如下：中南大学刘又年(绪论、第 13 章)、东北大学桑晓光(第 1、18 章)、中南大学王一凡(第 2 章，第 6 章第一作者)、中南大学王曼娟(第 3、9、10 章)、中南大学张寿春(第 4、12、22 章、第 6 章第二作者)、中南大学刘绍乾(第 5 章)、湖南科技大学袁华(第 7 章)、北京科技大学王明文(第 8、19 章)、湖南科技大学陈述与郝远强(第 11 章)、武汉理工大学汪辰(第 14 章)、重庆大学张云怀与周明(第 15 章)、重庆大学余丹梅(第 16 章)、中南大学易小艺(第 17 章)、中南大学钱频(第 20 章)、武汉理工大学肖亮(第 21 章)。

在本书编写过程中得到了科学出版社的大力支持，中南大学本科生院、化学化工学院也给予了课题资助，特别是中南大学无机化学国家级一流本科课程团队(负责人：张寿春)为本书提供了由张寿春、刘又年、王一凡、古映莹、王曼娟、钱频等老师录制的全套慕课视频。此外，原第二版副主编雷家珩、王林山，以及编者蔡铁军、杨光正、邓建成、关鲁雄、古映莹、曾小玲、周建良等老师由于年龄问题，主动退出第三版教材编写组，但仍参与第三版教材编写相关讨论会，对教材的编写提出了非常宝贵的意见；另外，原第二版在使用过程中，广大师生提出了许多意见和建议；本书采用的很多素材来自国内外各种无机化学相关的教材、专著和学术论文等。在此，对他们为本书出版提供的帮助一并表示崇高的敬意和衷心的感谢！

虽经反复讨论修订，但由于编者的水平有限，书中疏漏和不足仍难避免，恳请广大读者批评指正。

编　者

2024 年 1 月于长沙

第一版序

化学起源于古代人类的生产实践，而社会生产力的不断发展促进了工农业生产，从而推动了化学的发展。但是，从化学的起源发展到化学成为一门科学(或称为近代化学)，却经历了漫长的时间。一般认为，近代化学萌芽于17世纪。1661年，波义耳(Robert Boyle)发表了他的名著《怀疑派的化学家》，在该书中他首次给“元素”以科学的定义，开始将化学引导到科学的基础上进行研究。1777年，拉瓦锡(Antoine Laurent Lavoisier) 以论文的形式提出燃烧的氧化学说并得到普遍承认，这个学说使一大类化学现象得到科学的理解。19世纪初，道尔顿(JohnDalton)提出了原子学说，并且经阿伏伽德罗(Amedeo Avogadro)等发展成为原子分子学说，从1860年开始被化学家广泛接受。原子学说明显地促进了化学科学的建立。原子学说成为化学发展中的一个里程碑，“化学中的新时代是从原子学说开始的(所以近代化学的始祖是道尔顿)”(恩格斯《自然辩证法》)。20世纪初开始建立的量子力学对化学的影响，使近代化学基本定型。

由于化学的日益发展，其内容也日益丰富。近代化学被分为无机化学、分析化学、有机化学和物理化学四大分支，以更便于研究和学习。20世纪60年代以来，随着计算机技术、现代物理方法以及各种先进测试手段的广泛应用，化学学科的发展更加迅速和深入，研究领域大为扩展，与相邻学科之间的关系也发生了某些变化。化学学科已成为科学的中坚，被誉为“21世纪的中心科学”之一。

无机化学是化学领域中发展最早的一个分支，最近几十年来这门学科发展很快，无论研究的深度还是广度都令世人瞩目。人类生存与繁衍的三大要素(粮食、环境和资源)以及作为现代文明支柱的三大学科(能源、信息和材料)都与现代的无机化学密切相关。因此，不仅在化学类各专业中需要进行无机化学教学，而且在某些与现代化学相关的学科的工程技术人才培养中无机化学也具有毋庸置疑的重要性。

教材是知识传授和能力培养的一种“工具”。教材建设是教学改革的重要环节，编写的教材中应包括教改成果。中南大学黄可龙教授邀约东北大学、北京科技大学、重庆大学、武汉理工大学、湘潭大学、湖南科技大学的无机化学骨干教师联合编写《无机化学》，通过编者相互交流、取长补短，充分利用他们在无机化学教学与科研第一线的丰富经验，发挥其聪明才智，有利于编写出符合创新人才培养目标和具有时代气息的优秀教材。

综观全书，我认为该书无论在知识的深度还是广度上都达到了一种新的水平，结构安排和编写方法颇具特色，突出反映了各位编者多年积累的教学经验和各高校的教学改革新成果，体现出“交流、合作、共享”的优越性。

作为一名已经进入耄耋之年的退休已久的无机化学教师，在该书即将出版发行之际，我高兴地向编写组的全体老师表示衷心的祝贺!我相信，通过该书的编写、出版和推广使用，将进一步促进各校无机化学教学质量的稳步提高和教学改革的深入发展!多年来我国高等教育工作者所形成的严谨治学的优良传统-定能够代代相传、发扬光大!

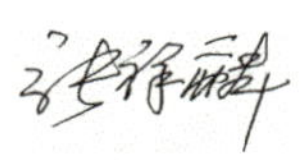

2007年7月于中南大学云麓园

第一版前言

无机化学课程是其他化学课程的先导和重要基础，在现代化学和工程技术人才培养中具有无可争议的重要性。随着科学技术的日新月异，计算机技术、现代物理方法以及各种波谱技术的广泛应用，无机化学的研究领域，无论在深度还是在广度上都发生了前所未有的变化，其成果无论是在新物种合成还是在高科技新材料应用方面都令人耳目一新。改革创新是时代的主旋律，也是本书编写的指导思想，根据应用化学等专业的培养目标，本书在阐述无机化学的基本原理、基本知识、基本方法和基本技能的同时，着重反映 21 世纪理工科无机化学教学和学科的发展，力求加强学生科学精神和创新能力的培养。

本书的作者均为相关高校长期工作在无机化学教学与科研第一线的骨干教师，本书融入了各位作者多年来的教学经验和各高校的教学改革成果以及科学研究成果，选材恰当、语言简洁、循序渐进。书中穿插有化学家史话、化学史话、化学新知识和思考题，有利于素质教育和启迪学生的创新思维；其中重要的化学名词标有英文，章末的本章小结为中英文对照，有利于学生掌握重点和提高专业英语水平；章后配有足量的习题，部分习题参考答案统一列在书后；附录列出了无机化学常用数据附表；主要参考书目便于学生自学和扩充知识。本书的编写体现出“科学性、系统性、先进性、启发性和可读性”的鲜明特点。

本书是一项集体研究成果，被列为“普通高等教育‘十一五’国家级规划教材”，由东北大学、北京科技大学、重庆大学、武汉理工大学、湘潭大学、湖南科技大学和中南大学等七校合编，主编单位为中南大学。本书由黄可龙担任主编并统稿，雷家珩、王林山担任副主编，编者分工如下：黄可龙教授(第 1、23 章)、刘绍乾副教授(第 2 章)、王一凡副教授(第 3 章)、蔡铁军教授(第 4、8 章)、王明文副教授(第 5、20 章)、古映莹教授(第 6、7 章)、关鲁雄教授(第 9、12 章)、杨光正副教授和雷家珩教授(第 10、11 章)、邓建成教授(第 13、14 章)、曾小玲副教授(第 15 章)、张云怀副教授(第 16 章)、余丹梅博士(第 17 章)、王林山教授(第 18、19 章)和刘又年教授(第 21、22 章)。此外，关鲁雄、古映莹教授负责全书审稿，刘又年教授、刘绍乾副教授负责全书的英文审校，王一凡副教授负责教材编写的组织协调，王一凡、曾小玲副教授分别负责教材理论化学和元素化学部分的校订工作。在编写过程中，科学出版社高等教育出版中心杨向萍老师提出了许多宝贵意见，此外还得到中南大学教务处和化学化工学院、东北大学无机化学教研室、湖南科技大学化学化工学院等许多老师的关心和帮助，在此一并表示感谢!

由于编者水平有限，加之时间仓促，书中错误在所难免，望读者批评指正。

编　者

2007 年 4 月

目　录

第 3 章　固体结构 / 83

第 4 章　配位化学基础 / 125

第 5 章　气体 / 161

第 6 章 化学热力学基础 / 180

第 7 章 化学动力学基础 / 214

第 8 章 化学平衡原理 / 243

第 9 章 酸碱平衡与配位平衡 / 261

第 10 章 沉淀溶解平衡 / 299

第 11 章 电化学基础 / 321

第 12 章 氢和稀有气体 / 362

第 13 章 碱金属和碱土金属 / 373

第 14 章 卤素 / 393

第 15 章 氧族元素 / 417

第 16 章　氮族元素 / 447

第 17 章　碳族元素 / 475

第 18 章　硼族元素 / 499

第 19 章 过渡元素（Ⅰ）/ 527

第 20 章 过渡元素（Ⅱ）/ 574

第 21 章 铜副族和锌副族元素 / 599

第 22 章 镧系元素和锕系元素 / 626

主要参考书目 /640

附录 /641

本书资源使用说明

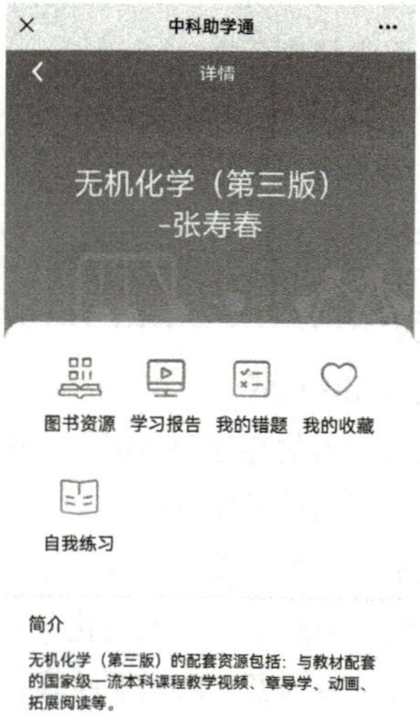

读者购买正版教材，可获取本书配套资源，使用说明如下：

(1) 刮开封四激活码的涂层，微信扫描二维码，根据提示，注册并登录“中科助学通”，激活本书的配套资源。

(2) 激活配套资源后，有两种方式可以查看本书配套资源：一是扫描书中二维码，即可查看对应资源；二是关注“中科助学通”微信公众号，点击页面底端“开始学习”，选择“无机化学(第三版)”科目，并点击“图书资源”，即可查看本书所有的资源列表。

第0章　绪　论

0.1　化学是一门中心科学

化学是一门在原子和分子水平上研究物质的组成、结构、性质及其相互作用和变化规律的科学。化学作为自然科学中的核心基础科学，涉及物理、生物、地理、生态、医学等学科的方方面面，因此被称为中心科学(central science)。化学具有探索自然、创造新物质的本性，在人类文明的萌芽、形成及发展中起着不可或缺的作用，更是推动了现代文明的突飞猛进。同时，人类对未知世界不断的探索，以及对健康和高品质生活质量的无限追求，成为驱动化学快速发展的原动力。

0.1.1　化学的主要特征

化学是研究包括原子、分子、分子片、超分子等各种物质的不同层次与不同复杂程度的合成和制备、反应和转化、分离和分析、结构和形态、化学物理性能和生物与生理活性及其规律和应用的科学。因此，与其他学科相比，化学的主要特征是创造新物质和以实验为基础。

化学是认识和创造新物质的科学。人们通过研究物质的变化，创造了新分子、新化合物，继而制备出具有特殊性质的新材料。化学元素周期表中有100多种元素，以这些元素为基础，自19世纪末以来，人们以惊人的速度发现和创造了众多新化合物。没有其他的自然科学能像化学这样制造出如此多的新物质。这些新物质成为当今人类社会赖以生存的物质宝库，已经或正在满足着人们日益增长的物质需求，以及包括经济、文化、科技、教育在内的社会需求。

化学是一门以实验为基础的科学。化学起源于人类的生产劳动。例如，我国古代在冶炼、染色、制盐、酿造、造纸、火药及炼丹术等方面的发展直接推动了化学的发展。同时，化学也促进了上述行业的进步。

0.1.2　化学的发展简史

chemistry(化学)是从拉丁文chemia转化而来，最初可能来自埃及古字chemi，语意为“黑土”。与其他自然科学类似，化学伴随着人类的诞生而出现。钻木取火、用火烧煮食物、烧制陶器、冶炼青铜器和铁器都是化学技术的应用，极大地促进了当时社会生产力的发展，成为人类文明进步的标志。现在化学作为一门中心科学，仍然在科学技术和社会生活的方方面面起着巨大的作用。

1. 化学的前奏

作为人类文明的起点，火的利用开启了人类利用化学技术的大门，随后冶金术的兴起、火药和造纸技术及炼丹术与炼金术的发展，进一步为化学科学的发展奠定了基础。

2. 化学科学的诞生

尽管炼丹术、炼金术和医药化学对近代化学的产生有不容置疑的贡献，但它们的研究目的多属于实用性质。直到17世纪，化学还不能称为一门真正意义上的科学。英国科学家波义耳(R. Boyle，1627—1691)是“把化学确立为科学”(恩格斯语)的第一人，因此被誉为“化学之父”(墓碑语)。波义耳的名言“化学不是为了炼金，也不是为了治病，它应当从炼金术和医学中分离出来，成为一门独立的科学”，“空谈毫无用途，一切来自实验”，使化学成为一门真正的科学，一门以实验为基础的科学。

3. 化学的第二次革命

随后法国科学家拉瓦锡(A. de Lavoisier，1743—1794)于 1777 年发表了《燃烧概论》，系统阐述了燃烧的氧化学说；1789 年出版《化学基本论述》，揭开了困惑人类几千年的燃烧之谜，以批判统治化学界近百年的“燃素说”为标志，发动了第二次化学革命。因此，拉瓦锡被誉为“现代化学之父”。拉瓦锡首次给元素下了一个科学的定义：“元素是用任何方法都不能再分解的简单物质”，并列出了当时符合这个定义的包括 33 种物质的元素表。

4. 化学的第三次革命

道尔顿(J. Dalton，1766—1844，英国)于1803年创立化学原子论，该理论揭示了各种化学定律、化学现象的内在联系，成为说明化学现象的统一理论。他在1807年发表的《化学哲学新体系》，全面阐述了化学原子论的思想，完成了化学领域内一次极为重大的理论综合。

5. 现代化学的兴起

19世纪末，物理学有三大发现，即X射线、放射性和电子。这些新发现猛烈地冲击了道尔顿关于原子不可分割的观念，从而打开了原子和原子核内部结构的大门，揭露了微观世界中更深层次的奥秘。1930年，美国科学家鲍林(L. Pauling，1901—1994)将量子力学处理氢分子的成果推广到多种单质和化合物中，建立了价键理论，阐明了共价键的方向性和饱和性。此后，鲍林又提出杂化轨道理论，还提出了电负性、键参数、杂化、共振、氢键等概念，从理论上将化学提高到了一个新的水平，并将化学结构理论引入生物大分子结构研究，提出了蛋白质分子多肽链的螺旋结构。鲍林于1954年获诺贝尔化学奖，于1962年获诺贝尔和平奖，被誉为现代化学奠基人之一，是量子化学和结构生物学的先驱者之一。

0.1.3 化学的发展面临的挑战

进入21世纪以来，信息技术、材料科学及生物医学等学科的迅速发展，对化学这门基础学科提出新的挑战。限于篇幅及作者的学识，仅在下列几个方面进行简述，感兴趣的读者可参阅有关专著。

1. 材料科学中的基本化学问题

(1) 从分子结构出发，探讨分子聚集体高级结构及其所形成的材料结构与理化性能和功能之间的关系，特别是定量关系。

(2) 合成功能分子与构筑高级结构的理论和方法。

(3) 分子器件研究。

(4) 仿生材料研究。

(5) 智能材料研究等。

2. 实现可持续发展的基本化学问题

可持续发展基本战略包含保证人类生存、生存质量和生存安全三方面的内容。可持续发展的主要化学基础问题是：

(1) 改变传统化学合成路线和工艺路线，包括使用环境友好的原料、介质和反应条件及引入原子经济性，使其成为保证人类可持续发展并与生态环境协调发展的洁净、节能、节约的生产方式。

(2) 研发环境友好的、对人类和生物无害的化学品，替代现在使用的有害化学品。

(3) 将二氧化碳捕集后通过化学方法将其转化为化工产品，从而实现“碳中和”。

(4) 用化学的方法直接产生人类生产、生活所需要的清洁能源，以及通过化学方法实现能源的高效储存和利用等。

3. 生命科学中的基本化学问题

(1) 生物大分子之间、生物大分子与小分子之间的各种相互作用的规律。

(2) 关于生物体系的多层次结构(特别是分子以上细胞以下的高级结构)与功能的关系。

(3) 生命体系复杂过程的化学研究。

21世纪，化学学科飞速发展，与其他学科的相互渗透也越来越深入。更多的化学工作者投身到研究生命、材料和能源的队伍中，并在化学与生物、化学与材料、化学与能源等的交叉领域大有作为。化学必将为解决基因组工程、蛋白质组工程中的问题，以及理解大脑的功能和记忆的本质等重大科学问题等方面做出巨大的贡献。

化学的发展已经、并将会进一步带动和促进其他相关学科的发展，同时其他学科的发展和技术的进步会反过来推动化学本身不断前进。例如，研究单分子中的电子转移过程与能量传递过程，探讨分子间的作用力和电子的运动，描述相关现象的慢过程、跟踪超快过程等。这些研究将有助于化学工作者不断地汲取数学、物理学和其他学科中的新理论和新方法，在更深层次揭示物质的性质及物质变化的规律。面对社会发展的新需求、新技术和新科学的召唤，化学的用武之地将更加广泛，其中心科学的作用将更加突出。

0.2 无机化学简介

化学科学发展至今，从波义耳时代算起已近400年历史，形成了许多分支。传统上化学可分为无机化学、有机化学、物理化学和分析化学，即“四大化学”。但随着现代科学技术的发展，以及学科的融合交叉等，衍生出许多新的交叉学科，如生物化学、高分子化学、材料化学、地球化学、海洋化学、大气化学、环境化学、宇宙化学和核化学等。

无机化学是研究无机物质的组成、性质、结构和反应的科学。无机物质包括除有机化合物以外的所有元素及其化合物，因此无机化学的研究范围极其广泛。化学中最重要的一些概念和规律，如元素、分子、化合、分解、定比定律和元素周期律等，都是在无机化学早期发展过程中发现和形成的。目前无机化学仍是化学科学中最基础的部分。它研究的对象涵盖整个周期表中的元素，研究的结构类型多种多样，研究的化学键类型复杂多变；另外，涉及化学根本问题的规律及理论也大多是由无机化学衍生的。正是由于无机化合物的多样性，衍生了其系列的重要应用。

0.2.1 无机化学的现代特征

无机化学最早的研究对象是矿物和无机物。到 15 世纪后期，人们逐渐积累了较多的无机化学知识，开始形成有联系的、渐成体系的倾向。今天，无机化学将构筑分子与固体之间的多层次桥梁通道，打通微观、介观、宏观的界限，打破化学家合成高纯化合物和电子学家制造芯片与器件的分工。配位化学、金属有机化学、生物无机化学和无机固体化学等分支取得的重要进展，又推动着无机化学向前发展。它的发展具有如下特点：从宏观到微观，从定性描述到定量分析，既分化又综合，并出现许多交叉学科。

0.2.2 无机化学的研究领域

无机化学的发展显示了两个方面的趋势。其一，学科领域更为宽广，无机化学与有机化学、物理化学、高分子化学及生物化学等交叉，形成了物理无机化学、元素无机化学、固体无机化学、金属有机化学、生物无机化学、配位化学等新的学科领域。其二，研究方法更为先进，更加重视物理学的实验技术和理论，结合化学的实验方法、量子化学理论方法、理论计算模拟实验及化学信息学方法，对分子、簇合物、超分子、纳米结构、分子聚集体等不同层次的物质结构进行更深入的研究。

1. 元素无机化学

各种元素及其化合物的化学合成、反应、性质及应用的研究是无机化学最基础的工作。主族元素金属有机化合物作为材料合成的前驱体为新材料的设计提供了全新的策略。稀土元素固体化学研究的重点是激光、发光、高密度存储、永磁、能源和传感等有广泛应用前景的领域。过渡金属元素的多酸化学是丰产元素化学传统的研究领域。近年来，杂多酸由于其在催化、生物、离子交换及其他功能材料方面的应用，成为当前热门领域之一。稀土元素化学主要集中在具有特殊性质的合金及无机盐、金属有机化合物等的合成、性质、状态、结构及应用工作。

2. 固体无机化学

固体无机化学当前的发展趋势主要表现在两个方面：一是新型固体化合物的设计和合成，二是新的化学和物理制备方法。化学工作者掌握了精湛的化学反应实验技巧及对于复杂物质结构和成键的深刻理解，开发出新的化学和物理制备方法，并且通过分子设计和剪裁，研发出各种新型的功能材料。例如，采用超高温、超低温、超高压、强超声、辐射、等离子体、强激光、超高真空等极端条件，制备出具有特定形态、特殊结构及满足特殊要求的化合物，并将其发展成为功能材料和器件。

3. 配位化学

自 1892 年维尔纳(A. Werner)提出配位化学的概念以来，配位化学始终是无机化学研究的主流，并产生了系列理论，如杂化轨道理论、分子轨道理论、晶体场-配位场理论、前线轨道理论、轨道对称性守恒原理等。以配位化学键为特点的金属配位化学，其花样繁多的价键形式和空间结构及金属配合物的特殊性能使得其在实际生产和新技术开发等方面与物理化学、有机化学、生物化学、化工催化和环境科学等相互渗透，已成为众多学科领域的交叉研究热点。

4. 生物无机化学

自 20 世纪 60 年代以来，无机化学和生物学交叉逐渐形成了一门新的学科——生物无机化学。它研究金属离子和生物分子结合、反应及其性质及机理等方面的内容。生物无机化学的兴起有助于人们对生命现象的了解，同时对生物技术的发展起着重要的基础作用。在生物无机化学中采取模拟生物或天然酶和金属蛋白等方法进行研究，在电子传递、金属离子与蛋白质或 DNA 的相互作用和生物矿化等方面显示了对基本的生物无机反应进行共性研究的重要性。此外，运用生物无机化学原理解释微量元素与人类健康的关系，为研发新型药物提供理论支撑。

5. 物理无机化学

无机化学发展的一个重要标志是广泛应用物理的理论和方法指导无机化学合成，并对所合成物质的结构、性能和反应等进行表征。这就是物理无机化学研究的重要范畴。20 世纪 70 年代以来，人们采用量子力学方法定量研究比较复杂的模型体系中的微观粒子运动问题。簇合物分子的稳定性，f 轨道是否参与成键，结构“异常”或有张力分子的电子结构和成键方式等问题是化学工作者感兴趣的研究课题。除简单的反应过程以外，用仪器观察反应过程或途径目前仍然非常困难。量子化学理论和计算方法的发展，提供了反应途径的信息。光谱学方法、模式识别方法用于新材料的合成、预测等也是开展研究的重要方面。

0.3 如何学好无机化学

化学是一门中心科学，无机化学是其重要的分支。作为一门重要的基础课，如何深入学习并掌握其基础理论和基本概念，从而在学习已知有关知识原理的基础上创新性地思维、创造性地学习是十分重要的。

无机化学涵盖内容广，知识更新快，且与其他学科纵横交叉。在学习中，要注重研究科学基本问题与解决实际问题相结合、学科的自身发展和与相关学科的融合发展相结合、利用传统学习方法与借助信息技术相结合。要针对人类健康和生产生活中所遇到的自然现象和热门问题进行知识原理的学习、研究方法的掌握和前沿热点的跟踪。无机化学是化学及相关专业的重要基础课，具有承前启后的作用。在学习中应注意和处理好如下的关系。

1. 课程学习与创新思维的关系

无机化学中有许多化学反应、理论体系、原理方法等，这些都建立在已知的基础上，然而还有许多未知领域。在课程学习过程中，既要掌握已知的概念理论，又要探知未知领域，这样才能培养科学的想象力、学习的兴趣和好奇心，从而不断求索和创新。

2. 理论学习和实验的关系

无机化学设有理论课和实验课。理论课与实验课是一个有机整体，相互补充完善。在学习中，实验可以增进对理论知识的感性认识，而理论可以加深对感性认识的理解。

3. 现有课程与后续课程的关系

无机化学涉及面广，有关内容已经涉及后续课程，如物理化学、有机化学、分析化学等。无机化学既不是中学化学的简单重复，也不能代替后续的课程。它注重对有关物理意义的理解，应用有关概念和理论说明元素和化合物的性质及相关的问题。

4. 化学原理与元素化学的关系

元素和化合物的性质是无机化学的重要组成部分，将每种化合物的性质和结构联系起来，并从理论上加以理解是其困难所在。无机物质的客观属性可以用不同的概念理论加以解释或用不同的方法加以处理，如近代共价键理论就有价键理论和分子轨道理论等，而这两种理论中也有多种处理方法，如价键理论中的杂化轨道和共振等。这在无机化学的学习中需要特别注意。

无机化学是一门充满活力和生机的学科。兴趣是最好的老师，我们要学会享受无机化学的美妙之处，学好无机化学，为将来的专业学习打好坚实的基础。

拓展阅读

(中南大学　　刘又年　吴淋琳)

第1章 原子结构

第1章　导学

构成物质的基本微观粒子主要有原子、分子和离子，研究这些微观粒子的结构及如何构成物质是物质结构的基本内容。探讨原子的特征，特别是原子中电子的运动状态及规律，以及原子结构与元素周期表的关系是本章将要重点解决的问题。我们将抛弃经典物理学的方法，从全新的角度来认识微观体系，探讨其规律。

1.1 原子的组成及微观粒子的基本特征

1.1.1 原子组成微粒及其相互关系

教学视频
原子结构模型

从公元前5世纪至公元19世纪，人们一直认为，原子是组成宇宙万物的最微小、最坚硬、不可入、不可分的物质粒子。1897年，英国物理学家汤姆逊(J. J. Thomson)通过阴极射线实验发现了电子(electron)。在电中性的原子中存在着带负电荷的电子，这说明原子中一定还存在着带正电荷的物质，从而打破了关于原子不可分的禁锢。1909年，美国科学家密立根(R. A. Millikan)设计了精巧的油滴实验，测出了电子的电荷量。1911年，英国科学家卢瑟福(E. Rutherford)通过α粒子散射实验发现了原子核(atomic nucleus)，并建立了原子结构的“行星式模型”。1920年，卢瑟福根据α粒子散射实验结果提出了质子(proton)的概念，预言了中子(neutron)的存在。1932年，英国物理学家查德威克(J. Chadwick)在原子中发现了不带电的中子。至此，人类对原子的组成才有了比较完整的认识：原子由原子核与核外电子组成，原子核又由质子与中子组成。

组成原子的微粒之间在电荷、质量和体积等方面存在如下的关系：每个质子带有1个正电荷，每个电子带有1个负电荷，而中子不带电；由于整个原子呈电中性，所以核外电子数恰好等于核内的质子数，并等于原子序数；中子的质量与质子的质量相当，而电子的质量仅为质子(或中子)质量的1/1840，所以原子质量的99.9%以上都集中在原子核；但是原子核的体积仅约占原子总体积的$1/10^{13}$，这使得其密度高达约$1\times10^{13}\text{g}\cdot\text{cm}^{-3}$，意味着原子核内蕴藏着巨大的潜能，原子的种类和性质主要取决于原子核。

在化学反应中原子核并不发生变化，而只涉及核外电子的变化，所以我们更关心核外电子的分布情况及其能量状态。核外电子属于微观粒子，由于其质量极微(9.1×10^{-31}kg)、运动范围极小(原子的半径约为10^{-10}m)，而运动速度极高(约为 $10^8 m \cdot s^{-1}$)，因此具有完全不同于宏观物体的两大基本特征，即量子化与波粒二象性。

1.1.2 微观粒子的量子化特征

1. 普朗克的量子假说

根据物理量连续变化的传统观念，人们无法圆满解释黑体辐射实验曲线。为此，1900 年普朗克(M. Planck)首次提出了微观粒子具有量子化特征的假说。微观粒子的量子化特征是指：如果某一物理量的变化是不连续的，而是以某一最小单位做跳跃式的增减，这一物理量就是量子化(quantized)的，其变化的最小单位就称为这一物理量的量子(quantum)。

微观粒子量子化的第一个实例是能量量子化。在黑体辐射过程中，辐射能的变化 E_n 不连续，而是以能量的最小单元 E 的整数倍变化：

$$E_n = n \cdot E \qquad n = 1, 2, 3, \cdots, \text{正整数} \tag{1-1}$$

最小能量单元 E 称为(能)量子。它是一个光子的能量并与光的频率(ν)成正比，又称为光量子：

$$E = h\nu \tag{1-2}$$

式中，h 为普朗克常量，其值为 $6.626 \times 10^{-34} J \cdot s$。

微观粒子量子化的第二个实例是电荷量子化。在原子的电离过程中，电荷的变化不连续，以电子电量的整数倍变化，一个电子的电荷就是电荷量子化的量子。

普朗克的量子假说否定了“一切自然过程都是连续的”这一观点，成为“20 世纪整个物理学研究的基础”(爱因斯坦)。玻尔在解释氢原子光谱的实验结果时引入了量子化的概念，这是量子假说成功应用的一个典范。

2. 氢原子光谱实验与玻尔理论

当原子被电火花、电弧、火焰或其他方法激发时，能够发射出一系列具有一定频率(或波长)的光谱线，这些光谱线就构成了原子光谱。氢原子是最简单的原子，所以氢原子的光谱线是最简单的光谱线。氢原子光谱实验能反映原子内部结构和电子的能量状况，成为人类探索原子结构的一个重要窗口。由于受到传统观念的束缚，以前人们认为氢原子核外电子的能量是连续变化的，由核外电子跃迁而产生的氢原子光谱也应该是连续光谱(称为带状光谱)。然而令科学家大惑不解的是，得到的实验结果却是不连续的线状光谱[图 1-1(a)]。

1913 年，丹麦物理学家玻尔(N. H. D. Bohr)在卢瑟福原子结构的“行星式模型”基础上引入了普朗克的量子化概念，创立了玻尔理论，圆满地解释了氢原子光谱规律。

(1) 原子轨道的不连续性。玻尔理论的定态假设指出，氢原子核外电

教学视频

微观粒子的量子化特征

拓展知识

黑体是指能将入射的电磁辐射全部吸收，既没有反射，也没有透射的物体。黑体未必是黑色的物体。例如，太阳为气体星球，射向太阳的电磁辐射很难被反射回来，所以太阳可认为是一个黑体(绝对黑体是不存在的)。根据经典物理学，黑体受热时辐射的能量随着波长的减小而增大，但是黑体辐射实验结果显示，黑体辐射的能量有一个峰值，并且随着温度升高，峰值向短波方向移动。

动画
氢原子光谱实验及谱线的形成

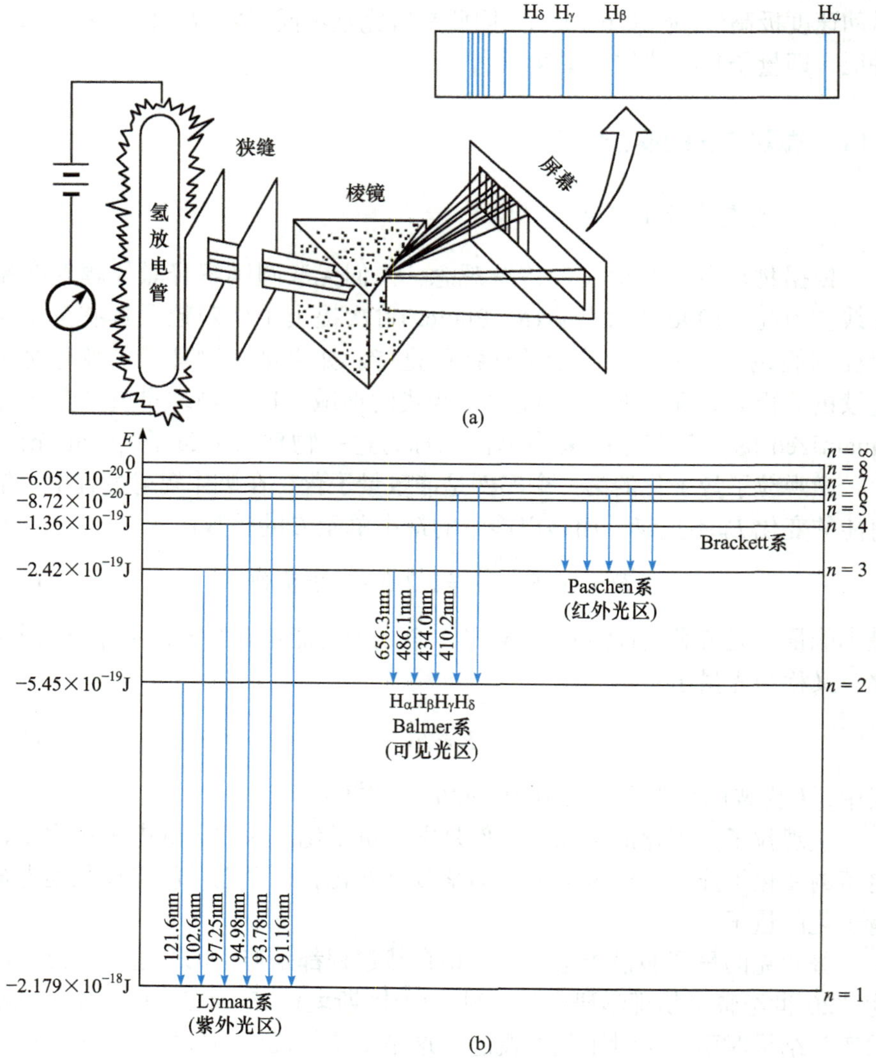

图 1-1　氢原子光谱实验及谱线的形成

子不能沿任意轨道运动，只能在具有确定半径和能量的轨道上(定态)运动，电子在定态轨道上运动时并不辐射能量。其中能量最低的定态称为基态，其他定态称为激发态。原子轨道的半径不是任意的，其规律为

$$r_n = a_0 \cdot n^2 \qquad n = 1, 2, 3, \cdots, \text{正整数} \tag{1-3}$$

式中，比例常数 $a_0 = 53\text{pm}$，称为玻尔半径。

(2) 原子轨道能量的不连续性。当电子受到激发，可以从能量低的轨道跃迁到能量高的轨道，原子轨道的能量不是任意的。氢原子基态原子轨道的能量为

$$E_n = -\frac{2.18\times10^{-18}}{n^2}(\text{J}) = -\frac{13.6}{n^2}(\text{eV}) \tag{1-4}$$

(3) 电子辐射能的不连续性。当核外电子从能量高的轨道跃迁回能量低的轨道，就会产生光辐射。由于跃迁只能在两个定态之间进行，因此电

子的辐射能是不连续的，其规律为

$$E_{辐射}=\Delta E=E_{高}-E_{低}=B\left[\left(\frac{1}{n_{低}}\right)^2-\left(\frac{1}{n_{高}}\right)^2\right]=E_{光子} \tag{1-5}$$

式中，$E_{光子}$ 为一个光子的能量。

(4) 氢原子光谱的不连续性。根据光量子的概念可知，氢原子光谱的频率(ν)、波长(λ)和波数($\bar{\nu}$)取决于电子跃迁的辐射能，既然辐射能不连续，那么原子光谱也是不连续的，其规律为

$$E_{光子}=h\nu=\frac{hc}{\lambda}=hc\bar{\nu} \tag{1-6}$$

式中，h 为普朗克常量；ν 为频率，单位为 s^{-1}；c 为光速，$c\approx 3\times10^8 m\cdot s^{-1}$；$\lambda$ 为波长，单位为 m；$\bar{\nu}$ 为波数，单位为 m^{-1}。

电子从 $n=2$、3、4、5、6 等轨道跃迁到 $n=1$ 的轨道时，分别产生了紫外光区的一系列谱线；电子从 $n=3$、4、5、6 等轨道跃迁到 $n=2$ 的轨道时，分别产生可见光区的 H_α(红线)、H_β(青线)、H_γ(蓝紫线)和 H_δ(紫线)的谱线；电子从 $n=4$、5、6 等轨道跃迁到 $n=3$ 的轨道时，分别产生红外光区的一系列谱线[图 1-1(b)]。

3. 玻尔理论的贡献与缺陷

玻尔理论对氢原子光谱实验的推测与实验结果“惊人的一致”，不仅圆满地解释了氢原子光谱实验，还为类氢离子(核外只有一个电子的体系，如 He^+、Li^{2+}、Be^{3+}等)的光谱实验所证实。玻尔理论中电子定态轨道的观点也得到了弗兰克-赫兹(Franck-Hertz)电子轰击原子实验的有力支持。因此，玻尔理论被誉为原子结构理论发展历史的里程碑。

由于历史的局限性，玻尔理论不可避免地存在一些缺陷：对于多电子原子中能量和波长的计算误差远远超出了允许的范围；无法解释氢原子光谱在精密分光镜(光栅)下的精细结构，无法解释在外磁场作用下所观察到的谱线的分裂现象，也无法解释原子为什么能稳定存在。

为此，人们不得不反思：是否是人类对电子的属性(粒子或波)尚未明了，才会导致上述的种种困惑?

1.1.3 微观粒子的波粒二象性

1. 爱因斯坦的光子学说

为了解释光电效应的实验规律，爱因斯坦(A. Einstein)在普朗克量子假说的基础上，于 1905 年提出了光子学说：可以将单色光看成是一粒一粒以光速 c 前进的粒子流，这种粒子称为光(量)子。

教学视频

微观粒子的波粒二象性

通过质能关系式可算出光子的动量、能量和质量。由此可见，光是一束电磁波，具有波动性的特征(表现在光的干涉和衍射实验中)；光也是一束由光子组成的粒子流，具有微粒性的特征(表现在光电效应等实验中)。

光的这种双重属性称为光的波粒二象性(wave-particle duality)。爱因斯坦的光子学说打破了光仅是一种电磁波而不是微粒的传统偏见，为人类进一步认识电子的属性奠定了基础。

2. 德布罗意物质波假说

法国物理学家德布罗意(L. V. de Broglie)在光的波粒二象性的启示下，于 1924 年大胆地假设：波粒二象性不只是光才有的属性，而是一切微观粒子共有的本性，并提出了著名的德布罗意关系式：

$$\lambda = \frac{h}{mv} = \frac{h}{P} \tag{1-7}$$

$$\nu = \frac{E}{h} \tag{1-8}$$

式中，λ 为波长、ν 为频率，都是反映波动性的特征物理量；E 为能量、P 为动量、m 为质量、v 为速度，都是反映粒子性的特征物理量。波动性和粒子性这两个概念在经典力学中是互相对立的，但在德布罗意关系式中，通过普朗克常量 h 联系在一起。由此可计算不同质量和运动速度的实物粒子的波长，这种波称为德布罗意波，也称物质波。

动画

电子衍射实验

1927 年，美国物理学家戴维逊(C. J. Davisson)和英国物理学家汤姆孙(G. P. Thomson)等分别进行了电子衍射实验。当高速运动的电子穿过晶体光栅投射到感光屏幕上，得到的不是一个感光点，而是一系列明暗相间的环纹，这些环纹正像单色光通过小孔发生衍射的现象一样。电子衍射实验巧妙地证实了德布罗意提出的微观粒子具有波粒二象性的假设。

1.1.4 不确定性原理

1927 年，德国科学家海森伯(W. Heisenberg)针对微观粒子的波粒二象性特征，提出了不确定性原理：一个粒子的位置和动量不能同时地、准确地测定。该原理说明，适用于宏观物体运动规律的牛顿力学原理不再适用于微观粒子。也就是说，微观粒子在客观上不可能同时具有确定的坐标及动量，微观粒子运动坐标的不确定量(Δx)与该方向的动量的不确定量(ΔP_x)之间存在一种相互制约的关系：

$$\Delta x \Delta P_x \geqslant \frac{h}{4\pi} \tag{1-9}$$

对于质量为 9.1×10^{-31}kg 的电子，若运动速度为 $5.9\times10^{5}\text{m}\cdot\text{s}^{-1}$，德布罗意波长为 1.2×10^{-9}m；由于原子的半径约为 10^{-10}m，若要清晰地看到电子轮廓，核外电子的运动坐标的不确定量 Δx 不能大于 10^{-12}m，则速度的不确定量 Δv 为 $5.8\times10^{7}\text{m}\cdot\text{s}^{-1}$，超过电子本身速度，可以与光速相比。对于质量为 25g 的子弹，若运动速度为 $300\text{m}\cdot\text{s}^{-1}$，德布罗意波长为 8.8×10^{-35}m；若 Δx 为 10^{-8}m，Δv 为 $2.1\times10^{-25}\text{m}\cdot\text{s}^{-1}$，与子弹速度相比可忽略不计。

可见，对于宏观物体，德布罗意波长很短，很难观察和测量，波动性可忽略，主要表现为粒子性，不确定性原理实际上不起作用，即宏观物体的位置和动量可以同时准确地测定，其运动状态遵循经典力学原理；而对于微观粒子，如核外电子，其波长接近 X 射线的波长，不能忽略波动性，具有明显的波粒二象性，不能像经典力学所描述的那样有确定的运动轨迹，只能用统计的方法来描述电子在原子核周围出现的概率。

思考题 1-1

微观粒子的运动有什么特点？

玻尔理论认为氢原子中电子的位置和速度都可精确计算，违反了不确定性原理，后来被量子力学方法取代，人们将玻尔理论称为“旧量子论”。现在人们继续沿用“原子轨道”的术语，但赋予了它新的物理意义。

1.2 单电子原子的结构

1.2.1 原子核外电子运动状态的描述方法

教学视频

核外电子运动状态的描述

1926 年，奥地利物理学家薛定谔(E. Schrödinger)提出了能同时反映微观粒子运动的波动性和粒子性的数理方程，称为薛定谔方程(Schrödinger equation)。

1. 薛定谔方程

式(1-10)为氢原子(单电子原子)在直角坐标系中的薛定谔方程：

$$\frac{\partial^2\psi}{\partial x^2}+\frac{\partial^2\psi}{\partial y^2}+\frac{\partial^2\psi}{\partial z^2}+\frac{8\pi^2 m}{h^2}(E-V)\psi=0 \tag{1-10}$$

式中，h 为普朗克常量；m 为电子的质量；E 为电子的总能量；V 为电子在核电荷作用下的势能；x、y、z 为粒子的空间坐标；ψ 为方程的解，它是表示电子绕核运动状态的数学关系式，称为波函数(wave function)。波函数又称为原子轨道，但与经典力学和玻尔原子轨道的意义不同，波函数是指电子在核外的运动状态，而不是轨迹或者固定轨道。

薛定谔方程是一个假说，无法通过牛顿力学方程加以推导，这是因为在牛顿力学范畴内，波动性和粒子性是不兼容的。薛定谔方程的数学形式属二阶偏微分方程，为了叙述的方便，常用函数通式[式(1-11)]代表复杂的薛定谔方程：

$$f(x,y,z)=0 \tag{1-11}$$

2. 薛定谔方程的解

薛定谔方程的求解已超出本课程的基本要求，此处仅简要介绍薛定谔方程的求解思路。

1) 坐标变换

为了适应核电荷势场的球形对称的特点，将薛定谔方程在直角坐标系的形式 $f(x,y,z)=0$ 变换成在球坐标系的形式 $f(r,\theta,\varphi)=0$ (图 1-2)。方程的解也由 $\psi(x,y,z)$ 转变为 $\psi(r,\theta,\varphi)$ 。

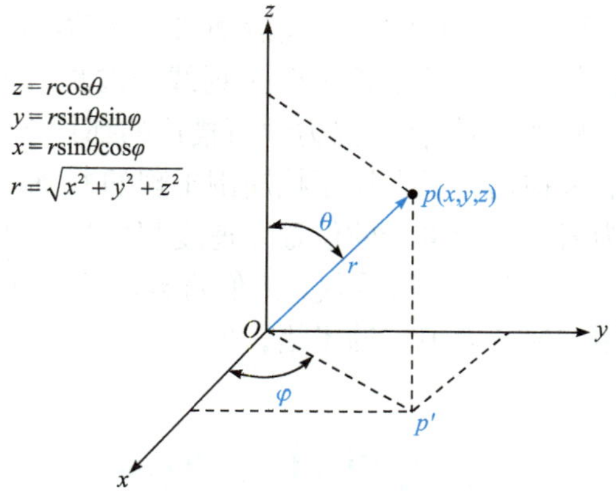

图 1-2 直角坐标系与球坐标系的关系

2) 变量分离

球坐标系 (r,θ,φ) 包含了半径因素(r)和方位角度因素 (θ,φ)。为了计算方便，将薛定谔方程分解成径向方程 $f(r)=0$ 和角度方程 $f(\theta,\varphi)=0$，方程的解空间波函数 $\psi(r,\theta,\varphi)$ 也随之分解成径向波函数 $R(r)$ 与角度波函数 $Y(\theta,\varphi)$ 的乘积：

$$\psi(r,\theta,\varphi) = R(r)\cdot Y(\theta,\varphi) \tag{1-12}$$

3) 方程的解

薛定谔方程是描述核外电子运动规律的数理方程，由于核外电子是客观存在的，因此方程的解必须是合理的，需要满足一系列边界条件。薛定谔方程的解是一系列波函数，每一个波函数都可以解出一个能量 E 与之对应。表 1-1 给出了氢原子某些波函数的数学形式。

表 1-1 氢原子的某些波函数

轨道	$\psi(r,\theta,\varphi)$	$R(r)$	$Y(\theta,\varphi)$
1s	$\sqrt{\frac{1}{\pi a_0^3}}e^{-r/a_0}$	$2\sqrt{\frac{1}{a_0^3}}e^{-r/a_0}$	$\sqrt{\frac{1}{4\pi}}$
2s	$\frac{1}{4}\sqrt{\frac{1}{2\pi a_0^3}}\left(2-\frac{r}{a_0}\right)e^{-r/2a_0}$	$\sqrt{\frac{1}{8a_0^3}}\left(2-\frac{r}{a_0}\right)e^{-r/2a_0}$	$\sqrt{\frac{1}{4\pi}}$
$2p_z$	$\frac{1}{4}\sqrt{\frac{1}{2\pi a_0^3}}\left(\frac{r}{a_0}\right)e^{-r/2a_0}\cos\theta$		$\sqrt{\frac{3}{4\pi}}\cos\theta$
$2p_x$	$\frac{1}{4}\sqrt{\frac{1}{2\pi a_0^3}}\left(\frac{r}{a_0}\right)e^{-r/2a_0}\sin\theta\cos\varphi$	$\sqrt{\frac{1}{24a_0^3}}\left(\frac{r}{a_0}\right)e^{-r/2a_0}$	$\sqrt{\frac{3}{4\pi}}\sin\theta\cos\varphi$
$2p_y$	$\frac{1}{4}\sqrt{\frac{1}{2\pi a_0^3}}\left(\frac{r}{a_0}\right)e^{-r/2a_0}\sin\theta\sin\varphi$		$\sqrt{\frac{3}{4\pi}}\sin\theta\sin\varphi$

注：$2p_x$ 和 $2p_y$ 轨道是由 $\psi_{2,1,1}$ 和 $\psi_{2,1,-1}$ 线性组合而成。

可以采用 $\psi_{n,l,m}$ 表示原子轨道。例如，$\psi_{1,0,0}$ 是 1s 轨道，也可以表示为 ψ_{1s}；$\psi_{2,1,0}$ 是 $2p_z$ 轨道，也可以表示为 ψ_{2p_z} (详见 1.2.2)。

波函数的平方 $|\psi(r,\theta,\varphi)|^2$ 表示电子的概率密度(probability density)随

(r,θ,φ) 的变化情况。$|\psi(r,\theta,\varphi)|^2$ 的图像称为电子云。角度波函数的平方 $Y^2(\theta,\varphi)$ 表示电子的概率密度随角度(θ,φ)的变化，径向波函数 $R^2(r)$ 则表示电子的概率密度随半径(r)的变化。电子在原子核外某区域出现的概率就等于概率密度乘以该区域的体积 $\mathrm{d}\tau$ 。

$$概率 = |\psi_{n,l,m}(r,\theta,\varphi)|^2 \cdot \mathrm{d}\tau \tag{1-13}$$

波函数 ψ 反映微观粒子的波动性，有明确的数学含义，但是没有直接的物理意义，而$|\psi|^2$ 则有明确的物理意义，即表示核外电子出现的概率密度。

1.2.2 四个量子数

教学视频

量子数及其物理意义

核外电子的量子化特征表现在其能量状态的不连续性。换言之，薛定谔方程只有在某些特定的条件下，才能得到合理的解(波函数)。表示这些特定条件的物理量称为量子数，其中表示轨道运动状态的量子数有主量子数(n)、角量子数(l)和磁量子数(m)，它们是在求解薛定谔方程的过程中产生的边界条件。这三个量子数的组合就对应着电子的一种能量状态(简称原子轨道)，量子数确定的微观状态称为一个量子态，表示为 $\psi_{n,l,m}(r,\theta,\varphi)$ ，同理有 $R_{n,l}(r)$ 和 $Y_{l,m}(\theta,\varphi)$ (表 1-1)。

第四个量子数称为自旋量子数(m_s)，用来表示电子自旋运动状态。它是基于施特恩-格拉赫(Stern-Gerlach)实验提出的假设。

四个量子数是影响单电子原子核外电子运动状态的基本因素。由于电子的运动状态不连续，因此四个量子数的取值也不连续，它们的名称、符号及其取值范围说明如下。

1. 主量子数

主量子数(principal quantum number)用字母 n 表示，其取值为

$$n = 1,\ 2,\ 3,\ 4,\cdots,\ 正整数 \tag{1-14}$$

主量子数 n 表示电子出现概率最大的区域(俗称电子层)离核的远近。n 相同的电子归为同一个电子层。n 值所表示的电子运动状态分别对应于 K、L、M、N、O、… 电子层。n 越大，表示电子离核越远，其能量越高。对于单电子体系，电子能量完全由 n 决定，如氢原子中电子的能量公式为

$$E_n = -\frac{2.18\times10^{-18}}{n^2}(\mathrm{J}) = -\frac{13.6}{n^2}(\mathrm{eV}) \tag{1-15}$$

2. 角量子数

角量子数(angular quantum number)用字母 l 表示，其取值受 n 的限制：

$$l = 0,\ 1,\ 2,\ 3,\cdots,\ (n-1) \tag{1-16}$$

角量子数 l 从小到大依次用符号 s、p、d、f 等代表。通常将 n 相同、

l不同的电子归在同一电子层中的不同电子亚层(或不同原子轨道)。例如：

$n=1$ 时，l 只有 0 一个值，对应 1s 亚层或 1s 原子轨道，以下类似；

$n=2$ 时，l 有 0、1 两个值，对应 2s、2p 两个亚层；

$n=3$ 时，l 有 0、1、2 三个值，对应 3s、3p、3d 三个亚层；

$n=4$ 时，l 有 0、1、2、3 四个值，对应 4s、4p、4d、4f 四个亚层。

角量子数 l 决定了波函数(原子轨道)或电子云的形状。s 轨道形状为球形，p 轨道形状为哑铃形，d 轨道形状为花瓣形。角量子数 l 还决定核外电子角动量的大小。

对于多电子原子，电子能量的大小由主量子数 n 和角量子数 l 共同决定。n 相同而 l 不同的原子轨道，l 越大，其能量越大，如 $E_{4s} < E_{4p} < E_{4d} < E_{4f}$。

3. 磁量子数

磁量子数(magnetic quantum number) m 的取值受 l 的限制：

$$m=0,\ \pm1,\ \pm2,\ \cdots,\ \pm l \tag{1-17}$$

m 共有$(2l+1)$个值。m 反映原子轨道在空间的不同取向。也就是说，每个亚层中的电子可以有$(2l+1)$个取向(每个取向相当于一个原子轨道)。l 相同、m 不同的轨道，能量相同，称为简并轨道或者等价轨道。简并轨道在外加磁场的作用下，能量会产生微小的差别，这就是线状光谱在磁场中发生分裂的原因。例如：

当 $l=0$ (s 轨道)，$2l+1=1$，m 只有 1 个取值(0)，表示球形的 s 轨道在空间只有一种取向；

当 $l=1$ (p 轨道)，$2l+1=3$，m 有 3 个取值(0，±1)，表示哑铃形的 p 轨道在空间有三种不同取向；

当 $l=2$ (d 轨道)，$2l+1=5$，m 有 5 个取值(0，±1，±2)，表示花瓣形的 d 轨道在空间有五种取向；

当 $l=3$ (f 轨道)，$2l+1=7$，m 有 7 个取值(0，±1，±2，±3)，表示花瓣形的 f 轨道在空间有七种取向。

通常用原子轨道符号的右下标区分这种不同的空间取向。例如，p 轨道在空间有三个分别沿 x、y、z 轴取向的轨道，用符号分别表示为 p_x、p_y、p_z；d 轨道有五个取向不同的轨道，分别为 d_{xy}、d_{xz}、d_{yz}、$d_{x^2-y^2}$、d_{z^2}。

4. 自旋量子数

自旋量子数(spin quantum number) m_s 的取值为 $\pm\frac{1}{2}$，分别代表电子两种不同的运动状态，通常用↑和↓表示。电子的自旋状态解释了氢原子光谱谱线的分裂现象。

四个量子数之间的关系及其与原子轨道的对应关系总结在表 1-2 中，

由此容易理解每个电子层中的轨道数是一定的，电子的最大容量也是一定的。可以用四个量子数的合理组合来描述不同的运动状态。

表 1-2 量子数和原子轨道之间的关系

主量子数 n	电子层符号	角量子数 l	亚层符号	磁量子数 m	原子轨道符号	轨道数	
1	K	0	1s	0	1s	1	1
2	L	0	2s	0	2s	1	4
		1	2p	0, ±1	$2p_x$,$2p_y$,$2p_z$	3	
3	M	0	3s	0	3s	1	9
		1	3p	0, ±1	$3p_x$,$3p_y$,$3p_z$	3	
		2	3d	0, ±1 , ±2	$3d_{xy}$,$3d_{xz}$,$3d_{yz}$,$3d_{x^2-y^2}$,$3d_{z^2}$	5	
4	N	0	4s	0	4s	1	16
		1	4p	0, ±1	$4p_x$,$4p_y$,$4p_z$	3	
		2	4d	0, ±1 , ±2	$4d_{xy}$,$4d_{xz}$,$4d_{yz}$,$4d_{x^2-y^2}$,$4d_{z^2}$	5	
		3	4f	0, ±1 , ±2 , ±3	…	7	

思考题 1-2

为什么每个电子层最多容纳 $2n^2$ 个电子？

1.2.3 波函数与电子云的图形

教学视频

波函数和电子云图形

波函数(原子轨道) $\psi(r,\theta,\varphi)$ 和电子云(概率密度) $|\psi(r,\theta,\varphi)|^2$ 是函数关系式，要通过复杂的计算才能求得不同的值，所以无法直观地反映电子运动状态的全貌。如果将波函数和电子云绘成图像，则更为直观方便，有利于了解原子的结构和性质，还有助于了解化学反应的过程和机理。对应着波函数和电子云的不同函数形式，有不同种类的图形，包括与 θ、φ 相关的角度分布图、与 r 相关的径向分布图和与 r、θ、φ 相关的空间分布图三大类，分别说明如下。

1. 角度分布图

1) 波函数(原子轨道)的角度分布图

将角度波函数 $Y(\theta,\varphi)$ 对角度 θ、φ 所作的图形称为波函数(原子轨道)的角度分布图，它反映了波函数值的大小随角度的变化情况[图 1-3(a)]。图中标出的“+”和“–”代表 $Y(\theta,\varphi)$ 数值的符号，并不代表电荷。

2) 电子云的角度分布图

将 $Y^2(\theta,\varphi)$ 对角度 θ、φ 所作的图形称为电子云的角度分布图，它反映了电子的概率密度随角度的变化情况[图 1-3(b)]。

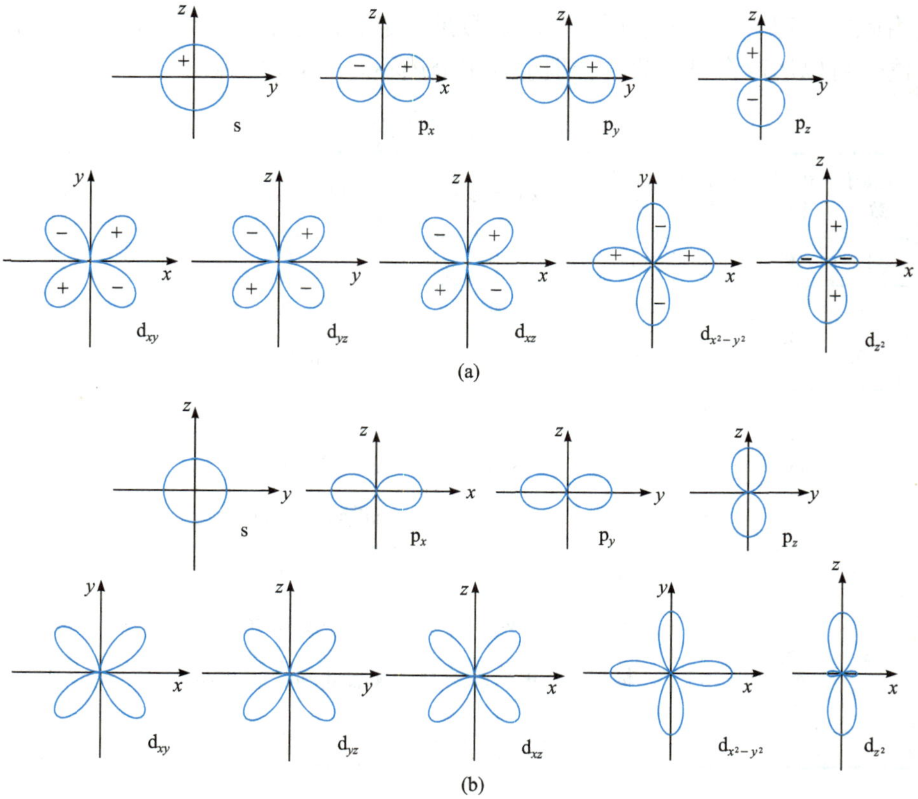

图 1-3 部分原子轨道(a)和电子云(b)的角度分布图

拓展知识

如何绘制波函数和电子云的角度分布图？

以 $2p_z$ 原子轨道为例，解氢原子薛定谔方程，可以得到 $2p_z$ 的波函数：

$$\psi_{2,1,0}=\frac{1}{4}\sqrt{\frac{1}{2\pi a_0^3}}\left(\frac{r}{a_0}\right)e^{-r/2a_0}\cos\theta$$

波函数的角度部分：

$$Y(\theta,\varphi)=\sqrt{\frac{3}{4\pi}}\cos\theta$$

可以得到不同 θ 角对应的 $Y(\theta,\varphi)$ 和 $Y^2(\theta,\varphi)$ 值，如下：

θ	0°	30°	45°	60°	90°	120°	135°	150°	180°
$Y(\theta,\varphi)$	0.489	0.423	0.346	0.244	0	−0.244	−0.346	−0.423	−0.489
$Y^2(\theta,\varphi)$	0.239	0.179	0.119	0.059 7	0	0.059 7	0.119	0.179	0.239

根据以上数据，可绘制出 $2p_z$ 原子轨道的角度分布 $Y(\theta,\varphi)$ 和电子云的角度分布 $Y^2(\theta,\varphi)$ 的图形(图 1-4)。从坐标原点引出与 z 轴夹角为 θ 的直线，长度为 $|Y|$，将直线端点相连，然后绕 z 轴旋转 360°，在空间形成一个曲面，这就是 $2p_z$ 原子轨道的角度分布图。这里的“+”和“−”是 Y 表达式的计算结果。用类似方法可以绘制出电子云的角度分布图。

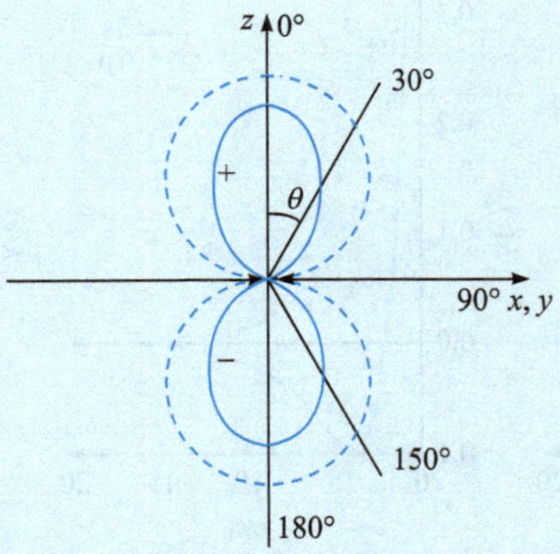

图 1-4 p_z原子轨道(虚线)和电子云(实线)的角度分布图

3) 角度分布图的性质

(1) 角度分布图的图形与主量子数 n 无关。角度分布图只涉及方位角(θ,φ)而不涉及半径(r)，所以角度分布图与主量子数 n 无关。也就是说，对于 l、m 相同而 n 不同的情况(如 $2p_z$、$3p_z$、$4p_z$)，其原子轨道的角度分布图相同，其电子云的角度分布图也相同。

(2) 图形的峰值。s 轨道的原子轨道和电子云的角度分布图均呈球形，意味着在空间任何方位角上的角度波函数的值相同，所以图中没有出现峰值；对 p_z 轨道，当 θ 为 0°和 180°时，其角度波函数为最大值，所以其角度分布图的峰值出现在 z 轴上；同理 p_x 和 p_y 的角度分布图的峰值分别出现在 x 轴和 y 轴上。

(3) 波函数(原子轨道)与电子云的角度分布图的区别：由于角度波函数 $Y(\theta,\varphi)$为带有正负号的小数，经过平方处理后，数值变小且全为正值，所以原子轨道的角度分布图标有正负号，而电子云的角度分布图无正负号标志；电子云的角度分布图比原子轨道的角度分布图更“瘦”。

思考题 1-3

波函数角度分布图中的“+”和“−”有什么含义?

此外，d 亚层对应的波函数(原子轨道)的角度分布图和电子云的角度分布图分别见图 1-3(a)和图 1-3(b)。关于 d 轨道，后面章节还将涉及，此处从略。

2. 径向分布图

1) 波函数(原子轨道)的径向分布图

将径向波函数 $R(r)$对半径 r 所作的图形称为波函数(原子轨道)的径向分布图，它表示了径向波函数的大小随半径的变化情况(图 1-5)。由于径向波函数只与量子数 n 和 l 有关，所以 n 和 l 相同的原子轨道的径向分布图相同。在波函数从正到负(或者从负到正)的过渡中，在某一点会为零值，此处就是波函数的节点，从图中可以看出，节点的数目是($n-l-1$)。

教学视频

概率分布的表示方法

2) 电子云的径向分布图

将 $R^2(r)$对半径 r 所作的图形称为电子云的径向分布图，它表示电子概率密度的大小随半径的变化情况(图 1-6)。由图可见，1s 电子云在原子核附近概率密度最大，随着半径 r 的增大，概率密度逐渐减小；2s 和 3s 电子云

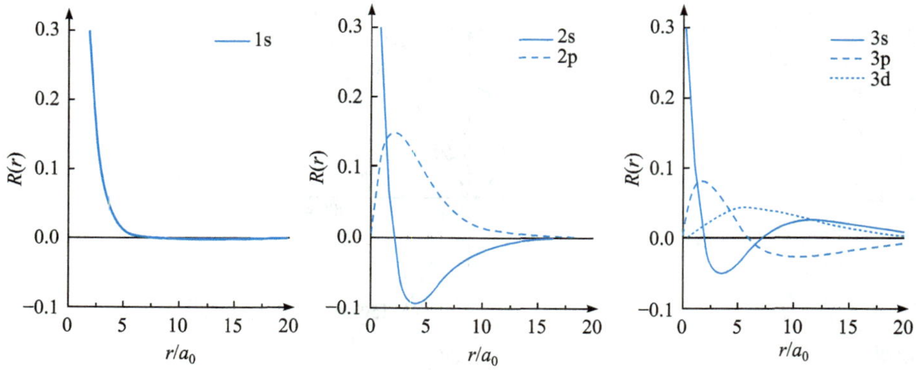

图 1-5 部分原子轨道的径向分布图

也是在原子核附近概率密度最大，但是在离原子核较远的地方也存在概率密度较大之处。

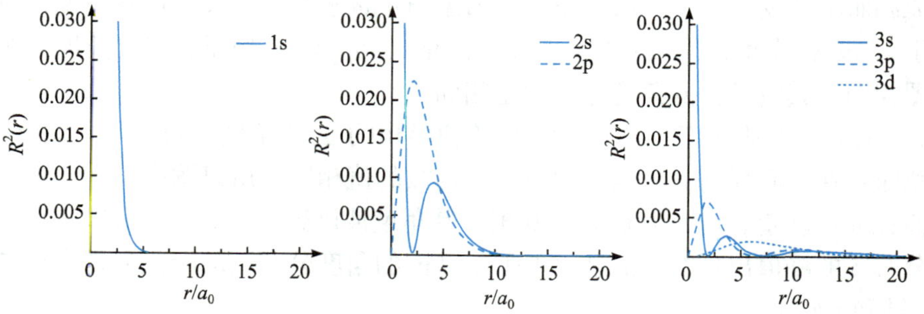

图 1-6 部分电子云的径向分布图

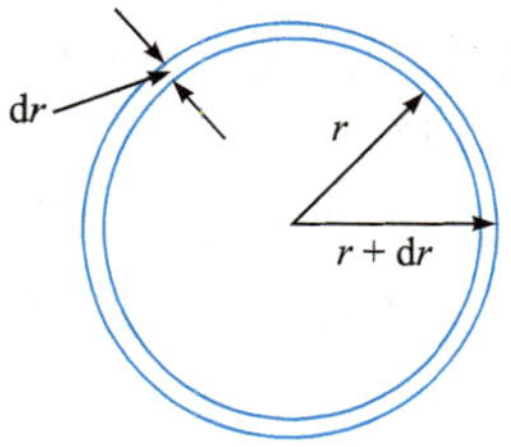

图 1-7 薄层球壳示意图

3) 电子概率的径向分布图

更常用、更具实际意义的是电子概率的径向分布图。已知 $R^2(r)$是电子在径向的概率密度，在离核距离为 r、厚度为 dr 的球壳(图 1-7)内发现电子的概率为 $R^2(r)\cdot 4\pi r^2\mathrm{d}r$，定义 $D(r) = R^2(r)\cdot 4\pi r^2$，$D(r)$称为径向分布函数，其物理意义为单位厚度球壳内电子出现的概率。

将函数 $D(r)$对半径 r 作图，就得到电子概率的径向分布图，也称径向分布函数图。$D(r)$是 $R^2(r)$与 $4\pi r^2$ 的乘积，离核较近时，概率密度 $R^2(r)$的值较大，但半径 r 很小，故 $D(r)$的值不会很大；而离核较远时，r 值增大，但概率密度 $R^2(r)$的值较小，故 $D(r)$的值也不会很大。因此，$D(r)$是一个有极值的函数。图 1-8 为部分电子概率的径向分布图。例如，在氢原子的 1s 电子概率的径向分布图中，对应于半径 $r = a_0 = 53\text{pm}$ (玻尔半径)处，电子出现的概率最大，将半径 a_0 称为 1s 的最大概率半径。

由图 1-8 可见，当 $r = 0$ 时，$D(r) = 0$，说明在原子核处发现电子的概率为零；主量子数 n 越大，最大概率半径越大；在主量子数 n 相同的条件下，角量子数 l 值越大，峰数越少，峰数等于 $n - l$。例如，3s、3p 和 3d 的电子概率径向分布图上，峰数分别为 3、2 和 1。

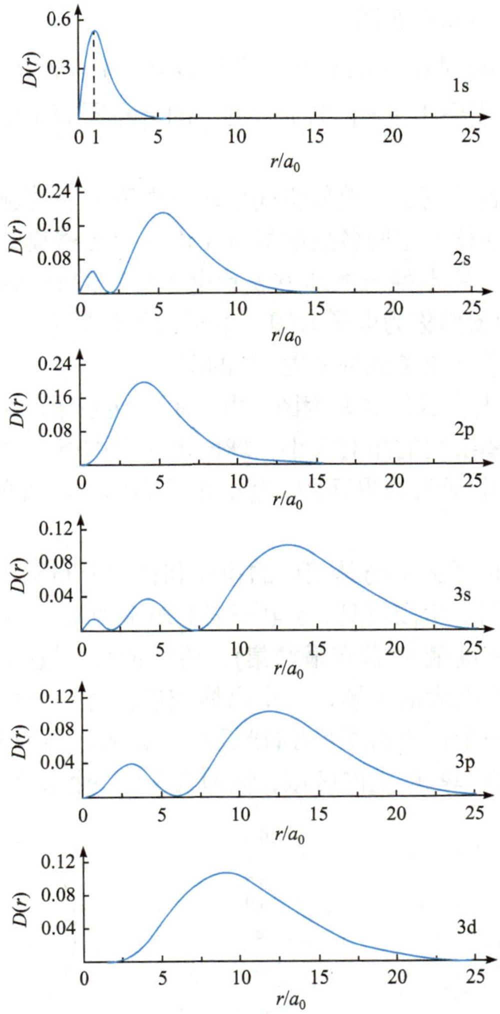

图 1-8 部分电子概率的径向分布图

思考题 1-4

3p 轨道 $R^2(r)$-r 图最大值在第一个峰，而 $D(r)$-r 图最大值在第二个峰，是否存在矛盾？

3. 空间分布图

1) 波函数(原子轨道)的空间分布图

将波函数 $\psi_{n,l,m}(r,\theta,\varphi)$ 对 (r,θ,φ) 作图，即综合径向波函数 $R(r)$ 与角度波函数 $Y(\theta,\varphi)$，就可得到波函数(原子轨道)的空间分布图[图 1-9(a)]。

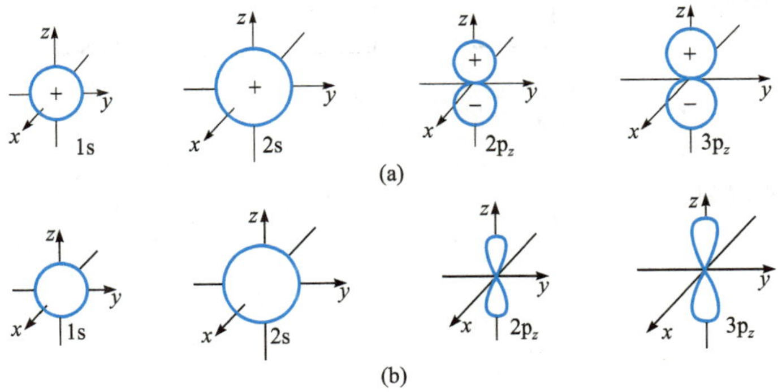

图 1-9 部分原子轨道(a)和电子云(b)的空间分布图

2) 电子云的空间分布图

将$\psi_{n,l,m}^2(r,\theta,\varphi)$对$(r,\theta,\varphi)$作图，即综合$R^2(r)$与$Y^2(\theta,\varphi)$，可以得到电子云的空间分布图[图 1-9(b)]。电子云的空间分布图表示电子在核外空间出现的概率密度。

为了形象地表示电子在核外空间出现的概率分布情况，可用小黑点的疏密来表示电子在核外空间各处的概率密度。黑点密集的地方表示电子出现的概率密度大，黑点稀疏的地方表示电子出现的概率密度小[图 1-10(a)和图 1-11]。这种图形称为电子云图，电子云图是概率密度$|\psi|^2$的形象化说明，也可以说电子云图是概率密度$|\psi|^2$的图像。

图 1-10(b)是电子云的等密度图，由一系列同心球面组成，每一个球面上的数字表示概率密度的相对大小，球面上各点的概率密度都相同。

图 1-10(c)是电子云的界面图，电子在此界面内出现的概率很大(如 > 90%)。

图 1-11 是 s 电子云图与其相应的角度和径向分布图对比，以及 p 电子云图和 d 电子云图。由图可见，s 电子云为球形对称。1s 电子云在原子核附近出现的概率密度最大(蓝点最密集)，离核越远，概率密度越小。2s 电子云有两个概率密度大的区域，一个离核较近，另一个离核较远，在这两个密集区之间有一个概率密度很小(接近 0)的区域，称为节面。对 ns 电子而言，则有 n 个概率密度大的区域，同时有$(n-1)$个节面。

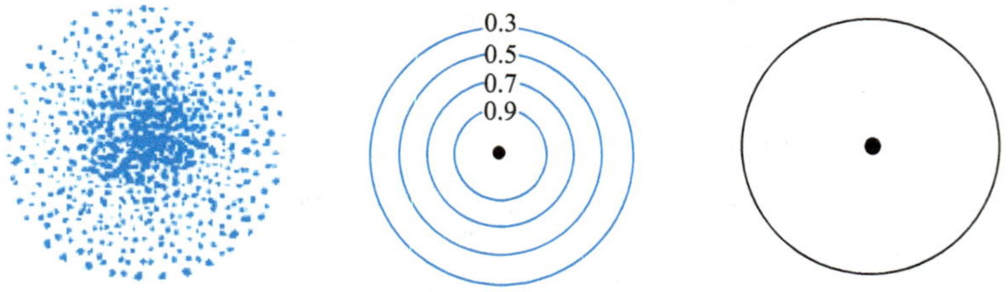

(a) 电子云图　(b) 电子云的等密度图　(c) 电子云的界面图

图 1-10　电子云图

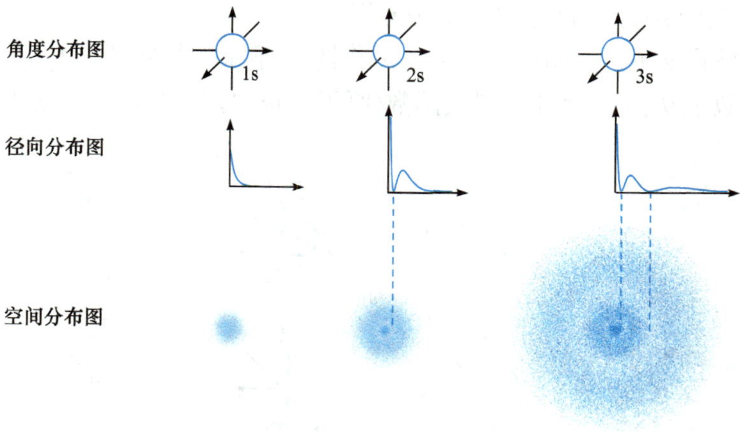

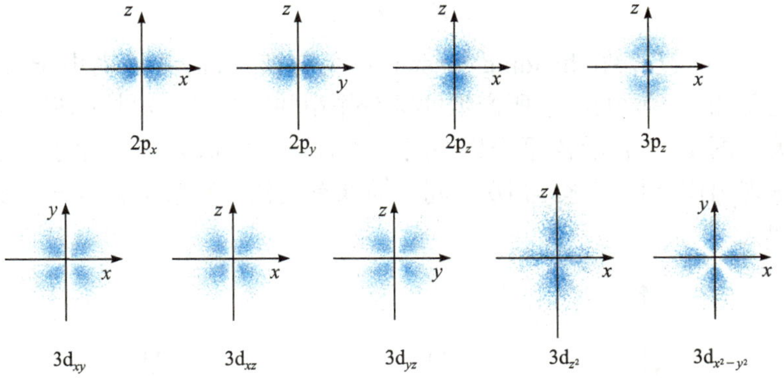

图 1-11 电子云的空间分布图与其角度、径向分布图对比

3) 空间分布图的性质

(1) 空间分布图的图形与主量子数 n 有关。空间分布图涉及了 (r,θ,φ) 空间坐标，故不仅有形状的区别，还有大小之分。例如，2s 的空间分布图的尺寸比 1s 大。

(2) 原子轨道与电子云的空间分布图的区别。原子轨道的空间分布图标有正负号，而电子云的空间分布图无正负号标志；电子云的空间分布图比原子轨道的空间分布图更“瘦”。

(3) 空间分布图与角度分布图的相似性。比较角度分布图(图 1-3)与空间分布图(图 1-11)，如果不考虑图形尺寸的差别，对于相同量子态的角度分布图与空间分布图(包括原子轨道和电子云)，它们的形状相同。因此，在讨论问题时，往往可以借用角度分布图代替对应的空间分布图。

1.3 多电子原子的结构

多电子原子中核外电子的运动状态(多电子原子的结构)由多电子体系的薛定谔方程描述。对于含有 n 个电子的多电子原子体系来说，不仅要考虑 n 个电子与原子核之间的相互作用，还要考虑 n 个电子之间的相互作用，故多电子体系的薛定谔方程比单电子体系的薛定谔方程复杂得多。通常可用“屏蔽效应”和“钻穿效应”近似讨论多电子原子中核外电子能量的高低。

1.3.1 屏蔽效应

核电荷数为 Z 的多电子原子中，核外共有 Z 个电子，其中某电子 i 除受到原子核的吸引外，同时还受到其他$(Z-1)$个电子的排斥。这种排斥作用实际上相当于$(Z-1)$个电子的负电荷部分屏蔽了原子核的正电荷，使电子 i 所感受到的有效核电荷数 Z^*下降(Z^*小于 Z)，这种影响称为屏蔽效应(shielding effect)。有效核电荷数 Z^*的计算如式(1-18)所示：

教学视频
屏蔽效应与钻穿效应

$$Z^* = Z - \sigma \tag{1-18}$$

动画
屏蔽效应

式中，σ为屏蔽常数(shielding constant)，它是$(Z-1)$个电子对电子i的屏蔽作用的总和。不同的电子所产生的屏蔽作用并不相同，离核越近，屏蔽作用越大。图1-12表示各原子最外层电子有效核电荷数Z^*随原子序数的递增而呈现出周期性变化的情况，同一周期有效核电荷数Z^*随原子序数的增加而增大。

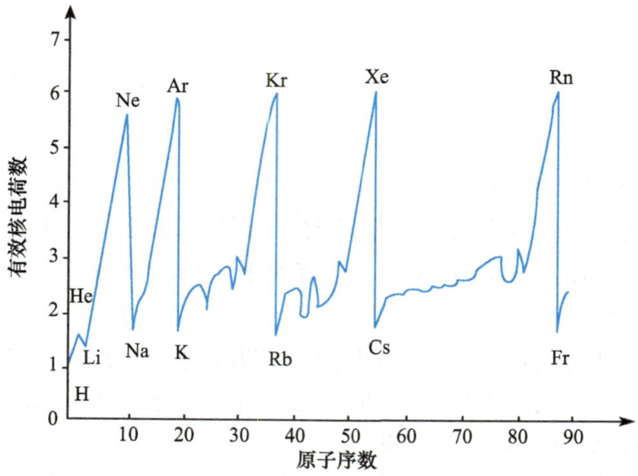

图1-12　有效核电荷数Z^*随原子序数的变化

电子i的能量E_i的计算公式如下：

$$E_i = -R\frac{(Z^*)^2}{n^2} \tag{1-19}$$

式中，$R = 13.6\text{eV}$或$2.18\times10^{-18}\text{J}$。由式(1-19)可见，电子i的有效核电荷数越小，能量越高，所以屏蔽效应的结果使电子的能量上升。

多电子原子的总能量为每个电子的能量之和，即

$$E(\text{原子}) = \sum E_i \tag{1-20}$$

拓展知识

斯莱特规则

美国物理学家斯莱特(J. C. Slater)基于光谱实验数据提出了可以计算屏蔽常数σ的“斯莱特规则”(斯莱特规则为经验性的近似计算，使用时要注意)，规则内容如下：

(1) 将原子中的电子分为下列几组：

(1s) (2s, 2p) (3s, 3p) (3d) (4s, 4p) (4d) (4f) (5s, 5p)…

(2) 任意一组右边的各组内的电子对该组电子的σ等于0，可以认为外层电子对内层电子的屏蔽作用可忽略不计。

(3) 同组内电子间$\sigma = 0.35$ (1s例外，$\sigma = 0.30$)。

(4) 被屏蔽电子为ns或np上的电子时，主量子数为$(n-1)$的电子对它的σ等于0.85，主量子数小于$(n-1)$的电子对它的σ等于1.00。

(5) 被屏蔽电子为 nd 或 nf 上的电子时，位于左边的所有内组电子对它的 σ 等于 1.00。

计算某原子中某电子的 σ，可以将其他电子对该电子的 σ 值相加得到。那么，这个电子所受到的有效核电荷数 Z^* 即可利用 $Z^* = Z - \sigma$ 求得，进而可以计算出该电子的能量。例如，K 原子序数为 19，电子排布式为 $1s^22s^22p^63s^23p^64s^1$。对于 1 个 4s 电子

$$\sigma = 8\times0.85+10\times1.00 = 16.80$$

4s 轨道能量：

$$E_{4s} = -13.6\times\frac{(19-16.80)^2}{4^2} = -4.11(\text{eV})$$

如果最后 1 个电子没有填入 4s 轨道，而填入了 3d 轨道，那么对于 1 个 3d 电子：

$$\sigma = 18\times1.00 = 18.00$$

3d 轨道能量：

$$E_{3d} = -13.6\times\frac{(19-18)^2}{3^2} = -1.51(\text{eV})$$

通过以上计算可以说明，K 原子的最后一个电子填入 4s 轨道时能量较低。

根据屏蔽常数 σ 可以近似计算多电子原子中各轨道的能量。通常内层电子被其他电子屏蔽较少，原子核对其吸引力强；外层电子被屏蔽较多，原子核对其吸引力弱。因此，当角量子数 l 相同时，主量子数 n 越大，电子能量越高。例如，$E_{1s} < E_{2s} < E_{3s}$，$E_{2p} < E_{3p} < E_{4p}$。

1.3.2 钻穿效应

当主量子数 n 相同、角量子数 l 不同时，电子概率径向分布图也不同。例如，3s、3p 和 3d 的电子概率径向分布图如图 1-13 所示。当主量子数 n 相同，角量子数 l 越小，峰数越多，3s、3p 和 3d 图形的峰数分别为 3 个、2 个和 1 个。峰数越多，第一个小峰离核的距离越近，其能量越低。也就是说，3s 电子云并非全部集中在第 3 层，部分钻穿到离核更近的空间，从而减弱了其他电子对其的屏蔽作用，使能量下降，这种现象被形象地称为钻穿效应(penetration effect)。所以它们的能量顺序为 $E_{3s} < E_{3p} < E_{3d}$。

当主量子数 n 和角量子数 l 都不同时，存在能级交错现象，如钾原子中 $E_{4s} < E_{3d}$。由图 1-14 可见，虽然 4s 电子最大概率峰离原子核较远，但是有 3

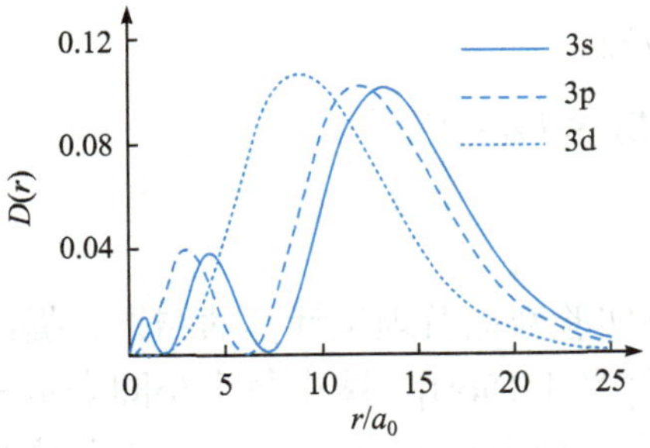

图 1-13 3s、3p 和 3d 的电子概率径向分布图

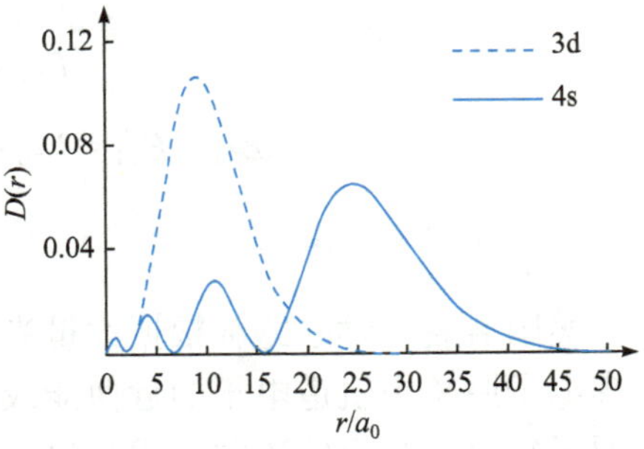

图 1-14 4s 和 3d 的电子概率径向分布图

个更靠近原子核的小峰，说明 4s 电子比 3d 电子具有更强的钻穿能力，4s 电子受其他电子屏蔽作用比 3d 电子要小，从而降低了 4s 轨道的能量，这种降低超过了主量子数增大引起的能量升高，使 $E_{4s} < E_{3d}$。

总的来说，屏蔽效应是电子受其他电子屏蔽的影响，而钻穿效应是外层电子为了回避屏蔽效应而产生的，两者相互联系。

1.3.3 近似能级图与近似能级公式

教学视频

鲍林近似能级图与科顿能级图

1. 多电子原子中轨道的能级顺序

对于单电子体系，某轨道上电子的能量仅取决于主量子数 n。可是对于多电子体系，轨道上电子的能量复杂得多，不仅受所在轨道的主量子数的影响，还受角量子数的影响。

(1) 如果主量子数 n 相同，角量子数 l 越大，轨道电子的能量越高。例如：

$$E_{4s} < E_{4p} < E_{4d} < E_{4f} \cdots$$

思考题 1-5

为什么在 H 原子中 3s 和 3p 轨道的能量相等，而在 K 原子中 3s 轨道的能量比 3p 轨道的能量低？

对于单电子体系(如氢原子或类氢离子)，电子的能量只与 n 有关，与 l 无关[式(1-15)]。因此，对于单电子体系而言，则有 $E_{4s} = E_{4p} = E_{4d} = E_{4f}$ 成立。

(2) 如果角量子数 l 相同(同种轨道的电子)，主量子数 n 越大，轨道电子的能量越高。例如：

$$E_{1s} < E_{2s} < E_{3s} < E_{4s} \cdots$$

$$E_{2p} < E_{3p} < E_{4p} < E_{5p} \cdots$$

$$E_{3d} < E_{4d} < E_{5d} < E_{6d} \cdots$$

$$E_{4f} < E_{5f} \cdots$$

(3) 如果主量子数 n 和角量子数 l 都不相同，由于屏蔽效应和钻穿效应的综合结果，可能会出现轨道电子能级交错的现象，即电子层数较大的某些轨道的能量反而低于电子层数较小的某些轨道能量。这种交错还随原子序数的递增而变化。例如：

$$E_{4s} < E_{3d}$$

$$E_{5s} < E_{4d} < E_{5p} < E_{6s} < E_{4f} < E_{5d}$$

2. 鲍林近似能级图

美国著名化学家鲍林根据大量光谱实验数据及理论计算的结果，提出了多电子原子中轨道电子的近似能级图[图 1-15(a)]。图中每个小圈表示一个原子轨道，几个轨道并排成行(如 3 个 p 轨道或 5 个 d 轨道)，表明这些轨道处于同一个能级，属于简并轨道。同一方框内的轨道能级相近，为一个能级组。虚线相连的轨道的主量子数相同，属同层轨道。从第三电子层开始，同层轨道跨越了不同的能级组，出现了能级交错现象。鲍林近似能级图可以作为基态原子核外电子填充顺序的参考依据，可以利用斜线规则[图 1-15(b)]帮助记忆。

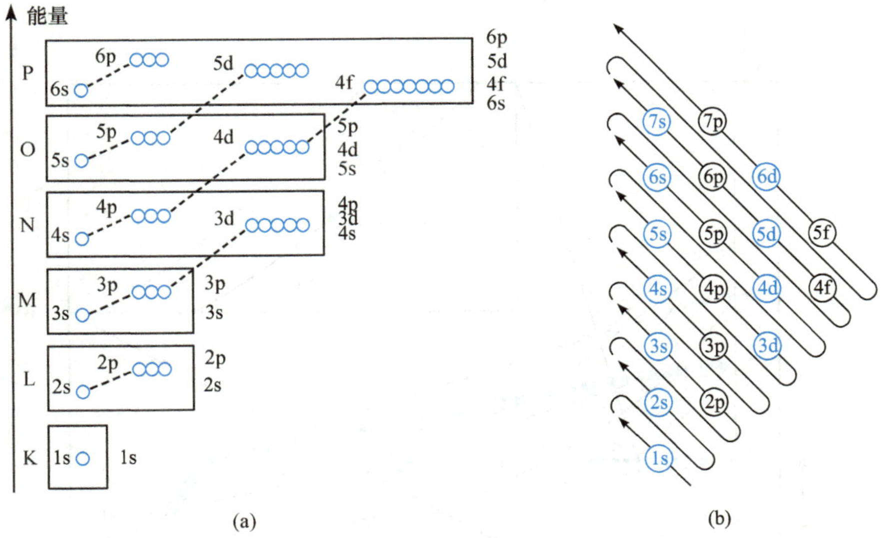

图 1-15　鲍林近似能级图(a)与斜线规则(b)

3. 徐光宪近似能级公式

我国著名化学家徐光宪先生在总结前人工作的基础上，提出了轨道能量高低与主量子数 n 和角量子数 l 的关系式，归纳出了近似规律。他认为，原子在填充电子时，按式(1-21)计算原子轨道的能量，并按能量从低到高的顺序填充电子。

$$E = n + 0.7l \tag{1-21}$$

式中，n 和 l 分别为对应轨道的主量子数和角量子数，其值越大，能量越高。

例如，$E_{4s} = 4 + 0.7\times0 = 4$，$E_{3d} = 3 + 0.7\times2 = 4.4$，$E_{3d} > E_{4s}$，出现了能级交错，电子应当先填 4s 轨道，再填 3d 轨道。

考虑原子的电离时，则按式(1-22)计算原子轨道的能量，并按能量由高到低的顺序失去电子。

$$E = n + 0.4l \tag{1-22}$$

例如，$E_{4s} = 4 + 0.4\times0 = 4$，$E_{3d} = 3 + 0.4\times2 = 3.8$，$E_{4s} > E_{3d}$，因此原子在电离时，应当先失 4s 电子，再失 3d 电子。

徐光宪的计算公式更为简洁，用这种方法计算得到的电离能数值与实验值较为符合。

4. 科顿原子轨道能级图

实际上，原子核外电子能量高低的顺序并不是一成不变的，而是随着原子序数的增加有所变化。1962 年，美国化学家科顿(F. A. Cotton)根据原子结构的理论研究与实验的结果，提出了原子轨道能级与原子序数的关系图(图 1-16)。图的右上角方框内是 $Z = 20$ 附近的原子轨道能级次序的放大图。

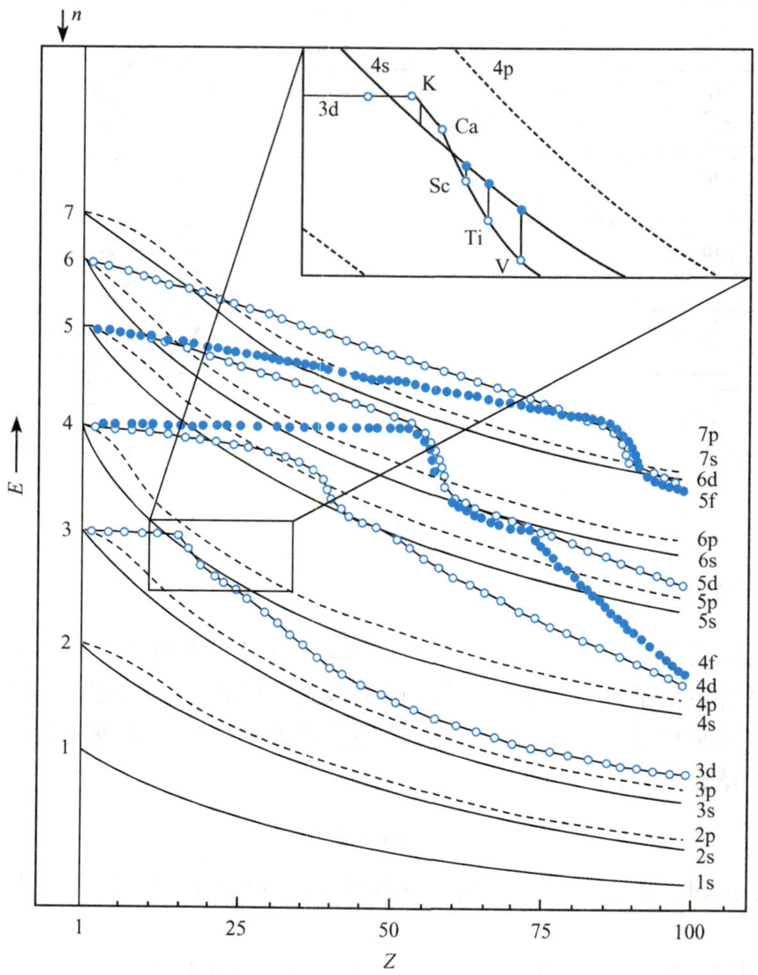

图 1-16　科顿的原子轨道能级图

科顿原子轨道能级图实际上相当于不同原子序数的基态原子在填充了电子之后原子轨道最终的能级次序。显然，它与电子的填充顺序，即与鲍林近似能级图并不完全相同。

由图 1-16 可见，对于原子序数 $Z = 1$ 的氢原子，其主量子数相同的各轨道全部处在同一能量点上(纵坐标相同)，即这些轨道是能量简并的。随着原子序数的递增，原子轨道的能级下降，而且不同轨道下降的幅度不同，于是出现了能级交错的现象。例如，3d 和 4s 轨道的能量高低关系：K 和 Ca 的 $E_{3d} > E_{4s}$，而 Z 较小或 Z 较大时，$E_{3d} < E_{4s}$。随着原子序数的继续增加，原子轨道能级顺序又趋于简单，这是因为随着核电荷的增加，核外电子数增加，外层轨道被逐步填满，变成内层轨道。

1.3.4 核外电子的排布规律

1. 原子核外电子排布的基本原则

教学视频
核外电子的排布规律与基态原子的电子层结构

多电子原子核外电子排布遵循三个基本原则，分别说明如下。

1) 能量最低原理

多电子原子在基态时，核外电子总是尽可能分布在能量低的轨道，这样体系的能量最低，也最稳定。因此，应当按照轨道的能量从低到高的顺序填充电子(鲍林近似能级图或能级组)，即

轨道：	1s	2s 2p	3s 3p	4s 3d 4p	5s 4d 5p	6s 4f 5d 6p	7s 5f 6d 7p
能级组：	1	2	3	4	5	6	7

2) 泡利不相容原理

1925 年，奥地利物理学家泡利(W. Pauli)提出，在同一原子中没有四个量子数完全相同的电子，或者说在同一原子轨道只能容纳两个自旋相反的电子，这就是泡利原理，又称为泡利不相容原理。

由于每一电子层和每一电子亚层中的轨道数是确定的，因此所能容纳的电子数目也是一定的。例如，当主量子数 $n=3$，其角量子数 l 共有 0、1、2 三个值。而对于 0、1、2 这三个角量子数，其磁量子数分别有 1、3、5 个[即 $(2l+1)$ 个]取值，也就是分别有 1 个、3 个和 5 个不同空间取向的原子轨道。因此，当主量子数 $n=3$ 时，原子轨道的总数为 9 个，由于同一原子轨道最多能容纳两个自旋相反的电子，因此最多可容纳的电子数为 18 个。推而广之，主量子数为 n 所对应的电子层中电子的最大容量为 $2n^2$ 个。

3) 洪德规则

德国物理学家洪德(F. H. Hund)根据大量光谱实验数据得出，电子在能量相同的简并轨道上排布时，总是倾向于以自旋相同的方向优先分占不同的轨道，这样体系的能量较低。

例如，根据能量最低原理和泡利不相容原理可以写出碳原子的核外电子排布式为 $1s^22s^22p^2$，其中两个 p 电子在三个简并的 2p 轨道上应按以下哪一种方式排布呢?

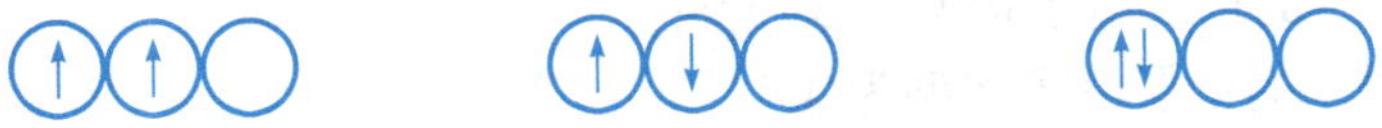

(a) (b) (c)

答案是方式(a)，因为根据洪德规则，采取方式(a)排布的能量最低。

作为洪德规则的发展，还有一条补充规则，即能量简并的原子轨道处于半充满(如 p^3, d^5, f^7)、全充满(如 p^6, d^{10}, f^{14})或全空(如 p^0, d^0, f^0)的状态时，能量较低，体系较稳定。

例如，根据能量最低原理和泡利不相容原理，原子序数为 24 的 Cr 原子的核外电子排布式为 $1s^22s^22p^63s^23p^63d^44s^2$。但考虑洪德规则，原子轨道处于半充满时的能量较低，因此实际的排布式应为 $1s^22s^22p^63s^23p^63d^54s^1$。

多电子原子核外电子的排布原则可以归结为能量因素与对称性因素，它们共同构成了原子核外电子的最低能量状态。

2. 基态原子的核外电子排布

处于基态的原子称为基态原子。根据原子核外电子排布的三个基本原则可以写出基态原子的核外电子排布式(又称电子组态或电子构型)。表 1-3 列出了 1～118 号元素基态原子的电子排布式，它是光谱实验的结果，充分体现了核外电子排布的一般规律。有关核外电子排布式的写法具体说明如下。

(1) 基态原子核外电子排布式的一般写法为：首先，按照能量由低到高依次写出各原子轨道名称；然后，根据电子填充的基本原则依次向原子轨道内填充电子；最后，按主量子数由小到大顺序依次排列各原子轨道。例如：

Cl 原子($Z = 17$)的核外电子排布式为 $1s^22s^22p^63s^23p^5$；

Ca 原子($Z = 20$)的核外电子排布式为 $1s^22s^22p^63s^23p^64s^2$；

Cr 原子($Z = 24$)的核外电子排布式为 $1s^22s^22p^63s^23p^63d^54s^1$；

Cu 原子($Z = 29$)的核外电子排布式为 $1s^22s^22p^63s^23p^63d^{10}4s^1$。

注意在书写 Cr 原子和 Cu 原子的核外电子排布式时，均需要考虑洪德规则的补充规则。

(2) 为了简化起见，可用原子实符号表示已填满的内层轨道。原子实符号就是加上方括号的相应稀有气体的元素符号。例如：

S 原子($Z = 16$)的核外电子排布式用原子实符号表示为[Ne]$3s^23p^4$；

Sc 原子($Z = 21$)的核外电子排布式用原子实符号表示为[Ar]$3d^14s^2$；

In 原子($Z = 49$)的核外电子排布式用原子实符号表示为[Kr]$4d^{10}5s^25p^1$。

这种表示方法不仅简洁，而且突出了在化学反应中最活跃的价层电子(valence electron)。通常内层原子轨道上的电子因能量较低而不活泼，外层原子轨道上的电子因能量较高而活泼，因此化学反应一般只涉及外层原子轨道上的能量较高、较活泼的电子，这些电子称为价层电子。元素的化学性质与价层电子的性质和数目密切相关，元素周期表中通常给出的都是各元素的价层电子构型。例如：

Cl 原子的价层电子构型为 $3s^23p^5$；

Ca 原子的价层电子构型为 $4s^2$；

Cr 原子的价层电子构型为 $3d^54s^1$。

(3) 除表 1-3 中的表示形式之外，原子核外电子排布还可以用“电子分布图”表示：用方格、圆圈或短线表示一个原子轨道，用不同指向的箭头“↑”或“↓”分别表示某自旋状态的电子。这种方式还可进一步表示电子所处的具体轨道和自旋状态。

根据三个基本原则书写的原子核外电子排布式与大多数基态原子的核外电子排布光谱实验结果一致，但也有少量元素(如 74 号元素 W)的基态原子的核外电子排布式不符合洪德规则，因此要以光谱实验结果为准。

表 1-3 基态原子的核外电子排布式

周期	原子序数	元素符号	电子排布式	周期	原子序数	元素符号	电子排布式	周期	原子序数	元素符号	电子排布式
1	1	H	$1s^{1}$	5	41	Nb	$[Kr]4d^{4}5s^{1}$	6	81	Tl	$[Xe]4f^{14}5d^{10}6s^{2}6p^{1}$
	2	He	$1s^{2}$		42	Mo	$[Kr]4d^{5}5s^{1}$		82	Pb	$[Xe]4f^{14}5d^{10}6s^{2}6p^{2}$
2	3	Li	$[He]2s^{1}$		43	Tc	$[Kr]4d^{5}5s^{2}$		83	Bi	$[Xe]4f^{14}5d^{10}6s^{2}6p^{3}$
	4	Be	$[He]2s^{2}$		44	Ru	$[Kr]4d^{7}5s^{1}$		84	Po	$[Xe]4f^{14}5d^{10}6s^{2}6p^{4}$
	5	B	$[He]2s^{2}2p^{1}$		45	Rh	$[Kr]4d^{8}5s^{1}$		85	At	$[Xe]4f^{14}5d^{10}6s^{2}6p^{5}$
	6	C	$[He]2s^{2}2p^{2}$		46	Pd	$[Kr]4d^{10}$		86	Rn	$[Xe]4f^{14}5d^{10}6s^{2}6p^{6}$
	7	N	$[He]2s^{2}2p^{3}$		47	Ag	$[Kr]4d^{10}5s^{1}$	7	87	Fr	$[Rn]7s^{1}$
	8	O	$[He]2s^{2}2p^{4}$		48	Cd	$[Kr]4d^{10}5s^{2}$		88	Ra	$[Rn]7s^{2}$
	9	F	$[He]2s^{2}2p^{5}$		49	In	$[Kr]4d^{10}5s^{2}5p^{1}$		89	Ac	$[Rn]6d^{1}7s^{2}$
	10	Ne	$[He]2s^{2}2p^{6}$		50	Sn	$[Kr]4d^{10}5s^{2}5p^{2}$		90	Th	$[Rn]6d^{2}7s^{2}$
3	11	Na	$[Ne]3s^{1}$		51	Sb	$[Kr]4d^{10}5s^{2}5p^{3}$		91	Pa	$[Rn]5f^{2}6d^{1}7s^{2}$
	12	Mg	$[Ne]3s^{2}$		52	Te	$[Kr]4d^{10}5s^{2}5p^{4}$		92	U	$[Rn]5f^{3}6d^{1}7s^{2}$
	13	Al	$[Ne]3s^{2}3p^{1}$		53	I	$[Kr]4d^{10}5s^{2}5p^{5}$		93	Np	$[Rn]5f^{4}6d^{1}7s^{2}$
	14	Si	$[Ne]3s^{2}3p^{2}$		54	Xe	$[Kr]4d^{10}5s^{2}5p^{6}$		94	Pu	$[Rn]5f^{6}7s^{2}$
	15	P	$[Ne]3s^{2}3p^{3}$	6	55	Cs	$[Xe]6s^{1}$		95	Am	$[Rn]5f^{7}7s^{2}$
	16	S	$[Ne]3s^{2}3p^{4}$		56	Ba	$[Xe]6s^{2}$		96	Cm	$[Rn]5f^{7}6d^{1}7s^{2}$
	17	Cl	$[Ne]3s^{2}3p^{5}$		57	La	$[Xe]5d^{1}6s^{2}$		97	Bk	$[Rn]5f^{9}7s^{2}$
	18	Ar	$[Ne]3s^{2}3p^{6}$		58	Ce	$[Xe]4f^{1}5d^{1}6s^{2}$		98	Cf	$[Rn]5f^{10}7s^{2}$
4	19	K	$[Ar]4s^{1}$		59	Pr	$[Xe]4f^{3}6s^{2}$		99	Es	$[Rn]5f^{11}7s^{2}$
	20	Ca	$[Ar]4s^{2}$		60	Nd	$[Xe]4f^{4}6s^{2}$		100	Fm	$[Rn]5f^{12}7s^{2}$
	21	Sc	$[Ar]3d^{1}4s^{2}$		61	Pm	$[Xe]4f^{5}6s^{2}$		101	Md	$[Rn](5f^{13}7s^{2})$
	22	Ti	$[Ar]3d^{2}4s^{2}$		62	Sm	$[Xe]4f^{6}6s^{2}$		102	No	$[Rn](5f^{14}7s^{2})$
	23	V	$[Ar]3d^{3}4s^{2}$		63	Eu	$[Xe]4f^{7}6s^{2}$		103	Lr	$[Rn](5f^{14}6d^{1}7s^{2})$
	24	Cr	$[Ar]3d^{5}4s^{1}$		64	Gd	$[Xe]4f^{7}5d^{1}6s^{2}$		104	Rf	$[Rn](5f^{14}6d^{2}7s^{2})$
	25	Mn	$[Ar]3d^{5}4s^{2}$		65	Tb	$[Xe]4f^{9}6s^{2}$		105	Db	$[Rn](5f^{14}6d^{3}7s^{2})$
	26	Fe	$[Ar]3d^{6}4s^{2}$		66	Dy	$[Xe]4f^{10}6s^{2}$		106	Sg	$[Rn](5f^{14}6d^{4}7s^{2})$
	27	Co	$[Ar]3d^{7}4s^{2}$		67	Ho	$[Xe]4f^{11}6s^{2}$		107	Bh	$[Rn](5f^{14}6d^{5}7s^{2})$
	28	Ni	$[Ar]3d^{8}4s^{2}$		68	Er	$[Xe]4f^{12}6s^{2}$		108	Hs	$[Rn](5f^{14}6d^{6}7s^{2})$
	29	Cu	$[Ar]3d^{10}4s^{1}$		69	Tm	$[Xe]4f^{13}6s^{2}$		109	Mt	$[Rn](5f^{14}6d^{7}7s^{2})$
	30	Zn	$[Ar]3d^{10}4s^{2}$		70	Yb	$[Xe]4f^{14}6s^{2}$		110	Ds	$[Rn](5f^{14}6d^{8}7s^{2})$
	31	Ga	$[Ar]3d^{10}4s^{2}4p^{1}$		71	Lu	$[Xe]4f^{14}5d^{1}6s^{2}$		111	Rg	$[Rn](5f^{14}6d^{9}7s^{2})$
	32	Ge	$[Ar]3d^{10}4s^{2}4p^{2}$		72	Hf	$[Xe]4f^{14}5d^{2}6s^{2}$		112	Cn	$[Rn](5f^{14}6d^{10}7s^{2})$
	33	As	$[Ar]3d^{10}4s^{2}4p^{3}$		73	Ta	$[Xe]4f^{14}5d^{3}6s^{2}$		113	Nh	$[Rn](5f^{14}6d^{10}7s^{2}7p^{1})$
	34	Se	$[Ar]3d^{10}4s^{2}4p^{4}$		74	W	$[Xe]4f^{14}5d^{4}6s^{2}$		114	Fl	$[Rn](5f^{14}6d^{10}7s^{2}7p^{2})$
	35	Br	$[Ar]3d^{10}4s^{2}4p^{5}$		75	Re	$[Xe]4f^{14}5d^{5}6s^{2}$		115	Mc	$[Rn](5f^{14}6d^{10}7s^{2}7p^{3})$
	36	Kr	$[Ar]3d^{10}4s^{2}4p^{6}$		76	Os	$[Xe]4f^{14}5d^{6}6s^{2}$		116	Lv	$[Rn](5f^{14}6d^{10}7s^{2}7p^{4})$
5	37	Rb	$[Kr]5s^{1}$		77	Ir	$[Xe]4f^{14}5d^{7}6s^{2}$		117	Ts	$[Rn](5f^{14}6d^{10}7s^{2}7p^{5})$
	38	Sr	$[Kr]5s^{2}$		78	Pt	$[Xe]4f^{14}5d^{9}6s^{1}$		118	Og	$[Rn](5f^{14}6d^{10}7s^{2}7p^{6})$
	39	Y	$[Kr]4d^{1}5s^{2}$		79	Au	$[Xe]4f^{14}5d^{10}6s^{1}$				
	40	Zr	$[Kr]4d^{2}5s^{2}$		80	Hg	$[Xe]4f^{14}5d^{10}6s^{2}$				

注：表中单框中的元素是过渡金属，双框中的元素是镧系或锕系元素。用圆括号括起来的电子排布式有待进一步证实。

1.4　元素周期律

教学视频

原子结构与元素周期律

1.4.1　原子结构与元素周期表

1869 年，俄国化学家门捷列夫(Д. И. Менделéев)在元素系统化的研究中，将元素按一定顺序排列起来，使元素的化学性质呈现周期性的变化。元素性质的这种周期性变化规律称为元素周期律(periodic law of the elements periodicity)，其表格形式称为元素周期表或元素周期系。今天，人们已经认识到，随着原子序数的增加，原子结构的周期性变化是造成元素性质周期性变化的根本原因。

拓展知识

为了纪念俄国化学家门捷列夫在 150 年前发表元素周期表这一科学史上的重大成就，联合国大会宣布，2019 年为国际化学元素周期表年。

1. 能级组与周期

以徐光宪的近似能级公式计算各原子轨道的$(n + 0.7l)$值，整数相同的轨道，由小到大归为一个能级组，共 7 个能级组，此计算结果与鲍林近似能级图中的能级组一致。一个能级组对应周期表中的一个周期。每个能级组中能容纳的电子数目就是该周期中所含元素的数目。第一、二、三周期包含的元素种类依次是 2、8、8 种，称为短周期；第四、五、六、七周期包含的元素种类依次是 18、18、32、32 种，称为长周期。元素原子核外电子的最高能级组的组数就是该元素的周期数。能级组与周期的关系列于表 1-4 中。

表 1-4　能级组与周期的关系

周期	能级组	相应能级组中的原子轨道	原子轨道数目	元素种类数	特点
一	1	1s	1	2	
二	2	2s 2p	4	8	短周期
三	3	3s 3p	4	8	
四	4	4s 3d 4p	9	18	
五	5	5s 4d 5p	9	18	长周期
六	6	6s 4f 5d 6p	16	32	
七	7	7s 5f 6d 7p	16	32	

2. 价层电子构型与族

元素周期表中每一个纵列的元素具有相似的价层电子构型，故称为一个族。其中Ⅷ族包含 3 个纵列，所以 18 个纵列共分为 16 族，主族、副族各含 8 族。

(1) 主族。按电子的填充顺序，凡是最后一个电子填入 ns 或 np 能级的元素称为主族元素，用 A 表示主族，用罗马数字表示族序数。周期表中共有 7 个主族(ⅠA～ⅦA)，其族数等于各自的最外层电子数，即 *n*s 和 *n*p 电子数之和。例如，Cl 元素原子的核外电子排布为[Ne]$3s^2 3p^5$，因此 Cl 元素属于ⅦA 族。除 He 元素外，稀有气体元素原子的最外层电子排布均为 ns^2np^6，呈现稳定结构，称为 0 族元素。

(2) 副族。按电子的填充顺序，凡是最后一个电子填在$(n-1)$d 能级或$(n-2)$f 能级上的元素称为副族元素，用 B 表示。在周期表中，副族元素介于典型的金属元素和非金属元素之间，所以又将它们称为过渡元素。第四、五、六周期中的过渡元素分别称为第一、二、三过渡系元素。镧系元素和锕系元素则称为内过渡系元素。

副族元素所处的族数与价层电子构型的关系：

ⅠB 和ⅡB 族元素：对于$(n-1)$d 电子已充满的元素，其族数等于最外层电子数。例如，Cd 元素基态原子的核外电子排布式为[Kr]$4d^{10}5s^2$，因此 Cd 元素属于ⅡB 族。

ⅢB～Ⅷ族元素：对于$(n-1)$d 电子未充满的元素，其族数等于$(n-1)$d 和 *n*s 电子数之和，若$(n-1)$d 和 *n*s 电子数之和大于或等于 8，则为Ⅷ族。例如，Sc 元素基态原子的核外电子排布式为[Ar]$3d^1 4s^2$，属于ⅢB 族；Co 元素基态原子的核外电子排布式为[Ar]$3d^7 4s^2$，属于Ⅷ族。

镧系元素与锕系元素：均属于ⅢB 族，但由于其性质的特殊性通常单列。

3. 元素的分区

根据基态原子核外电子排布式的特点，将价层电子构型相近的族归为同一个区。元素周期表可划分成 5 个区，如图 1-17 所示。

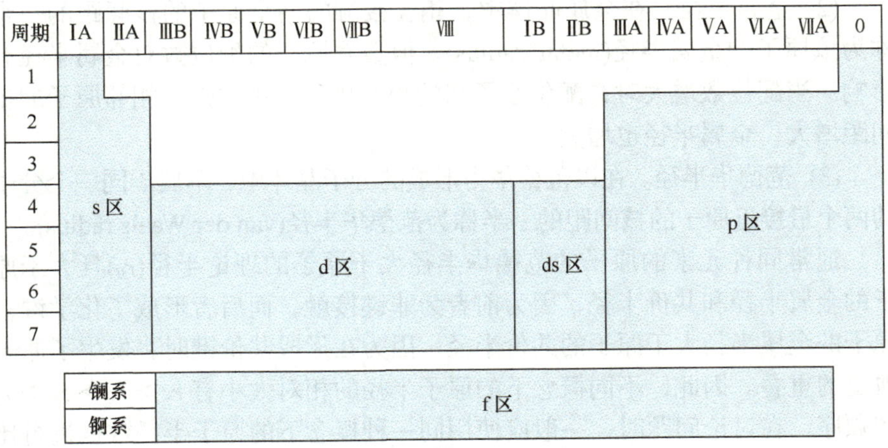

图 1-17 周期表中元素的分区

(1) s 区。价层电子构型为 $ns^{1\sim2}$ 的元素，称为 s 区元素，包括ⅠA、ⅡA 两个主族的元素。

(2) p 区。价层电子构型为 $ns^2np^{1\sim6}$ 的元素，称为 p 区元素，包括ⅢA～ⅦA，以及 0 族的主族元素。

(3) d 区。价层电子构型为 $(n-1)d^{1\sim9}ns^{1\sim2}$ (Pd 为 $4d^{10}5s^0$)的元素，称为 d 区元素，包括ⅢB～Ⅷ族六个副族的元素。

(4) ds 区。价层电子构型为 $(n-1)d^{10}ns^{1\sim2}$ 的元素，称为 ds 区元素，包括ⅠB、ⅡB 两个副族的元素。

(5) f 区。价层电子构型为 $(n-2)f^{0\sim14}(n-1)d^{0\sim2}ns^2$ 的元素，称为 f 区元素。镧系元素和锕系元素属于 f 区元素。

教学视频

元素性质的周期性(一)

1.4.2 原子半径的周期性

1. 原子半径的概念

由于电子运动的波动性及不确定性原理的限制，因此自由原子并不是一个具有明确边界的刚性圆球，也不存在经典意义上的半径。人们假定原子呈球体，借助相邻原子的核间距来确定原子半径。根据原子与原子之间作用力的不同，原子半径一般可分为共价半径(r_c)、金属半径(r_M)和范德华半径(r_V)三种(图 1-18)。

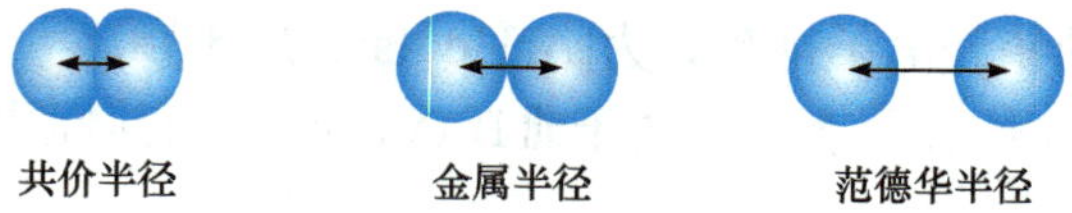

图 1-18 原子半径示意图

(1) 共价半径。通常将同核双原子分子中相邻两原子的核间距的一半，即共价键键长的一半，称为该原子的共价半径(covalence radius)。例如，在 H_2 分子中，H 原子的核间距是 74pm，则氢原子的共价半径为 37pm。

(2) 金属半径。在金属晶体中，相互接触的两个原子的核间距的一半称为该原子的金属半径(metal radius)。但金属原子的配位数对金属半径有影响。当配位数增大时，配位原子间的相互排斥作用增强，相邻原子的核间距增大，金属半径也增大。

(3) 范德华半径。在以范德华力形成的分子晶体中，不属于同一个分子的两个最接近原子的核间距的一半称为范德华半径(van der Waals radius)。

通常同种元素的原子的范德华半径大于原子的理论半径(r_0)且大于原子的金属半径和共价半径，因为前者为非键接触，而后者形成了化学键；原子的金属半径大于原子的共价半径，因为在形成共价键时，发生了原子轨道的重叠。因此，不同概念下的原子半径的相对大小有 $r_V > r_0 > r_M > r_c$ 的顺序。在讨论问题时，一般应使用同一种概念下的原子半径数据进行比较，这样才有意义。

2. 原子半径的周期性

表 1-5 列出了周期表中各元素原子半径的数据，其中除金属为金属半径(配位数为 12)、稀有气体为范德华半径，其余均为共价半径。

表 1-5 元素的原子半径(单位：pm)

	IA																	0
1	H* 37	IIA											IIIA	IVA	VA	VIA	VIIA	He 140**
2	Li 152	Be 111											B 84*	C 75*	N 71*	O 64*	F 60*	Ne 154**
3	Na 186	Mg 160	IIIB	IVB	VB	VIB	VIIB	VIII			IB	IIB	Al 143	Si 114*	P 109*	S 104*	Cl 100*	Ar 188**
4	K 232	Ca 197	Sc 162	Ti 147	V 134	Cr 128	Mn 127	Fe 126	Co 125	Ni 124	Cu 128	Zn 134	Ga 135	Ge 128	As 120*	Se 118*	Br 117*	Kr 202**
5	Rb 248	Sr 215	Y 180	Zr 160	Nb 146	Mo 139	Tc 136	Ru 134	Rh 134	Pd 137	Ag 144	Cd 149	In 167	Sn 151	Sb 145	Te 137*	I 136*	Xe 216**
6	Cs 265	Ba 217	La 183	Hf 159	Ta 146	W 139	Re 137	Os 135	Ir 136	Pt 139	Au 144	Hg 151	Tl 176	Pb 175	Bi 155	Po 164	At —	Rn —

La	Ce	Pr	Nd	Pm	Sm	Eu	Gd	Tb	Dy	Ho	Er	Tm	Yb	Lu
183	182	182	181	183	180	208	180	177	178	176	176	176	193	174

资料来源：

金属半径：Speight J G. 2005. Lange's Handbook of Chemistry. 16th ed. New York: McGraw-Hill Companies Inc。

共价半径(*)和范德华半径(**)：Haynes W M. 2016. CRC Handbook of Chemistry and Physics. 97th ed. Boca Raton: CRC Press Inc。

1) 同周期元素原子半径的变化

同一周期的元素，从左到右，原子半径随原子序数增加而逐渐减小(稀有气体例外，因为其是范德华半径)，但长周期 d 区元素的原子半径随原子序数增加而减小得较慢，ds 区元素的原子半径略有增大，此后又逐渐减小。以上变化规律可以解释为：同一周期中，随着核电荷数的增加，原子核对外层电子的吸引力增大，使原子半径逐渐减小。

与副族元素相比，主族元素的原子半径递减规律更为明显，这是由于电子填充情况不同。主族元素的电子依次填入最外层轨道，对核电荷的屏蔽作用较小，致使有效核电荷递增显著，原子核对外层电子的吸引力增加较明显，因此原子半径减小也较显著；而副族的 d 区元素电子是依次填入次外层的 d 轨道，对核电荷的屏蔽作用较大，故有效核电荷递增较少，原子核对外层电子的吸引增加不多，因此原子半径减小缓慢。从 d 区过渡到 ds 区时，原子半径有所回升，这是因为 ds 区元素的 d^{10} 电子构型的屏蔽效应显著，所以原子半径又略有增大。

2) 同族元素原子半径的变化

同一族元素的原子半径，从上到下逐渐增大。这是因为从上到下主量子数 n 递增，电子层增加所起的作用大于有效核电荷增加的作用，占主导地位。主族元素原子半径增大较为明显，而副族元素不明显。

第六周期 d 区元素的原子半径与第五周期元素相近，甚至有所减小，这是因为在第六周期的ⅢB 族出现了镧系元素，在一个格子内集中了 15

个核电荷，所以第六周期副族元素相对于第五周期副族元素而言，有效核电荷增加对原子半径减小的影响超过了电子层数对原子半径增大的影响，从而导致第六周期副族元素的原子半径变得较小，与第五周期同族元素的原子半径接近，如 Zr 与 Hf、Nb 与 Ta、Mo 与 W 三对原子的半径相近，化学性质也极为相似，不易分离。这种现象称为镧系收缩(详见 22.1.1)。

1.4.3 电离能的周期性

1. 电离能的概念

基态的气态原子失去最外层的一个电子成为气态 +1 价离子所需的最低能量称为第一电离能，用 I_1 表示。再相继失去第二、三、……电子所需能量依次称为第二电离能(I_2)、第三电离能(I_3)等。

$$A(g) \xrightarrow{I_1} A^{+}(g) \xrightarrow{I_2} A^{2+}(g) \xrightarrow{I_3} A^{3+}(g) \cdots$$

电离能的大小反映了原子失去电子的难易程度。电离能越大，越难失去电子，非金属性越强。电离能数据既可以通过原子光谱、光电子能谱和电子冲击质谱等实验方法准确测定，也可以从理论上通过近似方法计算得到。表 1-6 列出了各元素的第一电离能。

表 1-6 元素的第一电离能 I_1 (单位：$kJ \cdot mol^{-1}$)

	ⅠA	ⅡA	ⅢB	ⅣB	ⅤB	ⅥB	ⅦB	Ⅷ			ⅠB	ⅡB	ⅢA	ⅣA	ⅤA	ⅥA	ⅦA	0
1	H 1 312.0																	He 2 372.3
2	Li 520.2	Be 899.5											B 800.6	C 1 086.5	N 1 402.3	O 1 313.9	F 1 681.0	Ne 2 080.7
3	Na 495.8	Mg 737.7											Al 577.5	Si 786.5	P 1 011.8	S 999.6	Cl 1 251.2	Ar 1 520.6
4	K 418.8	Ca 589.8	Sc 633.1	Ti 658.8	V 650.9	Cr 652.9	Mn 717.3	Fe 762.5	Co 760.4	Ni 737.1	Cu 745.5	Zn 906.4	Ga 578.8	Ge 762.2	As 944.5	Se 941.0	Br 1 139.9	Kr 1 350.8
5	Rb 403.0	Sr 549.5	Y 599.9	Zr 640.1	Nb 652.1	Mo 684.3	Tc 702.4	Ru 710.2	Rh 719.7	Pd 804.4	Ag 731.0	Cd 867.8	In 558.3	Sn 708.6	Sb 830.6	Te 869.3	I 1 008.4	Xe 1 170.3
6	Cs 375.7	Ba 502.9	La 538.1	Hf 658.5	Ta 728.4	W 758.8	Re 755.8	Os 814.2	Ir 865.2	Pt 864.4	Au 890.1	Hg 1 007.1	Tl 589.4	Pb 715.6	Bi 702.9	Po 812.2	At —	Rn 1 037.1
7	Fr 393.0	Ra 509.3	Ac 519.2															

La 538.1	Ce 534.4	Pr 528.1	Nd 533.1	Pm 538.6	Sm 544.5	Eu 547.1	Gd 593.4	Tb 565.8	Dy 573.0	Ho 581.0	Er 589.3	Tm 596.7	Yb 603.4	Lu 523.5
Ac 519.2	Th 608.5	Pa 568.3	U 597.6	Np 604.5	Pu 581.4	Am 576.3	Cm 578.1	Bk 598.0	Cf 606.1	Es 614.4	Fm 627.2	Md 634.9	No 641.6	Lr 478.6

资料来源：Haynes W M. 2016. CRC Handbook of Chemistry and Physics. 97th ed. Boca Raton: CRC Press Inc。

注：原表中数据单位为电子伏特(eV)，本表将其乘以 96.4853，所得数据单位即为 $kJ \cdot mol^{-1}$。

2. 电离能变化的周期性

1) 相同元素各级电离能比较

原子失去一个电子后，离子中的电子受原子核的吸引增强，故从 A^+ 中再失去一个电子所需的能量增加，即第二电离能必定大于第一电离能。同理，第三电离能必定大于第二电离能。因此，相同元素的原子的各级电离能依次增大，即 $I_1 < I_2 < I_3 < I_4 < \cdots$。

电离能还可用于说明元素的常见价态。由表 1-7 中 Na、Mg 和 Al 三种元素的电离能数据可见，Na 原子的 I_2 比 I_1 大得多，说明 Na 原子失去第一个电子较容易，但再失去一个电子就很困难，因此 Na 原子通常只失去一个电子形成 +1 氧化态；Mg 原子 I_3 比 I_1 和 I_2 均大得多，所以通常可失去两个电子形成 +2 氧化态；同理，Al 通常形成+3 氧化态。

思考题 1-6

为什么 Na 的第一电离能小于 Mg，而第二电离能大于 Mg?

表 1-7 几种元素的各级电离能(单位：$kJ \cdot mol^{-1}$)

元素符号	I_1	I_2	I_3	I_4	I_5
Na	495.8	4 562	6 910.3	9 543	13 354
Mg	737.7	1 450.7	7 732.7	10 542.5	13 630
Al	577.5	1 816.7	2 744.8	11 577	14 842

2) 电离能沿族的变化规律

在同一族中，电离能一般是随着电子层数的增加而递减，这是因为外层电子半径越大，能量越高，越容易被电离。

3) 电离能沿周期的变化规律

在同一周期中，元素电离能变化的趋势一般是随着原子序数的增加而递增，增加的幅度随周期数的增加而减小，但这种递增趋势并非单调递增而是曲折上升(图 1-19)。例如，第二周期元素 Be($2s^2$)和 N($2s^22p^3$)的第一电离能均比它们左右相邻元素更大，这是由于全充满($2s^2$)和半充满($2p^3$)的电子排布的能量较低，体系更稳定。第三周期也有类似情况。一般来说，若电离的结果会导致稳定结构被破坏，则电离能会“反常”地增大。反之，若电离的结果会导致达到稳定结构，则电离能会“反常”地减小。

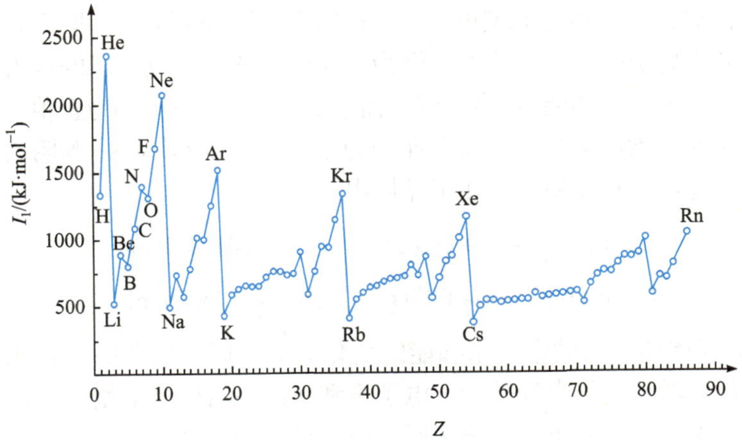

图 1-19 元素第一电离能的变化规律

各周期中稀有气体元素的电离能最大，主要原因是它们的原子最外层具有稳定的 8 电子构型。

1.4.4 电子亲和能的周期性

1. 电子亲和能的概念

某元素一个基态的气态原子获得一个电子成为−1 氧化态气态阴离子时所放出的能量称为该元素的第一电子亲和能，用 A_1 表示。同理，还有第二电子亲和能(A_2)和第三电子亲和能(A_3)。部分元素的电子亲和能见表 1-8。

表 1-8 部分元素的电子亲和能 A(单位：$kJ\cdot mol^{-1}$)

H −72.7							He +48.2
Li −59.6	Be +48.2	B −26.7	C −121.9	N +6.75	O −141.0 (+844.2)	F −328.0	Ne +115.8
Na −52.9	Mg +38.6	Al −42.5	Si −133.6	P −72.1	S −200.4 (+531.6)	Cl −349.0	Ar +96.5
K −48.4	Ca +28.9	Ga −28.9	Ge −115.8	As −78.2	Se −195.0	Br −324.7	Kr +96.5
Rb −46.9	Sr +28.9	In −28.9	Sn −115.8	Sb −103.2	Te −190.2	I −295.1	Xe +77.2

资料来源：Hotop H, Lineberger W C. 1985. J Phys Chem, 14: 731.

注：括号内数值为第二电子亲和能。

电子亲和能的大小反映了原子得到电子的难易程度。放出的能量越多，电子亲和能的数值越大，表明原子越容易得到电子，非金属性一般就越强。电子亲和能难于用实验方法直接测定，准确度比电离能小得多，所以各文献的数据往往差别很大。

2. 电子亲和能的变化规律

(1) 级数的影响。大部分元素原子在获得第一个电子形成 −1 氧化态阴离子时，总是放热，可是元素的 −1 氧化态阴离子再获得一个电子而形成 −2 氧化态的阴离子时总是吸热的，因为要克服阴离子和电子间的斥力。这使元素的第一电子亲和能(A_1)为负值，而第二电子亲和能(A_2)为正值。例如，O 元素和 S 元素的第二电子亲和能均为正值，所以 O^{2-}、S^{2-}等阴离子在气态下极不稳定，只能稳定存在于晶体中。

$$O(g) + e^- \longrightarrow O^-(g) \qquad A_1 = -141.0kJ\cdot mol^{-1}$$

$$O^-(g) + e^- \longrightarrow O^{2-}(g) \qquad A_2 = 844.2kJ\cdot mol^{-1}$$

(2) 同周期元素的电子亲和能的变化。对于同一周期的主族元素，随原子序数递增，原子半径减少，电子亲和能的绝对值逐渐增大。但是存在一些反常现象，当原子的电子壳层为全充满(如稀有气体的 ns^2np^6 构型)或半充满(如 N 元素的 $2p^3$ 构型)时，它们较难获得电子，其 A_1 值变正。

(3) 同族元素的电子亲和能的变化。同族元素电子亲和能一般随原子半径减小而增大。这是因为原子半径减小，核电荷对电子的吸引力就增强，原子则易结合外来电子而放出能量。但是每一族开头的元素，电子亲和能的绝对值并非都是最大的。例如，绝对值 $A_1(O) < A_1(S)$、$A_1(F) < A_1(Cl)$、$A_1(B) < A_1(Al)$等。这一反常现象是因为第二周期元素的原子半径比第三周期小得多，电子云密度大，电子间斥力强，反而不利于接受电子。

电离能和电子亲和能都是反映一个原子得到或者失去电子的能力，仅从其出发判断金属性和非金属性是不全面的。那么当原子形成分子时，原子对成键电子的吸引能力如何量度呢？

1.4.5 电负性的周期性

1. 电负性的概念

教学视频
元素性质的周期性(二)

1932 年，鲍林首先提出电负性(electronegativity)的概念，他将一个分子中的原子对电子的吸引能力定义为原子的电负性(χ)。电负性概念与电子亲和能和电离能不同，它不是一个孤立原子的性质，而是分子中的原子在周围原子影响下，表现出来的吸引成键电子的能力。电负性越大，表示元素的原子在分子中吸引成键电子的能力越大，反之越小。

电负性的数值无法用实验测定，只能采用对比的方法得到。由于选择的标准不同、计算方法不同，因此得到的电负性数值也不一样。主要的学派有鲍林(Pauling)标度(χ_P)、马利肯(Mulliken)标度(χ_M)、奥尔雷特-罗乔(Allred Roehow)标度(χ_{AR})、桑德逊(Sanderson)标度(χ_S)和埃伦(Allen)标度(χ_A)等。使用最广的还是鲍林的电负性标度。在使用电负性数据时，要注意使用同一套数据。

2. 电负性随周期表的变化规律

1) 影响电负性的因素

根据马利肯的电负性标度(χ_M)：

$$\chi_M = \frac{1}{2}(A + I) \tag{1-23}$$

不难理解，元素电负性与元素的电离能 I(表示失电子的能力)和电子亲和能 A(表示得电子的能力)有关，电负性随周期表的变化规律也与元素的电离能和电子亲和能的变化规律有关。周期表中电负性变化的不规则现象与周期表中有效核电荷和原子半径的变化不规则现象是一致的。

为了比较不同元素的电负性，鲍林最早建立了电负性标度。他将最活泼的非金属元素 F 的电负性指定为 4.0，然后利用相关键能数据求出其他元素的电负性值(表 1-9)。因此，各元素的电负性是相对数值。必须指出，同一元素的氧化数不同，电负性数值就不同。例如，Fe(Ⅱ)和 Fe(Ⅲ)的电负性分别是 1.7 和 1.8；Cr(Ⅲ)和 Cr(Ⅵ)的电负性分别是 1.6 和 2.4(鲍林数据)。一般电负性表中所列电负性值，实际上是该元素最稳定氧化数的电负性值。

表 1-9 元素的电负性表χ_p

	ⅠA	ⅡA	ⅢB	ⅣB	ⅤB	ⅥB	ⅦB	Ⅷ			ⅠB	ⅡB	ⅢA	ⅣA	ⅤA	ⅥA	ⅦA	0
1	H 2.18																	He —
2	Li 0.98	Be 1.57											B 2.04	C 2.55	N 3.04	O 3.44	F 3.98	Ne —
3	Na 0.93	Mg 1.31											Al 1.61	Si 1.90	P 2.19	S 2.58	Cl 3.16	Ar —
4	K 0.82	Ca 1.00	Sc 1.36	Ti 1.54	V 1.63	Cr 1.66	Mn 1.55	Fe 1.83	Co 1.88	Ni 1.91	Cu 1.90	Zn 1.65	Ga 1.81	Ge 2.01	As 2.01	Se 2.55	Br 2.96	Kr —
5	Rb 0.82	Sr 0.95	Y 1.22	Zr 1.33	Nb 1.6	Mo 2.16	Tc 2.10	Ru 2.2	Rh 2.28	Pd 2.20	Ag 1.93	Cd 1.69	In 1.78	Sn 1.96	Sb 2.05	Te 2.10	I 2.66	Xe 2.60
6	Cs 0.79	Ba 0.89	La～Lu 1.0～1.3	Hf 1.3	Ta 1.5	W 1.7	Re 1.9	Os 2.2	Ir 2.2	Pt 2.2	Au 2.4	Hg 1.9	Tl 1.8	Pb 1.8	Bi 1.9	Po 2.0	At 2.2	Rn —

资料来源：Haynes W M. 2016. CRC Handbook of Chemistry and Physics. 97th ed. Boca Raton: CRC Press Inc。

2) 电负性随周期表的变化规律

在周期表中，右上角 F 元素的电负性最大，左下角 Cs 元素的电负性最小。非金属的电负性一般在 2.0 以上(电负性大于 2.5 的一般为活泼非金属元素)，金属的电负性一般在 2.0 以下(电负性小于 1.5 的一般为活泼金属元素)。

主族和副族元素电负性变化规律不完全相同。对于主族元素，同一周期自左至右电负性增大，元素的非金属性增强，金属性减弱；同一族自上而下电负性减小，元素的非金属性减弱，金属性增强。但在 p 区出现了反常现象，即第四周期元素的电负性大于第三周期元素的电负性，如χ(Ga) > χ(Al)，这是因为前者的有效核电荷数比后者大。副族元素的电负性递变规律不如主族元素明显，它们都属于金属元素，但金属性不及碱金属和碱土金属，其电负性通常也比这两类金属元素的电负性大。

利用元素的电负性，除了可以判断元素的金属性和非金属性，还可以判断氧化物的酸碱性及判断化学键的极性等。

若元素的电负性位于 1.6～1.9，其氧化物通常为两性氧化物，如 Al_2O_3、ZnO 等；若元素的电负性小于 1.6，其氧化物通常为碱性氧化物，如 Na_2O、MgO 等；若元素的电负性大于 1.9，其氧化物通常为酸性氧化物，如 P_2O_5、SO_3 等。

若组成分子的两原子的电负性差值为 0，则形成非极性共价键，如同核双原子分子 H_2 中的 H—H 键、O_2 分子中的 O—O 键；若组成分子的两原子的电负性差值大于 0 且小于 1.7，通常形成极性共价键，如 HCl 分子中的 H—Cl 键、H_2O 分子中的 H—O 键等；若组成分子的两原子的电负性差值大于 1.7，通常形成离子键，如 NaCl 中 Na 和 Cl 之间就是离子键。有关化学键的知识将在“分子结构”和“固体结构”两章中详细介绍。

化学史话

门捷列夫与元素周期表

德米特里·伊万诺维奇·门捷列夫（Д. И. Менделéев，1834—1907，俄国化学家）

化学元素周期表为大众所熟知，它是对科学知识特别是化学知识的高度概括与归纳，不仅作为科学研究过程的符号表达发挥着作用，也是科学知识传播的必要工具。

联合国大会宣布2019年为国际化学元素周期表年，旨在纪念俄国著名化学家门捷列夫在150年前发表元素周期表这一科学发展史上的重大成就。

1862年，门捷列夫开始研究元素周期律。他在批判地继承前人工作的基础上，对大量实验事实进行了订正、分析和概括，最终总结出这样一条规律：元素(以及由它所形成的单质和化合物)的性质随着原子量的递增而呈周期性的变化，即元素周期律。1869年，门捷列夫依据元素周期律编制出世界上第一张系统的元素周期表，将已经发现的63种元素全部列入表里，从而初步完成了使元素系统化的任务。

门捷列夫在表中还留下空位，预言了类似硼、铝、硅的未知元素(即后来发现的钪、镓、锗)的性质，并指出当时测定的某些元素原子量的数值有错误。而他在周期表中也没有机械地将元素完全按照原子量数值的顺序排列。若干年后，他的许多预言都得到了证实。门捷列夫工作的成功引起了科学界的震动。人们为了纪念他的功绩，就将元素周期律和周期表称为门捷列夫元素周期律和门捷列夫元素周期表。1871年12月，门捷列夫发表了更精确、更系统的第二张元素周期表。

门捷列夫发表元素周期表并对可能存在的元素做出预测之后，为人们寻找新元素提供了理论上的指导，大大激发了科学家探索新元素的热情，发现或创造新元素的平均速度达到几乎每2～3年一个。现在，新的科学成果逐步完善了门捷列夫的元素周期表。2016年6月8日，国际纯粹与应用化学联合会(IUPAC)宣布，将第118号合成化学元素Og(oganesson，氭)提名为化学新元素。至此，已有118种元素被人类发现。在最新版元素周期表中，共118种元素全部填满了七个周期。

元素周期表七个周期已经填满了，还会有其他元素吗？

科学家介绍：元素远远不止门捷列夫在150年前所预测的这七个周期，可能还会出现第八个周期。但第八周期的元素很难被观测到，其原因可能是半衰期非常短，很难用仪器精确测量到。但是，检测技术的提高和核聚变等手段的使用，有助于人们发现更多神奇的元素。

拓展阅读

习 题

1-1 计算氢原子电子由 $n=4$ 能级跃迁到 $n=3$ 能级时发射光的频率和波长。

1-2 已知电子质量为 9.1×10^{-31}kg，试计算下列粒子的德布罗意波的波长：

(1) 质量为 10^{-10}kg，运动速度为 $0.01\text{m}\cdot\text{s}^{-1}$ 的尘埃；

(2) 动能为 300eV 的自由电子。

1-3 子弹(质量 0.01kg，速度 $1000\text{m}\cdot\text{s}^{-1}$)、原子中的电子(质量为 9.1×10^{-31}kg，速度为 $1.0\times10^{6}\text{m}\cdot\text{s}^{-1}$)等，若速度的不确定度均为速度的 10%，判断在确定这些质点的位置时，不确定性原理是否有实际意义。

1-4 指出符号 $3p_x$ 所表示的意义及该轨道电子的最大容量。

1-5 下列说法是否正确？说明理由。

(1) s 轨道为球形，表示 s 电子在球形轨道上运动；

(2) p 电子的原子轨道角度分布图呈“8”字形，所以 p 电子是沿着一个“8”字形的轨道在运动。

1-6 在下列电子构型中哪些属于原子的基态？哪些属于原子的激发态？哪些是错误的？

(1) $1s^22s^32p^1$；(2) $1s^22p^2$；(3) $1s^22s^22p^2$；(4) $1s^22s^22p^63s^13d^1$；(5) $1s^22s^22p^54f^1$。

1-7 已知某元素的最外层有 4 个价层电子，它们的 4 个量子数(n，l，m，m_s)分别是：$(4，0，0，+\frac{1}{2})$，$(4，0，0，-\frac{1}{2})$，$(3，2，0，+\frac{1}{2})$，$(3，2，1，+\frac{1}{2})$，则元素原子的电子排布式是什么？是什么元素？

1-8 对于多电子原子，在下列轨道中：3s、$3p_x$、$3p_y$、$3p_z$、$3d_{xy}$、$3d_{xz}$、$3d_{yz}$，哪些是等价轨道？

1-9 某基态原子有 6 个电子处于 $n=3$、$l=2$ 的能级，其未成对的电子数是多少？

1-10 满足下列条件的是什么元素？写出元素名称和元素符号。

(1) 属 0 族，但没有 p 电子；

(2) 在 4p 能级上有 1 个电子；

(3) 开始填充 4d 能级；

(4) 价层电子构型为 $3d^{10}4s^1$。

1-11 已知元素在周期表中的位置，写出它们的价层电子构型和元素符号。

(1) 第四周期ⅣB 族；

(2) 第四周期ⅦB 族；

(3) 第五周期ⅦA 族；

(4) 第六周期ⅢA 族。

1-12 以下各“亚层”哪些可能存在，包含多少轨道？哪些不存在？为什么？

(1) 2s；(2) 3f；(3) 4p；(4) 2d；(5) 5d。

1-13 价层电子构型满足下列条件之一是哪一类或哪一个元素？

(1) 具有 2 个 p 电子；

(2) 有 2 个 $n=4$、$l=0$ 的电子，6 个 $n=3$、$l=2$ 的电子；

(3) 3d 全充满，4s 只有 1 个电子的元素。

1-14 判断符合下列条件的是什么元素。

(1) 某元素+2 氧化态离子和 Ar 的电子排布式相同；

(2) 某元素的+3 氧化态离子和 F^- 的电子排布式相同；

(3) 某元素的+2 氧化态离子的 3d 电子数为 7 个。

1-15 某元素的价层电子构型是 $4d^{10}5s^2$，试写出它的核外电子排布式，它的原子序数是多少？它在周期表中哪个周期？哪个族？哪个区？写出元素符号。

1-16 说明下列等电子离子的半径在数值上为什么有差别：
Na^+(98pm)、Mg^{2+}(74pm)与 Al^{3+}(57pm)

1-17 比较下列各对原子半径的相对大小并简要说明理由：
(1) Ca 和 Sc；(2) Ni 和 Cu；(3) Cs 和 Sr。

1-18 将 Mg、Al、P、S 四种元素按照第一电离能从小到大的顺序排列，并说明理由。

1-19 为什么电子亲和能绝对值最大(放出能量最多)的不是第二周期的 O 和 F，而是第三周期的 S 和 Cl？

1-20 ⅠA 族元素与ⅠB 族元素原子的最外层都只有一个 s 电子，但前者单质的活泼性明显强于后者，从它们的原子结构特征解释。

(东北大学　　桑晓光)

第2章　分子结构

第 2 章　导学

物质的性质取决于两种因素，一种是组成物质的元素原子，另一种是各元素原子之间的相互结合，这种相互结合的方式即化学键。一个化学反应的过程，实际上是一个旧的化学键被破坏、新化学键形成的过程。按两原子间相互结合作用力的不同，化学键主要可以分为三类，即共价键、离子键和金属键。本章主要介绍共价键及其所形成的分子结构。

2.1　共价键理论

原子间在形成化学键时，若原子间电负性相差不大甚至相等，则形成共价键。最早的共价键理论是 1916 年路易斯(G. N. Lewis)的共用电子对理论，即路易斯理论。后来在量子力学发展的基础上，1927 年美籍德国物理学家海特勒(W. Heitler)和美籍波兰物理学家伦敦(F. London)提出了价键理论(valence bond theory，简称 VB 理论)。1931 年，美国化学家鲍林(L. Pauling)提出了杂化轨道理论。同年，美国化学家马利肯(R. S. Mulliken)和德国化学家洪德(F. Hund)提出了分子轨道理论。

2.1.1　路易斯理论

教学视频
路易斯理论和氢分子

动画
路易斯结构式

路易斯理论(也称八隅体规则)认为：在分子中，每个原子与其相邻原子共享电子以达到稳定的稀有气体原子的 8 电子外层电子构型(He 为 2 电子)。当两元素原子的电负性相差不大时，原子间通过共用电子对的形式，达到八隅体稳定结构(氢、氦除外)，形成共价键。例如：

HCl 分子的形成：　$\text{H}\cdot + \cdot\ddot{\underset{\cdot\cdot}{\text{Cl}}}\!: \;=\!=\; \text{H}\!:\!\ddot{\underset{\cdot\cdot}{\text{Cl}}}\!:$

N_2 分子的形成：　$:\!\dot{\underset{\cdot}{\text{N}}}\cdot + \cdot\dot{\underset{\cdot}{\text{N}}}\!: \;=\!=\; :\!\text{N}\vdots\vdots\text{N}\!:$

H 原子和 Cl 原子之间的 2 个电子为两个原子共有，从而使两个原子都具有稀有气体的稳定结构。而两个 N 原子则必须各出 3 个电子，通过共用 3 对电子，达到八隅体。为一个原子所独有、未参与成键的电子对称为孤对电子。两原子间共用电子对的数目即为两原子间形成共价键的键数。键数越多，键能越高。

通常用短线表示共用电子对(即共价键)将成键元素连接起来，并在元素符号周围用小蓝点表示未成键的价电子，这种描述分子结构的式子称为路易斯结构式。如果两原子间共用两对电子，则形成双键，用两条短线“═”

表示；若共用三对电子，则形成三键，用三条短线“≡”表示。几种常见分子的路易斯结构式如表 2-1 所示。

表 2-1 几种常见分子的路易斯结构式

分子	路易斯结构式
HCl	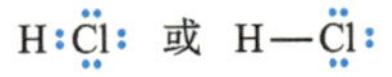
N_2	
CO_2	
HCN	
CH_4	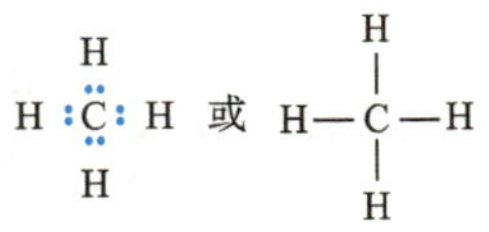
NF_3	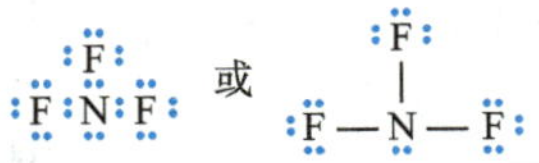

常用的是路易斯结构简式，即在路易斯结构式基础上仅将两原子间共用电子对用短线代替，画出一根或多根短线分别表示单键或多键，从而突出共用电子对，使用更简便。例如，HCl、N_2、CO_2 和 HCN 分子的路易斯结构简式分别为

$$H—Cl，N≡N，O=C=O，H—C≡N$$

路易斯理论成功地解释了一些简单分子的组成，初步揭示了共价键的本质。但该理论将核外成键电子看成是局限在两成键原子之间的静电荷，未跳出经典静电理论的窠臼。它无法解释共价键的方向性和为什么两个带相同电荷的电子不相互排斥反而配对。对一些非八隅体，如 BF_3、PCl_5 等，为什么能稳定存在，也不能合理解释。随着量子力学的建立和发展，海特勒和伦敦 1927 年用量子力学处理氢分子，进而提出了价键理论，由此奠定了现代价键理论的基础。

2.1.2 现代价键理论

1. 量子力学处理氢分子的结果

价键理论是海特勒和伦敦用量子力学方法处理氢分子问题的推广。1927 年，他们首次求解氢分子的薛定谔方程，用近似方法计算氢分子体系的波函数和能量，得到氢分子的电子云分布等密度曲线和能量曲线，描述了氢分子的能量 E 与两个氢原子核间距 R 之间的关系，并反映出电子状态对成键的影响，如图 2-1 所示。计算结果表明：氢分子有基态和排斥态两种状态。当处于排斥态时，系统的总能量总是大于两未成键氢原子的能量之和，原子间不能形成稳定的化学键。而在基态时，当远离的两个 H 原子彼此靠近，它们之间的相互作用逐渐增大，系统能量也相应降低。在经过

教学视频
现代价键理论

了能量最低点之后，两原子进一步接近时，系统能量急剧升高。与基态的能量曲线上最低点相对应的是核间平衡距离 R_0，说明电子云分布等密度曲线密集于两个原子核之间，形成稳定的氢分子。

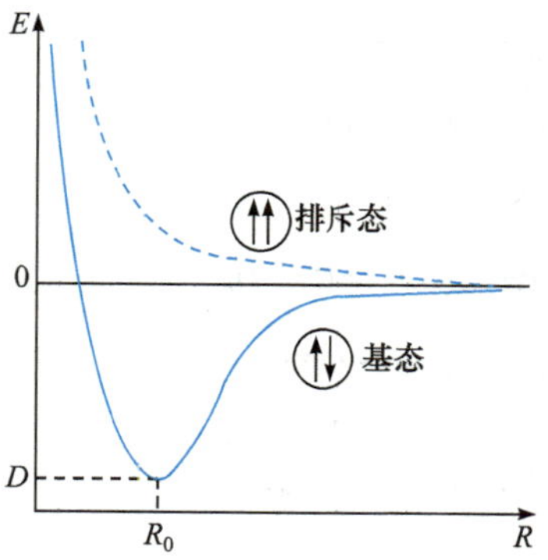

图 2-1 H_2分子的能量与核间距的关系曲线

他们对结果的解释是，原子间的相互作用与成键电子的自旋方向密切相关。或者说，与相邻原子之间同能量的电子之间因电子自旋方向不同引起的泡利不相容原理所产生的排斥或吸引能有关。当处于排斥态时，两个氢原子的两个成键电子自旋方向相同。当这两个原子靠近时，它们的原子轨道异号重叠(波函数相减)，核间电子云密度减小，两原子电子间的排斥力占主导地位，系统能量升高，不能形成稳定的氢分子。基态时，两个氢原子的两个成键电子自旋方向相反。当它们相距无限远时，原子轨道不发生重叠，系统能量接近于零。随着两个氢原子核间距的减小，它们的 1s 轨道之间的重叠(波函数相加)也会增加，从而在核间形成一个电子概率密度增大的区域，吸引两个氢原子核，降低两核间的正电排斥，降低系统能量。当两原子核间距达到平衡距离 R_0 (74pm，即氢分子的键长)时，两个氢原子系统的能量达到最低值 D。当两个氢原子核间距小于 R_0 时，原子核间的排斥力迅速升高，变成以排斥力为主，这使系统的能量迅速上升，两原子重新回到平衡位置。

海特勒和伦敦第一次用量子力学方法揭示了共价键的本质，即为什么中性原子(如 H)能够牢固地结合在一起形成分子，以及为什么 H 只能形成 H_2 而不能形成 H_3 等一系列共价分子的结构和本质问题，并在此基础上发展了近代共价键理论。本节将简要介绍价键理论中的一些基本内容。

2. 价键理论的基本要点

1930 年，鲍林等将采用量子力学对 H_2 分子成键的研究结果推广到其他双原子分子和多原子分子，形成了现代价键理论。其基本要点如下：

1) 电子配对成键原理

只有当两原子的未成对电子在自旋方向相反的情况下配对，才能形成稳定的共价键。例如，A、B 两个原子，各有 1 个自旋相反的未成对电子，它们之间则形成共价单键；若 A、B 两原子各有 2 个或者 3 个自旋相反的未成对电子，则可两两配对形成共价双键或三键。例如，O 原子的外层有两个未成对 2p 电子，分别与 H 原子未成对的 1s 电子配对成键，形成 AB_2 型的 H_2O 分子；N 原子的外层有 3 个未成对 2p 电子，可与另 1 个 N 原子的 3 个未成对 2p 电子两两配对，形成含有三键的 N_2 分子；He 原子有 2 个 1s 电子，不存在未成对电子，所以 He 原子之间不能形成化学键，He 为单原子分子。

为了增加体系的稳定性，各原子价层轨道中未成对电子应尽可能相互配对，以形成最多数目的化学键。因此，电子配对成键原理决定了共价键的饱和性。

2) 原子轨道最大重叠原理

当两个原子轨道以对称性相同的部分(即“+”与“+”、“–”与“–”)相重叠时，两原子间电子出现的概率密度比重叠前增大，使两原子间的结合力大于两个核之间的排斥力，导致体系能量降低，从而形成共价键。这种重叠对成键是有效的，称为有效重叠。两原子间的电子云密度越大，所形成的共价键越稳定，分子能量越低。原子轨道通常都有一定的伸展方向，原子轨道最大重叠原理决定了共价键的方向性。

若两个原子轨道以对称性不相同的部分(即“+”与“–”)相重叠时，两原子间电子出现的概率密度比重叠前减小，在两原子间形成一个电子出现的概率密度几乎为零的节面。由于此时两原子核间排斥力占优，体系能量升高，因此难以成键。这种重叠对成键是无效的，称为无效重叠。

价键理论，也可称为电子配对理论，因为它将电子配对原理中一对自旋相反的电子形成共价键的观点，作为描述分子中电子运动规律的波函数基础。因此，分子中每一共价单键同时代表一对成键原子轨道和两个自旋相反的电子。

2.1.3 共价键的特点

教学视频
共价键 (1)

1. 共价键具有方向性

成键原子轨道的最大重叠决定了共价键的方向。除 s 轨道呈球形对称外，p 轨道、d 轨道及 f 轨道在空间都有特定的伸展方向。在形成共价键时，s 轨道在任何方向上都能形成最大重叠，而 p 轨道、d 轨道及 f 轨道只有沿着一定的方向才能保证成键时原子轨道的最大重叠，这样所形成的化学键就有方向性。例如，在形成 HCl 分子时，H 原子的 1s 电子与 Cl 原子的一个未成对 3p 电子配对形成共价键。1s 轨道与 $3p_x$ 轨道只有沿着 x 轴方向以对称性相同的部分(“+”与“+”)相重叠时，才能发生最大程度的有效重叠，如图 2-2(a)所示。而图 2-2(b)和(c)中，1s 轨道与 $3p_x$ 轨道之间均未满足最大重叠原理，所以这两种重叠方式均不能形成稳定的共价键。图 2-2(d)中，1s 轨道与 $3p_x$ 轨道沿 x 轴以对称性不相同的部分(“+”与“–”)相重叠，则属于无效重叠，不能成键。

思考题 2-1

价键理论与路易斯理论在本质上有什么不同？价键理论提出的电子配对和轨道最大重叠两大原理与共价键的特点有何关系？

2. 共价键具有饱和性

共价键形成的一个很重要条件，就是成键原子必须具有未成对电子。未成对电子的多少，决定了该原子所能形成共价键的数目。例如，氢原子有一个未成对的 1s 电子，与另一个氢原子的 1s 电子配对形成 H_2 分子之后，就不能与第 3 个氢原子的 1s 电子继续结合形成 H_3 分子。又如，N 原子

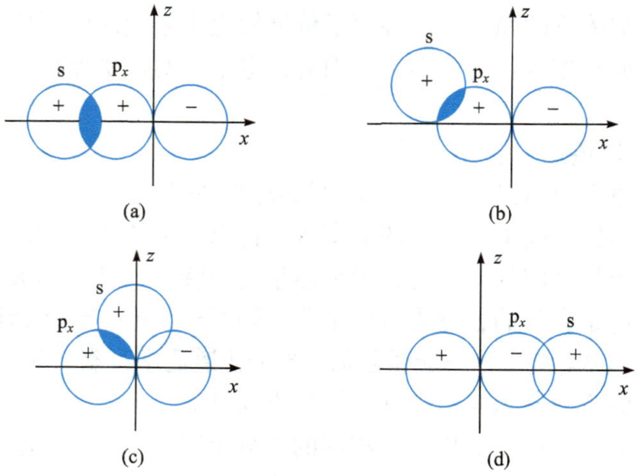

图 2-2 HCl 的 s-p_x 重叠示意图

外层有 3 个未成对的 2p 电子，只能最多与 3 个氢原子的 1s 电子配对形成 3 个共价单键，生成 NH_3 分子。

2.1.4 共价键的类型

不同的原子轨道具有不同的形状，可以采用不同的方式进行重叠，从而形成不同类型的共价键。根据原子轨道重叠方式的不同，共价键主要可分为 σ 键、π 键和 δ 键。

1. σ 键

当原子轨道沿原子核间连线方向(即键轴)以“头碰头”的方式重叠时，成键轨道重叠部分围绕键轴呈圆柱形对称分布，形成的共价键称为 σ 键。例如，H_2 分子是 s-s 轨道重叠成键，HCl 分子是 s-p_x 轨道重叠成键，Cl_2 分子是 p_x-p_x 轨道重叠，这些沿键轴“头碰头”重叠形成的键都是 σ 键(图 2-3)。σ 键的特点是轨道重叠程度大、键强、稳定性高。

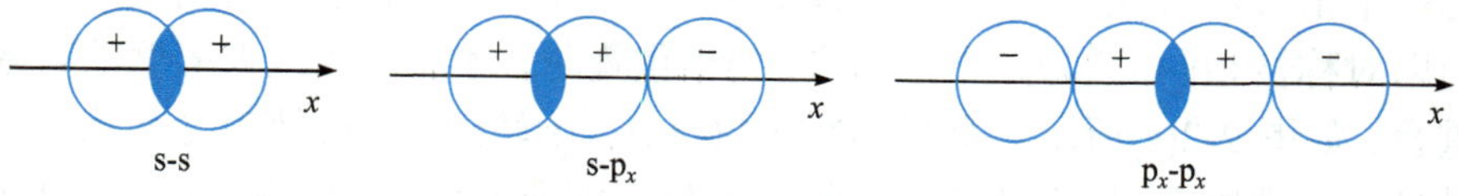

图 2-3 σ 成键方式示意图

拓展知识

对称性简介

对称性是普遍存在的自然现象，如人脸、蝴蝶等就存在左右对称，几何图形、分子和晶体中也同样存在对称性。

所谓对称，是指一个物体包含一些等同部分。这些部分能经过不改变物体内部任何两点之间距离的“对称操作”使物体复原。复原是指无法区别操作前的物体和操作后的物体。这里的“等同”，忽略了细微差别，否则任何宏观物体都是不对称物体。对称操作所依据的几何元素称为对称元素。对称元素包括对称轴、对称面、对称中心，相应的对称操作分别为旋转、反映和反演，见图 2-4。

旋转操作是将物体通过其中心的对称轴旋转一定角度使物体复原的操作。如图 2-4(a)所示的正四棱柱体，其上下底面为正方形，见图 2-4(b)。该棱柱体绕着通过其上下底心的直线旋转，则每旋转 90°便可复原一次，每旋转 360°可复原 4 次。因此，该直线称为 4 次旋转对称轴。以此类推，若物体为正三棱柱体，其上下底面为等边三角形，则其穿过两底心的对称轴必为 3 次旋转对称轴，因为每旋转 120°可复原一次，每旋转 360°可复原 3 次。

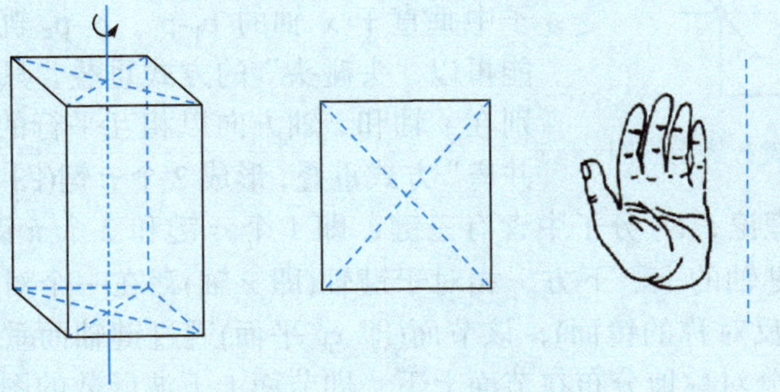

图 2-4 对称操作与对称元素

左右手因两者之间存在镜面而互为镜像关系，如图 2-4(c)所示，该镜面即为对称面。反映操作是“在左边或右边任取一点，向镜面作垂线，再从镜面开始延长该垂线至另一边等距离处，可得其镜像的对称点”。或者说，将图 2-4(c)进行反映操作(相当于左右两边同时进行)可使图 2-4(c)复原。更直白点说，反映就是使实物变镜像，使镜像变实物。当物体具有对称中心时，如球体，球心为对称中心，则从球中的任一点至球心连一直线，再将此线延长，必可在与球心等距离的另一侧找到另一个相同的点，这就是反演操作。

2. π 键

当两个原子轨道以“肩并肩”的方式重叠时，所形成的共价键为 π 键。图 2-5(a)所示的 p_z-p_z 轨道和图 2-5(c)所示的 d_{xz}-p_z 轨道均沿 x 轴进行“肩并肩”重叠，都能形成 π 共价键。而图 2-5(b)和图 2-5(d)表示的两种重叠方式都不能有效重叠，故不能形成 π 键。

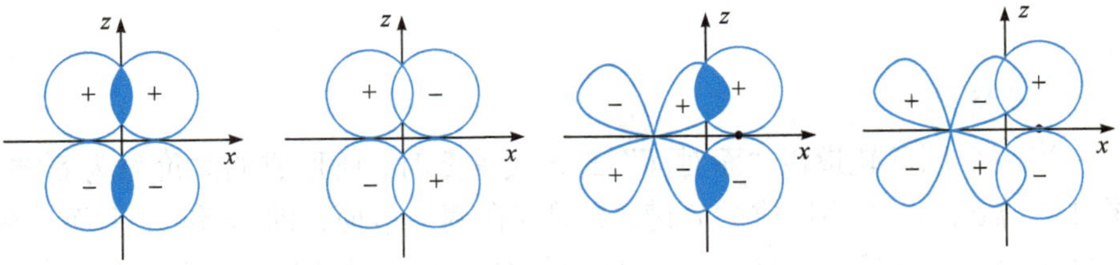

图 2-5 π 成键方式示意图

以 N_2 分子为例，N 原子的价层电子构型为 $2s^22p^3$：

动画

N_2分子的成键方式

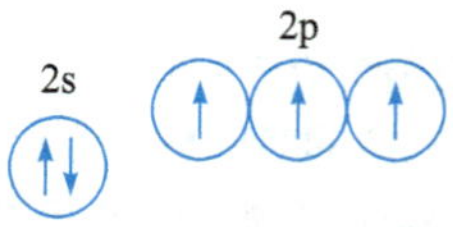

在形成 N_2 分子时，用的是 2p 轨道上的 3 个未成对电子进行电子配对成键。当两个 N 原子沿 x 轴靠近时，两个 N 原子的 $2p_x$ 与 $2p_x$ 轨道以“头碰头”的方式重叠，形成 1 个 σ 键。而两个 N 原子中垂直于 x 轴的 p_y-p_y、p_z-p_z 轨道不能再以“头碰头”的方式重叠，只能分别在 y 轴和 z 轴方向以相互平行的“肩并肩”方式重叠，形成 2 个 π 键(图 2-6)。

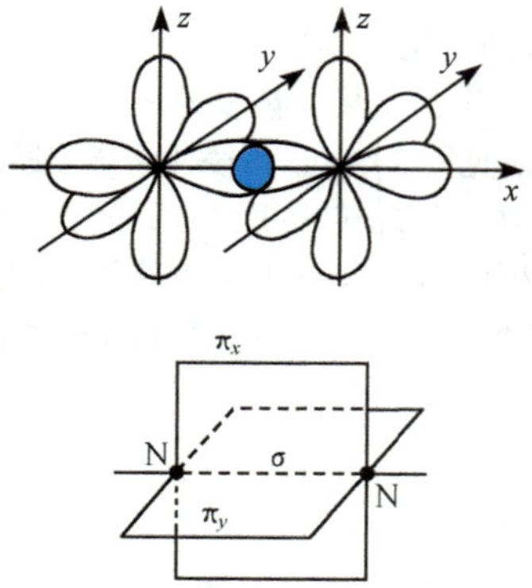

图 2-6　N_2的成键方式示意图

思考题 2-2

为什么第二周期的 C 原子易形成 C═C 和 C≡C 等多重键，而同一主族的 Si 原子却难以形成类似的多重键?

因此，根据价键理论，N_2 分子中含有三键，即 1 个 σ 键和 2 个 π 键。π 键重叠部分位于键轴的上、下方，相对于键轴(即 x 轴)存在一个对称面(即节面，是上下反对称的镜面)，该节面(即 xy 平面)通过键轴而垂直于 z 轴，π 键重叠部分对称地分布在节面上下，即节面上下波函数的图形相同。由于节面上下波函数的符号相反，这种对称性称为节面反对称。从电子云的分布上来看，该节面上电子云的密度为零，这导致 π 键的稳定性通常比较弱。

σ 键和 π 键的对比总结如表 2-2 所示。

表 2-2　σ 键和 π 键的对比

共价键类型	σ 键	π 键
原子轨道重叠方式	头碰头	肩并肩
原子轨道重叠程度	大	小
波函数分布	对键轴呈圆柱形对称	节面上、下反对称
电子云分布形状	核间呈圆柱形	存在电子云密度为零的节面
键能	大	小
键的稳定性	强	弱

3. δ 键

当两个原子轨道以“面对面”的方式重叠时，所形成的共价键为 δ 键。图 2-7 为 d_{xy}-d_{xy} 重叠形成的 δ 键。δ 键存在两个节面，即 xz 和 yz 平面，在节面上电子云的密度为零。s、p 轨道不会参与 δ 键的形成，δ 键多存在于含有过渡金属原子或离子的化合物中。

例如，在簇合物$[Re_2Cl_8]^{2-}$中就存在 δ 键。1964 年，科顿测定了$[Re_2Cl_8]^{2-}$的结构[图 4-5(a)]，提出了 Re—Re 间存在四重键的观点，其中包含 1 个 σ 键、2 个 π 键和 1 个 δ 键。Re 原子的核外电子排布为$[Xe]5d^5 6s^2$，Re(Ⅲ)

为 d^4 构型。在形成$[Re_2Cl_8]^{2-}$时，每个 Re 原子利用其 $d_{x^2-y^2}$ 轨道和 s、p_x、p_y 轨道共同参与杂化，形成 4 个空的 dsp^2 杂化轨道(杂化轨道的知识将在 2.2 节和 4.3.2 小节详细介绍)，接受 4 个 Cl^-配体提供的孤对电子，形成 4 个 Re—Cl σ 配位键。每个 Re 原子剩余的 4 个单电子 d 轨道(d_{xy}、d_{xz}、d_{yz} 和 d_{z^2})彼此之间互相重叠，其中 d_{z^2} 和 d_{z^2} 轨道“头碰头”重叠形成 1 个 σ 键，d_{xz} 和 d_{xz}、d_{yz} 和 d_{yz} 均为“肩并肩”重叠形成 2 个 π 键，剩余的 d_{xy} 和 d_{xy} “面对面”重叠形成 1 个 δ 键。

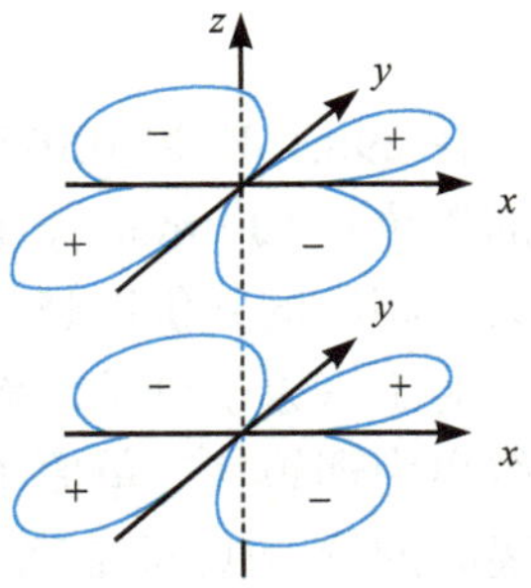

图 2-7　δ 成键方式示意图

2.1.5　键参数

教学视频
共价键 (2)

化学键的性质可以用一系列物理量来表征。例如，用键能表征键的强弱，用键长、键角描述分子的空间构型，用元素的电负性差值衡量键的极性等。这些表征化学键性质的物理量称为键参数。键参数可以通过实验直接或间接测定，也可以通过理论计算求得。

1. 键长

分子中两原子核间平衡距离称为键长。例如，氢分子中两个原子的核间距为 74pm，所以 H—H 键的键长就是 74pm。随着现代理论和实验技术的发展，可以用电子衍射、X 射线衍射、分子的光谱数据等精确地测定各类分子和晶体中原子核间的距离(即键长)。表 2-3 列举了部分常见共价键的键长和键能。两个原子间的键长越短，键越牢固。一般来说，单键键长 > 双键键长 > 三键键长。

表 2-3　部分常见共价键的键长和键能

共价键	键长/pm	键能/($kJ \cdot mol^{-1}$)	共价键	键长/pm	键能/($kJ \cdot mol^{-1}$)
H—H	74	436	F—F	128	158
H—F	92	566	Cl—Cl	199	242
H—Cl	127	431	Br—Br	228	193
H—Br	141	366	I—I	267	151
H—I	161	299	C—C	154	356
O—H	96	467	C═C	134	598
S—H	136	347	C≡C	120	813
N—H	101	391	N—N	145	160
C—H	109	411	N═N	125	418
B—H	123	293	N≡N	110	946

2. 键能

在 298.15K 和 100kPa 下断裂 1mol 化学键所需的能量称为键能 E，常用的单位是 $kJ \cdot mol^{-1}$。通常是利用键能的大小来衡量化学键的强弱，键能越大，相应的共价键越强，所形成的分子越稳定。

对于双原子分子，键能 E 是在上述温度压强下，将 1mol 理想气态分子解离为理想气态单原子所需的能量，也称为键的解离能 D。键能常从键解离时的焓变(即标准态下的等压热)求得。例如：

$$H_2(g) \longrightarrow 2H(g) \quad \Delta_r H_m^{\ominus} = D(H—H) = E(H—H) = 436kJ \cdot mol^{-1}$$

$$N_2(g) \longrightarrow 2N(g) \quad \Delta_r H_m^{\ominus} = D(N \equiv N) = E(N \equiv N) = 946kJ \cdot mol^{-1}$$

思考题 2-3

键能和键解离能有什么区别？在什么情况下两者的数值相等？

对于多原子分子，键能不能简单地等于键的解离能。如果是由同一共价键构成的多原子分子，该共价键的键能为分子每步解离能的平均值。例如：

$$NH_3(g) = NH_2(g) + H(g) \quad \Delta_r H_m^{\ominus} = D_1 = 435kJ \cdot mol^{-1}$$
$$NH_2(g) = NH(g) + H(g) \quad \Delta_r H_m^{\ominus} = D_2 = 397kJ \cdot mol^{-1}$$
$$NH(g) = N(g) + H(g) \quad \Delta_r H_m^{\ominus} = D_3 = 338kJ \cdot mol^{-1}$$

$$E(N—H) = \frac{D_1 + D_2 + D_3}{3} = \frac{1170}{3} = 390(kJ \cdot mol^{-1})$$

由相同原子形成的共价键的键能关系是：单键 < 双键 < 三键，但它们之间不存在倍数关系。例如：

$$E(C—C)(356kJ \cdot mol^{-1}) < E(C{=}C)\ (598kJ \cdot mol^{-1}) < E(C \equiv C)\ (813kJ \cdot mol^{-1})$$

3. 键角

键长和键能可以用于判别化学键的相对强弱，在确定分子的空间构型时还必须知道分子中键与键之间的夹角，即键角。

对双原子分子，只有一个共价键，没有键角，分子总是直线形。对于多原子分子，分子中的原子在空间中排布情况不同，键角就不相等，构型也就不相同。例如，同为 AB_3 型分子就有两种构型，BCl_3 是平面三角形，键角为 120°[图 2-8(a)]；而 NH_3 为三角锥形，键角是 107°18′[图 2-8(b)]。

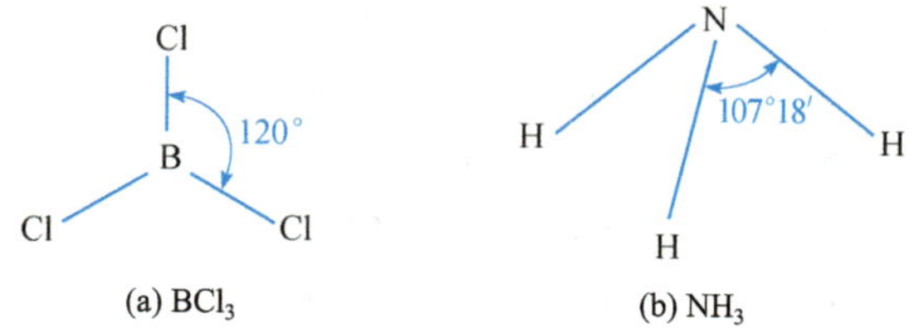

图 2-8 BCl_3 和 NH_3 分子的键角

4. 键的极性

共价键有极性键和非极性键之分。形成共价键时，若成键原子的电负性相同，则两个成键原子之间的共用电子对在两个原子的核间对称地均匀分布，正负电荷重心必然重合于核间连线的中点，这种键称为非极性共价键。例如，H_2、O_2、N_2、Cl_2分子中和原子晶体，如金刚石、单晶硅等的共价键，便是非极性共价键。在化合物中，若成键原子的电负性不同，则共用电子对将偏向于电负性较大的原子一边，电荷呈不对称分布，正负电荷重心不重合而表现为极性，这种键称为极性共价键。例如，在 HCl 分子中，共用电子对偏向 Cl 原子一边，使 Cl 原子带了部分负电荷，H 原子带了部分正电荷，所以 H—Cl 键是极性共价键。键的极性大小可用成键原子的电负性差值($\Delta\chi$)来衡量，$\Delta\chi$ 越大，键的极性越大，如在卤化氢分子中：

	HI	HBr	HCl	HF
$\Delta\chi$	0.4	0.7	0.7	1.9

$\longrightarrow$ 键的极性增大

2.2 杂化轨道理论

价键理论运用“电子配对”概念揭示了共价键的本质，成功地解释了共价键的方向性、饱和性等特点，但在解释分子的空间构型方面常常遇到困难。例如，实验测得 CH_4 分子呈正四面体构型，C 原子位于四面体的中心，4 个 H 原子占据四面体的 4 个顶点，键角为 109°28′。但 C 原子的价层电子构型为 $2s^2 2p_x^1 2p_y^1$，仅 2p 轨道上有两个未成对电子。根据价键理论，C 原子最多只能与两个 H 原子形成两个 C—H 共价键，键角应为 90°。如果要形成 4 个 C—H 键，虽可假定 C 原子有一个 2s 上的电子受激发跃迁到 $2p_z$ 空轨道上，形成 4 个未成对电子再与 H 原子形成共价键。可是由于 2s 轨道和 3 个 2p 轨道在能量上、在空间中的伸展方向各不相同，所形成的 4 个 C—H 键也会不同，这些都与实验事实不符。再如，H_2O 分子，两个 O—H 键的键角是 104°45′，与价键理论预测的 90°相差很远。为了解释多原子分子空间构型的测定结果，鲍林于 1931 年在价键理论基础上，提出了杂化轨道理论。

2.2.1 原子轨道的杂化

教学视频
杂化轨道理论
基本要点

原子轨道的杂化，是基于电子具有波动性、波可以相互叠加的观点。中心原子在成键过程中并非一成不变，受周围成键原子的影响，其所用的原子轨道不再是纯粹的原来价电子轨道(s 轨道、p 轨道)，而是与中心原子能量相近的不同类型的原子轨道经过叠加混合后，改变原来轨道的状态(能量、形状、方向)，重新组合而成的一系列成键能力更强的新的原子轨道，这种过程称为原子轨道的杂化，简称杂化。所产生的新原子轨道称为杂化轨道。

杂化轨道的形状一头大，一头小，如图 2-9 所示。原因是原子轨道杂化时，都有 s 轨道的参与，s 轨道的波函数 ψ 值若为正值，波函数 ψ 为正值的那部分“头”较大。与原来未杂化的原子轨道相比，杂化轨道利用大头部分与其他原子的轨道重叠成键，成键能力得到很大的提高。必须注意的是，孤立原子本身并不会杂化，只有在成键过程中，中心原子在周围成键原子的影响下，原子轨道才会杂化，以发挥更强的成键能力。

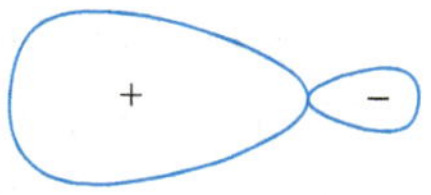

图 2-9　杂化轨道示意图

下面以 CH_4 分子为例，讲述原子轨道的杂化过程及遵循的几个原则。

动画
CH_4 分子的形成过程

1) 能量相近原则

中心原子参与杂化的原子轨道必须是不同类型的原子轨道，而且在能量上要相近。例如，CH_4 分子中心 C 原子的核外电子排布为

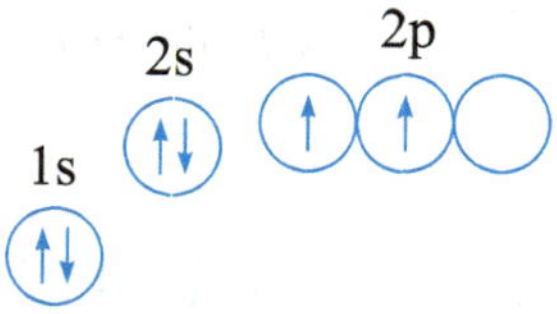

其中 2s 与 2p 轨道的能量相近，它们可以杂化。但 1s 轨道与 2p 轨道能量相差较大，因此它们之间不能杂化。

2) 轨道数目守恒原则

杂化前后，原子轨道数目不变，即参与杂化的原子轨道数目与杂化后形成的杂化轨道数目相等。例如，在形成 CH_4 分子时，处于基态的中心 C 原子的 2s 轨道上的 1 个电子首先被激发到空的 2p 轨道上，变成激发态。处于激发态的 4 个轨道(1 个 2s 轨道和 3 个 2p 轨道)共同参与杂化，形成 4 个新的杂化轨道。这些新的杂化轨道由 1 个 s 轨道和 3 个 p 轨道杂化而成，因此称为 sp^3 杂化轨道。

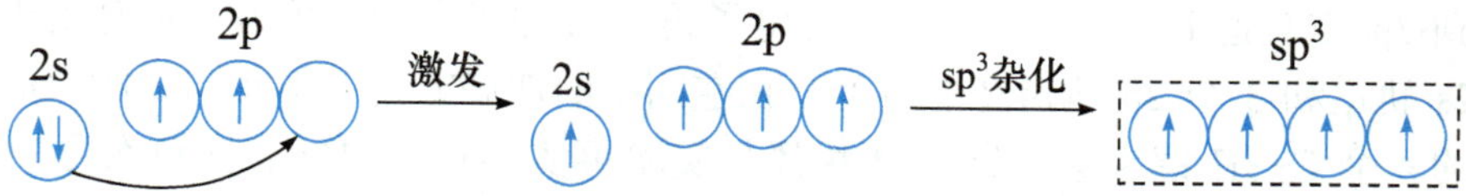

3) 能量重新分配原则

杂化前原子轨道的能量不完全相同，杂化后形成的杂化轨道可能是一组能量相同的轨道，也可能是一组能量不相等的轨道，前者称为等性杂化，后者称为不等性杂化。例如，基态 C 原子的 2s 轨道与 2p 轨道的能量不相同，而在 CH_4 分子中，C 原子经过杂化后形成的 4 个 sp^3 杂化轨道的能量完全相同，属于简并轨道(也称等价轨道)，因此是等性 sp^3 杂化。

4) 对称性排列原则

杂化轨道在空间尽量呈对称性排列，满足轨道间相互排斥力最小，使形成的分子能量最低。例如，由 1 个 s 轨道和 1 个 p 轨道杂化后形成的 2

个 sp 杂化轨道在空间呈直线形对称排列[图 2-10(a)]，由 1 个 s 轨道和 2 个 p 轨道杂化后所形成的 3 个 sp^2 杂化轨道在空间呈平面三角形对称排列[图 2-10(b)]。在 CH_4 分子中，中心 C 原子的 4 个 sp^3 杂化轨道在空间则呈现正四面体形的对称排列方式[图 2-10(c)]。

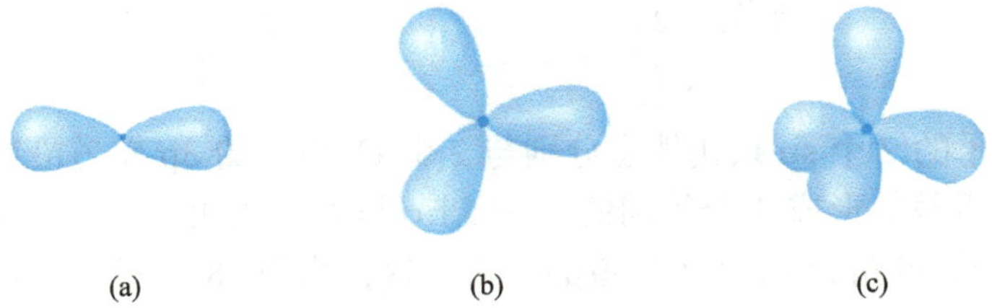

图 2-10 sp、sp^2 和 sp^3 杂化轨道在空间的对称排列(只显示杂化轨道的大头部分)
(a) sp 杂化—直线形；(b) sp^2 杂化—平面三角形；(c) sp^3 杂化—正四面体形

5) 最大重叠原则

为了形成最稳定的共价键，杂化轨道总是用大头部分与成键原子的原子轨道发生最大程度的重叠。例如，在 CH_4 分子中，4 个 H 原子的 1s 轨道在 4 个 sp^3 杂化轨道所构成的正四面体的 4 个顶点位置与杂化轨道大头部分的重叠最大，从而决定了 CH_4 分子的构型为正四面体，键角为 109°28′(图 2-11)。

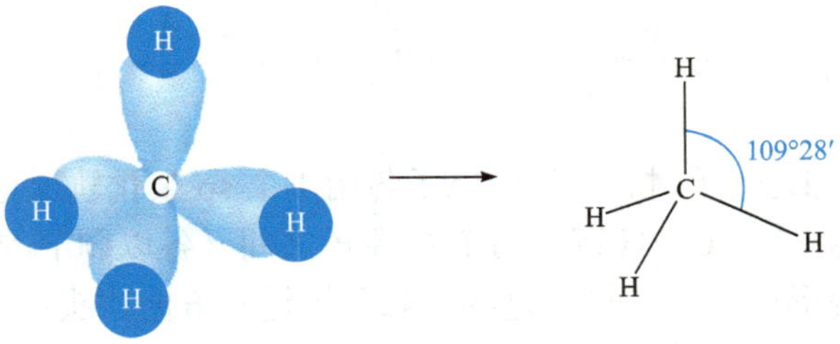

图 2-11 CH_4 分子的形成示意图

2.2.2 杂化轨道类型与分子的空间构型

教学视频
杂化轨道类型与分子空间构型

不同类型的原子轨道杂化可组成不同类型的杂化轨道。中心原子的杂化轨道类型不同，分子的空间构型也就不同。杂化轨道的类型通常有以下几种。

1. s-p 型杂化

只有 s 轨道和 p 轨道参与的杂化称为 s-p 型杂化，包括 sp、sp^2 和 sp^3 杂化。

1) sp 杂化

sp 杂化是 1 个 s 轨道与 1 个 p 轨道之间进行的杂化，杂化后得到的每一个 sp 杂化轨道都含有 $\frac{1}{2}$s 轨道成分和 $\frac{1}{2}$p 轨道成分。这两个 sp 杂化轨道在空间的对称分布呈直线形，轨道之间的夹角为 180°[图 2-10(a)]。

例如，气态 $BeCl_2$ 分子的中心 Be 原子就是采取 sp 杂化。Be 原子的价层电子构型为 $2s^2$，当 Be 原子与 Cl 原子成键形成 $BeCl_2$ 分子时，Be 原子的 2s 轨道上的 1 个电子被激发到 1 个空的 2p 轨道上，然后 1 个 2s 轨道和 1 个 2p 轨道杂化形成 2 个 sp 杂化轨道。

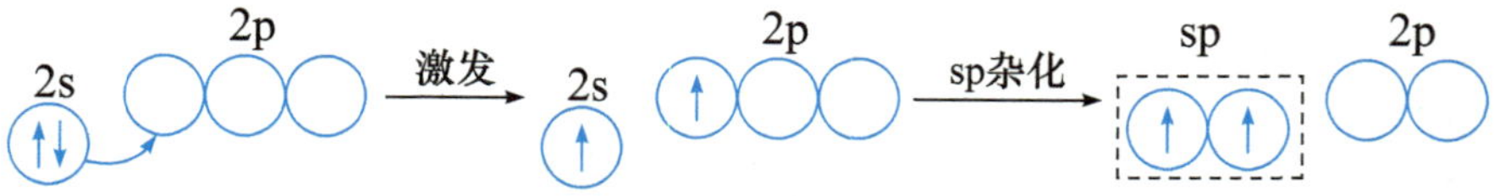

Be 原子的 2 个 sp 杂化轨道分别与 2 个 Cl 原子的 3p 轨道沿键轴方向“头碰头”重叠，形成 2 个等同的 Be—Cl σ 键，这也决定了 $BeCl_2$ 分子为直线形构型，键角和 sp 杂化轨道的夹角一致，均为 180°(图 2-12)。

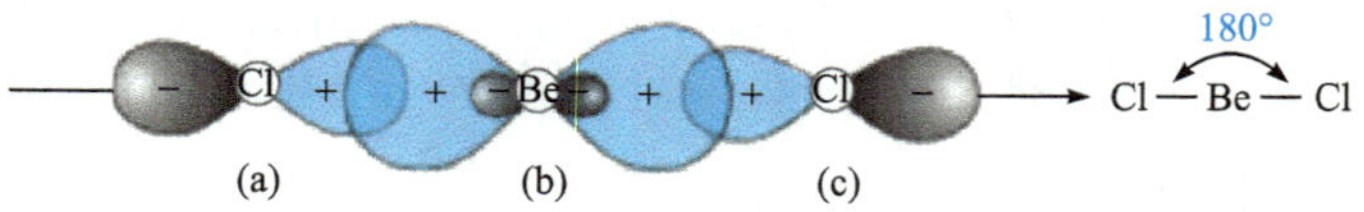

图 2-12　$BeCl_2$ 分子成键示意图与分子构型

(a) Cl 的 3p 轨道；(b) Be 的 sp 杂化轨道；(c) Cl 的 3p 轨道

乙炔(C_2H_2)分子的直线形结构也可用 sp 杂化来解释。基态 C 原子 2s 轨道上的 1 个电子被激发到 2p 轨道上，然后 1 个 2s 轨道和 1 个 2p 轨道发生 sp 杂化，形成 2 个 sp 杂化轨道，还余 2 个 2p 轨道未参与杂化。

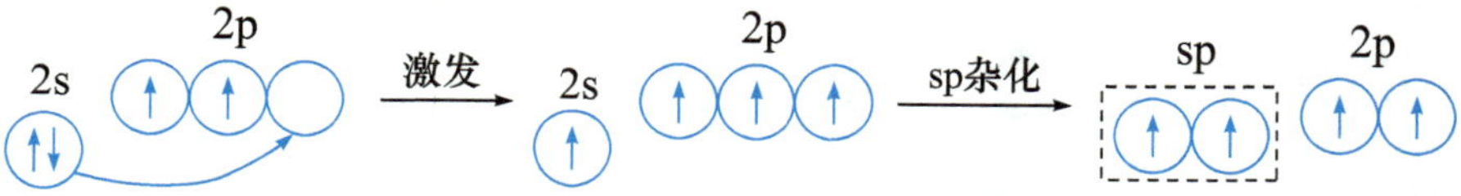

在形成 C_2H_2 分子时，每个 C 原子各用 1 个 sp 杂化轨道分别与 H 原子的 1s 轨道重叠形成 C—H 键，两个 C 原子之间又各以剩下的 1 个 sp 杂化轨道相互重叠形成 C—C 键。这些键都是沿键轴方向“头碰头”形成的 σ 键，4 个原子在同一直线上，从而解释了 C_2H_2 的空间构型为直线形(图 2-13)。此外，一个 C 原子未杂化的 2 个 p 轨道分别与另一个 C 原子未杂化且相互平行的 2 个 p 轨道“肩并肩”重叠形成 2 个 π 键。因此，C_2H_2 分子的两个 C 原子之间存在三键，即 1 个 σ 键和 2 个 π 键。

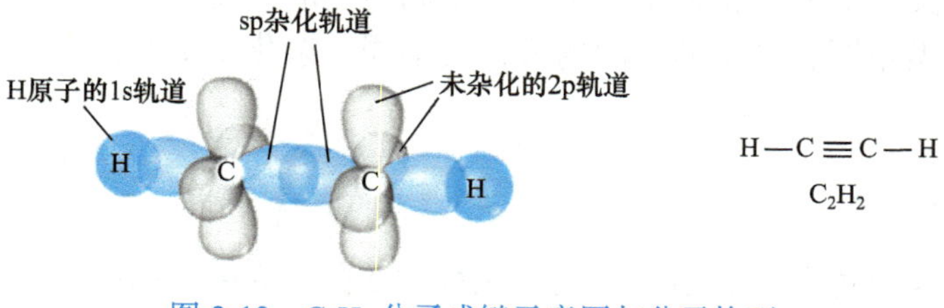

图 2-13　C_2H_2 分子成键示意图与分子构型

除 $BeCl_2$ 和 C_2H_2 之外，CO_2、$HgCl_2$ 等分子的中心原子 C、Hg 等也采用 sp 杂化，并以 sp 杂化轨道与相应的原子成键。

2) sp^2 杂化

sp^2 杂化是 1 个 s 轨道和 2 个 p 轨道间的杂化，形成 3 个 sp^2 杂化轨道，每个 sp^2 杂化轨道含有 $\frac{1}{3}$ s 轨道成分和 $\frac{2}{3}$ p 轨道成分。3 个 sp^2 杂化轨道共处于一个平面上，呈平面三角形对称排列，夹角为 120°[图 2-10(b)]。

例如，BCl_3 分子中，中心原子 B 的价层电子构型为 $2s^22p^1$。形成 BCl_3 分子时，基态 B 原子的 2s 轨道上的 1 个电子被激发到 1 个空的 2p 轨道上，然后 1 个 2s 轨道和 2 个 2p 轨道杂化形成 3 个 sp^2 杂化轨道。

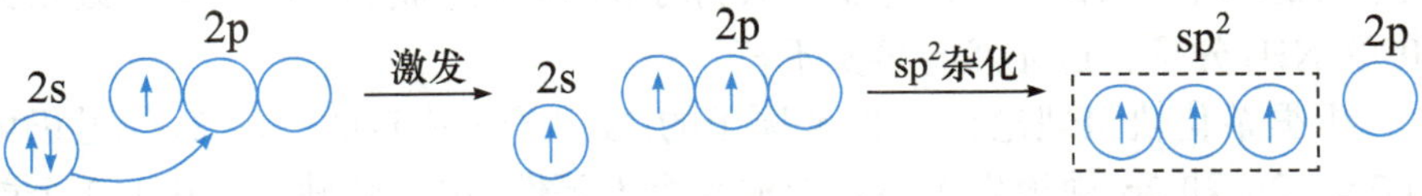

3 个 Cl 原子的 3p 轨道分别与 B 原子的 3 个 sp^2 杂化轨道所构成的平面三角形的 3 个顶点位置“头碰头”重叠，形成 3 个 B—Cl σ 键，从而形成 BCl_3 分子，键角∠ClBCl 为 120°(图 2-14)。

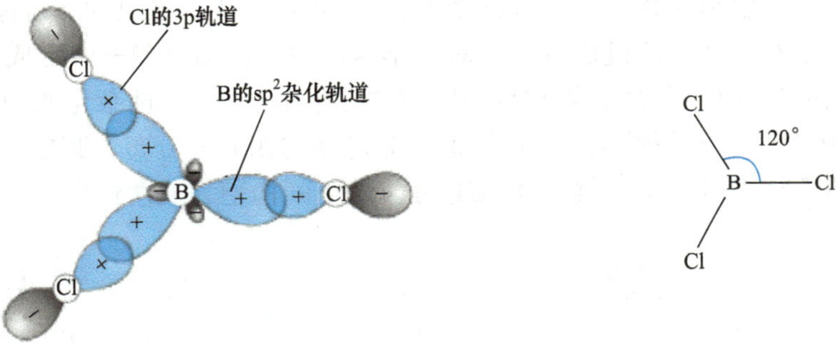

图 2-14　BCl_3 分子成键示意图与分子构型

在乙烯(C_2H_4)分子中，C 原子也采取 sp^2 杂化。每个 C 原子各以 2 个 sp^2 杂化轨道和 2 个 H 原子的 1s 轨道“头碰头”重叠形成 2 个 C—H σ 键，又各以剩下的 1 个 sp^2 杂化轨道在两个 C 原子之间相互“头碰头”重叠形成 C—C σ 键。2 个 C 原子还各余 1 个未杂化的 2p 轨道，在 z 轴方向相互“肩并肩”重叠在两个 C 原子之间再形成 1 个 π 键。所以 C_2H_4 分子的空间构型也是由中心 C 原子的 sp^2 杂化类型所决定，6 个原子共处于一个平面。C_2H_4 分子中的 C═C 键中有 1 个 σ 键和 1 个 π 键。

除 BCl_3 和 C_2H_4 分子外，BF_3、$SO_3(g)$、NO_3^- 和 C_6H_6 等分子或离子的中心原子也均采取 sp^2 杂化。

3) sp^3 杂化

sp^3 杂化是 1 个 s 轨道和 3 个 p 轨道间的杂化，形成 4 个 sp^3 杂化轨道，每个 sp^3 杂化轨道含有 $\frac{1}{4}$ s 轨道成分和 $\frac{3}{4}$ p 轨道成分。4 个 sp^3 杂化轨道在空间呈正四面体排列，夹角为 109°28′[图 2-10(c)]。如前面所述，CH_4 分子中的 C 原子就是采取 sp^3 杂化(图 2-11)。除此之外，CCl_4、SiH_4、NH_4^+、SO_4^{2-} 等分子或离子的中心原子也均采取 sp^3 杂化，空间构型均为正四面体。

> **思考题 2-4**
>
> 请根据杂化轨道理论画出 C_2H_6 分子的结构示意图，并分析其成键情况。

4) 不等性 sp^3 杂化

中心原子的杂化类型不能仅从分子式的形式来判断。如前已述及，同

为 AB_3 型分子的 BF_3 和 NH_3，分子的空间构型却不同，一个呈平面三角形，可用 B 原子发生 sp^2 杂化解释；而呈三角锥形的 NH_3 分子，分子中键的夹角是 107°18′，用 sp^2 杂化不能解释，若用中心原子 N 发生 sp^3 不等性杂化则可解释。

N 原子的价电子构型为 $2s^2 2p_x^1 2p_y^1 2p_z^1$。按价键理论，N 原子的 3 个相互垂直的单电子 2p 轨道，与 3 个 H 原子的 1s 轨道成键，应该形成键角为 90°的 NH_3 分子，这显然与事实不符。

动画
不等性 sp^3 杂化

根据杂化轨道理论，虽然 N 原子的 2s 电子是成对的，但 2s 轨道仍可与 $2p_x$、$2p_y$ 和 $2p_z$ 轨道发生杂化形成 4 个不等性 sp^3 杂化轨道。其中 3 个能量较高的杂化轨道被单电子占据，一个能量较低的杂化轨道被 1 对孤对电子所占据(图 2-15)。3 个单电子杂化轨道分别与 H 原子的 1s 轨道“头碰头”重叠形成 N—H σ 键。与 3 个参与成键的杂化轨道相比，孤对电子所占据的杂化轨道所含的 s 轨道成分多、p 轨道成分少，也更为靠近原子核。孤对电子对于 N—H 键成键电子对的排斥作用，比两个 N—H 键成键电子对之间的排斥作用更大，导致 N—H 键的键角小于 sp^3 等性杂化的 109°28′，而为 107°18′。不等性 sp^3 杂化轨道呈非对称的四面体分布，其中 1 个 sp^3 杂化轨道被孤对电子占据，而 NH_3 分子的空间构型为三角锥形。

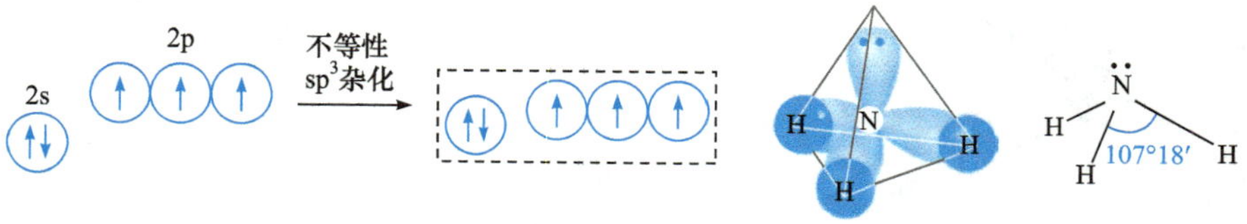

图 2-15　NH_3 分子中的不等性 sp^3 杂化及分子的空间构型

思考题 2-5

在什么情况下发生不等性杂化？$CHCl_3$ 是等性杂化还是不等性杂化？

与 NH_3 分子类似，H_2O 分子的中心原子 O 也是采取不等性 sp^3 杂化。不同的是，O 原子的价电子结构是 $2s^2 2p^4$，杂化后有 2 对孤对电子占据 2 个杂化轨道，另外 2 个由单电子占据的杂化轨道分别与 2 个 H 原子的 1s 轨道重叠形成 O—H σ 键。在两对孤对电子更强的排斥作用下，H_2O 分子的 O—H 键角更偏离 sp^3 等性杂化的 109°28′，而为 104°45′。杂化轨道呈四面体分布，而 H_2O 分子的空间构型呈 V 形(或称角形)。

2. s-p-d 型杂化

s 轨道、p 轨道和 d 轨道共同参与的杂化称为 s-p-d 型杂化，本章主要介绍其中的 sp^3d 和 sp^3d^2 两种杂化。

1) sp^3d 杂化

1 个 s 轨道、3 个 p 轨道和 1 个 d 轨道组合形成 5 个 sp^3d 杂化轨道，在空间呈三角双锥形的对称排列，杂化轨道之间的夹角有 3 种，分别为 90°、120°和 180°。

以 PCl_5 分子为例，中心原子 P 采取 sp^3d 杂化，分子的几何构型为三角双锥形(图 2-16)。基态 P 原子的价层电子构型为 $3s^2 3p^3$，在形成 PCl_5 分子时，P 原子的 3s 轨道上的 1 个电子被激发到 1 个空的 3d 轨道上，然后 1 个 3s 轨道、3 个 3p 轨道和 1 个 3d 轨道发生杂化，形成 5 个等价的 sp^3d 杂化轨道。这 5 个杂化轨道在三角双锥的 5 个顶点处分别与 5 个 Cl 原子的 p 轨道“头碰头”重叠，形成 5 个 P—Cl σ 键。因此，PCl_5 分子的空间构型就是三角双锥形。

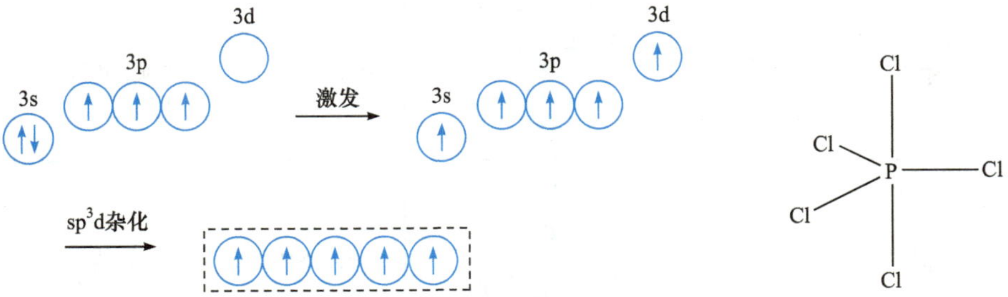

图 2-16　sp^3d 杂化和 PCl_5 分子的空间构型

2) sp^3d^2 杂化

1 个 s 轨道、3 个 p 轨道和 2 个 d 轨道组合形成 6 个 sp^3d^2 杂化轨道，在空间呈正八面体的对称排列，杂化轨道之间的夹角有两种，分别为 90°和 180°。

以 SF_6 分子为例，中心原子 S 采取 sp^3d^2 杂化，分子的几何构型为正八面体(图 2-17)。基态 S 原子的价层电子构型为 $3s^23p^4$，在形成 SF_6 分子时，S 原子的 3s 轨道上的 1 个电子和 1 个已成对的 3p 电子被激发到 2 个空的 3d 轨道上，然后 1 个 3s 轨道、3 个 3p 轨道和 2 个 3d 轨道发生杂化，形成 6 个 sp^3d^2 杂化轨道。这 6 个杂化轨道在正八面体的 6 个顶点处分别与 6 个 F 原子的 p 轨道“头碰头”重叠，形成 6 个 S—F σ 键。因此，SF_6 分子的空间构型为正八面体形。

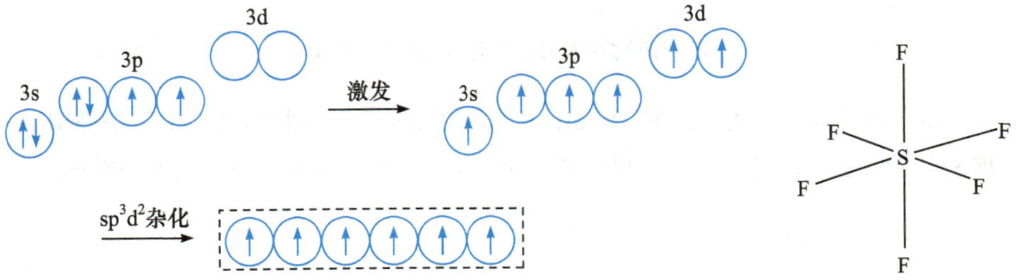

图 2-17　sp^3d^2 杂化和 SF_6 分子的空间构型

以上介绍的 sp^3d 杂化和 sp^3d^2 杂化均是由最外层的 *n*s、*n*p、*n*d 轨道参与的杂化方式。除此之外，还有次外层的$(n-1)$d 轨道与最外层的 *n*s、*n*p 轨道共同参与的杂化方式，如 dsp^2、dsp^3 和 d^2sp^3 等杂化，这一类杂化方式将在第 4 章“配位化学基础”中具体介绍。

表 2-4 归纳了上述几种杂化轨道类型、形状及相应分子或离子的空间构型。

表 2-4　几种杂化轨道类型、形状以及相应分子或离子的空间构型
(仅显示杂化轨道的大头部分)

杂化类型	杂化轨道数目	杂化轨道形状	实例	分子或离子空间构型
sp	2		$BeCl_2$、$HgCl_2$	直线形
sp^2	3		BF_3、NO_3^-	平面三角形
sp^3	4	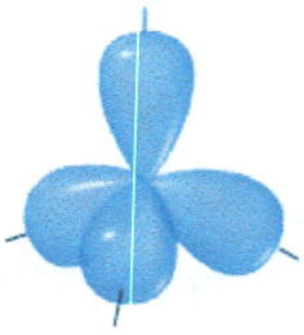	CH_4、NH_4^+	四面体
sp^3d	5	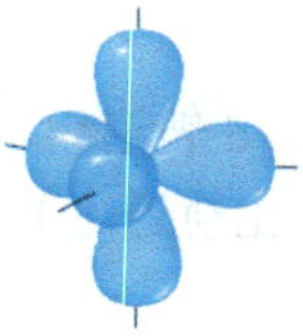	PCl_5、AsF_5	三角双锥
sp^3d^2	6	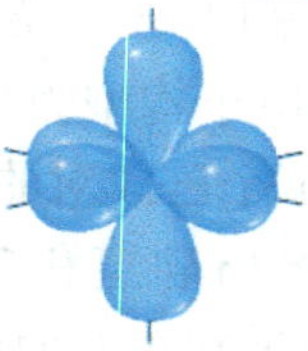	SF_6、$[SiF_6]^{2-}$	八面体

拓展知识

影响键角大小的几个主要因素

键角首先与杂化类型有关。例如，在 BF_3 和 $BeCl_2$ 分子中，B 和 Be 原子分别采取 sp^2 和 sp 杂化，键角依次为 120°和 180°。同时，键角还受到下列因素的影响：

1. 电负性的影响

(1) 配位原子相同，中心原子电负性越大，对成键电子对的吸引能力越大，使成键电子对越靠拢中心原子，成键电子对之间距离将减小而斥力增大，同时能部分抵消孤对电子的排斥，使键角变大。例如，电负性 O > S > Se，键角 $H_2O > H_2S > H_2Se$。

(2) 中心原子相同，配位原子的电负性大，成键电子对离中心原子远，成键电子对相互间距离大，斥力小，键角变小。例如，电负性 F > Cl > Br，键角 $PF_3 < PCl_3 < PBr_3$。

2. 孤对电子的影响

孤对电子数越多，对成键电子对的排斥越大，使键角越小。例如，键角 $CH_4 > NH_3 > H_2O$，因为孤对电子数分别为 0、1、2，依次增多。

3. 多重键的影响

在乙烯($H_2C{=}CH_2$)分子中，C=C 双键的电子云密度大，对 C—H 键的排斥较大，使∠H—C—C 略大于 120°，而∠H—C—H 略小于 120°。同理，在甲醛(HCHO)分子中，∠H—C—O 略大于 120°，而∠H—C—H 略小于 120°。

2.3 价层电子对互斥理论

价键理论和杂化轨道理论比较成功地解释了共价键的特征，特别是杂化轨道理论能够根据杂化类型很好地解释分子的空间构型。反之，对于任一共价分子，这些理论却无法预测该分子的空间构型及中心原子的杂化类型。通过对一系列已知空间结构的分子和离子研究后，1940 年英国的西奇维克(N. Y. Sidgwick)提出，中心原子最外层价电子对数与该分子(或离子)的结构紧密相关。后经英国的吉勒斯匹(R. J. Gilespie)等于 20 世纪 50 年代发展形成价层电子对互斥理论(valence shell electron pair repulsion theory，简称 VSEPR 理论)。该理论主要用于预测主族元素之间形成的 AB_n 型共价分子或离子的空间构型，简便有效，虽有例外，但很少与事实不符。当然，这一理论也绝不可能代替结构的实验测定。

在 AB_n 型分子或离子中，A 称为中心原子，B 称为配位原子，n 称为配位数。A 和 B 一般为主族元素的原子。

2.3.1 价层电子对互斥理论的基本要点

教学视频
价层电子对互斥理论基本要点

(1) AB_n 型分子或离子的空间构型主要取决于其中心原子 A 的价层电子对数目，以及这些电子对之间的静电排斥作用力。分子的空间构型总是采取这些电子对之间相互排斥力最小的稳定结构。

价层电子对之间的夹角越小，斥力越大。根据斥力最小的要求，这些电子对在中心原子周围按尽可能互相远离的位置排布，可使体系能量更低，分子更稳定。

例如，$BeCl_2$ 分子中，中心原子 Be 的价层电子对数为 2，这两个价层电子对分别位于 Be 原子两边呈直线形排布(—Be—)，使 $BeCl_2$ 分子的空间构型为直线形，即 Cl—Be—Cl。

(2) 价层电子对分为孤对电子与成键电子对。

成键电子对等于成键原子的数目。无论中心原子与成键原子之间的化学键是单键还是重键，只算是一对成键电子对。

不同价层电子对之间的排斥力不同。孤对电子只受一个原子(即中心原子)的核吸引，电子对在空间分布较为疏松，对邻近的电子对的斥力较大；成键电子对同时受两个原子的原子核吸引，电子云分布紧缩，对相邻电子对的斥力较小。具体的顺序是：

孤对电子间的斥力 > 孤对电子与成键电子对间的斥力 > 成键电子

对间的斥力

对于成键电子对，重键的电子云密度大，斥力大：

三键斥力 > 双键斥力 > 单键斥力

2.3.2 价层电子对数的确定

教学视频

价层电子对互斥理论的应用

中心原子价层电子对的数目，可依据下述公式和规定经简单计算确定：

(1) 中心原子价层电子对数等于中心原子价电子总数除以 2。

若 AB_n 为共价分子，中心原子价电子总数等于中心原子 A 的价电子数与配位原子 B 提供的价电子数之和。因此，价层电子对数的计算公式又可写为

$$价层电子对数 = \frac{A的价电子数 + B提供的价电子数}{2}$$

A 的价电子数：通常等于 A 所处族数或其最外层 s 与 p 电子数之和，如卤素、氧族、氮族、碳族、硼族等主族元素的原子提供的价电子数分别规定为 7、6、5、4、3。

B 提供的价电子数：作为配位原子的通常是氢、卤素、氧和硫等原子。若 B 是卤素原子和氢原子，提供的价电子数规定为 1；若 B 是端基氧或硫原子，提供的价电子数规定为 0。

例如，CH_4 的中心原子 C 的价电子数为 4，配位原子 H 提供的价电子数等于 $4 \times 1 = 4$，价层电子总数为 $4 + 4 \times 1 = 8$，价层电子对数为 $8 / 2 = 4$；CS_2 分子中配位原子 S 提供的价电子数为 0，价层电子总数为 $4 + 2 \times 0 = 4$，价层电子对数为 $4 / 2 = 2$。

(2) 若 AB_n 是复杂离子，则中心原子价电子总数还应考虑离子所带的电荷。若为负离子，需加上相应负电荷数；若是正离子，则应减去相应正电荷数。

例如，SO_4^{2-} 的价电子总数为 $6 + 4 \times 0 + 2 = 8$，NH_4^+ 的价电子总数为 $5 + 4 \times 1 - 1 = 8$，两种离子的价层电子对数均为 $8 / 2 = 4$。

(3) 若计算价层电子对数时，剩余一个电子，也当作 1 对电子处理。如 ClO_2，Cl 的价层电子对数 $= (7 + 2 \times 0) / 2 = 3.5 \approx 4$。

(4) 孤对电子数 = 价层电子对数 − 成键电子对数(键合原子数)。

例如：

H_2O：中心原子 O 的价电子对数 $= (6 + 2) / 2 = 4$，孤对电子数 $= 4 - 2 = 2$；

NH_4^+：中心原子 N 的价电子对数 $= (5 + 4 - 1) / 2 = 4$，孤对电子数 $= 4 - 4 = 0$；

NO_3^-：中心原子 N 的价电子对数 $= (5 + 0 + 1) / 2 = 3$，孤对电子数 $= 3 - 3 = 0$；

ClO_2：中心原子 Cl 的价电子对数 $= (7 + 0) / 2 = 3.5 \approx 4$，孤对电子数 $= 4 - 2 = 2$。

(5) 不考虑 π 电子对，即双键或三键当作单键(都只含一个 σ 电子对)处理。例如，O═C═O 的中心原子 C 的价电子数仍然是 4，配位原子 O 的价电子数也仍是 0，与 C、O 之间是否为双键无关，故中心原子 C 的价层

电子对数为(4 + 2 × 0) / 2 = 2。

2.3.3 分子稳定结构的确定

AB_n型分子或离子的空间构型与中心原子 A 的价层电子对数、成键电子对数、孤对电子对数、价层电子对的空间排布之间的关系列于表 2-5 中(符号●代表成键电子对，○代表孤对电子)。

表 2-5 价层电子对数与电子对的空间排列方式、分子的空间构型的关系

A 的价层电子对数	成键电子对数	孤对电子对数	价层电子对的几何构型	价层电子对的空间排布	分子的空间构型及实例
2	2	0	直线形		直线形 $BeCl_2$、CO_2
3	3	0	平面三角形	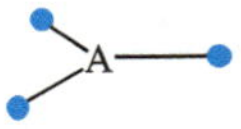	平面三角形 BF_3、NO_3^-
	2	1		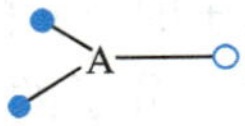	V 形 NO_2、$PbCl_2$
4	4	0	四面体	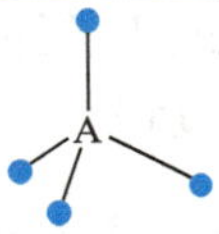	正四面体形 CH_4、SO_4^{2-}
	3	1		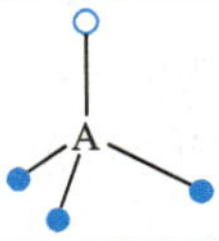	三角锥形 NH_3、NF_3
	2	2		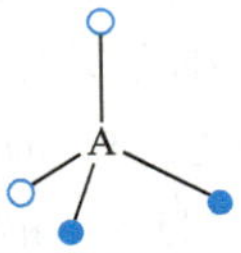	V 形 H_2O、H_2S
5	5	0	三角双锥	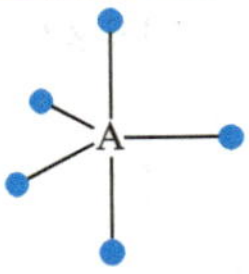	三角双锥 PCl_5、AsF_5
	4	1		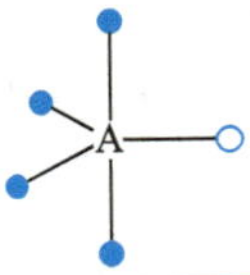	变形四面体 SF_4、$TeCl_4$
	3	2		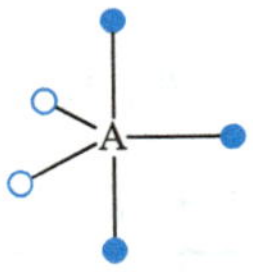	T 形 ClF_3、BrF_3
	2	3		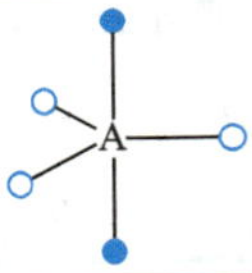	直线形 XeF_2、I_3^-

续表

A 的价层电子对数	成键电子对数	孤对电子对数	价层电子对的几何构型	价层电子对的空间排布	分子的空间构型及实例
	6	0		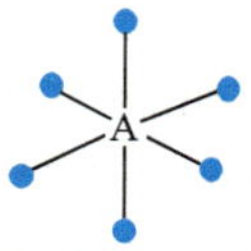	八面体形 SF_6、$[SiF_6]^{2-}$
6	5	1	八面体	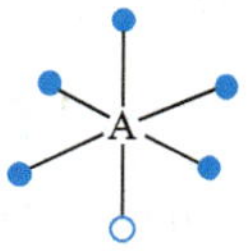	四方锥形 IF_5、ClF_5
	4	2		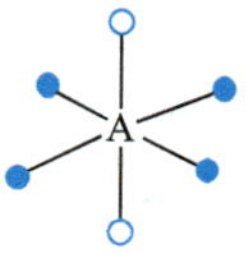	平面正方形 XeF_4、ICl_4^-

价层中无孤对电子时，分子的几何构型与价层电子对的空间排布相同。价层中有孤对电子时，分子的最稳定结构(即分子的实际空间构型)应满足价层电子对之间斥力最小的原则。下面以表 2-5 中的两个实例来介绍此时分子空间结构的预测过程。

【例 2-1】 判断 SF_4 分子的空间结构。

解 价层电子对数为(6 + 4) / 2 = 5，其中有 4 对成键电子对和 1 对孤对电子，价层电子对的理想几何构型为三角双锥。SF_4 分子的可能构型为两种[图 2-18(a)、(b)]。在三角双锥结构中，电子对之间的夹角最小为 90°，所以最稳定的结构首先应避免孤对电子之间呈 90°，因为即使只有 1 种这样的情况，其排斥力也会变得很大。其次是孤对电子与成键电子对之间 90°的夹角情况尽量少。在上述两种可能构型中，价层电子对之间夹角为 90°的数目各不相同，见表 2-6。显然，构型(b)更稳定。由于孤对电子的排斥作用，SF_4 分子实际的空间构型为变形四面体[图 2-18(c)]。

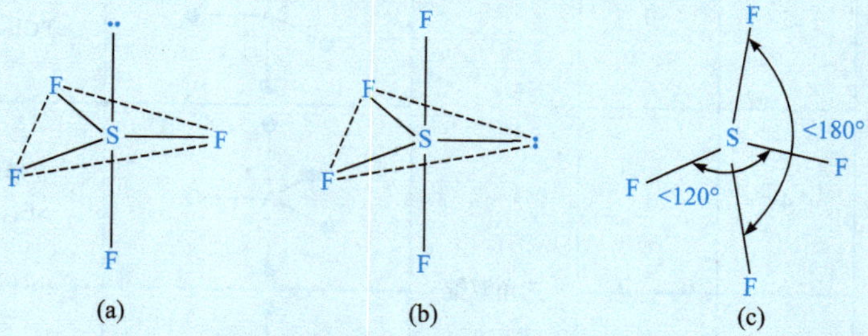

图 2-18 SF_4 分子可能的几何构型

表 2-6 SF_4 分子的可能构型中互为 90°夹角的电子对分析

电子对互斥情况	孤对电子-孤对电子	孤对电子-成键电子	成键电子-成键电子
a	0	3	3
b	0	2	4

【例 2-2】 判断 ClF_3 分子的空间构型

解 中心 Cl 原子的价层电子对数为(7 + 3) / 2 = 5，其中有 3 对成键电子对和 2 对孤对电子，价层电子对的理想几何构型为三角双锥，ClF_3 分子的可能构型为 3 种(图 2-19)。3 种可能构型中，互为 90°夹角的价层电子对数情况总结如表 2-7 所示。

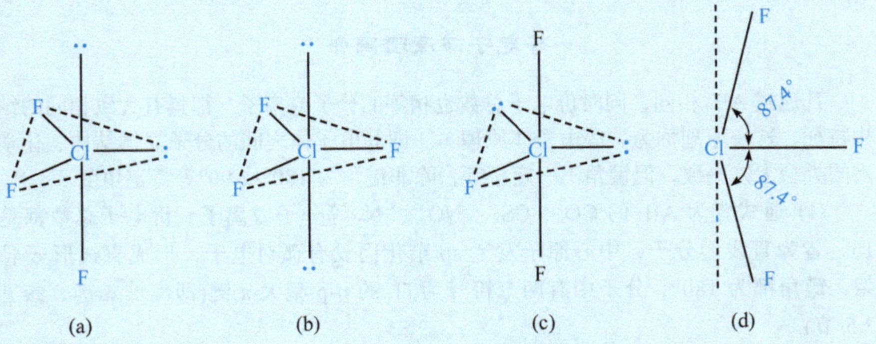

图 2-19 ClF_3 分子可能的几何构型

表 2-7 ClF_3 分子的可能构型中互为 90°夹角的电子对分析

电子对互斥情况	孤对电子-孤对电子	孤对电子-成键电子	成键电子-成键电子
a	1	3	2
b	0	6	0
c	0	4	2

显然，图 2-19(c)的构型是最稳定的结构，ClF_3 分子实际的空间构型为 T 形[图 2-19(d)]。

总之，对于价层电子对互斥理论，只要掌握表 2-5，就能用它简单有效地预测 AB_n 型共价分子或离子的空间构型。但是，AB_n 型分子或离子空间构型，除了主要受价层电子对互斥的影响，实际上其精细结构还受到是否存在双键或三键的影响，甚至与 A、B 两种元素的电负性相对大小有关。而且，该理论一般也不能应用于过渡金属化合物，除非作为中心原子的过渡金属的价层具有全充满、半充满或全空的 d 轨道。例如，在 $HgCl_2$ 分子中，中心 Hg 原子的价层电子对数为(2 + 2) / 2 = 2，分子的空间构型为直线形。此外，该理论的简单性也带来了预测的不严格性和应用局限性，下列情况就不适用该理论。

(1) 具有强极性的分子。例如，Li_2O 按照价电子对互斥理论应为 V 形，但实际上是直线形，因为决定 Li_2O 分子构型的因素不是 O 的孤对电子之间的作用，而是两个 Li^+之间的排斥。

(2) 具有离域 π 键(详见 2.5 节)的分子或离子。例如，$[C(CN)_3]^-$含有 Π_7^8 离域 π 键，其构型不是三角锥形，而是平面三角形。

(3) 某些含有孤对电子的分子和离子。例如，在$[SbCl_6]^{3-}$和$[BiCl_6]^{3-}$离子中，中心原子 Sb 和 Bi 的价层电子对数均为 7，但其构型为八面体。可能是由于 Cl 原子比较大、数量又多，其原子间的排斥力超过孤对电子-成

思考题 2-6

结合价层电子对互斥理论与杂化轨道理论，比较 BF_3、NF_3 和 ClF_3 这三个分子的空间构型及中心原子的杂化方式。

键电子对之间的排斥力。

(4) 过渡金属配合物。例如，$[TiF_6]^{3-}$中心原子 Ti 价层有 7 对电子，但其构型为八面体。

拓展知识

等电子体原理简介

凡通式 AB_n 相同，同时价电子总数也相等的分子或离子，都具有大致相同的结构特征，这一原理称为“等电子体原理”。即等电子体之间的分子立体结构、化学键的类型大体一致，但键角不一定相等，除非键角为 180°或 90°等特定角度。

(1) 通式皆为 AB_2 的 CO_2、CS_2、NO_2^+、N_3^- 等分子或离子，价电子总数都是 16，皆为直线形分子，中心原子发生 sp 杂化而没有孤对电子，形成直线形 σ 骨架，键角都为 180°，分子中有两个符号为 Π_3^4 的 p-p 型大 π 键(即离域 π 键，参见 2.5 节)。

(2) 通式皆为 AB_2 的 SO_2、NO_2^-、O_3 等分子或离子，价电子总数都是 18，中心原子发生 sp^2 杂化，VSEPR 理想几何构型为平面三角形，中心原子有一对孤对电子处于分子平面上，分子立体结构皆为 V 形(或角形)，分子中有一个符号为 Π_3^4 的 p-p 型大 π 键。

(3) 通式皆为 AB_3 的 CO_3^{2-}、NO_3^-、BF_3、SO_3 等分子或离子，价电子总数都是 24，皆为平面三角形分子，中心原子发生 sp^2 杂化而没有孤对电子，形成 σ 平面骨架，分子中有一个符号为 Π_4^6 的 p-p 型大 π 键。

(4) 通式皆为 AB_3 的 PO_3^{3-}、ClO_3^-、SO_3^{2-} 等离子，价电子总数都是 26，中心原子价层电子对数为 4，并发生 sp^3 杂化，VSEPR 理想几何构型为四面体，其中有 3 个 σ 成键电子对，有一个孤电子对，分子立体结构皆为三角锥形(不计孤对电子)，中心原子的所有 p 轨道都参与了杂化，并用于形成 σ 键或孤对电子，不可能再去形成 p-p 型 π 键，它们的路易斯结构式中的重键是 d-p 大 π 键，即由中心原子的 d 轨道与配位原子的 p 轨道形成的大 π 键。

(5) 通式皆为 AB_4 的 SO_4^{2-}、PO_4^{3-} 等离子，价电子总数都是 32，中心原子发生 sp^3 杂化，呈正四面体立体结构，中心原子的所有 p 轨道都用于形成 σ 键，没有 p-p 型 π 键，它们的路易斯结构式中的重键也是 d-p 大 π 键。

2.4 分子轨道理论

价键理论直接利用原子的价电子层结构简单说明了共价键的本质。但在讨论共价键的形成时，只考虑了未成对电子作为成键电子，而且只将成键电子定域在两个成键原子之间。这些不足使价键理论对许多分子的结构和性质难以解释。例如，O_2 分子的 O 原子有两个未成对 2p 电子，两个 O 原子之间应该是配对形成一个 σ 键和一个 π 键。O_2 分子中不应该含有未成对电子，在磁场中应呈反磁性。但事实上，O_2 分子却是顺磁性物质，这说明 O_2 分子一定存在未成对电子。又如，有些含有奇数电子的分子或离子，如 NO、NO_2、H_2^+ 等是能够稳定存在的。这些都与价键理论不符。

分子轨道理论(molecular orbital theory，简称 MO 理论)是 1932 年由美国化学家马利肯和德国物理学家洪德从全新的角度提出的共价键理论，它强调分子的整体性，认为原子形成分子以后，电子不再局限于每个原子的原子轨道，而是在整个分子范围内运动。即每个电子处于分子轨道中，处在分子中所有原子核及其他电子所组成的统一势场中运动。随着计算机技术的发展，分子轨道理论不仅解决了价键理论遇到的问题，促进了结构理论的发展，也为理论化学在实际中的应用发挥了巨大作用。

2.4.1 分子轨道的形成

教学视频
分子轨道的形成

本节只介绍分子轨道理论的基本观点和结论，讨论简单双原子分子的结构，详细内容将在后续课程“结构化学”中介绍。

1. 分子轨道

分子中每个电子的运动可视为在原子核和分子中其余电子形成的势场中运动，其运动状态用波函数 ψ 表示，ψ 称为分子轨道函数，简称分子轨道。和原子轨道用光谱符号 s、p、d、f、…表示一样，分子轨道常用对称符号 σ、π、δ、…表示，在分子轨道符号的右下角表示形成分子轨道的原子轨道名称。

2. 分子轨道由原子轨道线性组合而成

组合的分子轨道数与组合前的原子轨道数相等，即 n 个原子轨道经线性组合得到 n 个分子轨道。通常是有一半的分子轨道能量比组合前的原子轨道的能量低，另一半分子轨道的能量比组合前的原子轨道能量高。能量比原子轨道低的分子轨道称为成键分子轨道，而能量比原子轨道能量高的分子轨道称为反键分子轨道(用*号标记)。

例如，两个氢原子的原子轨道 ψ_a、ψ_b 组合成氢分子轨道，有两种组合方式：

$$\psi_{\mathrm{I}} = c_1\psi_a + c_2\psi_b \qquad E_{\mathrm{I}} < E_{\mathrm{H}}$$

$$\psi_{\mathrm{II}} = c_1\psi_a - c_2\psi_b \qquad E_{\mathrm{II}} > E_{\mathrm{H}}$$

式中，c_1 和 c_2 为组合系数。分别形成成键分子轨道 σ_{1s} 和反键分子轨道 σ_{1s}^*，它们的形状和能量变化如图 2-20 所示。

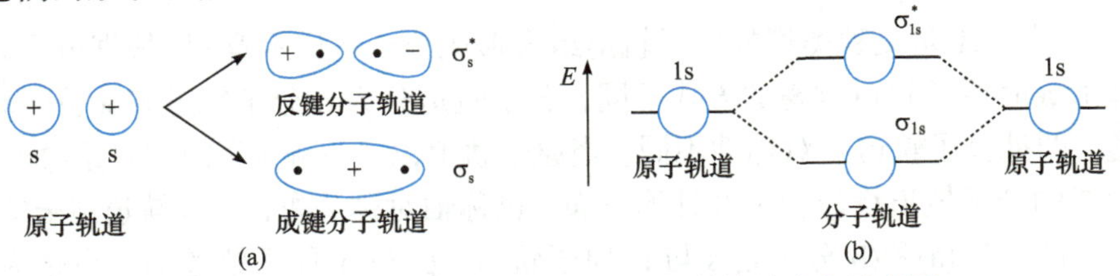

图 2-20 H_2 分子轨道形成示意图(a)及轨道能量变化示意图(b)

3. 原子轨道组合成分子轨道时必须满足的三个条件

1) 能量相近原则

只有能量相近的原子轨道才能有效组合成分子轨道，而且原子轨道能量相差越小越有利于组合。例如，H、O、Cl、Na 各有关原子轨道的能量分别为

$$E_{1s}(\mathrm{H}) = -1318\mathrm{kJ\cdot mol^{-1}};\quad E_{2p}(\mathrm{O}) = -1322\mathrm{kJ\cdot mol^{-1}}$$

$$E_{3p}(\mathrm{Cl}) = -1259\mathrm{kJ\cdot mol^{-1}};\quad E_{3s}(\mathrm{Na}) = -502\mathrm{kJ\cdot mol^{-1}}$$

从中可以看到，H 的 1s 轨道与 Cl 的 3p 和 O 的 2p 轨道能量相近，它们可以线性组合成分子轨道。而 Na 的 3s 轨道与 Cl 的 3p 轨道和 O 的 2p 轨道能量相差比较大，不能组合成分子轨道，只能发生电子转移形成离子键。

2) 轨道最大重叠原则

原子轨道对称重叠程度越大，成键分子轨道的能量下降越多，形成的分子越稳定。

3) 对称性匹配原则

只有对称性相同的原子轨道才能有效组合成分子轨道。原子轨道和分子轨道都有一定的对称性。例如，$2p_x$ 轨道，若取 x 轴为旋转对称轴，旋转任意角度后，其图形和符号均不改变，这种对称称为 σ 对称。显然，s 轨道也是 σ 对称的。而对 $2p_z$(或 $2p_y$)轨道，若仍取 x 轴为旋转轴，旋转 180°后，其图形才可恢复，符号还相反，这种对称称为 π 对称。同理，d 轨道也有类似的 σ 对称和 π 对称之分。例如，若均取 y 轴为旋转轴，则 $d_{x^2-y^2}$ 轨道为 σ 对称，d_{xy} 为 π 对称。同理，取不同旋转轴可知，d_{z^2} 轨道为 σ 对称，d_{yz}、d_{xz} 为 π 对称。因此，σ(或σ^*)分子轨道或 π(或 π^*)分子轨道，实际上指的是具有 σ 对称或 π 对称的分子轨道。或者说，是由两个 σ 对称的原子轨道或两个 π 对称的原子轨道组合而成的分子轨道。对称性匹配原则就是针对这种对称性相同的原子轨道匹配而言的。此外，原子轨道的波函数因有正、负号之分，故波函数同号的原子轨道相重叠，原子核间的电子云密度增大，形成的分子轨道能量比此前各原子轨道的能量都低，为成键分子轨道；若波函数异号的原子轨道相重叠时，核间电子云密度减小，形成的分子轨道能量高于原来的原子轨道，为反键分子轨道。

思考题 2-7

对称性匹配原则与原子轨道的图形有何关系？根据 MO 理论，形成成键分子轨道时，必有反键分子轨道形成吗？

在上述 3 个原则中，对称性匹配原则是首要的，它决定原子轨道能否组合成分子轨道，而能量相近原则和轨道最大重叠原则，所决定的是原子轨道的组合效率。

图 2-21 是几种类型的原子轨道组合形成分子轨道示意图。根据分子轨道形成时原子轨道重叠的方式不同，分子轨道分为 σ 分子轨道和 π 分子轨道。两种分子轨道的对称性不同。当原子轨道以“头碰头”的方式重叠时，形成的分子轨道绕键轴呈圆柱形分布，也称轴对称分布，为 σ 轨道或 σ^* 轨道。图 2-21(a)和(b)分别是 s 与 p_x 原子轨道、p_x 与 p_x 原子轨道的“头碰头”

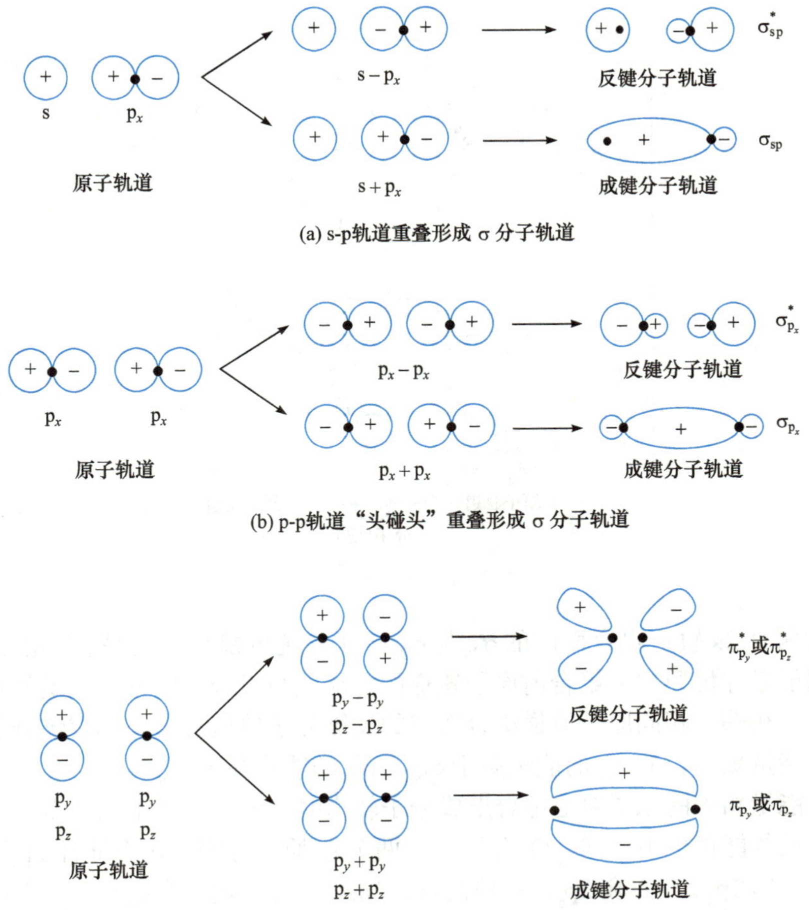

(a) s-p轨道重叠形成 σ 分子轨道

(b) p-p轨道“头碰头”重叠形成 σ 分子轨道

(c) p-p轨道“肩并肩”重叠形成 π 分子轨道

图 2-21 几种类型的原子轨道组合形成分子轨道示意图

方式重叠。无论是相加重叠或相减重叠，形成的成键或反键轨道都符合对称性匹配原则。

当两个原子轨道以“肩并肩”的方式重叠时，所形成的分子轨道位于键轴的上、下方呈镜面反对称分布，为 π 轨道或 π^* 轨道，如图 2-21(c)所示，同样符合对称性匹配原则。此外，还有 d 与 d 原子轨道“肩并肩”方式重叠形成的 π 轨道或 π^* 轨道，以及 d 与 d 原子轨道“面对面”方式重叠形成的 δ 轨道或 δ^*轨道，均符合对称性匹配原则。

4. 分子轨道能级

每个分子轨道除了具有一定的形状，还具有相应的能量。原子轨道的能量决定所组合的分子轨道的能量。原子轨道的能量越低，相应的分子轨道能量越低。现以 O_2 为例讨论分子轨道的能量高低，图 2-22 即为 O_2 分子的分子轨道能级图。

O_2 分子中，两个 O 原子中能量最低的两个 1s 原子轨道组合形成 σ_{1s} 与 σ_{1s}^* 分子轨道，这两个分子轨道的能量在所有的分子轨道中也最低；能量更

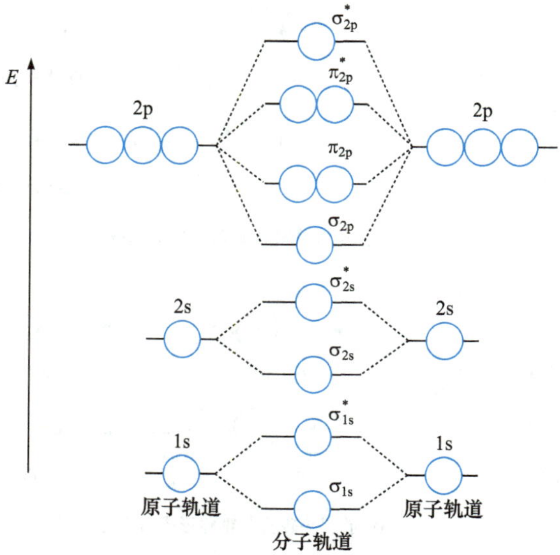

图 2-22 O_2分子轨道能级图

高的两个 2s 轨道组合而成的 σ_{2s} 与 σ_{2s}^* 分子轨道的能量也更高，以此类推。根据能量守恒原理，组合前原子轨道的总能量与组合后的分子轨道的总能量基本相等。相同原子轨道组合而成的反键分子轨道总是要比成键分子轨道的能量更高，故 σ_{1s}^* 的能量高于 σ_{1s}，σ_{2s}^* 的能量高于 σ_{2s}。

能量相等的原子轨道组合形成分子轨道时，组合方式不同，得到的分子轨道的能量也不一样。O_2 分子中，两个 O 原子分别有 3 个简并 2p 原子轨道，即 $2p_x$、$2p_y$ 和 $2p_z$。一般而言，$2p_x$ 与 $2p_x$ 通过“头碰头”组合而成的 σ_{2p_x} 成键轨道的能量低于 $2p_y$ 与 $2p_y$“肩并肩”组合而成的 π_{2p_y}（或 $2p_z$ 与 $2p_z$“肩并肩”组合而成的 π_{2p_z}）成键轨道的能量；成键轨道的能量越低，则对应的反键轨道的能量越高。例如，$\sigma_{2p_x}^*$ 的能量不但高于 π_{2p_y}（或 π_{2p_z}）成键轨道的能量，甚至高于 $\pi_{2p_y}^*$（或 $\pi_{2p_z}^*$）反键轨道的能量。O_2 的分子轨道能级由低到高的顺序为

$$\sigma_{1s} < \sigma_{1s}^* < \sigma_{2s} < \sigma_{2s}^* < \sigma_{2p_x} < \pi_{2p_y}(\pi_{2p_z}) < \pi_{2p_y}^*(\pi_{2p_z}^*) < \sigma_{2p_x}^*$$

其中，π_{2p_y} 与 π_{2p_z} 的能量相同，$\pi_{2p_y}^*$ 与 $\pi_{2p_z}^*$ 的能量也相同。

应当注意，分子轨道的能量受到组成分子轨道的原子轨道的影响。不同原子因核电荷数不同，原子轨道能量不同。因此，由不同原子的原子轨道所形成的同类型分子轨道的能量和能级顺序可能是不同的。例如，第二周期 F 元素的同核双原子分子 F_2 的分子轨道能级顺序和能级图与 O_2 的相同，而第二周期 N 元素所形成的同核双原子分子 N_2 的分子轨道能级顺序与 O_2、F_2 不同。

教学视频

分子轨道的应用

2.4.2 分子轨道理论的应用

1. 电子在分子轨道中的填充与键级

原子形成分子后，原来原子轨道的电子，需要按能量由低到高的顺序依

次填入分子轨道。也就是说，电子在分子轨道中的填充，同样遵循能量最低原理、泡利不相容原理和洪德规则。分子轨道中的电子总数等于各原子的电子数之和。分子最终能否存在及其稳定性大小，取决于成键轨道中的电子数和反键轨道中的电子数多少。反键电子的存在可以抵消或部分抵消成键电子对化学键的贡献。两原子组成的分子的稳定性大小可用键级来表示：

$$\text{键级}=\frac{\text{成键轨道电子数}-\text{反键轨道电子数}}{2}=\frac{\text{净成键电子数}}{2}$$

2. 同核双原子分子

1) O_2分子

前已述及第二周期元素的同核双原子分子 O_2 的分子轨道能级顺序。

O 原子的核外电子排布为 $1s^22s^22p^4$，所以 O_2 分子的电子总数为 16，按分子轨道的电子填充规则，O_2 分子的 16 个电子依次填入各个分子轨道中，得到填充电子后的 O_2 分子轨道能级图，如图 2-23 所示。

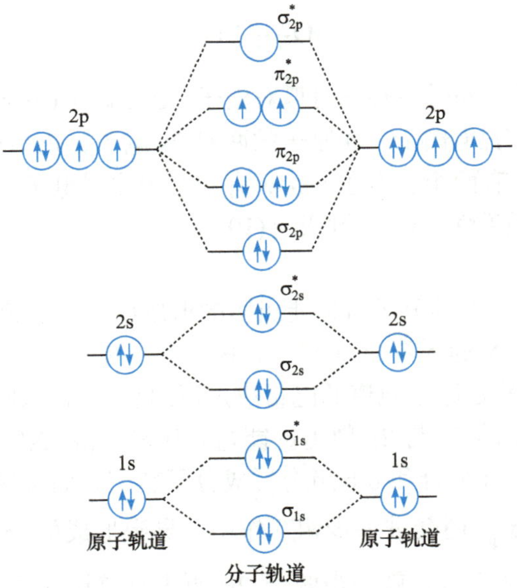

图 2-23 填充电子后的 O_2 分子轨道能级图

动画

O_2 的分子轨道图

填充电子之后的分子轨道能级图也可用分子轨道电子排布式(也称分子的电子构型或电子组态)来表示，即分子轨道从左至右排列，代表能级由低到高的顺序，再依次从左至右按照能量最低、泡利不相容原理和洪德规则填充电子，尤其要注意简并分子轨道的电子填充，同时将电子数标记在每个分子轨道的右上方。O_2 的分子轨道电子排布式为

σ键　三电子π键　三电子π键

$$O_2[(\sigma_{1s})^2(\sigma_{1s}^*)^2(\sigma_{2s})^2(\sigma_{2s}^*)^2(\sigma_{2p_x})^2(\pi_{2p_y})^2(\pi_{2p_z})^2(\pi_{2p_y}^*)^1(\pi_{2p_z}^*)^1]$$

KK 内层　抵消　对成键有贡献

分子中的内层分子轨道，由于成键电子与反键电子都是填满的，成键作用相互抵消，对成键没有贡献，所以在分子轨道电子排布式中内层电子常用简单符号代替(当 $n = 1$ 时，用 KK；$n = 2$ 时，用 LL 等)。

思考题 2-8

根据分子轨道理论，比较 O_2^{2-}、O_2^-、O_2 和 O_2^+ 这几种分子或离子的稳定性，并且判断哪些具有顺磁性，哪些具有反磁性。

分析 O_2 的分子轨道电子排布式，在 σ_{2p} 上形成一个正常的 σ 键。而某个相同方向上的 π_{2p} 和 π_{2p}^*(如 π_{2p_y} 和 $\pi_{2p_y}^*$)，因占据同一空间，必须作为一个整体来考虑，反键轨道 π_{2p}^* 上的 1 个电子不能完全抵消成键轨道 π_{2p} 上的 2 个电子对共价键的贡献，π_{2p} 和 π_{2p}^* 上的电子应该加在一起作为一个键的电子来计算，即形成一个特殊的三电子 π 键。同理，在另一个方向上(如 π_{2p_z} 和 $\pi_{2p_z}^*$)形成另一个三电子 π 键。因此，O_2 分子含有 1 个 σ 键和 2 个三电子 π 键。三电子 π 键的键能约为正常 π 键的一半，使 O_2 分子的键能实际上与双键键能差不多，只有 $498kJ \cdot mol^{-1}$(N≡N 三键的键能为 $946kJ \cdot mol^{-1}$，C≡C 三键的键能为 $813kJ \cdot mol^{-1}$，C═C 双键的键能为 $598kJ \cdot mol^{-1}$)。

根据分子轨道理论，O_2 分子的结构式可写为

$$:\!O \overset{\cdot\;\cdot\;\cdot}{\underset{\cdot\;\cdot\;\cdot}{-\!\!-\!\!-}} O\!:$$

其中每个 O 原子的外层各有一对孤对电子，这是因为$(\sigma_{2s})^2$ 和$(\sigma_{2s}^*)^2$ 的作用相互抵消，原来分属于两个 O 原子的两对 2s 电子，仍为这两个 O 原子所有。由于 O_2 分子有两个三电子 π 键，有 2 个未成对电子，且自旋平行，所以 O_2 分子具有顺磁性。O_2 的键级 = (10 – 6)/ 2 = 2。

2) N_2 分子

前面对于 O_2、F_2 的分子轨道能级图的形成已有所讨论。决定第二周期其他元素 B、C、N 的同核双原子分子 B_2、C_2、N_2 的分子轨道能级顺序的原则也一样，仍然是原子轨道的能量决定所组合的分子轨道的能量。但由于 B、C、N 原子的 2s 与 2p 轨道的能量差比较小(表 2-8)，当原子相互靠近时，不仅发生 s-s 组合和 p-p 组合形成分子轨道，而且对称性相同的 σ_{2s} 和 σ_{2p_x}、σ_{2s}^* 和 $\sigma_{2p_x}^*$ 还会进一步相互作用，导致形成的分子轨道的能级顺序发生改变。具体而言，就是当两个 2s 原子轨道在形成 σ_{2s} 和 σ_{2s}^* 分子轨道的同时，也会对同一方向“头碰头”形成的 σ_{2p_x} 成键轨道和 $\sigma_{2p_x}^*$ 反键轨道产生较大的排斥作用，致使这两个轨道的能级皆升高，即 σ_{2p_x} 高于 π_{2p_y} 和 π_{2p_z} 成键轨道的能级，$\sigma_{2p_x}^*$ 高于 $\pi_{2p_y}^*$ 和 $\pi_{2p_z}^*$ 反键轨道的能级。而 O、F 原子的 2s、2p 轨道能量相差比较大，相互影响较小。因此，B_2、C_2、N_2 分子与 O_2、F_2 分子不同，其分子轨道能级顺序为

$$\sigma_{1s} < \sigma_{1s}^* < \sigma_{2s} < \sigma_{2s}^* < \pi_{2p_y}(\pi_{2p_z}) < \sigma_{2p_x} < \pi_{2p_y}^*(\pi_{2p_z}^*) < \sigma_{2p_x}^*$$

表 2-8　第二周期元素 2s 与 2p 轨道的能量差 ΔE 比较

分子	Li_2	Be_2	B_2	C_2	N_2	O_2	F_2
ΔE/eV	—	—	5.90	8.57	11.59	15.02	18.82

N 原子的核外电子排布为 $1s^22s^22p^3$，所以 N_2 分子的电子总数为 14，按分子轨道的电子填充原则，14 个电子依次填入各个分子轨道中，可得到填充电子后的 N_2 分子轨道能级图，如图 2-24 所示。

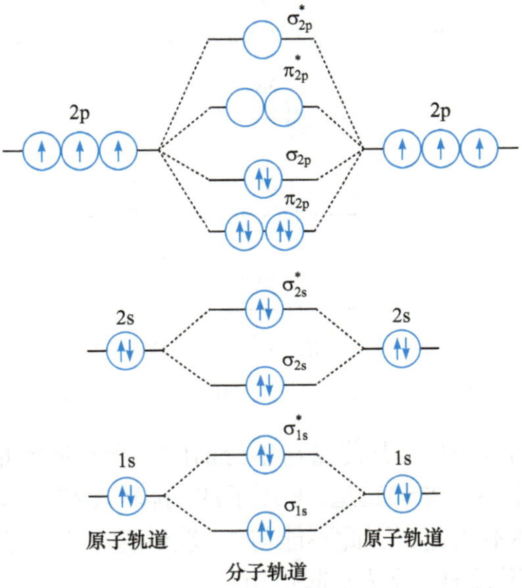

图 2-24　填充电子后的 N_2 分子轨道能级图

同理，N_2 分子的分子轨道电子排布式为

$$N_2\left[KK(\sigma_{2s})^2(\sigma_{2s}^*)^2(\pi_{2p_y})^2(\pi_{2p_z})^2(\sigma_{2p_x})^2\right]$$

N_2 分子中存在由 4 个 π 电子形成的 2 个 π 键和一对 σ 电子形成的 1 个 σ 键。

N_2 分子的结构式为

N_2 分子的键级 = (10 – 4) / 2 = 3，每个 N 原子与 O 原子一样，外层有一对孤对电子，是 2s 电子的贡献。

3. 异核双原子分子

当不同元素的两原子形成分子时，便构成异核双原子分子。其分子轨道由两个能量相近的原子轨道组合而成。应注意的是，参与组合分子轨道的两个原子轨道，虽能量相近，名称却不一定相同。

1) HF 分子

F 原子电子层结构为 $1s^22s^22p^5$，H 原子的电子层结构为 $1s^1$，HF 分子的电子总数为 10。填充 10 个电子后的 HF 的分子轨道能级图如图 2-25 所示。

图中，H 原子的 1s 轨道与能量相近、对称性匹配的 F 原子的 $2p_x$ 轨道组合，形成成键分子轨道 3σ 与反键分子轨道 4σ。F 原子的 1s、2s 轨道能量都很低，在构成分子的内层分子轨道(1σ、2σ)时，这些轨道的分布主要

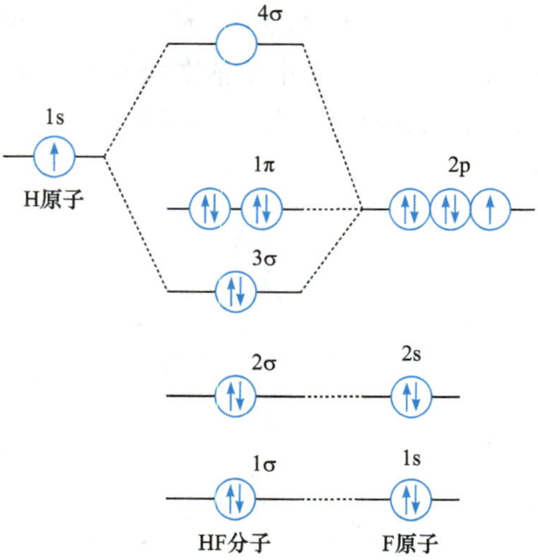

图 2-25　填充电子后 HF 的分子轨道图

还是集中在 F 原子周围，且其能量与组合前的原子轨道能量没有明显差别，对成键没有影响，称为非键轨道。F 原子的 $2p_y$ 轨道和 $2p_z$ 轨道因与 H 原子的 1s 轨道对称性不匹配，因此不能与 1s 轨道组合成分子轨道，也形成 2 个非键轨道，对形成 HF 分子不起作用。

由于组成 HF 分子轨道的原子轨道不同，因此对 HF 分子轨道只是按分子轨道的对称性，并根据轨道能量从低到高进行编号，而没有在分子轨道的右下角标明其来源的原子轨道。此外，在异核双原子分子的分子轨道能级图中也没有成键与反键轨道的明确标记。之所以如此，是因为成键、反键与对称性有关，异核双原子分子由于原子之间的电负性不同及相互组合的原子轨道之间的能级差别，给分子轨道的线性组合带来复杂性，使得分子轨道的中心对称性消失，同时失去了成键和反键的明显区别。

HF 的分子轨道电子排布式为

$$(1\sigma)^2(2\sigma)^2(3\sigma)^2(1\pi)^4$$

HF 分子的键级 = 2 / 2 = 1。

2) CO 分子

C 原子电子层结构为 $1s^22s^22p^2$，O 原子的电子层结构为 $1s^22s^22p^4$。CO 分子的电子总数与同核双原子分子 N_2 相同，皆为 14 个电子，二者是等电子体。用分子轨道理论解释，彼此在分子轨道、成键情况和电子排布上大致相同，都构成一个 σ 键和两个 π 键。差别在于 CO 是异核双原子分子，各分子轨道已失去中心对称性，也没有很明显的成键和反键之分。而且，由 O 原子提供给分子轨道的电子数比 C 原子提供的电子数要多 2 个，相当于 O 原子提供了一个配位键。因此，CO 分子的结构式可记为

$$:C\overset{\leftarrow}{\equiv}O:$$

根据分子轨道理论，CO 分子轨道由 C 原子和 O 原子的原子轨道组合而成，其分子轨道能级图如图 2-26 所示。

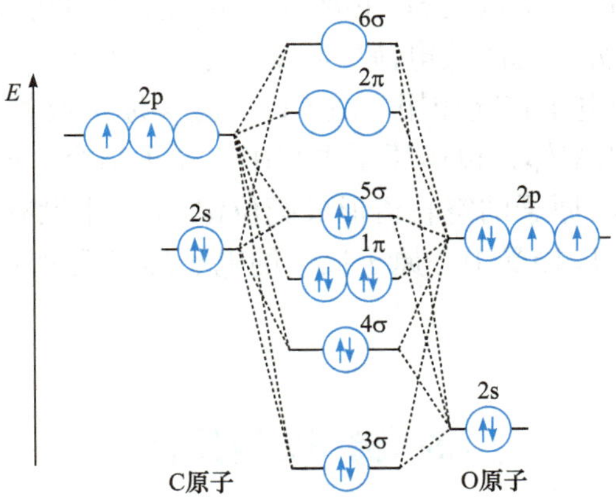

图 2-26 CO 分子轨道能级图

理论计算表明，CO 分子的 1σ 分子轨道主要由 O 原子的 1s 轨道构成，2σ 轨道主要由 C 原子的 1s 轨道构成，两者基本上接近于非键轨道。C 原子和 O 原子的 2s 轨道不仅参与了 3σ、4σ 分子轨道的组成，同时参与了 5σ、6σ 的组成。C 原子和 O 原子的 $2p_x$ 轨道不仅参与了 5σ、6σ 分子轨道的组成，同时参与了 3σ、4σ 的组成。当然，3σ 轨道主要来源于 O 原子的 2s 轨道的贡献，属于弱成键轨道，4σ 轨道主要来源于 O 原子的 $2p_x$ 轨道的贡献，为成键轨道。两个 1π 分子轨道的成分较多地来源于 O 原子的 $2p_y$、$2p_z$ 轨道，较少地来自 C 原子的 $2p_y$、$2p_z$ 轨道，也是成键轨道。5σ 轨道主要来源于 C 原子的 2s 轨道的贡献，其次是 C 原子的 $2p_x$ 轨道，再次是 O 原子的 $2p_x$ 轨道，属于弱反键轨道。受 C 原子的 2s、2p 轨道相互作用的影响，5σ 分子轨道能级高于两个原子的 $2p_y$、$2p_z$ 轨道组合的两个简并 1π 分子轨道能级。所以，CO 分子的主要成键轨道是 4σ 轨道和 1π 轨道。由于这些分子轨道组成的复杂性，因此不再使用 σ_{2s}、σ^*_{2s}、π_{2p_y}、$\pi^*_{2p_y}$ 等名称，而简称为 3σ、4σ、1π、2π 等。

CO 分子轨道电子排布式为

$$(1\sigma)^2(2\sigma)^2(3\sigma)^2(4\sigma)^2(1\pi)^4(5\sigma)^2$$

CO 分子的键级 $= \dfrac{10-4}{2} = 3$。

由实验事实可知，CO 分子的键长为 112.9pm，而正常的 C—O 单键和 C═O 双键的键长分别约为 143pm 和 121pm，CO 分子键长明显较短，说明键能较大。可以认为 CO 分子中存在三重键，与分子轨道理论的结论相同。

在 CO 分子中，尽管 O 原子的电负性较高，但 O 原子相当于已提供了一个配位键，抵消了 C 和 O 原子之间因电负性差引起的极性，使 O 原子端显正性，C 原子端显负性。再者，从 CO 各个分子轨道的电荷分布情况分析，也是如此。CO 各个分子轨道的中心总是偏向于某个原子，3σ、4σ 和 1π 轨道主要由 O 的原子轨道构成，电荷密度偏向于 O 原子，而最外层的电子占有的分子轨道 5σ 主要由 C 的原子轨道构成，电荷密度偏向于 C 原子。CO 分子总的负电荷中心偏向于 C 原子一端，这主要是因为 5σ 分子轨道中的电子在起作用。故 CO 与金属原子或离子形成 C 端基配合物时，CO 作为配体，以碳原子端与中心原子结合，即使用 5σ 轨道上的电子对进入中心原子的空轨道形成配位键。CO 中没有填充电子的空轨道 2π、6σ 同时可以接受中心原子反馈的电子形成反馈配键，进一步增加分子的稳定性。

2.5 离域 π 键简介

教学视频
离域 π 键

前面，我们用价键理论和分子轨道理论分别讨论了双原子间化学键的形成，分子中只要邻位原子间出现两个能量接近、相互平行的 p 轨道，若容纳 2 个电子，就能形成 π 键。当多原子分子中数个邻近原子上都有平行的 p 轨道时，则可能形成比普通的双轨道双电子 π 键更复杂的多轨道多电子大 π 键。从分子轨道理论的观点来看，化学键属于分子整体，大 π 键则是一种多中心的离域分子轨道，相应的化学键又称为离域 π 键。

2.5.1 离域 π 键的形成条件

思考题 2-9

O_2分子中的三电子π键是否属于离域π键?

在 3 个或 3 个以上用 σ 键连接起来的原子之间，如果满足下列 3 个条件，就可以形成离域 π 键：

(1) 这些原子相互毗邻并处在同一个平面上。

(2) 每个原子都提供一个相互平行的 p 轨道用于“肩并肩”重叠，无论这些 p 轨道是空轨道还是带电子的轨道。

(3) 这些 p 轨道上的电子数之和(又称 π 电子数)小于 p 轨道数的 2 倍。

前两个条件是为了保证 p 轨道有最大程度的重叠，第三个条件，按照分子轨道理论的观点，是为了保证净的成键电子数不为零。

分子轨道理论认为：若 m 为 π 电子数，n 为 p 轨道数(也称多中心数)，则 n 个 p 原子轨道线性组合可以得到 n 个分子轨道，其中一半是成键轨道，一半是反键轨道。如果 n 为奇数，则有一个是非键轨道。当 $m = 2n$ 时，成键轨道和反键轨道都将被电子占满，净的成键电子数为零，键效应抵消，即不能形成离域 π 键。只有当 $m < 2n$ 时，成键轨道中的电子数才多于反键轨道中的电子数，才能形成稳定的键效应。通常以 Π_n^m 作为离域 π 键的符号。

2.5.2 分子中常见的离域π键

1. 1,3-丁二烯分子中的离域π键

1,3-丁二烯($CH_2═CH—CH═CH_2$)就含有大π键，由于其路易斯结构式中双键和单键交替排列，被称为有机共轭分子，结构如图2-27所示。

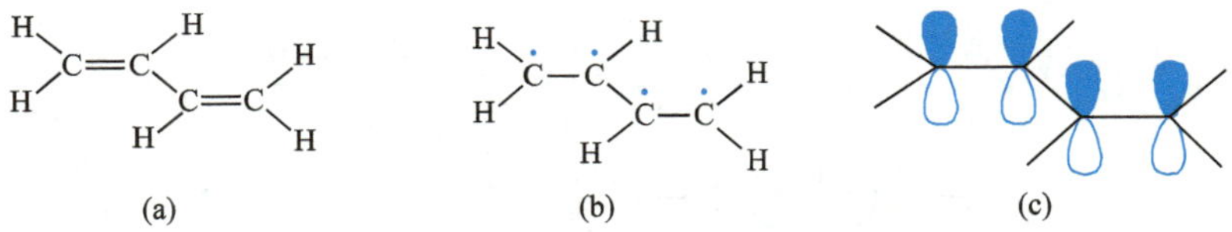

图 2-27 1,3-丁二烯分子结构示意图

(a) 路易斯结构式；(b) 标出了σ键和构成大π键的4个p电子；(c) 分子中4个平行p轨道

图2-27中，4个C原子、6个H原子处在由4个C原子发生sp^2杂化所决定的同一个平面上，其中有3个C—C σ键和6个C—H σ键，即由σ键构成平面骨架。此外，每个C原子都有一个未参与杂化的单电子p轨道垂直于这个平面，4个C原子的4个p轨道相互平行，可以“肩并肩”重叠形成π键。这些p轨道上的电子不再局限于两个原子之间，而是在4个p轨道之间运动，表现出鲜明的离域特征，并加强了4个C原子的整体联系。所以，1,3-丁二烯中的π键分不清到底是“1,2”碳原子之间、“3,4”碳原子之间的，还是“2,3”碳原子之间的，而是一个连贯4个C原子的离域π键，用符号表示为Π_4^4，称为四中心四电子大π键。

实验证明，1,3-丁二烯的键长趋于平均化，其单键键长为148.3pm，比正常单键键长154pm短；其双键键长为133.7pm，比正常双键键长133pm长。这导致丁二烯中两个共轭的π键(也称共轭π键或π-π共轭体系)相对于孤立的π键具有更难以打破的、整体的稳定性效应，称为共轭效应。

拓展知识

1,3-丁二烯的分子轨道

采用分子轨道理论处理由σ键构成平面骨架的共轭分子时，近似地认为π电子的运动状态决定分子的性质。分子中每一个π电子i的运动状态可用一个独立的单电子波函数ψ_i来描述，ψ_i也称为分子轨道。

1,3-丁二烯中π电子的分子轨道ψ由各碳原子的$2p_z$原子轨道(设波函数以符号ϕ表示)线性组合而成。若组合系数为C_1与C_2，经过理论计算，4个碳原子的4个$2p_z$原子轨道组合所得到的4个分子轨道为

$$\psi_1 = C_1\phi_1 + C_2\phi_2 + C_2\phi_3 + C_1\phi_4$$
$$\psi_2 = C_2\phi_1 + C_1\phi_2 - C_1\phi_3 - C_2\phi_4$$
$$\psi_3 = C_2\phi_1 - C_1\phi_2 - C_1\phi_3 + C_2\phi_4$$
$$\psi_4 = C_1\phi_1 - C_2\phi_2 + C_2\phi_3 - C_1\phi_4$$

式中，ψ_1全是由各$2p_z$原子轨道同号重叠，所有原子轨道均起成键作用，能量最低，为强成键分子轨道；ψ_2轨道的电子云密集于1,2和3,4碳原子之间，它们是同

号重叠，起成键作用。2,3 碳原子之间是异号重叠，起反键作用。因 ψ_2 轨道的成键作用大于反键作用，是能量次低的弱成键分子轨道；ψ_3 的 1,2 和 3,4 碳原子之间均为异号重叠，2,3 碳原子之间是同号重叠，反键作用大于成键作用，是能量次高的弱反键分子轨道；ψ_4 的 4 个碳原子之间均为异号重叠，均起反键作用，是能量最高的强反键分子轨道。因此，1,3-丁二烯的 4 个 π 电子填充在 ψ_1 和 ψ_2 两个成键分子轨道上，得到的 1,3-丁二烯离域 π 键的分子轨道能级图如图 2-28 所示。

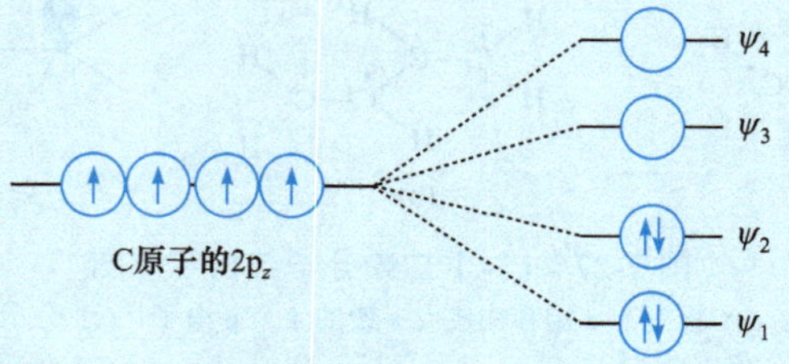

图 2-28　1,3-丁二烯离域 π 键的分子轨道能级图

2. 苯分子中的离域 π 键

苯分子(C_6H_6)也是大家熟知的有机共轭分子，其路易斯结构式也具有明确的双键和单键之分。可实验事实是，其所有碳-碳键的键长和键能并没有区别。要解决这个矛盾也只能用大 π 键的概念来解释。与 1,3-丁二烯相似，苯分子的每个 C 原子发生 sp^2 杂化，其 6 个 C 原子、6 个 H 原子处于由 σ 键构成的键角为 120°的平面骨架上。每个 C 原子还都有一个未参与杂化的单电子 p 轨道垂直于这个平面，6 个 C 原子的 6 个 p 轨道“肩并肩”重叠，在首尾相连的 6 个 C 原子之间形成一个环状的大 π 键，符号为 Π_6^6。苯分子的结构示意图如图 2-29 所示。

动画
苯分子的成键

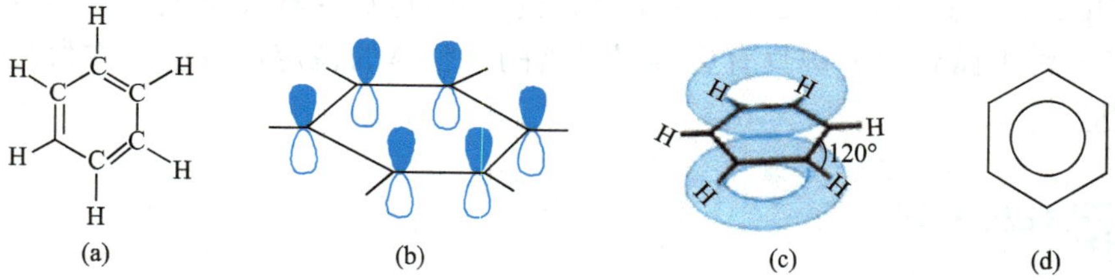

(a)　(b)　(c)　(d)

图 2-29　苯分子的结构示意图

(a) 路易斯结构式；(b) 分子中 6 个平行 p 轨道；(c) 环状大 π 键；(d) 表达大 π 键的结构式

3. CO_2 分子中的离域 π 键

根据 VSEPR 理论，CO_2 分子的价电子总数为 $4 + 2 \times 0 = 4$，价层电子对数为 $4 / 2 = 2$，无孤对电子，故价层电子对和分子的理想几何构型均为直线形。

在形成 CO_2 分子时，中心 C 原子采取 sp 杂化，C 原子的 2 个单电子 sp 杂化轨道分别与 2 个 O 原子的各 1 个单电子 2p 轨道“头碰头”重叠，形成 2 个 C—O σ 键。此外，C 原子的 1 个未杂化的单电子 2p 轨道与第一个 O 原子余下的 1 个单电子 2p 轨道，以及第二个 O 原子的两电子 2p 轨道相互平行，彼此通过“肩并肩”重叠形成一个三中心四电子的离域 π 键，即Π_3^4键。与此类似，C 原子剩余的 1 个未杂化的单电子 2p 轨道与第一个 O 原子的双电子 2p 轨道及第二个 O 原子的单电子 2p 轨道也通过“肩并肩”重叠形成另一个Π_3^4键。因此，CO_2分子中存在两个Π_3^4键，其结构示意图如图 2-30 所示。

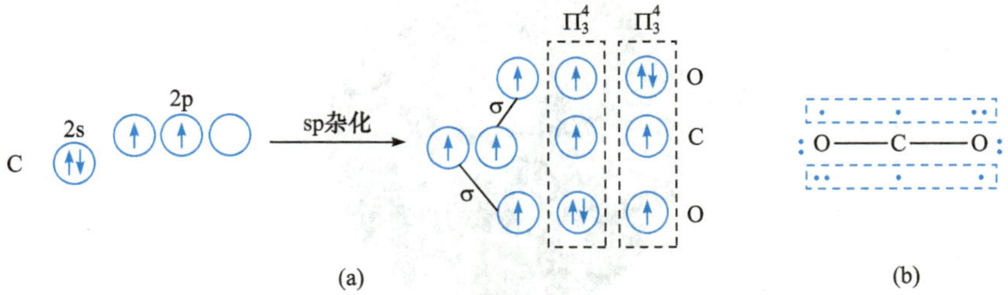

图 2-30 CO_2分子中离域 π 键的形成(a)和 CO_2分子结构(b)示意图

除 CO_2分子外，其他一些 AB_2型分子或离子中也存在Π_3^4键，如 CS_2、SO_2、O_3、NO_2^+、N_3^-等。

4. CO_3^{2-} 中的离域 π 键

根据 VSEPR 理论，CO_3^{2-}的价电子总数为 $4+3\times0+2=6$，价层电子对数为 $6/2=3$，无孤对电子，故价层电子对与该离子的空间构型均为平面三角形。

思考题 2-10

BF_3 和 CO_3^{2-} 均含有Π_4^6键，二者的具体成键过程有何差异？

在形成CO_3^{2-}时，中心 C 原子采取 sp^2 杂化，C 原子的 3 个单电子 sp^2 杂化轨道分别与 3 个 O 原子的单电子 2p 轨道“头碰头”重叠，形成 3 个 C—O σ 键。此外，C 原子还有一个未参与杂化的单电子 2p 轨道，该轨道和 3 个 O 原子各自的一个单电子 2p 轨道相互平行，均垂直于 3 个 C—O σ 键所构成的平面，这 4 个 p 轨道通过“肩并肩”重叠形成一个离域 π 键。形成该离域 π 键的电子除由 C 原子和 O 原子提供的 4 个电子以外，还有碳酸根所带的两个负电荷，共同组成一个四中心六电子的Π_4^6键，如图 2-31 所示。

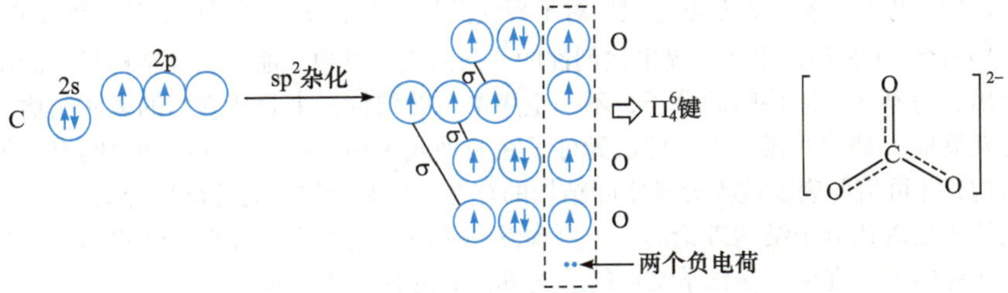

图 2-31 CO_3^{2-} 中离域 π 键的形成和 CO_3^{2-} 结构示意图

除 CO_3^{2-}外，另外一些 AB_3 型平面无机分子或离子也都含有Π_4^6键，如 BF_3、BCl_3、BBr_3、$SO_3(g)$、NO_3^- 等。

——化学史话——

鲍林与化学键

莱纳斯·卡尔·鲍林(L. C. Pauling，1901—1994，美国化学家)

鲍林是世界著名的化学家，他一生涉猎和成就极广，而化学键是他最核心的研究领域。1954 年，鲍林由于对化学键本质的研究及用化学键理论阐明复杂物质的结构而获得诺贝尔化学奖。

20 世纪 30 年代，鲍林开启了化学键的研究。他创造性地将量子力学和化学经验有机结合，开拓出一条建立现代化学键理论的途径。建立初期的价键理论还不完善，虽然它能够较好地解释不少简单分子的分子结构，但在解释一些多原子分子的几何构型时遇到了很大的困难，而以鲍林为代表的化学家们不断努力，促进了价键理论的蓬勃发展。

鲍林与斯莱特于 1931 年首次提出“杂化”的概念，用以解释 CH_4 分子中碳原子有四个等价单键的经验事实。根据电子运动具有波动性，波可以叠加，原子在成键过程中几个能量相近的原子轨道根据成键的需要，也可以相互叠加混合成几个新的原子轨道，这种原子轨道称为“杂化轨道”，而轨道的混合过程称为“杂化”。鲍林指出，杂化前后轨道数守恒，但杂化轨道的空间分布方向和电子云的分布状况发生变化，即电子云更集中地分布在某个方向上，从而提高了成键能力。鲍林强调“成键”是原子轨道杂化的原因和动力，并且只有在成键过程中才会发生轨道杂化。

1932 年，鲍林首次提出“电负性”概念，用于度量分子中原子对价电子吸引能力的相对大小。电负性反映了原子在化合物中吸引成键电子的能力，有助于预计各种化合物的离子性或共价性的程度，在阐明无机化合物的性质及化学键的稳定性方面有着重要作用。电负性概念的提出是鲍林对于现代无机化学和化学键理论的又一重要贡献。

1931～1933 年，鲍林还提出独创性的“共振论”思想。他在经典结构理论的基础上提出，对某些性质特殊的分子，不一定用单一的结构式来表征它们的真实结构，并由此发展成一种“共振”论，即认为分子在两种或多种不同的常规结构之间有一种中介结构，并可借此表征这类分子实际结构的存在。共振论作为对价键理论的一种补充，可被认为是现代分子结构理论的一个合理发展阶段。它作为一种直观性强的易于为人们所接受的近似理论，在化学结构的历史舞台上占有一席之地。

鲍林提出的杂化、电负性、共振理论等化学键理论和概念深入人心，至今仍是化学领域的经典理论。1939 年，鲍林出版了在科学史上具有划时代意义的《化学键的本质》(*The Nature of the Chemical Bond*)一书。这部书彻底改变了人们对化学键的认识，在该书出版后的 30 年内，共被引用超过 16000 次。

鲍林不仅是一位杰出的科学家，而且是一位社会活动家，他在反对战争和促进世界和平方面也有突出贡献。1955 年，他与 51 名诺贝尔奖获得者联名发表宣言，反对核试验。1962 年，他写信给当时的美国总统和苏联领导人，要求两国停止核试验，促使美、苏、英三国于 1963 年在莫斯科签署《部分禁止核试验条约》。1962 年，鲍林因积极维护世界和平、反对核试验而被授予诺贝尔和平奖。

纵观鲍林的一生，他既是伟大的科学家，也是坚强的和平斗士。鲍林好学敏思、意志坚定、勇于探索、富于创新，在科学上取得了巨大成就。鲍林还具有高度的社会责任感，为人类的和平事业做出了杰出贡献。我们既要学习鲍林的科学精神，努力学习和工作，同时也要培养自己的社会责任感，从身边做起，从小事做起，做一个真正有益于社会、有益于国家的人。

拓展阅读

习 题

2-1 写出下列物质的 Lewis 结构式并说明每个原子如何达到八电子结构。

HF，H_2Se，$H_2C_2O_4$(草酸)，CH_3OCH_3(甲醚)，H_2CO_3，$HClO$，H_2SO_4，H_3PO_4

2-2 结合杂化轨道理论和价层电子对互斥理论说明下列化合物由基态原子形成分子的过程(图示法)并判断分子的空间构型和分子极性：

$HgCl_2$，BF_3，$SiCl_4$，CO_2，$COCl_2$，NCl_3，H_2S，PCl_5

2-3 用杂化轨道理论和价层电子对互斥理论分别说明下列分子或离子的几何构型：

(1) PCl_4^+；(2) HCN；(3) H_2Te；(4) Br_3^-。

2-4 SiF_4、SF_4、XeF_4 都具有 AF_4 的分子组成，但它们的分子几何构型都不同，试用杂化轨道理论和价层电子对互斥理论说明每种分子构型并解释其原因。

2-5 根据下列物质的 Lewis 结构，来判断这些分子或离子中的 σ 键和 π 键的数目。

(1) CO_2；(2) NCS^-；(3) $HCHO$；(4) $HCOOH$，其中碳原子连接了一个氢原子和两个氧原子。

2-6 按键的极性从大到小的顺序排列下列每组化学键：

(1) C—F、O—F、Be—F；

(2) N—Br、P—Br、O—Br；

(3) C—S、B—F、N—O。

2-7 预测 CO、CO_2 和 CO_3^{2-} 中 C—O 键的键长大小顺序。

2-8 已知键能 $D(C—Cl)$、$D(C—O)$、$D(C=O)$ 和 $D(C\equiv O)$ 分别为 $397kJ \cdot mol^{-1}$、$749kJ \cdot mol^{-1}$、$745kJ \cdot mol^{-1}$ 和 $1081kJ \cdot mol^{-1}$，其他相关键能数据查表 2-3，计算下列各气相反应的焓变 ΔH。

(1) 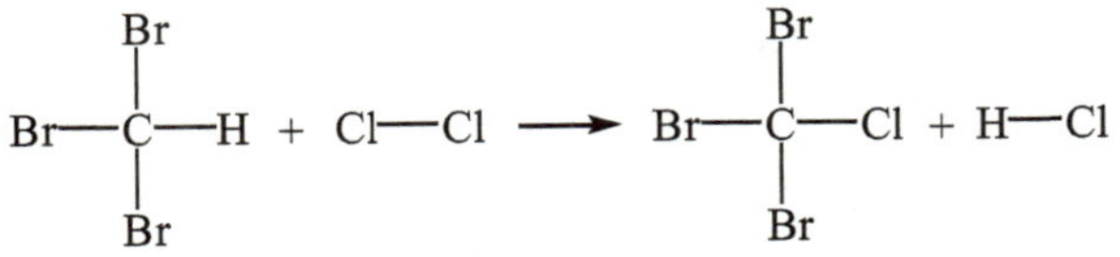

(2) $C\equiv O + H—O—H \longrightarrow O=C=O + H—H$

2-9 考虑 H_2^+ 和 H_2^-。

(1) 画出其分子轨道能级图；

(2) 写出它们的分子轨道电子排布式；

(3) 它们的键级各是多少？

(4) 假设 H_2^+ 被光激发，使其电子由低能级轨道跃迁到高能级轨道，猜测激发态的 H_2^+ 是否将消失，并解释。

2-10 (1) 如何理解顺磁性？

(2) 如何通过实验判断某物质是否是顺磁性物质？

(3) 下面哪些离子具有顺磁性：O_2^+，N_2^{2-}，Li_2^+，O_2^{2-}？

2-11 写出下面阳离子的分子轨道的电子排布式：(1) B_2^+；(2) Li_2^+；(3) N_2^+；(4) Ne_2^{2+}。

2-12 偶氮染料有许多用途，如染布的有机染料，许多染料是由有机物质 $C_{12}H_{10}N_2$ 衍生的，一个很近的相关物质是 $C_{12}H_{12}N_2$，这两种物质的 Lewis 结构如下：

偶氮苯　　氢化偶氮苯

(1) 在每种物质中，N 原子的杂化方式是什么？

(2) 在每一种物质中，N 和 C 原子还有多少价轨道未被杂化？

(3) 预测每一种物质中 N—N—C 的键角；

(4) 据说 $C_{12}H_{10}N_2$ 的 π 电子比 $C_{12}H_{12}N_2$ 有更大程度的重叠，讨论这种观点，并判断正误；

(5) $C_{12}H_{10}N_2$ 的所有原子在同一个平面，而 $C_{12}H_{12}N_2$ 不是。这种现象是否与(4)中的观点一致？

(6) $C_{12}H_{10}N_2$ 为深橘红色，而 $C_{12}H_{12}N_2$ 几乎无色，试讨论这种现象并参考有关书籍证明。

2-13 讨论有关 H_2CO_3 分子中碳原子杂化轨道的问题：

(1) 从 C 原子的电子构型开始，说明 H_2CO_3 分子是怎样通过杂化形成 σ 键的；

(2) 通过(1)中的图示，说明 π 键的形成过程。

(中南大学　　王一凡)

第3章 固体结构

固体是物质的一种存在状态，与液体和气体相比，固体有固定的体积和形状，这表明固体内原子或离子之间具有很强的吸引力，位置固定，不易发生相对运动。

第 3 章　导学

自然界中，大部分元素的单质和无机化合物在常温常压下都是固体。能源、信息和材料是现代社会发展的三大支柱，材料又是能源和信息的物质基础，材料主要是固体物质。固体在人类生活中起着非常重要的作用。

3.1　固体的分类

根据固体的内部结构，可以将固体分为晶体、非晶体和准晶体。

3.1.1　晶体

教学视频

晶体的结构特征

在内部微观结构中，由粒子(原子、离子或分子的统称)在空间按一定的规律周期性地重复排列构成的固体称为晶体。自然界中绝大多数固体属于晶体。

实验表明，这种周期性重复排列，称为晶体内部的长程有序性。晶体内部结构的长程有序性使晶体具有一些宏观的特性。

1) 规则的多面体几何外形

晶体具有“自范性”，即在生长过程中能自发地形成规则的多面体几何外形。例如，NaCl 晶体是立方体形，明矾晶体是八面体形，石英晶体是六角柱形等(图 3-1)。1669 年，丹麦科学家斯丹诺(N. Steno)发现：同一种晶体在不同的生长条件下得到的外形可能不完全一样，但借助几何学知识可知，在生长过程中晶体的各个生长方向(也称晶向，即垂直于晶面的方向)不变，即各晶面之间的夹角不变，这就是晶面角守恒定律。而非晶体不会自发地形成规则的多面体几何外形。

2) 固定的熔点

晶体结构具有周期性，各部分按照同一方式排列，这种微观上的均匀性使晶体在宏观上表现为具有固定的熔点。当晶体被加热到熔点时，在完成相变之前，或者说，熔化后的固液共存阶段，晶体的温度保持恒定。

3) 各向异性

晶体内部粒子呈周期性规律排列，但各个方向排列的粒子间距和取向

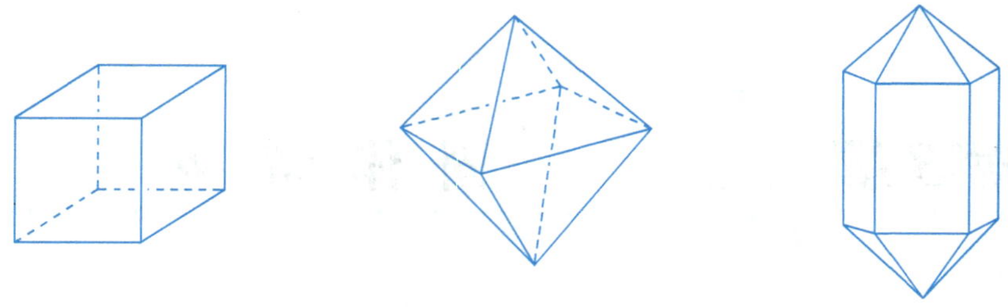

图 3-1 几种晶体常见的几何外形

不相同，使晶体在不同方向上具有不同的物理性质，如力学性质(硬度、弹性模量等)、热学性质(热膨胀系数、导热系数等)、电学性质(介电常数、电导率等)、光学性质(吸收系数、折射率等)等。

真正具有各向异性的晶体是那些单独成块的晶体多面体，称为单晶。单晶才是遵守晶面角守恒定律由晶面平行推进而长成的晶体，如水晶单晶等；实际晶体往往是许多单晶杂乱无章排列而成的集合体，称为多晶。如多晶硅片、大块的汉白玉等。多晶中由于每块单晶的取向不同，使之有可能出现整体上的各向同性。例如，金属通常以多晶结构出现，导电、导热性都是各向同性。

4) 对称性

晶体内部粒子的周期性排列，使晶体的内部微观结构及理想外形都具有对称性，如轴对称、镜面对称、中心对称等。

5) 衍射效应

晶体的周期性结构使晶体能对 X 射线、电子流和中子流等产生衍射效应。晶体的衍射成为了解物质内部结构的重要实验手段。非晶体没有周期性结构，只能产生散射效应，得不到衍射图像。

根据组成晶体的粒子种类及粒子之间的相互作用力的不同，可将晶体分为金属晶体、离子晶体、分子晶体、原子晶体四种基本类型。本章将对这几类晶体的组成、结构和性质等内容进行讨论。

3.1.2 非晶体

粒子在空间不呈周期性重复排列，不具有长程有序性的固体称为非晶体，也称无定形体或玻璃体。

非晶体是一种从液态迅速冷却下来时内部粒子还未来得及排列整齐就被冻结而形成的无规则状态，与液体中粒子的排列情况相似。因此，它又被称为“过冷液体”。当然，非晶体也没有规则的几何外形和特定的晶面。此外，它还没有固定的熔点，因为它在受热熔化过程中，从逐渐变软、局部流动到全部变成液体，温度一直在上升。

玻璃是非晶体，快速冷却石英熔体可得到石英玻璃。石英晶体又称水晶，在 SiO_4 立体网状结构中，键角均为 109.5°，具有长程有序性。与石英晶体不同，石英玻璃的结构特征则为近程有序、长程无序，如图 3-2 所示。

所谓近程范围一般为 0.1nm 以下，长程范围一般在 20nm 以上。据此，将玻璃拉成 0.005nm 的细丝，制成石英玻璃光导纤维，广泛用于电话、电视、计算机网络等领域。另外，宇宙飞船上的窗玻璃、激光器所用的激光玻璃及太阳能电池所用的非晶硅等，都显示着非晶体作为新材料在高科技领域中广阔的应用前景。

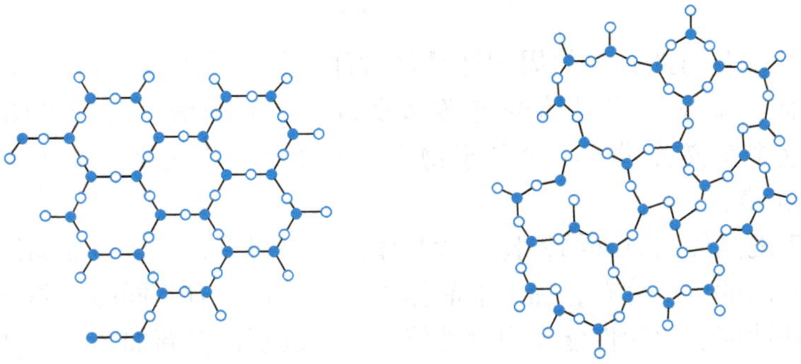

(a) (b)

图 3-2 石英晶体(a)和石英玻璃(b)

3.1.3 准晶体

长期以来，人们将固体分为晶体和非晶体两大类型。1984 年，以色列科学家丹尼尔 · 谢赫特曼(D. Shechtman)在对 $Al_{86}Mn_{14}$ 合金的透射电子显微镜研究中，首次发现了一种具有长程有序而没有平移周期性的合金相，外形呈封闭的正二十面体。这种新的结构因为不具有空间周期性不属于晶体，但其所展现的完美长程有序性又不属于非晶体。随后，具有类似特征的物质被陆续发现，它们被认为是介于晶态和非晶态之间的一种新物态——准晶态。

准晶体是具有准周期平移格子构造的固体，其中的粒子呈定向有序排列，但不做周期性平移重复，准晶体包含与晶体空间点阵不相容的对称元素。传统定义的晶体中只能出现 1、2、3、4、6 次旋转轴(图 3-3)，不可能有 5 次和高于 6 次的旋转对称轴存在，而准晶体被证明并发现存在 5、8、10、12 次旋转对称轴(图 3-4)。

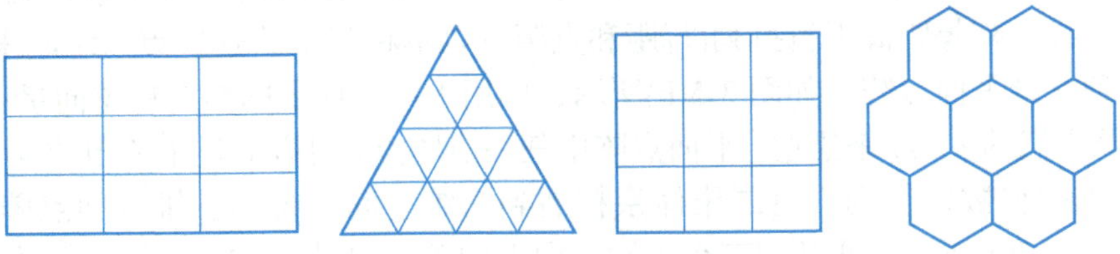

(a) (b) (c) (d)

图 3-3 具有 2 次(a)、3 次(b)、4 次(c)和 6 次(d)旋转对称轴的多边形可无间隙平移拼接

经过近 40 年的发展，全世界已获得千余种准晶体，也在天然矿物中发现了它的存在。准晶体的发现具有重要的理论和应用价值。随着物理学家、化学家和材料科学家对准晶体结构的研究和认识的不断深入，人们发现晶

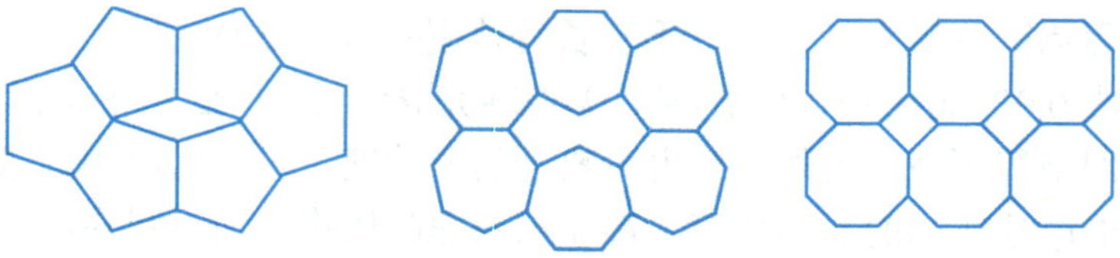

图 3-4　具有 5 次(a)、7 次(b)、8 次(c)旋转对称轴的多边形不能无间隙平移拼接

体点阵学说及与此有关的周期性平移对称只是一个经验规律。1992 年，国际晶体结晶学会将晶体的定义修改为“衍射图谱呈现明确图案的固体”，这个定义提供了一个基于物质衍射图的操作定义，扩大了晶体学的研究范畴。

由于准晶体的点阵结构比一般晶体要严格得多，并且存在周期方向与准周期方向的原子分布，加上准晶体与传统晶体具有不同的缺陷等因素，其在物理性能、化学性能和力学性能等方面表现许多新的特性。准晶体材料具有较高硬度、高电阻率、低热传导系数、低摩擦系数、不黏性、耐蚀、耐热和耐磨等特点，热力学性质较为稳定。目前，准晶体材料主要应用于表面改性材料或者作为增强相，弥散分布于结构材料中，在储氢材料、半导体材料和热致发电材料等方面都有良好的应用前景。

3.2　晶格理论简介

3.2.1　晶格与点阵

教学视频
晶格理论的基本概念

晶体内部粒子周期性重复排列，如果将具体的重复内容(结构基元)抽象出来看作一个点(点阵点)，那么整个晶体可以简化为由这些点阵点所构成的点阵。点阵中点阵点的排列规律，可以反映出晶体内部的周期性重复规律。

将许多点阵点等距离排成一行，得到一维直线点阵，可用单位向量 $\boldsymbol{a}$ 表示，如图 3-5(a)所示。直线点阵中任一点阵点可通过向量 $\boldsymbol{a}$ 平移得到。将一维点阵等距离平行排列(行距和点距可以不相等)，将这些点联结起来，得到二维平面点阵，如图 3-5(b)所示，可用不同方向上的两个单位向量 $\boldsymbol{a}$、$\boldsymbol{b}$ 及它们的夹角 γ 来描述。平面点阵中任一点阵点，可以通过平移单位向量 $\boldsymbol{a}$、$\boldsymbol{b}$ 的整数倍得到。将二维体系扩展到三维空间，得到三维空间点阵，如图 3-5(c)所示。通常用三个不同方向上的单位向量 $\boldsymbol{a}$、$\boldsymbol{b}$、$\boldsymbol{c}$ 及它们的夹角 α、β、γ 描述三维空间点阵结构，空间点阵中的点阵点可以沿矢量 $\boldsymbol{a}$、$\boldsymbol{b}$、$\boldsymbol{c}$ 的方向，通过平移一定整数倍单位向量而得到。

在三维空间点阵中可以用直线划分出规则的平行六面体形的空间格子，这种空间格子称为晶格。也可以将空间点阵看成是这种晶格在空间中的重复堆积。晶格是从实际晶体结构中抽象出来，用点和线反映晶体周

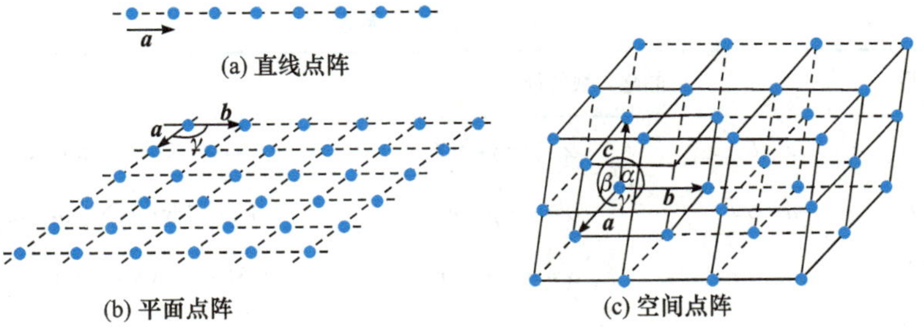

图 3-5 点阵结构示意图

期性规律的结构模型。将实际晶体的结构基元安置到晶格的结点上就得到晶体。

点阵强调的是代表结构基元的点阵点在空间的排列，它反映的周期排列方式是唯一的。单晶就是一整块固体为一个空间点阵所贯穿的情况。晶格的划分具有一定的灵活性。同一套点阵可以划分出多种不同形状的平行六面体晶格，如图 3-6 所示。所以，晶格不是唯一的。

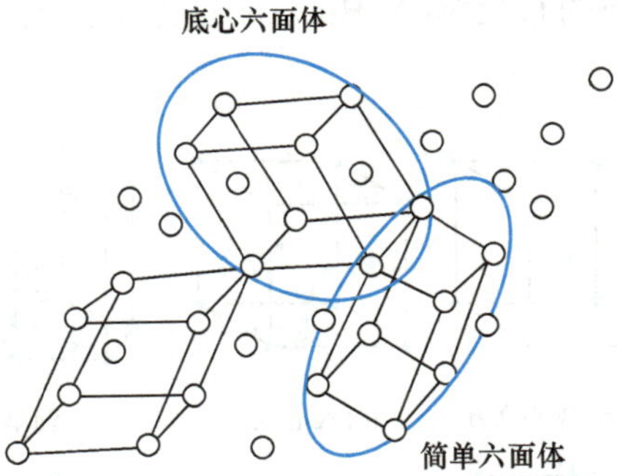

图 3-6 同一套空间点阵的两种不同形状的晶格

3.2.2 晶胞与晶胞参数

晶格中能代表空间点阵一切特征的最小重复单元，称为晶胞。晶胞是实际晶体的代表，不仅代表晶体的化学组成，也代表晶体的对称性。

晶胞同样是平行六面体，描述晶胞的特征要用平行六面体的三个棱长 a、b、c 及 3 个棱之间的夹角 α、β、γ 等 6 个晶胞参数，如图 3-5(c)所示。

晶胞包括两个要素：晶胞的内容和晶胞的大小与形状。晶胞的内容由晶胞中粒子的种类、数目和相对位置决定，晶胞的大小与形状由 6 个晶胞参数决定。

3.2.3 晶系与空间点阵型式

数量巨大的晶胞在空间平移、无间隙地堆积或并置，即可得到整个晶体。由于晶胞的化学组成和对称性各不相同，世界上的晶体种类繁多。根据晶胞的特征，可将晶体分为 7 个晶系：立方晶系、四方晶系、正交晶系、三方晶系、六方晶系、单斜晶系、三斜晶系，如表 3-1 所示。

表 3-1　晶体晶系及实例

晶系	晶胞参数特征		实例
立方	$a = b = c$	$\alpha = \beta = \gamma = 90°$	NaCl、CaF_2、ZnS、Cu
四方	$a = b \neq c$	$\alpha = \beta = \gamma = 90°$	SiO_2、MgF_2、$NiSO_4$、Sn
正交	$a \neq b \neq c$	$\alpha = \beta = \gamma = 90°$	K_2SO_4、$BaCO_3$、$HgCl_2$、I_2
单斜	$a \neq b \neq c$	$\alpha = \gamma = 90°$，$\beta \neq 90°$	$KClO_3$、$K_3[Fe(CN)_6]$、$Na_2B_4O_7$
三斜	$a \neq b \neq c$	$\alpha \neq \beta \neq \gamma \neq 90°$	$CuSO_4 \cdot 5H_2O$、$K_2Cr_2O_7$
三方	$a = b = c$	$\alpha = \beta = \gamma < 120°\ (\neq 90°)$	Al_2O_3、$CaCO_3$(方解石)、As、Bi
六方	$a = b \neq c$	$\alpha = \beta = 90°$，$\gamma = 120°$	SiO_2(石英)、AgI、CuS、Mg

思考题 3-1

七大晶系 14 种空间格子的分类依据是什么？晶胞和晶格有什么区别？

晶系反映的是各类晶胞的形状和大小。因晶胞内部粒子(点阵点)的种类和分布位置不同，七个晶系又可分为 14 种空间点阵型式(图 3-7)。这 14 种空间格子是由法国的布拉维(A. Bravais)首先论证的，所以也称布拉维空间格子。

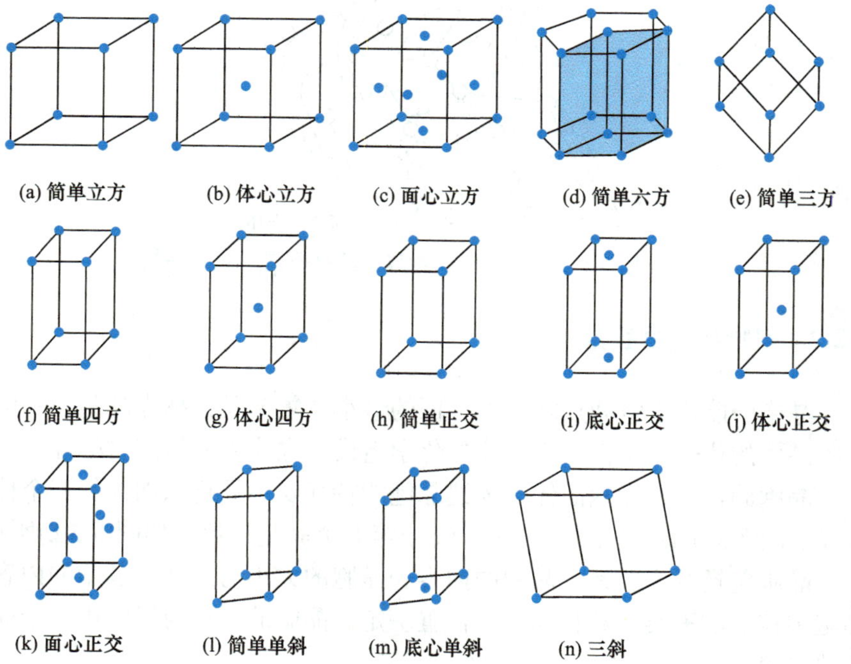

图 3-7　14 种空间点阵型式

也可将 14 种空间点阵型式分为如下四种类型：

(1) 简单空间点阵。仅在平行六面体的 8 个顶角上有点阵点。

(2) 面心空间点阵。除 8 个顶角上有点阵点外，平行六面体的 6 个面的中心各有一个点阵点。

(3) 底心空间点阵。除 8 个顶角上有点阵点外，平行六面体的上、下两个底面中心各有一个点阵点。

(4) 体心空间点阵。除 8 个顶角上有点阵点外，平行六面体的体心还有一个点阵点。

还有一些特殊的情况，如三方晶系既可选简单三方(菱面体晶胞)，也可选 R 心六方晶胞(平行六面体的体内含有一个不在体心的点阵点)来表示空间点阵型式。因为从多套 R 心六方晶格相互穿插构成的 R 心六方点阵中可划出体积小三倍的菱面体晶胞，见图 3-8。

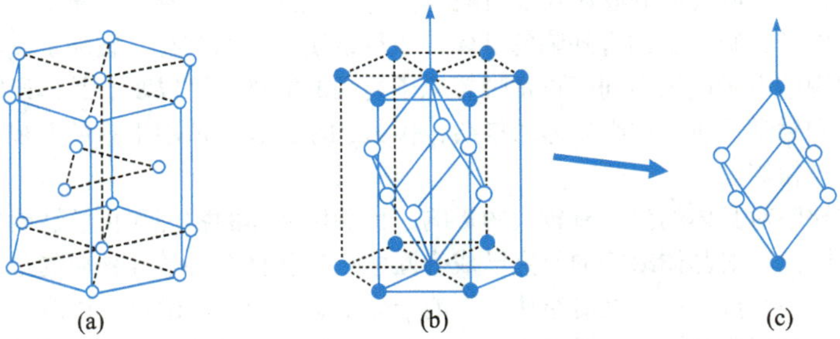

图 3-8 (a) R 心六方晶胞；(b) R 心六方点阵；(c) 菱面体晶胞

拓展知识

晶体缺陷

晶体以其组成粒子排列规则有序为主要特征，具有完整空间点阵结构的晶体为理想晶体，但实际晶体都在不同的程度上存在一定的缺陷。晶体中一切偏离理想的点阵结构的现象都称为晶体缺陷。按缺陷的形成和结构可分为本征缺陷与杂质缺陷。

本征缺陷是由晶体中晶格结点上微粒的热涨落所致。所有固体都有产生本征缺陷的热力学倾向，缺陷使固体由结构有序变为无序，从而使实际固体的熵值高于完整晶体。缺陷的形成通常是吸热过程，当温度升高时，晶格中的粒子在其平衡位置上的振动加剧，温度越高振幅越大。如果有些粒子的动能大到足以克服粒子间的引力而脱离平衡位置，就可进入错位或晶格间隙中。因此，温度升高有利于缺陷的形成。

本征缺陷有两种基本类型：肖特基(Schottky)缺陷和弗伦克尔(Frenkel)缺陷。

肖特基缺陷：对于金属晶体是由于金属原子空位而形成的缺陷；对于离子晶体，晶格中同时有阴离子和阳离子按化学计量比空位，形成离子双缺位缺陷。如图 3-9(a)所示，同时有 X^-和 M^+按 1∶1 形成空位，即为肖特基缺陷。具有高配位数、阴阳离子半径相近的离子型化合物，倾向于生成这种缺陷，如 CsCl、KCl 等。

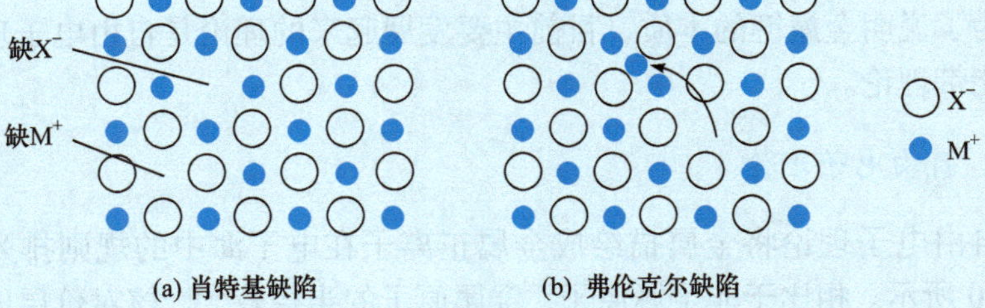

图 3-9 晶体缺陷示意图

弗伦克尔缺陷：晶格中一种离子或原子离开正常位置，进入晶格间隙，留下空位而形成的缺陷，如图 3-9(b)所示。这种缺陷常发生在阳离子半径远小于阴离子半径或晶体间隙比较大的离子晶体中，如 AgBr 等。

杂质缺陷是指某些晶格结点上的原子或离子被其他原子或离子取代，或杂质填充在晶格结点的间隙中形成的缺陷。杂质缺陷有间隙式和取代式两种。当外加杂质粒子较小时，一般形成间隙式杂质缺陷，如 C 或 N 原子进入金属晶体的间隙中形成填充型合金等杂质缺陷。当外加杂质粒子的大小和电负性与组成晶体的粒子相差不大时，两者相互取代形成取代式杂质缺陷。例如，晶体 Si 中掺入少量的 P 或 B，可以产生多电子或缺电子的有缺陷的晶体。微量杂质缺陷的存在，破坏了点阵结构，使缺陷周围的电子能级不同于正常位置原子周围的能级，可以赋予晶体以特定的光学、电学和磁学性质。如半导体的掺杂，含 Ag^{+}的 ZnS 晶体用于彩色电视荧光屏中的蓝色荧光粉等。

晶体缺陷对晶体的生长有较大的影响，也能使晶体的物理和化学性能发生巨大的变化。因此，对晶体缺陷的研究已成为固体化学和材料科学等领域的重要课题。研究表明，一些金属的强度对杂质的影响十分敏感，金属中微量杂质既可以大大提高这类金属的屈服强度，也可显著降低它们的韧性，微量杂质尤其是填隙杂质原子对金属的脆性起决定性作用。一个十分典型的例子是生铁和熟铁，前者含碳多，后者含碳少，生铁硬而脆，熟铁软而韧。

3.3 金属键理论与金属晶体

金属离子或原子之间以金属键结合形成的晶体称为金属晶体。在元素周期表中，大约有 80%的元素为金属元素，除汞以外的金属在常温常压下都是晶体。尽管从熔点到硬度，各种金属晶体的差别很大，但也有许多共同的性质，如具有金属光泽，良好的导电性、导热性和延展性等，这些性质都和金属结构及金属键有关。

3.3.1 金属键理论

教学视频

金属键与金属晶体

金属键是组成金属晶体的微粒(原子或离子)之间的一种化学作用力，是一种遍布整个晶体的离域化学键，没有方向性和饱和性。可以用 1mol 金属完全气化成互相远离的气态原子吸收的能量，即原子化热来衡量金属键的强度。由于金属键强度差别很大，金属的性质也有很大差别，有的金属很软、熔点很低，如钠和钾；有的金属很硬、熔点很高，如铬和钨。

为了说明金属键的本质，目前主要发展起来的理论是自由电子理论和金属能带理论。

1. 自由电子理论

自由电子理论将金属描绘成金属正离子在电子海中的规则排列，如图 3-10 所示。相比于非金属原子，金属原子的半径较大，核对价层电子的吸引力较弱。因此，金属原子的价电子比较容易脱离原子核的束缚，这些电子能在晶体中相对自由地运动，为整个晶体中的原子或离子所共有，称为自由电子或离域电子。这种自由电子的不停运动将金属离子吸引并连接在一起的结合力，称为金属键(metallic bond)。金属键的强弱和自由电子的多少有关，也和离子电荷、半径、电子层结构等多种因素有关。

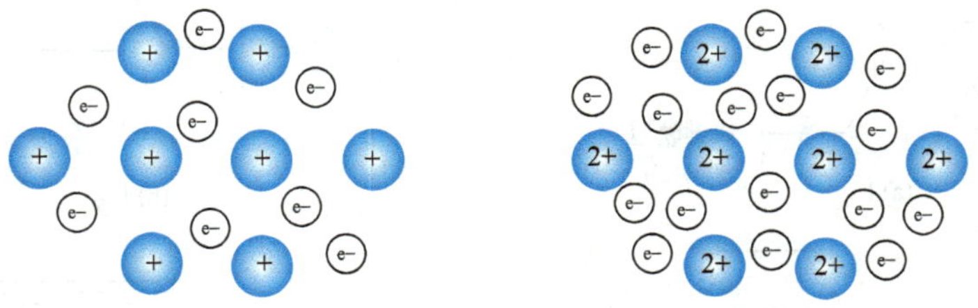

(a) 碱金属　　(b) 碱土金属

图 3-10　金属自由电子模型

金属键的自由电子理论可以定性地解释金属的一些物理性质：

(1) 金属晶体具有紧密堆积结构，所以密度一般比较大。

(2) 金属晶体中自由电子在外电场作用下做定向运动，具有导电性。

(3) 自由电子在晶体中的自由运动，加上与金属原子或离子的不断碰撞，将能量从热端带到冷端，具有传热性。

(4) 自由电子能量差异很大，能吸收几乎所有的可见光并重新反射出来，所以金属晶体不透明，且有金属光泽。

(5) 金属具有紧密堆积结构，加之自由电子与正离子的静电作用在整个晶体范围内的均匀分布，当金属的一部分在外力作用下相对另一部分发生位移时，只要这种位移不至于使原子核间的平均距离有显著改变就不会破坏金属键，所以金属具有良好的延展性。

思考题 3-2

根据自由电子理论如何理解金属的电阻？

2. 能带理论

能带理论是金属键的量子力学模型，是在分子轨道理论的基础上发展起来的现代金属键理论。能带理论将整个金属晶体看作一个巨大的分子，其基本要点是：

(1) 在金属晶体中原子紧密排列，n 个原子的价层轨道线性组合成 n 个分子轨道，有成键轨道、非键轨道和反键轨道。

例如，Li 原子的价层电子构型为 $2s^1$。当 2 个 Li 原子结合成 Li_2 分子时，2 个 2s 轨道线性组合成 1 个成键分子轨道和 1 个反键分子轨道，2 个价电子进入成键分子轨道，如图 3-11(a)所示；而 Li_3 分子则有 3 个分子轨道(1 个成键轨道、1 个非键轨道和 1 个反键轨道)，3 个价电子分别填入成键分子轨道(2 个电子)和非键轨道(1 个电子)，如图 3-11(b)所示；4 个 Li 原子组成的 Li_4 分子则有 4 个分子轨道(2 个成键轨道和 2 个反键轨道)，4 个价电子将填入能量最低的 4 个成键分子轨道，如图 3-11(c)所示。

(2) 金属晶体中同一原子轨道组合的序列分子轨道从低到高都有一定的能级间隔。随着原子轨道数目的增多，形成的分子轨道的能级间隔逐渐减小。由于金属晶体中原子数目巨大，分子轨道的能级极为接近，可以看作是连续的，所以这些能级差极微小的序列轨道构成一个能带，如图 3-11(d)所示。在同一能带中，电子很容易从一个分子轨道进入另一个分子轨道。

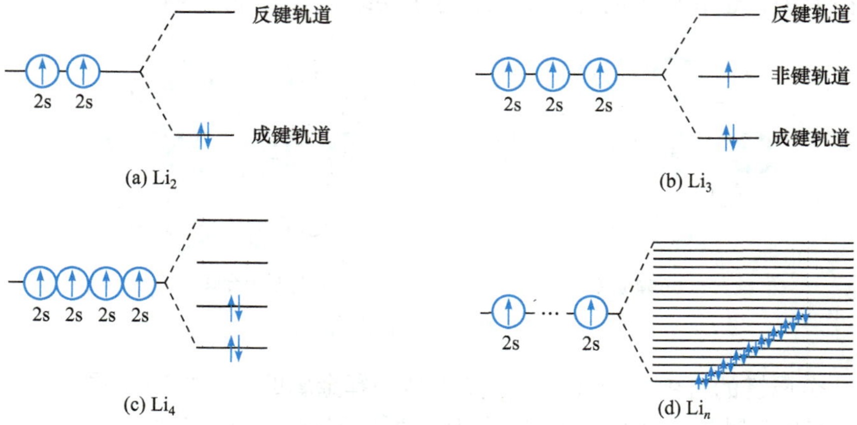

图 3-11　金属能带的形成

(3) 按照电子在能带中轨道上分布的不同，将能带分为满带、导带和禁带。

充满电子的能带称为满带。当参加组合的原子轨道都为全充满电子的原子轨道时，形成的能带中的分子轨道也必然全充满电子，该能带即为满带。例如，金属 $Li(1s^22s^1)$的 1s 能带就为满带，n 个原子轨道组合得到 n 个分子轨道，为 $2n$ 个电子所填充。

如果参加组合的原子轨道为未充满电子的原子轨道，则形成的能带也是未充满的，存在空的分子轨道，如金属 $Li(1s^22s^1)$的 2s 能带，见图 3-11(d)。在这种能带上的电子，只需吸收微小的能量，就能跃迁到能带内能量稍高的空轨道上，容易导热、导电，故将该能带称为导带。

各能带之间都存在能量差，相邻能带间一般都有空隙，即带隙。图 3-12(a)是金属 Li 的能带模型。在带隙内不存在分子轨道，电子不能停留，所以这种能带间的空隙称为禁带。当禁带不太宽时，电子容易获得足够高的能量，从能级较低的能带跃迁到能级较高的能带上。

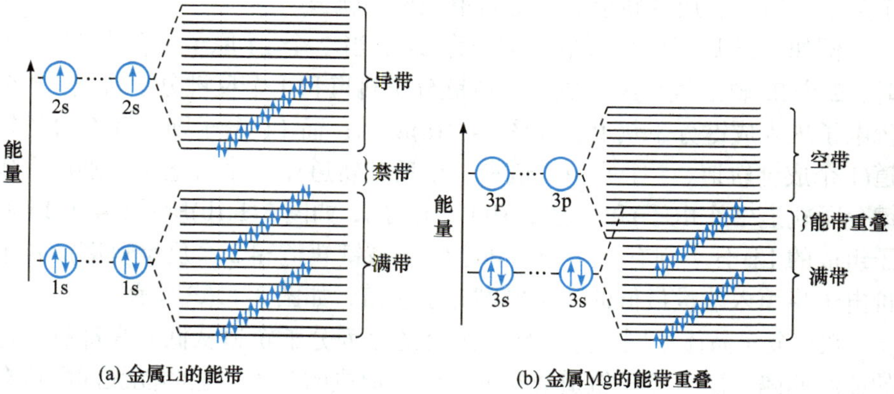

图 3-12　金属能带的类型

(4) 金属中相邻能带有时可以重叠，特别是金属相邻亚层原子轨道之间的能级相近时，所形成的能带会出现重叠现象。例如，金属 Mg ($1s^22s^22p^63s^2$)晶体内 3p 能带中没有电子是空带，3s 能带是全充满的，似乎不具导电性。实验表明，Mg 原子的 3s 原子轨道与 3p 原子轨道能量差很小，导致 3s 能带与 3p 能带间部分发生重叠，如图 3-12(b)所示。Mg 晶体的 3s 能带与 3p 能带间没有间隙，满带上的电子很容易进入空带，因此金属 Mg 依然具有金属的一般物理性质，依然是导体。

金属晶体内原子的外层轨道所形成的能带发生重叠现象十分普遍，除 Mg 外，Be、Na 及 Al 等金属的 3s 能带与 3p 能带都有重叠现象。一些过渡金属，如 Cu 的 3d 与 4s、4s 与 4p 能带也都是重叠的。

用能带理论也能说明金属的一些物理性质。由于金属中的电子很容易得到足够的能量在导带内从能级较低的轨道向能级较高的轨道跃迁，因此在外加电场作用下，电子能够在晶格间产生定向运动而体现导电性；在可见光的照射下，导带内的电子吸收光子后能实现能带内不同能级轨道间的跃迁。当电子跃迁回能级较低的轨道时，原来吸收的能量以光的形式释放，显示金属晶体的光泽性；电子的运动能加速金属的热传递，使金属具有传热性；电子的“离域性”，使金属原子可在一定的范围内运动而不破坏金属键，体现出金属的延展性等。

能带理论还能很好地阐述其他晶体的导电性。根据分子轨道理论，一般固体都有能带结构。根据是否存在导带，以及满带与空带间的禁带宽度大小，可以分为电的导体、半导体和绝缘体。存在导带或满带与空带之间发生能带重叠的晶体常温下为导体[图 3-13(a)和(b)]。当禁带宽度小于 3eV 时，在常温下能有少量的电子能实现这种跃迁，晶体为半导体[图 3-13(c)]。满带和空带间的禁带越宽，电子越不容易获得足够的能量从满带跃迁到空带。当禁带宽度大于 5eV 时，在常温下几乎不可能实现这种电子跃迁，此时的晶体为绝缘体[图 3-13(d)]。

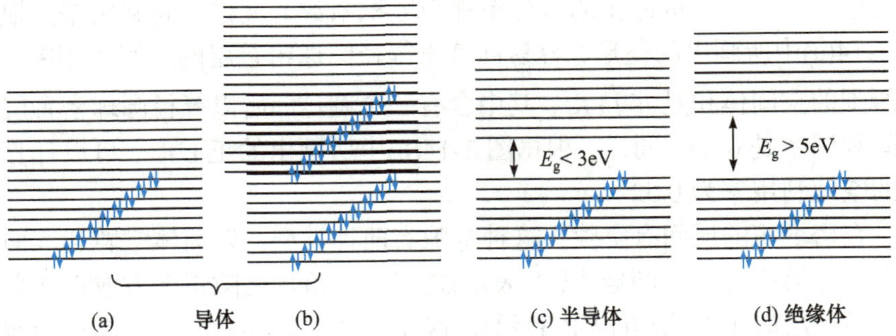

图 3-13 导体、半导体和绝缘体的能带

加热金属晶体时，金属离子的振动加剧，电子的自由运动受阻，导致金属的导电性降低。但温度的升高能提升半导体晶体满带电子的能量，电子相对容易跃迁，使半导体的导电能力得到增强。

3.3.2 金属晶体的结构

思考题 3-3

为什么金属晶体会采用密堆积方式进行排列？

由于金属键没有方向性，金属在形成晶体时，总是倾向于形成尽可能的紧密结构，采取紧密堆积的方式以使每个原子与尽可能多的其他原子紧密相邻，来保证轨道的最大限度重叠，实现结构的稳定性最大，所以紧密堆积是金属晶体最稳定的结构。

1. 密置层与非密置层

在金属晶体中，金属原子的排列可以近似地看作刚性等径圆球的紧密堆积。在二维平面上将等径圆球进行排列，有两种排列方式，如图 3-14 所示。按方式(a)排列，每 3 个球之间有一个三角形间隙，这种间隙较小的平面堆积称为密置层。在密置层中，每个球周围有 6 个球与之紧密接触，即配位数为 6。每个球周围有 6 个三角形间隙，每个间隙由 3 个球组成，也就是 n 个球组成的密置层中有 $2n$ 个三角形间隙，平均每个球分摊 2 个三角形间隙。这些三角形间隙分为两种，一种是三角形的顶点朝页面上方，在图 3-14(a)中标为 α；另一种是三角形的顶点朝页面下方，在图 3-14(a)中标为 β，两种间隙的数量各占一半。

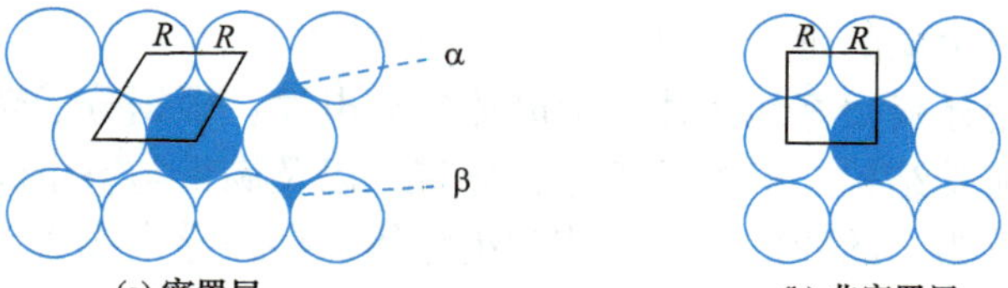

图 3-14 等径圆球的密置层与非密置层

若按方式(b)排列，每 4 个球之间有一个四方形间隙，这种间隙较大的平面堆积称为非密置层。在非密置层中，每个球只和周围 4 个球相接触，配位数为 4。

由密置层按一定方式堆积起来的结构称为密堆积结构。等径圆球的体积占整个密堆积结构体积的百分率称为堆积系数，又称空间利用率。根据图 3-14(a)中所画出的菱形，容易计算出等径圆球密置层的空间利用率。菱形所围的空间体积是 $4\sqrt{3}R^3$，其中含有一个圆球，所以等径圆球密置层的空间利用率是 0.60。同样，根据图 3-14(b)中所画出的正方形，可以计算出它的空间利用率为 0.52。

在密堆积的层间有空隙，这种空隙有两种类型：四面体空隙和八面体空隙。在第一层 3 个圆球(以 A 表示)之间的三角形间隙正上方或正下方，堆积另一层的 1 个圆球(以 B 表示)，这 4 个圆球间存在的空隙就称为四面体空隙[图 3-15(a)]。第一层的 3 个圆球与交错排列的另一层的 3 个圆球之间形成较大的空隙，称为八面体空隙[图 3-15(b)]。

2. 金属晶体的密堆积结构

金属晶体常见的密堆积方式有三种：面心立方最密堆积、六方最密堆

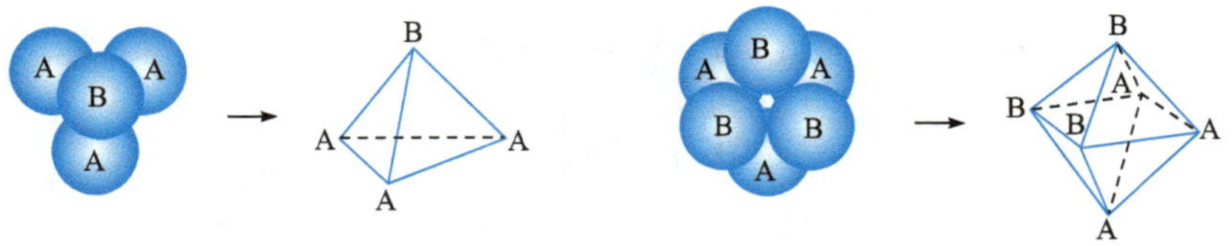

(a) 四面体空隙　　(b) 八面体空隙

图 3-15　金属晶体的两种空隙

动画

四面体空隙与八面体空隙

积和体心立方密堆积。

1) 面心立方最密堆积

在第一密置层 A 上进行第二密置层 B 的堆积时，B 层的球全部位于 A 层三角形间隙 α 或 β 的正上方。若 B 层的球全部位于 A 层三角形间隙 α 的正上方，第三密置层 C 层的球位于 B 层三角形间隙 β 的正上方，如图 3-16(a) 所示。前三层 A、B、C 都相互错开，第四层的球又正好在 A 层球的正上方，构成 ABC ABC…的重复方式，如图 3-16(b)所示。这种密堆积方式可画出面心立方晶胞，如图 3-16(c)所示，称为面心立方最密堆积(cubic closest packing)。

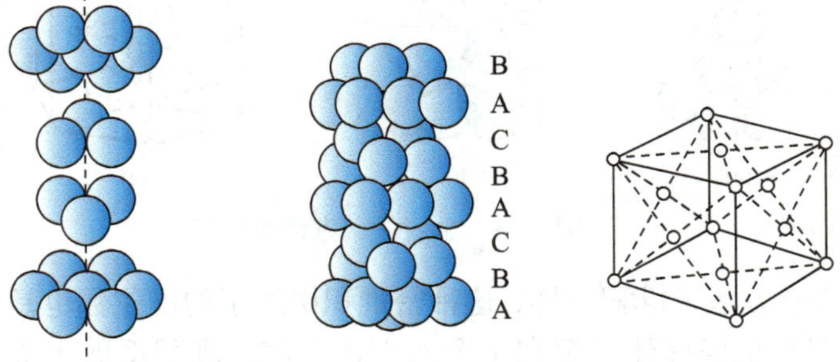

(a)　(b)　(c)

图 3-16　金属的面心立方最密堆积

动画

金属的面心立方最密堆积

在这种密堆积中，每个原子与同一层的 6 个原子以及上层和下层的各 3 个原子相接触，因此原子的配位数为 12，每个原子均摊有 2 个四面体空隙和 1 个八面体空隙，堆积系数为 0.74。属于这一类密堆积的有钙、锶、铅、银、金、铜、铝、镍等金属晶体。

拓展知识

面心立方晶胞的堆积系数的求算

在面心立方最密堆积的面心立方晶胞中，立方体边长为 a，原子半径为 r，8 个顶点上的原子互不接触，即 $a > 2r$，但每个面心上的球与面心对角线上的球接触(图 3-17)。可以求得：$a = 2\sqrt{2}\,r$。

1 个立方面心晶胞中，含有的原子数目：$6 \times 1/2 + 8 \times 1/8 = 4$(个)

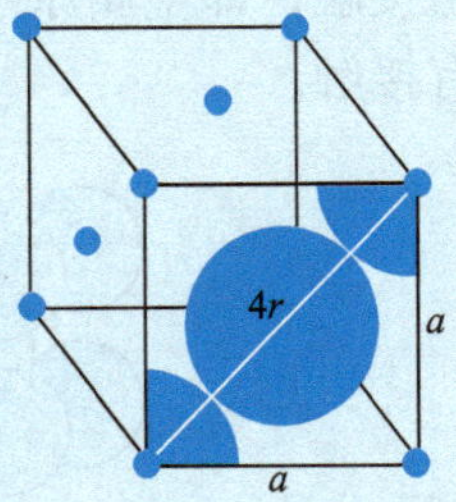

图 3-17　面心立方晶胞中粒子半径与边长关系示意图

$$V_{晶胞}=a^3=\left(2\sqrt{2}r\right)^3=16\sqrt{2}r^3$$

$$V_{原子}=4\times\frac{4}{3}\pi r^3$$

$$堆积系数=\frac{V_{原子}}{V_{晶胞}}=\frac{4\times\frac{4}{3}\pi r^3}{16\sqrt{2}r^3}=0.74$$

2) 六方最密堆积

在第一密置层A上进行第二密置层B的堆积时，B层的球全部位于A层三角形间隙α的正上方，第三层的球位于B层三角形间隙α的正上方，如图3-18(a)。这样第三层的球就正好位于A层球的正上方，这种堆积的重复方式为AB AB…，重复周期只有两层，如图3-18(b)所示。这种密堆积方式可画出R心六方晶胞，如图3-18(c)，称为六方最密堆积(hexagonal closest packing)。

动画
金属的六方最密堆积

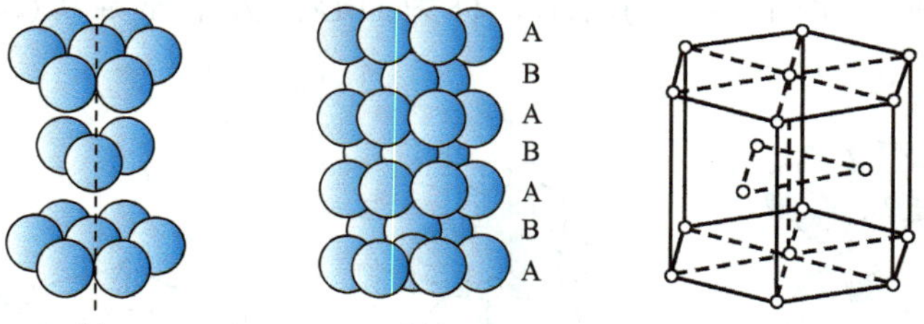

(a) (b) (c)

图3-18 金属的六方最密堆积

与面心立方最密堆积一样，这种密堆积中原子的配位数也是12，每个原子均摊有2个四面体空隙和1个八面体空隙，堆积系数为0.74。属于这一类密堆积的有钇、镁、铪、锆、镉、钛、镧等金属晶体。

在六方最密堆积与面心立方最密堆积中，每一层都是密置层，且第一层和第二层的堆积方式完全相同，所以原子的配位数、每个原子均摊的空隙数和堆积系数都相同。但由于两种最密堆积的第三密置层的位置不相同，因此两种密堆积划分出的晶胞并不相同。

3) 体心立方密堆积

体心立方密堆积的结构如图3-19所示，可以画出体心立方晶胞。这种堆积方式中，一个原子位于晶胞立方体的体心，其与上下两层的8个原子紧密接触，即金属原子沿立方体的体对角线相接触，立方体顶点上的原子没有接触。

动画
金属的体心立方密堆积

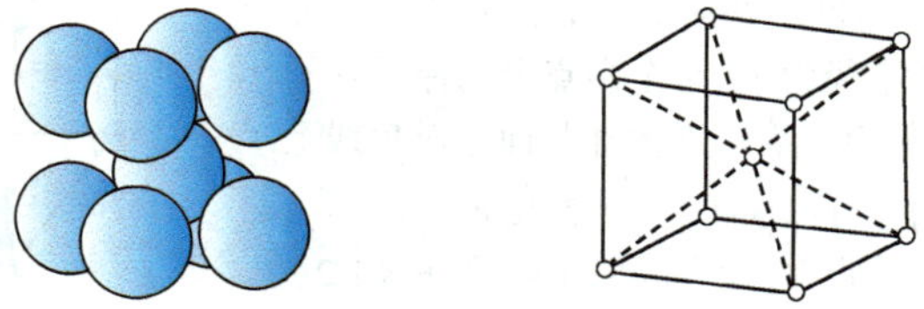

(a) (b)

图3-19 金属的体心立方密堆积

体心立方密堆积原子的配位数为 8，堆积系数为 0.68，小于最密堆积的堆积系数 0.74。属于这一类密堆积的有锂、钠、钾、铷、铯、铬、钼、钨、铁等金属晶体。

思考题 3-4

为什么体心立方密堆积不是最密堆积?

需要指出的是，并非所有金属单质都具有密堆积结构，如金属 Po(α-Po)在 0℃下具有简单立方结构。研究金属晶体的结构类型，有利于人们了解金属的性质并在实践中应用。例如，Fe、Co、Ni 等金属是常用的催化剂，其催化作用除与它们的 d 轨道有关外，还与它们的晶体结构有关。对某些加氢反应而言，面心立方的 β-Ni 具有较高的催化活性，而六方堆积的 α-Ni 则没有这种活性。又如，结构相同的两种金属容易互溶形成合金。

3.4 离子键理论与离子晶体

离子晶体由阴、阳离子组成，阴阳离子间以静电作用力相结合。这种阴、阳离子间的静电作用力称为离子键。离子晶体中离子的堆积方式与金属晶体类似，趋向于采取紧密堆积，不同的是各离子周围紧密相邻的是带异号电荷的离子。一般阴离子半径比较大，可将阴离子看作等径圆球进行紧密堆积，而阳离子有序地填在阴离子密堆积形成的空隙中。

3.4.1 离子键理论

1916 年，德国科学家科塞尔(W. Kossel)在玻尔原子结构理论的启发下，根据稀有气体原子具有稳定结构的事实，提出了离子键理论，较好地说明了离子键的形成及其特征。

教学视频

离子键理论、离子晶体的结构形式

1. 离子的特征

简单离子可以看成带电的球体，其特征主要表现在离子电荷、离子构型和离子半径几方面。

1) 离子电荷

离子电荷是简单离子的核电荷与其核外电子的负电荷的代数和，是形成离子化合物的过程中失去或得到的电子数。

离子电荷对离子间的相互作用力影响很大，对离子化合物的物理性质和化学性质都有影响。离子电荷越高，与异号电荷间的吸引力越大，离子键越强。

离子电荷本质上是离子的形式电荷。也就是说，相同电荷数的离子性质并不一定相同。例如，Na^+和 Ag^+的形式电荷都为+1，但 Ag^+的有效电荷大大高于 Na^+，导致 AgCl 与 NaCl 的性质差别巨大，这是由于离子的有效电荷还与它们的电子层构型等因素有关。

2) 离子构型

通常将基态离子的电子层构型简称为离子构型。阴离子的构型十分简单，大多呈稀有气体构型，即外层电子数为 8。阳离子则较为复杂，通常有以下几种构型：

(1) $0e^-$构型：最外层没有电子的离子，如 H^+。

(2) $2e^-$构型：第 2 周期元素的阳离子，如 Li^+、Be^{2+}。

(3) $8e^-$构型：第 3 周期开始的 s 区元素中与族序数相同价态的阳离子，如 Na^+、Mg^{2+}等；p 区的 Al^{3+}；d 区第三至七副族元素中与族序数相同价态的阳离子；稀土元素的+3 价离子。

(4) $18e^-$构型：ds 区元素中与族序数相同价态的阳离子，如 Cu^+、Zn^{2+}；p 区金属元素中与族序数相同价态的阳离子，如 Ga^{3+}、Sn^{4+}。

(5) $(9\sim17)e^-$构型：d 区元素中与族序数不同价态的阳离子，如 Ti^{3+}、Fe^{2+}。

(6) $(18+2)e^-$构型：p 区金属元素中与族序数不同价态的阳离子，如 Sn^{2+}、Bi^{3+}。

思考题 3-5

为什么 8 电子构型的阳离子有效核电荷小于其他构型的阳离子？

在离子电荷和离子半径相同的条件下，离子构型不同，阳离子的有效正电荷的强弱不同，顺序如下：

$$8e^- < (9\sim17)e^- < 18e^-\text{或}(18+2)e^-$$

3) 离子的半径

由于电子云没有明确的物理界面，严格地说，离子半径无法确定。一般所讨论的离子半径，是假定离子晶体中阴、阳离子是相互接触的球体，则两原子核间的距离(即核间距 R)为阴、阳离子的半径之和：

$$R = r_+ + r_-$$

离子晶体的核间距 R 可以通过晶体的 X 射线衍射实验测定，这样只要知道其中一个离子半径，另一个离子半径即可求出。1926 年，哥希密特(V. M. Goldschmidt)测得 F^-、O^{2-}的离子半径分别为 133pm 和 132pm，以此为基础，利用实验测定了多种离子晶体的核间距，推算出 80 多种离子的半径，称为哥希密特半径。

目前已经有多种方法得到的离子半径，尤以鲍林离子半径应用最为广泛。他考虑了作用于离子外层电子上的有效核电荷、配位数、几何构型等诸多因素后，利用一个半经验公式推导出一整套离子半径，比较齐全有效。

2. 离子键的形成

在一定条件下，当电负性相差比较大的活泼非金属原子与活泼金属原子相互接近时，活泼金属原子倾向于失去最外层的价电子，而活泼非金属原子倾向于接受电子，分别形成具有稀有气体原子稳定电子构型的阳离子和阴离子，阴阳离子通过静电引力结合形成离子键。

在离子键形成过程中，系统总能量 E 随阴、阳离子间距离 R 的变化关系如图 3-20 所示。当离子间距离 R 比较大时，离子间以静电引力为主，此时体系的能量随着 R 的减小而降低。当离子间距达到平衡距离 R_0 时，体系能量降到最低点。此时，阴、阳离子各自在平衡位置上振动，形成离子键。

当离子间的距离小于 R_0，阴、阳离子进一步靠近，原子核与原子核之间、核外电子与核外电子之间的排斥力急剧增加，导致体系能量骤然上升而变得不稳定。因此，阴、阳离子之间只有处在一个合适的平衡距离时，才能形成稳定的化学键——离子键。

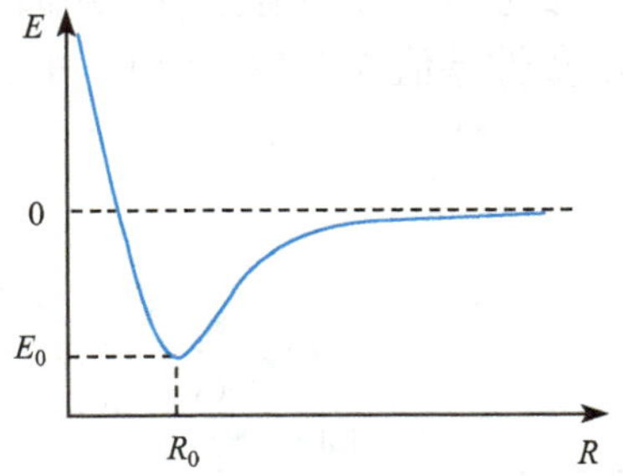

图 3-20 离子键的形成能量变化曲线

3. 离子键的特征

离子键的本质是静电引力。形成离子键时，只有当阴、阳离子间达到平衡距离时，才能靠静电引力形成稳定的离子键。在离子键模型中，可以近似认为阴、阳离子的电荷球形对称分布。若离子间的平衡距离为 R_0，根据库仑定律，阳离子(电荷为 q^+)、阴离子(电荷为 q^-)之间的作用力为

$$F = k\frac{q^+ \cdot q^-}{R_0^2} \tag{3-1}$$

由上式可见，离子的电荷越高、离子间的平衡距离越小，离子间的作用力越大，形成的离子键越强。

离子键的特点是没有方向性和饱和性。由于离子的电荷球形对称分布，离子可以从各个方向吸引带有相反电荷的离子，这种作用力只与离子间距离有关，与作用的方向无关，所以离子键没有方向性。在空间允许的条件下，离子总是尽可能多地吸引带相反电荷的离子，形成尽可能多的离子键，因此离子键没有饱和性。但这并不意味着一个离子周围结合的异号离子数目是任意的。例如，NaCl 晶体中，每个 Na^+周围只排列 6 个 Cl^-，这是由于空间条件的限制，更多的 Cl^-将会增加 Cl^-之间的排斥力，使系统不稳定。同样，在每个 Cl^-周围也只排列 6 个 Na^+。

形成离子键时，两元素的电负性差值必须足够大。两元素的电负性相差越大，原子间的电子转移越容易发生，形成的离子键的离子性越强。但实验证明，即使是电负性最小的铯与电负性最大的氟形成的离子键，其离子性也只有 92%。这说明，离子间不是纯粹的静电作用，仍有部分原子轨道的重叠，体现出一定的共价性。而且随着电负性差的减小，键的离子性成分也逐渐减小。通常用离子性百分数来表示键的离子性和共价性的相对大小。

图 3-21 是几种 AB 型离子化合物单键离子性的百分数与电负性差值关系图，图中的圆点是相应化合物中单键离子性的实验测定值。从图中可以

看出，当两元素的电负性差值为 1.7 时，单键的离子性约为 50%，可认为单键是离子键。例如，Cl 和 Na 的电负性差值为 2.23，NaCl 晶体中键的离子性为 71%，属于典型的离子型化合物。当两元素间的电负性小于 1.7 时，则可判断它们之间主要形成共价键，该物质为共价化合物。当然，电负性相差 1.7 只是作为一个参考值，并不能作为判断离子键与共价键的绝对标准。例如，F 与 H 的电负性差值为 1.78，但 H—F 键仍是共价键。

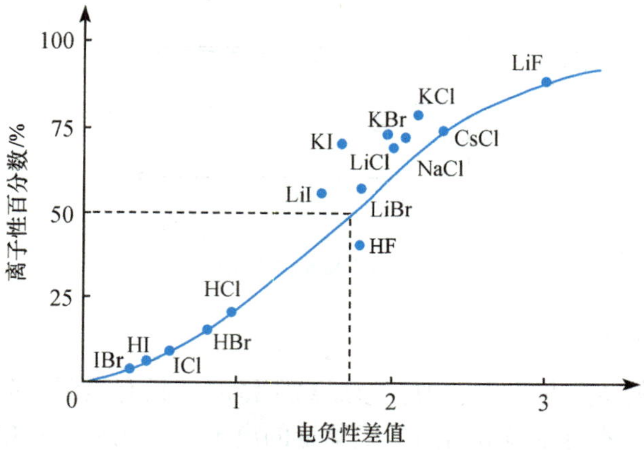

图 3-21 单键离子性的百分数与电负性差值

4. 离子键强度

教学视频
离子晶体的晶格能

化学键的强度常用键能表示。离子键的键能是指 1mol 气态离子化合物分子解离成气态原子时所吸收的能量。但离子晶体中离子间的作用力并不限于两个阴阳离子之间，而是遍及整个晶体的所有离子，既有相反电荷之间的吸引力，又有相同电荷之间的排斥力，所以离子键是晶体中吸引力和排斥力综合平衡的结果。常用晶格能的大小来衡量离子键的强弱。

晶格能是指在标准状态下，将 1mol 离子晶体中的阴、阳离子完全气化使之成为气态阴、阳离子所需要吸收的能量，用 U 表示，单位为 $kJ \cdot mol^{-1}$。

思考题 3-6

离子键键能和晶格能有什么区别？

晶格能不能直接测定，但可以用实验方法间接测定或用理论方法计算。目前大多数离子晶体的晶格能既可以利用玻恩-哈伯循环法(Born-Haber cycle)间接测定，也可以利用玻恩-兰德方程(Born-Lande equation)计算得到。

1) 玻恩-哈伯循环

1919 年，玻恩(M. Born)和哈伯(F. Haber)设计了一种利用热化学循环求算离子晶体晶格能的方法，称为玻恩-哈伯循环法。例如，求算 NaCl 晶体的晶格能，已知：

$$Na(s) + \frac{1}{2}Cl_2(g) \longrightarrow NaCl(s) \qquad \Delta_f H_m^\ominus(NaCl) = -411 kJ \cdot mol^{-1}$$

这一过程可以设计成以下热化学循环分步进行(图 3-22)：

(1) 金属钠的升华——升华热(S)。

$$Na(s) \longrightarrow Na(g) \qquad \Delta H_1^\ominus = S = 106 kJ \cdot mol^{-1}$$

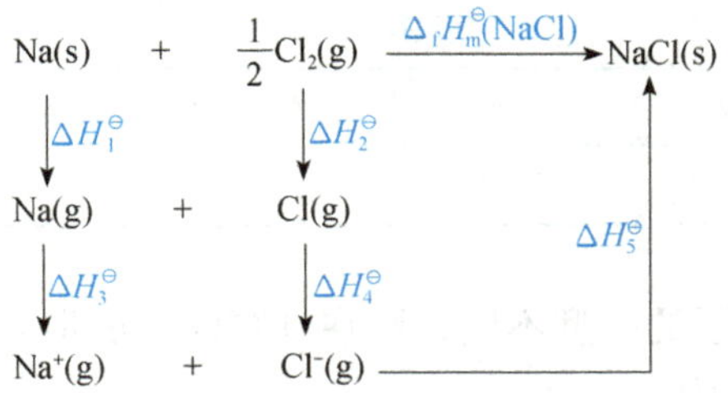

图 3-22 NaCl 晶体玻恩-哈伯循环图

(2) 氯分子的解离——解离(D)。

$$\frac{1}{2}Cl_2(g) \longrightarrow Cl(g) \qquad \Delta H_2^\ominus = \frac{1}{2}D = 121.3\text{kJ} \cdot \text{mol}^{-1}$$

(3) 气态钠原子的电离——电离能(I)。

$$Na(g) - e^- \longrightarrow Na^+(g) \qquad \Delta H_3^\ominus = I = 495.8\text{kJ} \cdot \text{mol}^{-1}$$

(4) 氯原子加合电子——电子亲和能(Y)。

$$Cl(g) + e^- \longrightarrow Cl^-(g) \qquad \Delta H_4^\ominus = Y = -348.7\text{kJ} \cdot \text{mol}^{-1}$$

(5) 气态氯离子与气态钠离子结合成氯化钠晶体。

$$Cl^-(g) + Na^+(g) \longrightarrow NaCl(s) \qquad \Delta H_5^\ominus = -U$$

根据 Hess 定律，有

$$\Delta_f H_m^\ominus(NaCl) = \Delta H_1^\ominus + \Delta H_2^\ominus + \Delta H_3^\ominus + \Delta H_4^\ominus + \Delta H_5^\ominus$$

$$U = -\Delta H_5^\ominus = -(-411) + 106 + 121 + 495.8 + (-348.7)$$

$$= 785.1(\text{kJ} \cdot \text{mol}^{-1})$$

从上述计算可知，由气态阴、阳离子形成离子晶体时放出能量。放出的能量越多，晶格能越大。由于电子亲和能(即上面循环中的 $\Delta H_4^\ominus$)测定比较困难，而且误差也比较大，所以用玻恩-哈伯循环法计算晶格能受到了一定的限制。事实上，目前更多的是利用玻恩-哈伯循环来求电子亲和能。

2) 玻恩-兰德方程

玻恩(M. Born)和兰德(A. Lande)以离子晶体内部离子间的静电作用力为基础，从理论上推导出计算晶格能的玻恩-兰德方程：

$$U = \frac{138490 \cdot A \cdot Z^+ \cdot Z^-}{R_0}\left(1 - \frac{1}{n}\right) \tag{3-2}$$

式中，Z^+、Z^- 分别表示晶体中阳、阴离子电荷数的绝对值；R_0 为阴、阳离子半径之和(单位为 pm)；A 为马德隆(Madelung)常数，由晶体类型决定(表 3-2)；n 为玻恩指数，由离子的电子构型决定(表 3-3)。

表 3-2 晶体类型与马德隆常数

离子晶体类型	NaCl 型	CsCl 型	CaF_2 型	闪锌矿型	纤维锌矿型
A	1.747 56	1.767 67	5.038 78	1.638 05	1.641 32

表 3-3 玻恩指数

离子电子构型	He	Ne	Ar 或 Cu^+	Kr 或 Ag^+	Xe 或 Au^+
n	5	7	9	10	12

如果阴、阳离子的构型不同，则在计算时，n 取它们的平均值。仍以求 NaCl 的晶格能为例：

NaCl 的晶格能为：$U = \dfrac{138490 \times 1.74756}{279} \times \left(1 - \dfrac{1}{8}\right) = 759(\text{kJ} \cdot \text{mol}^{-1})$

可以看到两种方法得到的结果较为接近。

根据晶格能的大小，可判断离子键的强弱，解释和预言离子型化合物的某些物理化学性质。对于相同类型的离子晶体来说，离子电荷越高，阴阳离子间的核间距越短，晶格能越大，离子键强度越大，熔融或破坏离子晶体时所需的能量就越多，反映在物理性质上则是熔沸点高、硬度大。表 3-4 列出了常见 NaCl 型离子化合物的熔点、硬度随离子电荷及 R_0 的变化情况，其中离子电荷的影响最突出。

表 3-4 离子电荷、R_0 对晶格能、熔点、硬度的影响

NaCl 型离子化合物	$Z^+ = Z^-$	R_0/pm	晶格能/(kJ · mol^{-1})	熔点/℃	莫氏硬度
NaF	1	231	923	993	3.2
NaCl	1	279	786	801	2.5
NaBr	1	298	747	747	<2.5
NaI	1	323	704	661	<2.5
MgO	2	210	3 791	2 852	6.5
CaO	2	240	3 401	2 614	4.5
SrO	2	257	3 223	2 430	3.5
BaO	2	256	3 054	1 918	3.3

从玻恩-兰德方程可以看出：$U \propto \dfrac{Z^+Z^-}{R_0}$，离子半径越大，晶格能越小，晶体的稳定性理应降低。然而对于碱土金属碳酸盐，从 Be^{2+}到 Ba^{2+}，随着离子半径增大，其热分解温度反而升高(表 3-5)。这种与玻恩-兰德方程预测相反的性质变化规律，可用另一种理论——离子极化理论(见 3.4.3)进行解释。

表 3-5 碱土金属碳酸盐热分解温度

离子晶体	$BeCO_3$	$MgCO_3$	$CaCO_3$	$SrCO_3$	$BaCO_3$
分解温度/℃	100	540	960	1 289	1 360
r_+/pm	35	66	99	112	134

3.4.2 离子晶体的结构

在离子晶体中，晶胞中的质点为阳离子和阴离子，质点间的结合力为离子键。由于离子的大小、电荷数、离子构型等因素的影响，阴、阳离子在空间的排布情况多种多样，离子晶体的结构也各不相同。

1. 三种典型的 AB 型离子晶体

对于最简单的立方晶系 AB 型离子晶体，有以下三种不同配位数的典型结构。

1) NaCl 型

NaCl 型晶胞属于立方晶系面心立方晶格。在 NaCl 晶体中，Cl^-按面心立方堆积，Na^+处在 6 个 Cl^-堆积而成的八面体空隙中。Na^+与 Cl^-各占据一套面心立方晶格，两套面心立方晶格相互穿插构成 NaCl 晶体，如图 3-23 所示。每个离子周围排列 6 个带异号电荷的离子，阴、阳离子的配位数都为 6。每个晶胞中含有 4 个 Cl^-和 4 个 Na^+。除 NaCl 以外，属于 NaCl 型的离子晶体还有 KCl、LiF、NaBr、CaS 等。

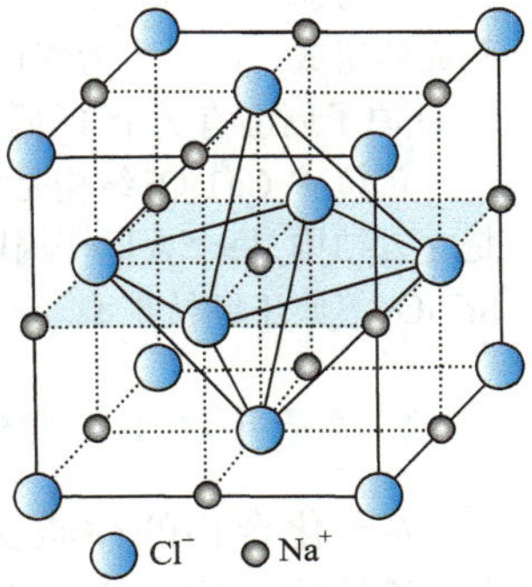

图 3-23 NaCl 型离子晶体

2) CsCl 型

CsCl 型晶胞属于立方晶系简单立方晶格。在 CsCl 晶体中，Cl^-作简单立方堆积，Cs^+填充在 Cl^-堆积构成的立方体空隙中。Cs^+与 Cl^-各占据一套简单立方晶格，阴、阳离子都相互占据着对方立方晶格的体心位置，两套简单立方晶格相互穿插构成 CsCl 晶体，如图 3-24 所示。阴、阳离子的配位数都为 8。每个晶胞中含有阴、阳离子各 1 个。除 CsCl 以外，属于 CsCl 型的离子晶体还有 CsBr、TlCl、NH_4Cl、NH_4I、CsI 等。

3) 立方 ZnS 型

ZnS 型晶体有立方(闪锌矿)与六方(纤锌矿)两种晶型，图 3-25 是 ZnS 的立方晶型晶胞。在立方 ZnS 晶体中，S^{2-}按面心立方堆积，半数 S^{2-}堆积形成的四面体空隙被 Zn^{2+}占据，阴、阳离子的配位数都为 4，每个晶胞中

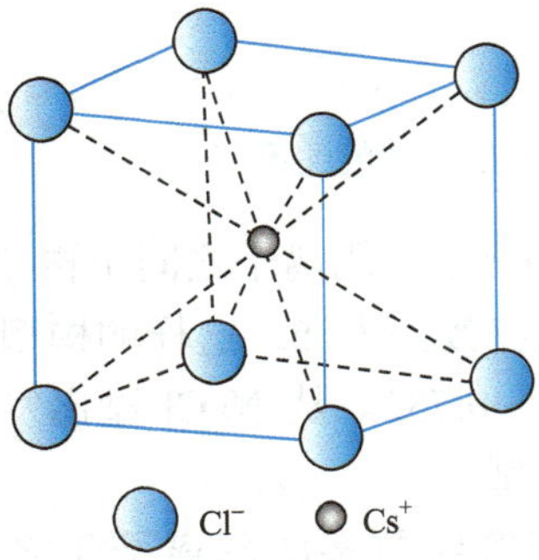

图 3-24 CsCl 型离子晶体

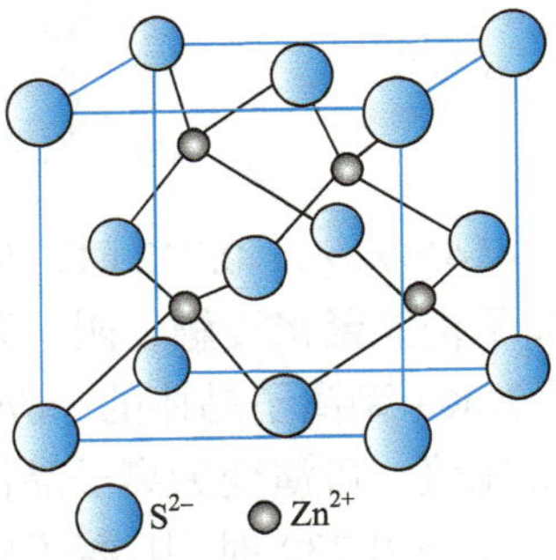

图 3-25 立方 ZnS 型离子晶体

含有阴、阳离子各 4 个。除 ZnS 以外，属于 ZnS 型的离子晶体还有 BeO、ZnSe、AgI、BN、CuCl、ZnO 等。

拓展知识

其他类型的离子晶体

离子晶体的类型很多，除 AB 型离子晶体外，还有 AB_2 型、ABX_3 型等。

萤石 CaF_2 晶体属于 AB_2 型离子晶体，其 Ca^{2+}呈面心立方密堆积，F^-占据所有四面体空隙，每个 Ca^{2+}的配位数为 8，而 F^-的配位数为 4。PbO_2、$BaCl_2$ 等属于 CaF_2 型。

金红石是 TiO_2 的一种矿物，其结构是常见离子晶体的重要结构类型之一。其中，O^{2-}近似具有六方密堆积结构，Ti^{4+}只占据半数八面体空隙。金红石的结构由 TiO_6 八面体组成，O 原子为邻近的 Ti 原子所共有。每个 Ti 原子周围有 6 个 O 原子，每个 O 原子周围有 3 个 Ti 原子。SnO_2、MnO_2、MgF_2 等属于金红石型。

钙钛矿 $CaTiO_3$ 结构是许多 ABX_3 型(A^{2+}、B^{4+}或 A^{3+}、B^{3+})固体结构的代表。它是立方结构，每个 A 原子周围有 12 个 X 原子，每个 B 原子周围有 6 个 X 原子。$BaTiO_3$、$SrTiO_3$ 等属于钙钛矿型。

2. 离子半径比与配位数

离子化合物的性质受离子电荷、半径和离子电子构型等因素的影响，但离子晶体的构型主要取决于阴、阳离子的半径比。

形成离子晶体时，阴、阳离子总是尽可能紧密排列，使晶体最为稳定。但这种离子相接近的紧密程度与阴阳离子的半径之比(r_+/r_-)密切相关。一般来说，阴离子半径大于阳离子半径，因此离子晶体往往被看成是阴离子做密堆积，阳离子填充到阴离子构成的多面体空隙中心。

NaCl 离子晶体的阴、阳离子互相接触，阴离子也两两接触，如图 3-26(a)所示。从该图中可画出等腰直角三角形，斜边长为 $4r_-$，直角边长为 $2(r_+ + r_-)$。根据勾股定理，可得到 $r_+/r_- = 0.414$，这是一种最稳定的状态，阴、阳离子的配位数都为 6。

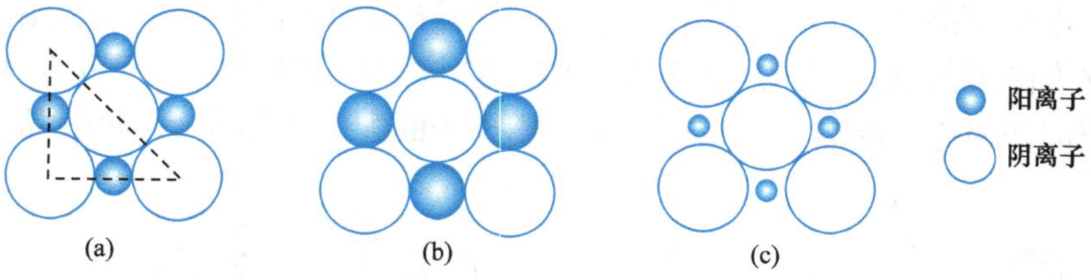

图 3-26 离子晶体半径比与配位数的关系

当 $0.414 < r_+/r_- < 0.732$ 时，如图 3-26(b)所示，阴离子之间不再接触，阴、阳离子仍能紧密接触，阴、阳离子的配位数都为 6，这样的构型依然较稳定。NaCl 型离子晶体的 r_+/r_- 为 0.414～0.732。从 NaCl 型出发，改变 r_+/r_- 比值，可演变为离子晶体的其他构型。

当 $r_+/r_- > 0.732$ 时，阳离子的周围可能容纳更多的阴离子与之相接触，即配位数可增加至 8，采取 CsCl 型的结构型式是体系的最低能量状态。

如果 $r_+/r_- < 0.414$，阴离子依然两两接触，但阴、阳离子不再相互接触，如图 3-26(c)所示。这种情况相当于 r_- 保持不变而 r_+ 变小，阳离子不可能再同时与 6 个阴离子接触，只有减少阳离子的配位数，才会使阴、阳离子紧密接触，以继续保持体系的能量最低。这就意味着要向配位数为 4 的立方 ZnS 型转变。但如果 $r_+/r_- < 0.225$ 时，立方 ZnS 型晶体也不可能稳定，这时晶体向着阳离子的配位数进一步减小为 3 的晶型转变。

根据上述讨论，将阴阳离子半径比与配位数关系归纳于表 3-6。

表 3-6　AB 型离子晶体半径比与配位数的关系

r_+/r_-	配位数	构型	晶体实例
0.225～0.414	4	ZnS 型	BeO(0.22)、CuCl(0.53)、ZnO(0.54)、HgS(0.60)
0.414～0.732	6	NaCl 型	NaBr(0.49)、AgCl(0.70)、MgO(0.46)、BaS(0.73)
0.732～1.00	8	CsCl 型	CsBr(0.86)、CsI(0.78)、TlCl(0.83)、NH_4Cl(0.82)

由此可见，如果知道离子晶体中阴、阳离子的半径比，就可以推测该晶体的构型。但要注意的是，由于离子半径的数据还不够十分精确，并且离子键或多或少带有共价键成分，此外，由于离子晶体的生长条件不同、阴阳离子其他相互作用等因素的影响等，根据以上的半径比规则推测的有些结果和实测的晶体类型不一致。因此，离子半径比规则只能辅助判断离子晶体的构型，而它们具体采取什么构型，则应由实验来确定。

3.4.3　离子极化

教学视频
离子极化与键型变异

在讨论离子晶体时，我们将阴、阳离子近似地看作球形电荷，但实际上这是一种理想情况，在离子晶体中无论是阳离子还是阴离子，都处在其他离子所构成的电场中，而产生不同程度上的变形，进而影响着离子晶体的性质。

1. 离子的极化作用和变形性

在球形离子中，由电子云所构成的负电荷中心与原子核的正电荷中心重合。但当阴阳离子相互接近时，阳离子吸引阴离子的核外电子而排斥其原子核，阴离子吸引阳离子的原子核而排斥其电子，结果导致离子本身的正、负电荷中心不再重合，如图 3-27 所示。这种在外电场或异号离子的作用下，离子的正、负电荷中心发生偏移不再重合的现象称为极化。一种离子使异号离子极化而变形的作用，称为该离子的极化作用。被异号离子极化而发生电子云变形的性能，称为该离子的变形性，也称可极化性。

动画

离子极化的产生过程

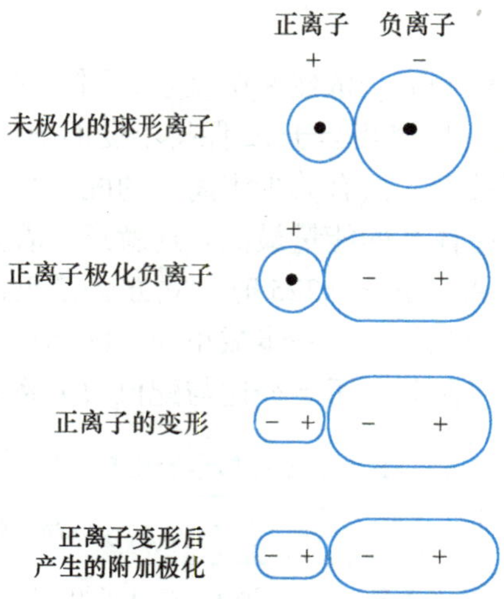

图 3-27 阳、阴离子相互极化作用

在离子相互极化的过程中，阴、阳离子都具有双重性。作为电场，能使周围异号电荷离子极化而变形，体现出极化作用；同时作为被极化的对象，在邻近异号电荷的作用下，本身被极化而变形。但是并不是所有离子具有同等程度的极化作用和变形性，一般来说，原子在失去电子而成为阳离子后，半径减小，对核外电子的吸引力比较强，在极化过程中主要是起极化作用；而阴离子的半径比较大，在外层上有较多的电子，在阳离子的极化作用下容易变形，所以在极化过程中主要考虑其变形性。但是当阳离子的变形性较大时，就需要考虑阴离子对阳离子的极化作用。阳离子被极化变形后，反过来又加强对阴离子的极化作用，增加的这部分极化称为附加极化作用，如图 3-27。

拓展知识

反极化作用

NO_3^- 中心的 N(V)电荷数很高，极化作用很强，使 O 原子的电子云变形，靠近中心 N(V)的部分呈“–”电性[图 3-28(a)]。在 HNO_3 分子中，N(V)电荷数高，极化作用强，使非羟基 O 原子电子云变形，靠近 N(V)的部分呈“–”电性。而 H^+对羟基 O 原子有极强的极化作用，使 O 原子靠近 H^+的部分呈“–”电性，靠近 N(V)的部分呈“+”电性[图 3-28(b)]。由于 H^+与 N(V)对羟基 O 原子的极化作用效果相反，因此称为反极化作用(图 3-28)。

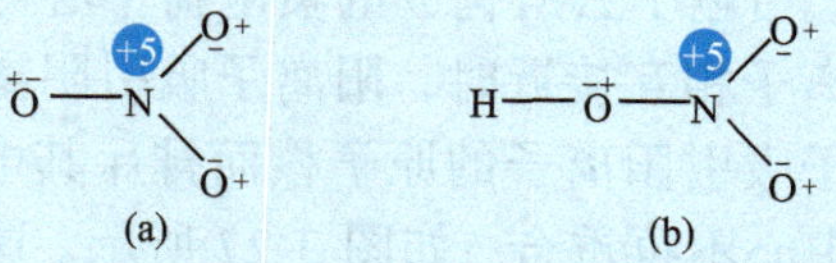

图 3-28 HNO_3 中 H^+的反极化作用

反极化作用常见于含氧酸和含氧酸盐中。由于反极化作用使含氧酸和酸根中氧原子与中心原子的共价键被削弱，因此当阳离子反极化能力强时，其含氧酸盐的热稳定性一般较差；酸性环境下，含氧酸的氧化性提高。

1) 离子极化作用的影响因素

除高电荷的复杂阴离子(如SO_4^{2-}、PO_4^{3-}等)具有一定的极化能力以外，阴离子的极化能力很弱，通常不考虑。阳离子的极化能力受离子电荷、离子半径和离子构型的影响。

(1) 离子的正电荷越多，半径越小，离子的极化作用越强，如 $Ba^{2+} < Mg^{2+}$、$La^{3+} < Al^{3+}$、$Na^+ < Mg^{2+} < Al^{3+}$。

(2) 如果电荷相等，半径相近，则阳离子的极化能力取决于离子的电子构型，离子极化能力相对强弱的关系是

18 或(18 + 2)电子构型 > (9～17)电子构型 > 8 电子构型

H^+离子半径很小，故极化能力很强。同样，2 电子构型的离子(如Li^+、Be^{2+})的极化能力也非常强。

思考题 3-7

为什么相同电荷、相近半径的价电子构型不规则的阳离子比 8 电子构型的阳离子的极化作用大？

拓展知识

离 子 势

离子的极化能力受离子电荷、离子半径和离子构型的影响，其强弱又可用离子势的大小来表示。离子势被定义为离子所带电荷与离子半径的比值：$\Phi = \dfrac{Z}{r}$。离子势是用来衡量离子或带部分电荷的原子吸引或排斥电子能力的重要物理量，它能够定性或半定量地解释一些化学事实，在化学领域中应用比较广泛。

2) 离子变形性的影响因素

(1) 价层电子构型相同的离子，半径越大、负电荷越多的离子变形性越大。例如：

$$I^- > Br^- > Cl^- > F^-$$

$$O^{2-} > F^- > Ne > Na^+ > Mg^{2+} > Al^{3+} > Si^{4+}$$

(2) 由于 d 电子容易变形，外层电子构型不规则的阳离子，如 18 电子构型、(18 + 2)电子构型、(9～17)电子构型的阳离子，变形性都要比规则的 8 电子构型的阳离子大得多。例如：

$$Ag^+ > Na^+,\ Zn^{2+} > Mg^{2+}$$

(3) 复杂阴离子由于内部原子结合紧密并形成对称性极强的原子集团，尽管有较大的半径，其变形性还是比较小，并且中心离子的氧化数越高，变形性越小。一些阴离子及水的变形性大小排列如下：

一价阴离子：$I^- > Br^- > Cl^- > CN^- > OH^- > H_2O > NO_3^- > F^- > ClO_4^-$

二价阴离子：$S^{2-} > O^{2-} > CO_3^{2-} > H_2O > SO_4^{2-}$

综上所述，最容易变形的是体积大的阴离子和电荷较少的、外层电子构型不规则的阳离子；最不容易变形的是半径小、电荷多的稀有气体型的阳离子。

2. 离子极化对物质结构及性质的影响

离子极化的实质是阳离子将形成离子键过程中失去的电子从阴离子处拉回一部分，即阴离子的电子云被阳离子拉回到两核之间，使两核间的电子云密度增大，形成一定程度的共价结合，离子极化对物质的结构和性质将产生一系列的影响。

1) 对化学键的影响

在阴、阳离子结合形成离子晶体中，如果离子间完全没有极化作用，则它们之间的化学键纯粹属于离子键。但是如前面 3.4.1 所讲，几乎不存在百分之百的离子键。阴、阳离子间或多或少存在着极化作用，离子极化使离子的电子云变形并相互重叠(图 3-29)，导致在原有的离子键上附加一些共价键成分，阴、阳离子的核间距缩短。因此可以说，离子键与共价键之间并没有严格的界限，只有一系列的过渡状态。随着离子极化作用的增强，离子键的成分减少，共价键的成分增大。化学键的键型由离子键向共价键过渡，导致离子晶体向分子晶体转化。

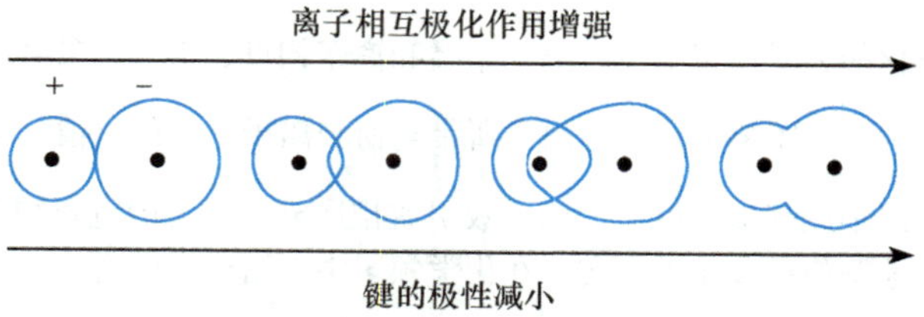

图 3-29　离子键向共价键的过渡

一个典型的例子就是卤化银。Ag^+是 18 电子构型，具有很强的极化能力，卤素离子从 F^-到 I^-的半径依次增大，变形性逐渐增强，因此卤化银的键型从 AgF 典型的离子键，经过 AgCl、AgBr，最后过渡到 AgI 的共价键(表 3-7)。

表 3-7　离子极化引起卤化银性质的变化

晶体	AgF	AgCl	AgBr	AgI
离子半径之和/pm	259	307	322	342
实测键长/pm	246	277	288	281
键型	离子键	过渡型	过渡型	共价键
晶体构型	NaCl	NaCl	NaCl	ZnS
配位数	6	6	6	4
溶解度/($mol \cdot dm^{-3}$)	易溶	1.34×10^{-5}	7.07×10^{-7}	9.11×10^{-9}
颜色	白色	白色	淡黄	黄

2) 对化合物性质的影响

离子极化对化学键类型产生影响，对相应化合物的性质也产生一定的影响。表 3-7 列出了离子极化引起卤化银性质的变化。

(1) 对化合物晶型的影响。离子晶体的配位数一般可以根据离子的半径比来判断，但当存在较强的极化作用时，离子极化使电子云相互重叠，键的共价成分增加，离子间距离缩短，从而使得离子周围容纳异号离子的空间缩小，配位数降低。例如，银的卤化物，从 AgF 到 AgI，晶体构型由六配位的 NaCl 型过渡到四配位的 ZnS 型。再如，CdS 的离子半径比 r_+ / r_-为 0.53，大于 0.414，CdS 晶体理应是六配位的 NaCl 型。但实际上，由于离子极化作用导致化合物配位数降低，CdS 晶体是四配位的 ZnS 型。

(2) 对化合物溶解度的影响。化合物的溶解度与晶格能、水合能、键能等因素有关。一般来说，离子化合物易溶于水，但当离子极化引起化学键向共价键转化时，晶体的溶解度相应降低。如卤化银中，Ag^+具有较强的极化作用，从 AgF 到 AgI，F^-半径很小，不易发生变形，而 Cl^-、Br^-、I^-半径依次增大，变形性依次增大。因此，AgF 是离子化合物，易溶于水，而 AgCl、AgBr 和 AgI 的共价程度依次增大，难溶于水且溶解度依次减小。

(3) 对化合物颜色的影响。影响化合物颜色的因素很多，离子极化作用是重要的影响因素之一。一般情况下，如果组成化合物的两种离子都无色，该化合物也无色，如 NaCl、KNO_3 等。如果其中一种离子无色，则另一种离子的颜色就是该化合物的颜色，如 CrO_4^{2-} 为黄色，K_2CrO_4 呈黄色。但 Ag_2CrO_4 呈红色而不是黄色，这是因为 Ag^+具有较强的极化作用，离子极化使电子云变形，导致离子的电子能级发生改变，吸收的光的能量产生变化，容易吸收可见光产生颜色或导致物质的颜色发生变化。而且极化程度越大，对化合物的颜色影响越大。例如，Ag^+和卤素离子都是无色的，由于 Ag^+具有较强的极化作用，Br^-、I^-比较容易变形，所以 AgCl 为白色、AgBr 为浅黄色、AgI 为黄色。

(4) 对熔沸点的影响。离子晶体的熔点和沸点一般比较高。当存在较强的极化作用时，离子极化导致离子键向共价键过渡，离子晶体向分子晶体过渡，使晶体的熔点和沸点下降。极化作用越强，化学键的共价性越显著，晶体的熔点和沸点越低。例如，NaCl、$MgCl_2$ 和 $AlCl_3$ 的熔点分别为 801℃、714℃和 192℃，这是由于离子的极化作用 $Al^{3+} > Mg^{2+} > Na^+$，NaCl 是典型的离子化合物，而 $AlCl_3$ 接近于共价化合物。

(5) 对含氧酸盐稳定性的影响。在含氧酸盐中，金属离子的极化作用越强，越容易从含氧酸根中夺取 O^{2-}而形成氧化物，因此含氧酸盐越不稳定，受热越容易分解。例如，在 $CaCO_3$ 与 K_2CO_3 中，Ca^{2+}极化作用大于 K^+，所以 $CaCO_3$ 受热容易分解产生 CO_2，热稳定性 $CaCO_3 < K_2CO_3$。

离子极化学说在无机化学的许多方面都有应用，是离子键理论的重要补充，但也存在局限性，如离子的极化能力和变形性没有明确的定量标度，没有考虑 d、f 电子数和介质的影响等，因此在应用时会遇到许多例外甚至矛盾的现象。离子极化概念一般只适用于对同系列化合物作定性比较。

3.5 分子间作用力与分子晶体

拓展知识

由两种或两种以上的分子通过分子间作用力结合而成的复杂的、有组织的聚集体称为超分子。1987年，诺贝尔化学奖授予佩德森(C. Pedersen)、莱恩(J. M. Lehn)和克拉姆(D. Cram)三人，以表彰他们在超分子化学领域的开创性贡献：佩德森发现冠醚化合物，莱恩发现穴醚化合物并提出超分子概念，克拉姆是主客体化学的先驱者。

教学视频

分子的偶极矩与极化率

除化学键外，分子之间还存在着多种作用力，总称为分子间力。范德华力和氢键是两类最常见的分子间力。相对于化学键，分子间力一般只有几至几十 $kJ \cdot mol^{-1}$，比化学键弱得多。此外，分子间力还是短程作用力，只有当分子距离很近时才能显现出来。与决定物质化学性质的化学键不同，分子间力主要影响物质的物理性质，如熔点、沸点、汽化热、熔化热、溶解度、黏度、表面张力等。

1930年，伦敦(F. W. London)用量子力学原理阐明分子间力的本质仍是静电引力。为了说明分子间力的由来，先介绍分子的偶极矩和极化率。

3.5.1 分子的偶极矩与极化率

1. 分子的极性和偶极矩

分子都是电中性的，但不同分子中正、负电荷的分布不相同。通常将分子中正电荷分布的重心称为"正电荷中心"，将负电荷分布的重心称为"负电荷中心"。正、负电荷中心相重合的分子称为非极性分子，正、负电荷中心不相重合的分子称为极性分子。

在极性分子中，分子极性的大小用偶极矩(μ)来衡量。偶极矩的概念是德拜(P. Debye)在1912年提出的，他将偶极矩 μ 定义为：分子中电荷中心(正电荷中心电荷 δ^+ 或负电荷中心电荷 δ^-)上的电荷 δ 与正、负电荷中心间距离 d 的乘积[图3-30和式(3-3)]。

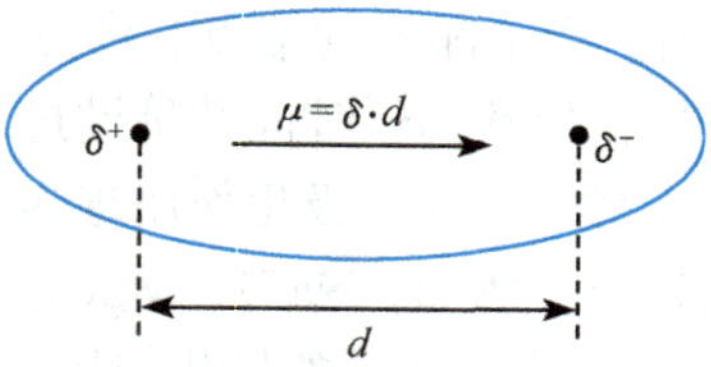

图 3-30 分子的偶极矩

$$\mu = \delta \cdot d \tag{3-3}$$

偶极矩是矢量，其方向为从正电荷中心到负电荷中心，单位为 $C \cdot m$(库·米)。表3-8为部分分子的偶极矩。

分子的极性与分子中共价键的极性密切相关。两个不同元素的原子之间形成共价键时，共用电子总会偏向电负性较大的元素的原子一方，形成极性键。只有同一元素的两原子之间的共价键才是非极性键。绝大多数由非极性键组成的同核多原子分子是非极性分子，如 S_8、P_4 等。在极性分子中一般都存在极性键，如 NH_3、H_2O 等。含有极性键的分子不一定都是极性分子，如 CO_2、CH_4 等。同样，含有非极性键的分子也不一定都是非极性分子，如 H_2O_2 等。

表 3-8 部分分子的偶极矩

分子式	$\mu/(10^{-30}C\cdot m)$	分子几何构型	分子式	$\mu/(10^{-30}C\cdot m)$	分子几何构型
H_2	0	直线形	HF	6.34	直线形
N_2	0	直线形	HCl	3.60	直线形
CO_2	0	直线形	HBr	2.67	直线形
CS_2	0	直线形	HI	1.40	直线形
BF_3	0	平面三角形	O_3	1.67	V 形
CH_4	0	正四面体形	SO_2	5.28	V 形
CCl_4	0	正四面体形	NH_3	4.90	三角锥形
H_2O	6.17	V 形	$CHCl_3$	3.63	四面体形
H_2S	3.63	V 形	H_2O_2	7.03	—

分子的极性不仅与键的极性有关，还与分子的空间构型有关。

对于双原子分子，键的极性与分子的极性一致。例如，H_2、Cl_2、O_2 等同核双原子分子都是非极性分子，而 HBr、CO、NO 等异核双原子分子则是极性分子，并且键的极性越大，分子的极性也越大。

对于多原子分子，分子的极性要通过分析讨论来确定。例如，SO_2 和 CO_2 分子中 S═O 键和 C═O 键都是极性键，但 CO_2 是直线形结构，键的极性相互抵消，正、负电荷中心重叠，所以 CO_2 是非极性分子；相反，SO_2 为 V 形结构，正、负电荷中心不能重合，因而 SO_2 是极性分子。从表 3-8 中可以看出，结构高度对称(如直线形、平面正三角形、正四面体形)的多原子分子的偶极矩为零，为非极性分子；而结构不对称(如 V 形、四面体形、三角锥形)的多原子分子的偶极矩不为零，为极性分子。

偶极矩可通过实验测得，根据偶极矩数值可以验证或推断某些分子的几何构型。例如，NH_3 和 BCl_3 都是四原子分子，这类四原子分子的空间结构一般有两种，即平面三角形和三角锥形。实验测得它们的偶极矩为 $\mu_{(NH_3)}=4.90\times10^{-30}C\cdot m$ 和 $\mu_{(BCl_3)}=0$。由此可以推测，在 NH_3 分子中的 N 原子和 3 个 H 原子不在同一平面上，不可能是平面三角形结构；而 BCl_3 分子没有极性，4 个原子可以处于同一平面上。因此，NH_3 分子具有三角锥形结构，而 BCl_3 分子是平面三角形结构。

2. 分子的变形性和极化率

在外电场的作用下，分子和离子一样，其内部电荷分布将发生相应的变化，这种变化称为分子的变形性。非极性分子在外电场中，分子中带正电荷的核将向电场负极的方向偏移，而核外的电子云则偏向电场正极方向，结果使原来的非极性分子产生了一对偶极，这个过程称为分子的极化。在外电场的影响(诱导)下产生的偶极，称为诱导偶极。电场越强，分子产生的诱导偶极越大，两者成正比关系，可以表示为式(3-4)：

$$\mu_{诱导} = \alpha \cdot E \tag{3-4}$$

式中，$\mu_{诱导}$为诱导偶极；E为电场强度；α为比例常数，称为极化率。若取消外电场，又恢复到偶极 $\mu_{诱导}=0$，分子重新为非极性分子。

不仅是非极性分子，极性分子在外电场的作用下也会进一步变形产生诱导偶极。分子的变形性大小可用极化率α来表示，极化率α也反映了分子外层电子云的可移动性或可变性，其数值可由实验测定。表 3-9 中数据表明，随着分子量的增大及电子云弥散，极化率α值相应增大。

表 3-9　部分分子的极化率 α

分子	$\alpha/(10^{-30}m^3)$	分子	$\alpha/(10^{-30}m^3)$
He	0.203	HCl	2.56
Ne	0.392	HBr	3.49
Ar	1.63	HI	5.20
Kr	2.46	H_2O	1.59
Xe	4.01	H_2S	3.64
H_2	0.81	CO	1.93
O_2	1.55	CO_2	2.59
N_2	1.72	NH_3	2.34
Cl_2	4.50	CH_4	2.60
Br_2	6.43	C_2H_6	4.50

3.5.2　范德华力

教学视频
范德华力、氢键与分子晶体

范德华力最早由荷兰物理学家范德华在研究实际气体对理想气体状态方程的偏差时提出。根据来源不同，可将范德华力分为取向力、诱导力和色散力。

1. 取向力

动画
几种分子间作用力

极性分子本身存在的偶极，称为固有偶极或永久偶极。气态时，极性分子在空间中无规则地运动着，其偶极的排列也没有规律。凝聚状态时，由于同极相斥、异极相吸，固有偶极之间的作用使得极性分子的排列受到周围其他分子排列的影响，在空间中存在一定的取向限制，如图 3-31 所示。这种由于极性分子固有偶极的取向而产生的分子间作用力，或者说，固有偶极与固有偶极之间的相互作用，称为取向力。取向力只存在于极性分子之间，其大小主要取决于分子的固有偶极。固有偶极越大，极性分子间的取向力越大。

图 3-31 极性分子与极性分子间的相互作用示意图

2. 诱导力

当极性分子与非极性分子相邻时，在极性分子的固有偶极电场的作用下，非极性分子受诱导而变形极化，产生诱导偶极。诱导偶极再与固有偶极之间产生的相互作用，称为诱导力，如图 3-32 所示。诱导力与分子的固有偶极、分子的变形性有关。固有偶极越大、分子的极化率越大，诱导力越大。诱导力除存在于极性分子与非极性分子之间外，还存在于极性分子之间。

图 3-32 极性分子与非极性分子间的相互作用示意图

3. 色散力

非极性分子内电子和原子核都在不停运动，在运动过程中，它们会发生瞬时的相对位移，使正、负电荷中心不再重合，产生瞬时偶极。同理，极性分子内也会产生瞬时偶极。瞬时偶极之间的相互作用称为色散力，如图 3-33 所示。尽管每个分子的瞬时偶极存在时间很短，但电子和原子核的不断运动，使瞬时偶极不断产生，瞬时偶极之间的作用力始终统计性地大量存在，而成为分子间的一种主要作用力。色散力产生于核与电子的瞬时相对位移，不仅存在于非极性分子之间，也存在于极性分子与非极性分子、极性分子与极性分子之间。色散作用主要与分子极化率有关，极化率越大的分子之间色散力越强。

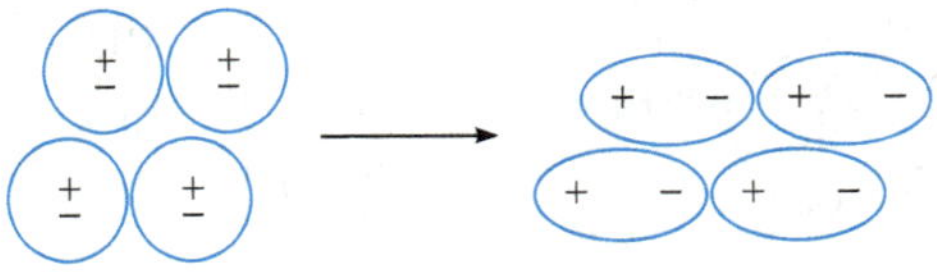

图 3-33 非极性分子与非极性分子间的相互作用示意图

取向力、诱导力和色散力都是分子间的引力，统称为范德华力。范德华力的作用范围在 300～500pm，小于 300pm 时分子斥力迅速增加，大于 500pm 时分子间力显著衰减。分子间力的本质是静电作用力，既无方向性，也无饱和性。表 3-10 列出了部分共价分子间作用力的大小。

表 3-10 部分共价分子间作用力的分配

分子	偶极矩 /(10^{-30}C · m)	取向力 /(kJ · mol^{-1})	诱导力 /(kJ · mol^{-1})	色散力 /(kJ · mol^{-1})	总计 /(kJ · mol^{-1})
Ar	0	0.000	0.000	8.50	8.50
CO	0.39	0.003	0.008	8.75	8.75
HI	1.40	0.025	0.113	25.87	26.00
HBr	2.67	0.69	0.502	21.94	23.11
HCl	3.60	3.31	1.00	16.82	21.14
NH_3	4.90	13.31	1.55	14.95	29.60
H_2O	6.17	36.39	1.93	9.00	47.32

对大部分分子而言，诱导力一般很小，色散力占主导地位，只有极性很大、变形性很小的分子(如 H_2O)，取向力才占主要。

分子间力对物质的物理性质影响很大。分子间力越大，物质的熔点和沸点越高，硬度越大。由于色散力一般是主要的分子间力，对结构相似的同系列物质，通过比较相对分子质量的大小，就可以比较其熔点和沸点的高低。例如，F_2、Cl_2、Br_2、I_2 分子的相对分子质量逐渐增大，因此它们的熔点和沸点依次升高。

3.5.3 氢键

卤化氢是极性分子，分子间存在着取向力、诱导力和色散力。从表 3-10 中可以看到，其主要作用力是色散力。从 HCl 到 HI，随着分子间力的增大，色散力增大，分子间力增强，因此它们的熔点和沸点逐渐升高。但 HF 的熔点和沸点却反常的高，这主要是由于 HF 分子除了正常的分子间力之外，分子间还存在着氢键。和 HF 相似的还有氧族元素氢化物中的 H_2O 和氮族元素氢化物中的 NH_3，见图 3-34。

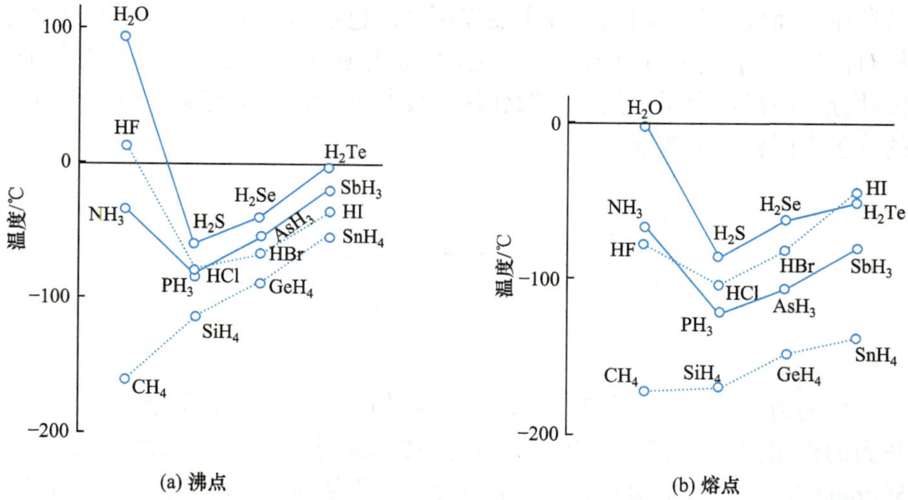

图 3-34 一些氢化物的沸点和熔点变化情况

1. 氢键的形成

理论上处理氢键的方法，概括起来主要有静电模型、价键法和分子轨道法，其中以静电模型最为简单，在此以氢键的静电模型为基础来讨论氢键的形成。

在 HF 分子中，H 原子和 F 原子形成极性很强的共价键。由于 F 的电负性远大于 H，因此共用电子对强烈偏向 F 原子，使得 F 原子带部分负电荷，而 H 原子则成为带部分正电荷的、几乎裸露的原子核。HF 分子中几乎裸露的 H 原子还能与另一个 HF 分子的 F 原子中任一孤对电子之间产生静电作用力，这种作用力称为氢键，通常用虚线“┈”表示(图 3-35)。

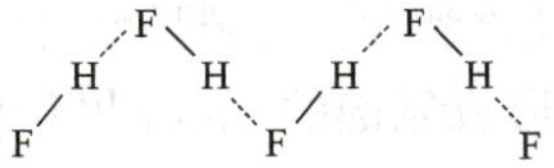

图 3-35 HF 分子晶体的分子间氢键

在 HF 晶体中，由于氢键的存在，分子间的作用力得到加强，因此固体 HF 存在反常高的熔点。HF 分子间的氢键，也存在于液体 HF 分子间。

从静电模型中可以看到，分子欲形成氢键必须具备两个基本条件，其一是分子中必须有一个与电负性很大、半径很小的 X 元素原子形成强极性键的氢原子；其二是分子中必须有电负性很大、原子半径很小且带有孤对电子的 Y 元素原子。

氢键通常可以表示为 X—H┈Y，其中 X、Y 可以是同种元素的原子，也可以是不同元素的原子。经典氢键中的 X、Y 一般为半径小、电负性大的 F、O、N 等元素的原子，这样形成的氢键较强。除了上面介绍的经典氢键之外，现代研究表明，一些电负性比 F、O、N 这三种元素稍小的元素(如 C、S、Cl 等)也能形成氢键。这些元素形成的氢键一般较弱，称为非经典氢键，如 C—H┈O、C—H┈N、C—H┈Cl 型氢键等。特别是 C—H┈O 型氢键在一些小分子和生物体系的结构中起着重要的作用。

拓展知识

中国科学家首次“看”到氢键震惊世界

自 1936 年诺贝尔化学奖得主鲍林在其著作《化学键的本质》中首次提出“氢键”这一概念后，科学界就存在争论：氢键仅仅是一种分子间弱的静电相互作用，还是存在部分电子云共享，即具有一定的共价型？

科学家一直在试图回答氢键是什么的问题，主要借助于 X 射线衍射、拉曼光谱、中子衍射等技术，这些研究方法获得的数据可以从不同的方面反映氢键的性质，然而氢键的庐山真面目仍是一个未解之谜，因此有人甚至怀疑它的存在。

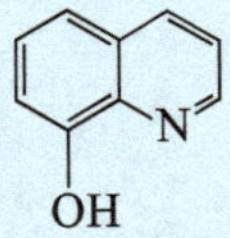

8-羟基喹啉

2013 年 11 月，国际顶尖期刊 *Science* 刊发了我国国家纳米科学中心研究员裘晓辉博士团队在超高真空和低温条件下，通过原子力显微镜(AFM)观测在铜单晶表面吸附组装的 8-羟基喹啉分子，获得了其化学骨架和分子间氢键的高分辨图像，据此精确解析了分子间氢键的构型，实现了对氢键键角和键长的直接测量(*Science*，2013，342：611-614)。

裘晓辉博士介绍：“通俗来说，相当于以前可以从太空中看到地面的人排成一行，现在是第一次看到原来这些人之间是手拉着手。这在分子间相互作用的机理研究领域有广阔的应用前景。”

裘晓辉团队所获得的氢键图像，是世界上首次在实空间直接观测到分子间的氢键作用，为化学界争论近百年的“氢键的本质”问题提供了新的实验证据。科学界评价这是“一项开拓性的发现，真正令人惊叹的实验测量”，“是一项杰出而令人激动震撼的工作”。英国 *Nature* 杂志还将分子间氢键的图像评述为当年年度三幅最震撼的图片之一。

氢键的键长是指 X 和 Y 间的距离(X—H┈Y)，H 与 Y 间的距离比范德华半径之和小、比共价半径之和大。氢键强度可用氢键的键能来衡量。氢键的键能是指将两个分子间形成氢键的 1mol 聚集体，解离成两个各为 1mol 单分子所需的能量，即将 1mol X—H┈Y—R 解离为 1mol X—H 和 1mol Y—R 所需的能量。氢键的强弱与 X 和 Y 原子的电负性和半径有关，电负性大、半径小，则氢键强。氢键的键能一般在 20～40kJ · mol^{-1}，和范德华力相差不大，比化学键能小一个数量级，所以氢键也可以看成是另一种分子间力。表 3-11 列出几种常见氢键的键能和键长。

表 3-11 常见氢键的键能和键长

氢键	键能/(kJ · mol^{-1})	键长/pm	化合物
F—H┈F	28.0	255	HF
O—H┈O	18.8	276	H_2O
N—H┈F	20.9	268	NH_4F
N—H┈O	16.2	286	$CH_3CONHCH_3$(在 CCl_4 中)
N—H┈N	5.4	338	NH_3

如果有机化合物也满足形成氢键的条件，如有机羧酸、醇、胺等，则有机分子间也存在氢键。例如，分子间氢键使甲酸以二聚体的形式存在[图 3-36(a)]。除在分子间能形成氢键外，在分子内也能形成氢键，如硝酸、邻硝基苯酚等[图 3-36(b)]。分子内氢键的形成，会导致一个多原子环形成，这种多原子环以五元环、六元环最为稳定。

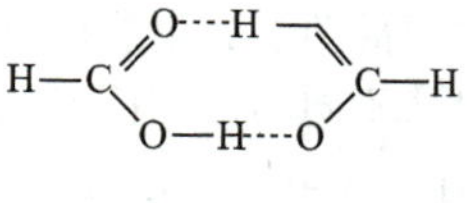

甲酸

(a) 分子间氢键

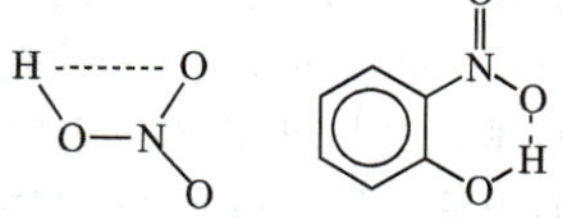

硝酸　　邻硝基苯酚

(b) 分子内氢键

图 3-36 分子间氢键与分子内氢键示意图

氢键的特点是具有方向性和饱和性，这点与共价键相同。对 X—H┈Y

形式的分子间氢键，由于 H 原子体积小，为了减少 X 和 Y 之间的斥力，它们尽量远离，X、H、Y 成三点一线，键角接近 180°，体现出氢键的方向性。同时由于氢原子的体积小，它与较大的 X、Y 接触后，氢原子周围的空间通常就难以容纳下另一个较大体积的原子再向它靠近，所以氢键中氢的配位数一般为 2，这就是氢键的饱和性。对于非经典的氢键，如 C—H···O 氢键、C—H···N 氢键等，其方向性和饱和性没有经典的氢键严格，H···Y 间距离较远，经常出现一个 Y 原子同时形成多个氢键的情况。

2. 氢键对物质性质的影响

1) 对熔点和沸点的影响

分子间氢键的形成，使物质熔点和沸点升高。氢键的存在，使液体汽化或固体液化时，必须增加额外的能量去破坏分子间的氢键。而分子内氢键的形成，一般使物质的熔点和沸点降低，这是因为分子内氢键的形成将减少分子间氢键的形成。例如，邻-硝基苯酚能形成分子内氢键，沸点为 45℃；而不能形成分子内氢键的间-硝基苯酚和对-硝基苯酚，沸点分别是 96℃和 114℃。

2) 对溶解度的影响

在极性溶剂中，如果溶质分子与溶剂分子之间形成氢键，将有利于溶质分子的溶解。例如，HF、NH_3 极易溶于水，甲醇、乙醇可以任意比例溶于水。间-硝基苯酚、对-硝基苯酚比邻-硝基苯酚更容易溶于极性溶剂。

3) 对密度的影响

液体分子间存在氢键，其密度增大。例如，甘油、磷酸和浓硫酸因为它们的分子间存在氢键，通常为黏稠状的液体。温度越低，形成的氢键越多，密度越大。

水是一个例外，它在 4℃时密度最大。这是因为液态水因氢键形成缔合分子(指同种或异种分子之间在范德华力或氢键作用下形成的两分子或多分子的缔合体)，4℃时缔合分子最多，故密度最大。在 4℃以上时，水分子的热运动是主要的，使水的体积膨胀，密度减小；在 4℃以下时，水分子的热运动降低，氢键作用更强，缔合程度更大，并开始具有像冰的结构[图 3-37(a)]。冰是一个巨型的缔合分子。当水结成冰时，全部水分子都

思考题 3-8

如果不存在氢键，水的物理性质将会有哪些变化?

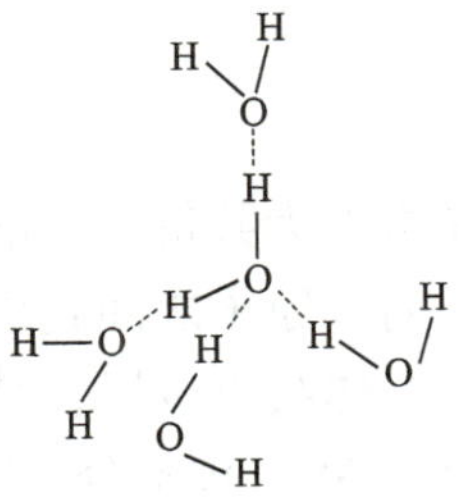

(a) 冰中的氢键

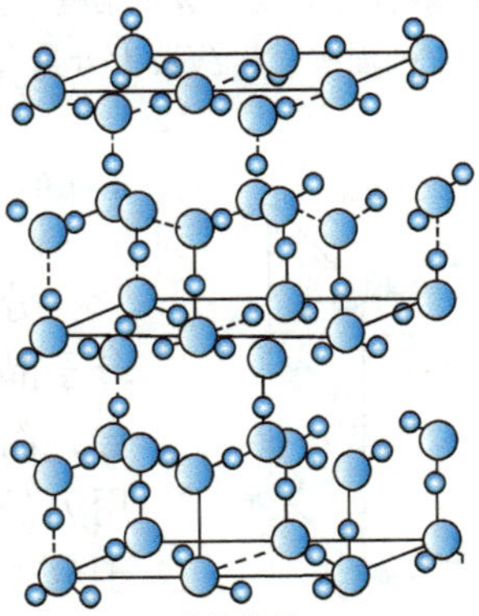

(b) 冰的结构

图 3-37 冰中的氢键与冰的结构

以氢键连接，每个水分子周围有 4 个水分子，并按四面体支撑起来，形成如图 3-37(b)所示的空隙很大的立体网状结构，密度减小。

拓展知识

氢键的应用

氢键是化学家、生命学家、材料学家都感兴趣的研究领域，应用于设计新型分子和超分子体系与功能材料，肩负着构筑结构和实现功能的双重任务。在多孔材料(晶体工程)、聚合物制备、超分子自组装、药物传输、蛋白质和 DNA 等领域发挥了重要作用。

近年来，氢键组装的多孔材料取得了丰硕的成果，这一领域已经成为超分子化学、材料科学、医药等众多学科共同关注的交叉研究领域。由于氢键的能量强于其他分子间作用力又弱于共价键，氢键构筑的多孔材料具有对外界环境的刺激响应性、动态适应性等独特性质，从而成为智能材料的优秀候选者。迄今，有关制备各类氢键组装的多孔材料，以及对于它们的结构和在气体存储、新能源、药物传输等领域中应用的研究，得到了广泛而深入的推进。

由有机配体间通过氢键自组装而得到的氢键有机框架(hydrogen-bonded organic framework，HOF)是一种具有代表性的多孔材料。对 HOF 及其他多孔材料的研究发现，利用氢键作为驱动力选择性吸附与存储客体分子，是一种非常有效并有广泛应用领域的设计思想。

超分子化学的诞生也为氢键开辟了一个更广阔的舞台，运用氢键能制备出很多柔性材料、智能材料，甚至分子机器。这一新兴领域的核心是设计对于药物和基因传递具有量身定制性能的响应性材料，以及产生高药物含量与靶向释放治疗的材料。氢键组装薄膜/胶囊的方法可以说是这一领域中的一枝独秀。氢键组装的多重膜很适合在生理条件下表现出对外界刺激反应的特性。这些特性使得氢键组装的膜材料在药物释放和微反应器领域具有广阔的应用前景。

生物分子的结构和功能受水的影响很大，氢键发挥了很大的作用。例如，在生物医药领域，纤维素在水中的溶解性有限，严重限制了其在生物医学上的应用。通过将富含羟基的纤维素骨架酯化或醚化，得到一系列纤维素衍生物，由于减少了分子间和分子内氢键，这些纤维素衍生物的水溶性均得到改善，能更好地应用于药物输送、伤口愈合和组织再生等工程中。

氢键对生物体有十分重要的作用，许多生物分子的高级构型由氢键决定。例如，脱氧核糖核酸(DNA)是生物遗传的物质基础，通过分子中的碱基之间形成氢键配对，DNA 的两条多肽链组成双螺旋结构。包括氢键在内的分子间的弱相互作用力，在丰富多彩的生命进程中，扮演着十分重要的角色。

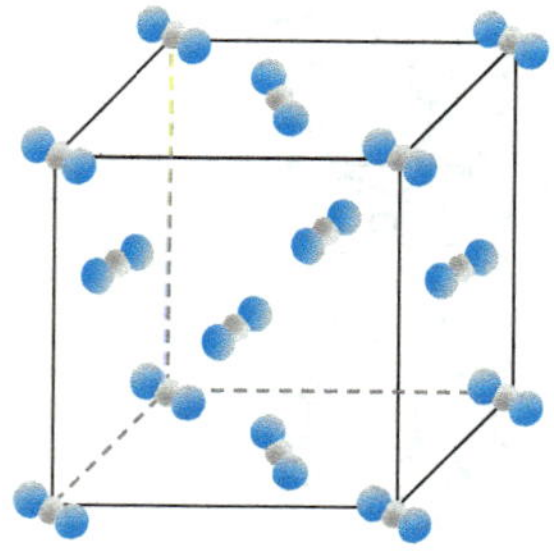

图 3-38 CO_2 晶体结构示意图

3.5.4 分子晶体

分子晶体是晶格上为共价分子的晶体。在分子晶体中，分子内部原子之间是以共价键结合，而分子占据着晶体结点位置，结点间的作用力是分子间力(图 3-38)，包括分子间氢键。由于分子间力比较弱，所以分子晶体具有熔点、沸点比较低，硬度小的特点。此外，分子晶体中既不含自由电子，又没有离子，所以它们在固态和熔融态时一般都不导电或者导电能力很弱。

卤素、硫、白磷等单质，CO_2、H_2O、SO_2 等许多无机共价化合物及绝大多数有机化合物，在固态时形成分子晶体。零族元素的单质所形成的晶体也是分子晶体，其在结点上排列的是单原子分子，它们之间的作用力是范德华力。

3.6 原子晶体和混合型晶体

3.6.1 原子晶体

教学视频
原子晶体与混合晶体

在原子晶体中，占据在晶格结点上的粒子是原子，结点上的原子之间通过共价键相互结合在一起。典型的原子晶体是金刚石，图 3-39 为金刚石的立方面心晶胞示意图和金刚石的键联关系示意图。在金刚石晶体中，每个 C 原子都采用 sp^3 杂化进行成键，C 原子的配位数为 4，两个碳原子之间以 sp^3-$sp^3\sigma$ 键相连接，形成正四面体。在原子晶体中不存在独立的小分子，整个晶体可看成是一个大分子，晶体多大分子也就多大，所以没有确定的相对分子质量。

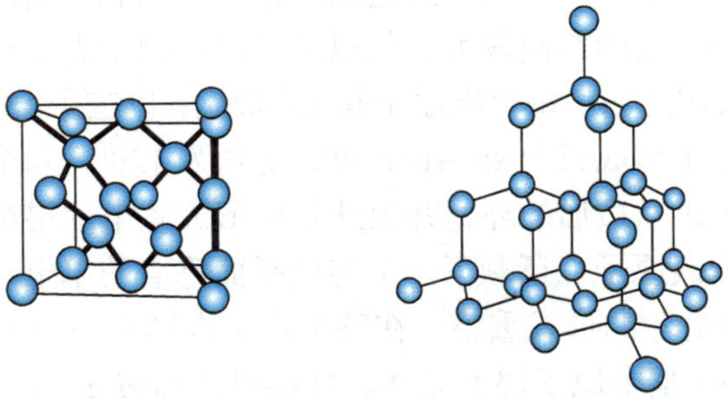

(a) 金刚石晶胞　(b) 金刚石网状结构

图 3-39　金刚石原子晶体

原子外层电子数较多的单质常属于原子晶体，如ⅣA 族的 C、Si、Ge 等。此外，半径小、性质相似的元素组成的化合物，也就是周期表ⅢA、ⅣA、ⅤA 族元素彼此间形成的化合物及它们的部分氧化物，如碳化硅(SiC)、氮化铝(AlN)、石英(SiO_2)等，也是原子晶体。

石英晶体结构如图 3-40 所示。它的基本结构单元是硅氧四面体，Si 原子是 sp^3 杂化，居于四面体的中心位置，硅氧四面体之间是通过共顶点氧原子相连。在石英晶体中，硅、氧的配位数分别为 4 和 2。因此，“SiC”、“SiO_2”等化学式仅代表晶体中各种元素原子数的比例。属于原子晶体的非金属单质的化学式，用它们的元素符号表示。

由于原子晶体中晶格间的共价键比较牢固，键的强度高，因此原子晶体的化学稳定性好，具有很高的熔点、沸点，如金刚石的熔点高达 3930K。原子晶体硬度大、延展性很小，热膨胀系数小，性脆。因为原子晶体晶格上是原子，不存在离子，所以原子晶体在固态和熔融态下都不导电，一般是电绝缘体。但是某些原子晶体，如硅、锗、砷化镓通过掺杂可作为半导体材料。

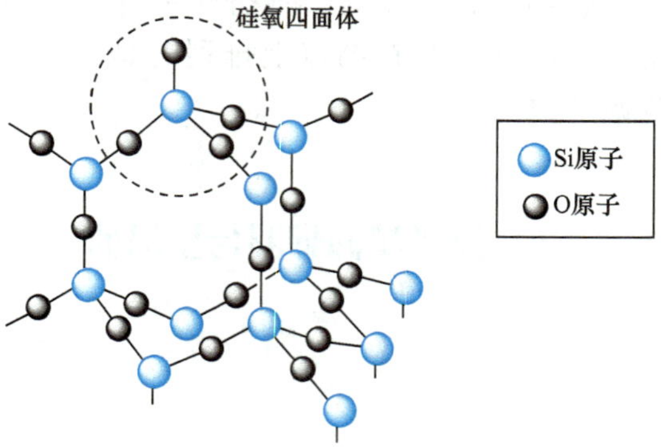

图 3-40 SiO_2的晶体结构

3.6.2 混合型晶体

除分子晶体、离子晶体、原子晶体和金属晶体以外，还有一种混合型晶体。在混合型晶体中，晶格上的结点之间存在两种或两种以上的结合力。

石墨是典型的混合型晶体，如图 3-41 所示。石墨晶体可以看成是由一层一层碳原子堆砌起来的，层与层之间相距约 340pm，而层内碳原子之间的距离为 142pm。层间距离较大，仅以微弱的范德华力相结合，片层之间容易滑动。在每层之内，每个碳原子是 sp^2 杂化，以三个 sp^2 杂化轨道与另外三个相邻碳原子形成三个 sp^2-sp^2 σ 键，键角为 120°。六个碳原子在同一平面上形成一个正六边形的环，并由此延伸形成整个片层结构。在形成三个 σ 键后，每个碳原子上还剩下一个与层平面垂直的单电子 p 轨道，这些 p 轨道以“肩并肩”的形式重叠，在整个片层内形成一个大的离域 π 键，成键电子(多个)在整个原子层上运动。这些可在离域 π 键上自由运动的离域电子，类似于金属晶体中的自由电子，离域 π 键相当于金属键，所以石墨层方向上的电导率很大，外观上也具有金属光泽。石墨在工业上常用作电极、固体润滑剂。

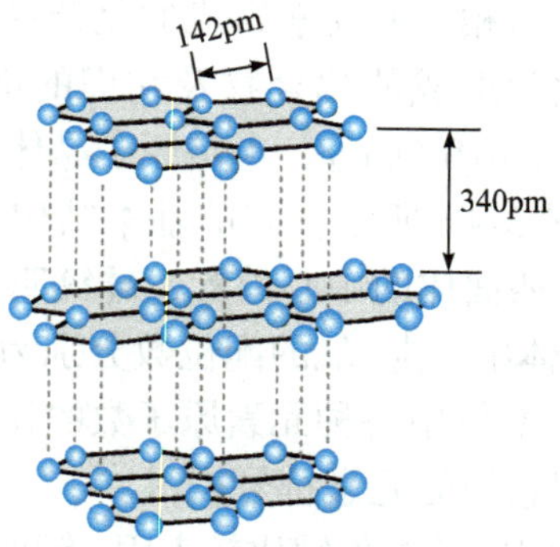

图 3-41 石墨的混合型晶体结构

属于混合型晶体还有层状晶体，如云母、黑磷、碘化钙、碘化镁、碘化镉、氮化硼(BN，有白色石墨之称)。链状晶体石棉也属于混合型晶体。石棉的主要成分是硅酸盐，链中 Si 和 O 之间以共价键结合，硅氧链之间填以较小的阳离子，如 Na^+、K^+等，以离子键相结合。链间的离子键不如链内的共价键强，所以石棉容易成纤维状。云母也是硅酸盐，和石棉相似，不同的是整个层内是硅氧以共价键结合，层间是离子键结合。

3.6.3 四种基本类型晶体的比较

本章讨论了分子晶体、离子晶体、金属晶体和原子晶体 4 种基本类型的晶体，不同类型的晶体具有不同的结构，不同结构的晶体具有不同的物理性质，这 4 种基本类型晶体的结构及其性质特征列于表 3-12。

表 3-12 4 种基本类型晶体的结构及性质特征

	分子晶体	离子晶体	金属晶体	原子晶体
构成晶体的粒子	分子或原子	阳离子和阴离子	金属原子或离子	原子
粒子间作用力	分子间力	离子键	金属键	共价键
典型实例	HCl、H_2O	NaCl	金属和合金	金刚石
硬度	低	略硬而脆	多数较硬	高
熔点	低	较高	一般较高	高
溶解性	遵守相似相溶	易溶于极性溶剂	不溶于一般溶剂	不溶于一般溶剂
导热性	差	差	好	差
导电性	绝缘体	固体不导电，熔化状态或水溶液导电	良好导体	绝缘体
机械加工性	差	差	良好	差

化学史话

准晶体发现者——谢赫特曼

达尼埃尔·谢赫特曼（D. Shechtman，1941—，以色列化学家）

2011 年 10 月 5 日，瑞典皇家科学院宣布以色列科学家谢赫特曼(D. Shechtman)因发现“准晶体”而荣获 2011 年诺贝尔化学奖。诺贝尔奖评审委员会在颁奖词中用“阿拉伯世界中迷人的马赛克镶嵌画”来比喻谢赫特曼的发现。

谢赫特曼1941年出生于以色列特拉维夫，1972年从以色列工学院获得博士学位并留校任教。1981～1983年，谢赫特曼利用假期赴美国约翰斯·霍普金斯大学从事航空高强度铝合金研究。

1982年4月8日上午，谢赫特曼使用电子显微镜研究冷冻固化的铝锰合金时观察到一种“反常”现象：铝锰合金的原子采用一种不重复、非周期性但对称有序的方式排列。而按照当时的理论，具有此种原子排列方式的固体物质是不存在的。对此，谢赫特曼自己也觉得难以置信。“不可能有这样的物质存在”，谢赫特曼对自己说。在记录这一发现的笔记本上，谢赫特曼一连标记了3个问号。

20世纪80年代初以前，科学界对固态物质的认识仅限于晶体与非晶体，而谢赫特曼的新发现却令一种徘徊在晶体与非晶体之间的“另类”物质闯入了固体家族，并被命名为准晶体。

对谢赫特曼的工作，其他的人当时都不理解，他们尽力使谢赫特曼相信他的发现是错误的。他的发现甚至在当时科学界引起轩然大波，来自主流科学界、权威人物的质疑和嘲笑不断向他涌来。为维护自己的发现，谢赫特曼被迫离开当时的研究小组。“我被赶出了自己所在的研究团队，同事们说我的研究让他们蒙羞”，谢赫特曼回忆说，“对此，我并不在意，我深信自己是对的！”

“的确，那时候，人们根本不接受那种晶体的存在。”美国化学协会主席纳西·杰克逊接受美国《纽约时报》采访时表示，“因为他们认为这违反了自然‘规则’。”

后来，谢赫特曼回到以色列并和一名同事携手撰写文章描述他的发现。这篇文章刚开始也没有逃脱被拒绝的命运，最终于1984年11月面世，随后在科学界引起巨大涟漪。包括著名化学家、两届诺贝尔奖得主莱纳斯·鲍林在内的一些主流科学界人士纷纷质疑谢赫特曼的发现。

即便如此，谢赫特曼也并未动摇自己的信念。1987年，法、日科学家成功在实验室中制造出了大到足以被X射线观察到的准晶体结构，证实了谢赫特曼的发现。

“鲍林确实是一名伟大的科学家，但这次，他错了。”谢赫特曼说。

准晶体概念提出之时，权威界认为其颠覆了固态物质的分类方式，被认为是无稽之谈，受到巨大质疑，但真理的光芒是遮挡不住的。

“谢赫特曼锲而不舍的努力最终使科学家们开始重新考虑他们对于物质本质的认识”，诺贝尔化学奖评审委员会说。20世纪80年代中期，科学家成功地在实验室中制取了准晶体，并在取自苏联一条河流的矿物样本中发现天然准晶体。中国科学家在准晶体领域也颇有建树。已故的郭可信院士当时带领研究小组，相继发现了Ti-Ni准晶、八次和十次对称准晶及一维和立方准晶。瑞典一家公司也在一种钢中发现了准晶体，这种准晶体如同盔甲一般可增加材料强度。至此，准晶体的存在终于被证实。

被主流科学界放逐多年之后，谢赫特曼终于“沉冤得雪”，获得了科学界最大的认可。他的发现和获奖已经使准晶体成为物理学家、材料学家、数学家及晶体学家的重要研究领域。准晶体内的原子排列组合没有按照重复周期性对称排列，原子排列方式介于晶体和非晶体之间。打个比方，准晶体的原子排列组合类似于编织古代波斯地毯，地毯的花纹复杂有序，但没有两条地毯的花纹组合是相同的。瑞典皇家科学院在其声明中称：准晶体的发现，从根本上改变了对固态物质组成结构的原有认识。

新的科学发现也预示着新的应用前景。由于准晶体原子排列不具有周期性，因此准晶体材料硬度很高，同时具有一定弹性，不易损伤，使用寿命长。准晶体材料可用于制造眼外科手术用的微细针头、刀刃等硬度较高的工具。准晶体材料无黏着力并且导热性较差，其应用范围还包括制造不粘锅具、柴油发动机等。目前，准晶体已经在外科手术器械、LED灯、发动机隔热和不粘锅等方面得到了一些商业应用。

科研之路漫长而曲折，求索的过程更是清冷且枯燥，甚至遭遇嘲讽和挫折。谢赫特曼及其研究经历教育我们，树立了奋斗目标，就要勇敢坚定地走下去，不畏权威、勇于挑战、坚定信念、执着追求。

拓展阅读

习　题

3-1 指出下列物质哪些是金属晶体？哪些是离子晶体？哪些是原子晶体？哪些是分子晶体？

Au (s)、AlF_3 (s)、Ag (s)、B_2O_3 (s)、BCl_3 (s)、$CaCl_2$ (s)、H_2O (s)、BN (s)、C (石墨)、$H_2C_2O_4$ (s)、Fe (s)、SiC (s)、CuC_2O_4 (s)、KNO_3 (s)、Al (s)、Si (s)

3-2 画出金属 Na 和 Mg 单质的分子轨道能级图，并据此解释其导电性。

3-3 画出等径圆球密堆积模型中的二维密置层，以及二维密置层叠加形成的四面体空隙和八面体空隙，并计算四面体空隙和八面体空隙可容纳的圆球半径(即原子半径)的大小。

3-4 判断下列各组化合物中哪一化合物的化学键具有更强的极性？

(1) H_2O、H_2S　　(2) CCl_4、$SiCl_4$　　(3) NH_3、PCl_3

(4) Na_2O、Ag_2O　　(5) ZnO、ZnS　　(6) $AlCl_3$、BF_3

3-5 通过下列各 AB 型二元化合物中阴、阳离子的半径，推断其晶体的结构类型(NH_4^+的热化学半径为 151pm)：

(1) NaF、KF、RbF、CsF、KCl、RbCl

(2) CsBr、CsI、CsCl、TlCl、TlBr、NH_4Cl

(3) CuBr、CdS、MnS、BN、AlAs、AlP

3-6 写出下列各组离子的电子排布式，并指出它们的价层电子属哪种构型[$2e^-$、$8e^-$、$18e^-$、$(18+2)e^-$、$(9\sim17)e^-$]，判断各组离子极化力的大小：

(1) Na^+、Ca^{2+}　　(2) Pb^{2+}、Bi^{3+}　　(3) Ag^+、Hg^{2+}

(4) Ni^{2+}、Fe^{3+}　　(5) Li^+、Be^{2+}

3-7 离子的极化可以使离子晶体中的共价键成分增多，键长缩短，晶体结构发生变化，并影响晶体的颜色、溶解性、熔点、沸点和导电性等。下表列出了一些 AB 型二元晶体的实际晶型，试根据阴、阳离子的半径比预测其理论晶型，并用离子极化理论解释两者的差别：

化合物	CuBr	CuI	AgCl	AgBr	AgI	CdS
实际晶型	ZnS 型	ZnS 型	NaCl 型	NaCl 型	ZnS 型	ZnS 型
颜色	白色	白色	白色	浅黄色	棕黄色	黄色
r_+/r_-	0.49	0.44	0.70	0.65	0.58	0.53
预测晶型						

3-8 根据离子极化理论解释下列两组化合物的溶解度大小变化。

(1) CuCl > CuBr > CuI　　(2) AgF > AgCl > AgBr > AgI

3-9 试用离子极化理论讨论，虽然 Cu^+与 Na^+的离子半径相近，但 NaCl 在水中易溶(20℃时每 100g 水中可以溶解 36.0g NaCl)，而 CuCl 在水中难溶[$K_{sp}^{\ominus}$(CuCl) = 1.7×10^{-7}]。

3-10 根据石墨的结构，说明利用石墨做电极和做润滑剂各与哪一部分晶体结构有关？

3-11 下列物质处于凝聚态时分子间有哪几种作用力？

He (l)、I_2 (s)、CO_2(s)、$CHCl_3$(l)、NH_3(l)、C_2H_5OH (l)、BCl_3(l)、H_2O(l)

3-12 对下列各组物质的沸点差异给出合理解释。

(1) HF (20℃)与 HCl (−85℃)；

(2) $TiCl_4$ (136℃)与 LiCl (1360℃)；

(3) CH_3OCH_3 (25℃)与 CH_3CH_2OH (79℃)。

3-13 对下列物质熔点的变化规律进行解释。

物质	NaCl	$MgCl_2$	$AlCl_3$	$SiCl_4$	PCl_3	SCl_2	Cl_2
熔点/℃	800.7	714	192.6	−68.74	−93	−122	−101.5

(中南大学　　王曼娟)

第4章 配位化学基础

配位化学(coordination chemistry)是无机化学的一门重要分支学科，主要研究配位化合物(coordination compound或complex，简称配合物或络合物)的合成、结构、反应、性质与应用。历史上最早见于记录的配合物是1704年德国柏林的染料工人迪斯巴特(Diesbach)制得的普鲁士蓝，至今仍被广泛用作颜料。但人们通常提及的第一个配合物是1798年法国科学家塔索尔特(B. M. Tassaert)制得的橙黄色化合物 $CoCl_3 \cdot 6NH_3$。1893年，瑞士科学家维尔纳(A. Werner)发表了第一篇有关配位化学的经典文献《无机化合物的组成》。在论文中，他突破了传统的化学键概念，创立了配位理论，奠定了现代配位化学的基础，也因此荣获了1913年的诺贝尔化学奖。

第4章 导学

近百年来，配位化学研究得到迅猛发展。目前，配位化学已与所有二级化学学科，以及生命科学、材料科学、环境科学等一级学科都有紧密的联系，处于现代化学的中心地位。配位化学与众多学科间相互渗透交叉，并凸显出自身的独特性和新颖性，已成为化学学科前沿最活跃的研究领域之一。例如，配位化学与有机化学交叉，形成金属有机化学，在有机药物、精细化工和高分子聚合的催化合成方面起着至关重要的作用；配位化学与生命科学交叉，形成生物无机化学的主干领域——生命配位化学，该研究领域中发现的顺铂配合物对于癌症治疗具有革命性的意义；配位化学与材料科学交叉，形成金属-有机材料化学/无机-有机杂化材料化学，对光电磁分子基材料、多孔材料、化工催化材料等的发展发挥了积极的推动作用。

4.1 配合物的基础知识

4.1.1 配合物的定义及其组成

1. 配合物的定义

教学视频
配合物的定义和组成

向硫酸铜溶液中滴加适量的氨水溶液，首先可以观察到浅蓝色沉淀：

$$2Cu^{2+} + SO_4^{2-} + 2NH_3 + 2H_2O \longrightarrow Cu_2(OH)_2SO_4\downarrow + 2NH_4^+$$

当进一步加氨水至过量时，沉淀消失，出现深蓝色溶液：

$$Cu_2(OH)_2SO_4 + 2NH_4^+ + SO_4^{2-} + 6NH_3 \xlongequal{\quad} 2[Cu(NH_3)_4]SO_4 + 2H_2O$$

将这种深蓝色溶液蒸发结晶，可得到深蓝色的硫酸四氨合铜(Ⅱ)晶体，这是一种不同于硫酸铜的新型无机化合物，即配合物。

配合物就是由中心离子(或原子)与一定数目的配体通过配位键而形成的具有一定空间构型的复杂化合物。例如，$[Cu(NH_3)_4]SO_4$、$[Ag(NH_3)_2]Cl$、$[Pt(NH_3)_2Cl_2]$和$[Ni(CO)_4]$等均为配合物。

2. 配合物的组成

通常来说，配合物由内界(inner sphere)与外界(outer sphere)两部分组成。以$[Cu(NH_3)_4]SO_4$为例，配合物的组成与结构如图 4-1 所示。

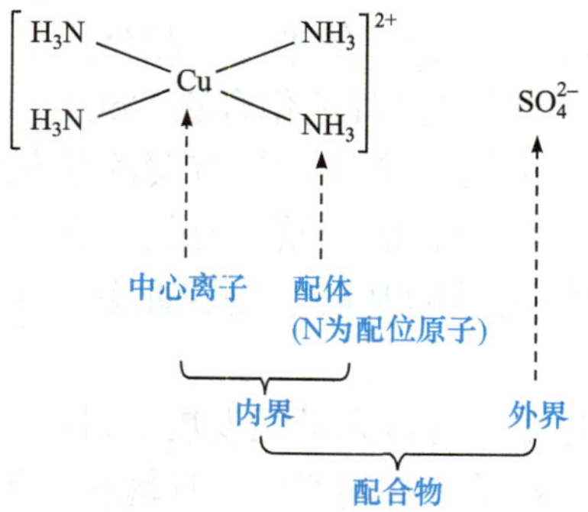

图 4-1　配合物的组成与结构

1) 内界与外界

配合物内界由中心离子(或原子)与配体两部分组成，以方括号标示。内界以外的部分称为外界。由于整个配合物呈现电中性，所以如果内界为正离子(如$[Cu(NH_3)_4]^{2+}$、$[Ag(NH_3)_2]^+$)，外界就是负离子(如SO_4^{2-}、Cl^-)；如果内界为负离子(如$[Ni(CN)_4]^{2-}$、$[FeF_6]^{3-}$)，外界就是正离子(如Na^+、K^+)；如果内界本身为电中性(如$[Pt(NH_3)_2Cl_2]$、$[Ni(CO)_4]$)，则只有内界而无外界。一个配合物的内界称为一个配位单元(也称为配位个体)，当它带有电荷时简称为配离子，其包括配位阳离子和配位阴离子。内界是配合物最重要的组成部分，决定了配合物的主要性质。内界一般很稳定，解离程度较小。例如，在配合物$[Cu(NH_3)_4]SO_4$溶液中，位于外界的SO_4^{2-}容易解离，而内界配离子$[Cu(NH_3)_4]^{2+}$稳定性高，难以解离出Cu^{2+}和NH_3。

思考题 4-1

在$CuSO_4$溶液和$[Cu(NH_3)_4]SO_4$溶液中分别滴加$BaCl_2$溶液与 NaOH 溶液，所产生的现象将有何异同？

2) 中心离子(或原子)

中心离子(或原子)位于配合物内界的中心，大多数是金属正离子(如$[Cu(NH_3)_4]^{2+}$中的Cu^{2+})，也可以是电中性的原子(如$[Ni(CO)_4]$中的 Ni 原子)，甚至有金属负离子(如$[Co(CO)_4]^-$中的Co^-)。不同金属元素形成配合物的能力差别很大。在周期表中，s 区金属元素形成配合物的能力较弱，p 区金属元素稍强，而过渡金属元素形成配合物的能力最强。

3) 配体与配位原子

配体(ligand)是内界中与中心离子(或原子)相结合排布在其周围的分子

或阴离子。配体中直接与中心离子(或原子)通过配位键结合的原子称为配位原子(coordination atom)。例如，在$[Cu(NH_3)_4]SO_4$中，NH_3分子是配体，N原子为配位原子；在$[Pt(NH_3)_2Cl_2]$中，NH_3分子和Cl^-均为配体，N原子和Cl原子分别为配位原子。常见的配位原子主要是周期表中电负性较大的非金属原子，如X(卤素)、O、N、C、S、P等原子。

在一个配体中，若只有一个配位原子与中心离子(或原子)结合形成配位键，这样的配体称为单齿配体(monodentate ligand)，如NH_3、H_2O、Cl^-等。若配体中有两个或两个以上的配位原子同时与一个中心离子(或原子)结合形成配位键，这样的配体称为多齿配体(multidentate ligand)。多齿配体按配位原子数的多少可分为二齿配体、三齿配体等。常见的单齿配体与多齿配体分别如表4-1和表4-2所示。

表4-1　常见的单齿配体

配位原子	单齿配体
C	CO(羰基)、CN^-(氰)
N	NH_3(氨)、NH_2^-(氨基)、NO(亚硝酰基)、NO_2^-(硝基)、NCS^-(异硫氰酸根)
S	SCN^-(硫氰酸根)、$S_2O_3^{2-}$(硫代硫酸根)
O	H_2O(水)、OH^-(羟)、ONO^-(亚硝酸根)
X	F^-(氟)、Cl^-(氯)、Br^-(溴)、I^-(碘)

表4-2　常见的多齿配体

结构式	配位原子	名称(缩写)
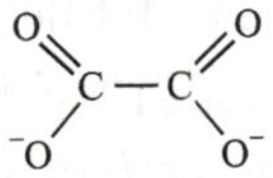 $(C_2O_4^{2-})$	O	草酸根(ox)
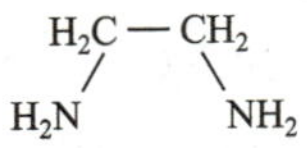	N	乙二胺(en)
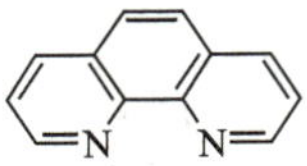	N	邻二氮菲、邻菲咯啉或1,10-菲咯啉(*o*-phen或1,10-phen)
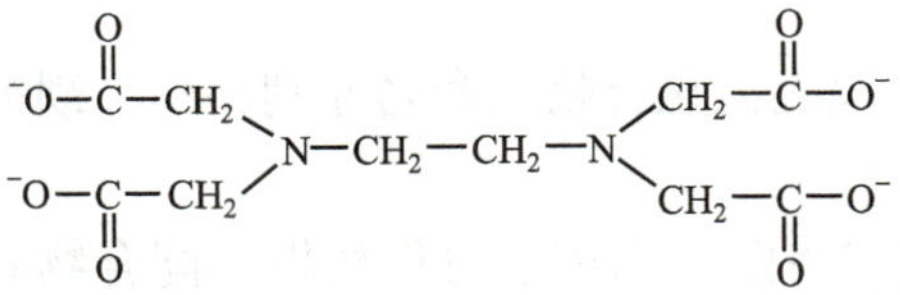	N、O	乙二胺四乙酸根($EDTA^{4-}$)

4) 配位数

配位数(coordination number)是指与中心离子(或原子)直接形成配位键的配位原子的数目，它是决定配合物空间构型的主要因素之一。配位数与配体个数并不一定相等，除非配体皆为单齿配体。例如，$[Cu(NH_3)_4]^{2+}$中的配位数与配体个数均为4，但$[Cu(en)_2]^{2+}$中的配位数为4，而配体个数为2。配位数多为偶数，最常见的为4和6。配位数的大小受多种因素的影响，包括几何因素(如中心离子半径、配体的大小)、静电因素(如中心离子与配体的电荷)、中心离子的价电子层结构及外界条件(浓度、温度等)。通常中心离子的电荷高、半径大有利于形成高配位数的配合物，而配体的电荷高、体积大则有利于形成低配位数的配合物。

4.1.2 配合物的命名

拓展知识

国际纯粹与应用化学联合会是全球最大、最具权威性的化学组织，主要职责为制定化学命名、术语(包括元素周期表中新元素的命名)、标准化测量方法和许多其他重要评估数据等，为促进全球化学界开展相关合作提供必要的条件支撑。

教学视频

配合物的命名和分类

配合物的组成比较复杂，其命名也比较复杂。按照国际纯粹与应用化学联合会(IUPAC)及中国化学会《无机化学命名法》《无机化学命名原则》，对配合物的命名做了一系列规定。

1. 配体的命名

(1) 中性配体的名称。一般保留原来名称不变，例外的有CO(羰基)、NO(亚硝酰)、O_2(双氧)、N_2(双氮)。

(2) 无机阴离子配体的名称。在名称后加一“根”字，但是当无机阴离子配体的名称只有一个汉字时，一般省去“根”字，如SO_4^{2-}(硫酸根)、O_2^{2-}(过氧根)、SCN^-(硫氰酸根)，而F^-、Cl^-、O^{2-}、OH^-、HS^-、CN^-等分别称为氟、氯、氧、羟、巯、氰等。

(3) 有机阴离子配体的名称。有机配体一般不使用俗名，有机配体中凡是从有机化合物中失去质子而形成的物种，看作阴离子，其名称一般用“根”字结尾，如CH_3COO^-(乙酸根)、$C_2O_4^{2-}$(草酸根)。

(4) 同种配体以不同的原子作配位原子时，其名称不相同。例如，SCN^-属于单齿配体，因为其中的S原子和N原子都可能充当配位原子，故称为两可配体(ambidentate ligand)。当以S原子配位时称为硫氰酸根，记为SCN^-；当以N原子配位时称为异硫氰酸根，记为NCS^-。NO_2^-也是两可配体，当以O原子配位时称为亚硝酸根，记为ONO^-；当以N原子配位时称为硝基，记为NO_2^-。

2. 配合物的命名

大多数配合物的命名方法与一般无机化合物的命名原则相似，现列举一些配合物的全名。

(1) 含有配位阴离子的配合物。将配位阴离子看作酸根，配合物看作盐，称为“某酸某”。例如：

$Na_3[Ag(S_2O_3)_2]$	二(硫代硫酸根)合银(Ⅰ)酸钠
$K_3[Fe(CN)_6]$	六氰合铁(Ⅲ)酸钾

(2) 含有配位阳离子的配合物。将配位阳离子看作金属离子，配合物

看作盐或者碱，称为“某酸某”或“某化某”。例如：

$[Cu(NH_3)_4]SO_4$	硫酸四氨合铜(Ⅱ)
$[Co(NH_3)_6]Cl_3$	三氯化六氨合钴(Ⅲ)
$[Zn(NH_3)_4](OH)_2$	氢氧化四氨合锌(Ⅱ)

(3) 内界为电中性的配合物，其命名与配合物内界的命名相同。例如：

$[Ni(CO)_4]$	四羰基合镍(0)
$[Pt(NH_3)_2Cl_4]$	四氯·二氨合铂(Ⅳ)

由以上例子可见，配合物命名时，一般是阴离子在前，阳离子在后。而配离子即配合物内界的命名顺序为：

配体数(汉字)→配体名称→合→中心离子(或原子)名称→氧化数(罗马数字)

如果配合物的内界中不止一种配体时，则各配体间用圆点(·)相隔，其命名次序遵循以下原则：

(1) 在同一个配合物中，既有无机配体又有有机配体时，无机配体名称排在前，有机配体名称排在后。例如：

$K[Sb(C_6H_5)Cl_5]$　　五氯·苯基合锑(Ⅴ)酸钾

(2) 在同一个配合物中的多种配体，同为无机配体或同为有机配体时，先列出阴离子的名称，后列出中性分子的名称。例如：

$[Pt(NH_3)_2Cl_2]$　　二氯·二氨合铂(Ⅱ)

(3) 同类配体(同为有机或无机物，或同为分子或离子)，其名称按配位原子元素符号的英文字母顺序排列。例如：

$[Co(H_2O)(NH_3)_5]Cl_3$　　三氯化五氨·水合钴(Ⅲ)

(4) 若多种配体属于配位原子相同的同类配体时，则将原子数较少的配体排在前面。例如：

$[Pt(NO_2)(NH_3)(NH_2OH)(Py)]Cl$　　氯化硝基·氨·羟胺·吡啶合铂(Ⅱ)

Py是吡啶(pyridine)的符号，化学式为C_5H_5N，是一种含有一个氮杂原子的六元杂环化合物。

(5) 若配位原子相同，且配体中原子数相同，则比较结构式中与配位原子相连的原子的元素符号，按其字母顺序排列。例如：

$[Pt(NH_2)(NO_2)(NH_3)_2]$　　氨基·硝基·二氨合铂(Ⅱ)

此外，还有一些常见的配合物可用简称或俗名。例如：

cis-$[Pt(NH_3)_2Cl_2]$	顺铂
trans-$[Pt(NH_3)_2Cl_2]$	反铂
$K_3[Fe(CN)_6]$	铁氰化钾或赤血盐
$K_4[Fe(CN)_6]$	亚铁氰化钾或黄血盐
$Fe_4[Fe(CN)_6]_3$	普鲁士蓝
$K[Pt(C_2H_4)Cl_3]\cdot H_2O$	蔡氏盐

4.1.3 配合物的分类

配合物种类繁多，结构复杂，分类方法也多种多样。本教材将配合物主要分为如下三大类型。

1. 简单配合物

由中心离子(或原子)与单齿配体形成的配合物称为简单配合物(simple complex)，如$[Cu(NH_3)_4]SO_4$、$[Ag(NH_3)_2]Cl$、$Na_3[Ag(S_2O_3)_2]$、$K_3[Fe(CN)_6]$等。许多含结晶水的无机盐实际上也是以水为配体的简单配合物，如$FeCl_3 \cdot 6H_2O$为$[Fe(H_2O)_6]Cl_3$，$CuSO_4 \cdot 5H_2O$为$[Cu(H_2O)_4]SO_4 \cdot H_2O$。

2. 螯合物

中心离子(或原子)和多齿配体结合而成的具有环状结构的配合物称为螯合物(chelate)，其中的多齿配体也称为螯合剂(chelating agent)，螯合剂多为含 N、O、S、P 等配位原子的有机化合物。例如，双齿配体乙二胺(en)与Cu^{2+}配位形成含有两个五元环的螯合离子$[Cu(en)_2]^{2+}$[图 4-2(a)]；双齿配体草酸根($C_2O_4^{2-}$)和Mn^{3+}配位形成含有三个五元环的螯合离子$[Mn(C_2O_4)_3]^{3-}$[图 4-2(b)]；六齿配体乙二胺四乙酸根($EDTA^{4-}$)能够与许多金属离子配位形成含有多个环状结构、稳定性很高的螯合物，如$[Ca(EDTA)]^{2-}$[图 4-2(c)]。

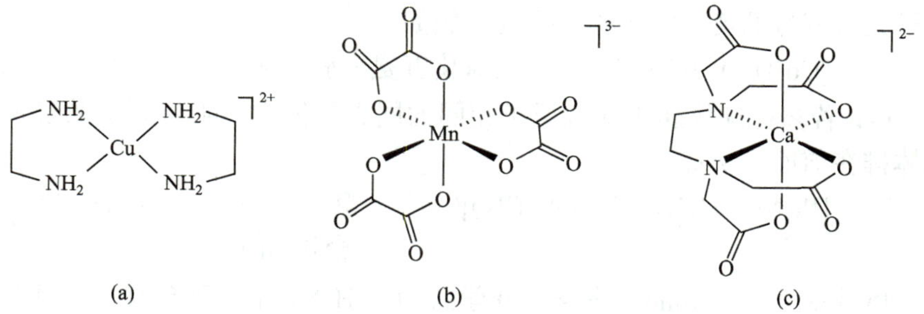

图 4-2 几种螯合物的结构

当今人们研究的配合物大多为螯合物，这些螯合物中的配体许多均为含有多个配位原子的有机化合物，有机化合物作为配体也是配合物数目繁多的主要原因。此外，在生物体中，许多生物分子也可以看作是含有 N、O、S 等原子的螯合配体，它们与一些金属离子结合形成非常稳定的配合物结构，在生命过程中发挥了极其重要的作用。与简单配合物相比，螯环的产生使得螯合物具有更高的稳定性，这种现象称为螯合效应(chelate effect)，在本章 4.5.4 小节将进一步讨论。

3. 特殊配合物

这类配合物是最近几十年发展起来的具有特殊结构和特殊性质的配合物的总称。

1) 羰基化合物

CO 作为配体与过渡金属形成的配合物及其衍生物称为羰基化合物(carbonyl compounds)，简称羰合物。首次发现的羰合物是四羰基合镍$[Ni(CO)_4]$ [图 4-3(a)]，后来人们发现 CO 几乎可以和所有过渡金属形成羰合物，如五羰基合铁$[Fe(CO)_5]$、六羰基合铬$[Cr(CO)_6]$和八羰基合二钴$[Co_2(CO)_8]$等[图 4-3(b)～(d)]。羰合物中心原子的常见氧化数为零，但随着新型配合物的不断合成，现在还出现了许多中心原子的氧化数为负值的配合物，如$[Mn(CO)_3]^{3-}$、$[Mo(CO)_4]^{4-}$等。羰合物都是典型的共价型化合物，熔点较低，难溶于水，易溶于有机溶剂，受热后易分解为金属和 CO。羰合物在有机催化、金属提纯等领域应用广泛。

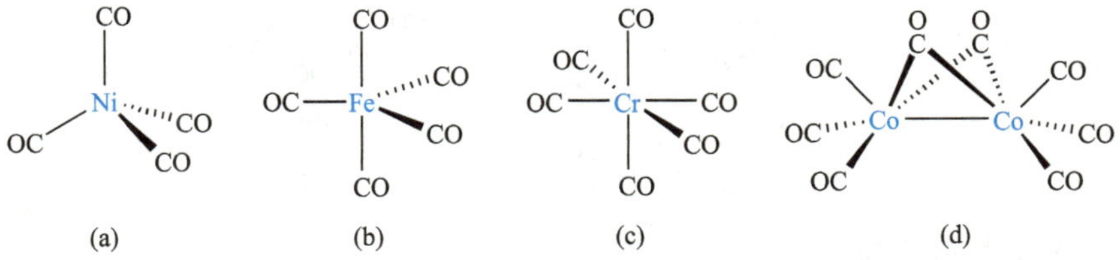

图 4-3 几种羰基化合物的结构

拓展知识

羰基化合物的成键情况

CO 是金属有机化学中最常见的 σ 电子给予体和 π 电子接受体，能够与许多金属形成稳定的羰合物。CO 的分子轨道见图 2-26，其中 5σ 轨道为最高占有分子轨道(highest occupied molecular orbital, HOMO)，2π 轨道为最低未占分子轨道(lowest unoccupied molecular orbital, LUMO)。在形成羰合物时，CO 的 5σ 轨道上的电子对进入中心金属原子 M 的空轨道形成 σ 配位键，电子由 CO 流向金属(M←CO)[图 4-4(a)]；同时，CO 的 2π 轨道与金属原子具有 π 对称性的 d 轨道重叠，接受金属原子反馈的电子(M→CO)形成反馈 π 键[图 4-4(b)]。在羰基化合物中，由于 σ 配位键和反馈 π 键的协同作用，相互加强，其结果比单独形成一种键强得多，从而增强了羰合物的稳定性。

(a) σ 配位键(M←CO)　　(b) 反馈 π 键(M→CO)

图 4-4 金属羰基配合物的反馈键的形成示意图

2) 金属原子簇化合物

金属原子簇化合物(metal cluster compound)是指含有两个或两个以上金属原子以金属—金属键(M—M)直接结合而形成的化合物，简称簇合物。这类配合物最根本的结构特征就是含有金属—金属键(以 M—M 表示)，因此通常将分子中含有 M—M 的化合物看作簇合物。簇合物的种类很多，按金属原子数分类，有双核簇合物、三核簇合物、四核簇合物等；按配体类型分类，则有羰基簇合物、含卤素簇合物、含硫族簇合物等；按成簇原子类型可分为同核簇合物与异核簇合物。最简单的簇合物为双核簇合物$[Re_2Cl_8]^{2-}$[图 4-5(a)]，其成键情况详见 2.1.4 小节。数量最多、发展最快、也是最重要的一类簇合物为金属-羰基簇合物，如$Co_2(CO)_8$、$Fe_3(CO)_{12}$等[图 4-5(b)]。金属-羰基簇合物中，CO 既可以和金属直接相连，也可以起桥连作用将金属连接起来。簇合物在催化化学、材料科学及生物医药等领域均有广泛的应用。

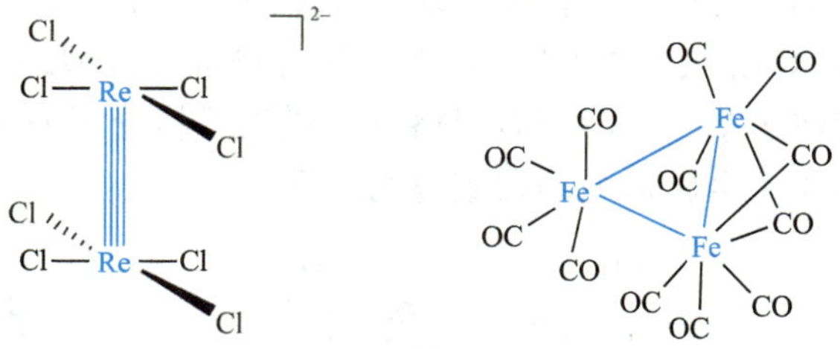

(a) (b)

图 4-5 $[Re_2Cl_8]^{2-}$(a)和 $Fe_3(CO)_{12}$(b)的结构

3) 多核配合物

思考题 4-2

多核配合物与金属原子簇化合物有何异同?

含有两个或两个以上有限中心离子(或原子)的配合物称为多核配合物(multinuclear complex)，如双核配合物、三核配合物、四核配合物，甚至数百个核的配合物。多核配合物中心离子(或原子)之间可以直接键合(此时的多核配合物即为金属原子簇化合物)，也可以通过某些基团桥联。在多核配合物中，若中心原子相同，称为同核配合物[图 4-6(a)、(b)]，否则称为异核配合物[图 4-6(c)]。值得注意的是，若配合物中存在无限多个中心离子(或原子)，并通过自组装形成高度规整的一维、二维、三维结构时，则形成了配位聚合物(coordination polymer)。

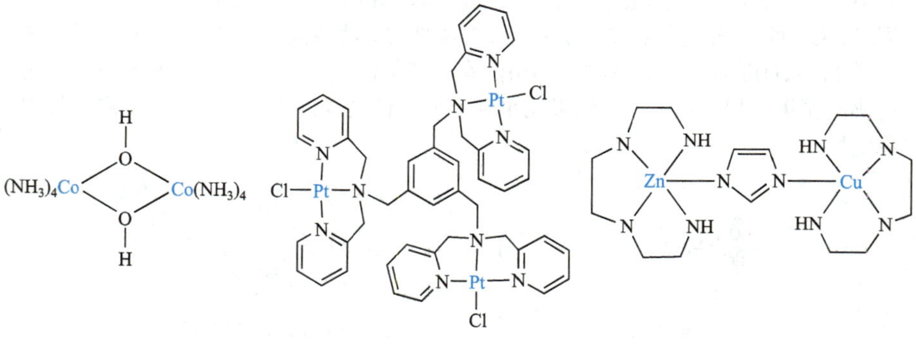

(a) (b) (c)

图 4-6 几种多核配合物的结构

4) 茂金属配合物

茂金属配合物是指环戊二烯阴离子配体$C_5H_5^-$(简写为 Cp)以离域的 π 电子作为给体与金属的空轨道形成的金属-环多烯化合物，最有名的二茂铁[Cp_2Fe，图 4-7(a)]就是这类特殊配合物的代表。1951 年，国际著名期刊 *Nature* 上报道了二茂铁的合成方法。随后，科学家又确认了二茂铁具有三明治夹心结构并呈现芳香性，这种特殊的夹心结构激发了科学家的强烈兴趣。除二茂铁外，人们还制备了大量新型结构的茂金属配合物，对其性质及应用的研究也越来越广泛和深入，现在已成为无机化学与金属有机化学的重要研究领域。

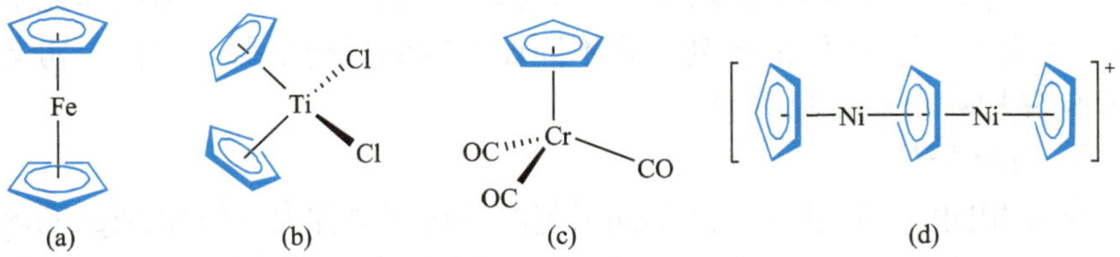

图 4-7　几种茂金属配合物的结构

除二茂铁这类夹心结构以外，茂金属配合物还包括茂环之间有一定夹角的不对称夹心型化合物[图 4-7(b)]、单个茂环的“半夹心”化合物[图 4-7(c)]及多层夹心型化合物[图 4-7(d)]。这些茂环上的 π 电子数为 6，符合 Hüchel 规则[指闭环状平面型共轭多烯的 π 电子数为($4n + 2$)且 n 为 0 或正整数时，具有芳香性]，因此在茂环上可以发生一些类似于苯的反应。除 Fe 外，其他许多过渡金属，如 Ti、V、Zr、Co、Ni、Cr、Mn 等也都能形成茂金属配合物。目前，茂金属配合物已在催化、生物医药、电化学及光电功能材料等领域得到了广泛应用。

除此之外，特殊配合物还有不饱和烃配合物、金属烷基化合物及金属冠状配合物等，本章不多讨论，有兴趣的读者可阅读一些配位化学的专业书籍。

教学视频
配合物的空间构型与异构现象

4.2　配合物的空间构型和异构现象

4.2.1　配合物的空间构型

配合物的空间构型是指配体围绕中心离子(或原子)排布的几何构型。当配体与中心离子(或原子)配位时，为了减少配体之间的静电斥力，配体之间尽可能远离，在中心离子(或原子)周围采取对称排布的状态，这样的排布有利于使系统的能量降低。目前已有多种方法测定配合物的空间构型，其中最重要的方法是 X 射线单晶衍射技术，这种方法能够比较精确地测定配合物中各原子的位置、键长和键角等，从而得出配合物的空间构型。

配合物常见的空间构型有直线形、平面三角形、四面体形、平面四边形、四方锥形、三角双锥形及八面体形等。配合物的空间构型不仅与配位数有关，而且与中心离子(或原子)的杂化方式密切相关(详见 4.3.2 小节)。

拓展知识

除利用 X 射线单晶衍射技术研究配合物的结构外，对于存在寿命很短的配合物，也可用振动光谱和电子光谱进行研究。对于在溶液中存在寿命较长的配合物，有可能通过分析反应模式和异构现象的方法推断其空间构型。维尔纳当年使用的就是这种方法，这种方法除能够帮助人们确定结构外，对配合物的合成也有指导意义。

4.2.2　配合物的异构现象

配合物的组成相同但结构与性质不同的现象，称为配合物的异构现象。具有异构现象的几种配合物互为异构体。异构现象是配合物的重要性质，构成了丰富的配合物立体化学。配合物的异构现象可以分为立体异构与结构异构两大类。

1. 立体异构

立体异构(stereoisomerism)指配体相同，内外界也相同，但配体在中心离子(或原子)周围空间的排列方式不同而引起的异构现象。立体异构又包括几何异构和对映异构两类。

1) 几何异构

配体相同但空间排布方式不同引起的异构现象称为几何异构(geometric isomerism)，这类异构主要是顺反异构。在配合物中，配体可以在中心离子(或原子)周围的不同位置上排布。如果相同的配体彼此相互靠近处于邻位，则为顺式异构体，一般用“顺-”(或词头 *cis*-)来表示；如果相同的配体彼此远离处于对位，则为反式异构体，一般用“反-”(或词头 *trans*-)来表示。本教材主要对配位数为 4 和 6 的配合物的几何异构现象予以具体讨论。

对于配位数为 4 的配合物，可能存在两种立体结构——四面体结构和平面四边形结构。对于四面体结构的配合物，不存在顺反异构现象，因为所有的配体位置都是彼此相邻的。

组成为 MA_2B_2(字母 A、B 分别代表不同的配体)的平面四边形配合物，有顺式和反式两种异构体，如$[Pt(NH_3)_2Cl_2]$，其结构如图 4-8 所示。

拓展知识

顺式-$[Pt(NH_3)_2Cl_2]$简称顺铂，是世界上第一个用于临床治疗癌症的金属配合物，它对于生殖系统癌和头颈癌等癌症疗效显著，现已成为临床应用最广泛的抗癌药物之一。

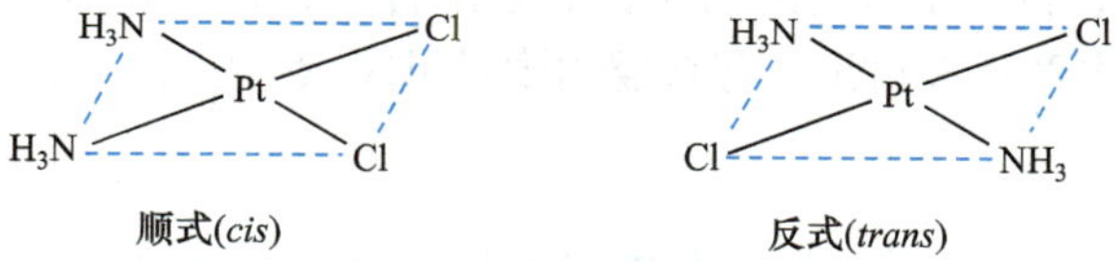

图 4-8 顺式-$[Pt(NH_3)_2Cl_2]$和反式-$[Pt(NH_3)_2Cl_2]$两种异构体的结构

思考题 4-3

$[Pt(NH_3)_2Cl_2]$中的 2 个 Cl^-是较活泼的易离去基团，可以被草酸根取代。该配合物的两种顺反异构体中，哪种能转化为草酸配合物，哪种不能，为什么？

研究证明，这两种异构体的物理和化学性质差异很大。顺式-$[Pt(NH_3)_2Cl_2]$为极性分子($\mu \neq 0$)，呈棕黄色，在水中溶解度较大(0.2577g/100g H_2O)，有抗癌活性；反式-$[Pt(NH_3)_2Cl_2]$为非极性分子($\mu = 0$)，呈淡黄色，在水中溶解度较小(0.0366g/100g H_2O)，无抗癌活性。

对于配位数为 6 的八面体构型配合物，其顺反异构体的数目与配体的类型(单齿或多齿)、不同配体的种类数等因素有关。

由单齿配体组成、通式为 MA_4B_2 的配离子，如$[Co(NH_3)_4Cl_2]^+$，也有顺、反异构体，其中顺式-$[Co(NH_3)_4Cl_2]^+$为紫色[图 4-9(a)]，反式-$[Co(NH_3)_4Cl_2]^+$为绿色[图 4-9(b)]。

图 4-9 顺式-$[Co(NH_3)_4Cl_2]^+$(a)和反式-$[Co(NH_3)_4Cl_2]^+$(b)两种异构体的结构

通式为 MA_3B_3 的正八面体配合物，也存在两种几何异构体，但此时称为面式(缩写为 *fac*)和经式(缩写为 *mer*)。例如，$[Pt(NH_3)_3Cl_3]^+$，如果其中的三个相同配体的配位原子构成的两个三角形平面互不相交，称为面式异构体[图 4-10(a)]；而如果其中的三个相同配体的配位原子构成的两个三角形平面相交，则称为经式异构体[图 4-10(b)]。

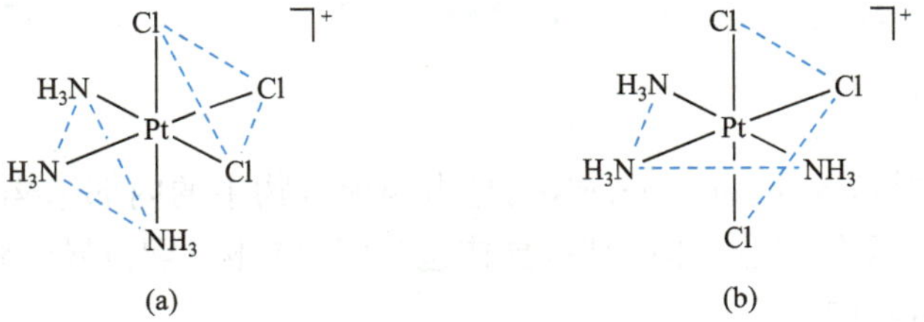

图 4-10 面式-$[Pt(NH_3)_3Cl_3]^+$(a)和经式-$[Pt(NH_3)_3Cl_3]^+$(b)两种异构体的结构

一般来说，配体种类与数目越多，配合物的几何异构体也随之增多。表 4-3 以八面体 Pt(Ⅳ)配合物为例，列出了各种类型的八面体配合物的几何异构体情况。

思考题 4-4

$MA_2B_2C_2$ 型八面体配合物有多少种立体异构体？其中是否有对映异构体？

表 4-3 八面体配合物的几何异构数目

类型	几何异构体数目	举例
MA_5B	1	$[Pt(NH_3)_5Cl]^{3+}$
MA_4B_2	2	$[Pt(NH_3)_4Cl_2]^{2+}$
MA_3B_3	2	$[Pt(NH_3)_3Cl_3]^+$
MA_4BC	2	$[Pt(NH_3)_4(OH)Cl]^{2+}$
MA_3B_2C	3	$[Pt(NH_3)_2(OH)Cl_3]$
$MA_2B_2C_2$	5	$[Pt(NH_3)_2(OH)_2Cl_2]$

2) 对映异构

八面体型配离子$[Co(en)_2Cl_2]^+$具有顺反几何异构体，其中的顺式-$[Co(en)_2Cl_2]^+$具有两种不同的配位个体[图 4-11(a)、(b)]，它们之间如同左右手一样，互为镜像关系，二者不能重合，这种异构现象称为对映异构。对映异构体的许多物理性质(如熔点、在水中溶解度等)相同，化学性质也相似，但它们使平面偏振光偏转的方向不同，因此对映异构又称为旋光异构(optical isomerism)。反式-$[Co(en)_2Cl_2]^+$ [图 4-11(c)]与它的镜像完全相同(旋转 180°后二者重合)，没有对映异构体。四面体形、平面正方形配合物也可能有旋光异构体，但至今发现较少。判断一个配合物是否有旋光异构体存在，通常是看该配合物的几何构型中有没有对称面或对称中心，若有则不存在旋光异构体；反之，则有旋光异构体存在。

许多药物也存在着旋光异构现象，但其中往往只有一种异构体是有效的，而另一种异构体无效甚至有害。如果能发现和分离药物中的旋光异构体，有望减少用药量，降低毒副作用，提高药效，因此引起科学家很大的关注。

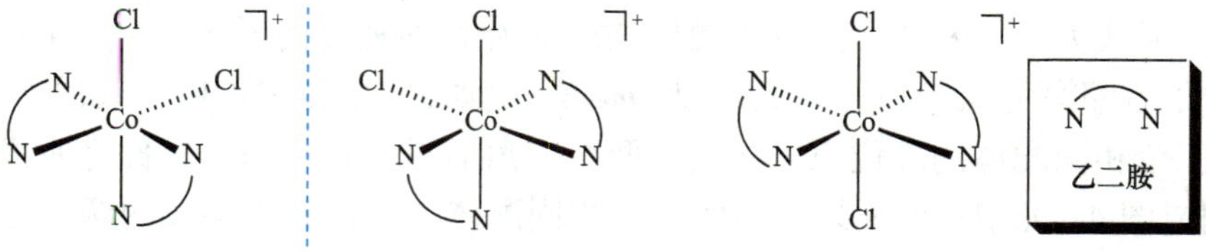

(a) (b) (c)

图 4-11 $[Co(en)_2Cl_2]^+$的几种异构体(其中 a 与 b 互为对映异构体)

2. 结构异构

结构异构(structural isomerism)是指因配合物中的内部结构不同而引起的异构现象，又称构造异构。结构异构包括解离异构、配位异构和键合异构。

1) 解离异构

一个配合物的内外界之间交换位置后得到的新配合物与原配合物之间的结构异构称为解离异构。例如，$[Co(NH_3)_5Br]SO_4$ 的两种异构体，其性质差异见表 4-4。此外，反式-$[Co(en)_2Cl_2]NO_2$ 和反式-$[Co(en)_2NO_2Cl]Cl$、$[Pt(NH_3)_3Br]NO_2$ 和$[Pt(NH_3)_3NO_2]Br$ 也都互为解离异构体。

表 4-4 两种解离异构体的性质比较

配合物结构式	颜色	化学性质
$[Co(NH_3)_5Br]SO_4$	暗紫色	与 $BaCl_2$ 溶液生成沉淀，常温下与 $AgNO_3$ 溶液不反应
$[Co(NH_3)_5SO_4]Br$	紫红色	与 $AgNO_3$ 溶液生成沉淀，常温下与 $BaCl_2$ 溶液不反应

H_2O 作为配体时处于配合物内界，而作为结晶水时则存在于配合物外界。由于 H_2O 分子在内界和外界不同造成的解离异构又称为水合异构。例如，$[Cr(H_2O)_6]Cl_3$(紫色)、$[Cr(H_2O)_5Cl]Cl_2 \cdot H_2O$(亮绿色)和$[Cr(H_2O)_4Cl_2]Cl \cdot 2H_2O$(深绿色)均互为水合异构体，这三种配合物溶液的摩尔电导率随配合物内界中水分子数减少而降低。

2) 配位异构

由配位阴离子和配位阳离子构成的配合物中，阴离子和阳离子都是配位单元。配位单元之间交换配体得到的新配合物与原配合物互为配位异构体。例如，$[Co(NH_3)_6][Cr(C_2O_4)_3]$和$[Cr(NH_3)_6][Co(C_2O_4)_3]$互为配位异构体。

3) 键合异构

在由两可配体形成的配合物中，因配位原子的不同而引起的异构现象称为键合异构。例如，两可配体 NO_2^-，如果以 N 原子配位，生成$[Co(NH_3)_5NO_2]^{2+}$[硝基 · 五氨合钴(Ⅲ)，黄褐色]；如果以 O 原子配位，生成$[Co(NH_3)_5(ONO)]^{2+}$[亚硝酸根 · 五氨合钴(Ⅲ)，红褐色]，它们互为键合异构体(图 4-12)。

在研究工作中，利用红外光谱可确认金属离子与配体的哪一种原子键合，因为不同配位原子与金属离子形成的配位键的振动频率不同，所以吸收光的频率不同，从红外光谱可测出吸收频率，通过理论计算，便可确定哪一种配位原子与金属离子发生了配位。

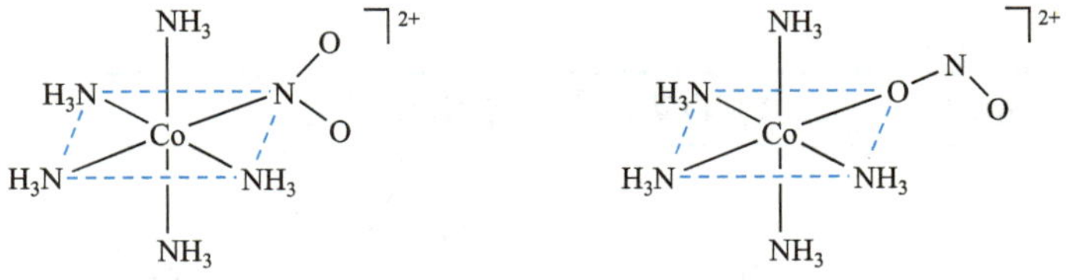

(a) (b)

图 4-12 $[Co(NH_3)_5NO_2]^{2+}$(a)和$[Co(NH_3)_5(ONO)]^{2+}$(b)两种异构体的结构

4.3 配合物的价键理论

配合物的化学键理论是指中心离子(或原子)与配体之间的成键理论，目前主要有价键理论(valence bond theory, VBT)、晶体场理论(crystal field theory, CFT)、分子轨道理论(molecular orbital theory, MOT)和配位场理论(coordination field theory, LFT)四种。本章主要介绍配合物的价键理论与晶体场理论。

4.3.1 配合物价键理论的基本要点

教学视频
配合物的价键理论
（一）

1931 年，美国著名科学家鲍林(L. Pauling)提出杂化轨道理论并应用于配位化学，发展为配合物的价键理论。配合物价键理论的基本要点如下：

(1) 中心离子(或原子)与配体之间以配位键相结合。

(2) 由配位原子提供的孤对电子，填入由中心离子(或原子)空的价轨道而形成 σ 配位键。

(3) 中心离子(或原子)空的价轨道所采取的杂化方式决定了配离子的空间构型。

4.3.2 配离子的空间构型与杂化方式的关系

配离子的空间构型是指配体在中心离子(或原子)周围的排列方式，它不仅与配位数有关，而且与中心离子(或原子)的杂化方式密切相关。配离子的空间构型与配位数及中心离子(或原子)常见的杂化轨道之间的关系如表 4-5 所示。

表 4-5 配离子的空间构型与中心离子(或原子)的杂化轨道类型的关系

配位数	杂化方式	空间构型	空间构型图示	实例
2	sp	直线形		$[Ag(NH_3)_2]^+$、$[AuCl_2]^-$
3	sp^2	平面三角形	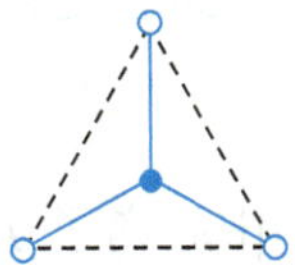	$[Cu(CN)_3]^{2-}$、$[HgI_3]^-$

续表

配位数	杂化方式	空间构型	空间构型图示	实例
4	sp^3	四面体	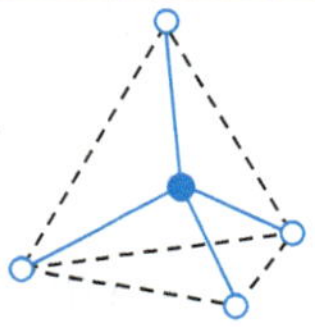	$[NiCl_4]^{2-}$、$[Zn(NH_3)_4]^{2+}$
	dsp^2	平面四边形	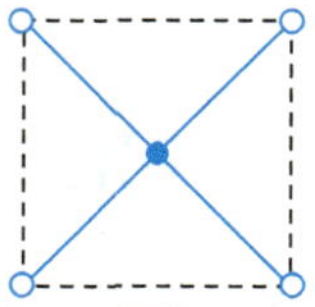	$[Ni(CN)_4]^{2-}$、$[PtCl_4]^{2-}$
5	dsp^3	三角双锥	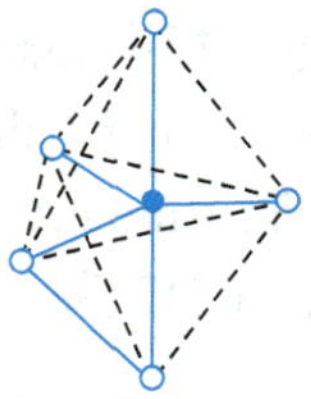	$[Fe(CO)_5]$、$[Ni(CN)_5]^{3-}$
6	sp^3d^2	八面体	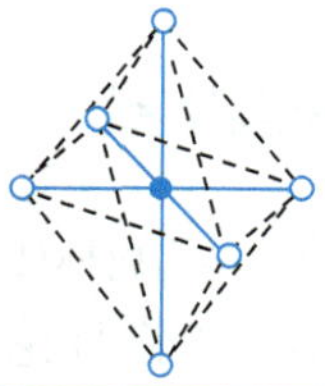	$[FeF_6]^{3-}$、$[Mn(H_2O)_6]^{2+}$
	d^2sp^3			$[Fe(CN)_6]^{3-}$、$[Co(NH_3)_6]^{3+}$

动画

$[Co(NH_3)_6]^{3+}$的空间构型

1. 配位数为 2 的配合物

氧化数为+1 的中心离子常形成配位数为 2 的配合物，如$[Ag(NH_3)_2]^+$、$[AuCl_2]^-$和 $[Cu(CN)_2]^-$等。下面以$[Ag(NH_3)_2]^+$为例，利用价键理论对这类配合物的成键情况与结构予以说明。

Ag^+的价电子构型为 $4d^{10}$，在未形成配合物时，Ag^+的价层电子排布为

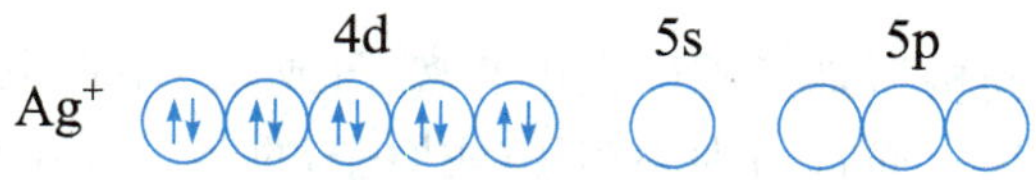

当 Ag^+与配体形成配位数为 2 的配合物时，Ag^+利用 1 个 5s 轨道和 1 个 5p 轨道进行 sp 杂化，形成 2 个新的 sp 杂化轨道以接受 2 个 NH_3 分子配体提供的 2 对孤对电子。以 sp 杂化轨道成键的配合物的空间构型为直线形。$[Ag(NH_3)_2]^+$的中心离子杂化方式及价层电子排布为

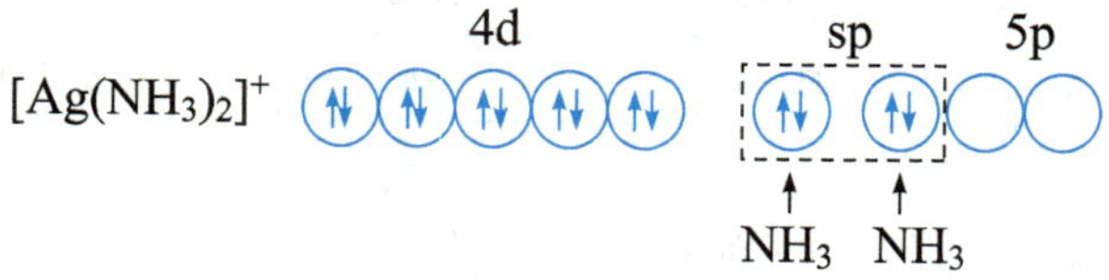

配离子$[Ag(NH_3)_2]^+$的中心离子 Ag^+在形成配位键时，参与杂化的轨道(5s 和 5p 轨道)全部为外层空轨道，这种以外层空轨道进行杂化而形成的配

合物称为外轨型配合物。

2. 配位数为 4 的配合物

配位数为 4 的配合物有两种空间构型，即四面体和平面四边形。下面以 Ni^{2+}形成的两个配合物$[NiCl_4]^{2-}$和$[Ni(CN)_4]^{2-}$为例，分别说明配位数均为 4 的两种不同构型的配合物的成键情况。

Ni^{2+}的价电子构型为 $3d^8$，在未形成配合物时，Ni^{2+}的价层电子排布为

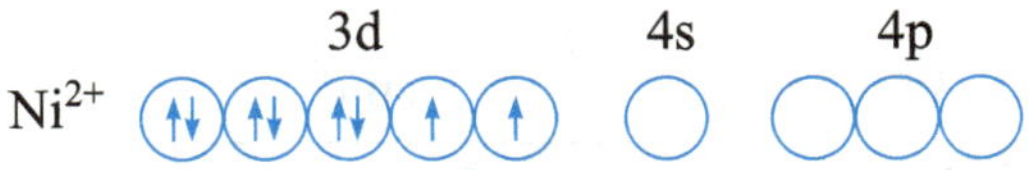

当 Ni^{2+}与配体 Cl^-形成配合物$[NiCl_4]^{2-}$时，Ni^{2+}利用外层的 1 个 4s 轨道和 3 个 4p 轨道进行 sp^3 杂化，形成 4 个新的 sp^3 杂化轨道以接受 4 个 Cl^-配体提供的 4 对孤对电子。以 sp^3 杂化轨道成键的配合物的空间构型为四面体形。$[NiCl_4]^{2-}$的中心离子杂化方式及价层电子排布为

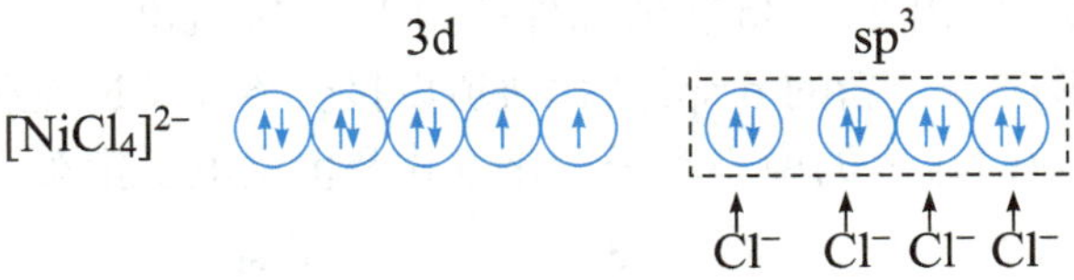

当 Ni^{2+}与配体 CN^-形成配合物$[Ni(CN)_4]^{2-}$时，Ni^{2+}的 3d 轨道上的 8 个电子发生重排，集中排列在 4 个 3d 轨道中，空出 1 个 3d 轨道和外层的 1 个 4s 轨道、2 个 4p 轨道进行 dsp^2 杂化，形成 4 个新的 dsp^2 杂化轨道以接受 4 个 CN^-配体提供的 4 对孤对电子。以 dsp^2 杂化轨道成键的配合物的空间构型为平面四边形。$[Ni(CN)_4]^{2-}$的中心离子杂化方式及价层电子排布为

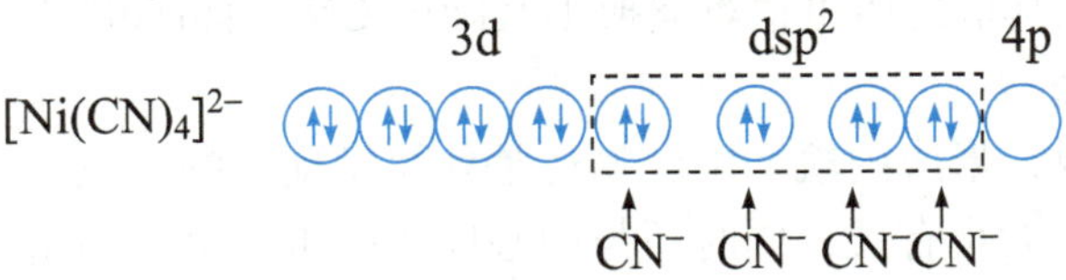

配合物$[Ni(CN)_4]^{2-}$的中心离子 Ni^{2+}在形成配位键时，除外层的 4s 和 4p 轨道外，还有次外层的 3d 轨道参与杂化，这种有内层空轨道参与杂化而形成的配合物称为内轨型配合物。显然，$[NiCl_4]^{2-}$应该为外轨型配合物。

内轨型配合物中，有能量较低的$(n-1)$d 轨道参与杂化，并形成配位键；外轨型配合物中是能量较高的外层轨道(如 *n*s、*n*p 轨道等)参与杂化成键。因此，由同一中心原子形成的内轨型配合物比外轨型配合物能量更低，更稳定。

动画
$[NiCl_4]^{2-}$的形成过程及空间构型

3. 配位数为 6 的配合物

配位数为 6 的配合物绝大多数为八面体构型，这种构型的配合物的中心离子(或原子)采取 sp^3d^2 或 d^2sp^3 的杂化轨道成键。现以 Fe^{3+}形成的两个配合物$[FeF_6]^{3-}$和$[Fe(CN)_6]^{3-}$为例，分别说明配位数为 6 的配合物的成键情况。

Fe^{3+}的价电子构型为 $3d^5$，在未形成配合物时，Fe^{3+}的价层电子排布为

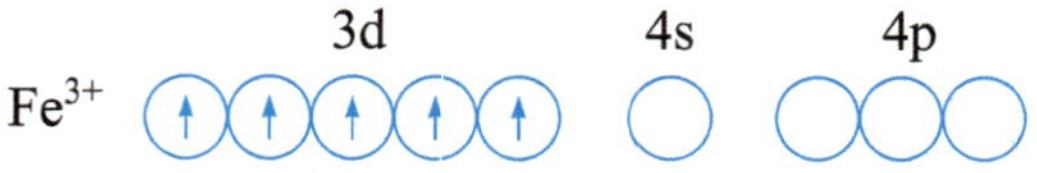

当 Fe^{3+}与配体 F^-形成配合物$[FeF_6]^{3-}$时，Fe^{3+}利用外层的 1 个 4s 轨道、3 个 4p 轨道及 2 个 4d 轨道一起进行 sp^3d^2 杂化，形成 6 个新的 sp^3d^2 杂化轨道以接受 6 个 F^-配体提供的 6 对孤对电子。$[FeF_6]^{3-}$的中心离子杂化方式及价层电子排布为

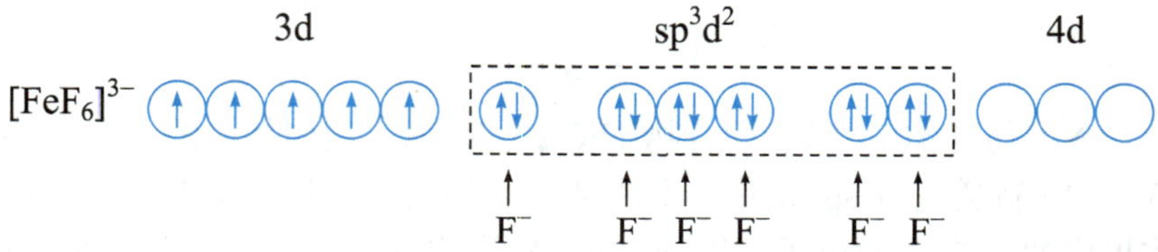

当 Fe^{3+}与配体 CN^-形成配合物$[Fe(CN)_6]^{3-}$时，Fe^{3+}的 3d 轨道上的 5 个电子集中排布，空出 2 个 3d 轨道和外层的 1 个 4s 轨道、3 个 4p 轨道进行 d^2sp^3 杂化，形成 6 个新的 d^2sp^3 杂化轨道以接受 6 个 CN^-配体提供的 6 对孤对电子。$[Fe(CN)_6]^{3-}$的中心离子杂化方式及价层电子排布为

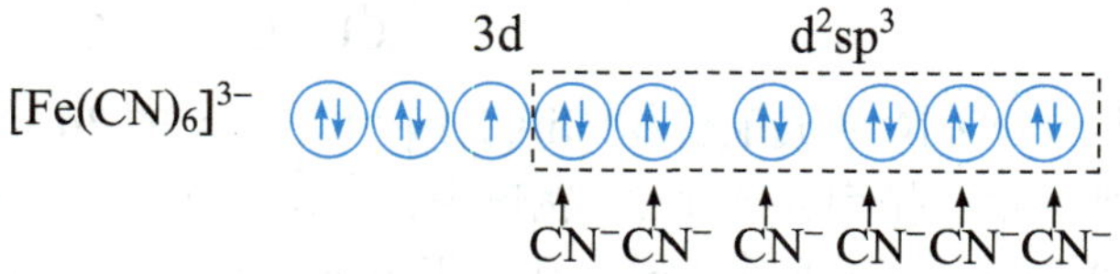

由以上讨论可知，$[FeF_6]^{3-}$应为外轨型配合物，而$[Fe(CN)_6]^{3-}$则为内轨型配合物，$[Fe(CN)_6]^{3-}$比$[FeF_6]^{3-}$更稳定。例如，$[Fe(CN)_6]^{3-}$在水溶液中不易解离，加入其他配体也很难置换出其配体 CN^-，而$[FeF_6]^{3-}$中的配体则较易被置换出来。

通常来说，形成内轨型配合物还是外轨型配合物，主要与配体中配位原子的电负性大小有关，同时还与中心原子的价层电子构型及电荷数等因素有关。含有电负性较大的配位原子(如 F、Cl 和 O 等)的配体大都与中心离子(或原子)形成外轨型配合物。这是因为配位原子的电负性较大时，不易给出孤对电子，配体对中心离子(或原子)的影响较小，或者说不会使中心离子(或原子)的电子发生重排而腾出内层轨道；而含有电负性较小的配位原子(如 C 和 N 等)的配体则通常能使中心离子(或原子)的电子发生重排，一般易形成内轨型配合物。

价键理论主要是在已知配合物空间构型的基础上来解释其杂化方式及内轨型、外轨型配合物的形成。而预测配合物空间构型，则在中心原子配位数和价层电子构型基础上还要借助磁性等其他实验数据。

教学视频
配合物的价键理论
（二）

4.3.3　配合物的磁性

磁性(magnetism)是配合物的重要性质之一，一般物质的磁性主要由电子运动来表现，它和原子、分子或离子的未成对电子数有直接关系。当分子或

离子中所有的电子都已配对时，同一个轨道上自旋相反的两个电子所产生的磁矩因大小相同、方向相反而互相抵消。这种物质置于磁场中会削弱外磁场的强度，故称为反磁性物质或逆磁性物质。反之，当分子或离子中存在未成对电子时，成单电子旋转所产生的磁矩不会被抵消，这种磁矩会在外磁场作用下取向，从而加强了外磁场的强度，这种物质称为顺磁性物质。

由于物质的磁性主要来自于自旋未成对电子，显然顺磁性物质中未成对电子数目越大，磁矩(magnetic moment)越大，并符合下列近似关系：

$$\mu_{\mathrm{m}}=\sqrt{n(n+2)}\mu_{\mathrm{B}} \tag{4-1}$$

式中，n 为体系中未成对电子数；μ_{m} 为磁矩；μ_{B} 为磁矩单位，称为玻尔磁子(Bohr magneton, B. M.)。上式不适用于较复杂情况的第四周期后的元素。配合物的磁矩 μ_{m} 可以利用磁分析天平来测定，将测得的磁矩代入式(4-1)，即可计算出配合物中未成对电子数 n，由此推测中心原子的内层 d 电子是否发生了重排，从而判断配合物属于内轨型还是外轨型，并进一步推断配合物的空间结构及其成键轨道的杂化类型。

【例 4-1】 实验测得$[Co(NH_3)_6]^{3+}$和$[Fe(H_2O)_6]^{3+}$的磁矩 μ_{m} 分别为 0 和 5.90μ_{B}，试推测这两个配合物中心离子的杂化方式、配离子的空间构型及判断它们属于内轨型还是外轨型配合物。

解 (1) 对于$[Co(NH_3)_6]^{3+}$，由实验测得的磁矩 $\mu_{\mathrm{m}}=0$，得出未成对电子数 $n=0$，即无单电子。说明 Co^{3+}的 $3d^6$ 电子发生了重排，6 个电子集中排布，空出 2 个 3d 轨道和外层的 1 个 4s 轨道、3 个 4p 轨道进行 d^2sp^3 杂化。由此可见，$[Co(NH_3)_6]^{3+}$的空间构型为八面体，属于内轨型配合物。

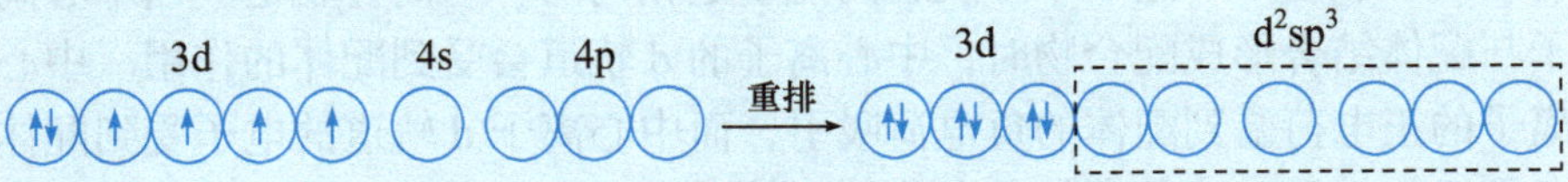

(2) 对于$[Fe(H_2O)_6]^{3+}$，由实验测得的磁矩 $\mu_{\mathrm{m}}=5.90\mu_{\mathrm{B}}$，得出未成对电子数 $n=5$。说明 Fe^{3+}的 $3d^5$ 电子未发生重排，在形成$[Fe(H_2O)_6]^{3+}$时，中心离子是利用外层的 1 个 4s 轨道、3 个 4p 轨道及 2 个 4d 轨道一起进行 sp^3d^2 杂化。因此，$[Fe(H_2O)_6]^{3+}$的空间构型也为八面体，属于外轨型配合物。

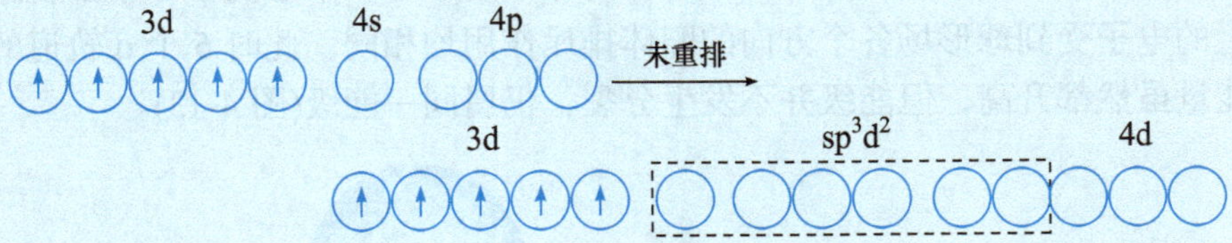

思考题 4-5

根据价键理论判断，$[CoF_6]^{3-}$(顺磁性)和$[Co(NH_3)_6]^{3+}$(反磁性)何者更稳定，为什么？

在八面体型配合物中，实际上只需判断 d^4、d^5、d^6 构型的中心离子所形成的配合物是否存在 d 电子重排。因为对于 $d^{1\sim3}$ 构型的金属离子，至少有 2 个空的 d 轨道可以参与杂化成键，肯定为内轨型；对于 $d^{7\sim9}$ 构型金属离子，其 d 电子至少要占据 4 个或 5 个 d 轨道，不可能空出 2 个内层轨道参与杂化成键，故只能形成外轨型配合物。

价键理论简单明了，使用方便，能说明配合物的配位数、空间构型、磁性和定性解释配合物的稳定性。但价键理论有其局限性，如不能定量地讨论能量问题和定量解释配合物的稳定性规律，也不能解释配合物的颜色等光谱学现象。此外，价键理论对于具有 d^9 构型的 Cu^{2+}的配合物(如 $[Cu(NH_3)_4]^{2+}$)为什么会是平面四边形构型也无法做出很好的解释。利用配合物的另一种化学键理论——晶体场理论则成功地解释了以上问题。

4.4 配合物的晶体场理论

20 世纪 20 年代末 30 年代初，贝特(H. Bethe)和范弗莱克(J. H. van Vleck)从静电理论出发，将配合物中化学键的本质看作是静电作用力，即认为中心离子和配体间的相互作用类似于离子晶体中正负离子间的静电作用，从而提出了配合物的晶体场理论(crystal field theory)。晶体场理论能很好地解释配合物的稳定性、磁性等许多性质，特别是由此理论成功地解释了许多配合物的颜色等光谱学特性进而广受关注。本节主要以配位数为 6 的八面体构型配合物为例具体介绍晶体场理论。

4.4.1 中心离子 d 轨道的能级分裂

教学视频
配合物的晶体场理论（一）

1. 晶体场的产生

过渡金属离子的 5 个 d 轨道的角度分布有 5 种不同的取向(图 1-3)。在自由离子状态下，这 5 个 d 轨道的能量是相同的，为简并轨道。当中心离子与配体结合形成配合物时，中心离子的 d 轨道会受到配体的作用。中心离子的正电荷受到配体的负电荷吸引，而中心离子 d 轨道的电子受到配体电子云的排斥。这种由带负电荷的配体对中心离子产生的静电场称为晶体场(crystal field)。对于配位数不同的配合物，所产生的晶体场不同。配位数为 6 的正八面体配合物，产生的晶体场称为正八面体晶体场，简称八面体场。同理，配位数为 4 时则有四面体场和平面四边形场等。若将自由金属离子置于一个带负电荷的、完全对称的球形场中心，中心离子 5 个 d 轨道上的电子受到球形场各个方向的配体排斥作用均相同，此时 5 个 d 轨道的能量虽然都升高，但能级并不发生分裂，仍属同一能级(图 4-13)。

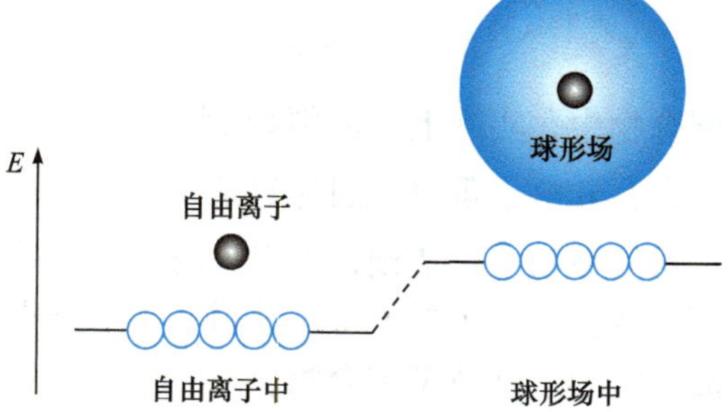

图 4-13 中心离子 d 轨道在自由离子和球形场中的能级分布情况

2. 中心离子 d 轨道的能级分裂

在八面体配合物中，6 个配体分别占据八面体的 6 个顶点。根据晶体场理论，中心离子位于坐标轴原点，6 个配体分布在 x、y、z 三个坐标轴的正、负 6 个方向，所形成的八面体场虽然也属于对称性场，但其对称性没有完全对称的球形场高。此时，八面体场中 5 个 d 轨道的能量比自由金属离子的 d 轨道均有所升高，但不同 d 轨道在不同方向上受到配体电子云的排斥作用力将有所不同，能量升高程度也不同。$d_{x^2-y^2}$ 和 d_{z^2} 这 2 个 d 轨道的伸展方向正好处于正八面体的 6 个顶点方向，与位于顶点上的配体迎头相遇，受到配体电子云的排斥较强，因此能量上升较多；而 d_{xy}、d_{yz} 和 d_{xz} 这 3 个 d 轨道的伸展方向与正八面体轴向相错，受到配体电子云的排斥较小，因此其能量上升较少(图 4-14)。

思考题 4-6

根据晶体场理论，中心离子 5 个 d 轨道在八面体场中有一部分能量升高，一部分能量降低，这句话是否正确，为什么？

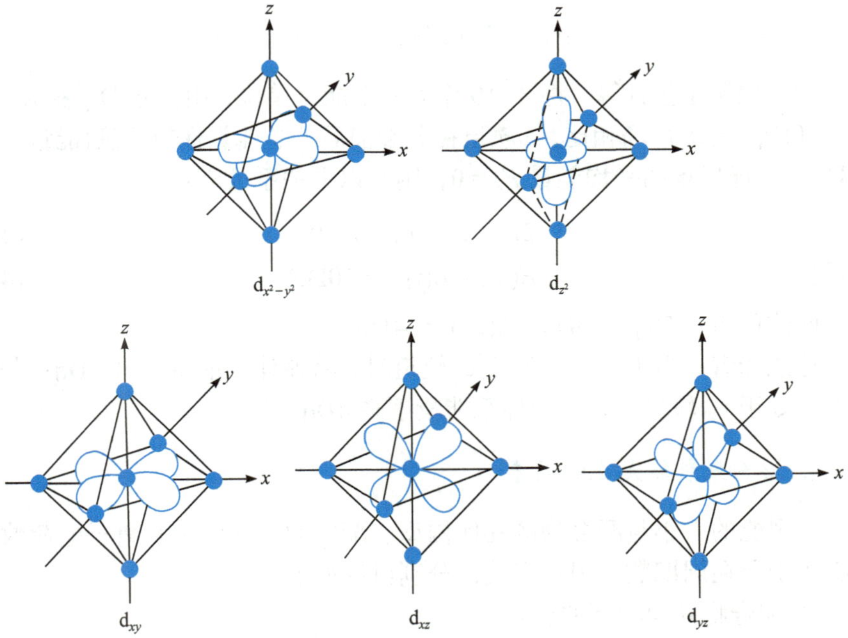

图 4-14　八面体场中的配体与中心离子 5 个 d 轨道的相对空间关系

动画
正八面体对五条 d 轨道的作用

与球形场相比，八面体场中有些 d 轨道($d_{x^2-y^2}$ 和 d_{z^2})能量比球形场中高，有些 d 轨道(d_{xy}、d_{yz} 和 d_{xz})能量比球形场中低，5 个 d 轨道不再简并，即发生了能级分裂。结果，中心离子的 5 个 d 轨道的能级分裂为两组，一组为能量较高的 $d_{x^2-y^2}$ 和 d_{z^2} 轨道，称为 e_g 轨道；另一组为能量较低的 d_{xy}、d_{yz} 和 d_{xz} 轨道，称为 t_{2g} 轨道。这些轨道符号表示对称类型，e 为二重简并，t 为三重简并，g 为中心对称。

4.4.2 分裂能及其影响因素

教学视频
配合物的晶体场理论（二）

1. 分裂能

如前所述，在八面体场中，中心离子的 5 个 d 轨道分裂为两组轨道，

即能量较高的 e_g 轨道和能量较低的 t_{2g} 轨道，这两组轨道之间的能量差称为八面体场分裂能(cleavage energy)，用符号 Δ_o 表示(图 4-15)，o 代表八面体(octahedron)。与此类似，四面体场分裂能用 Δ_t 表示(t 代表 tetrahedron)，平面四边形场分裂能用 Δ_s 表示(s 代表 square planar)。分裂能在数值上相当于 1 个电子从最低能量的 d 轨道跃迁至最高能量的 d 轨道时所需吸收的能量。

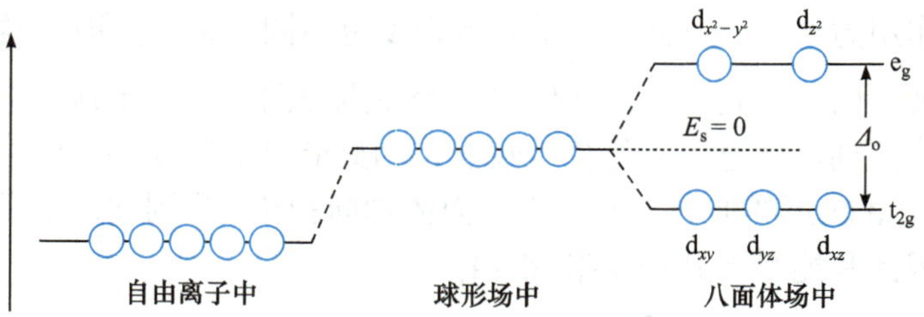

图 4-15 中心离子的 d 轨道在八面体场中的分裂

为了便于定量计算，将 $\Delta_o/10$ 作为一个能量单位，用符号 Dq 表示，即 $\Delta_o = 10\text{Dq}$。与球形场相比，d 轨道在分裂前后的总能量保持不变(能量守恒原理)。令球形场的平均能量 $E_s = 0$，则有以下关系成立：

$$2E(e_g) + 3E(t_{2g}) = 0 \tag{4-2}$$

再根据：

$$E(e_g) - E(t_{2g}) = 10\text{Dq} \tag{4-3}$$

联立两式可得：$E(e_g) = 6\text{Dq}$，$E(t_{2g}) = -4\text{Dq}$

这意味着，当 1 个电子处于 e_g 轨道时，将使体系能量上升 6Dq；若一个电子处于 t_{2g} 轨道时，将使体系能量下降 4Dq。

2. 影响分裂能大小的因素

分裂能的大小与配合物的几何构型、配体的场强、中心离子电荷数及中心离子所在周期数等因素有关，分别讨论如下。

1) 配合物几何构型的影响

当中心离子与配体均相同时，中心离子 d 轨道在不同晶体场中的能级分裂情况不同。而晶体场的类型取决于配合物的几何构型，因此 d 轨道的能量分裂情况和分裂能的大小都与配合物的几何构型有关。

与八面体场中的情况相反，在四面体场中，$d_{x^2-y^2}$ 和 d_{z^2} 这 2 个轨道与配体间的排斥作用比 d_{xy}、d_{yz}、d_{xz} 这 3 个轨道与配体间的排斥作用要小，所以与球形场相比，$d_{x^2-y^2}$ 和 d_{z^2} 这 2 个轨道的能量比球形场要低，而 d_{xy}、d_{yz} 和 d_{xz} 这 3 个轨道的能量比球形场要高。因此，在四面体场中，中心离子 5 个 d 轨道也分裂为两组，一组是能量较低的 $d_{x^2-y^2}$ 和 d_{z^2}，记为 e 轨道；另一组是能量较高的 d_{xy}、d_{yz} 和 d_{xz}，记为 t_2 轨道(图 4-16)。这两组轨道之间的能量差即为四面体场的分裂能 Δ_t。由于四面体场中 d 轨道与配体负电场相互作用的大小区别远不如八面体场中明显，所以四面体场的分裂能 Δ_t(4.45Dq)小于八面体场分裂能 Δ_o(10Dq)。

将八面体场的 z 轴上的 2 个配体去掉，剩余的 4 个配体处于 x、y 坐标轴上，即构成平面四边形场[图 4-17(a)]。在平面四边形场中，$d_{x^2-y^2}$ 轨道与配体之间的作用力最强，能量升高最多，其次是 d_{xy} 轨道，而 d_{z^2} 轨道相比球形场而言能量有所降低，能量降低最多的则是 d_{yz} 和 d_{xz} 轨道(这 2 个轨道在 xy 平面上的电子云密度为 0，与配体之间没有排斥作用)。由于平面四边形场中 d 轨道与配体负电场的相互作用差别很大，因此平面四边形场的分裂能 Δ_s(17.42Dq)比八面体场中的分裂能 Δ_o 还要大[图 4-17(b)]。

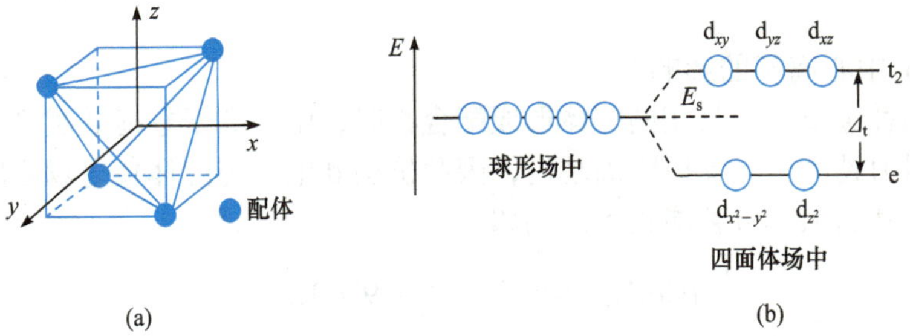

图 4-16　四面体场中的坐标(a)和 d 轨道的分裂(b)

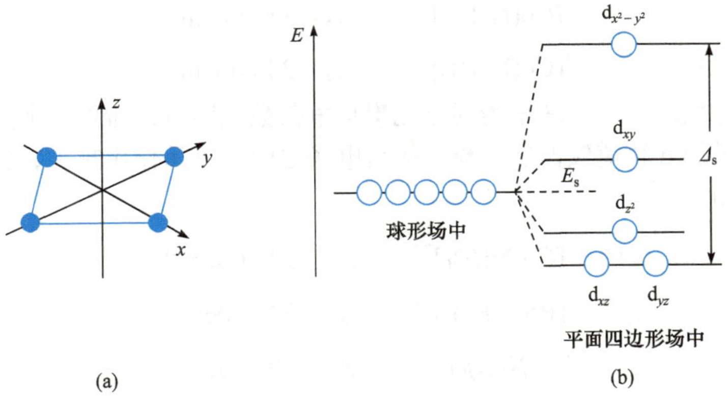

图 4-17　平面四边形场中的坐标(a)和 d 轨道的分裂(b)

2) 配体的影响

中心离子相同，配体不同，若配体的晶体场分裂能力越强，所产生的晶体场场强越大，分裂能越大。用同一种金属离子分别与不同的配体生成一系列八面体配合物，再利用电子光谱法分别测定它们在八面体场中的分裂能(Δ_o)，按分裂能由小到大的次序排列，得到如下“光谱化学序列”(用“*”标记的原子表示配位原子)：

$$I^- < Br^- < *SCN^- < Cl^- < F^- < OH^- \sim *ONO^- \sim HCOO^- < C_2O_4^{2-} < H_2O <$$

$$\text{吡啶} < *NCS^- < *NH_2CH_2COO*^- < NH_3 < en < *NO_2 < *CO \sim *CN^-$$

从配位原子看，一般规律是

$$X(\text{卤素}) < O < N < C$$

通常以 H_2O 的分裂能力为基准，将 H_2O 前面、配位原子通常为电负性较大的卤素原子或氧原子的配体称为弱场配体，它们形成的配合物分裂能较小；而将 H_2O 后面、配位原子通常为电负性相对较小的氮或碳原子的配体称为强场配体，它们形成的配合物分裂能较大(见表 4-6)。

表 4-6　Co^{3+}与某些配体形成八面体配合物的分裂能

配合物	$[CoF_6]^{3-}$	$[Co(H_2O)_6]^{3+}$	$[Co(NH_3)_6]^{3+}$	$[Co(CN)_6]^{3-}$
Δ_o/cm^{-1}	13 000	18 600	23 000	34 000

注：表中分裂能的单位采用光谱学能量单位 cm^{-1}(波数)，也可以用 $kJ \cdot mol^{-1}$ 为单位($1kJ \cdot mol^{-1} = 83.59cm^{-1}$)。

3) 中心离子的影响

同种金属元素与相同配体形成配合物时，中心离子电荷数越高，对配体的引力越大，与配体距离越近，因此价层 d 电子与配体负电场之间的排斥作用就越大，分裂能越大。例如：

$$[Co(H_2O)_6]^{2+} \quad \Delta_o = 9300cm^{-1}$$
$$[Co(H_2O)_6]^{3+} \quad \Delta_o = 18\ 600cm^{-1}$$
$$[Co(NH_3)_6]^{2+} \quad \Delta_o = 10\ 100cm^{-1}$$
$$[Co(NH_3)_6]^{3+} \quad \Delta_o = 23\ 000cm^{-1}$$

配体相同，中心离子为同族元素且电荷数相同时，所处周期数较大的中心离子的 d 轨道较伸展，与配体负电场之间的排斥作用越大，分裂能越大。例如：

$$[Co(NH_3)_6]^{3+} \quad \Delta_o = 23\ 000cm^{-1}$$
$$[Rh(NH_3)_6]^{3+} \quad \Delta_o = 33\ 900cm^{-1}$$
$$[Ir(NH_3)_6]^{3+} \quad \Delta_o = 40\ 000cm^{-1}$$

4.4.3　中心离子 d 电子的排布

在八面体场中，由于中心离子的 d 轨道出现能级分裂，因此中心离子的 d 电子需要重新排布。d 电子在分裂后的 t_{2g} 和 e_g 轨道排布时，仍然要遵循能量最低原理、泡利不相容原理和洪德规则，同时还要考虑分裂能的影响。

对于 $d^{1\sim3}$ 构型，如 $Ti^{3+}(d^1)$、$V^{3+}(d^2)$和 $Cr^{3+}(d^3)$，d 电子均排在能量低的 t_{2g} 轨道，自旋平行，无须动用 e_g 组的 d 轨道，此时只有一种排布方式；对于 $d^{8\sim10}$ 构型，如 $Ni^{2+}(d^8)$、$Cu^{2+}(d^9)$和 $Zn^{2+}(d^{10})$，t_{2g} 轨道上的 3 个 d 轨道全部填满电子，余下的 2～4 个电子再填充到能量高的 e_g 轨道，此时也只有一种排列方式；当中心离子价层轨道为 $d^{4\sim7}$ 构型时，如 $Cr^{2+}(d^4)$、$Mn^{2+}(d^5)$、$Fe^{2+}(d^6)$和 $Co^{2+}(d^7)$，d 电子的排列情况复杂得多。下面以 d^4 构型为例予以具体说明。

八面体场中的 4 个 d 电子在分裂了的 d 轨道上，存在着两种可能的排列方式。

方式 a：有 1 个 d 电子克服分裂能(Δ_o)进入能量高的 e_g 轨道上，4 个 d 电子分散排列到 4 个 d 轨道中，电子排布式为$(t_{2g})^3(e_g)^1$(图 4-18)。这种排布方式导致自旋平行的成单电子数增多，为高自旋排布。

方式 b：4 个 d 电子都集中排在能量低的 t_{2g} 轨道上，有 1 对电子挤在同一个轨道，为低自旋排布，电子排布式为$(t_{2g})^4(e_g)^0$(图 4-19)。这种排布因在同一轨道内电子配对而使能量升高，这个升高的能量称为电子成对能(P)。

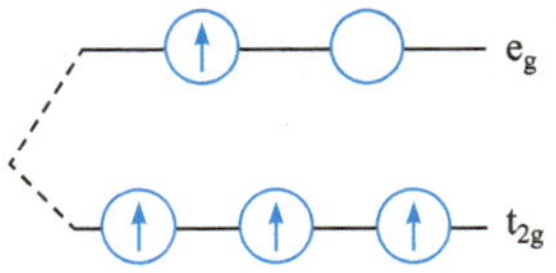

图 4-18　d^4 构型 d 电子在八面体场中的分散排列

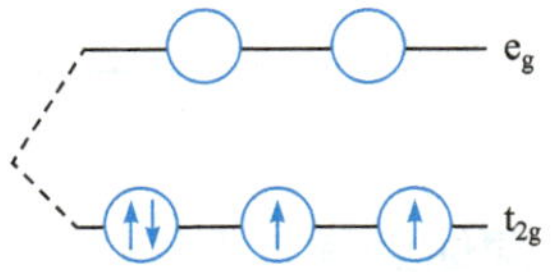

图 4-19　d^4 构型 d 电子在八面体场中的集中排列

两个排列方式中体系的总能量分别计算如下：

$$E(\mathrm{a}) = 3E(\mathrm{t_{2g}}) + E(\mathrm{e_g}) = 3E(\mathrm{t_{2g}}) + [E(\mathrm{t_{2g}}) + \Delta_o] = 4E(\mathrm{t_{2g}}) + \Delta_o$$

$$E(\mathrm{b}) = 4E(\mathrm{t_{2g}}) + P$$

因此，E(a)与 E(b)的大小，实际上取决于分裂能(Δ_o)和电子成对能(P)的相对大小，从而决定配合物的 d 电子的排布方式。

当 $\Delta_o < P$ 时，则 $E(\mathrm{a}) < E(\mathrm{b})$，状态(a)更稳定，d 电子将按(a)方式排列。这种排布方式形成的配合物为高自旋配合物，其配位单元中的配体因引起的分裂能相对较小，为弱场配体，构成的晶体场称为弱场。

若 $\Delta_o > P$ 时，则 $E(\mathrm{a}) > E(\mathrm{b})$，状态(b)更稳定，d 电子将按(b)方式排列。这种排列方式形成的配合物为低自旋配合物，其配位单元中的配体因引起的分裂能相对较大，为强场配体，其晶体场称为强场。

例如，配离子$[Fe(H_2O)_6]^{2+}$和$[Fe(CN)_6]^{4-}$的 Δ_o 和 P 值如下：

	Δ_o/cm^{-1}	P/cm^{-1}
$[Fe(H_2O)_6]^{2+}$	10 400	15 000
$[Fe(CN)_6]^{4-}$	33 000	15 000

对于$[Fe(H_2O)_6]^{2+}$，$\Delta_o < P$，属于高自旋配合物，其中 H_2O 为弱场配体；而对于$[Fe(CN)_6]^{4-}$，$\Delta_o > P$，属于低自旋配合物，其中 CN^-为强场配体。

在八面体场中，$d^{1\sim10}$ 构型的 d 电子在 t_{2g} 和 e_g 轨道中的分布情况见表 4-7。其中 $d^{1\sim3}$ 和 $d^{8\sim10}$ 构型的中心离子在强场和弱场中的电子排布相同，$d^{4\sim7}$ 构型的中心离子在强场和弱场中的电子排布不相同。

表 4-7 八面体场中 d^n 构型的 d 电子在 t_{2g} 和 e_g 轨道中的分布

d^n 电子构型	弱场($\Delta_o < P$)					强场($\Delta_o > P$)				
	t_{2g}			e_g		t_{2g}			e_g	
d^1	↑					↑				
d^2	↑	↑				↑	↑			
d^3	↑	↑	↑			↑	↑	↑		
d^4	↑	↑	↑	↑		↑↓	↑	↑		
d^5	↑	↑	↑	↑	↑	↑↓	↑↓	↑		
d^6	↑↓	↑	↑	↑	↑	↑↓	↑↓	↑↓		
d^7	↑↓	↑↓	↑	↑	↑	↑↓	↑↓	↑↓	↑	
d^8	↑↓	↑↓	↑↓	↑	↑	↑↓	↑↓	↑↓	↑	↑
d^9	↑↓	↑↓	↑↓	↑↓	↑	↑↓	↑↓	↑↓	↑↓	↑
d^{10}	↑↓	↑↓	↑↓	↑↓	↑↓	↑↓	↑↓	↑↓	↑↓	↑↓

4.4.4 晶体场稳定化能

1. 晶体场稳定化的定义及计算

晶体场理论认为，中心离子 d 轨道发生能级分裂，电子优先占据能量较低的轨道。d 电子进入分裂的轨道后，与占据在球形场未分裂的轨道(设其能量 $E_s = 0$)中相比，系统的总能量降低，从而使得生成的配合物具有一定的稳定性。我们将 d 电子进入分裂后 d 轨道引起的总能量下降值称为晶体场稳定化能，用 CFSE(crystal field stability energy)表示。晶体场稳定化能与中心离子的 d 电子数目、晶体场的强弱及配合物的空间构型等因素有关。晶体场稳定化能的值越大，表明总能量下降越多，配合物则越稳定。下面以 d^6 构型的中心离子为例，说明在八面体场中 d 轨道分裂前后体系能量的变化。

d^6 电子在未分裂的 d 轨道中以及在弱场和强场 d 轨道中的排布情况如图 4-20 所示。

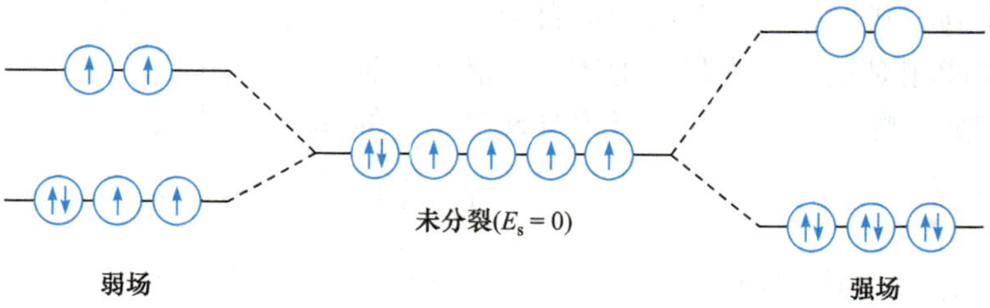

图 4-20 d^6 构型的 6 个 d 电子在八面体弱场和强场中的分布

(1) 设 d^6 电子处于球形场未分裂的 d 轨道中时，能量 $E_s = 0$。

(2) 当 d^6 电子处于八面体弱场时，其排列方式为$(t_{2g})^4(e_g)^2$。与 $E_s = 0$ 相比，t_{2g} 轨道上的每个电子的能量下降了 4Dq，e_g 轨道上的每个电子的能量升高了 6Dq，则总能量变化，即晶体场稳定化能为

$$\text{CFSE}(d^6, \text{弱场}) = 4 \times (-4\text{Dq}) + 2 \times (+6\text{Dq}) = -4\text{Dq}$$

(3) 当 d^6 电子处于八面体强场时，其排列方式为$(t_{2g})^6(e_g)^0$，则总能量变化，即晶体场稳定化能为

$$\text{CFSE}(d^6\text{，强场}) = 6 \times (-4\text{Dq}) + 0 \times (+6\text{Dq}) = -24\text{Dq}$$

值得注意的是，虽然我们将八面体场的分裂能都设为 $\Delta_o = 10\text{Dq}$，但对于中心离子相同、配体不同的八面体配合物而言，其分裂能(Δ_o)大小是不同的，也就是说不同配合物的 10Dq 的能量大小是不同的。例如，同为八面体构型的$[FeF_6]^{3-}$和$[Fe(CN)_6]^{3-}$，由于F^-为弱场配体，CN^-为强场配体，因此前者为高自旋配合物，其分裂能 $\Delta_o = 13\ 700\text{cm}^{-1}$ (此时 $1\text{Dq} = 1370\text{cm}^{-1}$)；后者为低自旋配合物，其分裂能 $\Delta_o = 34\ 250\text{cm}^{-1}$ (此时 $1\text{Dq} = 3425\text{cm}^{-1}$)。由于强场下的分裂能(10Dq 值)大于弱场的分裂能(10Dq 值)，因此对 d^6 构型的中心离子来说，形成强场配合物比形成弱场配合物更为稳定，因为在强场中体系的能量下降得更多。

晶体场稳定化能更为严格的计算应当考虑电子成对引起的能量升高值。根据洪德规则，电子分占不同轨道且自旋平行时，体系的能量降低；反之，当电子成对时则会使体系的能量升高，这升高的能量即为电子成对能(P)。

d^6 电子在分裂前的排布已有 1 对电子，在弱场中的排布同样也有 1 对电子，但在强场中的排布有 3 对电子。与分裂前比较，在强场中的排布多了 2 对电子。因此，对 CFSE(d^6，强场)的精确计算，应当考虑新增加的 2 对电子产生的电子成对能的影响，即：

$$\text{CFSE}(d^6\text{，强场}) = 6 \times (-4\text{Dq}) + 2P = -24\text{Dq} + 2P$$

$d^{1\sim10}$ 构型的中心离子分别在八面体弱场和强场中所产生的晶体场稳定化能(CFSE/Dq)见表 4-8。

表 4-8 八面体场中 d^n 构型的中心离子的晶体场稳定化能

n	1	2	3	4	5	6	7	8	9	10
离子	Ti^{3+}	V^{3+}	Cr^{3+}	Cr^{2+}	Mn^{2+}	Fe^{2+}	Co^{2+}	Ni^{2+}	Cu^{2+}	Zn^{2+}
弱场	−4Dq	8Dq	−12Dq	−6Dq	0	−4Dq	−8Dq	−12Dq	−6Dq	0
强场	−4Dq	8Dq	−12Dq	$-16\text{Dq} + P$	$-20\text{Dq} + 2P$	$-24\text{Dq} + 2P$	$-18\text{Dq} + P$	−12Dq	−6Dq	0

【例 4-2】 $[CoF_6]^{3-}$的 $\Delta_o = 13\ 000\text{cm}^{-1}$，$[Co(CN)_6]^{3-}$的 $\Delta_o = 34\ 000\text{cm}^{-1}$，它们的 $P = 17\ 800\text{cm}^{-1}$，分别计算它们的理论磁矩和 CFSE。

解 (1) Co^{3+}的电子构型为 d^6，在$[CoF_6]^{3-}$ 中 $\Delta_o < P$，属弱场配离子，Co^{3+} 离子的 d 电子分布为$(t_{2g})^4(e_g)^2$，成单电子数 $n = 4$，则：

$$\mu_m = \sqrt{n(n+2)}\mu_B = \sqrt{4(4+2)}\mu_B = 4.90\mu_B$$

$$\text{CFSE} = 4 \times (-4\text{Dq}) + 2 \times (+6\text{Dq}) = -4\text{Dq} = -4 \times (\Delta_o/10)$$
$$= -4 \times (13\ 000/10)\text{cm}^{-1} = -5200\text{cm}^{-1}$$

(2) 在$[Co(CN)_6]^{3-}$中，$\Delta_o > P$，属于强场配离子，Co^{3+}的 d 电子分布为$(t_{2g})^6(e_g)^0$，因为成单电子数 $n = 0$，所以磁矩为 0。

$$\text{CFSE} = 6 \times (-4\text{Dq}) + 2P = -24\text{Dq} + 2P$$
$$= -24 \times (34\ 000/10)\text{cm}^{-1} + 2 \times 17\ 800\text{cm}^{-1} = -46\ 000\text{cm}^{-1}$$

比较【例 4-1】和【例 4-2】可以看到，在价键理论中，需要借助配离子的磁性实验数据推测中心离子 d 轨道中的未成对电子数，从而判断中心离子属于何种杂化类型，该配合物属于何种配合物。而在晶体场理论中，只要知道分裂能(Δ_o)和电子成对能(P)的相对大小，就可以判断该晶体场属于强场或弱场，并进一步写出 d 电子在 t_{2g} 轨道和 e_g 轨道上的分布情况，判断成单电子数 n，并计算出该配离子磁矩及晶体场稳定化能。

2. 晶体场稳定化能的应用

1) 解释物质的稳定性

实验测定，第一过渡系元素+2 价金属离子的水合离子的稳定性顺序如下：

$$Mn^{2+}_{aq} < Fe^{2+}_{aq} < Co^{2+}_{aq} < Ni^{2+}_{aq} < Cu^{2+}_{aq} > Zn^{2+}_{aq}$$

这些水合离子，实际上是以 H_2O 为配体的八面体弱场配离子$[M(H_2O)_6]^{n+}$。由表 4-8 可知，在弱场中相关离子的 CFSE 数值的大小顺序为

$$Mn^{2+}_{aq} < Fe^{2+}_{aq} < Co^{2+}_{aq} < Ni^{2+}_{aq} > Cu^{2+}_{aq} > Zn^{2+}_{aq}$$

由此可见，除 Ni^{2+} 和 Cu^{2+} 的顺序反常外，第一过渡系元素+2 价金属离子的水合离子的稳定性顺序与 CFSE 大小顺序是一致的，即 CFSE 数值越大，体系下降的能量越多，配合物越稳定。Cu^{2+}(aq)的稳定性大于 Ni^{2+}(aq)的原因是 Cu^{2+}的 e_g 轨道在变形的八面体场中进一步发生了能级分裂(姜-泰勒效应)导致能量降低。

拓展知识

姜-泰勒效应

电子在简并轨道中的不对称分布会导致分子的几何构型发生畸变，从而降低轨道的简并度和分子的对称性，使体系的能量进一步下降，这种效应称为姜-泰勒效应(Jahn-Teller effect)。例如，在八面体场中，d^1、d^2、d^4、d^5(强场)、d^6(弱场)、d^7、d^9 构型的 d 电子均属于不对称分布(图 4-21)，因此均能发生姜-泰勒效应。

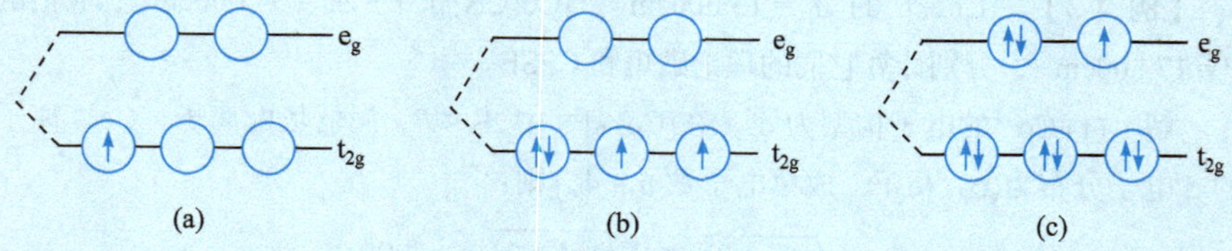

图 4-21 d^1(a)、d^4(强场)(b)和 d^9(c)电子在八面体场中的不对称分布

下面以 d^9 构型的 Cu^{2+}配合物为例，简要说明姜-泰勒效应的产生及其影响。

根据晶体场理论，中心离子 Cu^{2+}在八面体场中的 d 电子排布为$(t_{2g})^6(e_g)^3$[图 4-21(c)]，其中排布在 e_g 轨道上的最后 1 个电子有两种可能的排布方式：$(d_{x^2-y^2})^1(d_{z^2})^2$ 和 $(d_{x^2-y^2})^2(d_{z^2})^1$。

第一种排布 $(d_{x^2-y^2})^1(d_{z^2})^2$ 中，由于 d_{z^2} 轨道上的电子数比 $d_{x^2-y^2}$ 轨道多，因此 z 轴方向电子云密度较大，使位于 z 轴上的 2 个配体受到中心离子 d 电子的排斥作用比位于 x 轴和 y 轴上的配体更大，结果是 z 轴上的 2 个配体倾向于比 x 轴和 y 轴上

的 4 个配体更远离中心离子，从而形成拉长的八面体配合物[图 4-22(a)]；与之相反，第二种排布方式 $(d_{x^2-y^2})^2(d_{z^2})^1$ 最终形成压扁的八面体配合物[图 4-22(b)]。

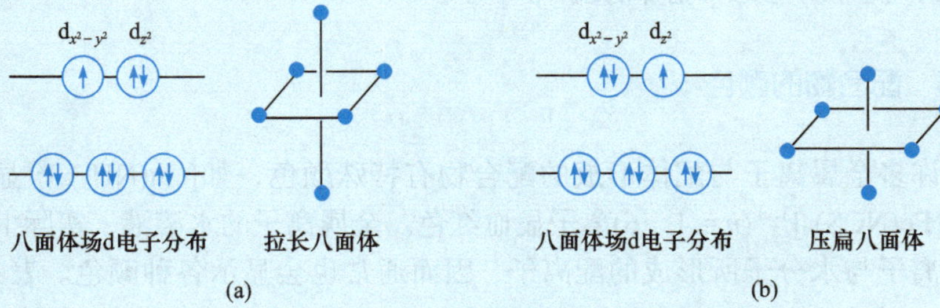

图 4-22 八面体场的畸变

研究证明，在没有其他能量因素影响下，从总键能来看，形成 2 个长键和 4 个短键(拉长的八面体)比形成 4 个长键和 2 个短键(压扁的八面体)较为有利，即拉长的八面体较为稳定。Cu^{2+}八面体配合物中的姜-泰勒效应较强，形成的是较稳定的拉长八面体构型，且变形较大。由于 z 轴上的两个配体离中心离子太远，可以近似看成它们不存在，因此八面体就变成了平面正方形结构。

例如，$[Cu(NH_3)_4]^{2+}$的水溶液中，中心离子 Cu^{2+}周围实际上应该还有 2 个 H_2O 分子配体位于轴向的 2 个顶点，形成拉长八面体构型的$[Cu(NH_3)_4(H_2O)_2]^{2+}$，其中 Cu—N 键长为 206pm，Cu—O 键长为 267pm。由于轴向上的 H_2O 分子离 Cu^{2+}太远，可以近似认为二者之间无成键作用，因此拉长的八面体$[Cu(NH_3)_4(H_2O)_2]^{2+}$就可以看作是平面四边形$[Cu(NH_3)_4]^{2+}$。

思考题 4-7

为什么根据价键理论不能很好地解释$[Cu(NH_3)_4]^{2+}$为平面四边形结构？

2) 解释离子水合热的大小规律

过渡金属离子的水合热是指在标准态下气态离子溶于水生成 1mol 水合离子时放出的热量，用符号 $\Delta_h H_m^\ominus$表示。

$$M^{n+}(g) + 6H_2O(l) \longrightarrow [M(H_2O)_6]^{n+}(aq)$$

利用晶体场稳定化能可以说明第四周期金属元素离子水合热的变化规律。如果不考虑晶体场的影响，从 Ca^{2+}到 Zn^{2+}离子半径逐渐减小，离子的水合热应为有规律地逐渐增大(图 4-23，线 a)，但实验测定从 Ca^{2+}到 Zn^{2+}的水合热却呈现“双驼峰”的变化趋势(图 4-23，线 b)。造成这一差异的原

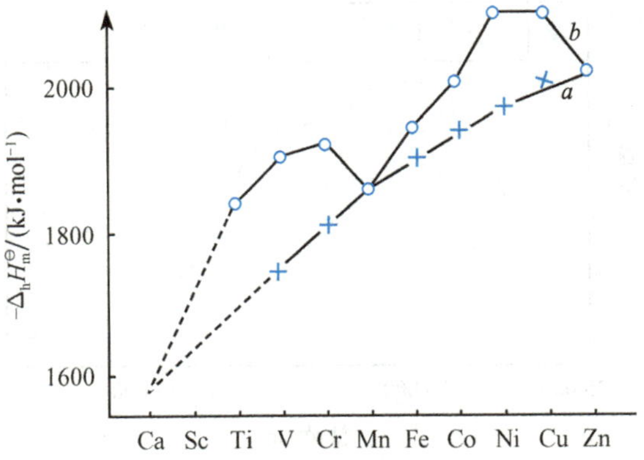

图 4-23 从 Ca^{2+}到 Zn^{2+}的水合热规律

因是理论分析时忽略了金属离子与水分子形成的八面体弱场配离子的晶体场稳定化能 CFSE。将线 a 上的每一个点所代表的离子水合热理论值加上 CFSE，就可以得到双驼峰的线 b。

4.4.5 配合物的颜色

许多金属离子与配体形成的配合物有特殊颜色，如$[Cu(NH_3)_4]^{2+}$显蓝色、$[Fe(NCS)_n]^{3-n}$ ($n = 1\sim6$)离子显血红色。金属离子的水溶液，实际上为金属离子与水分子所形成的配离子，因而通常也会显示各种颜色。表 4-9 列出了 $d^{0\sim10}$ 构型的第四周期金属离子水溶液颜色。

思考题 4-8

为什么 Ca^{2+}与 Zn^{2+}的水溶液均为无色？

表 4-9 金属离子水溶液($[M(H_2O)_6]^{n+}$)的颜色

d^n	d^0	d^1	d^2	d^3	d^5	d^6	d^7	d^8	d^9	d^{10}
M^{n+}	Ca^{2+}	Ti^{3+}	V^{3+}	Cr^{3+}	Mn^{2+}	Fe^{2+}	Co^{2+}	Ni^{2+}	Cu^{2+}	Zn^{2+}
颜色	无色	紫红色	绿色	紫色	肉色	淡绿色	粉色	绿色	蓝色	无色

利用晶体场理论可以很好地解释一些金属配合物的颜色。晶体场理论认为，配合物的颜色主要是由中心离子的价层 d 电子在分裂后的 d 轨道之间的跃迁而引起的，这种跃迁称为 d-d 跃迁。如果某一配合物的分裂能恰好位于可见光能量区域内，那么在自然光照射下，d 电子就会吸收能量与分裂能相等或者相近的那部分可见光，发生 d-d 跃迁，从能量低的 d 轨道跃迁至能量高的 d 轨道上。未被吸收的可见光(与被吸收的可见光的颜色之间为互补色)就会透过配合物发射出来，我们所能观察到的配合物的颜色就是互补色光的颜色。

例如，光谱实验测定，水合钛离子$[Ti(H_2O)_6]^{3+}$在可见光区 20 400cm^{-1}(波长约 500nm)处有一最大吸收峰(图 4-24)，该吸收峰对应的能量与$[Ti(H_2O)_6]^{3+}$的 d 电子从 t_{2g} 轨道跃迁到 e_g 轨道所需要的能量(即分裂能)相近。

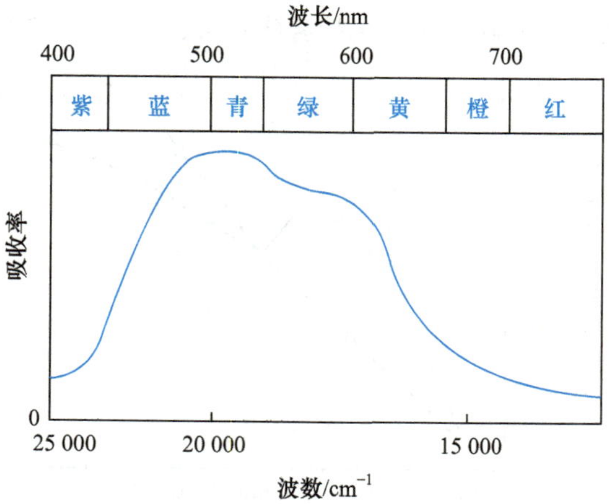

图 4-24 $[Ti(H_2O)_6]^{3+}$的吸收光谱

当自然光照射该配离子溶液时，$[Ti(H_2O)_6]^{3+}$中处于 t_{2g} 轨道上的 d 电子就会吸收波长为 500nm 的蓝绿色光，经过 d-d 跃迁到 e_g 轨道上(图 4-25)。我们观察到$[Ti(H_2O)_6]^{3+}$呈现的紫红色即为透过该配合物溶液的光的颜色(与蓝绿色呈互补色)。又如，自然光照射$[Cu(NH_3)_4]^{2+}$时吸收橙黄色光，观察到的配合物就显深蓝色。

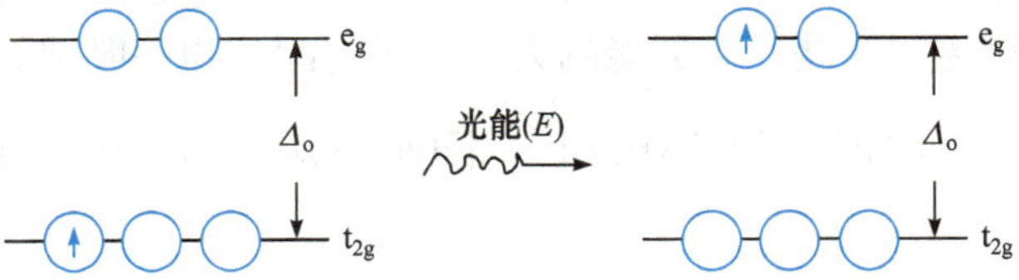

图 4-25　$[Ti(H_2O)_6]^{3+}$溶液吸收蓝绿光发生 d-d 跃迁

需要指出的是，过渡金属离子的显色机理不只有 d-d 跃迁，还可能是发生了电荷迁移跃迁或 f-f 跃迁(见元素化学部分)，此外还有有机配体内的电子跃迁等。

晶体场理论着眼于中心离子与配体之间的静电作用，着重考虑了配体对中心离子 d 道的影响，但是没有考虑它们之间在一定程度上的共价结合，因此不能解释一些以中性分子为配体的配合物，如$[Ni(CO)_4]$的形成，也不能从本质上说明“光谱化学序列”。为此，人们对晶体场理论做了修正，考虑了金属离子的轨道与配体的原子轨道有一定程度的重叠，并将晶体场理论在概念和计算上的优越性保留下来，将分子轨道理论与晶体场理论相结合发展出配位场理论。本书对于配合物的其他化学键理论不予以介绍。

4.5　影响配合物稳定性的因素

教学视频
配合物的稳定性

影响配合物稳定性的主要因素包括中心离子、配体、中心离子与配体关系、螯合效应及 18 电子规则等。

1. 中心离子的影响

1) 中心离子构型的影响

在电荷相同、半径相近时，不同电子构型的金属离子形成的配合物的稳定性大致有如下规律：

$(9\sim17)e^-$构型(如 Cu^{2+}) > $18e^-$构型(如 Cd^{2+})，$(18+2)e^-$构型(如 Sn^{2+}) > $8e^-$构型(如 Na^+)

可用晶体场理论解释$(9\sim17)e^-$构型金属离子形成的配合物稳定性较高的原因。在晶体场中，$(9\sim17)e^-$构型金属离子 d 轨道发生分裂，产生了额外的晶体场稳定化能，使得其配合物较稳定。

2) 中心离子电荷与半径的影响

如果配体相同，过渡金属中心的电荷数越高，形成的配合物一般越稳定。例如：

$$[Co(NH_3)_6]^{3+} > [Co(NH_3)_6]^{2+}，[Fe(CN)_6]^{3-} > [Fe(CN)_6]^{4-}$$

如果配体相同，同族金属元素作为中心离子，中心离子所处的周期数越大，其 d 轨道越伸展，分裂能越大，形成的配合物一般越稳定。例如：

$$[Pt(NH_3)_6]^{2+} > [Ni(NH_3)_6]^{2+}，[Hg(CN)_4]^{2-} > [Zn(CN)_4]^{2-}$$

2. 配体的影响

通常来说，配体中配位原子的电负性越小，给电子能力越强，配合物越稳定。或者说，强场配体比弱场配体形成的配合物通常更稳定。例如：

$$[Co(NH_3)_6]^{2+} > [Co(H_2O)_6]^{2+}，[Fe(CN)_6]^{3-} > [FeF_6]^{3-}$$

3. 中心离子与配体的关系

讨论中心离子与配体的关系对配合物稳定性的影响，主要是利用软硬酸碱规则来解释配合物的稳定性问题。由于软硬酸碱规则涉及酸碱电子理论的相关知识，因此这一部分内容可参见 9.1.3 小节。

4. 螯合效应的影响

中心离子相同时，由多齿配体所形成的螯合物通常比由单齿配体所形成的简单配合物更稳定，这种因形成螯环增加了配合物稳定性的效应称为螯合效应。例如，$[Ni(en)_3]^{2+}$比$[Ni(NH_3)_6]^{2+}$更稳定，前者的稳定常数为 2.1×10^{18}，后者的稳定常数为 5.5×10^8。Ca^{2+}和 Al^{3+}等主族金属离子一般不易形成稳定的配合物，但可与一些多齿配体(如 EDTA)形成稳定的螯合物。

螯环的大小对螯合物的稳定性有影响，一般以五元环或者六元环螯合物稳定性较高。若螯环过大会产生空间位阻，若螯环过小会增加张力，都会导致螯合物的稳定性下降。

但要注意的是，并非所有的螯合物都比简单配合物要稳定。例如，$[Ag(en)]^+$的稳定性就比$[Ag(NH_3)_2]^+$更小。Ag^+的价层电子构型为 $4d^{10}$，在形成配合物时，中心离子 Ag^+通常采取 sp 杂化成键，特征配位数是 2，形成直线形配合物，如$[Ag(NH_3)_2]^+$。而 en(乙二胺)属于双齿配体，在 180°的两个相反位置上与 Ag^+形成直线形结构的$[Ag(en)]^+$时会产生很大的张力，因此稳定性较差。

此外，螯环的数目对配合物的稳定性也有影响。在中心离子相同、配体的组成和结构相似的条件下，形成的螯合物中的螯环越多，螯合物的稳定性越高。这是因为螯环越多，配体与金属离子的联系越密切，从金属离子脱离的概率就越小。

拓展知识

18 电子规则

20 世纪 30 年代，英国化学家西奇威客(N. V. Sidgwick)等在研究金属羰基化合物的形成规律时，发现了一条可用于预测配合物稳定性的经验规则，即金属离子(或原子)的价电子数与配体提供的价电子数之和等于 18 时，形成的配合物通常较稳定，这就是 18 电子规则，又称有效原子序数法则(effective atomic number, EAN)。

18 电子规则对于解释羰基化合物的稳定性非常有用。例如：

在$[Ni(CO)_4]$中，Ni 原子的价层电子构型为 $3d^84s^2$，共有 10 个价电子，4 个 CO 配体共提供 8 个电子(每个 CO 提供 2 个电子)，则 $EAN = 8 + 5 \times 2 = 18$，满足 18 电子规则，因此$[Ni(CO)_4]$能够稳定存在。同样，在$[Fe(CO)_5]$中，Fe 原子的价层电子构型为 $3d^64s^2$，共有 8 个价电子，5 个 CO 配体共提供 10 个电子，也满足 18 电子规则。

结构更复杂的$[Co_2(CO)_8]$ [图 4-3(d)]同样符合 18 电子规则。Co 原子的价层电子构型为 $3d^74s^2$，价电子数为 9 个；每个 Co 上有 3 个单配位的 CO，可提供 6 个电子；每个 Co 上还有 2 个桥连的 CO，各提供 1 个电子；此外，在 Co—Co 键中，每个 Co 各分 1 个电子，则 $EAN = 9 + 3 \times 2 + 2 + 1 = 18$，满足 18 电子规则。

18 电子规则是一个经验规则，满足该规则的许多配合物的确比较稳定。但反过来，如果不满足 18 电子规则，并不能说配合物就一定不稳定。例如，$[V(CO)_6]$ (EAN = 17)、$[Rh(PPh_3)_3Cl]$(EAN = 16)均不符合 18 电子规则，但也能够稳定存在。

4.6 配合物的应用

配合物数量繁多，性质多样，已在分析化学、冶金、催化、生物及医药等诸多领域中都得到了广泛应用。

教学视频
配合物的应用

1. 配合物在分析化学中的应用

在分析化学中，常用许多配合物具有特征的颜色来鉴定某些金属离子的存在。例如，$[Fe(NCS)_n]^{3-n}$ 为血红色、$[Cu(NH_3)_4]^{2+}$ 为深蓝色、$[Co(SNC)_4]^{2-}$在丙酮中显蓝色等。又如，丁二酮肟可与 Ni^{2+}形成鲜红色的螯合物沉淀，这个反应在氨碱性条件下具有灵敏度高、选择性强的特点，这种配位剂也可称为特效剂。在配位滴定法中使用的滴定剂 EDTA、在分光光度法中使用的显色剂、在各种化学分析方法中使用的金属指示剂、萃取剂、隐蔽剂和沉淀剂等都与配合物反应有关。

2. 配合物在冶金工业中的应用

在有色金属和稀有金属的湿法冶炼中，利用配位剂与金属可生成配合物的原理进行萃取或离子交换，是实现金属提取和分离的重要方法。例如，利用氧化法从矿砂中提取金就是基于下列配位反应：

$$4Au + O_2 + 2H_2O + 8CN^- = 4[Au(CN)_2]^- + 4OH^-$$

$$2[Au(CN)_2]^- + Zn = [Zn(CN)_4]^{2-} + 2Au$$

金属 Ni 和 CO 在 60～70℃下可形成气态$[Ni(CO)_4]$，所得$[Ni(CO)_4]$在 200℃下又能分解为 Ni 和 CO，利用此法可得高纯超细的 Ni 粉。Fe 必须在 200℃、2MPa 以上才能与 CO 直接生成羰合物$[Fe(CO)_5]$，Co 则不能与 CO 发生类似反应。因此，利用上述差别就能将 Ni 与 Fe、Co 分离并提纯。

$$Ni(s) + 4CO \xrightarrow{60\sim70℃} [Ni(CO)_4](g) \xrightarrow{200℃} Ni + 4CO$$

3. 配合物在催化反应中的应用

配合物在催化反应中的应用也十分重要，目前人们研究的许多催化反应，其中的催化剂就是各种金属配合物。例如，烯烃氢甲酰化反应(烯烃与 CO、H_2 反应生成醛)最早使用的催化剂就是羰基钴配合物 $Co_2(CO)_8$，该配合物的结构见图 4-3(d)：

$$CH_3CH{=}CH_2 + CO + H_2 \xrightarrow[110\sim180℃,\ 20\sim30\ MPa]{Co_2(CO)_8} CH_3CH_2CH_2CHO + CH_3\underset{\substack{|\\ CH_3}}{C}HCHO$$

但是该催化反应条件比较苛刻，需要在很高的压强下进行反应。后来人们又研究出了性能更好的铑配合物作为该反应的催化剂，如以三苯基膦(PPh_3)为配体的 Wilkinson 配合物催化剂$[Rh(PPh_3)_3Cl]$，其结构如图 4-26 所示。

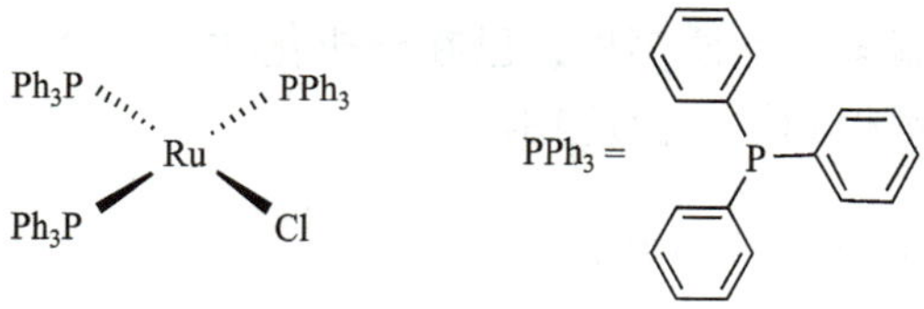

图 4-26 $[Rh(PPh_3)_3Cl]$的结构

此外，$[Rh(PPh_3)_3Cl]$还能催化烯烃的加氢反应；Pd 配合物可催化烯烃与 CO 发生聚合生成热塑性树脂；科学家们还研究了一些 Ru 配合物催化 CO_2 还原生成 CH_3OH，这一类配位催化反应对于解决温室效应及全球能源问题均具有重要意义。

4. 配合物在生物化学中的应用

金属配合物在生物化学中具有广泛而重要的应用。生物体中对各种生化反应起特殊作用的许多酶都含有复杂的金属配合物结构。生命体内的各种代谢作用、能量的转换及 O_2 的输送，也与金属配合物有密切关系。例如，与呼吸作用密切相关的血红素是 Fe 的一种配合物，作为植物光合作用催化剂的叶绿素是 Mg 的一种配合物，对人体有着重要作用的维生素 B_{12} 是 Co 的一种配合物，起免疫等作用的血清蛋白是 Cu 和 Zn 的配合物，植物固氮菌中的固氮酶为含 Fe 与 Mo 的配合物等。

5. 配合物在医药领域中的应用

金属配合物在医药方面的应用最典型的就是作为抗癌药物。顺铂是第一个用于临床治疗癌症的金属配合物，它对于生殖系统癌和头颈癌等非常有效，现已成为临床应用最为广泛的抗癌药物之一。但顺铂较强的毒副作用和易产生耐药性等缺陷严重制约了其疗效与长期使用。在顺铂基础上发展起来的第二代、第三代铂类抗癌药物，如卡铂、奈达铂、奥沙利铂和洛铂等虽然在某些方面优于顺铂，但是它们基本上都存在与顺铂交叉耐药的缺点，在总的治疗水平上并没有超过顺铂。为此，人们不断探索和寻找毒副作用小、疗效好、抗瘤谱广的新型铂类抗癌药物，设计合成了大量非经典构型的铂类抗癌试剂，如多核铂配合物、反式铂配合物与铂(Ⅳ)配合物等，但目前还没有新的铂配合物进入到临床癌症治疗。

顺铂类抗癌药物的成功也极大地推动和促进了各类金属药物的研究，人们研究并筛选了大量具有各种生物活性的金属配合物，其中有的已经在临床上用于疾病的诊断和治疗，有的正在开发或试验阶段。例如，硫醇盐金配合物可用于治疗类风湿性关节炎；水杨酸盐铋配合物可用于治疗腹泻和消化不良；磺胺嘧啶银配合物可用于严重烧伤时的抗菌消毒，以防止细菌感染；在疾病诊断时，钆配合物可用作核磁共振的造影剂，锝配合物可作为心脏造影剂等。

除上述几个方面的应用以外，许多配合物还具有丰富的光、电、磁、热等方面的特性，研究开发这些配合物作为功能材料也具有广阔的前景。

化学史话

我国配位化学奠基人——戴安邦

戴安邦（1901—1999，我国化学家、教育家）

戴安邦是我国著名的无机化学家和教育家，他开创了我国的配位化学研究领域，建立了配位化学研究所和配位化学国家重点实验室，培养了众多配位化学人才，使我国配位化学及无机化学在国际上占有重要地位，被誉为我国配位化学的开拓者和奠基人。

20世纪50年代，配位化学在国外已有了很大发展，但国内配位化学的教学和科研却几近空白，建设配位化学学科已成为当务之急。从当时情况出发，戴安邦认为要在国内发展配位化学就必须将学科建设和人才培养有机结合起来。首先配位化学的内容必需列入无机化学教学中。他亲自为年轻教师制定有关配位化学的研究方向，要求青年教师白天教学，晚上进行科学研究，用研究成果充实教学内容。

戴安邦提出了“全面的化学教育”的重要思想，对化学教育的任务、内容、途径等做出了比较系统的阐述。他认为，化学教学的主要任务是发展学生独立获取知识与技术并应用于解决实际问题的能力，为此要注意培养学生动手、观测、查阅、记忆、思维、想象和表达等 7 种能力，其中思维是核心。戴安邦指出，化学教育就是要求教学不仅仅是传授知识和技术，还有更重要的，就是要训练科学方法和科学思维，同时还要培养科学精神和科学品德，这就是全面的化学教育。他提出的“全面的化学教育”思想不仅对当时我国大学化学教学产生了重要影响，也对 21 世纪我国大学教育产生了深刻影响。

戴安邦提倡严谨的思维模式和研究方法，他对科学的研究方法、科学的认识过程、实验与理论的关系、基础理论与应用研究的关系都有卓越的见解。他认为基础理论研究应为科学发展服务，也要为应用研究储备资料，积蓄力量；在理论研究的同时应关注实际问题，在实际中找课题，因为科学研究的最终目的是要解决生产、生活中的实际问题。

1978 年，在成都召开全国无机化学年会之际，戴安邦带领部分同志去攀枝花钢铁基地参观，回来后他说：“那里的钒钛铁矿中钒钛总量在世界上占有重要地位，在钢的冶炼中贵金属钒仅小部分回收，钛则全部弃去，这是对无机化学工作者提出的挑战。”至此，他关注稀散贵金属的冶炼提取和回收的研究，如由钼精矿炼钼的烟道气中回收铼、镀铬废液回收工艺的研究等，获得了江苏省科技进步奖，并有多项研究成果在全国推广应用。1982 年，戴安邦为黄土高原土地加固需要而开展的“硅酸聚合理论”研究获得国家自然科学奖二等奖。该理论还为电能储存、萃取分离、建材、铸造、硅肺发病机制和硅的使用等有关领域提供理论依据，对生产和科研均有重要指导作用。这项研究还被誉为“植根生产实践的科研之花”。

戴安邦对配位化学的发展动向十分关注。在他和南开大学陈荣悌院士等的努力下，1987 年，国际配位化学会议第一次在中国南京举行，戴先生荣任大会主席。这次会议的成功举办，标志着我国配位化学已在国际上占有一席之地。

戴安邦是一位卓越的化学家，他在无机化学特别是在配位化学领域中的成就宛如一座丰碑，屹立在中国化学史上，业绩永存。他也是一位杰出的教育家，毕生投身于化学教育事业，对启发式教学和全面的化学教育有精辟的见解并身体力行，为国家培育了几代化学人才。他在科研和教书育人方面贡献了一生，品德高尚，为世人树立了光辉典范。

拓展阅读

习　题

4-1 命名以下配合物或配离子。

(1) $Na_3[Ag(S_2O_3)_2]$

(2) $NH_4[Cr(NCS)_4(NH_3)_2]$

(3) $[Cr(NH_3)_4(en)]Cl_3$

(4) $[Co(ONO)(NH_3)_5]SO_4$

(5) $[Ir(ONO)(NH_3)_5]Cl_2$

(6) $[Ru(NH_3)_5(N_2)](NO_3)_2$

(7) $[Co(NH_3)_3Cl_3]$

(8) $[Co(en)Cl_4]^-$

(9) $[Fe(CN)_5NO_2]^{3-}$

(10) $[Fe(C_2O_4)(en)Cl_2]^-$

4-2 判断下列说法是否正确，并解释原因。

(1) 配合物的中心离子(或原子)的配位数就等于配体的数目；

(2) 多齿配体与中心离子(或原子)形成的配合物称为螯合物；

(3) 空间构型为四面体的配合物没有几何异构和对映异构体；

(4) 根据价键理论，形成外轨型配合物时，中心离子用的都是外层轨道；形成内轨型配合物时，中心离子用的都是内层轨道；

(5) 中心离子都带正电荷，而配离子都带负电荷；

(6) 对同一中心离子所形成的配合物，低自旋型配合物的磁矩较小，高自旋型配合物的磁矩较大；

(7) 内轨型一定是低自旋型，强场配体一定形成低自旋型配合物；

(8) 凡 $\Delta > P$，总是形成低自旋型配合物；而 $\Delta < P$，总是形成高自旋型配合物。

4-3 下列物质有什么几何异构体，画出几何图形。

(1) $[Cr(NH_3)_4(H_2O)_2]^{3+}$　(2) $[Co(NO_2)_3(NH_3)_3]$

(3) $[CrCl_2(en)_2]^+$　(4) $[PtCl_2(en)]$ (平面四边形)

4-4 根据磁矩，判断下列配合物中心离子的杂化方式、几何构型，并指出它们属于哪一类配合物(内/外轨型)。

(1) $[Cd(NH_3)_4]^{2+}$, $\mu_m = 0$　(2) $[Ni(CN)_4]^{2-}$, $\mu_m = 0$

(3) $[Co(NH_3)_6]^{3+}$, $\mu_m = 0$　(4) $[FeF_6]^{3-}$, $\mu_m = 5.9\mu_B$

4-5 计算下列金属离子在形成八面体配合物时的 CFSE/Dq。

(1) Cr^{2+}，高自旋　(2) Mn^{2+}，低自旋

(3) Fe^{2+}，强场　(4) Co^{2+}，弱场

4-6 根据晶体场理论和下面所列数据，分别写出两个配离子的 d 电子排布式，计算配合物的磁矩及晶体场稳定化能，并判断它们属于高自旋还是低自旋配合物。

	电子成对能 P/cm^{-1}	分裂能 Δ_o/cm^{-1}
$[Co(NH_3)_6]^{3+}$	22 000	23 000
$[Fe(H_2O)_6]^{3+}$	30 000	13 700

4-7 判断下列各对配合物的稳定性大小，并简要说明理由。

(1) $[Cd(CN)_4]^{2-}$与$[Cd(NH_3)_4]^{2+}$　(2) $[Ag(en)]^+$与$[Ag(NH_3)_2]^+$

(3) $[Au(CN)_2]^-$与$[Ag(CN)_2]^-$　(4) $[Ni(en)_3]^{2+}$与$[Ni(NH_3)_6]^{2+}$

(5) $[Cu(NH_3)_4]^{2+}$与$[Cu(NH_3)_2]^+$

4-8 已知两个配合物的磁矩分别为：①$[Cd(CN)_4]^{2-}$ (μ = 0B.M.)；②$[Co(en)_2Cl_2]Cl$ (μ = 0B.M.)

(1) 分别给它们命名；

(2) 指出中心离子杂化轨道类型；

(3) 指出配离子的空间构型；

(4) 指出该配合物是内轨型还是外轨型。

4-9 根据晶体场理论回答：

(1) 什么是分裂能？

(2) 影响分裂能大小的主要因素有哪些？

(3) 通常用什么方法测定分裂能？

(4) 在八面体场中，分裂能是一个固定值吗？

4-10 Co^{3+}和 Fe^{3+}两种离子所带电荷相同，半径也很相近(前者为 63pm，后者为 64pm)，但是 Co^{3+}的配合物比 Fe^{3+}相应的配合物更稳定。试以晶体场理论解释。

4-11 位于同一族的 Ni(Ⅱ)、Pd(Ⅱ)、Pt(Ⅱ)都是 d^8 电子构型，Ni(Ⅱ)四配位的配合物多数是四面体构型(sp^3 杂化)，少数为平面四边形构型(dsp^2 杂化)；而 Pd(Ⅱ)和 Pt(Ⅱ)的四配位的配合物基本上都是平面四边形构型(dsp^2 杂化)，根据配合物的相关理论解释。

(中南大学　　张寿春)

第5章　气　体

5.1　物质的状态

物质是由原子、分子或离子等微观粒子所组成。当大量微观粒子在一定的温度、压强和外力场影响下相互聚集为一种稳定的结构状态时，称为物质的一种存在形态，简称物态。外界条件不同，这些粒子之间的距离、粒子之间的相互作用力，以及粒子的运动状态等也各异，从而使物质在宏观上呈现不同的物态。自然界中物质的物态繁多，在常温常压条件下，物质主要以气态(gaseous state)、液态(liquid state)和固态(solid state)三种聚集状态存在。

第5章　导学

由于气体分子本身的体积远小于其容器的体积，气体分子间距离较远，因此气体分子间作用力很小且分子不停地作无规则的自由运动，这些性质决定了气体具有高扩散性和高压缩性，整体上却没有固定的形状和体积。

对液体而言，由于液体分子间的平均距离比气体分子间的小得多，因此分子间的作用力比气体分子间的作用力大得多。而且，液体的可压缩性比气体也小得多。液体也没有固定的形状，但有一定的体积。组成固体的粒子紧密地结合在一起而不能自由运动，使得固体既难于压缩，更不能流动。因此，固体具有一定的形状和体积。

除上述气态、液态和固态以外，在合适的温度和压强条件下，物质也可能以外观像液体的液晶态(liquid crystal state)、外观像气体的等离子态(plasma state)、超导态(superconducting state)、密度极高的超固态(supersolidity state)、超流态(superfluidity state)等形态存在。

物质的存在形态也可用相(phase)的概念来描述，如气体、液体、固体，习惯上也称气相、液相、固相等。体系中物理状态、物理性质和化学性质完全均匀的部分称为一个相。若体系中的相数为1，则称为单相或均相体系(homogeneous system)。一个相是均匀的，可以只含一种物质，也可以是混合物，如纯净的水、$CuSO_4$溶液、常温常压下的空气等都属于均相体系。若体系中的相数大于1，则称为多相或非均相体系(heterogeneous system)，如悬浊液、油水混合物等都属于多相体系。一般而言，相与相之间有明显的界面，这是区分单相和多相的一个重要特征，各相可以用物理或机械方法加以分离。在相界面上物质宏观性质的改变是飞跃式的，这导致了自然界各种界面现象的存在。

思考题 5-1

以下体系属于单相还是多相：(1) 冰水混合物；(2) 铁粉和铜粉混合均匀所得的固体混合物。

在对物质世界的认识过程中，科学家对气体的研究最早，也最透彻。

气体无处不在，人类就生活在地球的由约 20 种元素组成的无色、无味的大气层中。没有空气，人类一刻也无法生存。在大气层的整个生态环境中，O_2、N_2、CO_2 和水蒸气等气体始终参与复杂的氧化还原反应循环。许多生化过程和化学变化大都在空气中进行。在工业生产中，许多气体参与了重要的化学反应。很多物质在常温常压下都是气体，因此科研工作者，尤其是化学及其相关专业的科研工作者必须掌握气体的基本知识。

本章将在气体的性质、理想气体状态方程的基础上，讨论理想气体状态方程的应用，重点讨论混合气体的性质，如分压定律和分体积定律等，并介绍气体分子运动论和真实气体的性质。

5.2 气体的性质与理想气体状态方程

5.2.1 气体的性质

气体的基本物理特性为扩散性和可压缩性。主要表现在：

(1) 气体可被压缩。在外界作用力下，气体可被压缩进某一密闭容器中，如给单车轮胎打气，而液体、固体不具备这样的特性。

(2) 气体可产生压强。当你吹气球时，能感受到气体对气球内壁产生的压强，而且，在气球内壁各点产生的压强都相等。

(3) 气体产生的压强与容器中气体的量成正比。气球中吹入的气体越多，对气球内壁产生的压强就越大。

(4) 气体的压强随着气体温度的升高而增加。例如，汽车车轮胎在炎热的夏天比在其他季节更容易发生爆胎。

(5) 气体没有固定的体积和形状。当将一定量的气体引入一密闭容器中时，气体扩散并均匀地充满容器的整个空间。或者说，气体的体积和形状就是其容器的体积和形状。

(6) 不同的气体(各气体间无化学反应)能以任意比例快速、均匀地混合。

(7) 气体的密度比液体和固体的密度小很多。

5.2.2 理想气体状态方程

教学视频
理想气体状态方程

1662 年，英国化学家波义耳(R. Boyle)在研究气体体积和压强关系的过程中，得出了波义耳定律：当温度(T)和气体的物质的量(n)不变时，气体的体积(V)与其压强(p)成反比。即

$$V \propto \frac{1}{p}$$

1787 年，法国科学家查尔斯(J. Charles)在考察气体体积和温度关系的过程中，提出了查尔斯定律：当压强(p)和气体的物质的量(n)不变时，气体

的体积(V)与温度(T)成正比。即

$$V \propto T$$

1811 年，意大利物理学家阿伏伽德罗(A. Avogadro)为了解释气体反应体积定律，提出了阿伏伽德罗假设：在同温同压下，相同体积的气体含有相同数目的分子。在阿伏伽德罗假设的基础上即可得出阿伏伽德罗定律：当温度(T)和压强(p)不变时，气体的体积(V)与气体的物质的量(n)成正比。即

$$V \propto n$$

综合上述几个定律，即可得到 p、T、n 与 V 之间的定量关系：

$$pV = nRT \tag{5-1}$$

式(5-1)就是气体的状态方程。严格地说，该方程只适用于理想气体，故称为理想气体状态方程(ideal gas equation of state)，式中的 R 称为摩尔气体常量(molar gas constant)。已知在标准状况($T = 273.15\text{K}$、$p = 101.3\text{kPa}$)下，1mol 的任何气体都占有 22.414 L 的体积。将 $V = 22.414\text{L}$、$T = 273.15\text{K}$、$p = 101.3\text{kPa}$、$n = 1\text{mol}$ 代入式(5-1)可求出摩尔气体常量 R 的值：

$$R = \frac{pV}{nT} = \frac{101.3 \times 22.414}{1 \times 273.15} = 8.314(\text{kPa} \cdot \text{L} \cdot \text{K}^{-1} \cdot \text{mol}^{-1})$$
$$= 8.314(\text{Pa} \cdot \text{m}^3 \cdot \text{K}^{-1} \cdot \text{mol}^{-1}) = 8.314(\text{J} \cdot \text{K}^{-1} \cdot \text{mol}^{-1})$$

显然，在法定计量单位的系统内，摩尔气体常量 R 的单位会因计算式中各物理量的单位不同而改变，但 R 的取值不变。值得注意的是，R 不属于具有独立量纲的基本物理量，作为导出物理量，其量纲为基本物理量的组合量纲，是能量·温度$^{-1}$·物质的量$^{-1}$。

不同化学组成的气体，分子间的相互作用情况千差万别。为什么在使用理想气体状态方程描叙气体的性质时可以不考虑气体的化学组成？这里的根本原因是低压。低压时，气体分子间的距离很大，其分子的大小相对于整个容器而言是微不足道的，气体分子间的作用力对气体的宏观物理性质不会产生显著的影响。此时，大量气体分子的杂乱无章的热运动是决定低压下气体性质的主要原因。

从低压气体的性质可以抽象出理想气体的微观模型，即：①气体分子的体积与气体占有体积相比可以忽略不计；②分子之间没有相互吸引力和排斥力；③分子之间及分子与器壁之间发生的碰撞是完全的弹性碰撞。

思考题 5-2

对于非理想气体可以使用理想气体状态方程进行处理吗？

实际上，理想气体是不存在的，但理想气体的概念却不是臆造出来的，它是在客观事实基础上抽象出来的理论模型。

5.2.3 理想气体状态方程的应用

理想气体状态方程在实际工作中有很多应用。

1. 计算 p、V、T、n 中的任一物理量

在理想气体状态方程式中，若已知 p、V、T、n 四个物理量中的任意三个，即可计算余下的未知物理量。

【例 5-1】 一体积为 438L 的钢瓶中装有 0.885kg 氧气(O_2)，试计算 21℃时该钢瓶中氧气的压强是多少。

解 已知 $V = 438\text{L}$，$T = 21 + 273.15 = 294(\text{K})$

$$n(O_2) = \frac{0.885\times10^3}{32} = 27.7(\text{mol})$$

$$p = \frac{nRT}{V} = \frac{27.7\times8.314\times294}{438} = 154.6(\text{kPa})$$

2. 确定气体的密度

若将理想气体状态方程式(5-1)重排，可以得到如下表达式：

$$\frac{n}{V} = \frac{p}{RT}$$

将上式两边同时乘以气体的摩尔质量 M，得

$$\frac{nM}{V} = \frac{m}{V} = \frac{pM}{RT}\text{，即 } \rho = \frac{pM}{RT} \tag{5-2}$$

显然，温度 T 和压强 p 相同时，摩尔质量大的气体物质，其密度更大。通过测定气体的或易挥发液体蒸气的密度，可以了解物质的性质。

【例 5-2】 为了实施绿色化学方案，在聚苯乙烯容器的生产过程中，化学工程师利用生产过程中产生的废弃 CO_2 代替氯氟碳作发泡剂。试计算 CO_2 在：(1) 标准状况下；(2) 在 20℃和 101.325kPa 时的密度($\text{g}\cdot\text{L}^{-1}$)。

解 (1) 当 $T = 273.15\text{K}$、$p = 101.325\text{kPa}$ 时，根据式(5-2)：

$$\rho(CO_2) = \frac{pM}{RT} = \frac{101.325\times44.01}{8.314\times273.15} = 1.96\ (\text{g}\cdot\text{L}^{-1})$$

(2) 当 $T = 20 + 273.15 = 293(\text{K})$、$p = 101.3\text{kPa}$ 时：

$$\rho(CO_2) = \frac{101.325\times44.01}{8.314\times293} = 1.83\ (\text{g}\cdot\text{L}^{-1})$$

因气体的密度比液体、固体的密度小，通常气体的密度单位以 $\text{g}\cdot\text{L}^{-1}$ 表示。

3. 确定气体的摩尔质量

根据理想气体状态方程，还可以计算气体的摩尔质量，进而求得相对分子质量或相对原子质量。从式(5-1)可得

$$M = \frac{mRT}{pV} \tag{5-3}$$

这是利用质谱仪测定气体摩尔质量的现代方法的重要基础。

思考题 5-3

同温同压下，气体的摩尔质量越大，则密度越大，摩尔体积越大，对吗？

【例 5-3】 氩气(Ar)可由液态空气蒸馏而得到。若氩的质量为 0.7990g，温度为 298.15K 时，其压强为 111.46kPa，体积为 0.4448L。计算氩的摩尔质量 $M(\mathrm{Ar})$和相对原子质量 $A_r(\mathrm{Ar})$。

解 已知 $m(\mathrm{Ar}) = 0.7990\mathrm{g}$、$T = 298.15\mathrm{K}$、$p = 111.46\mathrm{kPa}$、$V = 0.4448\mathrm{L}$

根据式(5-3)可得

$$M(\mathrm{Ar}) = \frac{mRT}{pV} = \frac{0.7990 \times 8.314 \times 298.15}{111.46 \times 0.4448} = 39.95(\mathrm{g \cdot mol^{-1}})$$

因为 Ar 为单原子分子，所以 Ar 的相对原子质量 $A_r(\mathrm{Ar}) = 39.95$。

5.3 分压定律与分体积定律

5.3.1 理想气体的混合

在比较温和的条件下，理想气体状态方程不仅适用于单一气体，也适用于混合气体，原因如下：

(1) 气体可以快速地以任意比例均匀混合。当几种不同的理想气体在同一容器中混合时，相互间不发生化学反应，分子本身的体积和它们相互间的作用力都可以略而不计。

(2) 混合气体中的每一个组分在容器中的行为和该组分单独占有该容器时的行为完全一样。理想气体混合时，混合气体中每一组分气体都能均匀地充满整个容器的空间，且不互相干扰，如同单独存在于容器中一样，任一组分气体分子对器壁碰撞所产生的压强不因其他组分气体的存在而改变，与它独占整个容器时所产生的压强相同。

5.3.2 分压定律

1. 物质的量与摩尔分数

教学视频
分压定律

摩尔分数(mole fraction)是物质的量之比。混合物中 i 物质的摩尔分数为该物质的物质的量与混合物的总物质的量之比，用符号 x_i 表示，即

$$x_i = \frac{n_i}{n_{总}} \tag{5-4}$$

式中，n_i 为 i 物质的物质的量，$n_{总}$ 为混合物中各组分物质的物质的量之和。

$$n_{总} = n_1 + n_2 + n_3 + \cdots + n_i$$

设一混合气体由 A、B 两种气体组成，则气体 A 的摩尔分数为

$$x_A = \frac{n_A}{n_A + n_B}$$

式中，n_A 为气体 A 的物质的量；n_B 为气体 B 的物质的量。同理，气体 B 的摩尔分数为

$$x_B = \frac{n_B}{n_A + n_B}$$

显然，$x_A + x_B = 1$。

2. 分压与分压定律

1801 年，英国科学家道尔顿(J. Dalton)在研究气体混合物行为时观察到：在任何容器内的气体混合物中，如果各组分之间不发生化学反应，则各组分气体都均匀地分布在整个容器内，如同单独存在于该容器中一样，任一组分气体分子对容器壁碰撞所产生的压强不受其他组分气体存在的影响，和它独占整个容器时所产生的压强相同。并于同年提出了道尔顿分压定律(Dalton's law of partial pressures)，简称分压定律，即理想气体混合物的总压强为各组分气体分压之和。其中某一组分气体在气体混合物中的分压等于在相同温度下它单独占有整个容器(即与混合气体体积相同)时所产生的压强。

分压定律的数学表达式为

$$p_{总} = p_1 + p_2 + p_3 + \cdots (T、V一定) \tag{5-5}$$

式中，$p_{总}$ 为混合气体的总压；p_1、p_2、p_3、…为各组分气体的分压。

当温度为 T 时，将物质的量为 n_A 的理想气体 A(用符号●表示)放入体积为 V 的刚性容器中，此时气体 A 给容器造成的压强为 p_A[图 5-1(a)]。根据理想气体状态方程可得

$$p_A = \frac{n_A RT}{V} \tag{5-6}$$

同温度 T 时，将物质的量为 n_B 的理想气体 B(用符号○表示)放入体积为 V 的同一容器中，此时气体 B 给容器造成的压强为 p_B[图 5-1(b)]。根据理想气体状态方程可得

$$p_B = \frac{n_B RT}{V} \tag{5-7}$$

若在同一温度 T 下，将物质的量为 n_A 的理想气体 A 和物质的量为 n_B 的理想气体 B 同时放入体积为 V 的同一刚性容器中，假设两种气体不发生化学反应，此时混合气体给容器造成的压强为 $p_{总}$[图 5-1(c)]。根据理想气体状态方程可得

$$p_{总} = \frac{n_{总} RT}{V} = \frac{(n_A + n_B)RT}{V} = \frac{n_A RT}{V} + \frac{n_B RT}{V} \tag{5-8}$$

联立式(5-6)、(5-7)、(5-8)可得

$$p_{总} = p_A + p_B$$

因为气体 A 和气体 B 单独存在时的体积与温度都和由两者组成的混合气体的体积与温度相同，且两者不反应，即 $n_A + n_B = n_{总}$。显然，这里的 p_A 就是混合气体中气体 A 的分压，p_B 是混合气体中气体 B 的分压。

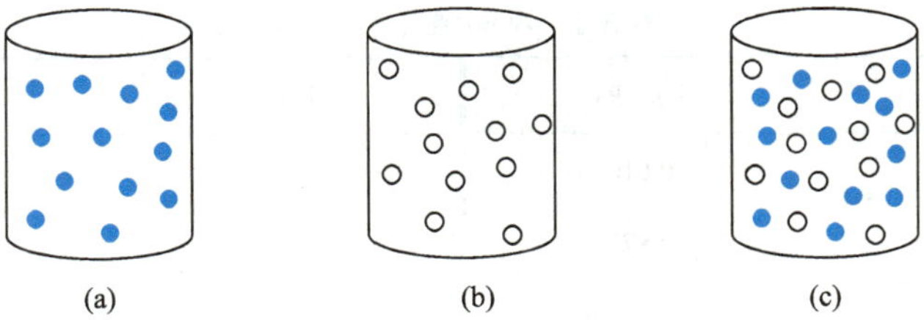

图 5-1　分压定律示意图

动画
分压定律

将式(5-6)和式(5-8)相除，得

$$\frac{p_A}{p_{总}} = \frac{n_A}{n_A + n_B} = x_A$$

即

$$p_A = x_A \times p_{总} \tag{5-9}$$

同理

$$p_B = x_B \times p_{总} \tag{5-10}$$

式(5-9)和式(5-10)表明，当 T、V 不变时，混合气体中某组分气体的分压等于该组分气体的摩尔分数与总压的乘积，上式也表明了组分气体的分压与混合气体的总压之间的关系。式(5-5)～式(5-10)都在温度(T)、体积(V)恒定时适用。

【例 5-4】 0℃时，一体积为 15.0L 的钢瓶中装有 6.00g 的氧气和 9.00g 的甲烷，计算钢瓶中两种气体的摩尔分数和分压各为多少？钢瓶的总压强为多少？

解

$$n(O_2) = \frac{6.0}{32.0} = 0.188(\text{mol})$$

$$n(CH_4) = \frac{9.0}{16.0} = 0.563(\text{mol})$$

则

$$x(O_2) = \frac{n(O_2)}{n(O_2) + n(CH_4)} = \frac{0.188}{0.188 + 0.563} = 0.25$$

$$x(CH_4) = 1 - x(O_2) = 1 - 0.25 = 0.75$$

根据式(5-6)和式(5-7)可得

$$p(O_2) = \frac{n(O_2)RT}{V} = \frac{0.188 \times 8.314 \times 273}{15.0} = 28.45(\text{kPa})$$

$$p(CH_4) = \frac{n(CH_4)RT}{V} = \frac{0.563 \times 8.314 \times 273}{15.0} = 85.19(\text{kPa})$$

根据道尔顿分压定律可知，钢瓶的总压强就是瓶中各气体的分压之和，即

$$p_{总} = p(O_2) + p(CH_4) = 28.45 + 85.19 = 113.64(\text{kPa})$$

分压定律的实际应用很多。在实验室，常用于计算化学反应中不溶于水的气体的产量。当用排水集气法收集气体时，收集到的气体是含有水蒸气的混合物，计算气体的产量时必须考虑到水蒸气的存在。不同温度下水的蒸气压如表 5-1 所示。

表 5-1　不同温度下水的蒸气压

T/K	p/kPa	T/K	p/kPa
273	0.610 6	333	19.918 3
278	0.871 9	343	35.157 4
283	1.227 9	353	47.342 6
293	2.338 5	363	70.100 1
303	4.242 3	373	101.324 7
313	7.375 4	423	476.026 2
323	12.333 6		

【例 5-5】 乙炔是一种重要的焊接燃料，实验室用电石(CaC_2)与水反应制备乙炔：

$$CaC_2(s) + 2H_2O(l) = C_2H_2(g) + Ca(OH)_2(aq)$$

某学生在室温(23℃)时用排水集气法收集乙炔，气体总压强为 98.4kPa，总体积为 523mL，已知 23℃时水的蒸气压为 2.8kPa，计算该同学收集到的乙炔气体质量。

解　$p(C_2H_2) = p(总) - p(H_2O) = 98.4 - 2.8 = 95.6(kPa)$

$V = 0.523L$、$T = 23 + 273.15 \approx 296(K)$

根据理想气体状态方程，得

$$n(C_2H_2) = \frac{p(C_2H_2) \times V}{RT} = \frac{95.6 \times 0.523}{8.314 \times 296} = 0.0203(mol)$$

因此，收集到的乙炔质量为

$$m(C_2H_2) = 0.0203 \times 26.04 = 0.529(g)$$

5.3.3　分体积定律

教学视频
分体积定律

在 T、p 相同时，混合气体的总体积等于各组分气体的分体积之和。这一规律称为分体积定律，也称阿马格(Amage)定律，其数学表达式为

$$V_{总} = V_1 + V_2 + V_3 + \cdots = \sum_i V_i \tag{5-11}$$

例如，如果一定量的气体 A 与一定量的气体 B 单独占据弹性气囊时的体积分别为 V_A 和 V_B，在 T、p 不变时，将这两种气体混合于同一弹性气囊中(两者不反应)，混合气体的总体积等于 $V_A + V_B$。如图 5-2 所示，$V_{总}$ 是混合气体的总体积，V_A 和 V_B 分别是 A 和 B 的分体积。

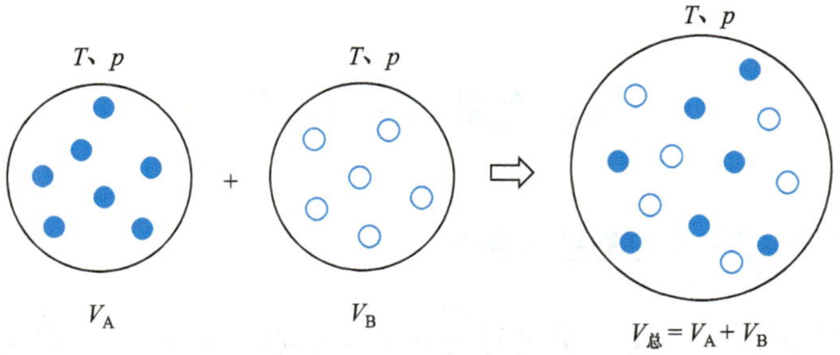

图 5-2　分体积定律示意图

因此，由互不反应的气体 A 和 B 组成的混合气体中，某组分气体的分体积等于该气体在与混合气体相同压强和温度条件下，其单独存在时占有的体积。即

$$V_B = \frac{n_B RT}{p_总} \tag{5-12}$$

也就是说，在相同温度与压强下，气体的物质的量与其体积成正比。所以

$$\frac{n_A}{n_总} = \frac{n_A}{n_A + n_B} = \frac{V_A}{V_A + V_B} = \frac{V_A}{V_总} \tag{5-13}$$

分体积定律是理想气体性质的必然结果，根据理想气体方程式可以说明。因为混合气中各组分间不发生化学反应，则

$$n_总 = n_1 + n_2 + n_3 + \cdots + n_i$$

在 T，p 恒定的条件下：

$$V_总 = \frac{n_总 RT}{p_总} = \frac{n_1 RT}{p_总} + \frac{n_2 RT}{p_总} + \cdots = V_1 + V_2 + \cdots$$

设

$$\varphi_B = \frac{V_B}{V_总} \tag{5-14}$$

则 φ_B 为 B 组分的体积分数，即 B 的分体积与混合气体的总体积之比。根据式(5-13)得

$$\frac{V_B}{V_总} = \frac{n_B}{n_总} = x_B，\text{所以} \varphi_B = x_B \tag{5-15}$$

即组分 B 的体积分数等于其摩尔分数。由式(5-9)和(5-15)可得

$$\frac{p_B}{p_总} = \frac{V_B}{V_总} = x_B = \varphi_B \tag{5-16}$$

$$p_B = \varphi_B p_总 \tag{5-17}$$

即混合气体中组分 B 的分压 p_B 等于组分 B 的体积分数与总压的乘积。

5.4 气体分子运动论*

5.4.1 气体分子运动论的基本要点

在一定压强下，气体受热时为什么会膨胀？在温度一定时，被压缩气体的压强为什么会增加？要进一步回答这些问题，我们必须了解气体物理性质的微观本质。微观上看，气体分子的运动空间远大于其分子粒子的大小，气体分子运动的速度有大有小，且不断相互碰撞而改变运动的方向。气体的性质就是这种微观气体分子运动的宏观表现。这里需要一个理论模型来帮助我们描叙，理解当压强、温度等这些实验条件改变时，气体分子微观状态的变化是怎样影响气体的宏观性质的。这个理论模型就是分子动力学理论(the kinetic-molecular theory)，或称为气体分子运动论。

气体分子运动论的发展到成熟，经过了各国科学家约 100 年的努力。1857 年，德国物理学家克劳修斯(R. Clausius)发表了《论热运动类型》，不仅从统计观点解释了气体的压强，而且推导出了著名的气体压强公式[$p = (1/3)nmv^2$]。之后，英国物理学家麦克斯韦(J. C. Maxwell)和奥地利物理学家玻尔兹曼(L. Boltzmann)先后用概率和统计力学原理对克劳修斯的理论进行了完善和补充，形成了完整的气体分子运动论。

气体分子运动论的要点概括如下：

(1) 气体由大量的处于不停息地、随机地运动着的分子组成。(这里“分子”的概念表示组成气体的最小微粒，它们可能是多原子分子，也可能是单原子分子，如惰性气体)。

(2) 气体分子的自身体积相对于其容器的总体积而言可以忽略不计。

(3) 气体分子间的吸引力和排斥力可以忽略不计。

(4) 气体分子的能量在碰撞过程中相互传递，只要气体体系的温度不改变，气体分子的平均动能不随时间改变。或者说，气体分子间的碰撞完全是弹性碰撞。

(5) 气体分子的平均动能($\bar{E}_K$)与热力学温度成正比($\bar{E}_K = C \times T$)，在任意确定的温度时，所有气体分子都具有相同的平均动能。

5.4.2 分子的速率分布

气体分子运动论认为，气体分子在容器内不断地做无规则运动，分子与分子、分子与容器器壁间频繁地相互碰撞，使每个分子的运动速率随时

---

* 选学内容。

在改变。某一个分子在某瞬间的速率是随机的。在某一时刻，容器中的一些分子可能移动很快，而另一些分子可能移动很慢，但大多数分子的运动速率接近平均速率。分子总体的速率分布遵循一定的统计规律。1860 年麦克斯韦和 1872 年玻尔兹曼分别用概率和统计力学的方法从理论上推导出了气体分子的速率分布与能量分布规律，这一规律称为 Maxwell-Boltzmann 速率分布。20 世纪中叶，高真空技术的发展使科学家们能通过实验直接测定某些气体分子的速率分布，验证了 Maxwell-Boltzmann 分布规律。

图 5-3 给出了氮气分子在 0℃和 1000℃下的两条速率分布曲线。图中横坐标为分子的速率($m \cdot s^{-1}$)；纵坐标为 $\Delta N/N\Delta v$，其中 ΔN 代表速率在 $v \sim (v+\Delta v)$ 之间的分子数，$\Delta N/N$ 代表速率在 $v \sim (v+\Delta v)$ 之间的分子数(ΔN)占总分子数 N 的比值。而 $\Delta N/N\Delta v$ 则表示在速率 v 处单位速率间隔内的分子份额。当 Δv 值很小时，也可将纵坐标的高度看作具有速率 v 的分子份额。

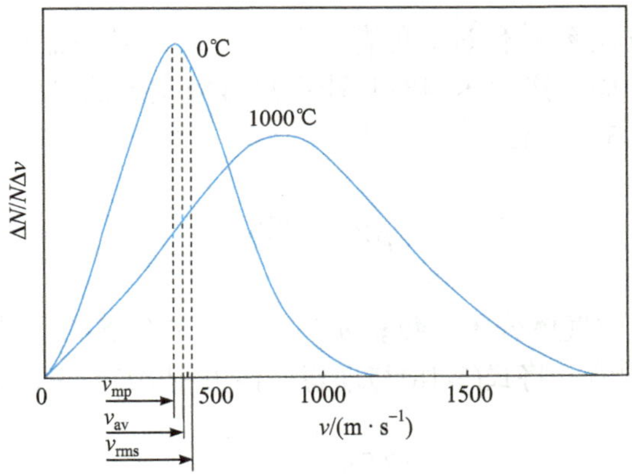

图 5-3　不同温度时 N_2 的速率分布

从图 5-3 可以看出，氮分子在 0℃时的速率分布曲线的最高点位于约 $450m \cdot s^{-1}$ 处，这表示 0℃时，在相同速率区间(Δv)内，氮分子速率在 $450m \cdot s^{-1}$ 附近的概率最大，因此这个速率被称为最概然速率(most probable speed, v_{mp})。速率小于 $100m \cdot s^{-1}$ 和大于 $1200m \cdot s^{-1}$ 的分子所占的份额都很小。而氮分子在 1000℃时的速率分布曲线的最高点位于约 $800m \cdot s^{-1}$ 处，此温度时速率在 $450m \cdot s^{-1}$ 的分子所占的份额比 0℃时的小得多。比较这两条速率分布曲线可知：一定温度下，每种气体的分子速率分布是一定的。除少数分子的速率很大或很小以外，多数分子的速率都接近于方均根速率(root-mean-square speed, v_{rms})。速率分布都显示两头少中间多的不对称峰形分布规律。温度较高时，速率高的分子所占份额较大，而且温度高时速率分布曲线较宽且平坦，即分子具有更宽广的速率分布。而低温时，分子的速率分布则比较集中。

图 5-3 中标示出了一定温度时气体分子的三种速率，分别是最概然速率(v_{mp})、平均速率(average speed, v_{av})和方均根速率(v_{rms})，它们的意义各不

相同。其中，最概然速率(v_{mp})是概率最大的速率，即在一定温度下，在相同速率区间内，分子以 v_{mp} 速率运动的概率最大；平均速率(v_{av})是分子具有的各种速率的算术平均值；方均根速率(v_{rms})是均方速率(各种分子速率的二次方的平均值)的平方根。对于同一气体在不同温度时，这三种速率的大小关系为：$v_{rms} > v_{av} > v_{mp}$。

气体分子的方均根速率(v_{rms})可从理想气体状态方程导出。

由统计物理学可知，气体的压强与“气体分子每次对器壁的碰撞力×碰撞速度”成正比，其中“碰撞力”又与“分子的质量×分子运动速度”成正比，碰撞速度也与“单位体积内的分子数×分子运动速度”成正比，即

$$p \propto mv[N/V(v)] \quad \text{或} \quad pV \propto Nmv^2$$

而分子无规则运动产生压强时，只考虑某一分子在某个瞬间的速度是毫无意义的。因此，压强应该是“分子群”运动对器壁碰撞作用的统计平均的总效果。在一定温度下，多数分子的速度都接近平均速度。这里的平均速度是指具有统计平均意义的方均根速度 v_{rms}。故而，上述式子中的 v^2 也必须用分子的均方速率 $\overline{v^2}$ 代替。再者，由于“分子群”在三维空间做无规则运动，在某一方向上产生压强时只能占总碰撞次数的 1/3。因此，上式中的比例常数为 1/3。即有

$$pV = \frac{Nm\overline{v^2}}{3} \tag{5-18}$$

式中，N 为容器中气体分子总数；m 为一个气体分子的质量；$\overline{v^2}$ 为均方速率，即 v^2 的平均值。将式(5-18)与理想气体方程 $pV = nRT$ 合并整理，得

$$nRT = \frac{1}{3}Nm\overline{v^2} \tag{5-19}$$

因为 $N = nN_A$，其中 N_A 为阿伏伽德罗常量，则

$$RT = \frac{1}{3}N_A m\overline{v^2} \tag{5-20}$$

因为 m 为一个气体分子的质量，则 $mN_A = M$，M 为气体的摩尔质量。因此：

$$RT = \frac{1}{3}M\overline{v^2}$$

故方均根速率为

$$v_{rms} = \sqrt{\overline{v^2}} = \sqrt{\frac{3RT}{M}} \tag{5-21}$$

式中，R 为摩尔气体常量；T 为热力学温度；M 为气体分子的摩尔质量。

利用式(5-21)可以计算气体分子的均方根速率，计算时须注意各物理量单位的匹配。同时，根据该式还可求同一温度下两种不同气体分子的方均根速率之比：

$$\frac{v_{\mathrm{rms}}(\mathrm{A})}{v_{\mathrm{rms}}(\mathrm{B})}=\frac{\sqrt{3RT/M(\mathrm{A})}}{\sqrt{3RT/M(\mathrm{B})}}=\frac{\sqrt{M(\mathrm{B})}}{\sqrt{M(\mathrm{A})}} \tag{5-22}$$

显然，在同一温度下摩尔质量大的分子运动速率小。

【例 5-6】 计算 25℃时氮分子的方均根速率。

解 $v_{\mathrm{rms}}(\mathrm{N_2})=\sqrt{\dfrac{3RT}{M(\mathrm{N_2})}}=\sqrt{\dfrac{3\times 8.314\times(25+273)}{28.0\times 10^{-3}}}=5.15\times 10^{2}(\mathrm{m\cdot s^{-1}})$

根据物理学对动能的定义，对一个质量为 m、运动速率为 v 的物体，其动能为 $E_{\mathrm{K}}=\frac{1}{2}mv^2$。而对于分子群，其平均动能为 $\bar{E}_{\mathrm{K}}=\frac{1}{2}m\overline{v^2}$。统计物理学导出了气体分子的平均动能与温度的关系，即单原子分子的平均动能为 $\bar{E}_{\mathrm{K}}=\frac{3}{2}kT$，其中 k 为玻尔兹曼常量，在数值上等于摩尔气体常量 R 除以阿伏伽德罗常量 N_{A}，即

$$k=\frac{R}{N_{\mathrm{A}}}=\frac{8.314}{6.023\times 10^{23}}=1.381\times 10^{-23}(\mathrm{J\cdot K^{-1}})$$

式中，k 的物理意义为分子气体常量。

因此

$$\bar{E}_{\mathrm{K}}=\frac{3}{2}\left(\frac{R}{N_{\mathrm{A}}}\right)T \tag{5-23}$$

式(5-23)说明，在任意给定温度时，任何气体的分子都具有相同的平均动能。那么，在相同温度时，由较轻的分子(如 H_2)组成的气体与由较重的分子(如 N_2)组成的气体具有相同的平均动能。所以，相同温度时，较轻的气体分子比较重的气体分子具有更高的方均根速率(v_{rms})。

思考题 5-4

在什么条件下 N_2 和 O_2 的分子平均动能相同？此时它们的方均根速率(v_{rms})、最概然速率(v_{mp})以及平均速率(v_{av})是否相等？为什么？

5.5 真实气体

尽管理想气体状态方程在低压和较高温度时可以较好地适用于真实气体(real gases)，如 He、H_2、O_2、N_2 等，但实际上所有真实气体都会在一定程度上偏离理想气体状态方程。这是因为真实气体分子都具有一定的体积，该体积由气体分子中原子的大小、原子间键的长度和方向决定。而且，真实气体分子间存在一定的相互作用力。为了定量表示真实气体对理想气体的偏离程度，引入压缩系数 Z 的概念：

$$Z=\frac{pV}{nRT} \tag{5-24}$$

从式(5-24)可知，对于理想气体，在任何压强下，压缩系数 $Z=1$。而对于真实气体，情况却并不都是这样。在 T、p 一定时，分别测定物质的量均为 $n$mol 的几种不同气体的体积 V，并计算其 Z 值，将 Z 对 p 作图，结果如图 5-4 所示。

教学视频
真实气体

思考题 5-5

常温常压下，CO、CO_2、N_2和NH_3四种气体中偏离理想气体行为最多的气体是哪一种？

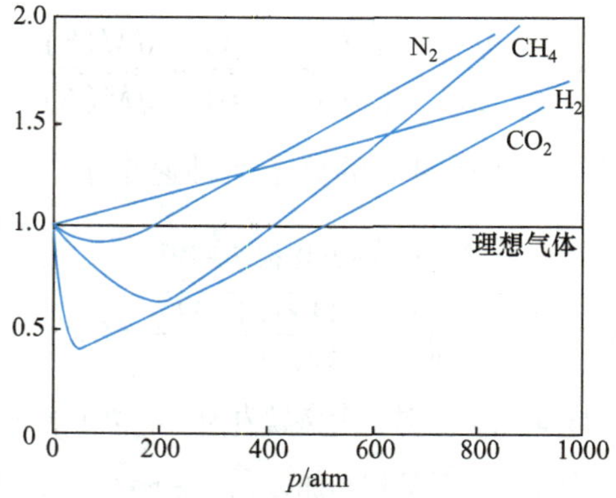

图 5-4 几种气体(1mol)在 300K 时 Z 对 p 的关系图
其中 CO_2 是 313K 时的数据，因为高压下 CO_2 在 300K 时液化

动画
真实气体行为偏离理想气体方程

图 5-4 表明，在高压时，各种气体对理想气体行为($Z = 1$)的偏离很大，而且，不同气体的偏离程度各不相同。显然，真实气体在高压时不是理想气体。而在低压时，各种气体对理想气体的偏离都较小。因此，理想气体状态方程只适用于低压时的真实气体。

同样，真实气体对理想气体行为的偏离也受温度的影响。而且温度越低偏离越大。当温度降低到接近气体的液化点时，这种偏离会变得非常明显。

产生这种偏离的原因可以从分子水平上探究，主要有以下两种：

(1) 分子间作用力的影响。分子间的作用力比共价键力要弱得多，而且其作用范围只有几十到几百皮米。因此，常压(低压)时分子间的作用力可以完全被忽略。气体的行为接近于理想气体行为。而压强增加时，气体体积减小，分子间的距离缩短，此时，气体分子间的作用力将增加。当压强增加到一定程度时，分子间的作用力将不能被忽略。

分子间的作用力将如何影响气体的宏观行为呢？按照气体分子运动论，压强是由大量分子碰撞容器器壁造成的宏观效应。即压强增加时分子间的作用力增加。此时，每一个与容器器壁发生碰撞的分子将受到容器中其他分子的吸引力(可看作是气体的内聚力)，这种吸引力将削弱分子对器壁的碰撞力，同时也使分子碰撞器壁的频率降低，从而导致气体的宏观性质压强偏低(相对于理想气体)，而这两种影响压强的因素都分别与分子浓度 n/V 有关。降低气体的温度时，将会发生同样的效应。因此，当温度降低到一定程度时，分子间的吸引力将起主要作用，最终导致气体液化。

(2) 气体分子体积的影响。在常压时，分子本身的体积远小于分子间的体积(自由体积)。因此，自由体积近似等于容器的体积。然而，随着压强的增加，分子体积占整个容器体积的比例增大，自由体积降低。当压强很高时，自由体积将明显小于容器体积。而我们在使用理想气体状态方程时，却仍然用容器的体积作为气体的体积代入 pV/nRT 进行计算，显然，pV/nRT 的计算值比实际值高。因此，分子体积的影响随着压强的增加而增大，最终，其影响将超过分子间力的影响，导致 Z 升高到理想值以上。特别是对于那些组成较复杂的摩尔质量较大的分子来说，它们本身的体积要比简单分子大，由此产生的偏差也会较大。

由于上述偏离，要使理想气体状态方程能应用于真实气体，必须对其进行两个方面的修正：①将气体的测量压强调高以消除分子间作用力的影响；②将气体的测量体积调低以消除分子本身体积的影响。

1873 年，荷兰物理学家范德华(J. van der Waals)对理想气体状态方程做出了上述两方面的修正，修正后的气体方程称为范德华气体状态方程(van der Waals equation)：

$$\left(p + a\frac{n^2}{V^2}\right)(V - nb) = nRT \tag{5-25}$$

式中，p 为测量的压强；V 为容器的体积；n 为气体物质的量；T 为气体的热力学温度；a, b 分别为对气体压强和体积的校正常量，称为范德华常量。

实验测得不同气体的 a、b 值都大于零(表 5-2)。表 5-2 中，常量 a 与分子中的电子数有关，从而与分子的复杂性和分子间作用力有关，因此常量 a(单位为 $Pa \cdot m^6 \cdot mol^{-2}$)是用于校正因分子间作用力而导致的压强偏差。由于与理想气体相比，真实气体分子对器壁的碰撞频率减小与气体分子的浓度 n/V 成正比，同时，真实气体分子对器壁的碰撞强度减弱也与 n/V 成正比，这两种因素的积累使压强减小的量与分子浓度的平方$(n/V)^2$ 成正比，所以压强校正项为 $a(n/V)^2$。常量 b(单位为 $m^3 \cdot mol^{-1}$)相当于 1mol 气体分子本身的体积，用于校正高压下因分子自身的体积对自由体积造成的偏差。即应扣除分子自身的总体积才是分子运动的自由空间。所以，$V_{理想} = (V - nb)$。

表 5-2 某些气体的范德华常量

气体	$a/\times 10^{-1}(Pa \cdot m^6 \cdot mol^{-2})$	$b/\times 10^{-4}(m^3 \cdot mol^{-1})$
Ne	0.211	0.171
Ar	1.36	0.322
H_2	0.248	0.266
O_2	1.38	0.318
N_2	1.41	0.391
CH_4	2.28	0.428
CO_2	3.59	0.427
HCl	3.72	0.408
NH_3	4.22	0.371
NO_2	5.35	0.442
H_2O	5.54	0.305
SO_2	6.80	0.564
C_2H_5OH	12.2	0.841

根据分子运动论，因为理想气体分子无体积、分子间无作用力，所以对于理想气体而言，范德华气体状态方程中的常量 a 和 b 都为零。而常压时真实气体分子间的距离也远大于分子本身，因此可以用理想气体状态方程代替范德华气体状态方程，即

$$p+\frac{n^2a}{V^2}\approx p,\ V-nb\approx V$$

进行相关的气体物理量的计算。

【例 5-7】 分别按理想气体状态方程式和范德华方程式计算：

(1) 1.0mol NO_2(g)在 20℃、体积为 20.0L 时的压强，并比较两种方法的相对偏差 d_r。

(2) 如果将该气体的体积等温压缩为 2.0L，气体的压强为多少？相对偏差 d_r 又为多少？

解 (1) 由表 5-2 查得 NO_2 的 $a=5.35\times10^{-1}Pa\cdot m^6\cdot mol^{-2}$，$b=0.442\times10^{-4}m^3\cdot mol^{-1}$。

$$p_1=\frac{nRT}{V}=\frac{1.0\times8.314\times293}{20.0\times10^{-3}}=121.8(kPa)$$

$$p_2=\frac{nRT}{V-nb}-\frac{an^2}{V^2}=\frac{1.0\times8.314\times293}{20.0\times10^{-3}-1.0\times0.442\times10^{-4}}-\frac{5.35\times10^{-1}\times(1.0)^2}{(20.0\times10^{-3})^2}$$

$$=122.1-1.338=120.8(kPa)$$

$$d_r=\frac{p_1-p_2}{p_2}=\frac{121.8-120.8}{120.8}\times100\%=0.828\%$$

(2) 当将体积压缩至 2.0L 时：

$$p_1'=\frac{nRT}{V_2}=\frac{1.0\times8.314\times293}{2.0\times10^{-3}}=1218.0(kPa)$$

$$p_2'=\frac{nRT}{V_2-nb}-\frac{an^2}{V_2^2}=\frac{1.0\times8.314\times293}{2.0\times10^{-3}-1.0\times0.442\times10^{-4}}-\frac{5.35\times10^{-1}\times(1.0)^2}{(2.0\times10^{-3})^2}$$

$$=1245.5-133.8=1111.7(kPa)$$

$$d_r'=\frac{p_1'-p_2'}{p_2'}=\frac{1218.0-1111.7}{1111.7}\times100\%=9.56\%$$

计算结果表明，压强增大时，使用理想气体方程计算的结果偏差明显增大。因此，对于高压(包括低温)时的气体行为，需用范德华方程进行相关的计算。

拓展知识

气体临界现象

由于气体分子间存在作用力，在适当的温度时，压缩气体可以使之液化。但随着温度的升高，气体分子的动能增加，分子扩散膨胀的倾向占优势，使气体越来越难以液化。对于每一种气体都存在一个特定的温度，当温度升高到这个温度以上后，无论给气体施加多大的压强都不能使其液化。这个温度就是该气体的临界温度 T_c(critical temperature)。这就是说，气体的液化必须发生在临界温度以下。例如，水汽在低于 100℃时，常压(101kPa)下就可以自动液化，但高于 100℃时，需加压才能使其液化。若将水汽的温度升高到 374.14℃(水汽的 T_c)以上，无论加多大的压强都不能使水汽液化。这是因为加压虽然可以使分子间距离缩小，吸引力增大，但是吸引力的增加是有限度的。当加压使分子间距离缩小到一定程度仍不能克服气体分子热运动导致的扩散膨胀倾向时，只靠加压是不能使气体液化的，只有同时降温(减少热运动)和加压(增加吸引力)，才能使气体液化。在临界温度时使气体液化所需要的最低压强称为临界压强 p_c(critical pressure)。在 p_c 和 T_c 条件下，1mol 气体所占有的体积称为临界体积 V_c(critical volume)。表 5-3 中列举了几种常见物质的临界数据。

表 5-3 几种物质的临界数据

物质名称	He	O_2	N_2	H_2O	NH_3	CO_2	H_2
正常沸点/K	4.22	90.20	77.36	373.2	239.82	194.65	20.28
临界温度/K	5.19	154.59	126.21	647.14	405.5	304.13	32.97
临界压强/MPa	0.227	5.043	3.39	22.06	11.35	7.375	1.293
临界体积/$(mL \cdot mol^{-1})$	57	73	90	56	72	94	65

* 摘自 Haynes W M. 2016. CRC Handbook of Chemistry and Physics. 97th ed. Boca Raton: CRC Press Inc。

从表 5-3 的数据可知，气体的沸点越低，临界温度也越低，就越难液化。那些沸点和临界温度都低于室温的气体，如 H_2、N_2、O_2 等，在室温时无论加多大的压强都不能使它们液化，将这类气体称为“永久气体”。

化学史话

近代化学之父——道尔顿

约翰·道尔顿 (J. Dalton，1766—1844，英国化学家、物理学家)

道尔顿是英国著名化学家、物理学家，从原子论到气体分压定律，道尔顿为近代化学真正成为一门系统性的科学奠定了重要基础，被后人尊称为“近代化学之父”。英国皇家化学会(Royal Society of Chemistry，简称 RSC)出版的 *Dalton Transactions* 是无机化学领域的重要国际学术期刊，正是为纪念这位著名科学家而创立的。

出生于 18 世纪下半叶的道尔顿与同时代学者不同，他来自一个贫困的家庭，从小并没有得到任何精英教育。他关于化学的所有兴趣及知识都来自他身边的朋友和自学。年仅 12 岁的道尔顿就开始在贵格会（基督教新教的一个教派）的学校中任教，并继续深入学习相关学科知识。后来，道尔顿因其卓越的贡献，在 1816 年被选为法国科学院院士，1822 年当选为英国皇家学会会员，1835～1836 年出任英国学术协会化学分会副会长。

道尔顿在继承古希腊朴素原子论和牛顿微粒说的基础上，于 1803 年提出了著名的原子论。该理论认为：物质世界的最小单位是原子，原子是单一的、独立的、不可被分割的，在化学变化中保持着稳定的状态，同类原子的属性也是一致的。在今天看来，道尔顿的原子论虽然有些论述不完全正确，但它是人类第一次依据科学实验系统地阐述微观物质世界，是人类认识物质世界的一次深刻的、具有飞跃性的成就。该理论是继拉瓦锡的氧化学说之后理论化学的又一次飞跃，道尔顿也因此被誉为“近代化学之父”。恩格斯赞美道尔顿说：化学中的新时代是随着原子论开始的，道尔顿是科学原子论的奠基人。道尔顿最先从事原子量测定的工作，并使用化学符号发表了第一张原子量表。正是道尔顿首次将原子量的概念引入化学，才使化学真正走上定量的发展阶段。今天，在很多情况下，人们依然使用道尔顿作为原子量的单位。

道尔顿在气象学、物理学上的贡献也十分突出。他是一个气象迷，自 1787 年开始连续观测气象，从不间断达 57 年之久，留下了约 20 万字的气象日记，这成为他在气体性质研究方面的实验基础，并出版了第一本科学著作《气象观察与研究》。为了解开混合气体的组成和性质之谜，道尔顿开展了气体和气体混合物的研究。1801 年，道尔顿总结了大量的实验结果，提出了气体分压定律，即混合气体的总压等于各组分气体的分压之和，成为气体研究的经典定律。

道尔顿还是第一个发现人类存在红绿色盲的科学家。1794 年，道尔顿在他的论文《关于颜色视觉的特殊例子》中，对色盲这一视觉缺陷给出了最早的描述，总结了从他自身和其他很多人身上观察到的色盲症的特征。因此，色盲又被很多人称为“道尔顿症(daltonism)”，色盲“colour blindness”这个词就是道尔顿创立的。1844 年 7 月 27 日，道尔顿去世。道尔顿希望在他死后对他的眼睛进行检验，以找出他色盲的原因。

道尔顿是自学成才的伟大学者，他将毕生的精力都献给了科学。贫寒的家境并没有削弱他追求知识和真理的决心，他对科学的热爱、对事物的好奇心和锲而不舍的精神，终在化学史上留下了浓墨重笔，值得我们每一个人学习。

拓展阅读

习　题

教学视频
习题课

5-1 为什么湿空气比干燥的空气密度小？

5-2 在标准状况下，多少摩尔的 AsH_3 气体占有 0.004 00L 的体积？此时该气体的密度是多少？

5-3 由 0.538mol He(g)、0.315mol Ne(g)和 0.103mol Ar(g)组成的混合气体在 25℃时体积为 7.00L，试计算：

(1) 各气体的分压；

(2) 混合气体的总压强。

5-4 在 76m 的水下，压强为 849.1kPa，要使潜水员使用的潜水气瓶中氧气的分压保持为 21.3kPa(这是氧气在总压强 101.3kPa 的空气中的分压)，潜水气瓶中氧气的摩尔分数是多少？

5-5 现有 1.00mol CCl_4，体积为 28.0L，温度为 40℃，分别计算：

(1) 服从理想气体状态方程时；

(2) 不服从理想气体状态方程时($a = 20.4\times10^{-1}\text{Pa}\cdot\text{m}^6\cdot\text{mol}^{-2}$，$b = 0.1383\text{L}\cdot\text{mol}^{-1}$)该气体的压强？

5-6 试解释在以下两种情况下，分子间的作用力对气体性质的影响是增加了还是减弱了。

(1) 等温下压缩气体；

(2) 等压下升高气体的温度。

5-7 用加热氯酸钾($KClO_3$)的方法制备氧气，氧气用排水集气法收集，在 26℃、102kPa 压强下收集到的气体体积为 0.250L，计算：(1) 收集到多少摩尔氧气？(2) 有多少克 $KClO_3$ 发生分解。

5-8 已知 O_2 的密度在标准状况下是 1.43g · L^{-1}，计算 O_2 在 17℃和 207kPa 时的密度。

5-9 某烃类气体在 27℃、100kPa 下为 10.0L，完全燃烧后将生成物分离，并恢复到 27℃、100kPa，得到 20.0L CO_2 和 14.44g H_2O，通过计算确定此烃类的分子式。

5-10 30℃时，在 10.0L 容器中，O_2、N_2 和 CO_2 混合气体的总压强为 93.3kPa，其中 O_2 的分压为 26.7kPa，CO_2 的质量为 5.00g，计算 CO_2 和 N_2 的分压，以及 O_2 的摩尔分数。

5-11 在室温常压条件下，将 4.0L N_2 和 2.0L H_2 充入一个 8.0L 的容器，混合均匀，则混合气体中 N_2 和 H_2 的分体积分别是多少？

(中南大学 刘绍乾)

第6章　化学热力学基础

第6章　导学

18 世纪中叶，瓦特(J. Watt)蒸汽机的广泛使用成为第一次工业革命的主要标志。为提高热机效率，人们从理论上研究能量转化规律，导致了热力学(thermodynamics)的诞生。热力学是研究宏观体系热能与其他形式能相互转换规律的一门科学。热力学方法是一种宏观的研究方法，它只研究由大量微观粒子所构成的宏观集合体的平均行为，不讨论宏观集合体内部的微观结构和个别微粒；只预测过程发生的可能性，而不管该过程是否实现，怎么实现及实现的快慢。热力学通常只需知道体系的始、终态和外界条件，就能得到可靠的预测结论。

用热力学理论和方法研究化学，则产生了化学热力学(chemical thermodynamics)。化学热力学主要研究和解决两大问题：①化学反应中的能量变化；②化学反应的方向和限度。

化学热力学是化学学科的一个重要分支，涉及的内容既深又广，详细的讨论将在物理化学课程中进行。在无机化学课程中，主要是对化学热力学的一些最基本概念、理论和方法等基础内容作初步介绍，并将这些基本理论和方法应用于计算化学反应的热效应、预测反应的可能性和方向等问题。

6.1　化学热力学的基本概念

教学视频
化学热力学的基本概念

6.1.1　体系和环境

热力学的研究对象称为体系(system)，又称系统，它是根据研究的需要从周围的物质世界中人为地划分出来的一部分。体系以外的其余部分称为环境(surrounding)。例如，若将烧杯中的 $CuSO_4$ 溶液作为研究对象，则 $CuSO_4$ 溶液为体系，盛放溶液的烧杯及烧杯外的一切都可以当作环境。为了研究的实际需要，有时候只将与体系密切相关(有能量或物质交换)的部分称为环境。体系与环境之间可以有实际存在的界面，如 $CuSO_4$ 溶液和烧杯之间的界面；二者之间也可能没有明显的物理界面，如若将空气中的 O_2 看作体系，则 O_2 与作为环境的空气中的其他成分(N_2、CO_2 等)之间则没有明显的界面。

根据体系与环境之间有无物质和能量的交换，通常可以将体系分为三类：

(1) 敞开体系(open system)：体系与环境之间既有物质又有能量的交换。

(2) 封闭体系(closed system)：体系与环境之间只有能量而无物质的交换。

(3) 孤立体系(isolated system)：体系与环境之间既无物质也无能量的交换。

动画
三类不同的热力学体系

例如，一敞口玻璃杯中盛满热水，若将水看作体系，则该体系属于敞开体系；若将热水盛放于一密闭玻璃瓶中，阻止了水分子的逸出，但瓶壁有热量交换，此时构成一个封闭体系；若将上述密闭玻璃瓶换为完全绝热的保温杯，仍以水为体系，此时既无热量交换(水温不变)，也无物质交换(无水分子逸出)，就成了孤立体系。

在化学热力学中，主要研究的是封闭体系，即体系与环境之间有能量交换(吸热或放热)，但不发生物质交换(质量守恒)。而在自然界中，真正的孤立体系实际上并不存在。将体系与环境加起来，可以看作一个超大的孤立体系，此体系在热力学上称为宇宙。

6.1.2　状态和状态函数

体系的状态(state)是体系宏观物理和化学性质的综合表现，这些宏观性质有物质的量(n)、质量(m)、温度(T)、压强(p)、体积(V)、密度(ρ)、黏度(η)等。若某体系的上述宏观性质处于一定值时，就可以说该体系处于一定状态，这种状态是热力学平衡态。若体系的宏观性质改变，状态也随之而变，变化前的状态称为始态(initial state)，变化后的状态称为终态(final state)。因而，描述状态的宏观性质又称为状态函数(state function)。

例如，理想气体的状态可由 n、T、p、V 描述。1mol 理想气体在 273.15K、101.325kPa 的标况下占有 22.4L 体积。此时体系的 n、T、p、V 都有确定值，可以称该理想气体处于一定状态。又因为理想气体状态函数之间存在 $pV = nRT$ 关系，实际上只需知道 n、T、p、V 中的任意 3 个状态函数，就可确定第 4 个状态函数。也就是说，用 3 个状态函数就可确定理想气体的状态。

状态函数具有以下特征：

(1) 体系状态一定，状态函数就有一定值，而且是唯一值。

(2) 状态变化时，状态函数的变化值只取决于始态和终态，与变化途径无关。若体系发生一系列变化后回到原状态，则状态函数恢复原值，即变化值为零。

例如，使一定量 20℃的水(始态)变为 50℃的水(终态)，则无论是将水先冷却再加热，还是先加热再冷却，其状态函数 T 的变化值 ΔT 总是 30℃。

(3) 不同状态函数的集合(和、差、积、商)也是状态函数。

状态函数可分为两类：一类为广度性质(extensive property)，这类性质在一定条件下具有加和性，其数值与体系中物质的量有关，如 V、m

等；另一类为强度性质(intensive property)，此种性质的数值不随体系中物质的量而改变，仅由体系中物质本身的特性所决定，如 T、p、ρ、V_m 等。值得注意的是，有时两类性质之间可以互相转化，如密度 $\rho = m/V$、摩尔体积 $V_m = V/n$ 等，两个广度性质之比可成为体系的强度性质。

6.1.3 过程和途径

体系中发生的一切状态变化称为热力学过程，简称过程(process)。

常见的过程有：

> **思考题 6-1**
>
> 体系从始态经等温变化到终态，与环境之间有无能量交换？

(1) 等温过程(isothermal process)：体系状态变化的始态与终态的温度相等，且等于环境温度，对过程中体系本身的温度是否变化没有限定。若过程中体系温度恒定，则为恒温过程。

(2) 等压过程(isobar process)：体系状态变化的始态与终态的压强相等，且等于环境压强，对过程中体系本身的压强是否变化没有限定。若过程中体系压强恒定，则为恒压过程。

(3) 等容过程(isovolumic process)：体系状态变化的始态与终态的体积相等，对过程中体系本身的体积是否恒定没有要求。若过程中体系体积恒定，则为恒容过程。

(4) 相变过程(phase process)：体系的化学组成不变而物相发生变化，如蒸发、熔化、凝固等。

(5) 化学变化过程(chemical change process)：体系的化学组成发生变化，即体系内发生了化学反应或者说体系中分子的种类发生了改变。

(6) 绝热过程(adiabatic process)：体系状态变化是在体系与环境之间无热交换条件下进行的。

(7) 循环过程(cyclic process)：体系由始态出发，经过一系列状态变化后仍然回到始态。

体系由同一始态变到同一终态可经由不同的方式，这些不同的方式称为途径(path)。每种途径可由多种不同的过程构成。因此，途径也可理解为体系由始态到终态所经历的所有过程之和。

例如，一定量的理想气体由同一始态(298K、100kPa)变化到同一终态(373K、500kPa)，可经由两种不同的途径来实现(图 6-1)。途径一：从

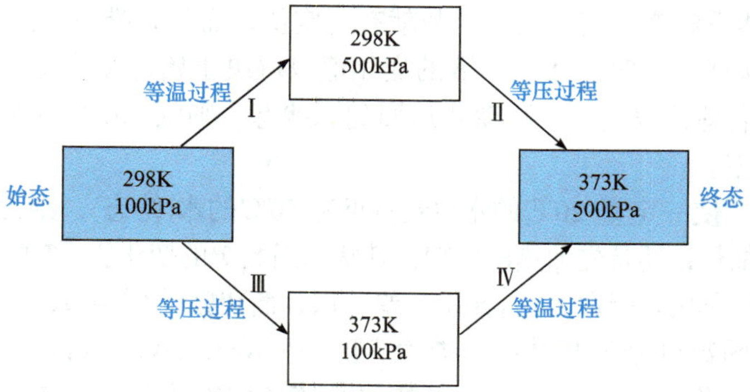

图 6-1 同一始终态的两种不同途径

始态首先经历一个等温过程(Ⅰ)，再经历一个等压过程(Ⅱ)至终态；途径二：从始态首先经历一个等压过程(Ⅲ)，再经历一个等温过程(Ⅳ)至终态。

6.1.4 热和功

1. 热和功的概念

教学视频
功和热

热和功是体系和环境之间能量传递的两种不同形式，只有在能量传递的过程中才存在。而能量的传递具有方向性，皆以体系为中心，增加体系能量者，其值为正值，减少体系能量者，其值为负值。

热和功都不是状态函数，其数值大小与状态变化的途径有关。

热(heat)是因温度不同而在体系和环境之间传递的能量形式，用符号 Q 表示，其本质是物质粒子混乱运动的宏观表现。热有化学反应热、相变热和因简单变温所引起的热传递。在化学反应中，发生了旧键断裂和新键形成，化学键的键能发生显著变化，这是产生化学反应热的根本原因。而物质因其聚集状态改变，物质粒子之间相互作用改变所引起的能量变化是产生相变热的原因。

热力学规定：体系从环境吸热，Q 为正值；体系向环境放热，Q 为负值。

功(work)是除热以外，体系和环境之间传递的其他一切能量形式，用符号 W 表示，如机械功、体积功、电功、表面功和拉伸功等，其本质是物质粒子做定向运动的结果。

热力学规定：体系对环境做功，W 为负值；环境对体系做功，W 为正值。

热力学中，功分为两类。将引起体系体积变化所做的功称为体积功(volume work)，用 $W_{体}$ 表示。除体积功外，其他所有形式的功皆称为非体积功，用 W' 表示，其代表就是大家最易理解的电功。由于化学反应通常不做电功、表面功等非体积功，因此对于常伴随有体积变化的一般化学反应和相变过程来说，体积功有着特殊的意义。

2. 体积功

在许多变化过程中，体系的体积发生了变化。体系在反抗外压发生体积变化时有功产生，这种功就是体积功。由于液体和固体在变化过程中的体积变化很小，因此体积功的讨论一般是针对气体而言。下面以理想气体等温膨胀为例，来讨论体积功。

动画
体积功的计算

如图 6-2 所示，将一定量的理想气体装入一截面积为 S 的气缸中，假设活塞自身没有质量，活塞与气缸之间无摩擦力。若缸内气体反抗所承受的外力 $F_{外}$ 使活塞在抵抗外力方向上移动了距离 L。由于体积功在本质上是一种机械功，则该理想气体体系反抗外力对环境所做的机械功便是体积功，为

$$W_{体} = -F_{外} \times L = -p_{外} \times S \times L = -p_{外}\Delta V \quad (6\text{-}1)$$

式(6-1)即为体积功的计算通式。式中，$p_{外}$为外压，即环境压强，$p_{外} = F_{外}/S$；ΔV为气体体积的变化值。上式表明，体系所做的体积功大小取决于环境施加于体系的压强和气体体积的变化值。当气体膨胀时，如果外压为零，这时无论体系的压强有多大，体系对环境均不做功，因为此时体系无须反抗外压而能自由膨胀，故体积功为零；若外压不变，则体系始终反抗恒外压而做功$[W_{体} = -p_{外}(V_2 - V_1)]$。

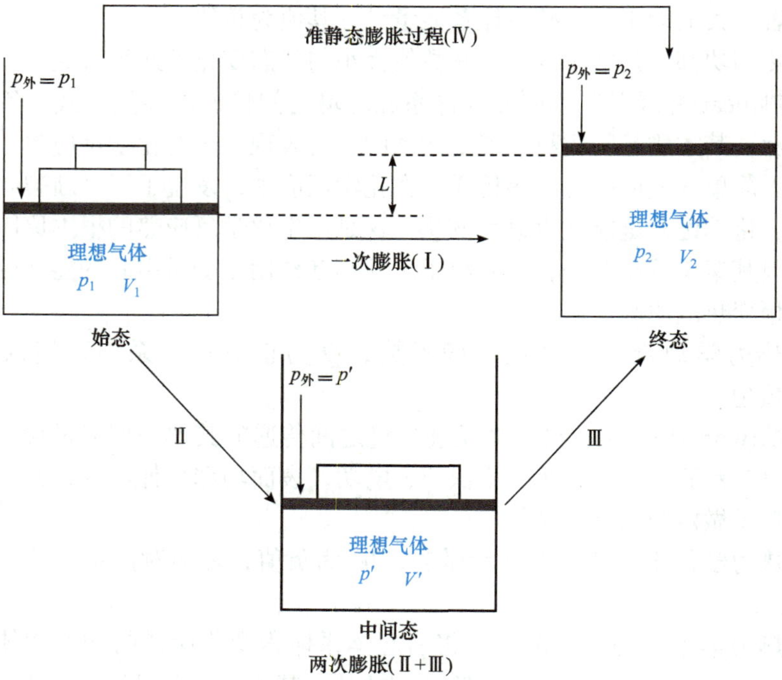

图 6-2 理想气体等温膨胀的不同途径

假设活塞上未放置金属块时，理想气体的外压为恒定的大气压(101.3kPa)。下面结合图 6-2，分几种情况讨论，在同一始态与终态条件下，理想气体经过不同途径发生等温膨胀所做的体积功。

设气缸中理想气体的始态为 $p_1 = 405.2\text{kPa}$，$V_1 = 1.00\text{L}$、$T_1 = 273\text{K}$；终态为 $p_2 = 101.3\text{kPa}$、$V_2 = 4.00\text{L}$、$T_2 = 273\text{K}$。

思考题 6-2

体积功的计算式中压强为什么是外压？什么情况下可用体系压强代替？

1) 一次膨胀

若将活塞上的两个金属块一次性全部移走，气缸内的理想气体将反抗恒外压一次性等温膨胀到终态(过程Ⅰ)。当活塞向外移动了距离 L 后静止下来，气缸内的理想气体停止膨胀，体系达到新的平衡态，此时外压与气缸内理想气体在终态时的压强相等，即 $p_{外} = p_2$。则经过一次等温膨胀后所做的体积功为

$$W_1 = -p_{外}\Delta V = -101.3 \times 10^3 \times (4.00 - 1.00) \times 10^{-3} = -304(\text{J})$$

2) 两次膨胀

若先将活塞上的一个小金属块移走，理想气体反抗恒外压等温膨胀到一个中间平衡态(过程Ⅱ)。此时，理想气体的 $p' = 202.6\text{kPa}$、$V' = 2.00\text{L}$、$T' = T_1 = 273\text{K}$。再将活塞上的大金属块移走，理想气体从中间态再等温膨胀到终态(过程Ⅲ)。则理想气体从始态到终态等温膨胀所做的体积功等于过程Ⅱ和过程Ⅲ所做的体积功之和，即

$$\begin{aligned}W_2 &= W_{\text{II}} + W_{\text{III}} = [-p'(V' - V_1)] + [-p_2(V_2 - V')] \\ &= [-202.6\times10^3\times(2.00-1.00)\times10^{-3}] + [-101.3\times10^3\times(4.00-2.00)\times10^{-3}] \\ &= -405(\text{J})\end{aligned}$$

计算结果表明，在同一始态与终态条件下，理想气体经过两次等温膨胀对外所做的体积功大于一次膨胀所做的体积功。

3) 准静态等温膨胀

若将气缸上面的两个金属块磨碎成无限小的颗粒，则颗粒的个数无限多。每次取走一颗，气体就经历一次膨胀达到一个新的平衡，外压每次仅比内压减少一个无穷小量 dp，气缸内气体的体积则增加一个无穷小量 dV，从而使体系在整个等温膨胀过程中都无限接近于平衡态。经过无限长的时间和无穷多次膨胀，颗粒被全部取完，直至终态，此过程称为准静态过程(quasistatic process，即过程Ⅳ)。

等温条件下，理想气体经过准静态等温膨胀从体积 V_1 变化到 V_2，对外所做的体积功可以用无限多个、无限小的膨胀过程的体积功求和的办法获得，即用高等数学中的积分法来求算。

$$W_3 = -\sum_{V_1}^{V_2} p_{外}\text{d}V = -\int_{V_1}^{V_2} p_{外}\text{d}V = -\int_{V_1}^{V_2}\frac{nRT}{V}\text{d}V = -nRT\ln\frac{V_2}{V_1} = -560(\text{J}) \quad (6\text{-}2)$$

表 6-1 总结了理想气体经过上述几种不同途径发生等温膨胀所做的体积功。结果表明，理想气体经过一次、两次或无限多次等温膨胀所做的体积功均不相同。若始态与终态相同，分步膨胀的次数越多，即经过的中间平衡态越多，则体系对环境做的总体积功会越大，而经过无限多次的准静态等温膨胀所做的体积功为最大。由此表明，功不是状态函数，其数值与经历的途径有关。

表 6-1　理想气体等温膨胀和等温压缩所做体积功的对比

途径	等温膨胀		等温压缩	
	计算公式	体积功/J	计算公式	体积功/J
一次完成	$-p_2(V_2 - V_1)$	−304	$-p_1(V_1 - V_2)$	1216
分两次完成	$-p'(V' - V_1) - p_2(V_2 - V')$	−405	$-p'(V' - V_2) - p_1(V_1 - V')$	818
准静态过程	$-nRT\ln(V_2/V_1)$	−560	$-nRT\ln(V_1/V_2)$	560

由于理想气体等温膨胀是通过体系对环境做功的同时又向环境吸热来

实现的，从同一始态到同一终态，途径不同，功 W 就不同，而体系与环境之间所交换的总能量仍然一样，这样，途径不同，热 Q 也会不同。因此，热也不是状态函数。

理想气体体系也可以从终态经不同途径的等温压缩过程回到始态。表 6-1 列出了上述理想气体在等温条件下一次压缩、分两次压缩和分多次压缩(即准静态压缩过程)三种途径回到始态所做体积功的计算数据。

结果表明，若理想气体从同一终态回到同一始态分步压缩的次数越多，则环境对体系作的总体积功会越小。而对于准静态压缩过程，环境对体系所做的总体积功在数值上为同一始、终态条件下不同压缩途径中的最小功。在始态与终态条件不变的情况下，准静态等温压缩过程中环境对体系做的最小压缩功与准静态等温膨胀过程中体系对环境做的最大体积功大小相等、符号相反。

6.1.5 可逆过程和不可逆过程

某体系由状态 A 经过某一过程变到状态 B，再从状态 B 沿原路返回到状态 A，不在环境中留下任何痕迹(体系和环境同时复原)，则该过程称为可逆过程。或者说，在热力学中，可逆过程是指体系的某些属性能够在无能量损失或耗散的情形下通过无穷小的变化实现反转的热力学过程。由于这些变化都是无穷小的，热力学体系在整个过程中都几乎处于平衡态。

前面介绍的理想气体准静态等温膨胀过程就是热力学中一个典型的可逆过程。体系从始态经历无穷多步等温膨胀过程到终态，然后可经无穷多步等温压缩过程回到始态。热力学可证明，在此往返过程中，环境在正过程中得的功又全部在逆过程中还给体系(见表 6-1)。而在正过程中环境供给体系的热，又在逆过程中由环境原封不动地收回了，因而体系和环境能够同时复原。若体系经过某一过程后，体系与环境不能同时复原，则该过程称为不可逆过程。例如，理想气体经过一次、两次等有限多次等温膨胀或等温压缩均为不可逆过程。

可逆过程是从实际过程中抽象出来的一种理想过程，客观实际中并不真正存在。但有些实际过程接近于可逆过程，如相平衡、化学平衡、原电池在外电压几乎等于电池电压时的充电或放电过程等可近似地看作可逆过程。可逆过程的概念很重要，一些重要的热力学函数的改变量只有通过可逆过程才能求得。可逆过程所做的功，称为可逆功(reversible work)，用 W_r 表示。由表 6-1 可知，同一始、终态条件下，不同途径所做的功不同，可逆过程对外做功最大，而不可逆过程做功相对较小。因此，人们在设计很多过程时，总是最大限度地接近可逆过程，以使效率更高。再者，只要始态与终态确定，可逆功就有确定值，常作为其他过程的比较标准。

6.2 能量转换守恒和热力学能

6.2.1 热力学能

教学视频
热力学能和热力学第一定律

热力学能(thermodynamic energy)又称内能(internal energy)，它是体系内部所储藏的能量，包括体系内分子的平动能、转动能、振动能、分子内部的振动能和转动能、电子运动能、原子核内的能量，以及分子间相互作用的势能等。热力学能是状态函数，用符号 U 表示。

在化学反应中，体系的动能和势能一般没有变化，仅仅内能发生改变。因此，内能在化学变化中具有特别重要的意义。为了简化问题，化学热力学通常只研究静止的体系，且不考虑外力场的作用，则热力学体系的能量，也就仅指内能。

热力学能的绝对值无法测定，但热力学能的变化值 ΔU 可以确定，因为 ΔU 是体系与环境之间所交换的总能量，热和功是能量交换的形式，而热和功是可测的。

热力学研究结果证明，当理想气体的量及组成一定时，其热力学能只是温度的单值函数。也就是说，温度 T 不变，理想气体体系发生物理变化的热力学能不变，即 $\Delta U = 0$。

6.2.2 热力学第一定律

1. 热力学第一定律

经过迈耶(J. R. Mayer)、焦耳(J. P. Joule)和亥姆霍兹(H. von Helmholtz)等科学家的共同努力，科学界终于在 19 世纪中叶公认了能量转化与守恒定律。

能量转化与守恒定律指出：自然界的一切物质都具有能量。能量既不能消灭，也不能创造。能量的各种形式之间可相互转化，能量在不同的物体之间也可相互传递，而在转化和传递过程中能量的总量保持不变。能量转化与守恒定律应用于宏观的热力学体系即为热力学第一定律(the first law of thermodynamics)。

20 世纪初，爱因斯坦(A. Einstein)在狭义相对论中提出了质能关系式：$E = mc^2$。根据此关系式，质量实际上是能量非常密集的形式，这样就可以从热力学第一定律的角度来解释核反应为什么能放出巨大的能量。

2. 热力学第一定律的数学表达式

当封闭体系发生物理或化学变化，由状态Ⅰ变化至状态Ⅱ时，体系的热力学能改变量 ΔU 等于体系和环境之间交换的热 Q 和功 W 之和，即

$$\Delta U = U_2 - U_1 = Q + W \tag{6-3}$$

式(6-3)是热力学第一定律的数学表达式，仅适用于封闭体系。热力学能 U 是状态函数，因此对于封闭体系而言，同一始终态时，经过不同途径的热和功之和必相等，即 ΔU 不变。例如，下列反应可通过直接反应或通过组成原电池的方式进行，各自的 Q 值不同，W 值也不同，但 ΔU 相同。

拓展知识

第一类永动机是指不需要从外界吸收能量，却可以源源不断对外做功的装置。这类永动机违反了能量守恒定律，因此不能实现。

$$\mathrm{Zn(s)} + \mathrm{Cu^{2+}(aq)} =\!=\!= \mathrm{Zn^{2+}(aq)} + \mathrm{Cu(s)}$$

前文叙及，体系与环境的总和即为宇宙。因此，体系的热力学能变的增加量就等于环境的热力学能的减小量，对于宇宙来说其能量守恒。

热力学第一定律是人类经验的总结，它表明在任何过程中，能量不能自生自灭，或者说任何过程中的总能量守恒。热力学第一定律的另一种说法是：第一类永动机不可能实现。

【例 6-1】 设有 1mol 理想气体，由 487.8K、20L 的始态，反抗恒外压 101.325kPa 迅速膨胀至 101.325kPa、414.6K 的状态。因膨胀迅速，体系与环境来不及进行热交换。试计算 W、Q 及体系的热力学能变 ΔU。

解 按题意此过程可认为是不做非体积功的绝热膨胀过程，故 $Q=0$，$W'=0$。

$$W = -p_{外}\Delta V = -p_{外}(V_2 - V_1)$$

$$V_2 = nRT_2/p_2 = 1.0 \times 8.314 \times 414.6/101.325 = 34(\mathrm{L})$$

$$W = -101.325 \times (34 - 20) = -1418.55(\mathrm{J})$$

$$\Delta U = Q + W = 0 - 1418.55 = -1418.55(\mathrm{J})$$

【例 6-2】 已知水的蒸发热为 40 730J · mol^{-1}，求 1.0mol H_2O 在 373.15K、1.0×10^5Pa 下由水气化为水蒸气的 W、Q、ΔU。

解 $W = -p_{外}(V_g - V_l) \approx -pV_g = -nRT = -1.0\times8.314\times373.15$

$= -3.1\times10^3(\mathrm{J})$

$Q = 40\,730\times1.0 \approx 4.1\times10^4(\mathrm{J})$

$\Delta U = Q + W = 4.1\times10^4 - 0.31\times10^4 \approx 3.8\times10^4(\mathrm{J})$

6.3 化学反应热

教学视频

化学反应热效应

化学反应常伴随着能量的变化，或者放热，或者吸热。将热力学第一定律应用于化学反应，则体系的热力学能改变量与反应物和产物的热力学能的关系为

$$\Delta U = U_{产} - U_{反} = Q + W = Q - p_{外}\Delta V + W' \tag{6-4}$$

当产物和反应物的温度相等时，化学反应过程中吸收或放出的热量，称为化学反应热，简称反应热(heat of reaction)。

此外，由于化学反应一般不做非体积功，即 $W'=0$。由式(6-4)可得

$$\Delta U = Q - p_{外}\Delta V \tag{6-5}$$

则反应热为

$$Q = \Delta U + p_{外}\Delta V \tag{6-6}$$

反应热是反应物化学键断裂和产物化学键形成所引起的热交换。尽管热和体积功都是反应能量交换的形式，但体积功在数值上一般比热小，故化学反应的能量交换以热为主。研究化学反应有关热变化的学科称为热化学(thermochemistry)。

热化学是热力学第一定律在化学中的具体应用，它诞生于热力学第一定律之前。在热力学第一定律确立之后，热化学中的赫斯定律等便成了热力学第一定律的必然结论。

通常情况下，只涉及体积功的化学反应是在等容或等压等特定条件下进行的，因此反应热又分为等容反应热和等压反应热两种类型。

6.3.1 等容反应热

等容条件下，反应体系的 $\Delta V = 0$，代入式(6-6)，得

$$Q_V = \Delta U + p_{外}\Delta V = \Delta U$$

整理后得

$$Q_V = \Delta U \tag{6-7}$$

式中，Q_V 为等容反应热。该式表明，在等温、不做非体积功条件下，等容过程中体系与环境所交换的热在数值上等于反应的热力学能变，即 $\Delta U_r = Q_V$。换言之，等容反应热 Q_V 只与反应的始、终态有关，而与反应途径无关。

6.3.2 等压反应热与焓

许多化学反应是在敞口容器中进行的等压反应，此时体系压强与环境压强基本相等，该条件下产生的反应热称为等压反应热 Q_p。

在等温、不做非体积功条件下，Q_p 由式(6-6)可得

$$Q_p = \Delta U + p_{外}\Delta V \tag{6-8}$$

即

$$Q_p = (U_2 - U_1) + p_{外}(V_2 - V_1) \tag{6-9}$$

由于是等压过程，则 $p_1 = p_2 = p_{外}$

上式可变为

$$Q_p = (U_2 + p_2V_2) - (U_1 + p_1V_1) \tag{6-10}$$

定义

$$H = U + pV \tag{6-11}$$

$$H_2 = U_2 + p_2V_2,\quad H_1 = U_1 + p_1V_1$$

教学视频
焓与焓变

则
$$Q_p = \Delta H = H_2 - H_1 \tag{6-12}$$

H 是一个新的热力学状态函数，称为焓(enthalpy)，ΔH 为焓变。式(6-12)表明，在不做非体积功条件下，体系在等压反应中与环境所交换的热在数值上等于反应的焓变。换句话说，等压反应热 Q_p 与状态函数焓的变化量 ΔH 一样，其大小只取决于体系的始、终态，与反应途径无关。

思考题 6-3

热力学能(U)和焓(H)均为状态函数，而 $\Delta U = Q_V$、$\Delta H = Q_p$，这是否说明 Q 也是状态函数呢？

通常的化学反应都是在不做非体积功的等压条件下进行的，因此反应的焓变 ΔH 比反应的热力学能变 ΔU 更为重要。一般情况下可直接用 ΔH 来表示一个化学反应的反应热。当然，严格来说是等压反应热。

焓是广度性质的状态函数，其量纲与热力学能相同。由于 U 的绝对值不能确定，H 的绝对值同样无法确定。相比于 H，在实际应用中，涉及更多的是焓变 ΔH。对于吸热反应，$\Delta H > 0$；放热反应，$\Delta H < 0$。

若体系为组成及量一定的理想气体，由式(6-11)可得理想气体的焓为
$$H = U + pV = U + nRT \tag{6-13}$$

由于理想气体的热力学能 U 只是温度的单值函数，故理想气体的焓也只是温度的单值函数。因 n 和 R 均为定值，若 T 不变，则 $\Delta H = 0$。

6.3.3 反应热的测定

前已述及，体系不做非体积功时，等容反应热 $Q_V = \Delta U$，等压反应热 $Q_p = \Delta H$。因此，只要测得 Q_V 或 Q_p，就能获得相应条件下的热力学能变 ΔU 和焓变 ΔH。

很多化学反应的反应热是可以直接测定的，测量反应热的仪器统称为热量计(calorimeter)，其中测定等容反应热 Q_V 的为弹式热量计(图 6-3)，测定等压反应热 Q_p 的为杯式热量计(图 6-4)。

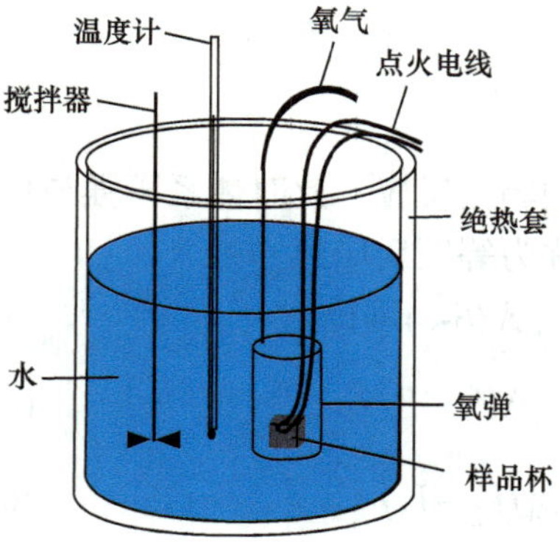

图 6-3 弹式热量计示意图

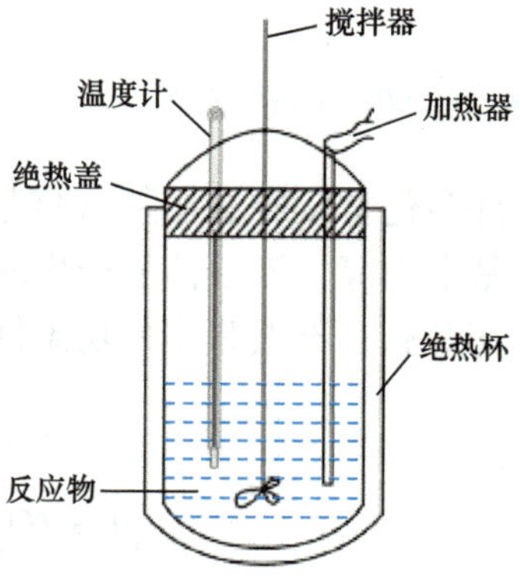

图 6-4 杯式热量计示意图

弹式热量计可用来测量一些可燃物(主要是有机物)燃烧反应的等容反应热，其主要部位是钢制容器(氧弹)，将有机物放在充满高压氧气的氧弹中，通过引燃线用电火花引燃反应物，使反应在体积恒定的氧弹中进行。产生的热量使水及整个装置的温度升高，温度升高值可由精密温度计测

定，绝热套可尽量减少热量散失，搅拌器可使水温均匀以使测量的温度更加可靠。整个装置温度升高 1K 时所吸收的热量称为装置的热容，用 C 表示，其值可用实验的方法测定。等容反应热可由热容及温度的变化值计算：

$$Q_V = -C \cdot \Delta T \tag{6-14}$$

杯式热量计主要用于测定等压条件下进行的化学反应的反应热，如溶解、中和、水合及一些溶液中进行的反应，其计算方法与弹式热量计类似。

6.3.4　化学反应计量式与反应进度

教学视频
反应进度和热化学方程式

对任一反应，其化学反应方程式可写为

$$a\text{A} + d\text{D} \Longrightarrow e\text{E} + f\text{F}$$

若将反应物和生成物均移到一边，则为

$$0 = e\text{E} + f\text{F} - a\text{A} - d\text{D}$$

上式可简写成

$$0 = \sum_{\text{B}} \nu_{\text{B}}\text{B} \tag{6-15}$$

以上三个式子均为化学反应计量式，式(6-15)为反应计量式的标准缩写式。式中，B 为参与反应的任一反应物或生成物；ν_{B} 为物种 B 相应的化学计量数，它可以是整数或分数。对于反应物，ν_{B} 取负值，如 A 的 ν_{B} 值为$-a$；对于产物，ν_{B} 取正值，如 E 的 ν_{B} 值为 e。

为了能够更清楚地讨论和计算化学反应的热效应，有必要引入反应进度这个新的物理量。

反应进度(extent of reaction)表示反应进行的程度，用符号 ξ 表示，其定义为

$$\xi = \frac{n_{\text{B}}(\xi) - n_{\text{B}}(0)}{\nu_{\text{B}}} \tag{6-16}$$

式中，$n_{\text{B}}(0)$和 $n_{\text{B}}(\xi)$分别为反应起始时刻($\xi = 0$)时和反应进行到某时刻($\xi = \xi$)时 B 的物质的量。反应进度 ξ 的常用单位为 mol。

【例 6-3】　若合成氨反应的化学反应计量式为 $N_2(g) + 3H_2(g) \Longrightarrow 2NH_3(g)$。反应初始 t_0 时刻，N_2 为 3.0mol，H_2 为 10.0mol。若反应进行到 t_1 时刻，有 2.0mol NH_3 生成，则此时的反应进度 ξ 为多少？

解　以 N_2 来计算反应进度。若生成 2.0mol NH_3，按题意可求得 $\Delta n(N_2) = 2.0 - 3.0 = -1.0(\text{mol})$，故此时：

$$\xi = \frac{\Delta n(N_2)}{\nu(N_2)} = \frac{(2.0 - 3.0)}{-1} = 1.0(\text{mol})$$

按照相同方法，还可以 H_2 或 NH_3 来表示该反应的反应进度。计算结果为

$$\xi = \frac{\Delta n(N_2)}{\nu(N_2)} = \frac{\Delta n(H_2)}{\nu(H_2)} = \frac{\Delta n(NH_3)}{\nu(NH_3)} = 1.0(\text{mol})$$

思考题 6-4

$H_2(g)$与$O_2(g)$反应生成$H_2O(g)$，若反应初始时的$H_2(g)$为5.0mol，$O_2(g)$为3.0mol，反应结束后有4.0mol $H_2O(g)$生成，则反应进度为2.0mol，是否正确?

由上述例题可以看出，无论用反应物还是用生成物进行计算，所得反应进度ξ的值均相等。但要注意的是，反应进度与化学计量式的写法有关。同一化学反应，若Δn_B不变，但化学计量式中的化学计量数ν_B改变，反应进度ξ的值也将不同。例如，合成氨反应的化学计量式如果为

$$\frac{1}{2}N_2(g)+\frac{3}{2}H_2(g) = NH_3(g)$$

则t_1时刻的反应进度为

$$\begin{aligned}\xi' &= \frac{\Delta n(N_2)}{\nu(N_2)} = \frac{\Delta n(H_2)}{\nu(H_2)} = \frac{\Delta n(NH_3)}{\nu(NH_3)} \\ &= \frac{(2.0-3.0)}{-1/2} = \frac{(7.0-10.0)}{-3/2} = \frac{(2.0-0)}{1} \\ &= 2.0(\text{mol})\end{aligned}$$

当$\xi=1.0$mol时，表明按该反应计量式进行了摩尔级的反应，即1.0mol N_2和3.0mol H_2反应并生成了2.0mol NH_3。

由于化学反应热和热力学能变与反应进度有关，为便于比较不同反应的$\Delta_r H$和$\Delta_r U$，常选择单位反应进度($\xi=1.0$mol)时的$\Delta_r H$和$\Delta_r U$来表示，写作$\Delta_r H_m$和$\Delta_r U_m$，分别称为摩尔反应焓变与摩尔反应热力学能变，常用单位均为$J\cdot mol^{-1}$，下标r表示反应(reaction)，m表示摩尔(mole)。

6.3.5 Q_V与Q_p的关系

同一反应的等压反应热Q_p与等容反应热Q_V往往是不相同的，但二者之间存在一定的关系。若知道Q_p与Q_V的关系，Q_p也能由Q_V的数据求算，反之亦然。

等温条件下，对于理想气体反应，尽管同一化学反应经过等压或等容过程达到的终态不同，但终态产物的温度相同。这两个不同终态的理想气体产物再分别经过等温非相变的物理变化过程，最终都可达到同一终态。由于这两个物理过程的焓变均为零，可认为理想气体反应同一始终态的$\Delta U=Q_V$，$\Delta H=Q_p$。由式(6-13)可得

$$\Delta H=\Delta U+\Delta(pV) \tag{6-17}$$

将$\Delta U=Q_V$、$\Delta H=Q_p$与$pV=nRT$一并代入式(6-17)，因R、T为定值，得

$$Q_p=Q_V+\Delta(nRT) \tag{6-18}$$

整理后为

$$Q_p=Q_V+\Delta n(RT) \tag{6-19}$$

式中，Δn为反应前后理想气体物质的物质的量之差。当反应进度为1mol时，Q_V和Q_p则分别为摩尔反应热$Q_{V,m}$和$Q_{p,m}$，式(6-19)变为

$$Q_{p,m} = Q_{V,m} + \Delta\nu(RT) \quad (6\text{-}20)$$

式中，$\Delta\nu$为反应进度为 1mol 的理想气体化学反应方程式中，反应产物的系数之和减去反应物的系数之和。

对于真实气体反应或有气体参与的多相反应，式(6-18)、(6-19)、(6-20)只有近似意义。其中，多相反应仅需考虑气体的影响，因为气体对 $\Delta(pV)$的贡献远大于液体和固体。此时，式(6-19)变为

$$Q_p \approx Q_V + \Delta n_g(RT) \quad (6\text{-}21)$$

同理，式(6-20)可变为

$$Q_{p,m} \approx Q_{V,m} + \Delta\nu_g(RT) \quad (6\text{-}22)$$

式中，$\Delta\nu_g$ 为反应进度为 1mol 的化学反应的产物中气体物质的系数之和减去反应物中气体物质的系数之和。若反应前后气体物质的物质的量相等或无气体参与反应，则 $\Delta n_g = 0$ 或 $\Delta\nu_g = 0$，等压反应热与等容反应热近似相等，即 $Q_p \approx Q_V$或 $Q_{p,m} \approx Q_{V,m}$。

【例 6-4】 固体柠檬酸的燃烧反应为

$$C_6H_8O_7(s) + \frac{9}{2}O_2(g) = 6CO_2(g) + 4H_2O(l)$$

298.15K 时，在弹式热量计中 10.00g 固体柠檬酸完全燃烧所放出的热为 103.6kJ。试求该反应在等压及 298.15K 条件下进行时的等压反应热 $\Delta_r H_m$。

解 根据题意，柠檬酸的物质的量为

$$n = \frac{10.00}{192.0} = 5.21\times10^{-2}(\text{mol})$$

在弹式热量计中发生的是等容反应，所以 $Q_V = -103.6\text{kJ}$。

$$Q_{V,m} = Q_V/n = \frac{-103.6}{5.21\times10^{-2}} = -1.988\times10^3(\text{kJ}\cdot\text{mol}^{-1})$$

则反应的摩尔等压热效应为

$$\begin{aligned}\Delta_r H_m &= Q_{p,m} = Q_{V,m} + \Delta\nu RT \\ &= -1.988\times10^3 + (6-4.5)\times8.314\times10^{-3}\times298.15 \\ &= -1.984\times10^3(\text{kJ}\cdot\text{mol}^{-1})\end{aligned}$$

6.3.6 热力学标准态与热化学方程式

1. 热力学标准态

为了比较不同化学反应的反应热大小，需要规定共同的比较标准。热力学标准态(standard state)是指在某温度 T 和标准压强 $p^{\ominus}$(100kPa)下该物质的状态，简称标准态或标态。右上角的“$\ominus$”是表示标准态的符号。

标准态不仅用于气体，也用于液体、固体或溶液。同一种物质，所处的状态不同，标准态的含义也不同。现分述如下：

气体：纯气体的标准态是指其处于标准压强($p^{\ominus}$)下的状态，混合气体中某组分的标准态是指该组分气体的分压为 $p^{\ominus}$时的状态。

液体、固体：标准压强($p^{\ominus}$)下的纯液体、纯固体(纯净物)的状态。

溶液中的溶质：标准压强($p^{\ominus}$)下，溶质的浓度为 $1\text{mol}\cdot\text{L}^{-1}$(称为标准浓度，常用符号 $c^{\ominus}$表示)。严格来讲，是质量摩尔浓度为 $1\text{mol}\cdot\text{kg}^{-1}$。

值得注意的是，标准态明确指定了标准压强($p^{\ominus}$)为 100kPa，但未限定温度，任何温度下都有热力学标准态。通常热力学以 298.15K 为参考温度，因此手册中的热力学数据大多是 298.15K 的数据。此外，热力学标准态不同于理想气体的标准状况(273.15K、101.3kPa)，后者明确规定了温度。

2. 热化学方程式

表示化学反应与热效应关系的反应方程式称为热化学方程式(thermodynamic equation)。它包括以下要求：

(1) 写出化学反应计量式。

(2) 注明反应体系的温度及压强。因同一反应在不同温度下反应热是不同的，同时压强对反应热也有影响，但影响不大。例如，$\Delta_r H_m^{\ominus}(298.15\text{K})$表示该反应在 298.15K、各反应物的压强均为标准压强 $p^{\ominus}$时的反应热。

(3) 标明参与反应的各种物质的聚集状态，用 g、l 和 s 分别表示气态、液态和固态，用 aq 表示水溶液(aqueous solution)。若为固体，还要指明固体的晶型。例如，碳的固体有石墨和金刚石，硫的固体有单斜硫、斜方硫等不同晶型。

比较下列两个热化学方程式可知，生成物水的状态不同，反应热就不同，因此注明反应中各物质的状态非常重要。

$$2H_2(g)+O_2(g) \xlongequal{\quad} 2H_2O(l) \quad \Delta_r H_{m,1}^{\ominus}(298.15\text{K}) = -571.66\text{kJ}\cdot\text{mol}^{-1}$$

$$2H_2(g)+O_2(g) \xlongequal{\quad} 2H_2O(g) \quad \Delta_r H_{m,2}^{\ominus}(298.15\text{K}) = -483.64\text{kJ}\cdot\text{mol}^{-1}$$

再以碳的燃烧反应为例，其热化学方程式为：

$$C(\text{石墨})+O_2(g) \xlongequal{\quad} CO_2(g) \qquad \Delta_r H_m^{\ominus}(298.15\text{K}) = -393.51\text{kJ}\cdot\text{mol}^{-1}$$

6.4 赫斯定律和反应热的计算

6.4.1 赫斯定律

教学视频
赫斯定律

若每一个化学反应的反应热都要通过实验测定，则工作量太大。此外，还有些化学反应由于热量散失、反应时间太长、反应产物难以控制等，因此其反应热不能准确测定。例如，实验过程中无法控制反应 $2C(s)+O_2(g) \xlongequal{\quad} 2CO(g)$ 的产物完全是 CO，难免有副产物 CO_2 生成，因此不能通过实验测定该反应的反应热，只能用理论方法来计算。为此，化学家依据现有的实验数据研究了反应热的理论计算方法。

1840 年，俄国化学家赫斯(G. Hess)根据大量热化学实验的测定结果，提出了赫斯定律(Hess's law)，即一个化学反应不管是一步完成或是分几步完成，它的反应热都是相同的。换成现代更严格的表述，即等压反应热 ΔH(或等容反应热 ΔU)只取决于体系的始态和终态，与反应所经历的途径无关。

赫斯定律是热化学计算的基础。利用该定律，可以由一些已知的反应热求算某些难以测定的反应热。

【例 6-5】 已知：

① $C(石墨) + O_2(g) \longrightarrow CO_2(g) \qquad \Delta_r H^{\ominus}_{m,1} = -393.51 kJ \cdot mol^{-1}$

② $CO(g) + \frac{1}{2}O_2(g) \longrightarrow CO_2(g) \qquad \Delta_r H^{\ominus}_{m,2} = -282.98 kJ \cdot mol^{-1}$

求反应③ $C(石墨) + \frac{1}{2}O_2(g) \longrightarrow CO(g)$ 的 $\Delta_r H^{\ominus}_{m,3}$。

解 根据题意可知 ③ = ① − ②

由赫斯定律得

$$\begin{aligned}\Delta_r H^{\ominus}_{m,3} &= \Delta_r H^{\ominus}_{m,1} - \Delta_r H^{\ominus}_{m,2} \\ &= -393.51 - (-282.98) \\ &= -110.53(kJ \cdot mol^{-1})\end{aligned}$$

由此可得赫斯定律的推论：一个反应若是另外两个或更多个反应之和，则该反应的反应热必然是各分步反应的反应热之和。此推论又称为赫斯定律的代数法。事实上，赫斯定律所描述的这种关系除适用于等压或等容反应热外，还适用于所有状态函数的变化值，如计算反应的熵变 ΔS 和吉布斯自由能变 ΔG 等，这些计算将在本章后续内容中进行讨论。

6.4.2 标准生成热与标准燃烧热

1. 标准生成热

某物质的标准生成热是指在标准态下，由指定单质(也称稳定单质)一步生成 1mol 该物质的反应的热效应，符号为 $\Delta_f H^{\ominus}_m$，常用单位 $kJ \cdot mol^{-1}$，下标 f 表示生成(formation)。各种物质 $\Delta_f H^{\ominus}_m$(298.15K)数据见附表二。

教学视频
反应热的计算

指定单质大多是某元素真正意义上的最稳定单质，但有时也取比较常见的单质。热力学规定，指定单质通常是指在所讨论的温度 T 及标准压强 $p^{\ominus}$(即标准态)下某元素最稳定的单质。例如，碳有多种同素异形体，其中石墨是最稳定单质，而金刚石、无定形碳、C_{60} 等不是。在常温常压下，石墨不仅比金刚石更常见，而且石墨是稳定态，金刚石为介稳态，金刚石有自发转变为石墨的趋向，但此过程非常缓慢。此外，在 298.15K 和 $p^{\ominus}$下，$O_2(g)$、$H_2(g)$、S(斜方)、白磷(s)、$Br_2(l)$、Hg(l)等也均为指定单质，而 $O_3(g)$、S(单斜)、红磷(s)、$Br_2(g)$等则不是。其中，少数指定单质例外，其并非热力学上最稳定单质。例如，红磷比白磷稳定，但热力学上却选取白磷为磷元素的指定单质，这是因为白磷组分单一，而且比其他形式的磷更易制备和表征。

由于理论上稳定单质本身不可能再发生生成反应，因此热力学规定，稳定单质(指定单质)的标准生成热为零。

2. 标准燃烧热

某物质的标准燃烧热是指在标准态下，1mol 可燃物质完全燃烧(或完全氧化)所放出的热效应，符号为$\Delta_c H_m^\ominus$，常用单位 $kJ \cdot mol^{-1}$，下标 c 表示燃烧(combustion)。热力学规定，C、H、S、P、N、Cl 等元素完全燃烧的产物分别为 $CO_2(g)$、$H_2O(l)$、$SO_2(g)$、$P_2O_5(s)$、$N_2(g)$、HCl(aq)等。各种物质标准燃烧热$\Delta_c H_m^\ominus$(298.15K)的数据见附表三。

由于反应物已“完全燃烧”，上述这些指定的完全燃烧产物理论上便不能再燃烧。因此热力学上规定，这些产物的标准燃烧热为零。单质 O_2 没有燃烧反应，也可认为它的标准燃烧热为零。

6.4.3 反应热的计算

应用赫斯定律，可由相关反应的已知热效应数据(如标准生成热或标准燃烧热)间接计算任一指定反应的热效应。

1. 由标准生成热计算标准反应热

以葡萄糖在体内氧化供给能量的反应为例。

将葡萄糖的氧化反应编号为①，标准反应热设为$\Delta_r H_{m,1}^\ominus$，其反应物为 $C_6H_{12}O_6(s)$和 $O_2(g)$，生成物为 $CO_2(g)$和 $H_2O(l)$。这 4 种物质理论上可分别由相应的指定单质发生生成反应得到，所得 4 个生成反应编号为②～⑤，相应的标准反应热为$\Delta_r H_{m,2}^\ominus$～$\Delta_r H_{m,5}^\ominus$，其值实际上等于这 4 种物质的标准生成热。

① $C_6H_{12}O_6(s) + 6O_2(g) = 6CO_2(g) + 6H_2O(l) \qquad \Delta_r H_{m,1}^\ominus$

② $6C(石墨) + 6H_2(g) + 3O_2(g) = C_6H_{12}O_6(s)$

$\Delta_r H_{m,2}^\ominus = \Delta_f H_m^\ominus[C_6H_{12}O_6(s)]$

③ $O_2(g) = O_2(g) \qquad \Delta_r H_{m,3}^\ominus = \Delta_f H_m^\ominus[O_2(g)]$

④ $C(石墨) + O_2(g) = CO_2(g) \qquad \Delta_r H_{m,4}^\ominus = \Delta_f H_m^\ominus[CO_2(g)]$

⑤ $H_2(g) + \frac{1}{2}O_2(g) = H_2O(l) \qquad \Delta_r H_{m,5}^\ominus = \Delta_f H_m^\ominus[H_2O(l)]$

因为① = (6×④ + 6×⑤) − (1×② + 6×③)

根据赫斯定律，可得

$$\begin{aligned}\Delta_r H_{m,1}^{\ominus} &= (6\Delta_r H_{m,4}^{\ominus} + 6\Delta_r H_{m,5}^{\ominus}) - (1\times\Delta_r H_{m,2}^{\ominus} + 6\Delta_r H_{m,3}^{\ominus}) \\ &= \left\{6\Delta_f H_m^{\ominus}[CO_2(g)] + 6\Delta_f H_m^{\ominus}[H_2O(l)]\right\} \\ &\quad - \left\{1\times\Delta_f H_m^{\ominus}[C_6H_{12}O_6(s)] + 6\Delta_f H_m^{\ominus}[O_2(g)]\right\}\end{aligned}$$

由上式可以看出，等式右边第一个大括号内均为葡萄糖的氧化反应产物的标准生成热 $\Delta_f H_m^{\ominus}$ 之和，第二个大括号内均为反应物的标准生成热 $\Delta_f H_m^{\ominus}$ 之和。因此，只要反应条件一致，则可由此类推出利用标准生成热 $\Delta_f H_m^{\ominus}$ 计算任一化学反应的标准反应热 $\Delta_r H_m^{\ominus}$ 的公式。

若任一化学反应的通式如下：

$$aA + dD = eE + fF$$

则该反应在给定温度和标准态下的反应热为

$$\Delta_r H_m^{\ominus} = [e\Delta_f H_m^{\ominus}(E) + f\Delta_f H_m^{\ominus}(F)] - [a\Delta_f H_m^{\ominus}(A) + d\Delta_f H_m^{\ominus}(D)] \quad (6\text{-}23)$$

或

$$\Delta_r H_m^{\ominus} = \sum \nu_B \Delta_f H_m^{\ominus}(B) \quad (6\text{-}24)$$

式中，$\Delta_f H_m^{\ominus}(B)$ 为参与反应的任一物种 B 的标准生成热；ν_B 为 B 相应的化学计量数。

标准摩尔反应热 $\Delta_r H_m^{\ominus}$ 与反应温度有关，但受温度影响很小。在无机化学课程中，可近似认为：$\Delta_r H_m^{\ominus}(T) \approx \Delta_r H_m^{\ominus}(298.15K)$。

【例 6-6】 反应 $2C_2H_2(g) + 5O_2(g) = 4CO_2(g) + 2H_2O(l)$ 在标准态及 298.15K 下的反应热为$-2600.4kJ \cdot mol^{-1}$。已知相同条件下，$CO_2(g)$和 $H_2O(l)$的标准生成热分别为$-393.51kJ \cdot mol^{-1}$ 和$-285.83kJ \cdot mol^{-1}$。试计算乙炔 $C_2H_2(g)$的标准生成热。

解 根据 $C_2H_2(g)$的氧化反应方程式可得

$$\begin{aligned}\Delta_r H_m^{\ominus} &= \left\{4\Delta_f H_m^{\ominus}[CO_2(g)] + 2\Delta_f H_m^{\ominus}[H_2O(l)]\right\} \\ &\quad - \left\{2\Delta_f H_m^{\ominus}[C_2H_2(g)] + 5\Delta_f H_m^{\ominus}[O_2(g)]\right\}\end{aligned}$$

将已知条件代入上式得

$$-2600.4 = [4\times(-393.51) + 2\times(-285.83)] - \{2\Delta_f H_m^{\ominus}[C_2H_2(g)] + 5\times 0\}$$

故 $$\Delta_f H_m^{\ominus}[C_2H_2(g)] = 227.4\ (kJ\cdot mol^{-1})$$

对于有离子参与的化学反应，若知道离子的生成热，则反应热同样可用上述公式计算。标准离子生成热是指在标准态下，由指定单质生成 1mol 离子所产生的热效应，用 $\Delta_f H_m^{\ominus}$(B，aq ∞)表示，aq ∞表示无限稀释的水溶液。由于溶液中正、负离子总是按电中性的原则共存，因此无法测出单一离子的生成热，故规定氢离子在无限稀释水溶液中的标准生成热为零，并以此为基础计算其他离子的数据。常见的标准离子生成热数据见附表二。

2. 由标准燃烧热计算标准反应热

大多数有机物很难从稳定单质直接合成，但它们可以燃烧或氧化，其燃烧热比较容易通过实验测定，因此可利用燃烧热来计算一些有机反应的反应热。

现以草酸与甲醇的反应为例，其反应产物为草酸二甲酯和水。

$$(COOH)_2(s) + 2CH_3OH(l) = (COOCH_3)_2(s) + 2H_2O(l)$$

图 6-5 给出了参与反应各物种的燃烧热和反应热的关系。根据赫斯定律，可推导出该由反应物和产物的标准燃烧热求算该反应的标准反应热的计算式：

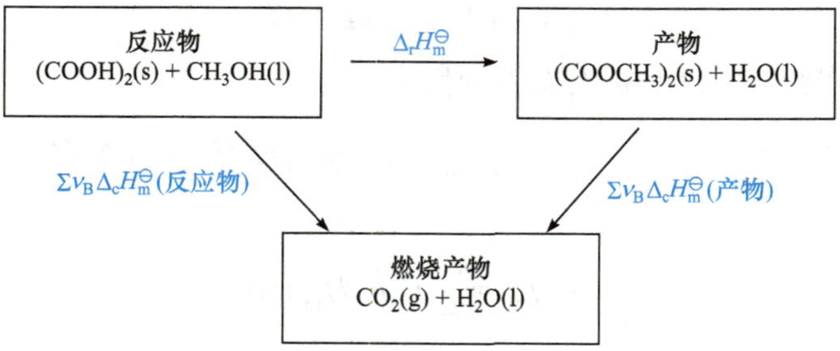

图 6-5　燃烧热与反应热的关系

$$\Delta_r H_m^\ominus = \left\{\Delta_c H_m^\ominus[(COOH)_2(s)] + 2\Delta_c H_m^\ominus[CH_3OH(l)]\right\} - \left\{\Delta_c H_m^\ominus[(COOCH_3)_2(s)] + 2\Delta_c H_m^\ominus[H_2O(l)]\right\}$$

由上式可以看出，反应热等于各反应物的标准燃烧热 $\Delta_c H_m^\ominus$ 之和减去各产物的标准燃烧热 $\Delta_c H_m^\ominus$ 之和。

若任一化学反应的通式如下：

$$aA + dD = eE + fF$$

则由燃烧热计算反应热的公式为

$$\Delta_r H_m^\ominus = [a\Delta_c H_m^\ominus(A) + d\Delta_c H_m^\ominus(D)] - [e\Delta_c H_m^\ominus(E) + f\Delta_c H_m^\ominus(F)] \quad (6\text{-}25)$$

或

$$\Delta_r H_m^\ominus = -\sum \nu_B \Delta_c H_m^\ominus(B) \quad (6\text{-}26)$$

式中，$\Delta_c H_m^\ominus(B)$ 为参与反应的任一物种 B 的标准燃烧热；ν_B 为 B 相应的化学计量数。

拓展知识

由键能估算标准反应热

在化学反应中，各原子的原子核和内层电子并没有发生变化，发生变化的只是各原子通过外层电子的结合方式，或者说化学键发生了改组，旧的化学键断裂，新的化学键形成。旧键断裂需要吸热，新键形成需要放热。而反应热正是源于化学键改组时键能的变化。因此，对于有一些还未能测出生成热和燃烧热的物质，我们可以根据键能的数据来估算这些物质参与的一些化学反应的反应热。反应物分子中各化学键的键能之和减去生成物分子中各化学键的键能之和就等于反应热。

例如，已知各键的键能分别为 $E(\text{C—C}) = 342\text{kJ} \cdot \text{mol}^{-1}$、$E(\text{C—H}) = 416\text{kJ} \cdot \text{mol}^{-1}$、$E(\text{C═C}) = 613\text{kJ} \cdot \text{mol}^{-1}$、$E(\text{H—H}) = 435.9\text{kJ} \cdot \text{mol}^{-1}$，可由上述键能数据来估算乙烷分解为乙烯和氢的反应的标准摩尔反应热。由反应方程式 $CH_3—CH_3(g) \longrightarrow CH_2═CH_2(g) + H_2(g)$ 可知，反应过程中有 6 个 C—H 键和 1 个 C—C 键发生断裂，有 4 个 C—H 键、1 个 C═C 键和 1 个 H—H 键形成。因此，该分解反应的标准摩尔反应热为

$$\begin{aligned}\Delta_r H_m^{\ominus} &= [6 \times E(\text{C}-\text{H}) + 1 \times E(\text{C}-\text{C})] - [4 \times E(\text{C}-\text{H}) + 1 \times E(\text{C}{=}\text{C}) \\ &\quad + 1 \times E(\text{H}-\text{H})] \\ &= (6 \times 416 + 342) - (4 \times 416 + 613 + 435.9) \\ &= 125.1(\text{kJ} \cdot \text{mol}^{-1})\end{aligned}$$

6.5 热力学第二定律和熵

大量事实证明，自然界中发生的任何变化都有一定的方向性。化学热力学同样需要研究这些物理和化学变化的方向。然而，热力学第一定律说明的仅仅是发生变化时所遵循的能量关系，对变化过程的方向等问题并没有予以讨论。解决这些问题所依据的是热力学第二定律。

6.5.1 化学反应的自发性

1. 自发过程与非自发过程

在一定条件下无需任何外力帮助就能自动进行的过程，称为自发过程(若为化学过程则称为自发反应)，如壮美的瀑布从天而降、金黄的树叶随风飘落、滚烫的热水久置变凉、潮湿的空气中铁钉生锈、钠和氯气反应生成氯化钠等。相反，不会自动发生，需要外界干预才能发生的过程称为非自发过程(或非自发反应)。例如，要将水从低处抽往高处，就需借助水泵做机械功来实现；要将氯化钠转化为金属钠和氯气则需要电解，即需付出环境对体系做电功的代价。

教学视频
自发过程和自发反应

自发过程具有以下特征：

(1) 单向性。自发过程总是自动地朝一个方向进行，决不会自动地逆向进行。例如，0℃以下的水会自发结冰，但同样条件下冰不会自动融化；铁钉在潮湿空气中逐渐生锈，而铁锈不会自动分解为铁。所以说，自发过程的逆过程都是非自发过程。

思考题 6-5

$CaCO_3$ 的高温分解是否为自发反应？

(2) 具有做非体积功的潜能。理论上，任何自发过程都有做非体积功的潜能。例如，飞泻而下的瀑布可以推动发电机做电功；锌与硫酸铜的反应，可设计组装成原电池做电功。过程的自发性越大，做非体积功的潜能也越大。

(3) 具有一定的限度。自发过程总是单向地趋于平衡态，此平衡态就是自发过程的限度。例如，热会自动地由高温物体传给低温物体，直至两物体温度相等为止。

2. 化学反应自发的推动力

判断一个化学反应能否自发？在什么条件下自发？在化学和工业生产中意义重大。那么，推动化学反应自发的因素有哪些呢？

19 世纪 70 年代，法国的贝特罗(P. E. M. Berthelot)和丹麦的汤姆生(J. Thomson)曾认为自发进行的反应是放热反应。这种观点有一定道理，因为处于高能态的体系不稳定。对于能量交换以热为主的化学反应，将一部分能量以热的形式释放给环境，从而变成低能态的产物则更稳定。事实上，放热反应的确大多是自发的。室温时，一些自发的放热反应的例子如下：

$$\mathrm{Na(s)} + \frac{1}{2}\mathrm{Cl_2(g)} = \mathrm{NaCl(s)} \qquad \Delta_r H_m^\ominus = -411.2\mathrm{kJ \cdot mol^{-1}}$$

$$\mathrm{H_2(g)} + \frac{1}{2}\mathrm{O_2(g)} = \mathrm{H_2O(g)} \qquad \Delta_r H_m^\ominus = -241.8\mathrm{kJ \cdot mol^{-1}}$$

$$\mathrm{2Fe(s)} + \frac{3}{2}\mathrm{O_2(g)} = \mathrm{Fe_2O_3(s)} \qquad \Delta_r H_m^\ominus = -824.2\mathrm{kJ \cdot mol^{-1}}$$

$$\mathrm{NH_3(g) + H_2O(l) + CO_2(g) = NH_4HCO_3(s)} \qquad \Delta_r H_m^\ominus = -185.6\mathrm{kJ \cdot mol^{-1}}$$

$$\mathrm{CaO(s) + CO_2(g) = CaCO_3(s)} \qquad \Delta_r H_m^\ominus = -178.2\mathrm{kJ \cdot mol^{-1}}$$

可见，自然界中能量降低的趋势是化学反应自发的一种重要推动力。那么，是不是所有吸热反应或过程都不自发呢？事实并非如此，有些吸热反应或过程也能自发进行，如在常温时，下列反应或过程都是吸热而自发的：

$$\mathrm{H_2O(s) = H_2O(l)} \qquad \Delta_r H_m^\ominus = 6.01\mathrm{kJ \cdot mol^{-1}}$$

$$\mathrm{KNO_3(s) = K^+(aq) + NO_3^-(aq)} \qquad \Delta_r H_m^\ominus = 8.28\mathrm{kJ \cdot mol^{-1}}$$

碳酸氢铵和碳酸钙的分解反应也是吸热反应，但在常温下不能自发进行，若升高温度，却可以自发进行。

$$\mathrm{NH_4HCO_3(s)} \xrightarrow{>117^\circ\mathrm{C}} \mathrm{NH_3(g) + CO_2(g) + H_2O(1)} \qquad \Delta_r H_m^\ominus = 185.6\mathrm{kJ \cdot mol^{-1}}$$

$$\mathrm{CaCO_3(s)} \xrightarrow{>846^\circ\mathrm{C}} \mathrm{CaO(s) + CO_2(g)} \qquad \Delta_r H_m^\ominus = 178.2\mathrm{kJ \cdot mol^{-1}}$$

可知，反应放热(能量降低的趋势)并不是决定反应自发性的唯一因素。分析上述吸热而又自发的过程或反应的特点可以发现，这些过程或反应发生后，或是产物分子的活动范围增大了，或是活动范围大的产物分子数增多了，总之体系的混乱程度都增大了。例如，H_2O 由固态变到液态、KNO_3 由固体变成了水合离子、NH_4HCO_3 和 $CaCO_3$ 两种固体物质分解后均有气体生成。由此可见，混乱度增大的趋势是自发的化学反应的又一重要推动力。

6.5.2　热力学第二定律

由自然界中的自发过程可知：任何体系在没有外界影响时，总是单向地趋于热力学平衡态，而绝不可能自动地逆向进行，这一结论就是热力学第二定律(the second law of thermodynamics)。

热力学第二定律建立于提升热机效率的研究之中。1824 年，卡诺(N. L. S. Carnot)研究了其采用科学抽象法而建立的理想化模型，即“卡诺热机”，并得出结论：“热机的效率只与两个热源的温差有关，而与热机的工作物质无关。任何热机的效率都不能高于理想热机的效率”。

后来，开尔文(L. Kelvin)和克劳修斯(R. J. E. Clausius)也分别研究了卡诺原理，发现其中包含了一个极为重要的自然规律，即热力学第二定律。该定律有多种表述，其中两种经典表述为：

克劳修斯表述：热不可能自动地从低温物体传至高温物体而不引起其他变化。

开尔文表述：不可能从单一热源吸取热，使之全部转变为功，而不留下其他影响。

但不管表述如何，其实质都是一样的，即自发过程的逆过程是不能自动进行的，或者说自发过程都是热力学上的不可逆过程。同时说明，功和热这两种能量传递的不同形式，在转化过程中存在方向性，即功可以全部无条件地转化为热，而热全部转化为功虽也可能，但绝不是无条件的。

教学视频
热力学第二定律

拓展知识

从单一热源吸取热使之全部转变为功而不产生其他影响的热机称为第二类永动机。第二类永动机没有违反能量守恒定律，但因为热能不可能全部转化为功而不引起其他影响，所以第二类永动机也无法实现。否则，轮船在大海里航行，飞机在蓝天上翱翔，都不需要携带燃料了，因为海洋和大气都是非常理想的单一热源。但是其无数次设计和试验证明，它只能以失败而告终。

6.5.3　熵与熵变

1. 熵与熵变的概念

在研究卡诺热机的过程中，德国物理学家克劳修斯意识到传递的热与热源温度之比 Q/T 的意义，提出了熵的概念。熵(entropy)代表体系混乱度的大小，用符号 S 表示。体系的混乱度越大，熵值越大。熵是状态函数，属于广度性质，其常用单位是 $J \cdot K^{-1}$。因此，熵变的大小只取决于体系的始态与终态，与变化途径无关。

热力学可证明，对于等温过程，体系的熵变 ΔS 等于该过程被设计为可逆过程时的热温商，即可逆热 Q_r 除以热力学温度 T，为

$$\Delta S = \frac{Q_r}{T} \tag{6-27}$$

对于非等温过程，其 ΔS 的计算也要通过设计可逆过程并运用微积分的方法才能完成，比较烦琐，将在物理化学教材中进一步讨论。

此外，熵变之所以与温度成反比，是因为在低温时，体系内部分子、离子或原子的热运动程度小，整个体系混乱度小，吸收一定量的热后，混乱度变化较大；在高温时，混乱度本来较大，吸收同样量的热，混乱度只是略为增加。

教学视频
熵与热力学第三定律

拓展知识

熵变随处可见。可以说，人类社会的发展历史就是一个熵增加的过程。人类在征服自然、利用自然的过程中，社会发展了，人口增多了，人们的生产生活范围扩大了，消费也增加了，这些都可以说是混乱度增大、熵增加的过程。同时，环境也逐渐受到了破坏，这也是熵增过程。当然，我国正在加大环境治理，要把已破坏的环境变回青山绿水，这就是一个熵减少的过程。但无论是破坏环境的熵增加过程，还是治理环境的熵减少过程，它们都是不可逆过程，因为无论怎样都回不到原来的状态。所以要保护环境，珍惜自然。

【例 6-7】 已知冰的融化热为 $5800J\cdot mol^{-1}$，求 273.15K，101.325kPa 下，2.0mol 冰融化为水的 ΔH 和 ΔS。

解 在正常冰点时，冰融化为水是相平衡过程，可以看作是恒温可逆过程。

$$\Delta H = Q_{融化} = 2.0\times5800 = 11.6\times10^3(J)$$

$$\Delta S = \frac{Q_r}{T} = \frac{11.6\times10^3}{273.15} = 42.5(J\cdot K^{-1})$$

计算结果($\Delta H>0$、$\Delta S>0$)表明，冰融化成水是一个吸热、熵增(混乱度增大)过程。

2. 熵的物理意义

熵概念提出之初，因缺乏物理意义的解释，曾受人质疑。直到奥地利科学家玻尔兹曼(L. Boltzmann)将熵与体系的微观状态数联系起来，才明确了熵的物理意义，熵才被人们广泛接受。

玻尔兹曼认为，体系的状态一定，其微观状态数一定，并基于统计力学原理提出了著名的玻尔兹曼关系式

$$S = k\ln\Omega \tag{6-28}$$

式中，k 为玻尔兹曼常量，其值为 $1.381\times10^{-23}J\cdot K^{-1}$；$\Omega$ 为微观状态数，是一个微观层次表示混乱度的物理量，即体系某一宏观状态所对应的微观状态数。微观状态数越多，表明体系中微观粒子的混乱程度越大，体系的熵值越大。因此，从微观角度看，熵具有统计意义，它是体系混乱度的一种宏观量度。玻尔兹曼关系式为宏观物理量——熵做出了微观的解释，揭示了热现象的本质，建立了宏观与微观的联系桥梁，奠定了统计热力学的基础。

为了更好地理解微观状态数的含义，我们以 3 个相同的粒子为例，讨论这 3 个粒子处在两种不同的宏观状态时其微观状态数的区别。如图 6-6 所示，第一种宏观状态(a)是 3 个相同的粒子处在只有 3 个格子的盒子中，每个格子中各有 1 个粒子，并假设粒子进入格子之后无挪动的余地和交换位置的自由，此时 3 个粒子只有一种占据方式，对应的微观状态数 $\Omega=1$，根据式(6-28)得 $S=0$；第二种宏观状态(b)是 3 个相同的粒子处在有 4 个格子的盒子之中，每个格子中也只有 1 个粒子，同样粒子进入格子之后同样也无挪动的余地和交换位置的自由，则此时 3 个粒子有 4 种占据格子的方式，对应的微观状态数 $\Omega=4$，熵值不为零。显然，第二种宏观状态的混乱度更大，熵值也更大。

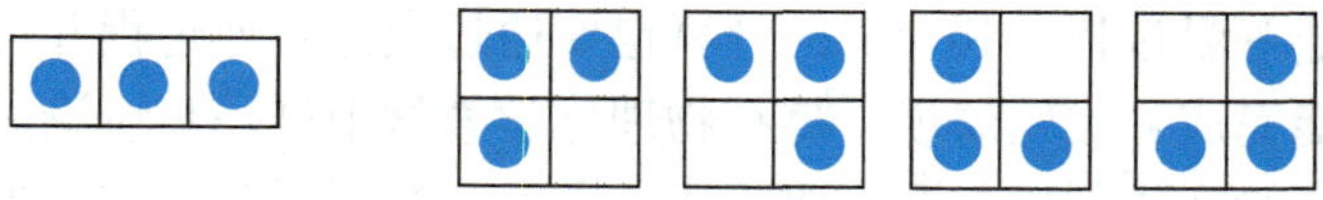

(a) (b)

图 6-6 3 个粒子的微观状态数示意图

3. 热力学第三定律

德国科学家普朗克(M. Plank)在前人工作基础上指出：在绝对零度(0K)时，任何纯物质的完整晶体的熵值为零。这就是热力学第三定律(the third law of thermodynamics)。完整晶体(或称理想晶体)是指晶体内部无任何缺陷。在 0K 时，完整晶体内部的热运动将停止，晶体内的分子或原子的排列完全有序，且只有一种排列方式，即微观状态数 Ω 为 1。根据玻尔兹曼关系式可得 $S_0 = k\ln 1 = 0$。以此为相对标准，可以求得其他温度下纯物质的熵值 S_T。

4. 标准熵

若将某纯物质从 0K 升高到任一温度 T，该过程的熵变为 ΔS，则

$$\Delta S = S_T - S_0 = S_T - 0 = S_T$$

S_T 即为该物质的规定熵(conventional entropy)，也称绝对熵。纯物质的规定熵的绝对值是可以求算的，这与物质的热力学能 U 和焓 H 不同。

标准态下，1mol 纯物质在温度 T 时的规定熵称为标准摩尔熵(standard molar entropy)，简称标准熵，用符号 $S_m^\ominus$ 表示，常用单位是 $J \cdot mol^{-1} \cdot K^{-1}$。一些常见物质的 $S_m^\ominus$ 值见附表二。需要注意的是，单质的标准摩尔熵值不为 0。此外，水溶液中离子的 $S_m^\ominus$ 是以标准态下水合 H^+ 离子的标准熵(规定为 0)为基础而求得的相对值。

物质的标准熵 $S_m^\ominus$ 值一般呈现以下变化规律：

(1) 同一物质，气态时的 $S_m^\ominus$ 最大，液态次之，固态时最小。例如：

$$S_m^\ominus(H_2O, g) > S_m^\ominus(H_2O, l) > S_m^\ominus(H_2O, s)$$

(2) 结构相似的同系列物质，相对分子质量越大，$S_m^\ominus$ 越大。例如：

$$S_m^\ominus(HI, g) > S_m^\ominus(HBr, g) > S_m^\ominus(HCl, g) > S_m^\ominus(HF, g)$$

(3) 相对分子质量相等或相近的物质，结构越复杂，$S_m^\ominus$ 越大。例如：

$$S_m^\ominus(CH_3CH_2OH) > S_m^\ominus(CH_3OCH_3)$$

(4) 气态多原子分子的 $S_m^\ominus$ 比单原子分子的 $S_m^\ominus$ 大。例如：

$$S_m^\ominus(O_3, g) > S_m^\ominus(O_2, g) > S_m^\ominus(O, g)$$

(5) 同一物质在高温时的 $S_m^\ominus$ 一般比低温时的 $S_m^\ominus$ 大。

(6) 压强对液态、固态物质的熵值影响较小，而对气态物质的影响较大。压强增加，$S_m^\ominus$ 值降低。

5. 标准反应熵变的计算

熵与焓一样，也是状态函数，熵变 ΔS 也只取决于体系的始态与终态，与变化途径无关。化学反应的熵变 ΔS 的计算方法也与焓变 ΔH 的计算方法类似。根据反应物和生成物的标准熵值 $S_m^\ominus$ 可计算任一化学反应的

标准熵变 $\Delta_r S_m^\ominus$。

设化学反应为

$$aA + dD \longrightarrow eE + fF$$

思考题 6-6

熵变的定义是可逆过程的热温商，为什么实际计算化学反应的熵变时一般都用式(6-29)?

在一定温度下，该反应的标准熵变 $\Delta_r S_m^\ominus$ 的计算公式为

$$\Delta_r S_m^\ominus = [eS_m^\ominus(E) + fS_m^\ominus(F)] - [aS_m^\ominus(A) + dS_m^\ominus(D)] \quad (6\text{-}29)$$

或

$$\Delta_r S_m^\ominus = \sum \nu_B S_m^\ominus(B) \quad (6\text{-}30)$$

附表二中的标准摩尔熵 $S_m^\ominus$ 为 298.15K 时测定的数据。$\Delta_r S_m^\ominus$ 受温度变化的影响较小，因此当温度变化不太大且参与反应的各物种都没有发生聚集态的变化时，其他某温度 T 下化学反应的 $\Delta_r S_m^\ominus$ 可用 298.15K 时的 $\Delta_r S_m^\ominus$ 数据代替。

【例 6-8】 碳酸钙的分解反应为

$$CaCO_3(s) \longrightarrow CaO(s) + CO_2(g)$$

已知 $CaCO_3(s)$、$CaO(s)$、$CO_2(g)$ 在 298.15K 下的标准摩尔熵 $S_m^\ominus$ 分别为 $92.9J \cdot K^{-1} \cdot mol^{-1}$、$39.75J \cdot K^{-1} \cdot mol^{-1}$、$213.74J \cdot K^{-1} \cdot mol^{-1}$。试计算在 298.15K 下该反应的标准摩尔熵变 $\Delta_r S_m^\ominus$。

解

$$\begin{aligned}\Delta_r S_m^\ominus &= S_m^\ominus[CaO(s)] + S_m^\ominus[CO_2(g)] - S_m^\ominus[CaCO_3(s)] \\ &= 39.75 + 213.74 - 92.9 \\ &= 160.6(J \cdot K^{-1} \cdot mol^{-1})\end{aligned}$$

$\Delta_r S_m^\ominus > 0$，说明在 298.15K、标准态下该反应是一个熵增反应。从反应方程式也能直观地看出，碳酸钙分解后有 CO_2 气体生成，体系的混乱度增大，因此熵值增大。

通常可以直接由反应前后气态物质的分子总数的变化来定性判断反应的熵变情况。如果由固态或液态物质反应生成了气态物质，或者由分子数较少的气态物质生成了分子数较多的气态物质，两种情况下体系的混乱度都变大，熵值都增加($\Delta S > 0$)；反之，由气态物质生成固态或液态物质的反应，或者气态物质的量减少的反应，体系的混乱度变小，熵值减小($\Delta S < 0$)。

6.5.4 熵增加原理

自发的化学反应有两个推动力：能量降低的趋势和混乱度增大的趋势。对于孤立体系来说，由于没有能量的变化，那么推动体系内化学反应自发进行的因素只有一个，就是熵增加。因此，引入熵后，热力学第二定律又有熵表述：在孤立体系中，任何变化都不可能使熵的总值减少。这一表述也称熵增加原理(principle of entropy increase)，其数学表达式为

$$\Delta S_{孤立} \geqslant 0 \quad (6\text{-}31)$$

式中，$\Delta S_{孤立}$ 表示孤立体系的熵变。若是不可逆过程，则 $\Delta S_{孤立}>0$；若是可逆过程，则 $\Delta S_{孤立}=0$；总之，熵有增无减。

对于化学反应，熵增加原理也可表示为

$$\Delta S_{孤立}\begin{cases}>0 & \text{正向自发}\\ =0 & \text{化学平衡}\\ <0 & \text{正向不自发}\end{cases} \tag{6-32}$$

思考题 6-7

$\Delta S>0$ 的过程都能自发进行吗？

式(6-32)即为孤立体系中化学反应能否自发或达到平衡的熵判据。

真正的孤立体系并不存在，但如果将体系和环境加在一起，就构成了一个大的孤立体系，其熵变用 $\Delta S_{总}$ 表示。因此，式(6-31)可改写为

$$\Delta S_{总}=(\Delta S_{体系}+\Delta S_{环境})\geqslant 0 \tag{6-33}$$

利用式(6-33)来判断反应的自发性时，既要考虑体系的熵变，还要考虑环境的熵变。而环境熵变，有时很复杂，不好计算。因此，需要找到一种更科学简便的办法来判断反应的自发性。

6.6　化学反应方向和吉布斯自由能

熵增加原理只适用于判断孤立体系中自发反应的方向，不能解决一般条件下化学反应的方向性问题。通常来说，大多数的化学反应是在等温等压条件下进行的。那么，能否找到一个比熵判据更为方便的，即无需考虑环境，只需考虑体系本身的情况，就可以解决大多数化学反应的自发性和方向问题的新判据呢？1876～1878 年，美国科学家吉布斯(J. W. Gibbs)在前人研究的基础上，引入了新的热力学函数。利用这个新的热力学函数，就可以对等温等压条件下的某一过程或反应的自发性进行判断，从而解决前面提出的问题。为了纪念吉布斯这位伟大的化学家，这个新的热力学函数就以他的名字命名，称为吉布斯自由能。

6.6.1　吉布斯自由能及其判据

1. 吉布斯自由能

教学视频

吉布斯自由能及其判据

如前所述，大多数化学反应通常是在等温等压条件下进行的。热力学研究结果表明，等温等压、不做非体积功时，环境吸收或放出的热 $Q_{环境}$ 与体系的等压热效应 $\Delta H_{体系}$ 数值相等，符号相反，即 $Q_{环境}=-\Delta H_{体系}$。而对于大的环境而言，体系与它交换的热量极其微小，相当于环境经历了一个等温可逆过程，此时环境的熵变就等于这个可逆过程的热温商，即 $Q_{环境}/T$。

根据熵增加原理，则有

$$\Delta S_{总}=\Delta S_{体系}+\Delta S_{环境}=\Delta S_{体系}+\frac{Q_{环境}}{T}=\Delta S_{体系}-\frac{\Delta H_{体系}}{T}\geqslant 0 \tag{6-34}$$

经数学处理，得

$$T\Delta S_{体系} - \Delta H_{体系} \geqslant 0 \tag{6-35}$$

对于体系而言，整理可得

$$\Delta H - T\Delta S \leqslant 0 \tag{6-36}$$

即

$$(H_2 - H_1) - T(S_2 - S_1) \leqslant 0 \tag{6-37}$$

移项可得

$$(H_2 - TS_2) - (H_1 - TS_1) \leqslant 0 \tag{6-38}$$

定义 $G = H - TS$，则上式可变为

$$\Delta G = G_2 - G_1 \leqslant 0 \tag{6-39}$$

G 为吉布斯自由能，是状态函数，属于体系的广度性质。ΔG 为等温等压条件下，不做非体积功时，过程或反应的吉布斯自由能变。

根据热力学第一定律的数学表达式，对于封闭系统而言，当体系既做体积功，也做非体积功时，则有

$$\Delta U = Q + W = Q + (-p_{外}\Delta V + W') \tag{6-40}$$

对于等温等压可逆过程，$p_{始} = p_{终} = p_{体} = p_{外}$，$Q = T\Delta S$，代入上式可得

$$\Delta U = T\Delta S - p_{体}\Delta V + W'$$

$$\Delta U + p\Delta V - T\Delta S = W'$$

$$\Delta U + \Delta(pV) - T\Delta S = W'$$

$$\Delta(U + pV) - T\Delta S = W'$$

$$\Delta H - T\Delta S = W'$$

$$\Delta G = W' \tag{6-41}$$

式(6-41)表明，在等温等压可逆过程中，体系的吉布斯自由能变等于体系所做的非体积功。由于可逆过程体系对外做最大功，因此体系的吉布斯自由能变也就是体系对外做的最大非体积功。

2. 吉布斯自由能判据

思考题 6-8

$\Delta G < 0$ 表示反应一定能自发进行，$\Delta G = 0$ 表示反应不再自发或 G 值达到最小，这两种说法是否正确，为什么？

根据式(6-39)，可以用体系的吉布斯自由能变 ΔG 来判断过程或反应自发性，具体可表示为

$$\Delta G \begin{cases} < 0 & \text{过程或反应正向可自发} \\ = 0 & \text{过程或反应处于平衡状态} \\ > 0 & \text{过程或反应正向不自发(逆向自发)} \end{cases} \tag{6-42}$$

式(6-42)即为等温等压、不做非体积功($W' = 0$)条件下过程或反应能否自发的判据，又称吉布斯自由能判据。上式表明，在等温等压条件下，自发变

化总是向着吉布斯自由能 G 减小的方向进行，直到体系的 G 最小为止。

6.6.2 标准吉布斯自由能变的计算

1. 吉布斯-亥姆霍兹公式

教学视频
标准吉布斯自由能变的计算

根据吉布斯自由能的定义式 $G=H-TS$ 可以得到等温等压条件下化学反应 ΔG、ΔH 和 ΔS 三者之间的关系式：

$$\Delta G=\Delta H-T\Delta S \tag{6-43}$$

如果化学反应在一定温度 T 和标准态($p^{\ominus}$)下进行，根据式(6-43)可得反应的标准摩尔吉布斯自由能变的计算公式为

$$\Delta_r G_m^{\ominus}=\Delta_r H_m^{\ominus}-T\Delta_r S_m^{\ominus} \tag{6-44}$$

式(6-43)和式(6-44)均称为吉布斯-亥姆霍兹公式。对于任一的化学反应，查阅附表二中各物质的 $\Delta_f H_m^{\ominus}$ 与 $S_m^{\ominus}$，再利用式(6-23)与(6-29)分别求出反应的标准等压反应热 $\Delta_r H_m^{\ominus}$ 和标准熵变 $\Delta_r S_m^{\ominus}$，代入式(6-44)即可求得反应在 298.15K 时的标准摩尔吉布斯自由能变 $\Delta_r G_m^{\ominus}$。

如果化学反应不是在 298.15K 下进行，由于 $\Delta_r H_m^{\ominus}$ 和 $\Delta_r S_m^{\ominus}$ 随温度变化不大，即 $\Delta_r H_m^{\ominus}(T)\approx\Delta_r H_m^{\ominus}(298.15\text{K})$，$\Delta_r S_m^{\ominus}(T)\approx\Delta_r S_m^{\ominus}(298.15\text{K})$，因此仍可利用吉布斯-亥姆霍兹公式近似计算在某温度(T)时反应的标准摩尔吉布斯自由能变。

$$\Delta_r G_m^{\ominus}(T)\approx\Delta_r H_m^{\ominus}(298.15\text{K})-T\Delta_r S_m^{\ominus}(298.15\text{K}) \tag{6-45}$$

吉布斯-亥姆霍兹公式将影响过程或化学反应自发的两个因素，即能量变化(ΔH)与混乱度变化(ΔS)完美地统一起来了。按式(6-43)，化学反应自发进行的方向取决于 ΔH 和 $T\Delta S$ 值的相对大小，具体影响情况见表 6-2。

表 6-2 ΔH、ΔS 及温度对正向反应自发性的影响

ΔH	ΔS	ΔG		温度对正向反应自发性的影响
		低温时	高温时	
<0	>0	<0	<0	任何温度下均自发，如 $2O_3(g) = 3O_2(g)$
>0	<0	>0	>0	任何温度下均不自发，如 $3O_2(g) = 2O_3(g)$
<0	<0	<0	>0	低温自发，如 $T<1118.6\text{K}$ 时，$CaO(s)+CO_2(g) = CaCO_3(s)$
>0	>0	>0	<0	高温自发，如 $T>1118.6\text{K}$ 时，$CaCO_3(s) = CaO(s)+CO_2(g)$

由表 6-2 可知，只有 ΔH 和 ΔS 两者符号相同时，才可能通过改变温度来改变反应的方向；$\Delta G=0$ 时的温度，即化学平衡时的温度，也称转变温度：

$$T_{转变}=\frac{\Delta H}{\Delta S} \tag{6-46}$$

在放热熵减($\Delta H < 0$、$\Delta S < 0$)的情况下，这个温度是正向能自发进行的最高反应温度；在吸热熵增($\Delta H > 0$、$\Delta S > 0$)的情况下，这个温度是正向能自发进行的最低反应温度。

由此可见，温度对于化学反应的吉布斯自由能变的影响是不可忽略的，有时温度的变化甚至能改变反应的吉布斯自由能变的符号，从而改变反应方向。

【例 6-9】 已知在 298.15K 时，反应 $N_2(g) + 3H_2(g) \xlongequal{\quad} 2NH_3(g)$ 的标准反应热 $\Delta_r H_m^\ominus$ 和标准反应熵变 $\Delta_r S_m^\ominus$ 分别为$-92.22kJ \cdot mol^{-1}$ 和$-198.76J \cdot mol^{-1} \cdot K^{-1}$。试问该反应在 298.15K、标准态下正向能否自发进行？并求最高反应温度。

解 根据吉布斯-亥姆霍兹公式：

$$\begin{aligned}\Delta_r G_m^\ominus(298.15K) &= \Delta_r H_m^\ominus(298.15K) - T\Delta_r S_m^\ominus(298.15K)\\ &= (-92.22) - 298.15 \times (-198.76 \times 10^{-3})\\ &= -32.96(kJ \cdot mol^{-1}) < 0\end{aligned}$$

故反应正向可自发进行。

若使 $\Delta_r G_m^\ominus(T) = \Delta_r H_m^\ominus(T) - T\Delta_r S_m^\ominus(T) < 0$，则反应就能正向自发。

又因为 $\Delta_r H_m^\ominus$、$\Delta_r S_m^\ominus$ 随温度变化不大，即

$$\Delta_r G_m^\ominus(T) \approx \Delta_r H_m^\ominus(298.15K) - T\Delta_r S_m^\ominus(298.15K) < 0$$

$$-198.76 \times 10^{-3} T > -92.22$$

则

$$T < \frac{-92.22}{-198.76 \times 10^{-3}} = 463.98(K)$$

因此，该反应的最高反应温度为 463.98K。

【例 6-10】 已知 298.15K 时 $\Delta_f H_m^\ominus[HgO(s)] = -90.83kJ \cdot mol^{-1}$，$S_m^\ominus[HgO(s)] = 70.29J \cdot mol^{-1} \cdot K^{-1}$；$S_m^\ominus[Hg(l)] = 76.02J \cdot mol^{-1} \cdot K^{-1}$，$S_m^\ominus[O_2(g)] = 205.138J \cdot mol^{-1} \cdot K^{-1}$。试判断反应 $2HgO(s) \xlongequal{\quad} 2Hg(l) + O_2(g)$ 在 298.15K，标准态下正向能否自发，并估算最低反应温度。

解

$$\begin{aligned}\Delta_r H_m^\ominus(298.15K) &= \Delta_f H_m^\ominus[O_2(g)] + 2\Delta_f H_m^\ominus[Hg(l)] - 2\Delta_f H_m^\ominus[HgO(s)]\\ &= 0 - 2 \times (-90.83)\\ &= 181.66(kJ \cdot mol^{-1})\end{aligned}$$

$$\begin{aligned}\Delta_r S_m^\ominus(298.15K) &= S_m^\ominus[O_2(g)] + 2S_m^\ominus[Hg(l)] - 2S_m^\ominus[HgO(s)]\\ &= 205.138 + 2 \times 76.02 - 2 \times 70.29\\ &= 216.598(J \cdot mol^{-1} \cdot K^{-1})\end{aligned}$$

根据吉布斯-亥姆霍兹公式

$$\begin{aligned}\Delta_r G_m^\ominus(298.15K) &= \Delta_r H_m^\ominus(298.15K) - T\Delta_r S_m^\ominus(298.15K)\\ &= 181.66 - 298.15 \times 216.598 \times 10^{-3}\\ &= 117.08(kJ \cdot mol^{-1}) > 0\end{aligned}$$

故该反应正向不能自发进行。

若使 $\Delta_r G_m^\ominus(T) = \Delta_r H_m^\ominus(T) - T\Delta_r S_m^\ominus(T) < 0$，则反应就能正向自发。

又因为 $\Delta_r H_m^\ominus$、$\Delta_r S_m^\ominus$ 随温度变化不大，即

$$\Delta_r G_m^{\ominus}(T) \approx \Delta_r H_m^{\ominus}(298.15\text{K}) - T\Delta_r S_m^{\ominus}(298.15\text{K}) < 0$$

则

$$T > \frac{181.66}{216.598 \times 10^{-3}} = 838.7(\text{K})$$

因此，该反应的最低反应温度为 838.7K。

2. 标准生成吉布斯自由能

用吉布斯-亥姆霍兹公式计算化学反应的吉布斯自由能变，涉及等压反应热和反应熵变的计算，比较烦琐。若由一些相关的、特殊反应的 $\Delta_r G_m^{\ominus}$ 的已知数据来间接计算，则可更简便地计算任一化学反应的 $\Delta_r G_m^{\ominus}$。

由于 G 是状态函数，化学反应的 $\Delta_r G$ 也只取决于始、终态，与所经历的途径无关。因此，其吉布斯自由能的变化应为

$$\Delta_r G = \sum G(\text{产物}) - \sum G(\text{反应物}) \tag{6-47}$$

从 $G = H - TS$ 看，虽然可以求出反应温度 T 下的熵值 S，但无法知道 H 的绝对值，因此也无法确定 G 的绝对值。要计算反应的 $\Delta_r G$，就需用类似由标准生成热计算反应热的方法解决。

由指定单质生成 1mol 物质的生成反应的吉布斯自由能变称为该物质的摩尔生成吉布斯自由能。在标准状态下的某物质的摩尔生成吉布斯自由能称为该物质的标准摩尔生成吉布斯自由能(standard molar free energy of formation)，常用符号 $\Delta_f G_m^{\ominus}$ 表示，常用单位为 $\text{kJ}\cdot\text{mol}^{-1}$。各种物质的 $\Delta_f G_m^{\ominus}$(298.15K)数据见附表二。热力学规定，指定单质的标准摩尔生成吉布斯自由能为零。

在 298.15K、不做非体积功时，对任一化学反应：

$$a\text{A} + d\text{D} \xlongequal{\quad} e\text{E} + f\text{F}$$

可根据附表二中物质的标准生成吉布斯自由能 $\Delta_f G_m^{\ominus}$ 计算反应的标准摩尔吉布斯自由能变 $\Delta_r G_m^{\ominus}$。

$$\Delta_r G_m^{\ominus} = [e\Delta_f G_m^{\ominus}(\text{E}) + f\Delta_f G_m^{\ominus}(\text{F})] - [a\Delta_f G_m^{\ominus}(\text{A}) + d\Delta_f G_m(\text{D})] \tag{6-48}$$

或

$$\Delta_r G_m^{\ominus} = \sum \nu_B \Delta_f G_m^{\ominus}(\text{B}) \tag{6-49}$$

思考题 6-9

式(6-45)和式(6-48)均可用于计算反应的标准摩尔吉布斯自由能变 $\Delta_r G_m^{\ominus}$，二者在使用上有何区别?

【例 6-11】 已知在 298.15K 时 NH_3(g)、NO(g)、H_2O(g)的标准生成吉布斯自由能 $\Delta_f G_m^{\ominus}$ 分别为$-16.45\text{kJ}\cdot\text{mol}^{-1}$、$86.55\text{kJ}\cdot\text{mol}^{-1}$、$-228.572\text{kJ}\cdot\text{mol}^{-1}$，计算反应 $4NH_3(g) + 5O_2(g) \xlongequal{\quad} 4NO(g) + 6H_2O(g)$ 的 $\Delta_r G_m^{\ominus}$(298.15K)。

解

$$\begin{aligned}\Delta_r G_m^{\ominus}(298.15\text{ K}) &= \{4\Delta_f G_m^{\ominus}[NO(g)] + 6\Delta_f G_m^{\ominus}[H_2O(g)]\} \\ &\quad - \{4\Delta_f G_m^{\ominus}[NH_3(g)] + 5\Delta_f G_m^{\ominus}[O_2(g)]\} \\ &= [4\times 86.55 + 6\times(-228.572)] - [4\times(-16.45) + 0] \\ &= -959.43(\text{kJ}\cdot\text{mol}^{-1})\end{aligned}$$

由标准生成吉布斯自由能计算$\Delta_r G_m^\ominus$的结果，可能与吉布斯-亥姆霍兹公式计算的结果不完全一样，因为采用不同实验方法所得到的数据之间存在误差。

化学史话

热力学巨匠——吉布斯

约西亚·威拉德·吉布斯（J. W. Gibbs，1839—1903，美国物理化学家）

1997年，杨振宁为《科技文化》杂志写了一篇题为“美与物理学”的专论，文中提到19世纪物理学的三项最高成就为热力学、电磁学与统计力学。其中美国物理化学家吉布斯在热力学和统计力学两个领域均做出了杰出的成就，爱因斯坦称赞他为“美国历史上最杰出的英才”。

吉布斯1839年出生于美国康涅狄格州的纽黑文，1863年在耶鲁大学获得哲学博士学位，1866～1869年在欧洲留学，1871年担任耶鲁大学的数学物理教授，是全美该学科的第一个教授。

吉布斯在科学研究上成就卓著，特别是在热力学和统计力学领域居于无与伦比的地位。1873～1878年，吉布斯相继发表了三篇里程碑式的热力学研究论文，即《图解法在流体热力学中的应用》、《物质的热力学性质的几何曲面表示法》和《关于多相物质的平衡》。这三篇论文夯实了热力学理论体系的基础，尤其是长达300余页的《关于多相物质的平衡》被认为是化学史上最重要的论文之一，其中提出了吉布斯自由能、化学势等概念，阐明了化学平衡、相平衡、表面吸附等现象的本质。由于吉布斯本人的纯数学推导式的写作风格和刊物发行量太小及对于纯理论研究的轻视等，这篇文章当时在美国并没有引起回应。但吉布斯从不理会，也不乞求同时代人的承认，矢志科学而甘于寂寞，为化学热力学的发展做出卓越贡献。

吉布斯首创了“统计力学”这一术语，并引入了用以描述物理体系的一些关键概念及它们相应的数学表述，特别是1873年引入的吉布斯自由能、1876年引入的化学势、1902年引入的系综等概念。诺贝尔物理学奖得主朗道评论吉布斯：他对统计力学给出了适用于任何宏观物体的最彻底、最完整的形式。吉布斯还运用支配体系性质的统计原理阐明了他独辟蹊径导出的热力学方程，并通过多粒子系统的统计性质对热力学的唯象理论给出了完美的解释。1902年，他将这项工作写入了对后世极具影响的教科书《统计力学的基本原理》。

吉布斯以丰硕的学术成果和独特的人格魅力感召和影响了一代又一代的物理化学研究者和学习者。奥斯特瓦尔德对吉布斯的科学贡献给予了恰如其分的评价，认为“无论从形式还是内容上，他赋予了物理化学整整一百年”。麦克斯韦说：“吉布斯对热的工作超越了欧洲所有科学家的总和。”此外，不少以他名字命名的专业术语从不同角度折射出他的学术成就和科学贡献，如吉布斯自由能、吉布斯熵、吉布斯相律、吉布斯悖论、吉布斯现象、吉布斯-亥姆霍兹方程、吉布斯-杜安方程、吉布斯取样法、吉布斯测度、吉布斯态、吉布斯-汤姆森效应、吉布斯等温面等。学术界最终对这位硕果累累的科学家给予了充分公允的肯定和名副其实的奖励。

吉布斯行事低调，淡泊名利。他终身未婚，不宣扬研究成果、不热衷学术交际，甚至对职位和薪水也随遇而安，心无旁骛地专注于别人眼中晦涩难懂的理论研究。吉布斯认为，科学研究与登山一样，乐趣都在于攀登过程中的自得其乐。正是他那不求闻达唯求真知的高尚品德和独特风格，才使他的思想能够如此深邃和严谨，才使他能够有充裕的时间和精力，从容地解决一个又一个重大的科学课题。也正因如此，吉布斯才成为科学史上屈指可数的巨人之一，受到当今世界的景仰。

拓展阅读

习　题

教学视频
习题课

6-1 状态函数的含义及其基本特征是什么？T、p、V、ΔU、ΔH、ΔG、S、G、Q_p、Q_V、Q、W、$W_{体}$ 中哪些是状态函数？状态函数中哪些属于广度性质？哪些属于强度性质？

6-2 下列叙述是否正确？试解释。

(1) $Q_p = \Delta H$，H 是状态函数，所以 Q_p 也是状态函数；

(2) 化学计量数与化学反应计量方程式中各反应物和产物前面的配平系数相等；

(3) 标准状况与标准态是同一个概念；

(4) 所有生成反应和燃烧反应都是氧化还原反应；

(5) 标准摩尔生成热是生成反应的标准摩尔反应热；

(6) $H_2O(l)$的标准摩尔生成热等于$H_2(g)$的标准摩尔燃烧热；

(7) 石墨和金刚石的燃烧热相等；

(8) 单质的标准生成热都为零；

(9) 稳定单质的 $\Delta_f H_m^\ominus$、$S_m^\ominus$、$\Delta_f G_m^\ominus$ 均为零；

(10) 当温度接近绝对零度时，所有放热反应均能自发进行；

(11) 若 $\Delta_r H_m$ 和 $\Delta_r S_m$ 都为正值，则当温度升高时反应自发进行的可能性增加；

(12) 冬天公路上撒盐以使冰融化，此时 $\Delta_r G_m$ 值的符号为负，$\Delta_r S_m$ 值的符号为正。

6-3 1mol 气体从同一始态出发，分别进行等温可逆膨胀和等温不可逆膨胀达到同一终态，因等温可逆膨胀对外做功 W_r 大于等温不可逆膨胀对外做的功 W_{ir}，则 $Q_r > Q_{ir}$。这一说法是否正确？为什么？

6-4 有人认为，当体系从某一始态变至另一终态，无论其通过何种途径，ΔG 的值总是一定的，而且如果做非体积功，ΔG 总是等于 W'。这种说法对吗？

6-5 不查表，直接判断一定温度下，下列反应中熵变值由大到小的顺序：

(1) $CO_2(g) = C(s) + O_2(g)$

(2) $2NH_3(g) = 3H_2(g) + N_2(g)$

(3) $2SO_3(g) = 2SO_2(g) + O_2(g)$

6-6 一体系由 A 态到 B 态，沿途径 I 放热 120J，环境对体系做功 50J。试计算：

(1) 体系由 A 态沿途经 II 到 B 态，吸热 40J，其 W 值为多少？

(2) 体系由 A 态沿途经 III 到 B 态对环境做功 80J，其 Q 值为多少？

6-7 在 27℃ 时，反应 $CaCO_3(s) = CaO(s) + CO_2(g)$ 的摩尔等压热效应 $Q_p = 178.0kJ \cdot mol^{-1}$，则在此温度下其摩尔等容热效应 Q_V 为多少？

6-8 在一定温度下，4.0mol $H_2(g)$与 2.0mol $O_2(g)$混合，经一定时间反应后，生成了 0.6mol $H_2O(l)$。请按下列两个不同反应式计算反应进度ξ。

(1) $2H_2(g) + O_2(g) = 2H_2O(l)$

(2) $H_2(g) + \frac{1}{2}O_2(g) = H_2O(l)$

6-9 已知

(1) $Cu_2O(s) + \frac{1}{2}O_2(g) = 2CuO(s)$ $\quad \Delta_r H_m^\ominus(1) = -143.7kJ \cdot mol^{-1}$

(2) $CuO(s) + Cu(s) = Cu_2O(s)$ $\quad \Delta_r H_m^\ominus(2) = -11.5kJ \cdot mol^{-1}$

求 $\Delta_f H_m^\ominus[CuO(s)]$。

6-10 有一种甲虫，名为投弹手，它能用从尾部喷射出爆炸性排泄物的方法作为防卫措施，所涉及的化学反应是氢醌被过氧化氢氧化生成醌和水：

$$C_6H_4(OH)_2(aq) + H_2O_2(aq) = C_6H_4O_2(aq) + 2H_2O(l)$$

根据下列热化学方程式计算该反应的 $\Delta_r H_m^\ominus$。

(1) $C_6H_4(OH)_2(aq) = C_6H_4O_2(aq) + H_2(g)$ $\quad \Delta_r H_m^\ominus(1) = 177.4kJ \cdot mol^{-1}$

(2) $H_2(g) + O_2(g) = H_2O_2(aq)$ $\quad \Delta_r H_m^\ominus(2) = -191.2kJ \cdot mol^{-1}$

(3) $H_2(g) + \frac{1}{2}O_2(g) = H_2O(g)$ $\quad \Delta_r H_m^\ominus(3) = -241.8kJ \cdot mol^{-1}$

(4) $H_2O(g) = H_2O(l)$ $\quad \Delta_r H_m^\ominus(4) = -44.0kJ \cdot mol^{-1}$

6-11 利用附表中 298.15K 时有关物质的标准生成热数据，计算下列反应在 298.15K 及标准态下的 $\Delta_r H_m^\ominus$。

(1) $Fe_3O_4(s) + CO(g) = 3FeO(s) + CO_2(g)$

(2) $4NH_3(g) + 5O_2(g) = 4NO(g) + 6H_2O(l)$

6-12 利用附表中 298.15K 时有关物质的标准燃烧热数据，计算下列反应在 298.15K 及标准态下的 $\Delta_r H_m^\ominus$。

(1) $CH_3COOH(l) + CH_3CH_2OH(l) = CH_3COOCH_2CH_3(l) + H_2O(l)$

(2) $C_2H_4(g) + H_2(g) = C_2H_6(g)$

6-13 人体所需能量大多来源于食物在体内的氧化反应，如葡萄糖在细胞中与氧发生氧化反应生成 $CO_2(g)$和 $H_2O(l)$，并释放出能量。通常用燃烧热去估算人们对食物的需求量，已知葡萄糖的生成热为$-1260kJ \cdot mol^{-1}$，$CO_2(g)$和 $H_2O(l)$的生成热分别为$-393.51kJ \cdot mol^{-1}$和$-285.83kJ \cdot mol^{-1}$，试计算葡萄糖的燃烧热。

6-14 已知乙醇在 298.15K 和 101.325kPa 下的蒸发热为 $42.55kJ \cdot mol^{-1}$，蒸发熵变为 $121.6J \cdot K^{-1} \cdot mol^{-1}$，试估算乙醇的正常沸点(℃)。

6-15 对生命起源问题，有人提出最初植物或动物的复杂分子是由简单分子自动形成的。例如，尿素(NH_2CONH_2)的生成可用反应方程式表示如下：

$$CO_2(g) + 2NH_3(g) \longrightarrow (NH_2)_2CO(s) + H_2O(l)$$

(1) 利用附表二中 $\Delta_f G_m^\ominus$、$\Delta_f H_m^\ominus$、$S_m^\ominus$ 数据计算 298.15K 时的 $\Delta_r G_m^\ominus$，并说明该反应在此温度和标准态下能否自发；

(2) 在标准态下最高温度为何值时，反应就不再自发进行了？

6-16 已知 298.15K 时，$NH_4HCO_3(s) \longrightarrow NH_3(g) + CO_2(g) + H_2O(g)$ 的相关热力学数据如下：

	$NH_4HCO_3(s)$	$NH_3(g)$	$CO_2(g)$	$H_2O(g)$
$\Delta_f G_m^\ominus/(kJ \cdot mol^{-1})$	−665.9	−16.45	−394.36	−228.57
$\Delta_f H_m^\ominus/(kJ \cdot mol^{-1})$	−849.4	−46.11	−393.51	−241.82
$S_m^\ominus/(J \cdot mol^{-1} \cdot K^{-1})$	120.9	192.45	213.74	188.82

试计算：(1) 298.15K、标准态下 $NH_4HCO_3(s)$能否发生分解反应？

(2) 在标准态下 $NH_4HCO_3(s)$分解的最低温度。

6-17 已知在 298.15K、$p^\ominus$下，合成氨反应的 $\Delta_r H_m^\ominus = -92.38kJ \cdot mol^{-1}$，$\Delta_r G_m^\ominus = -33.26kJ \cdot mol^{-1}$，求 500K 下该反应的 $\Delta_r G_m^\ominus$，并分析说明升温对反应有利还是不利。

6-18 已知 $\Delta_f H_m^\ominus[C_6H_6(l), 298.15K] = 49.10kJ \cdot mol^{-1}$，$\Delta_f H_m^\ominus[C_2H_2(g), 298.15K] = 226.73kJ \cdot mol^{-1}$；$S_m^\ominus[C_6H_6(l), 298.15K] = 173.40J \cdot mol^{-1} \cdot K^{-1}$，$S_m^\ominus[C_2H_2(g), 298.15K] = 200.94J \cdot mol^{-1} \cdot K^{-1}$。试判断：$C_6H_6(l) \longrightarrow 3C_2H_2(g)$ 在 298.15K、标准态下能否正向自发进行？估算最低反应温度。

(中南大学　　王一凡　张寿春)

第 7 章 化学动力学基础

第 7 章　导学

化学反应在生产实践中的应用主要有两个方面的问题：一是要了解反应进行的方向、限度及外界条件对平衡的影响；二是要知道反应进行的速率和反应的历程(即反应机理)。前者属于化学热力学的研究范畴，后者属于化学动力学的研究范畴。

化学动力学(chemical kinetics)和化学热力学的研究对象都是化学反应体系，但二者的着眼点不同，研究方法也有差异。化学热力学以热力学三个基本定律为基础，用状态函数去研究在一定条件下从给定始态到指定终态体系发生自发变化的可能性、方向和限度问题。但是，如何将自发变化的可能性变为现实性？其速率和途径如何？这些问题主要由化学动力学来研究。因此，化学动力学的基本任务是：考察反应过程中物质运动的实际途径，研究反应条件(如温度、压强、浓度、介质、催化剂等)对反应速率的影响规律，揭示物质结构与化学反应能力之间的关系，从而使人们能够选择适当的反应条件，掌握控制反应的主动权，使化学反应按人们所希望的速率进行。因此，化学动力学是研究化学反应现实性的一门学科。

7.1　化学反应速率的表示

教学视频

化学反应速率基本概念

化学反应有快有慢。有些化学反应片刻即可完成，如强酸强碱的中和反应、爆炸反应、镁带的燃烧反应等；而有些化学反应则要经历几年甚至千万年才能看到明显的变化，如橡胶老化反应、常温下氢气和氧气生成水反应、某些放射性元素衰变反应等。为了定量比较反应进行的快慢，有必要引入反应速率的概念。物理学中的“速度(velocity)”是矢量，有方向性，而“速率(rate)”是标量。本书一律采用标量“反应速率”，用符号 r 表示(即其英文单词的首字母)。

化学反应速率是指反应进程中反应组分的量随时间的变化率。对于在体积一定的密闭容器中进行的化学反应，可以用反应物浓度的减少或者产物浓度的增加来表示反应组分的量的变化。在大多数反应体系中，反应组分的浓度随时间的变化往往不是线性关系，反应开始时反应物浓度较大，反应较快；而在反应后期，反应物的浓度降低，反应减慢。因此，反应速率与所选取的反应时间点或时间段有关。下面分别介绍平均速率和瞬时速率。

7.1.1 平均速率

平均速率是反应进程中某时间间隔(Δt)内反应组分 B 的浓度变化的平均值，常用单位时间内反应物浓度的减少或产物浓度的增加来表示，即

$$\bar{r}(\mathrm{B})=\left|\frac{\Delta c(\mathrm{B})}{\Delta t}\right| \tag{7-1}$$

式中，$\Delta c(\mathrm{B})$为组分 B 在时间间隔 Δt 内的浓度变化值。取绝对值是因为反应速率总是正值。$\bar{r}(\mathrm{B})$ 的量纲为[浓度] · [时间]$^{-1}$，常用单位有 $\mathrm{mol \cdot L^{-1} \cdot s^{-1}}$，$\mathrm{mol \cdot L^{-1} \cdot min^{-1}}$ 或 $\mathrm{mol \cdot L^{-1} \cdot h^{-1}}$。

对于任意反应 $e\mathrm{E}+f\mathrm{F} = g\mathrm{G}+h\mathrm{H}$，有

$$\bar{r}(\mathrm{E})=-\frac{\Delta c(\mathrm{E})}{\Delta t}，\quad \bar{r}(\mathrm{F})=-\frac{\Delta c(\mathrm{F})}{\Delta t}，\quad \bar{r}(\mathrm{G})=\frac{\Delta c(\mathrm{G})}{\Delta t}，\quad \bar{r}(\mathrm{H})=\frac{\Delta c(\mathrm{H})}{\Delta t}$$

对于反应物 E 和 F，其浓度变化是负值，因此$\bar{r}(\mathrm{E})$ 和$\bar{r}(\mathrm{F})$ 表达式中有负号，以确保反应速率取正值。为了区分，将前两者称为反应物 E 或 F 的消耗速率，后两者称为产物 G 或 H 的生成速率。原则上说，用任何一种反应物或产物均可表示化学反应的速率，但通常采用其浓度变化易于测量的那种物质来进行研究。

根据平均速率的定义，若组分的化学计量数不同，则不同组分的平均速率也不一样。对于上述化学反应，各组分的平均速率满足如式(7-2)：

$$-\frac{1}{e}\frac{\Delta c(\mathrm{E})}{\Delta t}=-\frac{1}{f}\frac{\Delta c(\mathrm{F})}{\Delta t}=\frac{1}{g}\frac{\Delta c(\mathrm{G})}{\Delta t}=\frac{1}{h}\frac{\Delta c(\mathrm{H})}{\Delta t}=\frac{1}{\nu_{\mathrm{B}}}\frac{\Delta c(\mathrm{B})}{\Delta t} \tag{7-2}$$

式中，ν_{B} 为化学反应式中组分 B 的化学计量数。由式(7-2)可知：

$$\frac{1}{e}\bar{r}(\mathrm{E})=\frac{1}{f}\bar{r}(\mathrm{F})=\frac{1}{g}\bar{r}(\mathrm{G})=\frac{1}{h}\bar{r}(\mathrm{H})$$

例如，对于合成氨的反应 $N_2+3H_2 = 2NH_3$，则有

$$\bar{r}(\mathrm{N_2})=\frac{1}{3}\bar{r}(\mathrm{H_2})=\frac{1}{2}\bar{r}(\mathrm{NH_3})$$

由此可见，用上述方法表示的反应速率与各组分的化学计量数有关。对于同一化学反应，用化学计量数不同的组分来表示反应速率，其数值是不一致的。因此，根据式(7-1)所定义的平均速率称为平均组分速率。为了使整个反应在某一时间段只用一个平均速率表示，可以根据式(7-2)所示的关系来定义一个新的平均速率，称为平均反应速率，即：

$$\bar{r}=\frac{1}{\nu_{\mathrm{B}}}\frac{\Delta c(\mathrm{B})}{\Delta t} \tag{7-3}$$

对于恒容密闭体系，式(7-3)可以进一步推导出如下关系：

$$\bar{r}=\frac{1}{\nu_{\mathrm{B}}}\frac{\Delta c(\mathrm{B})}{\Delta t}=\frac{1}{\nu_{\mathrm{B}}}\frac{\Delta n(\mathrm{B})}{V\Delta t}=\frac{1}{V}\frac{\Delta n(\mathrm{B})}{\nu_{\mathrm{B}}\Delta t}=\frac{1}{V}\frac{\Delta \xi}{\Delta t} \tag{7-4}$$

式中，V 为反应体系的体积；ξ 为反应进度。因此，平均反应速率可以定

义为单位体积反应体系中反应进度随时间的变化率，即

$$\bar{r}=\frac{1}{V}\frac{\Delta\xi}{\Delta t} \tag{7-5}$$

由式(7-5)所表示的反应速率与所选用的组分无关，而且不必再取绝对值，因为反应进度的变化值($\Delta\xi$)一定是非负数。需要注意的是，用反应进度表示的反应速率一般只适用于均相反应体系(即反应物、生成物均处于同一相的化学反应，如液态溶液中的反应或气态反应等)。

在实际反应中，由于组分的浓度比较容易测定，因此，在获得化学反应速率的原始数据时，通常还是用式(7-1)。

对于气相反应，压强比浓度容易测定，因此也可用参加反应各组分的分压来代替浓度。例如，对于合成氨的反应 $N_2+3H_2 \xlongequal{} 2NH_3$，若以各物质的分压来表示反应速率，则有

$$\bar{r}'=-\frac{\Delta p(N_2)}{\Delta t}=-\frac{1}{3}\frac{\Delta p(H_2)}{\Delta t}=\frac{1}{2}\frac{\Delta p(NH_3)}{\Delta t}$$

$\bar{r}'$ 的量纲为[压强]·[时间]$^{-1}$，常用单位是 $Pa\cdot s^{-1}$。对于理想气体，$p(B)=c(B)RT$，所以 $\bar{r}'=\bar{r}RT$。

上面提及的反应速率都是某一时间间隔内的平均反应速率，而绝大多数化学反应的速率是随反应时间不断改变的。例如，四氯化碳溶液中 N_2O_5 的分解反应：

$$2N_2O_5 \xlongequal{} 4NO_2+O_2$$

通过实验测得各时间间隔内 N_2O_5 浓度的变化量 $\Delta c(N_2O_5)$，进而求得反应的平均速率，如表 7-1 所示。

表 7-1 在 CCl_4 溶液中 N_2O_5 分解速率测定的实验数据(298K)

反应时间 t/s	时间间隔 Δt/s	t 时 N_2O_5 浓度 $c(N_2O_5)/(mol\cdot L^{-1})$	Δt 内 N_2O_5 浓度变化 $-\Delta c(N_2O_5)/(mol\cdot L^{-1})$	平均速率 $\bar{r}$ $(-\Delta c/\Delta t)/(mol\cdot L^{-1}\cdot s^{-1})$
0	—	2.10	—	—
100	100	1.95	0.15	1.5×10^{-3}
300	200	1.70	0.25	1.3×10^{-3}
700	400	1.31	0.39	9.9×10^{-4}
1 000	300	1.08	0.23	7.7×10^{-4}
1 700	700	0.70	0.38	5.0×10^{-4}
2 100	400	0.56	0.14	3.5×10^{-4}
2 800	700	0.37	0.19	2.7×10^{-4}

由表 7-1 可见，随着反应的不断进行，N_2O_5 的浓度不断降低，平均速率也在不断减小，但平均速率不能确切地反映任意时刻的速率。若要描述化学反应在某一时刻的速率就要用瞬时速率来表示。

7.1.2　瞬时速率

根据反应速率的定义，若测定的时间间隔缩小到无限小($\Delta t \to 0$)，则可以求得某一时刻的反应速率，此时用符号 d 代替符号 Δ，速率表达式如下：

$$r(\mathrm{B}) = \left|\frac{\mathrm{d}c(\mathrm{B})}{\mathrm{d}t}\right| \tag{7-6}$$

或

$$r = \frac{1}{\nu_\mathrm{B}}\frac{\mathrm{d}c(\mathrm{B})}{\mathrm{d}t} = \frac{1}{V}\frac{\mathrm{d}\xi}{\mathrm{d}t} \tag{7-7}$$

这样表示的反应速率称为瞬时速率。瞬时速率可以用作图法求得。

若将表 7-1 的数据做成一条以时间 t 为横坐标，以浓度 c 为纵坐标的 c-t 曲线(图 7-1)。曲线上 A、B 两点连线(割线 AB)的斜率即表示时间间隔 $\Delta t = t_B - t_A$ 内反应的平均速率 $\overline{r}_{AB}(\mathrm{N_2O_5})$。若将 AB 直线不断向下移动，相当于时间间隔不断减小，直至变成与曲线上的点 C 相切的切线 EF，此时，时间间隔无限小($\Delta t \to 0$)，该切线的斜率即为时刻 t_C 所对应的"瞬时速率" $r_C(\mathrm{N_2O_5})$。$\overline{r}_{AB}(\mathrm{N_2O_5})$ 和 $r_C(\mathrm{N_2O_5})$ 可以根据下面两式进行计算：

$$\overline{r}_{AB}(\mathrm{N_2O_5}) = -\frac{\Delta c(\mathrm{N_2O_5})}{\Delta t} = \frac{AD}{BD}$$

$$r_C(\mathrm{N_2O_5}) = -\frac{\mathrm{d}c(\mathrm{N_2O_5})}{\mathrm{d}t} = \frac{EG}{FG}$$

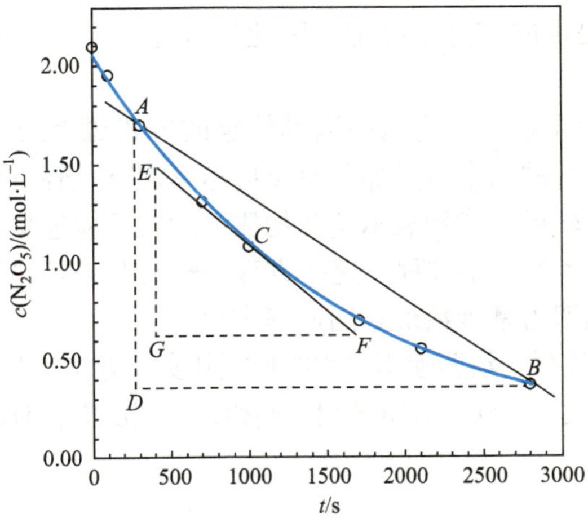

图 7-1　平均速率和瞬时速率的图像

在反应进程中所有时刻的瞬时速率中，初始速率 r_0 极为重要，因为初始浓度是最易获得的数据，因此在研究反应速率与浓度的关系时，经常用到初始速率。

必须特别指出的是，反应速率 r 一定要与具体的化学反应方程式相对应，不能脱离反应方程式谈反应速率。

7.2 化学反应速率与浓度的关系

大量实验事实表明，化学反应速率除与参加反应各物质本身的固有特性有关外，还受多种可变因素的影响，但最基本的是浓度、温度和催化剂。化学动力学主要讨论这三个因素对反应速率的影响规律。本节主要讨论浓度的影响。

7.2.1 化学反应速率方程

教学视频
反应物浓度与反应速率

对于均相体系而言，在恒定的温度下，反应速率是体系中各种物质浓度(或分压)的函数，如反应速率 r 对各物质浓度 $c(1)$，$c(2)$，$c(3)$，…，$c(\text{B})$，…的这种依赖关系一般可表示为

$$r = f[c(1), c(2), c(3), \cdots, c(\text{B}), \cdots] \tag{7-8}$$

式(7-8)称为化学反应速率方程(rate equation of chemical reaction)。

对于给定的反应体系，其速率方程可以有不同的表示，其中最常见、最方便动力学处理的速率方程形式为

$$r = kc(1)^{n_1} c(2)^{n_2} c(3)^{n_3} \cdots c(\text{B})^{n_\text{B}} = k\prod_{\text{B}} c(\text{B})^{n_\text{B}} \tag{7-9}$$

这种表示浓度随时间变化关系的解析表达式被称为化学反应动力学方程(kinetics equation of chemical reaction)。必须指出：反应速率方程需要由动力学实验所提供的信息来确定，因此反应速率方程又被称为经验速率方程。

严格地讲，体系中各物质都以其特定的方式或大或小地影响反应速率，但动力学关心的通常只是那些对反应速率起举足轻重作用的物种的浓度。通过大量实验可以找到表示这些物质浓度对反应速率影响的函数关系式——化学反应经验速率方程。速率方程一般具有幂函数和非幂函数两种形式，如式(7-9)即为幂函数形式的速率方程。

对同一反应体系，经验速率方程的形式随实验方法、测定范围、准确程度及数据处理方式的不同而有所区别。例如，气相反应：$H_2 + Br_2 = 2HBr$ 的速率方程为

$$r = \frac{kc(H_2)c(Br_2)^{\frac{1}{2}}}{1 + \dfrac{c(HBr)}{k'c(Br_2)}} \tag{7-10}$$

式(7-10)就是一种非幂函数形式的速率方程。若考察的仅仅只是上述反应初期的动力学行为，则得到的速率方程为

$$r = kc(H_2)c(Br_2)^{\frac{1}{2}} \tag{7-11}$$

如果控制反应物的浓度 $c(H_2) \ll c(Br_2)$，那么动力学实验中观察到似乎只有 H_2 的浓度影响反应速率，即速率方程为

$$r = k'c(H_2) \tag{7-12}$$

所以，某反应速率方程的形式与获得动力学数据的实验条件密切相关，撇开这些条件谈论速率方程实际上只会导致错误的结果。

1. 反应级数

定义反应级数(order of reaction)n 等于幂函数形式的速率方程 $r = k\prod_B c(B)^{n_B}$ 中浓度因子的指数和 $n = \sum_B n_B$，其中，n_B 称为组分 B 的级数。反应级数是表示浓度对反应速率影响水平的一种尺度。

例如，当溴化氢合成反应具有式(7-10)所示反应速率方程时，因为不具有式(7-9)的限定形式，所以反应级数的概念不适用，也就是说具有非幂函数形式速率方程的反应不具有简单的反应级数。当反应具有式(7-11)所示反应速率方程时，反应级数为 1.5，其中对 H_2 为一级，对 Br_2 为 0.5 级。当反应具有式(7-12)所示反应速率方程时，称该反应为准一级或动力学上的一级反应。由实验测定所得的反应级数可以是正整数、负整数、零甚至分数。

思考题 7-1

化学反应的级数越大，其反应速率也越大，对吗？

2. 反应速率常数

式(7-9)中的比例常数 k 称为反应速率常数(rate coefficient of reaction)或比速率，其物理意义是各反应物的浓度均等于单位浓度时的反应速率。k 的量纲是[浓度]$^{1-n}$ · [时间]$^{-1}$。由式(7-9)可知，如果以 mol · L^{-1} 作为浓度单位，时间单位用秒(s)，则 k 的单位对一级反应($n = 1$)是 s^{-1}，对二级反应是 L · mol^{-1} · s^{-1}。当以 Pa 作为浓度单位时，二级反应速率常数 k 的单位为 Pa^{-1} · s^{-1}。k 不随浓度而变，但受温度影响，通常温度升高，k 增大。

【例 7-1】 气相分解反应：$2N_2O = 2N_2 + O_2$ 的速率方程为 $r_p = k_p p(N_2O)^2$。实验测得 $T = 986K$ 时在 12.0L 的恒容反应器中，当 $p(N_2O) = 50.0kPa$ 时反应速率 $r_p = 2.05Pa \cdot s^{-1}$。设反应体系中各组分均可视为理想气体。

(1) 求该反应以 Pa 为浓度单位时的反应速率常数 k_p；

(2) 求该反应以 mol · L^{-1} 为浓度单位时的反应速率常数 k_c。

解 (1) 因为 $r_p = k_p p(N_2O)^2$，由 $r_p = 2.05Pa \cdot s^{-1}$、$p(N_2O) = 50.0kPa$ 可求出：

$$k_p = \frac{r_p}{p(N_2O)^2} = \frac{2.05}{(50.0\times10^3)^2} = 8.20\times10^{-10}(Pa^{-1}\cdot s^{-1})$$

(2) 因为 $r_p = k_p p(N_2O)^2$、$r_c = k_c c(N_2O)^2$

已知各组分均为理想气体，则

$$p(N_2O) = c(N_2O)RT,\quad r_p = r_c RT$$

所以 $k_p[c(N_2O)RT]^2 = k_c c(N_2O)^2 RT$，推出 $k_c = k_p RT$

以 mol · L^{-1} 为浓度单位时，$R = 8.314 \times 10^3 Pa \cdot L \cdot mol^{-1} \cdot K^{-1}$

由 $T = 986K$，可求出：

$$k_c = 8.20 \times 10^{-10} \times 8.314 \times 10^3 \times 986 = 6.72 \times 10^{-3}(L \cdot mol^{-1} \cdot s^{-1})$$

7.2.2 基元反应与非基元反应

在讨论化学反应速率与反应物浓度的定量关系时，有必要介绍基元反应。宏观上从反应物到产物的过程中没有稳定的中间产物(即用宏观的实验方法检测不到)的化学反应，或者说从反应物到产物能一步完成的化学反应，称为基元反应(elementary reaction)。所谓一步完成，是指反应物的分子(包括原子、离子或自由基等微观粒子)经过一次碰撞(或化学行为)直接转化为产物。但从本质上讲，基元反应仍是具有统计平均的性质。

经由两个或两个以上的基元反应才能完成的反应称为非基元反应或复杂反应。或者说，复杂反应就是从反应物到产物分多步完成的反应，整个过程中有稳定的中间产物(即用宏观的实验方法能够检测到)。例如，反应 $H_2 + I_2 = 2HI$ 经由式(7-13)、(7-14)两个基元反应完成，因此该反应为非基元反应。

$$I_2 \xlongequal{\quad} 2I(快) \tag{7-13}$$

$$2I + H_2 \xlongequal{\quad} 2HI(慢) \tag{7-14}$$

思考题 7-2

如何判定一个反应是否为基元反应?

基元反应和非基元反应是微观概念，一个化学反应到底是基元反应还是非基元反应，仅从化学反应方程式无法判断，必须通过实验了解清楚反应所经历的具体途径，才能根据其是一步反应还是多步反应进行判断。

基元反应是动力学研究中最简单的反应。反应分子数(molecular number of reaction)是导致化学反应发生的反应物粒子(分子、原子、离子或自由基等)同时碰撞所需的最少数目。它反映了化学反应的微观特征，仅基元反应具有反应分子数的概念。例如，式(7-13)、(7-14)所示反应的分子数分别为 1 和 3，于是将这两个基元反应按其反应分子数分别称为单分子反应、三分子反应。大多数气相基元反应是单分子或双分子反应，三分子反应少见，尚未发现分子数超过 3 的反应，因为要使多个分子在同一时间同一空间碰撞而发生反应的概率非常小。非基元反应不谈反应分子数。

7.2.3 质量作用定律

1. 质量作用定律的内容

若 $aA + bB \xlongequal{\quad} gG + hH$ 是基元反应，则其瞬时反应速率与同一反应时刻各反应物的浓度(带有相应的指数)的乘积成正比，其中各浓度的指数

就是基元反应方程式中各反应物化学式的系数，即

$$r = kc(\mathrm{A})^{a} \cdot c(\mathrm{B})^{b} \tag{7-15}$$

式中，k 为速率常数，$c(\mathrm{A})$、$c(\mathrm{B})$称为瞬时浓度。可见，基元反应的速率方程具有幂函数形式。基元反应的这个规律称为质量作用定律(law of mass action)。该定律是 1867 年由挪威化学家古德贝格(C. M. Guldberg)和瓦格(P. Waage)总结了前人的大量工作并结合自己的实验提出的。当初的表述是“化学反应速率与反应物的有效质量成正比”，“有效质量”就是现代的“浓度”概念。

按照质量作用定律，单分子反应 $\mathrm{A} = \mathrm{P}$ 服从一级动力学规律，其速率方程为 $r = kc(\mathrm{A})$；双分子反应 $\mathrm{A + B = P}$ 和 $\mathrm{2A = P}$ 均服从二级反应动力学规律，其速率方程分别为 $r = kc(\mathrm{A}) \cdot c(\mathrm{B})$和 $r = kc(\mathrm{A})^2$。

例如，对于基元反应：

$$\mathrm{H_2 + 2I = 2HI}$$

$$\mathrm{Br + H_2 = HBr + H}$$

按照质量作用定律，这两个基元反应的速率方程分别为

$$r = kc(\mathrm{H_2}) \cdot c(\mathrm{I})^2$$

$$r = kc(\mathrm{Br}) \cdot c(\mathrm{H_2})$$

2. 质量作用定律的适用范围

质量作用定律仅适用于基元反应。即使一个化学反应通过动力学实验得到的反应速率方程与按质量作用定律写出的速率方程形式相同，这也并不能说明该反应一定是基元反应；但反应速率方程与按质量作用定律写出的速率方程形式不同，则一般可以说该反应是非基元反应。

根据质量作用定律，对于一个单独的基元反应，其速率方程的形式一目了然，而当体系中存在多个相互有关联的基元反应时，情况就不那么简单了。但是，一般来说对一个基元反应，即使体系中存在涉及与该基元反应相同组分的其他过程，质量作用定律的适用性并不受影响。

思考题 7-3

非基元反应是由一系列基元反应组成的，因而其反应速率方程是各基元反应速率方程的代数和，对吗？

7.2.4　几种常见简单级数反应的速率方程

本节讨论几种常见简单级数的反应，介绍其速率方程的微分式、积分式及它们的速率常数 k 的量纲、半衰期等特征。基元反应必定是具有简单级数的反应，具有简单级数的反应并不一定是基元反应。不过，只要反应的简单级数相同，则无论该反应是基元反应还是非基元反应，它们就都具有相同的速率方程和特征。

教学视频
浓度与反应时间的关系

1. 一级反应

反应速率只与反应物浓度的一次方成正比的反应称为一级反应(first

order reaction)。例如，放射性元素的衰变反应(如镭的衰变)及 N_2O_5 的分解反应：

$$^{226}_{88}Ra = ^{222}_{86}Rn + ^{4}_{2}He$$

$$N_2O_5 = N_2O_4 + \frac{1}{2}O_2$$

许多药物在体内的代谢一般也遵循一级反应的规律(详见 7.5.4 中酶催化)。其他，如分子重排反应(如顺丁烯二酸转化为反丁烯二酸)、蔗糖水解反应等也是一级反应或按一级反应处理。

对于一级反应 A === P，速率方程为 $r = kc(\text{A})$。根据瞬时组分速率的定义可以写出浓度对时间的微分方程

$$-\frac{\mathrm{d}c(\text{A})}{\mathrm{d}t} = kc(\text{A}) \tag{7-16}$$

对上式分离变量、做定积分[当 $t = 0$ 时，反应物 A 的浓度为 $c_0(\text{A})$；积分上限时间为 t 时，反应物 A 的瞬时浓度用 $c(\text{A})$表示]，得浓度与时间的关系为

$$\ln\frac{c_0(\text{A})}{c(\text{A})} = kt \tag{7-17}$$

也可写成指数形式

$$c(\text{A}) = c_0(\text{A}) \cdot \mathrm{e}^{-kt} \tag{7-18}$$

以上两式均为速率方程(7-16)的积分式，都是一级反应的动力学方程。对于气相一级反应，只需用瞬时分压 $p(\text{A})$代替瞬时浓度 $c(\text{A})$，处理方法及动力学规律完全相同。

对动力学方程作进一步分析，可得出一级反应的特征如下：

(1) 反应速率常数 k 的量纲是[时间]$^{-1}$，常见单位为 s^{-1}。

(2) 半衰期(half-life)。反应物消耗一半所需时间称为半衰期，用 $t_{1/2}$ 表示。

思考题 7-4

一个化学反应进行完全所需要的时间是半衰期的 2 倍吗？

当 $c(\text{A}) = \frac{c_0(\text{A})}{2}$，根据式(7-17)得出一级反应的半衰期

$$t_{1/2} = \frac{\ln 2}{k} = \frac{0.693}{k} \tag{7-19}$$

可见，一级反应的半衰期与反应的速率常数 k 成反比，而与反应物的起始浓度无关。

(3) 由式(7-17)可知 $\ln c(\text{A})$对 t 作图应为一直线，其斜率等于$-k$，截距为 $\ln c_0(\text{A})$。这一特征在处理一级反应实验数据时尤其重要。

上述特征中只要有一个特征符合，就可判断某反应在动力学上是一级反应。此外，反应进行时，反应物的浓度随时间按指数规律下降[式(7-18)]，因 $r = kc(\text{A})$，所以反应速率也随之以相同的方式持续下降。只有当 $t \to \infty$，才能使 $c(\text{A}) \to 0$，即一级反应需用无限长时间才能反应完全。

【例 7-2】　气相单分子反应：$AB \rightleftharpoons A+B$，在温度 T 时，恒容反应实验数据如下：

t/s	0	20	50	80	100	120	150	180	200
$p_{总}$ /kPa	50.65	54.70	60.27	65.87	67.87	70.91	74.45	77.49	79.52

已知反应开始前体系中只有 AB，求该温度下的反应速率常数 k 及 $t_{1/2}$。

解　设 p_0、p 分别表示 AB 的初始分压与 t 时刻的分压。那么 t 时刻产物 A 或 B 的分压均为 (p_0-p)，此时体系的总压 $p_{总}=p+2(p_0-p)$，因此可以求出 AB 在 t 时刻的分压为：$p=2p_0-p_{总}$。$\ln p$ 值也列于下表。

t/s	p/kPa	$\ln p$	t/s	p/kPa	$\ln p$
0	50.65	3.92	120	30.39	3.41
20	46.60	3.84	150	26.85	3.29
50	41.03	3.71	180	23.81	3.17
80	35.43	3.57	200	21.78	3.08
100	33.43	3.51			

以 $\ln p$ 对时间 t 作图(图 7-2)得到一条直线，说明该反应为一级反应。直线的斜率

$$m=\frac{3.08-3.92}{200}=-4.2\times10^{-3}$$

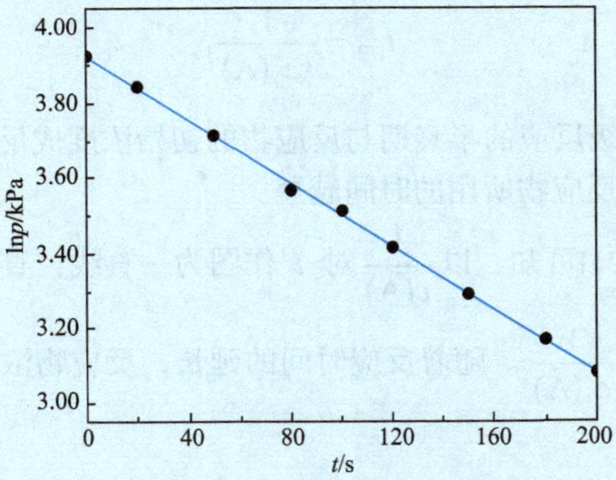

图 7-2　$\ln p$-t 图

从单分子反应也可知是基元反应，故按质量作用定律，该反应的速率方程为 $-\frac{dp}{dt}=kp$，动力学方程为 $\ln\frac{p}{p_0}=-kt$。因此，反应速率常数为

$$k=-m=4.2\times10^{-3}(s^{-1})$$

半衰期为

$$t_{1/2}=\frac{\ln 2}{k}=\frac{0.693}{4.2\times10^{-3}}=165(s)$$

2. 二级反应

反应速率与反应物浓度的二次方成正比的反应称为二级反应(second order reaction)。

二级反应最为常见，如乙烯、丙烯和异丁烯的二聚作用，$NaClO_3$ 的分解，乙酸乙酯的皂化，碘化氢、甲醛的热分解等都是二级反应。反应有 AA 型 (2A ══ P) 和 AB 型 (A + B ══ P) 两种。若 AB 型反应中 A 和 B 的初浓度相等，其数学处理可视同 AA 型反应。下面仅对 AA 型反应进行讨论。

对于反应 2A ══ P，速率方程为 $r = kc(\mathrm{A})^2$。根据瞬时组分速率的定义可以写出浓度对时间的微分方程

$$-\frac{\mathrm{d}c(\mathrm{A})}{\mathrm{d}t} = kc(\mathrm{A})^2 \tag{7-20}$$

采用与一级反应类似的数学处理方法，可解出浓度与时间的关系为

$$\frac{1}{c(\mathrm{A})} - \frac{1}{c_0(\mathrm{A})} = kt \tag{7-21}$$

AA 型反应有如下 3 个特征：

(1) 反应速率常数 k 的量纲是[浓度]$^{-1}$ · [时间]$^{-1}$，常见单位为 $\mathrm{L \cdot mol^{-1} \cdot s^{-1}}$。

(2) 半衰期。令 $c(\mathrm{A}) = \dfrac{c_0(\mathrm{A})}{2}$，求出半衰期：

$$t_{1/2} = \frac{1}{kc_0(\mathrm{A})} \tag{7-22}$$

可见，AA 型二级反应的半衰期与反应物的初始浓度成反比。初始浓度越高，消耗掉一半反应物所用的时间越短。

(3) 由式(7-21)可知，以 $\dfrac{1}{c(\mathrm{A})}$ 对 t 作图为一直线，直线的斜率为速率常数 k，截距为 $\dfrac{1}{c_0(\mathrm{A})}$。随着反应时间的延长，反应物浓度与反应速率都持续下降。

【例 7-3】 已知恒容气相双分子反应：$NO + O_3$ ══ $NO_2 + O_2$ 在 25℃时反应速率常数 $k = 1.20 \times 10^7 \mathrm{L \cdot mol^{-1} \cdot s^{-1}}$。如果 $c_0(\mathrm{NO}) = c_0(\mathrm{O_3}) = 0.1\mathrm{mol \cdot L^{-1}}$，求半衰期及反应进行到 1.0s 时 O_3 的浓度。

解 按照质量作用定律，该基元反应的速率方程为

$$r = kc(\mathrm{NO})c(\mathrm{O_3})$$

因为 $c_0(\mathrm{NO}) = c_0(\mathrm{O_3})$，所以速率方程可以简化为

$$-\frac{\mathrm{d}c(\mathrm{O_3})}{\mathrm{d}t} = kc(\mathrm{O_3})^2$$

按照单纯二级反应处理，动力学方程[式(7-18)]为

$$\frac{1}{c(O_3)}-\frac{1}{c_0(O_3)}=kt$$

当反应进行到 1.0s 时，即 $t=1.0$s，则

$$\frac{1}{c(O_3)}-\frac{1}{0.1}=1.20\times10^7\times1.0$$

$$c(O_3)=8.33\times10^{-8}\text{mol}\cdot\text{L}^{-1}$$

半衰期：

$$t_{1/2}=\frac{1}{kc_0(O_3)}=\frac{1}{1.20\times10^7\times0.1}=8.33\times10^{-7}(\text{s})$$

3. 零级反应

反应速率与反应物浓度无关的反应称为零级反应(zeroth order reaction)。

(1) 速率方程

$$r=-\frac{dc(A)}{dt}=k \tag{7-23}$$

(2) 动力学方程

$$c_0(A)-c(A)=kt \tag{7-24}$$

(3) 半衰期

$$t_{1/2}=\frac{c_0(A)}{2k} \tag{7-25}$$

由式(7-23)、式(7-24)、式(7-25)可知零级反应的特征为：速率常数 k 的量纲与反应速率的量纲相同；c(A)对 t 作图为一直线；半衰期与反应物起始浓度成正比。

反应总级数为零的反应并不多，已知的零级反应中最多的是表面催化反应。例如，氨在钨上的分解反应：

$$2NH_3 \xrightarrow{\text{W催化剂}} N_2+3H_2$$

由于反应只在催化剂表面上进行，反应速率只与表面状态有关，若金属 W 表面已被吸附的 NH_3 所饱和，再增加 NH_3 的浓度对反应速率不再有影响，此时反应呈零级反应。再者，当体内药物代谢酶(大多数药物或外源性物质在体内的氧化代谢由肝脏中发挥特异性催化作用的一些酶)的活性部位全部被其代谢药物饱和时，药物代谢则遵循零级反应规律(详见 7.5.4)。

【例 7-4】 在 1073K 时，发生反应 $2NO(g)+2H_2(g) = N_2(g)+2H_2O(g)$，用初始浓度法得到下列实验数据：

实验编号	$c(\mathrm{H_2})/(\mathrm{mol \cdot L^{-1}})$	$c(\mathrm{NO})/(\mathrm{mol \cdot L^{-1}})$	$r/(\mathrm{mol \cdot L^{-1} \cdot s^{-1}})$
1	0.006 0	0.001 0	7.9×10^{-7}
2	0.006 0	0.002 0	3.2×10^{-6}
3	0.006 0	0.004 0	1.3×10^{-5}
4	0.003 0	0.004 0	6.4×10^{-6}
5	0.001 5	0.004 0	3.2×10^{-6}

试确定该反应的速率方程。

解 由表中数据可以看出，当 $c(\mathrm{H_2})$不变时，$c(\mathrm{NO})$增大至 2 倍，r 增大至 4 倍，这说明 $r \propto c(\mathrm{NO})^2$；当 $c(\mathrm{NO})$不变时，$c(\mathrm{H_2})$减小一半，r 也减小一半，即 $r \propto c(\mathrm{H_2})$。

因此，该反应的速率方程为

$$r = kc(\mathrm{NO})^2 c(\mathrm{H_2})$$

该反应对 NO 是二级反应，对 $\mathrm{H_2}$ 是一级反应，总反应级数为三级。

将表中任意一组数据代入上式，可求得反应速率常数 k。

$$\begin{aligned} k &= \frac{r}{[c(\mathrm{NO})]^2 c(\mathrm{H_2})} \\ &= \frac{7.9\times10^{-7}}{(1.0\times10^{-3})^2\times6.0\times10^{-3}} \\ &= 1.3\times10^{2}(\mathrm{L^2 \cdot mol^{-2} \cdot s^{-1}}) \end{aligned}$$

根据多组实验数据可以求出多个 k 值，再取平均值。

7.3 化学反应速率与温度的关系

7.3.1 范特霍夫规则

教学视频
温度与反应速率的关系

温度可以影响反应速率。1884 年，荷兰物理化学家范特霍夫(J. H. van't Hoff)根据实验归纳得到近似规则：对大多数反应而言，浓度不变时，温度每升高 10K，反应速率增加 2～4 倍，即

$$\frac{k_{T+10}}{k_T} = 2\sim4 \qquad (7\text{-}26)$$

按此规则，一个反应从同一初始浓度开始，达到相同的转化率，在 400K 时只要 1min 就能完成，而在 300K 时却至少要 17h 才能完成。如果不需要精确的数据或相关数据不全，则可根据这个规律粗略估计出温度对反应速率的影响。

7.3.2 阿伦尼乌斯公式

1889 年，瑞典科学家阿伦尼乌斯(S. A. Arrhenius)在前人工作的基础

上结合自己的实验，总结出了一个物理意义更为明确的经验关系式，称为阿伦尼乌斯公式，即

$$k = A\mathrm{e}^{-\frac{E_a}{RT}} \tag{7-27}$$

其对数形式为

$$\ln k = -\frac{E_a}{RT} + \ln A \tag{7-28}$$

微分形式为

$$\frac{\mathrm{d}(\ln k)}{\mathrm{d}T} = \frac{E_a}{RT^2} \tag{7-29}$$

式中，A 和 E_a 是两个与化学反应本质有关的常数，与浓度无关，同时可近似认为与温度无关。A 称为指前系数(preexponential coefficient)或频率系数，具有与反应速率常数 k 相同的单位。E_a 称为反应的活化能(activation energy)，为区别动力学理论推导出的活化能，后人称该活化能为阿伦尼乌斯活化能或经验活化能，单位为 $\mathrm{J \cdot mol^{-1}}$ 或 $\mathrm{kJ \cdot mol^{-1}}$。以上几个表示反应速率与温度关系的函数式都称为阿伦尼乌斯公式或阿伦尼乌斯定律。阿伦尼乌斯公式最初是从气相反应中总结出来的，后来发现对液相反应也同样适用。

拓展知识

在阿伦尼乌斯公式中，将 E_a 近似看作与温度无关的常数，这种近似处理对于大多数反应在一定温度范围内是允许的，但是若实验温度范围放宽或对于较复杂的反应，则 $\ln k$ 对 $\frac{1}{T}$ 作图就不是一条很好的直线，说明 E_a 与温度有关。

温度为 T_1、T_2 时速率常数分别为 k_1、k_2，则有

$$\ln k_1 = -\frac{E_a}{RT_1} + \ln A \tag{7-30}$$

$$\ln k_2 = -\frac{E_a}{RT_2} + \ln A \tag{7-31}$$

将式(7-30)与(7-31)相减，得

$$\ln\frac{k_2}{k_1} = \frac{E_a}{R}\left(\frac{1}{T_1} - \frac{1}{T_2}\right) = \frac{E_a}{R} \times \frac{T_2 - T_1}{T_1 T_2} \tag{7-32}$$

$$E_a = \frac{RT_1T_2}{T_2 - T_1}\ln\frac{k_2}{k_1} \tag{7-33}$$

根据上述关系，可以求出反应的活化能或者其他温度下的反应速率常数。

1. 阿伦尼乌斯活化能

在式(7-27)中，E_a 和 T 值都在指数上，显然这两个数值的大小对 k 值有很大的影响。T 上升 k 必定增大，而 E_a 越大，则 k 越小。

阿伦尼乌斯定律表明温度对反应速率影响的大小主要取决于 E_a 的值，E_a 的值越大，反应速率随温度的变化越显著。因此，阿伦尼乌斯活化能 E_a 是表征反应体系动力学特征的重要参数。

根据阿伦尼乌斯公式(7-28)，以不同温度下速率常数的对数 $\ln k$ 对温

度的倒数$\frac{1}{T}$作图(即 $\ln k$ - $\frac{1}{T}$ 图)应得到一条直线，从该直线的斜率$\left(-\frac{E_a}{R}\right)$和截距($\ln A$)可以求出活化能与指前系数。所以，$\ln k$ - $\frac{1}{T}$ 图在分析温度对动力学行为的影响时作用显著。

2. 适用范围

(1) 阿伦尼乌斯公式是对反应速率受温度影响行为的定量描述。对基元反应而言，阿伦尼乌斯公式所确定的常数 E_a、A 具有明确的物理意义。而对于复杂反应而言，只是借用阿伦尼乌斯公式的形式来描述反应速率与温度的关系，此时的阿伦尼乌斯活化能 E_a 是各基元反应活化能的组合，没有明确的物理意义，又称为表观活化能。因此，复杂反应的 A 也称为表观指前系数。

(2) 由于阿伦尼乌斯定律用速率常数代替反应速率，因此要求在定律适用的温度范围内反应速率方程的形式不能改变(即质量作用定律有效)。

(3) 作为经验关系的阿伦尼乌斯定律并不是非常精确的。例如，理论上和精密的实验都表明指前系数 A 与温度有关，但在一般实验精度范围内将 A 视为与温度无关的常数不会引起大的偏差。

【例 7-5】 双分子反应：$Cl + H_2 \xlongequal{} HCl + H$，不同温度下的速率常数值如下表，求该温度范围内反应的活化能 E_a 和指前系数 A。

T/K	298	400	520	600	860	950	1 050
$k/(10^6\ \text{L} \cdot \text{mol}^{-1} \cdot \text{s}^{-1})$	1.02	10.9	54.0	105	440	590	792

解 依据题意列出 $\ln k$ 与 $1/T$ 的值如下表。

$10^3/T/\text{K}^{-1}$	$\ln k$	$10^3/T/\text{K}^{-1}$	$\ln k$
3.36	13.8	1.16	19.9
2.50	16.2	1.05	20.2
1.92	17.8	0.95	20.4
1.67	18.5	—	—

以 $\ln k$ 对 $1/T$ 作图，见图 7-3。

由图求出直线的斜率：

$$m = \frac{13.8 - 20.4}{(3.36 - 0.95) \times 10^{-3}} = -2.74 \times 10^3 (\text{K}^{-1})$$

根据式(7-28)，可以求出该反应的活化能

$$E_a = -mR = 2.74 \times 10^3 \times 8.314 = 22.78(\text{kJ} \cdot \text{mol}^{-1})$$

由式(7-27)及表中任意一组数据，求得指前系数

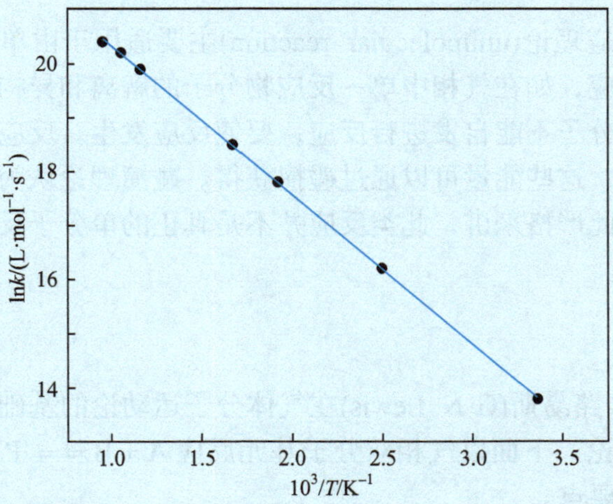

图 7-3　$\ln k - \frac{1}{T}$ 图

$$A = k\mathrm{e}^{\frac{E_a}{RT}} = 1.02\times10^{6}\times \mathrm{e}^{\frac{22.78\times10^{3}}{8.314\times298}}$$
$$=1.00\times10^{10}(\mathrm{L\cdot mol^{-1}\cdot s^{-1}})$$

必要时将表中各组数据代入式(7-27)求得多个 A 值，再取平均值。也可以通过作图法得到 $\ln k - \frac{1}{T}$ 图的截距($\ln A$)，即可求得 A。

7.4　化学反应速率理论与反应机理简介

7.4.1　化学反应速率理论简介

阿伦尼乌斯公式从宏观角度总结了化学反应的动力学基本规律，表明反应速率与温度的关系取决于活化能(E_a)和指前系数(A)。人们希望从理论上或从微观角度对上述规律做出解释。为此，科学家们提出了一系列关于基元反应的速率理论。本节简要介绍碰撞理论、过渡态理论和单分子反应理论等动力学研究中的基本理论。

教学视频
反应速率理论与反应机理简介

碰撞理论(simple collision theory)是 20 世纪初建立起来的最常用的反应速率理论之一。该理论主要适用于气相双分子反应，是基于气体分子运动论，将气相中的双分子反应看作是两个分子激烈碰撞的结果，以硬球碰撞为模型，导出宏观反应速率常数的计算公式，故又称为硬球碰撞理论(hard-sphere collision theory)。

过渡态理论(transition state theory)又称为活化配合物理论，这个理论是在统计力学和量子力学的基础上提出来的。过渡态理论原则上提供了一种计算反应速率的方法，只要知道分子的某些基本物性，即可计算某反应的速率常数，故这个理论也称为绝对反应速率理论(absolute rate theory,

ART)。

单分子反应理论(unimolecular reaction)主要适用于由单一反应物分子实现的基元反应，如在气相中单一反应物分子的解离和异构化反应。事实上，单个基态分子不能自发进行反应，要使反应发生，反应物分子必须具有足够的能量，这些能量可以通过碰撞获得。碰撞理论认为碰撞至少需要两个分子，因此严格来讲，此类反应并不是真正的单分子反应，只能称为准单分子反应。

1. 碰撞理论

1918 年，路易斯(G. N. Lewis)在气体分子运动论的基础上提出了反应速率的碰撞理论。下面以气相双分子基元反应 A + B ══ P 为例，说明碰撞理论的基本要点。

(1) 气体分子 A 和 B 均视为无相互作用(独立子)、无内部结构、完全弹性的硬球。

(2) 气体分子 A 和 B 必须经过碰撞才能发生反应，但并不是每次碰撞都能发生反应。能够发生反应的碰撞称为有效碰撞。

(3) 在反应进行过程中，气体分子运动速率与能量仍然保持玻尔兹曼平衡分布。

一个化学反应的反应速率 r 与单位体积、单位时间内分子碰撞的次数 Z 成正比，即 $r \propto Z$，Z 是一个相当大的数值。例如，碘化氢气体在 973K 时的分解反应为：

$$2HI(g) \longrightarrow H_2(g) + I_2(g)$$

理论计算可知，浓度为 $1 \times 10^{-3} mol \cdot L^{-1}$ 的 HI 气体，每秒钟分子间碰撞次数(即碰撞频率)为 $3.5 \times 10^{28} L^{-1} \cdot s^{-1}$。若每次碰撞都发生反应，反应速率约为 $5.8 \times 10^{4} mol \cdot L^{-1} \cdot s^{-1}$，但实验测得该条件下的实际反应速率仅为 $1.2 \times 10^{-8} mol \cdot L^{-1} \cdot s^{-1}$。这说明在反应分子的成千上万次碰撞中，绝大多数碰撞并不能引起化学反应，只有极少数碰撞为有效碰撞。

能够发生有效碰撞的分子称为活化分子(activating molecule)。活化分子具有比普通分子更高的能量，在碰撞时才能克服电子云之间的相互排斥作用而彼此接近，从而打破原有的化学键形成新分子，即发生化学反应。分子能量分布如图 7-4 所示。图中横坐标表示能量，纵坐标表示具有一定能量的分子百分数，曲线下的面积表示分子百分数的总和为 100%。$\bar{E}$ 为体系中反应物分子的平均能量，E_c 为阈能。大部分分子的能量接近 $\bar{E}$，能量大于或小于 $\bar{E}$ 的分子只占少数或极少数。能量大于阈能的分子为活化分子，

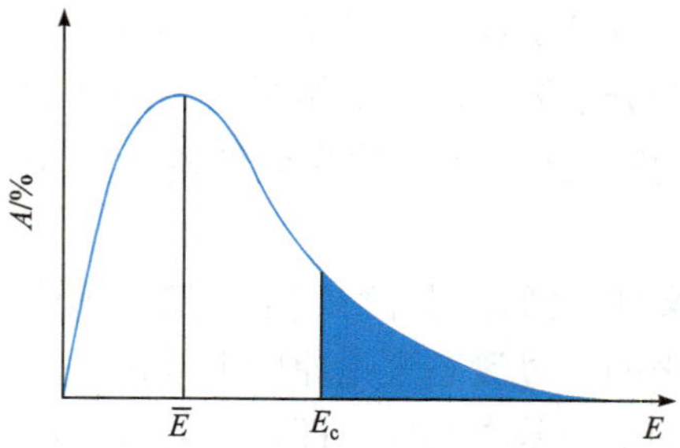

图 7-4　分子能量分布示意图

图中阴影部分的面积表示活化分子所占的百分数，称为活化分子分数。活化分子的平均能量($\bar{E}^*$)与反应物分子的平均能量($\bar{E}$)之差称为反应的活化能(E_a)。

$$E_a = \bar{E}^* - \bar{E} \tag{7-34}$$

反应速率主要取决于单位时间内的有效碰撞次数。

若能量的分布符合麦克斯韦-玻尔兹曼分布，则

$$r = Ze^{-\frac{E_a}{RT}} \tag{7-35}$$

可见，E_a 越高，有效碰撞所占的比例就越小，故反应速率越慢。

每个分子的能量因碰撞而不断改变，因此活化分子并不是固定不变的，但是由于一定温度下分子的能量分布是不变的，故活化分子的比例(即活化分子百分数)在一定温度下是不变的。

如前所述，并不是所有的分子间碰撞都能发生反应。此外，有些分子间的碰撞即使具有足够高的能量，仍然不一定发生反应，这主要是受到分子取向的影响。只有活化分子按照一定的方向发生碰撞时，反应才能发生。以反应 $2BrNO \longrightarrow 2NO + Br_2$ 为例，图 7-5(a)和(b)所示的两种取向的分子发生碰撞时，才能发生反应，而取向(c)则不能。

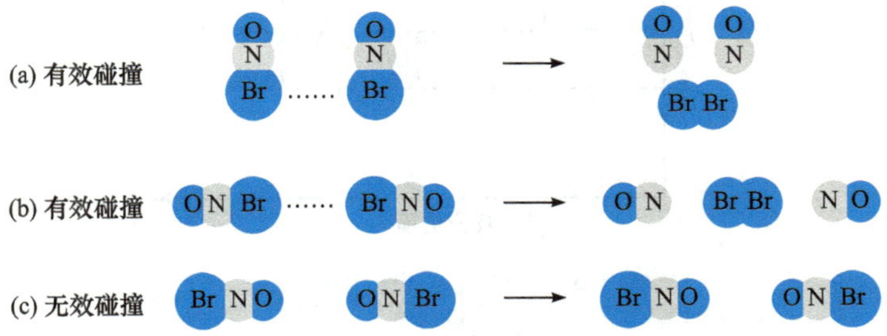

图 7-5　反应物分子间的碰撞取向

利用碰撞理论可以较好地解释反应物浓度对反应速率的影响。由前面的讨论可知，通常情况下，反应物浓度越大，反应速率越快。这主要是因为浓度增大时，单位体积内活化分子数目增多，反应物分子的有效碰撞频率增大，导致反应速率增大。

思考题 7-5

通常情况下，温度升高反应速率增大。试用碰撞理论解释。

碰撞理论非常直观，比较成功地解释了某些实验事实，对于一些简单的反应，由式(7-35)计算所得的反应速率与实验结果基本相符。但由于碰撞理论将反应分子看成是没有内部结构的刚性球体的模型，其过于简单，对不少反应，尤其是具有复杂结构的分子间的反应，理论计算所得的结果与实验值相差较大。因此，过渡态理论应运而生。

2. 过渡态理论

1935 年，埃林(H. Eyring)、鲍兰尼(J. C. Polanyi)等在统计力学和量子力学的基础上提出了过渡态理论。该理论认为化学反应不是只通过简单碰

撞就变成产物，而是要经过一个由反应物分子以一定的构型存在的过渡态，形成这个过渡态需要一定的活化能，故过渡态又称活化配合物(activating complex)。活化配合物与反应物分子之间建立化学平衡，总反应的速率由活化配合物转化成产物的速率所决定。

化学反应是从反应物到产物逐渐过渡的一个连续进行的过程。以双分子基元反应为例

$$A + BC = AB + C$$

反应过程可表示为

$$A + BC \rightleftharpoons [A\cdots B\cdots C]^{\neq} \longrightarrow AB + C$$

在活化配合物$[A\cdots B\cdots C]^{\neq}$中，旧键 B—C 逐渐削弱，新键 A—B 正在形成，该状态能量高，很不稳定，既可分解为原反应物，又可转变为产物。反应过程中势能变化如图 7-6 所示。

动画
反应过程中的势能变化

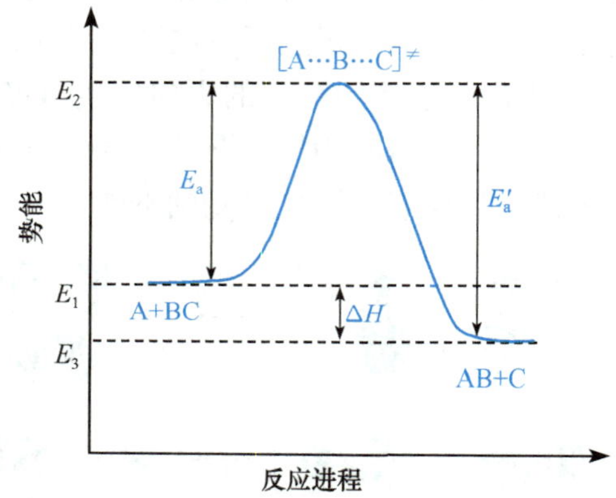

图 7-6 反应过程的势能变化图

思考题 7-6

试分别用碰撞理论和过渡态理论简述基元反应中活化能的物理意义。

图中 E_1 为反应物分子的平均能量，E_2 为活化配合物分子的平均能量，E_3 为产物分子的平均能量。活化配合物的平均能量与反应物平均能量之差称为活化能。E_a 是正反应的活化能，E_a'是逆反应的活化能，即

$$E_a = E_2 - E_1 \tag{7-36}$$

$$E_a' = E_2 - E_3 \tag{7-37}$$

反应的热效应是产物平均能量与反应物平均能量之差，也等于正逆反应活化能之差：

$$\Delta H = E_3 - E_1 = E_a - E_a' \tag{7-38}$$

若 $E_a < E_a'$，则 $\Delta H < 0$，说明该反应的正反应是放热反应，逆反应是吸热反应。

由图 7-6 可知，反应物分子必须吸收足够的能量跨越“能垒”，反应才能进行。若形成新键克服的斥力越大，或破坏旧键克服的引力越大，则所需消耗的能量就越大，能垒就越高，反应就越难进行。能垒的高低决定

活化能的大小。不同物质的化学键能不同，改组化学键所需的能量不同，因此不同化学反应在一定温度下具有不同的活化能。反应的活化能越大，活化分子百分数越少，反应速率就越慢；反之，活化能越小的反应，其反应速率越快。活化能是决定反应速率的内因。

过渡态理论将反应速率和反应过程中物质的微观结构联系了起来，因而可借助某些微观物理量，通过复杂的理论计算，获得反应过程中分子间相互作用的势能变化，从而进一步了解反应所经历的途径及反应速率的有关知识。在实际应用时最大的问题是多原子体系的统计力学和量子力学计算还存在很大困难，而且由于活化配合物的寿命极短(一般为 10^{-12}s 左右)，对其进行观测非常困难。但 20 世纪 60 年代以后，随着激光技术、分子束技术及光电子能谱等实验技术的出现，对过渡态的探测和研究取得了明显进展。

拓展知识

单分子反应理论

1922 年，林德曼(F. A. Lindemann)等提出了单分子反应理论，认为对于气相单分子反应 A ══ P，反应物分子 A 先经过分子间的碰撞获得能量而达到活化状态 A^*，获得足够能量的活化分子 A^*并不立即发生反应，而是要经过一个分子内部能量的传递过程，将能量集中到要断裂的键上，然后再解离为产物。因此，在碰撞之后与进行反应之间有一段停滞时间，称为时滞(time lag)。在时滞中，活化分子可能进行反应，也可能失活而重新变成普通反应物分子。该反应历程可表示为

$$A + A \underset{k_{-1}}{\overset{k_1}{\rightleftharpoons}} A^* + A \tag{7-39}$$

$$A^* \xrightarrow{k_2} P \tag{7-40}$$

式中，A^*为活化分子，式(7-39)仅是分子间的传能过程，而不是化学变化。

分子活化速率为

$$\frac{dc(A^*)}{dt} = k_1 c(A)^2 \tag{7-41}$$

分子失活速率为

$$-\frac{dc(A^*)}{dt} = k_{-1} c(A^*) c(A) \tag{7-42}$$

活化分子变为产物的速率为

$$\frac{dc(P)}{dt} = k_2 c(A^*) \tag{7-43}$$

因此，分子活化的净速率为

$$\frac{dc(A^*)}{dt} = k_1 c(A)^2 - k_{-1} c(A^*) c(A) - k_2 c(A^*) \tag{7-44}$$

当体系达到稳定态时，活化分子 A^*的数目保持不变，即有

$$\frac{dc(A^*)}{dt}=0$$

由此求得

$$c(A^*)=\frac{k_1c(A)^2}{k_{-1}c(A)+k_2} \tag{7-45}$$

将式(7-45)代入式(7-43)，即得总反应的速率为

$$r=\frac{dc(P)}{dt}=k_2c(A^*)=\frac{k_1k_2c(A)^2}{k_{-1}c(A)+k_2} \tag{7-46}$$

式(7-46)即为 Lindemann 理论推导的速率方程。反应的性质和条件不同，速率方程可能表现出不同的形式。

Lindemann 的单分子反应理论在原理上是说得过去的，但在定量上往往和实验结果有偏差，后来经过不少学者的修正，出现了多种理论，如 Hinshelwood 理论、Slater 理论、RRK 理论和 RRKM 理论等。无论如何，Lindemann 理论是最为经典的，也是其他单分子反应理论的基础。目前与实验符合得较好的单分子反应理论是 20 世纪 50 年代提出的 RRKM(Rice-Ramsperger-Kassel-Marcus)理论。RRKM 理论在活化分子 A^*与产物 P 之间引入了一个过渡态构型 $A^{\neq}$，即

$$A^* \xrightarrow{k_2} A^{\neq} \xrightarrow{k^{\neq}} P \tag{7-47}$$

RRKM 理论中 A^*向 $A^{\neq}$的转变过程就相当于 Lindemann 理论中的时滞。

7.4.2 反应机理简介

化学反应方程式只说明反应物和产物及它们之间的化学计量关系，无法揭示从反应物转变为产物的微观过程。一个复杂反应要经历若干个基元反应才能完成，这些基元反应代表了反应所经历的具体途径。动力学上将完成反应物到产物转变所经历的基元反应序列称为该反应的反应机理或反应历程(reaction mechanism)。例如，反应式

$$C_2H_4Br_2 + 3KI = C_2H_4 + 2KBr + KI_3 \tag{7-48}$$

并不代表 1 个 $C_2H_4Br_2$ 分子与 3 个 KI 分子经 1 次碰撞生成 1 个 C_2H_4 分子、2 个 KBr 分子和 1 个 KI_3 分子。研究表明，$C_2H_4Br_2$ 与 KI 的反应是通过以下 3 个基元反应完成的：

(1) $C_2H_4Br_2 + KI = C_2H_4 + KBr + I + Br$ (慢反应)

(2) $KI + I + Br = 2I + KBr$ (快反应)

(3) $KI + 2I = KI_3$ (快反应)

其中反应(1)是慢反应，反应(2)和(3)是快反应，那么总反应的速率取决于反应(1)。若将反应机理中速率最慢的一步反应称为决速步骤，则反应(7-48)的速率即由决速步骤(1)的速率决定。经动力学实验测定，反应(7-48)的速率方程为

$$r = kc(C_2H_4Br_2)c(KI)$$

该速率方程与基元反应(1)的速率方程一致。由此可见，弄清反应机理有助于我们从微观角度解释反应的动力学特征。

虽然反应机理能够描述完成反应方程式所示化学变化的具体过程，但是反应机理的确定需要大量的实验和证据支持，需要长期艰巨的努力。有些反应机理目前已有实验事实予以证实，但是将来仍有可能被新的事实或新的理论所推翻。文献报道的许多反应并没有给出明确的反应机理，只是根据实验事实或理论计算推测了可能的反应机理。随着激光技术、分子束技术、光电子能谱、飞秒化学实验等的快速发展并应用于化学反应动力学，大大加快了反应机理的研究。

7.5　催化作用简介

无论是在工业生产中还是在科学实验中，催化剂都有广泛的应用。许多熟知的工业反应，如 N_2 和 H_2 合成氨、SO_2 氧化制 SO_3、氨氧化制备硝酸、尿素的合成、橡胶的合成、高分子的聚合反应等，都使用了催化剂。在生命现象中也存在大量的催化作用，如植物的光合作用、有机体内的新陈代谢、蛋白质和脂肪的分解作用、酶的作用等都是催化作用。据统计，80%～90%的化工产品生产都与催化作用有关。可以说，没有催化剂，就不可能建立近代的化学工业。因此，探索催化作用的规律、选择高效催化剂就成为近代化学一个极为重要的研究领域。由于催化反应类型众多、机理复杂，其动力学受催化剂性质的影响很大，而且催化动力学研究还涉及大量相关学科的知识，下面仅选取酸碱催化、气-固相催化与酶催化为例进行简要描述。

7.5.1　催化剂与催化作用

若将某物质(由一种或几种物质组成)加到化学反应体系中，可以改变反应的速率(反应趋向平衡的速率)，而本身在反应前后既没有数量上的变化也没有化学性质的改变，则该物质称为催化剂(catalyst)，这种改变反应速率的作用称为催化作用(catalysis)。加快反应速率的催化剂称为正催化剂，减慢反应速率的催化剂称为负催化剂或阻化剂。例如，减缓金属腐蚀的缓蚀剂，防止橡胶、塑料老化的抗老化剂等均为负催化剂。由于通常情况下正催化剂用得比较多，因此如不特别说明，都是指正催化剂。通常选用催化反应速率常数作为衡量催化剂催化能力的一个指标，称为催化活性。

教学视频
催化剂与催化作用

7.5.2　催化作用原理

催化剂之所以能改变反应速率，是因为它改变了反应历程、降低了反应的活化能(图 7-7)。对于反应 $\text{A} + \text{B} = \text{AB}$，在有催化剂 J 存在的情况下，反应将沿着由 A+B+J 依次经过活化能较低的$[A\cdots J]^{\#}$、AJ+B、$[B\cdots A\cdots J]^{\#}$等新的途径进行。比较图 7-7 中曲线的最高点，即无催化剂时的过渡态$[A\cdots B]^{\#}$和有催化剂 J 时的过渡态$[A\cdots J]^{\#}$与$[B\cdots A\cdots J]^{\#}$，无催化剂时反应要克服一个活化能为 E_0 的较高的能垒；而在催化剂存在下，反应的途径改变，只需克服活化能为 E_a 的较小的能垒。显然，有催化剂参加时反应的活化能远小于无催化剂时的活化能。

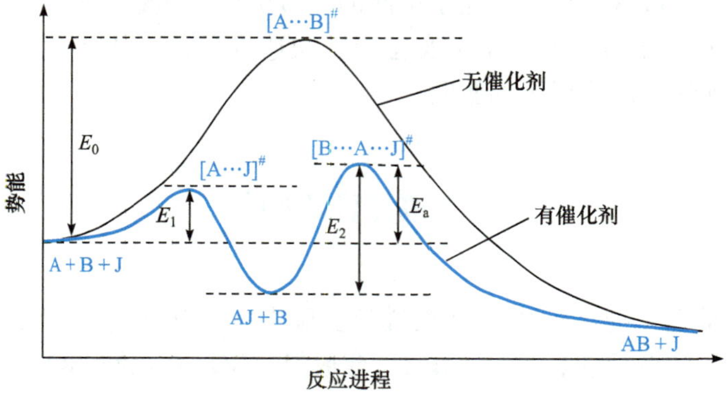

图 7-7 催化剂改变反应途径的示意图

7.5.3 催化剂的特征

(1) 催化剂能加快反应到达平衡的速率，是由于改变了反应历程，降低了活化能。

(2) 催化剂在反应过程中参与了反应，在反应前后，其化学性质没有改变，但常有物理性状的变化，如块状变为粉状或结晶大小有变化等。例如，催化 $KClO_3$ 分解制 O_2 的 MnO_2，反应进行后，从块状变为粉状；催化 NH_3 氧化的铂网，经过一段时间表面就变得比较粗糙。

思考题 7-7

正催化剂能加快正反应的速率，减慢逆反应的速率，这种说法对吗？为什么？

(3) 催化剂不影响化学平衡。从热力学的观点来看，催化剂只能缩短达到平衡所需的时间，而不能移动平衡点。对于已达平衡的反应，不可能借助催化剂来增加产率。催化剂对正、逆两个方向都产生同样的影响，所以正反应的优良催化剂也应为逆反应的催化剂。例如，以 Pt-Pd 为催化剂，苯能发生加氢反应生成环己烷(473～513K)，而环己烷在 533～573K 时也能在 Pt-Pd 催化作用下脱氢生成苯。同样，水合反应的催化剂同时也是脱水反应的催化剂。又如，用 CO 和 H_2 为原料合成 CH_3OH 是一个很有经济价值的反应，在常压下寻找甲醇分解反应的催化剂就可作为高压下合成甲醇的催化剂。

催化剂不能实现热力学上不能发生的反应，因此在寻找催化剂时，首先要进行热力学分析，看这个反应在该条件下发生的可能性。

(4) 催化剂对反应具有特殊的选择性。包含几个方面的含义：①不同的反应需要选择不同的催化剂。例如，氧化反应与脱氢反应所选用的催化剂是不同的。又如，同为氧化反应，SO_2 氧化的催化剂为 V_2O_5，而乙烯氧化却用 Ag 作为催化剂；②对同样的反应物如果选择不同的催化剂，可以得到不同的产物。例如，C_2H_5OH 在 473～523K 的金属铜上得到 CH_3CHO 和 H_2；在 623～633K 的 Al_2O_3 上得到 C_2H_4 和 H_2O；在 673～723K 的 ZnO、Cr_2O_3 上得到丁二烯等；③对于催化同一个反应，要选择合适的催化剂以提高目标产物的产量，并将副产物减至最少。例如，烯烃氢甲酰化反应的产物有正构醛和异构醛两种(见 4.6.3)。研究者们通过对催化剂的选择性进行研究，以期提高该反应的正/异比，即增加应用价值更大的正构醛的产量，减少异构醛的产量。

(5) 在催化剂或反应体系中加入少量的其他物质，通常可以强烈地影响催化剂的作用。若加入的物质能使原催化剂作用加强，则该物质称为助催化剂(也称活化剂)；若反应产物能对该反应起加速作用，则这种作用称为自催化作用；若加入的物质使原催化剂的作用减弱，则这种物质称为催化剂毒物，该过程称为催化剂中毒。例如，在合成氨的铁催化剂中加入 Al_2O_3 可以提高催化作用，Al_2O_3 就是助催化剂，而原料气中的 O_2、H_2O、CO、S、PH_3、As 等对铁催化剂而言都是毒物。

7.5.4 催化反应的分类

按催化剂与反应物系的相态将催化反应分为三类：

(1) 均相催化反应(homogeneous catalysis)。催化剂与反应物系处于同一相。例如，气相催化，液相酸、碱催化，配位催化等。

(2) 多相催化反应(heterogeneous catalysis)。催化剂与反应物系不属于同一相，反应是在相与相的界面上进行。例如，气-固相催化或液-固相催化，反应物系为气相或液相，催化剂为固相。

(3) 酶催化反应(enzyme catalysis)。因为酶大多是复杂的大分子化合物，介于多相与均相之间，所以单独列为一类。

这三类反应在催化机理、动力学规律等方面都有各自的特点，但它们又都因催化剂的加入而发生变化，所以都具有共同的基本特征。

1. 均相催化

1) 气相催化

气相催化中常见的催化剂有 NO、H_2O 等。例如，NO 将 SO_2 氧化成 SO_3 的反应机理为

$$2NO + O_2 \longrightarrow 2NO_2$$
$$NO_2 + SO_2 \longrightarrow NO + SO_3$$

2) 液相酸、碱催化

在均相反应中酸与碱的作用是非常普遍的。虽然酸、碱催化作用有很多不同类型，但几乎所有酸、碱催化反应都至少在一个步骤中包含质子的转移。质子转移一般比其他化学键的形成或断裂要快，所以溶液中酸、碱催化作用常常是很有效的。例如，酸催化下乙醇与乙酸的酯化反应：

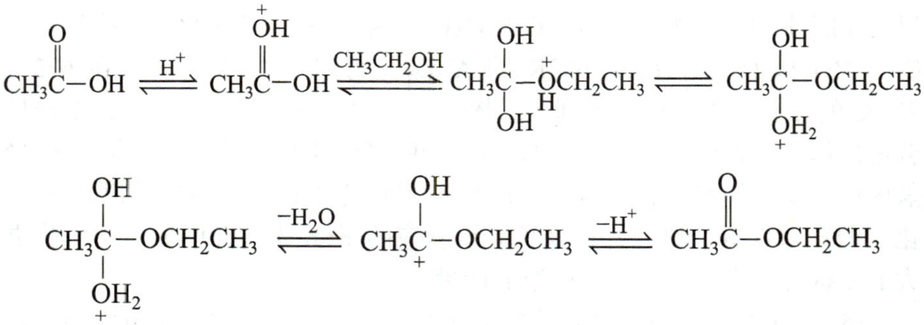

2. 多相催化

多相催化作用与反应分子在催化剂表面上的吸附分不开，反应物分子被吸附在固体表面的某些部位上，形成活化的中间化合物，使反应的活化能降低，反应加速，再经过脱附而得到产物。

对于气-固相催化反应来说，固体表面是反应的场所，增加催化剂的比表面可以提高反应速率。因此，人们多采用减小催化剂粒径以增大比表面或选用比表面大的海绵状或多孔性材料来固载催化剂。例如，在将 SO_2 氧化成 SO_3 的过程中，催化剂 V_2O_5 固载在多孔的硅胶或硅藻土中；烯烃催化氢化时，常采用具有多孔结构、较大比表面积的 Raney 镍(或称雷尼镍，一种镍铝合金的细小晶粒)作为催化剂。

气-固相多相体系的动力学要比均相体系复杂得多。这主要是因为多相催化反应是在固体催化剂表面上实现的多步骤过程。一般说来，有下列五步：

(1) 反应物从气体本体扩散到固体催化剂表面。

(2) 反应物被催化剂表面所吸附。

(3) 反应物在催化剂表面上进行化学反应。

(4) 生成物从催化剂表面脱附。

(5) 生成物从催化剂表面扩散到气体本体中。

每一步都有它们各自的历程和动力学规律。因此，研究一个多相催化过程的动力学，既涉及固体表面的反应动力学问题，也涉及吸附和扩散动力学的问题。

气-固相催化反应在工业化学反应中占有重要的地位，大家熟知的合成氨、氨氧化制硝酸、石油及其产品的加工、SO_2 氧化为 SO_3 制硫酸等都是以固体物质为催化剂的气-固相催化反应过程。固体催化剂主要是过渡金属和它们的氧化物，如 Fe、Co、Ni、Pd、Pt、Cr、Mn、W、Ag、Au、Al_2O_3、Cr_2O_3、V_2O_5、ZnO、NiO、Fe_2O_3 等。

3. 酶催化

在生物体内进行的各种复杂反应，如蛋白质、脂肪、碳水化合物的合成和分解等基本上都是酶催化反应。大多数酶是蛋白质(现在也发现了核酸性酶的存在)，其质点的直径范围为 10～100nm，因此酶催化反应可看作是介于均相与多相催化之间的、具有自身特性的一类反应。

1) 酶催化的特点

(1) 高效性。例如，脲酶催化尿素水解的能力大约是 H^+催化的 10^{14} 倍。

(2) 专一性。一种酶只对某一种或某一类反应起催化作用。酶分子能与反应物(称为作基质或底物)形成酶-底物配合物。酶分子中至少有一个部位与底物分子间存在很强的相互作用，反应就在这类部位发生。酶分子的这种部位称为活性中心。加之酶分子具有特定的构型，使酶催化作用具有高度的专一性，就像一把钥匙开一把锁一样。例如，富马酸酶只能催化反丁烯二酸水合生成羟基丁二酸的反应，对其他反应则不显示催化活性。又如，乳酸脱氢酶只能催化 L-乳酸脱氢为丙酮，而对 D-乳酸却无作用。

(3) 不稳定性。绝大多数酶是蛋白质，凡是能使蛋白质变性的因素，如高温、高压、强酸、强碱等都会使酶丧失活性。

(4) 反应条件温和。酶催化反应一般在常温、常压、生理 pH 条件下就能进行。例如，工业合成氨需在高温高压下进行，而固氮生物酶能在常温常压下将空气中的氮转化为氨。大多数生物酶的最适温度在 37℃左右。同样地，酶活性也有一最适 pH，如胃蛋白酶 pH 为 1～2，胰蛋白酶 pH 为 7～8。

2) 酶催化的反应历程

酶催化作用既可以看成是底物与酶形成了中间化合物，也可以看成是在酶的表面上首先吸附了底物，然后再进行反应。

米恰利(L. Michaelis)和门顿(M. Menten)等研究了酶催化反应动力学，先后提出了酶催化反应的历程，指出酶(E)与底物(S)先形成中间化合物(ES)，然后再进一步分解为产物(P)，并释放出酶(E)：

$$E + S \underset{k_{-1}}{\overset{k_1}{\rightleftharpoons}} ES \overset{k_2}{\rightleftharpoons} E + P$$

$$K_M = \frac{k_{-1} + k_2}{k_1} \tag{7-49}$$

式中，K_M 为米氏常数(Michaelis constant)。

实验证明，酶催化作用的速率与酶、底物、温度、pH 及其他干扰物质有关。在恒定温度下，典型的酶催化反应速率曲线如图 7-8 所示。图中纵坐标为反应速率(r)，横坐标为底物(S)的浓度，r_m 为最大反应速率。当 c(S)的数值较小时，反应速率 r 与 c(S)呈线性关系，且与酶的总浓度成正比，反应对底物而言是一级反应；当底物的浓度 c(S)很大时，反应速率 r 与 c(S)无关，只与酶的总浓度成正比，反应对底物而言是零级反应。当反应速率 r_0 达到最大速率 r_m 的一半时，底物浓度就等于米氏常数 K_m。

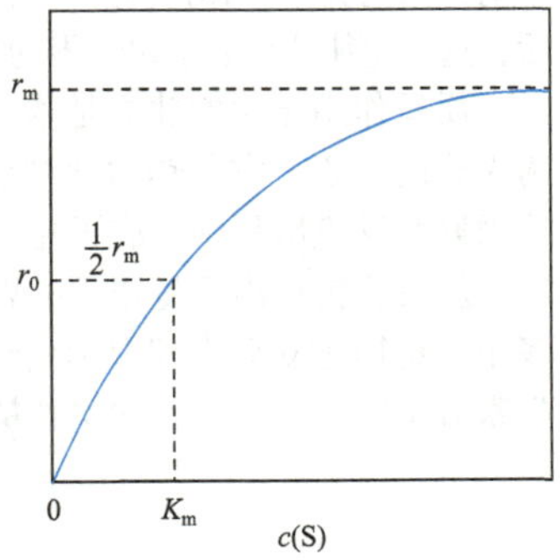

图 7-8　典型的酶催化反应速率曲线

——化学史话——

质量作用定律的确立

古德贝格(C. M. Guldberg，1836—1902，挪威数学家)
瓦格(P. Waage，1833—1900，挪威化学家)

挪威数学家古德贝格和化学家瓦格受动态平衡观念的影响，在前人工作的基础上，研究了碳酸钡与硫酸钾作用产生硫酸钡和碳酸钾的反应，最终确立了质量作用定律的数学形式和物理化学意义。1862～1864 年，他们共做了近 300 个实验，1864 年以挪威文发表了研究成果。

古德贝格和瓦格认为，影响化学反应的是"活性质量"或"有效质量"，定义为单位体积内的分子数，即物质的浓度，而不是物质的绝对质量。他们全面阐述了质量作用定律，只是他们对这个定律的表述与我们今天的表述有所不同。他们所说的活性质量，实际上是我们现在所说的浓度。因此，浓度对反应速率的影响规律被称为质量作用定律，这个名称沿用至今。

古德贝格和瓦格所接受的动态平衡观念是从力学意义上理解的，他们的规律所描述的仍然是法国化学家贝托雷所提出的"化学亲和力"。后来，荷兰著名化学家、第一位诺贝尔化学奖得主范特霍夫用化学反应速率代替了这个意义模糊的"化学亲和力"。

古德贝格和瓦格的研究结果发表后，当时并没有引起人们的注意。甚至 1867 年，他们用法文出版了《化学亲和力研究》一书，仍然没有引起人们的重视。1877 年，范特霍夫和德国物理化学家霍斯特曼分别从热力学导出了质量作用定律及化学平衡常数的关系。1879 年，古德贝格和瓦格的研究成果又在德国的一个重要刊物上发表后，这一定律才引起了化学界的重视。

质量作用定律的建立是物理化学发展的一座里程碑，它是反应速率理论和化学平衡理论的核心，它与热力学结合研究化学平衡形成了化学热力学，研究反应速率的影响因素及反应历程则形成了化学动力学。

拓展阅读

从贝托雷提出质量作用的思想到古德贝格和瓦格最终确立质量作用定律，历经 60 多年。定律建立后直到引起化学界的重视，又经历了 15 年。古德贝格和瓦格两位科学家对研究的锲而不舍的执着精神，值得我们每一个人学习。

习　题

教学视频
习题课

7-1 某基元反应 $A + 2B \xrightarrow{k} 2P$，试分别用各种物质浓度随时间的变化率表示反应的速率方程。

7-2　某气相反应的速率方程分别用浓度和分压表示为：$r_c = k_c c(A)^n$ 和 $r_p = k_p p(A)^n$，试求 k_c 与 k_p 之间的关系。设气体为理想气体。

7-3　在 970K 下，反应 $2N_2O(g) = 2N_2(g) + O_2(g)$ 起始时 N_2O 的压强为 2.93×10^4Pa，并测得反应过程中体系的总压变化如下：

t/s	300	900	2 000	4 000
p(总)/10^4 Pa	3.33	3.63	3.93	4.14

求最初 900s 和最后 2000s 的时间间隔内的平均速率。

7-4　当矿物燃料燃烧时，空气中的 N_2 和 O_2 反应生成 NO，NO 再与 O_2 反应生成 NO_2：$2NO(g) + O_2(g) = 2NO_2(g)$。298K 时，反应物浓度与反应速率的实验数据如下表：

	c(NO)/(mol · L^{-1})	$c(O_2)$/(mol · L^{-1})	r/(mol · L^{-1} · s^{-1})
1	0.002 0	0.001 0	2.8×10^{-5}
2	0.002 0	0.002 0	5.6×10^{-5}
3	0.004 0	0.001 0	1.1×10^{-4}

(1) 写出反应速率方程；

(2) 计算 298K 时的速率常数；

(3) 当 $c_0(NO) = 0.0030$mol · L^{-1}、$c_0(O_2) = 0.0015$mol · L^{-1} 时，反应的起始速率为多少？

7-5　研究表明，下列反应在一定温度范围内是基元反应：

$$2NO(g) + Cl_2(g) = 2NOCl(g)$$

(1) 写出该反应的速率方程，并指出该反应的总级数是多少？

(2) 其他条件不变，若将容器的体积增加到原来的 2 倍，则反应起始速率将怎样变化？

(3) 若容器体积不变，将 NO 的浓度增加到原来的 3 倍，则反应起始速率将怎样变化？

(4) 若容器体积不变，向反应体系中加入一定量的 NOCl，则反应起始速率将怎样变化？

7-6　基元反应 $2A(g) + B(g) = E(g)$，将 2mol 的 A 与 1mol 的 B 放入 1L 容器中混合并反应，那么反应物消耗一半时的反应速率与反应起始速率的比值是多少？

7-7　已知反应 C ═ P，当 C 反应掉 3/4 所需时间恰是它反应掉 1/2 所需时间的 1.5 倍，该反应为几级？

7-8　试证明一级反应的转化率分别达 50%、75%和 87.5%，所需时间分别是 $t_{1/2}$、$2t_{1/2}$、$3t_{1/2}$。

7-9　已知某药物按一级反应分解。在 25℃分解反应速率常数 $k = 2.09 \times 10^{-5}h^{-1}$。该药物的起始浓度为 100 单位/cm³，若其浓度下降至 40 单位/cm³ 就无临床价值，不能继续使用。试求该药物的有效期应当定为多长？

7-10　基元反应 A ═ P 的半衰期为 69.3s，要使 80%的 A 反应生成 P，所需的时间是多少？

7-11 设反应的半衰期为 $t_{1/2}$，反应 3/4 衰期为 $t_{3/4}$，试证明：对于二级反应 $t_{3/4}/t_{1/2}=3$，并讨论反应掉 99%所需时间 $t_{0.99}$ 与 $t_{1/2}$ 之比为多少。

7-12 某一级反应，在 298K 及 308K 时的速率常数分别为 $3.19\times10^{-4}\text{s}^{-1}$ 和 $9.86\times10^{-4}\text{s}^{-1}$。试根据阿伦尼乌斯定律计算该反应的活化能和指前系数。

7-13 反应 $N_2O_5 = 2NO_2+\frac{1}{2}O_2$，其温度与速率常数的数据列于下表。试用作图法 $\left(\ln k-\frac{1}{T}\right)$ 求出反应的表观活化能 E_a 和指前系数 A。

T/K	k/s^{-1}	T/K	k/s^{-1}
273	7.87×10^{-7}	318	4.98×10^{-4}
298	3.46×10^{-5}	328	1.50×10^{-3}
308	1.35×10^{-4}	338	4.87×10^{-3}

7-14 反应 $CH_3CHO = CH_4+CO$，其 E_a 值为 $190\text{kJ}\cdot\text{mol}^{-1}$。加入 I_2(g)(作催化剂)以后，活化能 E_a 降为 $136\text{kJ}\cdot\text{mol}^{-1}$。设加入催化剂前后指前系数 A 值保持不变，则在 773K 时，加入 I_2(g)后反应速率常数 k' 是原来 k 值的多少倍？

7-15 测得某反应在 273K 和 313K 下的速率常数分别为 $1.06\times10^{-5}\text{s}^{-1}$ 和 $2.93\times10^{-3}\text{s}^{-1}$，求该反应在 298K 下的速率常数。

7-16 乙烯转化反应 $C_2H_4 = C_2H_2+H_2$ 为一级反应。在 1073K 时，要使 50%的乙烯分解需要 10h。已知该反应的活化能 $E_a=250.6\text{kJ}\cdot\text{mol}^{-1}$。要求在 30min 内有 75%的乙烯转化，反应温度应控制在多少？

7-17 碳-14 半衰期为 5730a，测得北京周口店山顶洞遗址出土的化石中的 $^{14}C/^{12}C$ 值是当今活着的生物的 0.120 倍，估算该化石距今多久？

(湖南科技大学　　袁华)

第 8 章　化学平衡原理

根据吉布斯自由能判据，如果一个化学反应正向能够自发进行，反应将进行到什么程度为止？最大平衡产率如何？这是实际生产生活中必须要关心的，也是化学热力学要解决的第三个问题。

第 8 章　导学

8.1　化学平衡与标准平衡常数

8.1.1　吉布斯自由能与化学平衡——化学反应等温方程式

教学视频
化学反应的可逆性与化学平衡

教学视频
平衡常数与吉布斯自由能变

根据标准摩尔吉布斯自由能变 $\Delta_r G_m^\ominus(T)$ 可以判断当反应物和生成物都处于标准态时化学反应进行的方向。但实际反应体系中各物质不可能都处于标准态，采用 $\Delta_r G_m^\ominus(T)$ 作为反应自发性的判据具有局限性。化学反应的真正推动力是任意状态的摩尔吉布斯自由能变 $\Delta_r G_m(T)$，即 $\Delta_r G_m(T)$ 判据。根据化学热力学可知，在等温等压下，当反应物的吉布斯自由能的总和大于产物吉布斯自由能的总和[即 $\Delta_r G_m(T) < 0$]时，反应正向自发进行。可以将 $\Delta_r G_m(T)$ 看作反应的推动力。随着反应的进行，反应物吉布斯自由能的总和不断减小，而产物吉布斯自由能的总和逐渐增大。当两者相等[即 $\Delta_r G_m(T) = 0$]时，反应因失去推动力而在宏观表现上停止了，体系内各物质的分压(或浓度)便保持一定，不再随时间而变化，此时称该体系达到了热力学平衡态，简称化学平衡(chemical equilibrium)。处于平衡态的物质的浓度或分压称为平衡浓度或平衡分压。

从上述 $\Delta_r G_m(T)$ 的变化趋势可知，其与反应体系的组成有关。以理想气体的反应为例，对于反应：

$$m\mathrm{A(g)} + n\mathrm{B(g)} \rightleftharpoons p\mathrm{C(g)} + q\mathrm{D(g)} \tag{8-1}$$

或记作：

$$0 = \sum_{\mathrm{B}} \nu_{\mathrm{B}} \mathrm{B}$$

定义反应商 J 来描述反应在某一时刻的组成，即：

$$J = \frac{[p(\mathrm{C})/p^\ominus]^p \cdot [p(\mathrm{D})/p^\ominus]^q}{[p(\mathrm{A})/p^\ominus]^m \cdot [p(\mathrm{B})/p^\ominus]^n} = \prod_{\mathrm{B}} [p(\mathrm{B})/p^\ominus]^{\nu_{\mathrm{B}}} \tag{8-2}$$

式中，$p/p^\ominus$ 为任意状态的相对分压，即相对于标准态($p^\ominus = 100\mathrm{kPa}$)的压强，量纲为 1。对于多相反应，则参与反应并处于溶液状态的物质以相对浓度($c/c^{\ominus}$)表示；参与反应的纯液体和纯固体物质，其相对浓度等于1，则不必写入J的表达式中。

则任意状态的$\Delta_r G_m(T)$与标准态的$\Delta_r G_m^{\ominus}(T)$之间的关系为

$$\Delta_r G_m(T) = \Delta_r G_m^{\ominus}(T) + RT\ln J \tag{8-3}$$

式(8-3)称为化学反应等温式(reaction isotherm)，也称为范特霍夫(van't Hoff)等温式。

根据化学反应等温式，一个反应从反应物出发，即从J几乎等于0开始，$\Delta_r G_m(T) < 0$，反应总是要朝着生成物的方向进行，至少生成一点儿。由此也可以理解中学的可逆反应的概念。在一定的反应条件下，一个反应既能由反应物变为生成物，在相同条件下，也能由生成物变为反应物，这样的反应称为可逆反应(reversible reaction)。原则上所有的化学反应都具有可逆性，只是不同的反应其可逆程度可能有很大的差别。例如，MnO_2催化分解$KClO_3$的反应是几乎完全分解的，而H_2和I_2的反应在密闭容器中具有明显的可逆性。

思考题 8-1

(1) 可逆反应与热力学可逆过程的区别；

(2) 反应进行程度的差别是由什么决定的？

随着反应的进行，正反应速率逐渐减小，逆反应速率逐渐增大，直到正、逆反应速率相等。此时，体系中各物质的浓度(或分压)不再随时间变化而改变，即体系的组成不变，也就是达到化学平衡。

8.1.2 标准平衡常数

若体系处于平衡态，则$\Delta_r G_m(T) = 0$，以平衡分压p^{eq}代入式(8-3)可得：

$$\begin{aligned} 0 &= \Delta_r G_m^{\ominus}(T) + RT\ln\frac{[p^{eq}(C)/p^{\ominus}]^p[p^{eq}(D)/p^{\ominus}]^q}{[p^{eq}(A)/p^{\ominus}]^m[p^{eq}(B)/p^{\ominus}]^n} \\ &= \Delta_r G_m^{\ominus}(T) + RT\ln\prod_B [p^{eq}(B)/p^{\ominus}]^{\nu_B} \end{aligned} \tag{8-4}$$

令

$$K^{\ominus} = \frac{[p^{eq}(C)/p^{\ominus}]^p[p^{eq}(D)/p^{\ominus}]^q}{[p^{eq}(A)/p^{\ominus}]^m[p^{eq}(B)/p^{\ominus}]^n} = \prod_B [p^{eq}(B)/p^{\ominus}]^{\nu_B} \tag{8-5}$$

故

$$\Delta_r G_m^{\ominus}(T) = -RT\ln K^{\ominus} \tag{8-6}$$

化学反应的$\Delta_r G_m^{\ominus}$(298.15K)可以查附表二计算，任意温度T的$\Delta_r G_m^{\ominus}(T)$可由吉布斯-亥姆霍兹方程计算。据此计算得到的$K^{\ominus}$称为标准平衡常数(normal equilibrium constant)，也称热力学平衡常数，简称为平衡常数。可见，在温度一定的条件下，标准平衡常数$K^{\ominus}$的大小由$\Delta_r G_m^{\ominus}(T)$决定，因此称$\Delta_r G_m^{\ominus}(T)$为反应限度的描述，反应进行程度的差别是由$\Delta_r G_m^{\ominus}(T)$决定的。

关于标准平衡常数及相关问题，需注意以下几点：

1. 标准平衡常数表达式

在数值上等于平衡时的反应商，即等于参与反应的各物种的相对平衡分压(浓度)并以其化学计量数为指数的幂的乘积，其量纲为1。

溶液中常见的四大平衡及其标准平衡常数表达式如表8-1所示。标准平衡常数表达式中的 p 为平衡分压，$p^{\ominus}=100\text{kPa}$，一般不省略；式中的浓度项，严格来说也应该是相对浓度，因标准浓度的数值为1，故相对平衡浓度 $c/c^{\ominus}$ 中的 $c^{\ominus}$ 一般可省略。同样地，反应商 J 的表示法与标准平衡常数相同，只是使用任意状态的相对浓度或相对分压而已，量纲同样为1。

思考题 8-2

标准平衡常数是标准态下的反应商吗？

表8-1 几类化学平衡的标准平衡常数名称、符号和表达式

化学平衡类型	反应方程式	平衡常数表达式	平衡常数名称及符号
弱酸解离平衡	$HAc(aq)+H_2O(l) \rightleftharpoons H_3O^+(aq)+Ac^-(aq)$	$K_a^{\ominus}=\dfrac{c(H_3O^+)\cdot c(Ac^-)}{c(HAc)}$	酸常数（$K_a^{\ominus}$）
弱碱解离平衡	$NH_3(aq)+H_2O(l) \rightleftharpoons NH_4^+(aq)+OH^-(aq)$	$K_b^{\ominus}=\dfrac{c(NH_4^+)\cdot c(OH^-)}{c(NH_3)}$	碱常数（$K_b^{\ominus}$）
沉淀溶解平衡	$AgCl(s) \rightleftharpoons Ag^+(aq)+Cl^-(aq)$	$K_{sp}^{\ominus}=c(Ag^+)\cdot c(Cl^-)$	溶度积（$K_{sp}^{\ominus}$）
氧化还原平衡	$MnO_2(s)+4H^+(aq)+2Cl^-(aq) \rightleftharpoons Mn^{2+}(aq)+Cl_2(g)+2H_2O(aq)$	$K^{\ominus}=\dfrac{c(Mn^{2+})[p(Cl_2)/p^{\ominus}]}{[c(H^+)]^4[c(Cl^-)]^2}$	
配位平衡	$Cu^{2+}(aq)+4NH_3(aq) \rightleftharpoons [Cu(NH_3)_4]^{2+}(aq)$	$K_f^{\ominus}=\dfrac{c([Cu(NH_3)_4]^{2+})}{c(Cu^{2+})[c(NH_3)]^4}$	稳定常数（$K_f^{\ominus}$）

对于非理想溶液，应以活度 a 代替浓度 c，如不特别指明，在本书中均使用浓度 c(活度的概念详见9.2.3小节中的拓展知识)。

在已达平衡的体系中，各物质都以相同的相存在，若均为气相或液相时，这样的平衡称为均相化学平衡(homogeneous chemical equilibrium)，包括纯气相反应、溶液中的解离平衡，如表8-1中的酸碱解离平衡和配位平衡等。若反应物和生成物以不同的相存在，这样的平衡称为多相化学平衡(Heterogeneous chemical equilibrium)，如表8-1中的沉淀溶解平衡、氧化还原平衡等。对参加反应的纯固体、纯液体或稀溶液中的溶剂，其浓度可认为在反应过程中不发生变化，可看作常数，通常不出现在平衡常数表达式中；对于气体和溶液，分别采用各自的标准压强和标准浓度得到相对分压和相对浓度。

2. 标准平衡常数与转化率

转化率描述的是某种反应物消耗的量占初始量的比例，一般用 α(B)表示：

$$\alpha(\mathrm{B})=\frac{n_0(\mathrm{B})-n^{\mathrm{eq}}(\mathrm{B})}{n_0(\mathrm{B})}$$

式中，n_0(B)为 B 物质初始的物质的量；n^{eq}(B)为反应达到平衡时 B 物质的物质的量。转化率和投料比有关(详见 8.3 节的讨论)，而标准平衡常数仅是温度的函数，与反应的起始浓度无关。

思考题 8-3

平衡浓度是否随时间变化？是否随起始浓度变化？是否随温度变化？平衡常数是否随起始浓度变化？转化率是否随起始浓度变化？

平衡组成与达到平衡的途径无关这一论断有着严格的限定条件。例如，在密闭容器中，H_2(g)和 I_2(g)生成 HI(g)的反应，其浓度变化示意图如图 8-1 所示。无论是从反应物出发，H_2(g)和 I_2(g)的初始浓度均为 c_0，还是从生成物出发，HI(g)的初始浓度为 $2c_0$(假设反应物全部变为生成物)，最终的平衡组成不变。但是如果不按照化学计量比投料，或者生成物的初始浓度不是假设反应物全部变为生成物的值，很显然，平衡组成将随反应的初始浓度变化而变化，但由平衡浓度(分压)联动得到的标准平衡常数确定不变。

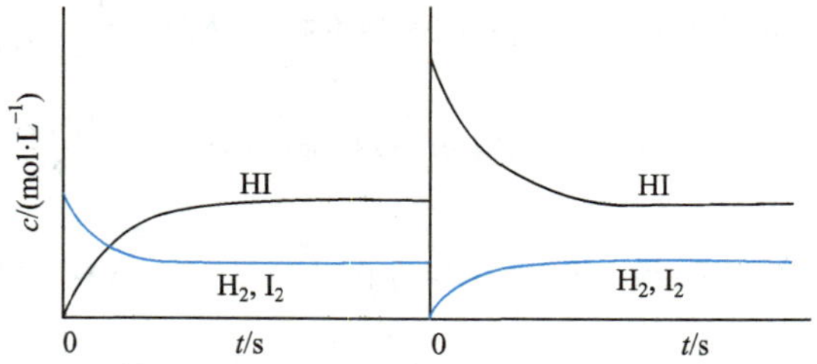

图 8-1 平衡组成与达到平衡的途径无关示意图

3. 标准平衡常数与化学方程式的写法有关

例如，373K 时，N_2O_4(g)分解生成 NO_2(g)的反应：

$$N_2O_4(g) \rightleftharpoons 2NO_2(g) \quad K_1^{\ominus}=\frac{[p(NO_2)/p^{\ominus}]^2}{p(N_2O_4)/p^{\ominus}}=0.36$$

$$\frac{1}{2}N_2O_4(g) \rightleftharpoons NO_2(g) \quad K_2^{\ominus}=\frac{p(NO_2)/p^{\ominus}}{[p(N_2O_4)/p^{\ominus}]^{1/2}}=\sqrt{K_1^{\ominus}}=0.60$$

这与 $\Delta_r G_m^{\ominus}(T)$ 和化学反应方程式的写法有关是一致的。

4. 基元反应的平衡常数

例如，基元反应：

$$CO(g)+NO_2(g) \underset{k_{逆}}{\overset{k_{正}}{\rightleftharpoons}} NO(g)+CO_2(g)$$

$$r_{正}=k_{正}c(CO)c(NO_2),\quad r_{逆}=k_{逆}c(NO)c(CO_2)$$

平衡时 $r_{正}=r_{逆}$：

$$K=\frac{k_{正}}{k_{逆}}=\frac{c(NO)\cdot c(CO_2)}{c(NO_2)\cdot c(CO)} \tag{8-7}$$

即基元反应的平衡常数 K 可根据正反应速率系数和逆反应速率系数进行求算。

5. 经验平衡常数

上述基元反应的平衡常数 K 是没有标准态角标的，是最初采用的经验平衡常数。一般用浓度表示平衡状态各物质的定量关系，对于气体也是如此，称为浓度平衡常数，记作 K_c。对于纯气相反应，还可以采用分压或摩尔分数表示，分别记作 K_p、K_x。除 K_x 外，一般说来，K_c 和 K_p 都是有量纲的，且与方程式写法有关，K_p 的值还与分压的单位有关。K_c、K_p 和 K_x 的换算关系可由理想气体状态方程推导得出：

$$K_p = K_c(RT)^{\sum \nu_g}, \quad K_p = K_x p^{\sum \nu_g}$$

式中，$\sum \nu_g$ 为生成物和反应物气体计量系数之和，即气体物质的量的变化量；R 为摩尔气体常量，其取值和单位与气体分压所用单位有关。一般地，K_c 中浓度的单位为 $mol \cdot L^{-1}$，则分压单位用 kPa 时，R 为 $8.314J \cdot mol^{-1} \cdot K^{-1}$。$p$ 为总压强，单位一般也采用 kPa。本书讨论问题均采用标准平衡常数 $K^{\ominus}$。

8.1.3 标准平衡常数的获得

标准平衡常数可由热力学数据间接计算或直接测定平衡浓度(分压)而获得。

1. 由热力学数据计算标准平衡常数

【例 8-1】 在 25℃时，$SO_2(g)$和 $SO_3(g)$的 $\Delta_f H_m^{\ominus}$ 分别为$-296.830kJ \cdot mol^{-1}$ 和 $-395.72kJ \cdot mol^{-1}$，$\Delta_f G_m^{\ominus}$ 分别为$-300.194kJ \cdot mol^{-1}$ 和$-371.06kJ \cdot mol^{-1}$，计算由 $SO_2(g)$制备 $SO_3(g)$的反应分别在 25℃和 400℃下的标准平衡常数。

解 $2SO_2(g) + O_2(g) \rightleftharpoons 2SO_3(g)$

$$\Delta_r H_m^{\ominus} = \sum_B \nu_B \Delta_f H_m^{\ominus} = 2 \times (-395.72) - 2 \times (-296.830) = -197.78(kJ \cdot mol^{-1})$$

$$\Delta_r G_m^{\ominus} = \sum_B \nu_B \Delta_f G_m^{\ominus} = 2 \times (-371.06) - 2 \times (-300.194) = -141.73(kJ \cdot mol^{-1})$$

$$\ln K_1^{\ominus}(25℃) = -\Delta_r G_m^{\ominus}/RT_1 = 141.73 \times 10^3/(8.314 \times 298.15) = 57.18$$

$$K_1^{\ominus}(25℃) = 6.8 \times 10^{24}$$

$$\Delta_r S_m^{\ominus} = (\Delta_r H_m^{\ominus} - \Delta_r G_m^{\ominus})/T_1 = \frac{-197.78 + 141.73}{298.15} = -0.1880(kJ \cdot mol^{-1} \cdot K^{-1})$$

因为 $\Delta_r H_m^{\ominus}$ 和 $\Delta_r S_m^{\ominus}$ 随温度变化不大，即

$$\Delta_r H_m^\ominus(25℃) \approx \Delta_r H_m^\ominus(400℃),\ \Delta_r S_m^\ominus(25℃) \approx \Delta_r S_m^\ominus(400℃)$$

$$\Delta_r G_m^\ominus(400℃) = \Delta_r H_m^\ominus - T_2\Delta_r S_m^\ominus = -197.78 - 673.15\times(-0.1880) = -71.23(\mathrm{kJ\cdot mol^{-1}})$$

$$\ln K_2^\ominus(400℃) = -\Delta_r G_m^\ominus(400℃)/RT_2 = 71.23\times10^3/(8.314\times673.15) = 12.73$$

$$K_2^\ominus(400℃) = 3.4\times10^5$$

2. 由平衡浓度(分压)计算标准平衡常数

【例 8-2】 恒温恒容下，GeO(g)与 W_2O_6(g)反应生成 $GeWO_4$(g)，若反应开始时，GeO(g)和 W_2O_6(g)的分压均为 100.0kPa，平衡时 $GeWO_4$(g)的分压为 98.0kPa。求反应的标准平衡常数和反应物的转化率。

解 $2GeO(g) + W_2O_6(g) \rightleftharpoons 2GeWO_4(g)$

	2GeO(g)	W_2O_6(g)	$2GeWO_4$(g)
开始p_B/kPa	100.0	100.0	0
变化p_B/kPa	−98.0	−98.0/2	98.0
平衡p_B/kPa	100.0−98.0	100.0−98.0/2	98.0

$$K^\ominus = \frac{[p^{eq}(GeWO_4)/p^\ominus]^2}{[p^{eq}(GeO)/p^\ominus]^2[p^{eq}(W_2O_6)/p^\ominus]} = \frac{(98.0/100)^2}{(2.0/100)^2\times(51.0/100)} = 4.7\times10^3$$

$$\alpha(B) = \frac{n_0(B) - n^{eq}(B)}{n_0(B)}$$

$$\alpha(GeO) = 98\%$$

$$\alpha(W_2O_6) = 49\%$$

8.1.4 多重平衡

前面讨论的都是单一体系的化学平衡问题，但实际的化学过程往往有若干种平衡状态同时存在。在指定条件下，一个反应体系中的某一种(或几种)物质同时参与两个(或两个以上)的化学反应并共同达到化学平衡，称为同时平衡(simultaneous equilibrium)，也称多重平衡(multiple equilibrium)。在多重平衡体系中，至少有一种物质是相同的。例如，298K，气态的 SO_2、SO_3、NO、NO_2 及 O_2 在一个反应器里共存时，至少会有：

① $SO_2(g) + \frac{1}{2}O_2(g) \rightleftharpoons SO_3(g)$ $\quad K_1^\ominus = \dfrac{p(SO_3)/p^\ominus}{[p(SO_2)/p^\ominus][p(O_2)/p^\ominus]^{1/2}}$

② $NO(g) + \frac{1}{2}O_2(g) \rightleftharpoons NO_2(g)$ $\quad K_2^\ominus = \dfrac{p(NO_2)/p^\ominus}{[p(NO)/p^\ominus][p(O_2)/p^\ominus]^{1/2}}$

③ $SO_2(g) + NO_2(g) \rightleftharpoons SO_3(g) + NO(g)$ $\quad K_3^\ominus = \dfrac{[p(SO_3)/p^\ominus][p(NO)/p^\ominus]}{[p(SO_2)/p^\ominus][p(NO_2)/p^\ominus]}$

三种平衡关系共存。其中 SO_2 既参与平衡①，又参与平衡③，并且其分压是唯一确定的，既平衡系统中共同物种的状态是确定的，只能有一个浓度(或分压)数值。因此，各个平衡的平衡常数间必定存在某种联系。推导如下：

因为③ = ① − ②，同时 G 是一种广度性质的状态函数，所以：

$$\Delta_r G_{m,3}^{\ominus} = \Delta_r G_{m,1}^{\ominus} - \Delta_r G_{m,2}^{\ominus}$$

根据
$$-\Delta_r G_m^{\ominus}(T) = RT\ln K^{\ominus}$$

则
$$-RT\ln K_3^{\ominus} = -RT\ln K_1^{\ominus} - (-RT\ln K_2^{\ominus})$$

$$\ln K_3^{\ominus} = \ln K_1^{\ominus} - \ln K_2^{\ominus}$$

即
$$K_3^{\ominus} = K_1^{\ominus} / K_2^{\ominus}$$

可见，反应式、$\Delta_r G_m^{\ominus}$ 相加或相减时，平衡常数 $K^{\ominus}$ 则相乘或相除。

在多重平衡的系统中，只有几个反应都达到平衡后，系统才处于化学平衡状态。即使有部分反应先期达到“平衡”，此“平衡”也必定受尚未平衡反应的影响，于是未平衡的反应就会带动“已达平衡”的反应继续进行，使其反应更加完全，甚至使本来不能自发进行的反应变得可以自发进行。通过一个反应带动另一个反应，称为反应的偶合，此类反应称为偶合反应(coupling reaction)。

8.2 标准平衡常数的应用

8.2.1 预测反应方向

教学视频

标准平衡常数的应用

等温等压下，一个给定化学反应自发进行的方向判据为 $\Delta_r G_m(T)$，根据范特霍夫等温式(8-3)和式(8-6)可得：

$$\Delta_r G_m(T) = \Delta_r G_m^{\ominus}(T) + RT\ln J = -RT\ln K^{\ominus} + RT\ln J = RT\ln\frac{J}{K^{\ominus}} \qquad (8\text{-}8)$$

则 $\Delta_r G_m(T)$判据可化为下述形式：

$\Delta_r G_m(T) < 0$，$J/K^{\ominus} < 1$，$J < K^{\ominus}$　　正反应自发进行

$\Delta_r G_m(T) > 0$，$J/K^{\ominus} > 1$，$J > K^{\ominus}$　　正反应不自发进行，逆反应自发进行

$\Delta_r G_m(T) = 0$，$J/K^{\ominus} = 1$，$J = K^{\ominus}$　　反应处于平衡状态

经过对数转化后，$RT\ln J$ 项一般较小，若 $\Delta_r G_m^{\ominus}(T)$ 的绝对值很大，则 $\Delta_r G_m(T)$ 的正负由 $\Delta_r G_m^{\ominus}(T)$ 决定，即可用 $\Delta_r G_m^{\ominus}(T)$ 代替 $\Delta_r G_m(T)$ 判断反应进行的方向。通常认为，当一个反应的平衡常数 $K^{\ominus} \geqslant 10^6$ 时，反应进行得很完全。代入式(8-6)，可得 $\Delta_r G_m^{\ominus}(T) = -34.2\text{kJ}\cdot\text{mol}^{-1}$。故一般认为，当 $\left|\Delta_r G_m^{\ominus}(T)\right| > 40\text{kJ}\cdot\text{mol}^{-1}$ 时，可用 $\Delta_r G_m^{\ominus}(T)$ 代替 $\Delta_r G_m(T)$ 判断反应自发进行的方向，此时参与反应的各物质浓度或分压的变化不足以改变反应方向；当 $\left|\Delta_r G_m^{\ominus}(T)\right| < 40\text{kJ}\cdot\text{mol}^{-1}$ 时，有可能通过改变反应条件来改变反应进

行的方向，此时需要结合反应具体条件计算 $\Delta_r G_m(T)$ ，采用 $\Delta_r G_m(T)$ 判据(或根据 J 与 $K^\ominus$ 的关系)进行准确判定。

【例 8-3】 已知 298.15K 时，某反应 $A(s) \rightleftharpoons B(s) + C(g)$ 的 $\Delta_r G_m^\ominus = 40.0 kJ \cdot mol^{-1}$。试问：(1) 该反应在 298.15K 时的平衡常数；(2) 当 $p(C) = 1.0Pa$ 时，该反应是否能正方向自发进行？

解 (1) 根据式(8-6)可得

$$\ln K^\ominus = -\frac{\Delta_r G_m^\ominus}{RT} = -\frac{40.0\times10^3}{8.314\times298.15} = -16.1$$

$$K^\ominus = 1.02\times10^{-7}$$

(2) 平衡时：$p(C) = 1.0Pa$

$$J = \frac{p(C)}{p^\ominus} = \frac{1.0\times10^{-3}}{100} = 1.0\times10^{-5}$$

根据式(8-3)：$\Delta_r G_m(T) = \Delta_r G_m^\ominus(T) + RT\ln J$

$$\Delta_r G_m(298.15K) = 40 + 8.314\times10^{-3}\times298.15\times\ln(1.0\times10^{-5})$$
$$= 11.5(kJ\cdot mol^{-1}) > 0$$

故该反应正向不能自发进行。

以上计算结果表明，当 $\Delta_r G_m^\ominus(298.15K) = 40.0 kJ\cdot mol^{-1}$ 时，$K^\ominus$约为 1.02×10^{-7}，可以认为该反应不能自发进行。即使当上题中产物 C 的分压由 100kPa 降低为 1.0Pa 时，反应商 J 值降低了 5 个数量级，$\Delta_r G_m(T)$仍为正值，未能改变反应的方向。

【例 8-4】 已知 298.15K、100kPa 下，水的饱和蒸气压为 3.12kPa，$CuSO_4\cdot5H_2O(s)$、$CuSO_4(s)$和 $H_2O(g)$的 $\Delta_f G_m^\ominus$ 分别为$-1879.745 kJ\cdot mol^{-1}$、$-661.8 kJ\cdot mol^{-1}$和$-228.572 kJ\cdot mol^{-1}$，通过计算请回答：

(1) 反应 $CuSO_4\cdot5H_2O(s) \rightleftharpoons CuSO_4(s) + 5H_2O(g)$ 的 $\Delta_r G_m^\ominus$ 和 $K^\ominus$ 各是多少？

(2) 若空气中水蒸气的相对湿度为 5.0%，上述反应的 $\Delta_r G_m$ 是多少？$CuSO_4\cdot5H_2O(s)$是否会风化？$CuSO_4(s)$是否会潮解？

解 (1)

$$\Delta_r G_m^\ominus = \sum_B \nu_B \Delta_f G_m^\ominus = -661.8 + 5\times(-228.572) + 1879.745 = 75.08(kJ\cdot mol^{-1})$$

$$\ln K^\ominus = -\frac{\Delta_r G_m^\ominus}{RT} = -\frac{75.08\times10^3}{8.314\times298.15} = -30.29$$

$$K^\ominus = 7.0\times10^{-14}$$

(2) 相对湿度定义为

$$相对湿度 = \frac{空气中水蒸气的分压}{该温度下水的饱和蒸气压}\times100\%$$

$$p(H_2O) = p(H_2O,饱和)\times相对湿度 = 3.12\times5.0\% = 0.16(kPa)$$

$$J = [p(H_2O)/p^\ominus]^5 = 1.0\times10^{-14}$$

$$\Delta_r G_m(T) = \Delta_r G_m^\ominus(T) + RT\ln J = 75.08 + 8.314\times10^{-3}\times298.15\times\ln(1.0\times10^{-14})$$
$$= -4.71(kJ\cdot mol^{-1})$$

$\Delta_r G_m(298.15K) < 0$，反应正向自发进行，$CuSO_4 \cdot 5H_2O(s)$会风化，$CuSO_4(s)$不会潮解。

在例 8-4 中，当空气中水蒸气的相对湿度降为 5.0%后，$\Delta_r G_m^\ominus(T)$ 高达 $75.08kJ \cdot mol^{-1}$ 的反应发生了方向上的改变，其原因除了 $p(H_2O)$大幅下降，还在于 $H_2O(g)$的化学计量数为 5，从而极大地降低了反应商 J，进而改变了反应方向。可见，采用$\Delta_r G_m^\ominus(T)$ 近似代替 $\Delta_r G_m(T)$ 作为反应方向的判据具有一定的局限性。

8.2.2 判断反应程度

平衡常数 $K^\ominus$ 值的大小表明反应进行的程度，也称为反应的限度。$K^\ominus$ 值越大，表明反应进行越完全；$K^\ominus$ 值越小，表明反应进行的程度越小。例如，酸碱中和反应：

$$H^+(aq) + OH^-(aq) \rightleftharpoons H_2O(l) \qquad K^\ominus = 1.0 \times 10^{14}\ (298K)$$

平衡常数很大，反应进行得很完全。这类反应在宏观上难以观察到反应的可逆性。但对于下述反应：

$$\text{HgS 溶解：} HgS(s) \rightleftharpoons Hg^{2+}(aq) + S^{2-}(aq) \quad K^\ominus = 6.44 \times 10^{-53} \quad (298K)$$

$$\text{CO 分解：} CO(g) \rightleftharpoons C(s) + \frac{1}{2}O_2(g) \qquad K^\ominus = 6.9 \times 10^{-25}\ (298K)$$

平衡常数很小，反应基本不能发生。

更进一步，利用平衡常数 $K^\ominus$ 和平衡浓度(分压)之间的相互关系，可以求出系统中各组分的平衡浓度、某一反应物的转化率等。一般方法为：

(1) 写出配平的反应方程式；

(2) 设未知数 x：一般设一较小的量为未知数，以利于后面解题过程中能够采用近似处理，简化计算；

(3) 将反应过程中各组分的浓度(分压)的初始值、变化值及平衡值列于反应式对应的位置上，变化值符合化学计量比；

(4) 将平衡浓度(分压)代入平衡常数表达式中；

(5) 解出未知数 x。解的过程可采取合理的近似，然后应检查近似处理的合理性，方法是将 x 的值代入近似表示式中，计算所产生的误差应小于 5%。在本课程中有关化学平衡的计算，一般只要求达到 5%的准确度就够了。如果近似计算引起的误差大于 5%，则需要解完整的数学方程。

【例 8-5】 反应 $CO(g) + Cl_2(g) \rightleftharpoons COCl_2(g)$ 在恒温恒容条件下进行。已知 373K 时 $K^\ominus = 1.5 \times 10^8$。反应开始时 $c_0(CO) = 0.0350mol \cdot L^{-1}$，$c_0(Cl_2) = 0.0270mol \cdot L^{-1}$，$c_0(COCl_2) = 0$。计算 373K 反应达到平衡时各物种的分压和 CO 的平衡转化率。

解 根据 $pV = nRT$、$p = \frac{n}{V}RT = cRT$ 可得：

$$p_0(CO) = 109kPa，p_0(Cl_2) = 83.7kPa$$

设平衡时 Cl_2 的分压为 x，则

	$CO(g)$	+	$Cl_2(g)$	$\rightleftharpoons$	$COCl_2(g)$
开始$p(B)/kPa$	109		83.7		0
变化$p(B)/kPa$	$-(83.7-x)$		$-(83.7-x)$		$83.7-x$
平衡$p(B)/kPa$	$25.3+x$		x		$83.7-x$

代入平衡常数表达式：

$$K^{\ominus} = \frac{p(COCl_2)/p^{\ominus}}{[p(CO)/p^{\ominus}]\cdot[p(Cl_2)/p^{\ominus}]} = \frac{(83.7-x)/100}{\left(\frac{25.3+x}{100}\right)\times\left(\frac{x}{100}\right)} = 1.5\times10^{8}$$

因为 $K^{\ominus}$ 很大，故而 x 很小，近似认为

$$83.7 - x \approx 83.7，25.3 + x \approx 25.3$$

解得：$x = 2.2\times10^{-6}kPa$

因 $x = 2.2\times10^{-6} \ll 25.3$，所以近似是合理的。

各物种的分压为

$$p(Cl_2) = x = 2.2\times10^{-6}(kPa)$$

$$p(CO) = 25.3 + x \approx 25.3(kPa)$$

$$p(COCl_2) = 83.7 - x \approx 83.7(kPa)$$

CO 的转化率为

$$\alpha(CO) = \frac{n_0 - n^{eq}}{n_0} = \frac{p_0 - p^{eq}}{p_0} = \frac{109-25.3}{109} = 77\%$$

思考题 8-4

若假设生成光气的分压为 x，是否更容易列出表达式和求解？

8.3 化学平衡的移动

教学视频

化学平衡的移动

化学平衡是一种动态平衡(dynamic equilibrium)，宏观上看反应已经停止，系统内各物种的浓度或分压不随时间而变化，但微观上反应仍在进行，只是正逆反应速率相同。化学平衡是相对的，同时又是有条件的。一旦维持平衡的条件发生了变化(如温度、压强的改变，充入一定量的气体等)，系统的宏观性质和物质的组成都将发生变化。原有的平衡将被破坏，平衡发生移动，直至建立新的平衡。这个过程称为化学平衡的移动。由 $\Delta_r G_m(T) = RT\ln\frac{J}{K^{\ominus}}$ 可以看出，凡是能够改变反应商 J 和平衡常数 $K^{\ominus}$ 的因素都会导致化学平衡的移动。

8.3.1 浓度和压强对化学平衡的影响

浓度或分压对化学平衡的影响都是通过改变反应商 J 进而通过 $J/K^{\ominus}$ 的比值决定 $\Delta_r G_m(T)$ 的符号，从而也决定了化学平衡移动的方向。

在一定温度下，平衡时 $J=K^{\ominus}$。在此基础上，增加反应物的浓度或分压，或者从反应系统中取走某一生成物，此时 J 减小，而 $K^{\ominus}$并未改变(因为 T 不变)，必然使 $J<K^{\ominus}$，从而使 $\Delta_r G_m(T)<0$，化学反应就会向正反应方向自发地进行，即平衡向正反应方向移动。从反应速率角度考虑也是如此。平衡时，正反应速率与逆反应速率相等，当增加反应物的浓度或分压时，正反应速率增大，平衡被打破而正向移动。随着正反应的进行，反应物的浓度或分压逐渐降低，生成物的浓度或分压逐渐增加，直到 J 重新等于 $K^{\ominus}$，建立新的平衡。

【例 8-6】 25℃时，反应 $Fe^{2+}(aq) + Ag^{+}(aq) \rightleftharpoons Fe^{3+}(aq) + Ag(s)$ 的 $K^{\ominus}=3.2$。

(1) 当 $c(Ag^+)=1.00\times10^{-2}mol\cdot L^{-1}$，$c(Fe^{2+})=0.100mol\cdot L^{-1}$，$c(Fe^{3+})=1.00\times10^{-3}mol\cdot L^{-1}$时，反应向哪一方向进行?

(2) 平衡时，Ag^+、Fe^{2+}、Fe^{3+}的浓度各为多少?

(3) Ag^+的转化率为多少? (4) 如果保持 Ag^+、Fe^{3+}的初始浓度不变，使 $c(Fe^{2+})$增大至 $0.300mol\cdot L^{-1}$，求 Ag^+的转化率。

解 (1) 计算反应商 J，判断反应方向：

$$J=\frac{c(Fe^{3+})}{c(Fe^{2+})\cdot c(Ag^{+})}=\frac{1.00\times10^{-3}}{0.100\times1.00\times10^{-2}}=1.00 \quad (c\text{ 为相对浓度})$$

因 $J<K^{\ominus}$，故反应正向自发进行。

(2) 计算平衡组成：

设浓度变化为 x。

	$Fe^{2+}(aq)$ +	$Ag^{+}(aq)$ $\rightleftharpoons$	$Fe^{3+}(aq)$ + $Ag(s)$
开始$c(B)/(mol\cdot L^{-1})$	0.100	1.00×10^{-2}	1.00×10^{-3}
变化$c(B)/(mol\cdot L^{-1})$	$-x$	$-x$	x
平衡$c(B)/(mol\cdot L^{-1})$	$0.100-x$	$1.00\times10^{-2}-x$	$1.00\times10^{-3}+x$

$$K^{\ominus}=\frac{c^{eq}(Fe^{3+})}{c^{eq}(Fe^{2+})\cdot c^{eq}(Ag^{+})}=\frac{1.00\times10^{-3}+x}{(0.100-x)\times(1.00\times10^{-2}-x)}=3.2$$

整理并解得：$3.2x^2-1.352x+2.2\times10^{-3}=0$

$$x=1.6\times10^{-3}mol\cdot L^{-1}$$

平衡时各浓度为：$c^{eq}(Ag^+)=8.4\times10^{-3}mol\cdot L^{-1}$

$$c^{eq}(Fe^{2+})=9.84\times10^{-2}mol\cdot L^{-1}$$

$$c^{eq}(Fe^{3+})=2.6\times10^{-3}mol\cdot L^{-1}$$

(3) Ag^+的转化率为：

$$\alpha(Ag^{+})=\frac{c_0(Ag^{+})-c^{eq}(Ag^{+})}{c_0(Ag^{+})}=16\%$$

(4) 设达到新的平衡时 Ag^+ 的转化率为 α'，则：

	$Fe^{2+}(aq)$ +	$Ag^+(aq)$ ⇌	$Fe^{3+}(aq)$ + $Ag(s)$
开始 $c(B)/(mol\cdot L^{-1})$	0.300	1.00×10^{-2}	1.00×10^{-3}
平衡 $c(B)/(mol\cdot L^{-1})$	$0.300-1.00\times10^{-2}\alpha'$	$1.00\times10^{-2}(1-\alpha')$	$1.00\times10^{-3}+1.00\times10^{-2}\alpha'$

$$K^{\ominus}=\frac{1.00\times10^{-3}+1.00\times10^{-2}\alpha'}{(0.300-1.00\times10^{-2}\alpha')\left[1.00\times10^{-2}\times(1-\alpha')\right]}=3.2$$

解得：$\alpha'=43\%$

可见增加一种反应物的浓度，可以使另一种反应物的转化率大为增加。在实际生产过程中，为了尽可能充分地利用某一种物料，往往使用过量的另一种物料(一般是价格便宜、比较容易得到的物料)与它作用，使平衡向正反应方向移动，以提高前者的转化率。

对于有气相参加的平衡，反应商 J 的改变还可以通过总压的变化而实现，但是否会使平衡发生移动则需视化学反应的具体情况而定。

对于有气体参与的化学反应(8-1)，达到平衡时，平衡常数 $K^{\ominus}$ 的表达式见式(8-5)。恒温下若将反应体系的总体积压缩为原来的 $1/x$ ($x>1$)，此时的反应熵为：

$$J=\frac{[xp^{eq}(C)/p^{\ominus}]^p[xp^{eq}(D)/p^{\ominus}]^q}{[xp^{eq}(A)/p^{\ominus}]^m[xp^{eq}(B)/p^{\ominus}]^n}=x^{\sum\nu_{B,g}}K^{\ominus} \tag{8-9}$$

思考题 8-5

总压的改变也可以通过充入惰性气体实现。在有气体参与的化学反应中，达到平衡后充入惰性气体，平衡如何移动？分别考虑恒压反应和恒容反应的情况。

对于气体分子数增加的反应，$\sum\nu_B>0$、$x^{\sum\nu_B}>1$、$J>K^{\ominus}$，平衡将向逆反应方向移动，即向气体分子数减小的方向移动；对于气体分子数减小的反应，$\sum\nu_B<0$、$x^{\sum\nu_B}<1$、$J<K^{\ominus}$，平衡将向正向移动，即向气体分子数减小的方向移动；对于反应前后气体分子数不变的反应，$\sum\nu_B=0$、$x^{\sum\nu_B}=1$、$J=K^{\ominus}$，平衡不发生移动。可见，在一定温度下，增加平衡时的总压，化学平衡向气体总的化学计量数减少的方向即体积减小的方向移动；反之，降低总压，平衡向气体总的化学计量数增加的方向即体积增大的方向移动；若反应前后气体总的化学计量数相等，则压强对平衡移动不产生影响。

【例 8-7】 已知反应在总压为 101.3kPa 和 325K 达到平衡时，N_2O_4 的解离度为 50.2%。试求：(1) 反应的 $K^{\ominus}$；(2) 相同温度下，若压强增加为 506.5kPa，求 N_2O_4 的解离度。

解 (1) 设 N_2O_4 的初始物质的量为 n_0，平衡时的解离度为 α。

	$N_2O_4(g)$ ⇌	$2NO_2(g)$
开始 $n(B)/mol$	n_0	0
平衡 $n(B)/mol$	$n_0(1-\alpha)$	$2n_0\alpha$
平衡 $n_总/mol$	$n_总=n_0(1-\alpha)+2n_0\alpha=n_0(1+\alpha)$	
摩尔分数 $x(B)$	$\frac{1-\alpha}{1+\alpha}$	$\frac{2\alpha}{1+\alpha}$

平衡分压：p^{eq} /kPa　　$p\dfrac{1-\alpha}{1+\alpha}$　　$p\dfrac{2\alpha}{1+\alpha}$

$$K^\ominus=\frac{[p^{eq}(NO_2)/p^\ominus]^2}{p^{eq}(N_2O_4)/p^\ominus}=\frac{\left(\dfrac{p}{p^\ominus}\cdot\dfrac{2\alpha}{1+\alpha}\right)^2}{\dfrac{p}{p^\ominus}\cdot\dfrac{1-\alpha}{1+\alpha}}=\frac{p}{p^\ominus}\cdot\frac{4\alpha^2}{1-\alpha^2}$$

将 $p=101.3\text{kPa}$、$\alpha=50.2\%$代入得

$$K^\ominus=\frac{101.3}{100}\times\frac{4\times0.502^2}{1-0.502^2}=1.37$$

(2) 当压强变为 506.5kPa 时，此时 $K^\ominus$ 不变，设 N_2O_4 的解离度为α'：

$$K^\ominus=\frac{p}{p^\ominus}\cdot\frac{4\alpha'^2}{1-\alpha'^2}=\frac{5\times101.3}{100}\times\frac{4\alpha'^2}{1-\alpha'^2}=1.37$$

$$\alpha'=0.251=25.1\%$$

结果表明增加压强，N_2O_4 的解离度降低，平衡向气体化学计量数减少的方向移动。

8.3.2　温度对化学平衡的影响

温度对平衡移动的影响，主要是影响平衡常数 $K^\ominus$ 的数值，因为平衡常数是温度的函数。其变化的具体情况，随反应标准摩尔焓变不同而不同。

思考题 8-6

$K^\ominus$值变了平衡是否移动？平衡位置移动了 $K^\ominus$值是否改变？催化剂是否改变平衡位置？

根据式(8-6)和式(6-44)，即

$$\Delta_r G_m^\ominus(T)=-RT\ln K^\ominus$$

$$\Delta_r G_m^\ominus(T)=\Delta_r H_m^\ominus-T\Delta_r S_m^\ominus$$

可得

$$\ln K^\ominus=-\frac{\Delta_r H_m^\ominus}{RT}+\frac{\Delta_r S_m^\ominus}{R}\tag{8-10}$$

若反应在 T_1 和 T_2 时的平衡常数分别为 $K_1^\ominus$ 和 $K_2^\ominus$，且 $\Delta_r H_m^\ominus$ 和 $\Delta_r S_m^\ominus$ 随温度变化较小，则近似地有

$$\ln K_1^\ominus=-\frac{\Delta_r H_m^\ominus}{RT_1}+\frac{\Delta_r S_m^\ominus}{R}$$

$$\ln K_2^\ominus=-\frac{\Delta_r H_m^\ominus}{RT_2}+\frac{\Delta_r S_m^\ominus}{R}$$

相减得

$$\ln\frac{K_2^\ominus}{K_1^\ominus}=\frac{\Delta_r H_m^\ominus}{R}\cdot\frac{T_2-T_1}{T_1\cdot T_2}\tag{8-11}$$

式(8-11)是表述平衡常数与温度关系的重要方程式，称为范特霍夫方程。与描述液体蒸气压与温度关系的克拉伯龙-克劳修斯(Clapeyron-

Clausius)方程(8-12)在形式上是一致的。

$$\ln\frac{p_2}{p_1}=\frac{\Delta_{vap}H_m}{R}\cdot\frac{T_2-T_1}{T_2\cdot T_1} \tag{8-12}$$

式中，p 为液体的饱和蒸气压；$\Delta_{vap}H_m$ 为液体的摩尔蒸发焓。

实际上相平衡可以看作化学平衡的一种，对于水的气液平衡：

$$H_2O(l) \rightleftharpoons H_2O(g) \qquad \Delta_rH_m^\ominus=\Delta_{vap}H_m \qquad K^\ominus=p/p^\ominus$$

反应的焓变等于水的蒸发焓，反应的平衡常数等于水的饱和蒸气压与标态压强之比(相对压强)，可见克拉伯龙-克劳修斯方程仅是范特霍夫方程的一个特例。

思考题 8-7

对于一个在标准状态下是吸热、熵减的化学反应，当温度升高时，根据勒夏特列原理判断反应将向正反应方向(吸热方向)移动；根据吉布斯-亥姆霍兹公式判断，$\Delta_rG_m^\ominus$ 将变得更正，即反应更不利于向正方向进行。这两种矛盾的判断中，哪一种是正确的？

8.3.3 勒夏特列原理

事实上早在 1907 年，法国化学家勒夏特列(Le Chatelier)就定性地得出平衡移动的普遍原理，即：任何一个处于化学平衡的系统，当某一确定系统平衡的因素发生改变时，系统的平衡将发生移动。平衡移动的方向总是向着减弱外界因素的改变对系统影响的方向。增加反应物浓度(分压)时，平衡向生成物方向移动以削弱反应物浓度(分压)增加的影响(当然不能完全消除掉这种影响)；压强增加时，气体单位体积内分子数增加，平衡向化学计量数减小方向移动，以减少单位体积的分子数；温度升高时，平衡向吸热方向移动，减弱温度升高的影响，这称为勒夏特列原理(Le Chatelier's principle)。其简洁表述为：如果对平衡系统施加外力，则平衡将沿着减小外力影响的方向移动。根据勒夏特列原理可以定性判断平衡移动的方向，而根据平衡常数可以定量计算平衡移动的程度。

化学史话

洞察化学平衡之人——勒夏特列

亨利·路易·勒夏特列 (Le Chatelier，1850—1936，法国化学家)

勒夏特列是法国化学家，1850年出生于巴黎的一个化学世家，他的祖父和父亲都从事跟化学有关的事业和企业，当时法国许多知名化学家是他家的座上客。得益于浓厚化学氛围的熏陶，勒夏特列自小也非常喜欢化学，一有空便到祖父开设的水泥厂实验室做化学实验。1875年，勒夏特列以优异的成绩毕业于巴黎工业大学，1887年获博士学位后在高等矿业学校担任化学教授。

1888年，勒夏特列宣布了一条闻名遐迩的定律：任何一个处于化学平衡的系统，当某一确定系统平衡的因素发生改变时，系统的平衡将发生移动，平衡移动的方向总是向着减弱外界因素的改变对系统影响的方向。这便是化学平衡移动原理，也称为勒夏特列原理。

相比有些理论的长篇大论，勒夏特列原理的内容显得简短干练。但正是这简单而深刻的定性分析，几乎囊括了所有宏观的平衡移动现象，深入浅出，却一针见血。勒夏特列原理可以预测特定变化条件下化学反应的方向，所以有助于化学工业的合理化安排和指导化学工作者们最大限度地减少浪费，生产所希望的产品。勒夏特列原理的应用可以使某些工业生产过程的转化率达到或接近理论值，同时也可以避免一些并无实效的方案(如高炉加高的方案)。例如，德国科学家哈伯借助于这个原理设计出从大气氮中合成氨的反应，这是个关系到战争与和平的重大发明。其实早在1900年，勒夏特列就已经研究过N_2和H_2直接合成NH_3的反应，可惜由于N_2和H_2的混合物中含有少量空气，在实验过程中发生了爆炸，导致勒夏特列放弃了这项研究。这也证明勒夏特列本人差不多比哈伯早20年就曾预料过这一重大发明。

勒夏特列原理不只是适用于自然科学范围内的平衡体系，还能广泛应用于宇宙间的一切平衡体系。从化学到物理学，从生物学到生理学，从经济学到社会学，无一不遵从“泛化的勒夏特列原理”：承受外加限制条件的系统具有反抗外加限制条件改变的能力。

例如，人类的情绪也符合勒夏特列原理。人有一个快乐的系统，你若使之不快乐，它会自己找回快乐。如果你要改变什么，那么切记缓缓而行、近乎无为而治，用渐变的方式慢慢地完成。在达到了一个平衡点后，再施力，再渐变、再施力……这样你花费的力气就会小很多，受到的阻力也会少很多。这犹如《易经》中“潜龙勿用”的思想和《道德经》中“无为而无不为”的理念。倘若急功近利，难免事倍功半。人与人，甚至是人与自己都是这样。

生物学上害虫的“抗药性”问题也遵循勒夏特列原理。为使某种生物更好地生存而人为地采取特殊保护措施，造成该物种因丧失对大自然的适应能力而引起自身生存能力弱化，最终导致物种的退化。

人与自然之间的关系也符合勒夏特列原理。人类为了自己生活得更好，一度不顾一切“开发”自然资源，如盲目垦荒、砍伐原始森林，肆意捕杀野生动物，过度工业化会造成环境破坏，最终遭到大自然的有力惩罚，甚至毁灭性的打击——水土流失、洪水泛滥、山火蔓延、干旱少雨等。因此，我们要秉持科学发展观的理念，尊重和遵循自然规律，努力找到社会经济发展与自然资源利用的平衡点，促进人和自然的和谐共生。

美国著名化学家鲍林曾对青年学生深刻指出：“你们将来可能不再学习化学，你们可能会把在化学课上学习的一切化学现象都忘记，但是无论如何，请你们不要忘记勒夏特列原理！”

拓展阅读

习 题

教学视频
习题课

8-1 写出下列反应的标准平衡常数表达式。

(1) $CH_4(g) + 2O_2(g) \rightleftharpoons CO_2(g) + 2H_2O(l)$

(2) $PbI_2(s) \rightleftharpoons Pb^{2+}(aq) + 2I^-(aq)$

(3) $BaSO_4(s) + 2C(s) \rightleftharpoons BaS(s) + 2CO_2(g)$

(4) $Cl_2(g) + H_2O(l) \rightleftharpoons HCl(aq) + HClO(aq)$

(5) $ZnS(s) + 2H^+(aq) \rightleftharpoons Zn^{2+}(aq) + H_2S(g)$

(6) $CN^-(aq) + H_2O(l) \rightleftharpoons HCN(aq) + OH^-(aq)$

8-2 氧化亚银遇热分解反应为 $Ag_2O(s) \rightleftharpoons 2Ag(s) + 1/2O_2(g)$。已知 Ag_2O 的 $\Delta_f H_m^{\ominus} = -31.1kJ \cdot mol^{-1}$、$\Delta_f G_m^{\ominus} = -11.2kJ \cdot mol^{-1}$。求：

(1) 在 298K 时 Ag_2O-Ag 体系的 $p(O_2)$。

(2) Ag_2O 的热分解温度是多少[在分解温度，$p(O_2) = 100kPa$]?

(3) 若 $AgNO_3(s)$按 $4AgNO_3(s) \rightleftharpoons 2Ag_2O + 4NO_2 + O_2$ 分解，则当 $AgNO_3(s)$在热分解温度分解时，其分解产物是 Ag_2O 还是单质 Ag？已知 $AgNO_3(s)$的热力学数据：$\Delta_f H_m^{\ominus} = -124.39kJ \cdot mol^{-1}$、$\Delta_f G_m^{\ominus} = -33.41kJ \cdot mol^{-1}$、$S_m^{\ominus} = 140.92J \cdot mol^{-1} \cdot K^{-1}$。

8-3 已知反应 $C(s) + CO_2(g) \rightleftharpoons 2CO(g)$，$K_1^{\ominus} = 4.6(1040K)$、$K_2^{\ominus} = 0.50(940K)$。

(1) 判断该反应是吸热还是放热反应并计算反应的 $\Delta_r H_m^{\ominus}$；

(2) 求 940K 时的 $\Delta_r G_m^{\ominus}$ 和 $\Delta_r S_m^{\ominus}$。

8-4 已知 $\Delta_f G_m^{\ominus}(COCl_2) = -204.9kJ \cdot mol^{-1}$，$\Delta_f G_m^{\ominus}(CO) = -137.2kJ \cdot mol^{-1}$，试求：

(1) 下述反应在 25℃时的平衡常数 $K_1^{\ominus}$：$CO(g) + Cl_2(g) \rightleftharpoons COCl_2(g)$；

(2) 若 $\Delta_f H_m^{\ominus}(COCl_2) = -219.1kJ \cdot mol^{-1}$，$\Delta_f H_m^{\ominus}(CO) = -110.5kJ \cdot mol^{-1}$，问以上反应在 373K 时平衡常数是多少？

(3) 由此说明温度对平衡移动的影响。

8-5 已知在 Br_2 和 NO 的混合物中，可能达成下列平衡(假定各种气体均不溶于液溴中)：

① $NO(g) + \frac{1}{2}Br_2(l) \rightleftharpoons NOBr(g)$

② $Br_2(l) \rightleftharpoons Br_2(g)$

③ $NO(g) + \frac{1}{2}Br_2(g) \rightleftharpoons NOBr(g)$

(1) 若在密闭容器中有液态溴存在，当温度一定时，压缩容器时期体积减小，则①、②、③平衡是否移动？为什么？

(2) 若容器中没有液态溴存在，当体积缩小时仍无液溴出现，则③向何方向移动？①、②是否处于平衡状态？

8-6 某温度下，Br_2 和 Cl_2 在 CCl_4 溶剂中发生下述反应：$Br_2 + Cl_2 \rightleftharpoons 2BrCl$，平衡建立时，$c^{eq}(Br_2) = c^{eq}(Cl_2) = 0.0043mol \cdot L^{-1}$，$c^{eq}(BrCl) = 0.0114mol \cdot L^{-1}$，试求：

(1) 反应的平衡常数 $K^\ominus$；

(2) 如果平衡建立后，再加入 $0.01\mathrm{mol \cdot L^{-1}}$ 的 Br_2 至系统中(体积变化可忽略)，计算平衡再次建立时，系统中各组分的浓度；

(3) 用以上结果说明浓度对化学平衡的影响。

8-7 下列反应：$2SO_2(g) + O_2(g) \rightleftharpoons 2SO_3(g)$ 在 427℃和 527℃时的 $K^\ominus$ 分别为 1.0×10^5 和 1.1×10^2，求在该温度范围内反应的 $\Delta_r H_m^\ominus$。

8-8 已知 1000K 时，$CaCO_3$ 分解反应达平衡时 CO_2 的压强为 3.9kPa，维持系统温度不变，在以上密闭容器中加入固体碳，则发生下述反应：(1) $C(s) + CO_2(g) \rightleftharpoons 2CO(g)$；(2) $CaCO_3(s) + C(s) \rightleftharpoons CaO(s) + 2CO(g)$，若反应(1)的平衡常数为 1.9，求反应(2)的平衡常数及平衡时 CO 的分压。

8-9 PCl_5 遇热按 $PCl_5(g) \rightleftharpoons PCl_3(g) + Cl_2(g)$ 式分解。2.695g PCl_5 装在 1.00L 的密闭容器中，在 523K 达平衡时总压强为 100kPa；

(1) 求 PCl_5 的摩尔分解率及平衡常数 $K^\ominus$；

(2) 当总压强 1000kPa 时，PCl_5 的分解率是多少？

(3) 要使分解率低于 10%，总压强是多少？

8-10 已知血红蛋白(Hb)的氧化反应 $Hb(aq) + O_2(g) \rightleftharpoons HbO_2(aq)$的 $K_1^\ominus(292K) = 85.5$。若在 292K 时，空气中 $p(O_2) = 20.2\mathrm{kPa}$，$O_2$ 在水中溶解度为 $2.3 \times 10^{-4}\mathrm{mol \cdot L^{-1}}$，试求反应 $Hb(aq) + O_2(g) \rightleftharpoons HbO_2(aq)$的 $K_2^\ominus(292K)$ 和 $\Delta_r G_m^\ominus(292K)$。

8-11 已知：$CaCO_3(s) \rightleftharpoons CaO(s) + CO_2(g)$的 $K^\ominus = 62(1500K)$，在此温度下 CO_2 又有部分分解成 CO，即 $2CO_2 \rightleftharpoons 2CO + O_2$。若将 1.0mol $CaCO_3$ 装入 1.0L 真空容器中，加热到 1500K 达平衡时，气体混合物中 O_2 的摩尔分数为 0.15。计算容器中的 n_{CaO}。

8-12 已知反应 $CO(g) + H_2O(g) \rightleftharpoons H_2(g) + CO_2(g)$的 $\Delta_r H_m^\ominus = -41.2\mathrm{kJ \cdot mol^{-1}}$，在总压为 100kPa、温度为 373K 时，将等物质的量的 CO 和 H_2O 反应。待反应达平衡后，测得 CO_2 的分压为 49.84kPa，求该反应的标准摩尔熵变。

8-13 在一密闭容器中下列反应：$N_2O_4(g) \rightleftharpoons 2NO_2(g)$在 348K 达到平衡时，气体化合物的压强为 100kPa，测得此时的密度$\rho = 1.84\mathrm{g \cdot L^{-1}}$。求上述反应的平衡常数 $K^\ominus$。

8-14 以白云石为原料，用 Si 作还原剂来冶炼 Mg，在 1450K 下发生的主反应为

$$CaO(s) + 2MgO(s) + Si(s) = CaSiO_3(s) + 2Mg(g)$$

$\Delta_r G_m^\ominus = -126\mathrm{kJ \cdot mol^{-1}}$，问反应器内蒸气压升高到多少，反应将不能自发进行？

8-15 以含硫化镍的矿物为原料，经高炉熔炼得到含一定杂质的粗镍。粗镍经过 Mond 过程再转化为纯度可达 99.90%～99.99%的高纯镍，相应反应为：$Ni(s) + 4CO(g) \rightleftharpoons Ni(CO)_4(g)$。

(1) 不查数据，判断该反应是熵增还是熵减反应？

(2) 计算 25℃下该反应的 $\Delta_r H_m^\ominus$ 和 $\Delta_r S_m^\ominus$。已知 Ni(s)的 $S_m^\ominus = 29.87\mathrm{J \cdot mol^{-1} \cdot K^{-1}}$，$Ni(CO)_4(g)$的 $\Delta_f H_m^\ominus = -602.91\mathrm{kJ \cdot mol^{-1}}$、$\Delta_f G_m^\ominus = -587.23\mathrm{kJ \cdot mol^{-1}}$、$S_m^\ominus = 410.6\mathrm{J \cdot mol^{-1} \cdot K^{-1}}$。

(3) 当该反应的 $\Delta_r G_m^\ominus = 0$ 时，温度为多少？

(4) 在提纯 Ni 的 Mond 过程中，第一步是使粗镍与 CO 在 50℃的温度下生成 $Ni(CO)_4$(四羰基合镍)，这一步的标准平衡常数应尽可能地大，使镍能充分地变成气相化合物，计算 50℃时反应的标准平衡常数 $K^{\ominus}$ 。

(5) 在 Mond 过程的第二步，将气体混合物从反应器中除去，并加热到 230℃左右，使该反应反向发生，沉积出镍，需要前述反应的平衡常数应尽可能地小。计算 230℃下该反应的标准平衡常数。

(6) Mond 过程的成功在于 $Ni(CO)_4$ 的挥发性，室温下 $Ni(CO)_4$ 为液体，42.2℃时沸腾，计算该化合物的气化熵 $\Delta_{vap}S_m^{\ominus}$，已知 $Ni(CO)_4$(l)的 $\Delta_f H_m^{\ominus} = -633.00kJ \cdot mol^{-1}$，沸腾时 $Ni(CO)_4$ 的饱和蒸气压近似认为 100kPa。

(7) 近来改进的 Mond 过程是在较高压强和 150℃下进行第一步反应，估算 150℃下，$Ni(CO)_4$ 将要液化之前所能达到的最大压强[即估算 $Ni(CO)_4$(l)在 150℃下的蒸气压]。

(北京科技大学　　王明文)

第 9 章 酸碱平衡与配位平衡

无机化学反应大多数是在水溶液中进行的，参与这些反应的主要物质是电解质解离出来的离子。离子反应可分为酸碱反应、沉淀反应、配位反应和氧化还原反应四大类。本章主要学习与酸碱反应、配位反应相关的酸碱理论、酸碱平衡和配位平衡等内容。

第 9 章　导学

酸碱反应是大家很熟悉的一类重要反应。酸和碱与人体健康密切相关，在社会生活、工农业生产和科学研究中的用途十分广泛。例如，人的血液 pH 要保持在 7.35～7.45；胃中消化液的主要成分是稀盐酸；土壤和水的酸碱性对某些植物和动物的生长有重大影响；地质过程中岩石的风化、钟乳石的形成等也受到水的酸碱性的影响。

配位反应也是一类重要反应。配合物数量繁多，性质多样，已在分析化学、湿法冶金、生物化学、医药及催化反应等诸多领域得到广泛应用。例如，应用一些配合物的特征颜色鉴定某些金属离子的存在；利用配位剂与金属形成配合物进行萃取或离子交换，实现金属的提取或分离等。

9.1 酸 碱 理 论

9.1.1 酸碱理论的发展

人们对于酸碱的认识，经历了一个由浅入深、由表象到本质的过程。早在化学科学的萌芽时期，人们就通过实验现象认识了酸碱的性质，并归纳出：有酸味、能使蓝色石蕊试纸变红的物质是酸；有涩味、有滑腻感、能使红色石蕊试纸变蓝，并能与酸反应生成盐和水的物质是碱。后来，人们试图从组成上来定义酸。1777 年，法国化学家拉瓦锡(A. L. Lavoisier)提出所有的酸都含有氧元素；1810 年，英国化学家戴维(S. H. Davy)指出酸中的共同元素是氢，而不是氧；此后不久，德国化学家李比希(J. Liebig)又提出酸是含有能被金属置换的氢原子的化合物。

教学视频

酸碱质子理论

1884 年，瑞典化学家阿伦尼乌斯(S. A. Arrhenius)根据电解质的电离理论，提出了第一个酸碱理论——酸碱电离理论。阿伦尼乌斯指出：酸是在水溶液中只电离生成 H^+一种阳离子的物质；碱是在水溶液中只电离生成 OH^-一种阴离子的物质。酸与碱中和反应的本质是 H^+和 OH^-化合生成 H_2O。

酸碱电离理论从物质的组成上阐明了酸、碱的特征，第一次赋予了酸碱科学的定义，是人类对酸碱的认识从现象到本质的一次飞跃，对化学科学的发展起到了积极作用，至今仍在化学各领域中被广泛地应用。然而，电离理论把酸和碱局限于水溶液，因此对非水体系和无溶剂体系都不适用；另外，该理论将碱看作氢氧化物，这样就无法解释一些不含 OH^-基团的分子(如 NH_3)或离子(如 F^-、CN^-、CO_3^{2-}等)在水中所表现出的碱性。

正因为酸碱电离理论的局限性，化学家又相继提出了溶剂理论、质子理论、电子理论、氧化物-离子理论与正负理论等酸碱理论，这些理论的提出使酸碱的范围不断扩大，人们对酸碱的认识也不断发展和深化。本节重点介绍酸碱质子理论和酸碱电子理论。

9.1.2 酸碱质子理论

1923 年，丹麦化学家布朗斯特(J. N. Brönsted)和英国化学家劳莱(T. M. Lowry)提出了酸碱的质子理论。

1. 酸碱的定义

酸碱质子理论将能给出质子(H^+)的分子或离子定义为酸，能接受质子的分子或离子定义为碱，即酸是质子给予体(proton donor)，碱是质子接受体(proton acceptor)。

判断一种分子或离子是酸还是碱，要结合具体反应来进行，例如在下面的反应式中：

$$H_2O \rightleftharpoons OH^- + H^+$$

$$HCl \rightleftharpoons Cl^- + H^+$$

$$NH_4^+ \rightleftharpoons NH_3 + H^+$$

$$[Al(H_2O)_6]^{3+} \rightleftharpoons [Al(H_2O)_5OH]^{2+} + H^+$$

$$H_2CO_3 \rightleftharpoons HCO_3^- + H^+$$

$$HCO_3^- \rightleftharpoons CO_3^{2-} + H^+$$

左边的物质都是质子酸，这些质子酸在反应中给出质子后，形成的物质都是质子碱。

按照酸碱质子理论，酸和碱并不是孤立的，而是统一在对质子的关系上，这种关系可以表示为

$$\text{酸} \rightleftharpoons \text{碱} + H^+$$

满足上述关系的一对酸和碱称为共轭酸碱对(conjugate acid-base pair)。共轭酸碱对可以表示为共轭酸-共轭碱，如上述反应中包含的共轭酸碱对有 H_2O-OH^-、HCl-Cl^-、NH_4^+-NH_3、$[Al(H_2O)_6]^{3+}$-$[Al(H_2O)_5OH]^{2+}$、H_2CO_3-HCO_3^-、HCO_3^--CO_3^{2-}等。

酸碱的这种共轭关系体现了酸碱之间的相互依存关系：即“有酸才有碱，有碱才有酸，酸中有碱，碱可变酸”。

从上述几对共轭酸碱可以看出，酸和碱既可以是分子，也可以是阴离子或阳离子(即离子酸或离子碱)。另外，像 HCO_3^-、$H_2PO_4^-$ 等物质，既可以给出质子表现为酸，又可以接受质子表现为碱，被称为两性物质。

2. 酸碱反应的实质

根据酸碱质子理论，酸和碱成对存在，酸给出质子，必须有接受质子的碱存在，质子才能从酸转移至碱。因此，酸碱反应的实质是两个共轭酸碱对之间的质子转移反应，可用通式表示为

$$\text{酸}_1 + \text{碱}_2 \rightleftharpoons \text{酸}_2 + \text{碱}_1$$

在上式中，酸$_1$ 和 碱$_1$、酸$_2$ 和 碱$_2$ 互为共轭酸碱对(即皆只相差一个质子)，质子从一种物质(酸$_1$)转移到另一种物质(碱$_2$)上。这种反应无论是在水溶液中，还是在非水溶液或气相中进行，其实质都是一样的，解释了非水溶液中或气体间的酸碱反应，为研究质子反应开辟了广阔的天地。

例如，酸碱中和反应可以用质子转移反应来表示：

$$\underset{\text{酸}_1}{H_3O^+} + \underset{\text{碱}_2}{OH^-} \rightleftharpoons \underset{\text{碱}_1}{H_2O} + \underset{\text{酸}_2}{H_2O} \quad (H^+ \text{ 由 } H_3O^+ \text{ 转移至 } OH^-)$$

盐的水解反应也可以表示成质子转移反应：

$$\underset{\text{酸}_1}{NH_4^+} + \underset{\text{碱}_2}{H_2O} \rightleftharpoons \underset{\text{碱}_1}{NH_3} + \underset{\text{酸}_2}{H_3O^+} \quad (H^+ \text{ 由 } NH_4^+ \text{ 转移至 } H_2O)$$

酸碱电离理论中的弱酸(碱)的解离平衡也可以看成是质子转移反应：

$$HAc + H_2O \rightleftharpoons Ac^- + H_3O^+ \quad (H^+ \text{ 由 } HAc \text{ 转移至 } H_2O)$$

在液氨体系中的中和反应也可表示为质子转移反应：

$$NH_4^+ + NH_2^- \rightleftharpoons NH_3 + NH_3 \quad (H^+ \text{ 由 } NH_4^+ \text{ 转移至 } NH_2^-)$$

非溶液体系中的酸碱反应也可表示为质子转移反应：

$$HCl(g) + NH_3(g) \rightleftharpoons NH_4Cl(s) \quad (H^+ \text{ 由 } HCl \text{ 转移至 } NH_3)$$

3. 酸和碱的相对强弱

酸或碱的强度首先取决于本身的性质，即酸给出质子能力或碱接受质子能力的强弱。可以用解离平衡常数(9.2.2 小节)的大小来表示酸或碱的相

对强度。一些常见酸从强到弱的排列顺序是

$$HCl > HF > HAc > NH_4^+ > H_2O$$

具有共轭关系的酸碱对的强度是相互制约的，酸强，其共轭碱就弱；酸弱，其共轭碱就强。因此，上述常见酸的共轭碱的碱性强度顺序为

$$Cl^- < F^- < Ac^- < NH_3 < OH^-$$

由于质子酸和质子碱的酸碱性要通过溶剂分子转移质子方可体现，故而，酸碱的相对强度还与溶剂的性质有关。

同一种酸碱性物质在不同的溶剂中，呈现出不同的酸碱性和强度。如 HNO_3，在水中为强酸，溶于冰醋酸时，其酸度大大降低，而溶于纯硫酸中甚至显碱性：

$$HNO_3 + H_2O \rightleftharpoons H_3O^+ + NO_3^- \qquad (HNO_3\text{为强酸})$$

$$HNO_3 + HAc \rightleftharpoons H_2Ac^+ + NO_3^- \qquad (HNO_3\text{为弱酸})$$

$$HNO_3 + H_2SO_4 \rightleftharpoons H_2NO_3^+ + HSO_4^- \qquad (HNO_3\text{为碱})$$

所以，讨论酸碱的相对强度，必须以同一溶剂作为比较标准。

拓展知识

区分效应和拉平效应

在水溶液中，比较 HAc 和 HCN 二者的解离常数可以确定 HAc 是较 HCN 更强的酸。以 H_2O 这个碱作为比较的标准，可以区分 HAc 和 HCN 给出质子能力的大小，这就是溶剂的“区分效应”。

强酸在水中完全解离，水能够同等程度地将 $HClO_4$、HCl、HNO_3 等强酸的质子全部夺取过来，将它们之间的强弱差别拉平了，这种作用被称为溶剂的“拉平效应”。溶剂水对很强的酸或极弱的酸都只有拉平效应。如果要区分强酸的真实强弱，必须选取比水碱性更弱的碱作为溶剂。例如，以冰醋酸为溶剂，$HClO_4$ 就不能完全解离，它与 HAc 发生如下反应：

$$HClO_4 + CH_3COOH \rightleftharpoons [CH_3C(OH)_2]^+ + ClO_4^-$$

其他强酸也能发生类似的反应，冰醋酸作溶剂能对水中的强酸体现区分效应。

可见，溶剂碱性越强时溶质表现出来的酸性就越强，所以，区分强酸要选用较弱的碱(HAc 比 H_2O 的碱性弱)，即弱碱对强酸有区分效应；反之，弱酸对强碱也有区分效应。同理，对碱来说，也存在着溶剂的“区分效应”和“拉平效应”。

确定酸碱的相对强弱，可判断酸碱反应的方向。酸碱反应是争夺质子的过程，其结果总是强碱夺取强酸给出的质子而转化为它的共轭酸——弱酸，强酸则给出质子转化为它的共轭碱——弱碱。总之，酸碱反应主要是由强酸与强碱向生成相应的弱酸和弱碱的方向进行，且相互作用的酸和碱越强，反应进行越完全。

酸碱质子理论与电离理论相比，扩大了酸和碱的范畴，增加了离子酸

和离子碱，排除了“盐”的概念。它不仅适用于水溶液体系，也适用于非水体系和气相体系。此外，它还将许多离子平衡都归结为酸碱反应而使之系统化。但是质子理论也有局限性，它的基本观点是质子的授受，不能解释没有质子转移的酸碱反应。此外，酸和溶剂必须含有氢原子并且能给出质子，因此质子酸不包括不交换质子而又具有酸性的物质(如 SO_3、BF_3、$SnCl_4$、$AlCl_3$ 等)，但由于这类物质并不多，并不影响质子理论的普遍接受和应用。

9.1.3　酸碱电子理论

1. 酸碱的定义

为了说明不含质子的化合物的酸性，1923 年，美国化学家路易斯(G. N. Lewis)提出了酸碱电子理论。该理论认为：任何可以给出电子对的物种都是碱，常称为路易斯碱；任何可以接受电子对的物种都是酸，常称为路易斯酸。根据酸碱电子理论，酸是电子对接受体(electron pair acceptor)，必须具有可以接受电子对的空轨道；碱是电子对给予体(electron pair donor)，必须具有未共享的孤对电子。酸碱反应不再是质子的转移，而是电子对的转移。路易斯酸和路易斯碱之间的反应是酸碱加合生成酸碱配合物的过程。

在酸碱电子理论中，酸碱的定义没有限制溶剂种类，因此也适用于无溶剂体系。下面列出了几种路易斯酸和路易斯碱以及它们之间进行的反应，在这些反应中都形成了配位键。

$$\text{A(路易斯酸)} + :\text{B(路易斯碱)} \longrightarrow \text{A} \leftarrow \text{B(酸碱配合物)}$$

$$H^+ + :OH^- \longrightarrow H^+ \leftarrow OH^-$$

$$H^+ + :CN^- \longrightarrow H^+ \leftarrow CN^-$$

$$BF_3 + :F^- \longrightarrow [BF_3 \leftarrow F]^-$$

$$Ag^+ + 2:NH_3 \longrightarrow [NH_3 \rightarrow Ag \leftarrow NH_3]^+$$

由于含有配位键的化合物是普遍存在的，因此电子理论的酸碱范围极为广泛，酸碱配合物几乎无所不包。任何金属离子都是酸，与金属离子结合的阴离子或中性分子都是碱。电离理论中的盐类(如 $MgSO_4$、$SnCl_4$)、金属氧化物(如 CuO、Fe_2O_3)和各种配合物(如$[Cu(NH_3)_4]^{2+}$、$[FeF_6]^{3-}$)都是酸碱配合物。许多有机化合物也可看作是酸碱配合物，如乙醇可以看作是由乙基离子 $C_2H_5^+$(酸)和羟基离子 OH^-(碱)组成的，乙酸乙酯可看作是由乙酰离子 CH_3CO^+(酸)和乙氧离子 $C_2H_5O^-$(碱)组成的，甚至烷烃类也可看作是由 H^+(酸)和碳阴离子 R^-(碱)组成的酸碱配合物。

由此可见，路易斯酸碱的范围极为广泛，它包容了前面所论及的几种酸碱，又被称为广义酸碱。用路易斯酸碱理论可以处理较多的反应，包括配合物的形成反应等。

思考题 9-1

路易斯酸碱的范围较质子酸碱更广，质子酸都是路易斯酸吗？

2. 酸碱反应类型

根据酸碱电子理论，酸碱反应分为以下四种类型：

(1) 酸碱加合反应，如：

$$Cu^{2+} + 4NH_3 \rightleftharpoons [Cu(NH_3)_4]^{2+}$$

前面所讨论的酸碱反应的例子都属于加合反应。

(2) 碱取代反应，如：

$$HCN + H_2O \rightleftharpoons H_3O^+ + CN^-$$

在酸碱配合物，如 HCN 中加入碱 H_2O，则碱 H_2O 取代了另一个碱 CN^-，所以称为碱取代反应。

(3) 酸取代反应，如：

$$Al(OH)_3 + 3H^+ = Al^{3+} + 3H_2O$$

在酸碱配合物如 $Al(OH)_3$ 中加入酸 H^+，则酸 H^+ 取代了另一个酸 Al^{3+}，所以称为酸取代反应。

(4) 双取代反应，如：

$$HCl + NaOH = NaCl + H_2O$$

在此反应中，酸 H^+取代酸 Na^+，同时碱 OH^-取代碱 Cl^-，有酸和碱两种取代反应，所以称为双取代反应。

由于路易斯酸碱是多种多样的，分类比较粗略，反应比较复杂，目前还没有大家公认的定量理论将它们系统连贯起来。

酸碱电子理论扩大了酸碱的范围，使酸碱概念能用于许多有机反应和无溶剂体系，还简化了反应的类型，将所有反应简化成酸碱反应和氧化还原反应两大类。但是酸碱电子理论对酸碱的强弱难以给出统一的定量标准，电子理论认为，酸、碱强弱的顺序就是取代的顺序，而取代须用某种酸或碱作为参比标准，参比标准不同，酸碱的强度可能不同。这是酸碱电子理论的不足之处。

3. 软硬酸碱的概念

1963 年，皮尔逊(R. G. Pearson)在路易斯酸碱理论的基础上，结合对酸碱取代反应动力学的研究，提出了软硬酸碱(hard and soft acid and base，HSAB)的概念。

路易斯酸中，若接受电子对的原子(或离子)正电荷高、半径小、极化率小、变形性小、对外层电子吸引力大，则这类路易斯酸属于硬酸(hard acid)；若接受电子对的原子(或离子)正电荷低或电荷为零、半径大、极化率大、易变形、对外层电子吸引力较弱，则这类路易斯酸属于软酸(soft acid)；若接受电子对的原子(或离子)，其电子云的变形性介于硬酸和软酸之间，则这类路易斯酸属于交界酸。

路易斯碱中，若给出电子对的原子极化率小(难变形)、电负性大、对外层电子吸引力大、不易被氧化、难以失去电子或较紧密地保护它的价电子，则这类路易斯碱属于硬碱(hard base)；若给出电子对的原子极化率大(易极化变形)、电负性小、对外层电子吸引力较弱、易被氧化、易于失去电子，则这类路易斯碱属于软碱(soft base)；若给出电子对的原子，其电子云的变形性介于硬碱和软碱之间，则这类路易斯碱属于交界碱。

一种元素的不同粒子或相同元素组成的不同物质属于哪一酸碱类型不是固定的，随电荷不同而改变。例如，Fe^{3+}是硬酸，Fe^{2+}为交界酸；Cu^{2+}是交界酸，Cu^{+}为软酸；又如，SO_4^{2-}是硬碱，SO_3^{2-}是交界碱，$S_2O_3^{2-}$则为软碱。表 9-1 列出了一些常见的路易斯酸碱及其类型。

表 9-1 常见路易斯酸碱的分类

	硬	交界	软
酸	H^+、Li^+、Na^+、K^+、Be^{2+}、Mg^{2+}、Ca^{2+}、Sr^{2+}、Mn^{2+}、Al^{3+}、Si^{4+}、Sc^{3+}、Ga^{3+}、In^{3+}、La^{3+}、Ce^{4+}、Fe^{3+}、Co^{3+}、Ti^{4+}、Cr^{3+}、BF_3、$AlCl_3$、AlF_3、$Al(CH_3)_3$等	Fe^{2+}、Co^{2+}、Ni^{2+}、Cu^{2+}、Zn^{2+}、Cr^{2+}、Pb^{2+}、Sn^{2+}、Sb^{3+}、Bi^{3+}、SO_2、NO^+等	金属原子、Cu^+、Ag^+、Au^+、Hg^{2+}、Hg_2^{2+}、Pt^{2+}、Pd^{2+}、Tl^+、Cd^{2+}、Br_2、I_2等
碱	F^-、Cl^-、H_2O、OH^-、O^{2-}、CO_3^{2-}、NO_3^-、PO_4^{3-}、SO_4^{2-}、ClO_4^-、ROH、R_2O、CH_3COO^-、NH_3、RNH_2、N_2H_4等	Br^-、NO_2^-、SO_3^{2-}、N_2、N_3^-、NCS^-、C_5H_5N、$C_6H_5NH_2$等	H^-、R^-、CN^-、CO、I^-、S^{2-}、SCN^-、$S_2O_3^{2-}$、R_3P、$(RO)_3P$、R_3As、R_2S、RS—、C_2H_4、C_6H_6等

4. 软硬酸碱规则与物质的稳定性

皮尔逊在提出软硬酸碱概念的同时，还提出了软硬酸碱规则(HSAB 规则)：软亲软，硬亲硬；软和硬，不稳定。

根据 HSAB 规则不难判断：硬酸与硬碱、软酸与软碱形成的酸碱配合物最稳定，硬酸与软碱或软酸与硬碱形成的酸碱配合物比较不稳定，而交界酸碱之间，无论对象是软还是硬，形成的酸碱配合物稳定性差别不大。

利用 HSAB 规则可以解释一些化合物的稳定性、自然界中矿物的存在形式、化合物的溶解度以及判断化学反应的方向等。

例如，Ag^+属于软酸，配体 I^-为软碱，F^-为硬碱。根据 HSAB 规则，可预测$[AgI_2]^-$的稳定性大于$[AgF_2]^-$，因为$[AgI_2]^-$属于软软结合，稳定性较高；而$[AgF_2]^-$属于软硬结合，稳定性较差。又如，人体内的微量元素 K^+、Na^+、Ca^{2+}、Mg^{2+}等属于硬酸，它们易与以 O 为配位原子的配体(硬碱)结合形成配合物。又如，碱土金属 Ca^{2+}、Sr^{2+}、Ba^{2+}都属于硬酸，CO_3^{2-}、SO_4^{2-}是硬碱，因此自然界中钙、锶、钡主要存在于碳酸盐及硫酸盐矿中；Hg^{2+}属于软酸，S^{2-}属于软碱，因此汞在自然界主要以硫化物矿的形式存在。

HSAB 规则是一个经验性规则，并不能判断所有物质的稳定性规律。例如，CN^-为软碱，但它既能与软酸 Ag^+和 Hg^{2+}形成稳定的配合物

思考题 9-2

利用 HSAB 规则解释下列配离子的稳定性次序：$[HgI_4]^{2-}$ > $[HgBr_4]^{2-}$ > $[HgCl_4]^{2-}$ > $[HgF_4]^{2-}$。

$[Ag(CN)_2]^-$和$[Hg(CN)_4]^{2-}$，也能与硬酸 Fe^{3+}和 Co^{3+}形成稳定的配合物$[Fe(CN)_6]^{3-}$和$[Co(CN)_6]^{3-}$。

9.2 弱酸弱碱的解离平衡

9.2.1 水的解离平衡与溶液的 pH

1. 水的解离平衡

按照酸碱质子理论，水的自身解离平衡可表示为

$$2H_2O(l) \rightleftharpoons H_3O^+(aq) + OH^-(aq)$$

或简写为

$$H_2O(l) \rightleftharpoons H^+(aq) + OH^-(aq)$$

其标准平衡常数表达式为

$$K_w^\ominus = \frac{c(H_3O^+)}{c^\ominus} \cdot \frac{c(OH^-)}{c^\ominus} \quad [9\text{-}1(a)]$$

通常简写为

$$K_w^\ominus = c(H_3O^+)c(OH^-) \quad [9\text{-}1(b)]$$

$K_w^\ominus$ 被称为水的离子积常数，简称水的离子积(ion product of water)。这一关系不仅适用于纯水，也适用于水溶液。

25℃时，纯水中 $c(H^+) = c(OH^-) = 1.0\times10^{-7}mol \cdot L^{-1}$，此时 $K_w^\ominus = 1.0\times10^{-14}$。

强酸强碱的中和反应是比较强烈的放热反应($\Delta_r H_m^\ominus = -55.84kJ \cdot mol^{-1}$)，水的解离反应是强酸强碱中和反应的逆反应，因此水的解离反应是比较强烈的吸热反应。根据平衡移动原理，水的离子积 $K_w^\ominus$ 随着温度的升高而增大。在表 9-2 中给出了某些温度下的 $K_w^\ominus$ 值。

表 9-2　不同温度下水的离子积常数 $K_w^\ominus$

T/K	$K_w^\ominus$	T/K	$K_w^\ominus$	T/K	$K_w^\ominus$
273	1.15×10^{-15}	298	1.01×10^{-14}	333	1.26×10^{-13}
283	2.96×10^{-15}	313	2.87×10^{-14}	363	3.73×10^{-13}
293	6.87×10^{-15}	323	5.31×10^{-14}	373	5.43×10^{-13}

2. 溶液的 pH

溶液中 H_3O^+浓度或 OH^-浓度的大小反映了溶液酸碱性的强弱。水溶液

的酸碱性可统一用 H_3O^+浓度表示。在化学科学中，通常以 pH 来表示溶液中的 $c(H_3O^+)$：

$$pH = -\lg c(H_3O^+) \tag{9-2}$$

同样，也可以用 pOH 来表示溶液中的 $c(OH^-)$，即

$$pOH = -\lg c(OH^-) \tag{9-3}$$

由于 25℃时，在水溶液中：

$$K_w^\ominus = c(H_3O^+)c(OH^-) = 1.0\times10^{-14}$$

将等式两边分别取负对数，得

$$-\lg K_w^\ominus = -\lg[c(H_3O^+)c(OH^-)] = 14.00$$

令
$$pK_w^\ominus = -\lg K_w^\ominus$$

则
$$pK_w^\ominus = pH + pOH = 14.00 \tag{9-4}$$

pH 是用来表示水溶液酸碱性的一种标度。pH 越小，$c(H_3O^+)$越大，溶液的酸性越强，碱性越弱。一些常见液体的 pH 见表 9-3。

表 9-3 常见液体的 pH

液体名称	pH	液体名称	pH	液体名称	pH
血液	7.35～7.45	细胞液	7.20～7.45	醋	3.0
胃液	1.0～3.0	尿液	4.8～8.4	葡萄汁	3.2
唾液	6.35～6.85	泪水	约 7.4	橙汁	3.5
乳汁	6.0～6.9	牛奶	6.5	柠檬汁	2.4

pH 仅适用于表示 $c(H_3O^+)$或 $c(OH^-)$在 $1.0mol\cdot L^{-1}$ 以下的溶液的酸碱性。若 $c(H_3O^+) > 1.0mol\cdot L^{-1}$，则 $pH < 0$；若 $c(OH^-) > 1.0mol\cdot L^{-1}$，则 $pH > 14$。在这种情况下，直接以 $c(H_3O^+)$或 $c(OH^-)$来表示溶液的酸碱性，而不用 pH 表示。

拓展知识

酸碱指示剂

酸碱指示剂是借助颜色的改变来指示溶液 pH 的物质。它们通常是复杂的有机分子，并且都是弱酸或弱碱，或是酸碱性都弱的两性物质，这种有机酸及其共轭碱具有不同的结构和颜色。

若以 HIn 表示指示剂，其在水溶液中存在着下列平衡：

$$HIn(aq) + H_2O(l) \rightleftharpoons H_3O^+(aq) + In^-(aq)$$

$$K_a^\ominus(HIn) = \frac{c(H_3O^+)c(In^-)}{c(HIn)} \tag{9-5}$$

$$\frac{c(H_3O^+)}{K_a^{\ominus}(HIn)}=\frac{c(HIn)}{c(In^-)} \tag{9-6}$$

若溶液的酸性增强，HIn 的解离平衡向左移动，c(HIn)增大。当

$$\frac{c(H_3O^+)}{K_a^{\ominus}(HIn)}=\frac{c(HIn)}{c(In^-)}\geqslant 10$$

溶液中的 $pH\leqslant pK_a^{\ominus}(HIn)-1$，指示剂 90%以上以弱酸 HIn 形式存在，溶液呈现 HIn 的颜色，称为指示剂的酸色。当

$$\frac{c(H_3O^+)}{K_a^{\ominus}(HIn)}=\frac{c(HIn)}{c(In^-)}\leqslant \frac{1}{10}$$

溶液中的 $pH\geqslant pK_a^{\ominus}(HIn)+1$，指示剂 90%以上以共轭碱 In^-形式存在，溶液呈现 In^-的颜色，称为指示剂的碱色。当

$$\frac{c(H_3O^+)}{K_a^{\ominus}(HIn)}=\frac{c(HIn)}{c(In^-)}=1$$

溶液中的 $pH=pK_a^{\ominus}(HIn)$，溶液中 HIn 与 In^-各占 50%，呈现两者的混合颜色。

$pH\geqslant pK_a^{\ominus}(HIn)\pm 1$ 称为指示剂的理论变色范围，不同指示剂具有不同的 $pK_a^{\ominus}(HIn)$ 值，因此各有其不同的理论变色范围。

综上所述，指示剂的变色范围理论上应为 2 个 pH 单位，但由于人的视觉对各种颜色的敏感程度有差异，以及指示剂两种颜色之间的相互掩盖，实测的变色范围往往略小于 2 个 pH 单位。常见指示剂的实际变色范围列于表 9-4 中。

表 9-4　几种常见酸碱指示剂的实际变色范围

指示剂	变色范围(pH)	酸色	过渡色	碱色	$pK_a^{\ominus}(HIn)$
百里酚蓝	1.2～2.8	红色	橙色	黄色	1.7
甲基橙	3.1～4.4	红色	橙色	黄色	3.4
溴酚蓝	3.0～4.6	黄色	蓝紫色	紫色	4.1
溴甲酚绿	4.0～5.6	黄色	绿色	蓝色	4.9
甲基红	4.4～6.2	红色	橙色	黄色	5.0
溴百里酚蓝	6.2～7.6	黄色	绿色	蓝色	7.3
中性红	6.8～8.0	红色	橙色	黄色	7.4
酚酞	8.0～10.0	无色	浅红色	红色	9.1
百里酚酞	9.4～10.6	无色	淡蓝色	蓝色	10.0

用酸碱指示剂测定溶液的 pH 是很粗略的，只能知道溶液 pH 在某一个范围。用 pH 试纸测定 pH 比较准确，更准确的方法是用 pH 计进行测量。

教学视频
一元弱酸弱碱的解离平衡

9.2.2　一元弱酸与一元弱碱溶液的解离平衡

1. 解离度

弱酸和弱碱在水溶液中大部分以中性分子形式存在，只有少部分与水发生质子转移反应，存在着未解离的分子和所解离出来的离子之间的平衡。

弱酸弱碱在水溶液中解离的程度可以用解离度α表示。α就是解离平衡时，已解离的分子数和原有的分子总数之比。对于弱酸或弱碱溶液而言，解离度即为已解离的弱酸(或弱碱)的浓度与原始浓度之比，常用百分率表示。

$$\alpha = \frac{\text{已解离弱酸(弱碱)浓度}}{\text{弱酸(弱碱)原始浓度}} \times 100\% \tag{9-7}$$

2. 一元弱酸溶液的解离平衡

在一元弱酸 HA 的水溶液中，存在着下列质子转移反应：

$$HA(aq) + H_2O(l) \rightleftharpoons H_3O^+(aq) + A^-(aq) \tag{9-8}$$

其平衡常数表达式可写为

$$K_a^\ominus(HA) = \frac{[c(H_3O^+)/c^\ominus][c(A^-)/c^\ominus]}{[c(HA)/c^\ominus]} \qquad [9\text{-}9(a)]$$

或简写为

$$K_a^\ominus(HA) = \frac{c(H_3O^+)c(A^-)}{c(HA)} \qquad [9\text{-}9(b)]$$

式中，$K_a^\ominus$(HA)称为弱酸 HA 的解离常数，其数值大小反映酸的相对强弱。在相同温度下，解离常数越大的酸给出质子的能力越强，酸性就越强。

若已知弱酸的解离常数$K_a^\ominus$，可以计算出一定浓度的弱酸的平衡组成。实际上，在弱酸溶液中同时存在着弱酸和水的两种解离平衡：

$$HA(aq) + H_2O(l) \rightleftharpoons H_3O^+(aq) + A^-(aq)$$

$$2H_2O(l) \rightleftharpoons H_3O^+(aq) + OH^-(aq)$$

它们都能解离出 H_3O^+。二者之间相互联系，相互影响。通常情况下，若$K_a^\ominus \gg K_w^\ominus$，只要弱酸溶液的起始浓度$c_0$(HA)不是很小时，$H_3O^+$主要由 HA 解离产生。此时，计算 HA 溶液中的$c(H_3O^+)$可以不考虑水的解离平衡。

则平衡时

$$c(H_3O^+) = c(A^-)$$

$$c(HA) = c_0(HA) - c(H_3O^+)$$

代入式[9-9(b)]，有

$$K_a^\ominus(HA) = \frac{c(H_3O^+)^2}{c_0(HA) - c(H_3O^+)} \tag{9-10}$$

利用式(9-10)，解一元二次方程，可以在已知弱酸的起始浓度和解离常数的前提下，求出溶液的$c(H_3O^+)$及 pH。

当弱酸的解离常数 $K_a^\ominus$ 很小，而且其起始浓度 $c_0(HA)$较大时，会有 $c_0(HA) \gg c(H_3O^+)$，于是式(9-10)可简化为

$$K_a^\ominus(HA) = \frac{c(H_3O^+)^2}{c_0(HA)} \tag{9-11}$$

溶液的 $c(H_3O^+)$可以用下列近似公式求算：

$$c(H_3O^+) = \sqrt{K_a^\ominus(HA)c_0(HA)} \tag{9-12}$$

分析化学规定，$c(H_3O^+)$或 $c(OH^-)$计算的允许相对误差一般在±5%以内。本课程 $c(H_3O^+)$或 $c(OH^-)$计算的近似处理都以此为依据。

一般来说，当 $c_0(HA)/K_a^\ominus(HA) \geqslant 500$ 时，酸的解离度 $\alpha < 5\%$，可以使 $c(H_3O^+)$的计算误差小于或等于 2.2%，能够满足一般的运算要求，即可用式(9-12)求得一元弱酸溶液的 $c(H_3O^+)$及 pH 近似值。

一元弱酸的解离度可表示为

$$\alpha = \frac{c(H_3O^+)}{c_0(HA)} \times 100\% = \frac{\sqrt{K_a^\ominus(HA)c_0(HA)}}{c_0(HA)} \times 100\% = \sqrt{\frac{K_a^\ominus(HA)}{c_0(HA)}} \times 100\% \tag{9-13}$$

虽然解离常数 $K_a^\ominus$ 不随浓度变化，但解离度 α 却随起始浓度 c_0 的变化而变化。式(9-13)表明了一元弱酸溶液的浓度、解离度和解离常数之间的关系，称为稀释定律。它表明在一定温度下，$K_a^\ominus$ 为定值，弱酸的解离度 α 随着溶液的稀释而增大。

【例 9-1】 已知 $K_a^\ominus(HAc) = 1.8 \times 10^{-5}$，计算 25℃时，0.10mol · L^{-1} HAc 溶液中 H_3O^+、Ac^-、HAc、OH^-的浓度、溶液的 pH 及 HAc 的解离度。

解 设 HAc 溶液中 H_3O^+的平衡浓度为 x，可知 Ac^-的平衡浓度也为 x。

$$HAc(aq) + H_2O(l) \rightleftharpoons H_3O^+(aq) + Ac^-(aq)$$

初始浓度/(mol · L^{-1})	0.10	0	0
平衡浓度/(mol · L^{-1})	$0.10 - x$	x	x

$$K_a^\ominus(HAc) = \frac{c(H_3O^+)c(Ac^-)}{c(HAc)}$$

$$1.8 \times 10^{-5} = \frac{x^2}{0.10 - x}$$

$$x = 1.3 \times 10^{-3}$$

实际上，溶液中同时存在水的解离平衡：

$$2H_2O(l) \rightleftharpoons H_3O^+(aq) + OH^-(aq)$$

因为 $K_a^\ominus \gg K_w^\ominus$，水的解离产生的 H_3O^+远远小于 HAc 解离产生的 H_3O^+，所以溶液中的 H_3O^+主要来自于 HAc 的解离

故 $$c(H_3O^+) = c(Ac^-) = 1.3 \times 10^{-3} mol \cdot L^{-1}$$

$$c(\mathrm{HAc}) = 0.10 - 1.3\times10^{-3} \approx 0.10(\mathrm{mol\cdot L^{-1}})$$

$$\mathrm{pH} = -\lg[c(\mathrm{H_3O^+})] = -\lg(1.3\times10^{-3}) = 2.89$$

$$c(\mathrm{OH^-}) = \frac{K_w^\ominus}{c(\mathrm{H_3O^+})} = \frac{1.0\times10^{-14}}{1.3\times10^{-3}} = 7.7\times10^{-12}(\mathrm{mol\cdot L^{-1}})$$

HAc 的解离度为 $$\alpha = \frac{c(\mathrm{H_3O^+})}{c_0(\mathrm{HAc})}\times100\% = \frac{1.3\times10^{-3}}{0.10}\times100\% = 1.3\%$$

3. 一元弱碱溶液的解离平衡

在一元弱碱 B 的水溶液中，存在着下列质子转移反应：

$$\mathrm{B(aq) + H_2O(l) \rightleftharpoons BH^+(aq) + OH^-(aq)} \tag{9-14}$$

式(9-14)的平衡常数表达式可简写为

$$K_b^\ominus(\mathrm{B}) = \frac{c(\mathrm{BH^+})c(\mathrm{OH^-})}{c(\mathrm{B})} \tag{9-15}$$

式中，$K_b^\ominus(\mathrm{B})$称为弱碱 B 的解离常数，其数值大小反映碱的相对强弱。在相同温度下，解离常数越大的碱接受质子的能力越强，碱性就越强。

按照与一元弱酸类似的近似处理方法，式(9-14)所表示的一元弱碱的解离平衡也有

$$K_b^\ominus(\mathrm{B}) = \frac{c(\mathrm{OH^-})^2}{c_0(\mathrm{B}) - c(\mathrm{OH^-})} \tag{9-16}$$

式中，$K_b^\ominus(\mathrm{B})$为弱碱的解离常数；$c_0(\mathrm{B})$为弱碱的起始浓度；$c(\mathrm{OH^-})$为平衡时体系中的 $\mathrm{OH^-}$浓度。

当 $c_0(\mathrm{B})/K_b^\ominus(\mathrm{B}) \geqslant 500$ 时，也有

$$c(\mathrm{OH^-}) = \sqrt{K_b^\ominus(\mathrm{B})c_0(\mathrm{B})} \tag{9-17}$$

同理，一元弱碱的解离度可表示为

$$\alpha = \sqrt{\frac{K_b^\ominus(\mathrm{B})}{c_0(\mathrm{B})}}\times100\% \tag{9-18}$$

式(9-18)表明，一元弱碱在溶液中的解离度α的变化也符合稀释定律。

【例 9-2】 已知 25℃时，0.20mol · L⁻¹ 氨水的解离度为 0.95%，求溶液中 $c(\mathrm{OH^-})$、pH 和氨的解离常数。

解	$\mathrm{NH_3(aq)}$	+ $\mathrm{H_2O(l)} \rightleftharpoons$	$\mathrm{NH_4^+(aq)}$	+ $\mathrm{OH^-(aq)}$
初始浓度/(mol · L⁻¹)	0.20		0	0
平衡浓度/(mol · L⁻¹)	0.20(1−0.95%)		0.20×0.95%	0.20×0.95%

$$c(\mathrm{OH^-}) = 0.20\times0.95\% = 1.9\times10^{-3}(\mathrm{mol\cdot L^{-1}})$$

$$pH = 14 - pOH = 14 - [-\lg(1.9\times10^{-3})] = 11.27$$

$$K_b^{\ominus}(NH_3) = \frac{c(NH_4^+)c(OH^-)}{c(NH_3)} = \frac{(1.9\times10^{-3})^2}{0.20 - 1.9\times10^{-3}} = 1.8\times10^{-5}$$

4. 具有共轭关系的弱酸和弱碱溶液的解离平衡

对于共轭酸碱对来说，酸的解离常数 $K_a^{\ominus}$ 与其共轭碱的解离常数 $K_b^{\ominus}$ 之间有确定的对应关系。

酸 HA 的质子转移平衡为

$$HA(aq) + H_2O(l) \rightleftharpoons H_3O^+(aq) + A^-(aq) \qquad K_a^{\ominus}(HA) = \frac{c(H_3O^+)c(A^-)}{c(HA)}$$

而其共轭碱的质子转移平衡为

$$A^-(aq) + H_2O(l) \rightleftharpoons HA(aq) + OH^-(aq) \qquad K_b^{\ominus}(A^-) = \frac{c(HA)c(OH^-)}{c(A^-)}$$

溶液中同时存在水的解离平衡：

$$2H_2O(l) \rightleftharpoons H_3O^+(aq) + OH^-(aq) \qquad K_w^{\ominus} = c(H_3O^+)c(OH^-)$$

将 $K_a^{\ominus}$(HA)与 $K_b^{\ominus}$(A^-)的表达式左右两边分别相乘，得

$$K_a^{\ominus}(HA)\cdot K_b^{\ominus}(A^-) = K_w^{\ominus} \qquad [9\text{-}19(a)]$$

即共轭酸(HA)与其共轭碱(A^-)的解离常数的乘积等于水的离子积。实际上，任何一对共轭酸碱的解离常数都符合这一关系，可将以上公式简化为

$$K_a^{\ominus}\cdot K_b^{\ominus} = K_w^{\ominus} \qquad [9\text{-}19(b)]$$

等式两边分别取负对数，有

$$pK_a^{\ominus} + pK_b^{\ominus} = pK_w^{\ominus} \qquad [9\text{-}19(c)]$$

25℃时：

$$pK_a^{\ominus} + pK_b^{\ominus} = 14.00 \qquad [9\text{-}19(d)]$$

例如，NH_4Cl 解离产生的 NH_4^+ 是 NH_3 的共轭酸，属于一元离子型弱酸，其解离平衡的处理方法与一元分子型弱酸相同。同理，一元离子型弱碱(如 Ac^-)解离平衡的处理方法也和一元分子型弱碱相同。

【例 9-3】 已知 $K_b^{\ominus}(NH_3) = 1.8\times10^{-5}$，计算 0.10mol · L^{-1} NH_4Cl 溶液的 pH。

解 因为 NH_4^+-NH_3 为共轭酸碱对，则：

$$K_a^{\ominus}(NH_4^+) = \frac{K_w^{\ominus}}{K_b^{\ominus}(NH_3)} = \frac{1.0\times10^{-14}}{1.8\times10^{-5}} = 5.6\times10^{-10}$$

又 $c_0(NH_4^+)/K_a^{\ominus}(NH_4^+) > 500$，则：

$$c(H_3O^+)=\sqrt{K_a^{\ominus}(NH_4^+)c_0(NH_4^+)}=\sqrt{5.6\times10^{-10}\times0.10}=7.5\times10^{-6}(mol\cdot L^{-1})$$

$$pH=5.12$$

【例 9-4】 已知 $K_a^{\ominus}(HAc)=1.8\times10^{-5}$，计算 $0.10mol\cdot L^{-1}$ NaAc 溶液的 pH。

解 因为 HAc-Ac⁻为共轭酸碱对，则：

$$K_b^{\ominus}(Ac^-)=\frac{K_w^{\ominus}}{K_a^{\ominus}(HAc)}=\frac{1.0\times10^{-14}}{1.8\times10^{-5}}=5.6\times10^{-10}$$

又 $c_0(Ac^-)/K_b^{\ominus}(Ac^-)>500$，则：

$$c(OH^-)=\sqrt{K_b^{\ominus}(Ac^-)c_0(Ac^-)}=\sqrt{5.6\times10^{-10}\times0.10}=7.5\times10^{-6}(mol\cdot L^{-1})$$

$$pH=14-pOH=14-[-lg(7.5\times10^{-6})]=8.88$$

思考题 9-3

在例 9-3、例 9-4 中，NH_4Cl 溶液显酸性，NaAc 溶液显碱性，在酸碱电离理论中它们都是盐，为什么它们的酸碱性不同？

9.2.3 同离子效应与盐效应

1. 同离子效应

在离子平衡体系中，某一物种浓度的变化将使平衡发生移动。例如，在 HAc 溶液中存在下列平衡：

$$HAc(aq)+H_2O(l)\rightleftharpoons H_3O^+(aq)+Ac^-(aq)$$

若向该溶液中加入 NaAc 晶体，NaAc 在溶液中完全解离，于是溶液中 $c(Ac^-)$增加，使上述平衡向左移动，从而降低了 HAc 的解离度。这种在弱电解质的溶液中，加入与其具有相同离子的易溶强电解质而使弱电解质解离度降低的现象称为同离子效应(common ion effect)。

【例 9-5】 在 $0.10mol\cdot L^{-1}$ 的 HAc 溶液中加入 NaAc 晶体，使 NaAc 的浓度达到 $0.20mol\cdot L^{-1}$。计算该溶液的 pH 和 HAc 的解离度 α。

解 设平衡时 HAc 溶液中 H_3O^+浓度为 x。

	HAc(aq) + H_2O(l) ⇌	H_3O^+(aq) +	Ac^-(aq)
初始浓度/($mol\cdot L^{-1}$)	0.10	0	0.20
平衡浓度/($mol\cdot L^{-1}$)	$0.10-x$	x	$0.20+x$

$$K_a^{\ominus}(HAc)=\frac{c(H_3O^+)c(Ac^-)}{c(HAc)}=\frac{x(0.20+x)}{0.10-x}=1.8\times10^{-5}$$

由于 $c_0/K_a^{\ominus}\gg500$，加上平衡左移，可近似有

$$0.20+x\approx0.20，0.10-x\approx0.10$$

解得 $$x=9.0\times10^{-6}$$

即 $$c(H_3O^+)=9.0\times10^{-6}mol\cdot L^{-1}$$

$$pH=5.05$$

解离度 $$\alpha=\frac{c(H_3O^+)}{c_0}=\frac{9.0\times10^{-6}}{0.10}=9.0\times10^{-3}\%$$

例 9-5 与例 9-1 比较，HAc 的解离度α缩小为 $9.0 \times 10^{-3}\%$，同离子效应明显。

2. 盐效应

在弱电解质溶液中加入不含相同离子的易溶强电解质时，弱电解质的解离度将会略为增大，这种影响称为盐效应(salt effect)。例如，在 HAc 溶液中加入 NaCl 后，Na^+与 Cl^-的存在增大了离子之间的相互牵制作用，阻止了 H^+和 Ac^-的部分结合，相当于增大了 HAc 的解离度。

其实，同离子效应产生的同时必伴有盐效应。例如，HAc 溶液中加入 NaAc 后，除了产生同离子效应，Na^+的存在，甚至 Ac^-的额外加入都会对 HAc 的解离同时产生盐效应，只是一般情况下同离子效应的影响大于盐效应。因而，对离子强度 I (ionic strength，详见本节拓展知识“活度”)不是很大的溶液，通常不考虑盐效应。

在例 9-1 中，求得 $0.10\text{mol} \cdot L^{-1}$ 的 HAc 溶液解离度α为 1.3%，就是忽略了盐效应，即忽略了溶液中离子间相互作用、并以浓度 c 代替活度 a 计算的近似结果。当 HAc 溶液中 NaAc 的浓度达到 $0.20\text{mol} \cdot L^{-1}$ 时，溶液的离子强度 I 将显著增大，溶液中离子的活度系数 γ 偏离 1 的程度将增大，HAc 浓度偏离活度的程度也将增大，此时平衡常数表达式中的浓度必须是实际能起作用的离子浓度—活度，即再也不能用浓度代替活度来运用稀释定律公式。或者说，式(9-13)、式(9-18)中的 $c_0(HA)$、$c_0(B)$必须换成起始活度 $a_0(HA)$、$a_0(B)$，而此时 $a_0(HA) < c_0(HA)$、$a_0(B) < c_0(B)$，$K_a^{\ominus}$、$K_b^{\ominus}$ 不变，则考虑盐效应后，计算所得的解离度α将增大。

拓展知识

活　度

强电解质在水溶液中完全解离，同号电荷的离子相互排斥，异号电荷的离子相互吸引。这种离子间的相互作用使离子的行动并不完全自由。离子浓度越大，离子所带电荷数目越多，离子间的相互作用越强。通常用离子强度 I 来衡量溶液中离子间相互作用的强弱，近似的数学表达式为：$I = \frac{1}{2}\sum_i b_i z_i^2$ ，式中，b_i 表示溶液中第 i 种离子的质量摩尔浓度，z_i 表示溶液中第 i 种离子的电荷数。

由于离子间相互作用的影响，电解质溶液中的离子不能发挥出浓度数值所示的作用。通常将电解质溶液中离子实际发挥作用的浓度称为有效浓度或活度(activity)，用 a 表示，一般用关系式 $a = \gamma c$ 表达浓度与活度的关系，式中，γ 为活度系数，$\gamma \leqslant 1$。

溶液的离子强度越大，离子浓度越大，离子所带电荷越多，活度系数值越小，浓度与活度之间的偏差越大。此时，若用浓度进行计算，所得结果偏离实际情况较远，因此须使用活度计算和讨论问题。而在弱电解质溶液中，溶液浓度一般很低，离子强度较小，活度系数接近 1，通常使用浓度代替活度进行弱电解质溶液的相关计算。

9.2.4 多元弱酸与多元弱碱溶液的解离平衡

教学视频
多元弱酸弱碱的解离平衡

在水溶液中一个分子或离子能解离出一个以上 H_3O^+的弱酸称为多元弱酸，如 H_2CO_3 和 H_2S 是二元弱酸，H_3PO_4 和 H_3AsO_4 是三元弱酸。多元弱酸在水溶液中的解离是分步进行的。前面讨论的一元弱酸弱碱的解离平衡原理，完全适用于多元弱酸弱碱的解离平衡。现以 H_2CO_3 为例来讨论多元弱酸的解离平衡，其分步解离平衡为

$$H_2CO_3(aq) + H_2O(l) \rightleftharpoons H_3O^+(aq) + HCO_3^-(aq)$$

$$K_{a1}^{\ominus} = \frac{c(H_3O^+)c(HCO_3^-)}{c(H_2CO_3)} = 4.2\times10^{-7}$$

$$HCO_3^-(aq) + H_2O(l) \rightleftharpoons H_3O^+(aq) + CO_3^{2-}(aq)$$

$$K_{a2}^{\ominus} = \frac{c(H_3O^+)c(CO_3^{2-})}{c(HCO_3^-)} = 4.8\times10^{-11}$$

在多元弱酸溶液中，除酸自身的多步解离平衡外，同样还有溶剂水的解离平衡，平衡时溶液中的 $c(H_3O^+)$保持恒定。此时，$c(H_3O^+)$同时满足各平衡的平衡常数表达式的数量关系。由于各平衡的 $K^{\ominus}$相对大小不同，它们解离出来的 H_3O^+对溶液中 H_3O^+总浓度的贡献不同。虽然少数多元弱酸的各级解离平衡常数相差很小，但大多数多元弱酸的各级解离平衡常数都相差很大。在此情况下，若 $K_{a1}^{\ominus} \gg K_w^{\ominus}$，且 $K_{a1}^{\ominus}/K_{a2}^{\ominus} > 10^3$，则溶液中的 H_3O^+主要来自多元弱酸的第一级解离平衡，计算 $c(H_3O^+)$时只需考虑第一步解离，即按一元弱酸的质子转移平衡作近似处理。

【例 9-6】 已知 H_2CO_3 的两级解离常数分别为 $K_{a1}^{\ominus} = 4.2\times10^{-7}$，$K_{a2}^{\ominus} = 4.8\times10^{-11}$，计算室温下饱和 CO_2 水溶液(即 $0.040\text{mol}\cdot L^{-1}$ H_2CO_3 溶液)中的 H_3O^+、H_2CO_3、HCO_3^-、CO_3^{2-} 和 OH^-浓度，以及溶液的 pH。

解 因为 $K_{a1}^{\ominus} \gg K_w^{\ominus}$，$K_{a1}^{\ominus}/K_{a2}^{\ominus} > 10^3$，所以在计算溶液中的 H_3O^+浓度时可当作一元弱酸处理。

H_2CO_3 的第一步解离反应：

$$H_2CO_3(aq) + H_2O(l) \rightleftharpoons H_3O^+(aq) + HCO_3^-(aq)$$

$$c(H_3O^+) = \sqrt{c_0(H_2CO_3)K_{a1}^{\ominus}(H_2CO_3)} = \sqrt{0.040\times4.2\times10^{-7}} = 1.3\times10^{-4}(\text{mol}\cdot L^{-1})$$

$$c(HCO_3^-) = c(H_3O^+) = 1.3\times10^{-4}\text{mol}\cdot L^{-1}$$

$$c(H_2CO_3) \approx 0.040\text{mol}\cdot L^{-1}$$

根据第二步解离计算 $c(CO_3^{2-})$：

$$HCO_3^-(aq) + H_2O(l) \rightleftharpoons H_3O^+(aq) + CO_3^{2-}(aq)$$

$$K_{a2}^{\ominus}=\frac{c(H_3O^+)c(CO_3^{2-})}{c(HCO_3^-)}=c(CO_3^{2-})=4.8\times10^{-11}$$

所以 $$c(CO_3^{2-})=K_{a2}^{\ominus}=4.8\times10^{-11}(mol\cdot L^{-1})$$

$$c(OH^-)=\frac{K_w^{\ominus}}{c(H_3O^+)}=\frac{1.0\times10^{-14}}{1.3\times10^{-4}}=7.7\times10^{-11}(mol\cdot L^{-1})$$

溶液的 $$pH=-\lg c(H_3O^+)=3.88$$

三元弱酸解离的情况与二元弱酸相似。例如，H_3PO_4是分三步解离的，因其$K_{a1}^{\ominus}$、$K_{a2}^{\ominus}$、$K_{a3}^{\ominus}$相差很大，故磷酸中的 H_3O^+也可看成是由其第一步解离决定的，求出 $c(H_3O^+)$后，根据各级解离平衡常数的表达式可求各步解离产生的酸根离子的浓度。

【例 9-7】 已知H_3PO_4的三级解离常数分别为$K_{a1}^{\ominus}=7.1\times10^{-3}$、$K_{a2}^{\ominus}=6.3\times10^{-8}$、$K_{a3}^{\ominus}=4.8\times10^{-13}$，试计算 0.10mol · L^{-1} 的$H_3PO_4$溶液中的$H_3PO_4$、$H_2PO_4^-$、$HPO_4^{2-}$、$PO_4^{3-}$、$H_3O^+$及$OH^-$的浓度。

解 (1) 因为$K_{a1}^{\ominus}(H_3PO_4)\gg K_{a2}^{\ominus}(H_3PO_4)\gg K_{a3}^{\ominus}(H_3PO_4)$，所以可由$H_3PO_4$的第一级解离求$c(H_3O^+)$。设$H_3PO_4$第一步解离产生的$H_3O^+$浓度为$x$，解离产生的$H_2PO_4^-$浓度也为$x$。

$$H_3PO_4(aq) + H_2O(l) \rightleftharpoons H_3O^+(aq) + H_2PO_4^-(aq)$$

	$H_3PO_4(aq)$	$H_3O^+(aq)$	$H_2PO_4^-(aq)$
初始浓度/(mol · L^{-1})	0.10	0	0
平衡浓度/(mol · L^{-1})	$0.10-x$	x	x

$$K_{a1}^{\ominus}=\frac{c(H_3O^+)c(H_2PO_4^-)}{c(H_3PO_4)}=\frac{x^2}{0.10-x}=7.1\times10^{-3}$$

$$\frac{c_0}{K_{a1}^{\ominus}}=\frac{0.10}{7.1\times10^{-3}}\approx14<500$$

不能用近似公式，需解一元二次方程，解得

$$x=2.3\times10^{-2}(mol\cdot L^{-1})$$

故 $$c(H_3O^+)=c(H_2PO_4^-)=2.3\times10^{-2}(mol\cdot L^{-1})$$

(2) 由H_3PO_4的第二步解离求$c(HPO_4^{2-})$。设H_3PO_4第二步解离产生的HPO_4^{2-}浓度为y。

$$H_2PO_4^-(aq) + H_2O(l) \rightleftharpoons H_3O^+(aq) + HPO_4^{2-}(aq)$$

	$H_2PO_4^-(aq)$	$H_3O^+(aq)$	$HPO_4^{2-}(aq)$
平衡浓度/(mol · L^{-1})	2.3×10^{-2}	2.3×10^{-2}	y

$$K_{a2}^{\ominus}=\frac{c(H_3O^+)c(HPO_4^{2-})}{c(H_2PO_4^-)}=\frac{2.3\times10^{-2}\times y}{2.3\times10^{-2}}=6.3\times10^{-8}$$

$$y=6.3\times10^{-8}(mol\cdot L^{-1})$$

故 $$c(HPO_4^{2-})=6.3\times10^{-8}(mol\cdot L^{-1})$$

计算结果表明，第二步解离出来的 H_3O^+浓度[即 $c(HPO_4^{2-})$]远远小于溶液中的 H_3O^+浓度，因此 $c(H_3O^+)$由第一级解离决定是完全合理的。

(3) 溶液中 PO_4^{3-} 由 H_3PO_4 的第三步解离产生，设解离产生的 PO_4^{3-} 浓度为 z。

$$HPO_4^{2-}(aq) + H_2O(l) \rightleftharpoons H_3O^+(aq) + PO_4^{3-}(aq)$$

平衡浓度/$(mol \cdot L^{-1})$ 6.3×10^{-8} 2.3×10^{-2} z

$$K_{a3}^{\ominus} = \frac{c(H_3O^+)c(PO_4^{3-})}{c(HPO_4^{2-})} = \frac{2.3\times10^{-2}\times z}{6.3\times10^{-8}} = 4.8\times10^{-13}$$

$$z = 1.3\times10^{-18}(mol\cdot L^{-1})$$

即
$$c(PO_4^{3-}) = 1.3\times10^{-18}(mol\cdot L^{-1})$$

可见，第三步解离出的 H_3O^+已经小到可以忽略不计的程度。

(4) OH^-浓度为

$$c(OH^-) = \frac{K_w^{\ominus}}{c(H_3O^+)} = \frac{1.0\times10^{-14}}{2.3\times10^{-2}} = 4.3\times10^{-13}(mol\cdot L^{-1})$$

由以上两例的计算，可以得出以下结论：

(1) 多元弱酸的解离是分步进行的，一般 $K_{a1}^{\ominus} \gg K_{a2}^{\ominus} \gg K_{a3}^{\ominus}$，溶液中的 H_3O^+ 主要来自于弱酸的第一步解离，计算 $c(H_3O^+)$或 pH 时可只考虑第一步解离。

(2) 对于二元弱酸的纯溶液，当 $K_{a1}^{\ominus} \gg K_{a2}^{\ominus}$ 时，二级解离产生的酸根离子浓度在数值上近似等于 $K_{a2}^{\ominus}$，与弱酸的初始浓度无关。但如果溶液中有其他成分，情况将发生变化。

思考题 9-4

在多元弱酸 H_nA 的溶液中，是否都存在 $c(A^{n-}) \approx K_{an}^{\ominus}$？

多元弱酸强碱盐溶液在水中完全解离产生的阴离子，如 CO_3^{2-}、PO_4^{3-} 等可看作多元离子碱。和多元弱酸一样，这些阴离子与水之间的质子转移反应(即水解)也是分步进行的。

以 Na_3PO_4 为例，其在水溶液中有下列解离平衡：

$$PO_4^{3-}(aq) + H_2O(l) \rightleftharpoons OH^-(aq) + HPO_4^{2-}(aq) \quad K_{b1}^{\ominus}(PO_4^{3-})$$

$$HPO_4^{2-}(aq) + H_2O(l) \rightleftharpoons OH^-(aq) + H_2PO_4^-(aq) \quad K_{b2}^{\ominus}(PO_4^{3-})$$

$$H_2PO_4^-(aq) + H_2O(l) \rightleftharpoons OH^-(aq) + H_3PO_4(aq) \quad K_{b3}^{\ominus}(PO_4^{3-})$$

在第一步解离反应中，HPO_4^{2-} 是 PO_4^{3-} 的共轭酸，其解离常数是 $K_{a3}^{\ominus}(H_3PO_4)$，根据式(9-18)有

$$K_{b1}^{\ominus}(PO_4^{3-}) = \frac{K_w^{\ominus}}{K_a^{\ominus}(HPO_4^{2-})} = \frac{K_w^{\ominus}}{K_{a3}^{\ominus}(H_3PO_4)}$$

同理

$$K_{b2}^{\ominus}(PO_4^{3-}) = K_{b1}^{\ominus}(HPO_4^{2-}) = \frac{K_w^{\ominus}}{K_{a1}^{\ominus}(H_2PO_4^-)} = \frac{K_w^{\ominus}}{K_{a2}^{\ominus}(H_3PO_4)}$$

$$K_{b3}^{\ominus}(PO_4^{3-}) = K_b^{\ominus}(H_2PO_4^-) = \frac{K_w^{\ominus}}{K_{a1}^{\ominus}(H_3PO_4)}$$

因为 $K_{a1}^{\ominus}(H_3PO_4) \gg K_{a2}^{\ominus}(H_3PO_4) \gg K_{a3}^{\ominus}(H_3PO_4)$

所以 $K_{b1}^{\ominus}(PO_4^{3-}) \gg K_{b2}^{\ominus}(PO_4^{3-}) \gg K_{b3}^{\ominus}(PO_4^{3-})$

这说明 PO_4^{3-} 的第一步解离反应是主要的，计算 Na_3PO_4 溶液 pH 时，可只考虑第一级质子转移反应。对于其他多元离子碱溶液的 pH 计算也可照此处理。

【例 9-8】 已知 $K_{a1}^{\ominus}(H_3PO_4) = 7.1\times10^{-3}$，$K_{a2}^{\ominus}(H_3PO_4) = 6.3\times10^{-8}$，$K_{a3}^{\ominus}(H_3PO_4) = 4.8\times10^{-13}$。计算 25℃时 $0.10mol\cdot L^{-1}$ Na_3PO_4 溶液的 pH。

解 因为 $K_{a1}^{\ominus}(H_3PO_4) \gg K_{a2}^{\ominus}(H_3PO_4) \gg K_{a3}^{\ominus}(H_3PO_4)$，所以只考虑 PO_4^{3-} 的一级水解。设 PO_4^{3-} 一级水解产生的 OH^- 的浓度为 x，则水解产生的 HPO_4^{2-} 的浓度也为 x：

$$PO_4^{3-}(aq) + H_2O(l) \rightleftharpoons OH^-(aq) + HPO_4^{2-}(aq)$$

平衡浓度/($mol\cdot L^{-1}$)　　$0.10 - x$　　　x　　　x

$$K_{b1}^{\ominus}(PO_4^{3-}) = \frac{x^2}{0.10 - x} = \frac{K_w^{\ominus}}{K_{a3}^{\ominus}(H_3PO_4)} = \frac{1.0\times10^{-14}}{4.8\times10^{-13}} = 2.1\times10^{-2}$$

因为 $K_{b1}^{\ominus}(PO_4^{3-})$ 较大，$0.10 - x \neq 0.10$，必须解一元二次方程，解得

$$x = 0.037mol\cdot L^{-1}$$

即 $$c(OH^-) = 0.037mol\cdot L^{-1}$$

$$pH = 14.00 - pOH = 14.00 - (-\lg 0.037) = 12.57$$

9.2.5 两性物质溶液的酸碱平衡

教学视频

两性物质溶液的解离平衡

两性物质既包括两性阴离子，如 HCO_3^-、$H_2PO_4^-$、HPO_4^{2-} 等，也包括弱酸弱碱盐，如 NH_4Ac、NH_4CN 等。两性物质在水溶液中既能给出质子又能接受质子，即作为酸的解离和作为碱的解离同时存在。

1. 两性阴离子

以 $NaHCO_3$ 溶液为例。

HCO_3^- 作为酸在水溶液中的质子转移平衡为

$$HCO_3^-(aq) + H_2O(l) \rightleftharpoons CO_3^{2-}(aq) + H_3O^+(aq)$$

$$K_{a2}^{\ominus}(H_2CO_3) = \frac{c(H_3O^+)c(CO_3^{2-})}{c(HCO_3^-)} \tag{9-20}$$

HCO_3^- 作为碱在水溶液中的质子转移(水解)平衡为

$$HCO_3^-(aq) + H_2O(l) \rightleftharpoons H_2CO_3(aq) + OH^-(aq)$$

$$K_{b2}^{\ominus}(CO_3^{2-}) = \frac{c(H_2CO_3)c(OH^-)}{c(HCO_3^-)} = \frac{K_w^{\ominus}}{K_{a1}^{\ominus}(H_2CO_3)} \tag{9-21}$$

溶液中还同时存在着水的解离平衡：

$$H_2O(l) + H_2O(l) \rightleftharpoons H_3O^+(aq) + OH^-(aq)$$

$$K_w^{\ominus} = c(H_3O^+)c(OH^-) \tag{9-22}$$

以 HCO_3^-、H_2O 为质子得失水准，根据得失质子的数目相等原则，有

$$c(H_3O^+) + c(H_2CO_3) = c(CO_3^{2-}) + c(OH^-) \tag{9-23}$$

等式左、右两边分别是 HCO_3^-、H_2O 得或失质子的总数，将式(9-20)、式(9-21)、式(9-22)代入式(9-23)得

$$c(H_3O^+) + \frac{c(H_3O^+)c(HCO_3^-)}{K_{a1}^{\ominus}(H_2CO_3)} = \frac{K_{a2}^{\ominus}(H_2CO_3)c(HCO_3^-)}{c(H_3O^+)} + \frac{K_w^{\ominus}}{c(H_3O^+)}$$

整理后得

$$c(H_3O^+) = \sqrt{\frac{K_{a1}^{\ominus}(H_2CO_3)[K_{a2}^{\ominus}(H_2CO_3)c(HCO_3^-) + K_w^{\ominus}]}{c(HCO_3^-) + K_{a1}^{\ominus}(H_2CO_3)}} \tag{9-24}$$

由于 $K_{a2}^{\ominus}(H_2CO_3)$、$K_{b2}^{\ominus}(CO_3^{2-})$ 都很小，即 HCO_3^- 的两种解离程度都很小，当溶液浓度不是很小时，可认为平衡时 $c(HCO_3^-) \approx c_0(HCO_3^-)$，则式(9-24)变为

$$c(H_3O^+) = \sqrt{\frac{K_{a1}^{\ominus}(H_2CO_3)[K_{a2}^{\ominus}(H_2CO_3)c_0(HCO_3^-) + K_w^{\ominus}]}{c_0(HCO_3^-) + K_{a1}^{\ominus}(H_2CO_3)}}$$

如果 $c_0 \gg K_{a1}^{\ominus}$，上式可简化为

$$c(H_3O^+) = \sqrt{\frac{K_{a1}^{\ominus}(H_2CO_3)[K_{a2}^{\ominus}(H_2CO_3)c_0(HCO_3^-) + K_w^{\ominus}]}{c_0(HCO_3^-)}}$$

若 $K_{a2}^{\ominus} \cdot c_0 \gg K_w^{\ominus}$，则 $K_{a2}^{\ominus}(H_2CO_3)c_0(HCO_3^-) + K_w^{\ominus} \approx K_{a2}^{\ominus}(H_2CO_3)c_0(HCO_3^-)$
则上式可进一步简化为

$$c(H_3O^+) = \sqrt{K_{a1}^{\ominus}(H_2CO_3)K_{a2}^{\ominus}(H_2CO_3)}$$

对于一般的两性阴离子溶液，只要符合上述有关近似条件，溶液的 $c(H_3O^+)$ 均可用式(9-25)进行粗略计算：

$$c(H_3O^+) = \sqrt{K_{a1}^{\ominus}K_{a2}^{\ominus}} \tag{9-25(a)}$$

或

$$pH = \frac{1}{2}(pK_{a1}^{\ominus} + pK_{a2}^{\ominus}) \tag{9-25(b)}$$

对于其他的两性阴离子水溶液的$c(H_3O^+)$或 pH，也可类推得到近似计算公式。

从近似计算公式可以看出，两性阴离子溶液的 pH 与其原始浓度无关。两性阴离子溶液的酸碱性取决于显两性的阴离子酸碱性的相对大小。例如，NaH_2PO_4 溶液中，$H_2PO_4^-$ 的作为酸的解离平衡：

$$H_2PO_4^-(aq) + H_2O(l) \rightleftharpoons HPO_4^{2-}(aq) + H_3O^+(aq)$$

$$K_a^\ominus(H_2PO_4^-) = K_{a2}^\ominus(H_3PO_4) = 6.2\times10^{-8}$$

$H_2PO_4^-$ 作为碱的解离平衡：

$$H_2PO_4^-(aq) + H_2O(l) \rightleftharpoons OH^-(aq) + H_3PO_4(aq)$$

$$K_b^\ominus(H_2PO_4^-) = K_{b3}^\ominus(PO_4^{3-}) = 1.4\times10^{-12}$$

由于 $K_a^\ominus(H_2PO_4^-) > K_b^\ominus(H_2PO_4^-)$，因此 $H_2PO_4^-$ 的酸性强于碱性，故 NaH_2PO_4 溶液显酸性；相反，Na_2HPO_4 溶液中，HPO_4^{2-} 的碱性大于酸性，所以 Na_2HPO_4 溶液显碱性。

2. 由弱酸和弱碱组成的两性物质

以 NH_4Ac 为例。在水溶液中，NH_4Ac 完全解离，解离出的 NH_4^+、Ac^- 均与水发生质子转移反应：

$$NH_4^+(aq) + H_2O(l) \rightleftharpoons NH_3(aq) + H_3O^+(aq)$$

$$Ac^-(aq) + H_2O(l) \rightleftharpoons HAc(aq) + OH^-(aq)$$

总反应为

$$NH_4^+(aq) + Ac^-(aq) \rightleftharpoons NH_3(aq) + HAc(aq)$$

反应的标准平衡常数

$$K^\ominus = \frac{c(NH_3)c(HAc)}{c(NH_4^+)c(Ac^-)}$$

将平衡关系式代入，则

$$K^\ominus = \frac{K_w^\ominus}{K_a^\ominus(HAc)K_b^\ominus(NH_3)}$$

溶液中 $c(H_3O^+)$的近似计算公式为

$$c(H_3O^+) = \sqrt{\frac{K_w^\ominus K_a^\ominus(HAc)}{K_b^\ominus(NH_3)}}$$

将上式推广到大多数由弱酸和弱碱组成的两性物质溶液，则它们的酸碱性主要与 $K_a^\ominus$、$K_b^\ominus$ 的相对大小有关，具有下列三种情况：

(1) 当 $K_a^\ominus > K_b^\ominus$ 时，溶液呈酸性，如 NH_4F；

(2) 当 $K_a^\ominus = K_b^\ominus$ 时，溶液呈中性，如 NH_4Ac；

(3) 当 $K_a^\ominus < K_b^\ominus$ 时，溶液呈碱性，如 NH_4CN。

如果以 $K_a^\ominus$ 表示阳离子酸(NH_4^+)的解离常数，$K_a^{\ominus\prime}$ 表示阴离子碱(Ac^-)的共轭酸(HAc)的解离常数，当 $c_0K_a^\ominus \gg K_w^\ominus$、$c_0 \gg K_a^{\ominus\prime}$ 时，这类两性物质溶液的 $c(H_3O^+)$或 pH 也可用类似于式(9-25)的近似计算公式计算。其通式为

$$c(H_3O^+) = \sqrt{K_a^\ominus K_a^{\ominus\prime}} \qquad [9\text{-}26(a)]$$

或

$$pH = \frac{1}{2}(pK_a^\ominus + pK_a^{\ominus\prime}) \qquad [9\text{-}26(b)]$$

【例 9-9】 已知 $K_a^\ominus(HCN) = 6.2 \times 10^{-10}$、$K_b^\ominus(NH_3) = 1.8 \times 10^{-5}$，计算 25℃时 $0.10mol \cdot L^{-1}$ NH_4CN 溶液的 pH。

解 因为 $K_b^\ominus(NH_3) = 1.8 \times 10^{-5}$，则 $K_a^\ominus(NH_4^+) = K_w^\ominus / K_b^\ominus(NH_3) = 5.6 \times 10^{-10}$。由于 $K_a^\ominus(HCN) = 6.2 \times 10^{-10}$，因此 $c_0K_a^\ominus \gg K_w^\ominus$，且 $c_0 \gg K_a^{\ominus\prime}$，故 NH_4CN 溶液的 pH 为

$$pH = \frac{1}{2}(pK_a^\ominus + pK_a^{\ominus\prime}) = \frac{1}{2} \times (9.25 + 9.21) = 9.23$$

9.2.6　影响盐类水解的因素

酸碱质子理论实际上没有“盐”的概念，通常所说的盐类的水解反应是离子弱酸、离子弱碱或弱酸弱碱盐在水中的质子转移反应，这类反应进行的程度都比较微弱。

不同盐类水解程度的大小，取决于水解产物在水溶液中的溶解度或解离度。水解产物在水溶液中的解离度越小，水解作用越强；若盐的水解产物是溶解度很小的难溶物或气体，水解程度将极大。Al_2S_3 的水解就是一个典型的例子：

$$Al_2S_3 + 6H_2O = 2Al(OH)_3\downarrow + 3H_2S\uparrow$$

上述水解，可看作是多元碱 S^{2-}的解离(即 S^{2-}作为质子碱，夺取水中的 H^+ 而给出 OH^-)而引起。换句话说，阴离子的水解能力与它的共轭酸的强度成反比，共轭酸越弱，阴离子的碱性越强、水解能力越强。而阳离子的水解能力与离子的极化能力有关，离子的电荷越高、半径越小，极化能力越强。因此，上述水解也可同时看作是阳离子 Al^{3+}极化能力强到足以使水分子中的 O—H 键断裂而夺取水中的 OH^-而释出 H^+。二者都有利于水解产物的生成。

同一盐类水解平衡的影响因素有温度和浓度。化学平衡移动的一般规律也适用于盐类的水解反应。盐的水解反应是吸热反应，因此，升高温度将促进盐的水解。稀释定律同样适用于盐类的水解反应，当温度一定时，盐浓度越小，水解度越大。总之加热和稀释有利于盐类的水解。

在化工生产和科学实验中是经常利用盐类的水解反应。例如，在分析

化学和无机制备中，常采用升高温度使水解进行完全以达到分离和合成的目的。一个典型的例子就是在一些无机合成中除去铁杂质，利用 Fe^{3+}水解最终生成 $Fe(OH)_3$ 沉淀后，再经过滤将其除去。而实验室中配制一些易水解盐类的溶液时，需要抑制其水解。例如，KCN 是剧毒物质，它在水中有明显的水解现象，并生成挥发性的剧毒物 HCN。

$$CN^-(aq) + H_2O(l) \rightleftharpoons HCN(aq) + OH^-(aq)$$

为了阻止 HCN 的生成，在配制 KCN 溶液时，常常先在水溶液中加入适量的碱，以抑制水解。同样，实验室中配制 $SnCl_2$ 溶液时，用盐酸溶解 $SnCl_2$ 固体而不用蒸馏水，原因就是用酸来抑制 Sn^{2+}的水解。

9.3 缓冲溶液

在实际生活和生产中，许多反应往往需要控制在一定的酸碱性范围才能顺利进行。通常采用加入缓冲溶液的方法，控制溶液的 pH 不随反应的进行而发生很大的变化。在化学反应和生物化学体系中，缓冲溶液占有重要地位。

9.3.1 缓冲溶液的概念及缓冲原理

1. 缓冲溶液的概念

教学视频
缓冲溶液的基本概念及缓冲原理

许多外界因素会使纯水和一般溶液的 pH 发生改变。例如，空气中的 CO_2 溶于水，会使溶液的 pH 降低。如果在溶液中加入强酸或强碱，pH 的变化会更为显著。但有这样一种溶液，当向其中加入少量强酸、强碱或稍加稀释时，溶液的 pH 基本保持不变。这种能抵抗少量外加强酸、强碱或稍加稀释而保持溶液 pH 基本不变的溶液称为缓冲溶液(buffer solution)。缓冲溶液对强酸、强碱或稀释的抵抗作用，称为缓冲作用。

常见的缓冲溶液一般由弱酸和其共轭碱组成，如 HAc-NaAc、NH_3-NH_4Cl 和 H_2CO_3-$NaHCO_3$ 等可以组成不同 pH 的缓冲溶液。按照酸碱质子理论，缓冲溶液是由浓度足够的共轭酸碱对两种物质组成的，这两种物质合称为缓冲系或缓冲对。常见的缓冲系见表 9-5。

表 9-5 常见的某些缓冲系

缓冲系	弱酸	共轭碱	$pK_a^\ominus$ (25℃)	pH 范围
HAc-NaAc	HAc	Ac^-	4.75	3.75～5.75
H_2CO_3-$NaHCO_3$	H_2CO_3	HCO_3^-	6.38	5.38～7.38
H_3PO_4-NaH_2PO_4	H_3PO_4	$H_2PO_4^-$	2.14	1.14～3.14
$H_2C_8H_4O_4$-$KHC_8H_4O_4$ [1]	$H_2C_8H_4O_4$	$HC_8H_4O_4^-$	2.95	1.95～3.95
NH_4Cl-NH_3	NH_4^+	NH_3	9.25	8.25～10.25
$CH_3NH_3^+Cl^-$-CH_3NH_2 [2]	$CH_3NH_3^+$	CH_3NH_2	10.63	9.63～11.63

续表

缓冲系	弱酸	共轭碱	$pK_a^\ominus$ (25℃)	pH 范围
NaH_2PO_4-Na_2HPO_4	$H_2PO_4^-$	HPO_4^{2-}	7.20	6.20～8.20
Na_2HPO_4-Na_3PO_4	HPO_4^{2-}	PO_4^{3-}	12.32	11.32～13.32

注：①邻苯二甲酸-邻苯二甲酸氢钾；②盐酸甲胺-甲胺。

2. 缓冲原理

以 HAc 和 NaAc 组成的混合溶液为例来说明缓冲作用的原理。

动画
缓冲作用原理

HAc 为弱电解质，只能部分解离；而 NaAc 为强电解质，几乎完全解离：

$$HAc(aq) + H_2O(l) \rightleftharpoons H_3O^+(aq) + Ac^-(aq)$$

$$NaAc(s) = Na^+(aq) + Ac^-(aq)$$

从平衡的角度来看，在 HAc 和 NaAc 的混合溶液中，来自 NaAc 中 Ac^-的同离子效应，抑制了 HAc 的解离，所以溶液中存在大量的 HAc 和 Ac^-。当向这个溶液中加入少量强酸时，大量的 Ac^-立即与外加 H_3O^+结合生成 HAc，使 HAc 的解离平衡向左移动，因此溶液中的 H_3O^+浓度不会明显增大。当加入少量强碱时，OH^-与 H_3O^+结合生成水，使 HAc 的解离平衡向右移动，溶液中大量未解离的 HAc 继续解离以补充消耗的 H_3O^+，使 H_3O^+浓度保持相对稳定，从而维持溶液的 pH 也基本不变。

9.3.2　缓冲溶液 pH 的近似计算

缓冲溶液中都存在着同离子效应。缓冲溶液 pH 的计算实质上就是弱酸或弱碱在同离子效应下的 pH 的计算。现以弱酸 HA 与其共轭碱 A^-组成的缓冲溶液为例进行讨论。

教学视频
缓冲溶液 pH 的计算
及缓冲溶液配制

在溶液中发生的质子转移反应为

$$HA(aq) + H_2O(l) \rightleftharpoons H_3O^+(aq) + A^-(aq)$$

$$c(H_3O^+) = \frac{K_a^\ominus(HA)c(HA)}{c(A^-)}$$

将等式两边分别取负对数：

$$pH = pK_a^\ominus(HA) - \lg\frac{c(HA)}{c(A^-)}$$

或

$$pH = pK_a^\ominus(HA) + \lg\frac{c(A^-)}{c(HA)} \quad [9\text{-}27(a)]$$

对共轭酸碱对来说，25℃时，$pK_a^\ominus + pK_b^\ominus = 14.00$。

上式也可写作
$$pH = 14.00 - pK_b^\ominus(A^-) + \lg\frac{c(A^-)}{c(HA)} \qquad [9\text{-}27(b)]$$

应当指出的是，式(9-27)中 $c(HA)$和 $c(A^-)$是共轭酸、碱的平衡浓度，但由于同离子效应的存在，通常可将平衡时的 $c(HA)$和 $c(A^-)$用其初始浓度 $c_0(HA)$和 $c_0(A^-)$代替来计算，不会产生较大误差。

【例 9-10】 已知 $K_b^\ominus(NH_3) = 1.8 \times 10^{-5}$，计算 200mL 0.20mol · L^{-1} 的 NH_3 和 300mL 0.10mol · L^{-1} NH_4Cl 混合溶液的 pH。并分别计算在此混合溶液中加入 20mL 0.10mol · L^{-1} HCl、20mL 0.10mol · L^{-1} NaOH 和 100mL H_2O 后，混合溶液的 pH。

解 此混合溶液由 NH_4^+-NH_3 组成，共轭酸为 NH_4^+。$K_b^\ominus(NH_3) = 1.8 \times 10^{-5}$，$pK_a^\ominus(NH_4^+) = 9.25$。

(1) 将 NH_3 和 NH_4Cl 混合后所得溶液的 pH 可用式(9-27)计算

$$pH = pK_a^\ominus + \lg\frac{c(NH_3)}{c(NH_4^+)} = 9.25 + \lg\frac{0.20\times 200}{0.10\times 300} = 9.37$$

(2) 加入 20mL 0.10mol · L^{-1} HCl 后，加入的 HCl 相当于 0.0020mol H^+，它将消耗 0.0020mol NH_3，并生成 0.0020mol NH_4^+，故有

$$NH_3(aq) + H_2O(aq) \rightleftharpoons NH_4^+(aq) + OH^-(aq)$$

平衡浓度/(mol · L^{-1}) $\quad \dfrac{0.20\times 200 - 0.10\times 20}{520} \qquad \dfrac{0.10\times 300 + 0.10\times 20}{520}$

溶液的 pH：

$$pH = 9.25 + \lg\frac{0.20\times 200 - 0.10\times 20}{0.10\times 300 + 0.10\times 20} = 9.32$$

可见，加入 20mL 0.10mol · L^{-1} HCl 后，溶液的 pH 由 9.37 减小为 9.32，pH 减少了 0.05，结果表明缓冲溶液具有抵抗外来少量强酸的能力。

思考题 9-5

例 9-10 中，向同一缓冲溶液中加入等物质的量的盐酸或氢氧化钠，溶液 pH 的变化值并不相同，为什么？

(3) 加入 20mL 0.10mol · L^{-1} NaOH 后，加入的 NaOH 相当于 0.0020mol OH^-，它将消耗 0.0020mol 的 NH_4^+，并生成 0.0020mol 的 NH_3，故有

$$NH_3(aq) + H_2O(aq) \rightleftharpoons NH_4^+(aq) + OH^-(aq)$$

平衡浓度/(mol · L^{-1}) $\quad \dfrac{0.20\times 200 + 0.10\times 20}{520} \qquad \dfrac{0.10\times 300 - 0.10\times 20}{520}$

$$pH = 9.25 + \lg\frac{0.20\times 200 + 0.10\times 20}{0.10\times 300 - 0.10\times 20} = 9.43$$

可见，加入 20mL 0.10mol · L^{-1} NaOH 后，溶液的 pH 由 9.37 增大为 9.43，pH 增加了 0.06，结果表明缓冲溶液具有抵抗外来少量强碱的能力。

思考题 9-6

由 NaH_2PO_4 与 Na_2HPO_4 构成的缓冲溶液，如何计算溶液的 pH？

(4) 加入 100mL H_2O 后，缓冲溶液体积增大，共轭酸、碱的物质的量不变，共轭酸、碱的浓度同比例下降，据式(9-27)可知，pH 基本不变，说明缓冲溶液具有抵抗稀释的作用。

9.3.3 缓冲容量和缓冲范围

任何缓冲溶液的缓冲能力都有一定的限度，只有在加入的酸或碱不超过一定量时，才能发挥有效的缓冲作用。若加入的酸或碱的量过大，缓冲溶液的缓冲能力将减弱乃至完全丧失。化学上用缓冲容量(buffer capacity)来衡量缓冲溶液的缓冲能力，它是指使单位体积缓冲溶液的 pH 改变一个单位时，所需外加一元强酸或一元强碱的物质的量。

不同的缓冲溶液有其各自能够起缓冲作用的 pH 区间，可由弱酸的 $K_a^\ominus$ 或弱碱的 $K_b^\ominus$ 计算出来。

由式(9-27)可知，缓冲溶液的 pH 主要由 $pK_a^\ominus$ 或 $pK_b^\ominus$ 决定，其次还与 $c(A^-)/c(HA)$(缓冲比)有关。当 $c(A^-)/c(HA) = 1/10 \sim 10/1$ 时，根据式(9-27)，有

$$pH = pK_a^\ominus \pm 1$$

在这一 pH 范围缓冲作用有效，此范围称为缓冲范围(buffer range)。表 9-4 列出的常见缓冲溶液的 pH 范围就是它们的缓冲范围。

总之，要使缓冲溶液具有较强的缓冲作用，首先应使缓冲溶液的 pH 落在缓冲范围之内，且尽可能接近 $pK_a^\ominus$。此外，共轭酸碱的浓度应适当的大，才能保证较强的缓冲能力。

拓展知识

人体血液中的缓冲系

人体内的各种体液都有一定的 pH 范围，见表 9-3。正常人血液的 pH 相当稳定，始终维持在 7.40 ± 0.05 范围内。许多因素都能引起血液酸碱度的变化，如果血液的 pH 改变 0.1 单位以上，就会出现酸中毒或碱中毒的现象，严重时甚至危及生命。血液的 pH 之所以能维持在一个窄小的范围，是由于血液中存在的多种缓冲系的缓冲作用及肺、肾的生理调节的结果。

红细胞中存在的缓冲系主要有：HCO_3^--H_2CO_3、HPO_4^{2-}-$H_2PO_4^-$、HbO_2^--H_2bO_2 (氧合血红蛋白)和 Hb^--H_2b(血红蛋白)。其中以氧合血红蛋白和血红蛋白缓冲系最重要。当人体各组织和细胞代谢产生大量 CO_2 时，主要通过它们发挥缓冲作用。首先，代谢产生的大量 CO_2 与血红蛋白离子作用如下：

$$CO_2(aq) + H_2O(l) + Hb^-(aq) \rightleftharpoons H_2b(aq) + HCO_3^-(aq)$$

产生的 HCO_3^- 由血液运输至肺，并与氧合血红蛋白作用：

$$HCO_3^-(aq) + H_2bO_2(aq) \rightleftharpoons HbO_2^-(aq) + H_2O(l) + CO_2(aq)$$

这说明由于氧合血红蛋白和血红蛋白的缓冲作用，将代谢产生的大量 CO_2 从组织和细胞迅速运输至肺并呼出，血液的 pH 不至于受太大影响。

血浆中存在的缓冲系主要有 HCO_3^--H_2CO_3、HPO_4^{2-}-$H_2PO_4^-$ 和 H_nP-$H_{n-1}P^-$ (H_nP 代表蛋白质)。其中以 HCO_3^--H_2CO_3 缓冲系浓度最高，缓冲能力最强，在维持血液正常 pH 中发挥的作用最重要。当人体各组织和细胞代谢产生的比 CO_2 酸性更强的非

思考题 9-7

血浆中，$c(HCO_3^-)/c(H_2CO_3)$远大于 10/1，远远超出有效的缓冲范围，为什么正常人血液的 pH 还能维持在 7.35～7.45 范围内？

挥发性酸，如硫酸、磷酸和乳酸等进入血浆时，主要由 HCO_3^- 发挥其抗酸作用，与这些酸解离出的 H^+结合生成 H_2CO_3，增加的 H_2CO_3 可以从肺部以 CO_2 的形式呼出，而损失的 HCO_3^- 可由肾脏的生理调节得到补充。HCO_3^- 是血浆中抵抗非挥发性酸的最主要成分，习惯上将血浆中的 HCO_3^- 称为碱储。体内产生的碱性物质则由 H_2CO_3 发挥其抗碱作用。因此，血浆的 pH 可以保持相对恒定。

9.3.4 缓冲溶液的配制

根据对缓冲容量的讨论，在配制一定 pH 的缓冲溶液时，为了使所配制的溶液具有一定的缓冲能力，应按下列原则和步骤进行：

(1) 选择适当的缓冲系。在选择缓冲溶液时，除要求缓冲溶液对反应没有干扰、有足够的缓冲容量外，还要使所要求的 pH 包括在此缓冲溶液的缓冲范围内，并且尽量接近共轭酸的 $pK_a^\ominus$，使缓冲容量接近极大值。如欲配制 pH = 4.0 的缓冲溶液，可选择 HCOOH-$HCOO^-$缓冲系，HCOOH 的 $pK_a^\ominus = 3.75$；还可选择 HAc-Ac^-缓冲系，HAc 的 $pK_a^\ominus = 4.75$。在相同条件下，选择 HCOOH-$HCOO^-$缓冲系的缓冲容量更大一些。

(2) 配制的缓冲溶液要有适当的总浓度。总浓度太低，缓冲容量过小；总浓度太高，造成溶液中离子强度太大，在实际应用中也没有必要。一般总浓度控制在 0.05～0.2mol · L^{-1} 范围内为宜。

(3) 计算所需共轭酸碱的量。为方便起见，常使用相同浓度的共轭酸和共轭碱溶液进行配制。设缓冲溶液的总体积为 V，共轭酸的体积为 $V(HA)$，共轭碱的体积为 $V(A^-)$，混合前共轭酸和共轭碱浓度相等，$c_0(HA) = c_0(A^-)$，则

$$c(HA) = \frac{c_0(HA)V(HA)}{V}$$

$$c(A^-) = \frac{c_0(A^-)V(A^-)}{V}$$

代入式(9-26)，得

$$pH = pK_a^\ominus + \lg\frac{c_0(A^-)V(A^-)/V}{c_0(HA)V(HA)/V}$$

$$pH = pK_a^\ominus + \lg\frac{V(A^-)}{V(HA)} \tag{9-28}$$

$$V = V(HA) + V(A^-)$$

利用上式很容易计算出共轭酸碱的体积。

(4) 校正。按计算结果，分别量取相应体积的 HA 溶液和 A^-溶液混合，即可配制成所需体积的、pH 与所需 pH 接近的缓冲溶液。如果要求 pH 较精确的实验，还需用 pH 计对所配缓冲溶液的 pH 进行校正。

【例 9-11】 如何配制 100mL pH 约为 9.00 的缓冲溶液。

解 (1) 选择缓冲系。由表 9-5 可知，NH_4Cl-NH_3 缓冲系中共轭酸的 $pK_a^{\ominus}=9.25$，与欲配制缓冲溶液的 pH 较为接近，可选用此缓冲系。

(2) 确定总浓度。若配制具备中等缓冲能力的缓冲溶液，并计算方便，选用浓度均为 $0.10mol \cdot L^{-1}$ 的 NH_4Cl 和 NH_3 溶液，应用式(9-28)可得

$$9.00 = 9.25 + \lg\frac{V(NH_3)}{V(NH_4^+)}$$

$$100 = V(NH_4^+) + V(NH_3)$$

计算可得 $V(NH_4^+) = 64mL$，$V(NH_3) = 36mL$

按计算结果，量取 $0.10mol \cdot L^{-1}$ 的 NH_4Cl 溶液 64mL 和 $0.10mol \cdot L^{-1}$ 的 NH_3 溶液 36mL，混合均匀即可得所需的缓冲溶液，如有必要，可用 pH 计校正。

根据上述方法配制的缓冲溶液与实际测定值还有一定误差，因为没有考虑离子强度所引起的偏差及温度等因素的影响。为了准确又方便地配制所需 pH 的缓冲溶液，科学家们对缓冲溶液的配制进行了精密的系统研究，并制订了许多配制准确 pH 缓冲溶液的配方。在实际工作中往往无需临时计算，可查阅有关手册，根据标准配方进行配制，就可得到所需准确 pH 的缓冲溶液。

9.4 配位平衡

配合物是由 Lewis 酸和 Lewis 碱加合形成的离子或分子，在水溶液中存在配合物的解离反应和生成反应之间的平衡，这种平衡称为配位平衡。

9.4.1 配位平衡的表示方法

1. 配合物的生成反应与解离反应

教学视频
配位平衡

在 $CuSO_4$ 溶液中滴加过量的氨水，在发生 Cu^{2+} 与 NH_3 生成 $[Cu(NH_3)_4]^{2+}$ 配离子的生成反应的同时，也会发生 $[Cu(NH_3)_4]^{2+}$ 配离子解离为 Cu^{2+} 和 NH_3 的解离反应，二者存在着化学平衡。该可逆反应实质上是 NH_3 分子与 H_2O 分子争夺 Cu^{2+} 的反应：

$$[Cu(H_2O)_4]^{2+}(aq) + 4NH_3(aq) \rightleftharpoons [Cu(NH_3)_4]^{2+}(aq) + 4H_2O(l) \qquad (9\text{-}29)$$

该反应也可简化为

$$Cu^{2+}(aq) + 4NH_3(aq) \rightleftharpoons [Cu(NH_3)_4]^{2+}(aq)$$

2. 配合物的稳定常数($K_f^\ominus$)和解离常数($K_d^\ominus$)

式(9-29)为配合物的生成反应，该反应的平衡常数称为配合物的标准稳定常数，用符号 $K_f^\ominus$ 表示，其表达式为

$$K_f^\ominus = \frac{c([Cu(NH_3)_4]^{2+})/c^\ominus}{[c(Cu^{2+})/c^\ominus][c(NH_3)/c^\ominus]^4} \quad [9\text{-}30(a)]$$

式[9-30(a)]常简化为

$$K_f^\ominus = \frac{c([Cu(NH_3)_4]^{2+})}{c(Cu^{2+})c(NH_3)^4} \quad [9\text{-}30(b)]$$

$K_f^\ominus$ 越大表示该配合物越稳定。一些常见配离子的稳定常数见附表六。

式(9-29)的逆反应称为配合物的解离反应，该反应的平衡常数称为配合物的解离常数，用符号 $K_d^\ominus$ 表示。$K_d^\ominus$ 值越大表示该配合物越不稳定。

$K_f^\ominus$ 与 $K_d^\ominus$ 互为倒数关系：

$$K_d^\ominus = \frac{1}{K_f^\ominus} \quad (9\text{-}31)$$

3. 配合物的逐级稳定常数($K_i^\ominus$)

式(9-29)的反应实际上是分步进行的，每一步反应都有一个平衡常数，称为逐级稳定常数，用符号 $K_i^\ominus$ 表示：

$$Cu^{2+}(aq) + NH_3(aq) \rightleftharpoons [Cu(NH_3)]^{2+}(aq) \quad K_1^\ominus = 10^{4.31} \quad [9\text{-}32(a)]$$

$$[Cu(NH_3)]^{2+}(aq) + NH_3(aq) \rightleftharpoons [Cu(NH_3)_2]^{2+}(aq) \quad K_2^\ominus = 10^{3.67} \quad [9\text{-}32(b)]$$

$$[Cu(NH_3)_2]^{2+}(aq) + NH_3(aq) \rightleftharpoons [Cu(NH_3)_3]^{2+}(aq) \quad K_3^\ominus = 10^{3.04} \quad [9\text{-}32(c)]$$

$$[Cu(NH_3)_3]^{2+}(aq) + NH_3(aq) \rightleftharpoons [Cu(NH_3)_4]^{2+}(aq) \quad K_4^\ominus = 10^{2.30} \quad [9\text{-}32(d)]$$

上述四个反应式相加即得式(9-29)，因此$[Cu(NH_3)_4]^{2+}$的稳定常数 $K_f^\ominus$ 就等于以上各逐级稳定常数 $K_i^\ominus$ 的乘积，即：

$$K_f^\ominus = K_1^\ominus \times K_2^\ominus \times K_3^\ominus \times K_4^\ominus = 10^{13.32}$$

4. 配合物的累积稳定常数($\beta_i^\ominus$)

将逐级稳定常数依次相乘，就得到各级累积稳定常数。或者说，将式 [9-32(a)]～式[9-32(d)]分别依次相加可得到配合物的第一级至第四级累积稳定常数对应的各级配合物的生成反应。其中第一级累积稳定常数等于

第一级稳定常数，最后一级累积稳定常数就等于稳定常数 $K_f^\ominus$，见式 [9-33(a)]～式[9-33(d)]。

$$Cu^{2+}(aq) + NH_3(aq) \rightleftharpoons [Cu(NH_3)]^{2+}(aq) \quad \beta_1^\ominus = K_1^\ominus = 10^{4.31} \qquad [9\text{-}33(a)]$$

$$Cu^{2+}(aq) + 2NH_3(aq) \rightleftharpoons [Cu(NH_3)_2]^{2+}(aq) \quad \beta_2^\ominus = K_1^\ominus \times K_2^\ominus = 10^{7.98} \qquad [9\text{-}33(b)]$$

$$Cu^{2+}(aq) + 3NH_3(aq) \rightleftharpoons [Cu(NH_3)_3]^{2+}(aq) \quad \beta_3^\ominus = K_1^\ominus \times K_2^\ominus \times K_3^\ominus = 10^{11.02} \qquad [9\text{-}33(c)]$$

$$Cu^{2+}(aq) + 4NH_3(aq) \rightleftharpoons [Cu(NH_3)_4]^{2+}(aq) \quad \beta_4^\ominus = K_1^\ominus \times K_2^\ominus \times K_3^\ominus \times K_4^\ominus = 10^{13.32} \qquad [9\text{-}33(d)]$$

9.4.2 配合物平衡浓度的计算

由于配离子的逐级稳定常数相差不大，在进行平衡组成计算时，只有在配合物稳定常数很大、溶液中配体浓度也较大的情况下，才可作近似计算。否则，需要根据化学平衡相关知识进行精确计算。

【例 9-12】 已知 $K_f^\ominus([Cu(NH_3)_4]^{2+}) = 2.1 \times 10^{13}$。25℃下，在 100mL 0.020mol · L^{-1} 的 $CuSO_4$ 溶液中加入 100mL 2.0mol · L^{-1} 的 NH_3 溶液，计算平衡时溶液中 NH_3、Cu^{2+} 和配离子$[Cu(NH_3)_4]^{2+}$的浓度。

解 两种溶液等体积混合后，浓度减半。Cu^{2+}和 NH_3 的起始浓度分别为

$$c(Cu^{2+}) = 0.020/2 = 0.010(mol \cdot L^{-1}),\quad c(NH_3) = 2.0/2 = 1.0(mol \cdot L^{-1})$$

由于 NH_3 过量，且 $K_f^\ominus([Cu(NH_3)_4]^{2+})$比较大，可以认为 Cu^{2+}主要以 $[Cu(NH_3)_4]^{2+}$ 形式存在。设平衡时 Cu^{2+}的浓度为 x。

	$Cu^{2+}(aq)$	+ $4NH_3(aq)$	$\rightleftharpoons$ $[Cu(NH_3)_4]^{2+}(aq)$
平衡浓度/(mol · L^{-1})	x	$1.0 - 4 \times 0.010 + 4x$ ≈ 0.96	$0.010 - x$ ≈ 0.010

$$K_f^\ominus = \frac{c([Cu(NH_3)_4]^{2+})}{c(Cu^{2+})c(NH_3)^4} = \frac{0.010}{0.96^4 x} = 2.1 \times 10^{13}$$

$$x = 5.6 \times 10^{-16}(mol \cdot L^{-1})$$

则各物种平衡浓度分别为：

$$c(Cu^{2+}) = 5.6 \times 10^{-16}(mol \cdot L^{-1})$$

$$c(NH_3) = 0.96(mol \cdot L^{-1})$$

$$c([Cu(NH_3)_4]^{2+}) = 0.010(mol \cdot L^{-1})$$

9.4.3 配位平衡的移动

配位平衡与酸碱平衡、沉淀溶解平衡、氧化还原平衡及另一个配位平衡之间会产生相互影响，使配位平衡和与之相关的化学平衡发生移动。

1. 溶液的酸碱平衡与配位平衡的相互影响

1) 配合物的生成对溶液 pH 的影响

例如，Ca^{2+} 与 EDTA(乙二胺四乙酸二钠 Na_2H_2Y)的配合反应，随着配合物的生成，释放出 H^+，使溶液的 pH 降低：

$$Ca^{2+}(aq) + H_2Y^{2-}(aq) \rightleftharpoons [CaY]^{2-}(aq) + 2H^+(aq)$$

2) 溶液 pH 的变化对配位平衡的影响

溶液 pH 的变化对配位平衡的影响体现在溶液的酸度对配体的影响和溶液的酸度对中心离子的影响两个方面：

思考题 9-8

当稀硝酸作用于 $[Ag(NH_3)_2]Cl$ 溶液时会产生什么现象？为什么？

(1) 溶液的酸度对配体的影响。

根据酸碱质子理论，大多数配体，如 NH_3、CN^-、F^-、SCN^- 等，都属于强度不同的碱，它们可以接受质子而生成相应的共轭酸。根据平衡移动原理，如果向配合物溶液中滴加强酸，配体与质子结合而使其浓度下降，导致配合物的解离。例如：

$$[Cu(NH_3)_4]^{2+}(aq) \rightleftharpoons Cu^{2+}(aq) + 4NH_3(aq)$$

$$4NH_3 \xrightarrow{+4H^+} 4NH_4^+$$

这种因溶液酸度增大而导致配离子稳定性降低的现象称为酸效应。溶液酸度一定时，配体的碱性越强，酸效应越明显。

(2) 溶液的酸度对中心离子的影响。

配合物的中心离子大多是过渡金属离子，在水溶液中大多能与 OH^-作用，生成难溶的金属氢氧化物，导致中心离子浓度降低，促进配合物的解离。如：

$$[FeF_6]^{3-}(aq) \rightleftharpoons 6F^-(aq) + Fe^{3+}(aq)$$

$$Fe^{3+} \xrightarrow{+3OH^-} Fe(OH)_3\downarrow$$

溶液的碱性越强，配合物解离的趋势越大。这种因中心离子与溶液中的 OH^- 结合而导致配离子稳定性降低的现象称为水解反应。

从上述讨论可知，酸度对配位平衡的影响是多方面的，既要考虑配体的碱性大小，又要考虑中心离子的水解反应。在一定酸度条件下，究竟以哪一方面为主，取决于配体的碱性、中心离子氢氧化物的溶度积和配离子的稳定性等因素。一般在不产生氢氧化物沉淀的前提下，提高溶液的 pH，可以提高配离子的稳定性。

【例 9-13】 已知 $[Co(NH_3)_6]^{3+}$ 的 $K_f^\ominus = 1.6\times10^{35}$，$K_b^\ominus(NH_3) = 1.8\times10^{-5}$。若向 $0.10mol\cdot L^{-1}$ 的 $[Co(NH_3)_6]^{3+}$ 溶液中加酸至 $c(H^+) = 1.0mol\cdot L^{-1}$，试求达平衡时 $[Co(NH_3)_6]^{3+}$ 的浓度。

解 设达到平衡时，溶液中 $[Co(NH_3)_6]^{3+}$ 的浓度为 x。由于 $K_f^\ominus([Co(NH_3)_6]^{3+}) = 1.6\times10^{35}$ 很大，而 $K_b^\ominus(NH_3) = 1.8\times10^{-5}$ 比较小，所以与 H^+ 结合的 NH_3 很少，大部分

仍以配离子的形式存在，则：

$$[Co(NH_3)_6]^{3+}(aq) + 6H^+(aq) \rightleftharpoons Co^{3+}(aq) + 6NH_4^+(aq)$$

	$[Co(NH_3)_6]^{3+}$	H^+	Co^{3+}	NH_4^+
起始浓度/$(mol \cdot L^{-1})$	0.10	1.0	0	0
平衡浓度/$(mol \cdot L^{-1})$	x	$1.0-6\times(0.10-x)$	$0.10-x$	$6\times(0.10-x)$
		≈ 0.40	≈ 0.10	≈ 0.60

$$K^{\ominus} = \frac{c(Co^{3+})[c(NH_4^+)]^6}{c([Co(NH_3)_6]^{3+})[c(H^+)]^6} = \frac{[K_b^{\ominus}(NH_3)]^6}{K_f^{\ominus}([Co(NH_3)_6]^{3+})(K_w^{\ominus})^6}$$

$$= \frac{(1.8\times10^{-5})^6}{1.6\times10^{35}\times(1.0\times10^{-14})^6}$$

$$= 2.1\times10^{20}$$

则

$$\frac{0.10\times0.60^6}{x\times0.40^6} = 2.1\times10^{20}$$

解得 $x = c([Co(NH_3)_6]^{3+}) = 5.4\times10^{-21} mol \cdot L^{-1}$

2. 沉淀溶解平衡与配位平衡的相互影响

1) 配合物的生成对难溶化合物溶解度的影响

向金属难溶盐中加入能与金属离子形成配合物的配体溶液，由于金属离子与配体生成配合物而使金属难溶盐的溶解度增加。例如，AgCl 可溶于氨水：

$$AgCl(s) \rightleftharpoons Ag^+(aq) + Cl^-(aq)$$

$$Ag^+ \xrightarrow{+2NH_3} [Ag(NH_3)_2]^+$$

思考题 9-9

黄色 CdS 能溶于约 $3mol \cdot L^{-1}$ HCl 溶液，但不能明显溶于约 $3mol \cdot L^{-1}$ $HClO_4$。可能的原因是什么？

2) 难溶化合物的生成对配合物稳定性的影响

在配位平衡体系中，加入一种能与中心离子形成难溶盐的沉淀剂，随着金属难溶盐沉淀的产生，中心离子的浓度减小，配位平衡向解离的方向移动。例如，在$[Ag(NH_3)_2]^+$ 配离子溶液中加入 KI：

$$[Ag(NH_3)_2]^+(aq) \rightleftharpoons Ag^+(aq) + 2NH_3(aq)$$

$$Ag^+ \xrightarrow{+I^-} AgI\downarrow$$

3. 氧化还原平衡与配位平衡的相互影响

1) 氧化还原反应对配位平衡的影响

在配离子溶液中，加入适当的氧化剂或还原剂，使中心离子发生氧化还原反应而改变价态，从而使中心离子的浓度降低，导致配位平衡的移动。例如，还原剂 Sn^{2+}可将$[Fe(SCN)_6]^{3-}$中的 Fe^{3+}还原成 Fe^{2+}，促进配离子解离：

$$[Fe(SCN)_6]^{3-}(aq) \rightleftharpoons 6SCN^-(aq) + Fe^{3+}(aq)$$

$$Fe^{3+} \xrightarrow{+\frac{1}{2}Sn^{2+}} \frac{1}{2}Sn^{4+} + Fe^{2+}$$

2) 配合物的生成对氧化还原反应的影响

配合物的生成会降低游离的金属离子的浓度，从而改变有关电对的电极电势，甚至有可能改变氧化还原反应的方向。例如，金单质在空气中很稳定，O_2 不能将 Au 氧化成 Au^+。但是若在金矿粉中加入 NaCN 稀溶液，再通入空气，则反应能顺利发生。

$$4Au(s) + O_2(g) + 2H_2O(l) \rightleftharpoons 4OH^-(aq) + 4Au^+(aq)$$

$$4Au^+ \xrightarrow{+8CN^-} 4[Au(CN)_2]^-$$

总反应为：

$$4Au(s) + O_2(g) + 2H_2O(l) + 8CN^-(aq) \rightleftharpoons 4[Au(CN)_2]^-(aq) + 4OH^-(aq)$$

再向该溶液中加入还原剂，即可得到 Au：

$$2[Au(CN)_2]^-(aq) + Zn(s) \rightleftharpoons [Zn(CN)_4]^{2-}(aq) + 2Au(s)$$

这是“堆浸法”炼金的主要反应。

4. 溶液中不同配离子之间的转化

思考题 9-10

在 $FeCl_3$ 黄色溶液中加入 KSCN，溶液变为血红色，再加入 KF，血红色又消失。简述产生上述现象的原因。

在配位平衡体系中，加入另一种能与中心原子形成配离子的配位剂，或加入另一种能与配体形成配离子的中心原子时，实际上是两种配体争夺中心原子，或两个中心原子争夺配体的反应。这种争夺反应的方向取决于形成的配合物稳定性的相对大小。一般来说，一种配离子可以转化为另一种更稳定的配离子，即平衡向生成更难解离的配离子的方向移动。例如，临床上用依地酸钙(即乙二胺四乙酸钙$[Ca\text{-}EDTA]^{2+}$)对铅中毒病人进行解毒治疗，就是利用这个原理：

$$[Ca\text{-}EDTA]^{2+}(aq) + Pb^{2+}(aq) \rightleftharpoons [Pb\text{-}EDTA]^{2+}(aq) + Ca^{2+}(aq)$$

依地酸钙在体内与 Pb^{2+}反应，生成更稳定的依地酸铅，这是一种可溶于水的无毒配离子，经由肾脏排出体外，达到解毒目的。

【例 9-14】 已知 $K_f^\ominus([Hg(NH_3)_4]^{2+}) = 1.9 \times 10^{19}$，$K_f^\ominus([HgI_4]^{2-}) = 6.8 \times 10^{29}$。在含有 Hg^{2+}、I^-和 NH_3 的溶液中，I^-和 NH_3 两者浓度相等，判断配位反应的方向，该溶液中 Hg^{2+}主要以哪种配离子形式存在？$c([Hg(NH_3)_4]^{2+})/c([HgI_4]^{2-})$为多少？

解 在此溶液中存在着 I^-与 NH_3 争夺 Hg^{2+}的反应，表示如下：

$$[HgI_4]^{2-}(aq) + 4NH_3(aq) \rightleftharpoons [Hg(NH_3)_4]^{2+}(aq) + 4I^-(aq)$$

该反应的平衡常数为

$$K^\ominus = \frac{c([Hg(NH_3)_4]^{2+}) \times c(I^-)^4}{c([HgI_4]^{2-}) \times c(NH_3)^4} = \frac{K_f^\ominus([Hg(NH_3)_4]^{2+})}{K_f^\ominus([HgI_4]^{2-})}$$

$$= \frac{1.9 \times 10^{19}}{6.8 \times 10^{29}}$$

$$= 2.8 \times 10^{-11}$$

计算所得 $K^\ominus$值很小，说明反应向左进行的趋势很大。

因 I^-和 NH_3 的浓度相等，根据上述平衡常数式可得

$$\frac{c([Hg(NH_3)_4]^{2+})}{c([HgI_4]^{2-})} = 2.8 \times 10^{-11}$$

这说明溶液中 Hg^{2+} 主要以$[HgI_4]^{2-}$配离子形式存在。

化学史话

化学界的杰出伯乐——路易斯

吉尔伯特・牛顿・路易斯（G. N. Lewis，1875—1946，美国物理化学家）

路易斯是酸碱电子理论的提出者，因此该理论也被称为路易斯酸碱理论。如今路易斯酸和路易斯碱成了化学家经常使用的术语，路易斯酸碱理论被视为理论化学和物理化学的重要里程碑。

除路易斯酸碱理论外，路易斯还在化学热力学和化学键理论等领域做出了杰出贡献，并将美国的物理化学研究带到了国际前沿，结束了当时欧洲在物理化学领域的统治地位，对化学学科的发展产生了巨大的影响。

1901 年和 1907 年，路易斯先后提出了逸度和活度的概念，对于真实体系用逸度代替压强，用活度代替浓度。这样，原来根据理想条件推导的热力学关系式便可推广用于真实体系。1921 年他又将离子强度的概念引入热力学，发现了稀溶液中盐的活度系数取决于离子强度的经验定律。1923 年，路易斯总结了自己 25 年的化学热力学研究成果，与兰德尔合著了《热力学和化学物质的自由能》一书，第一次成功地将吉布斯建立的统一的热力学理论体系具体地应用于化学过程，奠定了现代化学热力学的基础。

1916 年，路易斯首次提出共价键的共用电子对理论，即路易斯理论。1923 年，路易斯出版了《化合价和原子与分子》专著，总结了自己 20 多年化学键理论的研究工作，该书深刻地影响了化学家对原子和分子间化学键合的思考方式。这本书的另一个重要的贡献就是他对酸碱的定义，提出了酸碱电子理论，即路易斯酸碱理论，大大拓宽了化学家对酸碱的理解。

路易斯不但是一位著名的化学家，而且是卓越的化学教育家。1912 年，路易斯到加州大学伯克利分校任教，并担任了理学院院长兼化学系主任。在伯克利大学任教期间，路易斯培养、影响了众多诺贝尔奖得主，包括哈罗德·克莱顿·尤里、威廉·弗朗西斯·吉奥克、格伦·西奥多·西博格、威拉得·利比、梅尔文·卡尔文等，使伯克利大学成为世界上最重要的化学研究中心之一。

路易斯十分重视基础教育，他要求化学系的所有教师都要参加普通化学课程的教学和建设，要求低年级学生必须打好基础，为此他选派一流的教师给低年级学生上课。路易斯认为这就好像建造万丈高楼必须打好坚实的地基一样，学生只有在低年级时打下扎实的底子，包括实验基本功，才能学好高年级和研究生课程。

路易斯重视化学教育工作还表现在十分支持美国化学教育杂志(*Journal of Chemical Education*)，他不仅带头在美国化学教育杂志上发表重要的化学教育论文，还派出好几名知名教授去领导并编辑美国化学教育杂志。在路易斯的大力支持下，美国化学教育杂志蒸蒸日上，蜚声国内外，成为世界化学教育最具权威的杂志。

拓展阅读

在研究生指导上，路易斯坚持积极启发、独立思考、因材施教等方法。由于路易斯指导有方、教学得法，伯克利分校化学系培养出了大量优秀人才。路易斯虽然自己没有得过诺贝尔奖，但他培养和指导的研究生中有 5 人获得了诺贝尔奖，堪称化学界最杰出的“伯乐”。

习　题

教学视频
习题课

9-1 下列各物种是质子酸还是质子碱？指出它们的共轭物种。

Ac^-，$[Al(H_2O)_6]^{3+}$，$[Al(H_2O)_4(OH)_2]^+$，$HC_2O_4^-$，HPO_4^{2-}

9-2 根据软硬酸碱规则，比较下列各组物质中，不同配体与同一中心离子形成的配合物的相对稳定性大小，简述理由。

(1) Cl^-、I^-与 Hg^{2+}；(2) Br^-、F^-与 Al^{3+}；(3) NH_3、CN^-与 Cd^{2+}。

9-3 试解释解离常数与解离度的概念，并分别说明温度和浓度对它们的影响。

9-4 解离度大的酸溶液中 $c(H_3O^+)$就一定大吗？为什么？

9-5 计算下列溶液中的 $c(H_3O^+)$或 pH。

(1) $0.050mol \cdot L^{-1}$ $Ba(OH)_2$ 溶液；

(2) $0.050mol \cdot L^{-1}$ HAc 溶液；

(3) $0.50mol \cdot L^{-1}$ $NH_3 \cdot H_2O$ 溶液；

(4) $0.10mol \cdot L^{-1}$ NaAc 溶液；

(5) $0.010mol \cdot L^{-1}$ Na_2S 溶液。

9-6 浓度相同的下列溶液，其 pH 由小到大的顺序如何？

(1) HAc； (2) NaAc； (3) NaCl； (4) NH_4Cl；

(5) Na_2CO_3； (6) NH_4Ac； (7) Na_3PO_4； (8) $(NH_4)_2CO_3$。

9-7 已知 H_2S 的 $pK_{a1}^{\ominus}=6.88$，$pK_{a2}^{\ominus}=14.15$，$NH_3 \cdot H_2O$ 的 $pK_b^{\ominus}=4.74$，试比较 S^{2-}、HS^- 和 NH_3 的碱性强弱。

9-8 已知 298K 时某一元弱酸的浓度为 $0.010mol \cdot L^{-1}$，测得其 pH 为 4.0，求其 $K_a^{\ominus}$ 和 α，以及稀释至体积变成 2 倍后的 $K_a^{\ominus}$、α 和 pH。

9-9 计算 $0.20mol \cdot L^{-1}$ $H_2C_2O_4$ 水溶液中各离子的平衡浓度。

9-10 已知氨水溶液的浓度为 $0.10mol \cdot L^{-1}$，试回答：

(1) 计算该溶液的 OH^-的浓度、pH 和氨的解离度；

(2) 若在该溶液中加入 NH_4Cl，使其在溶液中的浓度为 $0.10mol \cdot L^{-1}$，计算此溶液的 OH^-的浓度、pH 和氨的解离度；

(3) 比较上述结果，说明了什么？

9-11 分别计算两性物质 $HCOONH_4$ 溶液和 $NaHCO_3$ 溶液的 pH，并解释为何前者呈弱酸性，而后者呈弱碱性。

9-12 求 300mL $0.50mol \cdot L^{-1}$ H_3PO_4 和 500mL $0.50mol \cdot L^{-1}$ NaOH 的混合溶液的 pH。

9-13 已知由弱酸 HA($K_a^{\ominus}=5.0\times10^{-6}$)及其共轭碱 A^-组成的缓冲溶液中，HA 的浓度为 $0.25mol \cdot L^{-1}$，在 100mL 此溶液中加入 0.20g NaOH 固体(忽略体积变化)，所得溶液的 pH 为 5.60，计算加 NaOH 之前溶液的 pH。

9-14 选择缓冲系的依据是什么？已知下列缓冲溶液中弱酸的 $pK_a^{\ominus}$ 值，试计算各缓冲溶液的缓冲范围。欲配制 pH = 3.0 的缓冲溶液，应选择哪种缓冲系最好？

(1) Na_2CO_3-$NaHCO_3$； (2) HCOOH-NaOH； (3) HAc-NaOH；

(4) NaH_2PO_4-Na_2HPO_4； (5) Na_2HPO_4-Na_3PO_4； (6) H_3PO_4-NaH_2PO_4。

9-15 欲配制 250mL pH 为 5.00 的缓冲溶液，在 125mL $1.0mol \cdot L^{-1}$ NaAc 溶液中应加入 $6.0mol \cdot L^{-1}$ 的 HAc 溶液多少毫升？

9-16 今有 2.0L 的 $0.50mol \cdot L^{-1}$氨水和 2.0L 的 $0.50mol \cdot L^{-1}$ HCl 溶液，若配制 pH = 9.00 的缓冲溶液，不允许再加水，最多能配制多少升缓冲溶液？其中 $c(NH_3)$、$c(NH_4^+)$ 各为多少？

9-17 今有 2.0L $0.10mol \cdot L^{-1}$ 的 Na_3PO_4 溶液和 2.0L $0.10mol \cdot L^{-1}$ NaH_2PO_4 溶液，仅用这两种溶液(不可再加水)来配制 pH 为 12.50 的缓冲溶液，最多能配制这种缓冲溶液的体积是多少？需要 Na_3PO_4 和 NaH_2PO_4 溶液的体积各是多少？

9-18 由热力学数据 $\Delta_f G_m^{\ominus}$ 计算 $[Cu(NH_3)_4]^{2+}$的稳定常数。

即计算反应 $Cu^{2+}(aq)+4NH_3 \cdot H_2O(aq) \rightleftharpoons [Cu(NH_3)_4]^{2+}(aq)+4H_2O(l)$ 的 $K^{\ominus}$。

已知：298K 时	$Cu^{2+}(aq)$	$NH_3 \cdot H_2O(aq)$	$[Cu(NH_3)_4]^{2+}(aq)$	$H_2O(l)$
$\Delta_f G_m^{\ominus}/(kJ \cdot mol^{-1})$	65.52	−263.8	−111.3	−237.19

9-19 已知：$K_f^{\ominus}([Zn(NH_3)_4]^{2+})=2.9\times10^9$，$K_f^{\ominus}([Zn(OH)_4]^{2-})=4.6\times10^{17}$，$K_b^{\ominus}(NH_3)=1.8\times10^{-5}$，求：

(1) 反应 $[Zn(NH_3)_4]^{2+}(aq)+4OH^-(aq) \rightleftharpoons [Zn(OH)_4]^{2-}(aq)+4NH_3(aq)$ 的平衡常数 $K^{\ominus}$；

(2) 1.0mol · L^{-1} NH_3溶液中$[Zn(NH_3)_4^{2+}]/[Zn(OH)_4^{2-}]$的比值。

9-20 已知 $K_f^{\ominus}([Ag(CN)_2]^-) = 1.3 \times 10^{21}$，$K_f^{\ominus}([Ag(NH_3)_2]^+) = 1.1 \times 10^7$。在 1.0L 的 0.10mol · L^{-1} $[Ag(NH_3)_2]^+$溶液中，加入 0.20mol 的 KCN 晶体(忽略因加入固体而引起的溶液体积的变化)，求溶液中$[Ag(NH_3)_2]^+$、$[Ag(CN)_2]^-$、NH_3及CN^-的浓度。

(中南大学　　王曼娟)

第 10 章　沉淀溶解平衡

按照电解质在水中溶解度的大小，可以将电解质分为易溶电解质和难溶电解质。上一章讨论的酸碱平衡和配位平衡都是易溶电解质的解离平衡，本章主要讨论的是难溶强电解质在水中的溶解与沉淀平衡。难溶是指溶解之后形成的溶液浓度很低，强电解质则表示其在水中溶解的部分将全部解离并生成水合的简单离子。难溶强电解质在水中存在着电解质固体与溶解的电解质解离产生的离子之间的平衡。与水溶液中的酸碱平衡、配位平衡不同，这是一种多相离子平衡。沉淀的生成和溶解现象在日常生活中经常发生。例如，肾结石通常是生成了难溶的 CaC_2O_4 或 $Ca_3(PO_4)_2$ 所致；自然界中石笋和钟乳石的形成与 $CaCO_3$ 沉淀的生成和溶解反应有关；工业上常利用沉淀的生成和溶解反应来制取或分离无机化合物。沉淀溶解平衡对生物化学、医学、工业生产及生态学等有着深远的影响。

第 10 章　导学

10.1　溶度积常数

10.1.1　溶解度

教学视频
溶解度与溶度积

溶解性是物质的重要性质之一，常以溶解度来定量表示物质的溶解性。溶解度 S 是在一定温度下，达到溶解平衡时，一定量的溶剂中含有溶质的质量。难溶电解质在水溶液中的溶解度，通常以一定温度下饱和溶液中每 100g 水所含溶质的质量来表示。

事实上，在水中不存在绝对不溶的物质，只是溶解程度大小不同。习惯上将在 100g 水中溶解度大于 1g 的物质称为可溶物，溶解度小于 0.01g 的物质称为难溶物，溶解度介于 0.01～1g 的物质称为微溶物。本章所讨论的对象包括难溶物和微溶物。

由于不同的难溶电解质的摩尔质量不同，用一定温度下饱和溶液中每 100g 水所含溶质的质量表示的相同溶解度的难溶电解质，其饱和溶液中溶质的物质的量浓度并不相同。为了计算方便，在讨论沉淀溶解平衡时，通常采用难溶电解质在水中溶解的部分形成的饱和溶液的物质的量浓度来表示该物质的溶解度，单位通常为 $mol \cdot L^{-1}$。

10.1.2　溶度积

在一定温度下，将难溶电解质固体放入水中，将发生溶解和沉淀两个

动画
沉淀溶解平衡

过程。以 A_mB_n 表示任一难溶强电解质，在一定温度下将 A_mB_n 晶体放入水中，有些水分子带负电荷的一端与 A_mB_n 晶体表面上的正离子 A^{n+}相吸引，而另一些水分子带正电荷的一端与 A_mB_n 晶体表面上的负离子 B^{m-}相吸引。这种相互作用削弱了晶体上 A^{n+}和 B^{m-}之间的相互作用，使部分 A^{n+}和 B^{m-}脱离晶体表面，成为水合离子进入溶液，这个过程称为溶解。另外，溶液中的水合 A^{n+}和 B^{m-}不断做无规则运动，随着 A^{n+}和 B^{m-}的不断增多，其中一部分水合 A^{n+}和 B^{m-}在运动中相互碰撞结合成 A_mB_n 晶体，或碰到晶体表面受到表面晶体的吸引重新回到晶体中，这个过程称为沉淀。

任何难溶强电解质的溶解和沉淀过程都是可逆的。开始时溶解速率较大，沉淀速率较小，在一定条件下，当溶解和沉淀速率相等时，便建立了一种动态的多相离子平衡。A_mB_n 的沉淀溶解平衡可表示如下：

$$A_mB_n(s) \underset{\text{沉淀}}{\overset{\text{溶解}}{\rightleftharpoons}} mA^{n+}(aq) + nB^{m-}(aq)$$

该平衡的标准平衡常数表达式为

$$K_{sp}^{\ominus} = \left[\frac{c(A^{n+})}{c^{\ominus}}\right]^m \cdot \left[\frac{c(B^{m-})}{c^{\ominus}}\right]^n$$

可简写为

$$K_{sp}^{\ominus} = c(A^{n+})^m c(B^{m-})^n \tag{10-1}$$

$K_{sp}^{\ominus}$ 称为溶度积常数，简称溶度积(solubility product constant)。

严格来说，溶度积的表达式中应使用离子的活度，由于难溶电解质溶液中离子强度小，活度系数接近 1，本书用浓度代替活度。

与其他平衡常数一样，在稀溶液中 $K_{sp}^{\ominus}$ 的数值只随温度变化而改变。例如，298K 时 $K_{sp}^{\ominus}(BaSO_4)$为 1.1×10^{-10}，323K 时 $K_{sp}^{\ominus}(BaSO_4)$为 2.0×10^{-10}。可见，$BaSO_4$ 的 $K_{sp}^{\ominus}$ 随温度的升高而增大，但是变化不大。

10.1.3 溶解度和溶度积的关系

溶解度 S 和溶度积 $K_{sp}^{\ominus}$ 都可以反映难溶电解质的溶解性，两者之间有着必然的联系，可以相互换算。对难溶强电解质来说，其饱和溶液是极稀的溶液，可将溶剂水的质量看作与溶液的质量相等，这样就能便捷地计算出饱和溶液的浓度，进而求得溶度积。

对于一般的沉淀溶解平衡：

$$A_mB_n(s) \rightleftharpoons mA^{n+}(aq) + nB^{m-}(aq)$$

平衡浓度/$(mol \cdot L^{-1})$ $\qquad mS \qquad nS$

S 与 $K_{sp}^{\ominus}$ 之间的关系为

$$K_{sp}^{\ominus} = (mS)^m (nS)^n \tag{10-2(a)}$$

对于 AB 型难溶电解质：

$$S=\sqrt{K_{sp}^{\ominus}(AB)} \qquad [10\text{-}2(b)]$$

对于 AB_2 型(或 A_2B 型)难溶电解质：

$$S=\sqrt[3]{\frac{K_{sp}^{\ominus}(AB_2)}{4}} \qquad [10\text{-}2(c)]$$

【例 10-1】 已知 $M_r(AgCl)=143.3g\cdot mol^{-1}$，在 25℃下，AgCl 的溶解度为 $1.92\times10^{-3}g\cdot L^{-1}$，求同一温度下 AgCl 的溶度积。

解 先将 AgCl 的溶解度换算成物质的量浓度形式，则：

$$S=\frac{1.92\times10^{-3}}{143.3}=1.34\times10^{-5}(mol\cdot L^{-1})$$

AgCl 为强电解质，在 AgCl 饱和溶液中，溶解的 AgCl 完全解离：

$$AgCl(s) \rightleftharpoons Ag^+(aq)+Cl^-(aq)$$

平衡浓度/$(mol\cdot L^{-1})$　　S　　S

$$K_{sp}^{\ominus}(AgCl)=c(Ag^+)c(Cl^-)=S^2=1.80\times10^{-10}$$

【例 10-2】 已知 25℃时，$Ag_2C_2O_4$ 的溶度积为 5.4×10^{-12}，试求 $Ag_2C_2O_4$ 在水中的溶解度$(g\cdot L^{-1})$。

解 $Ag_2C_2O_4$ 为强电解质，在 $Ag_2C_2O_4$ 饱和溶液中，溶解的 $Ag_2C_2O_4$ 完全解离。设平衡时 $Ag_2C_2O_4$ 的溶解度为 x：

$$Ag_2C_2O_4(s) \rightleftharpoons 2Ag^+(aq)+C_2O_4^{2-}(aq)$$

平衡浓度/$(mol\cdot L^{-1})$　　$2x$　　x

$$K_{sp}^{\ominus}(Ag_2C_2O_4)=c(Ag^+)^2c(C_2O_4^{2-})=4x^3=5.4\times10^{-12}$$

$$x=1.1\times10^{-4}mol\cdot L^{-1}$$

$$M_r(Ag_2C_2O_4)=271.7g\cdot mol^{-1}$$

$$S=1.1\times10^{-4}\times271.7=3.0\times10^{-2}(g\cdot L^{-1})$$

表 10-1 列出了几种不同类型难溶电解质的溶度积和溶解度。从表中可以看出，对于相同或相似类型的难溶电解质，如 $Ag_2C_2O_4$ 与 CaF_2，溶度积越大的，溶解度也越大，可以直接用溶度积比较溶解能力的大小；对于不同类型的难溶电解质，如 AgCl 与 $Ag_2C_2O_4$(或 CaF_2)，就不能直接用溶度积来比较溶解能力的大小，必须通过计算溶解度进行确定。

思考题 10-1

溶解度和溶度积都能反映难溶电解质的溶解性，溶度积越大的难溶电解质其溶解度也越大吗？

表 10-1　不同类型难溶电解质的溶度积和溶解度

难溶电解质类型	溶解度 $S/(mol\cdot L^{-1})$	溶度积 $K_{sp}^{\ominus}$	实例
AB	1.3×10^{-5}	1.8×10^{-10}	AgCl
A_2B	1.1×10^{-4}	5.4×10^{-12}	$Ag_2C_2O_4$
AB_2	7.3×10^{-5}	5.3×10^{-9}	CaF_2

应该指出，由于影响难溶电解质溶解度的因素很多，在运用式(10-2)

进行溶度积与溶解度之间的换算时，应注意以下几点：

(1) 只适用于离子强度很小，浓度可以代替活度的溶液。对于溶解度相对较大的难溶电解质(如 $CaSO_4$、$CaCrO_4$ 等)，溶液中离子强度较大，由于离子间的静电作用，存在着一定数量的“离子对”，这些“离子对”如同未解离的分子一样，减少了溶液中的有效离子浓度。由溶度积计算得到的溶解度只与有效离子浓度相关联，而不能反映出“离子对”的“分子溶解度”。因此若用式(10-2)来进行计算，将会产生较大误差。

(2) 只适用于溶解后解离出的阴、阳离子在水溶液中不发生水解等副反应或副反应程度很小的物质。如难溶的硫化物、碳酸盐、磷酸盐、氰化物、铁盐等，由于 S^{2-}、CO_3^{2-}、PO_4^{3-}、CN^-、Fe^{3+}等的水解，其实测溶解度都大于由式(10-2)计算出的溶解度。

(3) 只适用于已溶解的部分能全部解离的难溶强电解质。而像 $Pb(OH)_2$、Hg_2Cl_2、Hg_2I_2 等难溶电解质，在水中溶解时，溶解的部分并不是完全解离，溶液中存在着溶解了的分子与水合离子间的解离平衡：

$$Pb(OH)_2(s) \rightleftharpoons Pb(OH)_2(aq)$$

$$Pb(OH)_2(aq) \rightleftharpoons Pb(OH)^+(aq) + OH^-(aq)$$

$$Pb(OH)^+(aq) \rightleftharpoons Pb^{2+}(aq) + OH^-(aq)$$

由于弱电解质分子的存在以及它的分步解离，Pb^{2+}浓度不等于溶解度 S，OH^-浓度也不等于 $2S$，此时若仍按式(10-2)来进行溶度积与溶解度之间的换算也会产生较大误差。

10.1.4 溶度积规则

教学视频
溶度积规则、同离子效应和盐效应

若 A_mB_n 为难溶强电解质，在一定温度下，将含有 $A^{n+}(aq)$和 $B^{m-}(aq)$离子的溶液混合，设混合溶液中 A^{n+}和 B^{m-}离子尚未发生反应或反应尚未达到平衡，并按照难溶强电解质的多相离子平衡的形式来表示上述反应，即

$$A_mB_n(s) \rightleftharpoons mA^{n+}(aq) + nB^{m-}(aq)$$

则任一时刻，其反应商为

$$J = c(A^{n+})^m\, c(B^{m-})^n$$

式中，J 为产物离子的瞬时相对浓度幂的乘积，又称为离子积。J 的表达式的形式与溶度积一样，溶度积 $K_{sp}^{\ominus}$ 为达到沉淀溶解平衡时的离子积。

根据化学反应等温方程式，将离子积 J 与溶度积 $K_{sp}^{\ominus}$ 进行比较，可以得出：

(1) $J > K_{sp}^{\ominus}$，反应逆方向进行，为过饱和溶液，沉淀将从溶液中析出；

(2) $J = K_{sp}^{\ominus}$，反应达到沉淀溶解平衡，溶液为饱和溶液；

(3) $J < K_{sp}^{\ominus}$，反应正方向进行，无沉淀析出；若原来体系中有沉淀存

在，则沉淀发生溶解。

以上称为沉淀与溶解的反应商判据，又称溶度积规则。应用溶度积规则可以判断溶液中沉淀的生成与溶解趋势。

10.1.5 同离子效应和盐效应对溶解度的影响

根据溶度积规则，在难溶电解质溶液中，如果 $J > K_{sp}^{\ominus}$，就会有沉淀生成。因此，要使溶液中某种离子以沉淀析出，就必须加入与析出沉淀的离子有关的沉淀剂。例如，在 $AgNO_3$ 溶液中加入 NaCl 溶液，当混合溶液中 $J = c(Ag^+)\,c(Cl^-) > K_{sp}^{\ominus}(AgCl)$时，将会有 AgCl 沉淀析出，NaCl 就是沉淀剂。

1. 同离子效应对溶解度的影响

在难溶电解质饱和溶液中，加入含有相同离子的易溶强电解质，难溶电解质的多相离子平衡将会向生成沉淀的方向移动，产生同离子效应，使难溶电解质的溶解度降低。

【例 10-3】 已知 25℃时 $K_{sp}^{\ominus}(Ag_2C_2O_4) = 5.4\times10^{-12}$，求 $Ag_2C_2O_4$ 在 $0.010 mol \cdot L^{-1}$ $K_2C_2O_4$ 溶液中的溶解度。

解 设 $Ag_2C_2O_4$ 在 $0.010 mol \cdot L^{-1}$ $K_2C_2O_4$ 溶液中的溶解度为 S，则

$$Ag_2C_2O_4(s) \rightleftharpoons 2Ag^+(aq) + C_2O_4^{2-}(aq)$$

初始浓度/$(mol \cdot L^{-1})$	0	0.010
平衡浓度/$(mol \cdot L^{-1})$	$2S$	$0.010 + S$

$$K_{sp}^{\ominus}(Ag_2C_2O_4) = (2S)^2(0.010 + S) = 5.4\times10^{-12}$$

溶液中大量存在的 $C_2O_4^{2-}$，抑制了 $Ag_2C_2O_4$ 的解离，使得 S 很小，所以 $0.010 + S \approx 0.010$，由此可得

$$S = 1.2\times10^{-5} mol \cdot L^{-1}$$

与 $Ag_2C_2O_4$ 在水中的溶解度 $1.1\times10^{-4} mol \cdot L^{-1}$(例 10-2)相比，$Ag_2C_2O_4$ 在含有 $0.010 mol \cdot L^{-1}$ $C_2O_4^{2-}$ 的溶液中的溶解度降低了约 10 倍。

在生产实际及科学实验中，常利用同离子效应，加入适当过量的沉淀剂，使沉淀趋于完全。在洗涤沉淀时，为了减少洗涤过程中沉淀的损失，也常应用同离子效应，选用与沉淀含有相同离子的溶液而不用纯水洗涤。例如，在洗涤 $BaSO_4$ 沉淀时，用稀 H_2SO_4 比用蒸馏水洗涤的效果更好。

2. 盐效应对溶解度的影响

当向难溶电解质溶液中加入不含相同离子的易溶强电解质时，随着溶液中离子浓度的增加，带相反电荷的离子间相互吸引、相互牵制作用增强，

妨碍了离子的自由运动，减小了离子的有效浓度，从而减小了阴阳离子相遇的机会，使沉淀速率减慢，致使溶解速率暂时超过沉淀速率，当建立起新的平衡时，难溶电解质的溶解度就增大了。这种由于加入易溶强电解质而使难溶电解质溶解度增大的现象称为盐效应。表 10-2 列出了 AgCl 在 KNO_3 溶液中的溶解度。

表 10-2 AgCl 在 KNO_3 溶液中的溶解度(25℃)

$c(KNO_3)/(mol \cdot L^{-1})$	0.00	0.001 00	0.005 00	0.010 0
$S(AgCl)/(\times 10^{-5} mol \cdot L^{-1})$	1.278	1.325	1.385	1.427

不仅加入不含相同离子的易溶强电解质能产生盐效应，加入含有相同离子的易溶强电解质，在产生同离子效应的同时，也会产生盐效应。表 10-3 列出了 $PbSO_4$ 在不同浓度 Na_2SO_4 溶液中的溶解度。

表 10-3 $PbSO_4$ 在不同浓度 Na_2SO_4 溶液中的溶解度

$c(Na_2SO_4)/(mol \cdot L^{-1})$	0.000	0.001	0.010	0.020	0.040	0.100	0.200
$S(PbSO_4)/(mmol \cdot L^{-1})$	0.15	0.024	0.016	0.014	0.013	0.016	0.023

由表 10-3 可知，当 Na_2SO_4 的浓度从 0.000 增加到 $0.040 mol \cdot L^{-1}$ 时，$PbSO_4$ 溶解度逐渐变小，同离子效应起主导作用。当 Na_2SO_4 的浓度为 $0.040 mol \cdot L^{-1}$ 时，$PbSO_4$ 的溶解度最小。当 Na_2SO_4 的浓度大于 $0.040 mol \cdot L^{-1}$ 时，$PbSO_4$ 的溶解度却逐渐增大，盐效应起主导作用。

因此，在进行沉淀反应时，要使某种离子沉淀完全(分析化学认为，当溶液中一种离子的浓度小于或等于 $10^{-5} mol \cdot L^{-1}$ 时，可以认为该离子已沉淀完全)，首先应选择适当的沉淀剂，使生成的难溶电解质的溶度积尽可能小；其次，加入适当过量的沉淀剂(一般过量 20%～50%)以产生同离子效应。一般来说，若难溶电解质的溶度积很小时，盐效应的影响很小，可忽略不计；若难溶电解质的溶度积较大时，溶液中各种离子的总浓度也较大时，就应该考虑盐效应的影响。

10.2 沉淀的生成和溶解

难溶电解质的沉淀溶解平衡与其他动态平衡一样，改变条件，可以生成沉淀，或者使沉淀溶解。

根据溶度积规则，改变溶液中有关离子的浓度，使 $J > K_{sp}^{\ominus}$，溶液中的离子可以转化为固相，生成沉淀；而对于已达到沉淀溶解平衡的体系，设法降低溶液中有关离子的浓度，使 $J < K_{sp}^{\ominus}$，固相可以转化为溶液中的离子，沉淀溶解。改变溶液中离子浓度的方法很多，发生化学反应是其中非常重

要的方法，主要有酸碱反应、配位反应、氧化还原反应等。

10.2.1　酸碱反应对沉淀溶解平衡的影响

教学视频
沉淀的溶解(一)

对于难溶弱酸盐 MA，由于其阴离子对质子具有较强的亲和力，则它们的溶解度将随溶液的酸性增强(pH 减小)而增大。

1. 难溶金属氢氧化物

众所周知，难溶氢氧化物可以通过加酸进行溶解。氢氧根离子(OH^-)是水中能够存在的最强碱，它是 H_2O 的共轭碱，此时 H_2O 可视为弱酸。因此，金属氢氧化物也可看作弱酸盐。利用弱酸盐在酸中的溶解度差异，控制溶液的 pH，还可以达到分离金属离子的目的。

在难溶金属氢氧化物 $M(OH)_n$ 饱和溶液中，存在如下沉淀溶解平衡：

$$M(OH)_n(s) \rightleftharpoons M^{n+}(aq) + nOH^-(aq)$$

$$K_{sp}^{\ominus}[M(OH)_n] = c(M^{n+})[c(OH^-)]^n$$

金属氢氧化物 $M(OH)_n$ 的溶解度 S 等于溶液中金属离子的浓度 $c(M^{n+})$，即

$$S = c(M^{n+}) = \frac{K_{sp}^{\ominus}[M(OH)_n]}{[c(OH^-)]^n} \qquad [10\text{-}3(a)]$$

或

$$S = c(M^{n+}) = \frac{K_{sp}^{\ominus}[M(OH)_n]}{(K_w^{\ominus})^n}[c(H^+)]^n \qquad [10\text{-}3(b)]$$

根据式(10-3)可以绘出难溶金属氢氧化物 $M(OH)_n$ 的溶解度与溶液 pH 的关系图(通常称为 S-pH 图)。

利用式[10-3(a)]还可以计算溶液中某金属离子 M^{n+}开始生成氢氧化物沉淀 $M(OH)_n$ 和沉淀完全时所需的 $c(OH^-)$，从而求出相应条件的 pH。

生成沉淀时：

$$c_{始}(OH^-) \geqslant \sqrt[n]{\frac{K_{sp}^{\ominus}[M(OH)_n]}{c_0(M^{n+})}}$$

式中，$c_0(M^{n+})$为溶液中 M^{n+}的起始浓度。当溶液中 OH^-的浓度小于 $c_{始}(OH^-)$，就不形成 $M(OH)_n$ 沉淀；若溶液中已有沉淀存在，只要将溶液 OH^-的浓度控制在 $c_{始}(OH^-)$ 以下，就会使 $M(OH)_n$ 的沉淀溶解平衡正向移动，促使原有的 $M(OH)_n$ 沉淀溶解。

当溶液中离子浓度小于或等于 $1.0\times10^{-5}mol\cdot L^{-1}$ 时，可认为该离子已沉淀完全。由此计算将溶液中金属离子 M^{n+}沉淀完全所需 OH^-的浓度为

$$c_{终}(OH^-) \geqslant \sqrt[n]{\frac{K_{sp}^{\ominus}[M(OH)_n]}{1.0 \times 10^{-5}}}$$

综合以上分析可知，利用不同离子形成氢氧化物沉淀和沉淀完全时溶液 pH 的差异，可将不同的离子进行分离。

表 10-4 列出了一些常见金属氢氧化物开始沉淀和接近沉淀完全的 pH。表中括号内的数字是实际沉淀的 pH，与计算值稍有出入，这是因为实际溶液中的情况往往比较复杂，如碱式盐的生成、氢氧化物的聚合作用等，都会使计算值与实际值产生偏差。

表 10-4　一些常见金属氢氧化物沉淀的 pH*

金属氢氧化物	开始沉淀 pH $c(M^{n+}) = 10^{-2}mol \cdot L^{-1}$	接近沉淀完全 pH $c(M^{n+}) = 10^{-5}mol \cdot L^{-1}$	$K_{sp}^{\ominus}$
$Fe(OH)_3$	1.8 (2.2)	2.8 (4.0)	2.8×10^{-39}
$Al(OH)_3$	3.7 (3.8)	4.7 (6.0)	1.3×10^{-33}
$Cr(OH)_3$	4.4 (5.0)	5.4 (8.0)	6.3×10^{-31}
$Cu(OH)_2$	5.2 (5.0)	6.7 (6.5)	2.2×10^{-20}
$Zn(OH)_2$	6.8 (6.8)	8.3 (9.0)	3.2×10^{-17}
$Pb(OH)_2$	7.6 (7.2)	9.1 (8.0)	1.4×10^{-15}
$Co(OH)_2$	7.9 (7.5)	9.4 (10.0)	5.9×10^{-15}
$Ni(OH)_2$	7.4 (7.2)	8.9 (9.0)	5.5×10^{-16}
$Fe(OH)_2$	7.8 (5.8)	8.3 (7.0)	4.9×10^{-17}
$Mn(OH)_2$	8.6 (8.3)	10.1 (10.0)	1.9×10^{-13}
$Mg(OH)_2$	9.4 (10.6)	10.9 (12.0)	5.6×10^{-12}

*括号内为实际沉淀的 pH。

【例 10-4】 在含有 $0.10mol \cdot L^{-1}$ Fe^{3+}和 $0.10mol \cdot L^{-1}$ Ni^{2+}的溶液中，欲除掉 Fe^{3+}，而 Ni^{2+}仍留在溶液中，应如何控制溶液的 pH？

解　查表 $K_{sp}^{\ominus}[Fe(OH)_3] = 2.8 \times 10^{-39}$，$K_{sp}^{\ominus}[Ni(OH)_2] = 5.5 \times 10^{-16}$

$Ni(OH)_2$ 开始沉淀时，溶液中 OH^-的浓度 $c_{始}(OH^-)$：

$$c_{始}(OH^-) = \sqrt{\frac{K_{sp}^{\ominus}[Ni(OH)_2]}{c_0(Ni^{2+})}} = \sqrt{\frac{5.5 \times 10^{-16}}{0.10}} = 7.4 \times 10^{-8}(mol \cdot L^{-1})$$

$$pH_{始} = 6.87$$

则当 $pH < 6.87$ 时，Ni^{2+}不发生沉淀，仍然留在溶液中。

$Fe(OH)_3$ 完全沉淀时，$c_{终}(Fe^{3+}) \leqslant 1.0 \times 10^{-5}\ mol \cdot L^{-1}$

$$c_{终}(OH^-) \geqslant \sqrt[3]{\frac{K_{sp}^{\ominus}[Fe(OH)_3]}{1.0 \times 10^{-5}}} = 6.5 \times 10^{-12}\ (mol \cdot L^{-1})$$

$$pH \geqslant 2.81$$

所以，若控制 $2.81 \leqslant pH < 6.87$，可保证 Fe^{3+}完全沉淀，而 Ni^{2+}仍留在溶液中。

图 10-1 为一些难溶氢氧化物的 S-pH 图。图中每条线的右方区域内任

何一点的 $J > K_{sp}^{\ominus}$，是沉淀生成区；每条线的左方区域内任何一点的 $J < K_{sp}^{\ominus}$，是沉淀的溶解区；线上任何一点的 $J = K_{sp}^{\ominus}$，体系处于平衡状态。两条线相隔越远，利用生成难溶氢氧化物的方法将对应的两种离子分离的效果越好；反之，若两条线的距离很近，则难以利用生成难溶氢氧化物的方法将对应的两种离子进行分离。

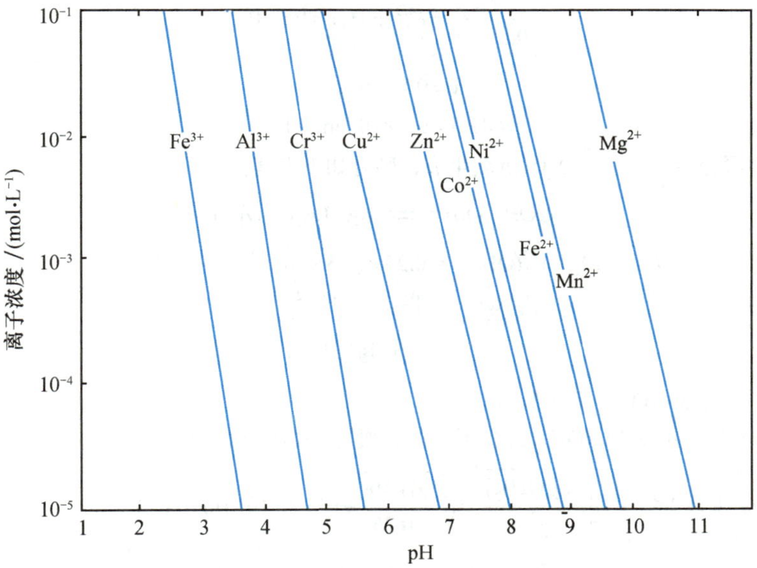

图 10-1　一些难溶氢氧化物的 *S*-pH 图

由于 $Fe(OH)_3$ 的溶度积($K_{sp}^{\ominus} = 2.8\times10^{-39}$)比其他许多难溶性氢氧化物的溶度积小很多，因此在含杂质离子 Fe^{3+}的金属离子混合液中，常通过控制溶液 pH，使 Fe^{3+}水解生成 $Fe(OH)_3$ 而除去。例如，通过生成 $Fe(OH)_3$ 去除其中的 Fe^{3+}可以实现提纯 $CuSO_4$、$NiSO_4$ 或 $CoCl_2$ 的目的。Fe^{3+}沉淀完全时的 pH 约为 3.20(例 10-4)，而 Cu^{2+}、Co^{2+}和 Ni^{2+}(浓度为 0.10mol · L^{-1})开始沉淀时的 pH 分别为 4.7、6.7 和 6.9，与 Fe^{3+}沉淀完全时的 pH 相差较大。因此在实际应用中，一般控制 pH 在 4 左右，就能将 Fe^{3+}除去。

对于 $K_{sp}^{\ominus}$ 不是很小($K_{sp}^{\ominus}$ 为 10^{-12}～10^{-13})的难溶金属氢氧化物，常使用氨-铵盐缓冲溶液来控制 pH，达到沉淀的生成或溶解的目的。

【例 10-5】　在 0.20L 0.50mol · L^{-1} $MgCl_2$ 溶液中加入等体积的 0.10mol · L^{-1} 氨水溶液。

(1) 试通过计算判断有无 $Mg(OH)_2$ 沉淀生成。

(2) 为了不使 $Mg(OH)_2$ 沉淀析出，加入 NH_4Cl(s)的质量最低为多少(设加入固体 NH_4Cl 后溶液的体积不变)?

解　(1) 等体积混合，不考虑因溶液混合所引起的体积变化，则反应发生前浓度减半。

$$c_0(Mg^{2+}) = 0.25mol\cdot L^{-1},\quad c_0(NH_3) = 0.050mol\cdot L^{-1}$$

先求溶液中的 OH^- 浓度。设达平衡时溶液中 $c(OH^-)$ 为 x，体系中 OH^- 浓度主要由下列平衡决定：

$$NH_3(aq) + H_2O(l) \rightleftharpoons NH_4^+(aq) + OH^-(aq)$$

初始浓度/($mol \cdot L^{-1}$)	0.050	0	0
平衡浓度/($mol \cdot L^{-1}$)	$0.050 - x$	x	x

$$\frac{x^2}{0.50 - x} = K_b^{\ominus}(NH_3) = 1.8 \times 10^{-5}$$

$$x = 9.5 \times 10^{-4}$$

即 $$c(OH^-) = 9.5 \times 10^{-4} mol \cdot L^{-1}$$

若混合后，有 $Mg(OH)_2$ 沉淀生成，则有如下平衡：

$$Mg(OH)^+(aq) \rightleftharpoons Mg^{2+}(aq) + OH^-(aq)$$

此时 $$J = c_0(Mg^{2+})c_0(OH^-)^2 = 0.25 \times (9.5 \times 10^{-4})^2 = 2.3 \times 10^{-7}$$

而 $$K_{sp}^{\ominus}[Mg(OH)_2] = 5.6 \times 10^{-12}$$

$$J > K_{sp}^{\ominus}[Mg(OH)_2]$$

所以有 $Mg(OH)_2$ 沉淀析出。

(2) 为了不使 $Mg(OH)_2$ 沉淀析出，必须使 $J \leqslant K_{sp}^{\ominus}[Mg(OH)_2]$

$$c_{始}(OH^-) \leqslant \sqrt{\frac{K_{sp}^{\ominus}[Mg(OH)_2]}{c_0(Mg^{2+})}} = \sqrt{\frac{5.6 \times 10^{-12}}{0.25}} = 4.7 \times 10^{-6}(mol \cdot L^{-1})$$

$$NH_3(aq) + H_2O(l) \rightleftharpoons NH_4^+(aq) + OH^-(aq)$$

平衡浓度/($mol \cdot L^{-1}$)	$0.050 - 4.7 \times 10^{-6} \approx 0.050$	$c_0 + 4.7 \times 10^{-6} \approx c_0$	4.7×10^{-6}

$$\frac{4.7 \times 10^{-6}\ c_0(NH_4^+)}{0.050} = 1.8 \times 10^{-5}$$

解得 $$c_0(NH_4^+) = 0.19 mol \cdot L^{-1}$$

因为 $M_r(NH_4Cl) = 53.5 g \cdot mol^{-1}$，所以要不析出 $Mg(OH)_2$ 沉淀，至少应加入 $NH_4Cl(s)$ 的质量为

$$m(NH_4Cl) = 0.19 \times 0.40 \times 53.5 = 4.1(g)$$

可以看出，在适当浓度的 NH_3-NH_4Cl 缓冲溶液中，$Mg(OH)_2$ 沉淀不会析出。

思考题 10-2

将氨水加入 $MgCl_2$ 溶液中，将有白色沉淀产生，再加入足量的 NH_4Cl 浓溶液，白色沉淀溶解，这一过程中发生了哪些化学变化？

2. 金属硫化物

教学视频

沉淀的溶解(二)

很多金属硫化物难溶于水，在实际应用中，常利用硫化物溶度积的差异以及硫化物的特征颜色来分离或鉴定某些金属离子。金属硫化物也是弱酸盐，研究表明，游离的 S^{2-} 像 O^{2-} 一样是很强的碱，在水中难以存在。析出难溶金属硫化物 MS 的多相离子平衡必须考虑强碱 S^{2-} 对质子的亲和作用：

$$MS(s) \rightleftharpoons M^{2+}(aq) + S^{2-}(aq)$$

$$S^{2-}(aq) + H_2O(l) \rightleftharpoons HS^-(aq) + OH^-(aq)$$

所以，难溶金属硫化物的多相离子平衡为

$$MS(s) + H_2O(l) \rightleftharpoons M^{2+}(aq) + OH^-(aq) + HS^-(aq)$$

其平衡常数为

$$K^{\ominus} = c(M^{2+})c(OH^-)c(HS^-)$$

因为金属硫化物的分离常常在酸性溶液中进行，所以难溶金属硫化物在酸中的沉淀溶解平衡更有实际意义

$$MS(s) + 2H_3O^+(aq) \rightleftharpoons M^{2+}(aq) + H_2S(aq) + 2H_2O(l)$$

$$K_{spa}^{\ominus} = \frac{c(M^{2+})c(H_2S)}{c(H_3O^+)^2} \qquad [10\text{-}4(a)]$$

或

$$K_{spa}^{\ominus} = \frac{K_{sp}^{\ominus}(MS)}{K_{a1}^{\ominus}(H_2S)K_{a2}^{\ominus}(H_2S)} \qquad [10\text{-}4(b)]$$

$K_{spa}^{\ominus}$ 被称为难溶金属硫化物在酸中的溶度积常数。

设溶液中 M^{2+}的初始浓度为 $c(M^{2+})$，通入 H_2S 气体达饱和时，$c(H_2S) = 0.10mol \cdot L^{-1}$，则产生 MS 沉淀的最高 H_3O^+离子浓度 $c(H_3O^+)$(或最低 pH)可由式(10-4)推得

$$c(H_3O^+) = \sqrt{\frac{c(M^{2+})c(H_2S)K_{a1}^{\ominus}(H_2S)K_{a2}^{\ominus}(H_2S)}{K_{sp}^{\ominus}(MS)}} \qquad [10\text{-}5(a)]$$

或

$$c(H_3O^+) = \sqrt{\frac{c(M^{2+})c(H_2S)}{K_{spa}^{\ominus}(MS)}} \qquad [10\text{-}5(b)]$$

此即 MS 开始沉淀时的 $c(H_3O^+)$。显然，M^{2+}的初始浓度不同，$K_{sp}^{\ominus}$ 不同，开始沉淀的 $c(H_3O^+)$也不同。表 10-5 列出了计算出来的一些难溶金属硫化物开始沉淀及沉淀完全时的 $c(H_3O^+)$。

表 10-5 某些难溶金属硫化物沉淀开始及完全时的最高 $c(H_3O^+)$

硫化物	$K_{sp}^{\ominus}$	最高 $c(H_3O^+)/(mol \cdot L^{-1})$	
		开始沉淀时	沉淀完全时
MnS	2.5×10^{-10}	2×10^{-7}	2×10^{-9}
FeS	6.3×10^{-18}	1×10^{-3}	1×10^{-5}
NiS	3.2×10^{-19}	6×10^{-3}	6×10^{-5}
ZnS	2.5×10^{-22}	0.2	2×10^{-3}
CdS	8.0×10^{-27}	约 3.8	0.4
PbS	8.0×10^{-28}	3×10^{2}	3
CuS	6.0×10^{-36}	1×10^{6}	1×10^{4}

【例 10-6】 室温下，向 $0.10mol \cdot L^{-1}$ $FeSO_4$ 溶液中通入 $H_2S(g)$至饱和[$c(H_2S)=0.10mol \cdot L^{-1}$]，溶液中刚好有 FeS 沉淀生成，求此时溶液的 $c(H_3O^+)$。

解 $FeS(s) + 2H_3O^+(aq) \rightleftharpoons Fe^{2+}(aq) + H_2S(aq) + 2H_2O(l)$

$$K_{spa}^{\ominus}(FeS) = 4.4\times10^2$$

当溶液中刚好有 FeS 沉淀生成时，$c(H_2S) = 0.10mol \cdot L^{-1}$，$c(Fe^{2+}) = 0.10mol \cdot L^{-1}$。按式(10-5)，有

$$c(H_3O^+) = \sqrt{\frac{c(M^{2+})c(H_2S)}{K_{spa}^{\ominus}(MS)}} = \sqrt{\frac{0.10\times0.10}{4.4\times10^2}} = 4.8\times10^{-3}(mol\cdot L^{-1})$$

【例 10-7】 计算使 0.010mol 的 SnS 溶于 1.0L 盐酸中，所需盐酸的最低浓度。

解 当 0.010mol 的 SnS 全部溶于 1.0L 盐酸中时，溶液中 $c(Sn^{2+}) = 0.010mol \cdot L^{-1}$，解离出的 S^{2-}将与盐酸中的 H^+结合生成 H_2S，且 $c(H_2S) = 0.010mol \cdot L^{-1}$。

溶液中的 $c(H_3O^+)$为

$$\begin{aligned} c(H_3O^+) &= \sqrt{\frac{c(Sn^{2+})c(H_2S)}{K_{spa}^{\ominus}}} \\ &= \sqrt{\frac{c(Sn^{2+})c(H_2S)K_{a1}^{\ominus}(H_2S)K_{a2}^{\ominus}(H_2S)}{K_{sp}^{\ominus}(SnS)}} \\ &= \sqrt{\frac{0.010\times0.010\times1.1\times10^{-7}\times1.3\times10^{-13}}{1.0\times10^{-25}}} \\ &= 3.78(mol\cdot L^{-1}) \end{aligned}$$

这个浓度是溶液中平衡时的 $c(H_3O^+)$，原来的盐酸中的 H^+与 0.010mol 的 S^{2-}结合时消耗掉 0.020mol，故所需的盐酸的起始浓度为 $3.78 + 0.02 = 3.80(mol \cdot L^{-1})$。

在解题过程中，认为 SnS 溶解产生的 S^{2-}全部转化为 H_2S，这种做法是否合适？以 HS^-和 S^{2-}状态存在的部分占多大比例？当体系中 $c(H_3O^+)$为 $3.78mol \cdot L^{-1}$时，可以计算出此时 HS^-和 S^{2-}的存在量只是 H_2S 的 $1/10^7$ 和 $1/10^{23}$，所以这种解法是完全合理的。

思考题 10-3

某一元弱酸的解离常数为 $K_a^{\ominus}$，其难溶盐的溶度积常数为 $K_{sp}^{\ominus}$，则该难溶盐的溶解度 S 与溶液的 pH 有何关系？

用例 10-7 相同的方法讨论溶解 CuS 所需盐酸的浓度，结果是盐酸的浓度约为 $10^5 mol \cdot L^{-1}$，这个结果说明盐酸不能溶解 CuS。我们知道 CuS 可以溶于硝酸中，这是因为 HNO_3 可以将 S^{2-}氧化成单质 S，从而使平衡向溶解的方向移动。

10.2.2 配位反应对沉淀溶解平衡的影响

许多难溶化合物在配位剂的作用下，能够生成配离子而溶解。例如：

$$AgCl(s) + Cl^-(aq) \rightleftharpoons [AgCl_2]^-(aq)$$

$$HgI_2(s) + 2I^-(aq) \rightleftharpoons [HgI_4]^{2-}(aq)$$

这类配位溶解是难溶化合物溶于具有相同阴离子的溶液中，发生了加合反应。一些两性氢氧化物，如 $Al(OH)_3$、$Cr(OH)_3$、$Zn(OH)_2$ 和 $Sn(OH)_2$ 等，它们既可以溶于酸，又可以通过与 OH^-加合生成羟基配合物而溶于强碱，如生成$[Al(OH)_4]^-$、$[Cr(OH)_4]^-$、$[Zn(OH)_4]^{2-}$和$[Sn(OH)_3]^-$等。

现以 $Al(OH)_3$ 为例，讨论两性氢氧化物的配位溶解。$Al(OH)_3$ 在强碱中的配位反应为

$$Al(OH)_3(s) + OH^-(aq) \rightleftharpoons [Al(OH)_4]^-(aq)$$

其标准平衡常数表达式为

$$K^{\ominus} = \frac{c([Al(OH)_4]^-)}{c(OH^-)}$$

则 $Al(OH)_3$ 溶解度 S 即为生成的$[Al(OH)_4]^-$的浓度，即

$$S = c([Al(OH)_4]^-) = K^{\ominus}c(OH^-)$$

根据此式可绘出在碱性溶液中 $Al(OH)_3$ 的 S-pH 曲线，如图 10-2 所示。

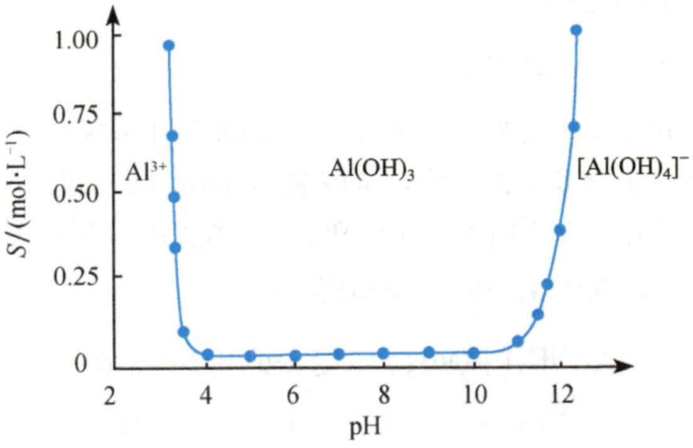

图 10-2　$Al(OH)_3$ 的 S-pH 图

从图中可以看出，当 pH < 3.4 时，$Al(OH)_3$ 溶解在酸中，生成 Al^{3+}；当 pH > 12.9 时，$Al(OH)_3$ 溶解在碱中，生成$[Al(OH)_4]^-$；pH 在 4～11 范围内 $Al(OH)_3$ 基本不溶解。

另一类配位溶解是难溶化合物溶于含有不同阴离子(或分子)的溶液中，发生了取代反应。例如，AgCl 溶于氨水中，CdS 溶于 HCl 溶液中，反应方程式为

$$AgCl(s) + 2NH_3(aq) \rightleftharpoons [Ag(NH_3)_2]^+(aq) + Cl^-(aq)$$

$$CdS(s) + 2H^+(aq) + 4Cl^-(aq) \rightleftharpoons [CdCl_4]^{2-}(aq) + H_2S(aq)$$

一般情况下，当难溶化合物的溶度积不是很小，并且配合物的稳定常数比较大时，有利于配位溶解反应的发生，因此可以利用此法来溶解某些难溶化合物。此外，配位剂的浓度也是影响难溶化合物能否发生配位溶解的重要因素之一。

【例 10-8】 已知 $K_f^\ominus([Ag(NH_3)_2]^+) = 1.1\times10^7$、$K_{sp}^\ominus(AgCl) = 1.8\times10^{-10}$，分别计算 AgCl 沉淀在水中和在 0.10mol · L^{-1} 氨水中的溶解度。

解 (1) 设 AgCl 沉淀在水中的溶解度 S_1。

$$S_1 = \sqrt{K_{sp}^\ominus} = \sqrt{1.8\times10^{-10}} = 1.3\times10^{-5}(\text{mol}\cdot\text{L}^{-1})$$

(2) 设 AgCl 沉淀在 NH_3 中的溶解度为 S_2。AgCl 在氨水中的溶解反应为

$$AgCl(s) + 2NH_3(aq) \rightleftharpoons [Ag(NH_3)_2]^+(aq) + Cl^-(aq)$$

起始浓度/(mol·L^{-1})	0.10	0	0
平衡浓度/(mol·L^{-1})	$0.10-2S_2$	S_2	S_2

$$K^\ominus = \frac{c([Ag(NH_3)_2]^+)\times c(Cl^-)}{[c(NH_3)]^2} = \frac{c([Ag(NH_3)_2]^+)\times c(Cl^-)}{[c(NH_3)]^2}\times\frac{c(Ag^+)}{c(Ag^+)}$$

$$= K_f^\ominus([Ag(NH_3)_2]^+)\times K_{sp}^\ominus(AgCl)$$

$$= 1.1\times10^7\times1.8\times10^{-10}$$

$$= 2.0\times10^{-3}$$

$$K^\ominus = \frac{S_2{}^2}{(0.10-2S_2)^2} = 2.0\times10^{-3}$$

$$S_2 = 4.5\times10^{-3}(\text{mol}\cdot\text{L}^{-1})$$

思考题 10-4

照相的定影过程是用 $Na_2S_2O_3$ 溶解胶片上未曝光的 AgX，在用久了的定影液中定影，胶片会发花；报废了的定影液，可以加适量 Na_2S 再生，但若 Na_2S 加得不够，只能恢复部分定影能力，若 Na_2S 加得过量，则在定影时胶片也会发花。为什么？

【例 10-9】 在 NH_3 浓度为 3.0mol · L^{-1}、$[Ag(NH_3)_2]^+$浓度为 0.10mol · L^{-1} 的溶液中加 NaCl 固体(忽略体积变化)，使 Cl^-的浓度为 0.010mol · L^{-1}，试判断有无 AgCl 沉淀生成。已知 $K_f^\ominus([Ag(NH_3)_2]^+) = 1.1\times10^7$、$K_{sp}^\ominus(AgCl) = 1.8\times10^{-10}$。

解 设加 NaCl 前混合溶液中 Ag^+ 的浓度为 x。

$$[Ag(NH_3)_2]^+(aq) \rightleftharpoons Ag^+(aq) + 2NH_3(aq)$$

平衡浓度/(mol·L^{-1})	$0.10-x$	x	$3.0+2x$

由于 $K_f^\ominus([Ag(NH_3)_2]^+)$值较大，解离出的 Ag^+浓度较小，可近似处理得 $0.10-x\approx0.10$，$3.0+2x\approx3.0$，故

$$K_d^\ominus = \frac{1}{K_f^\ominus} = \frac{c(Ag^+)\times[c(NH_3)]^2}{c([Ag(NH_3)_2]^+)} = \frac{x\cdot(3.0)^2}{0.10} = \frac{1}{1.1\times10^7}$$

$$x = 1.0\times10^{-9}\ (\text{mol}\cdot\text{L}^{-1})$$

其离子积为：$J = c(Ag^+)c(Cl^-) = 1.0\times10^{-9}\times0.010 = 1.0\times10^{-11} < K_{sp}^\ominus$

因此没有 AgCl 沉淀生成。

10.2.3 氧化还原反应对沉淀溶解平衡的影响

某些难溶电解质在有氧化剂或还原剂存在的条件下，由于发生氧化还原反应，降低了溶液中其组分离子的浓度而溶解。例如，CuS 不溶于盐酸，但易溶于具有氧化性的 HNO_3，其溶解反应为

$$3CuS(s) + 8H^+(aq) + 2NO_3^-(aq) = 3Cu^{2+}(aq) + 3S(s) + 2NO(g) + 4H_2O(l)$$

Ag_2S 溶于浓度较高的硝酸中：

$$3Ag_2S(s) + 8H^+(aq) + 2NO_3^-(aq) = 6Ag^+(aq) + 3S(s) + 2NO(g) + 4H_2O(l)$$

HgS 既不溶于盐酸，也不溶于硝酸，可溶于王水(浓硝酸和浓盐酸按体积比 1∶3 的混合溶液)：

$$3HgS(s) + 12Cl^-(aq) + 8H^+(aq) + 2NO_3^-(aq) = 3[HgCl_4]^{2-}(aq) + 3S(s) + 2NO(g) + 4H_2O(l)$$

在这一反应中，除 HNO_3 能将 HgS 中的 S^{2-}氧化为单质 S 外，生成配离子$[HgCl_4]^{2-}$也是促使 HgS 溶解的因素之一。

10.3　分步沉淀和沉淀转化

10.3.1　分步沉淀

在实际生产和科学实验中，溶液中往往含有多种离子，当加入某种沉淀剂时，这些离子可能均会发生沉淀反应，生成难溶电解质。但由于所生成难溶电解质的溶度积不同，所以发生沉淀的先后次序不同。了解离子沉淀的先后顺序以及后沉淀离子开始沉淀时先沉淀离子的沉淀程度等问题对离子的分离十分重要。

实验证明，在含有相同浓度 I^-和 Cl^-的混合溶液中，逐滴加入 $AgNO_3$ 溶液，开始仅生成黄色的 AgI 沉淀。只有当 $AgNO_3$ 加到一定量后，才会出现白色的 AgCl 沉淀。另外，在含有相同浓度(1×10^{-3}mol · L^{-1})的 Ag^+和 Pb^{2+}的混合溶液中，先加一滴 0.1mol · L^{-1} 的 K_2CrO_4 溶液，此时只有黄色的 $PbCrO_4$ 沉淀析出；如果继续滴加 K_2CrO_4 溶液，才有砖红色的 Ag_2CrO_4 沉淀析出。这种在溶液中离子发生先后沉淀的现象，称为分步沉淀(fractional precipitation)。

根据溶度积规则可以说明上述实验事实。假设混合溶液中 $c(I^-) = c(Cl^-) = 0.010$mol · L^{-1}，加入 $AgNO_3$ 溶液时，体系中可能存在下列平衡：

$$AgI(s) \rightleftharpoons Ag^+(aq) + I^-(aq) \qquad K_{sp}^{\ominus}(AgI) = c(Ag^+)c(I^-)$$

$$AgCl(s) \rightleftharpoons Ag^+(aq) + Cl^-(aq) \qquad K_{sp}^{\ominus}(AgCl) = c(Ag^+)c(Cl^-)$$

当 $c(I^-) = 0.010$mol · L^{-1} 时，析出 AgI 沉淀时所需最低 Ag^+的浓度为

$$c_1(Ag^+) = \frac{K_{sp}^{\ominus}(AgI)}{c(I^-)} = \frac{8.5\times10^{-17}}{0.010} = 8.5\times10^{-15}(mol\cdot L^{-1})$$

当 $c(Cl^-) = 0.010$mol · L^{-1} 时，析出 AgCl 沉淀时所需最低 Ag^+的浓度为

$$c_2(Ag^+) = \frac{K_{sp}^{\ominus}(AgCl)}{c(Cl^-)} = \frac{1.8\times10^{-10}}{0.010} = 1.8\times10^{-8}(mol\cdot L^{-1})$$

教学视频
分步沉淀和沉淀转化

动画
分步沉淀

思考题 10-5

向含有浓度都为 0.01mol · L^{-1}的 KCl、K_2CrO_4、$Na_2C_2O_4$ 的溶液中逐滴加入 0.01mol · L^{-1} $AgNO_3$ 溶液，产生沉淀的先后顺序如何？

$$c_1(Ag^+) \ll c_2(Ag^+)$$

可见，开始沉淀 I^- 时所需 Ag^+ 浓度比开始沉淀 Cl^-所需 Ag^+浓度小得多。所以，向含有 I^- 和 Cl^- 的混合溶液中，缓慢逐滴加入 $AgNO_3$ 稀溶液，Ag^+ 浓度逐渐增加，当 $c(Ag^+)c(I^-) \geqslant K_{sp}^{\ominus}(AgI)$ 时，AgI 沉淀开始析出。只有当溶液中 $c(Ag^+)$增大到一定程度，使 $c(Ag^+)c(Cl^-) \geqslant K_{sp}^{\ominus}(AgCl)$ 时，才有 AgCl 沉淀析出。总之，在溶液中某种沉淀对应的离子积首先达到或超过其溶度积时，就先析出该沉淀。

上例中，当 AgCl 沉淀开始析出时，溶液中 I^- 的浓度还剩多少呢？即当溶液中 $c_2(Ag^+) = 1.8 \times 10^{-8} mol \cdot L^{-1}$ 时：

$$c(I^-) = \frac{K_{sp}^{\ominus}(AgI)}{c_2(Ag^+)} = \frac{8.5 \times 10^{-17}}{1.8 \times 10^{-8}} = 4.7 \times 10^{-9}(mol \cdot L^{-1})$$

因此，当 AgCl 沉淀开始析出时，溶液中 I^-早已沉淀完全[$c(I^-) \ll 1.0 \times 10^{-5} mol \cdot L^{-1}$]。所以，通过控制溶液中 Ag^+的浓度，即可达到分离 I^-和 Cl^-的目的。

当体系中同时析出 AgI 和 AgCl 沉淀时，溶液中的 Ag^+浓度同时满足以下两个沉淀溶解平衡，即

$$Ag^+(aq) + I^-(aq) \rightleftharpoons AgI(s)$$

$$Ag^+(aq) + Cl^-(aq) \rightleftharpoons AgCl(s)$$

则有：

$$c(Ag^+)c(I^-) = K_{sp}^{\ominus}(AgI)$$
$$c(Ag^+)c(Cl^-) = K_{sp}^{\ominus}(AgCl)$$

因此
$$\frac{K_{sp}^{\ominus}(AgCl)}{c(Cl^-)} = \frac{K_{sp}^{\ominus}(AgI)}{c(I^-)}$$

$$\frac{c(I^-)}{c(Cl^-)} = \frac{K_{sp}^{\ominus}(AgI)}{K_{sp}^{\ominus}(AgCl)} = \frac{8.5 \times 10^{-17}}{1.8 \times 10^{-10}} = 4.7 \times 10^{-7}$$

由上述计算可知，溶度积差别越大，就越有可能利用分步沉淀的方法进行分离。但必须指出的是，只有对同一类型的难溶电解质，且被沉淀的离子浓度相同或相近的情况下，慢慢逐滴加入沉淀剂时，才是溶度积小的沉淀先析出，溶度积大的沉淀后析出。

分步沉淀的次序不仅与难溶电解质的类型和溶度积有关，还与溶液中各种对应离子的浓度有关。溶液中被沉淀离子浓度的改变，可以使分步沉淀的次序发生变化。

例如，当混合溶液中 $c(Cl^-) > 2.1 \times 10^6 c(I^-)$时(此种情况与海水中的情况相近)，开始生成 AgCl 沉淀所需要的 Ag^+ 浓度比开始生成 AgI 沉淀所需要的 Ag^+浓度小，此时逐滴加入 $AgNO_3$ 溶液，首先是 AgCl 的离子积 J 达到

拓展知识

当溶液中含有多种离子且都能与沉淀剂发生沉淀反应时，一种离子形成沉淀时，其他金属离子常被夹杂在一起沉淀下来，称为“共沉淀”。因此，通过分步沉淀分离物质时，不仅要求难溶电解质的溶解度相差足够大，还需要反复多次操作。

溶度积而沉淀。总之，当溶液中同时有多种离子存在时，离子积 J 首先超过溶度积 $K_{sp}^{\ominus}$ 的难溶电解质将先生成沉淀。

【例 10-10】 在 1.0mol · L^{-1}的 $ZnSO_4$溶液中，含有杂质 Fe^{3+}，欲使 Fe^{3+}以 $Fe(OH)_3$ 的形式沉淀除去，而不使 Zn^{2+}沉淀，问溶液的 pH 应控制在什么范围？若溶液中还含有 Fe^{2+}，能否同时被除去？如何除去？

解 查附表五知 $K_{sp}^{\ominus}[Zn(OH)_2] = 3.2 \times 10^{-17}$、$K_{sp}^{\ominus}[Fe(OH)_3] = 2.8 \times 10^{-39}$、$K_{sp}^{\ominus}[Fe(OH)_2] = 4.9 \times 10^{-17}$。

根据题意，首先应考虑使 Fe^{3+}完全沉淀的 pH。当溶液中 $c(Fe^{3+}) \leqslant 1.0\times10^{-5}mol \cdot L^{-1}$时，即认为 Fe^{3+}已沉淀完全，此时要求溶液中 OH^-浓度为

$$c(OH^-) \geqslant \sqrt[3]{\frac{K_{sp}^{\ominus}[Fe(OH)_3]}{1.0\times10^{-5}}} = 6.5\times10^{-12}(mol\cdot L^{-1})$$

则 $$pH \geqslant 14 - pOH = 2.81$$

然后再考虑不使 Zn^{2+}沉淀的 pH。不使 Zn^{2+}生成 $Zn(OH)_2$ 沉淀的条件是

$$c(Zn^{2+})c(OH^-)^2 < K_{sp}^{\ominus}[Zn(OH)_2]$$

$$c(OH^-) < \sqrt{\frac{K_{sp}^{\ominus}[Zn(OH)_2]}{c(Zn^{2+})}} = \sqrt{\frac{3.2\times10^{-17}}{1.0}} = 5.7\times10^{-9}(mol\cdot L^{-1})$$

则 $$pH < 5.75$$

可见，溶液中不生成 $Zn(OH)_2$ 沉淀的条件是 $pH < 5.75$，而 $Fe(OH)_3$ 沉淀完全的条件是 $pH \geqslant 2.81$。因此，控制溶液的 pH 为 2.81～5.75，便可既除去杂质 Fe^{3+}，又不会生成 $Zn(OH)_2$ 沉淀，从而达到分离 Fe^{3+}和 Zn^{2+}的目的。

若溶液中还含有 Fe^{2+}，则可考虑当溶液的 pH 为 5.75，即 $c(OH^-) = 5.7\times10^{-9}mol \cdot L^{-1}$时，$Fe^{2+}$ 可以残留在溶液中的浓度：

$$c(Fe^{2+}) = \frac{K_{sp}^{\ominus}[Fe(OH)_2]}{c(OH^-)^2} = \frac{4.9\times10^{-17}}{(5.7\times10^{-9})^2} = 1.5(mol\cdot L^{-1})$$

Fe^{2+}的浓度很大，所以 Fe^{2+}不能同时被除去。

要除去 Fe^{2+}杂质，不能用调高 pH 的方法，因为 pH 大于 5.75 时，会有 $Zn(OH)_2$ 沉淀生成。因此，可考虑用适当的氧化剂(如 H_2O_2，不会引入新的杂质)将 Fe^{2+}氧化成 Fe^{3+}，然后使其生成 $Fe(OH)_3$ 沉淀除去。

10.3.2 沉淀转化

有些沉淀既不溶于水也不溶于酸，还不能用配位溶解和氧化还原溶解的方法将它直接溶解。这时，可借助合适的试剂，将这种难溶电解质转化为另一种难溶电解质，然后再使其溶解。这种将一种沉淀转化为另一种沉淀的过程，称为沉淀转化(precipitation conversion)。例如，附在锅炉内壁的锅垢，其主要成分是较难溶于水、又难溶于酸的 $CaSO_4$，可以用 Na_2CO_3 溶液，将 $CaSO_4$ 转化为可溶于酸的 $CaCO_3$ 沉淀，这样就容易将锅垢清除了。其反应过程如下：

$$CaSO_4(s) + CO_3^{2-}(aq) \rightleftharpoons CaCO_3(s) + SO_4^{2-}(aq)$$

反应的标准平衡常数表达式为

$$K^\ominus = \frac{c(SO_4^{2-})}{c(CO_3^{2-})} = \frac{K_{sp}^\ominus(CaSO_4)}{K_{sp}^\ominus(CaCO_3)} = \frac{4.9\times10^{-5}}{2.8\times10^{-9}} = 1.8\times10^4$$

$K^\ominus$很大，说明上述的沉淀转化反应较易进行。

思考题 10-6

溶度积小的难溶电解质能自发转化为溶度积大的难溶电解质吗？

【例 10-11】 将 0.010mol 的 AgCl 置于 100mL 纯水中达到平衡。向此体系中加入 0.0050mol 的固体 KI，达到平衡后，有多少摩尔的 AgCl 转化为 AgI？溶液中 Ag^+、Cl^-、I^-的平衡浓度各为多少？(设加入 AgCl 和 KI 后，水的体积变化忽略不计，也不考虑 Ag^+与 Cl^-、I^-形成配离子)

解 所加入的 KI 的浓度为

$$\frac{0.0050}{100/1000} = 0.050(mol\cdot L^{-1})$$

设每升溶液中有 $x$mol AgCl 发生转化：

$$AgCl(s) + I^-(aq) \rightleftharpoons AgI(s) + Cl^-(aq)$$

平衡浓度/($mol\cdot L^{-1}$) $\quad 0.05 - x \qquad x$

$$K^\ominus = \frac{c(Cl^-)}{c(I^-)} = \frac{K_{sp}^\ominus(AgCl)}{K_{sp}^\ominus(AgI)} = \frac{1.8\times10^{-10}}{8.5\times10^{-17}} = 2.1\times10^6$$

即
$$\frac{x}{0.050 - x} = 2.1\times10^6$$

所以
$$c(Cl^-) = x = 0.050\ (mol\cdot L^{-1})$$

$$c(Ag^+) = \frac{K_{sp}^\ominus(AgCl)}{c(Cl^-)} = \frac{1.8\times10^{-10}}{0.050} = 3.6\times10^{-9}(mol\cdot L^{-1})$$

$$c(I^-) = \frac{c(Cl^-)}{2.1\times10^6} = \frac{0.050}{2.1\times10^6} = 2.4\times10^{-8}(mol\cdot L^{-1})$$

$$n(AgCl) = c(Cl^-)\times V_{总} = 0.050\times0.100 = 0.0050(mol)$$

所加入的 AgCl 有 0.0050mol 转化成了 AgI。

一般来说，由一种难溶电解质转化为一种更难溶电解质的过程是较易实现的，但反过来，就比较困难。沉淀的生成或转化除了与溶解度或溶度积有关外，还与离子浓度有关。当涉及两种溶解度或溶度积相差不大的难溶电解质的转化，且有关离子浓度差别又较大时，必须进行具体计算，才能确定反应进行的方向。

【例 10-12】 用 Na_2CO_3 溶液可以将某些难溶性的硫酸盐转化为难溶性的碳酸盐。

(1) 若在 1.0L Na_2CO_3 溶液中溶解 0.010mol 的 $SrSO_4(s)$，则 Na_2CO_3 溶液的开始浓度最低应为多少？

(2) 若在 1.0L Na_2CO_3 溶液中溶解 0.010mol 的 $BaSO_4(s)$，则 Na_2CO_3 溶液的最初浓度不得低于多少？

解 (1) 设达到平衡时 CO_3^{2-} 的浓度为 x，$SrSO_4$ 与 Na_2CO_3 之间发生的离子反应为

$$SrSO_4(s) + CO_3^{2-}(aq) \rightleftharpoons SrCO_3(s) + SO_4^{2-}(aq)$$

平衡浓度/($mol \cdot L^{-1}$)　　x　　0.010

$$K_1^{\ominus} = \frac{c(SO_4^{2-})}{c(CO_3^{2-})} = \frac{K_{sp}^{\ominus}(SrSO_4)}{K_{sp}^{\ominus}(SrCO_3)} = \frac{3.4\times10^{-7}}{5.6\times10^{-10}} = 6.1\times10^2$$

$$x = 0.010/K_1^{\ominus} = 1.6\times10^{-5}$$

$$c(CO_3^{2-}) = 1.6\times10^{-5} mol\cdot L^{-1}$$

因为溶解 1mol $SrSO_4$ 要消耗 1mol Na_2CO_3，所以在 1.0L 溶液中要溶解 0.010mol $SrSO_4(s)$，所需 Na_2CO_3 的最初浓度至少为

$$c_1(Na_2CO_3) = 0.010 + 1.6\times10^{-5} = 0.010(mol\cdot L^{-1})$$

(2) 设达到平衡时 CO_3^{2-} 的浓度为 y，$BaSO_4$ 与 Na_2CO_3 之间发生的离子反应为

$$BaSO_4(s) + CO_3^{2-}(aq) \rightleftharpoons BaCO_3(s) + SO_4^{2-}(aq)$$

平衡浓度/($mol \cdot L^{-1}$)　　y　　0.010

$$K_2^{\ominus} = \frac{c(SO_4^{2-})}{c(CO_3^{2-})} = \frac{K_{sp}^{\ominus}(BaSO_4)}{K_{sp}^{\ominus}(BaCO_3)} = \frac{1.1\times10^{-10}}{2.6\times10^{-9}} = 0.042$$

$$y = 0.010/K_2^{\ominus} = 0.24$$

所以溶解 0.010mol 的 $BaSO_4(s)$所需 Na_2CO_3 溶液的最初浓度为

$$c_2(Na_2CO_3) = 0.010 + 0.24 = 0.25(mol\cdot L^{-1})$$

思考题 10-7

例 10-12 结果表示，在 1.0L Na_2CO_3 溶液中溶解 0.010mol $BaSO_4$ 所需的 Na_2CO_3 浓度比溶解同样量的 $SrSO_4$ 所需的 Na_2CO_3 浓度大得多，为什么？

化学史话

科学全才——阿伦尼乌斯

斯万特·奥古斯特·阿伦尼乌斯（S. A. Arrhenius，1859—1927，瑞典物理化学家）

我们常称阿伦尼乌斯为化学家，主要是由于他提出了电离理论，并因此获得了1903年诺贝尔化学奖。然而，那只是他全部成果的冰山一角，实际上他的研究涉猎甚广。

1883年，年仅24岁的阿伦尼乌斯提出了著名的电离理论。该理论认为电解质溶于水，其分子能解离成导电的离子，这是电解质导电的根本原因，同时溶液越稀，电解质电离度越大。电离理论是物理化学上的重大贡献，也是化学发展史上的重要里程碑，能够解释溶液的许多性质，构筑了物理和化学之间的重要桥梁。

阿伦尼乌斯还研究了温度对化学反应速率的影响，提出活化分子和活化能的概念，导出了著名的反应速率公式，即阿伦尼乌斯方程，这使得化学动力学向前迈进了一大步。

阿伦尼乌斯开展了天体物理学和气象学研究。他在1896年发表了“大气中的二氧化碳对地球温度的影响”的论文，预测了人类活动对全球变暖的影响，还著有《天体物理学教科书》。

在生物化学方面，阿伦尼乌斯最先对血清疗法的机理做出了解释，著有《免疫化学》一书，是免疫化学的奠基之作。此外，他还对各种毒素使人体、动物体中毒的机理研究做出了一定贡献。

阿伦尼乌斯对生命起源也有独到的见解，认为地球上的生命体来自于外星球，最初是以孢子或其他某种具有顽强生命力形式的微生物带到地球上来的。这一离经叛道的观点，至今是很多科幻作品的灵感来源。

晚年的阿伦尼乌斯体弱多病，但他仍不肯放下自己的研究。他抱病坚持修改完成了《世界起源》的第二卷。1927年10月2日，这位68岁的科学巨匠与世长辞。

阿伦尼乌斯的一生给后人以很大的思想启迪。首先，他坚信科学，不信宗教，是一位坚定的自然科学唯物主义者；其次，他知识渊博，对自然科学的各个领域都学有所长；另外，他热爱祖国，为报效祖国而放弃国外的荣誉和优越条件，在当今仍是所有科学工作者的楷模。

拓展阅读

习　题

教学视频

习题课

10-1 下列叙述是否正确？请说明原因。

(1) 溶解度大的难溶电解质，其溶度积也一定大；

(2) 为了使某种离子沉淀得很完全，所加沉淀剂越多越好；

(3) 所谓沉淀完全，就是指溶液中这种离子的浓度为零；

(4) 对含有多种可被沉淀离子的溶液来说，当逐滴慢慢加入沉淀剂时，一定是浓度大的离子首先被沉淀。

10-2 已知25℃时，PbI_2的$K_{sp}^{\ominus}=9.8\times10^{-9}$，计算：

(1) PbI_2 在水中的溶解度($mol \cdot L^{-1}$)；

(2) PbI_2 饱和溶液中 $c(Pb^{2+})$和 $c(I^-)$；

(3) PbI_2 在 $0.10mol \cdot L^{-1}$ KI 溶液中的溶解度($mol \cdot L^{-1}$)；

(4) PbI_2 在 0.20mol · L^{-1} $Pb(NO_3)_2$ 溶液中的溶解度(mol · L^{-1})。

10-3 已知室温时下列各物质的溶解度(括号内数值)，试求它们的 $K_{sp}^{\ominus}$：

(1) AgBr (7.3×10^{-7}mol · L^{-1})；

(2) $Mg(NH_4)PO_4$ (6.3×10^{-5}mol · L^{-1})；

(3) $Pb(IO_3)_2$ (4.5×10^{-5}mol · L^{-1})。

10-4 在 $Pb(NO_3)_2$ 与 NaCl 的混合溶液中，$Pb(NO_3)_2$ 的浓度为 0.20mol · L^{-1}，在此混合溶液中：

(1) Cl^-的浓度为 5.0×10^{-4}mol · L^{-1} 时，能否产生 $PbCl_2$ 沉淀?

(2) Cl^-的浓度为多大时，开始生成 $PbCl_2$ 沉淀?

(3) 当 Cl^- 的浓度为 6.0×10^{-2}mol · L^{-1} 时，溶液中 Pb^{2+} 的浓度为多少?

10-5 0.30mol · L^{-1} HCl 溶液中含有一定数量的 Cd^{2+}，当不断通入 H_2S 气体并达到饱和[$c(H_2S)$ = 0.10mol · L^{-1}]时，Cd^{2+} 能否沉淀完全?

10-6 某溶液中含有 Fe^{3+}和 Zn^{2+}，浓度均为 0.050mol · L^{-1}，若欲将两者分离，应如何控制溶液的 pH?

10-7 在 500mL 0.20mol · L^{-1} 的 $MgCl_2$ 溶液中，加入 500mL 0.020mol · L^{-1} $NH_3 \cdot H_2O$，是否有 $Mg(OH)_2$ 沉淀产生? 若再加入 0.10mol NH_4Cl 固体，有无变化?

10-8 将 0.010mol 的 CuS 溶于 1.0 L 盐酸中，计算所需的盐酸的最低浓度。从计算结果说明盐酸能否溶解 CuS。

10-9 分别计算下列各反应的标准平衡常数，并判断反应进行的方向。(设各反应离子的浓度均为 0.10mol · L^{-1})

(1) $PbS(s) + 2HAc(aq) \rightleftharpoons Pb^{2+}(aq) + H_2S(aq) + 2Ac^-(aq)$

(2) $Mg(OH)_2(s) + 2NH_4^+(aq) \rightleftharpoons Mg^{2+}(aq) + 2NH_3 \cdot H_2O(aq)$

(3) $Cu^{2+}(aq) + H_2S(aq) \rightleftharpoons CuS(s)\ (aq) + 2H^+(aq)$

(4) $PbCO_3(s) + S^{2-}(aq) \rightleftharpoons PbS(s) + CO_3^{2-}(aq)$

(5) $AgBr(s) + Cl^-(aq) \rightleftharpoons AgCl(s) + Br^-(aq)$

10-10 在 0.10mol · L^{-1} 的 $K[Ag(CN)_2]$溶液中，加入固体 KCN，使 CN^-的浓度为 0.10mol · L^{-1}，然后再分别加入：

(1) KI 固体，使 I^- 的浓度为 0.10mol · L^{-1}；

(2) Na_2S 固体，使 S^{2-} 的浓度为 0.10mol · L^{-1}。

计算体系的 J 值并判断是否能产生沉淀(忽略体积变化)。

10-11 在 1.0L 的 0.10mol · L^{-1} $[Ag(NH_3)_2]^+$溶液中，加入 0.20mol 的 KCN 晶体(忽略加入固体引起的溶液体积变化)，求溶液中$[Ag(NH_3)_2]^+$、$[Ag(CN)_2]^-$、NH_3 及 CN^- 的浓度。

10-12 将 0.10mol · L^{-1} $AgNO_3$ 与 0.10mol · L^{-1}KCl 溶液以等体积混合，加入浓氨水(忽略加入浓氨水引起的体积变化)使 AgCl 沉淀恰好溶解。试问：

(1) 混合溶液中游离的氨浓度是多少?

(2) 向混合溶液中加入固体 KBr，并使 KBr 浓度为 0.20mol · L^{-1}，有无 AgBr 沉淀产生?

(3) 欲防止 AgBr 沉淀析出，氨水的浓度至少为多少?

10-13 已知某溶液中含有 0.10mol · L^{-1} Zn^{2+} 和 0.10mol · L^{-1} Cd^{2+}，当在此溶液中通入

H_2S 达饱和时[$c(H_2S) = 0.10mol \cdot L^{-1}$]

(1) 哪种离子先沉淀？

(2) 使 Zn^{2+} 开始沉淀的 $c(H_3O^+)$为多少？

(3) 为了使 Cd^{2+}沉淀完全，溶液中 $c(H_3O^+)$应为多少？

10-14 若 $BaCO_3$ 沉淀中尚有 0.015mol 的 $BaSO_4$，在 1 L 此沉淀的饱和溶液中应加入多少摩尔 Na_2CO_3，才能使 $BaSO_4$ 完全转变为 $BaCO_3$？

10-15 计算 CuCl 转化为 CuI 的反应的标准平衡常数。在 1 L 溶液中含有 0.050mol KI，并与 0.10mol CuCl 共存，当转化达到平衡时，计算溶液中 Cu^+、Cl^-、I^-的浓度各为多少。

10-16 某溶液中含有 Ag^+、Pb^{2+}、Ba^{2+}、Sr^{2+}，各种离子浓度均为 $0.10mol \cdot L^{-1}$。如果逐滴加入 K_2CrO_4 稀溶液(忽略溶液体积变化)，通过计算说明上述几种离子的铬酸盐开始沉淀的先后顺序。

(中南大学　　王曼娟)

第 11 章　电化学基础

氧化还原反应(oxidation-reduction reaction)是涉及物质间电子转移的一类重要化学反应。早在远古时代，“燃烧”这一氧化还原反应的应用促进了人类的进化。地球上植物的光合作用也是氧化还原过程，据估计，每年通过光合作用储存了大约 10^{17}kJ 的能量，同时将 10^{10}t 的碳转换为碳水化合物和其他有机物。人体动脉血液中的血红蛋白(Hb)与氧结合形成氧合血红蛋白(HbO_2)，当人体活动需要能量时，氧合肌红蛋白便释放氧将葡萄糖氧化，并放出能量，这种体内的缓慢“燃烧”反应即氧化还原反应使生命得以维持和生长。现代化学工业中约50%以上的反应都涉及氧化还原反应，如金属冶炼、高能燃料和众多化工产品的合成等。我国神舟十四号飞船运载火箭的推进剂为四氧化二氮(N_2O_4)和偏二甲肼($C_2H_8N_2$)，两者的燃烧反应产生的能量和膨胀气体推动火箭升空。生活中电子产品及电动汽车所用的锂离子电池在充放电过程中均涉及氧化还原过程。在原电池中自发的氧化还原反应的化学能转变为电能，而在电解池中电能促使非自发反应进行，是将电能转化为化学能。电能与化学能之间的相互转化是电化学研究的重要内容，电化学是一门研究电学参数与化学变化关系的科学，是化学科学的分支学科之一。

第 11 章　导学

在任何电化学过程中总是伴随着电子转移的氧化还原过程。在氧化还原反应的讨论中，经常要用到电化学的概念和原理。本章将以原电池作为讨论氧化还原反应的物理模型，重点讨论标准电极电势的概念以及影响电极电势的因素。同时将氧化还原反应与原电池电动势联系起来，判断反应进行的方向和限度，为今后深入地学习电化学打下初步基础。

11.1　氧化还原反应

无机化学反应一般可分为两大类型：一类是非氧化还原反应(non oxidation-reduction reaction)，其反应过程只是离子的交换，而原子或离子没有氧化数的变化(即没有电子的得失或偏移)，如酸碱反应、沉淀反应等。另一类是氧化还原反应，在反应过程中，某些原子或离子的氧化数发生变化(即有电子得失或偏移)。本节将讨论氧化还原反应涉及的一些基本概念，以及反应式的配平。

教学视频
氧化数与离子-电子配平法

11.1.1 氧化数

为了描述原子带电状态的变化及其氧化或还原的程度，定义氧化剂、还原剂以及氧化还原反应，人们引入了氧化数(oxidation number)的概念。1997 年，IUPAC 对氧化数作了严格的定义：原子的氧化数是对它参与形成的异核共价键进行离子化近似后该原子所带的电荷，也是一个原子的表观电荷数(apparent charge number)，其数值取决于原子形成分子时，得失电子数或偏移的电子数。确定氧化数的规则如下：

(1) 任何形态的单质中，元素的氧化数等于零。这是因为相同元素原子电负性相等，在形成单质时，化学键中没有电子的转移或偏移。

(2) 在离子化合物中，单原子离子的氧化数等于它所带的电荷数。如 $MgCl_2$ 中，镁原子的氧化数是+2，氯原子的氧化数为−1。

(3) 对于结构已知的共价型化合物，元素原子的氧化数可按照元素电负性的大小，将共用电子对归属于电负性较大的那个原子，再由各原子上的电荷数确定它们的氧化数，如 CO_2 中碳原子的氧化数为+4，氧为−2。

(4) 结构未知的化合物中某元素原子的氧化数可按下面的习惯规定计算得到：

(i) 在化合物中，所有元素原子的氧化数的代数和等于零。

(ii) 在多原子离子中，有关元素氧化数的代数和，就是该复杂离子的电荷数。

(iii) 氢原子的氧化数为+1，但活泼金属氢化物(如 LiH、CaH_2)中氢的氧化数为−1。

(iv) 氧的氧化数为−2，但在过氧化物(如 H_2O_2、BaO_2)中，氧的氧化数为−1；在超氧化物(如 KO_2)中，氧的氧化数为 $-1/2$；在氟氧化物(如 OF_2)中，氧的氧化数为+2。

(v) 氟是电负性最大的元素，氟在化合物中的氧化数皆为−1。

根据这些规则，我们可以计算复杂分子中任一元素的氧化数。

【例 11-1】 试求 Pb_3O_4 中 Pb 的氧化数。

解 已知氧的氧化数为−2，设 Pb 的氧化数为 x，则

$$3x + 4 \times (-2) = 0$$

$$x = +\frac{8}{3}$$

即 Pb 的氧化数为 $+\frac{8}{3}$。

【例 11-2】 试求高锰酸钾($KMnO_4$)中 Mn 的氧化数。

解 已知氧的氧化数为−2，钾的氧化数为+1，设锰的氧化数为 x，则

$$x + 4 \times (-2) = -1$$

$$x = +7$$

即 Mn 的氧化数为+7。

对于有机化合物而言，一般情况，所含氢原子的电负性比碳原子小，则氢原子的氧化数为+1；其所含 O、N、S、X 等杂原子的电负性都比碳原子大，相应的氧化数为负值，依次规定为−2、−3、−2、−1。因此，有机化合物中，无论碳原子是否以单键、双键或三键与杂原子连接，其有关元素氧化数的代数和为零，如碳元素的氧化数在 CH_3CH_2OH、CH_3CHO、CH_3COOH 中分别为−2、−1、0。同理，在 CH_4、CH_3Cl、CH_2Cl_2、$CHCl_3$、CCl_4 分子中，碳的氧化数依次分别为−3、0、+2、+4。

在中学阶段，我们还学习了化合价这个概念，即一种元素一定数目的原子与其他元素一定数目的原子化合的性质，称为这种元素的化合价。化合价是从物质的微观结构出发得到的，表示的是元素原子结合成分子时，原子数目的比例关系，其值只能是整数。例如，在 Fe_3O_4 的结构中，上面两个 Fe 为+3 价，下面一个 Fe 为+2 价，O 为−2 价。

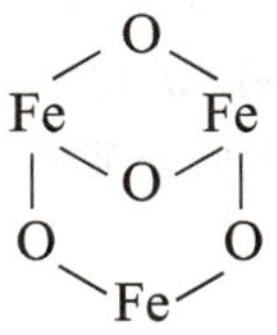

氧化数的数值是从化学式出发计算得到的，其值可以是正数、负数或分数。例如 Fe_3O_4 中，O 的氧化数为−2，Fe 的氧化数为 +8/3 。虽化合价比氧化数更能反映分子内部的基本属性，但氧化数在化学式的书写和方程式的配平中很有实用价值。

11.1.2　氧化还原的概念

物质的氧化，一般是指获得氧气、失去氢气或失去一个或多个电子；同理，还原是指失去氧、获得氢或获得一个或多个电子。

首先分析几个典型的氧化还原反应：

① $CuO + H_2 === Cu + H_2O$

② $2KI + Cl_2 === I_2 + 2KCl$

③ $2KMnO_4 + 16HCl === 2MnCl_2 + 5Cl_2\uparrow + 2KCl + 8H_2O$

④ $SiO_2 + 3C === SiC + 2CO\uparrow$

从反应①可以看出，氧化铜失去氧原子，还原为金属铜，而氢分子得到氧原子。早期的氧化、还原概念依此而定义，即夺得含氧化合物中氧的反应称氧化反应；含氧化合物里的氧被夺去的反应称还原反应。

反应②没有氧元素参加，无得失氧原子可言，但仍然是氧化还原反应。对于更复杂的氧化还原反应③，判断氧化还原要以得失氧原子作标准则很困难，如果根据氧化数变化则很容易确定。采用氧化数概念，给氧化还原反应定义为：化学反应中，反应前后元素原子的氧化数发生了变化的一类反应为氧化还原反应。

例如，上述反应③有

$$2K\overset{+7}{Mn}O_4 + 16H\overset{-1}{Cl} = 2\overset{+2}{Mn}Cl_2 + 5\overset{0}{Cl_2} + 2KCl + 8H_2O$$

在反应中，锰的氧化数从+7降为+2；而在5个Cl_2中，氯的氧化数从−1升为0。氯元素氧化数升高(相当于失电子)的过程称为氧化；锰元素氧化数降低(相当于得电子)的过程称为还原。在反应中，氧化数升高的物质(HCl)称为还原剂，它在反应过程中使氧化剂还原，表现出还原性，而本身所发生的过程是氧化过程，即被氧化。在反应中氧化数降低的物质($KMnO_4$)称为氧化剂，它在反应过程中使还原剂氧化，表现出氧化性，而本身发生还原过程而被还原。

反应④为超硬材料碳化硅的制备反应，反应过程中一部分单质碳与氧结合生成一氧化碳，另一部分与硅结合生成碳化硅。一氧化碳中碳的氧化数升为+2。在碳化硅中，硅与碳以共价键形式结合，其中碳的电负性更大，共用电子对偏向碳原子，因此碳的氧化数为−4。在该反应中，有两个碳原子被氧化而氧化数升高，一个碳原子被还原而氧化数降低，因此该反应也属于氧化还原反应。

需要说明的是：

$$SiO_2 + 3\overset{0}{C} = Si\overset{-4}{C} + 2\overset{+2}{C}O\uparrow$$

(1) 氧化剂和还原剂是指能使其他物质氧化和还原的物质，而氧化、还原则是指反应过程。

(2) 氧化与还原总是同时发生，氧化剂与还原剂总是同时存在，它们互相依存，共处于同一氧化还原体系中。

(3) 在氧化还原反应中，氧化剂和还原剂可以是同一种物质，如氯气和水的反应。氧化剂和还原剂虽然都是Cl_2，实际上是在Cl_2中，一个Cl原子起了还原剂作用，另一个Cl原子起了氧化剂的作用。上述反应④也属于该类反应。

有机化合物的氧化还原反应用氧化数的升高或降低来表示也是可以的。但更为普遍的说法是：有机化学中的氧化是指在分子中加氧或脱氢的反应，而还原是指在分子中脱氧或加氢的反应。

11.1.3 氧化还原反应方程式的配平

配平氧化还原方程式，先应根据反应条件(如温度、压强、介质的酸碱性等)，确定氧化还原产物，然后再由氧化剂和还原剂氧化数的变化相等的原则，或氧化剂和还原剂得失电子数相等的原则进行配平。前者称为氧化数法，后者称为离子-电子法，下面将重点讨论原电池中更为常用的后者。

离子-电子法的配平原则为：

(1) 反应过程中氧化剂所获电子数必须等于还原剂失去的电子数。

(2) 反应前后各元素的原子总数相等。

以高锰酸钾与亚硫酸钾的反应为例，说明离子电子法配平氧化还原方程式的具体步骤：

(i) 将反应式改写为离子反应式：

$$KMnO_4 + K_2SO_3 \longrightarrow MnSO_4 + K_2SO_4$$

$$MnO_4^- + SO_3^{2-} \longrightarrow Mn^{2+} + SO_4^{2-}$$

(ii) 将离子方程式分成氧化和还原两个未配平的半反应式：

还原半反应 $MnO_4^- \longrightarrow Mn^{2+}$

氧化半反应 $SO_3^{2-} \longrightarrow SO_4^{2-}$

(iii) 配平半反应式，用电子得失平衡半反应两边的电荷数：

还原半反应 $$MnO_4^- + 8H^+ + 5e^- = Mn^{2+} + 4H_2O \quad (1)$$

氧化半反应 $$SO_3^{2-} + H_2O = SO_4^{2-} + 2H^+ + 2e^- \quad (2)$$

(1) 式中产物 Mn^{2+}比反应物MnO_4^-少 4 个氧原子，因反应是在酸性介质中进行，所以加 8 个 H^+，生成 4 个 H_2O。反应物MnO_4^-和 $8H^+$的总电荷数为+7，而产物 Mn^{2+}的电荷数只有+2，故在反应物中加 5 个电子，使半反应两边的原子数和电荷数皆相等。

(2) 式中产物比反应物SO_3^{2-}多 1 个氧原子，在酸性介质中反应，应加 1 个 H_2O，生成 2 个 H^+。反应物SO_3^{2-}的电荷数只有−2，而产物SO_4^{2-}和 $2H^+$的总电荷数为 0，故在产物中加 2 个电子，使之配平。

(iv) 根据电子的得失求出最小公倍数，将两个半反应分别乘以相应系数，合并两个半反应式，即配平反应式：(1) × 2 + (2) × 5。

$$2MnO_4^- + 5SO_3^{2-} + 6H^+ = 2Mn^{2+} + 5SO_4^{2-} + 3H_2O$$

恢复成为反应方程式，注意未变化的离子的配平：

$$2KMnO_4 + 5K_2SO_3 + 3H_2SO_4 = 2MnSO_4 + 6K_2SO_4 + 3H_2O$$

离子电子法突出了化学计量数的变动是电子得失的结果，更能反映氧化还原反应的真实情况。值得注意的是，无论配平的是离子方程式或反应方程式，都不能出现游离电子。离子电子法仅适用于水溶液中离子反应的配平，由于大多数氧化还原反应都是在水溶液中进行的，只要熟练掌握此法，还是很方便的。

11.2 原电池与电池电动势

使化学能转变为电能的装置，称为原电池(voltaic cell)或简称电池(cell)。

11.2.1 原电池

教学视频
原电池

1. 原电池的构造

将化学反应能转变为电能，一般要求该化学反应是一个氧化还原反应，或者在整个反应过程中经历了氧化还原作用；其次必须给予适当的装置，使化学反应分别通过电极上的反应来完成。组成电池必须有两个电极及能与电极建立电化学反应平衡的相应电解质(如电解质溶液)，此外还有其他附属设备。若两个电极置于同一电解质溶液中，则为单液电池；若两个电极在不同的电解质溶液中，则为双液电池。两个电解质溶液之间可用膜或素烧瓷杯分开，也可将两个电解质溶液放在不同的容器中再用盐桥(salt bridge)相连。

盐桥一般为充满惰性电解质的U形玻璃管，用于连接原电池的氧化和还原半电池，通过内部离子移动形成电池电路循环，同时能避免两半电池溶液的直接接触，可以极大程度地减小或消除液接电势。盐桥中的电解质溶液通常是由浓度很高的 K^+(或 NH_4^+)和 Cl^-(或 NO_3^-)溶液所组成，阴、阳离子具有相近的迁移速率，且电解质溶液通常用琼脂凝胶化，可防止其与烧杯中的液体发生混合。盐桥的电导率主要取决于电解质溶液的浓度，在饱和浓度以下，浓度的增加会增加电导率。

动画
丹尼尔电池的构造

下面以典型的原电池——铜锌原电池为例来具体说明原电池的构造(图 11-1)。铜锌原电池又称丹尼尔电池，是英国化学家丹尼尔(J. F. Daniell)设计和制作的。将铜片插在 $CuSO_4$ 溶液中，锌片插在 $ZnSO_4$ 溶液中，再用导线将铜片与锌片连接起来，并用盐桥联通两溶液。每种金属和含有相应金属离子的溶液组成一个半电池。当铜锌原电池组装好以后，氧化还原反应能自发发生，右侧溶液中 Cu^{2+} 被还原生成 Cu 沉积在铜片上，左侧锌片被氧化生成 Zn^{2+} 进入溶液，反应过程中电流会通过导线流经外电路，实现化学能到电能的转换。

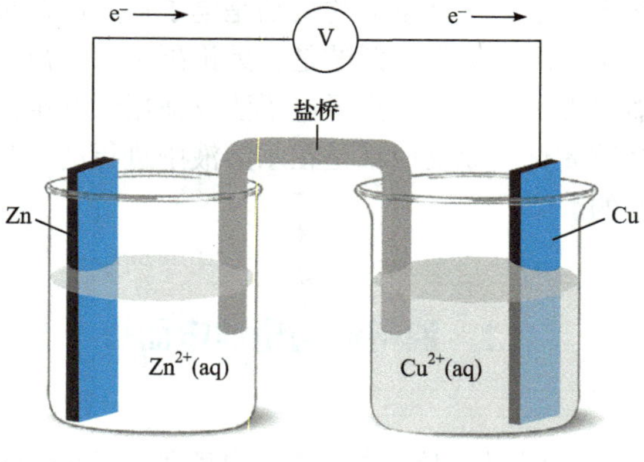

图 11-1 丹尼尔电池示意图

2. 原电池的符号

为了能更简洁明了地表达一个原电池，常用原电池符号来描述原电池的组成。原电池符号的书写规则如下：

(1) 负极写在左边，发生氧化反应；正极写在右边，发生还原反应。用(+)和(−)分别表示电池的正极和负极。正极和负极中的各物质一般按照接触次序进行排列。

(2) 用单竖线“|”表示不同物相的界面。界面包括电极与溶液的界面，两种固态物质间存在的界面，一种溶液与另一种溶液的界面。同一相中的不同物质之间用“,”隔开。

(3) 用双竖线“‖”表示连接两种不同电解质溶液的盐桥。当原电池中只有一种相同浓度的电解质溶液时，就无需添加盐桥。

(4) 写明电池物质及其状态，聚集状态(s、l、g)、组成(浓度 c)、温度与压强(298.15K、$p^{\ominus}$ 常可省略)等，因为这些都会影响电池的电动势。

(5) 如果电极反应中无固体金属单质，需要外加一惰性电极材料(Pt 或石墨等)作为电子的传导体。

以图 11-1 的铜锌原电池为例，其电池符号为

$$(-)Zn(s) \mid ZnSO_4(c_1) \parallel CuSO_4(c_2) \mid Cu(s)(+)$$

也可以简写为

$$(-)Zn(s) \mid Zn^{2+}(c_1) \parallel Cu^{2+}(c_2) \mid Cu(s)(+)$$

如果将铜锌原电池中锌电极改为氢电极，电池符号为

$$(-)Pt(s) \mid H_2(p) \mid HCl(c_1) \parallel CuSO_4(c_2) \mid Cu(s)(+)$$

【例 11-3】 设计一个原电池，使其发生如下的反应：

$$2MnO_4^- + 10Cl^- + 16H^+ \longrightarrow 2Mn^{2+} + 5Cl_2 + 8H_2O$$

解 首先将反应分解成氧化反应和还原反应。

氧化反应：$2Cl^- \longrightarrow Cl_2 + 2e^-$

还原反应：$MnO_4^- + 8H^+ + 5e^- \longrightarrow Mn^{2+} + 4H_2O$

写出正极和负极符号，发生氧化反应的作为负极，发生还原反应的作为正极。

负极：$Pt(s) \mid Cl_2(p) \mid Cl^-(c_1)$

正极：$Pt(s) \mid MnO_4^-(c_2), Mn^{2+}(c_3), H^+(c_4)$

负极放在左边，正极放在右边，两边之间用盐桥相连：

$$(-)Pt(s) \mid Cl_2(p) \mid Cl^-(c_1) \parallel MnO_4^-(c_2), Mn^{2+}(c_3), H^+(c_4) \mid Pt(s)(+)$$

3. 电极与电极反应

根据原电池的符号，我们便可确定其电极反应和电池反应。

以铜锌电池为例，其电池符号为

$$(-)Zn(s) \mid ZnSO_4(c_1) \parallel CuSO_4(c_2) \mid Cu(s)(+)$$

负极为 $Zn(s) \mid Zn^{2+}(c_1)$，电极反应：$Zn(s) \longrightarrow Zn^{2+}(c_1) + 2e^-$

正极为 $Cu(s) \mid Cu^{2+}(c_2)$，电极反应：$Cu^{2+}(c_2) + 2e^- \longrightarrow Cu(s)$

电池总反应： $Zn(s) + Cu^{2+}(c_2) \longrightarrow Zn^{2+}(c_1) + Cu(s)$

在此我们需明确正极、负极和阳极、阴极的概念。电化学中规定，发生氧化反应的电极为阳极(anode)，发生还原反应的电极为阴极(cathode)。按物理学的规定，电池的两极中(对外电路而言)电势高的电极为正极，电势低的为负极。因此，正极、负极和阳极、阴极属于不同定义范畴，之间无明确关联。

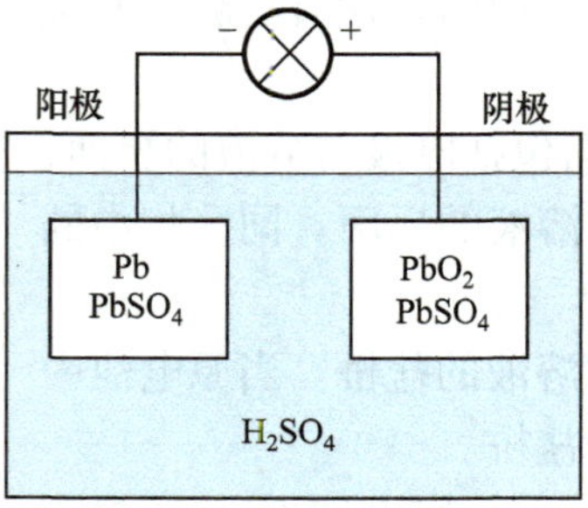

图 11-2　铅酸原电池示意图

在铜锌原电池中，锌电极为负极，发生的反应为氧化反应，故也可称为阳极；铜电极为正极，发生反应的为还原反应，故也可称为阴极。为了避免混淆，本章在原电池中主要用正极、负极的名称，在后面的电解池中主要用阳极、阴极的名称。

如图 11-2 所示铅酸原电池，电极上发生的反应为：

负极发生氧化反应：

$$Pb(s) + SO_4^{2-}(c_1) \longrightarrow PbSO_4(s) + 2e^-$$

正极发生还原反应：

$$PbO_2(s) + SO_4^{2-}(c_1) + 4H^+(c_2) + 2e^- \longrightarrow PbSO_4(s) + 2H_2O(l)$$

电池总反应：

$$Pb(s) + PbO_2(s) + 2SO_4^{2-}(c_1) + 4H^+(c_2) \longrightarrow 2PbSO_4(s) + 2H_2O(l)$$

【例 11-4】 格罗夫电池(Grove cell)是一种早期使用的化学电源，其电池符号可简写为(−)$Zn(s) \mid ZnSO_4(c_1) \parallel HNO_3(c_2), H_2SO_4(c_3) \mid Pt(s)$(+)，写出电极与电池反应。

解　负极发生氧化反应：$Zn(s) \longrightarrow Zn^{2+}(c_1) + 2e^-$

正极发生还原反应：$HNO_3(c_2) + H^+(c) + e^- \longrightarrow H_2O(l) + NO_2(p)$ (c 为溶液中 H^+ 的总浓度)

电池总反应：$Zn(s) + H_2SO_4(c_3) + 2HNO_3(c_2) \longrightarrow ZnSO_4(c_1) + 2H_2O(l) + 2NO_2(p)$

4. 电极的类型

电极主要有以下三种类型：

(1) 第一类电极：主要包括金属电极和气体电极。

(i) 金属电极。将金属浸入含有该金属离子的溶液中构成金属电极，可表示为 $M \mid M^{z+}(c)$，相应的电极反应为：$M^{z+}(c) + ze^- \longrightarrow M$。例如，Zn(s) 插在 $ZnSO_4$ 溶液中构成的电极可表示为 $Zn(s) \mid Zn^{2+}(c)$，其电极反应为：$Zn^{2+}(c) + 2e^- \longrightarrow Zn(s)$。

对于有些与水强烈作用的金属，如 Na、K 等，必须将其制成汞齐才能在水中成为稳定的电极。例如，钠汞齐电极，其电极符号为 $Na(Hg)(a) \mid Na^+(c)$，电极反应为 $Na^+(c) + e^- \longrightarrow Na(a)$。Na(Hg)的活度 a 值随着 Na(s) 在 Hg(l)中溶解量的变化而变化。

(ii) 气体电极。这一类电极是一种气体单质与相应离子组成的可逆电极。例如，氢电极、氧电极、卤素电极，分别表示成：

$Pt(s) | H_2(p) | H^+(c)$，$Pt(s) | O_2(p) | OH^-(c)$，$Pt(s) | Cl_2(p) | Cl^-(c)$

因为 H_2、O_2 和 Cl_2 等气体不能起传导电子的作用，所以要插入惰性金属 Pt(或 Au)作为导体。它们的电极反应分别为

$$2H^+(c) + 2e^- = H_2(p)$$

$$O_2(p) + 2H_2O(l) + 4e^- = 4OH^-(c)$$

$$Cl_2(p) + 2e^- = 2Cl^-(c)$$

(2) 第二类电极：主要包括难溶盐和难溶氧化物电极。

难溶盐电极是由金属表面覆盖一薄层该金属的难溶盐，然后浸入含有该难溶盐的负离子的溶液中所构成。例如，Ag-AgCl 电极和甘汞电极就属于这一类。

甘汞电极：$Pt(s) | Hg(l) | Hg_2Cl_2(s) | Cl^-(c)$

电极反应：$Hg_2Cl_2(s) + 2e^- = 2Hg(l) + 2Cl^-(c)$

银-氯化银电极：$Ag(s) | AgCl(s) | Cl^-(c)$

电极反应：$AgCl(s) + e^- = Ag(s) + Cl^-(c)$

难溶氧化物电极是在金属表面覆盖一薄层该金属氧化物，然后浸在含 H^+或 OH^-的溶液中构成的电极。例如：

氧化汞电极：$Hg(l) | HgO(s) | OH^-(c)$

电极反应：$HgO(s) + H_2O(l) + 2e^- = Hg(l) + 2OH^-(c)$

氧化银电极：$Ag(s) | Ag_2O(s) | H^+(c)$

电极反应：$Ag_2O(s) + 2H^+(c) + 2e^- = 2Ag(s) + H_2O(l)$

(3) 第三类电极：氧化还原电极。

将惰性金属(如铂片)插入含有某种离子的不同氧化态所组成的溶液中就构成氧化还原电极。这里金属只起导电作用，而氧化还原反应物质在溶液中。例如：

电极：$Pt(s) | Fe^{2+}(c_1), Fe^{3+}(c_2)$

电极反应：$Fe^{3+}(c_2) + e^- = Fe^{2+}(c_1)$

电极：$Pt(s) | Sn^{2+}(c_1), Sn^{4+}(c_2)$

电极反应：$Sn^{4+}(c_2) + 2e^- = Sn^{2+}(c_1)$

这类电极的特点是其氧化态和还原型物质的浓度可以改变。

11.2.2 可逆电池

用热力学的方法研究电池时，一般要求电池是可逆的。电池的可逆包括三个方面的含义：

(1) 化学可逆性，即物质可逆。要求两个电极在充电时的电极反应必须是放电时的逆反应。

(2) 热力学可逆性，即能量可逆。要求电池在无限接近平衡的状态下工作，电池在充电时吸收的能量等于放电时放出的能量，并使系统和环境都能够复原。

(3) 实际可逆性，即电池内没有由液接电势等因素引起的实际过程的不可逆性。

但通常在精度要求许可范围内，为了研究方便，可忽略一些较小的不可逆性。

11.2.3 原电池电动势和电池反应吉布斯自由能的关系

教学视频
原电池的热力学、电极电势的产生与测定

根据吉布斯自由能的定义，由式(6-41)可知，在等温等压条件下，当状态发生变化时，体系吉布斯自由能的减少值在数值上等于可逆电池所做非体积功，也为在同一始、终态时体系对外所做的最大非体积功，表示为

$$-\Delta_r G = -W'_{max} \quad 即\ \Delta_r G = W'_{max} \tag{11-1}$$

如果非体积功是电功，因电池对外做功，其值为负，则式(11-1)又可写为

$$\Delta_r G = -nFE \tag{11-2}$$

式中，n 为电池输出电荷的物质的量，常用单位为 mol；E 为可逆电池的电动势，常用单位为伏特(V)；F 为法拉第常量($96485C \cdot mol^{-1}$)。

如果可逆电动势为 E 的电池按电池反应式进行到反应进度 $\zeta = 1mol$ 时，吉布斯自由能的变化值可表示为

$$\Delta_r G_m = -nFE/\zeta = -zFE \tag{11-3}$$

式中，z 为电池氧化或还原半反应方程式中电子的计量系数的最小公倍数。该式是联系热力学和电化学的主要桥梁。

如果在标准态下可逆电池反应的反应进度为 1mol，则(11-3)变为

$$\Delta_r G_m^\ominus = -zFE^\ominus \tag{11-4}$$

根据上式可以进行电池反应的 $\Delta_r G_m^\ominus$ 与标准电动势 $E^\ominus$ 之间的换算。

在实验中使用电位差计来测定可逆电池的电动势 E，实验结果的读数总是正值。但是根据式(11-3)中 E 与 $\Delta_r G_m$ 的关系，$\Delta_r G_m$ 值是可正可负的量，因此我们必须对 E 的取值建立一套约定。通常采用的惯例是，如果按电池的书面表示式所写出的电池反应在热力学上是自发的，即 $\Delta_r G_m < 0$，该电池表示式和电池实际工作时的情况一致，其 E 值为正值，即只有自发反应，电池才能作电功；反之，若写出的电池反应是非自发反应，其 $\Delta_r G_m > 0$，则 E 值为负值，所以不能对外做电功。例如 Ag-AgCl(s)电池，若电池写成

$$(-)Ag(s) \mid AgCl(s) \mid HCl(c) \mid H_2(p^\ominus) \mid Pt(s)(+)$$

左边负极，发生氧化反应：$Ag(s) + Cl^-(c) \Longrightarrow AgCl(s) + e^-$

右边正极，发生还原反应：$2H^+(c) + 2e^- \Longrightarrow H_2(p^\ominus)$

电池总反应为：$2Ag(s) + 2HCl(c) \Longrightarrow 2AgCl(s) + H_2(p^\ominus)$

该反应在标准态下是非自发的($E^\ominus = -0.2224V$，$\Delta_r G_m^\ominus > 0$)，因此它不能对外作电功。

11.3　电极电势

11.3.1　电极电势的产生

原电池是由两个独立的“半电池”所组成，每一个半电池相当于一个电极，分别进行氧化反应和还原反应。由不同的半电池或电极可以组成各式各样的原电池。在铜锌原电池中，电子从锌电极流向铜电极，说明在这两个电极之间存在电势差(类似于两地若存在高度差就可以形成水流)。而电势差的形成，也就进一步说明组成原电池的两个电极具有不同的电极电势。但是到目前为止，还不能从实验上测定或从理论上计算单一电极的电极电势，但能测得由两个电极所组成的原电池的电动势。

在实际应用中，常选定某一个电极作为标准电极，其他电极与之相比较得到相对电势。如果知道了两个电极的相对电势数值，就可以求出由它们所组成的原电池的电动势。

拓展知识

双电层理论

单个电极的电势是如何形成的呢？下面以双电层理论来说明电极电势的形成。

将任何一种金属片插入水中，金属表面的一些原子受到溶剂水分子的吸引，发生水合作用并形成水合离子而进入溶液中，将电子留在金属上。金属因失去金属离子而带负电荷，溶液因为金属离子进入而带正电荷。溶液中的金属离子又可以与金属上的电子结合形成金属原子，沉积到金属表面。当溶解与沉积的速率相等时，达到动态平衡。这样在金属与溶液之间由于电荷不均等便产生了电势差。

若金属表面带负电荷，附近溶液中的正离子会被吸引而集中在金属表面附近，金属表面的电荷层与溶液中的反号离子层，就形成了双电层(electrical double layer)。实际上双电层结构的溶液一侧，由于离子的热运动而呈现一种梯次分布，即形成扩散双电层结构。溶液层中与金属靠得较紧密的一层称为紧密层(compact layer)，或称亥姆霍兹层(Helmholtz layer)，其余扩散到溶液中去的称为扩散层(diffuse layer)。

如果规定溶液本体中的电势为 0，将从金属表面与溶液接触处开始到溶液本体间的电势差设为 E_0，则 E_0 是紧密层电势 $E_{紧}$ 和扩散层电势 ζ 之和(图 11-3)。

$$E_0 = E_{紧} + \zeta$$

金属与溶液界面的电势差是金属和溶液的内电势之差，而内电势之差等于外电势之差加上表面电势之差。但表面电势之差是不能直接测量的，故单一电极的电极电势的绝对值是不可测的。

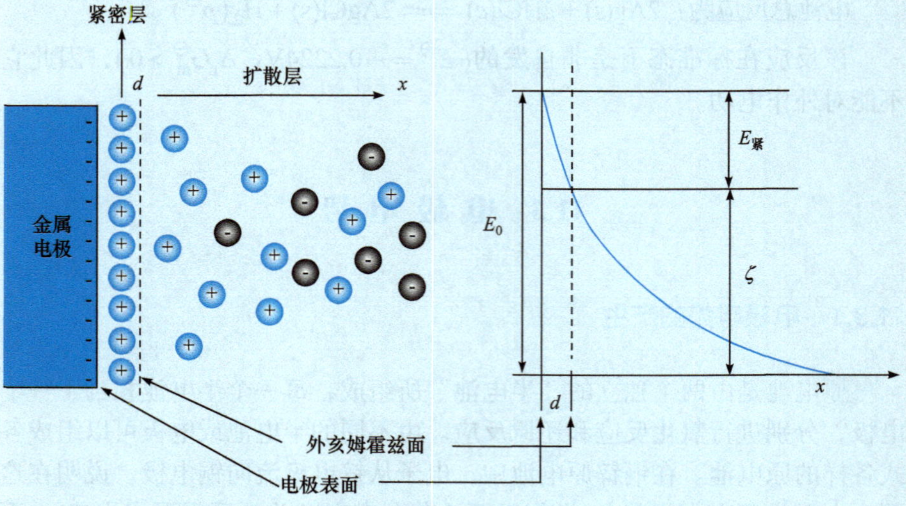

图 11-3　扩散双电层模型

11.3.2　标准氢电极和甘汞电极

1. 标准氢电极

将镀铂黑的铂片(用电镀法在铂片的表面上镀一层铂黑)插入含有氢离子的溶液中，并不断用氢气冲打到铂片上，就构成了氢电极。

氢电极：$Pt(s) \mid H_2(p) \mid H^+(c)$

氢电极反应：$H_2(p) \rightleftharpoons 2H^+(c) + e^-$

当氢电极在一定的温度下作用时，如果氢气在气相中的分压为 $p^{\ominus}$，氢离子的浓度等于 $1mol \cdot L^{-1}$(严格地说，是活度 $a = 1$)，则这样的氢电极即为标准氢电极。其结构如图 11-4 所示。

2. 甘汞电极

其构造如图 11-5 所示，由汞、甘汞(氯化亚汞)与氯化钾水溶液中相接

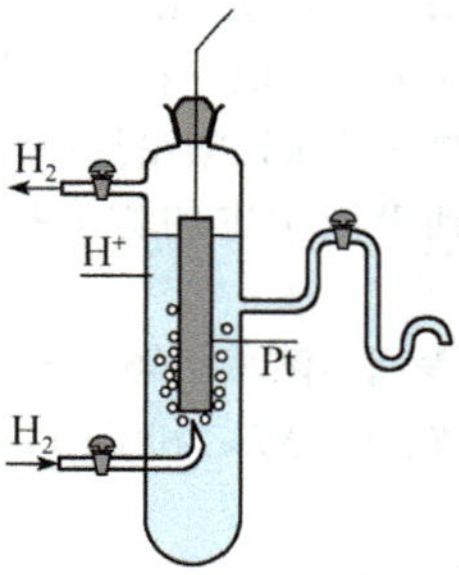

图 11-4　氢电极

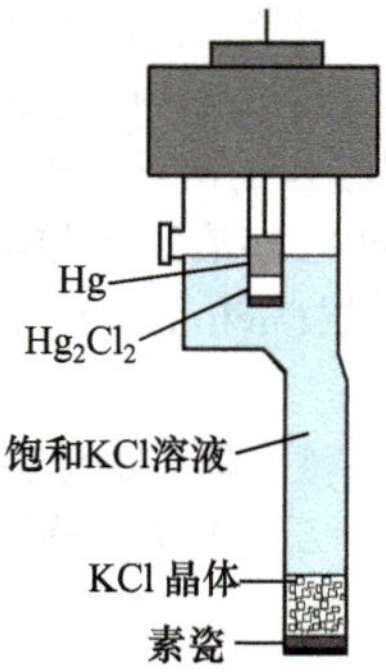

图 11-5　甘汞电极

触组成。内部电极由少量甘汞和汞制成的糊状物组成，再用确定浓度或饱和的氯化钾溶液装满，其电极电势随氯离子的浓度不同而不同。

甘汞电极：$Pt(s) | Hg(l) | Hg_2Cl_2(s) | Cl^-(c)$

甘汞电极反应：$Hg_2Cl_2(s) + 2e^- \longrightarrow 2Hg(l) + 2Cl^-(c)$

11.3.3　标准电极电势

按照 1953 年 IUPAC 的建议，采用标准氢电极作为标准电极，所研究电极的电势就是所给电极与同温下的标准氢电极所组成的电池的电动势。

教学视频
标准电极电势、能斯特方程

1. 电极电势的定义

采用标准氢电极作为参照，使待测电极与标准氢电极组合成原电池

$$标准氢电极 \parallel 待测电极 \tag{11-5}$$

规定该原电池的电动势就是待测电极的电极电势(electrode potential)，并以 E(待测电极)表示。由此规定可知，当该电池工作时，若待测电极实际上进行的是还原反应，则 E(待测电极)为正值；若待测电极上进行的是氧化反应则 E(待测电极)为负值。

以氢电极作为标准电极测定电动势时，在正常情况下，电动势可以达到很高的精确度(±0.000 001V)。但它对使用时的条件要求十分严格，而且它的制备和纯化也比较复杂。在实际测定时，往往采用第二级的标准电极。甘汞电极是其中最常用的一种二级标准电极，它的电极电势在一定温度和氯离子浓度下具有恒定值，与标准氢电极的差值可准确测定，并且容易制备，使用方便。

2. 标准电极电势

当待测电极中参加反应的各物质均处于各自的标准态时，待测电极的电极电势称为标准电极电势(standard electrode potential)，用 $E^\ominus$(待测电极)表示。

标准电极电势概念的提出，是为了便于在实际应用中比较电极电势受物质本性的影响大小。电极的标准态与热力学标准态一致，即对于溶液，电极反应中各物质的浓度为 $1.0mol \cdot L^{-1}$(严格地说，是活度 $a = 1$)；对于有气体参与的反应，则气体的分压为 100kPa；温度未指定，IUPAC 推荐的参考温度为 298.15K。

将各种电对的标准电极电势以由小到大的次序自上而下排列就构成了标准电极电势表。常见电极的 $E^\ominus$(298.15K)见表 11-1，其他电极的 $E^\ominus$(298.15K)见书末附录中附表六或相关物理化学手册。

表 11-1 水溶液中一些常见电极的标准电极电势(298.15K)

电极	电极反应	$E^\ominus$/V
Li^+/Li	$Li^+ + e^- = Li$	−3.040 1
K^+/K	$K^+ + e^- = K$	−2.931
Na^+/Na	$Na^+ + e^- = Na$	−2.71
Zn^{2+}/Zn	$Zn^{2+} + 2e^- = Zn$	−0.761 8
Co^{2+}/Co	$Co^{2+} + 2e^- = Co$	−0.28
Pb^{2+}/Pb	$Pb^{2+} + 2e^- = Pb$	−0.126 2
H^+/H_2	$2H^+ + 2e^- = H_2$	0.000 0
$AgCl/Ag$	$AgCl + e^- = Ag + Cl^-$	0.222 33
Cu^{2+}/Cu	$Cu^{2+} + 2e^- = Cu$	0.341 9
I_2/I^-	$I_2 + 2e^- = 2I^-$	0.535 5
O_2/H_2O_2	$O_2 + 2H^+ + 2e^- = H_2O_2$	0.695
Fe^{3+}/Fe^{2+}	$Fe^{3+} + e^- = Fe^{2+}$	0.771
Ag^+/Ag	$Ag^+ + e^- = Ag$	0.799 6
O_2/H_2O	$O_2 + 4H^+ + 4e^- = 2H_2O$	1.229
Cl_2/Cl^-	$Cl_2 + 2e^- = 2Cl^-$	1.358
F_2/F^-	$F_2 + 2e^- = 2F^-$	2.866

氧化型的氧化能力增强（自上而下）；还原型的还原能力增强（自下而上）

使用标准电极电势时，应注意以下几点：

(1) IUPAC 规定，将 $E^\ominus$ 对应的每个电极反应均写成还原反应的通式形式，即：

$$\text{氧化型} + ze^- = \text{还原型}$$

z 表示电极反应中转移电子的化学计量数。

用“氧化型/还原型”表示氧化还原电对，如 Cu^{2+}/Cu、H^+/H_2、O_2/H_2O 等，这些电对的电极电势则可表示为 $E(Cu^{2+}/Cu)$、$E(H^+/H_2)$、$E(O_2/H_2O)$等。值得注意的是，严格来说氧化型和还原型分别是指电极反应两侧的所有物质，但在电对中通常只写出其中氧化数有变化的物质。

(2) $E^\ominus$ 为强度性质，没有加合性。即无论电极反应中物质的计量系数如何，$E^\ominus$ 值不变。如：

$$I_2 + 2e^- = 2I^- \qquad E^\ominus(I_2/I^-) = 0.5355V$$

$$2I_2 + 4e^- = 4I^- \qquad E^\ominus(I_2/I^-) = 0.5355V$$

(3) $E^\ominus$ 值是标准态下水溶液体系的标准电极电势，对于非水溶液体系，则不能简单使用 $E^\ominus$ 值比较物质的氧化还原能力。

(4) 一些电极的 $E^\ominus$ 值与介质的酸碱性有关。因此，酸性介质、碱性介质中标准电极电势又分别用符号 $E_A^\ominus$ 和 $E_B^\ominus$ 表示。而且，相应的电极反应也会有所不同。

3. 电极电势与电池电动势

原电池的电动势是构成原电池的两个电极之间的最大电势差，其值等

于正极的电极电势 $E_{(+)}$减去负极的电极电势 $E_{(-)}$，即

$$E = E_{(+)} - E_{(-)} \tag{11-6}$$

同理，可使用标准电极电势 $E^\ominus$ 计算电池的标准电动势 $E^\ominus$

$$E^\ominus = E^\ominus_{(+)} - E^\ominus_{(-)} \tag{11-7}$$

【例 11-5】 计算电池(–)Zn(s) | $Zn^{2+}(c_1)$ || $Cu^{2+}(c_2)$ | Cu(s)(+)的标准电动势 $E^\ominus$。

解 查附表七可知 $E^\ominus(Cu^{2+}/Cu) = 0.3419V$、$E^\ominus(Zn^{2+}/Zn) = -0.7618V$

该电池的标准电动势为

$$E^\ominus = E^\ominus_{(+)} - E^\ominus_{(-)} = E^\ominus(Cu^{2+}/Cu) - E^\ominus(Zn^{2+}/Zn)$$
$$= 0.3419 - (-0.7618) = 1.1037(V)$$

思考题 11-1

标准电极电势 $E^\ominus$ 为正值的电极必为原电池的正极，$E^\ominus$ 为负值的电极必为原电池的负极，这句话是否正确，为什么？

11.3.4 能斯特方程

1. 电极电势的能斯特方程

一般而言，任意电极反应都可用通式氧化型 + ze^- ══ 还原型表示。由范特霍夫等温式可得

$$\Delta_r G_m = \Delta_r G^\ominus_m + RT\ln\frac{c(\text{还原型})}{c(\text{氧化型})} \tag{11-8}$$

将 $\Delta_r G_m = -zFE$ 和 $\Delta_r G^\ominus_m = -zFE^\ominus$ 代入式(11-8)中可得

$$E = E^\ominus - \frac{RT}{zF}\ln\frac{c(\text{还原型})}{c(\text{氧化型})} \tag{11-9}$$

式(11-9)称为电极电势的能斯特(Nernst)方程，利用该方程可以计算任一电极在不同温度和浓度时的电极电势。

在书写能斯特方程时要注意，电极反应中若有固态物质、纯液体或溶剂水时，将其浓度当作 1，它们均不出现在能斯特方程中；当涉及气体时，可将气体看作理想气体，用相对分压 $p/p^\ominus$ 表示，$p^\ominus$ 为标准压强，p 为该气体的分压。

思考题 11-2

电极电势 E(B)和 $E^\ominus$(B)、电动势 E 和 $E^\ominus$ 的意义有何不同？它们与哪些因素有关？其数值大小是否与反应式的写法有关？

由电极电势的能斯特方程式可以看出，电极电势 E 除与电极的本性、温度有关外，还与参加电极反应的各物质的浓度或分压有关。

当 $T = 298.15K$ 时，将 $R = 8.314J \cdot mol^{-1} \cdot K^{-1}$，$F = 96\,485C \cdot mol^{-1}$ 代入式(11-9)可得另一种形式的能斯特方程：

$$E = E^\ominus - \frac{0.0592}{z}\lg\frac{c(\text{还原型})}{c(\text{氧化型})} \tag{11-10}$$

2. 电池电动势的能斯特方程

若电池总反应写成一般式为

$$aA + bB \;=\!=\!=\; dD + hH$$

则该电池反应的能斯特方程为

$$E = E^{\ominus} - \frac{RT}{zF}\ln\frac{[c(\mathrm{D})]^d[c(\mathrm{H})]^h}{[c(\mathrm{A})]^a[c(\mathrm{B})]^b} = E^{\ominus} - \frac{RT}{zF}\ln J \tag{11-11}$$

式中，E 为电池电动势；$E^{\ominus}$ 为标准电池电动势；z 为反应进度等于 1mol 时的电池反应中电子转移的总摩尔数；J 为电池反应的反应商。由于 $E^{\ominus}$ 在给定温度下有定值，所以上式表明了电动势 E 与各参加电池反应的组分浓度或分压之间的关系。

同样，当 $T = 298.15\mathrm{K}$ 时，将 $R = 8.314\mathrm{J \cdot mol^{-1} \cdot K^{-1}}$，$F = 96\,458\mathrm{C \cdot mol^{-1}}$ 代入式(11-11)可得电池反应的另一种形式的能斯特方程：

$$E = E^{\ominus} - \frac{0.0592}{z}\lg\frac{[c(\mathrm{D})]^d[c(\mathrm{H})]^h}{[c(\mathrm{A})]^a[c(\mathrm{B})]^b} = E^{\ominus} - \frac{0.0592}{z}\lg J \tag{11-12}$$

【例 11-6】 写出下列电极反应或电池反应的能斯特方程。

(1) $Cu^{2+} + e^- = Cu^+$

(2) $O_2 + 2H_2O + 4e^- = 4OH^-$

(3) $Sn^{2+} + 2Fe^{3+} = Sn^{4+} + 2Fe^{2+}$

(4) $2MnO_4^- + 5H_2O_2 + 6H^+ = 2Mn^{2+} + 5O_2 + 8H_2O$

解 (1) $E(\mathrm{Cu^{2+}/Cu^+}) = E^{\ominus}(\mathrm{Cu^{2+}/Cu^+}) - 0.0592\lg\dfrac{c(\mathrm{Cu^+})}{c(\mathrm{Cu^{2+}})}$

(2) $E(\mathrm{O_2/OH^-}) = E^{\ominus}(\mathrm{O_2/OH^-}) - \dfrac{0.0592}{4}\lg\dfrac{[c(\mathrm{OH^-})]^4}{p(\mathrm{O_2})/p^{\ominus}}$

(3) $E = E^{\ominus} - \dfrac{0.0592}{2}\lg\dfrac{c(\mathrm{Sn^{4+}})[c(\mathrm{Fe^{2+}})]^2}{c(\mathrm{Sn^{2+}})[c(\mathrm{Fe^{3+}})]^2}$

(4) $E = E^{\ominus} - \dfrac{0.0592}{10}\lg\dfrac{[c(\mathrm{Mn^{2+}})]^2[p(\mathrm{O_2})/p^{\ominus}]^5}{[c(\mathrm{MnO_4^-})]^2[c(\mathrm{H_2O_2})]^5[c(\mathrm{H^+})]^6}$

11.3.5 影响电极电势的主要因素

1. 酸度对电极电势的影响

教学视频

电极电势能斯特方程的影响因素

电极反应中有 H^+或 OH^-参加时，pH 的改变能引起电极电势的变化。

【例 11-7】 重铬酸钾是一种常见的氧化剂，讨论它在不同酸度溶液中的氧化性。

解 电极反应：

$$Cr_2O_7^{2-} + 14H^+ + 6e^- = 2Cr^{3+} + 7H_2O \quad E^{\ominus}(\mathrm{Cr_2O_7^{2-}/Cr^{3+}}) = 1.36\mathrm{V}$$

根据电极反应的能斯特方程：

$$E(\mathrm{Cr_2O_7^{2-}/Cr^{3+}}) = E^{\ominus}(\mathrm{Cr_2O_7^{2-}/Cr^{3+}}) - \frac{0.0592}{6}\lg\frac{[c(\mathrm{Cr^{3+}})]^2}{c(\mathrm{Cr_2O_7^{2-}})[c(\mathrm{H^+})]^{14}}$$

将 $c(\mathrm{Cr_2O_7^-})$和 $c(\mathrm{Cr^{3+}})$设定为 $1\mathrm{mol \cdot L^{-1}}$，则上式变为

$$E(Cr_2O_7^{2-}/Cr^{3+}) = E^{\ominus}(Cr_2O_7^{2-}/Cr^{3+}) - \frac{0.0592}{6}\lg\frac{1}{[c(H^+)]^{14}}$$

当 $c(H^+) = 1mol \cdot L^{-1}$ 时：

$$E(Cr_2O_7^{2-}/Cr^{3+}) = E^{\ominus}(Cr_2O_7^{2-}/Cr^{3+}) = 1.36V$$

当 $c(H^+) = 10^{-3}mol \cdot L^{-1}$ 时：

$$E(Cr_2O_7^{2-}/Cr^{3+}) = 1.36 + \frac{0.0592}{6}\lg(10^{-3})^{14} = 0.946(V)$$

由以上计算可见，$E(Cr_2O_7^{2-}/Cr^{3+})$值在酸性较强(H^+浓度为 $1mol \cdot L^{-1}$)的情况下比酸性较弱(H^+浓度为 $10^{-3}mol \cdot L^{-1}$)时更高，这表明重铬酸钾在强酸性溶液中的氧化性比在弱酸性溶液中更强。故在实验室和工业生产中，常在较强的酸性溶液中使用重铬酸钾作为氧化性洗液。

2. 难溶化合物与配合物的形成对电极电势的影响

难溶化合物与配合物的形成都会引起电极反应中离子浓度的改变，从而使电极电势发生改变。例如，在 Ag^+/Ag 电极体系中引入 Cl^-，则会生成 AgCl 沉淀，形成 AgCl/Ag 电极。Ag^+/Ag 电极和 AgCl/Ag 电极称为母子电极，可认为后者是在前者的基础上衍生出来的子电极。在该子电极中，由于形成了 AgCl 沉淀，氧化型物种 Ag^+的浓度会降低，因此电极电势会下降。根据能斯特方程和溶液条件，可以计算出其电极电势的具体值。

思考题 11-3

Ag^+与 AgCl 的氧化性哪一个更强，为什么？

【例 11-8】 已知：(1) 在 298.15K 条件下，若向 Ag^+/Ag 电极体系中引入 Cl^-(浓度为 $1.0mol \cdot L^{-1}$)，求此时 Ag^+/Ag 电极的电极电势；(2) 在 Fe^{3+}和 Fe^{2+}的混合液中，加入 NaOH 溶液时，有 $Fe(OH)_3$ 和 $Fe(OH)_2$ 沉淀生成。当沉淀反应达到平衡时，保持 $c(OH^-) = 1.0mol \cdot L^{-1}$，求此时 $E(Fe^{3+}/Fe^{2+})$。

解　(1) 电极反应为：$Ag^+(aq) + e^- \rightleftharpoons Ag(s)$

加入 Cl^-后，发生沉淀反应 $Ag^+(aq) + Cl^-(aq) \rightleftharpoons AgCl(s)$，$K_{sp}^{\ominus}(AgCl) = c(Ag^+)c(Cl^-)$，则

$$\begin{aligned} E(Ag^+/Ag) &= E^{\ominus}(Ag^+/Ag) + 0.0592\lg c(Ag^+) \\ &= E^{\ominus}(Ag^+/Ag) + 0.0592\lg\frac{K_{sp}^{\ominus}(AgCl)}{c(Cl^-)} \\ &= E^{\ominus}(Ag^+/Ag) + 0.0592\lg K_{sp}^{\ominus}(AgCl) \\ &= 0.7996 + 0.0592\lg(1.8\times10^{-10}) \\ &= 0.223(V) \end{aligned}$$

(2) 电极反应：$Fe^{3+}(aq) + e^- \rightleftharpoons Fe^{2+}(aq)$

在 Fe^{3+}和 Fe^{2+}的混合液中，加入 NaOH 溶液时，发生如下反应：

$$Fe^{3+}(aq) + 3OH^-(aq) \rightleftharpoons Fe(OH)_3(s)$$

$$K_{sp}^{\ominus}[Fe(OH)_3] = c(Fe^{3+})[c(OH^-)]^3$$

$$Fe^{2+}(aq) + 2OH^-(aq) \rightleftharpoons Fe(OH)_2(s)$$

$$K_{sp}^{\ominus}[Fe(OH)_2] = c(Fe^{2+})[c(OH^-)]^2$$

设平衡时 $c(OH^-) = 1.0mol \cdot L^{-1}$，则

$$c(Fe^{3+}) = K_{sp}^{\ominus}[Fe(OH)_3], \quad c(Fe^{2+}) = K_{sp}^{\ominus}[Fe(OH)_2]$$

所以

$$\begin{aligned} E(Fe^{3+}/Fe^{2+}) &= E^{\ominus}(Fe^{3+}/Fe^{2+}) - 0.0592\lg\frac{c(Fe^{2+})}{c(Fe^{3+})} \\ &= E^{\ominus}(Fe^{3+}/Fe^{2+}) - 0.0592\lg\frac{K_{sp}^{\ominus}[Fe(OH)_2]}{K_{sp}^{\ominus}[Fe(OH)_3]} \\ &= 0.771 - 0.0592\lg\frac{4.9\times10^{-17}}{2.8\times10^{-39}} \\ &= -0.55(V) \end{aligned}$$

据此得出结论：若电对中的氧化型物质生成难溶化合物，使 c(氧化型)变小，则电极电势变小；若电对中的还原型物质生成难溶化合物，使 c(还原型)变小，则电极电势变大；当氧化型和还原型物质同时生成难溶化合物时，若 $K_{sp}^{\ominus}$(氧化型) < $K_{sp}^{\ominus}$(还原型)，则电极电势变小；反之，就变大。

【例 11-9】 298.15K 时，在含有 $1.0mol \cdot L^{-1}$ Fe^{3+}和 $1.0mol \cdot L^{-1}$ Fe^{2+}的溶液中加入 KCN 固体，有$[Fe(CN)_6]^{3-}$和$[Fe(CN)_6]^{4-}$生成。当体系中 $c(CN^-) = 1.0mol \cdot L^{-1}$，$c([Fe(CN)_6]^{3-}) = c([Fe(CN)_6]^{4-}) = 1.0mol \cdot L^{-1}$ 时，试计算 $E(Fe^{3+}/Fe^{2+})$的大小。已知 $E^{\ominus}(Fe^{3+}/Fe^{2+}) = 0.771V$、$K_f^{\ominus}([Fe(CN)_6]^{3-}) = 1.0 \times 10^{42}$、$K_f^{\ominus}([Fe(CN)_6]^{4-}) = 1.0 \times 10^{35}$。

解 电极反应：$Fe^{3+}(aq) + e^- \rightleftharpoons Fe^{2+}(aq)$

加入 KCN 后，发生如下反应：

$$Fe^{3+}(aq) + 6CN^-(aq) \rightleftharpoons [Fe(CN)_6]^{3-}(aq)$$

$$K_f^{\ominus}([Fe(CN)_6]^{3-}) = \frac{c([Fe(CN)_6]^{3-})}{c(Fe^{3+})[c(CN^-)]^6}$$

$$Fe^{2+}(aq) + 6CN^-(aq) \rightleftharpoons [Fe(CN)_6]^{4-}(aq)$$

$$K_f^{\ominus}([Fe(CN)_6]^{4-}) = \frac{c([Fe(CN)_6]^{4-})}{c(Fe^{2+})[c(CN^-)]^6}$$

$$E(Fe^{3+}/Fe^{2+}) = E^{\ominus}(Fe^{3+}/Fe^{2+}) - 0.0592\lg\frac{c(Fe^{2+})}{c(Fe^{3+})}$$

当 $c(CN^-) = c([Fe(CN)_6]^{3-}) = c([Fe(CN)_6]^{4-}) = 1.0mol \cdot L^{-1}$ 时：

$$c(Fe^{3+}) = \frac{1}{K_f^{\ominus}([Fe(CN)_6]^{3-})}, \quad c(Fe^{2+}) = \frac{1}{K_f^{\ominus}([Fe(CN)_6]^{4-})}$$

所以

$$E(Fe^{3+}/Fe^{2+}) = E^{\ominus}(Fe^{3+}/Fe^{2+}) - 0.0592\lg\frac{K_f^{\ominus}([Fe(CN)_6]^{3-})}{K_f^{\ominus}([Fe(CN)_6]^{4-})} = 0.357(V)$$

因此，得出结论：若电对的氧化型生成配合物，使 c(氧化型)变小，则电极电势变小；若还原型生成配合物，使 c(还原型)变小，则电极电势变大；当氧化型和还原型物质同时生成配合物时，若 $K_f^{\ominus}$(氧化型) > $K_f^{\ominus}$(还原型)，则电极电势变小；反之，就变大。

11.3.6　E-pH 图

1. E-pH 图的基本概念

通过上节讨论可知，当电极反应有 H^+ 或 OH^- 参与时，其电极电势 E 会受 pH 的影响。以溶液 pH 为横坐标，以电极电势 E 为纵坐标作图，可绘出 E 随 pH 变化的关系图，即 E-pH 图。

以电对 $Cr_2O_7^{2-}/Cr^{3+}$ 为例，在 298.15K 条件下的酸性环境中，其电极反应为

$$Cr_2O_7^{2-} + 14H^+ + 6e^- \rightleftharpoons 2Cr^{3+} + 7H_2O \quad E^{\ominus}(Cr_2O_7^{2-}/Cr^{3+}) = 1.36V$$

根据能斯特方程，电极电势为

$$E(Cr_2O_7^{2-}/Cr^{3+}) = E^{\ominus}(Cr_2O_7^{2-}/Cr^{3+}) - \frac{0.0592}{6}\lg\frac{c(Cr^{3+})^2}{c(Cr_2O_7^{2-})[c(H^+)]^{14}}$$

当 $c(Cr_2O_7^{2-}) = c(Cr^{3+}) = 1.0mol \cdot L^{-1}$ 时，有

$$E(Cr_2O_7^{2-}/Cr^{3+}) = 1.36 + \frac{0.0592}{6}\lg[c(H^+)]^{14} = 1.36 + 0.138\lg c(H^+)$$

$$E(Cr_2O_7^{2-}/Cr^{3+}) = 1.36V - 0.138V\,pH \tag{11-13}$$

式(11-13)是 $Cr_2O_7^{2-}$ 和 Cr^{3+} 处于标准态(浓度均为 $1.0mol \cdot L^{-1}$)时，$E(Cr_2O_7^{2-}/Cr^{3+})$与 pH 的关系式。以 $E(Cr_2O_7^{2-}/Cr^{3+})$为纵坐标，pH 为横坐标，即可绘出电对 $Cr_2O_7^{2-}/Cr^{3+}$ 的 E-pH 图，结果如图 11-6 所示。图中所取 pH 范围为 0 到 4，当 pH > 4 时，Cr^{3+} 将可能与 OH^- 结合生成 $Cr(OH)_3$ 沉淀。

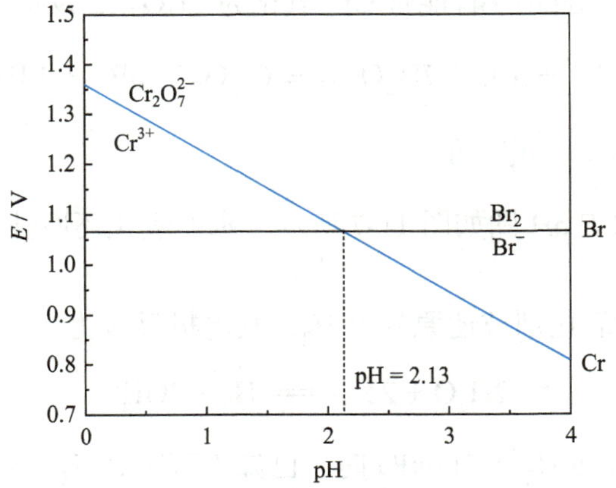

图 11-6　$Cr_2O_7^{2-}/Cr^{3+}$(蓝线)与 Br_2/Br^-(黑线)电对的 E-pH 图

从图 11-6 可见，E-pH 图可以直观地显示酸度对电极电势的影响。在蓝线(称为 Cr 线)上方，某任一电对的电极电势均高于 $E(Cr_2O_7^{2-}/Cr^{3+})$，则该电对中的氧化型物质可以将 Cr^{3+}氧化成 $Cr_2O_7^{2-}$(也可以认为达到平衡状态时溶液中主要存在的是 $Cr_2O_7^{2-}$)；反之，在 Cr 线下方，某任一电对的电极电势均低于 $E(Cr_2O_7^{2-}/Cr^{3+})$，则该电对中的还原型物质可以将 $Cr_2O_7^{2-}$ 还原成 Cr^{3+}(也可以认为达到平衡状态时溶液中主要存在的是 Cr^{3+})。因此，在 Cr 线上方，氧化型 $Cr_2O_7^{2-}$ 稳定；Cr 线下方，还原型 Cr^{3+}稳定。从而可以得出一个重要的结论，电对的 E-pH 线上方是该电对中氧化型的稳定区，电对的 E-pH 线下方是该电对中还原型的稳定区。

为进一步探讨 pH 对不同电极电势及相互间氧化还原反应的影响，在此我们引入 Br_2/Br^-电对进行分析。

电对 Br_2/Br^-的电极反应为

$$Br_2 + 2e^- \rightleftharpoons 2Br^- \qquad E^{\ominus}(Br_2/Br^-) = 1.066V$$

该反应中无 H^+或 OH^-参与，因此电对电势 E 与 pH 无关，在 E-pH 图中为一条平行于横坐标的直线，见图 11-6 黑线(称为 Br 线)。

在 Br 线上方，某任一电对的电极电势均高于 $E(Br_2/Br^-)$，所以 Br^-将被氧化成 Br_2；在 Br 线下方，某任一电对的电极电势均低于 $E(Br_2/Br^-)$，所以 Br_2 将被还原成 Br^-。因此，Br 线上方是氧化型 Br_2 的稳定区，Br 线下方是还原型 Br^-的稳定区。

将 $Cr_2O_7^{2-}/Cr^{3+}$与 Br_2/Br^-两个电对的 E-pH 图放在同一坐标系中(图 11-6)，便可从图中直观地判断两电对之间的氧化还原反应。

在 pH < 2.13 的酸性介质中，Cr 线位于 Br 线上方，因此电对 $Cr_2O_7^{2-}/Cr^{3+}$ 较 Br_2/Br^-具有更高的电势，此时 $Cr_2O_7^{2-}$ 能将 Br^-氧化为 Br_2，反应式为

$$Cr_2O_7^{2-} + 6Br^- + 14H^+ \rightleftharpoons 2Cr^{3+} + 3Br_2 + 7H_2O$$

在 pH > 2.13 的溶液中，Br 线位于 Cr 线上方，电对 Br_2/Br^-较 $Cr_2O_7^{2-}/Cr^{3+}$ 具有更高的电势，此时 Br_2 能将 Cr^{3+}氧化为 $Cr_2O_7^{2-}$，反应式为

$$2Cr^{3+} + 3Br_2 + 7H_2O \rightleftharpoons Cr_2O_7^{2-} + 6Br^- + 14H^+$$

2. H_2O 体系的 E-pH 图

H_2O 体系的 E-pH 图如图 11-7 所示。水的氧化还原性与下述两个电极反应有关：

(1) 水作为氧化剂被还原放出 H_2，其电极反应为

$$2H_2O + 2e^- \rightleftharpoons H_2 + 2OH^-$$

在 298.15K，$p(H_2) = 100kPa$ 时，已知 $E^{\ominus}(H_2O/H_2) = -0.8277V$，则

$$E(H_2O/H_2)=E^{\ominus}(H_2O/H_2)+\frac{0.0592}{2}\lg\frac{1}{[p(H_2)/p^{\ominus}][c(OH^-)]^2}$$
$$=-0.8277+0.0592\text{pOH}$$
$$=-0.0592\text{V pH}$$

即 $E(H_2O/H_2)=-0.0592\text{V pH}$

以 $E(H_2O/H_2)$为纵坐标，以 pH 为横坐标，用此方程作图即可得水的 E-pH 图，见图 11-7 中的 A 线。

(2) 作为还原剂被氧化放出 O_2，其电极反应为

$$O_2+4H^++4e^- \rlap{=}{=}\!= 2H_2O$$

在 298.15K，$p(O_2)=100\text{kPa}$ 时，已知 $E^{\ominus}(O_2/H_2O)=1.229\text{ V}$，则

$$E(O_2/H_2O)=E^{\ominus}(O_2/H_2O)+\frac{0.0592}{4}\lg\left\{\frac{p(O_2)}{p^{\ominus}}[c(H^+)]^4\right\}$$
$$=1.229\text{V}-0.0592\text{V pH}$$

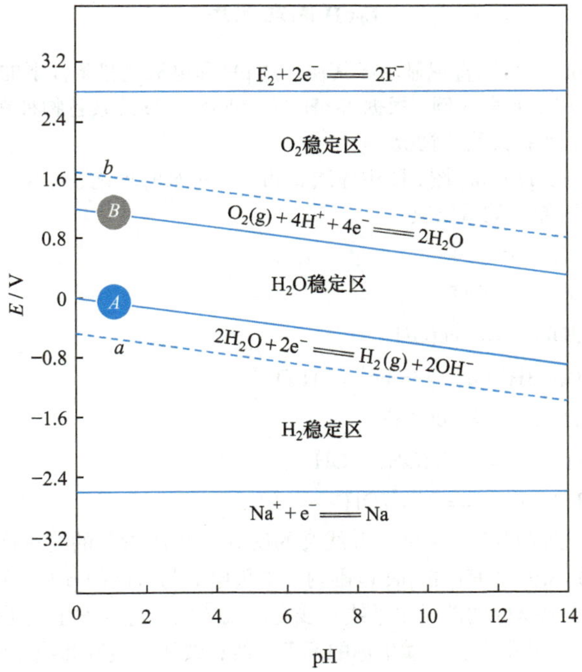

图 11-7 水溶液的 E-pH 图

即 $E(O_2/H_2O)=1.229\text{V}-0.0592\text{V pH}$

以 $E(O_2/H_2O)$ 为纵坐标，以 pH 为横坐标，用此方程作图即可得水的 E-pH 图中的 B 线。

由于动力学等因素的影响，实际测得值要比理论值偏差 0.5V，因此 A 线、B 线各向外推出 0.5V，实际测得 E-pH 图为图中 a、b 虚线。

利用水的 E-pH 图可以判断氧化剂和还原剂能否在水溶液中稳定存在。当某一种氧化剂在某一个 pH 时的 E 值在 b 线以上，该氧化剂就能与水反

思考题 11-4

根据水的 E-pH 图说明为什么氢氧燃料电池的可逆电动势在任何 pH 时都等于 1.229V？

应放出氧气；当某一种还原剂在某一个 pH 时的 E 值在 a 线以下，该还原剂就能与水反应放出氢气。

例如：$E^{\ominus}(F_2/F^-) = 2.866V$，在 b 线以上，因此单质氟能将水氧化放出 O_2：

$$2F_2 + 2H_2O \longrightarrow 4HF + O_2\uparrow$$

而 $E^{\ominus}(Na^+/Na) = -2.71V$，在 a 线以下，因此金属钠可将水还原放出 H_2：

$$2Na + 2H_2O \longrightarrow 2NaOH + H_2\uparrow$$

如果某一种氧化剂或还原剂在某一个 pH 时，其 E 值处于 a 线与 b 线之间，则它可在水中稳定存在，水既不能被氧化，也不能被还原。

因此，b 线以上是 O_2 的稳定区，a 线以下是 H_2 的稳定区，a 线与 b 线之间为 H_2O 的稳定区。

拓展知识

E-pH 图的应用

元素的 E-pH 图可以直观显示出其在不同 pH 和电极电势条件下的稳定形态及反应特性。下面以 Fe 元素为例，根据 E-pH 图详细分析 Fe 元素各物种在什么 pH 范围内能稳定存在以及相关反应情况。

图 11-8 为 Fe 的 E-pH 图，图中虚线 a 和 b 表示水的氧化还原反应，实线表示与 Fe 相关的氧化还原或酸碱反应。

① $Fe^{2+} + 2e^- \longrightarrow Fe$

② $Fe^{3+} + e^- \longrightarrow Fe^{2+}$

③ $Fe^{3+} + 3OH^- \longrightarrow Fe(OH)_3$

④ $Fe(OH)_3 + 3H^+ + e^- \longrightarrow Fe^{2+} + 3H_2O$

⑤ $Fe^{2+} + 2OH^- \longrightarrow Fe(OH)_2$

⑥ $Fe(OH)_3 + e^- \longrightarrow Fe(OH)_2 + OH^-$

⑦ $Fe(OH)_2 + 2e^- \longrightarrow Fe + 2OH^-$

可将上述反应归为三类：线①和线②的反应为无 H^+ 参与的纯氧化还原反应，在不生成 $Fe(OH)_2$ 和 $Fe(OH)_3$ 的 pH 范围内，电极电势与溶液的 pH 无关，在 E-pH 图中呈现为平行于横坐标的两条水平线；线③和线⑤的反应未发生电子得失，只与溶液的 pH 有关，因此是垂直于横坐标的两条直线；线④、线⑥和线⑦的反应既有 H^+ 或 OH^- 参与，又有电子得失，其电极电势与 pH 相关，因此对应为三条斜线。

从图 11-8 中可以看出不同物种的稳定区域。线①上方为 Fe^{2+} 的稳定区，下方为 Fe 的稳定区；线②上方为 Fe^{3+} 的稳定区，下方为 Fe^{2+} 的稳定区；线③左方为 Fe^{3+} 的稳定区，右方为 $Fe(OH)_3$ 的稳定区；线⑤左方为 Fe^{2+} 的稳定区，右方为 $Fe(OH)_2$ 的稳定区。

Fe 处在水的不稳定区(a 线以上和 b 线以下为水的稳定区)，而线①在 H 线(a 线)以下，这意味着铁能与非氧化性酸反应放出 H_2。线②、线④、线⑥和线⑦均在 O 线(b 线)以下，因此在有 O_2 存在下，Fe、Fe^{2+} 与 $Fe(OH)_2$ 都容易被氧化。

E-pH 图除能说明元素及其化合物在溶液中的稳定存在形态及反应特性外，还在电化学、材料科学、环境科学等诸多领域有着广泛的应用。例如，根据 E-pH 图可预测金属在不同环境条件下的腐蚀行为，优化电化学工艺(如电镀、电解沉积和电解精炼)，选择适用于特定环境的材料，预测土壤和水中污染物的行为等。

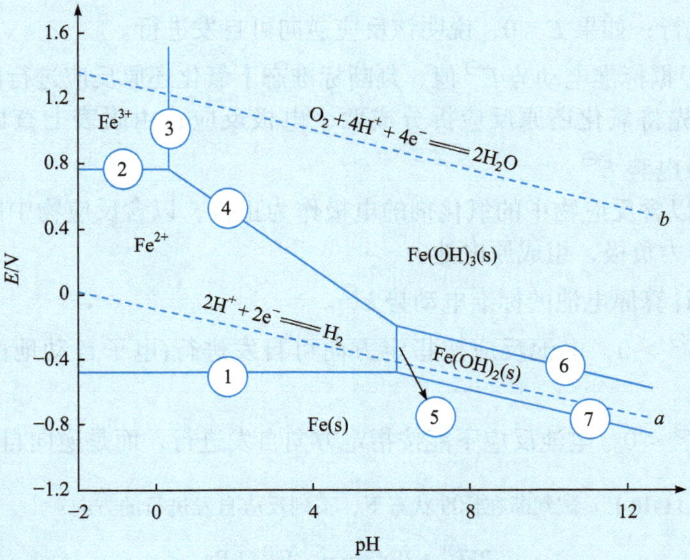

图 11-8　Fe 在水体系中的 E-pH 图

11.4　电动势与电极电势的应用

11.4.1　判断氧化剂和还原剂的相对强弱

电极电势可认为是物质获得电子或失去电子趋势的量度，利用电极电势值(E)的高低可以判断氧化剂和还原剂的相对强弱。E 值越大，电对中氧化型物质的氧化性越强；E 值越小，电对中还原型物质的还原性越强。下面通过几个实例具体说明。

(1) $E^{\ominus}(Cl_2/Cl^-) = 1.358V$，$E^{\ominus}(Br_2/Br^-) = 1.066V$，$E^{\ominus}(Cl_2/Cl^-) > E^{\ominus}(Br_2/Br^-)$，因此同为氧化型的 Cl_2 比 Br_2 更容易获得电子，Cl_2 是一种更强的氧化剂。

(2) $E^{\ominus}(Zn^{2+}/Zn) = -0.7618V$，$E^{\ominus}(Cu^{2+}/Cu) = 0.3419V$，$E^{\ominus}(Zn^{2+}/Zn) < E^{\ominus}(Cu^{2+}/Cu)$，因此同为还原型的 Zn 比 Cu 更容易失去电子，Zn 是一种更强的还原剂。

(3) $E^{\ominus}(MnO_4^-/Mn^{2+}) = 1.507V$，$E^{\ominus}(Cr_2O_7^{2-}/Cr^{3+}) = 1.36V$，$E^{\ominus}(MnO_4^-/Mn^{2+}) > E^{\ominus}(Cr_2O_7^{2-}/Cr^{3+})$，因此 MnO_4^- 的氧化性比 $Cr_2O_7^{2-}$ 更强，而 Cr^{3+} 的还原性则比 Mn^{2+} 更强。

上述判断是标准态下的情形，但有时实际情况更为复杂，还需要考虑溶液环境如溶液 pH、配位或沉淀反应的影响。

教学视频

氧化还原反应方向和程度的判断、特殊平衡常数的求算

11.4.2 判断氧化还原反应进行的方向

将反应设计成原电池，计算其电动势 E。如果 $E>0$，说明该反应正向可自发进行；如果 $E<0$，说明该反应逆向可自发进行。

1) 根据标准电动势 $E^\ominus$ 值，判断标准态下氧化还原反应进行的方向

(1) 先将氧化还原反应拆分成两个电极反应，由附表七查出相应的标准电极电势 $E^\ominus$。

(2) 以含反应物中的氧化剂的电极作为正极，以含反应物中的还原剂的电极作为负极，组成原电池。

(3) 计算原电池的标准电动势 $E^\ominus$。

若 $E^\ominus>0$，电池反应按指定方向可自发进行(电子自动地由负极流向正极)。

若 $E^\ominus<0$，电池反应不能按指定方向自发进行，而是逆向自发。

【例 11-10】 试判断在标准状态下，下列反应自发进行的方向：

$$2Fe^{3+}+2Br^- \longrightarrow 2Fe^{2+}+Br_2$$

解 首先将此氧化还原反应拆分成两个电极反应，由附表七查出相应的标准电极电势 $E^\ominus$ 值。

$$Fe^{3+}+e^- \longrightarrow Fe^{2+} \qquad E^\ominus(Fe^{3+}/Fe^{2+})=0.771V$$

$$Br_2+2e^- \longrightarrow 2Br^- \qquad E^\ominus(Br_2/Br^-)=1.066V$$

将以上两个电极反应组成原电池，电对 Fe^{3+}/Fe^{2+} 为正极，电对 Br_2/Br^- 为负极。电池的标准电动势为：

$$E^\ominus=E^\ominus_{(+)}-E^\ominus_{(-)}=0.771-1.066=-0.295(V)$$

$$E^\ominus<0,\ \Delta_rG^\ominus>0$$

故此氧化还原反应在标准态下正向不能自发进行，逆向自发进行。

【例 11-11】 请结合电化学知识判断 Sn^{2+} 能否将 Fe^{3+} 还原成 Fe^{2+}？

解 查附表七得

$$Fe^{3+}+e^- \longrightarrow Fe^{2+} \qquad E^\ominus(Fe^{3+}/Fe^{2+})=0.771V$$

$$Sn^{4+}+2e^- \longrightarrow Sn^{2+} \qquad E^\ominus(Sn^{4+}/Sn^{2+})=0.151V$$

将以上两个电极反应组成原电池，电对 Fe^{3+}/Fe^{2+} 为正极，电对 Sn^{4+}/Sn^{2+} 为负极，电池反应为

$$2Fe^{3+}+Sn^{2+} \longrightarrow 2Fe^{2+}+Sn^{4+}$$

标准电动势和标准吉布斯自由能变分别为

$$E^\ominus>0,\ \Delta_rG^\ominus<0$$

故此氧化还原反应向右自发地进行，即 Sn^{2+} 能将 Fe^{3+} 还原成 Fe^{2+}。

从该题可以看出，当所有物质的浓度都处于标准态时，用标准电极电势 $E^{\ominus}$ 可直接判断其氧化还原的次序。标准电极电势越小，其还原型越容易氧化；反之，标准电极电势越大，其氧化型越易还原。

2) 根据电池电动势 E 值，判断氧化还原反应进行方向

当反应物质的浓度不都处于标准态时，要用电动势 E 来判断其氧化还原的次序，因为要考虑到反应物质浓度的对电极电势的影响。

【例 11-12】 判断反应 $2Fe^{3+} + 2I^- \rlap{=}{=}= 2Fe^{2+} + I_2$ 分别在以下两种条件下进行的方向：①标准状态下；②当 $c(Fe^{3+}) = 0.001mol \cdot L^{-1}$，$c(I^-) = 0.001mol \cdot L^{-1}$，$c(Fe^{2+}) = 1.0mol \cdot L^{-1}$ 时。

解 ① 在标准状态下，$E^{\ominus}(I_2/I^-) = 0.5355V$、$E^{\ominus}(Fe^{3+}/Fe^{2+}) = 0.771V$。

标准电动势为：
$$\begin{aligned} E^{\ominus} &= E^{\ominus}_{(+)} - E^{\ominus}_{(-)} \\ &= E^{\ominus}(Fe^{3+}/Fe^{2+}) - E^{\ominus}(I_2/I^-) \\ &= 0.771 - 0.5355 \\ &= 0.2355(V) > 0 \end{aligned}$$

反应方向为：$2Fe^{3+} + 2I^- = 2Fe^{2+} + I_2$

② 在非标准状态，根据能斯特方程分别计算出 $E(Fe^{3+}/Fe^{2+})$ 和 $E(I_2/I^-)$。

$$\begin{aligned} E(Fe^{3+}/Fe^{2+}) &= E^{\ominus}(Fe^{3+}/Fe^{2+}) - 0.0592\lg\frac{c(Fe^{2+})}{c(Fe^{3+})} \\ &= 0.771 - 0.0592\lg\frac{1.0}{1.0\times10^{-3}} \\ &= 0.593(V) \end{aligned}$$

$$\begin{aligned} E(I_2/I^-) &= E^{\ominus}(I_2/I^-) - \frac{0.0592}{2}\lg\frac{[c(I^-)]^2}{c(I_2)} \\ &= 0.5355 - \frac{0.0592}{2}\lg\frac{0.001^2}{1.0} \\ &= 0.7131(V) \end{aligned}$$

电动势：$E = 0.593 - 0.7131 = -0.1201(V) < 0$

故反应逆向进行：$2Fe^{2+} + I_2 = 2Fe^{3+} + 2I^-$

思考题 11-5

根据电化学知识解释在实验室中可用浓盐酸与 MnO_2 反应制备 Cl_2，而使用稀盐酸却难以生成 Cl_2。

必须指出的是，用标准电极电势 $E^{\ominus}$ 来判断氧化还原反应的方向，一般只适用于组成原电池的电动势较大的场合($E^{\ominus} > 0.2V$)；如果电动势较小($E^{\ominus} < 0.2V$)，则须综合考虑浓度、酸度、温度对电极电势的影响。

11.4.3　判断氧化还原反应进行的程度

由化学平衡原理可知，氧化还原反应进行的程度可用反应的标准平衡常数 $K^{\ominus}$ 来衡量。而 $K^{\ominus}$ 与反应的标准摩尔吉布斯自由能变 $\Delta_r G_m^{\ominus}$ 之间存在关系 $\Delta_r G_m^{\ominus} = -RT\ln K^{\ominus}$。如果某氧化还原反应即为原电池的电池反应，根据式(11-4)可知 $\Delta_r G_m^{\ominus} = -zFE^{\ominus}$。由此可得

$$-zFE^{\ominus} = -RT\ln K^{\ominus} \tag{11-14}$$

$$E^{\ominus}=\frac{RT}{zF}\ln K^{\ominus} \tag{11-15}$$

当 $T=298.15\text{K}$，式(11-15)变为

$$E^{\ominus}=\frac{0.0592}{z}\lg K^{\ominus} \tag{11-16}$$

通过式(11-16)，即可由标准电动势 $E^{\ominus}$ 计算反应的标准平衡常数 $K^{\ominus}$。

【例 11-13】 求反应 $Sn + Pb^{2+} \longrightarrow Sn^{2+} + Pb$ 在 298.15K 时的标准平衡常数。

解 将已知反应设计为原电池，并将电池反应拆分得两个电极反应

正极：$Pb^{2+} + 2e^- \longrightarrow Pb$

负极：$Sn^{2+} + 2e^- \longrightarrow Sn$

由附表七查得

$$E^{\ominus}(Pb^{2+}/Pb) = -0.1262\text{V}，E^{\ominus}(Sn^{2+}/Sn) = -0.1375(\text{V})$$

原电池电动势为

$$E^{\ominus}= E^{\ominus}_{(+)} - E^{\ominus}_{(-)} = -0.1262 - (-0.1375) = 0.0113(\text{V})$$

根据式(11-16)：

$$\lg K^{\ominus} = \frac{zE^{\ominus}}{0.0592} = \frac{2\times 0.012}{0.0592} = 0.405$$

$$K^{\ominus} = 2.55$$

从求 $E^{\ominus}$ 的式(11-15)或式(11-16)也可以看出，正、负极标准电势值相差越大，即标准态时电池电动势越大，标准平衡常数也越大，反应进行得越彻底。因此，可以直接用 $E^{\ominus}$ 值的大小来估计反应进行的程度。一般来说，若 $E^{\ominus} > 0.2\text{V}$，$K^{\ominus}$ 值就大于 10^5，表明反应进行的程度已很大了。

11.4.4 相关常数的求算

难溶化合物的溶度积常数($K_{sp}^{\ominus}$)、配合物的稳定常数($K_f^{\ominus}$)以及弱电解质的解离常数($K_a^{\ominus}$ 或 $K_b^{\ominus}$)等，实际上都是一些特定反应的标准平衡常数。可以设计一个原电池，使电池反应为所求常数的反应，就可由原电池的电动势计算所求常数。

例如，原电池(–)$Ag(s) \mid Ag^+(c_1) \parallel Br^-(c_2) \mid AgBr(s) \mid Ag(s)$(+)

其电池反应为：$AgBr(s) \rightleftharpoons Ag^+(c_1) + Br^-(c_2)$

因此，若能计算出该原电池的标准电动势 $E^{\ominus}$，就可以由式(11-16)得到上述电池反应的平衡常数 $K^{\ominus}$，即 AgBr 的溶度积常数 $K_{sp}^{\ominus}$（此时 $K^{\ominus} = K_{sp}^{\ominus}$）。

【例 11-14】 已知 $E^\ominus(Ag^+/Ag)=0.7996V$、$E^\ominus(AgCl/Ag)=0.2223V$，计算 $K_{sp}^\ominus(AgCl)$。

解　难溶物 AgCl 的沉淀溶解平衡为

$$AgCl \rightleftharpoons Ag^+ + Cl^-$$

上述反应的平衡常数 $K^\ominus$ 即为 $K_{sp}^\ominus(AgCl)$。将该反应设计为原电池，两个电极反应与相应的标准电极电势分别为

正极：$AgCl + e^- \longrightarrow Ag + Cl^-$　　$E^\ominus(AgCl/Ag) = 0.2223V$

负极：$Ag^+ + e^- \longrightarrow Ag$　　$E^\ominus(Ag^+/Ag) = 0.7996V$

原电池电动势为

$$E^\ominus = E_{(+)}^\ominus - E_{(-)}^\ominus = 0.2223 - 0.7996 = -0.5773(V)$$

根据式(11-16)：

$$\lg K^\ominus = \frac{zE^\ominus}{0.0592} = \frac{-0.5773}{0.0592} = -9.75$$

$$K^\ominus = K_{sp}^\ominus = 1.78\times10^{-10}$$

【例 11-15】 根据下列电极反应及其标准电极电势，求配位反应 $Sn^{2+} + 4Cl^- \rightleftharpoons [SnCl_4]^{2-}$ 的标准平衡常数 $K_f^\ominus([SnCl_4]^{2-})$。

(1) $Sn^{2+} + 2e^- \longrightarrow Sn$　　$E^\ominus(Sn^{2+}/Sn) = -0.1375V$

(2) $[SnCl_4]^{2-} + 2e^- \longrightarrow Sn + 4Cl^-$　　$E^\ominus([SnCl_4]^{2-}/Sn) = -0.19V$

解　将配位反应 $Sn^{2+} + 4Cl^- \rightleftharpoons [SnCl_4]^{2-}$ 设计为原电池，其中电极反应(1)作为正极，电极反应(2)作为负极。

原电池电动势为

$$E^\ominus = E_{(+)}^\ominus - E_{(-)}^\ominus = -0.1375 - (-0.19) = 0.0525(V)$$

根据式(11-16)

$$\lg K^\ominus = \frac{zE^\ominus}{0.0592} = \frac{2\times0.0525}{0.0592} = 1.77$$

$$K^\ominus = K_f^\ominus([SnCl_4]^{2-}) = 58.9$$

11.4.5　元素电势图及其应用

1. 元素电势图

大多数非金属元素和过渡元素可以存在几种氧化型，同一元素的不同氧化数的物质其氧化或还原能力不同。为了突出表示同一元素各不同氧化数物质的氧化还原能力，以及它们相互之间的关系，拉提默(W. M. Latimer)建议将同一元素的不同氧化数物质所对应电对的标准电极电势以图解方式表示，这种图称为元素电势图或拉提默图。比较简单的元素电势图是将同一种元素的各种氧化型按照高低顺序排列，使用时应注意：在两种氧化型之间若构成一个电对，就用一条直线将它们连接起来，并在上方标出这个电对所对应的标准电极电势。

教学视频

元素电势图及其应用、实用化学电源

根据溶液的 pH 不同，又可以分为两大类：$E_A^\ominus$(A 表示酸性溶液，acid solution)标记的电势图表示溶液的 pH = 0；$E_B^\ominus$(B 表示碱性溶液，basic solution)标记的电势图表示溶液的 pH = 14。书写某一元素的元素电势图时，既可以将全部氧化型列出，也可以根据需要列出其中的一部分。例如，碘的元素电势图。

$$E_A^\ominus/\mathrm{V}\quad H_5IO_6 \xrightarrow{+1.60} IO_3^- \xrightarrow{+1.15} HIO \xrightarrow{+1.44} I_2 \xrightarrow{+0.54} I^-$$

$$IO_3^- \xrightarrow{1.21} I_2 \qquad HIO \xrightarrow{+0.99} I^-$$

$$E_B^\ominus/\mathrm{V}\quad H_3IO_6^{2-} \xrightarrow{+0.70} IO_3^- \xrightarrow{+0.56} IO^- \xrightarrow{+0.44} I_2 \xrightarrow{+0.54} I^-$$

$$IO^- \xrightarrow{+0.49} I^-$$

也可以列出其中的一部分，如：

$$E_A^\ominus/\mathrm{V}\quad HIO \xrightarrow{+1.44} I_2 \xrightarrow{+0.54} I^-$$

$$HIO \xrightarrow{+0.99} I^-$$

元素电势图清楚地表明了同种元素的不同氧化数物质氧化能力、还原能力的相对大小。不仅可以全面地看出一种元素各氧化型之间的电极电势高低和相互关系，而且可以判断哪些氧化型在酸性或碱性溶液中能稳定存在。

元素电势图还有以下用途：根据几个相邻电对的已知标准电极电势，求算其他电对的标准电极电势。

例如，某元素电势图为

$$A \xrightarrow[z_1]{E_1^\ominus} B \xrightarrow[z_2]{E_2^\ominus} C \xrightarrow[z_3]{E_3^\ominus} D$$

$$A \xrightarrow[z_x]{E_x^\ominus} D$$

根据标准吉布斯自由能变与氧化还原电对的标准电极电势之间的关系可得：

$$\Delta_r G_1^\ominus = -z_1 F E_1^\ominus$$

$$\Delta_r G_2^\ominus = -z_2 F E_2^\ominus$$

$$\Delta_r G_3^\ominus = -z_3 F E_3^\ominus$$

$$\Delta_r G_x^\ominus = -z_x F E_x^\ominus$$

z_1、z_2、z_3、z_x 分别为相应电对的电子转移数，其中 $z_x = z_1 + z_2 + z_3$，则

$$\Delta_r G_x^\ominus = -z_x F E_x^\ominus = -(z_1 + z_2 + z_3) F E_x^\ominus$$

$$\Delta_r G_x^\ominus = \Delta_r G_1^\ominus + \Delta_r G_2^\ominus + \Delta_r G_3^\ominus$$

于是 $-(z_1 + z_2 + z_3) F E_r^\ominus = -z_1 F E_1^\ominus + (-z_2 F E_2^\ominus) + (-z_3 F E_3^\ominus)$

整理得
$$E_x^{\ominus} = \frac{z_1E_1^{\ominus} + z_2E_2^{\ominus} + z_3E_3^{\ominus}}{z_1 + z_2 + z_3}$$

从中可以看出，当电极反应式相加(减)时，Δ_rG 之间也是相加(减)的关系。但 E 之间则不是简单的相加(减)的关系，E 是强度性质，E 之间的关系要通过 Δ_rG 的值计算。

【例 11-16】 根据氯的元素电势图中已知的标准电极电势，计算 $E_1^{\ominus}$、$E_2^{\ominus}$ 和 $E_3^{\ominus}$ 这三个未知标准电极电势。

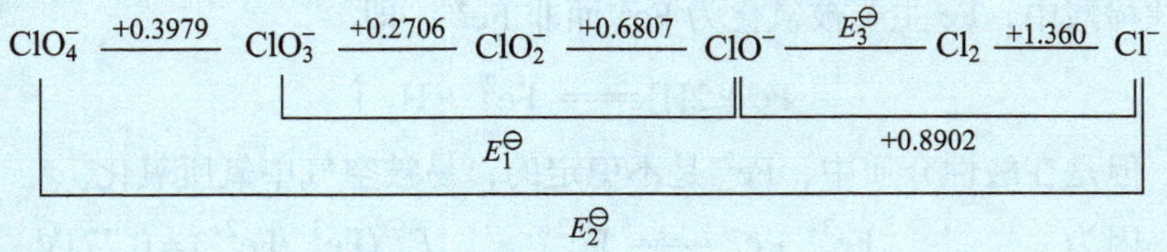

解
$$E_1^{\ominus} = \frac{2\times0.2706 + 2\times0.6807}{4} = 0.4757(\text{V})$$

$$E_2^{\ominus} = \frac{2\times0.3979 + 4\times0.4757 + 2\times0.8902}{8} = 0.5600(\text{V})$$

$$0.8902 = \frac{1\times E_3^{\ominus} + 1\times1.360}{2}$$

$$E_3^{\ominus} = 0.4204\ (\text{V})$$

2. 判断能否发生歧化反应

歧化反应是一种自身氧化还原反应。例如，某元素的三种物质组成两个电对，按照该元素的氧化数由高到低从左至右排列为

$$\text{A} \xrightarrow{E_{左}^{\ominus}} \text{B} \xrightarrow{E_{右}^{\ominus}} \text{C}$$

假设 B 发生歧化反应，过程中 B ══ C 获得电子为电池的正极，B ══ A 失去电子为电池的负极，则反应的电动势应该大于零。

$$E^{\ominus} = E_{(+)}^{\ominus} - E_{(-)}^{\ominus} = E_{右}^{\ominus} - E_{左}^{\ominus} > 0$$

即当 $E_{右}^{\ominus} > E_{左}^{\ominus}$ 时，B 可以发生歧化反应生成 A 和 C；反之，则发生归中反应。

例如，已知铜的元素电势图为

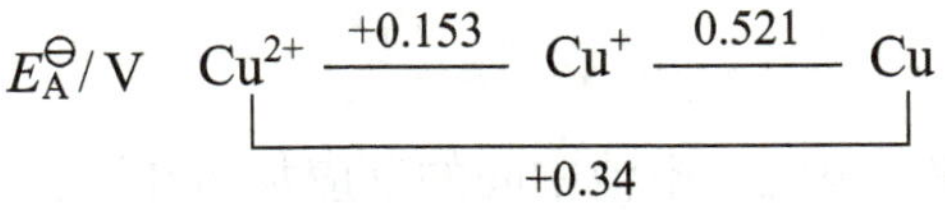

可以根据以上讨论判断 Cu^+ 的歧化反应 $2Cu^+ ══ Cu^{2+} + Cu$ 是否能够发生。

因为 $E_{右}^{\ominus} > E_{左}^{\ominus}$，所以在酸性溶液中，$Cu^+$ 不稳定，它将发生上述歧化反应。

3. 解释元素的氧化还原特性

根据元素电势图，还可以描绘出某一元素的一些氧化还原特性。例如，金属铁在酸性介质中的元素电势图为

$$E_A^\ominus/V \qquad Fe^{3+} \xrightarrow{+0.771} Fe^{2+} \xrightarrow{-0.44} Fe$$

利用此电势图，可以预测金属铁在酸性介质中的一些氧化还原特性。因为 $E_A^\ominus(Fe^{2+}/Fe)<0$，而 $E_A^\ominus(Fe^{3+}/Fe^{2+})>0$，故在稀盐酸或稀硫酸等非氧化性稀酸中，Fe 主要被氧化为 Fe^{2+}而非 Fe^{3+}。即

$$Fe + 2H^+ = Fe^{2+} + H_2\uparrow$$

但是在酸性介质中，Fe^{2+}是不稳定的，易被空气中氧所氧化。

因为 $\qquad Fe^{3+} + e^- = Fe^{2+} \qquad E_A^\ominus(Fe^{3+}/Fe^{2+}) = 0.771V$

$$O_2 + 4H^+ + 4e^- = 2H_2O \qquad E_A^\ominus(O_2/H_2O) = 1.229V$$

所以 $\quad 4Fe^{2+} + O_2 + 4H^+ = 4Fe^{3+} + 2H_2O$

由于 $E_A^\ominus(Fe^{2+}/Fe) < E_A^\ominus(Fe^{3+}/Fe^{2+})$，故 Fe^{2+}不会发生歧化反应，却可以发生歧化反应的逆反应：

$$Fe + 2Fe^{3+} = 3Fe^{2+}$$

因此，在 Fe^{2+}盐溶液中，加入少量金属铁，能避免 Fe^{2+}被空气中氧气氧化为 Fe^{3+}。由此可见，在酸性介质中铁最稳定的离子是 Fe^{3+}，而非 Fe^{2+}。

11.5 化学电源、电解与金属防腐

11.5.1 化学电源

化学电源又称电池，是一种能将化学能直接转变成电能的装置，它通过化学反应，输出电能。与其他电源相比，化学电源具有能量转化率高、输出功率范围广、使用方便、安全可靠、易于携带等优点，因此它在国民经济、科学技术、军事和日常生活方面均获得广泛应用。化学电池种类繁多，下面主要介绍常见的一次电池、二次电池及燃料电池。

1. 一次电池

一次电池也称干电池。电池中间的反应物质在进行一次电化学反应后就不能再次使用了，常用的有碱性锌锰干电池、锌汞电池、锌氧化银干电池等。碱性锌锰电池是日常生活中常用的干电池，是目前市场占有率最高的一次电池。具有自放电小、内阻小、电容量高、放电电压稳定、价格便宜等优点。已基本取代以前使用的盐类锌锰干电池和具有污染性的锌汞电池。碱性锌锰电池的电极反应如下：

正极：$2MnO_2 + H_2O + 2e^- \longrightarrow Mn_2O_3 + 2OH^-$

负极：$Zn + 2OH^- \longrightarrow ZnO + H_2O + 2e^-$

总反应：$2MnO_2 + Zn \longrightarrow ZnO + Mn_2O_3$

2. 二次电池

二次电池又称可充电电池或蓄电池，电池放电后，通过充电方法使活性物质复原后能够再度放电，而且充放电过程可以反复多次，循环进行。1859 年布兰特(G. Planté)研制出第一个铅酸蓄电池(见图 11-2)，开始了人们对二次电池的使用，到目前为止该电池仍然是使用最广泛的二次电池。此外，常用的还有镍镉、镍铁、镍氢和银锌电池及近三十年发展起来的锂离子电池等。

1) 镍氢电池

镍氢电池是 20 世纪 80 年代随着储氢合金的研究而发展起来的一种新型二次电池。工作原理是在充放电时氢正负极之间传递，电解液(如 KOH)不发生变化。例如，MH_x-Ni 电池，其中负极为储氢合金 MH_x(M 一般为稀土合金，如 $LaNi_5$)，氢以原子状态镶嵌其中，正极为氢氧化镍。镍氢电池的电极反应如下：

正极：$NiO(OH) + H_2O + e^- \underset{充电}{\overset{放电}{\rightleftharpoons}} Ni(OH)_2 + OH^-$

负极：$MH + OH^- \underset{充电}{\overset{放电}{\rightleftharpoons}} M + H_2O + e^-$

总反应：$NiO(OH) + MH \underset{充电}{\overset{放电}{\rightleftharpoons}} Ni(OH)_2 + M$

作为近几年迅速发展起来的一种高能充电电池，凭借能量密度高、可快速充放电、循环寿命长和无污染等优点，在笔记本电脑、便携式摄像机、数码相机及电动自行车等领域得到了广泛应用。不过镍氢电池是一种有记忆的电池，使用时应将电全部用完后再充电。

2) 锂离子电池

锂离子电池是一种可充电电池，在放电过程中锂离子从负极通过电解质迁移到正极，在充电时锂离子迁移回负极。

锂离子电池的研究始于 20 世纪中后叶，英国科学家斯坦利 · 威廷汉(M. S. Whittingham)在 20 世纪 70 年代发现了插层电极，并发明了第一个可充电锂离子电池，该电池使用二硫化钛阴极和锂铝负极。美国科学家约翰 · 古迪纳夫(J. B. Goodenough)自 1980 年起相继开发了钴酸锂、锰酸锂和磷酸铁锂等正极材料。在前人的研究基础上，日本科学家吉野彰(A. Yoshino)开发了当前使用的锂离子电池的原型，即使用钴酸锂作为正极，使用碳基材料作为负极。1991 年，索尼公司与旭化成公司合作，首次实现了锂离子电池的商业化生产与应用，在随后的三十年中，锂离子电池的开发与应用得到了迅速的发展。

锂离子电池具有高能量密度、循环寿命长、无记忆效应和低自放电的特点，已经成为应用最广泛的二次电池，应用已覆盖 3C 设备(计算机、通信和消费电子产品)、电动汽车、航空航天和国防军事等领域。

拓展知识

2019 年诺贝尔化学奖授予美国得州大学奥斯汀分校的约翰 · 古迪纳夫(J. B. Goodenough)、纽约州立大学宾汉姆顿分校的斯坦利 · 威廷汉(M. S. Whittingham)和日本化学家吉野彰(A. Yoshino)，以表彰他们在锂离子电池的发展方面做出的贡献。他们创造了一个可再充电的世界。

锂离子电池主要由正极、负极、电解液、隔膜及外壳组成。正极材料通常是钴酸锂($LiCoO_2$)、锰酸锂($LiMnO_2$)、三元材料($LiNi_xCo_yMn_zO_2$，$x+y+z=1$)、磷酸铁锂($LiFePO_4$)等。负极活性材料多采用石墨。隔膜常为聚烯烃类材料，置于正负极之间提供锂离子通道并防止电池短路。电解液一般是含锂盐的有机溶液，如六氟磷酸锂($LiPF_6$)与碳酸亚乙酯/碳酸二甲酯。锂离子在充放电过程中发生反应的是正极和负极材料，在放电过程中，负极上的氧化半反应产生带正电的锂离子和带负电的电子，电子经外电路迁移至正极(实现能量输出)，锂离子通过电解质迁移至正极，然后正极材料发生还原半反应与锂离子结合。在充电过程中，这些反应和传输以相反的方向进行，电子通过外部电路从正极移动到负极。以钴酸锂与石墨材料组成的正、负电极为例(图 11-9)，锂离子电池构造与电极反应如下：

动画
锂离子电池充放电过程

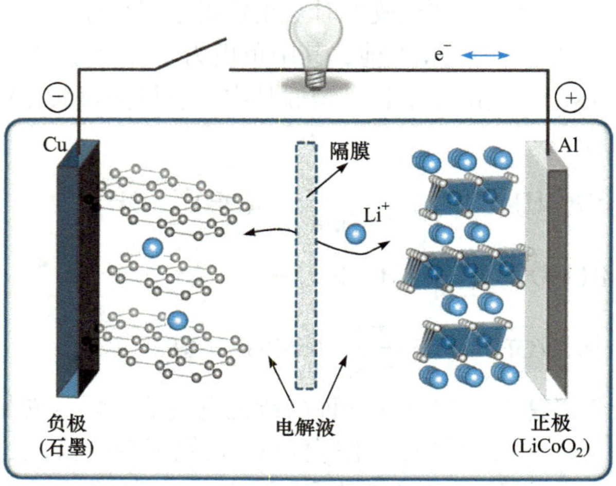

图 11-9 锂离子电池结构示意图

正极：$CoO_2 + Li^+ + e^- \underset{充电}{\overset{放电}{\rightleftharpoons}} LiCoO_2$

负极：$LiC_6 \underset{充电}{\overset{放电}{\rightleftharpoons}} C_6(石墨) + Li^+ + e^-$

总反应：$CoO_2 + LiC_6 \underset{充电}{\overset{放电}{\rightleftharpoons}} LiCoO_2 + C_6(石墨)$

3. 燃料电池

燃料电池是一种通过氧化还原反应将还原剂即燃料(通常是氢)和氧化剂(通常是氧)的化学能转化为电能的装置。与大多数电池不同的是燃料电池不是将还原剂、氧化剂物质全部储藏在电池内，而是在工作时不断从外界输入氧化剂和还原剂，同时将电极反应产物不断排出电池。

燃料电池有很多种，但它们结构与工作方式大致相同，电池由三部分组成：阳极、电解质和阴极。在阳极上，催化剂(如细铂粉)将燃料(H_2)变成带正电的离子(H^+)和带负电的电子。释放的电子流经外电路产生电流，氢离子穿过电解质到达阴极。在阴极上，催化剂(如镍)将氢离子、电子及氧气转化为水。燃料电池的能量效率一般为 40%～60%，进一步的废热捕获，可使效率提高到 85%。

自 20 世纪 60 年代以来，燃料电池已得到了广泛应用，如卫星和太空舱发电，商业、工业、住宅建筑及偏远地区的备用电源，燃料电池汽车等。根据其使用的电解质类型，燃料电池可分为：质子交换膜燃料电池、磷酸燃料电池、固体酸燃料电池、碱性燃料电池、固体氧化物燃料电池、熔融碳酸盐燃料电池等。

11.5.2　电解

教学视频
电解与法拉第电解定律

电化学的最重要的应用之一是电解，即通过外加电压，将电能转化为化学能，形成电镀、电解微细加工、电解冶炼金属、无机电合成和有机电合成等电化学工业。使电能转变成化学能的装置称为电解池(electrolytic cell)。当一个电池与外接电源反向对接时，只要外加的电压略大于该电池的电动势 E 时，电池接受外界所提供的电能，电池反应发生逆转，原电池就变成了电解池。

这种在外加电源作用下发生的氧化还原过程称为电解。依靠外加电压在两极上发生的氧化还原反应称为电解反应(electrolysis reaction)。电解反应是非自发进行的反应。通过对电池电动势的计算，可以从理论上求得使电解开始所必需的最小外加电压，称为理论分解电压。理论分解电压，即电解产物所构成的电池的可逆电动势。

实际上，电解时所需的外加电压(实际分解电压)总是大于理论分解电压。例如，电解 $5\text{mol}\cdot\text{L}^{-1}$ NaCl 溶液需要的外加电压为 2.2V。比理论分解电压(1.73V)大得多。其原因主要有两方面：一是电解质溶液(严格地讲还有导线、接触点等)都有一定电阻，电流通过时必然会额外消耗电能；二是当电流通过时，两个电极上进行的是不可逆电解过程，其电极电势(称为不可逆电极电势)会偏离由能斯特方程计算得到的可逆电极电势。其偏离的数值称为超电势(overpotential)，电解时由于超电势的存在也会额外消耗电能。

英国科学家法拉第(M. Faraday)通过研究电解池在电极上电解出的物质质量与通过的电量之间的关系，总结出了著名的法拉第电解定律，其基本要点是：

(1) 在电极上所产生的物质 B 的质量与通过电池的电量成正比。

(2) 当给定的电量通过电池时，若电极反应为

$$\text{A} + z\text{e}^- \Longrightarrow \text{B}$$

则电极上所产生的 B 物质质量为上述电极反应的反应进度乘以 B 的摩尔质量：

$$m = \frac{q}{zF}M_\text{B} = \frac{It}{zF}M_\text{B} \tag{11-17}$$

式中，m 为 B 物质的质量(g)；M_B 为 B 物质的摩尔质量($\text{g}\cdot\text{mol}^{-1}$)；$q$ 为通

过电池的电量(C)；F 为法拉第常量，即转移 1mol 电子的电量；z 为电极反应中电子的化学计量数；t 为电解时间(s)；I 为电流强度(A)。

【例 11-17】 在镀银的镀槽中，以 15A 的电流电镀 30min，问能沉积出多少克银？

解 电极反应：$Ag^{+}+e^{-} \rightleftharpoons Ag$。银的摩尔质量 $M = 1.0787 \times 10^{-1}kg \cdot mol^{-1}$、$z=1$、$I=15A$、$t=30\times 60s$、$F=96\,485C\cdot mol^{-1}$，将这些数据代入式(11-17)，可得银的析出量：

$$m=\frac{1.0787\times 10^{-1}\times 15\times 30\times 60}{96\,485}=3.018\times 10^{-2}(kg)=30.18(g)$$

电解法制备产品过程中消耗电能的多少，是极为重要的经济指标，在实验室或工业生产中进行电解反应时，实际消耗的电能往往超过理论计算值。通常，将理论上所需的电能与实际消耗的电能之比称为电能效率，即：

$$\text{电能效率}=\frac{\text{理论上所需的电能}}{\text{实际消耗的电能}}\times 100\%=\text{电流效率}\times\text{电压效率}$$

而电流效率与电压效率又可分别表示为

$$\text{电流效率}=\frac{\text{实际产量}}{\text{理论产量}}\times 100\%$$

$$\text{电压效率}=\frac{\text{理论分解电压}}{\text{电解槽的实际槽电压}}\times 100\%$$

【例 11-18】 通入某食盐水电解槽 10 000A 的电流 2h，共生产 NaOH(折合成 100%的固体碱)28.5kg，已知电解槽中所构成的方向与电解过程相反的原电池的可逆电动势为 2.17V，而实际测得其槽电压为 3.3V，试分别计算其电能效率、电压效率和电流效率。

解 计算理论产量：

$$m=\frac{40.00\times 10^{-3}}{1}\times\frac{10\,000\times 2\times 60\times 60}{96\,485}=29.85(kg)$$

因此可得

$$\text{电流效率}=\frac{\text{实际产量}}{\text{理论产量}}\times 100\%=\frac{28.5}{29.85}\times 100\%=95.5\%$$

$$\text{电压效率}=\frac{\text{理论分解电压}}{\text{电解槽的实际槽电压}}\times 100\%=\frac{2.17}{3.3}\times 100\%=65.8\%$$

$$\text{电能效率}=\text{电流效率}\times\text{电压效率}=95.5\%\times 65.8\%=62.8\%$$

11.5.3 金属的腐蚀与防护

教学视频
金属的腐蚀与防护

金属腐蚀而遭受到的损失是非常严重的，据统计，全世界每年因腐蚀而报废的金属设备和材料的量为金属年产量的 20%～30%，因此研究金属的腐蚀和防腐是一项很有意义的工作。在腐蚀作用中又以电化学腐蚀情况最为严重，电化学腐蚀与防护问题既有日常生活常见的钢铁生锈、电池的点蚀等问题，也与当前新能源、新材料等领域密切相关。可以说，腐蚀与防腐存在于国民经济和科学技术的各个领域，已逐渐发展成为一门综合性交叉学科。

1. 金属的电化学腐蚀

金属表面与周围介质发生化学及电化学作用而遭受破坏，统称为金属腐蚀。

金属表面与介质，如气体或非电解质液体等因发生化学作用而引起的腐蚀，称为化学腐蚀(chemical corrosion)。化学腐蚀作用进行时没有电流产生。

金属表面在潮湿空气、电解质溶液等介质中，因形成自发的腐蚀电池(这种电池是只能导致金属材料破坏而不能对外做功的短路原电池，有微电池和宏电池之分)而发生电化学作用而引起的腐蚀，称为电化学腐蚀(electrochemistry corrosion)。大部分的金属腐蚀现象由电化学原因引起，如钢铁的生锈、船壳在海水中的腐蚀等。电化学腐蚀更快、危害更大。

当两种金属或者两种不同的金属制成的物体相接触，同时又与其他介质(如潮湿空气、其他潮湿气体、水或电解质溶液等)相接触时，就形成了一个腐蚀电池。如图 11-10 所示，在一铜板上有一些铁的铆钉，长期暴露在潮湿的空气中，在铆钉的部位就特别容易生锈。这是因为铜板暴露在潮湿空气中时表面上会凝结一层薄薄的水膜，空气里的 CO_2、工厂区的 SO_2、沿海地区潮湿空气中的 NaCl 都能溶解到这一薄层水膜中形成电解质溶液，宏电池(正、负极尺寸较大、区分明显的宏观腐蚀电池)就这样形成了。其中铁是负极，铜是正极。铁在负极失去电子而被氧化成为 Fe^{2+}，Fe^{2+}进入水膜中，电子转移至铜板，通过铜正极将电子再传给水膜中的 H^+或溶解的氧气 O_2。电极反应为：

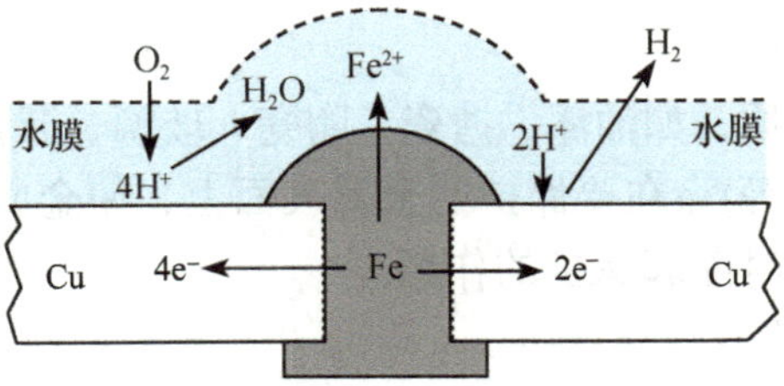

图 11-10　金属被腐蚀过程

Fe 负极：$Fe \xlongequal{} Fe^{2+} + 2e^-$

Cu 正极：由于条件不同可能发生下列两种不同的还原反应。

(1) 氢离子还原成 H_2(g)析出，称为析氢腐蚀：

$$2H^+ + 2e^- \xlongequal{} H_2$$

(2) 大气中氧气的还原反应，称为吸氧腐蚀：

$$O_2 + 2H_2O + 4e^- \xlongequal{} 4OH^-$$

进入水膜的 Fe^{2+}再与溶液中的 OH^-结合，生成 $Fe(OH)_2$，然后 $Fe(OH)_2$ 又和潮湿空气中的水分和氧发生作用，最后生成铁锈(铁锈是铁的各种氧化物和氢氧化物的混合物)，从而腐蚀了铁铆钉。反应如下：

$$4Fe(OH)_2 + 2H_2O + O_2 = 4Fe(OH)_3$$

一般来说，在空气中氧分压 $p(O_2) = 21kPa$ 时，$E^{\ominus}(O_2/OH^-) = 1.23V$，远高于 $E^{\ominus}(H^+/H_2)$，所以吸氧腐蚀更容易发生，故有氧气存在时铁的锈蚀特别严重。

工业上使用的金属不可能完全纯净，经常存在一些杂质。在表面上金属和杂质的电极电势不尽相同，这就构成了以金属和杂质为电极的许许多多微电池(正、负极肉眼不可分辨的微观腐蚀电池，简称微电池)。例如，工业用钢材中含碳杂质等。当其表面覆盖一层电解质薄膜时，铁、碳及电解质溶液就构成微电池，见图 11-11。在该微电池中碳是正极，铁是负极，氢离子在碳正极上被还原而放出氢气，铁在负极失去电子而被不断氧化溶解而受到腐蚀。

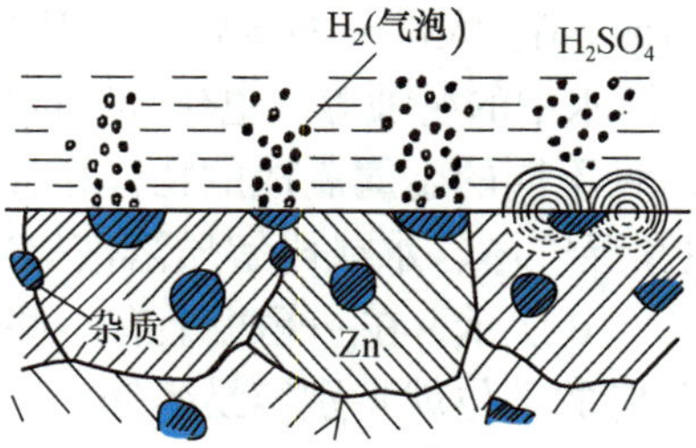

图 11-11 含杂质的工业钢在 H_2SO_4 中的溶解图

此外，金属表面不同部位电解质溶液浓度不均匀形成的浓差电池也能产生电化学腐蚀。

2. 金属的防腐

金属的防腐常用的有下列几种方法。

1) 非金属保护层

将耐腐蚀的物质，如油漆、搪瓷、陶瓷、玻璃、沥青、高分子材料(如塑料、橡胶、聚酯等)涂在要保护的金属表面上，使金属与腐蚀介质隔开。当这些保护层完整时能起保护的作用。

2) 金属保护层

用耐腐蚀性较强的金属或合金覆盖在被保护的金属表面上，覆盖的重要方法是电镀。按防腐蚀的性质，保护层可分为正极保护层和负极保护层。镀上去的金属比被保护的金属有较负的电极电势形成负极保护层，如将锌镀在铁上(锌为负极，铁为正极)，即使保护层被破坏后，因被保护的金属是正极，正极还原而不受腐蚀，受腐蚀的是不完整的保护层；镀上去的金属有较正的电极电势则形成正极保护层，如将锡镀在铁上(锡为正极，铁为负极)。当保护层不完整时，就失去了保护作用，锡和被保护的金属铁形成原电池，由于被保护的金属变为负极，更易被氧化，所以不完整保护层的存在反而加速了金属腐蚀。

3) 电化学保护法

电化学保护法主要有以下几种方法。

(1) 保护器保护：将被保护的金属作为腐蚀电池的正极或电解池的阴极而不受腐蚀。一般分为正极保护法和牺牲阳极保护法。例如，将电极电势较低的金属和被保护的金属连接在一起，构成原电池，电极电势较低的金属作为负极而溶解，被保护的金属作为正极就可以避免腐蚀。例如，海上航行的船舶，在船底四周镶嵌锌块，此时，船体是正极受到保护，锌块是负极代替船体而受腐蚀。有时将锌块称为保护器。这种保护法保护了正极，牺牲了负极，所以称为正极保护法；又如，埋在地下的管道，将直流电源的负极接到被保护的金属管道上，正极接到废铁上，让潮湿的土壤层作电解液，这样就构成了一个电解池，被保护金属管道为阴极，废铁为阳极。当直流电持续不断地通过时，电极反应为

阴极：$2H^{+}+2e^{-} = H_2$

阳极：$Fe = Fe^{2+}+2e^{-}$

这种保护法保护了阴极，牺牲了阳极，故称为牺牲阳极保护法。

(2) 钝化：金属表面的钝化状态也是阳极保护的一种电化学方法。铁在稀硝酸中溶解得很快，但在浓硝酸中却溶解得非常缓慢，即铁在硝酸浓度提高时反而变得更稳定了。铁在浓硝酸中的这种状态称为钝化状态(或钝态)。铁、镍、铬及其他一些金属经过(浓硝酸、浓硫酸、$KMnO_4$等)各种氧化剂处理后，在金属表面能生成连续的氧化膜，紧密完整地附着在金属表面，使金属完全与外界腐蚀介质隔绝，从而转变为钝态；另一种使金属钝化的方法是将金属置于电解质溶液中，将直流电源的正极接到被保护的金属上，使之成为阳极。直流电源的负极接到另一参比电极上。逐步增大阳极的电极电势，金属表面状态的变化，会使阳极极化，其超电势升高，当金属的溶解(氧化)速率急剧下降时，金属处于钝化状态。此时，阳极的电极电势处在钝化区范围。由此可见，用外加电流使被保护的金属作为阳极，并维持其电极电势在钝化区就能防止金属的腐蚀。

思考题 11-6

一个储水铁箱上被腐蚀了一个洞，用一金属片焊接在洞外面以堵漏，为了延长铁箱的寿命，选何种金属片为好？

化学史话

漫步于物理和化学之间的科学巨匠——能斯特

瓦尔特·赫尔曼·能斯特 (W. H. Nernst，1864—1941，德国物理化学家)

20世纪初的欧洲，由于工业的迅速崛起，科学和技术也得到了飞速的发展。这一时期的物理与化学学科领域也涌现出了一大批杰出的科学家，能斯特就是其中一位。能斯特是德国著名的物理学家、物理化学家，能斯特方程的提出者、能斯特灯的发明者，因其在热力学方面的杰出贡献而获得1920年诺贝尔化学奖。

1887年，能斯特在维尔茨堡大学获得博士学位，并结识了电离理论的创立者、1903年诺贝尔化学奖得主阿伦尼乌斯，可以说是阿伦尼乌斯将能斯特“引进了物理化学领域”。后来阿伦乌尼斯又把能斯特引荐给了物理化学学科创始人之一、莱比锡大学的奥斯特瓦尔德教授。在奥斯特瓦尔德的指导下，能斯特对电极电势进行研究。1889年，他通过研究电池的渗透理论，提出了电化学中著名的能斯特方程。能斯特方程表明，电极电势的大小不仅取决于电对本身的性质，还与温度、浓度和压强等多种因素有关。

能斯特在热力学研究方面也取得了巨大的成果，他根据对低温现象的研究，得出了热力学第三定律，人们称之为“能斯特热定理”。这条定律的出现解决了当时困扰化学界的一大难题，为计算化学反应在不同温度下的平衡常数提供了准确有效的方法。也因为在这方面的杰出贡献，能斯特获得了1920年诺贝尔化学奖。

能斯特的研究领域很广，他还对溶液理论进行研究，提出了能斯特分配定律；他编写了关于化学动力学的论文，进行电化学中浓度链、介电常数的相关研究；他提出了光化学的“原子链式反应”理论，这也是核反应的基础理论；他发明了能斯特灯，用 ZrO_2 及其他镧系氧化物作为电灯的灯丝替代碳丝，并获得了专利。只是由于后来以钨丝为灯丝的白炽灯的出现，他的专利才没有被广泛利用，但至今能斯特灯仍是常用的红外光源。

能斯特对待学术不局限于单一学科的研究学习，他试图在学科之间的边缘交叉处取得相关的研究成果。他推广并发展了物理和化学这两个学科的交叉领域——物理化学，促进了物理化学这个新兴学科的蓬勃发展。同时，这也推动了物理、物理化学等学科在德国科学界的发展，并在世界范围内得到广泛的认可。

能斯特不仅是一位伟大的物理化学学家，更是卓越的教育家，他花费了大量心血在科学研究和人才培养上，为科学界输送了许多优秀的人才。在19世纪末开始的美国学者的“留德热潮”中，不少学者选择在能斯特的研究所学习进修。

能斯特尊师重道、注重传承，他将自己取得的成绩归功于导师奥斯特瓦尔德的培养，自己也追随着导师的脚步，尽心竭力地培养、提携后辈。能斯特夫妇在莱比锡大学设立了贫困学生奖学金，为学生专注于学业研究提供帮助。正是由于能斯特的引导和影响，他的学生中人才辈出，先后有三位学生获得了诺贝尔奖（1923年的密立根、1936年的安德森、1960年的格拉泽），这在诺贝尔奖历史上十分罕见。

拓展阅读

习　题

教学视频
习题课

11-1 写出下列电池中各电极上的反应和电池反应

(1) (–)Pt(s) | H_2(g) | HCl(c) | Cl_2(g) | Pt(s)(+)

(2) (–)Pt(s) | H_2(g) | H^+(aq) ‖ Ag^+(aq) | Ag(s)(+)

(3) (–)Ag(s) | AgI(s) | I^-(aq) ‖ Cl^-(aq) | AgCl(s) | Ag(s)(+)

(4) (–)Pb(s) | $PbSO_4$(s) | SO_4^{2-}(aq) ‖ Cu^{2+}(aq) | Cu(s)(+)

(5) (–)Pt(s) | H_2(g) | NaOH(aq) | HgO(s) | Hg(l)(+)

(6) (–)Pt(s) | H_2(g) | H^+(aq) | Sb_2O_3(s) | Sb(s)(+)

(7) (–)Pt(s) | Fe^{3+}(aq), Fe^{2+}(aq) || Ag^{+}(aq) | Ag(s)(+)

(8) (–)Na(Hg)(*c*) | Na^{+}(aq) || OH^{-}(aq) | HgO(s) | Hg(l)(+)

11-2 将下列化学反应设计成电池，写出电池符号和电极反应。

(1) $AgCl(s) \Longrightarrow Ag^{+}(aq) + Cl^{-}(aq)$

(2) $AgCl(s) + I^{-}(aq) \Longrightarrow AgI(s) + Cl^{-}(aq)$

(3) $H_2(g) + HgO(s) \Longrightarrow Hg(l) + H_2O(l)$

(4) $Cl_2(g) + 2I^{-}(aq) = I_2(s) + 2Cl^{-}(aq)$

(5) $Zn(s) + H_2SO_4(aq) \Longrightarrow ZnSO_4(aq) + H_2(g)$

(6) $Pb(s) + 2AgCl(s) \Longrightarrow PbCl_2(s) + 2Ag(s)$

(7) $Pb(s) + 2HCl(aq) \Longrightarrow PbCl_2(s) + H_2(g)$

(8) $Fe^{2+}(aq) + Ag^{+}(aq) \Longrightarrow Ag(s) + Fe^{3+}(aq)$

(9) $H_2(g) + I_2(s) \Longrightarrow 2HI(aq)$

(10) $2Cu^{+}(aq) \Longrightarrow Cu^{2+}(aq) + Cu(s)$

(11) $2H_2(g) + O_2(g) \Longrightarrow 2H_2O(l)$

(12) $H^{+}(aq) + OH^{-}(aq) \Longrightarrow H_2O(l)$

11-3 写出下列电极反应或电池反应的能斯特方程式。

(1) $Cl_2 + 2e^{-} \Longrightarrow 2Cl^{-}$

(2) $MnO_2 + 4H^{+} + 2e^{-} \Longrightarrow Mn^{2+} + 2H_2O$

(3) $O_2 + 4H^{+} + 2e^{-} \Longrightarrow 2H_2O$

(4) $2Fe^{3+} + 2I^{-} \Longrightarrow 2Fe^{2+} + I_2$

(5) $2MnO_4^{-} + 10Cl^{-} + 16H^{+} \Longrightarrow 2Mn^{2+} + 5Cl_2 + 8H_2O$

11-4 下列说法是否正确？对错误的说法给以必要的解释：

(1) 元素在化合物中的氧化态越高，其氧化能力越强；

(2) 某物质的 E 值越高，说明它的氧化性越强，还原性越弱；

(3) 含氧酸根的氧化能力随 $c(H^{+})$增加而增强，所以强氧化性的含氧酸根通常在碱性条件下制备，在酸性条件下使用；

(4) 凡是能组成原电池、能产生电动势的反应，因为有电子得失的关系，所以都是氧化还原反应；

(5) Zn 能还原 Cu^{2+}，所以 Zn 的还原能力比 Cu^{2+}强；

(6) 在氧化还原反应中，如果两电对的 E 值相差越大，则反应进行得越快；

(7) 因为 $E^{\ominus}(Cu^{+}/Cu) = 0.52V$、$E^{\ominus}(IO_3^{-}/I^{-}) = 1.09V$、$E^{\ominus}(Ag^{+}/Ag) = 0.80V$，所以还原能力的排序为 $Cu > Ag > I^{-}$；

(8) 电极反应可以有多种写法，如:

$$2IO_3^{-} + 12H^{+} + 10e^{-} \Longrightarrow I_2 + 6H_2O$$

$$IO_3^{-} + 6H^{+} + 5e^{-} \Longrightarrow \frac{1}{2}I_2 + 3H_2O$$

$$I_2 + 6H_2O \Longrightarrow 2IO_3^{-} + 12H^{+} + 10e^{-}$$

上述反应对应的标准电动势 $E^{\ominus}$ 值相同。

11-5 试设计一个电池，使其中进行下述反应

$$Fe^{2+}(c_1)+Ag^+(c_2) \rightleftharpoons Ag(s)+Fe^{3+}(c_3)$$

(1) 写出电池的表示式；

(2) 计算上述电池反应在 298.15K，反应进度ξ为 1mol 时的平衡常数 $K^\ominus$ 。

11-6 在 298.15K 时，分别用金属 Fe 和 Cd 插入下述溶液中组成电池，试判断何种金属首先被氧化？

(1) 溶液中含 Fe^{2+}和 Cd^{2+}的浓度都是 $0.1mol \cdot L^{-1}$；

(2) 溶液中含 Fe^{2+}为 $0.1mol \cdot L^{-1}$，而 Cd^{2+}为 $0.0036mol \cdot L^{-1}$。

11-7 已知 $E^\ominus(PbO_2/Pb^{2+})=1.455V$，$E^\ominus(MnO_4^-/Mn^{2+})=1.507V$，判断反应 $5PbO_2+2Mn^{2+}+4H^+=2MnO_4^-+5Pb^{2+}+2H_2O$ 在什么情况下能自发进行？

11-8 根据 25℃时电对 Pb^{2+}/Pb 和 $PbSO_4/Pb$ 的电极反应与标准电极电势值(查附表七)，计算该温度下的 $K_{sp}^\ominus(PbSO_4)$。

11-9 根据 25℃ 时电对 Au^{3+}/Au 和$[AuCl_4]^-/Au$ 的电极反应与标准电极电势值(查附表七)，计算该温度的下 $K_f^\ominus([AuCl_4]^-)$。

11-10 试从下列元素电势图中的已知标准电极电势：

(1) 计算 $E^\ominus(BrO_3^-/Br^-)$值；

$$E_A^\ominus/V \quad BrO_3^- \xrightarrow{+1.50} HBrO \xrightarrow{+1.59} Br_2 \xrightarrow{+1.07} Br^-$$

（BrO_3^- 至 Br^-：$E^\ominus(BrO_3^-/Br^-)$）

(2) 计算 $E^\ominus(IO^-/I_2)$值。

$$E_B^\ominus/V \quad IO^- \xrightarrow{E^\ominus(IO^-/I_2)} I_2 \xrightarrow{+0.54} I^-$$

（IO^- 至 I^-：+0.49）

11-11 已知 $c(H^+)=1.0mol \cdot L^{-1}$ 时，Mn 的元素电势图为

$$E_A^\ominus/V \quad MnO_4^- \xrightarrow{0.558} MnO_4^{2-} \xrightarrow{2.24} MnO_2 \xrightarrow{0.907} Mn^{3+} \xrightarrow{1.542} Mn^{2+} \xrightarrow{-1.185} Mn$$

（MnO_2 至 Mn^{2+}：1.224）

(1) 计算 $E^\ominus(MnO_4^-/MnO_2)$；

(2) 锰的哪几种氧化态在酸性溶液中是不稳定的，容易歧化？

(3) 在酸性介质中，用 $KMnO_4$ 氧化 Fe^{2+}时，当 $KMnO_4$ 过量时会发生什么现象？写出有关反应方程式。

11-12 298.15K 时，已知 $E^\ominus(Cl_2/Cl^-)=1.358V$，$E^\ominus(Ag^+/Ag)=0.7996V$，$K_{sp}^\ominus(AgCl)=1.80\times10^{-10}$，$F=96\,485C \cdot mol^{-1}$。在该温度下，将下列反应设计为原电池：$Cl_2(g,10.0kPa)+2Ag(s) \rightleftharpoons 2AgCl(s)$。完成下列问题：

(1) 写出组成该电池的两个电极反应；

(2) 计算 $E^\ominus(AgCl/Ag)$；

(3) 计算该电池的标准电动势和电池反应的标准平衡常数；

(4) 计算该电池反应的 $\Delta_r G_m$。

11-13 现拟将大小为 $100cm^2$ 的金属薄片两面都镀上一层 0.05mm 厚的镍，如所用的电流为 2.0A，而电流效率为 96.0%，假定镀层均匀，金属镍的密度为 $8.9g \cdot cm^{-3}$，

则获得这一镀层需要通电多长时间[M_r(Ni) = 58.70]?

11-14 298.15K、$p^{\ominus}$时，用电解沉积法分离 Cd^{2+}和 Zn^{2+}，设溶液中 Cd^{2+}和 Zn^{2+}浓度均为 0.1mol · L^{-1}，并知 $E^{\ominus}(Zn^{2+}/Zn) = -0.763V$，$E^{\ominus}(Cd^{2+}/Cd) = -0.403V$。问哪种金属首先在阴极上析出?当第二种金属开始析出时,前一种金属离子的浓度为多少?

11-15 $CuSO_4$水溶液插入惰性电极(石墨等电极本身只起导体作用,本身并不参与电极反应)，阴、阳极上各获得什么产物?

(湖南科技大学　　陈述　郝远强)

第 12 章　氢和稀有气体

12.1　氢

第 12 章　导学

教学视频

氢

氢是宇宙中丰度最大的元素，据统计，氢占宇宙所有原子总数的 90% 以上。太阳大气的组成部分主要是氢，以原子百分比计，它高达 81.75%。在自然界中，绝大多数的氢都以化合物形式存在。氢在地壳外层的大气、水和岩石里以原子百分比占 17%，仅次于氧而居第二位。在水、碳氢化合物及所有生物的组织中都含有氢。已知氢有三种同位素，分别为普通氢或氕(用 $^{1}_{1}H$ 或 H 表示，占 99.98%)、重氢或氘(用 $^{2}_{1}H$ 或 D 表示，约占 0.02%)和氚(用 $^{3}_{1}H$ 或 T 表示)。氚是一种不稳定的放射性同位素，在自然界中含量极少，约 10^7 个氢原子中才有一个氚原子。

氢的三种同位素的核外电子构型相同，所以它们的化学性质基本相同，但由于它们所含的中子数不同，质量也相差较大，导致它们的单质和化合物在物理性质上表现出一定的差异，如 H 和 D 的单质及其化合物的沸点和平均键能均不相同(表 12-1)。氘与原子反应堆中的重水有关，并广泛地用于反应机理的研究和光谱分析。氚和核聚变反应有关，也可用作示踪原子。

拓展知识

利用核磁共振(NMR)测定化合物结构时，常将待测样品溶于氘代试剂(如 $CDCl_3$、D_2O、CD_3OD 等)中，以消除普通溶剂中的氢原子的干扰，提高测试的准确性和分辨率 。

表 12-1　H_2、D_2 及其氧化物的沸点和平均键能

化合物	H_2	D_2	H_2O	D_2O
沸点/K	20.2	23.3	373.0	374.2
平均键能/(kJ · mol^{-1})	436.0	443.3	463.5	470.9

氢气是无色、无味的可燃气体，是所有气体中密度最小的。因此，可以用来填充气球。氢气球可以携带仪器进行高空探测。液氢是重要的高能燃料，可作为火箭所用燃料，还可作为超低温制冷剂。氢气容易被镍、钯、铂等金属吸附，其中钯的吸氢能力最强。被吸附的氢气有很强的化学活泼性，在此状态下的氢气同氧气能迅速化合。

拓展知识

1766 年，英国科学家卡文迪许(H. Cavendish)通过铁、锌与稀盐酸、稀硫酸反应第一次制得氢气。

氢气分子在常温下不活泼，其 H—H 键的解离能相当大(436kJ · mol^{-1})。在高温时，氢气具有还原性，可以从氧化物或卤化物中夺取氧或卤素原子，从而将金属或非金属还原出来。原子氢比分子氢性质活泼得多，能在常温下将铜、铁、汞、银等的氧化物还原成金属单质，还能直接与硫作用生成硫化氢。

$$E_A^\ominus/V \quad H^+ \xrightarrow{\;0\;} H_2 \xrightarrow{\;-2.25\;} H^-$$

$$E_B^\ominus/V \quad H_2O \xrightarrow{\;-0.828\;} H_2 \xrightarrow{\;-2.25\;} H^-$$

图 12-1　氢的元素电势图

氢的元素电势图见图 12-1。

在石油能源日益枯竭和环境污染危害加重的今天，氢作为清洁的绿色能源有着广阔的应用前景。例如，氢燃料电池可直接将燃烧的化学能转换为电能，能量转换率可达 60%～80%，污染少，噪声小，装置可大可小，非常灵活。目前，已经成功研发了氢燃料电池汽车。

思考题 12-1

氢能的优点是什么？目前开发氢能的困难有哪些？

12.1.1 氢原子的成键特征

氢原子的价电子构型为 $1s^1$，电负性为 2.18。当氢同其他元素的原子化合时，可以形成离子键、共价键及特殊的氢桥键和氢键。

1. 形成离子键

当氢与电负性很小的碱金属、碱土金属元素(Be 除外)反应生成氢化物时，氢从金属原子上获得一个电子形成 H^-，如 LiH、NaH、KH、MgH_2、CaH_2 等。

2. 形成共价键

当氢与电负性相当的非金属原子反应时，可以形成共价分子，如 HCl 分子，键的极性随非金属原子的电负性增大而增强。两个等价的氢原子可形成非极性的 H_2 分子。

3. 特殊键型

氢气溶解在金属中时，氢原子可以间充到许多过渡金属晶格的空隙中，形成一类非整比化合物，一般称之为金属型氢化物。若在真空中将溶有氢气的金属加热，氢气即可放出，利用这一性质可以获得纯度极高的氢气。

在硼氢化合物(如 B_2H_6)和某些过渡金属配合物(如$[Cr_2H(CO)_{10}]^-$)中，氢原子可以作为桥连基团(图 12-2)。

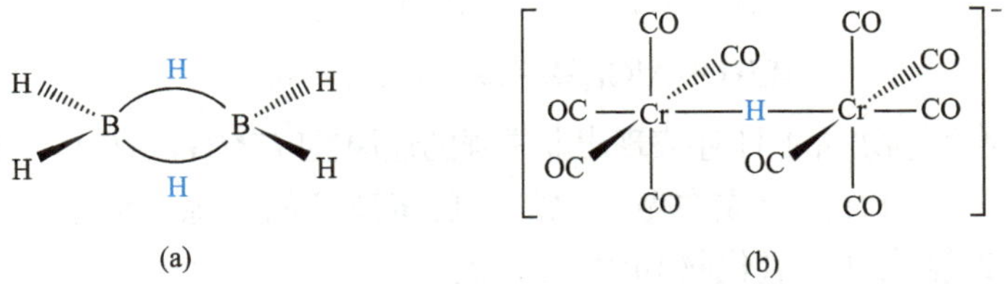

图 12-2 B_2H_6(a)和$[Cr_2H(CO)_{10}]^-$(b)的结构

氢原子除参与形成化学键以外，还能定向吸引邻近电负性高的 F、O、N 等原子上的孤电子对而形成分子间或分子内氢键。氢键广泛存在自然界中，在固体结构一章中已做详细讲述。

12.1.2 氢化物

严格意义上讲，氢化物只包含氢与金属相互结合的化合物，但由于概念的扩大，有时也包含水、氨和碳氢化合物等物质。除稀有气体外的所有元素几乎都能与氢结合形成氢化物。依据元素电负性的不同，氢与其他元素能形成离子型氢化物、分子型氢化物和金属型氢化物。

1. 离子型氢化物

氢气与化学活性较高的碱金属和碱土金属(除 Be 外)在较高温度下直接化合，氢原子获得一个电子成为 H^-，生成离子型氢化物。氢的这种性质类似于卤素，但是 H_2 变成 H^- 的倾向比卤素分子(X_2)变成 X^- 小得多，所以大多数离子型氢化物需要在较高温度下反应才能制得，离子型氢化物也不如相应的卤化物存在普遍：

$$2M + H_2 \xlongequal{\quad} 2MH \quad (M = \text{碱金属})$$

$$M + H_2 \xlongequal{\quad} MH_2 \quad (M = \text{碱土金属})$$

离子型氢化物的很多性质与盐类相似，因此又称为类盐型氢化物。离子型氢化物呈白色，但常因含有少量金属而显灰色。LiH 和 BaH_2 的热稳定性较高(熔点分别为 695K 和 1473K)，其他离子型氢化物均在熔化前就分解成金属单质和氢气。

离子型氢化物的一个重要化学性质是与水发生剧烈反应，放出 H_2。该反应的实质就是 H^+ 与 H^- 反应生成 H_2。基于该反应，可使用某些离子型氢化物作为干燥剂。例如，以 CaH_2 作为干燥剂，可去除甲苯、乙腈等有机溶剂中的微量水分(由于该反应是一个放热反应，故水量较多时不能使用该方法)。NaH、KH 等还可以在有机合成中作为去质子剂：

$$NaH + H_2O \xlongequal{\quad} NaOH + H_2\uparrow$$

$$CaH_2 + 2H_2O \xlongequal{\quad} Ca(OH)_2 + 2H_2\uparrow$$

离子型氢化物的另一特性是在非水极性溶剂(如乙醚)中可与一些缺电子化合物结合形成复合氢化物，如 $LiBH_4$、$NaBH_4$、$LiAlH_4$ 等，这类复合氢化物在有机合成中被广泛地用作还原剂：

$$2LiH + B_2H_6 \xlongequal{\text{乙醚}} 2LiBH_4$$

$$4LiH + AlCl_3 \xlongequal{\text{乙醚}} LiAlH_4 + 3LiCl$$

离子型氢化物中的 H^- 还表现出非常强的还原性[$E^\ominus(H_2/H^-) = -2.25V$]，广泛用于无机和有机合成中做还原剂和负氢离子的来源。例如，在高温下可还原金属氯化物、氧化物和含氧酸盐：

$$TiCl_4 + 4NaH \xlongequal{\quad} Ti + 4NaCl + 2H_2\uparrow$$

$$UO_2 + CaH_2 \xlongequal{\quad} U + Ca(OH)_2$$

2. 分子型氢化物

分子型氢化物是最常见的一类氢化物，通常将氢气与 p 区元素的单质(稀有气体、铟、铊除外)反应就能生成此类氢化物。分子型氢化物属于分子晶体，熔、沸点一般较低，通常条件下多为气体。

由于分子型氢化物中共价键的极性差别较大，所以它们在水中的行为也差别较大。有的溶于水中并完全解离而使溶液显强酸性，如 HCl、HBr、HI 等；有的溶于水中并发生部分解离而使溶液显弱酸性，如 H_2S、H_2Se、

H_2Te、HF 等；有的与水发生加合作用而使溶液显弱碱性，如 NH_3、PH_3 等；有的与水不发生任何反应，如碳、锗、锡、磷、砷、锑等的氢化物；有的则与水作用释放出氢气，如硅、硼的氢化物：

$$SiH_4 + (n+2)H_2O = SiO_2 \cdot nH_2O + 4H_2\uparrow$$

分子型氢化物主要有三种存在形式：①缺电子氢化物，如乙硼烷(B_2H_6)，它的中心原子 B 未满足 8 电子结构，在这个分子内，2 个硼原子通过氢桥键连在一起，形成一个三中心二电子键[图 12-2(a)]；②满电子氢化物，其中心原子的价电子都参与了成键，如 CH_4 及同族元素氢化物；③富电子氢化物，其中心原子成键后，有剩余的孤对电子，如 NH_3、H_2O 和 HF 及对应的同族氢化物。

3. 金属型氢化物

氢与 d 区、f 区许多过渡金属元素都能形成金属型氢化物。从组成上来看，金属型氢化物有的是整数比化合物，如 CrH_2、NiH、CuH_2 和 ZnH_2 等；有的则是非整数比化合物，如 $PdH_{0.8}$、$VH_{0.56}$、$TaH_{0.76}$ 和 $ZrH_{1.75}$ 等。

金属型氢化物基本上保留着金属外观特征，都是深色或具有金属光泽，大多是脆性固体或粉末。除镧系氢化物和氢化铀(UH_3)外，所有金属型氢化物都有导电性和磁性，有明确的物相。

金属型氢化物可作为储氢合金材料，在一定温度和氢气压强下，能可逆地大量吸收、储存和释放氢气。储氢合金材料具有储氢量大、纯度高、无污染及安全可靠的优点，是很有应用价值的储氢材料。

拓展知识

储 氢 材 料

氢能是可持续的二次清洁能源，因其燃烧热值大、燃烧产物无污染，在能源领域备受关注。由于氢气具有密度低、易爆炸等特点，在规模化应用进程中，氢气的储运技术成为了制约氢能产业链发展的关键因素。

理想的储氢材料应具有高储氢密度、快速吸/放氢特性和长周期循环稳定性。目前储氢方式主要有气态、液态和固态储氢三种。气态储氢主要是在高压下将氢气压缩存储在耐高压的气瓶中，实际应用中存在较大的危险性；液态储氢包括氢气液化和液态芳香族化合物催化脱/加氢。与气态储氢相比，氢气液化具有更高的储氢密度，但是对液化制冷系统和储氢的杜瓦瓶要求较高。另外，氢气液化消耗的能量约为氢气燃烧的 40%，氢气的挥发也是液态储氢的一大难题；固态储氢是将氢储存到固体材料中实现氢气储存的一种技术，可用于储存氢气的固体材料称为储氢材料。

与气态和液态储氢系统相比，固态储氢材料具有储能密度高、安全性好的特点，成为近年来的研究热点。根据吸附机制的不同，固态储氢材料可分为基于物理吸附机制和基于化学吸附机制两种类型。物理吸附材料是利用范德华力在表面积较大的多孔材料上吸氢，这类材料主要包括碳基储氢材料(活性炭、石墨烯、碳纳米管、介孔碳和碳气凝胶等)和金属有机骨架(MOFs)储氢材料等；化学吸附材料可与氢气发生可逆反应，完成吸氢与脱氢过程，这类材料包括金属氢化物合金材料、配位氢化物储氢材料等。研究人员通常将物理吸附储氢材料与化学吸附储氢技术、高压气态储氢技术等其他储氢技术相结合，形成多元复合体系，通过协同效应提升储氢体系的整体性能。

12.2 稀有气体

教学视频
稀有气体

稀有气体包括氦(helium, He)、氖(neon, Ne)、氩(argon, Ar)、氪(krypton, Kr)、氙(xenon, Xe)、氡(radon, Rn)和鿫(oganesson, Og)共 7 种元素。除氦的最外层电子构型为 $1s^2$ 外，其他稀有气体均为 ns^2np^6 的 8 电子稳定结构，这种电子构型相当稳定，因此稀有气体元素很难与其他元素形成化学键，也极难通过得或失电子与其他元素发生化学反应，这也是长期以来稀有气体被称为“惰性元素”的原因。因为它们在元素周期表中位于最右侧的零族，所以也称零族元素。

拓展知识

稀有气体的发现

1868 年，法国天文学家严森(P. Janssen)和英国天文学家洛克耶(J. N. Lockyer)在太阳光谱中发现了一条当时已知元素都不存在的新谱线，据此他们提出有一种新元素存在，并把它命名为氦(出自希腊语 helios，意为“太阳”)。1894 年，英国人瑞利(J. W. Rayleigh)和苏格兰人拉姆塞(W. Ramsay)报道了稀有气体氩(出自希腊语 argoss，意为“不活泼”)。1895 年，拉姆塞等证实了地球上也存在氦元素，后来又在空气中发现了氦。随后几年，拉姆塞等通过对空气低温蒸馏分离出另外 3 种稀有气体元素氖(出自希腊语 neos，意为“陌生”)、氪(出自希腊语 kryptos，意为“隐藏”)和氙(出自希腊语 xenos，意为“不活泼”)。1900 年，德国人道恩(F. E. Dorn)等在研究镭的放射性时，发现稀有气体氡，并随镭(Radium)而命名。1904 年，瑞利和拉姆塞分别获得诺贝尔物理学奖和化学奖，以表彰他们在稀有气体领域的发现。2006 年，俄罗斯杜布纳的联合核研究所与美国劳伦斯利福摩尔国家实验室的科学家联合，成功地以钙原子轰击锎的方法，人工合成了第七个稀有气体元素。

12.2.1 稀有气体的存在和分离

思考题 12-2

为什么氦在大气中含量很低，而在宇宙中的丰度却高居第二位？

大气中约含 0.94%(体积百分数)的稀有气体，其中绝大部分是氩。氦在大气中的含量很少，但在宇宙中的质量分数高达 2.3%，其丰度仅次于氢而高居第二位。大气中氖、氪和氙的含量也很少，氡存在于放射性矿物中，是铀和钍的放射性产物。

液化空气是提取稀有气体的主要原料。液态空气分馏除去其中的氮气后，稀有气体就富集在液氧之中。继续分馏除去氧气后，首先将氙气从稀有气体中分离出来。然后将剩下的气体通过氢氧化钠塔柱除去 CO_2，再通过赤热的铜丝除去微量的氧气，最后通过灼热的镁屑除去微量的氮气 N_2(形成 Mg_3N_2)，剩下的就是以氩为主的稀有气体了。

稀有气体之间的分离是利用低温下活性炭对这些气体的选择性吸附来实现的。在低温下，相对分子质量越大的稀有气体，越容易被液化，也越容易被活性炭所吸附。吸附了稀有气体混合物的活性炭在低温下经过分级解吸，即可得到各种稀有气体。例如，在 373K 时，氩、氪和氙被吸附而氦和氖不被吸附，再降低温度至 83K，氖被吸附而氦不被吸附，便将两者分离。

12.2.2 稀有气体的性质和用途

稀有气体都是单原子分子，它们在水中溶解度、大气中的丰度如表 12-2 所示。氦也存在于某些天然气中，氡是某些放射性元素的蜕变产物。稀有气体的一些基本物理性质也列于表 12-2 中。

表 12-2 稀有气体的基本性质

元素	氦	氖	氩	氪	氙	氡
元素符号	He	Ne	Ar	Kr	Xe	Rn
原子序数	2	10	18	36	54	86
相对原子量	4.003	20.18	39.95	83.8	131.3	222
原子半径/pm	93	112	154	169	190	220
电离能 I_1/(kJ · mol^{-1})	2372	2081	1521	1351	1172	1037
蒸发热/(kJ · mol^{-1})	0.09	1.8	6.3	9.7	13.7	18
熔点/K	0.95	24.48	83.95	116.55	161.15	202.15
沸点/K	4.25	27.25	87.45	120.25	166.05	208.15
临界温度/K	5.25	44.45	153.15	210.65	289.75	377.65
临界压强/(10^5Pa)	2.29	27.45	48.95	55.01	58.36	63.23
在水中的溶解度/(cm^3 · dm^{-3})	8.8	10.4	33.6	62.6	123	222

由于稀有气体无极性且相对分子量较小，分子间作用力非常弱，因此熔点和沸点非常低。氦和其他稀有气体元素相比，具有一些独特性质。氦的原子序数最小，它的熔点和沸点低于其他任何已知的物质，即使在标准状态下也不能凝固，必须在 0.95K、25 个大气压下才能凝固。当温度在 2.2K 以上时，液氦具有一般液体的通性，但当温度降低至 2.2K 以下时，液氦由一种液态转变为另一种具有超导特性的液态。

稀有气体具有一些独特的性质，已被广泛应用于光学、冶金和医学等领域中。

氦气密度小且不可燃，可用来代替氢气填充飞艇和气球。液氦熔沸点极低，是用途广泛的低温工作介质，并用作产生极低温度的制冷剂，它还是超导磁体的冷却剂。氦在血液中溶解度比氮气小得多，可利用“氦空气”(He 占 79%，O_2 占 21%)代替普通空气供潜水员呼吸，以防止潜水员出水时因压强猛然下降导致溶于血液中的氮气迅速逸出，阻塞血管而造成“气塞病”。该气体混合物的密度低于一般空气，吸入肺部后受到的阻力较小，因此可用于治疗急性气喘。大量的氦被用于航空航天和核反应工程。

氖在电场作用下可产生美丽的红光，所以被广泛地用来制造霓虹灯(氖灯)或仪器中的指示灯，也广泛地用于广告牌和标牌。

氩最广泛的用途是合成对空气敏感的化合物时提供惰性气氛，并为金属焊接提供氩弧以防止氧化。氩还被大量地用作电灯泡中的填充气体，氪和氙的热传导系数比氩气小，故也被用来填充灯泡。

氙在电场的激发下能发出强烈的白光，高压长弧氙灯便是利用氙的这一特性制成的。这种氙灯特别亮，有"人造小太阳"之称，可用于电影摄制、舞台照明、运动场照明、汽车前灯等。氙具有麻醉效果，但并未广泛地用于临床，这是因为其价格比 N_2O 高出约 2000 倍。氪和氙的同位素在医学上用于测量脑血流量和研究肺功能、计算胰岛素分泌量等。

氡是镭等放射性元素蜕变的产物，也具有放射性，如果被吸入体内将危害人的健康，但微量计量可用于放射线疗法。

12.2.3 稀有气体的化合物

1962 年，英国科学家巴特利特(N. Batrlett)成功地合成出了世界上第一个稀有气体化合物六氟合铂酸氙($Xe[PtF_6]$)。该化合物为橙黄色晶体，在室温下稳定，不溶于非极性溶剂(如 CCl_4)，可看作离子型化合物。

拓展知识

$Xe[PtF_6]$：世界上第一个稀有气体化合物

稀有气体元素由于其电离能很高，而电子亲和能几乎为零，生成化合物的倾向很小，因此在很长一段时间里，科学界都认为稀有气体化合物不存在，并将这些元素称为"惰性气体"。

直到 1962 年，英国科学家巴特利特才合成出世界上第一个稀有气体化合物 $Xe[PtF_6]$。但巴特利特最初的实验对象并不是稀有气体，而是铂的氟化物。他发现强氧化性的 PtF_6 可氧化 O_2 分子生成 $O_2[PtF_6]$。O_2^+ 是非常罕见的阳离子，因为 O 原子通常容易得电子形成阴离子。不过巴特利特敏锐地想到，稀有气体 Xe 的第一电离能(1171.5kJ · mol^{-1})与 O_2 分子的第一电离能(1175.7kJ · mol^{-1})非常相近甚至略低，既然 PtF_6 能氧化 O_2，那 PtF_6 也应该能氧化 Xe。此外，巴特利特还计算了晶格能，若生成 $Xe[PtF_6]$，其晶格能只比 $O_2[PtF_6]$小 41.84kJ · mol^{-1}。这说明 $Xe[PtF_6]$一旦生成，应该能稳定存在。于是巴特列特根据以上推论，仿照合成 $O_2[PtF_6]$的方法，将 PtF_6 的蒸气与等摩尔的 Xe 混合，在室温下竟然轻而易举地得到了一种橙黄色固体 $Xe[PtF_6]$。

$$Xe + PtF_6 \longrightarrow Xe[PtF_6]$$

$Xe[PtF_6]$的合成具有重要的历史意义，打破了人们长久以来认为零族元素绝对惰性的猜想，"惰性气体"也随之改名为"稀有气体"。巴特利特的这一研究也是化学发展史上一次重要的突破，为开拓稀有气体化学做出了历史性的贡献。

$Xe[PtF_6]$的合成震动了整个化学界，推动了稀有气体化学的广泛研究和迅速发展。随后几年，人们又相继合成出了一系列氙的氟化物和含氧化合物。到目前为止，已合成出了数百种稀有气体化合物。但在稀有气体元素中，只有原子体积较大、电离能较小的氪、氙、氡生成了化合物，而且主要是氙的化合物。另外三种体积较小的稀有气体氦、氖、氩仅在理论上推测了生成化合物的可能性，迄今仍未合成出来。这里以氙化合物为例(表 12-3)，介绍其主要化合物及其性质。

表 12-3 氙的主要化合物及性质

氧化数	化合物	形式	熔点/K	分子构型	性质
+2	XeF_2	无色晶体	402	直线形	易溶于 HF 中，易水解，强氧化性
+4	XeF_4	无色晶体	390	平面四边形	稳定，强氧化性，遇水歧化
	$XeOF_2$	无色晶体	304	—	勉强稳定
+6	XeF_6	无色晶体	322.6	变形八面体	稳定，猛烈水解，强氧化性
	$XeOF_4$	无色液体	227	四方锥	稳定
	XeO_3	无色晶体	—	三角锥	易爆炸，易潮解，在溶液中稳定，强氧化性
+8	XeO_4	无色气体	237.3	四面体	易爆炸

1. 氙的氟化物

氙与氟可直接反应生成 XeF_2、XeF_4 和 XeF_6，在较高的氟氙比和较高的总压下有利于生成较高氧化态的氟化物：

$$Xe(g) + F_2(g) \xlongequal{400℃,1atm} XeF_2(g) \quad (Xe过量)$$

$$Xe(g) + 2F_2(g) \xlongequal{600℃,6atm} XeF_4(g) \quad (Xe : F_2=1 : 5)$$

$$Xe(g) + 3F_2(g) \xlongequal{300℃,60atm} XeF_6(g) \quad (Xe : F_2=1 : 20$$

氙的氟化物都是强氧化剂。例如，XeF_2 能与卤素离子和氢等还原性物质反应，XeF_4 能氧化许多难以氧化的低价态物质：

$$XeF_2 + 2I^- \xlongequal{} Xe + I_2 + 2F^-$$

$$XeF_2 + H_2 \xlongequal{} Xe + 2HF$$

$$XeF_4 + 4Hg \xlongequal{} Xe + 2Hg_2F_2$$

$$XeF_4 + Pt \xlongequal{} Xe + PtF_4$$

XeF_2 不稳定，遇水分解，并生成氙和氧气：

$$2XeF_2 + 2H_2O \xlongequal{} 2Xe + O_2\uparrow + 4HF$$

XeF_4 和 XeF_6 均与水发生反应。XeF_4 遇水发生歧化反应，生成 Xe、XeO_3 和 O_2。XeF_6 遇水猛烈反应，低温下水解比较平稳。XeF_6 不完全水解时，其产物为 $XeOF_4$，完全水解时产物为 XeO_3：

$$6XeF_4 + 12H_2O \xlongequal{} 2XeO_3 + 4Xe + 24HF + 3O_2\uparrow$$

$$XeF_6 + H_2O \xlongequal{} XeOF_4 + 2HF$$

$$XeF_6 + 3H_2O \xlongequal{} XeO_3 + 6HF$$

氙的氟化物都是优良且温和的氟化剂：

$$XeF_6 + 3C_6H_6 \xlongequal{} 3C_6H_5F + 3HF + Xe$$

$$XeF_2 + IF_5 \xlongequal{} IF_7 + Xe$$

思考题 12-3

为什么制备氙的氟化物一般使用镍制容器而不能使用石英容器？

$$XeF_4 + 2CF_3CFCF_2 = 2CF_3CF_2CF_3 + Xe$$

$$2XeF_6 + 3SiO_2 = 2XeO_3 + 3SiF_4$$

氙的氟化物与卤化物一样，通过 F^- 与带相反电荷离子的缔合，与路易斯酸反应形成阳离子氙的氟化物：

$$XeF_2 + SbF_5 = [XeF]^+[SbF_6]^-$$

2. 氙的含氧化合物

思考题 12-4

请结合价层电子对互斥理论和杂化轨道理论，推断 XeF_2、XeF_4、XeF_6、XeO_4 和 XeO_6^{4-} 的空间构型及中心 Xe 原子的杂化方式。

目前已知氙的含氧化合物主要有 XeO_3、XeO_4、氧氟化物及氙酸盐等。氙的氧化物不能通过元素直接反应制得，氧化物和氧氟化物是用氟化物水解的方法进行制备(方程式见氙的氟化物)。

XeO_3 是一种极易潮解和易爆炸的化合物，在水溶液中是一种极强的氧化剂[$E^\ominus(XeO_3/Xe) = 2.10V$]，能将 Cl^- 氧化成 Cl_2、将 Br^- 氧化成 BrO_3^-、将 Mn^{2+} 氧化成 MnO_4^-、将 NH_3 氧化成 N_2，还能将醇或羧酸等有机物氧化成 CO_2 和 H_2O。

在 XeO_3 水溶液中通入臭氧后，用碱中和，可制得具有强氧化性的氙的含氧酸盐 $M_4XeO_6 \cdot nH_2O$ ($M = Na$、K；$n = 2$、4、6 或 8)。在 XeO_3 水溶液中加入 $Ba(OH)_2$，可得到 $Ba_2XeO_6 \cdot 1.5H_2O$ 沉淀。

用浓硫酸与高氙酸钡反应，可以制得 XeO_4。XeO_4 常温下为无色气体，很不稳定，易爆炸。

除了氙的氟化物和含氧化合物之外，含有 Xe—C 键的有机氙化合物以及含氙配合物也已被合成出来。氪和氡也都能形成氟化物，但对其化学性质的研究远不如氙的氟化物。

化学史话

稀有气体之父——拉姆塞

威廉·拉姆塞(W. Ramsay，1852—1916，英国化学家)

拉姆塞是英国著名化学家，因发现稀有气体并确定了它们在元素周期表中的位置而荣获 1904 年诺贝尔化学奖。

稀有气体的发现史上有一个著名的“第三位小数的胜利”的故事。1892 年，英国物理学家瑞利在测定 N_2 密度时发现，从空气中分离出来的氮气比从含氮化合物中分离出的氮气密度略重，前者为 1.2572g/L，后者则为 1.2505g/L。两者十分接近，仅是第三位小数后有不同。瑞利并没有忽视这一微小差异，他反复实验，但结果仍是如此。

他曾设想各种可能，但都不能给出满意的解释。于是，他将这一研究结果刊登在 *Nature* 杂志，希望得到其他化学家们的帮助。

正在这时，伦敦大学的化学教授拉姆塞发现了氮的一种新性质。他在高温下用镁与氮反应生成氮化镁时发现吸收了大量的氮。对于化学活泼性很差的氮来说，这的确是一种很稀有的性质。当拉姆塞读到瑞利的文章时就想到，如果利用这种新性质也许能够检验出氮气的纯度。于是，拉姆塞先将镁粉装在耐热的玻璃管中，再将预先从空气中彻底除掉了氧而制得的“纯氮”通入管内，并连续加强热。过一会儿取出未被镁吸收的、剩余的“氮”，然后测其密度。令人惊奇的是，这点剩余的气体虽然量不大，但密度却变大了。拉姆塞由此推断，在“从空气中所制得的氮”中应该存在某种比较重的新元素。当他用光谱分析仪检测最终未参与反应的气体时，发现从红色到绿色段出现了陌生的光谱，立即肯定了他的新元素推测。与此同时，瑞利的实验也取得了突破，对同一问题的相同解释让他们开始合作。1894 年 8 月，在英国学术奖励协会的年会上，两人共同提出了这一新的发现，并将该新元素命名为氩(Ar)。

这一发现震动了整个化学界，由于过去近一个世纪关于空气的研究未有很大进展，大家普遍认为对空气的认识已经结束了，所以质疑之声扑面而来。为了证明氩本来就存在于空气中，瑞利和拉姆塞又进行了一系列的实验，用实验消除了质疑，确证了氩的客观存在。

拉姆塞在发现氩后，并没有停止前进的脚步。他想，元素周期表最末一行的位置还空着，是不是专为类似氩的气体留的呢？1895 年，拉姆塞从朋友那里得知有人从钇铀矿里提取出了一种疑似氮气的气体。正沉浸于氩的性质探索的拉姆塞敏感地抓住了这一信息，怀疑气体里可能含有氩。他重复了实验，并未发现气体中含有氩。当他用光谱仪检测时，发现了类似于 Na 的黄色谱线。这一现象让拉姆塞想到，曾经有一位天文学家用分光器观测太阳表面的红色焰时也发现了这种相同的黄色谱线，当时认定是一种只存在于太阳上的元素，被命名为氦(He)。拉姆塞将钇铀矿的气体所产生的黄色光谱与太阳光谱的观测记录对比，结果完全一致。这一发现表明氦元素实际上早就在地球上存在了，拉姆塞也成为发现地球上存在氦元素的第一人。

氩和氦的发现给元素周期律带来严重威胁。门捷列夫在排列周期表时并没有给稀有气体留下空位，而且氩和氦的惰性、零价和原子量都对周期表构成危机和混乱，以至无法按通常意义进行分类。拉姆塞较早地承认了周期律，深信氩和氦在周期表中应占有一席之地。经过慎重考虑，他认为应该开辟一个新的元素族——零族，氩和氦同属于零族元素，并根据周期律大胆预言了其他零族元素的存在，推算出未知元素的原子量。零族元素的出现不仅再一次证明了周期律的科学性和预见性，而且表现了拉姆塞善于接受正确理论的指导和高度的创新精神。

零族元素的预言给科学家提出了寻找其他稀有气体的任务。从 1896 年末开始，拉姆塞及其助手又开始了新的更为艰难的探索。随后几年，他们通过大量的研究，又陆续发现了氪(kr)、氙(Xe)、氡(Rn)三种稀有气体元素。为了表彰拉姆塞在稀有气体研究上的伟大功绩，他被授予 1904 年诺贝尔化学奖。

拉姆塞一生谦虚好学，从不骄傲自满。他的治学原则是“多看、多学、多试。如有成果，绝不炫耀。一个人如果怕费时费事，则将一事无成”。拉姆塞勤奋谦虚的品德，不放过任何细枝末节的科学精神和求真务实的治学态度，永远值得我们尊敬和学习。

拓展阅读

习　题

12-1 完成并配平下列反应方程式：

(1) $XeF_4 + ClO_3^- \longrightarrow$

(2) $XeF_4 + Xe \longrightarrow$

(3) $Na_4XeO_6 + MnSO_4 + H_2O \longrightarrow$

(4) $XeF_4 + H_2O \longrightarrow$

(5) $XeO_3 + Ba(OH)_2 \longrightarrow$

(6) $XeF_4 + SiO_2 \longrightarrow$

12-2 如果不存在氢键，水的物理性质将会有哪些变化？

12-3 查阅资料，写出工业制氢的三种方法及实验室制氢最简便的方法，并写出这些制氢方法对应的化学方程式。

12-4 什么是类盐型氢化物？哪些元素能形成类盐型氢化物？如何证明类盐型氢化物内存在 H^-离子？

12-5 指出下列氢化物的名称和分类：BaH_2、SiH_4、NH_3、AsH_3、$PdH_{0.9}$ 和 HI，并指出它们在室温下各呈何种状态。哪种氢化物是电的良导体？

12-6 稀有气体为什么不形成双原子分子？

12-7 试用化学方程式表示氙的氟化物 XeF_6 和氧化物 XeO_3 的合成方法与条件。

12-8 写出 XeO_3 在酸性介质中被 I^-还原得到的 Xe 的化学反应方程式。

12-9 为什么合成金属型氢化物时要用干法？在 298K、1.013×10^5Pa 下，将 38kg 氢化铝与水作用，可以生成多少升氢气？

12-10 巴特利特用氙气与 PtF_6 作用，制得 Xe 的第一种化合物。在某次实验中 PtF_6 的起始压强为 9.1×10^{-4}Pa，加入 Xe 直至压强为 1.98×10^{-3}Pa，反应后剩余 Xe 的压强为 1.68×10^{-4}Pa，推算产物的化学式。

(中南大学　　张寿春)

第 13 章　碱金属和碱土金属

13.1　s 区元素概述

第 13 章　导学

教学视频
s 区元素概述

s 区元素包括碱金属(alkali metal)和碱土金属(alkaline-earth metal)元素。其中碱金属元素包括锂(lithium, Li)、钠(sodium, Na)、钾(potassium, K)、铷(rubidium, Rb)、铯(cesium, Cs)和钫(francium, Fr)六种元素，与氢元素共同构成了元素周期表的第一主族(ⅠA)。这些元素的氢氧化物都是易溶于水的强碱，故称碱金属。碱土金属元素包括铍(beryllium, Be)、镁(magnesium, Mg)、钙(calcium, Ca)、锶(strontium, Sr)、钡(barium, Ba)和镭(radium, Ra)六种元素，构成了元素周期表的第二主族(ⅡA)。这些元素的氧化物难溶于水(属土性)，故称碱土金属。Fr 和 Ra 是放射性元素。

碱金属和碱土金属原子的价层电子构型分别为 ns^1 和 ns^2，它们的最外层 s 轨道上有 1～2 个电子。s 区元素的原子容易失去最外层 s 电子，化学性质活泼。在大多数情况下，它们易形成离子型化合物，但仍有一定程度的共价性，其中 Li 和 Be 与同族其他元素相比，原子半径最小，电离能最高，相对较易形成共价键。

碱金属和碱土金属的次外层具有稳定的稀有气体原子的电子层结构，对核电荷的屏蔽作用较大，因此在同一周期中碱金属和碱土金属的原子半径最大，第一电离能最低。碱金属和碱土金属元素的基本性质列于表 13-1 中。

表 13-1　碱金属和碱土金属元素的基本性质

性质	碱金属					碱土金属				
元素	锂	钠	钾	铷	铯	铍	镁	钙	锶	钡
元素符号	Li	Na	K	Rb	Cs	Be	Mg	Ca	Sr	Ba
原子序数	3	11	19	37	55	4	12	20	38	56
相对原子量	6.941	22.99	39.10	85.47	132.9	9.012	24.31	40.08	87.62	137.3
价层电子构型	$2s^1$	$3s^1$	$4s^1$	$5s^1$	$6s^1$	$2s^2$	$3s^2$	$4s^2$	$5s^2$	$6s^2$
原子半径/pm	152	186	232	248	265	111	160	197	215	217
离子半径/pm	76	102	138	152	167	45	72	100	118	136
电离能 I_1/(kJ · mol^{-1})	520	496	419	403	376	899	738	590	545	503
电离能 I_2/(kJ · mol^{-1})	7298	4562	3051	2632	2234	1757	1451	1145	1064	965
电离能 I_3/(kJ · mol^{-1})	11815	6910	4411	3900	—	14849	7733	4912	4138	—

续表

性质	碱金属					碱土金属				
电负性	0.98	0.93	0.82	0.82	0.79	1.57	1.31	1.00	0.95	0.89
$E^\ominus(M^+/M)/V$	−3.045	−2.714	−2.925	−2.925	−2.923	—	—	—	—	—
$E^\ominus(M^{2+}/M)/V$	—	—	—	—	—	−1.85	−2.36	−2.87	−2.89	−2.91
密度/$(g \cdot cm^{-3})$	0.534	0.971	0.86	1.532	1.873	1.85	1.74	1.55	2.54	3.5
熔点/K	453.69	370.69	336.8	312.04	301.55	1551	922	1112	1042	993
沸点/K	1620	1156	1047	961	951.5	3243	1363	1757	1657	1913
硬度(莫氏)	0.6	0.4	0.5	0.3	0.2	—	2.0	1.5	1.8	—

碱金属和碱土金属的常见氧化数分别为+1 和+2。碱金属原子的最外层电子数为 1，易失去 1 个电子，故第一电离能很小，但是它们的第二电离能很大，故难以再失去第二个电子。碱土金属也是活泼性很强的金属元素，但碱土金属原子比相邻的碱金属多了一个核电荷而使原子核对最外层的 s 电子的吸引作用增强了，其原子半径较同周期的碱金属小，所以碱土金属原子失去一个电子要比相应的碱金属难，其活泼性比碱金属差。碱土金属元素的第一、二电离能较小，但第三电离能很大，是第二电离能的 4～8 倍，通常难以出现氧化数为+3 的碱土金属离子。

随着主量子数的增加，从上至下碱金属和碱土金属的原子半径依次增加，电离能和电负性依次减小。因此，它们的金属活泼性也依次增强。

碱金属和碱土金属元素的价态变化较少，因此其元素电势图均较简单，见图 13-1。

$E^\ominus_A/V$						$E^\ominus_B/V$		
Li^+	−3.04	Li	Be^{2+}	−1.847	Be	$Be_2O_3^{2-}$	−2.63	Be
Na^+	−2.71	Na	Mg^{2+}	−2.372	Mg	$Mg(OH)_2$	−2.69	Mg
K^+	−2.931	K	Ca^{2+}	−2.868	Ca	$Ca(OH)_2$	−3.02	Ca
Rb^+	−2.98	Rb	Sr^{2+}	−2.899	Sr	$Sr(OH)_2$	−2.88	Sr
Cs^+	−3.026	Cs	Ba^{2+}	−2.912	Ba	$Ba(OH)_2$	−2.99	Ba

图 13-1　碱金属与碱土金属的元素电势图

13.2　s 区元素的单质

13.2.1　s 区元素的存在和单质制备

教学视频
s 区元素的单质

1. 存在形式

由于碱金属和碱土金属的化学活泼性很强，它们不能以单质的形式存在于自然界中，而只能以盐或共生物的形式存在。地壳中钙、钠、钾和镁的丰度均很高，在已知 100 多种元素中居前 10 位内。s 区元素的主要存在形式如下：

锂在自然界中的主要存在形式是锂矿物，如锂辉石 $LiAl(SiO_3)_2$、锂云母和透锂长石 $Li[AlSi_4O_{10}]$等。

钠主要以 NaCl 的形式存在于海水和岩盐矿中，还存在于钠长石 $Na[AlSi_3O_8]$，芒硝 $Na_2SO_4 \cdot 10H_2O$，冰晶石 Na_3AlF_6 等矿物中。钠还是生物体内的大量元素，如在人体中，Na^+占血液的 0.32%、占骨头的 0.6%、占肌肉的 0.6%～1.5%。

钾大量存在于海水中。另外，还存在于矿物中，重要的矿物有钾长石 $K[AlSi_3O_8]$、光卤石 $KCl \cdot MgCl_2 \cdot 6H_2O$、钾盐镁矾 $KCl \cdot MgSO_4 \cdot 3H_2O$ 等。

铷和铯存在于钾矿中。

钫是放射性元素 Ac-227 的 α 衰变产物，在自然界里极微量的存在。有放射性，不稳定。

铍主要以绿柱石 $3BeO \cdot Al_2O_3 \cdot 6SiO_2$ 和硅铍石 Be_2SiO_4 存在。

镁主要以光卤石 $KMgCl_3 \cdot 6H_2O$、白云石 $CaMg(CO_3)_2$ 和菱镁矿 $MgCO_3$ 等形式存在。

钙、锶和钡主要存在于难溶的碳酸盐及硫酸盐矿物中，如方解石 $CaCO_3$、碳酸锶矿 $SrCO_3$、石膏 $CaSO_4 \cdot 2H_2O$、天青石 $SrSO_4$ 和重晶石 $BaSO_4$ 等。

2. 制备

由于碱金属和碱土金属的活泼性很强，通常只能用电解法、热还原法或金属置换法来制备相应的金属单质。

1) 电解熔融氯化钠制金属钠

以石墨为阳极，以铁为阴极，电解 NaCl 熔盐：

阳极：$2Cl^- = Cl_2 + 2e^-$

阴极：$2Na^+ + 2e^- = 2Na$

总反应：$2NaCl = 2Na + Cl_2$

钠的沸点与 NaCl 的熔点相近，容易挥发失掉钠，故要加 $CaCl_2$ 等助熔剂，降低电解质的熔点。例如，在氯化钠中加入氯化钙后，熔点由纯氯化钠的 1074K 降低至 873K。这样，在氯化钠熔化时，其温度远没有达到钠的沸点，因而可以防止钠的挥发。液态钠的密度小，浮在熔盐上面，易于收集，但由于助熔剂氯化钙的加入，难以获得纯钠，电解产物中含有约 1%的金属钙。

2) 热还原法

工业上一般不用电解熔融氯化物的方法来制备金属钾。这是因为金属钾极易溶于熔化的氯化钾中，所以不能浮在电解槽的上部而很难分离出来。而且金属钾的熔点、沸点都很低，其蒸气易从电解槽中逸出，增加了不安全因素。工业上采用热还原法，在 850℃下用金属还原氯化钾制得金属钾：

$$Na(l) + KCl(l) \xlongequal{850℃} NaCl(l) + K(g)$$

铷和铯的制备方法与钾的制备方法类似，以金属钙为还原剂，在 750℃下还原氯化铷和氯化铯。

镁除常用熔融的无水氯化镁进行电解制备外，工业上还采用氧化镁与碳或碳化钙的热还原法。例如：

$$MgO(s) + C(s) \xlongequal{高温} CO(g) + Mg(g)$$

13.2.2 s区元素单质的性质和用途

1. 物理性质及用途

碱金属原子只有一个价电子且原子半径较大，金属键很弱，故它们的熔、沸点都很低。而碱土金属有两个价电子，且比同周期碱金属的原子半径小，所形成的金属键比碱金属强，使得其熔点、沸点、密度和强度都高于同周期的碱金属。

碱金属和碱土金属的单质都具有金属光泽、良好的导电性和延展性。除铍和镁以外，其他金属都很软，可用小刀切割。其中锂、钠和钾的密度很小，能浮在水面上。

碱金属的一个重要特性是能形成液态合金，最重要的液态合金为钾钠合金，如由77.2%的钾和22.8%的钠组成的合金，其熔点仅为260.7K。由于钾和钠的比热容很高，它们所形成的合金的重要应用之一是用作核反应堆的冷却剂。

由于钠的低熔点、低黏度及低的中子吸收截面，并兼有异常高的热容量和导热率，在快增殖核反应堆中钠被用作热交换液体。钾钠合金和锂都可以作为核反应堆中的热交换介质。在一定波长光的作用下，碱金属的电子可获得能量从金属表面逸出而产生光电效应。将碱金属的真空光电管安装在宾馆或会堂的自动开关的门上，当光照射时，由光电效应产生电流，通过一定装置形成电流，使门关上。当人走在自动门附近时，遮住了光，光电效应消失，电路断开，门就会自动打开。金属铯原子半径大，最外层的s电子活泼性极高，光照时，s电子便可获得能量逸出，利用这一特性，铯被用来制造光电管中的阴极。

拓展知识

铯原子钟

铯原子最外层的电子绕着原子核旋转的速度，总是极其精确地在几十亿分之一秒的时间内转完一圈，稳定性比地球绕轴自转高得多。利用铯原子的这个特点，人们制成了一种新型的钟——铯原子钟，规定1s就是铯原子“振动”9 192 631 770次（即相当于铯原子的两个超精细电子跃迁9 192 631 770次）所需要的时间。这个标准一直沿用至今。

铯原子钟是一种精密的计时器具，精度可以达到每2000万年误差1s。利用铯原子钟，人们可以十分精确地测量出十亿分之一秒的时间，其精确度和稳定性远超过世界上以前有过的任何一种表，也超过了许多年来一直以地球自转作基准的天文时间。有了像铯原子钟这样的钟表，人类就有可能从事更为精细的科学研究和生产实践，如对原子弹和氢弹的爆炸、火箭和导弹的发射、远程飞行和航海及宇宙航行等实行高度精确地控制。

铍是最轻的金属之一，可用于制造精密仪器、飞行器和导弹。铍的核外电子数少，容易透过 X 射线，因而被用作 X 射线管的窗口。

镁主要用于制造轻合金。镁合金因其具有很好的机械强度和质轻的特点，是很重要的结构材料，广泛地应用于航空、航天、运输、通信等许多领域。例如，镁合金是航空器、航天器和火箭导弹制造工业中使用的最轻金属结构材料，目前在空间轨道飞行器上所用的镁比任何其他金属都要多。镁铝合金曾经用在军舰上，后来发现军舰遭受导弹袭击时十分易燃而弃用。镁合金由于密度低、强度较高，具有一定的防腐性能，还常用作单反相机的骨架。

2. 化学性质

碱金属和碱土金属的电负性都很小，属于活泼金属，能直接或间接地与电负性较高的非金属元素，如卤素、硫、氧、磷、氮和氢等形成相应的化合物。

碱金属在空气中极易形成 M_2CO_3 的覆盖层，因此要将它们保存在无水煤油中。锂的密度很小，能浮在煤油上，所以将其保存在液状石蜡中。

碱金属与氧气直接反应，除可生成氧化物外，还能生成过氧化物、超氧化物，甚至臭氧化物。而碱土金属的活泼性相对较弱，它们与氧气反应一般只生成氧化物和过氧化物。

碱金属的 $E^\ominus(M^+/M)$ 和碱土金属的 $E^\ominus(M^{2+}/M)$ 都很小，这两族元素的还原性都很强。除了铍和镁表面能形成致密的保护膜而对水稳定外，其他元素都容易与水反应生成氢气，并放出大量的热。

$$2Na + 2H_2O \xlongequal{\quad} 2NaOH + H_2\uparrow \qquad \Delta_r H_m^\ominus = -281.8 kJ \cdot mol^{-1}$$

$$Ca + 2H_2O \xlongequal{\quad} Ca(OH)_2 + H_2\uparrow \qquad \Delta_r H_m^\ominus = -414.4 kJ \cdot mol^{-1}$$

碱金属与水的反应都十分猛烈，同一族自上而下剧烈程度升高，如钾、铷和铯遇水即发生燃烧，甚至爆炸。虽然 $E^\ominus(Li^+/Li)$ 比 $E^\ominus(Na^+/Na)$ 要小，但是锂与水反应却不如钠剧烈。这是因为锂的熔点比钠更高，放出的热量不足以使锂熔化，而钠与水反应时熔化成小球，与水的接触面积增大而使反应速率增加；此外，锂与水反应生成的氢氧化锂的溶解度较小，覆盖在金属表面，降低了反应速率，而氢氧化钠的溶解度很大，不会阻碍钠与水的反应。

碱土金属与水的反应远没有碱金属剧烈，这是因为碱土金属的熔点一般都较高，不像钠、钾、铷和铯反应时能熔化成液体而导致反应加剧；另外，碱土金属的氢氧化物溶解度相对较小，覆盖在金属固体表面能阻隔金属与水的接触，导致其与水反应速率相对较为缓慢。

由于碱金属和碱土金属的强还原性，它们被广泛应用于有机合成和某些金属或非金属的制备。例如，在高温下，利用钠、镁和钙等作为还原剂，在真空或稀有气体保护下生产某些稀有金属或硅：

$$TiCl_4 + 4Na = Ti + 4NaCl$$

$$ZrO_2 + 2Ca = Zr + 2CaO$$

$$2Mg + SiO_2 \xlongequal{\text{高温}} 2MgO + Si$$

$$2Mg + TiCl_4 \xlongequal{1070K} 2MgCl_2 + Ti$$

钠具有极强还原性，但反应太剧烈，难以控制，很难将其直接作为有机合成反应中的还原剂，但是将钠和汞混合生成钠汞合金(即钠汞齐)后，其还原性大幅降低。因此，钠汞齐常被用作有机合成中的还原剂。

3. 焰色反应

拓展知识

烟花起源于我国，是中华民族的传统文化遗产。我国湖南省浏阳市素有“中国烟花之乡”的美誉。烟花燃放带给人们视觉盛宴，但同时也造成了环境污染和安全隐患。近年来，借助科技力量，人们研发出许多绿色环保烟花，如电子烟花、无土烟花、无火烟花、无声烟花、冷光烟花、芯片烟花等新产品，有效推进了烟花产业的转型升级和高质量发展。

碱金属和碱土金属中钙、锶和钡等的化合物，在高温火焰中其电子易被激发至高能级状态。处于高能级的电子不稳定，又会从较高能级跃迁回到低能级，其能量便以光能的形式释放出来，光的波长位于可见光范围内，因而使火焰呈现出相应的特征颜色，这一过程被称为焰色反应。在分析化学中，常利用焰色反应来鉴定这些元素。碱金属和部分碱土金属的焰色列于表 13-2 中。

表 13-2 碱金属和部分碱土金属的焰色

元素	Li	Na	K	Rb	Cs	Ca	Sr	Ba
焰色	深红色	黄色	紫色	紫红色	蓝色	橙红色	洋红色	绿色

利用碱金属和钙、锶、钡盐在灼烧时产生不同焰色的原理，可以制造各种焰色。例如，遇险时用到的信号弹使用的是锶的化合物。将 $Sr(NO_3)_2$ 与木屑、蜡、硫磺和 $KClO_4$ 混合后装在防水管中即成为信号弹，点燃后信号弹燃烧并伴随着强烈的红色火焰，持续时间可长达 30min。将碱金属或碱土金属的硝酸盐或氯酸盐配以镁粉、松香及火药，可得到各色焰火。如红色焰火的简单配方(质量百分比)为：$KClO_3$ 34%、$Sr(NO_3)_2$ 45%、炭粉 10%、镁粉 4%、松香 7%。绿色焰火配方(质量百分比)：$Ba(ClO_3)_2$ 38%、$Ba(NO_3)_2$ 40%、S 22%。

13.3 s 区元素的化合物

碱金属和碱土金属元素的电负性小，容易失去最外层的 s 电子，故它们的化合物大多是离子型化合物。由于它们的活泼性很大，甚至可以将最外层 s 电子传送到氢原子上，使氢形成氢负离子 H^-。

这两族元素的离子很容易和水分子结合成稳定、无色的水合离子 $M^{+}(aq)$和 $M^{2+}(aq)$，它们的碱和盐大多是强电解质。由于它们的 8 电子构型(Be^{2+}除外)，阳离子水解程度很小或基本上不水解。

与同周期的碱土金属离子相比，碱金属离子半径较大，电荷较少，其离子型化合物的晶格能相对较小，故碱金属的氢氧化物和盐比碱土金属的氢氧化物和盐的溶解度大。

13.3.1　氧化物

教学视频

s 区元素的氧化物和氢氧化物

碱金属与氧反应，生成物有普通氧化物 M_2O、过氧化物 M_2O_2、超氧化物 MO_2 和臭氧化物 MO_3 等。碱土金属与氧化合一般生成普通氧化物 MO。

1. 普通氧化物

当碱金属在空气中燃烧时，只有锂的主要产物是 Li_2O，而钠、钾、铷和铯的主要产物分别是 Na_2O_2、KO_2、RbO_2 和 CsO_2。在缺氧的条件下也可以制得除锂之外的其他碱金属的氧化物，但这种条件不易控制，生产上是通过碳酸盐、氢氧化物、硝酸盐或硫酸盐的热分解来制取。也可用碱金属还原其过氧化物、硝酸盐或亚硝酸盐来制备氧化物：

$$Na_2O_2 + 2Na = 2Na_2O$$

$$2KNO_3 + 10K = 6K_2O + N_2\uparrow$$

表 13-3 为碱金属和碱土金属氧化物的一些物理性质。

思考题 13-1

为什么 BeO 的熔点比 MgO 低？

表 13-3　碱金属和碱土金属氧化物的某些性质

氧化物	Li_2O	Na_2O	K_2O	Rb_2O	Cs_2O	BeO	MgO	CaO	SrO	BaO
颜色	白色	白色	淡黄色	亮黄色	橙红色	白色	白色	白色	白色	白色
熔点/K	1843	1193	623(分解)	673(分解)	563	2851	3073	3173	2703	2246

由表 13-3 可以看出，这两族元素氧化物热稳定性或熔点的总趋势是从锂到铯、从镁到钡逐渐降低。与碱金属离子相比，碱土金属离子的电荷多、半径小，所以碱土金属氧化物具有较大的晶格能，熔点都很高，硬度也很大，如 BeO 和 MgO 都可作为耐高温材料。碱金属氧化物的颜色随原子序数增加而变深，碱土金属的氧化物都是白色。

除经过煅烧的 BeO 和 MgO 难溶于水外，CaO、SrO 和 BaO 等与水发生剧烈反应，生成相应的氢氧化物并放出大量的热：

$$CaO(s) + H_2O(l) = Ca(OH)_2(s) \qquad \Delta_r H_m^\ominus = -65.2 kJ \cdot mol^{-1}$$

$$SrO(s) + H_2O(l) = Sr(OH)_2(s) \qquad \Delta_r H_m^\ominus = -81.2 kJ \cdot mol^{-1}$$

$$BaO(s) + H_2O(l) = Ba(OH)_2(s) \qquad \Delta_r H_m^\ominus = -105.4 kJ \cdot mol^{-1}$$

由以上反应可知，碱土金属的氧化物都可以作为吸水剂，其中氧化钙(生石灰)最便宜，是常用的吸水剂。

2. 过氧化物

除铍未发现有过氧化物外，其他碱金属和碱土金属都能生成过氧化物。这些过氧化物都含有过氧离子(O_2^{2-})，可以将它们看成是过氧化氢的盐。按照分子轨道理论，O_2^{2-}的分子轨道电子排布式为

$$(\sigma_{1s})^2(\sigma_{1s}^*)^2(\sigma_{2s})^2(\sigma_{2s}^*)^2(\sigma_{2p})^2(\pi_{2p})^4(\pi_{2p}^*)^4$$

其中只有一个σ键对形成稳定的过氧离子有利，相应的键级为1。由于O_2^{2-}不含有未成对电子，因此为反磁性。

过氧化钠是最重要的碱金属过氧化物，它是一种浅黄色的粉末，易吸潮，热稳定性高，加热至熔点(733K)都不分解。它与水或稀酸作用，生成过氧化氢：

$$Na_2O_2 + 2H_2O \longrightarrow H_2O_2 + 2NaOH$$
$$Na_2O_2 + H_2SO_4 \longrightarrow H_2O_2 + Na_2SO_4$$

实验室常用这种方法制备过氧化氢。

在潮湿的空气中，Na_2O_2能吸收CO_2并放出O_2：

$$2Na_2O_2 + 2CO_2 \longrightarrow 2Na_2CO_3 + O_2$$

利用这一特性，Na_2O_2可用作氧气发生剂，用于高空飞行或潜水时的供氧剂。Na_2O_2是一种强氧化剂，它能将一些金属氧化。例如，将其与一些不溶于酸的矿石共熔时，可使矿石氧化分解。在常温下过氧化钠几乎能将所有的有机物转化成碳酸盐，由于这一性质，Na_2O_2被用作漂白剂。

当遇到$KMnO_4$(在酸性溶液中)等强氧化剂时，Na_2O_2表现为还原性。

工业上制备Na_2O_2的方法是将钠加热至熔化，通入一定量的除去CO_2的干燥空气，维持温度在453～473K之间，先将钠氧化为Na_2O，然后增加空气流量并迅速提高温度至573～673K，即可制得Na_2O_2。

其他元素的过氧化物都是用间接方法制得的。例如，制备BaO_2是在室温下以氨水为介质，使$Ba(NO_3)_2$和H_2O_2作用：

$$Ba(NO_3)_2 + 3H_2O_2 + 2NH_3 \cdot H_2O \longrightarrow BaO_2 \cdot 2H_2O_2 + 2NH_4NO_3 + 2H_2O$$

然后加热到383～388K，脱去H_2O_2而得到过氧化钡。

3. 超氧化物

除了锂、铍、镁之外，碱金属和碱土金属都能生成超氧化物。超氧化物中含有超氧离子(O_2^-)，它比O_2分子多一个电子，其分子轨道电子排布式为

$$(\sigma_{1s})^2(\sigma_{1s}^*)^2(\sigma_{2s})^2(\sigma_{2s}^*)^2(\sigma_{2p})^2(\pi_{2p})^4(\pi_{2p}^*)^3$$

O_2^-中含有一个σ键和一个三电子π键，键级为1.5。由于含有一个未成对

电子，因此 O_2^- 具有顺磁性。

钾、铷、铯在空气中燃烧均能直接生成超氧化物。超氧化钠的制备较困难，需要在高压(30MPa)和773K下，用 Na_2O_2 和 O_2 反应才能得到 NaO_2，纯净的超氧化锂至今尚未制得。

超氧化物是一种很强的氧化剂，与水剧烈反应，释放出氧气和过氧化氢：

$$2MO_2 + 2H_2O = 2MOH + H_2O_2 + O_2\uparrow$$

超氧化物与二氧化碳反应放出氧气：

$$4MO_2 + 2CO_2 = 2M_2CO_3 + 3O_2\uparrow$$

利用这一特性，它们被用来除去 CO_2 和再生 O_2。由于 KO_2 较容易制备，常被用于急救器中。

碱土金属超氧化物的制备较困难，需要在高压下，将氧气通过加热的过氧化物 MO_2 来制备，而且得到的产品不纯。

4. 臭氧化物

臭氧化物中含有臭氧离子(O_3^-)，它比 O_3 分子多一个电子，是顺磁性物质，具有V形结构。

将钾、铷或铯的氢氧化物与臭氧反应，可得到它们的臭氧化物：

$$6KOH + 4O_3 = 4KO_3 + 2KOH \cdot H_2O + O_2$$

用液氨重结晶，可得到橘红色晶体 KO_3。KO_3 不稳定，将缓慢地分解成 KO_2 和 O_2。

臭氧化物和水反应剧烈，但不形成过氧化物，而是生成氢氧化物和氧气：

$$4MO_3 + 2H_2O = 4MOH + 5O_2\uparrow$$

13.3.2　氢氧化物

碱金属和碱土金属的氢氧化物都是白色固体，很容易吸收空气中的水分而潮解，所以固体 NaOH 和 $Ca(OH)_2$ 可作为干燥剂。碱金属氢氧化物的溶解度都较大，而碱土金属的氢氧化物溶解度都较小。它们的溶解度从锂到铯、从铍到钡依次递增，$Be(OH)_2$ 和 $Mg(OH)_2$ 是难溶氢氧化物。

碱金属和碱土金属氢氧化物中，除 $Be(OH)_2$ 呈两性外，其余都是强碱和中强碱。这两族元素氢氧化物的碱性的递变次序如下：

$$\underset{\text{中强碱}}{LiOH} < \underset{\text{强碱}}{NaOH} < \underset{\text{强碱}}{KOH} < \underset{\text{强碱}}{RbOH} < \underset{\text{强碱}}{CsOH}$$

$$\underset{\text{两性}}{Be(OH)_2} < \underset{\text{中强碱}}{Mg(OH)_2} < \underset{\text{强碱}}{Ca(OH)_2} < \underset{\text{强碱}}{Sr(OH)_2} < \underset{\text{强碱}}{Ba(OH)_2}$$

碱金属和碱土金属的氢氧化物能与许多物质反应。

拓展知识

氢氧化物酸碱性的 $R(OH)_n$ 模型

氢氧化物的酸碱性取决于它们的解离方式。以 $R(OH)_n$ 代表氢氧化物，它可以有两种解离方式：

$$\underset{\text{酸式解离}}{RO^- + H^+ \longleftarrow} R—O—H \underset{\text{碱式解离}}{\longrightarrow R^+ + OH^-}$$

氢氧化物采取何种解离方式，与阳离子 R 的离子势(Φ)的大小有关。R 的 Φ 越大，静电引力越大，R 吸引氧原子电子云的能力越强，O—H 键越容易被削弱，越易发生酸式解离，表现出酸性；反之，越易发生碱式解离，表现出碱性。若 r 的单位为 pm，则判断氢氧化物酸碱性的经验规则为

$\sqrt{\Phi}$ 值	<0.22	$0.22 \sim 0.32$	>0.32
氢氧化物酸碱性	碱性	两性	酸性

同一主族元素的氢氧化物，由于阳离子的电荷数与构型均相同，因此 $\sqrt{\Phi}$ 主要取决于离子半径大小。例如，ⅠA 族的碱金属离子随着 r 增大，$\sqrt{\Phi}$ 变小，因而碱金属氢氧化物碱性依次增强。碱土金属氢氧化物也存在相似的规律，其中 $Be(OH)_2$ 的 $\sqrt{\Phi}$ 为 0.27，故为两性。碱土金属离子比相邻的碱金属离子的电荷数更高，但半径更小，因此 $\sqrt{\Phi}$ 更大，故碱土金属氢氧化物的碱性比相邻碱金属氢氧化物要弱(表 13-4)。

表 13-4　碱金属和碱土金属氢氧化物的 $\sqrt{\Phi}$ 值

MOH	$\sqrt{\Phi}$	$M(OH)_2$	$\sqrt{\Phi}$
LiOH	0.13	$Be(OH)_2$	0.27
NaOH	0.10	$Mg(OH)_2$	0.17
KOH	0.085	$Ca(OH)_2$	0.14
RbOH	0.081	$Sr(OH)_2$	0.13
CsOH	0.077	$Ba(OH)_2$	0.12

以离子势 Φ 来判断氢氧化物的酸碱性只是一种较粗略的方法，除碱金属和碱土金属以外，对其他氢氧化物有时不一定适应。

碱金属氢氧化物中最重要的是氢氧化钠(NaOH)，又称烧碱、火碱或苛性碱。氢氧化钠为强碱，能够与许多物质发生反应，如与酸发生中和反应、与酸性氧化物反应生成盐和水。配制 NaOH 溶液时必须注意密封，避免吸收空气中的 CO_2 生成 Na_2CO_3 而导致不纯。为了配制不含 Na_2CO_3 的 NaOH 溶液，可先配置饱和的 NaOH 溶液，Na_2CO_3 在饱和的 NaOH 溶液中溶解度极小而易析出沉淀。静置较长时间后，将沉淀出的 Na_2CO_3 滤去，得到的清液即为较纯的 NaOH 溶液。

氢氧化钠也能够与一些两性金属(如 Zn、Al)反应放出氢气：

$$2Al + 2NaOH + 6H_2O = 2Na[Al(OH)_4] + 3H_2\uparrow$$

$$Zn + 2NaOH + 2H_2O = Na_2[Zn(OH)_4] + H_2\uparrow$$

氢氧化钠还能与一些非金属反应，如：

$$2B + 2NaOH + 6H_2O = 2Na[B(OH)_4] + 3H_2\uparrow$$

$$Si + 2NaOH + H_2O = Na_2SiO_3 + 2H_2\uparrow$$

氢氧化钠是重要的化工原料，应用十分广泛。氢氧化钠具有强烈的腐蚀性，能腐蚀衣物、玻璃、陶瓷，甚至极为稳定的金属铂，并能严重烧伤皮肤，尤其是眼睛的角膜。因此，制备或使用这类强碱时，要特别注意材料的选择和防护。例如，不能用磨口玻璃瓶盛放 NaOH 溶液，因为 NaOH 与玻璃的主要成分 SiO_2 缓慢反应生成 Na_2SiO_3，可能会将磨口玻璃塞与试剂瓶口粘在一起。工业上用 NaOH 来熔融分解试样时要用铁制的容器，实验室则用银或镍制的坩埚。

工业上采用电解食盐水的方法生产 NaOH，常用隔膜电解法和离子交换膜电解法。

KOH 的性质与 NaOH 很相似，但价格比 NaOH 昂贵，除非有特殊需要，一般都使用 NaOH。

$Ca(OH)_2$ 有较强的碱性，其价格低廉，来源充足，故在生产中被常用来调节溶液的 pH 或沉淀分离某些难溶的金属氢氧化物。由于 $Ca(OH)_2$ 溶解度小，往往是使用它的悬浮液(石灰乳)。

13.3.3　盐类

教学视频
s 区元素的盐和配合物

碱金属和碱土金属常见的盐有卤化物、硝酸盐、硫酸盐和碳酸盐等。这里着重讨论它们的晶体类型、溶解性、热稳定性等问题，并介绍几种重要的盐。

1. 盐的性质

1) 晶体类型

绝大多数碱金属和碱土金属的盐是离子型晶体，晶体大多数属面心立方的 NaCl 型和简单立方的 CsCl 型结构，它们的熔点均较高。

由于 Li^+和 Be^{2+}半径很小，极化作用很强，因此这两种离子形成的某些盐(如卤化物)表现出较强的共价性。例如，碱土金属氯化物的熔点从 Be 到 Ba 依次升高：

	$BeCl_2$	$MgCl_2$	$CaCl_2$	$SrCl_2$	$BaCl_2$
熔点/℃	415	714	775	874	962

其中 $BeCl_2$ 的熔点明显低于其他氯化物，就是因为 Be^{2+}半径小，电荷数较多，极化作用强，与 Cl^-形成的化合物为共价化合物。$BeCl_2$ 易升华，气态时形成双聚分子$(BeCl_2)_2$，固态时形成多聚物$(BeCl_2)_n$，能溶于有机溶剂。Mg^{2+}的半径也较小，它的某些盐也具有一定的共价性。

2) 溶解性

碱金属盐大多易溶于水，少数盐难溶于水。锂的强酸盐易溶于水，弱酸盐则溶解性较差，如 LiF、Li_2CO_3 和 Li_3PO_4 等。此外，还有少数含较大阴离子的碱金属盐较难溶于水，如六羟基合锑(Ⅴ)酸钠($Na[Sb(OH)_6]$)、乙酸铀酰锌钠($NaZn(UO_2)_3(CH_3COO)_9 \cdot 9H_2O$)、四苯基硼酸钾($K[B(C_6H_5)_4]$)、六亚硝酸根合钴(Ⅲ)酸钠($Na_3[Co(NO_2)_6]$)、高氯酸盐 $MClO_4$($M = K^+$、Rb^+、Cs^+)、氯铂酸钾(K_2PtCl_6)等。有时可以利用生成这些碱金属难溶盐来鉴定某些碱金属离子。

除 $NaHCO_3$ 的溶解度不大外，钠、钾盐的溶解度一般都较大，相对来说，钠盐比钾盐溶解度更大些。NaCl 的溶解度随温度的变化不大，它是常见钠盐中溶解性较特殊的盐。钠、钾盐都有很强的吸湿性，但钠盐的吸湿性比相应的钾盐更强。因此用于化学分析的标准试剂多用钾盐。例如，标定碱液浓度的基准试剂为邻苯二甲酸氢钾，标定还原剂溶液浓度的基准试剂为重铬酸钾($K_2Cr_2O_7$)，配制炸药用的硝酸盐或氯酸盐是 KNO_3 或 $KClO_3$，而不是相应的钠盐。

物质鉴定

Na^+的鉴定

方法 1：通过焰色反应鉴定，Na^+燃烧呈现黄色火焰。

方法 2：在中性或弱酸性条件，向含有 Na^+的溶液中滴加饱和 $K[Sb(OH)_6]$溶液会产生白色晶状沉淀 $Na[Sb(OH)_6]$，该法可用于鉴定 Na^+。

方法 3：向含有 Na^+的溶液中滴加醋酸锌和醋酸铀酰溶液，会生成黄色 $NaZn(UO_2)_3(Ac)_9 \cdot 9H_2O$ 沉淀，该法也可用于鉴定 Na^+。

K^+的鉴定

方法 1：通过焰色反应鉴定，K^+燃烧呈现紫色火焰。

方法 2：在中性或弱酸性条件，向含有 K^+的溶液中滴加 $Na_3[Co(NO_2)_6]$溶液，会生成亮黄色 $K_2Na[Co(NO_2)_6]$沉淀，该法可用于鉴定 K^+。

方法 3：向含有 K^+的溶液中滴加 $Na[B(C_6H_5)_4]$溶液，会生成白色 $K[B(C_6H_5)_4]$沉淀，该法也可用于鉴定 K^+。

碱土金属的盐比相应的碱金属盐的溶解性要小，并且许多碱土金属的盐较难溶。通常碱土金属与−1 氧化态阴离子(除 F^-)形成的盐较易溶于水，如氯化物、溴化物、碘化物、硝酸盐、氯酸盐、高氯酸盐、酸式碳酸盐、磷酸二氢盐等。碱土金属与负电荷数高的阴离子形成的盐一般都较难溶于水，如碳酸盐、磷酸盐、草酸盐等。钙盐中以草酸钙(CaC_2O_4)的溶解度最小，因此常用生成白色 CaC_2O_4 的沉淀反应来鉴定 Ca^{2+}。碱土金属的硫酸盐、铬酸盐的溶解度差别较大。一般阳离子半径小的盐易溶，如 $BeSO_4$ 和 $MgCrO_4$ 易溶，$BaSO_4$ 和 $BaCrO_4$ 难溶。$BaSO_4$ 还不溶于酸，因此可用 Ba^{2+}来鉴定 SO_4^{2-}。Ba^{2+}的鉴定则常利用生成黄色 $BaCrO_4$

沉淀的反应。

物质鉴定

Mg^{2+}、Ca^{2+}和 Ba^{2+}的鉴定

鉴定 Mg^{2+}：向含有 Mg^{2+}的溶液中，加入强碱和镁试剂，会生成蓝色沉淀。
鉴定 Ca^{2+}：向含有 Ca^{2+}的溶液中，加入$(NH_4)_2C_2O_4$和乙酸，会生成白色 CaC_2O_4沉淀。
鉴定 Ba^{2+}：向含有 Ba^{2+}的溶液中，加入 K_2CrO_4，会生成黄色 $BaCrO_4$沉淀。

人们在研究了碱金属和碱土金属盐类的溶解度后，总结出一些经验规律：

(1) 阳离子电荷越小、半径越大的盐，其溶解度较大。例如，碱金属的氟化物比碱土金属的氟化物溶解度大。

(2) 阴离子的半径较大时，其盐的溶解度常随金属原子序数的增大而减小。例如，I^-、SO_4^{2-} 和 CrO_4^{2-} 的半径大，从 $Li^+ \rightarrow Cs^+$，$Be^{2+} \rightarrow Ba^{2+}$相应盐的溶解度减小。

(3) 阴离子的半径较小时，其盐的溶解度常随金属原子序数的增大而增大。例如，F^-和 OH^-的半径小，从 $Li^+ \rightarrow Cs^+$、$Be^{2+} \rightarrow Ba^{2+}$相应盐的溶解度增大。

此外，还有一个规律，即盐的正负离子半径相差较大时，其溶解度一般较大；相反，盐的正负离子半径相近时，其溶解度一般较小。

盐类溶解通常包括晶格的破坏和离子水合两个步骤。因此，晶格能和离子水合倾向的大小是影响溶解度的重要因素。离子电荷数越高，半径越小，水合时放热越多，越有利于溶解。

3) 热稳定性

碱金属的盐一般都具有较高的热稳定性。碱金属卤化物在高温时挥发而不易分解；硫酸盐在高温时既不挥发也难分解；碳酸盐中除 Li_2CO_3 在700℃部分分解为 Li_2O 和 CO_2外，其余在 800℃以下均不分解。碱金属的硝酸盐热稳定性较差，加热时易分解($NaNO_3$ 和 KNO_3 的热分解产物为 $NaNO_2$和 KNO_2，$LiNO_3$热分解产物是 Li_2O)。

碱土金属盐的热稳定性比碱金属盐差，但在常温下也都很稳定。碱土金属的碳酸盐、硫酸盐等稳定性均随着金属离子的半径增大而增强，表现为它们的分解温度依次升高。碱土金属碳酸盐的热稳定性变化规律可以用离子极化观点进行解释(详见 3.4.3)。

4) 形成结晶水合物的倾向

碱金属盐类有形成结晶水合物的倾向，如 Na_2SO_4 结晶时，就常以 $Na_2SO_4 \cdot 10H_2O$ 的形式析出。一般来说，离子半径越小、所带电荷越多，它作用于水分子的电场越强，形成水合物的趋势也越大。故几乎所有的锂盐都是水合物，钠盐约有 75%是水合物，钾盐有 25%是水合物，铷盐和铯盐仅有少数是水合盐。

在常见的碱金属盐类中，卤化物大多数是无水的，硝酸盐中只有锂盐形成水合物 $LiNO_3 \cdot H_2O$ 和 $LiNO_3 \cdot 3H_2O$。硫酸盐中也只有 $Li_2SO_4 \cdot H_2O$ 和 $Na_2SO_4 \cdot 10H_2O$ ($Na_2SO_4 \cdot 7H_2O$ 是介稳的)。碳酸盐中除 Li_2CO_3 无水合物外，其余的皆有不同形式的水合物。

碱土金属盐也有形成水合物的倾向，但没有碱金属盐多。常见的有：$BeCl_2 \cdot 4H_2O$、$MgCl_2 \cdot 6H_2O$、$CaCl_2 \cdot 6H_2O$、$BaCl_2 \cdot 2H_2O$ 等。

5) 形成复盐的能力

除锂以外的碱金属盐，尤其是硫酸盐和卤化物具有形成复盐的能力。这些复盐有如下几种类型：

光卤石类，通式为 $MCl \cdot MgCl_2 \cdot 6H_2O$，其中 M 为 K^+、Rb^+、Cs^+等，如光卤石 $KCl \cdot MgCl_2 \cdot 6H_2O$。

矾类，通式为 $MM(Ⅲ)(SO_4)_2 \cdot 12H_2O$，其中 M 为碱金属离子，M(Ⅲ)为 Al^{3+}、Cr^{3+}、Fe^{3+}等离子，如明矾 $KAl(SO_4)_2 \cdot 12H_2O$。

与矾类近似的硫酸盐，其通式为 $M_2M(Ⅱ)(SO_4)_2 \cdot 6H_2O$，M(Ⅱ)可为 Ni^{2+}、Co^{2+}、Fe^{2+}、Cu^{2+}、Zn^{2+}、Mn^{2+} 等，如人们较为熟悉的软钾镁矾 $K_2Mg(SO_4)_2 \cdot 6H_2O$。

2. 几种重要的盐

1) 卤化物

卤化物中用途最广的是氯化钠。氯化钠除供食用外，还是制取金属钠、氢氧化钠、碳酸钠、氯气和盐酸等多种化工产品的基本原料，此外氯化钠在食品加工、石油化工、纺织品工业等方面都有重要应用。氯化钠与冰的混合物可用作制冷剂。

拓展知识

将食盐与碎冰按 1∶3 的比例混合，可用于化学实验中的冰盐浴，能获得零下 5℃到零下 20℃的低温。

碱土金属卤化物中，卤化铍具有较强的共价性，熔点和沸点较低，易升华。温度高于 1020K 时，气态 $BeCl_2$ 以单分子形态存在[图 13-2(a)]，其中 Be 为 sp 杂化；若温度低于 1020K，气态 $BeCl_2$ 形成双聚分子$(BeCl_2)_2$[图 13-2(b)]，其中 Be 为 sp^2 杂化；固态时形成链状多聚物$(BeCl_2)_n$[图 13-2(c)]，其中 Be 为 sp^3 杂化。

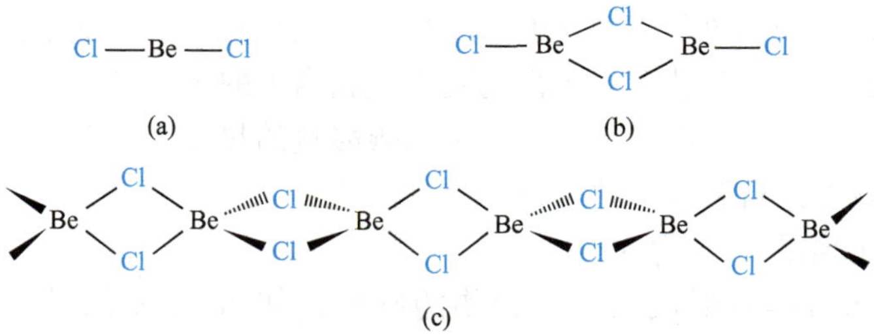

图 13-2 $BeCl_2$ 的结构示意图

无水氯化镁是制取金属镁的原料。光卤石和海水是取得氯化镁的主要资源。常温下氯化镁以 $MgCl_2 \cdot 6H_2O$ 形式存在，用加热水合物的方法不能得到无水盐，因为会发生水解：

$$MgCl_2 \cdot 6H_2O \xlongequal{\triangle} Mg(OH)Cl + HCl\uparrow + 5H_2O$$

继续加热碱式氯化镁将生成氧化镁：

$$Mg(OH)Cl \xlongequal{\triangle} MgO + HCl\uparrow$$

金属镁和氯气直接反应可制得无水氯化镁；也可以在氯化氢气氛中加热 $MgCl_2 \cdot 6H_2O$ 制备无水氯化镁，但条件不易控制，成本高。

氯化镁有吸潮性，普通食盐的潮解就是因为含有氯化镁的缘故。$MgCl_2$ 的凝固点较低，因此它也经常用作融雪剂。但要注意的是，用无机盐作融雪剂时，由于其对路面、桥梁、汽车底盘和轮胎有腐蚀作用，且对环境有一定污染，所以要尽量避免过多使用。

无水氯化钙有很强的吸水性，是一种重要的干燥剂。但由于它能与气态氨或乙醇形成加成物，不能用于干燥氨气和乙醇。氯化钙和冰的混合物也是一种常用的制冷剂，可获得−50℃的低温。

氯化钡是一种常用于医药、灭鼠剂和鉴定硫酸根离子的试剂。氯化钡易溶于水。可溶性钡盐对人畜都有毒，对人致死量为 0.8g，切忌入口。

氟化钙称为萤石，是制取 HF 和 F_2 的重要原料。在冶金工业中常用作助熔剂，也用于制作光学玻璃和陶瓷等。

2) 碳酸盐

碱金属和碱土金属的碳酸盐中，最重要的是碳酸钠(Na_2CO_3)。碳酸钠俗称苏打或纯碱，是一种十分重要的化工原料。我国著名的化学家侯德榜发明了联合制碱法，用饱和食盐水分段吸收二氧化碳和氨气，分别制得碳酸氢钠和氯化铵，煅烧碳酸氢钠便得到碳酸钠：

$$NaCl + NH_3 + CO_2 + H_2O = NaHCO_3 + NH_4Cl$$

$$2NaHCO_3 \xlongequal{\triangle} Na_2CO_3 + CO_2\uparrow + H_2O$$

碳酸氢钠($NaHCO_3$)又称小苏打，是发酵粉的主要成分，可用来烘烤面包。有时也在食盐中加入少量 $NaHCO_3$，这是因为食盐中常含有少量的 $MgCl_2$，$MgCl_2$ 易吸湿而使食盐结块。加入 $NaHCO_3$ 后，使 $MgCl_2$ 转化为 $MgCO_3$，就不再吸湿了。

碳酸钙($CaCO_3$)为无色斜方晶体，加热至 1000K 转变为方解石。将石灰石经机械粉碎后的碳酸钙细粉称为重质碳酸钙，市场上称为双飞粉。将石灰乳通入二氧化碳得到的碳酸钙，称为轻质碳酸钙。这两种碳酸钙都用在建筑和涂料上。

拓展知识

当今发现的大多数碳酸钙矿石是由海洋生物形成的。这些动物死亡后的硬壳沉积在海床上，受压形成石灰岩和白垩($CaCO_3$ 沉积物)。英格兰的多佛(Dover)港的白色断崖就是由白垩组成的，由生活在 1.36 亿年以前的一种被称为有孔虫的海洋微生物的甲壳演变而成。

拓展知识

硬水的软化

硬水中的 Ca^{2+}、Mg^{2+}含量较高，加热时以水垢(主要成分是 $CaCO_3$)形式从水中沉淀。Ca^{2+}、Mg^{2+}使肥皂和洗衣粉不形成泡沫，降低了洗涤效果。

利用沸石或者离子交换树脂作为软化剂可以进行硬水软化。沸石是一种微孔铝硅酸盐，属于无机离子交换剂，具有多孔结构，孔穴中含有结合力较弱的阳离子(如

Na^+)。沸石包括天然沸石和人工沸石，人工合成的含钠沸石称为“钠-沸石”。硬水遇到钠-沸石后发生如下的离子交换反应：

$$Na_2\text{-沸石}(s) + Ca^{2+}(aq) \Longrightarrow Ca\text{-沸石}(s) + 2Na^+(aq)$$

水中的 Ca^{2+}、Mg^{2+}通过上述反应与沸石中的 Na^+发生交换，使易结垢的钙镁化合物转变为不形成水垢的易溶性钠化合物而使水得到软化。

某些有机离子交换树脂可代替沸石软化硬水，如用羧酸根或磺酸根等阴离子修饰过的聚苯乙烯聚合物就是一种多孔性的有机离子交换树脂。树脂表面含有大量的 Na^+，能与硬水中的 Ca^{2+}、Mg^{2+}发生交换，将 Ca^{2+}、Mg^{2+}吸附至树脂表面从而去除，达到软化水的目的。

3) 硫酸盐

十水硫酸钠($Na_2SO_4 \cdot 10H_2O$)，俗称芒硝，由于它具有高的熔化热(熔化潜热约为 240kJ/kg)，是一种较好的相变储热材料。白天在太阳下，能吸收太阳能而熔融，夜间冷却结晶可释放出热能。无水硫酸钠俗称元明粉，大量用于玻璃、造纸、水玻璃、陶瓷等工业中，也用于生产硫化钠和硫代硫酸钠等。

二水合硫酸钙($CaSO_4 \cdot 2H_2O$)俗称生石膏，加热至 393K 左右，会部分脱水生成熟石膏 $CaSO_4 \cdot 0.5H_2O$：

这个脱水反应是可逆的，将熟石膏与水混合成糊状放置一段时间后，又会变成二水合硫酸钙盐，在生成二水合盐的过程中，会逐渐硬化并膨胀。利用这一原理，熟石膏常被用来制造模型、塑像、粉笔和石膏绷带等。石膏还是生产水泥和轻质建筑材料的原料之一。把石膏加热到 773K 以上可得无水石膏，它不能与水结合。

硫酸钡($BaSO_4$)称为钡白，可作为白色颜料，如在橡胶、造纸工业中作为白色填料。硫酸钡是唯一无毒的钡盐，能吸收 X 射线，被用作肠胃系统 X 射线造影剂。

七水硫酸镁($MgSO_4 \cdot 7H_2O$)为无色斜方晶体，加热至 350K 失去六分子水，在 520K 变为无水硫酸镁。它微溶于醇，不溶于乙酸和丙酮，主要用于媒染剂、泻盐、造纸、纺织、肥皂、陶瓷、油漆等工业。

13.3.4 配合物

通常来说，碱金属和碱土金属与单齿配体很难形成稳定的配合物，而与某些配位能力较强的多齿配体作用，能形成稳定的螯合物或者大环配合物。

例如，K^+和 18-冠-6(为大环多醚类化合物)、Na^+和苯并 15-冠-5 都能形成冠醚配合物[图 13-3(a)、(b)]。冠醚的结构中含有亲水性的、可与金属离子成键的空腔。不同的冠醚，由于其空腔大小和电荷分布不同，对半径不同的金属离子具有配位选择性。

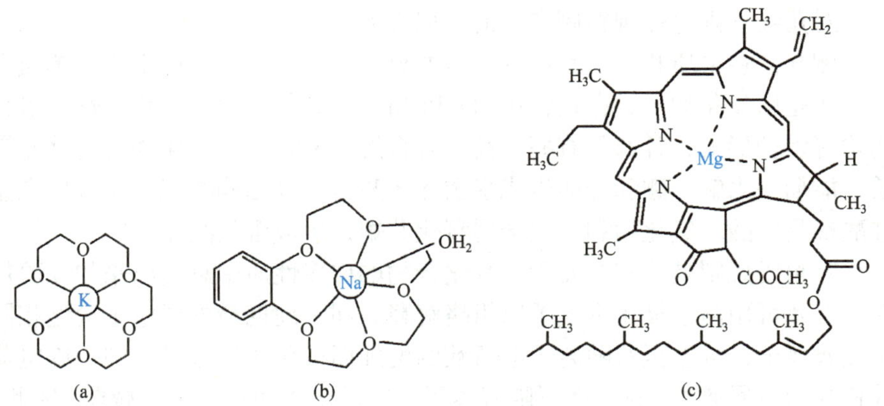

图 13-3 (a) 18-冠-6 钾配合物；(b) 苯并 15-冠-5 钠配合物；(c) 叶绿素结构示意图

半径较大的碱土金属离子(如 Ca^{2+}、Sr^{2+}、Ba^{2+})也可与冠醚形成配合物，还可以与其他一些多齿配体(如 EDTA)形成稳定性很高的螯合物[图 4-2(c)]。植物中的叶绿素就是镁的一种配合物，属于含镁的卟啉衍生物[图 13-3(c)]。

13.4 对角线规则

在周期表中有几对处于相邻两族的对角线上的元素，具有十分相似的性质，如锂与镁、铍与铝、硼与硅等。这种元素性质的相似性，被称为对角线规则或斜线关系。

13.4.1 锂与镁的相似性

在ⅠA族中，由于锂的半径最小，极化能力最强，表现出与同族钠、钾、铷和铯等元素不同的性质，而与ⅡA族中镁的许多性质相似。例如，锂在氧气中燃烧只生成 Li_2O，与镁相似。锂和镁都可以与氮气直接化合生成氮化物，其余碱金属不能。锂和镁的氟化物、碳酸盐、磷酸盐难溶，而其他碱金属无此性质；锂和镁的结晶水合氯化物，受热分解时发生水解。

13.4.2 铍与铝的相似性

ⅡA族的 Be 也很特殊，其性质与ⅢA族中的 Al 相近。例如，它们的氧化物和氢氧化物均显两性，而ⅡA族其他氧化物和氢氧化物显碱性；BeO 和 Al_2O_3 都具有高熔点和高硬度；$BeCl_2$ 和 $AlCl_3$ 都是缺电子的共价型化合物，在蒸气中以缔合分子状态存在；金属铍与铝都能被冷的浓硝酸钝化；它们的盐都易水解，高氧化态阴离子的盐难溶；它们的碳化物属于同一类型，水解都生成甲烷：

$$Be_2C + 4H_2O \xlongequal{\quad} 2Be(OH)_2 + CH_4\uparrow$$

$$Al_4C_3 + 12H_2O \xlongequal{\quad} 4Al(OH)_3 + 3CH_4\uparrow$$

对角线规则也体现在硼和硅的相似性方面。

硼和硅在单质状态下都显示一定的金属性。在自然界中都不以单质存在，而是以氧化物形式存在，B—O 和 Si—O 键都有很高的稳定性。氢化物均有多种形式，且都具有挥发性，可自燃，易水解。卤化物都是路易斯酸，能彻底水解。硼和硅能生成多酸和多酸盐，其结构类似；正硼酸和正硅酸都是弱酸。氧化物和某些金属氧化共熔，生成含氧酸盐。

对角线规则是从有关元素及其化合物的许多性质中总结出来的经验规律。对此可用离子极化观点予以粗略解释。同一周期最外层电子构型相同的金属离子，从左至右随离子电荷数的增加而极化作用增强。同一族电荷数相同的金属离子，自上而下随着离子半径的增大而极化作用减弱。因此，处于周期表中左上右下对角线位置上的邻近两种元素，由于电荷数和半径的影响恰好相反，它们的离子极化作用比较相近，从而使它们的许多性质有相似之处。由此反映出物质的性质与结构的内在联系。

化学史话

发现元素最多的人——戴维

汉弗莱·戴维（H. Davy，1778—1829，英国化学家）

戴维是英国著名化学家，是历史上发现天然化学元素最多的人，被称为元素之王，同时他还是电化学的开拓者，将电化学研究推向了新阶段。

1800 年，意大利物理学家伏打发明了将化学能转化为电能的伏打电池，使人类第一次获得了可供实用的持续电流，电学发展的新时代到来。利用伏打电池进行电解水的实验获得成功后，电化学的研究引来了人们的广泛关注。

1806 年，戴维在论文中提出，随着科学的发展，将来有望利用新的分解方法发现物质的真正元素。受到电解水的启发，戴维决定采用电解法从盐溶液或固体化合物中提取金属单质。他采用了 250 对金属板制成了当时最大的伏打电池，以便产生强大的电流。刚开始时，戴维选择将氢氧化钾饱和溶液进行电解，结果却是水被电解成 H_2 和 O_2，并未得到金属钾。戴维通过仔细分析，决定改用电解熔融的氢氧化钾来进行实验。但干燥的氢氧化钾并不导电，于是他先将氢氧化钾放在潮湿的空气中暴露片刻，让其表面吸附少量水以产生导电性，然后将它们放于铂制的小盘里，将小盘与电池组的阴极连接，再将一根铂丝插到氢氧化钾样品中，并与电池组的阳极相连。通电后，氢氧化钾受热熔化，水分蒸发，表面沸腾。这时，他发现在阴极附近逐渐有一些微小的金光闪闪的圆珠出现，并像水银球似的滚动着。有些圆珠一出现就立即燃烧起来，产生美丽的淡紫色火焰；有些圆珠虽然没有燃烧，但很快就失去了光泽，蒙上一层白膜。戴维小心地将这些圆珠收集起来投到水中，开始时小珠在水面上四处游动，发出嘶嘶的响声，然后燃烧起来并发出淡紫色火焰。

看到这个惊人的现象，戴维十分激动，他情不自禁地在实验室里跳起舞来。重复验证后，他确认自己发现了一种新的物质。由于这种元素是从氢氧化钾里电解出来的，他为这种元素定名为“钾”。之后，戴维又用同样的方法得到另一种新的金属单质——钠。1807 年 11 月，戴维在学术报告会上隆重介绍了钾、钠两种元素的发现过程，在科学界引起了极大的反响。

但是用同样的方法对石灰、苦土(氧化镁)等物质的电解却没成功。后来，戴维受到贝采尼乌斯和蓬丁的启示，将这些物质和氧化汞按一定比例混合再进行电解，就能分离出金属单质。利用这种方法，他制取了钙、镁、锶、钡等四种金属元素。此外，戴维利用碱金属置换法制得了非金属元素硼。

戴维一生成就斐然，除在发现元素方面的杰出贡献外，他发明了被称为“戴维灯”的安全矿灯，挽救过成千上万的矿工的生命；研究了笑气并预言这种气体可在医学上作为麻醉剂解除病人疼痛；研究了保护船底免受腐蚀的电镀方法等。

由于长期从事化学研究，特别是研究一些有毒物质，如氯气等，对身体健康造成了巨大影响，戴维 51 岁时就去世了。戴维逝世后，英国皇家学会设立了戴维奖，以表彰那些对化学有卓越贡献的人，门捷列夫、居里夫妇等科学家都获得过戴维奖章。

戴维在科学研究上勤于思索，勇于创新，无所畏惧的科学精神和他在科学研究上做出的巨大贡献，将永远留在人们的记忆中。

拓展阅读

习　题

13-1 为什么碱金属或碱土金属离子的水合热依次减弱？

13-2 金属钠是强还原剂，试写出它与下列物质的反应方程式：

H_2O、NH_3、C_2H_5OH、Na_2O_2、$NaNO_2$、MgO、$TiCl_4$

13-3 用化学方程式表示下列物质的制备过程：

(1) 以食盐为原料制备 Na、NaOH、Na_2O_2、Na_2CO_3；

(2) 以重晶石为原料制备 $BaCl_2$、$BaCO_3$、BaO。

13-4 如何利用镁和铍在性质上的差别来区分和分离下列各组物质：

(1) $Be(OH)_2$ 与 $Mg(OH)_2$；　(2) $BeCO_3$ 与 $MgCO_3$；　(3) BeF_2 与 MgF_2。

13-5 用最简便的方法鉴别下列各组物质：

(1) LiCl 与 NaCl　(2) CaH_2 与 $CaCl_2$　(3) NaOH 与 $Ba(OH)_2$

(4) $CaCO_3$ 与 $Ca(HSO_3)_2$　(5) $NaNO_3$ 与 $Na_2S_2O_3$　(6) Li_2CO_3 与 CsCl

(7) $BaSO_4$ 与 $BeSO_4$　(8) $CaCO_3$ 与 $Ca(HCO_3)_2$

13-6 解释下列事实：

(1) LiCl 能溶于有机溶剂，而 NaCl 不溶；

(2) 尽管 Li 的电离能大于 Cs，但 $E^{\ominus}(Li^+/Li)$ 却小于 $E^{\ominus}(Cs^+/Cs)$；

(3) $E^{\ominus}(Li^+/Li)$ 比 $E^{\ominus}(Na^+/Na)$ 要小，但 Li 与水反应却没有 Na 剧烈；

(4) 向 $MgCl_2$ 溶液中加入氨水，有白色沉淀生成；再加入 NH_4Cl 固体后，白色沉淀消失；

(5) 电解熔融的 NaCl 制金属钠时，常需加入 $CaCl_2$ 作助熔剂；

(6) 配制黑火药时常用 KNO_3 而不用 $NaNO_3$；

(7) 碱土金属比相应碱金属熔点高、硬度大；

(8) 加热 $MgCl_2 \cdot 6H_2O$ 无法制得无水 $MgCl_2$；

(9) 向含 CaC_2O_4 的悬浊液中加入 EDTA 的钠盐，CaC_2O_4 溶解。

13-7 NaOH 溶液能吸收空气中的 CO_2 生成 Na_2CO_3 而导致不纯，在实验室该如何配制较纯的 NaOH 溶液？

13-8 镁在空气中燃烧所得的产物与水反应时放出大量的热，并能闻到氨的气味，写出有关反应式。

13-9 查阅资料，分析锂元素作为锂离子电池材料的优势和不足。

13-10 试说明为什么碱土金属氧化物的熔点会有如下变化。

	BeO	MgO	CaO	SrO	BaO
熔点/K	2803	3125	2887	2693	2191

13-11 根据盖斯定律计算通过以下两种方法制得 NaCl(s)的 $\Delta_f H_m^{\ominus}$，并作比较(设温度为 298K)。

(1) $Na(s) + H_2O(l) = NaOH(s) + \frac{1}{2}H_2(g)$　　$\Delta_r H_m^{\ominus} = -140.89kJ \cdot mol^{-1}$

$\frac{1}{2}H_2(g) + \frac{1}{2}Cl_2(g) = HCl(g)$　　$\Delta_r H_m^{\ominus} = -92.31kJ \cdot mol^{-1}$

$HCl(g) + NaOH(s) = NaCl(s) + H_2O(l)$　　$\Delta_r H_m^{\ominus} = -177.80kJ \cdot mol^{-1}$

(2) $\frac{1}{2}H_2(g) + \frac{1}{2}Cl_2(g) = HCl(g)$　　$\Delta_r H_m^{\ominus} = -92.31kJ \cdot mol^{-1}$

$Na(s) + HCl(g) = NaCl(s) + \frac{1}{2}H_2(g)$　　$\Delta_r H_m^{\ominus} = -318.69kJ \cdot mol^{-1}$

(中南大学　　刘又年)

第 14 章　卤　素

14.1　p 区元素概述

第 14 章　导学

周期表第ⅢA～ⅦA 族元素和 0 族元素，具有 $ns^2np^{1\sim6}$ 的价电子层结构(He 除外)，它们依次增加的电子都填充在 np 轨道上，被称为 p 区元素。0 族元素又称稀有气体，具有全充满的稳定的价层电子构型，在原子半径、元素电负性及非金属性等方面，不符合同周期其他主族元素的递变规律。因此，讨论 p 区元素的相关性质及其变化规律等时，通常是指ⅢA～ⅦA 族元素。

14.1.1　p 区元素的性质及变化规律

教学视频

p 区元素概述

与 s 区元素相似，同一周期的 p 区元素(0 族元素除外)从左至右，随着原子序数的增加，原子半径减小，元素电负性增大，非金属性增强。同族 p 区元素具有相同的价层电子构型，自上而下随着电子层数增加，元素的原子半径增大，电负性减小，非金属性减弱，金属性增强。例如，ⅢA～ⅥA 族元素从上至下都是从典型的非金属元素开始，过渡到以典型的金属元素结束。

与 s 区元素不同，同族 p 区元素的一些性质变化不是直线形递变，而是表现为折线与突变。这种突变主要表现在第二周期、第四周期和第六周期元素上。元素周期表中第二、四、六周期元素某些性质的反常现象，称为次级周期性。

对于 p 区元素来说，第二周期元素的反常性非常突出，一般主要归因于这些元素的原子半径非常小。

由于第二周期的 N、O、F 等元素的原子半径非常小，核外电子云密度很大，于是排斥外来的电子，导致电子亲和能变小，在同族元素中出现反常。例如，通常单键键能在同一族中自上而下依次递减，但第二周期元素 N、O、F 的单键键能却小于第三周期同族元素 P、S、Cl 的单键键能。这一现象与元素的原子结构有关。例如，F 的价层电子构型为 $2s^22p^5$，价层没有 d 轨道，在同族元素中原子半径最小。当形成 F—F 单键时，键长较短，原子中未成键电子对之间产生较强排斥作用，从而抵消了部分成键效果。此外，由于 N、O、F 原子半径小且电负性大，其氢化物存在分子间氢键，于是 NH_3、H_2O 和 HF 的沸点在同族氢化物中反常升高。

思考题 14-1

为什么元素 F 与 S 可以形成化合物 SF_6，而 F 与 O 却不能形成化合物 OF_6?

第二周期元素配合物的配位数较低，也是其反常性的表现之一。例如，ⅤA 族元素 N、P、As、Sb、Bi 中，第二周期元素 N 只能形成三氟化物，其他元素都能形成五氟化物。这是因为第二周期元素原子的价层只有 2s 和 2p 轨道，没有 d 轨道参与杂化成键；而其他周期的原子，价层不仅有 s、p 轨道，还有 d 轨道可参与杂化，因此可以接纳更多的电子配对成键而形成具有较高配位数的配合物。

考察同族 p 区元素的一些性质的变化曲线，可以看到这些性质依次变化表现得不太规则。例如，p 区元素电负性与原子序数的关系，虽然随着原子序数和电子层数的增加，元素电负性呈减小趋势，但这一变化趋势的图形却是锯齿形而非直线形(图 14-1)。其中元素电负性的突变之处在第四周期和第六周期。这种第四周期和第六周期元素对同族元素性质变化规律的影响，在其他相关性质上也有表现。第四周期和第六周期元素的异样性是由元素的电子层结构变化引起的。

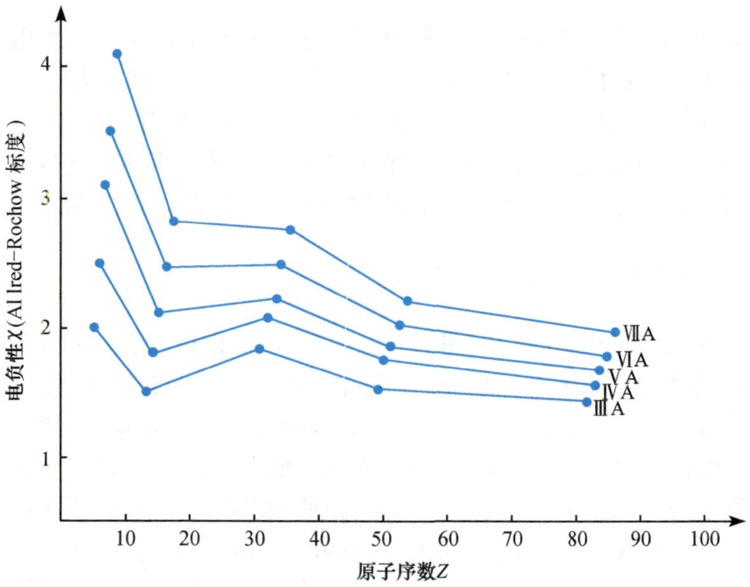

图 14-1　p 区元素电负性与原子序数的关系

第四周期的 p 区元素与前几周期元素不同，电子填满 4s 轨道后，先填满 3d 轨道，再进入 4p 轨道，即在 4s 区和 4p 区之间出现了 3d 区元素。d 区元素的插入使第四周期的 p 区元素与同周期 s 区元素相比，有效核电荷显著增大，原子半径显著减小。因此，p 区第四周期元素的性质在同族中也显得比较特殊，表现出异样性，这就是“第四周期元素的异样性”。例如，第四周期元素溴的溴酸和高溴酸的氧化性就强于其他卤酸和高卤酸。

第六周期元素由于其价电子层插入 4f 电子，使原子结构再次发生较大变化，元素性质受到影响，元素性质递变缓慢。其中镧系收缩(详见 22.1.1)对第六周期 p 区元素的性质也有所影响，使得第五、六周期的两个相应元素性质相似。

图 14-1 还显示ⅢA～ⅦA 族元素的电负性变化为相似的折线，即这种不规则变化具有相似性和周期性。通常周期性是指各周期元素之间的规律性，而对于 p 区元素不同主族之间的这种元素性质的周期性变化，称为“二次周期性”。在后面章节的元素化合物的讨论中，二次周期性的例子还有很多，如含氧酸的氧化还原性、卤化物的标准摩尔生成焓等。

14.1.2 多种氧化数

p 区元素(0 族元素除外)的价层电子结构为 $ns^2np^{1\sim5}$，大部分都有多种氧化数。在与活泼金属反应时，非金属元素电负性大，易得到电子形成具有稀有气体结构的离子，呈现负氧化数。而在含氧酸和含氧酸盐中，它们的电负性(F 元素除外)相对元素 O 较小，呈现正氧化数。由于非金属元素的原子可以利用部分或全部价层电子成键，因此可有多个氧化数。例如，氯有负氧化数(–1)和多个正氧化数(+1、+3、+5 和+7)。

p 区元素正氧化数化合物的稳定性不仅与氧化数的高低有关，而且与元素原子序数(或周期数)有关。大致规律是：同一主族从上往下，随着原子序数增大，高的正氧化数化合物的稳定性减小，低的正氧化数化合物的稳定性增大。例如，ⅣA 族第三周期元素 Si 的高氧化态(Ⅳ)化合物很稳定，而低氧化态 Si(Ⅱ)化合物却不稳定。同族第六周期元素 Pb 正好相反，其高氧化态 Pb(Ⅳ)的化合物很不稳定，如 PbO_2 氧化性很强，容易被还原成稳定的低氧化态 Pb(Ⅱ)的化合物。这种同族元素从上往下低氧化数化合物稳定性增大、高氧化数化合物稳定性减小的现象，称为“惰性电子对效应”。

通常，p 区ⅢA～ⅤA 族元素都表现出惰性电子对效应，该效应主要是由原子结构的变化引起的。同族元素随着原子序数的增加，即电子层数的增加，原子的价层结构相继出现了 d 电子和 f 电子，它们的屏蔽作用较小，使核对外层的 ns^2 电子对的有效核电荷增大(引力增强)，ns^2 电子的活泼性逐渐减小，成键能力逐渐减弱。当周期数较大时，元素的高氧化数化合物比较容易得到 2 个电子，形成 ns^2 电子结构，转变为稳定性较大的低氧化数状态，从而表现出很强的氧化性。

思考题 14-2

为什么+5 价的 Bi 化合物氧化性很强？比如，$NaBiO_3$ 固体在酸性条件下能将 Mn^{2+} 氧化成 MnO_4^-。

14.1.3 化合物的成键特征

p 区元素具有较大的电负性，大多形成共价型化合物。在极性共价化合物中，电负性大的元素显负氧化数，电负性小的元素显正氧化数。例如，p 区元素的氢化物都是共价型化合物，其中氢的氧化数为+1，非金属元素为负氧化数。

非金属元素虽然也可以形成离子型化合物，但多数情况下成键时的共价性特征更为显著，如 AgI、CaC_2。

14.2 卤 素

卤素位于元素周期表ⅦA族，包括氟(fluorine，F)、氯(chlorine, Cl)、溴(bromine, Br)、碘(iodine, I)、砹(astatine, At)和石田(tennessine, Ts)六种元素。“卤素”是成盐元素的意思，通常用 X 表示。与同周期其他元素相比，它们的非金属性较强，容易与活泼金属形成典型的离子型化合物(盐)。其中氟是周期表中非金属性最强的元素，氟、氯、溴、碘的非金属性依次减弱，碘有微弱的金属性。砹和鿬具有放射性。

在自然界中，卤素 F、Cl、Br 和 I 均以化合物形式存在。氟的主要矿物是萤石 CaF_2、冰晶石 Na_3AlF_6 和氟磷灰石 $Ca_5(PO_4)_3F$。氯主要以氯化钠形式存在于海水、盐湖中，溴主要存在于海水中，而碘则主要富集在某些海藻类植物内。砹在自然界中仅有微量，并短暂地存在于镭、锕或钍的蜕变产物中。鿬是 2010 年初次合成的人造元素，极易衰变。

卤素对人体十分重要。氯是人体必需的宏量元素，主要参与维持体液的渗透压和酸碱平衡等。氟、溴、碘则属于人体必需的微量元素。氟主要存在于牙齿、骨骼中。溴存在于人体各组织中。碘主要浓集于甲状腺中，参与甲状腺素的合成，具有促进生长的作用。碘对人，尤其是生长发育期的婴幼儿十分重要。

14.2.1 卤素概述

教学视频
卤素的单质

卤素是元素周期表中元素的基本性质及单质的性质变化规律较好的一族。表 14-1 列出了卤素的一般性质。

表 14-1 卤素的基本性质

元素	氟	氯	溴	碘
元素符号	F	Cl	Br	I
原子序数	9	17	35	53
相对原子量	18.998	35.45	79.904	126.90
价层电子构型	$2s^22p^5$	$3s^23p^5$	$4s^24p^5$	$5s^25p^5$
共价半径/pm	64	99	114	133
X 离子半径/pm	133	181	196	220
熔点/K	53.39	171.5	265.75	386.6
沸点/K	84.87	238.96	331.8	458.24
电负性	3.98	3.16	2.96	2.66
电离能 $I_1/(kJ \cdot mol^{-1})$	1681	1251	1140	1008
电子亲和能 $A_1/(kJ \cdot mol^{-1})$	−328	−349	−325	−295
$\Delta_f H_m^\ominus(X^-, aq)/(kJ \cdot mol^{-1})$	−332.63	−167.159	−121.55	−55.19
$E^\ominus(X_2/X^-)/V$	2.866	1.358	1.066	0.535 5
氧化数	−1	−1，+1，+3，+5，+7	−1，+1，+3，+5，+7	−1，+1，+3，+5，+7

卤素是典型的非金属元素，是同周期中半径最小、电负性最大、电子亲和能绝对值最大的元素。由于卤素的价层电子结构相似，所以元素性质十分相似，并且变化规律。例如，从氟到碘，元素的电负性、第一电离能、$E^\ominus(X_2/X^-)$、$\Delta_f H_m^\ominus(X^-, aq)$ 等依次减小(表 14-1)。卤素的电子亲和能按氯、溴、碘顺序依次减小，但电子亲和能最大的不是氟，而是氯。氟的反常电子亲和能，是元素“第二周期反常性”的表现。由于氟位于第二周期，在卤素中半径最小，电子密度较大，与电子结合时产生的斥力较大，其结合能被部分抵消，因此表现为氟释放的电子亲和能比氯的少。

卤素原子的价层电子结构为 ns^2np^5，有 7 个价电子，获得 1 个电子就可达到稀有气体电子结构，因此强烈表现出得一个电子成为氧化数为–1 的 X^- 趋势。与此对应的是卤素原子的第一电离能都比较大，失去电子的倾向都比较小，故一般难以形成氧化数为+1 的 X^+。除 F 以外，Cl、Br、I 原子同电负性大的元素结合时形成共价键，显示+1、+3、+5、+7 氧化数，其最高氧化数与其族数相同。有些情况价电子层中的空 d 轨道会参与形成多重键起到稳定共价键的作用。

思考题 14-3

随着原子序数的增加，卤酸单质的化学活性逐渐降低，其中 F_2 的化学活性远高于其他卤素单质，为什么？

元素电负性按 F、Cl、Br、I 顺序依次减小，得电子能力依次变弱，卤素单质的氧化性也依次减弱。从水溶液中卤素的标准电极电势 $E^{\ominus}(X_2/X^-)$（表 14-1）也可以看出，在水溶液中 F_2 的氧化性最强，I^- 的还原性最强。卤素单质及其化合物在水溶液中氧化还原能力的大小，可由元素电势图进行比较。图 14-2 列出了卤素在酸性溶液（$E_A^{\ominus}$）和碱性溶液中（$E_B^{\ominus}$）的标准电极电势。

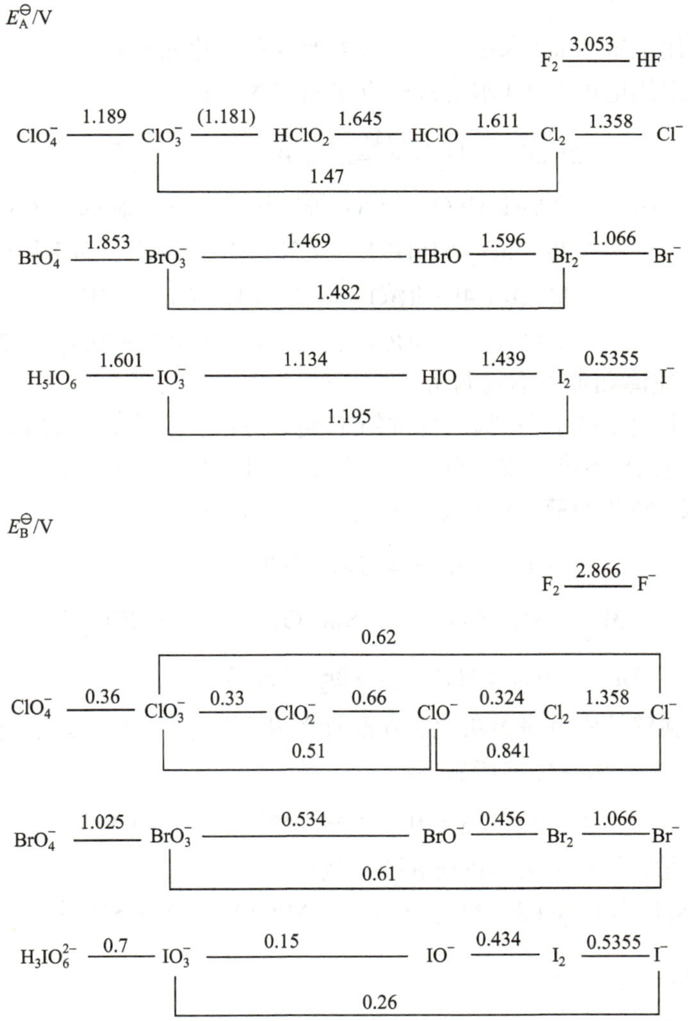

图 14-2　卤素的元素电势图

14.2.2 卤素单质

1. 卤素单质的制备

1) 单质氟的制备

F_2是最强的氧化剂，所以通常不能采用试剂氧化F^-的方法制备F_2。工业上通过电解熔融的氢氟酸HF与氟氢化钾KHF_2混合物制备单质氟。电解反应为

阳极(无定型碳)：$2F^- = F_2\uparrow + 2e^-$

阴极(铜)：$2HF_2^- + 2e^- = H_2\uparrow + 4F^-$

实验室可通过分解含氟化合物制得少量氟：

$$2K_2MnF_6 + 4SbF_5 \overset{\triangle}{=} 4KSbF_6 + 2MnF_3 + F_2\uparrow$$

2) 单质氯的制备

氯可用电解NaCl水溶液、电解熔融盐和氧化法制备。

工业上用电解NaCl水溶液的方法制取氯气：

$$2NaCl + 2H_2O \overset{电解}{=} 2NaOH + Cl_2\uparrow + H_2\uparrow$$

实验室用强氧化剂($KMnO_4$、MnO_2等)与盐酸反应，制取少量Cl_2。例如：

$$2KMnO_4 + 16HCl = 2MnCl_2 + 2KCl + 5Cl_2\uparrow + 8H_2O$$

$$MnO_2 + 4HCl(浓) = MnCl_2 + Cl_2\uparrow + 2H_2O$$

$$K_2Cr_2O_7 + 14HCl = 2CrCl_3 + 2KCl + 3Cl_2\uparrow + 7H_2O$$

3) 单质溴和单质碘的制备

工业上利用海水来制取溴：将Cl_2通入海水，氧化其中的Br^-为Br_2，然后用Na_2CO_3溶液吸收由空气吹出的Br_2，使之歧化为NaBr和$NaBrO_3$，再用H_2SO_4酸化溶液，便可重新得到Br_2。相关反应如下：

$$Cl_2 + 2Br^- = Br_2 + 2Cl^-$$

$$3Br_2 + 3Na_2CO_3 = NaBrO_3 + 5NaBr + 3CO_2\uparrow$$

$$5Br^- + BrO_3^- + 6H^+ = 3Br_2 + 3H_2O$$

工业制碘是先将海藻灰化，在酸性条件下用水浸取并浓缩。然后加入MnO_2氧化I^-，从而得到产品I_2。

$$2I^- + MnO_2 + 4H^+ = Mn^{2+} + I_2 + 2H_2O$$

实验室常用氧化法制备溴和碘。例如：

$$2NaI + MnO_2 + 3H_2SO_4 = I_2 + MnSO_4 + 2NaHSO_4 + 2H_2O$$

2. 卤素单质的物理性质

卤素单质都是非极性双原子分子X_2，分子间作用力以色散力为主。由氟到碘原子半径依次增加，相对分子质量增加，因此卤素单质X_2的分子间

色散力依次增大，从而使 X_2 的熔点、沸点依次升高。在常温常压下氟是浅黄色气体，氯是黄绿色气体，溴是红棕色液体，碘是紫黑色固体，并带有金属光泽。氯容易被液化，在 293K、超过 6.7×10^5Pa 压强时，氯可从气态转化成液态。固态碘因其蒸气压较高而容易升华，利用这一性质可进行粗碘提纯和除去空气中的汞蒸气。

根据相似相溶原理，卤素单质易溶于非极性溶剂而难溶于极性溶剂。例如，溴易溶于苯、四氯化碳等溶剂，溶液颜色随溶解度的增大而从黄色到红棕色逐渐加深。碘在苯、四氯化碳、二硫化碳等溶剂中，以未溶剂化的自由分子形式存在，因此呈现其蒸气本身的紫色。氟不溶于水而是与水激烈反应，其他卤素单质在水中的溶解度都不大。20℃时，氯、溴、碘在 100g 水中的溶解度分别为 0.732g、3.58g 和 0.029g，得到的水溶液分别称为氯水、溴水和碘水。利用卤素单质在水中和非极性溶剂中溶解度的显著差别，可进行水溶液中卤素单质的萃取。

I_2 在含有 I^-的溶液(如 KI 溶液)中的溶解度比在纯水中大得多，这是因为 I_2 与 I^-结合形成多碘离子 I_3^-，并建立以下平衡：

$$I_2 + I^- \rightleftharpoons I_3^- \qquad K^\ominus = 725$$

实验室中进行单质 I_2 的实验时，所用的碘水就是 I_2 的 KI 溶液。在溶液中，I_3^- 的浓度越大，溶液颜色越深。

3. 卤素单质的化学性质

卤素单质是活泼的非金属，在化学反应中表现出强烈的结合电子能力，所以强氧化性是卤素最突出的化学性质。卤素单质的氧化性从氟到碘依次减弱。

1) 与金属和非金属反应

氟在低温或高温下均可与所有金属直接反应，生成高价氟化物，并且反应十分剧烈。氯也可与所有金属反应。溴和碘在常温下只与活泼金属反应，与其他金属反应则需要加热。

氟可与除氧气、氮气和稀有气体以外的所有非金属单质直接化合。氟与非金属反应十分剧烈，甚至在低温下与碳、硅、硫、磷猛烈反应产生火焰。氯、溴的反应没有氟强烈。碘的反应活性则更弱，甚至不能和硫直接化合。

2) 与氢气反应

X_2 与 H_2 反应生成 HX。氟在低温、黑暗条件下即可直接与氢气化合，大量放热并引起爆炸。氯与氢气的反应在常温及散射光下缓慢进行。溴需要加热才能与氢气反应。碘则在高温下与氢气作用，生成 HI 并同时发生 HI 分解，是可逆反应。

3) 与水反应

卤素与水的反应主要有两种类型。

一类是氧化反应，如氟与水的反应：

$$2F_2 + 2H_2O = 4HF + O_2$$

该反应剧烈，同时还伴有少量氟化氧 OF_2、过氧化氢和臭氧生成。

思考题 14-4

Br_2 在 Na_2CO_3 溶液中为什么歧化为 NaBr 和 $NaBrO_3$ 而不是 NaBr 和 NaBrO?

另一类是歧化反应，如氯、溴与水的反应：

$$X_2 + 2H_2O \longrightarrow H_3O^+ + X^- + HXO\ (X = Cl、Br)$$

这类反应进行的程度与溶液的 pH 密切相关。

碘的水溶液是稳定的。

4) 卤素间反应

由于不同卤素的氧化性和不同卤素离子的还原性不同，卤素之间可以发生置换反应，如利用 Cl_2 氧化 Br^- 制备 Br_2。氧化性较强的卤素单质，在溶液中可以氧化还原性较强的卤离子。例如：

$$3Cl_2 + KI + 6KOH \longrightarrow KIO_3 + 6KCl + 3H_2O$$

思考题 14-5

为什么可以用浓氨水检查氯气管道是否漏气？

注意：卤素单质都有毒，其毒性从氟到碘依次减小。卤素单质的蒸气有刺激性气味，强烈刺激眼、鼻、口腔、气管等器官黏膜，产生窒息作用。单质氟腐蚀性最强最危险，氯气主要通过呼吸道侵入人体会对上呼吸道黏膜造成损害，液溴会严重灼伤皮肤并难以治愈。因此，在配制和使用卤素单质时应特别小心，要带防护用具并在通风橱内进行。在生产、使用和运输过程中，要严防卤素单质泄露。

14.2.3 卤素的氢化物

教学视频

卤素的氢化物和卤化物

1. 卤素氢化物概述

卤素的氢化物称为卤化氢(HX)，包括氟化氢(HF)、氯化氢(HCl)、溴化氢(HBr)和碘化氢(HI)。所有卤化氢都是无色气体，具有强烈刺激气味，在湿空气中产生烟雾。卤化氢是极性分子，易溶于水，其水溶液显酸性，称为氢卤酸。其中氢氯酸通常称为盐酸。

卤化氢的一些物理性质列于表 14-2。

表 14-2 卤化氢的物理性质

性质	HF	HCl	HBr	HI
熔点/K	189.61	158.94	186.28	222.36
沸点/K	292.67	188.11	206.43	237.80
$\Delta_f H_m^\ominus$ /(kJ · mol^{-1})	−271.1	−92.307	−36.40	−26.48
分解百分数(1273K 时)	—	0.014	0.5	33
气态分子核间距/pm	92	127	141	161
气态分子偶极矩/deb(德拜)	1.91	1.07	0.827	0.420
键能/(kJ · mol^{-1})	570	432	366	298

从表 14-2 中可见，卤化氢的许多性质都呈规律性变化。卤化氢是极性分子，随着从氟到碘元素电负性的减小，卤化氢的分子偶极矩、分子极性依次减小。HF 符合这些性质的变化规律，但与其他卤化氢相比，HF 数据的变化程度特别显著。例如，HF 核间距很小，偶极矩、标准摩尔生成焓和键能很大，难以解离等，这些都是由氟的结构特点引起的。另外，HF 在卤化氢中反常的熔点、沸点表现，与 HF 分子之间存在很强的氢键有关。

2. 氯化氢和盐酸

工业上常用 H_2 在 Cl_2 中燃烧的方法制取 HCl。HCl 是无色有刺激性气味的气体，在空气中形成盐酸酸雾。HCl 在水中的溶解度很大，通常条件下，1 体积水能吸收约 450 体积的氯化氢。HCl 溶解时大量放热，1mol HCl 溶于水可放出 72.8 热量。

盐酸是常用强酸。市售盐酸的浓度为 37%(质量分数)，物质的量浓度约为 $12mol \cdot L^{-1}$，相对密度为 1.19。工业用盐酸的浓度约为 30%(质量分数)，由于含有杂质(主要是$[FeCl_4]^-$)而略带黄色。

盐酸的酸根是 Cl^-，它有两个显著特性：

1) 还原性

一些强氧化剂，如 $KMnO_4$、$K_2Cr_2O_7$、MnO_2 等能将 Cl^-氧化成 Cl_2，所以实验室常用盐酸和强氧化剂反应来制取 Cl_2。

2) 配位性

Cl^-离子能和许多金属离子形成配离子，如$[CuCl_4]^{2-}$、$[AgCl_2]^-$等。当浓盐酸与 Al、Zn 等金属反应时，由于生成配离子而使反应更容易进行：

$$Zn + 2H^+ + 4Cl^- = [ZnCl_4]^{2-} + H_2\uparrow$$

3. 氟、溴、碘的氢化物

1) 氟的氢化物

由于单质 F_2 遇 H_2 在黑暗处便能发生爆炸，因此氟化氢(HF)不能由相应单质制取，而是利用萤石(CaF_2)和浓硫酸反应来制备。

HF 溶于水得到氢氟酸，它是一种弱酸，存在解离平衡：

$$HF \rightleftharpoons H^+ + F^- \qquad K_1^\ominus = 6.3\times10^{-4} \tag{14-1}$$

解离出来的 F^-能与 HF 分子结合：

$$HF + F^- \rightleftharpoons HF_2^- \qquad K_2^\ominus = 5.2 \tag{14-2}$$

由于反应(14-2)的存在，使 F^-浓度减小，并导致平衡(14-1)向右移动，因此 HF 的解离度随 HF 浓度的增大而增大。溶液总的平衡关系式为

$$2HF \rightleftharpoons H^+ + HF_2^- \qquad K^\ominus = K_1^\ominus K_2^\ominus = 3.3\times10^{-3} \tag{14-3}$$

当氢氟酸的浓度增大时，平衡(14-3)向右移动，H^+浓度随之增大，溶液酸性随之增强。

氢氟酸能与 SiO_2 或硅酸盐反应生成气态 SiF_4，反应式为

$$SiO_2 + 4HF = 2H_2O + SiF_4\uparrow$$

$$CaSiO_3 + 6HF = CaF_2 + 3H_2O + SiF_4\uparrow$$

故氢氟酸可用来刻蚀玻璃或溶解硅酸盐。在定量分析中利用氢氟酸来测定样品中的 SiO_2 含量。

氢氟酸具有强烈的腐蚀性和毒性，能够侵蚀玻璃、金属、水泥和有机物。操作氢氟酸的危险性远大于其他氢卤酸，因此要特别小心！氢氟酸非常容易穿透皮肤，甚至短暂接触都能导致皮肤和深层组织严重灼烧和坏死，

拓展知识

利用氢氟酸可以在玻璃上雕刻图案、标注文字或刻度等。具体过程是：先将石蜡熔化涂在玻璃上，在玻璃上形成一层蜡膜；然后在蜡膜上雕刻所需要的图案或文字；再将玻璃平放，在上面涂上氢氟酸，约30min 后，用水冲洗干净玻璃上的氢氟酸；最后刮去石蜡，就可以看到玻璃上刻出来的精美图案或文字了。

并因对钙的脱除作用(氢氟酸和磷酸钙反应生成氟化钙)而伤害骨骼。

电子级氢氟酸又名高纯度氢氟酸，是半导体通用湿电子化学品之一，也被称为半导体制造的“血液”，主要应用于集成电路、太阳能光伏及液晶显示屏三大领域的芯片清洗和刻蚀，还可以作为分析试剂制备高纯度的含氟化学品。

2) 溴和碘的氢化物

制取溴化氢(HBr)和碘化氢(HI)可采用无氧化性的浓磷酸与相应的卤化物反应：

$$NaX + H_3PO_4 \xlongequal{\quad} NaH_2PO_4 + HX\uparrow \quad (X = Br、I)$$

实验室制取 HBr 和 HI 更常用的方法是将溴逐滴加到磷和少许水的混合物中，或将水滴加到磷和碘的混合物中：

$$2P + 3Br_2 + 6H_2O \xlongequal{\quad} 2H_3PO_3 + 6HBr\uparrow$$

$$2P + 3I_2 + 6H_2O \xlongequal{\quad} 2H_3PO_3 + 6HI\uparrow$$

HBr 和 HI 溶于水，分别得到氢溴酸和氢碘酸，它们都是强酸。

4. 卤化氢性质的比较

氢卤酸在水溶液中能够电离出氢离子和卤离子，因此酸性和卤离子的还原性是氢卤酸的主要化学性质。

1) 氢卤酸的酸性

氢卤酸(氢氟酸除外)都是强酸，而且酸的强度按 HCl、HBr、HI 的顺序增强。HX 水溶液酸性的强弱取决于溶液中 H^+浓度的大小。而 H^+浓度的大小由 HX 在水溶液中解离度的大小所决定，即 X^-对 H^+的吸引力弱，则解离度大，溶液的酸性强；反之，X^-对 H^+的吸引力强，则解离度小，溶液的酸性弱。这种吸引能力取决于 X^-本身所带电荷和半径，即 X^-本身的电子云密度。按 Cl^-、Br^-、I^- 顺序，离子的半径逐渐增大，而离子所带电荷数相同，则有效核电荷数逐渐降低，X^-对 H^+的吸引力逐渐降低。结果导致 HCl、HBr、HI 在水溶液中的解离度依次增大，酸性逐渐增强。

与其他氢卤酸不同，氢氟酸的酸性相当弱。在很浓的 HF 水溶液(5～15mol · L^{-1})中 HF 的酸性增强。

> **思考题 14-6**
>
> 为什么氢氟酸不具有还原性?

2) 卤离子的还原性

氢氟酸不具有还原性，其余氢卤酸的还原能力按 HCl、HBr、HI 的顺序增强。氢碘酸在室温下就可以被空气中的氧气所氧化：

$$4H^+ + 4I^- + O_2 \xlongequal{\quad} 2I_2 + 2H_2O$$

氢溴酸和氧的反应进行得很慢。盐酸不能被氧气所氧化，但能被强氧化剂 $KMnO_4$、$K_2Cr_2O_7$、MnO_2 等氧化。

3) 卤化氢的热稳定性

卤化氢的热稳定性变化十分规律，表现为 HF > HCl > HBr > HI。HF 的分解温度高于 1000℃，而 HI 在 300℃时就明显分解。卤化氢热稳定性的这种变化趋势可以用键能予以解释。从表 14-2 的数据可见，卤化氢键能的大小顺序为 HF > HCl > HBr > HI。卤化氢的键能越大，其标准摩尔生成焓越负，卤化氢的热稳定性越大。

14.2.4 卤化物、卤素互化物和多卤化物

1. 卤化物

卤化物是指含有卤素且卤素呈负价的化合物。卤素可与除 He、Ne、Ar 以外的几乎所有元素形成卤化物，因此卤化物是一类重要的无机化合物。

卤化物通常按另一元素的类型分为金属卤化物和非金属卤化物，另外还可按成键类型分为离子型卤化物和共价型卤化物。

1) 金属卤化物

金属卤化物有离子型和共价型两种。离子型金属卤化物具有盐类的一般特征，如熔点、沸点较高，水溶液或熔融状态能够导电。共价型金属卤化物一般熔点、沸点较低，易挥发，熔融状态下不能导电，并易溶于非极性溶剂。

(1) 成键类型。金属卤化物的成键类型与金属和卤素的电负性、离子半径、电荷及离子的电子层结构等因素有关。金属卤化物键型的变化会引起其熔点、沸点、溶解度等性质的相应变化。金属卤化物成键类型的变化表现出以下规律：

(i) 周期表从左到右，卤化物的离子性减弱，共价性增强。碱金属和碱土金属(除 Li、Be 外)卤化物都是典型的离子化合物，这与碱金属、碱土金属元素电负性较小、离子半径较大以及离子的极化作用较小有关。同一周期元素从左到右，其卤化物的离子性依次减弱，共价性依次增强，熔点、沸点依次降低(表 14-3)。因为从左到右阳离子的有效核电荷数依次增加，半径依次减小，阳离子极化力逐渐增强，所以卤化物从离子型向共价型过渡。

表 14-3 同周期元素氯化物的熔点、沸点

氯化物	$LiCl$	$BeCl_2$	BCl_3	CCl_4
熔点/K	886	688	166	250
沸点/K	1633	755	286	350
氯化物	$NaCl$	$MgCl_2$	$AlCl_3$	$SiCl_4$
熔点/K	1074	987		204
沸点/K	1738	1685	458(升华)	331
氯化物	KCl	$CaCl_2$	$ScCl_3$	$TiCl_4$
熔点/K	1044	1048	1240	248
沸点/K	1710	约 2213	1615	410
氯化物	$RbCl$	$SrCl_2$	YCl_3	$ZrCl_4$
熔点/K	988	1147	994	710(2.5 MPa)
沸点/K	1663	1523	1783	607(升华)
氯化物	$CsCl$	$BaCl_2$	$LaCl_3$	
熔点/K	919	1235	1125	
沸点/K	1573	1833	2085	
氯化物类型		离子型		共价型

(ii) 同一金属的不同卤化物，按周期表从上到下离子性减弱、共价性

增强。卤素中氟的电负性最大，氟离子半径和极化率均最小，故易形成离子型卤化物。金属氟化物的熔点、沸点比其他卤化物都高，如 NaF 的熔点、沸点均高于其他卤化钠的熔点、沸点(表 14-4)。由于卤素离子从氟到碘半径依次增大，阴离子变形性显著增强，因此同一金属的不同卤化物，按周期表从上至下，卤化物的离子性依次减弱、共价性依次增强，熔点和沸点依次降低(表 14-4)。当金属离子极化力较强时这种变化更为明显，所形成的金属卤化物由离子型过渡到共价型化合物。例如，AlF_3 是离子型卤化物，而 AlI_3 是共价型卤化物。AlF_3 的熔点、沸点远高于其他卤化铝。由于 $AlCl_3$、$AlBr_3$、AlI_3 都属于共价型卤化物，因此它们的熔点、沸点较低(AlI_3 的熔点高于 $AlBr_3$，是因为相对分子质量增大使分子间力增强)。卤化银也同样表现出类似的键型变化规律，3.4.3 节已予以解释。

思考题 14-7

AlF_3 和 NaF 均是离子化合物，根据 Born-Landé 公式，AlF_3 熔点应接近 NaF 熔点的 3 倍，为什么实际上 AlF_3 只比 NaF 的熔点高一点(1363K vs 1269K)?

表 14-4　卤化钠、卤化铝的熔点和沸点

卤化钠	熔点/K	沸点/K	卤化铝	熔点/K	沸点/K
NaF	1 269	1 977	AlF_3	1 363	1 545(升华)
NaCl	1 074	1 738	$AlCl_3$		454(升华)
NaBr	1 028	1 663	$AlBr_3$	370.5	526(升华)
NaI	933	1 577	AlI_3	464	655

(iii) 同一金属离子处于低氧化数时的卤化物，其离子性高于处于高氧化数时的卤化物。例如，$SnCl_2$ 为晶体，熔融状态能够导电，而 $SnCl_4$ 常温下为液体；$FeCl_2$ 的熔点、沸点分别是 950K 和 1297K，而 $FeCl_3$ 的熔点、沸点分别为 577K 和约 589K。金属离子的氧化数越高、半径越小，其卤化物的共价性越明显，熔点、沸点越低。这一现象与氧化数升高时金属离子的极化力增强有关。

拓展知识

卤化银 AgCl(白色)、AgBr(淡黄色)、AgI(黄色)均难溶于水和稀硝酸，且溶解性依次降低。根据化学平衡原理可知，AgCl 可以与浓氨水形成 $[Ag(NH_3)_2]^+$ 配离子而溶解；AgBr 不溶于浓氨水，但可以与 $S_2O_3^{2-}$ 形成 $[Ag(S_2O_3)_2]^{3-}$ 配离子而溶解；而 AgI 在这两种溶液中均不溶解。利用卤化银的这些特征可以分离鉴定混合卤素离子。

(2) 溶解性。金属卤化物溶解度的大小，与金属离子和卤素离子的结构、相互极化作用等因素有关。

金属卤化物中的钠盐、钾盐和氨盐都易溶于水。NaF、NaCl、KBr、KI 和 NH_4Cl 等溶液都是实验室的常用试剂。

大多数金属卤化物易溶于水。氯化物、溴化物和碘化物的溶解性十分相似，它们中除某些极化力较强、极化率较大的金属离子的卤化物，如 AgX、CuX、PbX_2、PtX_2、Hg_2X_2 (X = Cl、Br、I)和 HgI_2 外，其他金属卤化物都易溶于水。实验室中常用 $MgCl_2$、$CaCl_2$、$BaCl_2$、$FeCl_3$、$AlCl_3$ 等溶液作为提供相关金属离子的试剂。

氟化物的溶解性与相应的氯化物、溴化物和碘化物相反，AgF 易溶于水，而 MgF_2、CaF_2、SrF_2、BaF_2、AlF_3 等却难溶于水。这种溶解性的差别与金属卤化物的键型有关。F^-半径小，在极化力较强的重金属卤化物中，F^-几乎不被极化，因此 AgF 是离子型卤化物，溶解度较大。

(3) 水解性。高价金属卤化物容易发生水解。不同的高价金属卤化物，水解程度可能不同，因此其水解产物可为不同形式。例如：

$$FeCl_3 + 3H_2O \xlongequal{} Fe(OH)_3\downarrow + 3HCl$$

$$SnCl_2 + H_2O \xlongequal{} Sn(OH)Cl\downarrow + HCl$$

$$MCl_3 + H_2O \xlongequal{} MOCl\downarrow + 2HCl \quad (M = Sb、Bi)$$

$$TiCl_4 + (n+2)H_2O \xlongequal{} TiO_2 \cdot nH_2O\downarrow + 4HCl$$

(4) 配位反应。卤离子能与很多金属离子形成配合物。F^-半径小，电负性大，容易通过静电引力与电荷高的阳离子形成稳定的配离子。这些配离子通常具有较高的配位数，如$[AlF_6]^{3-}$、$[FeF_6]^{3-}$ 等。Cl^-、Br^-、I^-也能形成金属配合物。由于能形成配离子，一些难溶金属卤化物在有过量 X^-存在时能发生溶解。例如：

$$CuCl + Cl^- \xlongequal{} [CuCl_2]^-$$

$$HgI_2 + 2I^- \xlongequal{} [HgI_4]^{2-}$$

金属卤化物已被广泛应用于生产和日常生活之中。例如，含金属卤化物的金卤灯，由于发光效率高、节能环保等优点，已被广泛使用。

2) 非金属卤化物

卤素与 B、C、N、Si、P、As 等非金属元素都能形成非金属卤化物。非金属卤化物是共价型卤化物，如 BF_3、CCl_4、NF_3、$SiCl_4$、PCl_5 等及人工合成的氙的氟化物(XeF_2、XeF_4、XeF_6 等)。电负性最大的 F 可使与之成键的非金属元素获得最高正氧化数，如 SF_6、H_2SiF_6 等。而与电负性较小的卤素元素成键时，非金属元素的氧化数可能较低，如 SCl_4、SBr_2 等。

非金属卤化物的固态是分子晶体，其熔点、沸点低于金属卤化物。对于同一非金属元素，其卤化物的熔点、沸点按 F、Cl、Br、I 的顺序依次升高，如室温下 SiF_4 是气体，$SiCl_4$ 和 $SiBr_4$ 是液体，而 SiI_4 是固体。

与金属卤化物相似，大部分非金属卤化物容易水解。例如：

$$BF_3 + 3H_2O \xlongequal{} H_3BO_3 + 3HF$$

$$PBr_3 + 3H_2O \xlongequal{} H_3PO_3 + 3HBr$$

$$PCl_5 + 4H_2O \xlongequal{} H_3PO_4 + 5HCl$$

$$SiCl_4 + 3H_2O \xlongequal{} H_2SiO_3 + 4HCl$$

非金属元素也可与卤素离子形成配合物，如 H_2SiF_6。

3) 卤化物的制备

(1) 干法制备。许多卤化物容易发生水解，因此它们不能由溶液反应制取，须用干法制备，主要有以下两种方法：

一是直接化合。例如：

$$2Al + 3X_2 \xlongequal{} 2AlX_3 \quad (X = Cl、Br、I)$$

$$Si + 2Cl_2 \xlongequal{} SiCl_4$$

二是用氧化物与卤素、碳反应。例如：

$$TiO_2 + 2Cl_2 + 2C \xlongequal{} TiCl_4 + 2CO$$

$$B_2O_3 + 3X_2 + 3C \xlongequal{\triangle} 2BX_3 + 3CO \quad (X = Cl、Br、I)$$

(2) 湿法制备。湿法制备是用金属、氧化物或盐与氢卤酸反应。例如：

$$Zn + 2HCl \xlongequal{\quad} ZnCl_2 + H_2\uparrow$$

$$SiO_2 + 4HF \xlongequal{\quad} 2H_2O + SiF_4\uparrow$$

$$AgNO_3 + HCl \xlongequal{\quad} AgCl\downarrow + HNO_3$$

2. 卤素互化物与多卤化物

卤素互化物是指由两种或三种卤素组成的共价型化合物。多数卤素互化物由两种卤素单质化合而形成，它们的组成通式是 XX'_n，其中 X 为中心原子，其电负性较配位原子 X′小，而半径较 X′大。配位原子的个数 n 通常为 1、3、5、7，可分别组成双原子、4 原子、6 原子、8 原子的卤素互化物。6 原子的卤素互化物只以 F 为配体，如 IF_5、BrF_5、ClF_5；而 8 原子的卤素互化物目前只有 IF_7 一种。三种元素组成的卤素互化物只有几种，其中包括 $IFCl_2$ 和 IF_2Cl。绝大多数的卤素互化物稳定性较差，易分解为相应的卤素或发生歧化反应。卤素互化物与卤素单质化学性质相似，具有氧化性，易发生水解。

多卤化物一般为离子型化合物，其阳离子多为碱金属离子，其阴离子为多卤离子。多卤离子的通式为 $XY_mZ_n^-$，其中 X、Y、Z 表示卤素原子，可以是同一种卤素(如 I_3^-)，也可以是不同卤素(如 ICl_2^-、IBr_2^-、$BrCl_2^-$、$IBrCl^-$ 等)，$(1 + m + n)$可以是 3、5、7、9。其中 X 为中心原子，其电负性比配位原子 Y、Z 小，而半径比 Y、Z 大。

多卤离子 $XY_mZ_n^-$ 的空间构型可以根据价层电子对互斥理论判断。例如，I_2 溶于 KI 溶液形成的多卤离子 I_3^-，其中心原子 I 的价层电子对数为 5，配体数为 2，孤对电子数为 3，因此 I_3^- 为直线形构型，中心原子 I 采用 sp^3d 杂化。以此类推，ICl_4^- 的构型为正方形，中心原子采用 sp^3d^2 杂化。

14.2.5 卤素的含氧酸及其盐

教学视频
卤素的含氧化合物

1. 卤素的含氧酸及其盐概述

由于氟的电负性比氧大，所以氟和氧的二元化合物(如二氟化氧 OF_2)称为氧的氟化物，而不是氟的氧化物。据报道，氟的含氧酸只有次氟酸 HOF，其分子结构类似其他次卤酸。除氟以外其他卤素的电负性都小于氧，它们都能生成氧化物、含氧酸及含氧酸盐。氯、溴、碘可与氧分别形成次卤酸 HXO、亚卤酸 HXO_2、卤酸 HXO_3 和高卤酸 HXO_4 (HIO_4 称为偏高碘酸，H_5IO_6 称为高碘酸或正高碘酸)，并生成相应的含氧酸盐。

卤素含氧酸 HXO、HXO_2、HXO_3 和 HXO_4 的分子式可以写成 $XO_n(OH)$，n 分别为 0、1、2、3，表示非羟基氧原子数目。其中卤素原子采取 sp^3 杂化与羟基(–OH)氧原子的 p 轨道形成 σ 键，此外，卤素原子 sp^3 杂化轨道与非羟基氧原子 2p 轨道形成 σ 键的同时，还会用其空 d 轨道接受氧原子的

2p 孤对电子，形成 d-p π 反馈键，从而使卤素原子和非羟基氧原子的结合作用加强，体系更加稳定。由于氟原子价层没有空的 d 轨道，因此在 HOF 分子中，氟原子与氧原子之间没有 d-p π 键作用。

卤素含氧酸(HOF 除外)具有酸性，对应的卤素含氧酸根 XO^-、XO_2^-、XO_3^- 和 XO_4^- 中，X 原子采取 sp^3 杂化与氧原子成键。随着结合的氧原子数目增加，XO^-、XO_2^-、XO_3^- 和 XO_4^- 的空间构型分别为直线形、V 形、三角锥形和正四面体形(图 14-3)。在正高碘酸 H_5IO_6 分子中，中心原子 I 采取 sp^3d^2 杂化，其空间构型为八面体形(图 14-4)。

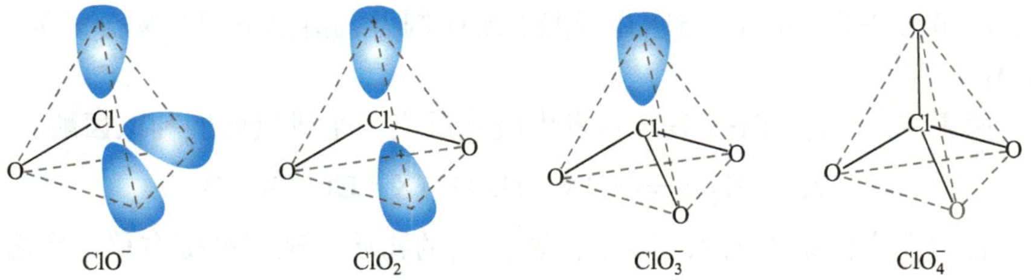

图 14-3　ClO^-、ClO_2^-、ClO_3^- 和 ClO_4^- 的空间构型

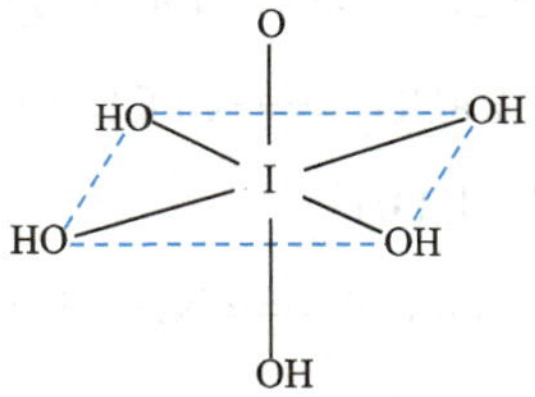

图 14-4　H_5IO_6 分子的空间构型

对于同一卤素的含氧酸，非羟基氧原子数越多，酸性越强，如 $HClO < HClO_2 < HClO_3 < HClO_4$。从结构上分析，其酸性取决于 O—H 键的强弱。非羟基氧原子数越多，中心 Cl 原子提供越多电子与非羟基氧成键，使得 Cl 原子带的正电荷越多，即氧化数增加，对羟基氧的吸引力就越强，削弱了羟基 O—H 键，使氢越容易电离，酸性越强。

卤素含氧化合物都具有较强的氧化性，这可以从元素电势图(图 14-1)中卤素含氧化合物的 $E^\ominus$ 值都是正值看出。含氧酸盐的氧化性一般比相应的含氧酸弱，因为盐中的阳离子，其反极化能力弱于含氧酸中 H^+的反极化能力，因此与中心原子连接的氧原子不易断键离去。

思考题 14-8

同一卤素含氧酸，为什么在酸性条件下的氧化性强于碱性条件下？

对于同一元素的不同氧化数含氧酸，通常低氧化数的氧化性比相同浓度的高氧化数的氧化性强，如氧化性大小 $HClO > HClO_3 > HClO_4$。这是因为高价含氧酸中心原子周围的氧原子分布对称性高，结构稳定，且中心的高价原子抵御 H^+反极化作用的能力更强，所以氧原子不易与中心原子断键而离去。值得注意的是，在氯的四种含氧酸中，$HClO_2$ 最不稳定，其氧化性也最强。

同一卤素的含氧化合物稳定性的大小顺序是：含氧酸盐 > 含氧酸 > 氧化物。卤素氧化物较不稳定，氧化性较强，而含氧酸盐则稳定性较大。卤

素含氧酸中的 H^+ 比所有阳离子的极化作用都大，因此含氧酸的稳定性弱于含氧酸盐。

很多卤素的含氧酸仅存在于溶液中，如 HClO、$HClO_2$、$HClO_3$、HBrO、$HBrO_2$、$HBrO_3$、$HBrO_4$ 和 HIO 等。卤素含氧酸中具有较多实际用途的是氯的各种含氧酸。其他卤素的含氧酸有的只是化学反应的中间产物(如 $HBrO_2$、HIO 等)，存在时间短暂；有的则很不稳定，如 HOF。

2. 次卤酸及其盐

1) 制备

次氟酸 HOF 由 F_2 与冰在低温下反应制得，室温下很容易分解为 HF 和 O_2。

卤素单质 Cl_2、Br_2、I_2 与水发生歧化反应，生成氢卤酸和次卤酸：

$$X_2 + H_2O = HX + HXO \quad (X = Cl、Br、I)$$

若向反应体系中加入可与氢卤酸反应的物质，则使平衡右移，次卤酸的浓度增大，如向 Cl_2 水中加入 HgO 或 $CaCO_3$：

$$2Cl_2 + H_2O + 2HgO = HgO \cdot HgCl_2 + 2HClO$$

$$2Cl_2 + H_2O + CaCO_3 = CaCl_2 + CO_2\uparrow + 2HClO$$

或向 Cl_2 水中加入强碱，如 NaOH：

$$Cl_2 + 2NaOH = NaCl + NaClO + H_2O$$

2) 酸性

次卤酸都是一元弱酸，它们的解离常数(298.15K)分别是：

	HClO	HBrO	HIO
$K_a^\ominus$	2.9×10^{-8}	2.0×10^{-9}	3.0×10^{-11}

从次卤酸的 $K_a^\ominus$ 可知，次卤酸的酸性按 HClO、HBrO、HIO 顺序依次减弱。因为在 H—O—X 中，按 Cl、Br、I 顺序，X 原子半径增大，X—O 作用减弱，反之 H—O 作用增强，越不容易发生 H—O 键断裂，所以酸性减弱。

由于次卤酸的酸性都很弱，所以碱金属的次卤酸盐都容易水解，溶液呈碱性：

$$XO^- + H_2O = HXO + OH^- \quad (X = Cl、Br、I)$$

3) 稳定性

次卤酸都很不稳定，具有强氧化性，容易分解。它们稳定性的大小按 HClO、HBrO、HIO 顺序迅速减小。

次卤酸的分解主要有两种方式：

$$2HXO = 2HX + O_2\uparrow \tag{14-4}$$

$$3HXO = 2HX + HXO_3 \tag{14-5}$$

在光照下，次卤酸几乎都按式(14-4)分解，缓慢地生成 HX 和 O_2。氧化钴、镍等催化剂能加速这一分解反应的进行。在加热条件下，HClO 按式(14-5)发生歧化反应。在碱性条件下，HClO、HBrO 和 HIO 都能按式(14-5)发生歧化反应，其歧化反应速率按 HClO、HBrO、HIO 的顺序依次加快。次卤酸歧化反应的速率，与次卤酸本身及反应温度等因素有关。

HClO 在室温下分解速率极慢，但温度达到 75℃时则几乎全部歧化为氯酸盐。因此，Cl_2 与碱溶液的反应，在室温和室温以下进行时，产物为次氯酸盐；当温度超过 75℃，反应产物则为氯酸盐。HBrO 在室温下歧化得相当快，产物为溴酸盐。次溴酸盐只在 0℃的低温下才存在。HIO 的歧化速率更快，产物都是碘酸盐。溶液中不存在次碘酸盐。利用碘在碱性溶液的歧化反应能定量地得到碘酸盐：

$$3I_2 + 6OH^- \xlongequal{} 5I^- + IO_3^- + 3H_2O$$

次卤酸盐在酸性介质中是强氧化剂，如漂白粉的漂白作用是利用了其中所含的次氯酸钙的强氧化性。

3. 亚卤酸及其盐

亚卤酸是最不稳定的卤素含氧酸，亚溴酸($HBrO_2$)和亚碘酸(HIO_2)只能瞬间存在于水溶液中，而相对稳定的亚氯酸($HClO_2$)只能存在于稀溶液中。$HClO_2$ 的 $K_a^\ominus = 1.1 \times 10^{-2}$，酸性较 HClO 强。

用 H_2SO_4 与 $Ba(ClO_2)_2$ 反应可以制得 $HClO_2$：

$$H_2SO_4 + Ba(ClO_2)_2 \xlongequal{} BaSO_4\downarrow + 2HClO_2$$

亚氯酸热稳定性差，会发生分解：

$$8HClO_2 \xlongequal{} 6ClO_2\uparrow + Cl_2\uparrow + 4H_2O$$

将过氧化氢的碱溶液或过氧化钠与二氧化氯反应，可以得到亚氯酸盐：

$$2ClO_2 + Na_2O_2 \xlongequal{} 2NaClO_2 + O_2$$

亚氯酸盐有强氧化性，可用作漂白剂。亚氯酸盐的水溶液较为稳定，但加热时会发生歧化反应。亚氯酸盐固体受热或受到撞击时会迅速分解，并发生爆炸。

4. 卤酸及其盐

氯、溴、碘都能形成卤酸及其盐，并能稳定存在。在卤素含氧酸及其盐中，卤酸及其盐较为重要，实际应用较广。

1) 卤酸

卤酸中氯酸($HClO_3$)和溴酸($HBrO_3$)是强酸，碘酸(HIO_3)是中强酸($K_a^\ominus = 0.16$)。

卤酸的浓溶液都是强氧化剂，其还原产物一般为 X^-(X = Cl、Br、I)。$HClO_3$ 除了能被还原为 Cl^-外，还能被还原为 Cl_2。$HClO_3$ 被还原为哪种产物，与还原剂的强弱和 $HClO_3$ 的用量有关。例如，在下述反应中，当 $HClO_3$

过量时，产物为 Cl_2。

$$HClO_3 + 5HCl = 3Cl_2\uparrow + 3H_2O$$

$HClO_3$ 和 $HBrO_3$ 均可由相应的钡盐与硫酸作用制得：

$$Ba(XO_3)_2 + H_2SO_4 = BaSO_4\downarrow + 2HXO_3 \quad (X = Cl、Br)$$

HIO_3 可用碘与浓硝酸反应来制取：

$$I_2 + 10HNO_3(浓) = 2HIO_3 + 10NO_2\uparrow + 4H_2O$$

用 Cl_2 氧化 Br_2 或 I_2 的水溶液，也可得到 $HBrO_3$ 或 HIO_3：

$$5Cl_2 + Br_2 + 6H_2O = 2HBrO_3 + 10HCl$$

$$5Cl_2 + I_2 + 6H_2O = 2HIO_3 + 10HCl$$

$HClO_3$ 和 $HBrO_3$ 都不能以固体形式存在，只存在于水溶液中，将它们的冷溶液在减压下可以浓缩为黏稠状，$HClO_3$ 可以存在的最大浓度是40%(质量分数)，溴酸是 50%(质量分数)。浓度更高或者受热情况下，$HClO_3$ 和 $HBrO_3$ 会爆炸式分解：

$$8HClO_3 = 4HClO_4 + 2Cl_2\uparrow + 3O_2\uparrow + 2H_2O$$

$$4HBrO_3 = 2Br_2 + 5O_2\uparrow + 2H_2O$$

HIO_3 为白色固体，易溶于水。固体碘酸脱水后得到 I_2O_5。可见卤酸的稳定性按 Cl、Br、I 顺序依次增强。

2) 卤酸盐

卤酸盐一般有两种制备方法：

(1) 卤素单质在碱性溶液中发生歧化反应。例如：

$$3I_2 + 6NaOH = NaIO_3 + 5NaI + 3H_2O$$

(2) 卤素单质或卤离子用强氧化剂或电化学方法进行氧化。例如：

$$I_2 + 2ClO_3^- = 2IO_3^- + Cl_2\uparrow$$

$$KI + 3Cl_2 + 6KOH = KIO_3 + 6KCl + 3H_2O$$

卤酸盐在酸性水溶液中都是强氧化剂，其还原产物可为 X_2 或 X^-。在酸性介质中，XO_3^- 被还原为 X_2 的标准电极电势如下：

	ClO_3^-/Cl_2	BrO_3^-/Br_2	IO_3^-/I_2
$E_A^\ominus$/V	1.47	1.482	1.195

从标准电极电势可知，卤酸盐氧化性的强弱顺序为溴酸盐 > 氯酸盐 > 碘酸盐。

卤酸盐的溶解度随卤素原子原子序数的增大而减小，即溶解度大小顺序为氯酸盐 > 溴酸盐 > 碘酸盐。

卤酸盐的稳定性远大于相应的酸，但受热也会分解，热分解的方式比较复杂。

例如，$KClO_3$在668K时开始分解，主要按反应式(14-6)进行：

$$4KClO_3 \longequal 3KClO_4 + KCl \tag{14-6}$$

同时还有少量KCl和O_2生成：

$$2KClO_3 = 2KCl + 3O_2\uparrow \tag{14-7}$$

若用MnO_2作催化剂，$KClO_3$就主要按反应式(14-7)分解，同时还会有少量Cl_2、ClO_2生成。

当氯酸盐的阳离子为铵根或者锂离子时，发生如下分解反应

$$2NH_4ClO_3 = N_2\uparrow + Cl_2\uparrow + O_2\uparrow + 4H_2O$$

$$4LiClO_3 = 2Cl_2\uparrow + 5O_2\uparrow + 2Li_2O$$

$KClO_3$固体是强氧化剂，它与易燃物质，如C、S、P及有机物混合时，一旦受到碰撞即猛烈爆炸，因此 $KClO_3$ 大量用于制造火柴、烟花等。$Mg(ClO_3)_2$吸湿性很强，被用作干燥剂。$KClO_3$、$KBrO_3$、KIO_3都是实验室的常用试剂，取用需要注意安全。

5. 高卤酸及其盐

高卤酸包括高氯酸($HClO_4$)、高溴酸($HBrO_4$)和高碘酸(H_5IO_6)。

无水高氯酸是无色液体，不稳定，易爆炸。但$HClO_4$的水溶液较为稳定。市售高氯酸的质量分数为60%～62%，相对密度为1.76。质量分数为71.6%的$HClO_4$是恒沸溶液，沸点为476K。$HClO_4$在沸点下发生分解：

$$4HClO_4 = 2Cl_2\uparrow + 7O_2\uparrow + 2H_2O$$

$HBrO_4$比$HClO_4$更不稳定。在373K时，$HBrO_4$的浓度高于$6mol \cdot L^{-1}$时会分解。

高碘酸一般形式为 H_5IO_6，可以看成是碘的最高氧化数氧化物的水合物，即 $I_2O_7 \cdot 5H_2O$。纯高碘酸是无色晶体。H_5IO_6 主要存在于强酸性溶液中，称为正高碘酸。由于所含 OH^-较多，H_5IO_6 可在真空脱水得到偏高碘酸HIO_4，进一步加热HIO_4则分解为碘酸HIO_3。

$HClO_4$ 的酸性非常强，$HBrO_4$ 的酸性也很强，H_5IO_6 则为多元弱酸($K_{a1}^{\ominus} = 4.4 \times 10^{-4}$，$K_{a2}^{\ominus} = 2 \times 10^{-7}$，$K_{a3}^{\ominus} = 6.3 \times 10^{-13}$)。

在酸性介质中，电对XO_4^-/XO_3^-的标准电极电势如下：

	ClO_4^-/ClO_3^-	BrO_4^-/BrO_3^-	H_5IO_6/IO_3^-
$E_A^{\ominus}/V$	1.189	1.853	1.601

比较$E_A^{\ominus}$可知，高卤酸的氧化性强弱顺序为$HBrO_4 > H_5IO_6 > HClO_4$。

在酸性条件下BrO_4^-的氧化性很强，但其强氧化性需要温度达到373K时才能表现出来，在室温下其氧化性不太明显。

H_5IO_6在酸性介质中是强氧化剂，其氧化能力比 $HClO_4$强。例如，在

强酸性条件下，H_5IO_6能定量地将Mn^{2+}氧化成MnO_4^-：

$$5H_5IO_6 + 2Mn^{2+} = 2MnO_4^- + 5IO_3^- + 11H^+ + 7H_2O$$

$HClO_4$的氧化能力与其浓度和温度有关。冷的稀$HClO_4$水溶液氧化性比$HClO_3$弱，无明显氧化能力。热的浓$HClO_4$水溶液则是强氧化剂，遇到有机物能发生剧烈反应，甚至爆炸，因此在储存时要远离有机化合物。

浓$HClO_4$和稀$HClO_4$表现出显著不同的氧化性，这与两种浓度条件下溶液中$HClO_4$的存在形式有关。在稀溶液中，$HClO_4$完全解离为H^+和ClO_4^-，ClO_4^-的空间构型为正四面体，其结构对称性比ClO_3^-更高(图 14-3)，稳定性比ClO_3^-大，因此ClO_4^-的氧化性比ClO_3^-弱。在浓溶液中，$HClO_4$主要以分子形式存在。由于$HClO_4$分子比ClO_4^-正四面体多一个 H 原子(图 14-5)，因此$HClO_4$分子成为不对称结构，稳定性降低，故浓$HClO_4$是强氧化剂。

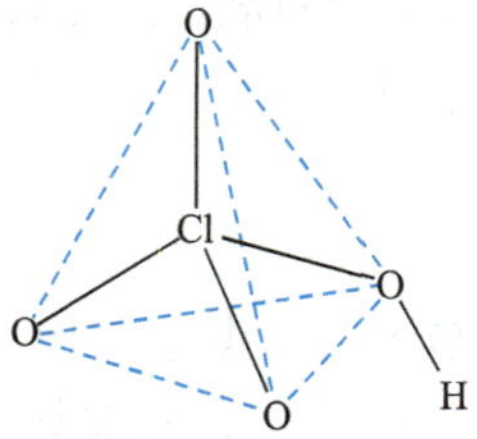

图 14-5　$HClO_4$的空间构型

拓展知识

NH_4ClO_4因性能高和燃速快等优点成为大多数固体火箭推进剂的主要氧化剂，但其燃烧所产生的含氯化合物使火箭具有很强的特征信号而易被监测，同时还会导致环境问题。科学家已研究出了具有环境友好和低特征信号的无氯推进剂以替代NH_4ClO_4作为固体推进剂氧化剂。

高氯酸盐比较稳定。$KClO_4$的热分解温度为 883K，比$KClO_3$的热分解温度(668K)高，用$KClO_4$制造的炸药称为“安全炸药”。NH_4ClO_4是火箭推进剂的主要成分。

高氯酸盐是常用的分析试剂，大多数高氯酸盐易溶于水，但是K^+、Rb^+、Cs^+、NH_4^+的高氯酸盐溶解度很小。高氯酸盐的这一特点，在分析化学可用来鉴定K^+、Rb^+、Cs^+。高碘酸盐一般难溶于水。

具有正四面体稳定构型的ClO_4^-是阴离子中最难被极化的离子，对金属离子的配位能力很弱，这一特点使得高氯酸盐常在金属配合物研究中用作惰性盐，以保持一定的离子强度。

将高氯酸盐与浓硫酸反应可以制得高氯酸。例如：

$$KClO_4 + H_2SO_4 = KHSO_4 + HClO_4$$

$KClO_4$和$NaClO_4$可以通过电解相应的氯酸盐得到：

$$ClO_3^- + H_2O \xrightarrow{电解} ClO_4^- + H_2\uparrow$$

用极强的氧化剂F_2或XeF_2在低温下氧化溴酸盐可制得高溴酸盐：

$$NaBrO_3 + F_2 + 2NaOH = NaBrO_4 + 2NaF + H_2O$$

将Cl_2通入碘酸盐的碱性溶液，可得到高碘酸盐：

$$Cl_2 + IO_3^- + 3OH^- \longrightarrow H_3IO_6^{2-} + 2Cl^-$$

卤素各种含氧酸及盐的许多性质，如热稳定性、氧化性、含氧酸酸性、含氧酸盐溶液的碱性等，都遵循一定的变化规律。这些性质的变化趋势，与卤素原子的电子层结构、含氧酸根的非羟基氧数目、分子或离子的空间构型等因素有关。现以氯为代表，将卤素含氧酸及含氧酸盐主要性质的变化规律总结于下：

热稳定性增强 →

热稳定性增强	*氧化性减弱	酸性增强				氧化性减弱	热稳定性增强
↓	↓	↓	$HClO$	$NaClO$	↓		
			$HClO_2$	$NaClO_2$			
			$HClO_3$	$NaClO_3$			
			$HClO_4$	$NaClO_4$			

氧化性减弱 →

(*氯的含氧酸的氧化性强弱顺序为：$HClO_2 > HClO > HClO_3 > HClO_4$)

14.2.6 拟卤素

由 C、N、O、S 等非金属元素形成的某些单阴离子，如 CN^-(氰离子)、SCN^-(硫氰酸根)、OCN^-(氰酸根)等，能发生与卤素离子类似的反应。由这些元素形成的相应的游离态，如$(CN)_2$ (氰)、$(SCN)_2$(硫氰)、$(OCN)_2$ (氧氰)等，也具有与卤素单质十分相似的性质。因此，氰、硫氰、氧氰等物质被称为拟卤素。

教学视频
拟卤素

拟卤素与卤素的相似性主要表现在以下方面：

(1) 游离态容易挥发。例如，$(CN)_2$ 的沸点为 251.83K。

(2) 与氢形成酸。例如，HCN(氢氰酸，$K_a^\ominus = 6.2 \times 10^{-10}$)、HSCN(硫氰酸，$K_a^\ominus = 0.14$)、HOCN(氰酸，$K_a^\ominus = 3.5 \times 10^{-4}$)。除氢氰酸的酸性很弱外，其他酸的酸性都较强。

(3) 与金属形成盐。例如，NaCN、KSCN 等。其溶解性与卤化物相似，碱金属盐易溶于水，而重金属盐，如 Ag(Ⅰ)、Hg(Ⅱ)、Pb(Ⅱ)盐难溶于水。难溶的重金属氰化物，由于能形成配离子而溶于 NaCN、KCN 溶液。

(4) 能形成配合物。例如，$K[Ag(CN)_2]$、$H[Au(CN)_4]$、$K_4[Fe(CN)_6]$、$Zn[Hg(SCN)_4]$、$Co[Hg(SCN)_4]$等。由于 CN^-是强场配体，故形成的配合物一般都很稳定。

(5) 与水、碱性溶液均可发生歧化反应。例如：

$$(CN)_2 + H_2O \longrightarrow HCN + HOCN$$

$$(CN)_2 + 2OH^- \longrightarrow CN^- + OCN^- + H_2O$$

(6) 阴离子具有还原性。例如：

$$2SCN^- + MnO_2 + 4H^+ \longrightarrow Mn^{2+} + (SCN)_2 + 2H_2O$$

$$6CN^- + 2Cu^{2+} = 2[Cu(CN)_2]^- + (CN)_2$$

(7) 拟卤素具有氧化性。例如：

$$(SCN)_2 + H_2S = 2H^+ + 2SCN^- + S$$

$$(SCN)_2 + 2I^- = 2SCN^- + I_2$$

$$(SCN)_2 + 2S_2O_3^{2-} = 2SCN^- + S_4O_6^{2-}$$

化学实验中常利用拟卤素的有关性质进行鉴定实验。例如，利用 KSCN 与 Fe^{3+}生成血红色$[Fe(NCS)_n]^{3-n}$ ($n = 1$～6) 鉴定 Fe^{3+}。

拟卤素中所有的氰化物都有剧毒，使用氰化物试剂时一定要注意安全。

化学史话

悲壮的氟气发现史

亨利·莫瓦桑 (H. Moissan，1852—1907，法国化学家)

在化学元素发现史上，持续时间最长、参与人数最多、危险最大、工作最难的课题，当属单质氟的制取。从发现氟元素的存在到制得氟单质，历时 100 多年，为了制取氟气，研究氟的性质，许多化学家不惜牺牲身体健康，甚至献出宝贵的生命，留下了一段悲壮的化学元素史。

早在 16 世纪，人们就开始利用氟化物。1529 年，德国矿物学家阿格里柯拉指出利用萤石作为熔剂，能使矿石在熔融时变得更容易流动。1670 年，玻璃加工业就开始使用氢氟酸腐蚀玻璃。1768 年，德国化学家马格拉夫用浓硫酸处理萤石得到氟化氢。1771 年，瑞典化学家舍勒加热萤石和浓硫酸的混合物制得氟化氢，并发现它能腐蚀玻璃。1810 年，法国物理学家安培通过研究氢氟酸的性质，指出氟是一种和氯相似的元素，并提议将它命名为“氟”。

1813 年，英国化学家戴维用铂做容器，向氢氟酸通电，结果铂电极都被腐蚀了。后来，他换用萤石做容器，继续电解，得到的却是氧气。同一时期，法国科学家盖吕萨克和泰纳也用同样的方法尝试制备氟单质，都没有成功，两人还因为吸入过量的氢氟酸而中毒，被迫停止实验。1834 年，戴维的徒弟法拉第设法制取氟单质也未获得成功。

1836 年，苏格兰化学家诺克斯兄弟也加入制取氟单质的行列。他们用一片金箔放在容器的顶部，再用干燥的氯气处理干燥的氟化汞。实验证明金变成了氟化金，但没有收集到单质氟。特别遗憾的是，兄弟二人都严重中毒。之后，比利时化学家鲁耶特不避艰辛和危险，对氟进行了长期的研究，最后却因中毒太深而献出了宝贵的生命。不久，法国化学家尼克雷也同样殉难。

1854 年，法国化学家弗雷米电解熔融的无水氟化钙、氟化钾和氟化银，虽然在阳极上产生了少量气泡，但生成的气体很快将铂电极腐蚀，即使他想尽一切办法，始终未能收集到氟。他又尝试电解液态无水氟化氢，同样失败。1869 年，英国化学家哥尔也用电解法分解氟化氢，结果发生了爆炸。他又试验了金、铂、碳等多种电极材料，也都不同程度地被腐蚀。

第一个成功制取氟单质的是法国化学家莫瓦桑。1872 年，莫瓦桑成为弗雷米的学生，并对氟的研究非常感兴趣，下定决心要攻克难关。莫瓦桑在制备氟的实验中，虽因中毒而数次中断实验，但仍坚持不懈。他发现在实验过程中要严禁水分，便将氟化钾溶于液态氟化氢作为电解液。考虑到氟极强的氧化能力，他将这种电解液在−23℃的低温下进行电解，并用金属铂制成 U 形管，铂铱合金作为电极，用萤石制成螺旋帽紧盖管口，管外采用氯代甲烷作制冷剂，边冷却边电解，终于在 1886 年首次成功地制备了单质氟。在此之后，莫瓦桑制备出许多新的氟化物，其中最引人注目的是四氟代甲烷 CF_4，沸点只有 258K。他的这项工作使他成为 20 世纪合成一系列作为高效制冷剂的氟碳化合物(氟利昂)的先驱。1906 年，诺贝尔化学奖被授予莫瓦桑，以表彰他发现氟单质的杰出贡献。

然而，令人痛惜的是，刚拿到诺贝尔奖的第二年，年仅 55 岁的莫瓦桑就与世长辞。因为常年与氟等有毒元素接触，他的身体受到了极大的摧残，晚年生活几乎不能自理。他也多次跟朋友说过，氟至少夺走了他十多年的寿命。

细数氟元素，从研究到应用，总是伴随着伤害和牺牲，可氟元素真的对人百害而无一利吗？现在人类对氟的认识已经更加全面了，氟也更科学地被广泛应用于农药、医药、材料、原子能、航空航天等各个领域。我们在利用氟改善生活的同时，也在努力让它与人类和环境更加和谐地相处。当然，为了人类科学事业的进步和发展，先辈科学家们前赴后继、勇于献身的奋斗精神永远值得我们铭记和学习！

拓展阅读

习　题

14-1 简要解释下列现象：

(1) 碘难溶于水，却易溶于碘化钾溶液；

(2) 不能用浓硫酸与溴化钾反应来制取溴化氢；

(3) 碘能从溴酸钾溶液中取代出溴，溴又能从碘化钾溶液中取代出碘；

(4) 氟的电子亲和能小于氯，但氟的氧化能力大于氯；

(5) 将氯气持续通入含淀粉的碘化钾溶液中，先观察到溶液由无色变蓝色，再观察到蓝色消失。

14-2 试根据元素电势图判断下列歧化反应能否发生：

(1) $Cl_2 + 2OH^- = Cl^- + ClO^- + H_2O$

(2) $3Br_2 + 6OH^- = 5Br^- + BrO_3^- + 3H_2O$

(3) $4ClO_3^- = 3ClO_4^- + Cl^-$

(4) $3HIO = 2I^- + IO_3^- + 3H^+$

14-3 写出下列反应方程式：

(1) 用浓盐酸与二氧化锰制取氯气；

(2) 将溴逐滴加到磷和少许水的混合物上；

(3) 四氯化硅在空气中冒烟；

(4) 氢氟酸可用来刻蚀玻璃；

(5) 硝酸汞溶液中加入过量碘化钾溶液。

14-4 完成下列反应方程式：

(1) $H_2O_2 + I^- + H^+ \longrightarrow$

(2) $FeCl_3 + KI \longrightarrow$

(3) $Cu^{2+} + I^- \longrightarrow$

(4) $SnCl_2 + H_2O \longrightarrow$

(5) $BiCl_3 + H_2O \longrightarrow$

(6) $H_5IO_6 + Mn^{2+} \longrightarrow$

14-5 比较卤素和氢卤酸的相关性质(由强到弱)：

(1) F_2、Cl_2、Br_2、I_2 的氧化性；

(2) F^-、Cl^-、Br^-、I^- 的还原性；

(3) HF、HCl、HBr、HI 的酸性；

(4) HF、HCl、HBr、HI 的还原性；

(5) HF、HCl、HBr、HI 的热稳定性。

14-6 比较氯的各种含氧酸及含氧酸盐的相关性质(由强到弱)：

(1) HClO、$HClO_2$、$HClO_3$、$HClO_4$ 的酸性；

(2) ClO^-、ClO_3^-、ClO_4^- 的氧化性；

(3) 次氯酸与次氯酸盐的氧化性；

(4) 氯酸盐与高氯酸盐的热稳定性。

14-7 写出下列相关性质的强弱顺序：

(1) 卤酸根的氧化性；

(2) 高卤酸根的氧化性；

(3) 高卤酸的酸性。

14-8 比较 AgF 与 AgCl 溶解度的相对大小，并予以简要解释。

14-9 有三瓶无标签的白色固体分别是 KClO、$KClO_3$、$KClO_4$，选择合适的方法将它们区别开。

14-10 将易溶于水的钠盐 A 与浓硫酸混合后微热得到无色气体 B，将 B 通入酸性高锰酸钾溶液后有气体 C 生成，将 C 通入另一钠盐 D 的水溶液中则溶液变黄，变橙，最后变为棕色，说明有 E 生成。向 E 中加入氢氧化钠溶液得无色溶液 F，当酸化该溶液时又有 E 出现。写出 A、B、C、D、E、F 的化学式。

14-11 为什么实验室在 298.15K 下用盐酸和 MnO_2 制 Cl_2 时，必须使用浓盐酸？试通过有关电极电势的计算予以说明。

(武汉理工大学　　汪辰)

第 15 章　氧 族 元 素

15.1　氧族元素概述

第 15 章　导学

教学视频

氧族元素概述、氧及其化合物

氧族元素是周期表第ⅥA 族元素，包括氧(oxygen, O)、硫(sulfur, S)、硒(selenium, Se)、碲(tellurium, Te)、钋(polonium, Po)、鉝(livermorium, Lv)六种元素。除 O 之外的 S、Se、Te、Po 又被称为硫族元素。氧和硫在自然界中大量以游离态单质状态存在，很多金属在地壳中以氧化物和硫化物的形式存在，因而这两种元素又称为成矿元素。硒和碲则为稀有元素，通常以硒化物、碲化物存在于硫化矿床中，它们都是半导体材料。钋是放射性元素，存在于含铀和钍的矿床中。鉝是一种放射性人造元素，属于弱金属。氧族元素的一些基本性质列于表 15-1 中。

表 15-1　氧族元素的基本性质

元素		氧	硫	硒	碲	钋
元素符号		O	S	Se	Te	Po
原子序数		8	16	34	52	84
相对原子量		15.999	32.06	78.971	127.60	209
价层电子构型		$2s^22p^4$	$3s^23p^4$	$4s^24p^4$	$5s^25p^4$	$6s^26p^4$
共价半径/pm		66	104	117	137	153
离子半径	$r(M^{2-})$/pm	140	184	198	221	—
	$r(M^{6+})$/pm	9	29	42	56	67
熔点/K		55	392	490	723	527
沸点/K		90	718	958	1 263	1 235
单键解离能/(kJ · mol^{-1})		142	226	172	126	—
电离能 I_1/(kJ · mol^{-1})		1 314	1 000	941	869	812
电子亲和能 A_1/(kJ · mol^{-1})		−141	−200.4	−195	−190.2	−173.7
电负性		3.44	2.58	2.55	2.10	2.0
氧化数		−1、−2、0	−2、0、+4、+6	−2、0、+2、+4、+6	−2、0、+2、+4、+6	+2、+4、+6

从表 15-1 可以看出，氧族元素从上到下原子半径和离子半径逐渐增大，电离能和电负性逐渐变小。因而随着原子序数的增加，元素的金属性逐渐增加，而非金属性逐渐减弱。氧和硫是典型的非金属元素，硒和碲是准金属元素，而钋是金属元素。

氧族元素的价层电子构型为 ns^2np^4，其原子均有获得 2 个电子达到稀有气体的稳定电子层结构的趋势，表现出较强的非金属性。氧族元素在化合物中的常见氧化数为−2。

氧在ⅥA 族中的电负性最大(仅次于ⅦA 族的氟)，大多数金属氧化物是离子型化合物，含有 O^{2-}。硫、硒、碲与大多数金属元素化合时主要形成共价化合物。氧族元素与非金属元素或金属性较弱的元素化合时皆形成共价化合物。硫、硒、碲的原子外层存在可利用的 d 轨道，有可能形成氧化数为+2、+4、+6 的化合物。氧则仅与 F 这种电负性最大的元素形成化合物时有+2 氧化数(OF_2)，在过氧化物中氧的氧化数为−1。

氧族元素的标准电极电势图如图 15-1 所示。

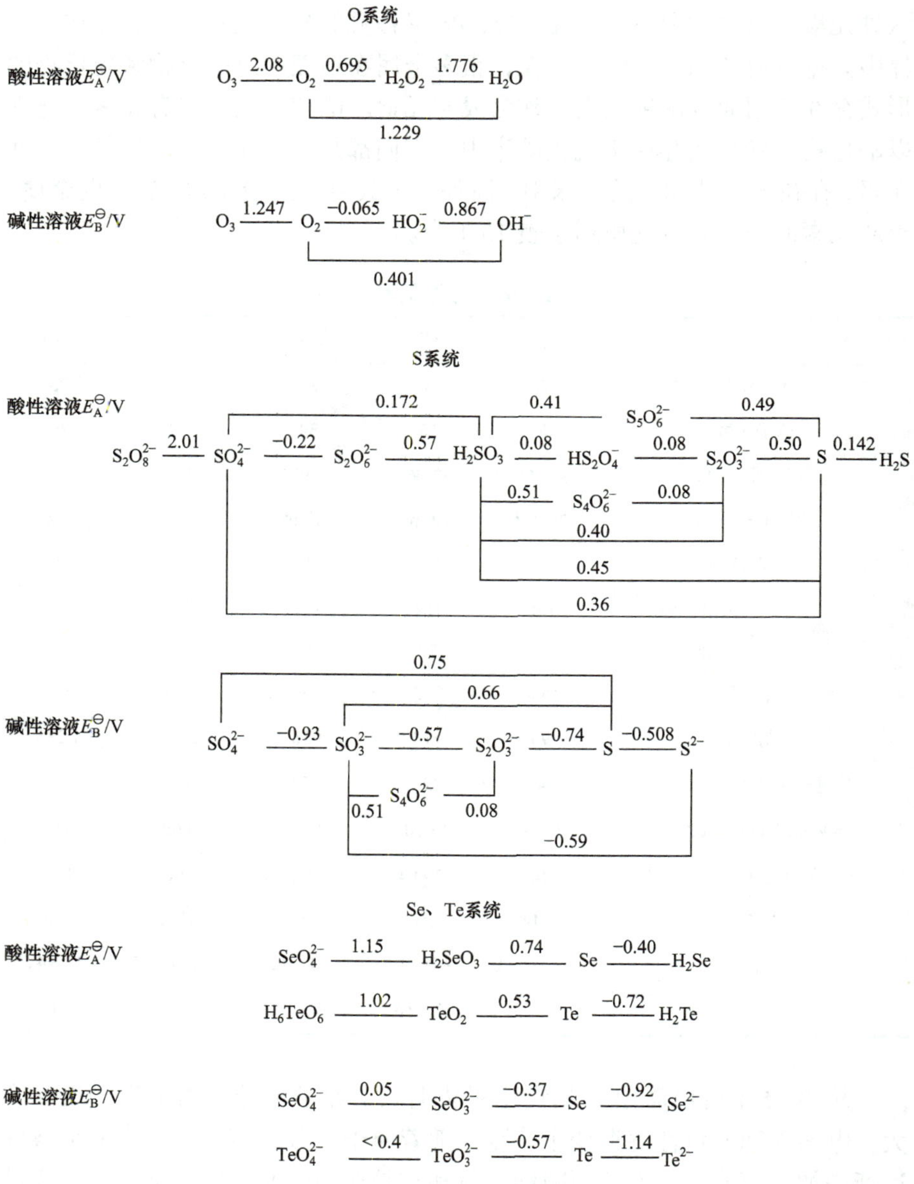

图 15-1 氧族元素电势图

15.2 氧及其化合物

15.2.1 氧和臭氧

1. 氧

氧气(O_2)是无色、无味、无臭的气体，在−183℃凝结为淡蓝色液体，常以 15MPa 压强将氧气装在钢瓶内储存。O_2 在水中的溶解度虽然很小($49.1mL \cdot L^{-1}$)，但却是水中各种生物赖以生存的 重要条件。

氧的分子轨道电子排布式为

$$(\sigma_{1s})^2(\sigma_{1s}^*)^2(\sigma_{2s})^2(\sigma_{2s}^*)^2(\sigma_{2p_x})^2(\pi_{2p_z})^2(\pi_{2p_y})^2(\pi_{2p_z}^*)^1(\pi_{2p_y}^*)^1$$

O_2 分子中有一个 σ 键和两个三电子 π 键，键级为 2。在 π^*反键轨道中有未成对的单电子，因此虽然 O_2 分子的电子总数为偶数，但却为顺磁性。

O_2 分子的解离能较大($498.34kJ \cdot mol^{-1}$)，所以常温下 O_2 的反应性能较差，仅能氧化一些还原性强的物质，如 NO、$SnCl_2$、H_2SO_3、KI 等。但在加热的条件下，除卤素、少量贵金属(Au、Pt 等)及稀有气体外，O_2 几乎能与所有的元素直接化合成相应的氧化物。

利用空气或某些氧化物可制备 O_2。空气和水是制取 O_2 的主要原料，大约有 97%的 O_2 是从空气中提取的，3%的 O_2 来自电解水。

由于在氧化物或含氧酸盐中氧的氧化数为−2，所以在实验室中制备 O_2 的基本途径之一是用化学法将 O^{2-}氧化成 O_2，如加热分解金属氧化物或含氧酸盐：

$$2HgO = 2Hg + O_2\uparrow$$

$$2BaO_2 = 2BaO + O_2\uparrow$$

$$2NaNO_3 = 2NaNO_2 + O_2\uparrow$$

实验室中，最常用的方法是以 MnO_2 为催化剂，加热使 $KClO_3$ 或 $KMnO_4$ 分解。

工业上主要是通过物理法将空气液化，然后分馏制 O_2，再将 O_2 压入高压瓶中储存。此法可以得到纯度高达 99.5%的液态 O_2。

欲使空气液化，必须先将空气降温到临界温度以下，并增大压强才可以实现。空气的临界温度约为 133K，用一般的冷冻剂难以达到这样低的温度，工业上常采用绝热膨胀法获得低温。当空气被压缩时体积减小，同时会放出热量。反之，当被压缩的空气绝热膨胀时(即压强减小)其体积增大，温度会剧烈地降低。压强每减小 101.3kPa，温度可降低 0.25K。将除去灰尘、水蒸气和二氧化碳的空气压缩到 2×10^5kPa，再膨胀到 101.3kPa，温度较原来可降低 50K。这种冷却了的高压空气，经压缩后再绝热膨胀，就可使空气再进一步降温，如此压缩和膨胀重复多次，空气即可液化。

液态 O_2 的化学活性相当高，在与许多金属、非金属，特别是有机物接触时，易发生爆炸性反应。因此，储存、运输和使用液 O_2 时必须格外小心。

氧是生命元素，在自然界是循环的。O_2 有广泛的用途，富氧空气或纯氧用于医疗或高空飞行，大量的纯氧用于炼钢。氢氧焰和氧炔焰用来切割和焊接金属。液氧常用作制冷剂和火箭发动机的助燃剂。

思考题 15-1

通过“负离子发生器”的空气，可产生能使空气清新、对人体健康有益的“负离子”，你能分析出这些“负离子”是什么离子吗？它们为何具有杀菌、清洁的作用？

从结构可知，O_2 分子和 O 原子都有成单电子，在形成含氧化合物时，O_2 分子可以作为结构基础与其他原子成键，情况如下：

(1) 形成过氧化物。O_2 分子可以结合两个电子，形成 O_2^{2-} 或共价的过氧链—O—O—，得到离子型过氧化物，如 Na_2O_2、BaO_2，或共价型过氧化物，如 H_2O_2、过氧酸及其盐。

(2) 形成超氧化物。O_2 分子可以结合一个电子，形成含 O_2^- 的化合物，称超氧化物，如 KO_2。

(3) 形成 O_2^+ 的化合物。O_2 分子可以失去一个电子(O_2 的 $I_1 = 1175.7 kJ \cdot mol^{-1}$)，生成二氧基阳离子 O_2^+ 的化合物。例如：

$$2O_2 + F_2 + 2AsF_2 = 2O_2[AsF_3]$$

$$O_2 + Pt + 3F_2 = O_2[PtF_6]$$

或

$$O_2 + PtF_6 = O_2[PtF_6]$$

(4) 作为配体。O_2 分子中每个氧原子有一对孤对电子，因而 O_2 分子可以作为电子对给予体向金属原子配位。例如，血红素是以 Fe^{2+}为中心离子与卟啉衍生物形成的配合物，记作[HmFe]或 Hb。Hb 中，中心 Fe^{2+}原子上还有一个空的配位位置，能可逆地与 O_2 分子配位结合生成 HbO_2，因此血红素可作为氧载体，在动物体内起重要作用。

在与其他元素形成含氧化合物时，O 原子更常作为形成化合物的基础，情况如下：

1) 形成离子键

O 的电负性仅次于 F，可以从电负性低的元素的原子夺取电子，形成 O^{2-}。从电子亲和能看，氧的 $A_1 = -141 kJ \cdot mol^{-1}$，$A_2 = 784 kJ \cdot mol^{-1}$，表明气态 O 原子在结合一个电子形成 O^-后再接受一个电子需要较高能量。但由于离子型氧化物都有很高的晶格能，足以补偿 A_2 所需，故离子型氧化物是常见的。

2) 形成共价键

O 原子与电负性相近的元素原子形成共价单键—O—，如 H_2O、Cl_2O 等；O 原子可以通过双键与其他元素的原子相连，如甲醛(HCHO)、CO_2 分子等；O 原子还可与其他原子以三键结合，如 NO、CO 分子等。

3) 形成离域 π 键

形成共价双键或共价三键的 O 原子 p 轨道的电子可以与多个原子形成

多中心离域 π 键，如 CO_2、O_3、SO_2、NO_2 中的 Π_3^4 键和 CO_3^{2-}、NO_3^-、$SO_3(g)$ 等中的 Π_4^6 键等。

4) 形成配键

形成共价单键或共价双键的 O 原子，都有两对孤对电子，可作为配位原子与有空轨道的金属离子形成配合物，如水合物 $[Fe(H_2O)_6]^{2+}$、醚合物、醇合物等。

在 SO_4^{2-} 中，O 原子可以将 2p 轨道上两个自旋平行的单电子以相反自旋归并，空出一个 2p 轨道接受 S 原子的电子对而成 σ 配键；此外，O 原子还可提供 2p 轨道上的孤对电子给中心 S 原子空的 3d 轨道，形成反馈 d-p π 配键(详见 15.3.4)。在其他一些含氧酸根中也存在类似现象，如在 PO_4^{3-}、ClO_4^-、MnO_4^- 等。

5) 形成分子间氢键

由于 O 原子半径小，电负性大，许多含氧化合物能通过氧原子与其他化合物中的 H 原子形成分子间氢键，如 H_2O、醇、胺、羧酸、无机酸等。

拓展知识

可再生能源电解水制氧催化剂

氧不仅在燃烧反应和燃料电池中必不可少，而且也是电化学裂解水制氢的重要副产物。

利用太阳能产生的电力从水制氢是一个重要方案，能够解决两种主要再生能源面临的问题(太阳光和风力的间歇性)，也能解决化石能源面临的运输问题。电解过程中，阴极每产生 2 分子的 H_2，阳极就要产生 1 分子的 O_2。目前，在电解水制氢过程中，开发高效催化剂是解决这一问题的关键。通常直接将水氧化为分子氧($E^\ominus = 1.23V$)是动力学上的重大挑战，这主要是因为析氧反应需要从 2 分子水中转移 4 个质子和 4 个电子，而且该过程会涉及几种不稳定的中间体，因此需要较大的超电势以活化该反应，特别是发展一种能降低超电势的催化剂则显得尤为重要。这种催化剂不仅要坚固、价格低廉，而且是由储量丰富的元素组成。目前选择的催化剂主要是 d 区金属的多核水合/氧合配合物，这种催化剂能够通过耦合质子的电子转移发生连续氧化。

此外，生物光合作用产生氧的过程主要发生在 Mn—O 簇合物上，每秒会产生超过 100 分子的 O_2。当前，一些具有前景的非生物催化剂均是基于钴的氧化物。在电催化过程中，电化学氧化含有硼酸根或磷酸根离子的水合 Co^{2+}，会沉积出对释 O_2 具有低的超电势的钴氧化物层。从配位水分子的酸度随着金属氧化数的增加而增加的角度考虑，表面的钴离子会发生连续的耦合质子的电子转移氧化，导致相邻的一对 Co(Ⅳ)氧合物种高度缺电子，从而形成 O—O 键，释放出氧分子。

2. 臭氧(O_3)

1) O_3 的产生

O_2 分子通过电子流、质子流或短波辐射的作用及在原子氧的产生过程

(如 H_2O_2 的分解)中都可能有 O_3 生成，如高空中 O_2 受阳光中的紫外线照射会形成 O_3。

雷雨季节，空气中的氧气经电火花的作用，可产生少量 O_3，O_3 也可以通过无声放电来制取。在离地面 20～40km 的高空，尤其是在 20～25km，存在较多的 O_3，形成了薄的臭氧层。其作用在于吸收太阳光的紫外辐射，为保护地面上一切生物免受太阳强烈辐射提供了一个防御屏障——臭氧保护层。

近年来，由于人类大量地使用矿物燃料(如汽油、柴油)和氯氟烃，大气中 NO、NO_2 等氮氧化物和氯氟化碳($CFCl_3$、CF_2Cl_2)等含量过多，引起 O_3 过多分解，使臭氧层遭到破坏，因此应采取积极措施来保护臭氧层。

2) O_3 的分子结构

O_3 分子为 V 形，键角为 116.8°，键长为 127.8pm，介于 O—O 单键(148pm)与 O═O 双键(112pm)的键长之间。在 O_3 分子中，中心 O 原子为 sp^2 杂化(图 15-2)，其中 1 个 sp^2 杂化轨道为孤对电子所占，另外 2 个 sp^2 杂化轨道中各有 1 个未成对电子；此外，还余 1 个未参与杂化且含有 1 对孤对电子的 2p 轨道，该 2p 轨道垂直于 3 个 sp^2 杂化轨道构成的三角形平面。在形成 O_3 分子时，中心 O 原子的 2 个 sp^2 杂化轨道中的未成对电子分别与两端 O 原子 2p 轨道上的未成对电子形成 2 个 σ 键，而中心 O 原子未参与杂化的 2p 轨道(含 1 对孤对电子)与两端 O 原子中垂直于分子平面的 2 个 2p 轨道(各含 1 个电子)相互平行，通过“肩并肩”重叠形成 Π_3^4 离域 π 键(图 15-2)。

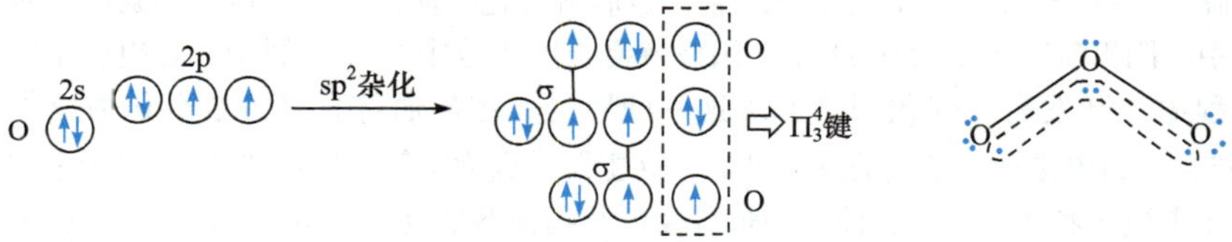

图 15-2　O_3 的分子中心 O 原子的轨道杂化与离域 π 键

O_3 分子中无成单电子，故为反磁性物质。O_3 分子结合一个电子形成臭氧离子 O_3^- 或臭氧链—O—O—O—，如 KO_3、O_3F_2 等。

3) O_3 的性质和用途

O_3 是蓝色气体，具有特殊的鱼腥臭味，故称为臭氧。O_3 在−112℃凝聚为深蓝色液体，在−192.7℃凝结为黑紫色固体。O_3 比氧气易溶于水，在常温下缓慢分解，当温度在 200℃以上分解较快。O_3 分解时放出大量的热，纯 O_3 易爆炸。

$$2O_3(g) = 3O_2(g) \quad \Delta_r H_m^\ominus = -286\text{kJ}\cdot\text{mol}^{-1}$$

O_3 的氧化性比 O_2 强，是最强的氧化剂之一，可以氧化许多不活泼单质如 Hg、Ag、S 等。

$$2Ag + 2O_3 = Ag_2O_2 + 2O_2$$

O_3 可从碘化钾溶液中使碘析出，此反应可用于检验混合气体中是否含有 O_3。

$$O_3 + 2KI + H_2O = I_2 + O_2 + 2KOH$$

利用 O_3 的强氧化性和不易导致二次污染的优点，在实际中用来净化空气和废水。O_3 还可用作棉、麻、纸张的漂白剂和皮毛的脱臭剂。空气中微量的 O_3 不仅能杀菌，还能刺激中枢神经、加速血液循环。但每立方地表空气中 O_3 含量超过 1mg 时就有损人体健康和植物生长。

15.2.2 过氧化氢

过氧化氢(H_2O_2)分子中两个 O 原子分别采取 sp^3 杂化形成两个 σ 键，还有两对孤对电子。分子中有一过氧基(—O—O—)，每个氧原子连着一个氢原子。两个氢原子和氧原子不在同一平面上。在气态时，H_2O_2 的空间结构如图 15-3 所示，两个氢原子像在半展开书本的两页纸上，两面的夹角为 111.5°，氧原子在书的夹缝上，键角∠OOH 为 94.8°，O—O 和 O—H 的键长分别为 148pm 和 95pm。

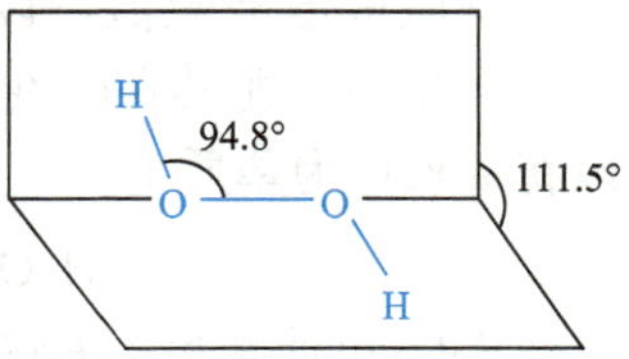

图 15-3 H_2O_2 分子的空间结构示意图

H_2O_2 是强极性分子，极性大于水。分子间具有较强的氢键，在液态和固态中存在缔合分子。

纯 H_2O_2 是近乎无色的黏稠液体，其沸点(150℃)比水高(因为缔合度比水大)，熔点(−1℃)与水相近。H_2O_2 与水可以任意比例互溶，通常所用的过氧化氢水为 H_2O_2 的水溶液，市售的过氧化氢浓度为 30%～35%，常用溶液的浓度为 3%。

由于过氧基—O—O—中过氧键的键能较小，因此 H_2O_2 分子不稳定，易分解。

$$2H_2O_2(l) = 2H_2O(l) + O_2(g) \qquad \Delta_r H_m^\ominus = -196.06 kJ \cdot mol^{-1}$$

纯 H_2O_2 在避光和低温下较稳定，常温下分解缓慢，但 153℃时爆炸分解。H_2O_2 在碱性介质中分解较快，且随着 OH^- 浓度的增大而加快。微量杂质或重金属离子(Fe^{3+}、Mn^{2+}、Cr^{3+}、Cu^{2+})及 MnO_2 等，以及粗糙活性表面均能加速 H_2O_2 的分解，波长为 320～380nm 的光也可使 H_2O_2 的分解速率加快。因此，为防止其分解，通常储存在光滑的塑料瓶或棕色玻璃瓶中并置于阴凉处，若能再放入一些稳定剂，如微量的锡酸钠、焦磷酸钠或 8-羟基喹啉等，效果更好。

H_2O_2 酸性稍强于 H_2O，为二元酸：

$$H_2O_2 \rightleftharpoons H^+ + HO_2^- \qquad K_{a1}^\ominus = 1.55 \times 10^{-12}$$

$$HO_2^- \rightleftharpoons H^+ + O_2^{2-} \qquad K_{a2}^\ominus = 1.0 \times 10^{-25}$$

H_2O_2可与碱反应，如：

$$H_2O_2 + Ba(OH)_2 = BaO_2 + 2H_2O$$

因此过氧化钡(BaO_2)可视为H_2O_2的盐。

思考题 15-2

设计实验方案，采用化学方法鉴定 O_3 及 H_2O_2 的氧化还原性，并写出它们的反应方程式。

H_2O_2中氧的氧化数为−1，处于中间氧化态，因此H_2O_2既有氧化性又有还原性。H_2O_2在酸性和碱性介质中的标准电极电势如下：

酸性介质：

$$H_2O_2 + 2H^+ + 2e^- = 2H_2O \qquad E_A^\ominus = 1.763V$$

$$O_2 + 2H^+ + 2e^- = H_2O_2 \qquad E_A^\ominus = 0.695V$$

碱性介质：

$$HO_2^- + H_2O + 2e^- = 3OH^- \qquad E_B^\ominus = 0.867V$$

$$O_2 + H_2O + 2e^- = HO_2^- + OH^- \qquad E_B^\ominus = -0.076V$$

从电极电势数值可以看出，无论在酸性介质还是碱性介质中，H_2O_2均有氧化性，尤其在酸性介质中氧化性更为突出。例如，在酸性溶液中可以将I^-氧化为单质I_2。

$$H_2O_2 + 2I^- + 2H^+ = I_2 + 2H_2O$$

H_2O_2可使黑色的PbS氧化为白色的$PbSO_4$，此反应可用于油画的漂白。

$$PbS + 4H_2O_2 = PbSO_4\downarrow + 4H_2O$$

在碱性介质中H_2O_2可以将$[Cr(OH)_4]^-$氧化为CrO_4^{2-}。

$$2[Cr(OH)_4]^- + 3H_2O_2 + 2OH^- = 2CrO_4^{2-} + 8H_2O$$

H_2O_2还原性较弱，只有遇到比它更强的氧化剂时才表现出还原性。例如：

$$2MnO_4^- + 5H_2O_2 + 6H^+ = 2Mn^{2+} + 5O_2\uparrow + 8H_2O$$

$$Cl_2 + H_2O_2 = 2HCl + O_2\uparrow$$

前一反应用来测定H_2O_2的含量，后一反应在工业上常用于除氯。

H_2O_2的氧化能力较强且对环境无害(只产生水和氧)，使其成为一种环境友好漂白剂，正迅速取代氯、次氯酸盐在漂白工业中的应用。H_2O_2漂白主要用于造纸、织物和木浆工业中。此外，H_2O_2还可用于处理污水，在污水、污泥处理厂充作氧的来源。此外，化工生产上H_2O_2可用于制取过氧化物(如过硼酸钠、过乙酸等)、环氧化合物、氢醌及药物(如头孢菌素)等。

15.3 硫及其化合物

教学视频

单质硫、硫化氢和硫化物

15.3.1 单质硫

单质硫有多种同素异形体，最常见的是晶状的斜方硫和单斜硫。在自然条件下，斜方硫最稳定。当温度升到 368.5K 以上，斜方硫转变为单斜硫；当温度低于 368.5K 时，单斜硫又会转变为斜方硫。如果将斜方硫迅速加热，由于无足够时间向单斜硫转化，它将在 386K 时熔化。

斜方硫和单斜硫都易溶于 CS_2，都是由环状的 S_8 分子组成(图 15-4)。分子中每个硫原子以两个 sp^3 杂化轨道与另外两个硫原子形成共价单键，S—S—S 键角为 108°，S—S 键长为 204pm。

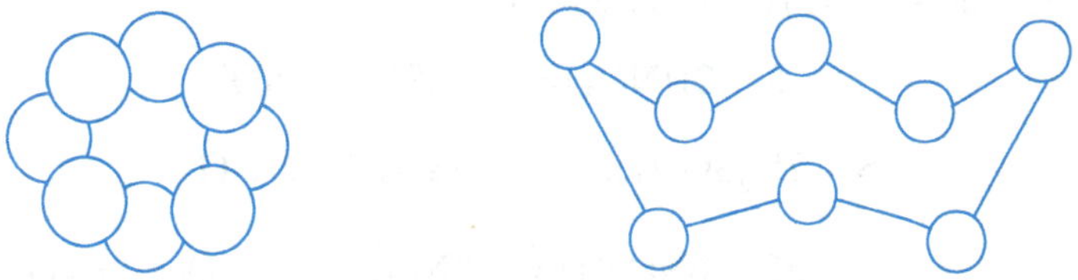

图 15-4 S_8 环状结构

将晶状硫加热超过其熔点得到黄色流动性的液体，其组成主要还是 S_8 分子；继续加热到 433K 以上，硫环开始断裂，形成开链的线性分子，并且聚合成中长链的大分子，液体颜色变深，黏度增加；加热至 473K 时，液体黏度最大，此时断裂的链状硫分子已高度聚合，S_8 环状结构断裂形成的无限长链状分子(S_∞)互相缠结在一起；继续加热到 523K 以上，长链硫断裂为较小分子(S_8、S_6 等)，液体黏度下降；到 717.6K 时，硫变成蒸气，蒸气中有 S_8、S_6、S_4、S_2 等分子存在；在 1273K 时则主要为 S_2，进一步加热到 2273K 则主要为单原子 S(表 15-2)。

表 15-2 硫的同素异形体和多晶形物的性质

分子	熔点/K	外观	分子	熔点/K	外观
S_3	气体	桃红色	S_{10}	273 (d)	黄绿色
S_6	323 (d)	橙红色	S_{12}	421	浅黄色
S_7	322 (d)	黄色	S_{18}	401	柠檬黄
α-S_8	386	黄色	S_{20}	397	浅黄色
β-S_8	392	黄色	S_∞	377	黄色
γ-S_8	380	浅黄色			

注：d 表示发生分解。

将 443K 以上黏滞的液态硫在水中骤冷，缠绕在一起的长链状的硫被固定下来，成为能拉伸的弹性硫。

弹性硫具有伸缩性，但放置后会发硬并逐渐变成稳定的晶状硫。弹性硫与晶状硫不同之处在于：晶状硫能溶解在 CS_2 中，而弹性硫只能部分溶解。

单质硫能与某些金属直接反应，生成相应的金属硫化物：

$$2Al + 3S \xlongequal{} Al_2S_3$$

$$Hg + S \xlongequal{} HgS$$

同时单质硫可与非金属氢、氧、碳、卤素(碘除外)、磷等直接作用生成相应的非金属硫化物：

$$S + 3F_2(\text{过量}) \xlongequal{} SF_6$$

$$S + Cl_2 \xlongequal{\triangle} SCl_2$$

$$S + O_2 \xlongequal{} SO_2$$

$$2S + C \xlongequal{} CS_2$$

单质硫还能与一些氧化性酸或碱发生反应：

$$S + 2HNO_3 \xlongequal{} H_2SO_4 + 2NO\uparrow$$

$$S + 2H_2SO_4(浓) \xlongequal{} 3SO_2\uparrow + 2H_2O$$

$$3S + 6NaOH \xlongequal{\triangle} 2Na_2S + Na_2SO_3 + 3H_2O$$

$$4S(过量) + 6NaOH \xlongequal{\triangle} 2Na_2S + Na_2S_2O_3 + 3H_2O$$

此外，由于硫原子的价层电子构型为 $3s^23p^4$，具有空的 3d 轨道，因此硫原子在形成化合物时有如下成键特征：

(1) 可以从电负性较小的原子接受两个电子，形成含 S^{2-}的离子型硫化物。

(2) 可以形成两个共价单键，组成共价硫化物。

(3) 可以形成一个共价双键，如在二硫化碳 S═C═S 中。不过由于硫原子半径比氧原子大而电负性比氧原子小，所以它形成共价双键的倾向显然要比氧原子弱得多。事实上只有少数情况下可以认为硫原子是以简单共价双键结合的。

(4) 硫原子有可以利用的 3d 轨道，3s 和 3p 中的成对电子可以激发跃迁进入 3d 轨道，形成单电子，然后参与成键，这样可以形成氧化数高于+2 的氧化态。其中，硫的最高氧化数可以达到+6。

(5) 从单质硫的结构特征来看，它能形成—S_n—长硫链。长硫链也可以成为一些化合物的结构基础，如多硫化氢 H_2S_n(硫烷)、多硫化物 MS_n 和连多硫酸 $H_2S_nO_6$。这个特点是本族其他元素少见的。

硫离子 S^{2-}的半径比氧离子 O^{2-}大，从而有较大的变形性，能在氧化剂作用下丢失电子，即 S^{2-}有较强的还原性。这样，就使得具有多种氧化数的元素在硫化物中往往表现出较低氧化态，而在氧化物中相应元素却可以表现出最高氧化数。例如，Os 的氧化物可以有最高氧化数的 OsO_4，但它的硫化物却是 OsS_2。

15.3.2 硫化氢和硫化物

1. 硫化氢

硫化氢(H_2S)为分子型氢化物，中心 S 原子以 sp^3 杂化轨道与 H 原子形成 2 个 σ 键，S—H 键长 133.4pm。其分子构型为 V 形，H—S—H 键角为 92°。H_2S 为极性分子，极性比水弱。

在常温常压下，H_2S 是一种无色有毒的气体，有臭鸡蛋气味。空气中，如果 H_2S 的含量超过 0.1%，就会迅速引起头疼、晕眩等症状。吸入大量

H_2S 会使人中毒昏迷，甚至死亡。经常与 H_2S 接触会引起嗅觉迟钝、消瘦、头痛等慢性中毒。工业上 H_2S 在空气中的最大允许含量不得超过 $0.01mg \cdot L^{-1}$。由于 H_2S 具有麻痹嗅觉神经的趋势(使人们无法正确通过气味强度判断其浓度)，造成的毒害更加危险。

H_2S 是火山活动产生的，某些微生物也会产生 H_2S。它是天然气的杂质，使用天然气之前必须将其除去。

实验室中用金属硫化物与酸作用制备 H_2S：

$$FeS + H_2SO_4 = FeSO_4 + H_2S\uparrow$$

$$Na_2S + H_2SO_4 = Na_2SO_4 + H_2S\uparrow$$

前一反应可用启普发生器为反应器制备较小量的 H_2S 气体，后一反应适用于制备较大量的 H_2S 气体。

由于 H_2S 有毒，存放和使用不方便，所以分析化学中常以硫代乙酰胺作代用品。这是由于硫代乙酰胺缓慢水解：

$$CH_3CSNH_2 + 2H_2O = CH_3COO^- + NH_4^+ + H_2S\uparrow$$

反应产生的 H_2S 在溶液中可即时反应，减少对空气的污染。

H_2S 在 213K 时凝聚成液体，187K 时凝固。H_2S 能溶于水，常温下 1 体积水可溶解 2.6 体积 H_2S 气体，其饱和水溶液浓度约为 $0.1mol \cdot L^{-1}$。H_2S 水溶液称为氢硫酸，它是一种很弱的二元酸($K_{a1}^{\ominus} = 1.1 \times 10^{-7}$，$K_{a2}^{\ominus} = 1.3 \times 10^{-13}$)。

H_2S 中 S 的氧化数为–2，处于 S 的最低氧化态。根据标准电极电势，无论在酸性或碱性介质中，H_2S 都具有较强的还原性：

$$S + 2H^+ + 2e^- = H_2S \qquad E_A^{\ominus} = 0.144V$$

$$S + 2e^- = S^{2-} \qquad E_B^{\ominus} = -0.407V$$

H_2S 能被卤素(氟除外)、O_2、SO_2 等氧化剂氧化成单质 S，甚至氧化成 H_2SO_4：

$$H_2S + 4X_2(Cl_2、Br_2、I_2) + 4H_2O = H_2SO_4 + 8HX$$

$$2H_2S + SO_2 = 3S + 2H_2O$$

$$2H_2S + O_2 = 2S + 2H_2O$$

工业上利用后两个反应从工业废气中回收单质硫。

在空气中燃烧 H_2S，当空气中氧充足时，其产物为 SO_2；当氧气不足时，则有单质硫生成：

$$2H_2S + 3O_2(过量) = 2SO_2 + 2H_2O$$

$$2H_2S + O_2(不足) = 2S + 2H_2O$$

炼油厂利用这个反应，将空气中燃烧的 H_2S 引向冷的表面，使 S 沉积，达到除硫的目的。

2. 金属硫化物

金属硫化物大多数是有色且难溶于水的固体，碱金属和铵的硫化物易溶于水，碱土金属硫化物微溶于水。因为氢硫酸为二元酸，其与金属反应的生成物就存在正盐和酸式盐两类。所有的酸式盐均溶于水。可生成难溶硫化物的元素存在周期表中的一个相对集中的区域，如表 15-3 所示。

表 15-3　难溶硫化物的元素周期表位置

ⅥB	ⅦB	Ⅷ			ⅠB	ⅡB	ⅢA	ⅣA	ⅤA
		FeS			CuS	ZnS	Ga_2S_3	Ga_2S_2	As_2S_5
	MnS	Fe_2S_3	CoS	NiS	Cu_2S			GeS	As_2S_3
MoS_3	Tc_2S_7	RuS_2	RhS_2	PdS	Ag_2S	CdS	In_2S_3	SnS_2	Sb_2S_5
						HgS		SnS	Sb_2S_3
WS_3	Re_2S_7	OsS_2	IrS_2	PtS	Au_2S	Hg_2S	Tl_2S	PbS	Bi_2S_3

注：蓝色物质为非难溶物质，黑色物质为难溶物质。

硫化物可以看作氢硫酸所生成的正盐，在饱和的 H_2S 水溶液中 H^+和S^{2-}浓度之间的关系：

$$c(H^+)^2c(S^{2-}) = 0.1K_{a1}^{\ominus}K_{a2}^{\ominus}$$

在酸性溶液中通入 H_2S 气体，溶液中 $c(H^+)$浓度大，$c(S^{2-})$浓度低，所以只能沉淀出溶度积小的金属硫化物。而在碱性溶液中通 H_2S 气体，溶液中 $c(H^+)$浓度小，而 $c(S^{2-})$浓度高，则可以将多种金属离子沉淀成硫化物。由此可得，通过控制溶液的酸度，H_2S 能将溶液中的不同金属离子按组分离。这是在定性分析化学中用 H_2S 来分离溶液中阳离子的理论基础。

同时金属硫化物在不同酸溶液中有不同的溶解性和特征颜色，故长期以来在分析上作为定性分组的依据，目前仍是一种最好的金属离子分组鉴别的方法(表 15-4)。

表 15-4　金属硫化物酸溶解情况分类表

溶于稀盐酸 ($0.3mol \cdot L^{-1}$ HCl)	难溶于稀盐酸		
	溶于浓盐酸	难溶于浓盐酸	
		溶于浓硝酸	仅溶于王水
MnS (肉色) CoS (黑色) ZnS (白色) NiS (黑色) FeS (黑色)	SnS (褐色) Sb_2S_3 (橙色) SnS_2 (黄色) Sb_2S_5 (橙色) PbS (黑色) CdS (黄色) Bi_2S_3 (暗棕)	CuS (黑色) As_2S_3 (浅黄) Cu_2S (黑色) As_2S_5 (浅黄) Ag_2S (黑色)	HgS (黑色) Hg_2S (黑色)

根据表 15-4 来具体讨论金属硫化物的溶解作用。

(1) 不溶于水，但溶于稀盐酸的金属硫化物。此类硫化物的 $K_{sp}^{\ominus}$ 大于 10^{-24}，稀盐酸中的氢离子可有效地降低硫离子的浓度，使硫化物溶解：

$$FeS + 2HCl(稀) \longrightarrow FeCl_2 + H_2S\uparrow$$

(2) 不溶于水及稀盐酸，但溶于浓盐酸的金属硫化物。此类硫化物的 $K_{sp}^{\ominus}$ 在 10^{-25}～10^{-30} 范围内，在浓盐酸中不仅能反应生成 H_2S 气体，同时还能生成配位化合物，这样溶液中硫离子和金属离子的浓度都在减小，使得硫化物溶解：

$$SnS + 4HCl(浓) \longrightarrow H_2[SnCl_4] + H_2S\uparrow$$

(3) 不溶于水及盐酸，但溶于浓硝酸的金属硫化物。此类硫化物的 $K_{sp}^{\ominus}$ 小于 10^{-30}，硫离子与浓硝酸发生了氧化还原反应，使得硫离子的浓度减小，从而导致了硫化物的溶解：

$$3Ag_2S + 8HNO_3 \longrightarrow 6AgNO_3 + 2NO\uparrow + 3S\downarrow + 4H_2O$$

(4) 只溶于王水的金属硫化物。此类硫化物的 $K_{sp}^{\ominus}$ 为 10^{-47}～10^{-53}，王水不仅能使硫离子被氧化，同时金属离子与氯离子还能形成配位化合物，使硫化物溶解：

$$3HgS + 2HNO_3 + 12HCl \longrightarrow 3H_2[HgCl_4] + 3S\downarrow + 2NO\uparrow + 4H_2O$$

由于氢硫酸为弱酸，因此其生成的硫化物无论是易溶的还是难溶的，都会发生一定程度的水解，使溶液显碱性：

$$Na_2S + H_2O \longrightarrow NaHS + NaOH$$

$$2CaS + 2H_2O \longrightarrow Ca(HS)_2 + Ca(OH)_2$$

$$PbS + H_2O \longrightarrow HS^- + Pb(OH)^+(微溶)$$

Na_2S 溶液显强碱性，俗称“硫化碱”，可作为强碱使用，替代氢氧化钠；Al_2S_3、Cr_2S_3 会完全水解；难溶的 PbS 和 CuS 有微弱的水解。因此，这些硫化物不能用湿法从溶液中制备。

某些金属硫化物还能与强碱发生反应：

$$As_2S_3 + 6OH^- \longrightarrow AsO_3^{3-} + AsS_3^{3-} + 3H_2O$$

金属硫化物的性质、制备与应用一直都是科学界研究的重要课题，尤其是具有微/纳米结构的金属硫化物，因其优异的物理化学性质而成为太阳能转换、光电器件、传感、机械制造、催化等前沿领域的研究热点。研究表明，具有层状结构的纳米 WS_2 作为固体润滑剂具有优异的摩擦学性能；理论计算表明 NbS_2 具有超导性能；具有可见光波长范围吸光响应的 CdS 在太阳能电池、光解水、催化、传感等领域已经有了大量的研究基础；NiS、SnS_2、ZnS 等作为负极材料，可提高具有商业价值的锂离子电池的放电容量；MoS_2 是重要的固体润滑剂和石油化工中的重要催化剂。多元金属硫化物如 $ZnIn_2S_4$、$CdIn_2S_4$、Ag_2ZnSnS_4、$CuInS_2$ 等，都因其良好的光学、电学及稳定的化学性能，成为在能源、催化等领域可能替代现有技术的产品。

物质鉴定

S^{2-}的鉴定

在含 S^{2-}试液的试管中加入盐酸，在试管口用醋酸铅试纸检验，试纸将出现黑色：

$$2H^+ + S^{2-} = H_2S\uparrow$$

$$Pb(Ac)_2 + H_2S = PbS\downarrow + 2HAc$$

3. 多硫化物

碱金属、碱土金属的硫化物和硫化铵的溶液能够溶解单质硫并生成多硫化物：

$$Na_2S + (x-1)S = Na_2S_x (x = 2\sim6)$$

S_x^{2-}为多硫离子，多硫离子具有链状结构，S 原子通过共用电子对相连成硫链(图 15-5)。

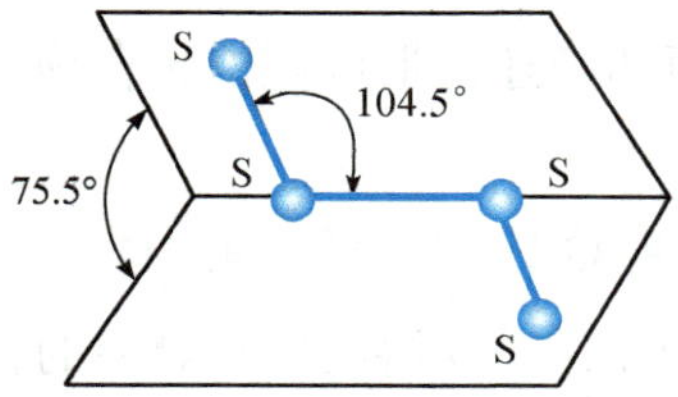

图 15-5 S_x^{2-}结构示意图

多硫化物的溶液一般显黄色，其颜色随着溶解的硫量的增加而加深，由黄至橙，最深变为红色。实验室中的 Na_2S、$(NH_4)_2S$ 等溶液长期放置也会形成多硫化物溶液(由无色变至黄色)，这是因为硫化物可被空气中的 O_2 氧化而析出 S。

$$2(NH_4)_2S + O_2 = 2S\downarrow + 4NH_3 + 2H_2O$$

$$(NH_4)_2S + (x-1)S = (NH_4)_2S_x$$

多硫化物在酸性溶液中很不稳定，多硫离子会发生歧化反应，生成 H_2S 和 S：

$$S_x^{2-} + 2H^+ = H_2S\uparrow + (x-1)S\downarrow$$

当多硫化物 M_2S_x 中的 $x = 2$ 时，多硫离子中存在着与过氧链类似的过硫链，而形成过硫化物，如 Na_2S_2 或$(NH_4)_2S_2$，其与过氧化物如 H_2O_2 等为同类化合物。自然界中，黄铁矿 FeS_2 即为铁的过硫化物。

$$Na_2S_2 + SnS = SnS_2 + Na_2S$$

$$Na_2S_2 = Na_2S + S\downarrow (歧化)$$

多硫化物是一种硫化试剂，在反应中它向其他反应物提供活性硫而表现出氧化性：

$$SnS + (NH_4)_2S_2 \longequal (NH_4)_2SnS_3$$

$$As_2S_3 + 3Na_2S_2 \longequal 2Na_3AsS_4 + S\downarrow$$

多硫化物能将硫化亚锡 SnS 氧化成硫代锡酸盐而溶解，将三硫化二砷(As_2S_3)氧化成硫代砷酸盐而溶解。

多硫化钠 Na_2S_2 是常用的分析化学试剂，在制革工业中用作原皮的脱毛剂；多硫化钙 CaS_4 在农业上用作杀虫剂。

拓展知识

生命体中的硫循环

硫是所有生命形式的必需元素，因为它存在于半胱氨酸、甲硫氨酸等氨基酸中，出现在许多重要活性位点结构(包括 Fe-S 蛋白的无机硫化物)中及所有的钼酶和钨酶中。此外，许多生物体通过无机硫化物的氧化或还原反应获得能量。这些转换就是硫循环。

硫化学中氧化还原的最高氧化态是硫酸根，最低还原态是 H_2S 及其解离产生的 HS^- 和 S^{2-}。

硫还原细菌(SRBs)使用硫酸根作为它们的电子受体，并在无氧条件下得到硫化物。在硫酸根和还原性有机物共存的地方(如在无氧的海底沉积物及牛和羊的胃中)发现存在这些厌氧细菌。硫还原细菌的存在对硫化物矿的形成、生物腐蚀、无氧条件下石油的酸化、反刍动物的 Cu-Mo 拮抗作用及许多其他生理、生态和生物地球化学方面都至关重要。

硫酸根的还原按两步进行：

$$SO_4^{2-} + 8e^- + 10H^+ \longequal H_2S + 4H_2O$$

首先，相对惰性的硫酸根必须得到活化。这一步是通过硫酸根与 ATP 反应生成腺苷磷酰硫酸(APS)和焦硫酸根实现的。焦硫酸根进一步的水解($\Delta_r H_m^\ominus = 30.5 kJ \cdot mol^{-1}$)以确保 APS 的形成，使反应向右进行：

$$ATP + SO_4^{2-} \rightleftharpoons APS + P_2O_7^{4-}$$

APS 还原酶将硫酸根中间体催化还原为亚硫酸根：

$$APS + 2e^- + H^+ \longequal AMP + HSO_3^-$$

亚硫酸还原酶将亚硫酸根催化还原为硫化物：

$$HSO_3^- + 6e^- + 7H^+ \longequal H_2S + 3H_2O$$

硫循环的氧化部分是细菌(它们从各种氧化性 S 物种获得能量)存在的区域。某些硫杆菌属可氧化矿石的硫化物(如硫化铁)硫化物氧化为硫酸根的过程会产生酸性环境，硫杆菌属能在酸性条件下生存并能改变 pH，产生有利于自身代谢的酸性环境。微生物作用的酸性矿排水的 pH 可降低至 1.5，商业上用硫杆菌属从硫化物矿中富集金属。例如，铁硫杆菌不仅能氧化硫化铁沉积物中的硫，而且还能将 Fe(Ⅱ)氧化为低 pH 下可溶解的 Fe(Ⅲ)：

$$4FeS_2 + 15O_2 + 2H_2O \longequal 4Fe^{3+} + 8SO_4^{2-} + 4H^+$$

硫杆菌属只靠无机矿物生存：它们从硫化物氧化过程中获得的能量驱动所有的细胞反应，包括从二氧化碳固定碳。

15.3.3 二氧化硫、亚硫酸及其盐

教学视频

二氧化硫、亚硫酸及其盐

二氧化硫(SO_2)是一种无色有刺激气味的气体，它的密度是空气的 2.26 倍。SO_2 是一种大气污染物，职业性的 SO_2 慢性中毒会引起食欲丧失、便秘和气管炎症。工业上规定，空气中 SO_2 的含量不得超过 $0.02mg \cdot L^{-1}$。

SO_2 分子的结构与 O_3 类似，同样呈 V 形，也含有Π_3^4 离域 π 键。SO_2 分子的 S—O 键键长 143pm，小于 S—O 单键键长 155pm，具有双键的特征，∠OSO 为 119.5°。

SO_2 是极性分子，在常压下 263K 就能液化。易溶于水，常温常压下每升水能溶解 40L 的 SO_2，相当于质量分数为 10%的溶液。SO_2 是造成酸雨的主要因素之一。

拓展知识

酸　雨

酸雨的主要成分是氧化物与羟基自由基反应生成的硝酸和硫酸，羟基自由基是由臭氧光分解产生的 O 原子与水反应生成的：

$$HO\cdot + NO_2 = HNO_3$$

$$HO\cdot + SO_2 = HSO_3\cdot$$

$$HSO_3\cdot + O_2 + H_2O = H_2SO_4 + HO_2\cdot$$

反应中产生的氢过氧自由基($HO_2\cdot$)再产生羟基自由基：

$$HO_2\cdot + X = XO + HO\cdot \quad (X = NO或SO_2)$$

硫酸和硝酸分子能形成氢键，自身分子之间、与大气中的金属氧化物和气体之间、与水之间发生强相互作用形成微粒。这些微粒是受污染空气对健康的主要危害。最近的研究证明，尺度为 2.5μm 或更小的悬浮微粒表面携带有毒化学物质，能被吸至肺部深处。这种足够小的微粒浓度的增加会导致肺病、心脏疾病，从而增加死亡的风险。

这些物质不但影响人体健康，而且也影响生态环境(因为含有酸)。随着降水酸度的增加，增加的质子浓度将会冲刷土壤中的碱金属离子(Na^+、K^+)和碱土金属离子(Ca^{2+}、Mg^{2+})，这些离子原先存在于黏土、腐殖质和石灰岩的离子交换位点上，这些营养元素的流失对植物生长不利。酸雨同样也会腐蚀大理石雕像和建筑物。内衬有花岗岩的湖泊(其缓冲能力较低)的潮水可以被酸化，最终会导致鱼类和其他水生生物消失。由于燃烧产生的气体可长距离流动，所以酸雨成为区域性问题。大面积区域(尤其是处于火力发电厂下风向的区域)都受到酸雨的威胁(高耸的烟囱排放着 NO 和 SO_2 废气)。鉴于对环境和健康的严重影响，NO 和 SO_2 已成为监管的焦点。

工业上制备 SO_2 气体采用的是煅烧黄铁矿的生产方法：

$$3FeS_2 + 8O_2 \xlongequal{\triangle} Fe_3O_4 + 6SO_2$$

而在实验室中制备 SO_2 是用酸与亚硫酸盐反应：

$$Na_2SO_3 + 2HCl \xlongequal{\quad} 2NaCl + SO_2\uparrow + H_2O$$

SO_2 中 S 元素的氧化数为+4，介于高(+6)、低(−2)氧化数之间，所以 SO_2 既有氧化性又有还原性，其中还原性是主要的化学性质。SO_2 与 IO_3^-、MnO_4^-、$Cr_2O_7^{2-}$、卤素等反应，自身被氧化为 SO_4^{2-}，表现出还原性：

$$3SO_2 + KIO_3 + 3H_2O \xlongequal{\quad} 3H_2SO_4 + KI$$

$$SO_2 + Br_2 + 2H_2O \xlongequal{\quad} H_2SO_4 + 2HBr$$

当其遇到强还原剂时，SO_2 才会表现出氧化性：

$$SO_2 + 2H_2S \xlongequal{\quad} 3S + 2H_2O$$

$$SO_2 + 2CO \xlongequal[\text{铝矾土}]{773K} 2CO_2 + S$$

SO_2 能和一些有机色素结合成为无色化合物，因此可用作纸张、草帽等的漂白剂。SO_2 主要用于制造硫酸和亚硫酸盐，还大量用于制造合成洗涤剂、食物和果品的防腐剂、住所和用具的消毒剂。

思考题 15-3

每年全球因工业生产向大气所排放的 SO_2 就达 1.46 亿吨，请提出一些化学方法用于消除 SO_2 对大气的污染？

SO_2 的水溶液称为亚硫酸(H_2SO_3)，它是一种二元中强酸($K_{a1}^{\ominus} = 1.3 \times 10^{-2}$，$K_{a2}^{\ominus} = 6.2 \times 10^{-8}$)。$H_2SO_3$ 只存在于水溶液中，游离状态的纯亚硫酸尚未制得。光谱实验证明，SO_2 在水中主要是物理溶解，SO_2 分子与水分子之间存在着较弱的作用，因此有人认为 SO_2 在水溶液中基本上是以 $SO_2 \cdot H_2O$ 形式存在。

亚硫酸很不稳定，其热稳定性差，在加热条件下会发生分解：

$$H_2SO_3 \xlongequal{\triangle} H_2O + SO_2\uparrow$$

亚硫酸可形成正盐(如 Na_2SO_3)和酸式盐(如 $NaHSO_3$)。碱金属的亚硫酸盐都易溶于水，且水解显碱性，其他金属的正盐均微溶于水，而所有的酸式盐都易溶于水。

在亚硫酸及其盐中，硫的氧化数是+4，居于中间价态，所以亚硫酸及其盐既有氧化性又有还原性，但它们的还原性是主要的。由电极电势[$E_A^{\ominus}(SO_4^{2-}/H_2SO_3) = 0.20V$、$E_B^{\ominus}(SO_4^{2-}/SO_3^{2-}) = -0.92V$]可知，亚硫酸盐比亚硫酸具有更强的还原性，这从它们与空气反应的速率快慢得到体现：

$$2H_2SO_3 + O_2(\text{空气}) \xlongequal{\quad} 2H_2SO_4(\text{慢})$$

$$2Na_2SO_3 + O_2(\text{空气}) \xlongequal{\quad} 2Na_2SO_4(\text{快})$$

亚硫酸及其盐还可将 MnO_4^-、IO_3^-、$Cr_2O_7^{2-}$、卤素单质等还原，表现出还原性：

$$KIO_3 + 3SO_2(\text{过量}) + 3H_2O \xlongequal{\quad} KI + 3H_2SO_4$$

$$NaHSO_3 + Cl_2 + H_2O \xlongequal{\quad} NaHSO_4 + 2HCl$$

后一反应是在印染工业中除去漂白布匹上残留 Cl_2 的化学反应原理。

亚硫酸及其盐虽然都表现出相当强的还原性，但也能被比它们更强的还原剂(如 H_2S 等)还原成单质硫，从而表现出一定的氧化性：

$$H_2SO_3 + 2H_2S = 3S\downarrow + 3H_2O$$

在酸性条件下，亚硫酸及其盐既有一定氧化性，又显较弱的还原性，但在碱性条件下则显强还原性。

亚硫酸及其盐用途广泛，如 $Ca(HSO_3)_2$ 在造纸工业中用于溶解木质素制造纸浆；Na_2SO_3、$NaHSO_3$ 大量用于印染业；$NaHSO_3$ 用于农作物作为呼吸作用的抑制剂，从而提高光合作用的效果等。

15.3.4 三氧化硫、硫酸及其盐

教学视频
三氧化硫、硫酸及其盐

1. 三氧化硫

常温常压下，纯净的三氧化硫(SO_3)是无色易挥发的液体，熔点为 289.9K，沸点为 317.8K，263K 时密度为 $2.29g \cdot cm^{-3}$，293K 时为 $1.92g \cdot cm^{-3}$。

气态 SO_3 为单分子状态，分子构型为平面三角形，其 S—O 键长为 142pm，较 S—O 单键 155pm 短，具有双键结构特征。

在形成 SO_3 分子时，中心 S 原子采取 sp^2 杂化，有 1 个 3s 电子激发到 3d 轨道中，还有 1 个未参与杂化的 3p 轨道中有 1 对孤对电子(图 15-6)。中心 S 原子的 3 个 sp^2 杂化轨道分别与 3 个 O 原子的各 1 个 2p 轨道以“头碰头”重叠形成 3 个 σ 键。3 个 O 原子各自还剩余 1 个单电子 2p 轨道，与中心 S 原子未参与杂化的 3p 轨道相互平行，均垂直于 SO_3 分子平面，它们通过“肩并肩”重叠形成离域 π 键。同时，S 原子激发到 3d 轨道上的 1 个电子进入离域 π 键轨道中，从而形成 Π_4^6 键。

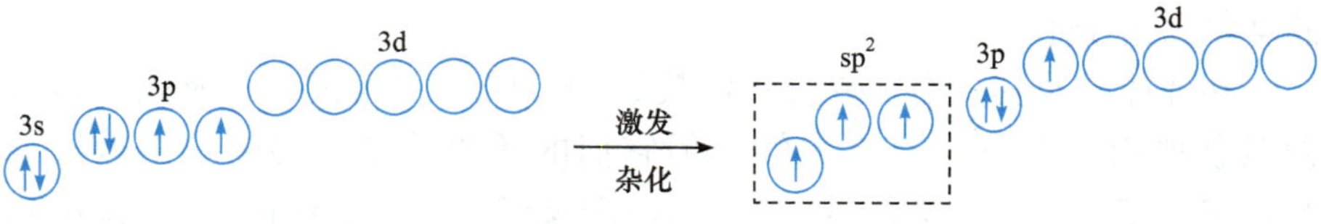

图 15-6 SO_3 分子中 S 原子的轨道杂化

液态 SO_3 有两种结构，单分子平面三角形和环状三聚体$(SO_3)_3$[图 15-7(a)]。这两种结构处于一种平衡，当温度升高，平衡向单分子方向移动。

固态 SO_3 有 α、β、γ 三种变体，稳定性依次减小。α 型和 β 型是由$(SO_3)_n$ 链组成的具有类似石棉的链状结构[图 15-7(b)]，γ 型为环状三聚体$(SO_3)_3$。在链状和环状结构中，中心 S 原子均采取 sp^3 杂化态，每个 S 原子同周围 4 个 O 原子配位(呈四面体分布)，每两个硫氧四面体之间通过 O—S 键连接，同时分子中含有 2 种不同化学环境的 O 原子(端氧和桥氧)。

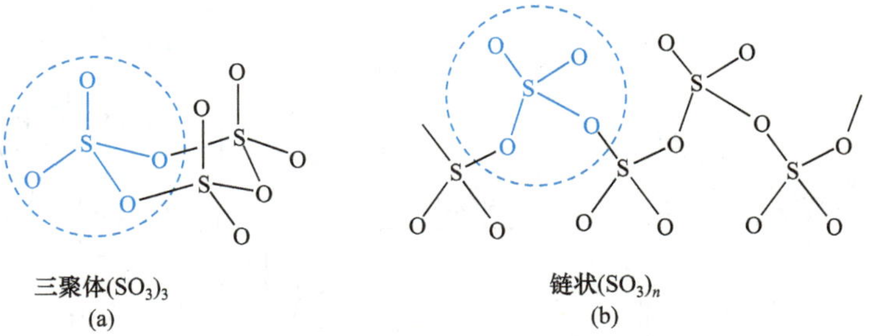

图 15-7 SO_3的两种不同分子结构

SO_3通过SO_2催化氧化来制备，V_2O_5是工业上常用的催化剂：

$$2SO_2 + O_2 \xrightarrow[V_2O_5]{723K} 2SO_3$$

SO_3中的硫原子处于最高氧化数+6，所以SO_3是一种强氧化剂，尤其是在高温时它能将P、碘化物及Fe、Zn等金属氧化：

$$5SO_3 + 2P = 5SO_2 + P_2O_5$$

$$SO_3 + 2KI = K_2SO_3 + I_2$$

SO_3是强酸性氧化物，易与碱性氧化物反应生成硫酸盐：

$$SO_3 + MgO = MgSO_4$$

固态的SO_3极易吸收水分，在空气中强烈冒烟，溶于水即生成硫酸并放出大量热：

$$SO_3(s) + H_2O(l) = H_2SO_4(l) \qquad \Delta_r H_m^{\ominus} = -79.4kJ \cdot mol^{-1}$$

因SO_3与水蒸气会形成酸雾，故工业上不用水吸收SO_3制H_2SO_4，而用浓H_2SO_4吸收SO_3。

2. 硫酸

纯硫酸(H_2SO_4)是无色油状液体，凝固点为283.36K。市售浓H_2SO_4的浓度为$18mol \cdot L^{-1}$，密度为$1.854g \cdot cm^{-3}$，沸点为611K。

H_2SO_4分子呈四面体构型，中心S原子与2个羟基O原子之间的键长大于和另外2个O原子之间的键长。在形成H_2SO_4分子时，中心S原子采取不等性sp^3杂化(图15-8)，其中2个含有单电子的杂化轨道分别与2个羟基O原子的2p轨道“头碰头”重叠，形成2个σ键；另外2个非羟基O原子发生电子重组，各空出1个2p轨道接受S原子杂化轨道上的电子对而成σ配键；与此同时，中心S原子空的3d轨道与2个非羟基O原子的2p轨道对称性匹配，彼此之间“肩并肩”重叠，反过来可接受2个O原子上的孤对电子，形成反馈d-p π配键，故S原子与2个非羟基O原子构成S═O双键。

H_2SO_4是稳定性很高的二元强酸，不易分解也不易挥发，在其稀溶液中，它分两步解离，第一步解离是完全的：

$$H_2SO_4 \rightleftharpoons H^+ + HSO_4^- \qquad K_{a1}^{\ominus} = 1 \times 10^3$$

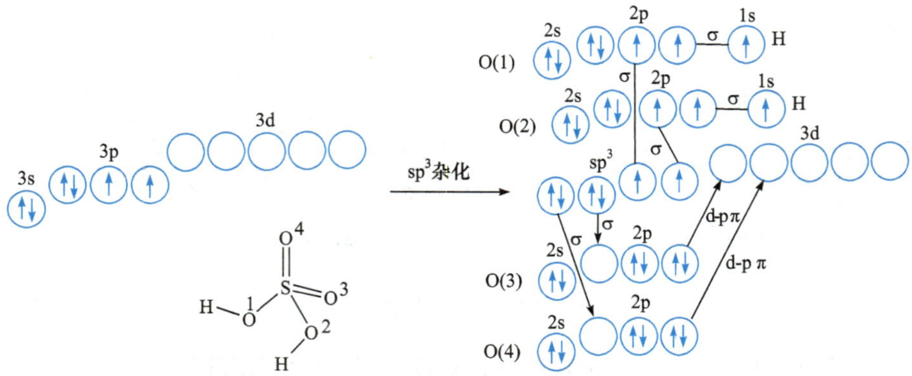

图 15-8　H_2SO_4分子的成键情况及结构示意图

而第二步解离程度则较低

$$HSO_4^- \rightleftharpoons H^+ + SO_4^{2-} \qquad K_{a2}^{\ominus} = 1.0\times10^{-2}$$

浓 H_2SO_4易溶于水，由于水合作用(包括 H^+的水合)要放出大量的热，如向 1mol 水中加入 0.1mol 浓 H_2SO_4，水合过程释放热量达 6.7kJ。因此，在稀释浓 H_2SO_4时，切勿将水倒入酸中，因水的密度小于浓 H_2SO_4，会浮在表层，受热迅速沸腾甚至爆炸而引起事故。稀释 H_2SO_4的正确做法是在搅拌下缓慢地将 H_2SO_4沿着玻棒倒入水中，即“注酸入水，绝不注水入酸”。

浓 H_2SO_4具有强烈的吸水性和脱水性，其反应后能形成一系列稳定的水合物，如 $H_2SO_4\cdot H_2O$、$H_2SO_4\cdot 2H_2O$、$H_2SO_4\cdot 4H_2O$ 和 $H_2S_2O_7$(可认为是 SO_3的水合物 $SO_3\cdot H_2O$、$2SO_3\cdot H_2O$)。因其有很强的吸水性，在工业上和实验室常用它作为干燥剂，用于干燥 Cl_2、H_2和 CO_2等气体。它不但能吸收游离的水分，还能从一些有机化合物中夺取与水分子组成相当的氢元素和氧元素，使有机物碳化，而表现出脱水性。

$$C_{12}H_{22}O_{11} \xlongequal{H_2SO_4(浓)} 12C + 11H_2O$$

因为浓 H_2SO_4的脱水作用能严重地破坏动植物的组织，如损坏衣服纤维、烧伤皮肤等，所以使用时应加倍小心。若不慎溅在身上，应立即用大量水冲洗(切勿摩擦)，再用稀氨水浸润伤处，然后再用水冲洗，这样能避免严重的烧伤。

浓 H_2SO_4是一种强氧化性酸，加热时氧化性更显著，可以氧化许多金属和非金属，通常还原产物为 SO_2：

$$Cu + 2H_2SO_4(浓) \xlongequal{\triangle} CuSO_4 + SO_2\uparrow + 2H_2O$$

$$C + 2H_2SO_4(浓) \xlongequal{\triangle} CO_2\uparrow + 2SO_2\uparrow + 2H_2O$$

而当还原剂的还原性较强时，部分 H_2SO_4还可被还原为 S 甚至 H_2S：

$$8HI + H_2SO_4(浓) = 4I_2 + H_2S\uparrow + 4H_2O$$

$$3Zn + 4H_2SO_4(浓) = S + 3ZnSO_4 + 4H_2O$$

常温下，浓 H_2SO_4不与 Fe、Al 等金属发生作用，这是因为在冷的浓 H_2SO_4中，铁、铝表面会生成一层致密氧化物保护膜，使金属单质不与

H_2SO_4继续作用，这种现象称为“钝化”，因此可用 Fe、Al 材质的容器来存放浓 H_2SO_4。

稀硫酸只表现出酸的一般通性，即可与金属活动顺序表中氢元素前的金属发生反应，生成 H_2，此时起氧化作用的是 H^+。浓 H_2SO_4 溶液较稀溶液氧化性强的原因，从热力学角度来看，其一是浓酸溶液的可溶性氧化型物质 SO_4^{2-}、H^+的浓度较大；二是浓 H_2SO_4 水合作用的贡献，即由浓 H_2SO_4 到稀 H_2SO_4 有较大的自由能降低，同时还原电势也有显著升高。

3. 硫酸盐

H_2SO_4 作为二元酸，能形成正盐和酸式盐，如 Na_2SO_4、$NaHSO_4$ 等。所有的酸式盐均易溶于水，正盐也大多易溶于水，但 Ag_2SO_4 微溶，$PbSO_4$、$SrSO_4$、$BaSO_4$、$CaSO_4$ 等难溶，这是由于电荷增高使离子间引力增强从而加强了难溶性。除碱金属硫酸盐外，其他硫酸盐均有不同程度水解。

$$CaSO_4 + 2H_2O = Ca(OH)_2 + H_2SO_4$$

可溶性硫酸盐从溶液中析出的晶体常带有结晶水，如 $CaSO_4 \cdot 5H_2O$、$ZnSO_4 \cdot 7H_2O$、$FeSO_4 \cdot 7H_2O$ 等。在这些结晶体中，SO_4^{2-} 通过氢键与一个水分子相连。这些含结晶水的硫酸盐常称为矾，如 $CuSO_4 \cdot 5H_2O$(胆矾)、$FeSO_4 \cdot 7H_2O$(绿矾)、$ZnSO_4 \cdot 7H_2O$(皓矾)等，但 $Na_2SO_4 \cdot 10H_2O$ 俗称为芒硝。明矾是常用的净水剂、媒染剂；胆矾是消毒杀菌剂和农药；绿矾是农药、药物和墨水的原料；芒硝($Na_2SO_4 \cdot 10H_2O$)是化工原料。

多种硫酸盐都有形成复盐的趋势，所形成的复盐也常称为矾，如 $(NH_4)_2SO_4 \cdot FeSO_4 \cdot 6H_2O$(莫尔盐)、$K_2SO_4 \cdot MgSO_4 \cdot 6H_2O$(镁钾矾)、$K_2SO_4 \cdot Al_2(SO_4)_3 \cdot 24H_2O$ 或 $KAl(SO_4)_2 \cdot 12H_2O$(明矾或铝钾矾)等。

硫酸盐基本上是离子型化合物，硫酸盐的热稳定性指 SO_4^{2-} 是否易被分解破坏。硫酸盐的热稳定性受中心原子的极化作用和金属阳离子的极化作用影响。中心原子的极化能力越强，酸根离子越稳定。金属离子的极化能力越强，电荷越高、半径越小，有效正电荷越强，越容易夺取酸根离子的 O 原子，热稳定性越差，热分解温度越低。

物质鉴定

SO_4^{2-} 的鉴定

在含有 SO_4^{2-} 的溶液中加入盐酸，观察无明显现象，排除 Ag^+、CO_3^{2-}、SO_3^{2-} 等的干扰后，加入 $BaCl_2$ 将生成难溶于强酸的 $BaSO_4$ 白色沉淀：

$$Ba^{2+} + SO_4^{2-} = BaSO_4\downarrow$$

15.3.5 硫的其他含氧酸及其盐

教学视频
硫的其他含氧酸及其盐

1. 焦硫酸及其盐

焦硫酸($H_2S_2O_7$)是一种无色的晶状固体，熔点为 308K。$H_2S_2O_7$ 是由等

物质的量的 SO_3 和纯硫酸相互化合而成的：

$$H_2SO_4 + SO_3 \longrightarrow H_2S_2O_7$$

也可以看作是由两个分子硫酸脱去一分子水后所得产物：

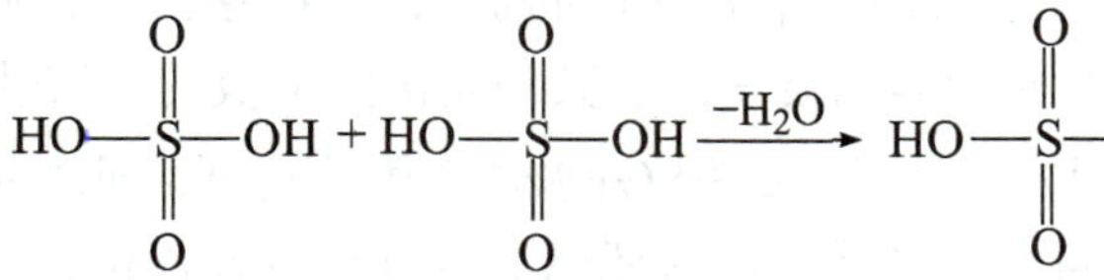

思考题 15-4

为什么焦硫酸盐常被用作“熔矿剂”？为什么不存在焦硫酸盐的水溶液？

$H_2S_2O_7$ 具有比浓 H_2SO_4 更强的氧化性、吸水性和腐蚀性，是良好的磺化剂，可用于生产染料、炸药和有机磺酸化合物等。$H_2S_2O_7$ 与水作用后又生成硫酸。

将碱金属的酸式硫酸盐加强热，可制得焦硫酸盐：

$$2NaHSO_4 \xrightarrow{\triangle} Na_2S_2O_7 + H_2O$$

焦硫酸盐在无机合成中的一个重要用途是与一些难溶的碱性或两性氧化物(如 Fe_2O_3、Al_2O_3、TiO_2 等)共熔，生成可溶性的硫酸盐：

$$Fe_2O_3 + 3K_2S_2O_7 \longrightarrow Fe_2(SO_4)_3 + 3K_2SO_4$$

$$Al_2O_3 + 3K_2S_2O_7 \longrightarrow Al_2(SO_4)_3 + 3K_2SO_4$$

2. 硫代硫酸及其盐

硫代硫酸($H_2S_2O_3$)可认为是硫原子取代 H_2SO_4 中的一个氧原子的产物，具有四面体构型，因此 $S_2O_3^{2-}$ 和 SO_4^{2-} 具有类似的结构(图 15-9)。

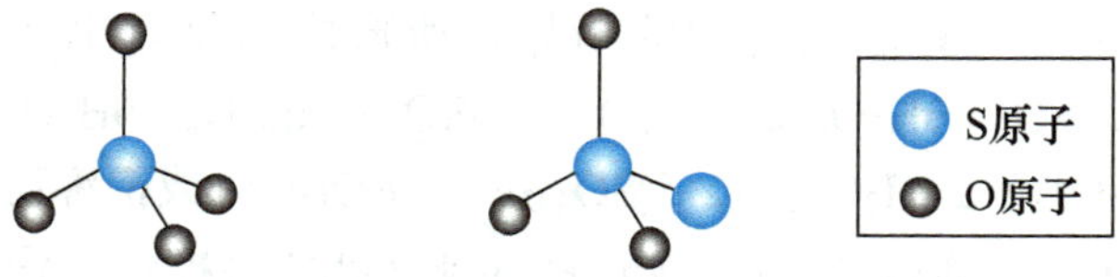

(a) (b)

图 15-9 SO_4^{2-}(a)和 $S_2O_3^{2-}$(b)的结构示意图

硫代硫酸非常不稳定，但硫代硫酸盐相当稳定。

在硫代硫酸盐中最重要的是硫代硫酸钠。硫代硫酸钠($Na_2S_2O_3 \cdot 5H_2O$)俗名海波或大苏打，是一种无色透明的晶体，易溶于水，其水溶液显弱碱性。$Na_2S_2O_3$ 在中性或碱性溶液中很稳定，其酸稳定性差，在酸性($pH \leqslant 4.6$)溶液中迅速分解：

$$Na_2S_2O_3 + 2HCl \longrightarrow 2NaCl + S\downarrow + SO_2\uparrow + H_2O$$

这个反应可以用来鉴定 $S_2O_3^{2-}$ 的存在。

$Na_2S_2O_3$ 可由 Na_2SO_3 与单质硫或 Na_2S 与 Na_2CO_3 和 SO_2 制备。在制备 $Na_2S_2O_3$ 时，溶液必须控制在碱性范围内，否则将会有硫析出而使产品变黄。

$$Na_2SO_3 + S \longrightarrow Na_2S_2O_3$$

$$2Na_2S + Na_2CO_3 + 4SO_2 \longrightarrow 3Na_2S_2O_3 + CO_2$$

$S_2O_3^{2-}$ 中中心硫原子的氧化数为+6，另一个硫原子的氧化数为−2，两个硫原子的平均氧化数是+2。因此，$Na_2S_2O_3$具有一定的还原性。

碘单质可以将$Na_2S_2O_3$氧化成连四硫酸钠$Na_2S_4O_6$：

$$2Na_2S_2O_3 + I_2 \longrightarrow Na_2S_4O_6 + 2NaI$$

这个反应是定量分析碘量法的基础。

若氧化剂的氧化性更强，如Cl_2、Br_2等，则可以将$Na_2S_2O_3$氧化成Na_2SO_4。因此，在纺织和造纸工业上可用$Na_2S_2O_3$作脱氯剂：

$$Na_2S_2O_3 + 4Cl_2 + 5H_2O \longrightarrow Na_2SO_4 + H_2SO_4 + 8HCl$$

难溶于水的卤化银AgX(X = Cl、Br)能溶解在$Na_2S_2O_3$溶液中生成稳定的$[Ag(S_2O_3)_2]^{3-}$：

$$AgBr + 2Na_2S_2O_3 \longrightarrow Na_3[Ag(S_2O_3)_2] + NaBr$$

$Na_2S_2O_3$用作定影液，就是利用这个反应溶去胶片上未感光的AgBr。

$Na_2S_2O_3$溶于水，但重金属的硫代硫酸盐难溶于水并且不太稳定。

物质鉴定

$S_2O_3^{2-}$的鉴定

$S_2O_3^{2-}$与Ag^+形成难溶的白色$Ag_2S_2O_3$，而$S_2O_3^{2-}$中的S^{2-}与Ag^+能生成溶度积更小的黑色Ag_2S沉淀。随着反应的进行，白色$Ag_2S_2O_3$沉淀很快变为黑色Ag_2S。利用此法可鉴定$S_2O_3^{2-}$：

$$Na_2S_2O_3 + 2AgNO_3 \longrightarrow Ag_2S_2O_3\downarrow + 2NaNO_3$$

$$Ag_2S_2O_3 + H_2O \longrightarrow H_2SO_4 + Ag_2S\downarrow$$

值得注意的是，在该实验中，试剂的添加顺序不同，产生的现象也将不同。将$Na_2S_2O_3$溶液逐滴加入$AgNO_3$溶液中，观察到的现象是首先生成白色沉淀($Ag_2S_2O_3$)，然后沉淀很快变成黑色(Ag_2S)；若将$AgNO_3$溶液逐滴加入$Na_2S_2O_3$溶液中，刚滴入时局部有少量白色沉淀生成，随即溶解得无色溶液，当Ag^+浓度较稀时甚至难以观察到有沉淀产生。这是因为Ag^+在过量$S_2O_3^{2-}$溶液中生成无色的配离子$[Ag(S_2O_3)_2]^{3-}$。

$$Ag^+ + 2S_2O_3^{2-} \longrightarrow [Ag(S_2O_3)_2]^{3-}$$

3. 过硫酸及其盐

过硫酸可看作H_2O_2分子(H—O—O—H)中H原子被HSO_3^-取代的产物。若H—O—O—H中一个H被HSO_3^-取代后得H—O—O—SO_3H，称为过一硫酸；另一个H也被取代后得HSO_3—O—O—SO_3H，称为过二硫酸。其结构式为

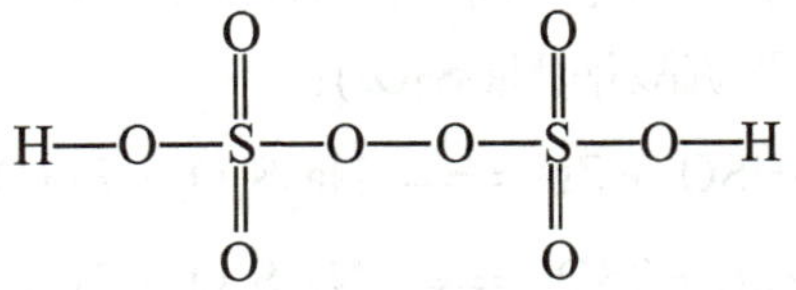

过氧键—O—O—中氧原子的氧化数为−1，不同于其他氧原子，硫原子的氧化数仍然是+6。

过二硫酸($H_2S_2O_8$)是无色晶体，338K 时熔化并分解。所有的 $H_2S_2O_8$ 及其盐都是强氧化剂，其标准电极电势为

$$S_2O_8^{2-} + 2e^- \xlongequal{} 2SO_4^{2-} \quad E_A^\ominus = +2.01V$$

$H_2S_2O_8$ 及其盐作为氧化剂在氧化还原反应过程中，其过氧链发生断裂，过氧链中两个氧原子的氧化数从−1 降到−2，而 S 的氧化数不变，依然为+6。例如，过硫酸钾 $K_2S_2O_8$ 将铜氧化成硫酸铜：

$$K_2S_2O_8 + Cu \xlongequal{} CuSO_4 + K_2SO_4$$

过二硫酸盐在 Ag^+的催化作用下能将 Mn^{2+}氧化成紫红色的 MnO_4^-：

$$2Mn^{2+} + 5S_2O_8^{2-} + 8H_2O \xlongequal{} 2MnO_4^- + 10SO_4^{2-} + 16H^+$$

如果没有 Ag^+作为催化剂，$S_2O_8^{2-}$ 只能将 Mn^{2+}氧化成 $MnO(OH)_2$ 的棕色沉淀：

$$S_2O_8^{2-} + Mn^{2+} + 3H_2O \xlongequal{} MnO(OH)_2\downarrow + 2SO_4^{2-} + 4H^+$$

$(NH_4)_2S_2O_8$ 是一种较常用的化学试剂，在工业上的钢铁分析中，常用过二硫酸铵氧化法(可用 $K_2S_2O_8$ 代替)测定钢中锰的含量。

过二硫酸及其盐热稳定性差，加热时容易分解：

$$2K_2S_2O_8 \xlongequal{\triangle} 2K_2SO_4 + 2SO_3\uparrow + O_2\uparrow$$

工业上在电解法制备过氧化氢的过程中就可以得到过二硫酸或过二硫酸盐。电解硫酸或硫酸氢铵溶液，在阳极(铂极)上 SO_4^{2-} 或 HSO_4^- 被氧化生成 $S_2O_8^{2-}$，在阴极上(石墨或铅极)产生氢气。

阳极：$2SO_4^{2-} \xlongequal{} S_2O_8^{2-} + 2e^-$ 或 $2HSO_4^- \xlongequal{} S_2O_8^{2-} + 2H^+ + 2e^-$

阴极：$2H^+ + 2e^- \xlongequal{} H_2\uparrow$

总反应：$2HSO_4^- \xlongequal{} S_2O_8^{2-} + H_2\uparrow$

4. 连二亚硫酸及其盐

经 X 光衍射分析表明，在连二亚硫酸($H_2S_2O_4$)中的 $S_2O_4^{2-}$ 是由两个 SO_2^- 原子团通过 S—S 键(键长为 239pm)结合而成的，其中 S 的氧化数为+3，分子构型如下：

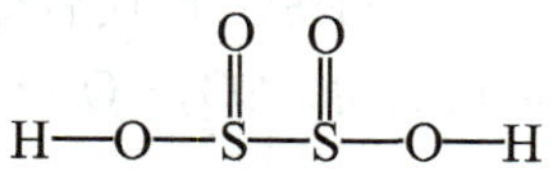

在没有氧的条件下，用 Zn 粉还原 $NaHSO_3$ 或用钠汞齐与干燥的 SO_2 作用，可以得到连二亚硫酸钠($Na_2S_2O_4$)：

$$2NaHSO_3 + Zn \xlongequal{} Na_2S_2O_4 + Zn(OH)_2$$

$$2Na[Hg] + 2SO_2 \xlongequal{} Na_2S_2O_4 + 2Hg$$

$Na_2S_2O_4$ 是一种白色粉末状固体，在工业上称为保险粉。

$Na_2S_2O_4$ 热稳定性差，加热到 402K 时即分解：

$$2Na_2S_2O_4 \xlongequal{\triangle} Na_2S_2O_3 + Na_2SO_3 + SO_2\uparrow$$

$Na_2S_2O_4$ 在水溶液中极不稳定，容易发生歧化反应。

$$2S_2O_4^{2-} + H_2O = S_2O_3^{2-} + 2HSO_3^-$$

$Na_2S_2O_4$ 具有强还原性，在碱性介质中是强还原剂，它的水溶液在空气中放置能被空气中的氧气氧化，生成亚硫酸盐或硫酸盐：

$$2Na_2S_2O_4 + O_2 + 2H_2O = 4NaHSO_3$$

$$Na_2S_2O_4 + O_2 + H_2O = NaHSO_3 + NaHSO_4$$

因此，$Na_2S_2O_4$ 在气体分析中用来吸收氧气；在印染工业中是非常重要的还原剂，许多有机染料都能被它还原；它广泛用于染料合成、造纸、保存食物和医学等领域。

15.3.6 氯磺酸和磺酰氯

氯磺酸(HSO_3Cl)是一种无色液体，有刺激性臭味，可看作硫酸分子中的一个羟基被 Cl 原子取代的产物。

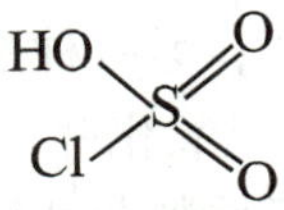

通过干燥的盐酸或 $PCl_5(PCl_3)$与发烟硫酸反应，可生成氯磺酸：

$$HCl + SO_3 = HSO_3Cl$$

$$PCl_5 + SO_2(OH)_2 = SO_2(OH)Cl + HCl + POCl_3$$

同时 HSO_3Cl 遇水会发生爆炸性的剧烈水解：

$$HSO_3Cl + H_2O = H_2SO_4 + HCl$$

氯磺酸也极易潮解，在潮湿空气中即会因吸水反应而形成酸雾，因此可用作烟雾剂。氯磺酸能较好地在有机反应中引入 HSO_3^- 基团，是有机合成中一种优良的磺化剂，有时可用此法来增强某些有机化合物的水溶性。

二氯化硫酰(SO_2Cl_2)又称磺酰氯，是一种无色发烟的液体，有刺激性臭味，相当于硫酸分子中的两个羟基都被 Cl 原子取代的产物。磺酰氯主要用于有机合成工业中。

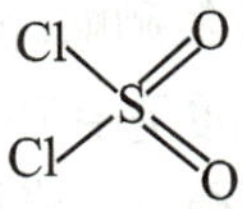

将 SO_2 和 Cl_2 气体通过催化剂(樟脑或活性炭)进行反应，就能化合生成 SO_2Cl_2。

SO_2Cl_2 遇水同样会发生剧烈水解，在潮湿空气中也会吸水形成酸雾：

$$SO_2Cl_2 + 2H_2O = H_2SO_4 + 2HCl$$

15.4 硒和碲及其化合物

15.4.1 硒和碲的单质

教学视频
硒的化合物

硒和碲具有相似的性质，各自存在几种同素异形体。硒单质是红色或灰色粉末，带灰色金属光泽的准金属，有灰硒、红硒和无定形硒。硒性脆，有毒，溶于二硫化碳、苯、喹啉，能导电，且其导电性随光照强度急剧变化，可作半导体和光敏材料。

硒在自然界的存在方式分为两种：无机硒和植物活性硒。无机硒一般指亚硒酸钠和硒酸钠，从金属矿藏的副产品中获得；后者是硒通过生物转化与氨基酸结合而成，一般以硒代蛋氨酸的形式存在。无机硒有较大的毒性，且不易被吸收，不适合人和动物使用，植物活性硒是人类和动物可使用的硒源。在有机形态的植物活性硒中，硒与碳原子直接成键，形成的有机硒化合物主要有硒代半胱氨酸、硒脲、硒代蛋氨酸、硒代胱氨酸、二甲基硒、二甲基二硒、三甲基硒等。

碲是一种准金属，碲的两种同素异形体中，一种是晶体碲，具有金属光泽，银白色，性脆，与锑相似；另一种是暗灰色无定形粉末碲。碲能溶于硫酸、硝酸、王水、氰化钾、氢氧化钾，不溶于冷水、热水和二硫化碳，常用作半导体器件、合金、化工原料及铸铁、橡胶、玻璃等工业添加剂。碲的毒性较硒弱。硒和碲能分别形成硒化物、碲化物及多硒化物(如Na_2Se_6)、多碲化物(如Na_2Te_6)。

15.4.2 硒和碲的氢化物

H_2Se、H_2Te均为V形分子，键角分别为91°、89°31′。主要通过金属硒化物、碲化物与水或酸作用制得

$$Al_2Se_3 + 6H_2O \xlongequal{} 2Al(OH)_3\downarrow + 3H_2Se\uparrow$$

$$Al_2Te_3 + 6H^+ \xlongequal{} 2Al^{3+} + 3H_2Te\uparrow$$

H_2Se、H_2Te均为无色有恶臭味的有毒气体，对上呼吸道黏膜和眼结膜有强烈的刺激作用，毒性比H_2S大。H_2Se是Se原子以sp^3杂化轨道成键、分子为V形的极性分子，水溶液氢硒酸($pK_{a1}^{\ominus}=3.77$，$pK_{a2}^{\ominus}=10$)是比乙酸强的弱酸。碲化氢的水溶液氢碲酸是中强酸($pK_{a1}^{\ominus}=2.64$，$pK_{a2}^{\ominus}=5.0$)，还原性较氢硫酸、氢硒酸强，很不稳定，光照易分解，室温下空气中的氧能使碲沉积出来。

H_2Se、H_2Te均不稳定，易溶于水，稳定性随原子序数增加而减弱，酸性和还原性随原子序数增加而增强。与H_2S一样，H_2Se、H_2Te也能与重金属生成硒化物或碲化物沉淀。

15.4.3 硒和碲的氧化物

硒和碲可与氧直接化合生成白色易挥发的 SeO_2 和难挥发的 TeO_2。

SeO_2 蒸气为黄绿色，有辛辣味。对光和热稳定。315℃升华。易吸收干燥氟化氢、氯化氢、溴化氢和碘化氢生成相应的卤氧化硒。与氨反应生成氮和硒。能被碳和其他有机物质还原。易溶于水，溶于乙醇、丙酮、乙酸、甲醇、苯和浓硫酸。SeO_2 主要用于电解锰工业中，其次用于饲料工业中生产亚硒酸钠，也可用于分析和制造其他硒化合物和高纯硒。亚硒酸钠是预防和治疗克山病的良好药物。

TeO_2 为性能优良的声光晶体。微溶于水，可溶于强酸和强碱，并形成复盐。受高热分解，放出有毒的蒸气。主要用于制备 TeO_2 单晶、红外器件、声光器件、红外窗口材料、电子元件材料及防腐剂等。

SeO_3 是白色固体，在潮湿空气中冒烟，是强酸性氧化物，极易吸水，溶于水生成硒酸 H_2SeO_4。加热时发生内部氧化还原反应，240℃生成 Se_2O_5，260℃生成 SeO_2。SeO_3 的制备必须在无水条件下进行，如在真空中由 H_2SeO_4 和 P_4O_{10} 作用制取：

$$2H_2SeO_4 + P_4O_{10} = 2SeO_3 + 4HPO_3$$

H_2SeO_4 的酸性和氧化性都很强。与硫酸相似，不易挥发，高浓度时能使有机物碳化，易溶于水，吸湿成为黏稠水溶液，在水中其第一步解离是完全的，第二步不完全解离。氧化剂，如 Cl_2、Br_2、$HClO_3$ 与 H_2SeO_3 反应可得 H_2SeO_4：

$$H_2SeO_3 + Cl_2 + H_2O = H_2SeO_4 + 2HCl$$

H_2SeO_4 的氧化性比硫酸强，能将氯离子氧化成氯气，自身被还原成 H_2SeO_3 或 SeO_2：

$$H_2SeO_4 + 2H^+ + 2Cl^- = H_2SeO_3 + Cl_2\uparrow + H_2O$$

TeO_3 有两种形式，一种是红色的 α-TeO_3，一种是灰色的 β-TeO_3，室温下为固体，加热变成微绿色蒸气，有毒。微溶于水，形成白色的原碲酸 H_6TeO_6，是原碲酸的酸酐。不与冷水、稀碱作用，可溶于浓碱中生成碲酸盐。TeO_3 可以由30%过氧化氢氧化二氧化碲而得，或用原碲酸与浓硫酸在氧气气氛中加热分解得到。

H_6TeO_6 是无色晶体，与硒酸和硫酸不同，是很弱的酸，但氧化性很强，可以将氯离子氧化成氯气，氧化能力介于硒酸和硫酸之间：

$$H_6TeO_6 + 2H^+ + 2Cl^- = H_2TeO_3 + Cl_2\uparrow + 3H_2O$$

硒酸的氧化能力强于第三周期的硫酸，也强于第五周期的原碲酸，这是元素周期表中第四周期元素性质反常的又一个例子。

——化学史话——

氧的发现与燃烧理论

安托万·拉瓦锡（A. Lavoisier，1743—1794，法国化学家）

氧的真正发现并被人们熟知是从18世纪开始的。17世纪末，燃素说开始在欧洲流传并在随后近百年中占据统治地位。这种学说将火认为是由无数细小而活泼的微粒构成的物质实体，即燃素。一切可燃物中都含有燃素，任何与燃烧有关的化学现象都可归结为物体吸收或释放燃素的过程。但燃素说不能阐明燃烧的本质，更无法解释全部的燃烧现象，特别是当人们对化学反应更多地进行定量研究之后，燃素说陷入了无法克服的困境。18世纪后半叶，氧气的发现揭开了燃烧的本质，也彻底推翻了燃素说，并建立起科学的燃烧理论，这是近代化学史上的一次重大革命。

最先在实验室中发现氧气的是瑞典化学家舍勒。1771年，舍勒研究了空气的组成。他在密闭容器中燃烧磷、硫和酒精等可燃物质，发现燃烧之后空气消失了1/5。因此，他认为空气至少是由两部分组成，一部分支持并参加了燃烧，称为“火气”，即现今说的氧气，占空气的1/5；剩余的4/5不支持燃烧，称为“浊气”，即现今说的氮气。为了确证“火气”的存在，舍勒继续进行了一系列制取氧气的研究。1771～1773年间，他通过多种方法(如加热氧化汞、氧化锰和硝石等物质)制得了氧气，并将他的研究成果发表在《论空气与火的化学》上。遗憾的是，这篇著作1777年才公开出版，而英国化学家普里斯特利在1774年也发现了氧气，并很快就公开发表了有关论文，时间比舍勒还早。由于受燃素说的支配，舍勒认为燃烧是空气中的火气成分与燃烧物体中的燃素结合的过程，火和热是火气与燃素生成的化合物，因而未能对燃烧现象做出正确的解释。

1774年，普里斯特利将氧化汞放到集气瓶里加热，收集到一种新的气体(即氧气)。这种气体不溶于水，蜡烛在这种气体中燃烧更旺。后又发现，老鼠在这种气体里存活的时间更长，而他本人在呼吸了这种气体后感觉肺部非常舒适。普里斯特利从燃素学说出发，认为这种气体就是新鲜的、不含燃素的空气，所以吸收燃素能力强，助燃能力大，因此将这种气体称为“脱燃素空气”。而普通的大气中已经含有不少燃素，所以助燃性就比较差。

普里斯特利和舍勒虽然各自独立地发现并制得了氧气，但他们都没有真正去研究这种气体到底是什么，只是利用现成的燃素说理论去解释，称这种气体为“火气”或“脱燃素空气”。他们都是燃素说的忠实信奉者，受到了燃素说的束缚。可以说，在探索真理的道路上，他们已经走到了真理面前，却未能认识它。推翻传统的、错误的燃素说，建立科学的燃烧理论的任务历史地落在了法国化学家拉瓦锡身上。

1774年，普里斯特利到访巴黎与拉瓦锡进行了交流，向拉瓦锡介绍了他制得“脱燃素空气”的实验过程。拉瓦锡立刻意识到普里斯特利的实验的重要性，并马上重复了普里斯特利的实验，也同样制得了普里斯特利所说的这种新的气体。但拉瓦锡认为这既不是比普通空气纯净的“脱燃素空气”，也不是“火气”，而是一种新的元素。他把这种元素命名为“氧”，意为“可产生酸的东西”，因为他发现所有的酸中都含有这种物质。虽然现在我们知道并非所有的酸中都含有氧，不过氧的名称却因此流传下来，沿用至今。

拉瓦锡的研究推翻了统治化学界达 100 年之久的燃素说，他指出世界上根本不存在什么燃素，物体燃烧也不是燃素从物体中分离出来，而是氧这种新的元素化合进去，用现在的说法就是“氧化”。1777 年，拉瓦锡向巴黎科学院提交了名为《燃烧概论》的报告，系统地阐明了他提出的新理论“氧化学说”，并对燃烧的本质进行了科学的论述。

在氧的发现问题上，拉瓦锡最初利用了燃素说的研究成果，最后又完全推翻燃素说，建立了正确的燃烧理论。拉瓦锡敢于冲破旧习惯势力的影响和传统观念的束缚，注重科学实践和理论思维的联系，透过现象看到问题的实质，从而做出科学判断，他的这种科学精神和研究思想都值得我们学习与借鉴！

拓展阅读

习　题

15-1 完成下列化学方程式。

(1) $H_2O_2 + KI + H_2SO_4 \longrightarrow$

(2) $O_3 + H_2SO_4 + KI \longrightarrow$

(3) $H_2O_2 + H_2S \longrightarrow$

(4) $S + H_2SO_4$(浓)$\longrightarrow$

(5) $H_2S + H_2SO_4 \longrightarrow$

(6) $SO_2 + Cl_2 + H_2O \longrightarrow$

(7) $KHSO_4 + Al_2O_3 \longrightarrow$

(8) $Na_2S_2O_3 + HCl \longrightarrow$

(9) $MnCl_2 + (NH_4)_2S_2O_8 + H_2O \longrightarrow$

15-2 氧原子除了以双原子分子 O_2 形式存在外，还能以 O_2^+ [如 $O_2(PtF_6)$]、O_2^- (如 KO_2) 和 O_2^{2-} (如 H_2O_2)存在，试用分子轨道理论说明 O_2、O_2^+、O_2^-、O_2^{2-} 的键级、键长和键能的递变顺序。

15-3 简述过氧化氢的结构与化学性质，并指出 H_2O_2 是一个在反应体系中不引入杂质离子的试剂的原因。

15-4 在硫酸酸化的双氧水中，加入适量的高锰酸钾($KMnO_4$)溶液，会发生什么现象？试写出反应方程式。

15-5 在 101.3kPa、20℃条件下，1 体积水可溶解 2.6 体积的 H_2S 气体。试求此时的 H_2S 饱和水溶液的物质的量浓度及 pH。

15-6 Fe^{3+}与 S^{2-}作用的产物可能有哪些？试写出全部的化学方程式。

15-7 写出 S 在 Na_2S、$Na_2S_2O_3$、Na_2SO_3、Na_2SO_4、$Na_2S_2O_8$ 中的氧化数，并从结构上分析它们的氧化还原性。

15-8 简述硫酸的结构和化学性质，并阐述在实验室中使用浓硫酸的注意事项。

15-9 为什么在实验室中不能长时间地保存 H_2S、Na_2S、Na_2SO_3 的水溶液？试写出反应方程式。

15-10 设计一个简便的分辨方案将以下固体物质区别开。

Na_2S、Na_2S_2、$Na_2S_2O_3$、Na_2SO_3、Na_2SO_4

15-11 浓硫酸能干燥下列哪种气体？

$$H_2S、NH_3、Cl_2、CO_2、H_2、SO_2$$

15-12 在水溶液中，Na_2S、Al_2S_3和As_2S_3中哪种物质水解最彻底？哪种最弱？在加热条件下，Na_2S的水解又怎样？

15-13 常温下，在容积一定的密闭容器内，使等物质的量的干燥气体SO_2和H_2S发生反应。待反应完全后恢复至初始温度，此时容器内的压强是原压强的几分之几？并说明原因。

15-14 一种盐A溶于水后，加入浓盐酸，有刺激性气体B产生，同时有淡黄色沉淀C析出；气体B能使高锰酸钾水溶液褪色；若将氯气通入A溶液中，氯气被吸收形成D溶液；D与钡盐溶液发生反应生成难溶于酸的白色沉淀E。试确定A～E为何物，并写出反应方程式。

(重庆大学　　张云怀　周明)

第16章 氮族元素

16.1 氮族元素概述

第 16 章 导学

教学视频

氮族元素概述、氮族元素单质

氮族元素是周期表第ⅤA 族元素，包括氮(nitrogen, N)、磷(phosphor, P)、砷(arsenic, As)、锑(stibium, Sb)、铋(bisumuth, Bi)、镆(Moscovium, Mc)六种元素。其中，氮和磷是非金属元素，砷和锑是准金属元素，铋是金属元素，镆是人工合成的放射性金属元素，因此人们也将磷以后的四种元素称为磷族元素。

氮族元素的价层电子构型是 ns^2np^3，各元素原子最外层的 p 轨道处于半充满的稳定状态。与同周期前后两族元素相比，其第一电离能大，电子亲和能小。因此，氮族元素要获得三个电子形成−3 氧化态离子较困难。只有电负性较大的 N、P 能形成极少数的离子型化合物，如 Li_3N、Mg_3N_2、Na_3P、Ca_3P_2 等，而且因 N^{3-}、P^{3-}的半径大，容易变形，遇水强烈水解生成 NH_3 和 PH_3。

在氮族元素中，第一电离能、电负性随原子序数的增加而减小；非金属性随之减弱。但由于第二周期的氮内层电子数少(只有 $1s^2$)，原子半径小，价电子层中没有可用于成键的 d 轨道，所以其性质与同族其他元素的性质有显著差异。从第四周期开始，因惰性电子对效应的增强，元素氧化数为+5 的化合态，稳定性减弱，氧化数为+3 的化合态，稳定性增强。

思考题 16-1

在氮族元素中，磷、砷、锑、铋又可归为一族，称为磷族，为什么？

氮族元素的基本性质列于表 16-1 中，在酸性、碱性溶液中的元素电势图见图 16-1。

表 16-1 氮族元素的基本性质

元素	氮	磷	砷	锑	铋
元素符号	N	P	As	Sb	Bi
原子序数	7	15	33	51	83
相对原子量	14.007	30.974	74.922	121.76	208.98
价层电子构型	$2s^22p^3$	$3s^23p^3$	$4s^24p^3$	$5s^25p^3$	$6s^26p^3$
共价半径/pm	70	110	121	141	155
电离能 $I_1/(kJ\cdot mol^{-1})$	1 402	1 012	947	834	703
电子亲和能 $A_1/(kJ\cdot mol^{-1})$	−6.75	−72.03	−78	−101	−100.9
电负性	3.04	2.19	2.01	2.05	1.90
氧化数	+1、+2、+3、+4、+5、−1、−2、−3	−3、+3、+5	+3、+5	+3、+5	+3、+5

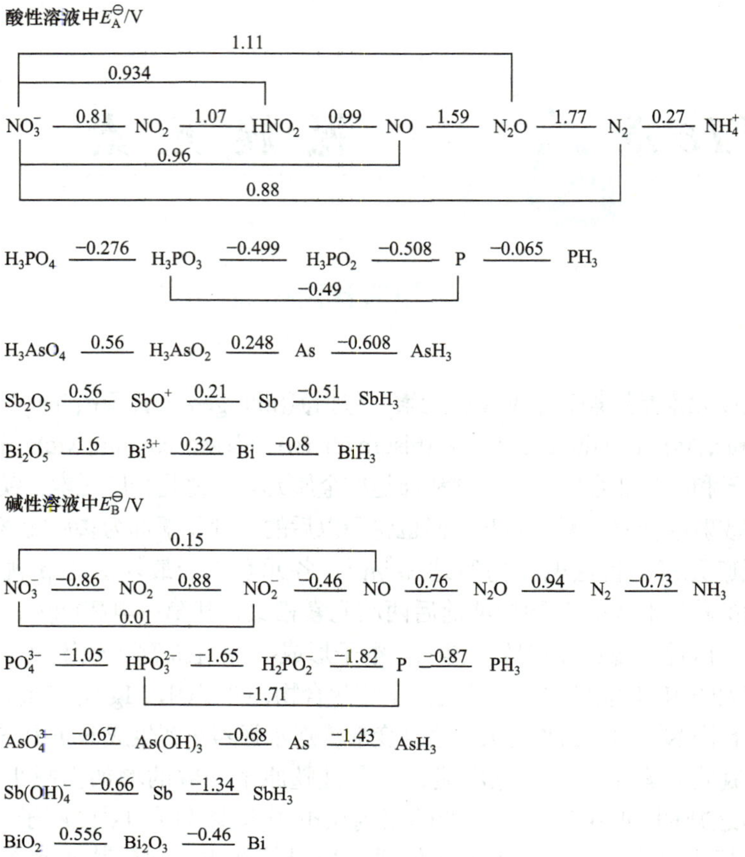

图 16-1 氮族元素电势图

氮在地壳中的丰度为 0.04%，绝大部分以游离态存在于大气中。在自然界中，南美洲的智利硝石($NaNO_3$)是最大的硝酸盐矿，动植物体内也含有一定量的化合态氮。

磷在地壳中的丰度为 0.118%，主要以化合态存在于磷酸盐矿石中，另外动植物体内也存在着化合态的磷。磷是人类从有机体中获得的第一个元素，法国科学家拉瓦锡首次将其列入化学元素行列，并利用磷的燃烧确定了空气的组成成分，正确认识到氧气对物质燃烧所起的作用，击破了燃素学说。所以，磷的发现促进了人们对空气的认识。

砷、锑、铋在自然界的丰度分别为 5.0×10^{-4}%、5.0×10^{-5}%、1.6×10^{-3}%，主要以硫化物矿存在，如雌黄 As_2S_3、雄黄 As_4S_4、砷黄铁矿 FeAsS、辉锑矿 Sb_3S_3、辉铋矿 Bi_3S_3 等。另外也存在少量的氧化物矿，如砒霜 As_2O_3、铋华 Bi_2O_3 等。

16.2 氮族元素的单质

16.2.1 氮和磷

1. 氮

N_2 是一种无色无臭的气体，熔点−210.01℃，沸点−195.79℃，难液化。

标准状态时，N_2的密度为1.2506g · mL^{-1}。N_2微溶于水，0℃时每毫升水仅能溶解0.023mL的N_2，常温常压下的溶解度为1∶0.02(体积比)。

在一般情况下，N_2的化学性质稳定，不易与其他物质发生反应。N_2的化学反应惰性受多种因素的影响，一是N_2分子中的N≡N键能非常大(946kJ · mol^{-1})，需要很高的活化能才能将其破坏(三键强度高也是氮元素没有同素异形体的原因)；二是N_2分子的最高占有轨道HOMO(σ_{2p})和最低未占轨道LUMO(π_{2p}^*)二者之间的能级间隔比较大(见图2-24)，使分子难以发生简单电子转移的氧化还原过程；此外，N_2分子为非极性分子，对称性高，极化率低。实验证明，加热至3000℃时只有0.1%的N_2解离，故N_2经常被用作保护气体。

常温下，N_2可与强还原剂，如金属Li缓慢反应生成Li_3N；高温时，N_2能和Mg、Ca、Ba、Sr、Al、B、Si等化合生成氮化物。

另外，在高温或放电条件下，N_2还能与H_2、O_2直接化合，这是合成氮肥的重要途径。据估计每年由雷电合成的氮化合物在4亿～5亿吨，而人工合成的氮肥仅约1亿吨，所以植物生长所需的氮主要源于大自然的贡献。

工业生产大量的N_2一般是以空气为原料，通过分馏液态空气而得到，其纯度为99%。常以15.2MPa(150atm)压强装入钢瓶，压缩成液氮存于液氮瓶中备用。

实验室需要少量的N_2可以用如下方法制得

$$NH_4NO_2 \xlongequal{\triangle} N_2\uparrow + 2H_2O\uparrow$$

实际制备时，可使用浓NH_4Cl和$NaNO_2$混合溶液加热。

拓展知识

N_2和CO的性质比较

N_2和CO的分子结构中都有14个电子，它们是等电子体，具有相似的结构和相近的性质，具体见表16-2。

表16-2 N_2和CO的结构与性质比较

结构性质	N_2	CO	结构性质	N_2	CO
结构式	N≡N	C$\leftleftarrows$O	溶解度/(mL · L^{-1})	16	23
沸点/℃	−195.79	−191.49	极化率/(10^{-40}C · m^2 · V^{-1})	1.93	2.14
熔点/℃	−210.01	−205.05	偶极矩/ (10^{-30}C · m)	0.00	0.40
气化热/(kJ · mol^{-1})	6.233	6.750	键能/(kJ · mol^{-1})	946	1 080
熔化热/(kJ · mol^{-1})	0.720 4	0.835 2	键长/pm	110	113
黏度/(mg · m^{-1} · s^{-1})	16.6	16.6	分子电离能/(kJ · mol^{-1})	1 504.1	1 352.6
密度/ (g · L^{-1})	1.16(20℃)	1.25(0℃)	配位能力	弱	较强

2. 磷

> **思考题 16-2**
>
> 白磷和钠的化学性质都非常活泼，为什么它们的存放方式不一样？

磷有多种同素异形体，常见的有白磷、红磷和黑磷三种。

白磷为无色透明蜡状固体，有剧毒，致死量约为 0.15g。白磷属于分子晶体，易溶于非极性溶剂如 CS_2 中，但不溶于水，可将其置于水中保存。白磷由 P_4 分子通过分子间力堆积而成。P_4 分子为正四面体构型[图 16-2(a)]，P 原子间以共价单键结合，键角∠PPP 为 60°，这样的分子内部有张力而不稳定，P—P 键的键能($209kJ \cdot mol^{-1}$)小，易被破坏，所以白磷的化学性质活泼，容易被氧化，在空气中能自燃。白磷的蒸气在空气中发生氧化反应，反应的部分能量以光的形式放出，这使得白磷在暗处也能发光。

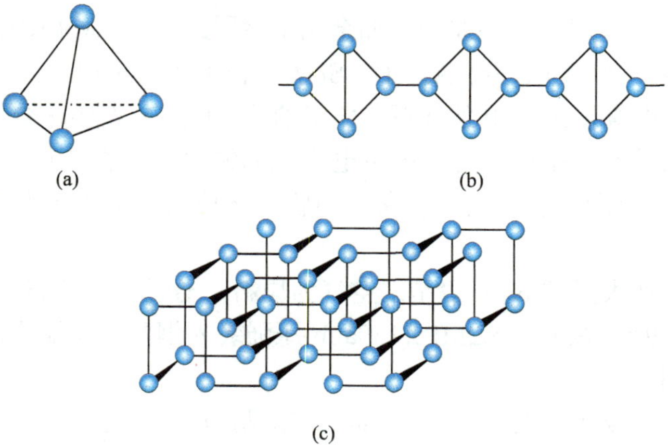

图 16-2　白磷(a)、红磷(b)和黑磷(c)的分子结构示意图

将白磷在隔绝空气条件下加热至 400℃，可制得红磷。红磷为暗红色固体，无毒，不溶于水、碱和 CS_2。红磷的结构较为复杂，其中一种结构为 P_4 分子中的一个 P—P 键断裂后相互连接而成一个链状结构[图 16-2(b)]。红磷比白磷稳定，其化学性质不如白磷活泼，在室温下不与 O_2 反应，400℃以上才能燃烧，不溶于有机溶剂。

在 220℃、1.216×10^9Pa 下，白磷可以转变为黑磷。黑磷的结构和石墨相似，但每一层内的磷原子并不都在同一个平面上，而是以共价键联结成网状结构[图 16-2(c)]。黑磷具有导电性，不溶于有机溶剂。

许多磷化合物的结构与 P_4 的分子结构有关，如磷的氧化物 P_4O_6、P_4O_{10}，硫化物 P_4S_3、P_4S_7、P_4S_{10} 等，都是以 P_4 分子结构为基础而衍生出来的。当讨论磷的性质，未加说明时一般是指白磷。

白磷能与碱作用，发生歧化反应，生成膦(PH_3)和次磷酸盐：

$$P_4 + 3NaOH + 3H_2O = PH_3 + 3NaH_2PO_2$$

磷不与非氧化性酸反应，但是可以被硝酸氧化生成磷酸：

$$3P + 5HNO_3 + 2H_2O \xlongequal{\triangle} 3H_3PO_4 + 5NO\uparrow$$

白磷能将 Au、Ag、Cu 等从它们的盐溶液中还原出来。例如：

$$11P + 15CuSO_4 + 24H_2O \overset{\triangle}{=\!=\!=} 5Cu_3P + 6H_3PO_4 + 15H_2SO_4$$

$$2P + 5CuSO_4 + 8H_2O \overset{冷}{=\!=\!=} 5Cu + 2H_3PO_4 + 5H_2SO_4$$

在工业上，白磷可用于制造磷酸、生产有机磷杀虫剂、制造烟幕弹等。

16.2.2 砷、锑、铋

单质砷和锑各有灰、黄、黑三种同素异形体，而铋没有。黄砷与黄锑不稳定，它们的蒸气化学式分别是 As_4、Sb_4，都为四面体结构，温度高于1073K 时分解为 As_2、Sb_2。在特定条件下锑和铋能形成易爆炸的同素异形体，称为爆锑、爆铋。在常温下砷和锑的最稳定单质是灰砷、灰锑。常温常压下，单质砷、锑、铋均为固体。砷是非金属，锑、铋是金属，但熔点较低且易挥发。一般金属熔化时导电性能降低，铋却相反，固体铋的导电性仅为液体的 48%左右。

通常状况下，砷、锑、铋在水和空气中比较稳定，不溶于稀酸和非氧化性酸，但能与 HNO_3、热浓 H_2SO_4 及王水反应。高温下，砷、锑、铋能和氧、硫、卤素等非金属反应，产物的氧化数一般是+3，而与氟反应，产物的氧化数是+5。砷、锑与稀 HNO_3 反应生成+3 氧化态化合物 H_3AsO_3 和 $Sb(NO_3)_3$，与浓硝酸反应生成+5 氧化态的 H_3AsO_4 和 $H[Sb(OH)_6]$。铋与硝酸反应只生成+3 氧化态的 $Bi(NO_3)_3$。锑、铋都不与碱反应，但砷可与熔融碱反应。

砷、锑、铋单质能与绝大多数金属生成合金或化合物，如与碱金属形成 A_3M 型化合物。砷、锑与ⅢA 族元素形成的化合物为半导体材料，如砷化镓(GaAs)、锑化镓(GaSb)、砷化铟(InAs)和锑化铟(InSb)等。铋与锡、铅等金属可制成低熔点合金，用作保险丝。

16.3 氮的化合物

16.3.1 氮的氢化物

教学视频
氮的氢化物和氧化物

1. 氨

1) 氨的结构

在 NH_3 分子中，N 原子采取不等性 sp^3 杂化，三个 sp^3 杂化轨道与 H 原子的 1s 轨道重叠形成三个 σ 键，剩余一个杂化轨道被孤对电子占据，不能成键。由于孤对电子的排斥作用，N—H 键间的夹角∠HNH 不是 109°28′，而是 107°18′，分子空间构型为三角锥形(图 2-15)。因此，NH_3 是极性分子。

2) 氨的物理性质

氨是一种具有刺激性臭味的无色气体，由于分子间有氢键，所以熔点(−77.74℃)、沸点(−33.42℃)高于同族磷的氢化物(PH_3)。氨易液化，蒸发热高，常被用作冷冻机的循环制冷剂。氨极易溶于水，常压 298K 时，在水中的溶解度为 1∶700(体积比)。氨水的密度小于 $1g \cdot mL^{-1}$，氨含量越高，密度越小。一般市售浓氨水的密度为 $0.88g \cdot mL^{-1}$，浓度为 $14.8mol \cdot L^{-1}$。液氨的介电常数为 26.7(水为 80.4)，是一种极性非水溶剂。与水相似，液氨也能发生自偶解离，但自耦常数(233K 时 $K^{\ominus} = 1.9 \times 10^{-30}$)比水小得多(298K 时 $K^{\ominus} = 1.0 \times 10^{-14}$)。

$$2NH_3 \rightleftharpoons NH_4^+ + NH_2^-$$

思考题 16-3

作为溶剂，液氨和水有什么异同？

液氨能溶解碱金属、碱土金属等活泼金属，形成蓝色溶液，其导电能力很强，类似于金属。这种金属液氨溶液是一种强还原剂，一般认为是由于形成了氨合电子 $e(NH_3)_n^-$ 而引起的，如：

$$Na + nNH_3 = Na^+ + e(NH_3)_n^-$$

金属钠的液氨溶液在放置过程中，蓝色会逐渐褪去，生成白色氨基钠固体，同时缓慢释放出 H_2：

$$2Na + 2NH_3(l) = 2NaNH_2 + H_2\uparrow$$

3) 氨的化学性质

(1) 弱碱性。NH_3 结合 H^+的能力强于 H_2O，能使其水溶液解离出 OH^-，所以具有碱性。

(2) 还原性。NH_3 分子中 N 处于最低氧化数，具有还原性，能与许多氧化剂反应，如：

$$4NH_3 + 3O_2 \xlongequal{400℃} 2N_2\uparrow + 6H_2O$$

$$4NH_3 + 5O_2 \xlongequal[\text{Pt-Rh}]{800℃} 4NO\uparrow + 6H_2O$$

$$2NH_3 + 3CuO \xlongequal{573K} 3Cu + N_2\uparrow + 3H_2O$$

$$2NH_3 + 3Cl_2 \xlongequal{\triangle} N_2 + 6HCl$$

NH_3 和 Cl_2 反应产生的 HCl 和剩余的 NH_3 进一步反应产生白烟，即生成了 NH_4Cl，工业上可用此方法来检查氯气管道是否泄漏。

(3) 配合性。NH_3 中 N 原子有孤对电子，所以具有配合性，能形成配合物，如：

$$Ag^+ + 2NH_3 = [Ag(NH_3)_2]^+$$

$$Zn^{2+} + 4NH_3 = [Zn(NH_3)_4]^{2+}$$

$$Co^{3+} + 6NH_3 = [Co(NH_3)_6]^{3+}$$

$$BF_3 + NH_3 = F_3BNH_3$$

(4) 取代性。NH_3 中 H 原子可被其他原子或原子团取代，如：

$$4NH_3 + COCl_2 = CO(NH_2)_2 + 2NH_4Cl$$

$$HgCl_2 + 2NH_3 \longrightarrow HgNH_2Cl\downarrow + NH_4Cl$$

这类反应与水解反应相似，称为氨解反应。

4) 氨的制备

在实验室，通常将铵盐与 CaO 或 $Ca(OH)_2$ 共热来制氨：

$$(NH_4)_2SO_4 + CaO \xrightarrow{\triangle} CaSO_4 + 2NH_3\uparrow + H_2O$$

$$2NH_4Cl + Ca(OH)_2 \xrightarrow{\triangle} CaCl_2 + 2NH_3\uparrow + 2H_2O$$

工业上，用 N_2 和 H_2 在高温、高压和铁催化剂存在(并使用助催化剂)条件下合成氨，反应式为

$$N_2 + 3H_2 \xrightarrow[500℃,\ 300\sim700atm]{Fe触媒} 2NH_3$$

高温和催化剂用以克服 N_2 的动力学惰性，高压则是从热力学角度上考虑，主要是为了克服该反应在操作温度下不利的平衡常数造成的影响。

拓展知识

合成氨领域有三位科学家获得了诺贝尔化学奖。1918 年，德国化学家弗里茨·哈伯(F. Haber)，因“从单质合成氨的研究”获奖；1931 年，德国化学家卡尔·博施(C. Bosch)因“发明和发展化学高压技术”获奖，他改进了合成氨的方法，后人命名为哈伯-博施法；2007 年，德国化学家格哈德·埃特尔(G. Ertl)因“对固体表面化学反应的研究”获奖，他的研究揭示了哈伯-博施合成氨法的原理。

2. 铵盐

NH_4^+ 中 N 原子采取 sp^3 杂化，与 H 原子形成四个 σ 键，其中一个是 σ 配位键，离子的几何构型为正四面体。NH_4^+ 是 Na^+的等电子体，半径为 143pm，与 K^+(133pm)、Rb^+(148pm)相近，因此铵盐的性质与碱金属盐(尤其是钾盐)相似。铵盐一般都是无色晶体，易溶于水。由于 NH_3 的弱碱性，铵盐都易水解。

铵盐受热易分解，分解产物与阴离子对应的酸的氧化性、挥发性及分解温度有关，通常有以下几种情况：

(1) 具有挥发性的非氧化性酸的铵盐，分解产物为 NH_3 和相应的酸，如：

$$NH_4HCO_3 \xrightarrow{\triangle} NH_3\uparrow + CO_2\uparrow + H_2O$$

$$NH_4Cl \xrightarrow{\triangle} NH_3\uparrow + HCl\uparrow$$

(2) 无挥发性的非氧化性酸的铵盐，分解产物为 NH_3 和酸式盐或酸，如：

$$(NH_4)_2SO_4 \xrightarrow{\triangle} NH_3\uparrow + NH_4HSO_4$$

$$(NH_4)_3PO_4 \xrightarrow{\triangle} 3NH_3\uparrow + H_3PO_4$$

(3) 氧化性酸的铵盐，分解产物是 N_2 或氮的氧化物，如：

$$(NH_4)_2Cr_2O_7 \xrightarrow{\triangle} N_2\uparrow + Cr_2O_3 + 4H_2O$$

$$2NH_4NO_3 \xrightarrow{573\,K} 2N_2\uparrow + 4H_2O\uparrow + O_2\uparrow$$

$$NH_4NO_3 \xrightarrow{\triangle} N_2O\uparrow + 2H_2O\uparrow$$

$$2(NH_4)_2CrO_4 \xrightarrow{\triangle} 2NH_3\uparrow + N_2\uparrow + Cr_2O_3 + 5H_2O$$

物质鉴定

NH_4^+ 的鉴定

方法 1：当 NH_4^+ 浓度较大时，加入强碱可生成能使红色石蕊试纸变蓝的 NH_3：

$$NH_4^+ + OH^- \longrightarrow NH_3\uparrow + H_2O$$

方法 2：微量的 NH_4^+ 可用奈斯勒试剂($K_2[HgI_4]$和 KOH 的混合溶液)进行鉴定，NH_4^+ 遇奈斯勒试剂生成红棕色沉淀：

$$NH_4Cl + 2K_2[HgI_4] + 4KOH \longrightarrow Hg_2NI\cdot H_2O\downarrow + KCl + 7KI + 3H_2O$$

3. 联氨

联氨(N_2H_4)也称“肼”，N_2H_4 中 N 原子采取不等性 sp^3 杂化，分子中形成 1 个 N—N σ 键，4 个 N—H σ 键，每个氮原子上都有 1 对孤对电子，结构如图 16-3(a)。联氨分子的极性很强，偶极矩 $\mu = 5.8 \times 10^{-30}C \cdot m$。

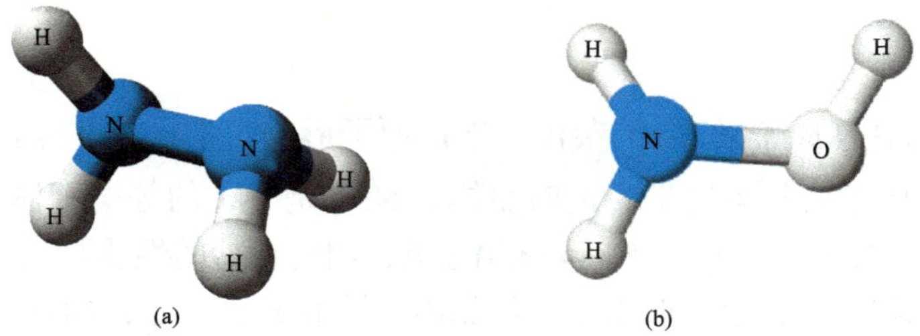

图 16-3 联氨(a)和羟胺(b)的分子结构

常温常压下，纯净的 N_2H_4 是无色液体，熔点为 1.54℃、沸点为 113.55℃、密度为 $1.0036g \cdot cm^{-3}$，是良好的极性溶剂。可通过 NH_3 与次氯酸钠溶液反应制得

$$2NH_3 + NaClO \longrightarrow N_2H_4 + NaCl + H_2O$$

N_2H_4 中 N 的氧化数为−2，在碱性溶液中

$$E^\ominus(N_2/N_2H_4) = -1.15V \qquad E^\ominus(N_2H_4/NH_3) = 0.1V$$

所以，联氨既有氧化性也有还原性。但联氨用作氧化剂时，反应速率非常慢，因此更多用作还原剂，如：

$$N_2H_4 + 2H_2O_2 \longrightarrow N_2\uparrow + 4H_2O$$

$$N_2H_4 + 4AgBr \longrightarrow N_2\uparrow + 4Ag\downarrow + 4HBr$$

$$N_2H_4 + 2I_2 \longrightarrow N_2\uparrow + 4HI$$

当联氨在空气中燃烧时释放大量的热，所以是高能燃料，可用作火箭推进剂。

$$N_2H_4 + O_2 \xrightarrow{\text{燃烧}} N_2\uparrow + 2H_2O$$

N 原子上的孤对电子使联氨具有较强的配位能力，所以联氨的水溶液具有碱性，且是二元弱碱：

$$N_2H_4 + H_2O \rightleftharpoons N_2H_5^+ + OH^- \qquad K_{b1}^{\ominus} = 8.7\times10^{-7}$$

$$N_2H_5^+ + H_2O \rightleftharpoons N_2H_6^{2+} + OH^- \qquad K_{b2}^{\ominus} = 1.9\times10^{-14}$$

也能与金属离子形成配位离子：

$$Co^{3+} + 6N_2H_4 \longrightarrow [Co(N_2H_4)_6]^{3+}$$

$$Pt^{2+} + 2N_2H_4 + 2NH_3 \longrightarrow [Pt(NH_3)_2(N_2H_4)_2]^{2+}$$

另外，联氨及其水溶液在热力学上是不稳定的，尤其在催化剂存在时极易发生分解反应：

$$N_2H_4 \xrightarrow{\text{催化剂}} N_2\uparrow + 2H_2\uparrow$$

4. 羟胺

羟胺(NH_2OH)也称“胲”，分子中 N 原子也采取不等性 sp^3 杂化，与 O 和 H 形成 3 个 σ 键，还有 1 对孤对电子，结构如图 16-3(b)所示。由于 O 的电负性大，对 N 原子的孤对电子吸引力强，因此羟胺的碱性和配位能力都弱于联氨。

常温常压下，羟胺是白色固体，不稳定，易分解，需要在 0℃以下保存，熔点为 33.1℃。可用 Pt 和木炭催化，使 NO 和 H_2 在硫酸溶液反应制得羟胺的硫酸盐：

$$2NO + 3H_2 + H_2SO_4 \xrightarrow{\text{铂, 木炭}} (NH_2OH)_2\cdot H_2SO_4$$

NH_2OH 中 N 的氧化数为−1，在碱性溶液中有

$$E^{\ominus}(N_2/NH_2OH) = -3.04V \qquad E^{\ominus}(NH_2OH/NH_3\cdot H_2O) = 0.42V$$

所以，羟胺既有氧化性也有还原性，但羟胺作为氧化剂的反应速率非常慢，没有实际意义。羟胺是强还原剂，可使银盐、卤素还原，本身转化成 N_2、N_2O、NO 等气体逸出，不给反应体系带来杂质：

$$2NH_2OH + 2AgBr \longrightarrow 2Ag + N_2\uparrow + 2HBr + 2H_2O$$

$$2NH_2OH + 4AgBr \longrightarrow 4Ag + N_2O\uparrow + 4HBr + H_2O$$

思考题 16-4

N_2H_4 和 NH_2OH 均可以看作是 NH_3 的取代产物，这三种物质均有弱碱性，试比较三者的碱性强弱并分析其原因。

5. 叠氮化物

当用联氨还原亚硝酸时，生成叠氮酸(HN_3)溶液：

$$N_2H_4 + HNO_2 \longrightarrow HN_3 + 2H_2O$$

在实验室中，还可用浓硫酸与 NaN_3 反应制备 HN_3。

纯净的 HN_3 是无色、有刺激性臭味的液体，熔点为−80℃，沸点为 35.7℃，毒性大，不稳定，易爆炸。叠氮酸的水溶液呈弱酸性，$K_a^{\ominus} = 2.4\times10^{-5}$。

HN_3的分子构型如图 16-4(a)所示，3 个 N 原子在一条直线上，其中 N(1)原子与 H 原子相连。在形成 HN_3 分子时，N(1)原子采取不等性 sp^2 杂化，N(2)、N(3)原子均采取 sp 杂化，如图 16-4(b)所示。N(1)原子的两个单电子杂化轨道分别与 H 原子和 N(2)原子各形成 1 个 σ 键，N(2)和 N(3)原子各利用一个单电子 sp 杂化轨道形成 1 个 σ 键，N(2)和 N(3)原子还分别利用其不参与杂化的 p 轨道"肩并肩"重叠形成 1 个 π 键。除此之外，3 个氮原子还分别剩余一个没有参与杂化的 p 轨道，彼此相互平行，"肩并肩"重叠形成 1 个离域 π 键，其中 N(1)、N(3)原子各提供 1 个电子，N(2)原子提供 2 个电子，4 个电子在 3 个 N 原子间形成Π_3^4键。N(1)和 N(2)之间的键长为 124pm，N(2)和 N(3)之间的键长为 113pm。

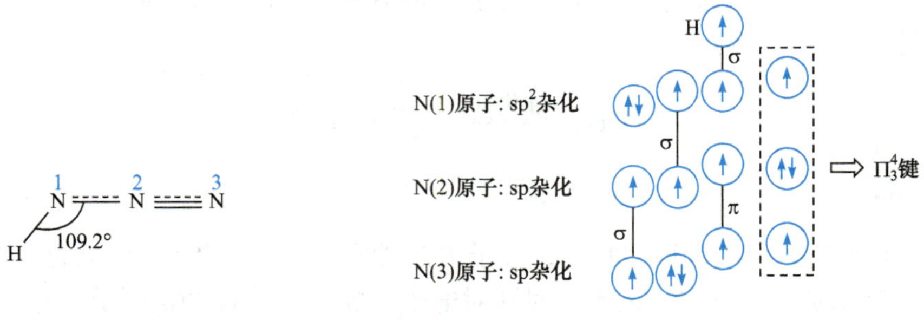

(a) (b)

图 16-4 叠氮酸分子的结构(a)及其成键示意图(b)

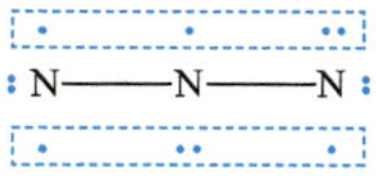

图 16-5 叠氮离子的结构示意图

HN_3 可与金属反应生成叠氮化物，所含的叠氮酸根离子(N_3^-)为直线形结构，与 CO_2 分子属等电子体，成键情况也相似，均含有 2 个Π_3^4离域 π 键，如图 16-5 所示。

叠氮化物一般不稳定，受热或受撞击时容易爆炸，在军事上常用作引爆剂。叠氮化钠(NaN_3)用于汽车安全气囊中的 N_2 的发生剂。

16.3.2 氮的氧化物

氮和氧结合能形成 N_2O、NO、N_2O_3、NO_2、N_2O_4、N_2O_5 等多种化合物，表 16-3 列出了它们的性质和结构。

1. 一氧化氮

一氧化氮(NO)的分子轨道式为$(1\sigma)^2(2\sigma)^2(3\sigma)^2(4\sigma)^2(5\sigma)^2(1\pi)^4(2\pi)^1$，属单电子分子，具有顺磁性。一般含有单电子的分子有颜色且不稳定，但 NO 既是无色气体又较稳定，被称为"稳定的自由基"。在反应中，NO 易失去 2π 轨道上的单电子而形成亚硝酰离子 NO^+。例如，NO 和 Cl_2 反应生成氯化亚硝酰 NOCl。

常温下，NO 能与 O_2、F_2、Cl_2、Br_2 等反应，其中与氧的反应极易发生，产生红棕色 NO_2 气体。

表 16-3 氮氧化物的性质和结构

化学式	键的形成	性状	化学性质	熔点/℃	沸点/℃	结构
N_2O	N 采取 sp 杂化，形成 2 个 σ 键和 2 个 Π_3^4 键	无色有甜味气体，易溶于水	稳定	−90.8	−88.5	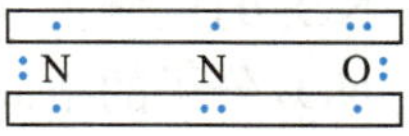
NO	N 采取 sp 杂化，形成 1 个 σ 键，1 个 π 键，1 个三电子 π 键	无色气体，液态呈蓝色，固态呈无色	反应活性适中	−163.6	−151.8	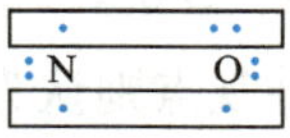
NO_2	N 采取 sp^2 杂化，形成 2 个 σ 键，N 原子还有 1 个单电子，若在杂化轨道上，则形成 1 个 Π_3^4 键，若在未杂化的 p_z 轨道上，则形成 Π_3^3 键	红棕色气体	强氧化性	−11.2	21.15	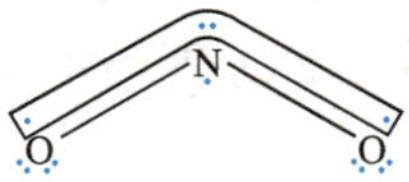
N_2O_3	N 采取 sp^2 杂化，形成 4 个 σ 键，1 个 Π_5^6 键	蓝色固体，液体呈浅蓝色	室温下分解成 NO 和 NO_2	−110.7	3.5 (分解)	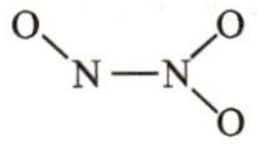
N_2O_4	N 采取 sp^2 杂化，形成 5 个 σ 键，1 个 Π_6^8 键	无色气体	强烈分解成 NO_2	−9.3	21.3	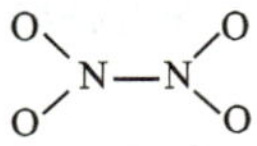
N_2O_5	N 采取 sp^2 杂化，形成 6 个 σ 键，2 个 Π_3^4 键	无色固体	不稳定	30	47 (分解)	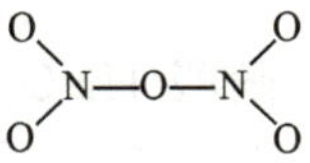

因为分子中存在孤对电子，所以 NO 能与金属离子形成配合物。例如，NO 与 $FeSO_4$ 溶液反应生成可溶性的棕色硫酸亚硝酰合铁(Ⅱ)：

$$FeSO_4 + NO = [Fe(NO)]SO_4$$

NO 是硝酸生产的中间产物，工业上采用铂催化氧化氨的方法来制取，实验室中常用铜与稀硝酸反应来制取。

近年的研究表明，NO 在生物体中起着非常重要的作用，它对于治疗心绞痛等疾病有着神奇的作用。

2. 二氧化氮和四氧化二氮

二氧化氮(NO_2)是一种红棕色的有毒气体，聚合后生成无色的四氧化二氮(N_2O_4)。N_2O_4 又极易分解成 NO_2，二者之间能很迅速地达到平衡：

拓展知识

NO 是一个非常独特的分子，它极其简单又引人注目，声名狼藉却又声誉卓著。NO 是大气中的有害气体，但在人体中能穿过生物膜，氧化外来物质，在受控小剂量下是有益成分。1992 年，世界著名期刊 *Science* 将 NO 评为明星分子。1998 年，三位美国科学家弗奇戈特(R. F. Furchgott)、伊格纳罗(L. J. Ignarro)和穆拉德(F. Murad)被授予诺贝尔生理学-医学奖，以表彰他们发现“NO 是心血管系统的信号分子”所做出的杰出贡献。研究表明，NO 是人体内一种很强的信号分子，它控制血压、调节血流量，使血液到达组织，为机体供应氧气和营养，是我们轻松保持血液健康的秘诀所在。

$$N_2O_4(g) \rightleftharpoons 2NO_2(g) \qquad \Delta_r H_m^\ominus = 57.2kJ \cdot mol^{-1}$$

N_2O_4的熔点为–9.3℃，沸点为21.3℃。在低于熔点温度时，全部为固态N_2O_4分子；在熔点温度的液体中含有约0.01%的NO_2；在沸点温度时的液体中含有约1%的NO_2，气体中含有约15.9%的NO_2；温度升高至135℃时，NO_2的比例占99%；当温度超过150℃，NO_2分解为NO和O_2。

NO_2分子的空间构型为V形(表16-3)，键角为134°，键长为119.3pm。在形成NO_2分子时，中心N原子采取sp^2杂化，分别与两端的O原子形成2个N—O σ键，此外还形成了1个三中心四电子的离域π键(Π_3^4键）。还有一种观点则认为NO_2分子中形成Π_3^3离域键。分子轨道的量子化计算和分子的电子自旋共振实验结果，比较支持形成Π_3^4离域键。NO_2分子的键角远大于120°，易发生聚合，这些性质都表明分子中含有单电子，有力地佐证了Π_3^4键的存在。

思考题 16-5

怎样消除氮氧化物对空气的污染？

NO_2中N处于中间氧化态，所以既具有氧化性又有还原性，以氧化性为主。NO_2能与水发生歧化反应，生成HNO_3和HNO_2：

$$2NO_2 + H_2O = HNO_3 + HNO_2$$

NO_2能和碱发生歧化反应，如：

$$2NO_2 + 2NaOH = NaNO_3 + NaNO_2 + H_2O$$

实验室通常用铜与浓硝酸反应来制备NO_2：

$$Cu + 4HNO_3(浓) = Cu(NO_3)_2 + 2NO_2\uparrow + 2H_2O$$

教学视频

氮的含氧酸及其盐

16.3.3 氮的含氧酸及其盐

1. 亚硝酸及其盐

亚硝酸(HNO_2)是一元弱酸，但酸性略强于乙酸($K_a^\ominus = 7.2\times10^{-4}$)。$HNO_2$很不稳定，仅存于冷的稀溶液中，室温下就能发生分解，生成HNO_3和NO。

拓展知识

硝酸工厂的尾气中含有NO，可用空气将其部分氧化成NO_2，再用Na_2CO_3溶液吸收这种混合气体而得到$NaNO_2$，有时混有少量$NaNO_3$。

亚硝酸盐一般为无色晶体，均有毒，易转化为致癌物质亚硝胺。除浅黄色的$AgNO_2$微溶外，一般都易溶于水，亚硝酸盐具有很高的热稳定性。通常可用碱液吸收等物质的量的NO和NO_2来制得亚硝酸盐：

$$NO + NO_2 + 2NaOH = 2NaNO_2 + H_2O$$

HNO_2具有顺式和反式两种结构[图16-6(a)]，常温下反式结构更稳定。亚硝酸根(NO_2^-)为V形结构，中心N原子采取sp^2杂化，分子中含有1个Π_3^4离域π键[图16-6(b)]。

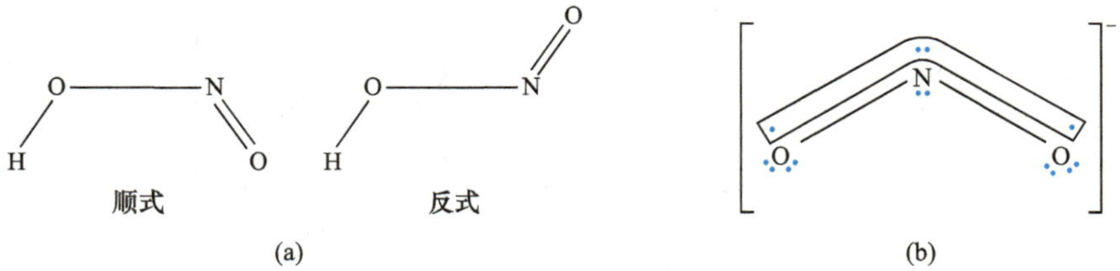

图 16-6 HNO_2 和 NO_2^- 的结构示意图

在亚硝酸和亚硝酸盐中，由于 N 原子处于+3 的中间氧化态，因此它们既有氧化性又有还原性，其氧化还原能力与介质的酸碱性、还原剂的特性、浓度、温度等因素有关。

在酸性介质中，HNO_2 以氧化性为主，但遇到很强的氧化剂(如 $KMnO_4$、Cl_2 等)时，又表现出还原性。NO_2^- 在酸性介质中以氧化性为主，但在酸性介质中若遇到更强的氧化剂，或在碱性介质中，NO_2^- 则以还原性为主。

$$2HNO_2 + 2I^- + 2H^+ = 2NO\uparrow + I_2 + 2H_2O$$

$$5NO_2^- + 2MnO_4^- + 6H^+ = 5NO_3^- + 2Mn^{2+} + 3H_2O$$

$$NO_2^- + Cl_2 + H_2O = NO_3^- + 2Cl^- + 2H^+$$

NO_2^- 中 N 和 O 原子都有孤对电子，所以 NO_2^- 具有很强的配位能力，能与许多金属离子形成配合物，当以 N 原子配位时称为硝基，以 O 原子配位时称为亚硝酸根。

将等物质的量的 NO 和 NO_2 混合溶解在冰水中或向亚硝酸盐的冷溶液中加酸时，能生成亚硝酸：

$$NO + NO_2 + H_2O \xlongequal{冷冻} 2HNO_2$$

$$NaNO_2 + H_2SO_4 \xlongequal{冷冻} HNO_2 + NaHSO_4$$

用金属在高温下还原硝酸盐可制备亚硝酸盐，如：

$$Pb + NaNO_3 \xlongequal{\triangle} PbO + NaNO_2$$

拓展知识

腊肉、火腿等腌制食品，以及各种卤肉等熟食中常含有亚硝酸盐，这是由食盐中存在的微量硝酸钠在腌制过程中被细菌还原而产生的。亚硝酸盐能够延缓肉毒杆菌的发作，减缓肉制品腐烂，保持香料的香味。但亚硝酸盐能将血红蛋白中的 Fe(Ⅱ)氧化为 Fe(Ⅲ)，使血液失去输氧功能，引起组织缺氧而中毒。因此，腊肉、火腿、卤肉等味道虽美，但也要少食用。

2. 硝酸及其盐

硝酸(HNO_3)是工业上一种重要的无机酸。纯硝酸是无色液体，熔点为 –41.6℃，沸点为 83℃，能和水互溶。市售浓硝酸含 HNO_3 约 68%，密度为 $1.4g \cdot mL^{-1}$，浓度相当于 $15mol \cdot L^{-1}$。溶解了过量 NO_2 的浓硝酸呈红棕色，由于挥发产生白烟，故通常称为发烟硝酸。发烟硝酸可用作火箭燃料的氧化剂。

HNO_3 分子和 NO_3^- 的结构如图 16-7 所示。HNO_3 分子为平面结构，N 原子采用 sp^2 杂化分别与 3 个 O 原子形成 3 个 σ 键，余下 1 个未参与杂化的两电子 p 轨道与 2 个非羟基 O 原子的单电子 p 轨道“肩并肩”重叠，形成一个离域 Π_3^4 键。

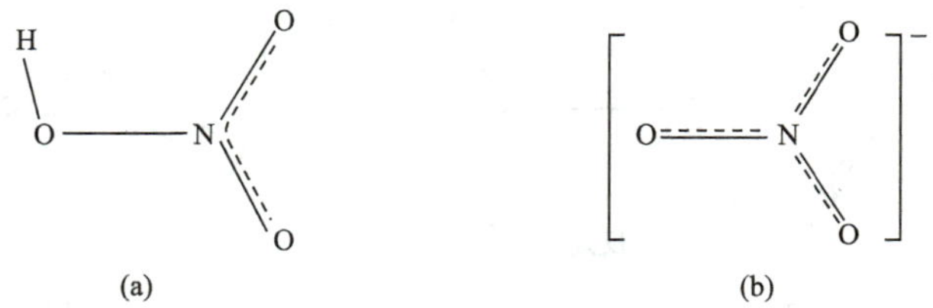

图 16-7　HNO_3 分子(a)和 NO_3^- (b)的结构示意图

NO_3^- 为平面正三角形结构，对称性较 HNO_3 分子高。N 原子也采用 sp^2 杂化与 3 个 O 原子形成 3 个 σ 键，余下 1 个未参与杂化的两电子 p 轨道和 3 个 O 原子的单电子 p 轨道“肩并肩”重叠，再外加一个负电荷上的电子，共同形成一个离域 Π_4^6 键。在 NO_3^- 中，键角为 120°，键长为 121pm，介于 N—O 单键键长(143pm)和 N═O 双键键长(119pm)之间。

思考题 16-6

比较浓硝酸和稀硝酸的氧化性强弱，并分析其原因。

对比 NO_3^- 和 HNO_3 分子的结构，NO_3^- 结构对称性高，较稳定，氧化性较弱；而 HNO_3 分子的对称性较弱，不如 NO_3^- 稳定，氧化性较强。

浓硝酸很不稳定，见光或受热易分解，因此应储存在棕色试剂瓶中，并置于阴凉处。浓硝酸长时间放置由于溶有分解生成的 NO_2 而发黄。

$$4HNO_3 = 4NO_2\uparrow + O_2\uparrow + 2H_2O$$

硝酸是重要的氧化剂，除了 Au、Pt、Rh、Ir、Nb、Ta、Ti 等少数金属外，硝酸几乎能将所有金属氧化，反应产物与硝酸浓度及金属活泼性有关。硝酸还可以将 S、P、As 等非金属氧化成相应的氧化物或含氧酸。硝酸与金属或非金属反应的一般规律总结如下。

(1) 与非金属反应，浓硝酸的还原产物主要是 NO_2，稀硝酸的还原产物主要是 NO，如：

$$3C + 4HNO_3(稀) = 3CO_2\uparrow + 4NO\uparrow + 2H_2O$$
$$C + 4HNO_3(浓) = CO_2\uparrow + 4NO_2\uparrow + 2H_2O$$
$$P + 5HNO_3(浓) = H_3PO_4 + 5NO_2\uparrow + H_2O$$
$$S + 6HNO_3(浓) = H_2SO_4 + 6NO_2\uparrow + 2H_2O$$

(2) 与不活泼金属反应，浓硝酸主要被还原成 NO_2，稀硝酸被还原成 NO，如：

$$3Cu + 8HNO_3(稀) = 3Cu(NO_3)_2 + 2NO\uparrow + 4H_2O$$
$$Ag + 2HNO_3(浓) = AgNO_3 + NO_2\uparrow + H_2O$$

(3) 与活泼金属反应，硝酸的还原产物随浓度变化较复杂，通常硝酸的浓度越低，还原产物中 N 原子的氧化数越低，如：

$$M + \begin{cases} HNO_3(12\sim16mol\cdot L^{-1}) \longrightarrow NO_2 \\ HNO_3(6\sim8mol\cdot L^{-1}) \longrightarrow NO \\ HNO_3(\sim2mol\cdot L^{-1}) \longrightarrow N_2O \\ HNO_3(<2mol\cdot L^{-1}) \longrightarrow NH_4^+ \\ HNO_3(极稀) \longrightarrow H_2 \end{cases}$$

(4) Fe、Al、Cr 等金属能溶于稀硝酸，但不溶于冷的浓硝酸，因为这些金属表面被浓硝酸氧化形成一层致密的氧化膜，阻止了内部金属与硝酸进一步作用，产生“钝化”现象。

(5) 与 Sn、Sb、As、Mo、W、V 等偏酸性的金属反应，生成其氧化物的水合物或含氧酸，如：

$$3Sn + 4HNO_3 + H_2O \xlongequal{\quad} 3SnO_2 \cdot H_2O\downarrow + 4NO\uparrow$$

(6) Au、Pt 等活泼性很差的金属不与硝酸反应，可用氧化性更强的王水将其溶解，如：

$$Au + HNO_3 + 4HCl \xlongequal{\quad} H[AuCl_4] + NO\uparrow + 2H_2O$$

$$3Pt + 4HNO_3 + 18HCl \xlongequal{\quad} 3H_2[PtCl_6] + 4NO\uparrow + 8H_2O$$

工业上制 HNO_3 最重要的方法是氨的催化氧化。将 NH_3 和空气的混合物通过装有 Pt-Rh 合金网的催化剂，氨在高温下被氧化成 NO，NO 继续与 O_2 反应生成 NO_2，NO_2 被水吸收得到 HNO_3：

$$4NH_3 + 5O_2 \xlongequal[760\sim840℃]{Pt\text{-}Rh} 4NO + 6H_2O$$

$$2NO + O_2 \xlongequal{\quad} 2NO_2$$

$$3NO_2 + H_2O \xlongequal{\quad} 2HNO_3 + NO\uparrow$$

在实验室中，常用硝酸盐和浓 H_2SO_4 共热来制备少量 HNO_3：

$$NaNO_3 + H_2SO_4(浓) \xlongequal{\triangle} NaHSO_4 + HNO_3\uparrow$$

大多数硝酸盐是无色晶体，易溶于水。硝酸盐的水溶液几乎没有氧化性，只有在酸性介质中才有氧化性，固体硝酸盐在高温时是强氧化剂。硝酸盐在常温下或水溶液中比较稳定，受热易分解，分解产物和金属离子的化学活性有关。

$$2MNO_3 \xlongequal{\triangle} 2MNO_2 + O_2 \ (M活性位于Mg前)$$

$$2M(NO_3)_2 \xlongequal{\triangle} 2MO + 4NO_2 + O_2 \ (M活性位于Mg\sim Cu间)$$

$$2MNO_3 \xlongequal{\triangle} 2M + 2NO_2 + O_2 \ (M活性位于Cu后)$$

另外，还存在一些特殊情况，如 $LiNO_3$ 热分解产物是 Li_2O，而不是 $LiNO_2$；$Sn(NO_3)_2$ 和 $Fe(NO_3)_2$ 热分解的产物是 SnO_2 和 Fe_2O_3，不是 SnO 和 FeO。

思考题 16-7

比较铵盐和硝酸盐的受热分解规律，并解释原因。

物质鉴定

NO_3^- 和 NO_2^- 的鉴定

NO_3^- 可以用棕色环实验进行鉴定。沿装有硝酸盐和 $FeSO_4$ 混合溶液的试管壁缓慢加入浓硫酸，在浓硫酸与溶液的界面处会生成由棕色配离子 $[Fe(NO)(H_2O)_5]^{2+}$ 构成的棕色环：

$$NO_3^- + 3Fe^{2+} + 4H^+ \xlongequal{\quad} NO + 3Fe^{3+} + 2H_2O$$

$$[Fe(H_2O)_6]^{2+} + NO \xlongequal{} [Fe(NO)(H_2O)_5]^{2+} + H_2O$$

NO_2^- 可在乙酸溶液中与 $FeSO_4$ 反应生成$[Fe(NO)(H_2O)_5]SO_4$，使溶液呈棕色(但观察不到棕色环)，利用这一反应可鉴定 NO_2^-：

$$NO_2^- + Fe^{2+} + 2H^+ \xlongequal{} NO + Fe^{3+} + H_2O$$

$$[Fe(H_2O)_6]^{2+} + NO \xlongequal{} [Fe(NO)(H_2O)_5]^{2+} + H_2O$$

由以上鉴定实验可知，NO_2^- 的存在会干扰 NO_3^- 的鉴定。为了消除干扰，可先在含 NO_3^- 的溶液中加入 NH_4Cl 共热，以除去可能存在的 NO_2^- 杂质：

$$NH_4^+ + NO_2^- \xlongequal{} N_2\uparrow + 2H_2O$$

16.3.4 氮的其他化合物

1. 氮化物

氮在高温时与金属或电负性小于自身的非金属反应生成的二元化合物称为氮化物，一般分为离子型、共价型和间充型三类。离子型氮化物主要指氮与ⅠA、ⅡA族金属形成的化合物，如氮化锂(Li_3N)、氮化钡(Ba_3N_2)、氮化钙(Ca_3N_2)等。这类氮化物不稳定，受热容易分解为氮和相应的金属；极易水解，与水蒸气反应生成氨气和金属氢氧化物：

$$3Mg_3N_2 \xlongequal{\triangle} 9Mg + 3N_2\uparrow$$

$$Li_3N + 3H_2O \xlongequal{} 3LiOH + NH_3\uparrow$$

间充型氮化物由氮与过渡金属元素形成，如氮化锰(Mn_5N_2)、氮化钨(W_2N_3)、氮化锆(ZrN)等。因为氮原子填充在这些氮化物的金属结构间隙中，所以具有金属的性质，表现出导电性、硬度、熔点和热稳定性高的特点。另外，这类氮化物不与水反应。

共价型氮化物则由氮与磷、硅、硼等非金属元素形成，如氮化磷(P_3N_5)、氮化硅(Si_3N_4)、氮化硼(BN)等，这类氮化物的热稳定性非常高。

2. 氮的卤化物

氮的卤化物中最重要的是三卤化物，其中 NF_3 稳定性很好，NCl_3 稳定性较差，NBr_3 极不稳定，NI_3 尚未制得。

NF_3 和 NCl_3 的分子构型与 NH_3 分子类似，均为三角锥构型。中心 N 原子采取不等性 sp^3 杂化，有一对孤对电子，因此均表现出一定的路易斯碱性。但由于 F 的电负性很大，成键电子对靠近 F 原子，使 N 原子上电子云密度降低，因此 NF_3 的路易斯碱性非常弱。

NCl_3 在水和碱溶液中能发生水解，其水解产物与同族的 PCl_3 不同。NF_3 在常温下不发生水解。

$$2NCl_3 + 6OH^- \xlongequal{} 3ClO^- + 3Cl^- + N_2\uparrow + 3H_2O$$

$$PCl_3 + 3H_2O \xlongequal{} H_3PO_3 + 3HCl$$

16.4 磷的化合物

16.4.1 磷的氢化物

PH_3(膦)的结构与 NH_3 相似，P 采取 sp^3 杂化，与 H 形成三个 σ 键，剩余一条 sp^3 杂化轨道被孤对电子占据，分子的几何构型为三角锥形[图 16-8(a)]。PH_4^+ 的结构与 NH_4^+ 相似，也是四面体构型[图 16-8(b)]。

教学视频
磷的氢化物和氧化物

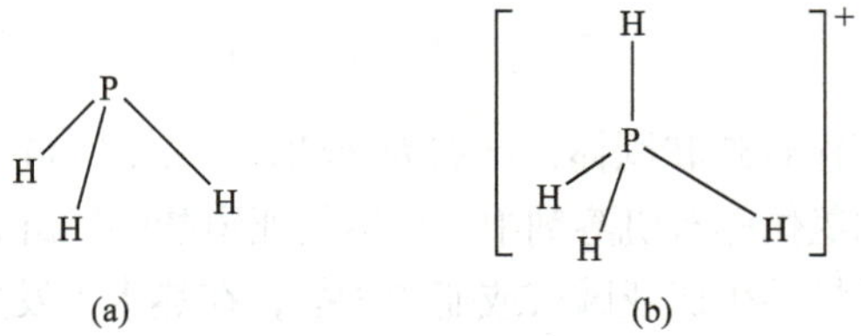

图 16-8 PH_3 分子(a)与 PH_4^+(b)的结构示意图

PH_3 是一种无色有大蒜臭味的剧毒气体，稳定性和碱性都低于 NH_3，微溶于水，常温常压下，PH_3 的溶解度为 26∶100(体积比)。由于具有弱碱性，所以 PH_4X 极易水解，在水溶液中不生成 PH_4^+：

$$PH_4X + H_2O \xlongequal{} PH_3\uparrow + H_3O^+ + X^-$$

PH_3 具有较强的还原性，能使 Cu^{2+}、Ag^+、Hg^{2+}等还原成金属单质：

$$PH_3 + 6Ag^+ + 3H_2O \xlongequal{} 6Ag\downarrow + 6H^+ + H_3PO_3$$

$$PH_3 + 4Cu^{2+} + 4H_2O \xlongequal{} 4Cu\downarrow + 8H^+ + H_3PO_4$$

PH_3 分子中 P 原子上有一对孤对电子，故能与许多过渡金属形成配位化合物，而且由于 P 原子还有空的 d 轨道，可接受过渡金属原子反馈的 d 电子而形成反馈 π 配键，因此 PH_3 的配位能力比 NH_3 的强得多。

PH_3 可利用金属磷化物水解或单质磷与碱反应得到：

$$Ca_3P_2 + 6H_2O \xlongequal{} 3Ca(OH)_2 + 2PH_3\uparrow$$

$$P_4 + 3NaOH + 3H_2O \xlongequal{} 3NaH_2PO_2 + PH_3\uparrow$$

思考题 16-8

试比较 NH_3 和 PH_3 在结构和性质上的异同？

16.4.2 磷的氧化物

磷的氧化物常见的有三氧化二磷(P_2O_3)和五氧化二磷(P_2O_5)两种。P_2O_3 是亚磷酸的酸酐，P_2O_5 是磷酸的酸酐。

1. 三氧化二磷

P_2O_3 是 P_4O_6 的简写，是磷在氧气不充足条件下生成的，其结构如图 16-9(a)所示。P_4O_6 的生成可以看作是四面体构型的 P_4 分子中的 P—P 键受到 O_2 分子进攻而断裂，再在每两个 P 原子间嵌入一个 O 原子而形成的。形成 P_4O_6 后，4 个 P 原子的相对位置并未发生变化，分子中的氧全部为桥基氧原子。由于分子具有类似球状结构而容易滑动，因此 P_4O_6 具有滑腻感。

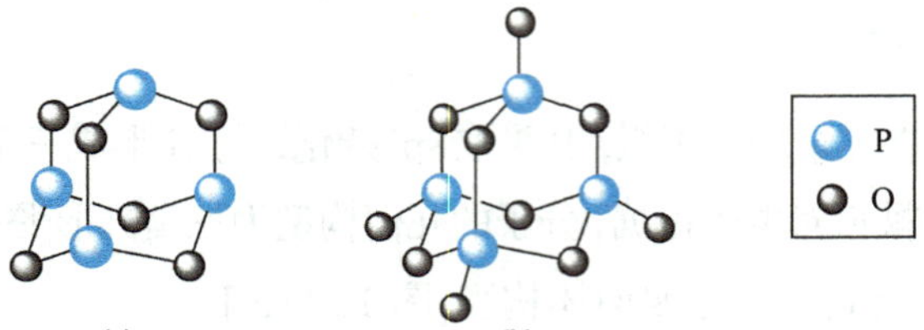

图 16-9　P_4O_6(a)与 P_4O_{10}(b)的结构示意图

P_4O_6 是白色吸湿性蜡状固体，熔点为 297K，沸点为 447K，有剧毒，能溶于苯、二硫化碳和氯仿等有机溶剂中。虽然是亚磷酸的酸酐，但只有和冷水或碱溶液反应时才缓慢地生成亚磷酸或亚磷酸盐，在热水中发生歧化反应：

$$P_4O_6 + 6H_2O(冷) == 4H_3PO_3$$

$$P_4O_6 + 6H_2O(热) == 3H_3PO_4 + PH_3\uparrow$$

2. 五氧化二磷

思考题 16-9

为什么磷在空气中燃烧产物实际是 P_4O_{10}?

P_2O_5 是 P_4O_{10} 的简写，磷在充足氧气中燃烧得到 P_4O_{10}，结构见图 16-10(b)。P_4O_6 分子中的每个 P 原子上还有一对孤对电子，可再与 O 原子结合，所以 P_4O_{10} 可以看作是 P_4O_6 进一步氧化的产物。

P_4O_{10} 是一种白色雪状固体，易升华(632K)，对水有很强的亲和力，吸湿性强，是一种干燥能力非常强的干燥剂，甚至还能从许多化合物中夺取化合态的水，如能使 H_2SO_4 或 HNO_3 脱水生成相应的酸酐：

$$P_4O_{10} + 6H_2SO_4 == 6SO_3 + 4H_3PO_4$$

$$P_4O_{10} + 12HNO_3 == 6N_2O_5 + 4H_3PO_4$$

P_4O_{10} 是磷酸的酸酐，但和水反应的产物与水的用量有关，如：

$$P_4O_{10} + \begin{cases} 2H_2O \longrightarrow (HPO_3)_4 \\ 3H_2O \longrightarrow H_3PO_4 + (HPO_3)_3 \\ 4H_2O \longrightarrow H_3PO_4 + H_5P_3O_{10} \\ 5H_2O \longrightarrow 2H_3PO_4 + H_4P_2O_7 \\ 6H_2O \longrightarrow 4H_3PO_4 \end{cases}$$

16.4.3　磷的含氧酸及其盐

教学视频
磷的含氧酸及其盐

磷有多种含氧酸，其中 P 原子均为 sp^3 杂化。表 16-4 列出磷的几种重要的含氧酸。

表 16-4 磷的几种重要含氧酸

名称	化学式	P 的氧化数	酸性	结构
次磷酸	H_3PO_2	+1	一元酸 $K_a^\ominus = 5.9\times10^{-2}$	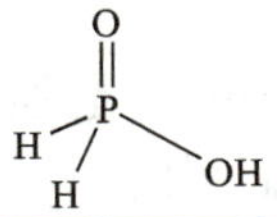
亚磷酸	H_3PO_3	+3	二元酸 $K_{a1}^\ominus = 3.7\times10^{-2}$ $K_{a2}^\ominus = 2.1\times10^{-7}$	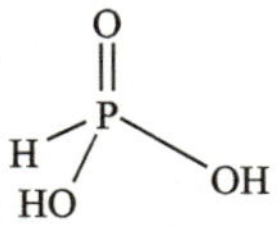
正磷酸	H_3PO_4	+5	三元酸 $K_{a1}^\ominus = 7.1\times10^{-3}$ $K_{a2}^\ominus = 6.3\times10^{-8}$ $K_{a3}^\ominus = 4.8\times10^{-13}$	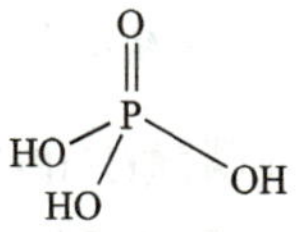
焦磷酸	$H_4P_2O_7$	+5	四元酸 $K_{a1}^\ominus = 0.12$ $K_{a2}^\ominus = 7.9\times10^{-3}$ $K_{a3}^\ominus = 2.0\times10^{-7}$ $K_{a4}^\ominus = 4.5\times10^{-10}$	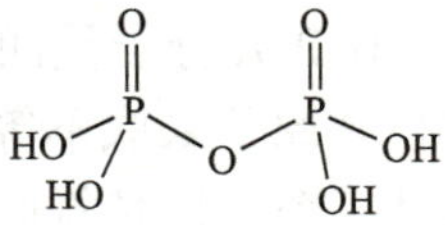
聚偏磷酸	$(HPO_3)_n$	+5	溶于水慢慢转化成正磷酸	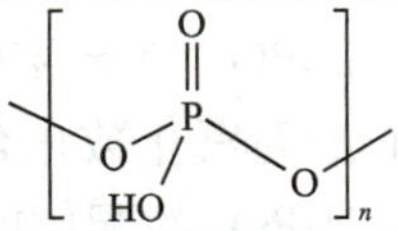

1. 次磷酸及其盐

纯的次磷酸(H_3PO_2)是无色晶体，熔点为 26.5℃，极易溶于水。在 H_3PO_2 的分子结构(表16-4)中，有两个 H 原子直接与中心 P 原子相连，不易解离出 H^+，而另外一个羟基氢原子在水中可解离出 H^+，因此 H_3PO_2 属于一元中强酸。

在常温常压下，次磷酸比较稳定，升温至 140℃分解，在碱性介质中升温到 100℃分解生成 H_2，碱浓度越大分解速率越快：

$$H_2PO_2^- + OH^- \xlongequal{\quad} HPO_3^{2-} + H_2$$

次磷酸的还原性很强，可以还原一些具有弱氧化性的金属离子，如：

$$H_3PO_2 + 4Ag^+ + 2H_2O \xlongequal{\quad} H_3PO_4 + 4Ag\downarrow + 4H^+$$

$$H_3PO_2 + Ni^{2+} + H_2O \xlongequal{\quad} H_3PO_3 + Ni\downarrow + 2H^+$$

碱金属、碱土金属及多数重金属的次磷酸盐都能溶于水，次磷酸的盐也具有很强的还原性，因此次磷酸及其盐主要用作化学镀银或化学镀镍的还原剂。

2. 亚磷酸及其盐

纯的亚磷酸(H_3PO_3)是白色固体，熔点为 74.4℃，易溶于水。H_3PO_3 含有两个羟基氢原子，为二元中强酸，能形成酸式盐和正盐，如 NaH_2PO_3、

Na_2HPO_3。H_3PO_3受热时发生歧化反应。

$$4H_3PO_3 \xlongequal{\triangle} 3H_3PO_4 + PH_3\uparrow$$

H_3PO_3是强还原剂，能还原中等强度的氧化剂，而自身被氧化成H_3PO_4，如：

$$H_3PO_3 + 2Ag^+ + H_2O = H_3PO_4 + 2Ag\downarrow + 2H^+$$

$$H_3PO_3 + H_2SO_4(浓) \xlongequal{\triangle} H_3PO_4 + SO_2\uparrow + H_2O$$

3. 磷酸及其盐

纯磷酸(H_3PO_4)是白色片状固体，熔点为42.4℃。磷酸能与水任意比互溶，市售的磷酸为黏稠状浓溶液(黏性较大与溶液中存在较多氢键有关)，含H_3PO_4约85%，密度为$1.6g\cdot mL^{-1}$，相当于$14mol\cdot L^{-1}$。

H_3PO_4分子呈四面体结构(表16-4)，其成键情况与H_2SO_4分子类似。中心P原子采取不等性sp^3杂化，P原子与3个羟基氧原子形成3个σ键，与另一个非羟基氧原子之间除形成1个σ配键外，还形成1个d-p π反馈配键，故非羟基氧与磷的化学键可表示为P═O双键。

H_3PO_4分子含有三个羟基氢原子，是一种三元中强酸。H_3PO_4虽然是磷的最高氧化数化合物，但却几乎没有氧化性。

H_3PO_4的配位能力很强，能与许多金属离子形成配合物，如与Fe^{3+}生成无色可溶性配合物$H_3[Fe(PO_4)_2]$、$H[Fe(HPO_4)_2]$等。基于这个性质，分析化学上常用磷酸掩蔽Fe^{3+}，以排除Fe^{3+}的存在对其他离子的分析产生干扰。

工业上利用硫酸分解磷酸钙矿生产磷酸：

$$Ca_3(PO_4)_2 + 3H_2SO_4 = 2H_3PO_4 + 3CaSO_4$$

正磷酸可以形成三种类型的盐，即磷酸正盐、磷酸一氢盐和磷酸二氢盐，如磷酸钠(Na_3PO_4)、磷酸一氢钠(Na_2HPO_4)和磷酸二氢钠(NaH_2PO_4)。大多数磷酸二氢盐易溶于水，而磷酸正盐和磷酸一氢盐中除K^+、Na^+、NH_4^+盐外，其余多难溶。在Ag^+的磷酸盐中，Ag_3PO_4正盐的溶解度最小，因此向各类磷酸盐溶液中加Ag^+时均生成黄色Ag_3PO_4沉淀：

$$PO_4^{3-} + 3Ag^+ = Ag_3PO_4\downarrow$$

$$HPO_4^{2-} + 3Ag^+ = Ag_3PO_4\downarrow + H^+$$

$$H_2PO_4^- + 3Ag^+ = Ag_3PO_4\downarrow + 2H^+$$

磷酸正盐比较稳定，受热一般不易分解，但磷酸一氢盐和磷酸二氢盐受热脱水分解成焦磷酸盐或偏磷酸盐。

磷酸盐中比较重要的是钙盐和铵盐，它们是重要的无机肥料。由于天然磷酸盐难溶于水，不能被农作物吸收，需经过化学处理。例如，用适量硫酸处理磷酸钙，得到的$CaSO_4$和$Ca(H_2PO_4)_2$的混合物称为过磷酸钙，可直接用作肥料：

$$Ca_3(PO_4)_2 + 2H_2SO_4 = Ca(H_2PO_4)_2 + 2CaSO_4$$

磷酸盐在生产和生活中用途非常广泛，如用作食品和饮料中的添加剂，农业上用作肥料，工业上利用磷酸盐处理钢铁构件，使其表面生成难溶性磷酸盐保护膜。磷酸盐也是构成生物体骨骼和牙齿的重要成分。人体内的磷酸盐主要以羟基磷灰石[$Ca_{10}(PO_4)_6(OH)_2$]的形式存在于骨骼和牙齿中。磷酸盐的存在使得骨骼和牙齿具有硬度和韧性，同时也能够参与钙离子的调节，维持骨骼和牙齿的健康。

拓展知识

牙釉质是牙齿表面的坚硬保护层，主要成分是羟基磷灰石。如果牙齿遇到酸性物质，会使牙釉质表面的钙磷脱落而出现“脱矿”现象。研究表明，长期饮用可乐、雪碧、果汁等酸性饮料会使牙釉质脱矿严重，形成龋齿。

4. 磷的其他含氧酸及盐

H_3PO_4加热至 200℃以上时发生缩合，相邻两个PO_4^{3-}单元之间通过 O 原子桥联形成链状多磷酸。缩合程度取决于加热的温度和时间，例如：

$$2H_3PO_4 \longrightarrow H_4P_2O_7 + H_2O$$

$$H_3PO_4 + H_4P_2O_7 \longrightarrow H_5P_3O_{10} + H_2O$$

焦磷酸($H_4P_2O_7$)是最简单的缩合磷酸，为无色晶体，易溶于水，可由两分子 H_3PO_4 脱去一分子 H_2O 生成 $H_4P_2O_7$，而 $H_4P_2O_7$ 在酸性溶液中又会缓慢水解生成 H_3PO_4：

$$H_4P_2O_7 + H_2O \longrightarrow 2H_3PO_4$$

$H_4P_2O_7$ 是四元中强酸，其酸性比 H_3PO_4 强。

焦磷酸盐与磷酸盐相似，多数难溶于水，但 $Ag_4P_2O_7$ 为白色难溶盐，所以可用 Ag^+来鉴别 PO_4^{3-} 与 $P_2O_7^{4-}$。

将 n 分子的 H_3PO_4 脱去 n 分子的 H_2O 则生成 1 分子的聚偏磷酸$(HPO_3)_n$。常见的聚偏磷酸有三偏磷酸和四偏磷酸。聚偏磷酸是硬而透明的玻璃状物质，易溶于水，在溶液中逐渐转化为 H_3PO_4，HNO_3 可催化此反应。

拓展知识

聚磷酸盐的使用已经造成藻类的过度生长，并导致一些天然水体富营养化。因此，许多国家已限制使用这类产品，其在家用洗涤剂中的使用也有所减少。但磷酸盐仍然被广泛用作肥料，从农田流失进入河流和湖泊的量比洗涤剂还要多。

偏磷酸盐可由磷酸二氢盐加热脱水聚合而得，例如：

$$3NaH_2PO_4 \xrightarrow{400\sim500℃} (NaPO_3)_3 + 3H_2O$$

正、焦、偏三种磷酸盐可用 $AgNO_3$ 和蛋白质加以鉴别。例如，$AgNO_3$ 与磷酸钠反应生成黄色沉淀，与焦磷酸钠或偏磷酸钠反应均生成白色沉淀，但其中偏磷酸盐能使蛋白质凝聚。

三聚磷酸钠($Na_5P_3O_{10}$)是使用最广泛的聚磷酸盐，主要作为合成洗涤剂的“增效助剂”生产洗衣产品、洗车液和工业清洗剂。因为三聚磷酸钠能与硬水中的 Ca^{2+}、Mg^{2+}形成稳定的螯合物，有效地抑制沉淀物的生成。

物质鉴定

PO_4^{3-} 和 $P_2O_7^{4-}$ 的鉴定

【**PO_4^{3-} 的鉴定**】将 PO_4^{3-} 与饱和钼酸铵溶液及适量的浓硝酸混合，加热，可慢慢生成黄色的磷钼酸铵沉淀，可用此法鉴定 PO_4^{3-}。

$$PO_4^{3-} + 3NH_4^+ + 12MoO_4^{2-} + 24H^+ \longrightarrow (NH_4)_3PO_4 \cdot 12MoO_3 \cdot 6H_2O\downarrow + 6H_2O$$

【$P_2O_7^{4-}$ 的鉴定】将 $P_2O_7^{4-}$ 与 $AgNO_3$ 溶液混合可生成白色沉淀，可用此法鉴定 $P_2O_7^{4-}$。而 PO_4^{3-} 与 $AgNO_3$ 溶液生成黄色 Ag_3PO_4 沉淀：

$$4Ag^+ + P_2O_7^{4-} = Ag_4P_2O_7\downarrow$$

16.4.4 磷的卤化物

磷的卤化物主要有三卤化磷(PX_3)和五卤化磷(PX_5)两种类型。磷与卤素单质反应生成卤化物，磷过量时生成 PX_3，卤素过量时生成 PX_5(PI_5不易生成)，PX_3与卤素反应也可以生成 PX_5。

在 PX_3 分子中，P 采取不等性 sp^3 杂化，与 X 原子形成三个 σ 键，剩余一条 sp^3 杂化轨道被孤对电子占据，所以分子的几何构型为三角锥形[图 16-10(a)]。因为 P 原子上有孤对电子，可作为电子对的给予体，因此 PX_3 能与许多金属离子形成配合物，如$[Ni(PCl_3)_4]$、$[Fe(PF_3)_4]$、$[Pt(PF_3)_4]$等。PX_3 也是弱的路易斯碱，其碱性随卤素相对原子质量的增大而增强，可以与一些强的路易斯酸(如 BBr_3)形成加合物。

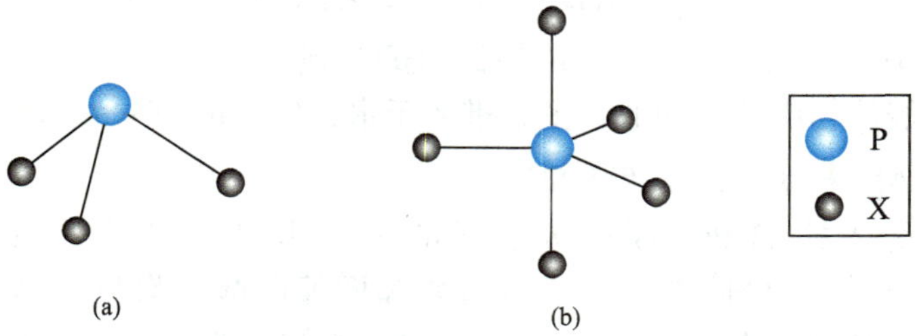

图 16-10 PX_3(a)和 PX_5(b)分子的结构示意图

PX_3 易与氧或硫反应，分别生成三卤氧化磷(POX_3)和三卤硫化磷(PSX_3)，例如：

$$2PF_3 + O_2 = 2POF_3$$

$$PBr_3 + S = PSBr_3$$

PCl_3 是最重要的三卤化磷，其在室温下为无色液体，极易水解，生成 H_3PO_3 和 HCl：

$$PCl_3 + 3H_2O = H_3PO_3 + 3HCl$$

气态 PX_5 分子中的 P 原子采取 sp^3d 杂化，与 X 原子形成五个 σ 键，分子的几何构型为三角双锥[图 16-10(b)]，其中三角形平面上三个 P—X 键的键长比轴向两个 P—X 键的键长稍短一些。

固态时，PF_5 为分子晶体，保持三角双锥构型。而 PCl_5 和 PBr_5 不再保持三角双锥构型，为离子晶体。PCl_5 晶体中含有正四面体的$[PCl_4]^+$和正八面体的$[PCl_6]^-$，PBr_5 晶体中含有正四面体的$[PBr_4]^+$和 Br^-。

PX_5 与 PX_3 类似，也易于水解，当水量不足时，部分水解生成 $POCl_3$ 和 HCl，水过量时完全水解生成 H_3PO_4 和 HCl：

$$PCl_5 + H_2O = POCl_3 + 2HCl$$

$$POCl_3 + 3H_2O = H_3PO_4 + 3HCl$$

16.5 砷、锑、铋的化合物

16.5.1 氢化物和氧化物

1. 氢化物

砷、锑、铋都能形成氢化物 MH_3，它们都是有毒、不稳定的无色气体，其稳定性按 AsH_3、SbH_3、BiH_3 的顺序依次降低。这三种氢化物受热分解为单质的反应是检验 As、Sb、Bi 非常灵敏的方法。

例如，砷化氢(也称为胂，AsH_3)在缺氧条件下受热分解成 As，析出的 As 沉积在玻璃上形成有金属光泽的“砷镜”，这是医学上鉴定砷中毒的马氏(Marsh)试砷法。此法非常灵敏，能检出 0.007mg 的 As。

$$2AsH_3 \overset{\triangle}{=\!=\!=} 2As + 3H_2$$

砷镜可用 NaClO 溶液溶解：

$$5NaClO + 2As + 3H_2O =\!=\!= 2H_3AsO_4 + 5NaCl$$

AsH_3 的还原能力极强，能将许多重金属盐还原成金属单质。例如，AsH_3 与 $AgNO_3$ 溶液反应有黑色 Ag 析出：

$$2AsH_3 + 12AgNO_3 + 3H_2O =\!=\!= As_2O_3 + 12HNO_3 + 12Ag\downarrow$$

此法也能检验微量砷的存在，灵敏性超过马氏试砷法，称为古氏(Gutzeit)试砷法。

砷、锑、铋的氢化物可由其金属化合物水解得到，也可用活泼金属还原其氧化物得到，如：

$$Na_3As + 3H_2O =\!=\!= AsH_3\uparrow + 3NaOH$$

$$As_2O_3 + 6Zn + 6H_2SO_4 =\!=\!= 2AsH_3\uparrow + 6ZnSO_4 + 3H_2O$$

2. 氧化物

砷、锑、铋有氧化数为+3 和+5 两个系列的氧化物，氧化数为+3 的有 As_2O_3、Sb_2O_3 和 Bi_2O_3，氧化数为+5 的有 As_2O_5、Sb_2O_5 和 Bi_2O_5(极不稳定)。

三氧化二砷(As_2O_3)俗称砒霜，为白色粉末状固体，有剧毒，致死量约为 0.1g。As_2O_3 微溶于水，溶解后生成亚砷酸(H_3AsO_3)。As_2O_3 是两性偏酸性氧化物，易溶于碱生成亚砷酸盐，溶于浓盐酸生成 As(Ⅲ)盐：

$$As_2O_3 + 6NaOH =\!=\!= 2Na_3AsO_3 + 3H_2O$$

$$As_2O_3 + 6HCl =\!=\!= 2AsCl_3 + 3H_2O$$

Sb_2O_3 和 Bi_2O_3 都难溶于水。Sb_2O_3 具有明显的两性，Bi_2O_3 是弱碱性化合物，不溶于碱。As_2O_3 和 Sb_2O_3 都有较强的还原性，但 Bi_2O_3 的还原性很弱。

As_2O_5、Sb_2O_5 和 Bi_2O_5 都呈酸性，而且酸性都强于相应的+3 氧化态氧

教学视频

砷锑铋的化合物

拓展知识

提到砒霜，人们总是将它与“剧毒”、“暴死”这样的词汇联系在一起，而事实上少量摄入砒霜可能对人类的健康有益，可用来治疗梅毒、肺结核病、肿瘤疾病，特别是急性脊髓白血病等疾病。砒霜还可用作长效杀虫剂、杀菌剂和除草剂。所以凡事要辩证看待，不能一概而论。

化物。As_2O_5、Sb_2O_5 和 Bi_2O_5 的氧化性依次增强。

16.5.2 氢氧化物及含氧酸

氧化数为+3 的砷、锑、铋的氢氧化物分别为亚砷酸(H_3AsO_3)、氢氧化锑[$Sb(OH)_3$]和氢氧化铋[$Bi(OH)_3$]，它们的酸性依次减弱，碱性依次增强。H_3AsO_3 是两性偏酸性化合物，微溶于水，易溶于酸和碱；$Sb(OH)_3$ 是两性偏碱性化合物，难溶于水，易溶于酸和碱；$Bi(OH)_3$ 是弱碱性化合物，难溶于水，只溶于酸。它们的还原性按 H_3AsO_3、$Sb(OH)_3$、$Bi(OH)_3$ 顺序减弱。

砷、锑、铋氧化数为+5 的氢氧化物分别是砷酸(H_3AsO_4)、锑酸($H[Sb(OH)_6]$)和铋酸($HBiO_3$)。H_3AsO_4 是弱酸，易溶于水；$H[Sb(OH)_6]$是两性偏酸性化合物，不溶于水和酸，易溶于碱；$HBiO_3$ 具有两性偏酸，极不稳定，易分解成 Bi_2O_3 和 O_2。这个系列化合物的酸性均强于对应氧化数为+3 的物质的酸性，它们的氧化性按 H_3AsO_4、$H[Sb(OH)_6]$、$HBiO_3$ 顺序增强。

16.5.3 盐类

砷、锑、铋的盐类有两种形式，即阴离子盐(MO_3^{3-}、MO_4^{3-})及阳离子盐(M^{3+}、M^{5+})。砷、锑主要形成阴离子盐，只有少数的卤化物及硫化物能形成阳离子盐，铋主要形成 Bi^{3+}类型的盐。

As(Ⅲ)、Sb(Ⅲ)、Bi(Ⅲ)的氯化物极易水解，其中 $SbCl_3$、$BiCl_3$ 水解生成白色碱式盐沉淀：

$$AsCl_3 + 3H_2O = H_3AsO_3 + 3HCl$$

$$SbCl_3 + H_2O = SbOCl\downarrow + 2HCl$$

$$BiCl_3 + H_2O = BiOCl\downarrow + 2HCl$$

Sb(Ⅲ)、Bi(Ⅲ)的硝酸盐也易水解生成白色碱式盐沉淀：

$$Sb(NO_3)_3 + H_2O = SbONO_3\downarrow + 2HNO_3$$

$$Bi(NO_3)_3 + H_2O = BiONO_3\downarrow + 2HNO_3$$

碱金属的亚砷酸盐易溶于水，碱土金属盐难溶，锑主要以偏聚酸盐存在，如 $NaSbO_2$、$NaSb_3O_5 \cdot H_2O$ 及 $Na_2Sb_4O_7$，而铋则以 Bi(Ⅲ)盐存在。

H_3AsO_4 为三元酸，其酸性与磷酸接近，同样也可以形成正盐(M_3AsO_4)和酸式盐(MH_2AsO_4、M_2HAsO_4)。其中 MH_2AsO_4 受热脱水后形成偏砷酸盐，如 $NaAsO_3$、$KAsO_3$ 等。

$H[Sb(OH)_6]$的钠、钾盐的溶解度都不大，$NaSb(OH)_6$ 的溶解度更小，所以定性分析上用 $K[Sb(OH)_6]$鉴定 Na^+。

虽然 Bi_2O_5 的存在至今还有争议，但 $NaBiO_3$ 确实存在，是一种黄色或棕色无定形粉末，不溶于冷水，在热水中分解。在酸性介质中 $NaBiO_3$ 是强氧化剂，分析化学中可用它检出 Mn^{2+}。

$$5NaBiO_3 + 2Mn^{2+} + 14H^+ = 2MnO_4^- + 5Bi^{3+} + 5Na^+ + 7H_2O$$

As(Ⅴ)、Sb(Ⅴ)也具有氧化性，在酸性介质中 Sb(Ⅴ)能氧化 I^-为 I_2，而

As(Ⅴ)要将 I^-氧化成 I_2 需强酸性条件：

$$[Sb(OH)_6]^- + 2I^- + 6H^+ = Sb^{3+} + I_2 + 6H_2O$$

$$H_3AsO_4 + 2HI = H_3AsO_3 + I_2 + H_2O$$

物质鉴定

Sb^{3+}和 Bi^{3+}的鉴定

Sb^{3+}和 Bi^{3+}都具有一定的氧化性，可被强还原剂还原成金属单质，利用该法可鉴定 Sb^{3+}。

$$2Sb^{3+} + 3Sn = 2Sb\downarrow + 3Sn^{2+}$$

在碱性溶液中，$[Sn(OH)_4]^{2-}$能将 Bi^{3+}还原成黑色金属 Bi，利用该法可鉴定 Bi^{3+}：

$$2Bi^{3+} + 3[Sn(OH)_4]^{2-} + 6OH^- = 2Bi\downarrow + 3[Sn(OH)_6]^{2-}$$

拓展知识

pH 对砷酸盐氧化能力的影响

砷酸盐具有氧化性，但只有在强酸性溶液中才能表现出明显的氧化性。例如：

$$H_3AsO_4 + 2I^- + 2H^+ = H_3AsO_3 + I_2 + H_2O$$

由图 16-11 可知，电对 H_3AsO_4/H_3AsO_3 的电极电势随 pH 增大而降低(图中斜线所示)，而电对 I_2/I^-的电极电势在一定 pH 范围内不随溶液 pH 的改变而改变(图中的水平直线所示)。

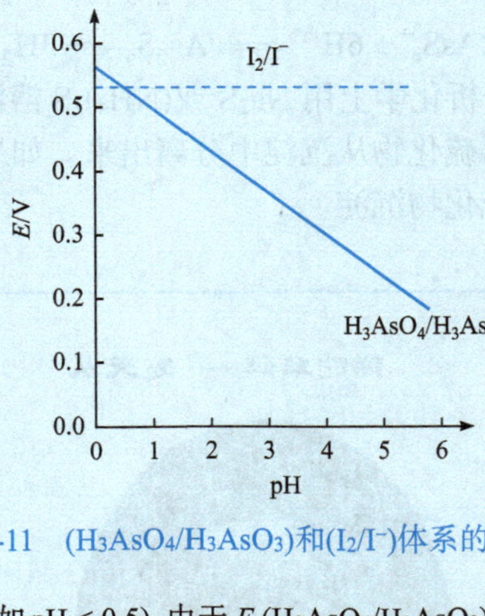

图 16-11 (H_3AsO_4/H_3AsO_3)和(I_2/I^-)体系的 E-pH 图

在强酸性条件下(如 pH < 0.5)，由于 $E(H_3AsO_4/H_3AsO_3) > E^\ominus(I_2/I^-)$，因此 H_3AsO_4 可以氧化 I^-；而随着溶液的酸性逐渐减弱、碱性逐渐增强时(如 pH > 1)，$E(H_3AsO_4/H_3AsO_3) < E^\ominus(I_2/I^-)$，此时 H_3AsO_4 不能氧化 I^-，而 I_2 能将 H_3AsO_3 氧化。

将 H_2S 通入砷、锑、铋的 M(Ⅲ)盐溶液或 MO_3^{3-}、MO_4^{3-} 的强酸性溶液中，能得到相应的硫化物，主要有黄色的 As_2S_3 和 As_2S_5，橙色的 Sb_2S_3 和 Sb_2S_5，以及黑色的 Bi_2S_3。由于 Bi(Ⅴ)的氧化性很强，所以 Bi_2S_5 难以生成。表 16-5 列出了砷、锑、铋的硫化物的一些性质。

表 16-5 砷、锑、铋的硫化物及其性质

硫化物	As_2S_3	As_2S_5	Sb_2S_3	Sb_2S_5	Bi_2S_3
颜色	黄色	黄色	橙色	橙色	黑色
酸碱性	两性偏酸性	两性偏酸性	两性	两性	碱性
在 H_2O 中	不溶	不溶	不溶	不溶	不溶
在稀 HCl 中	不溶	不溶	不溶	不溶	不溶
在浓 HCl 中	不溶	不溶	溶	溶	溶
在浓 HNO_3 中	溶	溶	溶	溶	溶
在 NaOH 中	溶	溶	溶	溶	不溶
在 Na_2S 或$(NH_4)_2S$ 中	溶	易溶	溶	易溶	不溶
在 Na_2S_2 或$(NH_4)_2S_2$ 中	溶	不溶	溶	不溶	不溶

砷、锑、铋的硫化物与酸或碱的反应同它们相应的氧化物类似。其中，砷、锑的硫化物能溶于碱溶液，生成相应的含氧酸盐和硫代酸盐；还能溶于 Na_2S 或$(NH_4)_2S$ 溶液，生成相应的硫代酸盐。Bi_2S_3 偏碱性，不能发生类似反应。

$$M_2S_3 + 6OH^- = MO_3^{3-} + MS_3^{3-} + 3H_2O \qquad (M = As、Sb)$$

$$4M_2S_5 + 24OH^- = 3MO_4^{3-} + 5MS_4^{3-} + 12H_2O \qquad (M = As、Sb)$$

$$M_2S_3 + 3Na_2S = 2Na_3MS_3 \qquad (M = As、Sb)$$

$$M_2S_5 + 3Na_2S = 2Na_3MS_4 \qquad (M = As、Sb)$$

硫代酸盐与酸反应生成的硫代酸很不稳定，立即分解为相应的难溶硫化物并放出 H_2S 气体，如：

$$2AsS_3^{3-} + 6H^+ = As_2S_3\downarrow + 3H_2S\uparrow$$

$$2AsS_4^{3-} + 6H^+ = As_2S_5\downarrow + 3H_2S\uparrow$$

根据以上性质，分析化学上用 Na_2S 或$(NH_4)_2S$ 溶液将砷、锑的硫化物溶解，使之与某些金属硫化物从沉淀中分离出来。如果将分离后的溶液酸化，又能得到原来的硫化物沉淀。

化学史话

锑的丰碑——赵天从

赵天从（1906—1995，我国冶金学家、有色金属冶金教育家）

赵天从是我国河北赵县人，原中南大学教授、博士生导师。赵先生一生从事冶金学研究和教育工作，他首创的锑冶金工艺为我国锑冶金工业保持国际领先水平做出了巨大贡献。

赵天从 16 岁考入河北省第十五中学。1926 年，赵天从考入天津北洋大学工学院矿冶系，从此与我国的冶金事业结下了一生的缘分！

1937 年，赵天从前往英国的帝国理工学院学习锑冶金专业，1939 年学成回国。1940 年，赵天从被任命为新建的纯锑精炼厂厂长兼工程师。在战乱频繁的情况下，他因陋就简，克服重重困难，最终研究出一套独具特色的“碱性空气氧化法精炼纯锑工艺”。这种方法不但减少了污染和资源损失，而且第一次将中国金属锑产品的品位提高到 99.8%，达到当时国际上的最高水平。有色金属冶金工作者都称之为“赵氏炼锑法”。

太平洋战争爆发后，日军的铁蹄踏遍东南亚，中缅公路被截断。国内生产的纯锑无法外运，工厂开工不足，工人面临失业的境地。赵天从又苦苦思索，将眼光投向国内。他自己动手设计和制作实验设备，将纯锑试制成洁白细腻的三氧化锑(锑白)及各种含锑合金和颜料(油漆)。他不顾日机轰炸的危险，带领工人紧张施工，将冷水江纯锑精炼厂改建为锑品制造厂，推出了中国第一炉采用“间接法制取锑白工艺”生产锑白。这项工艺不但解决了因出口滞销带来的困难，而且扩展了锑的用途。

我国锑资源居世界首位，特别是湖南的锡矿山是世界有名的锑都(因一度被认为产的是锡矿，因此被命名为锡矿山)，但新中国成立前我国的锑冶金工业水平一直处于落后状态。赵天从通过艰苦研究，改变了中国锑冶金行业的面貌，创造了属于中国人自己的核心技术。他研究的精炼纯锑工艺和间接法制取锑白工艺奠定了我国现代锑冶金工业的基础，为我国锑冶金工业居国际领先水平做出了巨大的贡献。即使设备和工况制度几经变化，这些技术一直沿用至今。

赵天从不仅为我国锑冶金工业的发展奠定了坚实基础，新中国成立以后他还肩负起了为祖国培养有色金属冶金人才的重任，将他的大半生都奉献给了祖国的有色金属冶金教育事业。

1952 年，我国高校进行院系调整，赵天从从北京回到湖南，参与筹建中南矿冶学院工作，任冶金系教授、教研室主任、系副主任，并兼中国科学院长沙矿冶研究所研究员。他在中南构架起了我国有色金属冶金学科教育体系，为我国有色冶金学科的人才培养做出了卓越贡献。

进入 20 世纪 80 年代后，赵先生年事已高，但为了将多年积累的知识和经验奉献给祖国，留传给后人，他辛勤笔耕，著书立作，共出版著作及教材 11 部。数百万字的巨著，渗透着老先生的心血。

1983 年，77 岁高龄的赵天从加入中国共产党时，高兴地说：“我是垂暮之年喜逢春啊！虽年近耄耋，但不服老。我愿在有生之年，为党的教育事业和祖国的四化建设继续出力，鞠躬尽瘁，死而后已。”

从青年时代立志实业报国，到锡矿山恢复发展锑工业，到筹建中南矿冶学院，再到晚年著书立说、培养冶金人才，赵天从始终将奉献国家、奉献人民作为人生信条和价值取向。他在对中国共产党的接触、信赖、追随中，将共产主义作为终身的追求，倾尽一生，树起了锑冶金史上的一座丰碑。

拓展阅读

习 题

16-1 在实验室中，怎样配制 $SbCl_3$、$Bi(NO_3)_3$ 溶液，写出相关的化学方程式。

16-2 如何鉴定 NH_4^+、NO_3^-、NO_2^-、PO_4^{3-}、$P_2O_7^{4-}$，写出其反应方程式。

16-3 能否用 NH_4NO_3、$(NH_4)_2Cr_2O_7$、NH_4HCO_3 制备 NH_3，为什么？给出相关的化学方程式。

16-4 试说明在 Na_2HPO_4 和 NaH_2PO_4 溶液中加入 $AgNO_3$ 溶液均析出黄色沉淀的原因，而在 PCl_5 完全水解后的产物中，加入 $AgNO_3$ 只有白色沉淀，而无黄色沉淀的原因。

16-5 试说明 $H_4P_2O_7$ 的酸性比 H_3PO_3 强。

16-6 在 N_2^+、NO^+、O_2^+、Li_2^+、Be_2^{2+} 五种离子中，哪种稳定性最高，为什么？

16-7 利用电极电势讨论在酸性介质中 Bi(V)氧化 Cl^-为 Cl_2，在碱性介质中 Cl_2 可将 Bi(Ⅲ)氧化为 Bi(Ⅴ)。

16-8 比较 As、Sb、Bi 的硫化物在浓 HCl、NaOH 或 Na_2S 溶液中的溶解情况，并讨论它们的硫代酸盐的生成和分解。

16-9 某工业废液中含有 2%～5%的 $NaNO_2$，直接排放将对环境造成污染，问下列 5 种试剂中，哪些能消除 $NaNO_2$ 而不会引起二次污染？用相关化学方程式说明理由。①NH_4Cl；②H_2O_2；③$FeSO_4$；④$CO(NH_2)_2$；⑤ $NH_2SO_3^-$ (氨基磺酸盐)

16-10 怎样除去空气中 PH_3 带来的污染？写出相关的化学方程式。

16-11 为什么 NH_3 的沸点高(−33℃)，是一种典型的路易斯碱，而 NF_3 的沸点低(−129℃)，且不显碱性？

16-12 试举例说明亚硝酸及其盐既有氧化性，又具有还原性，并解释原因。

16-13 向镁盐溶液中加入 Na_2HPO_4、氨水、NH_4^+ 溶液可以制备 $MgNH_4PO_4$，写出有关离子反应方程式，并说明为什么要加入铵盐？

16-14 汽车尾气中的 NO 和 CO 均为有害气体，请利用热力学理论论述可否通过下列反应实现对这两种废气污染的治理？

$$2CO + 2NO = 2CO_2\uparrow + N_2\uparrow$$

16-15 有一白色固体化合物 A，微溶于水，但易溶于氢氧化钠溶液和浓盐酸中。A 溶于浓盐酸得到 B 溶液，向其中通入硫化氢气体得黄色沉淀 C。C 难溶于盐酸，易溶于氢氧化钠溶液，C 溶于硫化钠溶液得一无色溶液 D，若将 C 溶于 Na_2S_2 溶液中则得无色溶液 E。向 B 中滴加溴水，则溴水褪色，同时 B 转为无色溶液 F，向 F 的酸性溶液中加入淀粉碘化钾溶液，溶液变蓝。试确定 A、B、C、D、E、F 各代表什么物质，并写出相关的化学方程式。

16-16 将无色金属硝酸盐晶体 A 加入水中可得白色沉淀 B 和无色溶液 C，经过滤分离后，将 C 溶液分成三份：第一份通入硫化氢气体生成黑色沉淀 D，D 不溶于氢氧化钠溶液，但溶于盐酸；第二份滴加氢氧化钠溶液有白色沉淀 E 产生，E 不溶于过量的氢氧化钠溶液；第三份滴加到二氯化锡的强碱溶液中，有黑色沉淀 F 生成。试确定 A、B、C、D、E、F 各代表什么物质，并写出相关的化学方程式。

(重庆大学　　余丹梅)

第 17 章　碳 族 元 素

17.1　碳族元素概述

碳族元素指的是元素周期表ⅣA 族的所有元素，包括碳(carbon, C)、硅(silicon, Si)、锗(germanium, Ge)、锡(tin, Sn)、铅(lead, Pb)、𫓧(flerovium, Fl)。碳族元素在地壳中的分布差异大，碳和硅在自然界分布很广，硅在地壳中的含量(26.4%)仅次于氧(49.4%)，其丰度位居第二。锡和铅也较为常见，其矿藏易富集，较易提炼，并有广泛的应用。锗的含量十分稀少，属于稀散型稀有金属；𫓧是人工合成元素，具有放射性。

第 17 章　导学

教学视频
碳族元素概述、碳族元素单质

在碳族元素中，碳和硅是非金属元素。硅能呈现较弱的金属性，但仍以非金属性为主。锗、锡、铅是金属元素，锗还可以表现出一定的非金属性。碳族元素的基本性质列于表 17-1 中。

表 17-1　碳族元素的基本性质

元素	碳	硅	锗	锡	铅
元素符号	C	Si	Ge	Sn	Pb
原子序数	6	14	32	50	82
相对原子量	12.011	28.085	72.630	118.71	207.2
价层电子构型	$2s^22p^2$	$3s^23p^2$	$4s^24p^2$	$5s^25p^2$	$6s^26p^2$
共价半径/pm	77	117	122	140	154
熔点/K	3 823	1 683	1 210	505	600
沸点/K	4 602	2 628	3 103	2 543	2 017
电离能 I_1/(kJ·mol^{-1})	1 086	786	762	709	716
电子亲和能 A_1/(kJ·mol^{-1})	122	120	116	121	100
电负性	2.5	1.8	1.8	1.8	1.8
氧化数	+2、+4	+2、+4	+2、+4	+2、+4	+2、+4
晶体类型*	A、L	A	A	M	M
硬度(莫氏)	—	7.0	6.5	1.5～1.8	1.5

* A 为原子晶体，L 为层状晶体，M 为金属晶体。

碳族元素的价层电子构型为 ns^2np^2，因此它们能生成氧化数为+4 和+2 的化合物，碳与氢形成碳氢化合物或其他有机化合物时，其氧化数可以是−4、−3、−2、−1 或 0 等。位于第二周期的碳形成化合物时，碳原子的价层电子数不能超过 8 个，因而碳原子的配位数不能超过 4。其他ⅣA 族元素的原子最外层还有 nd 轨道可以参与成键，所以除形成配位数为 4 的化合物外，还能形成配位数为 6 的化合物，如$[SiF_6]^{2-}$、$[GeCl_6]^{2-}$和$[SnCl_6]^{2-}$等。

图 17-1 是锡和铅的元素电势图。

Sn：

$E_A^\ominus/V$ Sn^{4+} —0.154— Sn^{2+} —−0.136— Sn

$E_B^\ominus/V$ $Sn(OH)_6^{4+}$ —−0.93— $Sn(OH)_4^{2+}$ —−0.91— Sn

Pb：

$E_A^\ominus/V$ PbO_2 —1.45— Pb^{2+} —−0.136— Pb

$E_B^\ominus/V$ PbO_2 —0.25— PbO —−0.59— Pb

图 17-1 锡和铅的元素电势图

图 17-2 是碳族元素氧化态图。随着原子序数的增大，碳族元素的惰性电子对效应明显，氧化数为+4 的化合物的稳定性降低，氧化性增强。对于 C 和 Ge，+4 氧化态的热力学稳定性比+2 氧化态高；而对于 Sn 和 Pb，+2 氧化态比+4 氧化态更稳定。氧化数为+4 的铅化合物(如 PbO_2)是强氧化剂。Si 没有+2 氧化态的常见化合物。在 C 的为数不多的+2 氧化态化合物中，CO 是冶金工业中最常用的还原剂。

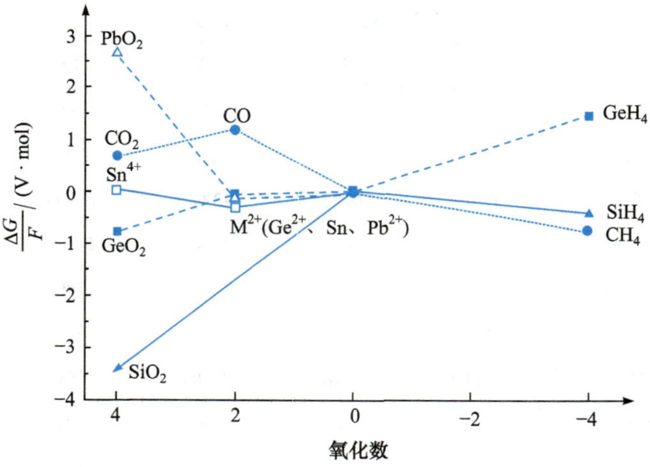

图 17-2 碳族元素在酸性溶液中的氧化态图

硅与第ⅢA 族的硼在周期表中处于对角线位置，它们的单质及其化合物的性质有相似之处。

拓展知识

碳 循 环

地球上最大的两个碳库是岩石圈和化石燃料，含碳量约占地球上碳总量的 99.9%。这两个库中的碳活动缓慢，实际上起着储存库的作用。地球上还有三个其他碳库：大气圈、水圈和生物圈。这三个库中的碳在生物和无机环境之间迅速交换，容量小而活跃，实际上起着交换库的作用。碳在岩石圈中主要以碳酸盐的形式存在，总量为 2.7×10^{16}t；在大气圈中以 CO_2 和 CO 的形式存在，总量为 2×10^{12}t；在水圈中以多种形式存在。

碳循环是指碳元素在地球上的生物圈、岩石圈、水圈及大气圈中交换，并随地球的运动循环不止的现象。生物圈中的碳循环主要表现在绿色植物从大气中吸收 CO_2，在水的参与下经光合作用转化为葡萄糖并释放出 O_2，有机体再利用葡萄糖合成其他有机化合物。有机化合物经食物链传递，又成为动物和细菌等其他生物体的一部分。生物体内的碳水化合物一部分作为有机体代谢的能源，经呼吸作用被氧化为 CO_2 和 H_2O，释放出其中储存的能量。

大气中的 CO_2 约 20 年可完全更新一次。自然界中绝大多数的碳储存于地壳岩石中，岩石中的碳因自然和人为的各种化学作用分解后进入大气和海洋，同时死亡生物体及其他各种含碳物质又不停地以沉积物的形式返回地壳中，由此构成了全球碳循环的一部分。碳的地球生物化学循环控制了碳在地表或近地表的沉积物和大气、生物圈及海洋之间的迁移。

17.2 碳族元素的单质

17.2.1 碳

碳元素在地壳中约占 0.027%，在自然界分布很广，是人类最早接触到的元素之一，也是人类最先利用的元素之一。碳没有特定的发现者，在法国化学家拉瓦锡(A. L. Lavoisier) 1789 年编制的《元素表》中，碳作为元素首次出现。碳的英文名称为 carbon，源自拉丁语“carbo”，意为“木炭”。天然存在的碳形式有煤、石油、天然气、动植物体、石灰石、白云石、二氧化碳等。

碳有多种同素异形体，纯净的单质状态的碳有三种同素异形体，分别为金刚石、石墨和富勒烯。

1. 金刚石

金刚石(diamond)是自然界中最硬的矿石。金刚石属立方晶系，具有面心立方晶胞结构。每个碳原子均以 sp^3 杂化轨道与另外 4 个碳原子共价相连，构成正四面体，其碳原子所有价电子均参与形成共价键(图 3-39)，形成的 C—C 键键能($356kJ\cdot mol^{-1}$)较大。

金刚石属于原子晶体，不仅硬度大，熔点高，且在晶体中不存在自由电子，不导电。金刚石常温下反应惰性，但加热到 1100K 左右，能燃烧生成 CO_2。金刚石俗称钻石，除了作为装饰物品，主要用于制造钻探用的钻头和磨削工具，是重要的现代工业原材料。

金刚石的密度为 $3.5g\cdot mL^{-1}$，高于石墨($2.2g\cdot mL^{-1}$)。根据勒夏特列平衡移动原理，由石墨制备金刚石应在高压下进行，另外为了克服共价键重排引起的巨大活化能，还需要高温。20 世纪 40 年代，通用电气公司根据

Le Chatelier 平衡移动原理，在高温(1600℃)、高压(5GPa)条件下，由石墨制备出第一块人造金刚石。人造金刚石还不具备宝石的品质，但却是理想的钻探和研磨材料。苏联科学家通过气相化学反应，制备了金刚石膜。金刚石膜的应用前景巨大，如作为外科手术刀的涂层、计算机微处理器芯片的散热涂层等。

2. 石墨

拓展知识

铅笔芯并不含铅，而是黏土和石墨的混合物。黏土含量越高，铅笔芯越硬(H)；石墨含量越高，铅笔芯越软越黑(B)。普通组成的铅笔标记为(HB)；硬铅笔以 H 标记，如 2H、3H；软铅笔以 B 标记，如 2B、3B。

石墨的英文名称为 graphite，源于希腊语“graphein”，意为“书写”，常用于制作铅笔芯。石墨是最软的矿石，其密度比金刚石小，熔点比金刚石低 50K。

石墨是介于原子晶体、金属晶体和分子晶体之间的一种过渡型晶体，呈层状结构，并具有共价键、类似金属键的离域 π 键和范德华力等三种不同的作用力，其结构与成键情况的详细描述见 3.6.2 小节。

石墨的密度比金刚石小，质软并有滑腻感，可用作润滑剂、制作铅笔芯等。石墨有金属光泽，可导电、导热，可用作电极。石墨六元环所在平面的电导率是垂直方向的 5000 倍。石墨在热力学上比金刚石稳定，但化学反应活性远高于金刚石，许多活泼金属或非金属单质，如碱金属、卤素、金属卤化物等，都能与石墨反应。反应产物中石墨的结构基本不变，反应原子或离子可以嵌入石墨层空隙，生成所谓的间隙化合物，其组成的化学计量数往往不是整数。

中国、西伯利亚和朝鲜半岛是石墨的主产地。石墨还可由焦炭制造。最著名的是艾奇逊工艺(Acheson process)，它是将焦炭粉末加热到 2500℃并保温 30h 而制成石墨。

3. 富勒烯

20 世纪 80 年代，科学家们发现了富勒烯(fullerene)，从而开辟了碳的无机化学的一个新领域。富勒烯也是碳的一种同素异形体，其原子排列为球体或椭球体。在富勒烯分子中，碳原子按五元环或六元环排列成类似足球的图案(图 17-3)，故 C_{60} 的早期名称是“足球烯”。C_{60} 分子由 60 个 C 原子组成，球形结构，在富勒烯家族中最具美学结构，而且最容易制造。C_{70} 是第二个常见的富勒烯，其椭球形结构类似于橄榄球。富勒烯的密度较低，约 $1.5g \cdot cm^{-3}$，且不导电。

图 17-3　C_{60} 结构示意图

富勒烯的命名源自建筑学家巴克明斯特·富勒(B. Fuller)，因其设计的加拿大蒙特利尔世界博览会球形圆顶薄壳建筑与 C_{60} 结构(图 17-3)较为相似。制备富勒烯的一个方法是用激光照射石墨，产生 10000℃的高温。在此温度下，一部分碳六元环卷曲变形成为球形。现在人们已经获悉，富勒烯的存在很普遍，天然石墨、烟灰中都含有少量的富勒烯。

金刚石和石墨是原子晶体，不溶于任何溶剂。而固态富勒烯是分子晶体，加热时会升华，可溶于甲苯、环已烷等非极性溶剂。富勒烯在固态时均为黑色，但其溶液呈多种颜色。C_{60}溶液为紫红色，C_{70}溶液为酒红色，C_{76}溶液为黄绿色。

C_{60}的中心是一个直径 360pm 的空腔，可容纳其他原子形成化合物，如 Rb_3C_{60}，它在 28K 下是超导体。C_{60}的 C—C 键具有双键性质，可发生加成反应，如加氢生成 $C_{60}H_{36}$，与 F_2 反应生成 $C_{60}F_{42}$。

4. 碳纳米管

碳纳米管(carbonnanotube，CNT) 1991 年首次被发现。它是由类似石墨的六边形网格所组成的管状物(图 17-4)，管子一般由单层或多层组成，两端封闭，直径在 0.33nm 到几十纳米之间，长度可达数微米。

碳纳米管可分为单壁碳纳米管和多壁碳纳米管。单壁碳纳米管由石墨平面卷曲而成，并在其两端罩上碳原子组成的封闭曲面，不同的卷曲方式，得到不同结构的碳纳米管。多壁碳纳米管则是由若干个单层管同心套叠而成，它的层片间距约为 0.34nm，稍大于石墨的层片间距(0.335nm)。它们与高级富勒烯都出自相类似的家族。但是碳纳米管的实际结构比理想模型复杂得多，它由同心石墨片柱和卷曲石墨片结构混合组成，结构中存在大量缺陷(如错位等)，且其横截面呈多边椭圆形。

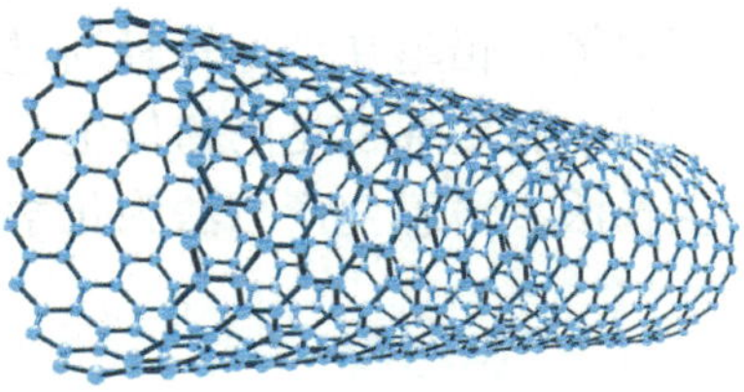

图 17-4 碳纳米管

碳纳米管具有独特的结构和物理化学性质。碳纳米管因具有尺寸小、机械强度高、比表面大、电导率高、界面效应强等特点，从而使其具有特殊的机械、物理和化学性能。碳纳米管作为纳米材料中最具潜力的新材料之一，在电子学、信息储存、纳米电子器件、储能等方面有着很明显的优势。此外，碳纳米管可以作为催化剂的载体使用。碳纳米管复合材料性能优异，在陶瓷材料、电子、航天航空等领域有着广泛的应用前景。

5. 石墨烯

石墨烯(graphene)是一种以 sp^2 杂化连接的碳原子紧密堆积成单层二维蜂窝状晶格结构的新材料(图 17-5)。石墨烯内部碳原子的排列方式与石墨单原子层一样。石墨烯中碳原子的配位数为 3，每两个相邻碳原子间的键长为 1.42×10^{-10}m，键与键之间的夹角为 120°。

拓展知识

英国曼彻斯特大学物理学家安德烈·盖姆(A. K. Geim)和康斯坦丁·诺沃肖洛夫(K. Novoselov)因在石墨烯材料方面的卓越研究而共同获得 2010 年诺贝尔物理学奖。

图 17-5 石墨烯

思考题 17-1

石墨烯和 C_{60} 分子的结构稳定，其碳原子之间如何成键，分子的电子结构是怎样的?

石墨烯具有优异的光学、电学、力学特性，在材料学、微纳加工、能源、生物医学和药物传递等方面具有重要的应用前景，被认为是一种未来革命性的材料。实际上石墨烯本来就存在于自然界，只是难以剥离出单层结构。石墨烯一层层叠起来就是石墨，厚 1mm 的石墨大约包含 300 万层石墨烯。铅笔在纸上轻轻划过，留下的痕迹就可能是几层甚至仅仅一层石墨烯。石墨烯常见的粉体生产方法有机械剥离法、氧化还原法、SiC 外延生长法，薄膜生产方法为化学气相沉积法。

17.2.2 硅和锗

硅在地壳中的丰度仅次于氧，为 26.4%。自然界中的硅不以单质形式存在，主要是石英砂和硅酸盐。硅有晶态(银灰色)和无定形(黑色粉末)两种形态。从热力学上看，硅与氧、水的反应为自发反应，但由于反应动力学的限制，硅在空气和水中能稳定存在。

$$Si(s) + O_2(g) \xlongequal{\quad} SiO_2(s) \qquad \Delta_r G_m^\ominus = -856.3 kJ \cdot mol^{-1}$$

$$Si(s) + 2H_2O(l) \xlongequal{\quad} SiO_2(s) + 2H_2(g) \qquad \Delta_r G_m^\ominus = -382 kJ \cdot mol^{-1}$$

实验室中用 Mg 高温还原 SiO_2，得无定形硅粉：

$$2Mg + SiO_2 \xlongequal{\quad} Si + 2MgO$$

当 Mg 过量时，多余的 Mg 与 Si 反应生成 Mg_2Si，因而得到的是含有 Si、MgO 和 Mg_2Si 的混合物。将混合物加入到稀酸中，Mg_2Si 迅速反应生产 SiH_4：

$$Mg_2Si + 2H_2SO_4 \xlongequal{\quad} 2MgSO_4 + SiH_4$$

工业上用焦炭还原 SiO_2，得到晶体硅。在电炉中 SiO_2 与焦炭共热至 2000℃，得到液态的粗硅。粗硅在 HCl 气流中加热至 300℃，得到三氯甲硅烷($SiHCl_3$，沸点为 31.7℃)：

$$Si + 3HCl \xlongequal{\quad} SiHCl_3 + H_2$$

经蒸馏和重蒸馏，可获得高纯 $SiHCl_3$。在 1000℃温度下，上述反应的逆反应自发进行，得到超纯硅。

硅的主要用途是制造金属合金和半导体。电子工业对硅的纯度要求极高。例如，当硅中含有 1ppb 的磷，其电阻率从 150kΩ · cm^{-1} 降为 0.1kΩ · cm^{-1}。超高纯硅的市场价格较工业级硅的价格高出几百倍。

冶金工业中大量使用的硅铁合金，在电炉中用焦炭将氧化铁和二氧化硅同时还原制得。硅容易与氧化合，硅铁合金是炼钢的脱氧剂。硅含量较高的硅钢可以抗化学腐蚀，用于化工设备。

硅在化学性质方面主要表现为非金属性。晶态硅不活泼，无定形硅比晶态硅活泼，加热时无定形硅能和许多金属和非金属元素化合。单质硅能溶于 HF 和 HNO_3 的混合液，但不与其他酸作用。强碱能与单质硅反应生成硅酸盐：

$$Si + 2KOH + H_2O \longrightarrow K_2SiO_3 + 2H_2$$

锗在地壳中的含量约为 1.5%，比金、银、碘等常见的元素含量高。但是，锗属于稀散稀有金属，常与硫化物矿共生，如硫银锗矿($4Ag_2S \cdot GeS_2$)、硫铅锗矿($2PbS \cdot GeS_2$)，锗都以杂质存在，难以提炼。煤矿中含有约十万分之一的锗，煤燃烧后，锗以 GeO_2 富集在烟道灰中，锗含量为 0.1%～1%。

锗是一种浅灰色的金属。研究表明，锗晶体里的原子排列，与金刚石相同，所以它硬而脆。锗用来制造晶体整流器(二极管)、晶体放大器(三极管)、检波器等，比通常的电子管寿命长、体积小、抗震、抗撞击，所以被广泛地用于电子计算机、雷达设备、遥控仪器上。锗的电阻在温度改变的时候，会立即发生灵敏的变化，所以锗还被用来制造热敏电阻，来测定温度。这种热敏电阻可以测出万分之五摄氏度的微小变化，甚至可以觉察到 1km 以外人体所射出的红外线，被广泛地应用于寻找地下水，寻找千米以外的飞行目标。锗能刺激红细胞的生成，所以锗在医学上的应用越来越受到关注。

拓展知识

ppm (part per million) 浓度也称百万分比浓度，即百万分之一或 10^{-6}，是无量纲量。对于溶液，ppm 一般指质量浓度，1pm 相当于 1ug · mL^{-1}；表示固体中成分含量时，ppm 一般指质量分数，1ppm 为 1ug · g^{-1} 或 1g · t^{-1}；对气体而言，ppm 一般指摩尔分数或体积分数，1ppm 相当于 1cm^3 · m^{-3}。与 ppm 类似的还有 ppb (part per billion)和 ppt (part per trillion)，ppb 为十亿分之一或 10^{-9}，ppt 为万亿分之一或 10^{-12}。

17.2.3 锡和铅

锡的主要矿石是锡石(SnO_2)，铅的主要矿石是方铅矿(PbS)。锡可用焦炭还原锡石制备。将方铅矿焙烧为氧化铅，再用焦炭还原制备金属铅。

$$SnO_2 + 2C \longrightarrow Sn + 2CO$$

$$2PbS + 3O_2 \longrightarrow 2PbO + 2SO_2$$

$$PbO + C \longrightarrow Pb + CO$$

在空气中，锡在表面生成一层致密的保护膜，铅与氧、水和二氧化碳作用生成致密的碱式碳酸铅保护膜，因而锡和铅在空气和水中都稳定，有一定的抗腐蚀性。锡和铅均较氢活泼，所以能取代酸中的氢离子。但稀盐酸和稀硫酸几乎不与铅作用，这是因为生成的铅盐溶解度很小，阻止了铅与酸的进一步作用。

锡有三种同素异形体，即灰锡(α-锡)、白锡(β-锡)和脆锡。这三种锡单质可以相互转化：

$$灰锡 \xrightleftharpoons{13.2℃} 白锡 \xrightleftharpoons{161℃} 脆锡$$

拓展知识

1912 年，英国探险家斯科特带领人马赴南极探险，他们携带汽油的油桶是用锡焊的。在南极低温条件下，焊锡部位碎裂，桶内汽油漏光，失去了赖以取暖的燃料，他们不幸冻死在南极。

拓展知识

汽油中加入四乙基铅$[Pb(C_2H_5)_4]$可作为抗爆剂，但由于四乙基铅有毒，大量使用含铅汽油造成了严重环境污染，现在已基本上被淘汰。目前汽车抗爆剂的研究主要是向绿色环保的有机无灰型方向发展，如甲基叔丁基醚、甲醇、碳酸二甲酯、氮甲基苯胺等。

白锡为银白色，质软，有延展性。低温下白锡转变为粉末状灰锡的速率大大加快，所以锡制品会因长期处于低温而自行毁坏，这种现象称为锡疫。

锡和铅的熔点都很低，被用来制造低熔合金。如用作保险丝的伍德合金熔点仅为 70℃，它是含锡和铅的合金(13%Sn-25%Pb-50%Bi-12%Cd)。青铜是锡和铜的合金，锡的质量分数通常少于 12%。含锡量更高的青铜用来铸钟。锡无毒，耐腐蚀性强，还可用来制造食品罐头包装用的马口铁。铅可用作电缆的包皮、铅蓄电池的电极。铅盐的毒性大，但铅可以有效地吸收放射线，因而用作放射线的防护材料。

17.3 碳的化合物

教学视频
碳的化合物

在常温下，碳的化学性质不活泼，但它的活泼性随温度的升高而迅速增加。碳的电负性为 2.6，既能与电负性比它大的元素化合，又能与电负性比它小的元素化合，表现出多种氧化数。

碳元素的成键特征体现在以下方面：

(1) 成键数目：碳原子可采取 sp、sp^2 和 sp^3 杂化，其最大配位数为 4。由于 C 原子半径小，因此两个 C 原子的 p 轨道之间“肩并肩”重叠形成 p-p π 键的倾向很强，所以 C 原子容易形成双键或三键等多重键。与此相比，Si 原子的半径较 C 的大，它形成 p-p π 键的倾向小，故 Si 原子难以形成多重键。

(2) C—C 单键的键能大，因此 C—C 键非常稳定，具有形成均链的倾向。第二周期碳到氟元素的单键键能明显骤减，这是由于 N、O、F 原子半径逐渐减少，非键电子对之间的排斥作用逐渐增强。

碳元素的成键特征使之成为有机世界的主角，不属于有机化学范围的含碳化合物主要是氧化物和碳酸盐。

17.3.1 碳的氧化物

1. 一氧化碳

一氧化碳(CO)是一种无色无味的气体，有剧毒，使用时应注意安全。燃烧废气和汽车尾气都含有一定量的 CO。当 CO 浓度不大时，一般并不威胁生命安全，但长期吸入少量 CO，会导致贫血症。当空气中 CO 浓度达到 1.2%时，则会造成“煤气中毒”的人身伤亡事故。CO 致命的原因是它能与血液中的血红蛋白(hemoglobin)结合，形成很稳定的化合物，从而破坏血红蛋白的载氧能力。当有 10%的血红蛋白和 CO 结合后，人就会窒息致死。

CO 分子的电子总数为 14，与 N_2 相同，两者互为等电子体，结构相似。碳与氧通过三键结合，其中一个 σ 键，一个双方各提供一个价电

子的共价 π 键，还有一个由氧原子单独提供一对电子的配位 π 键。CO 分子的成键情况详见 2.4.2 小节。

CO 能够和许多过渡金属形成羰基化合物，如 $Ni(CO)_4$ 和 $Fe(CO)_5$ 等(见 4.1.3 小节)。根据 CO 的成键情况可知，C 原子端有较多的负电荷而显负电性，O 原子端显正电性。因此，CO 与一些过渡金属形成羰基化合物时，是 C 原子为配位原子而非 O 原子。

思考题 17-2

CO 与高氧化态或低氧化态过渡金属形成的配合物，何者更稳定？为什么？

CO 是由含碳燃料的不完全燃烧产生的。例如，煤的主要成分是碳，汽油的主要成分是辛烷(C_8H_{18})，在氧气不足时，燃烧都会生成 CO。

$$2C + O_2 \xlongequal{点燃} 2CO$$

$$2C_8H_{18} + 23O_2 \xlongequal{点燃} 12CO_2 + 4CO + 18H_2O$$

实验室制备纯 CO 的方法是将甲酸与浓硫酸共热，浓硫酸的作用是作为脱水剂。

$$HCOOH \xlongequal{浓H_2SO_4} CO\uparrow + H_2O$$

CO 是很好的气体燃料，在空气中或氧气中燃烧生成 CO_2，并放出大量的热。CO 的还原性很强，在冶金工业中，CO 在高温下能将许多金属从它们的氧化物中还原出来。CO 还是有机合成工业的原料。在高温高压下，CO 和 H_2 结合生成甲醇。

物质鉴定

CO 的鉴定

方法 1：点燃气体，燃烧时在火焰上方罩一个干燥洁净的烧杯，烧杯壁无水珠形成；再将产生的气体导入澄清石灰水中，若石灰水变浑浊，则表明被检测的气体为 CO。

$$2CO + O_2 \xlongequal{点燃} 2CO_2$$

$$CO_2 + Ca(OH)_2 \xlongequal{} CaCO_3\downarrow + H_2O$$

方法 2：将气体导入 $PdCl_2$ 溶液，若产生黑色沉淀，说明气体中有 CO。

$$CO + PdCl_2 + H_2O \xlongequal{} CO_2 + 2HCl + Pd\downarrow$$

2. 二氧化碳

动物吸进 O_2 呼出 CO_2，植物的光合作用则是吸进 CO_2 呼出 O_2，自然界的这个生物循环使空气中 CO_2 保持生态平衡。近一个世纪，随着工业的发展，地球表面 CO_2 浓度日益增加，这些 CO_2 像毯子笼罩在大气层上，吸收地球表面的热辐射而阻止热量散入高空。根据过去两千年全球平均气温趋势图，工业革命之后全球气温急剧上升。根据 IPCC(Intergovernmental Panel on Climate Change，联合国政府间气候变化专门委员会)的报告，如果 2050 年全球实现碳达峰，21 世纪末全球气温将上升 2.1～3.5℃，人们将这个现象称为 CO_2 的温室效应。温室效应导致极端气温、极端气象情况

拓展知识

“碳达峰”是指在某一个时点，CO_2 的排放不再增长达到峰值，之后逐步回落。“碳中和”是指在一定时间内，通过植树造林、节能减排等途径，抵消自身所产生的 CO_2 排放量，实现 CO_2 零排放。

增加，自然生态和人类活动将会受到巨大影响。大气中 CO_2 浓度增加的另一方面原因，可能与森林砍伐过度有关。森林面积减少，使吸收 CO_2 的光合作用减少。

常温常压下 CO_2 是气体，室温加压可使 CO_2 气体液化，储入钢瓶中。当液体 CO_2 骤然减压沸腾时，大量吸热，温度迅速下降到−78℃，形成固体 CO_2(干冰)。干冰是优良冷冻剂。CO_2 不导电，是优良灭火剂。

思考题 17-3

为什么活化、催化还原 CO_2 分子比较困难?

CO_2 的偶极矩为零，是非极性分子，由此可推知它是直线型结构，经典结构式为 O═C═O。但实验测得 CO_2 中 C—O 键长为 116pm，介于双键和三键之间，更接近于三键(乙醛中 C═O 键长为 124pm，CO 中 C≡O 键长为 113pm)。主要因为 CO_2 的 O—C—O 之间，除了 σ 键，还存在两个 Π_3^4 离域键(图 2-30)。键级高导致 CO_2 的热稳定性大，在 2000℃时仅有约 2% 的 CO_2 解离为 CO 和 O_2。

17.3.2 碳酸及其盐

CO_2 溶于水生成碳酸(H_2CO_3)，常温常压下一体积水能溶解一体积 CO_2。H_2CO_3 很不稳定，只存在于水溶液中。

H_2CO_3 是一个二元弱酸，能生成碳酸盐和碳酸氢盐。碳酸盐中，除铵盐和碱金属盐以外(Li_2CO_3 微溶于水)，都难溶于水。一般难溶碳酸盐对应的碳酸氢盐的溶解度较大，如 $Ca(HCO_3)_2$ 溶解度大于 $CaCO_3$。易溶的碳酸盐对应的碳酸氢盐的溶解度反而小，如 $NaHCO_3$ 溶解度小于 Na_2CO_3，其原因是 HCO_3^- 通过氢键形成二聚离子[图 17-6(a)]或多聚离子[图 17-6(b)]。

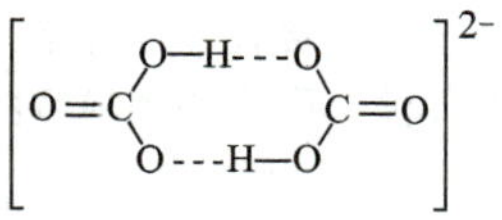

(a) 二聚$(HCO_3)_2^{2-}$

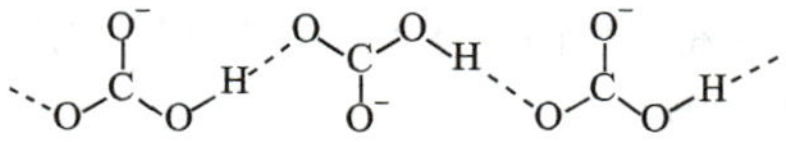

(b) 多聚$(HCO_3)_n^{n-}$

图 17-6 二聚$(HCO_3)_2^{2-}$和多聚$(HCO_3)_n^{n-}$

CO_2 通入石灰水时，会有 $CaCO_3$ 沉淀产生。继续通入过量 CO_2 时，沉淀会溶解得到 $Ca(HCO_3)_2$。加热 $Ca(HCO_3)_2$ 溶液，又有 $CaCO_3$ 沉淀产生。我国广西、广东等地溶洞里千姿百态的钟乳石和石笋就是山岩不断发生上述反应而形成的。

因为 H_2CO_3 的酸性很弱，所以碱金属碳酸盐在水溶液中会发生水解，且分两步：

$$CO_3^{2-} + H_2O \rightleftharpoons HCO_3^- + OH^-$$

$$HCO_3^- + H_2O \rightleftharpoons H_2CO_3 + OH^-$$

第一步水解的程度远大于第二步，因而碳酸盐水溶液呈较强碱性，而碳酸氢盐的水溶液呈弱碱性。重金属的碳酸盐，在水溶液中部分水解生成碱式碳酸盐。例如，将碳酸钠溶液和锌盐、铜盐或铅盐等溶液混合时，将得到碱式碳酸盐沉淀：

$$2Cu^{2+} + 2CO_3^{2-} + H_2O \Longrightarrow Cu_2(OH)_2CO_3\downarrow + CO_2\uparrow$$

某些金属的碳酸盐几乎完全水解，如用碳酸盐处理 Fe(Ⅲ)、Al(Ⅲ)和 Cr(Ⅲ)盐时将得到氢氧化物沉淀：

$$2M^{3+} + 3CO_3^{2-} + 3H_2O \Longrightarrow 2M(OH)_3\downarrow + 3CO_2\uparrow \quad (M = Fe, Al, Cr)$$

碳酸盐和碳酸氢盐的热稳定性较差，它们在高温下均会分解：

$$M(HCO_3)_2 \Longrightarrow MCO_3 + H_2O + CO_2\uparrow \text{（M 为+2 氧化态金属离子）}$$

$$MCO_3 \Longrightarrow MO + CO_2\uparrow \qquad \text{（M 为+2 氧化态金属离子）}$$

对比碳酸、碳酸氢盐和碳酸盐的热稳定性，有如下规律：

$$H_2CO_3 < MHCO_3 < M_2CO_3 \quad \text{（M 为+1 氧化态金属离子）}$$

例如，H_2CO_3 稍加热就分解，$NaHCO_3$ 需加热至 270℃开始分解，而 Na_2CO_3 分解温度在 850℃以上。

不同金属离子的碳酸盐的热稳定性也不一样，ⅡA 族的碳酸盐的稳定顺序为

$$MgCO_3 < CaCO_3 < SrCO_3 < BaCO_3$$

上述不同金属碳酸盐热稳定性差异的事实可用离子极化的观点来说明。在 CO_3^{2-}中，C 和三个 O 原子之间的化学键是等同的，C 以 sp^2 杂化轨道与三个 O 原子结合，四个原子在同一平面上形成一个平面三角形。位于中心的 C^{4+}对周围的 O^{2-}有一定的极化作用，而 H^+对 O^{2-}将产生反极化作用。H^+的体积很小，没有带负电荷的电子云，具有强极化作用，可以和 CO_3^{2-} 中的 O^{2-}紧密结合，形成稳定的 O—H 键，通过反极化作用，降低 C^{4+}与 O^{2-}之间的电子云密度，削弱了 C—O 键，当第二个 H^+和 HCO_3^-结合形成 H_2CO_3 分子时，进一步削弱 C—O 键，最后使 H_2CO_3 分子很容易分解成为 CO_2 和 H_2O。由 H^+的反极化作用说明碳酸盐比碳酸氢盐稳定。

金属离子对 O^{2-}也会产生反极化作用，因此碳酸盐的热稳定性与金属离子也有关系。对于+2 氧化态金属离子，当离子价层电子构型相同时，离子半径越小，反极化作用越强，削弱 C—O 键的趋势越大，它们的碳酸盐越不稳定，越易分解。

非稀有气体结构的离子(如 Pb^{2+}、Fe^{2+}、Cd^{2+})的反极化作用强于稀有气体结构的同电荷离子，因此它们的碳酸盐热稳定性更差，更易分解。

通常，过渡金属碳酸盐的热稳定性弱于碱金属或碱土金属的碳酸盐。

表 17-2 列出了一些碳酸盐的热分解温度。

表 17-2　一些碳酸盐的分解温度*

碳酸盐	Li_2CO_3	Na_2CO_3	$MgCO_3$	$CaCO_3$	$SrCO_3$	$BaCO_3$	$FeCO_3$	$ZnCO_3$	$PbCO_3$
M^{n+}半径/pm	60	95	65	99	113	135	76	74	120
M^{n+}电子构型	$2e^-$	$8e^-$	$8e^-$	$8e^-$	$8e^-$	$8e^-$	$(9\sim17)e^-$	$18e^-$	$(18+2)e^-$
分解温度/K	1583	2073	813	873	1563	1633	555	573	573

* 101.3kPa 压强下。

17.3.3 碳化物

碳与电负性较小的元素形成的二元化合物称为碳化物。根据结构和性质，可将碳化物分为离子型、原子型和金属型三种类型。

1. 离子型碳化物

离子型碳化物主要由周期表中ⅠA、ⅡA、ⅢA 和ⅠB、ⅡB、ⅢB 族的金属与碳形成。根据碳离子的不同，又将其分成两种类型：一种是含有 C_2^{2-}的碳化物，如 CaC_2；另一种是含有 C^{4-}的碳化物，如 Al_4C_3。它们大都易与水反应，生成乙炔或甲烷。

CaC_2 俗称电石，由焦炭和氧化钙在电弧炉中高温焙烧而制成：

$$CaO + 3C = CaC_2 + CO\uparrow$$

CaC_2 遇水立即反应放出乙炔：

$$CaC_2 + 2H_2O = Ca(OH)_2 + C_2H_2\uparrow$$

2. 原子型碳化物

碳与电负性相接近的元素化合，或与某些过渡金属化合时，形成原子型碳化物，如 SiC 等。原子型碳化物是由共价键形成的原子晶体，特点是硬度大，熔点高，如 SiC 的熔点为 3100K，硬度接近金刚石。原子型碳化物能耐高温，也可用作炉壁的衬里。工业上常用 SiC 作磨料和制造砂轮。

SiC 的工业产品称为金刚砂，由石英砂和焦炭的混合物在电炉内加热制成：

$$SiO_2 + 3C = SiC + 2CO\uparrow$$

SiC 很稳定，即使在高温下也不受氯、氧、硫等侵蚀，也不与强酸作用，甚至发烟硝酸和氢氟酸的混合物也不能腐蚀它，但在空气中能被熔融的碱或碳酸钠所分解：

$$SiC + 4KOH + 2O_2 = K_2SiO_3 + K_2CO_3 + 2H_2O$$

$$SiC + 2Na_2CO_3 = Na_2SiO_3 + Na_2O + 2CO\uparrow + C$$

所以，有碳酸钠或碱存在时，SiC 可用作脱氧剂或渗碳剂。

3. 金属型碳化物

过渡金属单质结构大多采取体心、面心、六方密堆积形式。在这些结构中存在四面体空隙和八面体空隙，使得一些半径较小的非金属原子(如 B、C、N 等)可填充入空隙中，形成金属型化合物，又称间隙化合物。这类化合物的结构中，同时存在共价键和金属键，原子间结合特别牢固，因此它们常具有高强度、高硬度和高熔点等优异性能。

d 区过渡元素从ⅣB 到Ⅷ族的碳化物均为金属型碳化物，它们具有金属光泽，导电和导热性好，热膨胀系数小，硬度大，熔点很高，有的熔点甚至超过了原来的金属。例如，TiC、TaC、HfC 的熔点在 3127℃以上，用 20%HfC 和 80%TaC 制得的合金是目前已知物质中熔点最高的。因此，它们是优良的耐高温材料，已用作火箭的芯板和火箭用的喷嘴材料。

金属型碳化物是许多合金钢中的重要组成，对合金钢的性能有重要影响，如 WC 用于制造高速切削工具，TiC 用于耐高温涂层。

17.4 硅的化合物

教学视频
硅的化合物

在硅的化合物中，除 Si—F 键外，Si—O 键最为牢固也最为普遍，因此硅多以二氧化硅(SiO_2)和各种硅酸盐的形式存在。

17.4.1 二氧化硅

思考题 17-4

为什么 SiO_2 晶体中混入高氧化态铁、锰等离子后，会呈现丰富多彩的颜色？

SiO_2 常称硅石，有晶体和无定形两种形态。硅藻土是自然界中一种无定形硅石。晶态 SiO_2 在自然界主要存在于石英矿中。无色透明的纯石英称为水晶。石英可被不同的杂质染成有色透明晶体，其中，紫色的称为紫水晶，淡褐色的称为烟水晶，黑色的称为墨晶。水晶用于制造光学仪器和工艺装饰品等。普通砂粒是由小的石英颗粒所组成。

SiO_2 有石英、鳞石英和方石英三种，在这三种晶体中，石英最稳定。

SiO_2 是原子晶体，晶体结构的基本单元是“硅氧四面体”。硅原子的价层电子构型是 $3s^23p^2$，在形成 SiO_2 时，硅原子采用 sp^3 杂化与四个氧原子结合，组成 SiO_4 正四面体。在硅氧四面体中，Si 位于四面体的中心，氧位于四面体的四个顶点(图 3-40)。SiO_4 四面体之间可以通过共用顶点(氧原子)构成巨大的空间网状结构。SiO_2 和硅酸盐均以 SiO_4 四面体为其“结构基本单元”。

在结晶 SiO_2 中，硅氧四面体整齐地按一定规则排列，根据排列形式的不同，有石英、鳞石英、方石英等不同变体。而在无定形的 SiO_2 中，硅氧四面体作杂乱的堆积。

SiO_2 的熔点为 1710℃，液体的黏度很高，不易结晶。熔化的 SiO_2 冷却时，由于来不及结晶，可得到石英玻璃。普通玻璃加热到 600～900℃就软化了，石英玻璃烧至 1400℃时也不发软。石英玻璃的膨胀系数小，常用于制造高温时使用的仪器。

SiO_2 化学性质稳定，仅与少数物质发生反应。在室温下仅与氢氟酸反应，生成四氟化硅：

$$SiO_2 + 4HF \xlongequal{} SiF_4\uparrow + 2H_2O$$

SiO_2是酸性氧化物，与热的碱溶液或熔融的碱作用，生成可溶性的硅酸盐：

$$SiO_2 + 2NaOH \xlongequal{\text{高温}} Na_2SiO_3 + H_2O$$

$$SiO_2 + Na_2CO_3 \xlongequal{\text{高温}} Na_2SiO_3 + CO_2\uparrow$$

17.4.2 硅酸及其盐

1. 硅酸及硅胶

硅酸是一种极弱的二元酸，$K_{a1}^{\ominus} = 1.7 \times 10^{-10}$，$K_{a2}^{\ominus} = 1.6 \times 10^{-12}$。

从SiO_2可以间接制得多种硅酸，组成随形成条件的不同而不同，一般用通式$xSiO_2 \cdot yH_2O$表示，如：

正硅酸	H_4SiO_4	$SiO_2 \cdot 2H_2O$	$x = 1$	$y = 2$
偏硅酸	H_2SiO_3	$SiO_2 \cdot H_2O$	$x = 1$	$y = 1$
二硅酸	$H_2Si_2O_7$	$2SiO_2 \cdot H_2O$	$x = 2$	$y = 1$

当$x/y > 1$时，称为多硅酸。

从SiO_2制备相应硅酸需经两步反应，首先SiO_2与NaOH(或Na_2CO_3)在熔融条件下反应，生成相应的硅酸盐，再与酸作用得到硅酸。

$$Na_2SiO_3 + 2HCl \xlongequal{} H_2SiO_3 + 2NaCl$$

实际上，常见的硅酸往往是各种硅酸的混合物。由于在各种硅酸中以偏硅酸H_2SiO_3的化学式最简单，因此习惯采用H_2SiO_3作为硅酸的代表。根据Na_2SiO_3的浓度、酸度及外加电解质的不同，可以制得各种不同类型的硅酸，其用途也各有不同。

新鲜制备的硅酸是单个分子，能溶于水，在存放过程中，会逐渐失水聚合，形成各种多硅酸，不再溶于水，成为暂时不从水中沉淀出来的硅溶胶。向硅溶胶中加入电解质，会使其失水转化为硅凝胶，将硅凝胶烘干脱水则得到硅胶。烘干的硅胶是一种多孔物质，具有良好的吸水性，而且吸水后还能再次烘干，重复使用，故在实验中被用作干燥剂。在硅胶烘干前，先用$CoCl_2$溶液浸泡，吸收部分$CoCl_2$后再烘干，获得变色硅胶(详见20.1.3)。

用稀Na_2SiO_3溶液与酸作用，所得硅胶烘干脱水后形成无定形SiO_2，称为“白炭黑”，广泛用在造纸、橡胶工业作为填料。

2. 硅酸盐

如果说“碳”是有机界的中心元素，那么“硅”可以说是无机界的中心元素，地壳几乎全部由硅酸盐和SiO_2组成。玻璃、陶瓷和水泥工业的基础是硅酸盐化学。在许多冶金过程中，要除去作为炉渣的硅酸盐，才能得到纯的金属。

硅酸或多硅酸的盐称为硅酸盐。在硅酸盐中，只有碱金属盐能溶于水。将 SiO_2 和 Na_2CO_3 共熔可得到硅酸钠，其溶液呈透明浆状，称为“水玻璃”，俗称“泡花碱”。硅酸盐都是多种多硅酸盐的混合物，因此硅酸钠是多种多硅酸钠的混合物。在水玻璃中，SiO_2 和 Na_2O 的组成不是固定的，可以在一定范围内变动。在工业上将水玻璃中 SiO_2 和 Na_2O 的物质的量之比称为水玻璃的“模数”，并根据模数将它们划分为若干品种，如模数在 2.4 左右的碱性泡花碱和模数在 3.0 左右的中性泡花碱等。

硅酸钠在水中强烈水解：

$$Na_2O \cdot mSiO_2 + (n+1)H_2O \Longrightarrow mSiO_2 \cdot nH_2O + 2NaOH$$

水玻璃有非常强的黏结能力，是工业上重要的黏结剂。例如，水玻璃常用作铸造型砂的黏结剂，制成的型砂能自然干燥。也可用 CO_2 处理干燥，不需加热。这是因为 CO_2 与硅酸钠水解产生的 NaOH 发生中和反应，促进 Na_2SiO_3 的继续水解，形成硅酸胶状物质，逐渐形成非常稠厚、黏结能力很强的硅酸凝胶，其反应为

$$Na_2SiO_3 + 2CO_2 + 2H_2O \Longrightarrow H_2SiO_3 + 2NaHCO_3$$

如果用 NH_4Cl 代替 CO_2 加入水玻璃中，可以得到类似的效果：

$$Na_2SiO_3 + 2NH_4Cl + 2H_2O \Longrightarrow H_2SiO_3 + 2NaCl + 2NH_3 \cdot H_2O$$

水玻璃和 $CaCO_3$ 捏成团，形成耐火油灰，用来粘玻璃和瓷器，硬化很快。水玻璃和水泥混合，成为能迅速硬化的水泥，可用于砌炉。水玻璃还可用于纺织、造纸、制皂等工业。

除碱金属硅酸盐外，其他的硅酸盐均不溶于水。不溶于水的硅酸盐分布十分广泛，地表主要由各种硅酸盐组成，许多矿物，如长石、云母、石棉、滑石等都是硅酸盐。

硅氧四面体是硅酸盐的基本结构单位。只含一个四面体的硅酸盐，称为原硅酸盐或正硅酸盐，如橄榄石(Mg_2SiO_4)，见图 17-7(a)。通过共用 O 原子将 2 个、3 个或更多个硅氧四面体连接起来可形成直链或环状结构，如图 17-7(b)、(c)所示。在绿柱石($Be_3AlSi_6O_{18}$)中，6 个硅氧四面体单元组成环状结构。

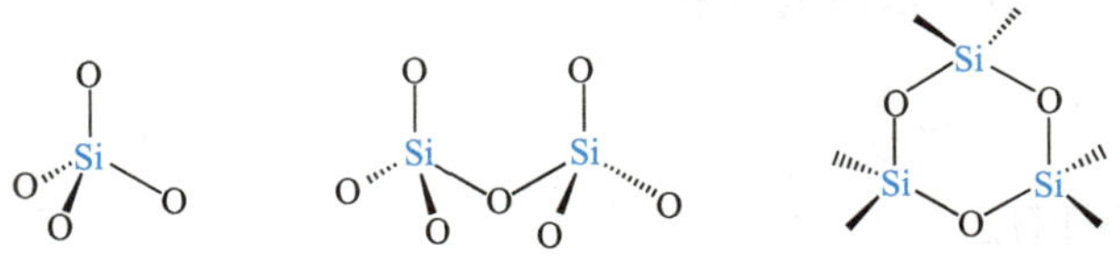

(a) (b) (c)

图 17-7 硅酸根离子和多硅酸根离子

只有少数硅酸盐是由单个或几个 SiO_4 四面体构成硅酸根或多硅酸根离子与阳离子结合形成晶体，大部分硅酸盐中 SiO_4 都通过共用氧原子组成链式(如石棉)、层式(如滑石)或三维空间骨架的大型结构(如长石)，链状结构和层状结构如图 17-8 所示。

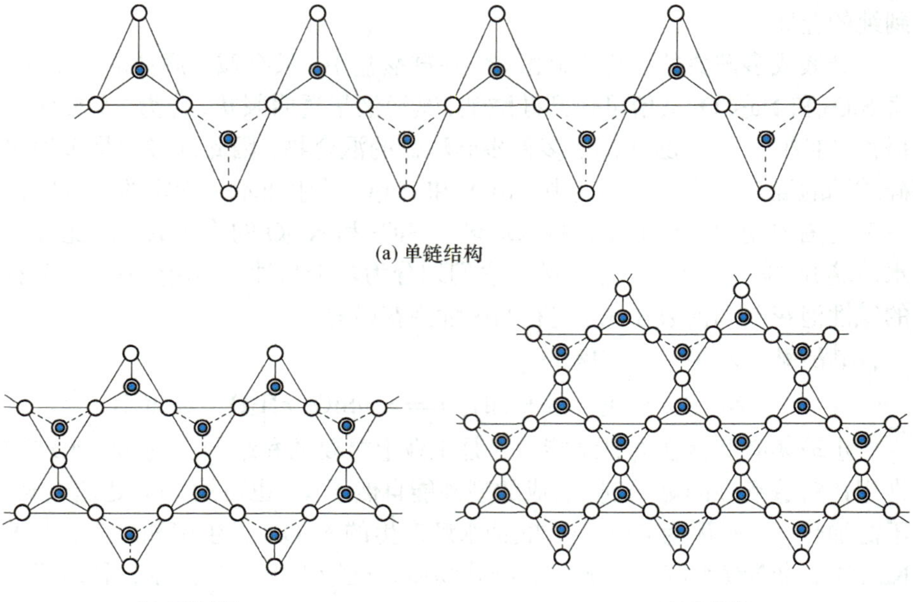

(a) 单链结构

(b) 双链结构　　(c) 层状结构

图 17-8　多硅酸盐阴离子结构示意图

在硅酸盐中，由于 Si^{4+}(41pm)可以被半径相近的 Al^{3+}(50pm)取代，构成铝硅酸盐。铝硅酸盐结构单元仍是四面体，当一个 Al^{3+}代替一个 Si^{4+}时，为保持分子的电中性，在结构中需引入一个 Na^+或 K^+。

硅酸盐和铝硅酸盐现在已经知道的矿石有几千种，构成了丰富多彩的矿物世界。它们的成分都比较复杂，为更好地表示其组成，常用氧化物结合的形式来表示这些矿物，如：

高岭土	$Al_2O_3 \cdot 2SiO_2 \cdot 2H_2O$
白云母	$K_2O \cdot 3Al_2O_3 \cdot 6SiO_2$
石棉	$CaO \cdot 3MgO \cdot 4SiO_2$
正长石	$K_2O \cdot Al_2O_3 \cdot 6SiO_2$
泡沸石	$Na_2O \cdot Al_2O_3 \cdot 2SiO_2 \cdot nH_2O$

这些硅酸盐的特性和它们的结构特征有着紧密联系，如石棉是链状结构，故具有纤维性质，层状的滑石有滑腻感，层状的云母因层和层间结合力较松，容易裂开，故具有片状的性质等。

3. 硅酸盐的应用

1) 玻璃和陶瓷

许多硅酸盐加热冷却后变成无定形、透明的玻璃。普通玻璃就是用 Na_2CO_3、$CaCO_3$ 和 SiO_2 共熔后得到的 Na_2SiO_3 和 $CaSiO_3$ 的混合物，大致组成为 $Na_2SiO_3 \cdot CaSiO_3 \cdot 4SiO_2$。加入不同的氧化物可得到不同颜色的玻璃。若将部分 SiO_2 用 B_2O_3 代替，则得到硼硅酸玻璃，即硬质玻璃。其膨胀系数小，可耐温度剧变而不破裂，适宜于制耐高温的玻璃器皿或仪器。

当黏土经过高温加热脱水后，有些硅氧骨架重新构筑，成为坚硬的陶瓷。陶瓷大量用作生活用品，有些耐高温和化学腐蚀的特种陶瓷被用来制作化工容器和耐高温材料。

2) 分子筛

分子筛是一类重要的含有结晶水的铝硅酸盐，组成通式为

$$M_{2/n}O \cdot Al_2O_3 \cdot xSiO_2 \cdot yH_2O$$

式中，M 代表 K^+、Na^+、Ca^{2+}等金属离子；n 是该金属离子的氧化数；x 代表 SiO_2 与 Al_2O_3 的物质的量之比，也称为硅铝比，它是分子筛的一项重要性能指标；y 代表结晶水的数目。

分子筛具有三维空间骨架结构，有许多孔径均匀的孔道和内表面积很大的孔穴。若经加热将孔道和孔穴中的水分子赶出，得到的铝硅酸盐便具有吸附某些分子的能力。直径比孔道小的分子能进入孔道内部及孔穴中，直径比孔道大的分子则无法进行入，因而起着筛分分子的作用。

分子筛的吸附性能不仅取决于分子筛孔道孔径的大小，还与被吸附分子的极性、沸点、有机分子的不饱和程度等有关。一般地讲，分子极性越大，沸点越高，不饱和程度越大，越易被吸附。

根据硅铝比的不同，可将分子筛分为 A 型、X 型、Y 型等类型，每一种类型又分若干种。例如，A 型分为 3A 型(孔径 300pm)、4A 型(孔径 420pm)、5A 型(孔径 500pm)。各种分子筛由于结构和孔径不同，吸附能力也不同。

分子筛不仅具有强吸附性，而且有良好的热稳定性和耐酸性，加之具有原料便宜、制备工艺简单、易于再生(可重复使用)等优点，故分子筛为许多工业和科研部门广泛采用。分子筛是优良的吸附剂和干燥剂，可用于物质的分离和提纯，另外还可作用作催化剂和催化剂载体。目前 A 型分子筛主要用于气体的干燥和净化、富氧及轻油脱蜡等方面。X 型及 Y 型分子筛主要用作催化剂或催化剂载体，用于石油的催化裂化，不仅效果好，而且选择性也很强。

沸石是分子筛的一种。沸石一词来源于希腊语沸腾的石头，地质学家发现有些岩石遇到吹管火焰时似乎在沸腾。沸石除作为分子筛的功能外，还可以用作离子交换树脂将自身所带的离子与周围溶液中的离子进行交换。此外，沸石还常用于多相催化中。

拓展知识

钢化玻璃是先将普通退火玻璃先切割成要求尺寸，然后加热到接近玻璃软化点左右，再进行快速均匀的冷却而得到的。钢化玻璃在汽车、建筑、航空、电子等领域应用十分广泛。和普通玻璃相比，钢化玻璃强度和安全性更高。可通过观察玻璃边角是否有钢化的 3C 标志来区分钢化玻璃和普通玻璃。

17.4.3 硅的卤化物

硅的卤化物可用硅与卤素直接合成。SiF_4 可通过 SiO_2 和 HF 反应，或用浓 H_2SO_4 处理萤石和石英砂来制备：

$$SiO_2 + 4HF \xlongequal{\quad} SiF_4\uparrow + 2H_2O$$

$$2CaF_2 + SiO_2 + 2H_2SO_4 \xlongequal{\quad} 2CaSO_4 + SiF_4\uparrow + 2H_2O$$

$SiCl_4$ 则常用 SiO_2 与碳的混合物在氯气流中于高温下制得：

$$SiO_2 + 2C + 2Cl_2 \longequal SiCl_4 + 2CO$$

思考题 17-5

为什么 $SiCl_4$ 容易水解，而 CCl_4 难以水解？

在常温下，SiF_4 是气体，$SiCl_4$ 和 $SiBr_4$ 是液体，SiI_4 是固体，它们都易水解生成 H_2SiO_3 和相应的卤化氢：

$$SiX_4 + 3H_2O = H_2SiO_3 + 4HX$$

SiF_4 水解生成的 HF 与未水解的 SiF_4 进一步配合生成氟硅酸 $H_2[SiF_6]$：

$$2HF + SiF_4 = H_2[SiF_6]$$

其他卤化物水解时不能生成类似的化合物。这是由于卤素中 F 原子半径最小，半径不大的 Si 原子周围只能容纳 6 个 F 原子，而容纳不下 6 个较大的其他卤素原子。

H_2SiF_6 是一种强酸，其强度与硫酸相当，且仅存在于溶液中。当用纯碱溶液吸收 SiF_4 气体时，可生成微溶于水的 Na_2SiF_6：

$$3SiF_4 + 2Na_2CO_3 + 2H_2O = 2Na_2SiF_6 + H_4SiO_4 + 2CO_2\uparrow$$

Na_2SiF_6 可作农业杀虫剂或木材防腐剂，还可用于搪瓷工业作为乳白剂。

17.5 锡、铅的化合物

17.5.1 锡、铅的氧化物和氢氧化物

教学视频

锡铅的化合物

Sn 的价层电子构型为 $5s^2 5p^2$，Pb 的价层电子构型为 $6s^2 6p^2$，它们可以形成氧化数为 +2 和 +4 的氧化物，这些氧化物均是两性氧化物。其酸碱性的关系为

碱性：$SnO < PbO$　　酸性：$SnO_2 > PbO_2$

锡的+2 氧化态氧化物 SnO，呈黑绿色。低氧化态的 SnO 以碱性为主，高氧化态的 SnO_2 以酸性为主。SnO_2 呈白色，不溶于水，难溶于酸或碱，若与 NaOH 或 Na_2CO_3 和 S 共熔，可转变为可溶性的锡酸盐或硫代锡酸盐：

$$SnO_2 + 2NaOH \xlongequal{\text{熔融}} Na_2SnO_3 + H_2O$$

$$SnO_2 + 2Na_2CO_3 + 4S \xlongequal{\text{熔融}} Na_2SnS_3 + Na_2SO_4 + 2CO_2$$

铅的氧化物除有 PbO 和 PbO_2 外，还有混合氧化物 Pb_2O_3 和 Pb_3O_4。PbO 呈橙红色，有两种变体，一种是红色四方晶体，一种是黄色正交晶体，又称铅黄。PbO_2 呈棕黑色。Pb_3O_4 是 +2 和 +4 氧化态铅的混合氧化物，即 $2PbO \cdot PbO_2$，也可认为是正高铅酸的铅盐 $Pb_2^{II}(Pb^{IV}O_4)$。

锡和铅的氢氧化物都是两性氢氧化物，既溶于酸又溶于碱：

$$Sn(OH)_2 + 2HCl = SnCl_2 + 2H_2O$$

$$Sn(OH)_4 + 4HCl = SnCl_4 + 4H_2O$$

$$Sn(OH)_2 + 2NaOH \Longrightarrow Na_2[Sn(OH)_4]$$

$$Sn(OH)_4 + 2NaOH \Longrightarrow Na_2[Sn(OH)_6]$$

$PbCl_2$ 和 $PbSO_4$ 均难溶于水，验证 $Pb(OH)_2$ 的碱性要用硝酸：

$$Pb(OH)_2 + 2HNO_3 \Longrightarrow Pb(NO_3)_2 + 2H_2O$$

$$Pb(OH)_2 + NaOH \Longrightarrow Na[Pb(OH)_3]$$

锡、铅的氧化物及其氢氧化物的酸碱性规律可表示为

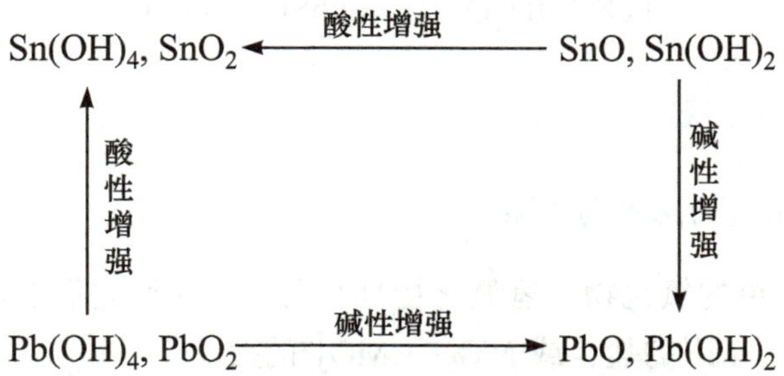

在空气中燃烧锡和铅时，锡倾向生成 SnO_2，铅则倾向生成 PbO。受“惰性电子对效应”的影响，SnO 还原性较强，稳定性较差，SnO_2 比较稳定；PbO_2 的氧化性很强，稳定性较差，PbO 比较稳定。

锡和铅的氧化物都不溶于水，欲制得相应的氢氧化物，要用酸将氧化物转变成盐，然后再用碱和盐作用，如从 SnO 制 $Sn(OH)_2$：

$$SnO + 2HCl \Longrightarrow SnCl_2 + H_2O$$

$$SnCl_2 + 2NaOH \Longrightarrow Sn(OH)_2\downarrow + 2NaCl$$

用相似方法，可从 PbO、SnO_2 制得相应 $Pb(OH)_2$、$Sn(OH)_4$，但不能用这个方法将 PbO_2 转化为 $Pb(OH)_4$，因为 Pb(Ⅳ)有强氧化性，能将 HCl 氧化生成 Cl_2：

$$PbO_2 + 4HCl \Longrightarrow PbCl_2 + Cl_2\uparrow + 2H_2O$$

17.5.2 锡、铅的硫化物

锡、铅的硫化物均不溶于水和稀酸，有特征颜色，同样也具有高氧化态显酸性，低氧化态显碱性的性质。相应盐与 H_2S 作用可得到硫化物。

SnS_2 呈金色，俗称“金粉”，常用作金色的涂料。酸性的 SnS_2 可溶于 Na_2S 或 $(NH_4)_2S$ 生成硫代锡酸盐：

$$SnS_2 + (NH_4)_2S \Longrightarrow (NH_4)_2SnS_3$$

硫代锡酸盐不稳定，遇酸分解，析出黄色 SnS_2 沉淀：

$$SnS_3^{2-} + 2H^+ \Longrightarrow H_2SnS_3 \quad 或 \quad SnS_2 + H_2S$$

碱性的 SnS(棕色)可溶于多硫化铵$(NH_4)_2S_x$，因为多硫离子 S_x^{2-} 有氧化性，能将 SnS 氧化为 SnS_2，进而生成 SnS_3^{2-}，促进 SnS 溶解：

$$SnS + S_x^{2-} \Longrightarrow SnS_3^{2-} + (x-2)S$$

常用 SnS_2 和 SnS 在碱金属硫化物溶液中溶解性的不同来鉴别 Sn^{4+} 和 Sn^{2+}。用 Pb^{2+} 和 S^{2-} 反应生成黑色 PbS 的反应检验 Pb^{2+} 或 S^{2-}，或鉴别 H_2S 气体。

PbS 不能溶于稀的非氧化性酸，但能溶于 HNO_3 或浓 HCl：

$$3PbS + 8HNO_3 = 3Pb(NO_3)_2 + 2NO\uparrow + 3S\downarrow + 4H_2O$$

$$PbS + 4HCl = H_2[PbCl_4] + H_2S\uparrow$$

PbS 也可与 H_2O_2 反应：

$$PbS + 4H_2O_2 = PbSO_4 + 4H_2O$$

17.5.3 锡、铅的盐

1. 锡、铅盐的溶解与水解

由于锡、铅的氧化物、氢氧化物具有两性，因而它们能形成两种类型的盐，即 M^{2+}、M^{4+} 的盐，或 MO_2^{2-}、MO_3^{2-} 的盐。

思考题 17-6

在金属活动性顺序表中，Pb 位于 H 的前面，但为什么 Pb 与稀盐酸或稀硫酸反应，难以生成 H_2？

铅盐大部分难溶于水，且具有特征颜色，如白色的 $PbCl_2$ 和 $PbSO_4$、金黄色的 PbI_2、黑色的 PbS 等。

Pb^{2+} 和 CrO_4^{2-} 反应生成黄色沉淀，这是检验 Pb^{2+} 的特征反应：

$$Pb^{2+} + CrO_4^{2-} = PbCrO_4\downarrow$$

$PbCl_2$ 难溶于冷水，易溶于热水，能溶于盐酸中生成配合物：

$$PbCl_2 + 2HCl = H_2[PbCl_4]$$

$SnCl_2$ 易部分水解生成 Sn(OH)Cl：

$$SnCl_2 + H_2O = Sn(OH)Cl\downarrow + HCl$$

所以配制 $SnCl_2$ 溶液时，先将 $SnCl_2$ 固体溶于少量浓盐酸中，抑制水解，再加水稀释，才能得到澄清溶液。

$SnCl_4$ 遇水剧烈水解，在潮湿空气中会发烟。

物质鉴定

Pb^{2+} 的鉴定

Pb^{2+} 与 CrO_4^{2-} 反应生成黄色 $PbCrO_4$ 沉淀，且 $PbCrO_4$ 沉淀能溶于 NaOH 溶液(区别于黄色的 $BaCrO_4$)，利用该反应可鉴定 Pb^{2+}：

$$Pb^{2+} + CrO_4^{2-} = PbCrO_4\downarrow$$

2. 锡、铅盐的氧化还原性

思考题 17-7

在 PbO_2 与 H_2SO_4 的反应中，产物 O_2 中的氧来源于 PbO_2 还是 H_2SO_4？为什么？

Sn 的价电子 $5s^25p^2$ 较易失去，容易形成 +4 氧化态，具有强还原性。而 Pb 具有 $6s^2$ 惰性电子对效应，不易失去，因而低氧化态 Pb(Ⅱ)较稳定，高氧化态 Pb(Ⅳ)具有强氧化性，稳定性较差。

在 Pb(Ⅳ)的卤化物 PbX_4 中，因为 F^- 无还原性，故 PbF_4 能稳定存在，而 $PbBr_4$、PbI_4 都不能稳定存在。$PbCl_4$ 在低温下稳定，常温下即分解：

$$PbCl_4 = PbCl_2 + Cl_2\uparrow$$

Pb(Ⅳ)的强氧化性还表现在酸性介质中能将 Mn^{2+}氧化成 MnO_4^-，与 H_2SO_4反应时放出 O_2。

$$2Mn^{2+} + 5PbO_2 + 4H^+ = 2MnO_4^- + 5Pb^{2+} + 2H_2O$$

$$2PbO_2 + 2H_2SO_4 = 2PbSO_4 + O_2\uparrow + 2H_2O$$

$SnCl_2$和 $Na_2[Sn(OH)_4]$都是常见的还原剂，它们相应的标准电极电势为

$$Sn^{4+} + 2e^- = Sn^{2+} \qquad E^\ominus = 0.154V$$

$$[Sn(OH)_6]^{2-} + 2e^- = [Sn(OH)_4]^{2-} + 2OH^- \qquad E^\ominus = -0.93V$$

由上述标准电极电势可看出，碱性介质中$[Sn(OH)_4]^{2-}$的还原能力比酸性介质中的 Sn^{2+}强，能将 $Bi(OH)_3$还原成黑色金属 Bi，这是检验 Bi^{3+}的特征反应：

$$2Bi(OH)_3 + 3Na_2[Sn(OH)_4] = 2Bi\downarrow + 3Na_2[Sn(OH)_6]$$

$SnCl_2$能将汞盐还原为亚汞盐，当 $SnCl_2$过量时，亚汞盐被还原为金属汞。由于 $SnCl_2$有还原性，易被空气中的氧气氧化，为防止溶液受空气中氧气氧化而变质，配制 $SnCl_2$溶液时常加入少许 Sn 粒：

$$Sn^{4+} + Sn = 2Sn^{2+}$$

物质鉴定

Sn^{2+}的鉴定

Sn^{2+}具有还原性，适量 Sn^{2+}能将 $HgCl_2$还原为白色 Hg_2Cl_2沉淀，过量 Sn^{2+}能进一步将其还原为单质 Hg，利用该反应可鉴定 Sn^{2+}：

$$SnCl_2 + 2HgCl_2 = SnCl_4 + Hg_2Cl_2\downarrow(白)$$

$$SnCl_2 + HgCl_2 = SnCl_4 + 2Hg(黑)$$

化学史话

中国民族工业的骄傲——侯德榜

侯德榜（1890—1974，我国化学家）

侯德榜是我国杰出的化学家，侯氏制碱法的创始人，中国近代化学工业的奠基人之一，世界制碱业权威。他为祖国的化工事业奋斗终生，以独特的制碱工艺名扬世界，托起了中国现代化学工业的大厦。

纯碱，化学名为碳酸钠(Na_2CO_3)，俗称苏打，是人类生活和生产离不开的化学物质。作为纺织、造纸、玻璃、食品等行业的重要原料，纯碱制造技术是衡量一个国家工业水平的重要指标。

1862 年，比利时化学家欧内斯特·索尔维发明了一种制备纯碱的方法，也称索尔维制碱法，又称氨碱法。该法是以食盐、石灰石和氨为原料，同时制得纯碱和氯化钙。索尔维制碱法实现了连续性生产，产品也较为纯净，因而很快成为主流的生产工艺。索尔维制碱法在很长一段时间里被英、美、德等欧美国家垄断并实施技术封锁，每一道流程严格保密。多少年来，许多国家要想探索索尔维制碱法的奥秘，无不以失败告终。

打破对纯碱生产技术封锁的是我国的化工之父——侯德榜。

第一次世界大战期间的中国，以纯碱为原料的民族工业受阻，严重影响国计民生。那时一吨纯碱在中国的价格高达 1 盎司(1 盎司 = 28.35g)黄金价格，因纯碱是制作玻璃的原料，所以当时民间流传一句这样的话：“吃不起馒头，用不起玻璃”。

1921 年，侯德榜在美国哥伦比亚大学获得博士学位后回到了祖国。应永利制碱公司创始人范旭东邀请，侯德榜担任永利碱厂的技师长(即总工程师)，从制革转为制碱，开启了半个多世纪的科学救国和实业救国的人生历程。

要创业首先需要实干的精神。侯德榜脱下西服换上工作服和胶鞋，身先士卒，同工人们一起操作。哪里出现问题，他就出现在哪里，经常干得大汗淋漓，赢得了工人们，甚至外国技师的赞赏和钦佩。

经过五年的艰苦探索，侯德榜终于掌握了索尔维制碱法的各项技术要领，可日产 180 t 纯碱。1926 年，永利碱厂生产的“红三角”牌纯碱在美国费城万国博览会上为中国赢得了一枚金质奖章，其质量完全可以与国外生产的纯碱相媲美，这足以证明当时中国的制碱工业已与世界先进水平比肩而立。“红三角”牌的纯碱让国人扬眉吐气，也向世界证明了中国人的智慧。

侯德榜摸索出制碱法的奥秘后，没有据为已有大发其财，而是公布于众，让世界共享这一科技成果。为此，他将制碱法的全部技术和自己的实践经验写成专著《纯碱制造》，于 1933 年在纽约列入美国化学会丛书出版。这部化工巨著第一次彻底公开了索尔维制碱法的秘密，被世界各国化工界公认为制碱工业的权威专著，并相继译成多种文字出版，对世界制碱工业的发展起了重要作用。美国著名化学家威尔逊称这本书是“中国化学家对世界文明所做的重大贡献”。

抗日战争爆发后，在艰苦的条件下，侯德榜又对氨碱法进行了重大改进，创造性地将制碱工业与合成氨工业结合起来，成功地发明了新的“侯氏联合制碱法”，又称侯氏制碱法。该法用饱和食盐水分段吸收 CO_2 和 NH_3，分别制得碳酸氢钠和氯化铵，煅烧碳酸氢钠便得到碳酸钠。新方法保留了索尔维制碱法的优点，又大大提高了食盐利用率，同时副产品也不再是污染环境的 $CaCl_2$，而是可以用作肥料的 NH_4Cl，开创了世界制碱业的新纪元，在全世界引起了轰动。它带中国人进入世界化工史册，更开辟了世界制碱工业的新纪元，直到今天，它依然是世上最先进的制碱技术！

拓展阅读

侯德榜是当之无愧的国之栋梁，他始终牢记自己是一个中国人，他常说：“我的一切发明都属于祖国！”面对印度塔塔公司的高薪聘请，他回答说：“科学没有国界，但是科学家是有祖国的。我的祖国需要振兴工业、发展经济，我不能离开自己的国家和 20 多年苦乐与共的事业而留在印度。”乱世之中，侯德榜扛起了科技复兴的使命。他严谨求实的科学精神和心系祖国的赤子情怀，是当之无愧的吾辈楷模。

习 题

17-1 Pb 元素的低氧化态化合物稳定，主要原因是什么？

17-2 $KMnO_4$ 溶液中加入 $SnCl_2$ 溶液，二者有无化学反应发生？若有，试写出反应方程式。

17-3 在 $0.5mol \cdot L^{-1}$ $SnCl_2$ 溶液中加入 H_2S 饱和溶液至有大量沉淀生成，将沉淀去除一部分加入 $6mol \cdot L^{-1}$ HCl 后，沉淀溶解。沉淀的另一部分加入足量硫化铵溶液，沉淀也溶解，向溶液中继续加入 $6mol \cdot L^{-1}$ 的 HCl，又生成沉淀，同时又有臭鸡蛋味气体生成。写出各步反应方程式。

17-4 完成下列方程式。

(1) $PbO_2 + Mn(NO_3)_2 \longrightarrow$

(2) $HgCl_2 + SnCl_2$(少量) $\longrightarrow$

(3) $HgCl_2 + SnCl_2$(多量) $\longrightarrow$

(4) $SiO_2 + NaOH$(熔融) $\longrightarrow$

(5) $SiO_2 + HF \longrightarrow$

(6) $PbO_2 + HCl \longrightarrow$

(7) $SnCl_2 + H_2O \longrightarrow$

(8) $SnS_2 + (NH_4)_2S \longrightarrow$

17-5 比较下列物质的有关性质，并加以解释。

(1) 热稳定性：$SrCO_3$ 和 $CdCO_3$；

(2) 还原性：Ge^{2+}和 Sn^{2+}；

(3) 氧化性：Pb^{2+}和 Pb^{4+}；

(4) 在水中溶解度：$Ca(HCO_3)_2$ 和 $CaCO_3$，$NaHCO_3$ 和 Na_2CO_3。

17-6 比较下列各组物质的热稳定性。

(1) $Mg(HCO_3)_2$、$MgCO_3$、H_2CO_3；

(2) $(NH_4)_2CO_3$、$CaCO_3$、Ag_2CO_3、K_2CO_3、NH_4HCO_3；

(3) $MgCO_3$、$MgSO_4$。

17-7 将锡溶于 HCl，得到的是 $SnCl_2$，而不是 $SnCl_4$。试用相关电对的电极电势加以解释说明。如何用锡制取 $SnCl_4$？

17-8 鉴别下列各对离子。

(1) Sn^{2+}、Sn^{4+}；(2) Pb^{2+}、Sn^{2+}。

17-9 现有 Fe、Na_2CO_3、NaCl、NaOH、MgO 等物质，能否在石英器皿中熔融？为什么？

17-10 下列化合物中，不同元素间通过什么键结合？

CaC_2、SiC、Al_4C_3

17-11 下列化合物哪些属于离子型化合物，哪些属于共价型化合物或金属化合物？

Al_4C_3、WC、Fe_3C、SiC、B_4C、TiC

17-12 CO_2 比 SiO_2 熔点低得多，是否 CO_2 的热稳定性也比 SiO_2 的差得多？

17-13 锌、镉、镁三种元素的碳酸盐的热稳定性次序怎样？如何解释？

17-14 不使用酸溶解的方法，如何使难溶的碱土碳酸盐发生溶解？

(中南大学　　易小艺)

第 18 章 硼族元素

18.1 硼族元素概述

第 18 章 导学

硼族元素位于元素周期表的ⅢA 族，包括硼(boron, B)、铝(aluminum, Al)、镓(gallium, Ga)、铟(indium, In)、铊(thallium, Tl)、鉨(nihonium, Nh)六种元素，其中 Ga、In、Tl 属于稀有分散元素，Nh 是人工合成放射性金属元素。硼族元素的基本性质如表 18-1 所示。

教学视频

硼族元素概述、硼族元素的单质

表 18-1 硼族元素的基本性质

元素	硼	铝	镓	铟	铊
元素符号	B	Al	Ga	In	Tl
原子序数	5	13	31	49	81
相对原子量	10.81	26.982	69.723	114.82	204.38
价层电子构型	$2s^22p^1$	$3s^23p^1$	$4s^24p^1$	$5s^25p^1$	$6s^26p^1$
金属半径/pm	86	143	135	167	176
共价半径/pm	84	124	123	142	144
熔点/K	2 453	933	303	430	576
沸点/K	3 923	2 740	2 676	2 353	1 730
电离能 I_1/(kJ·mol^{-1})	800.6	577.5	5 78.8	5 58.3	589.4
电子亲和能 A_1 /(kJ·mol^{-1})	−26.7	−42.5	−28.9	−28.9	−19
电负性	2.04	1.61	1.81	1.78	1.8
氧化数	+3	+3	+1、+3	+1、+3	+1、+3
晶体类型*	A	M	M	M	M
硬度(莫氏)	9.5	2.9	1.5	1.2	—

*A 为原子晶体，M 为金属晶体。

ⅢA 族元素中，B 为非金属，其他为金属。金属单质的沸点从上到下降低，但熔点无规律性。这是因为金属晶体的堆积方式不同，金属 Al 为面心立方，金属 Ga 中含有原子对，In 和 Tl 的结构也不相同，金属熔化后，晶体结构不复存在，从上到下金属键减弱，沸点降低。

硼族元素的价层电子结构为 ns^2np^1，价层轨道数目为 4(1 个 s 轨道和 3 个 p 轨道)，而价电子仅有 3 个，价电子数目少于价层轨道数目，这种原子称为缺电子原子，组成的化合物为缺电子化合物。这里所谓的“缺电子”

是指缺乏足够的电子来形成原子间正常的共价键。缺电子化合物因为存在空轨道，可以接受电子，所以容易形成聚合分子，或与有孤对电子的分子或者离子形成配合物。

由于硼族元素离子电荷高、半径小，离子的电荷密度大，足以使与它们成键的阴离子极化，形成共价键。因此，B 的化合物都是共价化合物，同族的其他金属元素的化合物也具有共价性。

思考题 18-1

$GaCl_2$ 为反磁性化合物，为什么？

从第ⅢA 族开始，主族元素出现多个氧化数。从上到下，ns^2 电子对趋于稳定(惰性电子对效应)，低氧化数的稳定性逐渐增强。Al 只有一种氧化数+3，但 Ga、In 和 Tl 的氧化数除了常见的+3，还有+1。Ga 的主氧化数是+3，而 Tl 的主氧化数是+1。镓生成组成化学式为 $GaCl_2$ 的氯化物，表面看 Ga 的氧化数是+2，实际上其化学式为 $Ga[GaCl_4]$，该化合物中的 Ga 有+1 和+3 两种氧化数。图 18-1 列出了硼族元素在酸性溶液($E_A^\ominus$)和碱性溶液($E_B^\ominus$)中的标准电极电势：

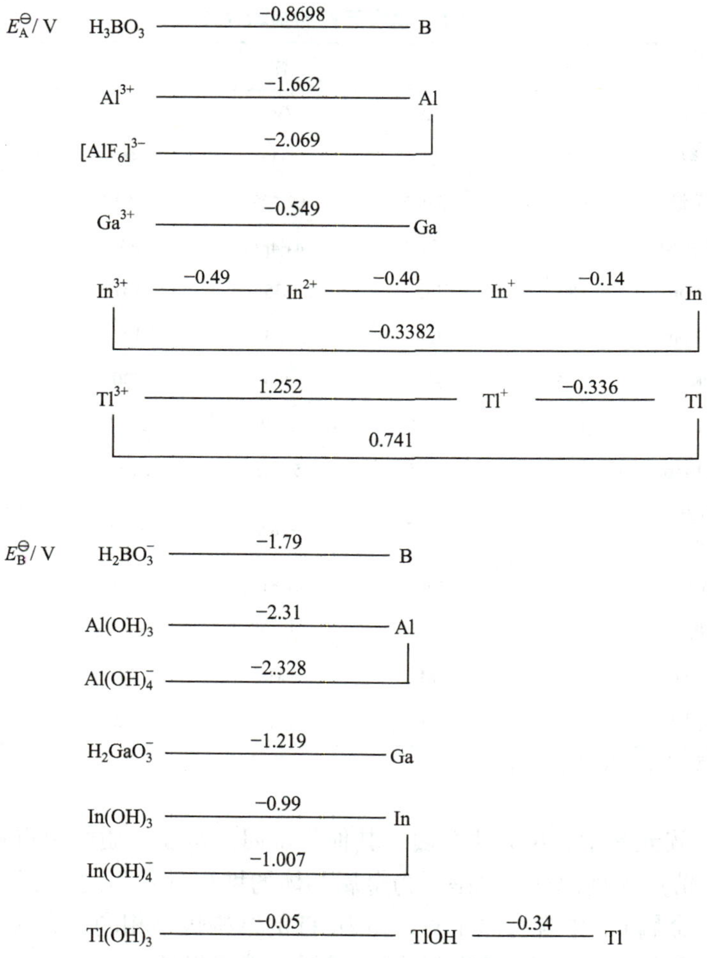

图 18-1 硼族元素电势图

18.2 硼族元素的单质

18.2.1 硼和铝

1. 硼

B 在地壳中含量很少，但在我国 B 是丰产元素。它的主要存在形式是各种硼酸盐矿，自然界中不存在游离的 B。单质硼有无定形硼和晶态硼，无定形硼为棕色粉末，比较活泼；晶态硼为黑灰色，具有惰性。B 的熔点和沸点都很高，晶态硼的硬度很大，在单质中仅次于金刚石。

晶态硼有多种晶体结构，以 B_{12} 正二十面体为基本的结构单元[图 18-2(a)]，每个 B 原子和另外 5 个 B 原子相连，有 20 个等边三角形和 12 个顶角。最普通的 α-菱形硼就是由 B_{12} 结构单元组成的层状结构，每个 B_{12} 单元通过腰部的 6 个 B 原子以三中心二电子键与同层中的 6 个 B_{12} 单元[图 18-2(b)]相连。

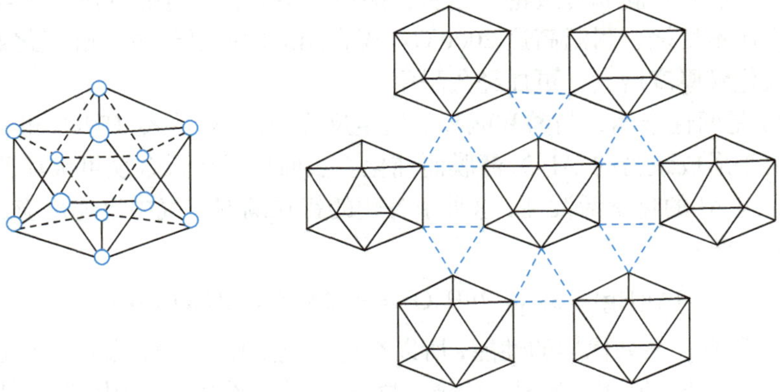

(a) (b)

图 18-2 晶态硼的结构

动画

B_{12} 二十面体结构

单质硼的用途不广，但硼化合物的用途越来越广，一方面是因为近年来人们弄清了某些硼化合物的结构，从而可以合成许多新型的硼化合物；另一方面因为硼及其化合物在新型合成材料和原子能工业方面的应用极为重要。单质硼是高效的中子吸收剂，含硼控制棒是核电站的最重要部件之一，用于控制核反应的速率。

拓展知识

1827 年，维勒(F. Wöhler)利用金属钾与无水氯化铝反应得到纯铝。铝的价格曾经贵于黄金，直到 1886 年霍尔-埃鲁铝电解法出现才得以改变。

2. 铝

在 p 区的金属中只有铝位于短周期，地壳中含量最多的元素是 O，其次是 Si，Al 居第三，就金属而论 Al 居第一。Al 在自然界的主要矿石为铝矾土 $Al_2O_3 \cdot xH_2O$，是制取 Al 及其化合物的重要原料。

因为 Al 很活泼，工业上采用电解法制备单质铝。以纯净 Al_2O_3 作原料，

冰晶石 Na_3AlF_6 作助熔剂，进行电解，在阳极上得到金属铝。

$$2Al_2O_3 \xrightarrow[\text{熔融冰晶石}]{\text{通电}} 4Al + 3O_2\uparrow$$

Al 和 B 虽同族，但它们性质相差很大。Al 是活泼金属，但由于 Al^{3+} 电荷高，半径小，具有很强的极化力，故铝化合物常常显示共价性。在形成共价化合物时，Al 是缺电子原子，Al 的化合物是缺电子分子。

Al 是活泼金属，易与氧反应：

$$4Al(s) + 3O_2(g) = 2Al_2O_3(s) \qquad \Delta_r H_m^\ominus = -3351.4 kJ \cdot mol^{-1}$$

这比一般金属氧化物的生成热要大得多。生产上利用这个特点，冶炼一些难被还原的金属。用铝粉和铁的氧化物混合制成铝热剂应用于焊接铁轨、熔化钢块：

$$8Al(s) + 3Fe_3O_4(s) = 4Al_2O_3(s) + 9Fe(s) \quad \Delta_r H_m^\ominus = -3347.6 kJ \cdot mol^{-1}$$

若这个反应在小容器中进行，可达约 3500℃的高温，使分离出来的金属熔为液体。

思考题 18-2

铝比铁活泼，为什么抗蚀能力反而比铁强?

Al 虽易与氧反应，但在空气中 Al 的表面立刻生成一层致密的氧化物薄膜。这层氧化膜非常致密、结实，保护内层金属不再被氧化，并且这层氧化膜还不怕烧，耐温高达 2000℃。现在用的铝制品经过电解氧化处理，表面氧化膜厚度增大，更加经久耐用。

Al 是两性金属，与酸和碱都能发生反应。但 Al 在冷 HNO_3 和 H_2SO_4 中，由于形成致密的 Al_2O_3 薄膜而钝化。表面形成铝汞合金可破坏薄膜，立刻显出 Al 的化学活泼性，这种汞齐化的铝在潮湿空气中迅速反应，并且放出大量热：

$$4Al(Hg) + 3O_2 + 2nH_2O = 2Al_2O_3 \cdot nH_2O + 4Hg$$

Al 具有一系列优异的性能，所以有许多重要用途。Al 的电导率是铜的 65%，但 Al 与 Cu 相比质轻、价廉，故 Al 作为电线电缆应用广泛，特别是在高压电传输方面。含有少量 Cu、Mn、Mg、Si 等的铝合金，又轻又坚固，适用于飞机、汽车和建筑业。铝合金门窗美观、轻便、耐腐蚀，已取代铁门窗。在制造日用器皿方面，Al 的化合物也有广泛应用。

18.2.2 镓、铟、铊

1. 物理性质和应用

镓(Ga)、铟(In)、铊(Tl)都是低熔点、低硬度的白色金属，在地壳中含量少而分散，没有形成集中的矿藏，如在铝矾土、铅矿、铜矿或煤中有少量 Ga，在闪锌矿中含有少量 In 和 Tl。它们的单质常通过电解相应盐的水溶液而制得。

Ga 的熔点为 29.8℃，沸点为 2403℃，其熔点和沸点的温度差是所有金属单质中最大的，这与它的晶体结构有关。在固态 Ga 中存在 Ga-Ga 原子对，原子对内部结合力强，而原子对之间结合力较弱，熔融时只破坏部分原子对间的结合力，需要的能量少，所以熔点很低。当继续加热使原子对变成气态 Ga 原子，需要破坏原子对内部的结合力，就需要较高的能量，因此沸点很高。可以将 Ga 填充在石英管中制作温度计，用以测量反应炉、核反应堆等高温度。在原子能工业中，Ga 可以作为热传导介质，将反应堆中的热量传出来。Ga 与其他低熔点金属，如 Sn、Pb、Bi、In 等制成熔点低于 60℃的易熔合金，用在电路熔断器和各种保险装置上，能起到安全保险作用。

金属 In 主要用于制造铟锡氧化物(ITO)靶材、半导体和低熔点合金。ITO 靶材用于生产液晶显示器和平板屏幕，是 In 的主要应用领域，占全球 In 消费量的 70%。In 可作为包覆层或与其他金属制成合金，以增强发动机轴承耐腐蚀性。In 有优良的反射性，可制造反射镜。银铅铟合金可作为高速航空发动机的轴承材料。

金属 Tl 可用来制造光电管、低温温度计和光学玻璃等。Tl 的低熔点合金可用于电子管玻壳的黏接。Tl 在医学上可作为造影剂，用于疾病的诊断。但 Tl 有剧毒，医学上治疗 Tl 中毒的特效解药是普鲁士蓝。

2. 化学性质

Ga 的金属性与 Zn 相似，比 Al 低。在常温下的干燥空气中，Ga 因表面产生致密的氧化膜阻止进一步氧化，在潮湿空气中易失去光泽。Ga 是两性金属，既能溶于酸也能溶于碱。高温时能与多数非金属反应。

In 的金属性与 Fe 近似。In 在空气中的氧化作用很慢，表面形成极薄的氧化膜，加热到熔点以上时，氧化成 In_2O_3。高温时，In 能与氧、卤素、硫、硒、碲、磷作用。例如，在 620℃时，In 与硫蒸气反应产生硫化亚铟(In_2S)等。致密 In 不与沸水和碱反应，但粉末状的 In 可与水作用，生成氢氧化铟。In 与冷的稀酸作用缓慢，易溶于浓热的无机酸和乙酸、草酸。

室温下，Tl 能与空气中的氧作用形成氧化膜而保护内部。Tl 能与卤素反应，Tl 的卤化物在光敏性上与卤化银相似，见光分解。高温时能与硫、硒、碲、磷反应。Tl 不溶于碱，与盐酸的作用缓慢，但迅速溶于硝酸、稀硫酸中，生成可溶性盐。

18.3 硼的化合物

在硼族元素中，B 的原子半径最小(86pm)，第一电离能比较高($800.6kJ\cdot mol^{-1}$)，电负性为 2.04，所以 B 成键时，不易失电子，而是与其他元素共用电子形成共价键。B 的所有化合物都是共价化合物，固态和水溶液中都不存在 B^{3+}。

教学视频

硼的化合物

18.3.1 硼的氢化物

B 可以形成一系列的共价氢化物，如 B_2H_6、B_4H_{10}、B_4H_9、B_5H_{11}、B_6H_{10} 等。还有一些金属复合硼氢化物 $Al(BH_4)_3$、$Li(BH_4)$等。

由于 B 原子的缺电子性质，硼烷分子具有独特的结构。例如，在乙硼烷(B_2H_6)分子中，B 原子采取不等性 sp^3 杂化。在 4 个 sp^3 杂化轨道中，只有 3 个轨道上各有 1 个电子，另一个为空轨道(图 18-3)。

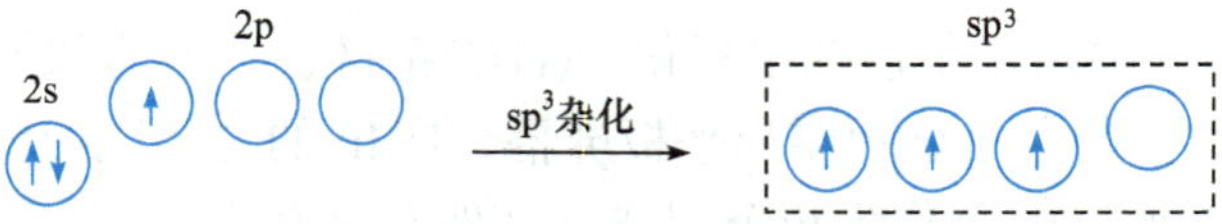

图 18-3 B_2H_6 分子中 B 原子的杂化

动画

B_2H_6 的成键过程

在 B_2H_6 分子中，有两种不同类型的 B—H 键(图 18-4)：

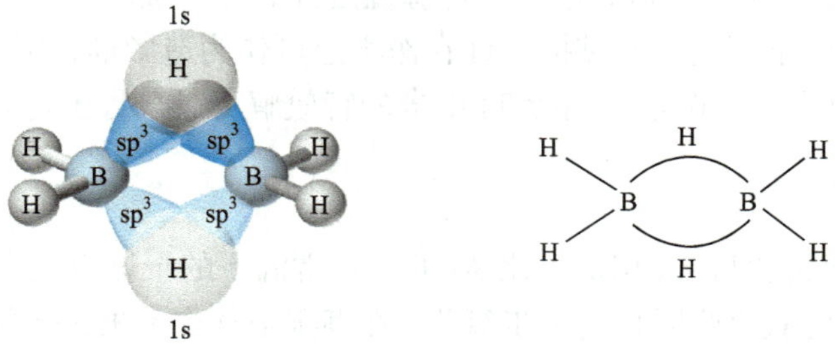

图 18-4 B_2H_6 分子的结构

(1) 两个 B 原子各利用 2 个单电子的 sp^3 杂化轨道，分别与 2 个端基 H 原子形成 2 个 B—H σ 键，这 4 个 σ 键位于同一平面；

(2) 上方 H 原子的单电子 1s 轨道与左边 B 原子的 1 个单电子 sp^3 杂化轨道，以及右边 B 原子的空的 sp^3 杂化轨道三者互相重叠，形成了一个由 2 个 B 原子和 1 个 H 原子共用 2 个电子的三中心二电子键，记作 3c-2e 键。结构化学实验证明，这个 H 原子位于两个 B 原子中间，具有桥状结构，因此这种键又称为氢桥键。在 B_2H_6 分子中存在两个这样的氢桥键，这两个氢桥键所形成的平面和 4 个 B—H σ 键构成的平面相互垂直。

拓展知识

硼烷的结构

美国化学家利普斯科姆(W. N. Lipscomb)提出了解决硼烷结构的“三中心二电子键理论”，因此获得了 1976 年诺贝尔化学奖。

利普斯科姆提出，在各类硼烷结构中，共有五种不同的成键方式：

(1) 正常 σ 共价键，端基二中心二电子(2c-2e)硼氢键，如图 18-5(a)所示；

(2) 正常 σ 共价键，二中心二电子(2c-2e)硼硼键，如图 18-5(b)所示；

(3) 三中心二电子(3c-2e)氢桥键，如图 18-5(c)所示；

(4) 开放的三中心二电子(3c-2e)硼桥键，如图 18-5(d)所示；

(5) 闭合的三中心二电子(3c-2e)硼桥键，如图 18-5(e)所示。

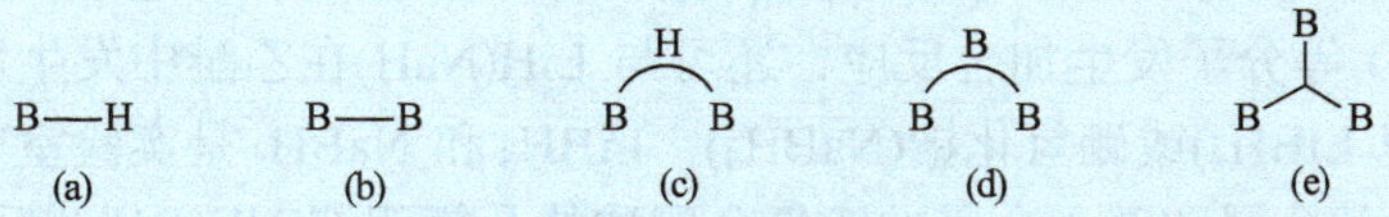

图 18-5 硼烷中的化学键

对于通式为 B_nH_{n+m} 的硼烷，氢桥键数目为 s，硼桥键数目为 t，硼硼键数目为 y，除$(BH)_n$之外的端式硼氢键数目为 x。根据守恒原理：

氢原子守恒：$s+x=m$

硼原子的价电子守恒：$s+2t+2y+x=2n$

B 原子的价轨道守恒：$2s+3t+2y+x=3n$

可以得出，n、m 与 s、t、y、x 的关系如下：

$$\begin{cases} n=s+t \\ m=s+x \\ n-\dfrac{m}{2}=t+y \end{cases}$$

其中 s、t、y、x 只能为零或者正整数，利用试验法，可以得出 *styx* 组合。由于三个方程包含四个未知数，所以解并不唯一。

对于 B_2H_6，可以推算出 $styx=2002$，即 B_2H_6 分子包括 2 个氢桥键，4 个硼氢键，不包含硼桥键、硼硼键，与实验结果相符。

对于 B_4H_{10}，可以推算出 $styx=3103$ 或 $styx=4012$，有图18-6 所示的两种可能结构。

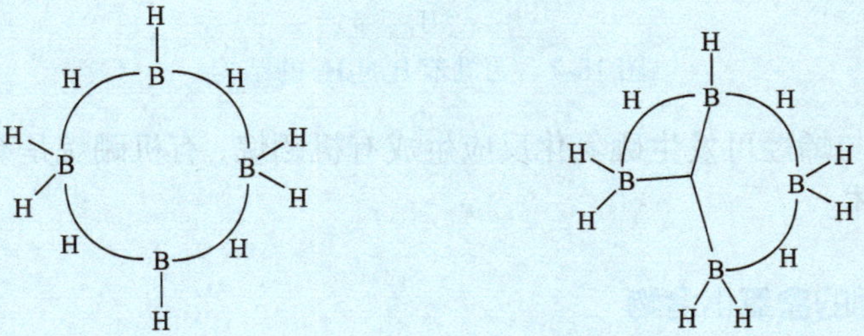

(a) $styx=3103$　　(b) $styx=4012$

图 18-6 B_4H_{10}的两种可能结构

当存在两种以上可能结构时，可以根据一些经验规则来推测合理的结构。低对称性结构不能稳定存在，合理的结构应有最高的对称性。已知的硼烷，至少有 1 个对称面。这样，B_4H_{10}的结构为 $styx=4012$，与实验结果相符。

三中心二电子键理论对许多开式硼烷分子的结构进行了满意的解释，但是对于价电子离域性大的闭式硼烷就不适用了。

纯 B_2H_6 毒性较大，可以与氰化氢和光气相比。B_2H_6 在空气中极易燃烧，甚至能自燃，燃烧时放出大量的热。B_2H_6 曾被考虑用作火箭燃料，但由于存在技术困难，例如，太容易燃烧，合成 B_2H_6 的成本较高，B_2H_6 的燃烧产物固体 B_2O_3 可堵塞机器管路等而最终放弃：

$$B_2H_6(g)+3O_2(g) = B_2O_3(s)+3H_2O(g) \qquad \Delta_r H_m^\ominus = -2033.8\text{kJ}\cdot\text{mol}^{-1}$$

B_2H_6 水解也放出大量的热：

$$B_2H_6(g) + 6H_2O(l) \xlongequal{} 2H_3BO_3(s) + 6H_2(g) \quad \Delta_r H_m^{\ominus} = -509.28 kJ \cdot mol^{-1}$$

B_2H_6为缺电子化合物，属于路易斯酸，可以接受孤对电子，因此可与NH_3、CO等分子发生加合反应，还可与LiH(NaH)在乙醚中发生反应生成硼氢化锂($LiBH_4$)或硼氢化钠($NaBH_4$)，$LiBH_4$和$NaBH_4$是实验室中常用的还原剂。碱金属和碱土金属的四氢合硼酸盐及氨硼烷[NH_3BH_3]都可作为储氢材料：

$$B_2H_6 + 2CO \xlongequal{} 2[H_3B \leftarrow CO]$$

$$B_2H_6 + 2NH_3 \xlongequal{} 2[H_3B \leftarrow NH_3]$$

$$B_2H_6 + 2LiH \xlongequal{} 2LiBH_4$$

思考题 18-3

为什么无机苯可以与HCl发生加成反应，而苯却不可以？

B_2H_6和NH_3在高温下反应得到环硼氮烷，俗称无机苯($B_3N_3H_6$)：

$$3B_2H_6 + 6NH_3 \xlongequal{} 2B_3N_3H_6 + 12H_2$$

无机苯的电子结构与几何构型均与苯类似(图18-7)，属于等电子体，它们的成键方式也很相似，均含有Π_6^6离域键。虽然结构相似，但二者的化学性质相似性并不多，B和N之间的电负性差异是主要影响因素。

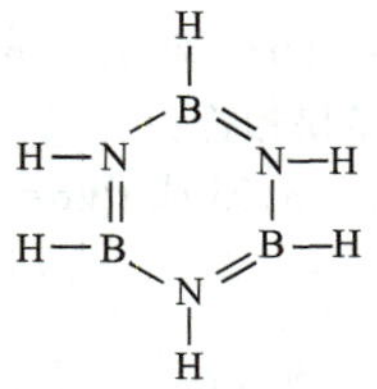

图 18-7 无机苯 $B_3N_3H_6$ 的结构

B_2H_6与烯烃可发生硼氢化反应生成有机硼烷，有机硼烷是有机合成的重要中间体。

18.3.2 硼的含氧化合物

常见的硼的含氧化合物有三氧化二硼(B_2O_3)、硼酸(H_3BO_3)及硼砂($Na_2B_4O_7 \cdot 10H_2O$)。

1. 三氧化二硼

B_2O_3由H_3BO_3加热脱水制得

$$2H_3BO_3 \xlongequal{\triangle} B_2O_3 + 3H_2O$$

B_2O_3能被金属镁或铝还原，但不能用碳还原，因为在高温下硼与碳反应生成碳化硼。

B_2O_3溶于水放出少量的热，在水蒸气中形成偏硼酸，在水中形成硼酸：

$$B_2O_3 + H_2O \xlongequal{} 2HBO_2$$

$$B_2O_3 + 3H_2O \xlongequal{} 2H_3BO_3$$

熔融状态的B_2O_3可溶解许多金属氧化物，制得有色硼玻璃。硼玻璃耐高温，不但可以用作耐高温化学实验仪器、耐高温玻璃纤维，还可以用作火箭防护材料、光学仪器设备、绝缘器材及建筑、机械、军工方面所需的新型材料。

2. 硼酸

硼酸[H_3BO_3或$B(OH)_3$]是白色片状晶体。加热灼烧起下列变化

$$H_3BO_3 \xrightarrow[-H_2O]{169℃} HBO_2 \xrightarrow[-H_2O]{300℃} B_2O_3$$

在H_3BO_3晶体中，每个B原子以3个sp^2杂化轨道与3个OH^-中的O原子以共价键结合[图18-8(a)]，每个O原子除通过共价键与1个B原子和1个H原子结合外，还通过氢键与另一个H_3BO_3单元中的H原子结合而连成片层结构[图18-8(b)]。层与层之间距离为318pm，以范德华力相吸引，可以作为润滑剂。这种缔合结构使它在冷水中溶解度很小，加热时因部分氢键断裂，溶解度增大。

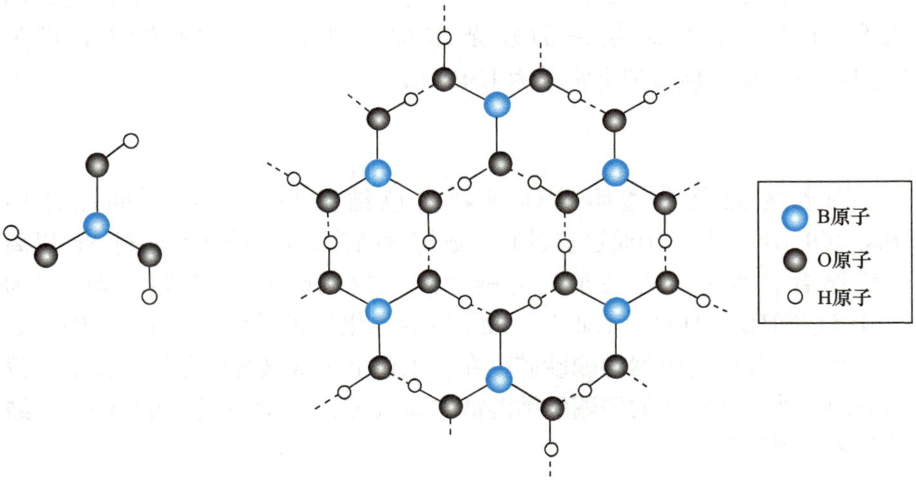

(a) H_3BO_3分子　　(b) H_3BO_3片层结构

图18-8 硼酸结构示意图

在工业上用H_2SO_4分解硼的矿物制得H_3BO_3：

$$Na_2B_4O_7 \cdot 10H_2O + H_2SO_4 = 4H_3BO_3 + Na_2SO_4 + 5H_2O$$

H_3BO_3是一元弱酸($K_a^{\ominus} = 5.8 \times 10^{-10}$)，其酸性是由于硼是缺电子原子，可以加合来自$H_2O$分子中的$OH^-$(其中O原子有孤电子对)，从而释出$H^+$。不同于一般的质子酸，$H_3BO_3$本身并不给出质子，所以硼酸是路易斯酸。

$$B(OH)_3 + H_2O = [B(OH)_4]^- + H^+$$

在任何一种硼酸盐的溶液中加酸时，总是得到H_3BO_3，这是因为H_3BO_3溶解度小，易从溶液中析出。

H_3BO_3被大量用于玻璃、搪瓷工业。因为H_3BO_3是一种没有氧化还原性的弱酸，所以也是医药上常用的消毒剂之一。

思考题 18-4

硼酸中加入乙二醇、甘油等多羟基化合物，酸性增强，为什么？

H_3BO_3 可以缩合为链状或环状的多硼酸 $xB_2O_3 \cdot yH_2O$。在多硼酸中有两种结构单元，一种是 BO_3 平面三角形，另一种是 BO_4 四面体，在这一点上与多硅酸是不同的，在多硅酸中只有 SiO_4 四面体一种结构单元。在多硼酸中最重要的是四硼酸，四硼酸根离子 $[B_4O_5(OH)_4]^{2-}$ 的结构如图 18-9 所示。

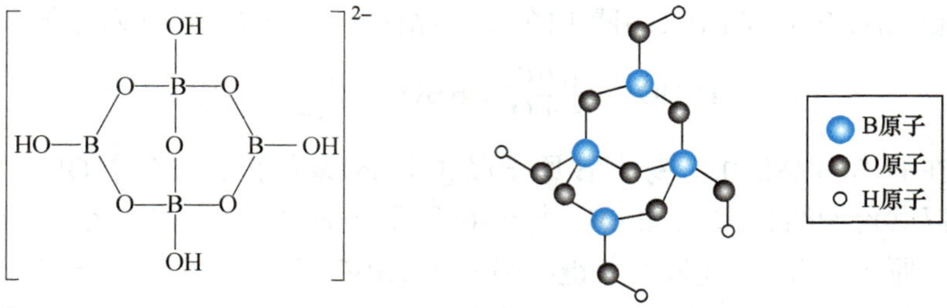

(a) 结构式 (b) 立体结构

图 18-9 $[B_4O_5(OH)_4]^{2-}$ 离子

四硼酸根离子是由 2 个 BO_3 三角形与 2 个 BO_4 四面体间隔地通过共用顶角的氧原子联结起来的复杂结构，所以四硼酸的化学式为 $H_2[B_4O_5(OH)_4]$，但习惯上常写为 $H_2B_4O_7$。

3. 硼砂

硼砂为无色半透明晶体或者白色结晶粉末，在它的晶体中 $[B_4O_5(OH)_4]^{2-}$(图 18-9)通过氢键联结成链状结构，链与链之间通过 Na^+ 以离子键结合，水分子存在于链与链之间。故硼砂分子式按结构应写为 $Na_2B_4O_5(OH)_4 \cdot 8H_2O$。工业上一般将硼砂的化学式写为 $Na_2B_4O_7 \cdot 7H_2O$。

在自然界中有天然的硼砂矿存在。工业上用浓碱溶液分解硼镁矿得偏硼酸钠，然后在较浓的偏硼酸钠溶液中通入 CO_2 以降低溶液的 pH，再结晶分离，得硼砂：

$$Mg_2B_2O_5 \cdot H_2O + 2NaOH = 2NaBO_2 + 2Mg(OH)_2$$

$$4NaBO_2 + CO_2 + 10H_2O = Na_2B_4O_5(OH)_4 \cdot 8H_2O + Na_2CO_3$$

硼砂在干燥空气中容易风化，在风化时首先失去链间的结晶水。温度升高时，链与链之间的氢键因失水而遭到破坏，形成牢固的偏硼酸骨架。将它加热到约 350℃时成为无水盐，继续升温至 378℃则熔为玻璃状物。

物质鉴定

硼砂珠实验鉴定金属离子

硼砂能够在熔融状态溶解一些金属氧化物，并且依金属的不同显示特征颜色。例如：

$$Na_2B_4O_7 + CoO = 2NaBO_2 \cdot Co(BO_2)_2\text{(蓝宝石色)}$$

硼砂在 900℃左右熔化后，容易和各种金属氧化物发生反应生成复合的玻璃态硼酸盐。用镍丝蘸一些硼砂在煤气灯上灼烧，熔融成圆珠，将烧红的硼砂珠蘸一些氧化物再灼烧，则可得到不同颜色的硼砂珠。用 CoO 得到蓝色硼砂珠 $2NaBO_2[\cdot Co(BO_2)_2]$，用 Cu_2O 得到红色硼砂珠($2NaBO_2 \cdot CuBO_2$)，用 MnO_2 得到紫色硼砂珠[$2NaBO_2 \cdot Mn(BO_2)_2$]，用 Fe_2O_3 得到棕色硼砂珠[$2NaBO_2 \cdot Fe(BO_2)_3$]，用 Cr_2O_3 得到绿色硼砂珠[$2NaBO_2 \cdot Cr(BO_2)_3$]。因此，在分析化学中用硼砂珠实验鉴定金属离子，野外地质队曾用这种特殊颜色硼砂珠实验对矿石进行初步鉴定。

硼砂易溶于水，其水溶液显弱碱性(pH = 9.24)，这是由硼砂水解而造成的。由于硼砂溶液含有等物质的量的 H_3BO_3 和$[B(OH)_4]^-$，形成了缓冲体系，可作缓冲溶液：

$$[B_4O_5(OH)_4]^{2-} + 5H_2O \longrightarrow 2H_3BO_3 + 2[B(OH)_4]^-$$

硼砂是重要的化工原料。利用硼砂和金属氧化物的熔融化合性可清洗净化金属表面，提高焊接质量。这种性质也被应用在搪瓷和玻璃工业上。此外，硼砂也是肥皂和洗衣粉的填料。

18.3.3 硼的卤化物

卤化硼是共价化合物，熔点和沸点都很低，并且随着分子质量的升高而升高，如表 18-2 所示。

表 18-2 卤化硼的性质

卤化硼	BF_3	BCl_3	BBr_3	BI_3
室温下存在状态	气体	液体(加压)	液体	固体
熔点/K	146	166	227	323
沸点/K	174	286	364	483
生成焓/(kJ·mol^{-1})	−1 137.00	−427.2	−239.7	—

思考题 18-5

硼的卤化物(如 BF_3)是否因为中心硼原子的缺电子性而发生二聚？

在卤化物中最重要的是三氟化硼(BF_3)和三氯化硼(BCl_3)。BCl_3 遇水强烈地水解而生成两种酸：

$$BCl_3 + 3H_2O \longrightarrow H_3BO_3 + 3HCl$$

BF_3 仅部分水解，有氟硼酸 $H[BF_4]$生成：

$$4BF_3 + 3H_2O \longrightarrow H_3BO_3 + 3H[BF_4]$$

氟硼酸是强酸，仅以离子形式存在于溶液中。

BF_3 是路易斯酸，易与 F^-、NH_3 等路易斯碱作用，如：

$$BF_3 + F^- \longrightarrow [BF_4]^-$$

$$BF_3 + NH_3 \longrightarrow BF_3 \cdot NH_3$$

BF_3 的这一性质使它成为有机合成中常用的催化剂。

卤化硼的制备可通过硼和卤素直接反应，或将氧化硼(或硼砂)与浓 H_2SO_4 及萤石反应，也可以将氧化硼在有碳存在的条件下氯化而制得：

$$2B + 3X_2 \longrightarrow 2BX_3$$

$$B_2O_3 + 3CaF_2 + 3H_2SO_4 \xlongequal{\quad} 2BF_3 + 3CaSO_4 + 3H_2O$$

$$Na_2B_4O_7 + 6CaF_2 + 8H_2SO_4 \xlongequal{\quad} 4BF_3 + 6CaSO_4 + 2NaHSO_4 + 7H_2O$$

$$B_2O_3 + 3C + 3Cl_2 \xlongequal{\quad} 2BCl_3 + 3CO$$

18.3.4 氮化硼

氮化硼(BN)可通过熔融硼砂和氯化铵的混合物制备得到，BCl_3(或 BF_3)与 NH_3 反应也可以得到。

氮化硼有多种不同的结构，包括无定形(类似无定形碳)、立方晶系闪锌矿结构(*c*-BN)、六方晶系纤锌矿结构(*w*-BN)和六方晶系石墨结构(*h*-BN)等。*h*-BN 中，B 和 N 都采取 sp^2 杂化，片层结构。*c*-BN 和 *w*-BN 中，B 和 N 都采取 sp^3 杂化，四面体构型，B、N 原子彼此形成 4 配位结构，故两者在硬度上几乎没有差别。BN 的研究开发主要集中在 *c*-BN 和 *h*-BN。

h-BN 具有类似石墨的层状晶体结构(图 18-10)，不同之处在于各层之间六元环是重叠的(邻层 B 和 N 重叠，相同原子不重叠)。其物理化学性能与石墨相似，质地较软，密度低($2.29g \cdot cm^{-3}$)，润滑性和导热性好。因此有“白色石墨”之称。*h*-BN 在惰性气体和氮气中使用温度可达 2800℃，在空气或氧化气氛中使用温度低于 1000℃。它具有可机械加工性能，可以加工成精度很高的零件。

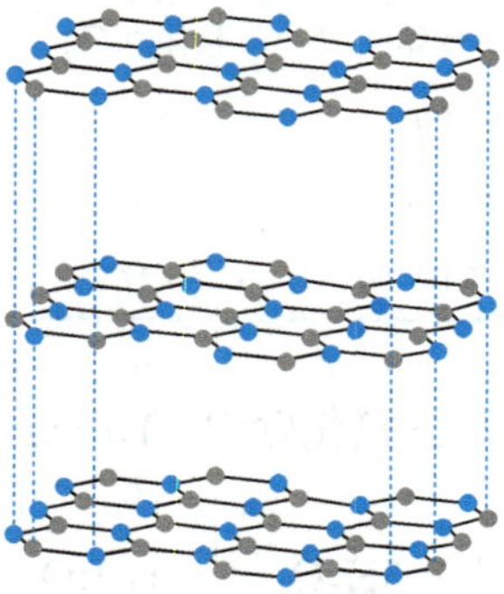

图 18-10 *h*-BN 的晶体结构

拓展知识

六方氮化硼粉体质软而有光泽，在化妆品和个人护理行业应用非常广泛。它无毒且不存在已知的危险，许多产品中都加入了高达 10%的氮化硼粉。它使指甲油和口红等产品增添了珠光光泽，还被用作粉底中用以遮掩皱纹，使皱纹不易被觉察。

c-BN 有优异的物理化学性能，硬度仅次于金刚石，另外还具有很高的强度，在许多领域中有应用前景。目前 *c*-BN 主要被用作超硬磨削材料，这是利用了其高硬度、高热稳定性和高温化学惰性。由于 *c*-BN 磨具的磨削性能十分优异，不仅能够加工难磨材料、提高生产率，有利于严格控制工件的形状和尺寸，还能够有效提高工件磨削质量，显著提高工件的表面完整性，因而提高零件的疲劳强度，延长其使用寿命，增加可靠性，在减少能源消耗和环境污染方面添加 *c*-BN 磨料比添加普通磨料效果好，所以扩大氮化硼磨料磨具的生产和应用是机械工业发展的必然趋势。这些特性使 *c*-BN 成为加工含有铁系元素的硬韧金属及其合金的最佳磨削材料。

此外，*c*-BN 还具有高导热性和良好的半导体特性等，是目前使用温度最高的半导体材料，这些特性使其在光电子、微电子等领域有广阔的应用前景。

18.4 铝的化合物

18.4.1 氧化铝和氢氧化铝

教学视频
铝的化合物

氧化铝(Al_2O_3)属于离子晶体，在不同条件下制得的 Al_2O_3 有不同的形态和用途。Al_2O_3 至少有 8 种以上同质异晶的形态。一般常用希腊字母 α，β，γ 等分别表示，其中最为人们所熟悉的是 α-Al_2O_3 和 γ-Al_2O_3。

α-Al_2O_3 可以通过在高温下灼烧 $Al(OH)_3$ 制取。自然界存在的结晶态 Al_2O_3 又称为刚玉，也是 α-Al_2O_3。α-Al_2O_3 的晶体属于六方最密堆积结构，晶格能大，熔点和硬度都很高，不溶于水，也不溶于酸。由于它的硬度高达 8.8，故可以作为磨料，也可以作为轴承。

纯刚玉是白色不透明的，当刚玉中含有不同杂质时，显示多种颜色。含有微量 Cr_2O_3 的 Al_2O_3 结晶显红色，称为红宝石；含少量 Fe_2O_3 及 TiO_2 的 Al_2O_3 结晶显蓝色，称蓝宝石。天平、钟表、电流表、电压表、激光器等制造中都应用这类宝石。它也是优良的高温耐火材料(各种高温炉中用的刚玉管)。刚玉在自然界中储量已经远远不能满足人们的需要，现在已经能够人工制造。

在一般温度下 $Al(OH)_3$ 脱水可以得到 γ-Al_2O_3。γ-Al_2O_3 属面心立方最密堆积结构。Al 原子不规则地排列在由氧原子围成的八面体和四面体孔穴中，所以 γ-Al_2O_3 是一种多孔性物质，不溶于水，但溶于稀酸。因为有很大的表面积，有优异的吸附性、表面活性和热稳定性，又称活性氧化铝，常用作吸附剂。γ-Al_2O_3 在高温下灼烧可转化为 α-Al_2O_3。

在酸性的 Al^{3+}溶液中加入氨水，生成 $Al(OH)_3$ 白色沉淀，但 $Al(OH)_3$ 不能溶于过量氨水生成配合物。

在铝酸盐溶液中通入 CO_2，同样也能得到 $Al(OH)_3$ 白色沉淀。工业上利用此反应从铝土矿制取纯 $Al(OH)_3$ 和 Al_2O_3。先将铝土矿与烧碱共热，将矿石中的 Al_2O_3 转变为可溶性偏铝酸钠，然后通入 CO_2，即得 $Al(OH)_3$ 沉淀，滤出沉淀经灼烧得 Al_2O_3：

$$Al_2O_3 + 2NaOH = 2NaAlO_2 + H_2O$$

$$2NaAlO_2 + CO_2 + 3H_2O = 2Al(OH)_3\downarrow + Na_2CO_3$$

$$2Al(OH)_3 \xlongequal{\triangle} Al_2O_3 + 3H_2O$$

$Al(OH)_3$ 是典型的两性氢氧化物，其碱性略强于酸性，但仍属于弱碱。

18.4.2 铝的卤化物

Al^{3+}具有很强的极化力，除 AlF_3 为离子型化合物外，$AlCl_3$、$AlBr_3$ 和 AlI_3 均为共价化合物，并且是缺电子分子。AlF_3 为白色难溶性固体，而其他三卤化铝均易溶于水。

铝的卤化物中以 $AlCl_3$ 最为重要。常温下，无水 $AlCl_3$ 为无色晶体，但常因含有 $FeCl_3$ 而呈现黄色。$AlCl_3$ 的熔点比属于离子晶体的 AlF_3 低得多，说明在 $AlCl_3$ 分子中的化学键以共价键为主。$AlCl_3$ 能溶于有机溶剂，在水中的溶解度也很大，并发生强烈水解，甚至在潮湿的空气中也因强烈水解而发烟。

由于 $AlCl_3$ 易水解，在水溶液中不能制得无水 $AlCl_3$。将金属 Al 溶于盐酸中，分离出来的是无色、吸潮的水合 $AlCl_3 \cdot 6H_2O$ 晶体。在 Cl_2 或 HCl 气体氛中加热 Al 单质可得到无水 $AlCl_3$。在红热的 Al_2O_3 及炭的混合物中通入 Cl_2，也可制备 $AlCl_3$：

$$2Al + 3Cl_2 \xlongequal{\triangle} 2AlCl_3$$

$$2Al + 6HCl \xlongequal{\triangle} 2AlCl_3 + 3H_2\uparrow$$

$$Al_2O_3 + 3C + 3Cl_2 \xlongequal{\triangle} 2AlCl_3 + 3CO$$

与三卤化硼不同的是，只有 AlF_3 在气态时以单分子形式存在，而 $AlCl_3$、$AlBr_3$ 和 AlI_3 气体分子均为二聚体。以 Al_2Cl_6 为例，其结构如图 18-11 所示。

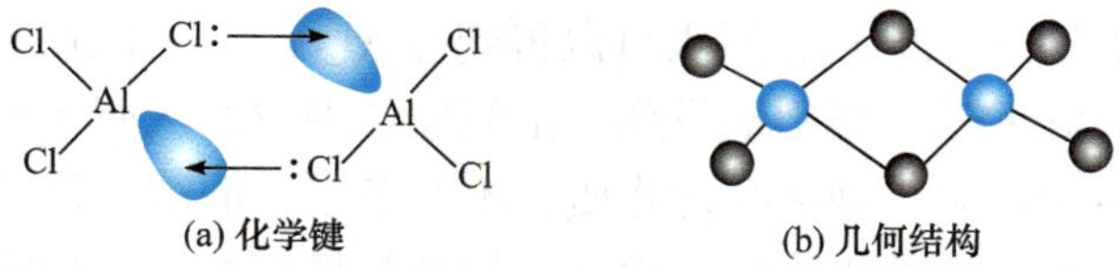

图 18-11　Al_2Cl_6 的结构示意图

在 Al_2Cl_6 分子中，两个 Al 原子均为 sp^3 杂化(与 B_2H_6 分子中 B 的杂化方式类似)，有 3 个单电子 sp^3 杂化轨道和 1 个空的杂化轨道。每个 Al 原子与 4 个 Cl 原子成键，呈四面体构型。2 个 Al 原子与两端的 4 个 Cl 原子共处于一个平面，还有 2 个 Cl 原子为桥联原子。每个 Cl 原子除与 1 个 Al 原子形成一个 σ 键(Cl—Al) 外，还提供 1 对孤对电子与另一个 Al 原子的空轨道形成 σ 配位键(Cl→Al)。也可以认为 Al_2Cl_6 分子中的这种氯桥键是一个“三中心四电子键”，但要注意与Π_3^4离域键的区别。

BF_3 分子不存在二聚体，但也能稳定存在。这是因为在 BF_3 分子中形成了Π_4^6离域键，补偿了 B 原子的缺电子性，所以 BF_3 能稳定存在。而 Al 和 Cl 原子的半径相对较大，不能形成稳定的类似于 BF_3 分子的离域 π 键，因此只有通过二聚的方式来解决。

$AlCl_3$ 为路易斯酸，除能聚合为双聚分子外，还能与胺、醚、醇等路易斯碱加合。因此，无水 $AlCl_3$ 作为催化剂广泛用于石油化工和有机合成工业。

18.4.3 铝的含氧酸盐

Al、Al_2O_3 和 $Al(OH)_3$ 均为两性，与酸反应均可得铝盐，与碱反应可得铝酸盐。

铝盐溶液中 Al^{3+} 水解而使溶液显酸性：

$$[Al(H_2O)_6]^{3+} + H_2O \rightleftharpoons [Al(H_2O)_5OH]^{2+} + H_3O^+$$

$[Al(H_2O)_5OH]^{2+}$ 还将逐级解离，这是因为 $Al(OH)_3$ 是难溶弱碱，所以一些弱酸的铝盐在水中几乎完全水解或大部分水解。例如，Al_2S_3 及 $Al_2(CO_3)_3$，在水中均完全水解：

$$2Al^{3+} + 3S^{2-} + 6H_2O = 2Al(OH)_3\downarrow + 3H_2S\uparrow$$

$$2Al^{3+} + 3CO_3^{2-} + 3H_2O = 2Al(OH)_3\downarrow + 3CO_2\uparrow$$

所以，Al_2S_3 和 $Al_2(CO_3)_3$ 不能用湿法制得。

常见固态铝酸盐有 $NaAlO_2$ 和 $KAlO_2$ 等。用干法可制得铝酸盐：

$$Al_2O_3 + 2NaOH \xlongequal{\text{熔融}} 2NaAlO_2 + H_2O$$

铝酸盐水解使溶液显碱性，水解反应为

$$AlO_2^- + 2H_2O = Al(OH)_3\downarrow + OH^-$$

硫酸铝与碱金属的硫酸盐生成复盐，这类化合物组成通式可用 $MAl(SO_4)_2 \cdot 12H_2O$ 表示，通称为矾。例如，铝钾矾 $KAl(SO_4)_2 \cdot 12H_2O$ 俗称明矾。硫酸铝和明矾是工业上的重要铝盐，由于它们水解生成 $Al(OH)_3$ 胶状沉淀，具有很强的吸附性能，所以用于净水以吸附水中悬浮杂质。除硫酸铝和明矾作为净水剂外，近年来聚合氯化铝发展很快，因为它也是效果好、使用范围广的净水剂。

物质鉴定

Al^{3+} 的鉴定

在 Al^{3+} 溶液中加入茜素 $[C_{14}H_6O_2(OH)_2]$ 的氨溶液，生成红色沉淀。这一反应灵敏度高，溶液中微量的 Al^{3+} 也有明显反应，故常用来鉴定 Al^{3+} 的存在：

$$Al^{3+} + 3NH_3 \cdot H_2O = Al(OH)_3\downarrow + 3NH_4^+$$

$$Al(OH)_3 + 3C_{14}H_6O_2(OH)_2 = Al(C_{14}H_7O_4)_3(\text{红色}) + 3H_2O$$

拓展知识

聚合氯化铝净水剂

聚合氯化铝(PAC)也称为碱式氯化铝，是由介于 $AlCl_3$ 和 $Al(OH)_3$ 之间的一系列中间水解产物聚合而成的一种无机高分子材料，其化学通式为 $[Al_2(OH)_nCl_{6-n}]_m$ $(1 \leqslant n \leqslant 5,\ m \leqslant 10)$，是一种多羟基多核配合物，通过羟基桥联而聚合。

铝盐溶于水首先以水合铝离子形式存在，水合铝离子在水中会发生逐级水解反应，释放出 H^+，使 pH 降低。铝的形态与 pH 和铝浓度有关。pH = 3～5 时，主要形态有单体$[Al(H_2O)_6]^{3+}$、$[Al(OH)(H_2O)_5]^{2+}$、$[Al(OH)_2(H_2O)_4]^+$；pH = 7～8 时，以 $Al(OH)_3$为主；pH > 8 时，以$[Al(OH)_4]^-$为主。

$$[Al(H_2O)_6]^{3+} + H_2O = [Al(OH)(H_2O)_5]^{2+} + H_3O^+$$

$$[Al(OH)(H_2O)_5]^{2+} + H_2O = [Al(OH)_2(H_2O)_4]^+ + H_3O^+$$

在水解过程中，单体羟基铝配离子会发生聚合反应，生成二聚体$[Al_2(OH)_2(H_2O)_8]^{4+}$、十三聚体$[AlO_4Al_{12}(OH)_{24}(H_2O)_{12}]^{7+}$等多种羟基聚合形态，其中十三聚体是起絮凝作用的主要活性物质。

$2[Al(OH)(H_2O)_5]^{2+}$ ═══ 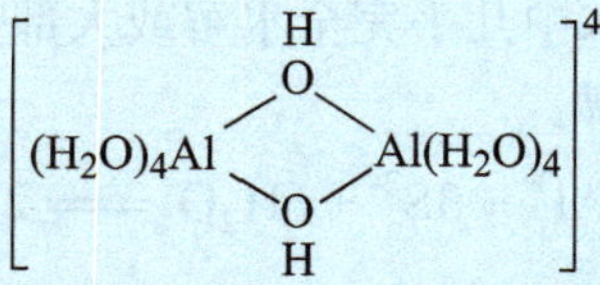 + $2H_2O$

铝的聚合形态分布与环境因素，如 pH、羟铝比(OH/Al)、铝浓度等有关。在铝水解聚合过程中，水解和聚合同时交替进行，逐渐趋向于聚合度增加，生成具有高电荷的聚合羟基配离子，然后转向低电荷至中性的沉淀物。

聚合氯化铝作为絮凝剂，比硫酸铝、明矾等的摩尔质量大得多，且具有桥式结构，所以有很强的吸附能力。聚合氯化铝能显著降低水中泥土胶粒的负电荷，因此在水中凝聚效果显著，能快速除去水中的悬浮颗粒和胶状污染物，还能有效除去水中的微生物、细菌、藻类及高毒性重金属铬、铅等。

18.5 镓、铟、铊的化合物

镓、铟、铊的化合物主要有氧化物、氢氧化物、卤化物及硫化物等。

镓、铟、铊都能生成氧化数为+3 的化合物。由于惰性电子对效应的影响，Tl(Ⅲ)化合物表现出比较强的氧化性，其标准电极电势 $E^\ominus(Tl^{3+}/Tl^+)$ = 1.252V。Tl(Ⅲ)可以将许多物质氧化，如：

$$Tl_2(SO_4)_3 + 4FeSO_4 = Tl_2SO_4 + 2Fe_2(SO_4)_3$$

$$Tl(NO_3)_3 + SO_2 + 2H_2O = TlNO_3 + H_2SO_4 + 2HNO_3$$

$$Tl(NO_3)_3 + 3KI = 3KNO_3 + TlI\downarrow + I_2\downarrow$$

由于 Tl(Ⅲ)的氧化性，$TlBr_3$ 和 TlI_3 均难以存在，$TlCl_3$ 也不稳定。

Tl(Ⅰ)化合物比较稳定，但遇到强氧化剂可被氧化成 Tl(Ⅲ)：

$$3TlNO_3 + 3Cl_2 = Tl(NO_3)_3 + 2TlCl_3$$

Ga(Ⅰ)和 In(Ⅰ)的还原性很强，极易被氧化成 Ga(Ⅲ)和 In(Ⅲ)，因此它们的化合物很少存在。

同 Al_2O_3 和 $Al(OH)_3$ 一样，Ga_2O_3 和 $Ga(OH)_3$ 也具有两性(偏酸性)。In_2O_3 和 $In(OH)_3$ 几乎无两性，它们可溶于酸，但很难与碱作用。TlOH 易溶于水，显强碱性，但碱性弱于 KOH。$Tl(OH)_3$ 极不稳定，迅速分解成 Tl_2O_3。例如，

向 $TlCl_3$ 溶液中加入 NaOH 溶液，直接生成 Tl_2O_3 沉淀：

$$2Tl^{3+} + 6OH^- \xlongequal{\quad} Tl_2O_3\downarrow + 3H_2O$$

棕色的 Tl_2O_3 受热熔化后发生分解，产物为黑色的 Tl_2O：

$$Tl_2O_3 \xlongequal{\triangle} Tl_2O + O_2\uparrow$$

向 Tl_2SO_4 溶液中加入 NaOH 溶液，首先生成 TlOH，受热后 TlOH 很容易分解成 Tl_2O：

$$Tl_2SO_4 + 2OH^- \xlongequal{\triangle} 2TlOH + SO_4^{2-}$$

$$2TlOH \xlongequal{\triangle} Tl_2O + H_2O$$

镓、铟能与ⅤA 族元素单质在高温或高温高压下直接反应，生成的ⅢA-ⅤA 化合物是新型的半导体材料。表 18-3 是一些ⅢA-ⅤA 化合物的熔点和禁带宽度 E_g。

表 18-3 部分ⅢA-ⅤA 化合物的性质

化合物	GaP	GaAs	GaSb	InP	InAs	InSb
熔点/K	1 738	1 511	985	1 343	1 215	798
$E_g/(kJ\cdot mol^{-1})$	218	138	69	130	34	17

砷化镓作为电子元件，可使电子设备的体积大为缩小，实现电子设备微型化。当砷化镓熔入某些金属后，能改变其导电性能，产生空穴或者电子导电(如熔入锌和镉则产生空穴导电)。磷化镓是一种半导体发光材料，可发射出红光和绿光，常用作显示器发光材料。铟是晶体管中的一种重要材料，作为一种掺杂元素加入到半导体锗中。锑化铟对红外线敏感，用它制成的红外线检波器在火箭技术、自动控制等方面极具发展前途。

18.6 p 区元素化合物性质的递变规律

18.6.1 p 区元素的氧化物及其水合物

1. 氧化物

教学视频
p 区元素化合物性质的递变规律

除了稀有气体外，所有 p 区元素都能形成氧化物。p 区元素氧化物可分为离子型、原子型、分子型和过渡型氧化物。

表 18-4 中列出一些 p 区元素氧化物的熔点。金属性强的元素的氧化物如 Al_2O_3、SnO_2 等为离子晶体，熔点较高；非金属性强的元素的氧化物大多是分子型，如 SO_2、N_2O_5、CO_2 等，固态时是分子晶体，熔点、沸点低；金属性和非金属性都不太强的元素的氧化物是过渡型氧化物，其中低氧化态的氧化物偏向于离子型，熔点较高，如 PbO、TeO_2 等。高氧化态的氧化物由于“金属离子”与“氧离子”相互极化作用强烈而偏向于共价型，熔点、

沸点较低，如 PbO_2、TeO_3 等。硅的氧化物 SiO_2 是原子晶体，熔点(1610℃)、沸点较高；与硅相邻的铝的氧化物 Al_2O_3(刚玉)偏向于离子型。

表 18-4　一些 p 区元素氧化物的熔点(单位：℃)

周期	ⅢA	ⅣA	ⅤA	ⅥA	ⅦA
二	B_2O_3 450	CO_2 −57	N_2O_3 −102	—	OF_2 −224
三	Al_2O_3 2 072	SiO_2 1 610	P_2O_3 24　P_2O_5 583	SO_3 16.8　SO_2 −72.7	Cl_2O −20　Cl_2O_7 −91.5
四	Ga_2O_3 1 795	GeO_2 1 115	As_2O_3 312　As_2O_5 315(d)	SeO_3 118　SeO_2 316	Br_2O −17.5
五	—	SnO_2 1 630　SnO 1 030(d)	Sb_2O_3 656	TeO_3 395(d)　TeO_2 733	I_2O_5 325(d)
六	Tl_2O_3 500(d)	PbO_2 290(d)	Bi_2O_3 825	—	—

注：d 表示分解。

p 区元素氧化物中用途最广泛的是 Al_2O_3 和 SiO_2。各种氧化物广泛地应用于工业的各部门。工业上所使用的耐火材料的主要组分是一些高熔点氧化物。例如，硅砖含 $SiO_2 > 93\%$，黏土砖含 50%～60%SiO_2、30%～48%Al_2O_3，高铝砖含 $Al_2O_3 > 48\%$。这类耐火材料的缺点是强度较差。若在耐高温氧化物中加入一些耐高温金属(如 $Al_2O_3 + Cr$，$ZrO_2 + W$ 等)，以细粉状均匀混合，加压成形后再烧结，就能得到既有金属的强度又有陶瓷的耐高温等特性的材料，称为金属陶瓷。金属陶瓷密度较小，硬度较大，耐磨，导热性较好，不会由于骤冷骤热的影响而脆裂。高熔点氧化物的绝热性也好。

很多保温材料(绝热材料)的主要组分是 Al_2O_3 和 SiO_2 等氧化物。例如硅藻土是非晶体 SiO_2，蛭石含 38%～42%SiO_2，其余为 Fe_2O_3、Al_2O_3 等。石棉的主要组分为 $CaO{\cdot}3MgO{\cdot}4SiO_2$。这些材料密度较小，小气孔很多，在相互交错的气孔内，空气易被吸附而处于相对的静止状态，形成了很好的绝热体。火箭、导弹和超音速飞机的外壳、燃烧室和喷气管等处的温度往往高达几千度，如以这些氧化物为原料敷在金属表面，所形成的涂层具有很高的绝热能力，能保护金属表面不受高温腐蚀。

2. 氧化物及其水合物的酸碱性

1) 概述

根据氧化物对酸、碱的反应不同，可将 p 区元素氧化物分为酸性、碱性、两性和不成盐氧化物四类。不成盐氧化物又称为惰性氧化物，与水、酸或碱不起反应，如 CO、NO、N_2O 等。

与酸性、碱性和两性氧化物相对应，它们的水合物也有酸性、碱性和两性。氧化物的水合物不论是酸性、碱性和两性，都可以看作氢氧化物，可用通式 $R(OH)_x$ 表示，其中 x 是元素 R 的氧化数。当元素 R 的氧化数较高时，氧化物的水合物易脱去一部分水而变成含水较少的化合物。例如，

硝酸不是 $N(OH)_5$ 或 H_5NO_5，而是 HNO_3，即脱去了 2 个水分子；又如，正磷酸不是 $P(OH)_5$ 或 H_5PO_5，而是脱去了 1 个水分子的 H_3PO_4。

2) 酸碱性递变规律

(1) 同一周期。在同一周期中，各主族元素最高氧化数氧化物及其水合物，从左到右酸性增强，碱性减弱。例如，第三周期中各元素最高氧化数氧化物及其水合物的酸碱性递变顺序为

Al_2O_3	SiO_2	P_2O_5	SO_3	Cl_2O_7
$Al(OH)_3$	H_2SiO_3	H_3PO_4	H_2SO_4	$HClO_4$
(两性)	(酸性弱)	(酸性中强)	(酸性强)	(酸性最强)

$\longrightarrow$

酸性递增，碱性递减

(2) 同一主族。同一主族元素的相同氧化数氧化物及其水合物，从上到下酸性减弱，碱性增强。例如，在ⅤA 族元素+3 氧化数的氧化物中，N_2O_3 和 P_2O_3 呈酸性，As_2O_3 和 Sb_2O_3 呈两性，而 Bi_2O_3 则呈碱性；与这些氧化物相对应的水合物的酸碱性也是这样。

(3) 同一元素。同一 p 区元素形成不同氧化数的氧化物及其水合物时，高氧化数的酸性比低氧化数的要强。例如：

Cl_2O	Cl_2O_3	Cl_2O_5	Cl_2O_7
$HClO$	$HClO_2$	$HClO_3$	$HClO_4$
(两性)	(酸性弱)	(酸性中强)	(酸性最强)

$\longrightarrow$

酸性递增

3) $R(OH)_n$ 模型

某些元素的氧化物的水合物酸碱性变化规律也可以粗略地用 $R(OH)_n$ 模型来说明(见 13.3.2)。以 $R(OH)_n$ 代表氧化物的水合物，它可能有酸式解离和碱式解离两种方式。对不同的 $R(OH)_n$ 而言，阳离子 R^{n+} 是主要的可变因素，$R(OH)_n$ 的酸碱性主要取决于 R^{n+} 吸引 O^{2-} 及排斥 H^+ 能力的大小。这种能力的大小与 R^{n+} 的电荷和半径有关。通常来说，若 R^{n+} 的电荷越大，半径越小，它与 O^{2-} 之间的吸引力越大，与 H^+ 之间的排斥力也越大，$R(OH)_n$ 越易发生酸式解离；反之，R^{n+} 的电荷越小，半径越大，则 $R(OH)_n$ 越易发生碱式解离。

从表 18-5 的数据可以看出，Na^+ 或 Mg^{2+} 由于电荷较小，半径较大，与 O^{2-} 之间的作用力相对来说不够强，不能和 H^+ 与 O^{2-} 之间的作用力相抗衡，因而 NaOH 和 $Mg(OH)_2$ 这两个化合物都发生碱式解离。Al^{3+} 由于电荷数更大而半径却较小，与 O^{2-} 之间的作用力已能和 H^+ 与 O^{2-} 之间的作用力相抗衡，因而 $Al(OH)_3$ 可按两种方式解离，是典型的两性氢氧化物。其余的 4 个氢氧化物，由于 R^{n+} 的电荷数从 +4 到 +7 依次增加而半径依次减小，使 R^{n+} 的吸引 O^{2-} 及排斥 H^+ 能力逐渐增大，因而酸性依次增强。

表 18-5　第三周期中一些元素的离子半径

离子	Na^+	Mg^{2+}	Al^{3+}	Si^{4+}	P^{5+}	S^{6+}	Cl^{7+}
半径/pm	102	72	53.5	40	33	30	27

又如，As^{3+}、Sb^{3+}、Bi^{3+}的电荷数相同，而半径依次增大，R^{3+}吸引 O^{2-}及排斥 H^+的能力依次减弱，因此它们的氢氧化物的酸性依次减弱，碱性依次增强。

再如，Cl^{7+}、Cl^{5+}、Cl^{3+}、Cl^+的电荷数依次减少而半径依次增大，R^{n+}吸引 O^{2-}、排斥 H^+能力依次减弱，因此 $HClO_4$、$HClO_3$、$HClO_2$、HClO 的酸性依次减弱。

需要注意，在许多 $R(OH)_n$ 中并非真正存在 R^{n+}，R 右上角的电荷数也不是它所带的真正电荷，而是“形式电荷数”。

与水溶液中酸碱中和生成盐的反应类似，在一定条件下，酸性氧化物也可以与碱性氧化物反应生成盐。例如，在高温条件下，CaO 能与 SiO_2 反应生成盐：

$$CaO + SiO_2 = CaSiO_3$$

这就是高炉炼铁过程中的“成渣”反应。

前面已指出常用的耐火材料是一些高熔点氧化物。根据它们的化学性质，通常可分为酸性、碱性和中性三类。酸性耐火材料的主要组分是 SiO_2 等酸性氧化物，如硅砖；碱性耐火材料的主要组分是 MgO、CaO 等碱性氧化物，如镁砖；中性耐火材料的主要组分是 Al_2O_3 等两性氧化物，如高铝砖。酸性耐火材料在高温下易与碱性物质发生反应而受到侵蚀；碱性耐火材料在高温下易受酸性物质的侵蚀；而中性耐火材料由于 Al_2O_3 等两性氧化物经高温灼烧后生成一种化学惰性的变体，既不易与酸性物质作用，又不易与碱性物质作用，因而抗酸、碱侵蚀的性能较好。

4) 鲍林规则

含氧酸的酸性是它的重要性质之一。前面已用 $R(OH)_n$ 模型，即用 R^{n+} 的电荷和半径估计含氧酸的相对强弱。但是它没有考虑到除 OH^-外与 R^{n+} 相连的其他原子的影响，特别是非羟基氧原子的影响。事实证明，这种影响是不能忽视的。鲍林从大量实验事实中，对含氧酸的强度提出了两条经验规律，通常称为鲍林规则。

规则 1：对于多元含氧酸，随着解离的进行，酸根的负电荷逐渐增多，和质子间的作用力逐渐增强，因此解离常数按 $K_{a1}^{\ominus}$、$K_{a2}^{\ominus}$、$K_{a3}^{\ominus}$…依次减小。一般地，多元含氧酸连续的两个解离常数的比值 $K_{an}^{\ominus} / K_{an-1}^{\ominus}$ 为 10^{-4} ～ 10^{-5}。例如，磷酸的三级解离常数分别为 $K_{a1}^{\ominus} = 7.1\times10^{-3}$、$K_{a2}^{\ominus} = 6.3\times10^{-8}$、$K_{a3}^{\ominus} = 4.8\times10^{-13}$。又如，亚硫酸的二级解离常数分别为 $K_{a1}^{\ominus} = 1.3\times10^{-2}$、$K_{a2}^{\ominus} = 6.2\times10^{-8}$。

规则 2：具有 $RO_x(OH)_y$ (x 为非羟基氧原子数，即不与氢原子键合的氧原子数)形式的含氧酸，x 值越大，分子中 R—O 配键数目越多，R 的正电性越强，对羟基氧原子的电子吸引作用越强，使氧原子上的电子密度减小得越多，O—H 键越弱，酸性越强。根据 x 值将含氧酸划分为四类：

第一类	$x=0$	弱酸	$K_{a1}^{\ominus}=10^{-11}\sim10^{-8}$
第二类	$x=1$	中强酸	$K_{a1}^{\ominus}=10^{-4}\sim10^{-2}$
第三类	$x=2$	强酸	$K_{a1}^{\ominus}=10^{-1}\sim10^{3}$
第四类	$x=3$	极强酸	$K_{a1}^{\ominus}>10^{8}$

绝大多数含氧酸属于第一、二类，只有少数含氧酸属于第三、四类。表 18-6 中列出了一些常见的含氧酸的强度与 x 的关系。

表 18-6 含氧酸 $RO_x(OH)_y$ 强度与 x 的关系

x	酸的强度	估计的 $K_a^{\ominus}$	实例		实测的 $K_a^{\ominus}$ (或 $K_{a1}^{\ominus}$)值
0	很弱	$10^{-11}\sim10^{-8}$	次碘酸	HIO	3.0×10^{-11}
			亚锑酸	H_3SbO_3	1×10^{-11}
			亚砷酸	H_3AsO_3	6.3×10^{-10}
			硅 酸	H_4SiO_4	2.5×10^{-10}
			锗 酸	H_4GeO_4	9.8×10^{-10}
			次溴酸	$HBrO$	2.0×10^{-9}
			次氯酸	$HClO$	2.9×10^{-8}
			碲 酸	H_6TeO_6	2.1×10^{-8}
1	中强	$10^{-4}\sim10^{-2}$	亚硝酸	HNO_2	7.2×10^{-4}
			磷 酸	H_3PO_4	$7.1\times10^{-3}(K_{a1}^{\ominus})$
			砷 酸	H_3AsO_4	$6.0\times10^{-3}(K_{a1}^{\ominus})$
			亚硒酸	H_2SeO_3	$2.4\times10^{-3}(K_{a1}^{\ominus})$
			高碘酸	H_5IO_6	$2.3\times10^{-2}(K_{a1}^{\ominus})$
			亚磷酸	H_3PO_3	$3.7\times10^{-2}(K_{a1}^{\ominus})$
			亚硫酸	H_2SO_3	$1.3\times10^{-2}(K_{a1}^{\ominus})$
			亚氯酸	$HClO_2$	1.1×10^{-2}
2	强	$10^{-1}\sim10^{3}$	溴 酸	$HBrO_3$	0.1
			碘 酸	HIO_3	0.16
			氯 酸	$HClO_3$	$\sim10^{3}$
			硝 酸	HNO_3	~20
			硫 酸	H_2SO_4	1×10^{2}
3	很强	$>10^{6}$	高氯酸	$HClO_4$	$\sim10^{7}$

应用鲍林规则时，判断含氧酸强度的依据是含氧酸的结构式，而不是最简式。例如，硅酸应为 H_4SiO_4，而不是 H_2SiO_3。

鲍林的含氧酸强度规则只是经验的总结，尚有不少例外。实际上，影响元素氢氧化物酸碱性的因素很多，目前尚无圆满解释。

18.6.2 p 区元素含氧酸盐的热稳定性

含氧酸盐有正盐(如 $CaCO_3$)、酸式盐[如 $Ca(HCO_3)_2$]和碱式盐[如 $Cu_2(OH)_2CO_3$]三类，通常所说的含氧酸盐是指正盐。

1. 含氧酸及其盐的热稳定性一般规律

(1) 含氧酸盐的热稳定性与对应的含氧酸的热稳定性有关。一般来说，含氧酸不稳定，其对应的盐也不稳定，如碳酸盐、亚硫酸盐和硝酸盐等。含氧酸较稳定，其盐也稳定，如硫酸盐和磷酸盐等。

思考题 18-6

从离子极化的角度解释酸式盐热稳定性小于正盐的原因。

(2) 同一种含氧酸，其正盐的稳定性大于酸式盐，而酸式盐的稳定性又大于该含氧酸。例如：

H_2CO_3	$Ca(HCO_3)_2$	$CaCO_3$
H_2SO_4	$NaHSO_4$	Na_2SO_4

$\longrightarrow$ 热稳定性增加

(3) 同一种含氧酸，其正盐的稳定性的顺序一般是：碱金属盐 > 碱土金属盐 > 过渡金属盐 > 铵盐。例如：

$(NH_4)_2CO_3$	$ZnCO_3$	$CaCO_3$	Na_2CO_3
$(NH_4)_2SO_4$	$ZnSO_4$	$CaSO_4$	Na_2SO_4

$\longrightarrow$ 热稳定性增加

(4) 同一种元素的含氧酸，其高氧化数比低氧化数含氧酸稳定，它们相应的含氧酸盐的稳定顺序也是这样。例如：

$HClO$	$HClO_2$	$HClO_3$	$HClO_4$
$KClO$	$KClO_2$	$KClO_3$	$KClO_4$

$\longrightarrow$ 热稳定性增加

一般来说，含氧酸盐的热稳定性与阴离子的结构和阳离子的极化力有关。阳离子的极化力越强，越容易使阴离子变形，相应的含氧酸盐热稳定性越差。

2. 几类主要的含氧酸盐的热稳定性

下面分别以碳酸盐、硫酸盐和硝酸盐为例，进一步说明含氧酸盐的热稳定性。

含氧酸盐分解通常是吸热反应，加热有利于分解。例如 $CaCO_3$ 的热分解：

$$CaCO_3(s) = CaO(s) + CO_2(g) \qquad \Delta_r H_m^\ominus = 178 kJ \cdot mol^{-1}$$

由反应方程式可知 $K^\ominus = p(CO_2)/p^\ominus$，若升高温度，则 $K^\ominus$ 值增大，即 CO_2 的压强增大。在一定温度下，碳酸盐的热分解反应达到平衡时系统中 CO_2 的分压，称为在该温度下碳酸盐的分解压强。表 18-7 中列出了 $CaCO_3$ 在不同温度时的分解压强。

表 18-7 $CaCO_3$ 在不同温度时的分解压强

温度/℃	530	600	700	800	900	910	1 000
$p(CO_2)$/Pa	30	213	2 330	17 225	88 153	101 325	344 505

由表 18-7 可知，$CaCO_3$ 的分解压强随温度的升高而增大，或者说 $CaCO_3$ 的热分解温度随 CO_2 分压的增大而升高。空气中的 CO_2 含量不大，一般约为 0.03%(体积)，空气中 CO_2 的分压为 30 Pa。当温度高于 530℃时，$CaCO_3$ 分解出的 CO_2 的分压大于 30 Pa，高于周围空气中 CO_2 的分压，生成的 CO_2 将不断扩散，导致 $CaCO_3$ 的不断分解。因此，530℃是 $CaCO_3$ 在空气中开始分解的温度，但这时分解速率很小。当温度达 910℃，$CaCO_3$ 分解出 CO_2 的分压为 101.3kPa，等于周围空气的总压，$CaCO_3$ 剧烈分解，好似液体沸腾，此温度称为 $CaCO_3$ 的化学沸腾温度。

碳酸盐分解温度通常有两个，一个是开始分解的温度，如 $CaCO_3$ 为 530℃，另一个是化学沸腾的温度。通常所说的分解温度是指后者。表 18-8 列出了一些碳酸盐的热分解温度。

表 18-8 一些碳酸盐的热分解温度(p = 101.325kPa)

碳酸盐	Li_2CO_3	Na_2CO_3	$BeCO_3$	$MgCO_3$	$CaCO_3$	$SrCO_3$
热分解温度/℃	约 1 100	约 1 800	25	540	910	1 289
正离子半径/pm	76	102	45	72	100	118
阳离子外层电子构型	$2e^-$	$8e^-$	$2e^-$	$8e^-$	$8e^-$	$8e^-$
碳酸盐	$BaCO_3$	$FeCO_3$	$ZnCO_3$	$CdCO_3$	$PbCO_3$	$(NH_4)_2CO_3$
热分解温度/℃	1 360	282	350	360	300	58
正离子半径/pm	135	78	74	95	119	143
阳离子外层电子构型	$8e^-$	$(9\sim17)e^-$	$18e^-$	$18e^-$	$(18+2)e^-$	—

习惯上将 CO_2 的水溶液称为碳酸，而纯的碳酸至今尚未制得。碳酸很不稳定，室温下就易分解。酸式碳酸盐也不稳定，如 $NaHCO_3$ 在水溶液中 50℃就分解，固态时 270℃分解。碳酸盐比相应的酸式碳酸盐稳定得多，如 Na_2CO_3 在 850℃熔化时仍不发生分解。由表 18-8 可知，除活泼金属的碳酸盐外，其他碳酸盐的稳定性都差。

硫酸比碳酸稳定，硫酸盐也就比碳酸盐稳定。碱金属和碱土金属的硫酸盐在强热时只熔融而不分解，但是过渡金属的硫酸盐强热时分解成金属氧化物和 SO_3，某些金属氧化物还可进一步分解成单质。例如：

$$Ag_2SO_4 \xlongequal{\triangle} Ag_2O + SO_3\uparrow$$

$$2Ag_2O \xlongequal{\triangle} 4Ag + O_2\uparrow$$

酸式硫酸盐没有正盐稳定，如 $NaHSO_4$ 在 315℃就发生分解。

硝酸容易分解，所以硝酸盐的稳定性很差，即使最活泼金属的硝酸盐也易发生分解。硝酸盐的热分解情况详见 16.3.3，这里不再赘述。

对亚硝酸及其盐来说，亚硝酸不能自由存在，但亚硝酸盐却相当稳定。亚硝酸盐在加热时也能分解，如：

$$4NaNO_2 \xlongequal{\triangle} 2Na_2O + 4NO\uparrow + O_2\uparrow$$

硝酸盐和亚硝酸盐的分解产物含有 O_2，它们在高温时是强氧化剂，加热时要防止带入木炭、油类、棉布等可燃性物质，以免引起剧烈燃烧，甚至爆炸。

表 18-9 列出了多种含氧酸盐的热力学数据，从中可以看出，硅酸盐最稳定，硫酸盐次之，然后是碳酸盐和硝酸盐。

表 18-9　一些含氧酸盐的热力学数据

	Na_2SiO_3	Na_2SO_4	Na_2CO_3	$NaNO_3$	$CaSiO_3$	$CaSO_4$	$CaCO_3$	$Ca(NO_3)_2$
$\Delta_f H_m^\ominus$ / (kJ·mol⁻¹)	−1 554.9	−1 387.1	−1 130.68	−467.85	−1 634.9	−1 434.5	−1 206.92	−938.2
$\Delta_f G_m^\ominus$ / (kJ·mol⁻¹)	−1 462.8	−1 270.2	−1 044.44	−367.00	−1 594.7	−1 322.0	−1 128.79	−742.8
$S_m^\ominus$ / (J·mol⁻¹·K⁻¹)	113.9	149.6	134.98	116.52	81.92	106.5	92.9	193.2

18.6.3　p 区元素化合物的水解性

1. 影响水解反应的因素

无机化合物水解就是阳离子与水分子中的 OH^-结合释放出 H^+，或者阴离子与水分子中的 H^+结合释放出 OH^-的过程。在实际应用中，有时需要促进水解，有时需要避免水解。

思考题 18-7

BCl_3 没有空的 3d 轨道，为什么也会水解强烈？

化合物本身的性质是影响水解的主要因素。阴、阳离子对水分子极化作用的大小与水解难易程度有关。极化作用越强，越容易水解。例如，阳离子电荷高、半径小的 $AlCl_3$、$SiCl_4$ 极易水解；而阳离子具有 8 电子构型，极化作用小的 NaCl、KCl 不易水解。

中心原子具有 *n*d 空轨道的化合物容易水解，因为空的 *n*d 轨道可以接受水分子中氧原子的孤对电子，形成配位键，同时削弱原有的键。例如，CF_4、CCl_4 不发生水解(C 没有空的 2d 价轨道)，而 $SiCl_4$ 极易水解(Si 具有 3d 空轨道)。另外，升高温度会促进水解，溶液的酸度也会影响水解。

2. 水解反应的类型

1) 水解产物为碱式盐

这是最常见的一种水解类型，极化能力相对较小的低氧化数的金属离子水解产物一般为碱式盐沉淀：

$$SnCl_2 + H_2O \longrightarrow Sn(OH)Cl\downarrow + HCl$$

2) 水解产物为氢氧化物

极化能力相对较大，氧化数较高的金属离子完全水解后最终产物为氢氧化物，一般需加热促进水解：

$$AlCl_3 + 3H_2O \longrightarrow Al(OH)_3\downarrow + 3HCl$$

3) 水解产物为含氧酸

许多非金属卤化物及高氧化数盐水解后生成相应的含氧酸：

$$BCl_3 + 3H_2O \longrightarrow H_3BO_3 + 3HCl$$

$$PCl_5 + 4H_2O \longrightarrow H_3PO_4 + 5HCl$$

$$SnCl_4 + 3H_2O \longrightarrow H_2SnO_3 + 4HCl$$

4) 配位水解

有些卤化物的水解产物与反应物会继续发生配合作用，最终的水解产物中有配合物的存在。例如，SiF_4 的水解产物 HF 与 SiF_4 会发生配位反应：

$$3SiF_4 + 4H_2O \longrightarrow H_4SiO_4 + 2H_2[SiF_6]$$

5) 聚合水解

在水溶液中，一些高氧化数的金属离子(如 Fe^{3+})在浓度稍高的溶液中，会先水解生成碱式盐，然后聚合成多核阳离子：

$$[Fe(H_2O)_6]^{3+} + H_2O \longrightarrow [Fe(OH)(H_2O)_5]^{2+} + H_3O^+$$

$$2[Fe(OH)(H_2O)_5]^{2+} \longrightarrow [Fe(H_2O)_4(OH)_2Fe(H_2O)_4]^{4+} + 2H_2O$$

6) 氧化还原水解

有些水解产物在介质中不能稳定存在，会进一步发生氧化还原反应。例如，XeF_2 的水解产物 $Xe(OH)_2$ 不稳定，会发生氧化还原反应生成 Xe 和 O_2：

$$2XeF_2 + 2H_2O \longrightarrow 2Xe + O_2 + 4HF$$

18.6.4 p 区元素含氧酸(盐)的氧化还原性

含氧酸及其盐在水溶液中的氧化还原性的相对强弱通常用标准电极电势 $E^\ominus$来衡量：$E^\ominus$值越大，氧化型物质的氧化性越强；$E^\ominus$值越小，还原型物质的还原性越强。结合实验事实，将 p 区元素含氧酸及其盐的氧化还原性归纳如下：

(1) 溶液的 pH 是影响含氧酸及其盐氧化还原性的重要因素之一。含氧酸在酸性溶液中比在中性或碱性溶液中氧化性强，如 $E_A^\ominus(ClO_3^-/Cl^-) = 1.451V$，$E_B^\ominus(ClO_3^-/Cl^-) = 0.62V$。

(2) 同一周期中各元素最高氧化数含氧酸的氧化性从左至右大致递增，如第三周期的 H_4SiO_4 和 H_3PO_4 几乎没有氧化性，H_2SO_4 只有在高温或浓度大时表现氧化性，而 $HClO_4$ 有强氧化性。

(3) 在同一主族中，各元素最高氧化数含氧酸的氧化性大多随原子序数增加曲折升高，转折主要发生在第三、第五周期。

(4) 同一种元素不同氧化数含氧酸，如浓度相同，低氧化数的氧化性一般较强。例如，$HClO_2 > HClO > HClO_3 > HClO_4$，$HNO_2 > HNO_3$，$H_2SO_3 > H_2SO_4$。

(5) 一般来说，浓酸的氧化性强于稀酸，含氧酸的氧化性强于对应的含氧酸盐。

含氧酸及其盐氧化还原性的影响因素很多，目前仅根据化学事实归纳出一些规律，还难以给予完满的理论解释。

化学史话

硼化学研究大师——利普斯科姆

威廉·纳恩·利普斯科姆（W. N. Lipscomb，1919—2011，美国化学家)

利普斯科姆是 20 世纪最杰出的化学家之一，因在硼烷结构研究方面的突出贡献荣获 1976 年诺贝尔化学奖。他在理论和实验科学方面都取得了非凡成就，在无机化学(硼烷)、物理化学(结构和化学键)、生物化学(蛋白质结构)及有机化学等多个研究领域中都有很大的影响力。

1941 年，利普斯科姆进入加州理工学院读研究生，师从著名化学家鲍林(1954 年诺贝尔化学奖和 1962 年诺贝尔和平奖得主)，1946 年获得博士学位，同年进入明尼苏达大学工作。受导师鲍林的影响，他开始着手含硼化合物的研究。在一次学术讲座上，鲍林基于自己对共价键的研究提出了硼元素的成键理论，但利普斯科姆认为这种推测可能是错误的。为了证实自己的判断，他决定涉足硼化学领域以全面探索这个问题。当时，人们对硼元素研究甚少，许多含硼化合物如硼烷在室温下极不稳定，常会发生爆炸，因此对这类化合物进行研究的科学家并不多，对它们的结构及化学成键情况了解相当有限。

为了防止爆炸，利普斯科姆采用低温 X 射线衍射技术对含硼化合物(以乙硼烷 B_2H_6 为例)的结构进行测定。乙硼烷(B_2H_6)是一种缺电子化合物，无法用经典化学键理论解释，只可能采用其他方式成键。1951 年，利普斯科姆利用 X 射线衍射技术对 B_2H_6 的结构进行分析时发现，B 原子之间、B 原子和 H 原子之间并非像经典共价键那样简单的线性相连，而是形成复杂的三维结构。针对这种结构特征，利普斯科姆创造性地提出了“三中心二电子键”理论，即两个 B 原子位于外侧，H 原子位于两个 B 原子中间起到桥联作用，三个原子共用两个电子来维系 B_2H_6 分子的稳定性。接着，利普斯科姆等人又测定了多种硼烷的结构，并提出在各类硼烷结构中，共有五种不同的成键方式(详见 18.3.1)，如三个 B 原子也可以通过相似的“三中心二电子键”而维持结构稳定。1954 年，利普斯科姆等发表了题为“硼氢化合物的价态结构”的研究论文，详细描述了硼烷中的三中心化学键的一般性规律。

利普斯科姆对硼烷结构的研究开启了人们认识化学键的新时代，使人们对共价键的理解更为全面和深入，为更多含硼化合物的合成及应用提供了重要的理论支撑，促进了现代有机硼化学的发展，并对其他非含硼化合物的合成也有重要意义，从而极大地推动了化学的基础和应用研究。

在研究硼烷结构过程中，利普斯科姆还培养了另一位诺贝尔化学奖得主霍夫曼(R. Hoffmann)，后者因提出“解释化学反应过程的理论”而获得 1981 年诺贝尔化学奖。师生三代先后研究化学键及化学反应特征，且均获诺贝尔化学奖，是科学史上的一段佳话。

利普斯科姆在开展研究时特别强调原创性的重要意义，这一点上他师从了导师鲍林的科学哲学：在有趣的原创性研究中冒险，即使偶尔出现错误，也不是耻辱的事情，至少比发表缺乏原创、平淡无奇的正确结果要好得多。这一思想对于现在从事科学研究的人也具有积极的指导意义！

拓展阅读

习　题

18-1 向 Al^{3+}溶液中分别加入 Na_2CO_3 溶液和$(NH_4)_2S$ 溶液，分别写出其反应式。

18-2 为什么$[AlF_6]^{3-}$和$[BF_4]^-$都能稳定存在，而$[BF_6]^{3-}$不存在？

18-3 完成下列方程式。

(1) $BBr_3 + H_2O \longrightarrow$

(2) $B_2H_6(g) + H_2O(l) \longrightarrow$

(3) $Na_2B_4O_7 + CuO \longrightarrow$

(4) $Al + Fe_2O_3 \longrightarrow$

18-4 比较 CCl_4 和 $SiCl_4$ 的水解性。

18-5 比较硼酸、氮化硼、石墨结构的异同。

18-6 试分离下列各组离子，写出反应方程式。

(1) Al^{3+}、Pb^{2+}；

(2) Mg^{2+}、Al^{3+}、Sn^{2+}；

(3) Al^{3+}、Cr^{3+}、Fe^{3+}。

18-7 为什么硼酸在冷水中溶解度很小，加热时溶解度增大？

18-8 B_2H_6 和 C_2H_6 分子中的化学键有什么不同，哪一个的化学性质比较活泼？

18-9 硼酸(H_3BO_3)是几元酸？结构如何？

18-10 焊接金属常用硼砂做焊药，其化学原理是什么？

18-11 硫酸铝或明矾为什么可以用作净水剂？

18-12 已知 $E^\ominus(Tl^+/Tl) = -0.336V$、$E^\ominus(Tl^{3+}/Tl^+) = 1.252V$。计算：

(1) $E^\ominus(Tl^{3+}/Tl)$；

(2) 25℃时反应 $Tl^{3+} + 2Tl \xlongequal{} 3Tl^{+}$ 的平衡常数 $K^{\ominus}$。

18-13 硼砂[$Na_2B_4O_5(OH)_4$]的水溶液是很好的缓冲溶液，试用反应式说明其溶液为什么具有缓冲作用，并计算其 pH [$K_a^{\ominus}(H_3BO_3) = 5.8\times10^{-10}$]。

(东北大学　桑晓光)

第19章　过渡元素(Ⅰ)

19.1　过渡元素概述

第 19 章　导学

教学视频
过渡元素概述

19.1.1　过渡元素的结构特点与基本性质

过渡元素包括 d 区元素和 ds 区元素，即周期表第ⅢB～ⅦB 族、Ⅷ族和ⅠB～ⅡB 族元素。其在周期表中位于 s 区元素和 p 区元素之间(图 19-1)，均为金属，因此也称为过渡金属。过渡元素的价电子构型为$(n-1)d^{1\sim10}ns^{1\sim2}$(Pd 除外，为 $5s^0$)。对于过渡元素的划分还存在其他观点：有人认为过渡元素只包括 d 轨道未填满电子的元素(即ⅢB～ⅦB、Ⅷ族)，即 d 区元素；也有人认为，由于 Cu^{2+}的价层电子构型为 $3d^9$，因此ⅠB 也可算作过渡元素；此外，由于镧系收缩的影响，有人认为过渡元素应从ⅣB 的 Ti 开始。本书采用广义的过渡元素观念，即ⅢB 到ⅡB，包括镧系和锕系元素。

ⅠA	ⅡA	ⅢB	ⅣB	ⅤB	ⅥB	ⅦB	Ⅷ			ⅠB	ⅡB	ⅢA	ⅣA	ⅤA	ⅥA	ⅦA	0
1 H																	2 He
3 Li	4 Be											5 B	6 C	7 N	8 O	9 F	10 Ne
11 Na	12 Mg											13 Al	14 Si	15 P	16 S	17 Cl	18 Ar
19 K	20 Ca	21 Sc	22 Ti	23 V	24 Cr	25 Mn	26 Fe	27 Co	28 Ni	29 Cu	30 Zn	31 Ga	32 Ge	33 As	34 Se	35 Br	36 Kr
37 Rb	38 Sr	39 Y	40 Zr	41 Nb	42 Mo	43 Tc	44 Ru	45 Rh	46 Pd	47 Ag	48 Cd	49 In	50 Sn	51 Sb	52 Te	53 I	54 Xe
55 Cs	56 Ba	57 La	72 Hf	73 Ta	74 W	75 Re	76 Os	77 Ir	78 Pt	79 Au	80 Hg	81 Tl	82 Pb	83 Bi	84 Po	85 At	86 Rn
87 Fr	88 Ra	89 Ac	104 Rf	105 Db	106 Sg	107 Bh	108 Hs	109 Mt	110 Ds	111 Rg	112 Cn	113 Nh	114 Fl	115 Mc	116 Lv	117 Ts	118 Og

图 19-1　过渡元素(阴影部分)在元素周期表中的位置

同周期过渡元素金属性递变不明显，通常按不同周期将其分为四个过渡系。即第一过渡系：第四周期元素从钪(Sc)到锌(Zn)；第二过渡系：第五周期元素从钇(Y)到镉(Cd)；第三过渡系：第六周期元素从镧(La)到汞(Hg)；第四过渡系：第七周期元素从锕(Ac)到鿔(Cn)，目前人们对该过渡系元素的认识还很肤浅。根据 d 电子的填充情况，将ⅢB～ⅦB 族元素称为前过渡元素，而Ⅷ族、ⅠB 族、ⅡB 族元素称为后过渡元素。

第六周期中从镧(La)到镥(Lu)的 15 种元素，新增加的电子填充在 f 轨道上，称为镧系元素(Ln)。第七周期中从锕(Ac)到铹(Lr)的 15 种元素，称为锕系元素(An)，它们都是放射性元素。镧系和锕系元素统称为内过渡元素。另外，第ⅢB 族元素钪(Sc)和钇(Y)与其他过渡元素在性质上有很大的区别，它们与镧系元素的性质相似，且在自然界多与镧系元素共生，通常将它们与镧系元素归在一起共 17 种元素，统称为稀土元素(RE)。稀土元素和锕系元素的性质将在第 22 章进行专门讨论。

由于过渡元素各原子的价层电子排布为$(n-1)d^{1\sim10}ns^{1\sim2}$，在同一周期中，随着原子序数的增加，这些元素原子的次外层 d 电子从 1 个逐渐增加到 10 个，且最外层只有 1 个或 2 个电子(Pd 除外)，属于不稳定的电子层结构。因此，这些电子层结构容易发生变化，过渡元素的一系列性质几乎都与这种特殊的结构有着密切的联系。在同一周期中从左到右逐渐填充 d 电子，最外层电子数几乎不变。因此，过渡元素有许多不同于 s 区和 p 区元素的性质，如氧化态多、颜色多变、配合物丰富等。过渡元素的一般性质列于表 19-1 中。

表 19-1 过渡元素的基本性质

第一过渡系元素

元素	钪	钛	钒	铬	锰	铁	钴	镍	铜	锌
元素符号	Sc	Ti	V	Cr	Mn	Fe	Co	Ni	Cu	Zn
原子序数	21	22	23	24	25	26	27	28	29	30
价层电子构型	$3d^14s^2$	$3d^24s^2$	$3d^34s^2$	$3d^54s^1$	$3d^54s^2$	$3d^64s^2$	$3d^74s^2$	$3d^84s^2$	$3d^{10}4s^1$	$3d^{10}4s^2$
电负性	1.36	1.54	1.63	1.66	1.55	1.83	1.88	1.91	1.90	1.65
原子半径/pm	162	147	134	128	127	126	125	124	128	134
离子半径 M^{2+}/pm	—	86	79	73/80	67/83*	61/78*	65/72.5*	69	73	74
电离能 I_1 /$(kJ\cdot mol^{-1})$	633	659	651	653	717	763	760	737	746	906
熔点/K	1 813	1 948	2 173	2 163	1 513	1 808	1 765	1 726	1 356	693
沸点/K	3 003	3 533	3 273	2 755	2 373	3 273	3 173	3 003	2 868	1 180

第二过渡系元素

元素	钇	锆	铌	钼	锝	钌	铑	钯	银	镉
元素符号	Y	Zr	Nb	Mo	Tc	Ru	Rh	Pd	Ag	Cd
原子序数	39	40	41	42	43	44	45	46	47	48
价层电子构型	$4d^15s^2$	$4d^25s^2$	$4d^45s^1$	$4d^55s^1$	$4d^55s^2$	$4d^75s^1$	$4d^85s^1$	$4d^{10}5s^0$	$4d^{10}5s^1$	$4d^{10}5s^2$
电负性	1.22	1.33	1.60	2.16	1.90	2.2	2.28	2.20	1.93	1.69
原子半径/pm	180	160	146	139	136	134	134	137	144	148.9
电离能 I_1 /$(kJ\cdot mol^{-1})$	600	640	652	684	702	710	720	804	731	868
熔点/K	1 773	2 123	2 743	2 883	2 473	2 773	2 243	1 823	1 234	594
沸点/K	3 203	3 853	3 573	5 833	3 773	5 173	4 773	4 253	2 483	1 038

第三过渡系元素

元素	镥	铪	钽	钨	铼	锇	铱	铂	金	汞
元素符号	Lu	Hf	Ta	W	Re	Os	Ir	Pt	Au	Hg
原子序数	71	72	73	74	75	76	77	78	79	80
价层电子构型	$5d^16s^2$	$5d^26s^2$	$5d^36s^2$	$5d^46s^2$	$5d^56s^2$	$5d^66s^2$	$5d^76s^2$	$5d^96s^1$	$5d^{10}6s^1$	$5d^{10}6s^2$

续表

元素	镥	铪	钽	钨	铼	锇	铱	铂	金	汞
电负性	1.10	1.3	1.5	1.7	1.9	2.2	2.2	2.2	2.4	1.9
原子半径/pm	173.8	159	146	139	137	135	135.5	138.5	144	151
电离能 I_1 /(kJ · mol^{-1})	524	659	728	759	756	814	865	864	890	1 007
熔点/K	1 923	2 493	3 273	3 683	3 453	3 273	2 713	2 042	1 336	2 34.1
沸点/K	3 603	5 673	5 693	6 203	5 903	5 273	5 573	4 803	3 243	630

*离子半径为 6 配位数据，其中“67/83”等分别为低自旋/高自旋（LS/HS）数据。

与主族元素不同，同一周期过渡元素的原子半径从左至右缓慢地递减，到铜副族附近又有所增加(图 19-2)。这是因为在同周期的主族元素中，从左至右电子依次填入其最外层的 s 或 p 轨道，它们相互屏蔽作用很小，随着原子序数增加，作用于外层电子的有效核电荷持续增大，引起原子半径逐渐缩小。但同周期过渡元素从左至右电子依次填入$(n-1)$d 轨道，$(n-1)$d 电子对核的屏蔽作用较大，有效核电荷数增加较少，因此原子半径的缩小不如主族元素那样显著。到铜副族后，由于$(n-1)$层达到 d 轨道全充满的 18 电子结构，对核的屏蔽作用较 d 轨道未充满时大，使核对外层电子引力减小，且电子之间的相互排斥作用增强，所以原子半径又略有增大。

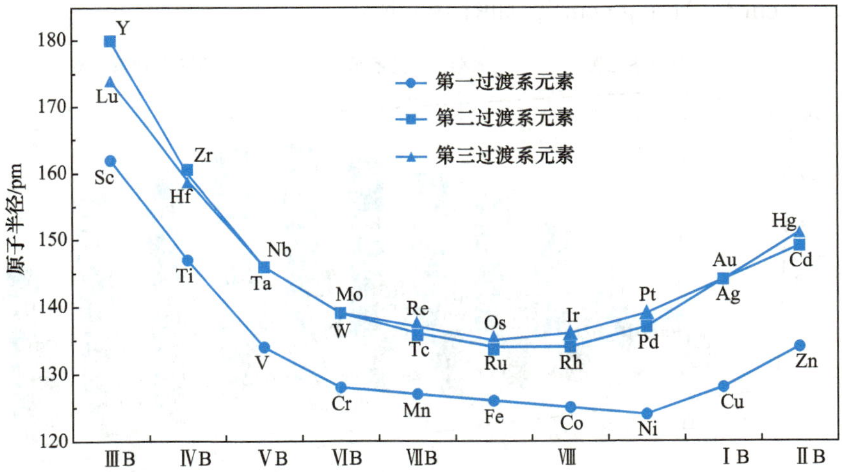

图 19-2 过渡元素的原子半径

过渡元素的同族元素从上到下，原子半径增大，但也没有主族元素那样显著，特别是 Zr 与 Hf、Nb 与 Ta、Mo 与 W，它们的原子半径很接近，这主要是由于“镧系收缩”的结果(镧系收缩详见 22.1.1 小节)。

过渡元素第一电离能随原子序数的增大，总的变化趋势是增大的，但幅度不大。同族过渡元素的电离能变化基本没有规律。从 Sc 到 Lu，电离能减小，与主族从上至下的变化规律一致。但是ⅣB 之后，从上至下电离能增大，与主族元素变化趋势相反，这同样与镧系收缩有关。同时第一电离能的变化还会出现交错现象，如图 19-3 所示。

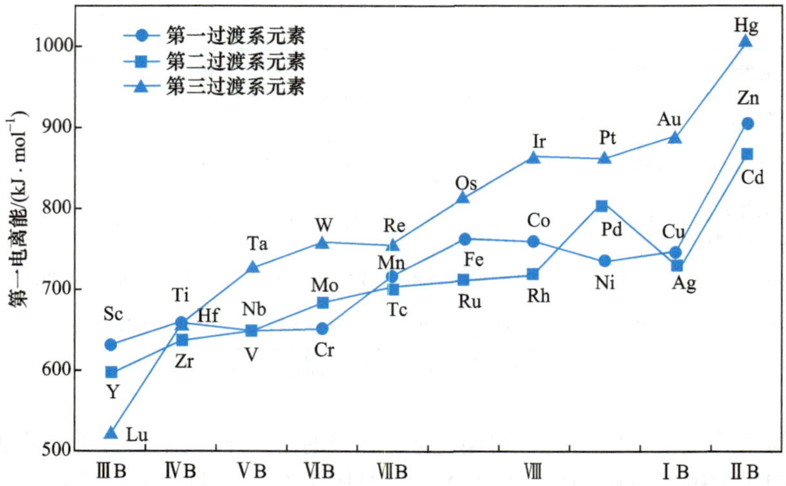

图 19-3 过渡元素第一电离能变化趋势图

19.1.2 过渡元素单质的物理性质

过渡元素单质外观多呈银白色或灰白色，有光泽。几乎都具有金属特有的晶格，即六方密堆晶格、面心立方密堆晶格或体心立方晶格。它们的最外层电子一般不超过 2 个，易失去，都是金属。除钪和钛属轻金属外，其余均属重金属，其中以重铂组元素最重，锇、铱、铂的密度依次为 22.61g · cm^{-3}、22.65g · cm^{-3}、21.45g · cm^{-3}，如图 19-4 所示。

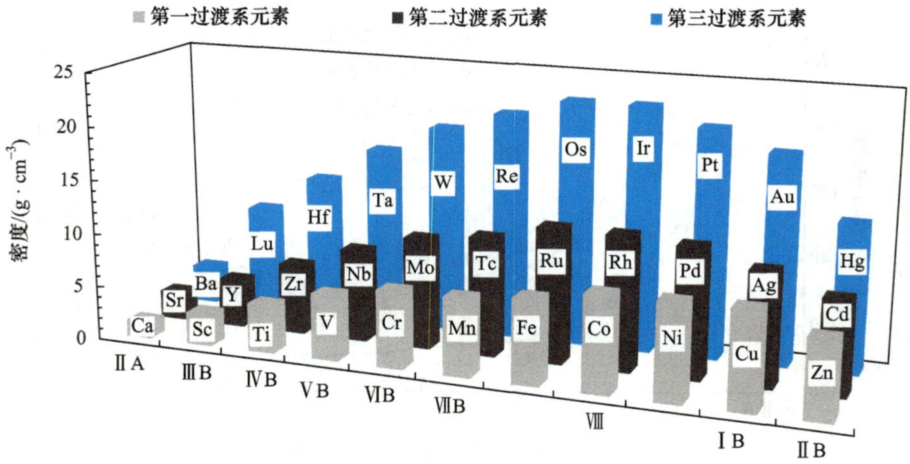

图 19-4 过渡金属密度变化示意图

多数过渡金属(ⅡB 族元素除外)的熔点、沸点高，硬度大。熔点、沸点最高的是钨(熔点为 3410℃，沸点为 5930℃)，硬度最大的是铬(仅次于金刚石)。过渡金属熔点变化如图 19-5 所示。究其原因，一般认为是过渡元素的原子半径较小而彼此堆积很紧密，同时金属原子间除主要以金属键结合外，还可能有部分共价性，这与金属原子中未成对的$(n-1)$d 电子也参与成键有关。

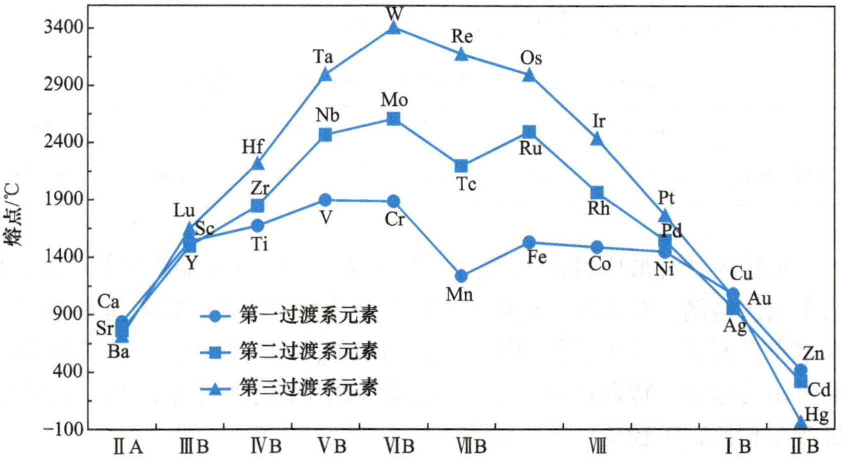

图 19-5　过渡金属熔点变化趋势图

在工程技术上，还常将金属分为黑色金属(ferrous metal)和有色金属(non-ferrous metal)。黑色金属包括铁、锰、铬及其合金，有色金属包括除黑色金属以外的其他所有金属及合金。

此外，过渡金属有较好的延展性和机械加工性能，彼此之间以及与非过渡金属可组成具有多种特殊性能的合金(alloy)。合金就是由一种金属与另一种或几种其他金属或非金属熔合在一起形成的具有金属特性的物质。过渡金属一般都是电和热的较良好导体，如金属铜是重要的导电材料之一。

铁系金属和它们的合金中可以观察到铁磁性，铁磁性物质与顺磁性物质一样，其内部均有未成对电子，都能被磁场吸引。铁磁性物质与磁场间的相互作用比顺磁性物质的要大几千到几百万倍。在外磁场移走后，铁磁性物质仍保持强的磁性，而顺磁性物质则不具有磁性。

19.1.3　过渡元素单质的化学性质

金属在水溶液中的活泼性，可根据标准电极电势来判断。表 19-2 为第一过渡系元素在酸性溶液中的标准电极电势。除铜以外，$E^\ominus(M^{2+}/M)$均为负值，其金属单质可从非氧化性酸中置换出氢。第一过渡系 $E^\ominus(M^{2+}/M)$从左至右逐渐增大(Zn 例外)，表明金属活泼性逐渐减弱。另外，金属的表面性质，如一些金属的表面易形成致密的氧化膜，也影响其化学活性。

表 19-2　第一过渡系元素在酸性溶液中的标准电极电势

	Sc	Ti	V	Cr	Mn	Fe	Co	Ni	Cu	Zn
$E^\ominus(M^{2+}/M)$/V	—	−1.628	−1.175	−0.913	−1.185	−0.447	−0.28	−0.257	0.342	−0.762
$E^\ominus(M^{3+}/M)$/V	−2.077	−1.209	−0.87	−0.744	−0.28	−0.037	0.42	—	—	—

与第一过渡系元素相比，第二、三过渡系元素的金属单质非常稳定，一般不与强酸反应，但与浓碱或熔碱可发生反应。即同族元素自上而下，金属

活泼性逐渐减弱。部分电极电势如表 19-3 所示。

表 19-3 不同过渡系元素的标准电极电势(部分)

	Ni	Pd	Pt	Zn	Cd	Hg
$E^{\ominus}(M^{2+}/M)$/V	−0.257	+0.951	+1.18	−0.762	−0.403	+0.851

可见镍能从稀酸中置换出氢，而钯、铂则不能。锌和镉为中等活泼金属，汞为不活泼金属。对这种变化规律的解释可从原子半径和核电荷来考虑。同族元素自上而下，原子半径增加不大，而核电荷却增加很多，核对最外层电子的吸引力增强。特别是第三过渡系元素，由于镧系收缩的影响，它们与第二过渡系相比，半径增大很小。

过渡元素由于具有两层未饱和的价电子层结构。除最外层 s 电子可以成键外，次外层 d 电子也可以部分或全部参加成键，这是 d 区元素具有可变氧化数的根本原因。例如，Mn 的价电子构型为 $3d^54s^2$，其氧化数有 0、+1、+2、+3、+4、+5、+6、+7 等。除Ⅷ族的铁系、铂系元素外，过渡元素的最高氧化数与它们所处的族号相同，如ⅣB 族的 Ti、Zr 和 Hf 都以+4 氧化数为特征。过渡元素的氧化数变化如图 19-6 所示。

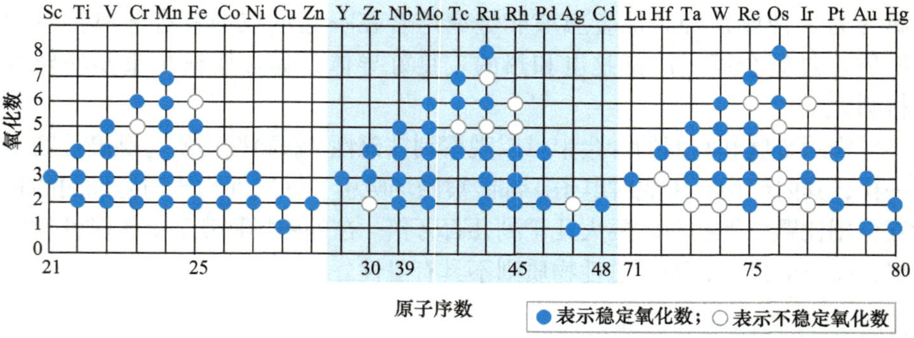

图 19-6 过渡元素的氧化数变化

思考题 19-1

过渡元素性质变化规律与主族 p 区元素性质变化规律有哪些不同，从活泼性、氧化还原性、高氧化态稳定性等角度分别比较，并思考其原因。

从图 19-6 中可以发现过渡元素的氧化数变化具有一定的规律性。其一，在同一周期中从左至右，氧化数先逐渐升高，随后又逐渐降低。因为当 d 电子超过 5 个时全部参与成键的可能性减少；因此过渡元素氧化数呈现三角形的形状。其二，与主族元素不同，在同一副族中自上而下高价氧化态趋于稳定。这是因为 d 区元素中随着周期数的增大，$(n-1)$d 和 ns 能量越来越接近，且$(n-1)$d 更易全部参与成键。

过渡元素可以形成高、中、低不同氧化数的化合物。一般地，过渡元素的高氧化态化合物比其低氧化态化合物的氧化性强。过渡金属的高氧化态化合物常见于其含氧化合物(氧化物或含氧酸盐)或氟化物中，如 Mn_2O_7、CrO_4^{2-}、RuF_6 等。另外，如果中心原子与配体之间形成了多重键，且键与键的方向一致时，中心原子常呈现高氧化态。

中等氧化态常指氧化数为+2、+3 的化合物，它们的氧化性较弱(Co^{3+}、Ni^{3+}、Mn^{3+}除外)，它们多为简单的水合离子，其化合物常为离子型化合物或由这些简单离子形成的配合物。从成键方式来看，中心离子与配体之间形成单键时，一般呈现中等氧化态。

过渡元素还能形成氧化数为+1、0、−1、−2、−3 的低氧化态化合物。当 CO、CN^-、NO^+，以及某些含 P、As、S、Se 的配体与这些过渡元素原子配位时，常以低氧化态的形式出现，如 $Mn(CO)_5$、$Ni(CO)_4$ 等。

拓展知识

非化学计量化合物

过渡金属可与原子体积小的非金属元素，如 H 形成非化学计量的化合物。非化学计量的化合物即没有明确结构和确定整数比例的化合物。过渡元素的另一个特点是易形成非整比(或称非化学计量)化合物。非整比化合物的化学组成不定，可在一个较小的范围内变动，而又保持基本结构不变。例如，室温下用以吸收氢所制得的氢化钯中，氢的最大含量可达 $PdH_{0.8}$，这种表示方法仅代表氢化物中两种原子的比值，即氢化钯中钯与氢的原子数之比为 100∶80。此外，还有 $LaH_{2.76}$、$CeH_{2.69}$、$LaNiH_{5.7}$、$TaH_{0.76}$ 等。

一般认为，这类金属型氢化物是氢原子进入金属晶体的空隙中而形成的；也有人认为氢与金属形成固溶体，氢原子在金属中占据与金属原子相似的位置。过渡金属这一特性，已被广泛应用于储氢材料中。

另外，过渡元素的另一个特点是能与半径较小的非金属元素形成间充式化合物。如 B、C、N 等与 Ti、W 等形成 TiC、TiN 和 W_2C 等化合物。这些化合物是由 B、C、N 原子填充到金属晶格的空隙中形成的，因此它们也是非化学计量的，且随着 B、C、N 在金属中溶解的多少而变化。间充式化合物比相应的纯金属硬度大、熔点高、化学性质不活泼，是一类重要的硬质合金。

上述特性也使它们具有实际用途，近年来发现非整比化合物有多方面的用途，如作为固体电解质(ZrO_2、HfO_2)用于各类化学电源和电化学器件中；还用作半导体(ZnO、Cu_2O)及超导体($YBaCu_3O_{7-x}$，$x \leqslant 0.1$)材料等。作为新型无机材料在各种强化条件下，如超高温、高压的原子能工程上使用。有些金属硼化物可用作火箭、导弹、人造卫星上的耐高温材料。过渡金属碳化物用于高温辐射环境，镍硼化物可以代替铂在氢氧燃料电池中用作催化剂，成本大大降低。因此，这类无机材料的研究正日益受到重视。

19.1.4　过渡元素的配合物和性质

由于过渡元素的离子(原子)具有能级相近的$(n-1)$d、ns 和 np 轨道，其中 np 轨道是空的，$(n-1)$d 轨道部分是空的，这种构型为接受配体的孤对电子形成配位键创造了条件。同时，因为过渡元素的离子半径较小，$(n-1)$d 轨道上的电子对核的屏蔽作用较小，因而有较大的有效电荷，对配体有较强的吸引力和极化作用，所以过渡元素与主族元素相比，有很强的形成配合物的倾向。简单离子形成配合物后其物理化学性质，如氧化还原性、溶解性、磁性、颜色等发生变化。

过渡元素的水合离子或者与配体形成的配离子一般都呈现颜色，水合离子的颜色参见表 4-9。物质产生颜色的原因很复杂，对于无机化合物的颜色目前主要用 d-d 跃迁(见 4.4.5)和电荷迁移跃迁来解释。

一种化合物吸收可见光除可能发生 d-d 跃迁外，还可能发生电子从一个原子转移到另一个原子的迁移。这种迁移是一种允许的电荷跃迁，称为电荷迁移跃迁，对光有很强的吸收，摩尔吸收率很大，发生这种跃迁的物质通常呈现出一定的颜色。

对于某些含氧酸根离子，如 MnO_4^-(紫色)、CrO_4^{2-}(黄色)、VO_4^{3-}(淡黄色)，它们的颜色被认为是由电荷迁移跃迁引起的。上述离子中的金属元素均处于最高氧化态，其形式电荷 Mn^{7+}、Cr^{6+}、V^{5+}均为 d^0 电子构型，均有较强的夺取电子的能力。在一定波长的可见光作用下，配体 O^{2-}上的电子向金属离子跃迁，这种跃迁对光有很强的吸收，从而使得这些离子呈现出不同的颜色。

中心离子的氧化性越强，电荷迁移跃迁更容易发生，跃迁所需能量越小，配合物的吸收移向长波，因而颜色加深。具有 d^0 构型的高价过渡金属离子的氧化物和含氧酸根，因发生电荷迁移跃迁而大部分都呈现一定的颜色。例如，MnO_4^- 的紫色是由于 $O^{2-}\rightarrow Mn^{7+}$电子跃迁(p-d 跃迁)的吸收峰在可见光区 18500cm^{-1} 处，吸收绿色光而显紫色。又如，V_2O_5(橙黄色)、CrO_3(红色)、WO_3(深黄)、CrO_4^{2-}(黄色)等的显色原因与 MnO_4^- 类似。

具有 d^{10} 电子构型的过渡元素卤化物、硫化物的颜色产生机制同样是电荷迁移跃迁。配体越容易被氧化，跃迁能越小，颜色越深。例如，AgCl(白色)、AgBr(淡黄色)、AgI(黄色)颜色加深的顺序与卤离子的还原性增强相一致；一般情况下同种金属离子的硫化物颜色深于氧化物，Cu_2O(红色)和 Cu_2S(黑色)、PbO(黄色)和 PbS(黑色)、Ag_2O(棕色)和 Ag_2S(黑色)等均是如此，这也是因为 S^{2-}比 O^{2-}更易被氧化，荷移跃迁能比较小。

磁与电有紧密联系，物质的磁性来源于物质内部电子和核的运动。过渡金属及其化合物的磁性主要由成单 d 电子的自旋运动决定。成单 d 电子的自旋运动使其具有顺磁性，不具有成单电子的物质是反磁性的。多数过渡元素都有未充满的 d 电子层，它们的原子或离子有未成对的电子，所以具有顺磁性；未成对的 d 电子越多，磁矩 μ 越大。磁矩可以通过实验来测得，进而计算出未成对电子数。知道未成对电子数以后，就可以估计原子用于成键的电子的数目。

研究过渡金属配合物的磁性，不仅有助于了解中心离子的电子结构，区分高自旋和低自旋的配合物，还可以预测化合物的几何构型。例如，由于分析的错误，曾长期将 OsF_6 误认为是 OsF_8。如果是 OsF_8，它应该是反磁性的(Os 的价电子结构是 $5d^66s^2$)，但磁矩的测定证明，该物质是顺磁性的并有两个未成对电子。所以，该物质应是 OsF_6 而不是 OsF_8。此外，通过磁性测定，还有助于确定某些特殊类型的化学键，如金属-金属多重键。

19.2　钛副族元素

教学视频
钛副族元素的通性

19.2.1　钛副族元素概述

1. 氧化数

ⅣB 族元素包括钛(Titanium, Ti)、锆(Zirconium, Zr)、铪(Hafnium, Hf)、𬬻(Rutherfordium, Rf, 放射性元素)四种元素，通常称为钛副族元素，属于稀有元素。钛副族元素的价电子构型为$(n-1)d^2ns^2$，最稳定的氧化数为+4，其次是+3，+2 氧化数很少见。在特定条件下，钛还可呈现 0 和−1 的低氧化数。低氧化数锆、铪的生成趋势比钛小。由于钛副族元素的原子失去 4 个电子需要较高的能量，所以它们的 M(Ⅳ)化合物主要以共价键结合(但氧化物如 TiO_2 被认为是离子型的)。M(Ⅳ)在水溶液中常以 MO^{2+}形式存在，且容易水解。ⅣB 族元素的元素电势图如图 19-7 所示。

$E_A^\ominus/V$　$TiO^{2+} \xrightarrow{-0.10} Ti^{3+} \xrightarrow{-0.37} Ti^{2+} \xrightarrow{-1.63} Ti$

$ZrO_2 \xrightarrow{-1.55} Zr$

$HfO_2 \xrightarrow{-1.51} Hf$

$E_B^\ominus/V$　$TiO_2 \xrightarrow{-1.38} Ti_2O_3 \xrightarrow{-1.95} TiO \xrightarrow{-2.13} Ti$

图 19-7　钛副族元素的元素电势图

2. 存在和提取

思考题 19-2

为什么钛被划分为稀有金属？

金属钛是德国科学家 Klaproth 于 1795 年命名的，但直到 1910 年 Hunter 才第一次得到单质钛。钛长期被认为是一种稀有金属，因其分散成矿且冶炼困难。实际上钛在地壳中的丰度为 0.62%(质量 Clarke 值，原子 Clarke 值为 0.16%)，在元素相对丰度中居第 10 位，远高于常见的锌、铅、锡、铜。地壳中含钛矿物有 140 余种，现在具有开采价值的仅 10 余种。主要矿物有金红石(TiO_2)、钛铁矿($FeTiO_3$)、钙钛矿($CaTiO_3$)、钛磁铁矿[Fe_3O_4(Ti)]、榍石($CaTiSiO_5$)和钒钛铁矿等。我国的钛矿分布于 10 多个省区，如海南岛等地的金红石矿、四川攀枝花-西昌地区的钒钛磁铁共生矿。攀枝花地区的钛储量占全国 92%、世界 45%。

熔融钛能与碳形成大分子 TiC，又能与作为耐火材料的硅酸盐化合成碳化物、硅化物，所以其单质冶炼困难。

钛的提炼方法主要有硫酸法和氯化法两种。

1) 硫酸法

将钛铁矿和 93% H_2SO_4 以一定比例加入酸解器中，通入蒸汽加热至 353K，使钛铁矿粉分解成多孔状固相产物。产物用酸性水浸取，加铁屑将 Fe^{3+} 还原为 Fe^{2+}，经过沉降去除杂质，冷却结晶分离副产物 $FeSO_4$，加入晶种使硫酸氧钛($TiOSO_4$)水解成白色偏钛酸(H_2TiO_3)。经水洗达标后在 1023～1223K 煅烧，即得 TiO_2。

$$FeTiO_3 + 2H_2SO_4 = TiOSO_4 + FeSO_4 + 2H_2O$$

$$TiOSO_4 + 2H_2O = H_2TiO_3\downarrow + H_2SO_4$$

$$H_2TiO_3 \xrightarrow{\text{煅烧}} TiO_2 + H_2O$$

此法也可用于制备白色涂料钛白。副产物 $FeSO_4$ 有多种利用途径，如以 $FeSO_4$ 为原料生产聚合硫酸铁高分子絮凝剂，用于生产氧化铁红，制造铁肥、改良盐碱地等。废酸经处理可综合利用，如用石灰或石灰乳中和达标排放，副产物石膏等回收利用。

2) 氯化法

将金红石或富钛料粉碎、干燥后与焦炭粉混合，装入氯化炉中，通入 Cl_2 发生氯化反应制得四氯化钛($TiCl_4$)。用精馏和化学处理的综合方法除去原料中带入的杂质(铁、锰、硅、锆等)，可制得精 $TiCl_4$。在氧化炉内经气相氧化生成固体 TiO_2，再经处理可以得到颜料 TiO_2。涉及的基本反应有

$$TiO_2 + C + 2Cl_2 = TiCl_4 + CO_2$$

$$TiO_2 + 2C + 2Cl_2 = TiCl_4 + 2CO$$

$$TiCl_4 + O_2 = TiO_2 + 2Cl_2$$

$TiCl_4$ 在氩气气氛中以镁或钠还原就可以得到金属钛。

$$TiCl_4 + 2Mg = Ti + 2MgCl_2$$

为什么不采用直接氯化的方法制备 $TiCl_4$ 呢？主要是因为 TiO_2 的稳定性非常高，直接氯化的反应在标准态下的任何温度条件下都不能自发进行。

$$TiO_2(s) + 2Cl_2(g) = TiCl_4(l) + O_2(g) \qquad \Delta_r G_m^\ominus = 153\text{kJ}\cdot\text{mol}^{-1}$$

3) 熔盐电解法

以熔融 $CaCl_2$ 为溶剂，在惰性气氛中直接电解 TiO_2 即可获得金属钛。此方法的发现有望大大降低钛的生产成本。

4) TiI_4 热分解法

为制备纯金属钛，可将 TiI_4 在热金属丝(钽丝或钨丝)上加热分解。

$$TiI_4 \xrightarrow{\text{Ta或W}} Ti + 2I_2\uparrow$$

锆和铪在地壳中的丰度分别为 $1.9\times10^{-2}\%$ 和 $3.3\times10^{-4}\%$。锆常以锆英石($ZrSiO_4$)、斜锆石(ZrO_2)等形式存在于自然界中。铪由于受到镧系收缩的影响，性质与锆相似，常与锆矿共存，导致分离困难。目前主要采用离子交换法或溶剂萃取法提取。

3. 单质的物理和化学性质

钛副族单质均为银白色有光泽的高熔点金属，熔点和密度依周期数增加而升高。钛、锆、铪的密度依次为 $4.5\text{g}\cdot\text{cm}^{-3}$、$6.5\text{g}\cdot\text{cm}^{-3}$、$13.3\text{g}\cdot\text{cm}^{-3}$。

钛的主要特点是密度小、强度大、耐腐蚀性强。密度只相当于钢的 57%，

而强度和硬度与钢接近而强于铝。因此，钛兼有钢和铝的优点，有“第三金属”之称。

钛是活泼金属。但常温或低温下不活泼，不与氧气、卤素反应，也不与酸、碱、水作用，原因是其表面存在一层致密的氧化膜。但钛可缓慢地溶解在热浓 HCl 和热浓 H_2SO_4 中，生成 Ti^{3+}。钛溶于热 HNO_3 中生成水合氧化物 $TiO_2 \cdot nH_2O$。氢氟酸可破坏其表面氧化膜而轻易地溶解钛：

$$Ti + 6HF \xlongequal{} [TiF_6]^{2-} + 2H^+ + 2H_2\uparrow$$

当温度高于 600℃时，钛可和大部分非金属元素直接化合生成氧化物 TiO_2、氯化物 $TiCl_4$、间充型氮化物 TiN 和间充型碳化物 TiC 等。金属钛能在空气中燃烧，也能在氮气中燃烧。粉末状金属钛可吸附氢气，吸附量取决于温度和压力，并生成间充型氢化物，极限组成为 TiH_2。

钛的用途广泛，是航空、航天、舰船、兵器工业和电力等部门不可缺少的重要材料。钛的熔点为 1650℃，为耐高温金属，可用于制备喷气发动机的高性能整体叶盘。在石油、化工、印染、造纸、电镀、湿法冶金、机械仪表等部门用于制造防腐设备和部件，全钛潜水刀质量轻且永不生锈。液体钛几乎能溶解所有的金属，可以形成多种合金。钛钢坚韧而有弹性；钛镍合金有较强的形状记忆应变性、较好的恢复能力和较高的记忆寿命，被公认为最佳形状记忆合金，可用于管件衔接头、动力装置、医学矫形、宇航天线等；铌钛合金在温度低于临界温度 4K 时呈现零电阻的超导性，是目前制造高场超导磁体的主要材料。金属钛无磁、无毒，医疗上用于制造人造骨骼，有“生命金属”之称。

拓展知识

我国嫦娥一号登月卫星的太阳能电池板采用了形状记忆合金制作成伸展形的两翼。卫星发射前将它加热到一定温度再冷却，然后折叠成层状，紧贴在卫星表面的外侧，待卫星发射升空后温度升高，它就会自动伸展成平整的两翼。将形状记忆合金用于飞机上用来支撑飞机机翼，该技术可以让飞机能够转换机翼的形状，以便进行起飞、降落、巡航等操作，能够减少阻力，让飞机更节能。

金属锆很柔软且具有良好的延展性与拉伸性，但在加入微量其他元素时硬度大为增加同时保持其延展性不受影响，因此锆合金可用于制造需要在高温高压下使用的部件。同时由于其不吸收裂变产生的中子，可用于制造装核燃料棒的套管。金属铪可吸收核反应产生的中子，因此可以用作核反应堆的控制棒。铪的一个重要应用是用作空气等离子切割机的电极，可以产生高速、高温和高能的等离子体气流。

19.2.2 钛的化合物

教学视频

钛的化合物

1. 氧化数为+4 的化合物

氧化数为+4 的 Ti 与 Si、Ge、Sn、Pb 有许多相似之处，特别是 Sn，如离子半径(Sn^{4+}: 71pm; Ti^{4+}: 68pm)和八面体共价半径[Sn(Ⅳ): 145pm; Ti(Ⅳ): 136pm]。因此，TiO_2(金红石)与 SnO_2(锡石)晶型相同，且加热时都由白色变为黄色。$TiCl_4$ 与 $SnCl_4$ 一样为易水解、可蒸馏的液体，都可作为路易斯酸与电子对给予体形成加合物，还能形成相似的卤代阴离子如 $[TiF_6]^{2-}$、$[GeF_6]^{2-}$、$[TiCl_6]^{2-}$、$[SnCl_6]^{2-}$ 和 $[PbCl_6]^{2-}$ 等。

1) 二氧化钛

自然界中二氧化钛(TiO_2)有三种晶型：金红石、锐钛矿和板钛矿型，其中最重要的是金红石型。天然产金红石为桃色或桃红色晶体，有时因含有微量的 Fe、Nb、Ta、Sn、Cr、V 等杂质而呈黑色。

金红石是典型的 MX_2 型晶体结构，其晶胞结构如图 19-8 所示。为简单四方晶系($a=b\neq c$，$\alpha=\beta=\gamma=90°$)。氧原子呈畸变的六方堆积，钛原子占据一半的八面体空隙，配位数为 6，O 的配位数为 3。阳离子和阴离子半径比为 $r^+/r^-=0.68/1.40=0.486$，阴离子 O^{2-}之间互不接触。

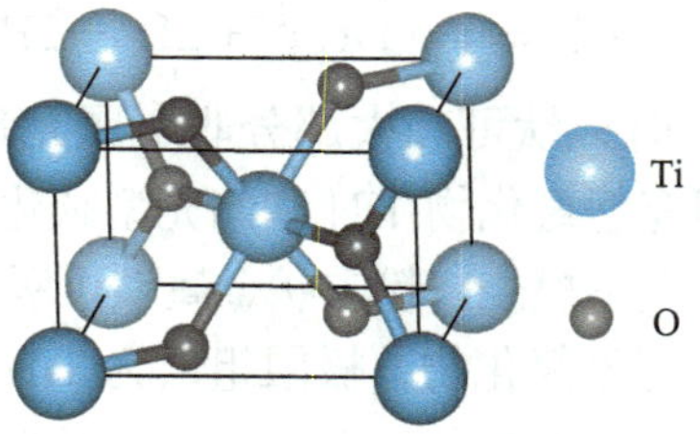

图 19-8　金红石的晶胞

TiO_2不溶于水和稀酸，属两性氧化物。可缓慢地溶解于 HF、强酸和强碱中：

$$TiO_2+6HF = H_2TiF_6+2H_2O$$

$$TiO_2+H_2SO_4 = TiOSO_4(\text{硫酸氧钛})+H_2O$$

$$TiO_2+2KOH = K_2TiO_3(\text{偏钛酸钾})+H_2O$$

从硫酸溶液中析出的是白色的 $TiOSO_4\cdot H_2O$ 而不是 $Ti(SO_4)_2$。水溶液中实际上不存在 Ti^{4+}离子。一般认为，Ti^{4+}离子电荷高达 4，极易与水作用发生强烈的水解，以羟基水合离子的形式存在，如 $[Ti(OH)_2(H_2O)_4]^{2+}$、$[Ti(OH)_4(H_2O)_2]$，可简写为 TiO^{2+}，称为钛氧离子或钛氧基(titanyl)。但钛氧基是否真的存在于溶液或固体中，目前并无定论。

纯净的 TiO_2俗称钛白或钛白粉，室温下呈白色，加热时显浅黄色。钛白是迄今公认最好的白色涂料。TiO_2是宽能带半导体材料，其锐钛矿相、金红石相和板钛矿相的禁带宽度分别是 3.2eV、3.02eV 和 2.96eV，可作为光催化剂或新型太阳能电池的主要材料。

2) 钛酸和偏钛酸

二氧化钛的水合物 $TiO_2\cdot nH_2O$ 常写成钛酸 $Ti(OH)_4$ 或偏钛酸 H_2TiO_3。将 TiO_2与浓 H_2SO_4作用所得的溶液加热、煮沸，或金属钛与热 HNO_3作用得到不溶于酸碱的水合二氧化钛(β-钛酸)。当加碱于新制备的酸性钛盐溶液时，所得的水合二氧化钛为α-钛酸。α-钛酸比β-钛酸活性高，具有两性，既能溶于稀酸，也能溶于强碱。溶于强碱时，如浓 NaOH 溶液，得到钛酸钠水合物 $Na_2TiO_3\cdot nH_2O$ 结晶。

3) 钙钛矿

以矿石中的主要组分钛酸钙($CaTiO_3$)命名，通式为 ABO_3。与简单氧化物相比，钙钛矿结构可以使一些元素以非正常价态存在，具有非化学计量比的氧，或使活性金属以混合价态存在，使固体呈现某些特殊性质，在光电转换、催化等领域得到广泛应用。

拓展知识

钙钛矿型太阳能电池

太阳能电池可将太阳能直接转变为电能，是一种获取清洁能源的重要途径。钙钛矿型太阳能电池是利用钙钛矿型的有机金属卤化物半导体作为光电转换材料的太阳能电池，属于第三代太阳能电池。2022年，我国南京大学谭海仁教授等研究者运用涂布印刷、真空沉积等技术，在国际上首次实现了大面积全钙钛矿叠层光伏组件的制备，开辟了大面积钙钛矿叠层电池的量产化、商业化的全新路径。该组件稳定的光电转换效率高达21.7%，是当时已知的钙钛矿光伏组件的世界最高效率。相关成果刊发于国际权威学术期刊《科学》(*Science*, 2022, 376, 762-767)。专家高度评价：该工作是光伏领域中一个重要的里程碑，采用可量产的制造技术实现了超高效、稳定和低成本的太阳能组件。

钛酸钡($BaTiO_3$)为白色或浅灰色粉末，熔点为1891K，难溶于水。具有5种晶体类型。室温下为钙钛矿型晶体结构，如图19-9所示。

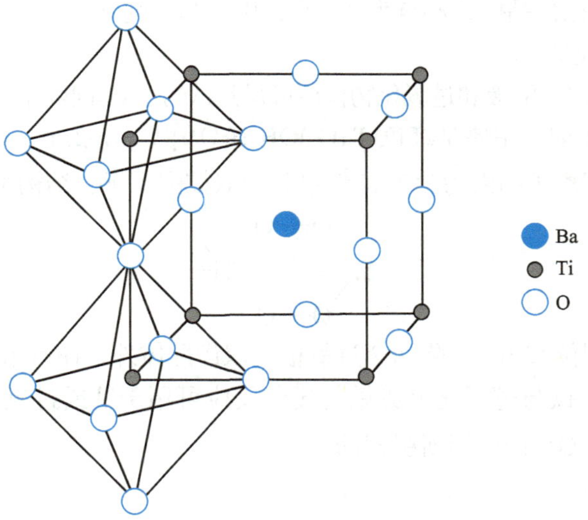

图19-9 $BaTiO_3$的晶体结构

钛酸钡属简单立方晶系，Ba^{2+}位于体心，Ti^{4+}位于顶点，O^{2-}位于棱心位置。Ti^{4+}和Ba^{2+}的配位数分别为6和12。由于Ti^{4+}电荷高、半径小，可以在较大范围内产生位移，同时O^{2-}也偏离其对称位置，向相反的方向相应位移，使正、负电荷中心不再重合，产生永久偶极，导致晶体结构的变化，从而具有压电效应。所谓压电效应是指在外加机械应力时，材料表面会产生电荷，反之在外加电场作用下会产生几何形变的效应。具有压电效应的材料称为压电材料，主要用于压电点火器、引燃引爆装置、超声波发生器、电声器、滤波器、声呐等。利用钛酸钡具有高介电常数的特性可制作微型电容。

4) 四卤化钛

四卤化钛TiF_4、$TiCl_4$、$TiBr_4$和TiI_4的熔点分别为284℃、−25℃、39℃和150℃，表明TiF_4为离子化合物，而其余卤化物为共价化合物。

常温下，$TiCl_4$为无色带有刺激性臭味液体，沸点为136.5℃，反磁性，属分子晶体，分子结构为四面体型。$TiCl_4$极易水解，暴露在潮湿空气中发烟，可作为烟雾剂。部分水解生成钛酰氯($TiOCl_2$)，完全水解得到H_2TiO_3：

$$TiCl_4 + H_2O \xlongequal{} TiOCl_2 + 2HCl\uparrow$$

$$TiCl_4 + 3H_2O \xlongequal{} H_2TiO_3 + 4HCl\uparrow$$

$TiCl_4$在浓HCl中与Cl^-作用生成$[TiCl_6]^{2-}$：

$$TiCl_4 + 2HCl \xlongequal{} H_2[TiCl_6]$$

此酸仅存于溶液中，加入NH_4^+则析出黄色的$(NH_4)_2[TiCl_6]$晶体。

工业上，$TiCl_4$通过氯化法制备，二氧化钛被$COCl_2$、$SOCl_2$、$CHCl_3$或CCl_4等氯化，也可用于制备$TiCl_4$，如：

$$TiO_2 + CCl_4 \xlongequal{770K} TiCl_4 + CO_2$$

$TiCl_4$是制备一系列钛化合物和金属钛的原料。钛的其他卤化物可通过$TiCl_4$与相应的卤化氢发生置换反应而得到。

TiI_4为暗棕色晶体，沸点为377℃，用于制备纯钛。

5) 过氧化钛

含Ti(Ⅳ)的水溶液和过氧化物作用可得到钛的过氧化物，但情况比较复杂。当溶液$pH < 1$时，主要是红色$[Ti(O_2)OH(H_2O)_4]^+$，pH在1～3之间，显橙红色，由单核配离子缩聚为含$Ti_2O_5^{2+}$单元的双核配离子，结构可能是

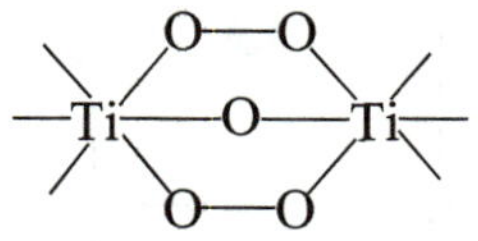

其中，钛的配位数为6，除两个过氧根为双齿配体外，还有水分子或溶液中的其他配体。钛与过氧化氢灵敏的显色反应可用于钛或过氧化氢的比色分析，其颜色是O_2^{2-}的变形所引起的。

物质鉴定

Ti(Ⅳ)的鉴定

利用其与过氧化物作用，在酸性条件下生成红色溶液$[Ti(O_2)OH(H_2O)_4]^+$，弱酸性和中性条件下生成黄色固体$Ti(OOH)_2(OH)_2$，碱性条件下生成黄色溶液$[Ti(O_2)_4]^{4-}$：

酸性：$TiO^{2+} + H_2O_2 + 4H_2O \xlongequal{} [Ti(O_2)OH(H_2O)_4]^+ + H^+$

中性：$H_2TiO_3 + 2H_2O_2 \xlongequal{} Ti(OOH)_2(OH)_2 + H_2O$

碱性：$TiO_4^{4-} + 4H_2O_2 \xlongequal{} [Ti(O_2)_4]^{4-} + 4H_2O$

2. 氧化数为+3的化合物

三氯化钛($TiCl_3$)有多种变体，颜色上也有差别，其中α-$TiCl_3$为蓝紫色晶体。$TiCl_3$的熔点为1073K，可溶于水，在空气中易潮解。

$TiCl_3$ 水溶液为紫红色，其水合物 $TiCl_3 \cdot 6H_2O$ 存在水合异构体。慢慢加热蒸发 $TiCl_3$ 水溶液时，可得到 $[Ti(H_2O)_6]Cl_3$ 紫色晶体。若在浓 $TiCl_3$ 水溶液中加入乙醚，再通入 HCl 气体至饱和，溶液将变为绿色，其组成可能是 $[Ti(H_2O)_5Cl]Cl_2 \cdot H_2O$ 和 $[Ti(H_2O)_4Cl_2]Cl \cdot 2H_2O$。

$TiCl_3$ 的制备主要采用还原 $TiCl_4$ 的方法。高温下采用 Ti 或 H_2 还原：

$$2TiCl_4 + H_2 \xlongequal{600^\circ C} 2TiCl_3 + 2HCl$$

工业上主要采用铝还原法。将 $TiCl_4$ 和 Al 粉加入反应器，$TiCl_4$ 相对于 Al 需过量以使 Al 粉反应完全。反应在接近 $TiCl_4$ 的沸点温度下进行，生成 $TiCl_3$ 和 $AlCl_3$：

$$3TiCl_4 + Al + nAlCl_3 \xlongequal{\quad} 3TiCl_3 + (n+1)AlCl_3$$

由电极电势 $E^\ominus(TiO^{2+}/Ti^{3+}) = -0.10V$ 可以看出，Ti^{3+} 是比 Sn^{2+} 更强的还原剂，极易被空气中的氧或水氧化。$TiCl_3$ 遇水与空气立即分解，在空气中流动能自燃、冒火星，因而 $TiCl_3$ 必须储存在惰性气体中。保存 Ti^{3+} 的溶液时，通常在酸性溶液中用乙醚(密度 $0.7135g \cdot cm^{-3}$)或苯(密度 $0.879g \cdot cm^{-3}$)覆盖，储存于棕色瓶内，以延缓空气中的氧将其氧化。

> **思考题 19-3**
>
> 如何配制和保存 Ti^{3+} 的溶液？

Ti^{3+} 的还原性常用于钛含量的定量测定。一般将含钛试样溶解于强酸性溶液(如 H_2SO_4-HCl 混合酸)，加入铝片将 TiO^{2+} 还原为 Ti^{3+}，以 $FeCl_3$ 标准溶液滴定，指示剂为 NH_4SCN 溶液。

$$3TiO^{2+} + Al + 6H^+ \xlongequal{\quad} 3Ti^{3+} + Al^{3+} + 3H_2O$$

$$Ti^{3+} + Fe^{3+} + H_2O \xlongequal{\quad} TiO^{2+} + Fe^{2+} + 2H^+$$

在有机化学中，常用 Ti^{3+} 来验证硝基化合物的存在，它可将硝基还原为氨基：

$$RNO_2 + 6Ti^{3+} + 4H_2O \xlongequal{\quad} RNH_2 + 6TiO^{2+} + 6H^+$$

$TiCl_3$ 还用作 α-烯烃聚合的催化剂，Ziegler-Natta 反应就是在无水、无氧、无二氧化碳的加氢汽油中加入三乙基铝 $Al(C_2H_5)_3$ 和 $TiCl_3$ 作为催化剂，通入丙烯聚合为聚丙烯。

$$nCH_3-CH=CH_2 \xrightarrow{Al(C_2H_5)_3-TiCl_3} \left[\begin{array}{c} CH_3 \\ | \\ CH-CH_2 \end{array}\right]_n$$

19.2.3 锆和铪的化合物

1. 氧化物

ZrO_2 为白色粉末，具有熔点和沸点高，硬度大，不溶于水，能溶于酸的特性。经高温处理后不与除 HF 外的其他酸作用。其至少存在两种高温变体，1370K 以上为四方晶型，2570K 以上为立方萤石结构。常温下 ZrO_2 为单斜晶系，称为斜锆石，金属离子的配位数为 7，如图 19-10 所示。

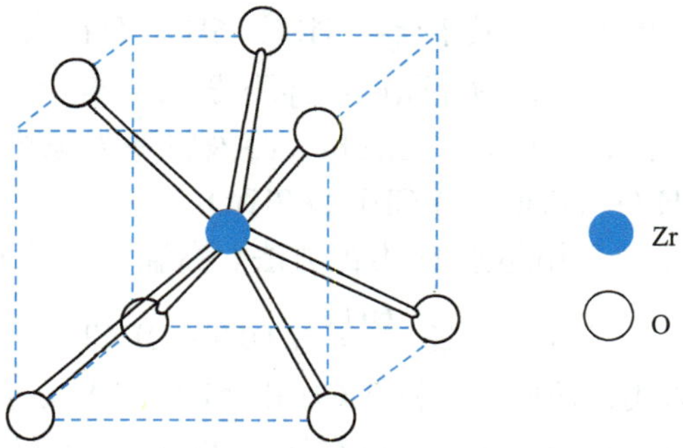

图 19-10 ZrO_2(斜锆石)的配位方式

$ZrO_2 \cdot xH_2O$ 有微弱的两性，其碱性强于 $TiO_2 \cdot xH_2O$，与强碱共熔时生成晶状的偏锆酸盐 M_2ZrO_3 和锆酸盐 M_4ZrO_4。

ZrO_2 化学活性低，热膨胀系数小，熔点高达 2983K，是极好的耐火材料，可用于制造坩埚和熔炉的炉膛，也可制成纤维状织物。常温下为绝缘体，高温下具有导电性，可用于电子陶瓷的压电元件、功能陶瓷的气体传感器等。无色透明的立方 ZrO_2 晶体具有与金刚石类似的折射率及非常高的硬度(莫氏硬度 8.5)，可作为金刚石的替代品用于首饰行业。用 ZrO_2 制备的陶瓷刀异常锋利，但容易碎裂。在制备过程中加入微量的金属离子，可呈现带有光泽的各种鲜艳颜色。区别在于：立方 ZrO_2 色散强，颜色更鲜艳，通常为红、蓝、橙、黄等鲜艳颜色；钻石的色散更阴冷，大多呈现橙色或蓝色。

2007 年，ZrO_2 由于在新一代微处理芯片中的应用而声名鹊起，它代替 SiO_2 作为“门”隔开晶体管的两个接触点，可以进一步缩小芯片中晶体管的尺寸。

2. 卤化物

$ZrCl_4$ 为白色晶体粉末，于 604K 升华，密度为 $2.8g \cdot cm^{-3}$，在潮湿空气中产生盐酸烟雾，遇水强烈水解：

$$ZrCl_4 + 9H_2O \longequal ZrOCl_2 \cdot 8H_2O + 2HCl$$

部分水解的产物是水合氯化锆酰，难溶于冷盐酸中，但能溶于水，结晶时为四方形或针状晶体，可用于锆的鉴定和提纯，还可用于纺织品的防水剂、防汗剂和防臭剂。

ZrF_4 为无色晶体，几乎不溶于水，与碱金属氟化物能生成 $M_2[ZrF_6]$ 型配合物，最重要的是氟锆酸钾 $K_2[ZrF_6]$，其在热水中的溶解度比在冷水中大得多。在冶炼中即利用此特性，将锆英石($ZrSiO_4$)与 K_2SiF_6 烧结，以 KCl 为填充剂，在 923～973K 发生反应：

$$ZrSiO_4 + K_2SiF_6 \longequal K_2[ZrF_6] + 2SiO_2$$

用 1% HCl 于 358K 左右进行沥取，沥取液冷却后即结晶析出 $K_2[ZrF_6]$。

六氟合锆酸铵$(NH_4)_2[ZrF_6]$在稍加热下即分解：

$$(NH_4)_2[ZrF_6] \xlongequal{} ZrF_4 + 2NH_3\uparrow + 2HF\uparrow$$

ZrF_4于 873K 开始升华，利用此特性可将锆与铁等杂质分离。也可利用锆和铪的含氟配合物的溶解度差别来分离锆和铪。

铪的化合物组成和性质和锆相似。铪在化合物中的氧化数为+4。例如，二氧化铪(HfO_2)为白色或灰色粉末，不溶于水、盐酸、硝酸和其他一般无机酸，在氢氟酸中缓慢溶解生成氟铪酸盐。HfO_2有四方、单斜和三方三种晶形。单斜晶系的 HfO_2 在 1475～1600℃的足量 O_2 气氛中转化为四方晶系。常见铪的化合物还包括四氯化铪($HfCl_4$)、氢氧化铪[$Hf(OH)_4$]等。$HfCl_4$ 遇水水解为氯氧化铪($HfOCl_2$)。HfO_2 和 $HfCl_4$ 都是制备金属 Hf 的原料，而 $Hf(OH)_4$ 用于制备其他铪化合物。

19.3 钒副族元素

19.3.1 钒副族元素概述

教学视频
钒副族元素

1. 氧化数

ⅤB 族元素包括钒(vandanium, V)、铌(niobium, Nb)、钽(tantalum, Ta)、𨧀(dubnium, Db，放射性元素)共 4 种元素，通常称为钒副族元素。它们属于稀有元素，价电子构型为 $(n-1)d^{3\sim4}ns^{1\sim2}$，最稳定的氧化数是+5。其中 Nb 的电子排布较为特殊，其价电子构型为 $4d^45s^1$。V 的氧化数变化范围广，从−1 到+5 均能存在，低氧化数+1、0、−1 仅出现在某些配合物中，如 $V(CO)_6$、$V(C_6H_6)_2$ 等。Nb 和 Ta 除最稳定的+5 氧化数外，还存在低氧化数，但生成低氧化数的趋势比钒小。

V的不同氧化态离子颜色各异。若向紫色 V^{2+}溶液中滴加氧化剂，如 $KMnO_4$，先得到绿色 V^{3+}溶液，继而被氧化为蓝色 VO^{2+}溶液，最终被氧化为黄色 VO_2^+ 溶液。与 TiO^{2+}一样，VO^{2+}和 VO_2^+ 为水解产物，分别称为钒(Ⅳ)酰离子和钒(Ⅴ)酰离子。

ⅤB 族元素的元素电势图如图 19-11 所示。

$$E_A^\ominus/V:\quad \underset{黄色}{VO_2^+} \xrightarrow{0.99} \underset{蓝色}{VO^{2+}} \xrightarrow{0.34} \underset{绿色}{V^{3+}} \xrightarrow{-0.26} \underset{紫色}{V^{2+}} \xrightarrow{-1.18} V$$

$$Nb_2O_5 \xrightarrow{-0.1} Nb^{3+} \xrightarrow{-1.1} Nb \qquad Ta_2O_5 \xrightarrow{-0.75} Ta$$

$$E_B^\ominus/V:\quad VO_4^{3-} \xrightarrow{2.19} HV_2O_5^- \xrightarrow{0.54} V_2O_3 \xrightarrow{0.49} VO \xrightarrow{-0.82} V$$

图 19-11 钒副族元素的元素电势图

2. 存在和提取

钒是 1830 年由瑞典化学家 N. G. ZSetström 命名的，由于其化合物颜色鲜艳多彩，故以神话中斯堪的那维亚女神 Vanadis 名字命名。钒在自然界的丰度为 $1.6\times10^{-2}\%$，存在于很多沉积物中，少有富矿，主要有绿硫钒矿 VS_2 或 V_2S_5、钒铅矿 $Pb_5(VO_4)_3Cl$ 和钒酸钾铀矿 $K_2(UO_2)_2(VO_4)_2\cdot3H_2O$。铌和钽在自然界中的丰度分别为 $2\times10^{-3}\%$和 $2\times10^{-4}\%$，二者共生，主要存在于多种矿石中，如$(Fe, Mn)M_2O_6(M = Nb, Ta)$。我国钒矿总储量居世界第三位，而铌和钽的总储量居世界第二位。

钒的制备方法一般为：用 Na_2CO_3 焙烧钒矿或工厂燃烧特殊的油产生的烟道灰得到水溶性 $NaVO_3$，与铵盐反应得到 NH_4VO_3 沉淀，加热分解得到 V_2O_5。高温下用 Ca 还原 V_2O_5 获得金属钒，用 Al 还原 V_2O_5 和 Fe_2O_3 的化合物得到铁钒合金可用于制硬质钢。纯钒可以通过金属 Na 或 H_2 还原 VCl_3、Mg 还原 VCl_4 来获得。

所有钒副族金属均可通过电解熔融氟的配位化合物如 $K_2[NbF_7]$来制备。

3. 单质的物理和化学性质

钒、铌、钽单质均为银白色，有金属光泽，体心立方结构，熔点均较高，且随周期数增加而升高。纯净金属硬度低、具延展性，含有杂质时则变得硬而脆。

在许多方面钒的性质与钛相近。从电极电势 $E_A^{\ominus}(V^{2+}/V) = -1.18V$ 看，钒为强还原剂，但容易钝化，常温下不与空气、水、碱及大多数非氧化性酸作用，但易被浓 H_2SO_4、HNO_3、王水、过二硫酸铵溶液侵蚀，与氢氟酸反应因生成配合物而溶解：

$$2V + 12HF \xlongequal{\quad} 2H_3VF_6 + 3H_2\uparrow$$

高温下钒副族元素能同许多非金属反应，并与熔融的苛性碱发生作用。与卤素反应可生成各种氧化态的卤化钒，如 VF_5、VCl_4、VBr_3 和 VI_3。钒与 H_2、C、N_2 反应的产物与钛的化合物类似。

铌和钽极不活泼，不与除氢氟酸外的所有酸作用，但能溶于熔融状态的碱中。

金属钒本身用途很少，主要用于制造合金和特种钢，有“金属维生素”之称。钢中加钒可使钒部分溶入铁素体而提高强度和耐久性，具有强度大、弹性好、抗磨损、抗冲击等优点，广泛用于结构钢、弹性钢、工具钢、装甲钢和钢轨。

金属铌具有良好的耐腐蚀性、冷加工性能和较强的热传导性，用于制造不锈钢、超导 Nb-Ti 合金和金属铌涂层化合物。钽对人体无排异性，用于制作修复严重骨折所需的金属板、螺钉和金属丝等。钽的一个重要应用是制造贴片式钽电容，压缩过的钽粉作为一个电极，天然生成的钽氧化物(Ta_2O_5)薄膜作为至关重要的绝缘层。

19.3.2　钒的化合物

1. 氧化数为+5 的化合物

1) 五氧化二钒

五氧化二钒(V_2O_5)为橙黄色或砖红色固体，无臭无味，有毒，微溶于水，溶解度为 0.07g/100g H_2O。约在 943K 熔融，冷却时为橙色、正交晶系的针状晶体，迅速结晶时因放出大量热而发光。

V_2O_5 由偏钒酸铵(NH_4VO_3)热分解制得：

$$2NH_4VO_3 \xlongequal{600℃} V_2O_5 + 2NH_3\uparrow + H_2O\uparrow$$

由于 NH_3 具有还原性，此反应会有低氧化态钒的化合物产生。

也可由三氯氧钒($VOCl_3$)水解制备：

$$2VOCl_3 + 3H_2O \xlongequal{\triangle} V_2O_5 + 6HCl\uparrow$$

V_2O_5 是两性偏酸的氧化物，易溶于强碱，在冷的溶液中生成正钒酸盐 $M^{I}_3VO_4$ 的无色溶液，在热的溶液中生成黄色的偏钒酸盐 $M^{I}VO_3$，溶于强酸形成淡黄色的钒(V)酰离子 VO_2^+：

$$V_2O_5 + 2NaOH \xlongequal{\quad} 2NaVO_3 + H_2O$$

$$V_2O_5 + 2H^+ \xlongequal{\quad} 2VO_2^+ + H_2O$$

V_2O_5 具有较强的氧化性，可将浓 HCl 氧化为 Cl_2，自身被还原为 V(Ⅳ)：

$$V_2O_5 + 6HCl(浓) \xlongequal{\quad} 2VOCl_2 + Cl_2\uparrow + 3H_2O$$

在酸性溶液中也可以使用亚硫酸盐将其还原为 VO^{2+}：

$$V_2O_5 + SO_3^{2-} + 4H^+ \xlongequal{\quad} 2VO^{2+} + SO_4^{2-} + 2H_2O$$

V_2O_5 在加热的情况下可发生下述反应：

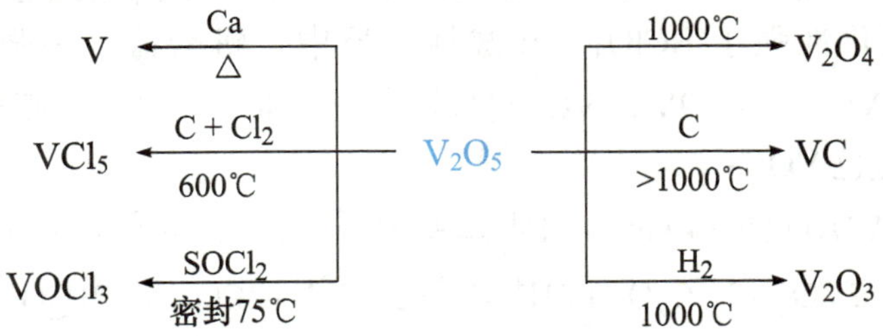

V_2O_5 是一种良好的催化剂，用于接触法制 H_2SO_4 工业中将 SO_2 氧化为 SO_3；以及空气氧化萘 $C_{10}H_8$ 制邻苯二甲酸酐：

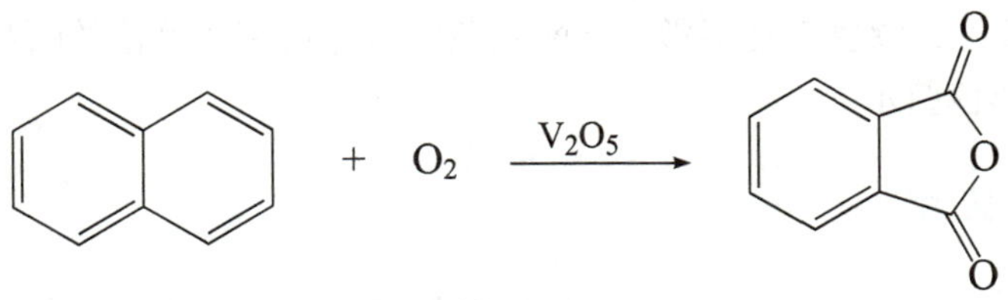

V_2O_5 的催化作用被认为与它具备可变价态有关，其在高温能可逆地得失氧。V_2O_5 薄膜具有电学、光学、物理学等方面特性，主要用于湿度传感器、气体传感器抗静电涂料、电源开关、微电池，以及电致变色显示器件等方面。

2) 含氧酸盐

钒的含氧酸盐主要包括正钒酸盐和偏钒酸盐。正钒酸根离子VO_4^{3-}和ClO_4^-、SO_4^{2-}、PO_4^{3-}等含氧酸根离子结构相似，均为四面体形，但V—O键结合不十分牢固；偏钒酸根离子VO_3^-为[VO_4]四面体共用顶点氧而形成的链状结构，V的配位数仍为4。

在水溶液中不存在简单的V^{5+}，而是以钒氧基离子(VO_2^+、VO^{3+})或钒酸根离子(VO_3^-, VO_4^{3-})等形式存在。同样，氧化数为+4的钒在水溶液中以VO^{2+}形式存在。钒酸和钒酸盐的性质和P、As相应的含氧酸及其盐相似。这与虚拟阳离子的氧化数和电子层构型相同有关。“V^{5+}”($3s^23p^6$)与“P^{5+}”($2s^22p^6$)均为8电子构型，而与P为同一主族的“As^{5+}”($3s^23p^63d^{10}$)却为18电子构型，故第五副族V元素及其化合物的性质与相应的第五主族元素P具有相似性。

H_3VO_4的酸性略弱于H_3PO_4和H_3AsO_4。简单正钒酸根离子VO_4^{3-}仅存在于强碱性溶液中，随着pH的降低，单钒酸根离子逐步发生缩合，生成二聚物、三聚物和五聚物等。多种测试手段曾用来研究溶液中的缩合酸根离子，如电动势、pH测量、光散射、红外、核磁共振、拉曼光谱等，但在形成的物种上还存在不同的看法，其中主要的平衡为

质子化：$VO_4^{3-} + H^+ \rightleftharpoons HVO_4^{2-}$

缩合：$2HVO_4^{2-} \rightleftharpoons V_2O_7^{4-} + H_2O$

$V_2O_7^{4-}$再质子化、再缩合……。缩合平衡与pH和钒酸根离子浓度有关。随着缩合度的增加，颜色亦逐渐加深，其变化过程如下(箭头上方为pH)：

$$\underset{\text{无色}}{VO_4^{3-}} \xrightarrow{13.5} \underset{\text{无色}}{V_2O_7^{4-}} \xrightarrow{9.5} \underset{\text{无色}}{V_3O_9^{3-}} \xrightarrow{7} \underset{\text{橘红}}{V_{10}O_{28}^{6-}} \xrightarrow{2} \underset{\text{红色}}{V_2O_5} \xrightarrow{0.5} \underset{\text{黄色}}{VO_2^+}$$

H_3VO_4氧化性强于H_3PO_4和H_3AsO_4，同样$Ti(OH)_4$氧化性强于H_4SiO_4，$HMnO_4$氧化性强于$HClO_4$。在酸性介质中，钒酸盐为中强氧化剂，$E_A^{\ominus}(VO_2^+/VO^{2+}) = 0.99V$，$VO_2^+$可以被$Fe^{2+}$、$SO_3^{2-}$、草酸、酒石酸和乙醇等还原为蓝色$VO^{2+}$：

$$VO_2^+(\text{黄色}) + Fe^{2+} + 2H^+ = VO^{2+}(\text{蓝色}) + Fe^{3+} + H_2O$$

$$2VO_2^+ + H_2C_2O_4 + 2H^+ = 2VO^{2+} + 2CO_2\uparrow + 2H_2O$$

可用于氧化还原容量法测定钒。强还原剂(如Zn粉)可将VO_2^+还原为V^{2+}，从而使溶液的颜色由VO_2^+的黄色逐渐转变为VO^{2+}的蓝色、V^{3+}的绿色和V^{2+}的紫色，颜色丰富多彩。五颜六色的钒盐可制成鲜艳的颜料，用于彩色玻璃和彩色墨水。

物质鉴定

V(V)的鉴定

方法1：利用V(V)的氧化性，用金属Zn还原，颜色历经黄色(VO_2^+)、蓝色(VO^{2+})、绿色(V^{3+})，最终为紫色(V^{2+})的变化。

方法2： 利用V(V)与H_2O_2作用生成不同颜色的产物进行鉴定。酸性条件下生成红棕色的过氧钒阳离子$[V(O_2)]^{3+}$，中性、弱酸性和弱碱性条件下生成黄色的二过氧钒酸根离子$[VO_2(O_2)_2]^{3-}$，碱性条件下生成红色的$[V(O_2)_4]^{3-}$：

酸性：$VO_2^+ + H_2O_2 + 2H^+ = [V(O_2)]^{3+} + 2H_2O$

中性：$VO_4^{3-} + 2H_2O_2 = [VO_2(O_2)_2]^{3-} + 2H_2O$

碱性：$VO_4^{3-} + 4H_2O_2 = [V(O_2)_4]^{3-} + 4H_2O$

3) 五氟化钒

钒的卤化物只有VF_5，可由金属钒和单质氟加热到300℃直接化合制得，也可由VF_3和F_2作用得到。VF_5为白色固体，熔点19℃，沸点48℃，易挥发，气态时结构为三角双锥。

VF_5是一种强的氧化剂和氟化剂，室温下即侵蚀玻璃：

$$4VF_5 + 5SiO_2 = 2V_2O_5 + 5SiF_4$$

2. 低氧化数的化合物

1) 氧化物和氢氧化物

VO_2为深蓝色固体，常温下结构为金红石型，可由V_2O_5用CO、SO_2、草酸等缓慢还原制备，也可由钒(Ⅳ)的含氧酸盐加热制得。VO_2同样是两性氧化物，溶于酸生成蓝色的VO^{2+}；溶于碱生成$V_4O_9^{2-}$，浓缩后可得亚钒酸盐$M_2^IV_4O_9 \cdot 7H_2O$；碱度更高时生成VO_4^{4-}，颜色由黄到棕。

V_2O_3为黑色固体，结构与刚玉(Al_2O_3)相同，为碱性氧化物，可由V_2O_5用H_2部分还原制备。水合V_2O_3可从V(Ⅲ)盐的绿色溶液中加入$NH_3 \cdot H_2O$或NaOH沉出，也可用Zn、I^-还原钒酸盐而制得。

VO为灰色固体，属于非整比化合物，具有缺陷NaCl结构，由H_2还原高氧化态钒的氧化物而制得。于V^{2+}溶液中加碱可得到棕色的$V(OH)_2$沉淀。

2) 卤化物

VX_4、VX_3、VX_2(X = F、Cl、Br、I)都是存在的。氧化数相同时，随着卤素原子量的增加，卤化物的稳定性降低。钒和氯在高温反应可制得VCl_4，为暗红色油状液体，沸点为154℃，易水解，温和加热时分解成VCl_3和Cl_2。VCl_3是紫色晶体，易溶于水。在H_2气流中于500℃加热VCl_3可制得绿色的VCl_2。钒的卤化物易发生歧化反应，还因吸湿而易水解，水解趋势随氧化数升高而增加。

$$2VCl_3 = VCl_2 + VCl_4$$

$$VCl_4 + H_2O = VOCl_2 + 2HCl\uparrow$$

19.3.3 铌和钽的化合物

1. 氧化物和含氧酸盐

1) 氧化物

Nb_2O_5和Ta_2O_5均为白色固体，熔点高，不活泼，是两性氧化物，但较为惰性，很难与酸反应，和氢氟酸反应可生成氟配合物：

$$Nb_2O_5 + 12HF \xlongequal{\quad} 2H[NbF_6] + 5H_2O$$

Nb_2O_5 和 Ta_2O_5 的酸性很微弱，仅同熔融状态的 NaOH 作用生成铌酸盐和钽酸盐：

$$Nb_2O_5 + 10NaOH \xlongequal{\quad} 2Na_5NbO_5 + 5H_2O$$

其溶液中含有聚合酸根离子$[M_6O_{19}]^{8-}$，以硫酸酸化时析出白色胶状的 $M_2O_5 \cdot xH_2O$ 沉淀，称为铌酸或钽酸。

Nb_2O_5应用广泛，可添加到光学玻璃、电子元件及耐高温超合金等材料中。

2) 铌酸锂

$LiNbO_3$ 是以高居里温度和高自发极化著称的铁电体，居里温度为1210℃，基本结构单元为$[NbO_6]$八面体。可由 Nb_2O_5 与锂的氧化物、氢氧化物或碳酸盐共熔制备。$LiNbO_3$ 具有良好的压电、电光和声光特性，其单晶是性能较好的二阶非线性光学晶体。

2. 卤化物

铌和钽的五卤化物都是易升华和易水解的固体，氟化物为白色，$NbCl_5$、NbI_5、$TaCl_5$、$TaBr_5$ 为深浅不同的黄色，$NbBr_5$ 为橙色，TaI_5 为黑色。气态时为三角双锥结构的单体，常温下聚合。

$NbCl_5$ 在空气中加热分解为 $NbOCl_3$，易水解生成 $Nb_2O_5 \cdot xH_2O$ 沉淀：

$$2NbOCl_3 + (x+3)H_2O \xlongequal{\quad} Nb_2O_5 \cdot xH_2O + 6HCl\uparrow$$

铌和钽的五氟化物与 HF 作用生成八面体配离子 MF_6^- 或$[NbOF_5]^{2-}$，当 HF 浓度高时能生成 7 配位的$[MF_7]^{2-}$或 8 配位的$[TaF_8]^{3-}$，Nb 则生成$[NbOF_6]^{3-}$。$K_2[TaF_7]$的溶解度比 $K_2[NbOF_5]$小得多，利用这种差别可进行铌和钽的分离。

19.4 铬副族元素

教学视频
铬副族元素

19.4.1 铬副族元素概述

1. 氧化数

ⅥB 族元素包括铬(chromium, Cr)、钼(molybdenum, Mo)、钨(tungsten, W)、𬭳 (seaborgium, Sg, 放射性元素)共 4 种元素，它们的价电子构型为$(n-1)d^{4\sim5}ns^{1\sim2}$，通常称为铬副族元素。其中 W 的电子排布较为特殊，价电子构型为 $5d^46s^2$。

铬副族元素的 s 电子和 d 电子都参加成键，最高氧化数是+6。Cr 可以形成+2、+3 氧化数，氧化数为+3 时最稳定，少数氧化数为+4 和+5 的 Cr 的化合物虽然存在，但不稳定，易发生歧化作用。低氧化数 0、−1 存在于某些配合物中，如 $Cr(CO)_6$、$Cr(C_6H_6)_2$、$[Cr_2(CO)_{10}]^{2-}$ 等。Mo 和 W 在氧化数为+6 时最稳定，稳定性强于铬，氧化数为+5 时也可稳定存在。Mo 还可形成+4 和+3 等氧化数。铬副族元素的元素电势图如图 19-12 所示。

$$E_A^\ominus/V:\quad Cr_2O_7^{2-} \xrightarrow{1.36} Cr^{3+} \xrightarrow{-0.407} Cr^{2+} \xrightarrow{-0.913} Cr$$

$$H_2MoO_4 \xrightarrow{0.4} MoO_2^+ \xrightarrow{0.0} Mo^{3+} \xrightarrow{-0.20} Mo$$

$$WO_3 \xrightarrow{-0.029} W_2O_5 \xrightarrow{-0.031} WO_2 \xrightarrow{0.15} W^{3+} \xrightarrow{-0.1} W$$

$$E_B^\ominus/V:\quad CrO_4^{2-} \xrightarrow{-0.13} Cr(OH)_3 \xrightarrow{-0.17} Cr(OH)_2 \xrightarrow{-1.4} Cr$$

$$MoO_4^{2-} \xrightarrow{-1.4} MoO_2 \xrightarrow{-0.87} Mo$$

$$WO_4^{2-} \xrightarrow{-1.25} W$$

图 19-12 铬副族元素的元素电势图

2. 存在和提取

Cr 在地壳中的丰度为 $1\times10^{-3}\%$，占第 21 位。按可满足需求的程度看，属于短缺资源，主要矿物为铬铁矿($FeCr_2O_4$，即 $FeO\cdot Cr_2O_3$)，另外还有铬铅矿($PbCrO_4$)、铬赭石矿(Cr_2O_3)，红宝石、绿宝石的颜色也是由于硅铝酸盐内部含有微量的 Cr。

用 C 还原铬铁矿只能得到铬铁合金，可用作制取不锈钢的原料：

$$FeCr_2O_4 + 4C \Longrightarrow Fe\cdot 2Cr + 4CO\uparrow$$

欲制得纯铬需先分离铬和铁。方法是在反射炉中用固体 Na_2CO_3 或 NaOH 熔矿，也可使用 Na_2O_2 作为熔矿剂：

$$4FeCr_2O_4 + 8Na_2CO_3 + 7O_2 \Longrightarrow 8Na_2CrO_4 + 2Fe_2O_3 + 8CO_2\uparrow$$

然后用水浸取 Na_2CrO_4，以硫酸酸化并浓缩得到 $Na_2Cr_2O_7$，再用 C 还原得到 Cr_2O_3：

$$Na_2Cr_2O_7 + 2C \Longrightarrow Cr_2O_3 + Na_2CO_3 + CO\uparrow$$

除去反应产生的 Na_2CO_3，用铝热法还原 Cr_2O_3 得到金属铬：

$$Cr_2O_3(s) + 2Al(s) \Longrightarrow 2Cr(s) + Al_2O_3(s) \quad \Delta_r G_m^\ominus(298\ K) = -529.6\ kJ\cdot mol^{-1}$$

也可采用电解 $Cr_2(SO_4)_3$ 溶液的方法得到铬。

Mo 的地壳丰度为 $7.5\times10^{-4}\%$，占第 40 位；W 的地壳丰度为 $10^{-3}\%$，占第 39 位。虽然 Mo 和 W 原子半径几乎相同，性质相似，但二者却单独成矿。Mo 的主要矿物有辉钼矿(MoS_2)、钼钙矿($CaMoO_4$)和钼铅矿($PbMoO_4$)，W 以白钨矿($CaWO_4$)、黑钨矿[(Fe,Mn)WO_4]等形式存在。我国钨矿储量居世界第一位。

钼矿经过浮选后，将精矿砂 MoS_2 于 600℃焙烧成 MoO_3，再用 $NH_3\cdot H_2O$ 浸取烧结物得到钼酸铵[$(NH_4)_2MoO_4$]溶液：

$$2MoS_2 + 7O_2 \xlongequal{600℃} 2MoO_3 + 4SO_2\uparrow$$

$$MoO_3 + 2NH_3 \cdot H_2O \xlongequal{} (NH_4)_2MoO_4 + H_2O$$

过滤后用$(NH_4)_2S$处理，沉淀除去铜、铁和铅等杂质：

$$Cu(NH_3)_4^{2+} + S^{2-} \xlongequal{} CuS\downarrow + 4NH_3\uparrow$$

过量的$(NH_4)_2S$用$Pb(NO_3)_2$除去，滤去CuS、PbS等沉淀，酸化除杂质后的$(NH_4)_2MoO_4$溶液得钼酸(H_2MoO_4)沉淀，于400～500℃焙烧，得到白色的三氧化钼(MoO_3)。

$$(NH_4)_2MoO_4 + 2H^+ \xlongequal{} H_2MoO_4 + 2NH_4^+$$

将MoO_3于600℃用H_2还原，得粉末状金属钼：

$$MoO_3 + 3H_2 \xlongequal{600℃} Mo + 3H_2O$$

白钨矿经浮选、黑钨矿经磁选后，将精砂矿与Na_2CO_3于800～900℃共熔：

$$CaWO_4 + Na_2CO_3 \xlongequal{} Na_2WO_4 + CaCO_3$$

$$4FeWO_4 + 4Na_2CO_3 + O_2 \xlongequal{} 4Na_2WO_4 + 2Fe_2O_3 + 4CO_2\uparrow$$

$$6MnWO_4 + 6Na_2CO_3 + O_2 \xlongequal{} 6Na_2WO_4 + 2Mn_3O_4 + 6CO_2\uparrow$$

钨矿中所含Si、P、As等杂质在熔矿过程中分别生成可溶性Na_2SiO_3、Na_3PO_4、Na_3AsO_4，为除去P、As杂质，使PO_4^{3-}、AsO_4^{3-}生成NH_4MgPO_4和NH_4MgAsO_4沉淀；为除去Si杂质，控制溶液酸度使其生成H_2SiO_3凝胶。实际操作中是加入NH_4Cl-$NH_3 \cdot H_2O$控制溶液酸度和提供足量的NH_4^+，并加适量$MgCl_2$：

$$Mg^{2+} + NH_4^+ + MO_4^{3-} \xlongequal{} NH_4MgMO_4\downarrow \quad (M = P、As)$$

$$SiO_3^{2-} + 2H^+ \xlongequal{} H_2SiO_3\downarrow$$

过滤后，滤液用HCl酸化，生成黄色H_2WO_4沉淀：

$$WO_4^{2-} + 2H^+ \xlongequal{pH<1} H_2WO_4\downarrow$$

将钨酸直接焙烧脱水得到WO_3，为提高WO_3纯度，可将生成的H_2WO_4和$NH_3 \cdot H_2O$作用得$(NH_4)_2WO_4$溶液，蒸发浓缩析出$(NH_4)_2WO_4$晶体再于500～600℃进行焙烧：

$$(NH_4)_2WO_4 \xlongequal{\triangle} WO_3 + H_2O\uparrow + 2NH_3\uparrow$$

高温下用纯净H_2还原WO_3即得粉末状钨。

3. 单质的物理和化学性质

Cr为银白色金属，由于形成金属键时可能提供6个单电子，金属原子间结合力较强，因而其熔沸点非常高，熔点在第一过渡系中仅次于 V，为 2130K，沸点为 2945K，硬度是所有金属中最大的，耐磨损性强。纯铬具有延展性，但含有杂质时变得硬而脆。

Cr 是钝化金属，耐腐蚀性高，常温下王水和 HNO_3 均不能溶解铬。未钝化的 Cr 很活泼，可置换出非氧化性酸中的 H_2 以及相应盐溶液中的 Cu、Sn、Ni 等。

由于室温条件下 Cr 在潮湿空气中不被腐蚀并保持光亮的金属光泽，故广泛用作电镀保护涂层。Cr 能增强钢的耐磨性、耐热性和耐腐蚀性能，并使钢的硬度、弹性和抗磁性增强。普通钢中含 Cr 量大多在 0.3%以下，含 Cr5%～15%的钢称为铬钢，不锈钢中 Cr 含量高达 18%。与 V 一起形成的铬钒钢用于可调扳手、套筒扳手组合及各种工具。

Mo 和 W 为银白色金属，用 H_2 还原 MO_3 得到的产品是粉状物，需加压成型，在 He 或 N_2 气氛下电弧加热烧结为棒状或块状。块状的 Mo 和 W 具有金属光泽，有较强的韧性和延展性。同样，Mo 和 W 也是高熔点、高沸点的金属，W 是所有金属中熔点最高的，其原子化焓也最大。

常温下 Mo、W 与 F_2 作用生成挥发性的六氟化物 MoF_6 和 WF_6，但对于空气和水是稳定的，也不与氧、氮、其他卤素等化合，在高温下可与活泼的非金属元素反应。与氧作用生成 MoO_3、WO_3；与碳作用生成 Mo_2C、MoC、W_2C、WC；粉末状的 Mo、W 和 NH_3 一同加热得到 Mo_2N、MoN、W_2N。Mo 与稀酸和浓盐酸不起作用，与热浓硫酸作用生成 MoO_2SO_4，与 HNO_3 作用生成 H_2MoO_4，也可溶于王水中。钨只能缓慢溶于王水或 HNO_3-HF 混合酸中。Mo、W 与强碱液、熔融碱不反应，与氧化剂 KNO_3、$KClO_3$、Na_2O_2 共熔被氧化为相应的含氧酸盐。

Mo、W 主要用于冶炼特种合金钢。一般钢材中含钼约 0.01%，耐热钢和工具钢为 0.15%～0.70%，结构钢约 1%，不锈钢和某些高速切削钢含钼可达 6%。钼钢用于制造炮身、坦克、轮船甲板、涡轮机等。钨多用于高速切削钢，所含比例为钨 12%～19%、钼 6%～12%；含钨 14%～22%、铬 3%～5%的高速切削钢即使在红热时仍保持其硬度。MoS_2 为层状化合物，是良好的固体润滑剂。钨丝用于灯具，碳化钨用于切削工具和磨料。Mo 是生命必需的微量元素，固氮酶是一种含钼酶。

19.4.2　铬的化合物

1. 氧化数为+2 的化合物

Cr^{2+}是能在水溶液中存在的强还原剂[$E^{\ominus}(Cr^{3+}/Cr^{2+}) = -0.407V$]，不仅可以与空气中的 O_2 作用，甚至可以还原水中的 H^+：

$$4Cr^{2+} + 4H^+ + O_2 = 4Cr^{3+} + 2H_2O$$

$$2Cr^{2+} + 2H^+ = 2Cr^{3+} + H_2\uparrow$$

利用其与氧迅速定量反应的特点，可用于除去混合气体中的氧。

天蓝色$[Cr(H_2O)_6]^{2+}$溶液的制备最好是将电解获得的金属铬溶于稀的无机酸，也可用 Zn 还原 Cr(Ⅲ)溶液得到。Cr^{2+}的强酸盐结晶大多数是蓝色的，如 $Cr(ClO_4)_2 \cdot 6H_2O$、$CrCl_2 \cdot 4H_2O$、$CrSO_4 \cdot 7H_2O$ 等，对热不稳定，脱水前即分解。Cr^{2+}溶液中加氨可析出黄色 $Cr(OH)_2$ 沉淀，为碱性氢氧化物。

酸性条件下，Cr^{2+}溶液在无氧的 H_2 气氛下与饱和乙酸钠溶液反应，析出红色的乙酸亚铬晶体 $Cr_2(CH_3COO)_4 \cdot 2H_2O$，其结构如图 19-13 所示。在 $Cr_2(CH_3COO)_4 \cdot 2H_2O$ 中，两个 Cr^{3+}的配位数均为 6，为变形八面体的结构。化合物为反磁性，Cr—Cr 间距离较短，为 235pm，比 Cr—Cr 单键(键长 328pm)短得多，表明 Cr 与 Cr 间除形成 σ 键外，还存在其他作用。

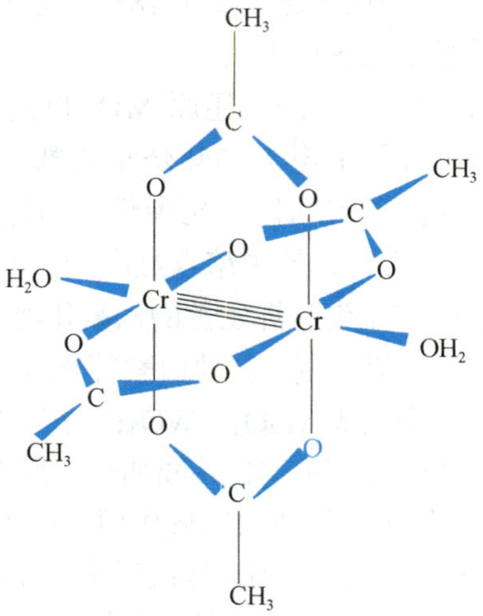

图 19-13 $Cr_2(CH_3COO)_4 \cdot 2H_2O$ 的结构

Cr^{2+}价层电子构型为 $3d^4$，4 个价电子分别占据 $3d_{z^2}$、$3d_{xz}$、$3d_{yz}$ 和 $3d_{xy}$ 轨道。当它们相互接近时，d_{z^2} 轨道电子从 z 轴方向以“头碰头”的方式重叠形成一个金属-金属 σ 键；$3d_{xz}$ 和 $3d_{yz}$ 轨道电子以“肩并肩”的方式分别重叠，形成两个金属-金属 π 键；剩下 $3d_{xy}$ 轨道电子以“面对面”的方式重叠形成一个金属-金属 δ 键。即在乙酸亚铬的两个铬原子之间存在金属四重键Cr ≣ Cr (σ + 2π + δ)或四对成键电子，故而 Cr—Cr 距离较短；两个 Cr^{2+}的 d 电子均已配对成键，没有成单电子，故化合物显反磁性。类似四重键也常出现在重过渡元素配合物中，如$[Re_2Cl_8]^{2-}$等(详见 2.1.4)。

2. 氧化数为+3 的化合物

Cr^{3+}的特征电子构型为 $3s^23p^63d^3$，属于 9～17 电子结构，离子半径较小，易于形成配合物。Cr^{3+}中的 3 个未成对 d 电子在可见光作用下发生 d-d 跃迁，使化合物都显颜色。

1) 三氧化二铬、氢氧化铬和亚铬酸盐

三氧化二铬(Cr_2O_3)为暗绿色粉末，熔点高(2608K)，常用作绿色颜料，俗称铬绿，也用于制耐高温陶瓷、铝热法制备金属铬及有机合成的催化剂，天然或人工合成的红宝石 α-Al_2O_3 为 Cr^{3+}致色。

Cr_2O_3结构与α-Al_2O_3相同，性质相似，呈现两性，既能溶于酸，也能溶于碱，但不溶于水。灼烧过的Cr_2O_3则不溶于酸，只能用焦硫酸盐熔融转化为可溶性铬盐：

$$Cr_2O_3 + 3K_2S_2O_7 \xlongequal{\quad} 3K_2SO_4 + Cr_2(SO_4)_3$$

$[Cr(H_2O)_6]^{3+}$的颜色为紫色，由于Cr^{3+}部分水解导致其实际溶液呈绿色。向Cr(Ⅲ)盐溶液中加碱得到灰绿色的$Cr(OH)_3$胶状沉淀，实质为水合三氧化二铬($Cr_2O_3 \cdot nH_2O$)。

$Cr(OH)_3$也是两性的，溶于酸生成Cr^{3+}，溶于碱生成亮绿色的亚铬酸盐CrO_2^-或$[Cr(OH)_4]^-$。$Cr(OH)_3$在溶液中存在下列平衡：

$$\underset{\text{紫色}}{Cr^{3+}} + 3OH^- \rightleftharpoons \underset{\text{灰绿色}}{Cr(OH)_3} \rightleftharpoons H^+ + \underset{\text{亮绿色}}{CrO_2^-} + H_2O$$

$[Cr(OH)_4]^-$的水解能力较强，受热生成$Cr(OH)_3$：

$$[Cr(OH)_4]^- \xlongequal{\triangle} Cr(OH)_3 + OH^-$$

2) Cr(Ⅲ)盐

常见的Cr(Ⅲ)盐有硫酸铬和铬矾，一般均含有结晶水。硫酸铬由于结晶水数目不同而显示不同的颜色：$Cr_2(SO_4)_3 \cdot 18H_2O$为紫色、$Cr_2(SO_4)_3 \cdot 6H_2O$为绿色、$Cr_2(SO_4)_3$为桃红色。$Cr_2(SO_4)_3 \cdot 18H_2O$溶于水得到蓝紫色溶液，经放置或加热则变为绿色溶液，原因在于$[Cr(H_2O)_6]^{3+}$与SO_4^{2-}结合成结构复杂的离子。

硫酸铬与碱金属硫酸盐易形成铬矾$MCr(SO_4)_2 \cdot 12H_2O$或$M_2SO_4 \cdot Cr_2(SO_4)_3 \cdot 24H_2O$($M = Na^+$、$K^+$、$Rb^+$、$Cs^+$、$NH_4^+$、$Tl^+$)，组成与铝矾相同。以$SO_2$还原$K_2Cr_2O_7$的$H_2SO_4$溶液可制得铬钾矾：

$$K_2Cr_2O_7 + H_2SO_4 + 3SO_2 \xlongequal{\quad} K_2SO_4 \cdot Cr_2(SO_4)_3 + H_2O$$

铬钾矾广泛用于皮革鞣制和染色过程中。鞣制的基本原理是利用Cr^{3+}离子的水解、缩聚及配位的特性。水溶液中$Cr(H_2O)_6^{3+}$的水解能力较强，其水解常数$pK_h^{\ominus} = 3.8$，由于水解产生羟基水合离子和水合质子，溶液显酸性，水解过程中同时发生缩聚，一般由两个或三个羟基作“桥”将Cr^{3+}联系起来，形成多核配合物：

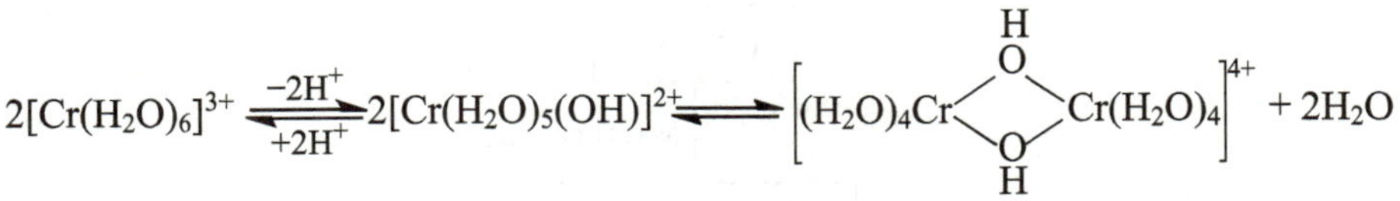

由于Cr(Ⅲ)的强烈水解及$Cr(OH)_3$的溶度积非常小，因而不能从水溶液中制取Cr_2S_3或$Cr_2(CO_3)_3$：

$$2Cr^{3+} + 3S^{2-} + 6H_2O \xlongequal{\quad} 2Cr(OH)_3 + 3H_2S\uparrow$$

$$2Cr^{3+} + 3CO_3^{2-} + 3H_2O \xlongequal{\quad} 2Cr(OH)_3 + 3CO_2\uparrow$$

但加热硫酸铬时不水解，因为产物 H_2SO_4 不挥发，而加热水合氯化铬时发生水解，故不能得到无水 $CrCl_3$：

$$CrCl_3 \cdot 6H_2O \xlongequal{\triangle} Cr(OH)Cl_2 + 5H_2O + HCl\uparrow$$

紫色片状的无水 $CrCl_3$ 一般是 Cr_2O_3 被 CCl_4 在高温下分解产生的 Cl_2 氯化而得到的。CCl_4 分解产生的 C 是氯化反应的耦联剂，反应过程中有光气 $COCl_2$ 产生：

$$Cr_2O_3 + 3CCl_4 \xlongequal{} 2CrCl_3 + 3COCl_2\uparrow$$

3) Cr(Ⅲ)的配合物

Cr(Ⅲ)形成配合物的能力较强，配位数一般为 6，八面体构型。

化学式为 $CrCl_3 \cdot 6H_2O$ 的配合物存在解离异构体，如：

$[Cr(H_2O)_6]Cl_3$ (蓝紫色)

$[Cr(H_2O)_5Cl]Cl_2 \cdot H_2O$ (浅绿色)

$[Cr(H_2O)_4Cl_2]Cl \cdot 2H_2O$ (深绿色)

此外，还有自乙醚溶液中得到的不电离的$[Cr(H_2O)_3Cl_3] \cdot 3H_2O$(绿色)。

若$[Cr(H_2O)_6]^{3+}$中的水被 NH_3 逐步取代时，可形成一系列颜色不同的配合物$[Cr(H_2O)_{6-n}(NH_3)_n]^{3+}$。

n	0	2	3	4	5	6
颜色	紫色	紫红色	浅红色	橙红色	橙黄色	黄色

由“光谱化学序列”可知，NH_3 是比 H_2O 更强的配体，当 NH_3 逐步取代 H_2O 后，配合物的分裂能 Δ_o 逐渐增大，d-d 跃迁所需能量相应增大，吸收的可见光的波长逐渐变短，导致配离子的颜色由紫色逐渐变红再到黄色。

向 Cr^{3+} 的溶液中滴加 $NH_3 \cdot H_2O$，先生成 $Cr(OH)_3$ 沉淀；当 $NH_3 \cdot H_2O$ 过量时，沉淀并不完全消失，而只是部分溶解，生成$[Cr(NH_3)_3(H_2O)_3]^{3+}$：

$$Cr^{3+} \xrightarrow{NH_3 \cdot H_2O} Cr(OH)_3 \xrightarrow{NH_3 \cdot H_2O + NH_4^+} [Cr(NH_3)_3(H_2O)_3]^{3+}$$

表明 Cr^{3+} 与 NH_3 的配位能力一般，即使在氨性缓冲溶液中，反应仍然是不完全的，故分离 Cr^{3+} 与其他金属离子如 Al^{3+} 时并不采用生成氨配合物的方法，而是利用 Cr(Ⅲ)在碱性溶液中的还原性，使其氧化为可溶性的 Cr(Ⅵ)，从而实现 Cr(Ⅲ)与 Al(Ⅲ)的分离。分离方法如图 19-14 所示。

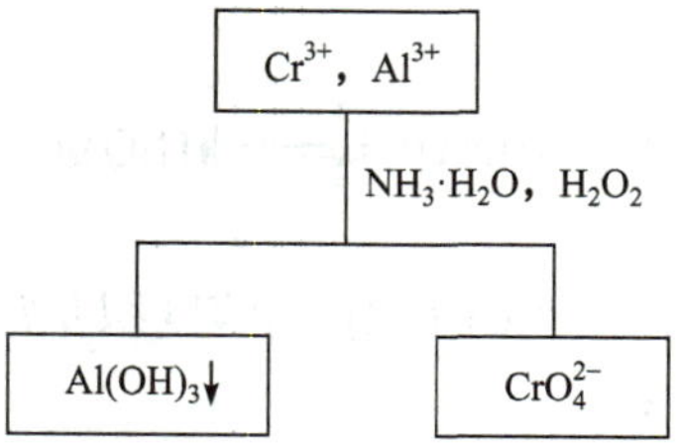

图 19-14 Cr^{3+}和 Al^{3+}混合离子的分离流程图

3. 氧化数为+6 的化合物

Cr(Ⅵ)的特征配位数为 4，呈四面体构型。Cr(Ⅵ)的电子结构为 $3d^0$，其化合物因发生电荷迁移跃迁而常具有颜色。另外，Cr(Ⅵ)化合物毒性较大。

1) 三氧化铬

三氧化铬(CrO_3)是一种共价性很强的强酸性氧化物，橙红色晶体，有毒，易溶于水，水溶液称为铬酸。CrO_3 是强氧化剂，遇到有机物(如酒精等)时发生剧烈反应以致燃烧，甚至爆炸。CrO_3 广泛应用在有机化学中作氧化剂。

实验室配制铬酸洗液时，将重铬酸钾($K_2Cr_2O_7$)与浓 H_2SO_4 混合，有 CrO_3 晶体析出。

$$K_2Cr_2O_7 + H_2SO_4 \xlongequal{\quad} 2CrO_3\downarrow + K_2SO_4 + H_2O$$

洗液主要是利用了 CrO_3 的强氧化性和浓 H_2SO_4 的强酸性来清洗玻璃器皿。洗液经使用后，红棕色逐渐转变为暗绿色，若全部变为绿色(生成了 Cr^{3+})，说明洗液已失效。

拓展知识

由于 Cr(Ⅵ)是致癌物质，污染环境，目前已较少使用铬酸洗液，可以改用王水代替。但由于王水在放置过程会分解放出 NO_2 等气体污染物，所以应现用现配。建议在实验室中根据洗涤要求，尽可能使用其他混合溶液代替铬酸洗液或王水作为洗液。例如，碱性乙醇洗液，将 100g NaOH 溶于 100mL 水中，再用 95% 乙醇稀释至 1 L 配成洗液，对清洗玻璃器皿上的各种油污效果很好。

2) 铬酸盐和重铬酸盐

(1) Cr(Ⅵ)在水中的存在形式及相互转化。

在水溶液中铬酸(H_2CrO_4)表现为二元中强酸：

$$H_2CrO_4 \rightleftharpoons H^+ + HCrO_4^- \qquad K_1^\ominus = 4.1$$

$$HCrO_4^- \rightleftharpoons H^+ + CrO_4^{2-} \qquad K_2^\ominus = 3.2\times10^{-7}$$

同时存在下述平衡：

$$2CrO_4^{2-} + 2H^+ \rightleftharpoons Cr_2O_7^{2-} + H_2O$$

其平衡常数为

$$K^\ominus = \frac{c(Cr_2O_7^{2-})}{c(CrO_4^{2-})^2\cdot c(H^+)^2} = 4.2\times10^{14}$$

即

$$c(Cr_2O_7^{2-})/c(CrO_4^{2-})^2 = 4.2\times10^{14}\cdot c(H^+)^2$$

可见，溶液中 $Cr_2O_7^{2-}$ 和 CrO_4^{2-} 的浓度受到 H^+浓度的影响：

酸性溶液中：当 $c(H^+) = 10^{-2}mol\cdot L^{-1}$ 时，$c(Cr_2O_7^{2-})/c(CrO_4^{2-}) \approx 10^{10}$，若 $c(Cr_2O_7^{2-}) = 0.01mol\cdot L^{-1}$，则 $c(CrO_4^{2-}) = 10^{-6}mol\cdot L^{-1}$，$Cr_2O_7^{2-}$ 浓度远大于 CrO_4^{2-}。可见，在酸性溶液中以 $Cr_2O_7^{2-}$ 为主，因此溶液显示 $Cr_2O_7^{2-}$ 的橙色。

碱性溶液中：当 $c(H^+) = 10^{-10}mol\cdot L^{-1}$ 时，$c(Cr_2O_7^{2-})/c(CrO_4^{2-}) \approx 10^{-6}$，若 $c(CrO_4^{2-}) = 0.01mol\cdot L^{-1}$，则 $c(Cr_2O_7^{2-}) = 10^{-10}mol\cdot L^{-1}$，$CrO_4^{2-}$ 浓度远大于 $Cr_2O_7^{2-}$，可见，在碱性溶液中以 CrO_4^{2-} 为主，因此溶液显示 CrO_4^{2-} 的黄色。

Cr(Ⅵ)各物种随 pH 的分布如图 19-15 所示。可见在酸性溶液中存在着一定量的 $HCrO_4^-$，可自行计算下述反应的平衡常数：

$$2HCrO_4^- \rightleftharpoons Cr_2O_7^{2-} + H_2O$$

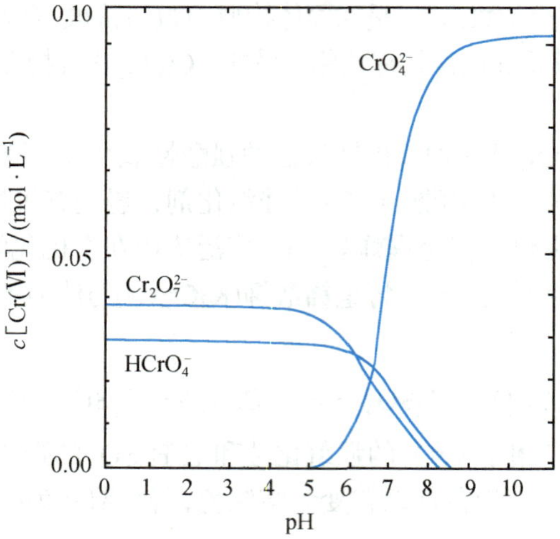

图 19-15 不同 pH 溶液中 Cr(Ⅵ)的分布(总铬量为 0.10 mol·L^{-1})

酸的浓度更大时可产生红色多聚铬酸根离子，如深红色三铬酸根离子 $Cr_3O_{10}^{2-}$ 和红棕色四铬酸根离子 $Cr_4O_{13}^{2-}$，但聚合度较低，最终得到 CrO_3。

(2) 易溶盐。

碱金属、镁和铵的铬酸盐均易溶，其他铬酸盐均难溶。除去被阳离子组分修饰而呈现其他颜色外，所有铬酸盐都呈黄色，而重铬酸盐为橙红色晶体。

$K_2Cr_2O_7$ 和 $Na_2Cr_2O_7$ 工业上分别称为红矾钾和红矾钠，主要用于制备铬酐、其他铬盐和铬黄颜料，也用于制造安全火柴、烟火、炸药、油脂漂白剂及制革工艺的皮革鞣制剂和皮革染色剂等。$K_2Cr_2O_7$ 不含结晶水，通过重结晶可得到极纯的盐，用作基准的氧化试剂。Na_2CrO_4 是一种优良的无机缓蚀剂，利用其氧化性在金属表面形成氧化物保护膜使金属与介质隔开，从而延长金属材料的使用寿命，其反应机理如下：

$$2Na_2CrO_4 + 2Fe + 2H_2O = Cr_2O_3 + Fe_2O_3 + 4NaOH$$

$(NH_4)_2Cr_2O_7$ 可用于制取少量的 Cr_2O_3，其反应剧烈，橙红色的 $(NH_4)_2Cr_2O_7$ 被产生的气体冲起，呈熔岩状，故形象地称为“火山爆发”：

$$(NH_4)_2Cr_2O_7(s) \xlongequal{\triangle} Cr_2O_3 + N_2\uparrow + 4H_2O$$

(3) 难溶盐。

一些重金属离子与 CrO_4^{2-} 反应生成难溶性铬酸盐，并显示一定的颜色，以此可用于相应金属离子与 CrO_4^{2-} 的鉴定：

$$2Ag^+ + CrO_4^{2-} = Ag_2CrO_4\downarrow(\text{砖红色})$$

$$Ba^{2+} + CrO_4^{2-} = BaCrO_4\downarrow(\text{黄色})$$

$$Pb^{2+} + CrO_4^{2-} = PbCrO_4 \downarrow (黄色)$$

利用 $PbCrO_4$ 沉淀鉴定 Pb^{2+} 时，应在弱酸或弱碱介质中进行，因为 $PbCrO_4$ 还可溶于碱：

$$PbCrO_4 + 4OH^- = [Pb(OH)_4]^{2-} + CrO_4^{2-}$$

此特征可用于区分 $PbCrO_4$ 和其他黄色铬酸盐沉淀。

许多铬酸盐比相应的重铬酸盐难溶于水，因此在 $Cr_2O_7^{2-}$ 与 CrO_4^{2-} 共存的平衡体系中加入 Ag^+、Ba^{2+}、Pb^{2+} 等离子时，分别生成 Ag_2CrO_4(砖红色)、$BaCrO_4$(淡黄色)、$PbCrO_4$(黄色)沉淀：

$$Cr_2O_7^{2-} + 2Ba^{2+} + H_2O = 2BaCrO_4 \downarrow + 2H^+$$

3) Cr(Ⅵ)的过氧化物

将 H_2O_2 加到酸性 $Cr_2O_7^{2-}$ 溶液中可形成深紫蓝色过氧化铬 CrO_5(可写为 $[CrO(O_2)_2]$)：

$$Cr_2O_7^{2-} + 4H_2O_2 + 2H^+ = 2CrO_5 + 5H_2O$$

CrO_5 不稳定，在水溶液中迅速分解生成 Cr(Ⅲ)和 O_2。在乙醚溶液中可形成深蓝色的较为稳定的加合物 $2CrO_5 \cdot (C_2H_5)_2O$，结构为 4 配位的四面体构型(图 19-16)，过氧根 O_2^{2-} 为 π 配体，O—O 轴面对着中心原子铬。向乙醚溶液中加入吡啶(py)可以形成吡啶加合物 $pyCrO(O_2)_2$，具有近似五角双锥的结构。

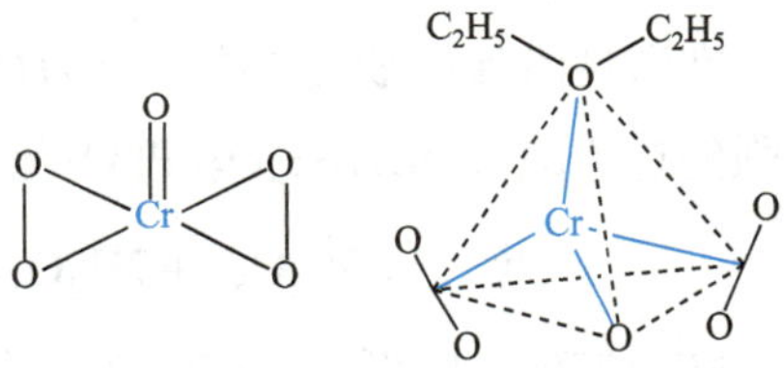

图 19-16　过氧化铬及其加合物的结构

4) 卤化物及卤氧化物

Cr 唯一的二元卤化物为黄色的 CrF_6，是在氟气中高压下于 100℃加热金属 Cr 并迅速冷却制得，易分解，即使在−100℃也可分解为 CrF_5 和 F_2。$CrOF_4$、CrO_2F_2 和 CrO_2Cl_2 比较稳定。CrO_2Cl_2 称为铬酰氯，血红色液体，熔点为−96.5℃，沸点为 117℃。可由固体 $K_2Cr_2O_7$、KCl 混合物和浓 H_2SO_4 在加热下得到，也可用 CrO_3 与浓 HCl 反应制得：

$$K_2Cr_2O_7 + 4KCl + 3H_2SO_4(浓) \xlongequal{\triangle} 2CrO_2Cl_2 + 3K_2SO_4 + 3H_2O$$

$$CrO_3 + 2HCl(浓) = CrO_2Cl_2 + H_2O$$

铬酰氯见光易分解，遇水水解：

$$2CrO_2Cl_2 + 3H_2O = H_2Cr_2O_7 + 4HCl \uparrow$$

利用其挥发性在钢铁分析中可除去钢中的铬，以消除铬对其他元素分析测定的干扰。具体方法为：溶解试样时加入 NaCl，并加入 $HClO_4$ 蒸发至冒烟，铬即生成铬酰氯挥发而除去。

4. Cr(Ⅵ)与 Cr(Ⅲ)的相互转化

1) Cr(Ⅵ)的氧化性

在酸性溶液中，$Cr_2O_7^{2-}$ 是强氧化剂[$E^\ominus(Cr_2O_7^{2-}/Cr^{3+})=1.36V$]，可以氧化 H_2S、SO_2、HI、乙醇等许多物质，自身被还原成 Cr^{3+}，如：

$$Cr_2O_7^{2-}+H_2S+8H^+ = 2Cr^{3+}+SO_2\uparrow+5H_2O$$

上述反应在 H_2S 过量时得到单质 S。

$$Cr_2O_7^{2-}+3SO_2+2H^+ = 2Cr^{3+}+3SO_4^{2-}+H_2O$$

上述反应常被用来处理含铬废水。

$$2Cr_2O_7^{2-}+3CH_3CH_2OH+16H^+ = 4Cr^{3+}+3CH_3COOH+11H_2O$$

上述反应可用来监测酒精含量，判断是否酒后驾车。

在酸性溶液中 $Cr_2O_7^{2-}$ 氧化 Fe^{2+}为 Fe^{3+}的反应是测定铁含量的基本反应：

$$Cr_2O_7^{2-}+6Fe^{2+}+14H^+ = 2Cr^{3+}+6Fe^{3+}+7H_2O$$

2) Cr(Ⅵ)的生成

在酸性溶液中欲使 Cr^{3+}氧化为 $Cr_2O_7^{2-}$ 是比较困难的，通常要采用氧化性更强的过硫酸铵$(NH_4)_2S_2O_8$、PbO_2 等作为氧化剂，才能将 Cr^{3+}氧化成 $Cr_2O_7^{2-}$：

$$2Cr^{3+}+3S_2O_8^{2-}+7H_2O = Cr_2O_7^{2-}+6SO_4^{2-}+14H^+$$

随溶液酸度降低，$Cr_2O_7^{2-}$ 的氧化能力减弱。

思考题 19-4

为何要在碱性条件下制备 Cr(Ⅵ)的盐？这种方法是否对所有含氧酸盐都适用？

在碱性条件下，Cr(Ⅲ)表现出很强的还原性，故制备 Cr(Ⅵ)的化合物应在碱性条件下进行。定性分析实验中分离检出 Cr^{3+}即是在碱性溶液中用 H_2O_2 或 Br_2(或 Cl_2)将$[Cr(OH)_4]^-$氧化为 CrO_4^{2-}：

$$2[Cr(OH)_4]^-+3H_2O_2+2OH^- = 2CrO_4^{2-}+8H_2O$$

$$2[Cr(OH)_4]^-+3Br_2+8OH^- = 2CrO_4^{2-}+6Br^-+8H_2O$$

物质鉴定

Cr(Ⅵ)与 Cr(Ⅲ)的鉴定

方法 1：利用 $Cr_2O_7^{2-}$ 与 CrO_4^{2-} 的互变反应：酸性 $Cr_2O_7^{2-}$ 显橙黄色，碱性 CrO_4^{2-} 显黄色。

方法 2：利用 Cr(Ⅵ)与 Cr(Ⅲ)的转换：从绿色 Cr^{3+}出发，加碱生成灰绿色沉淀 $Cr(OH)_3$，继续加碱溶为亮绿色的$[Cr(OH)_4]^-$，加入 H_2O_2，微热，生成黄色 CrO_4^{2-}，加热煮沸除去过量的 H_2O_2，加酸酸化，生成橙黄色的 $Cr_2O_7^{2-}$，再加入 H_2O_2 和戊醇，生成蓝色的 CrO_5。

3) 含 Cr(Ⅵ)废水的处理

化学试剂和电镀工业排放的废水中常含一定量的 Cr(Ⅵ)，浓度为 19～

100mg · L^{-1}。已知 Cr(Ⅲ)的毒性只有 Cr(Ⅵ)的 0.5%，所以含 Cr(Ⅵ)的废水必须经过处理，使 Cr(Ⅵ)尽可能转化为 Cr(Ⅲ)后再排放。我国规定，工业废水含 Cr(Ⅵ)的排放标准为 0.1mg · L^{-1}。处理含 Cr(Ⅵ)废水的方法主要有化学法和电解法。

(1) 化学法。

选用 SO_2、$NaHSO_3$、$FeSO_4$、Na_2SO_3 等还原剂将 Cr(Ⅵ)还原为 Cr(Ⅲ)，加碱沉出 $Cr(OH)_3$ 后，可使废水中 Cr(Ⅵ)量降至 0.01～0.1mg · L^{-1}。

(2) 电解法。

将含铬(Ⅵ)废水调至酸性，加 NaCl 提高其电导率，Fe 为电极进行电解：

阳极：$Fe \xlongequal{} Fe^{2+} + 2e^-$

阴极：$2H^+ + 2e^- \xlongequal{} H_2$

阳极的 Fe 溶解，生成的 Fe^{2+}将溶液中的 $Cr_2O_7^{2-}$ 还原为 Cr^{3+}。同时，由于阴极附近的 H^+浓度降低，pH 增大，使 Cr^{3+}和 Fe^{3+}生成氢氧化物沉出，控制条件可得到副产品铁氧体。经处理后废水中含铬量可降至 0.01mg · L^{-1}。

19.4.3　钼和钨的化合物

教学视频
钨、钼的性质

1. 氧化物

MoO_3 为白色固体，熔点 800℃，加热时变为黄色；WO_3 为深黄色固体，熔点 1200℃，加热时变为橙黄色，颜色变化可能与缺陷有关。二者与 CrO_3 不同，不与酸作用且难溶于水，作为酸酐却不能通过其与水作用制备相应的含氧酸，但可以和碱溶液反应生成相应的含氧酸盐，甚至是氨水这样的弱碱：

$$MoO_3 + 2NH_3 \cdot H_2O \xlongequal{} (NH_4)_2MoO_4 + H_2O$$

$$WO_3 + 2NaOH \xlongequal{} Na_2WO_4 + H_2O$$

MoO_3 与金属 Mo 共热形成 Mo_2O_5，而 W(Ⅴ)则为一大批非整比化合物。例如，在氢气中，856℃时加热钨酸钠、WO_3 和 W 的混合物，可以得到钨青铜 Na_xWO_3(x 在 0～1 之间)。

$$\frac{x}{2}Na_2WO_4 + \frac{3-2x}{3}WO_3 + \frac{x}{6}W \xlongequal{} Na_xWO_3$$

x 为 0.3 时，产物为紫色；x 为 0.6 时产物为红色；x 为 0.9 时产物为金色，当 $x > 0.25$ 时表现出金属导电性；当 $x < 0.25$ 时为半导体。

2. 含氧酸及其简单盐

MoO_3 和 WO_3 溶于强碱溶液时得到简单钼酸盐和钨酸盐结晶。酸根离子 MoO_4^{2-}、WO_4^{2-} 均为四面体结构。碱金属、铵、铍、镁和铊(Ⅰ)的简单钼酸盐和钨酸盐可溶于水，其余金属的盐难溶。

酸化钼酸盐和钨酸盐溶液，随 pH 减小，逐渐缩合成多钼酸盐和多钨酸盐，当 pH < 1 时，析出黄色的 $MoO_3 \cdot 2H_2O$ 和白色的 $WO_3 \cdot 2H_2O$。若为热

溶液，则析出一水合物 $MoO_3 \cdot H_2O$ 和 $WO_3 \cdot H_2O$，称为钼酸和钨酸，即 H_2MoO_4 和 H_2WO_4。

与铬酸盐相比，钼酸盐和钨酸盐氧化性较弱。Cr(Ⅵ)的还原产物为 Cr(Ⅲ)，而将 MoO_3 和 WO_3 的悬浮液或 MoO_4^{2-} 和 WO_4^{2-} 的酸性溶液进行温和还原(还原剂，如 $SnCl_2$、SO_2、H_2S 等)时，显示出蓝色，称为“钼蓝”或“钨蓝”，是一种含有 OH 基团的+5 和+6 混合氧化态氧化物，非化学计量比。“钨蓝”的组成可能为 $WO_{2.67}(OH)_{0.33}$。采用强还原剂时，钨酸盐也仅止于“钨蓝”，而钼酸盐可被还原成 Mo^{3+}。例如，在 $(NH_4)_2MoO_4$ 的浓盐酸溶液中，用金属 Zn 还原时，溶液由最初的蓝色 Mo_2O_5，变为绿色的 $MoCl_4$，最后生成棕色的 $MoCl_3$。

$$2(NH_4)_2MoO_4 + 3Zn + 16HCl \xlongequal{\quad} 2MoCl_3 + 3ZnCl_2 + 4NH_4Cl + 8H_2O$$

而同样条件下铬则被还原为 Cr^{2+}。即稳定性顺序为 Cr(Ⅵ) < Mo(Ⅵ) < W(Ⅵ)，这表明了同族过渡元素从上到下，最高氧化态化合物稳定性增强的一般性规律。

3. 过氧酸盐

与过铬酸盐一样，向碱性钼酸盐、钨酸盐溶液中加入 H_2O_2，生成红色四过氧钼酸盐和黄色四过氧钨酸盐：

$$MO_4^{2-} + 4H_2O_2 \xlongequal{\quad} [M(O_2)_4]^{2-} + 4H_2O \quad (M = Mo、W)$$

若溶液为弱碱性，则生成黄色二过氧钼酸盐和白色二过氧钨酸盐：

$$MO_4^{2-} + 2H_2O_2 \xlongequal{\quad} [HMO_2(O_2)_2] + OH^- + H_2O \quad (M = Mo、W)$$

酸性溶液中则形成过氧酸：

$$MO_4^{2-} + H_2O_2 + 2H^+ \xlongequal{\quad} H_2[MO_3(O_2)] + H_2O \quad (M = Mo、W)$$

19.4.4 多酸型配合物

多酸分为同多酸和杂多酸。同多酸是指由两个或两个以上同种简单含氧酸分子缩水而成的酸，如 $H_2S_2O_7$、$H_4P_2O_7$ 等。能够形成同多酸的元素有 S、P、B、Si、V、Cr、Mo、W、Nb、Ta、U 等。杂多酸是由两个和两个以上不同种简单含氧酸分子缩水而成的酸。

多酸的酸性一般比单酸酸性强，常见的是多酸盐。同多酸根离子的形成与相应简单酸的酸性和溶液的 pH 有关。一般酸性越弱，pH 越小，缩合度越大。例如，将 MoO_3 的氨水溶液酸化，当 pH 降到 6 时，生成仲钼酸根 $Mo_7O_{24}^{6-}$(七钼酸根)：

$$7MoO_4^{2-} + 8H^+ \xlongequal{\quad} Mo_7O_{24}^{6-} + 4H_2O$$

仲钼酸铵 $(NH_4)_6Mo_7O_{24} \cdot 4H_2O$ 是实验室常用试剂，也是一种微量元素肥料。将溶液略微酸化，则形成八钼酸根离子 $Mo_8O_{26}^{4-}$。

根据聚合程度，可将能够形成多酸的含氧酸分为 3 类：

1) 聚合物有限但无定

当简单酸的酸性较强时，只能形成聚合度较低的少数几个多酸，聚合度越高越不稳定，如 CrO_4^{2-}、$Cr_2O_7^{2-}$、$Cr_3O_{10}^{2-}$、$Cr_4O_{13}^{2-}$ 和 SO_4^{2-}、$S_2O_7^{2-}$、$S_3O_{10}^{2-}$。

2) 聚合物无限又无定

当简单酸的酸性较弱时，稳定性与聚合度关系不大，如 PO_4^{3-}、$P_2O_7^{4-}$、…、$[P_nO_{3n+1}]^{(n+2)-}$ 和 SiO_4^{4-}、$Si_2O_7^{6-}$、$[(SiO_3)_n]^{2n-}$、$[(Si_4O_{11})_n]^{6n-}$、$[(Si_2O_5)_n]^{2n-}$、$[(SiO_2)_n]$。虽然还存在有限环状的三偏磷酸根 $P_3O_9^{3-}$、四偏磷酸根 $P_4O_{12}^{4-}$ 及三偏硅酸根 $Si_3O_9^{6-}$、六偏硅酸根 $Si_6O_{18}^{12-}$ 等，但绝大多数 P、Si 的同多酸根离子的聚合度 n 是无限的，并且比较稳定。

3) 聚合物有限也有定

在多种不同聚合度的同多酸中只有有限的几种存在，而且特别稳定，如 VO_4^{3-}、$V_2O_7^{4-}$、$V_4O_{12}^{4-}$、$V_{10}O_{28}^{6-}$，MoO_4^{2-}、$Mo_7O_{24}^{6-}$、$Mo_8O_{26}^{4-}$、$Mo_{12}O_{41}^{10-}$，WO_4^{2-}、$W_8O_{26}^{4-}$、$W_{12}O_{41}^{10-}$。这几种聚合离子之所以特殊，主要是因为其具有一定的稳定结构。

同多酸可以写作含水氧化物的形式，称为解析式。例如，二钒酸($H_4V_2O_7$)可写为 $V_2O_5 \cdot 2H_2O$；七钼酸($H_6Mo_7O_{24}$)可写为 $7MoO_3 \cdot 3H_2O$；十二钨酸($H_{10}W_{12}O_{41}$)可写为 $12WO_3 \cdot 5H_2O$ 等。结构为简单含氧酸根多面体以角、棱、面相连而成，其连接的公共点为 O 原子。例如，S、Si、P、V、Cr 等同多酸是以结构基元[SO_4]、[SiO_4]、[PO_4]、[VO_4]、[CrO_4]等四面体通过共用角、棱(情况较少)而形成的；B 还存在[BO_3]平面三角的结构基元；Mo、W 的同多酸是以结构基元[MoO_6]、[WO_6]八面体通过共用角、棱、面而形成的。

仲钼酸根 $Mo_7O_{24}^{6-}$ 的结构如图 19-17 所示。

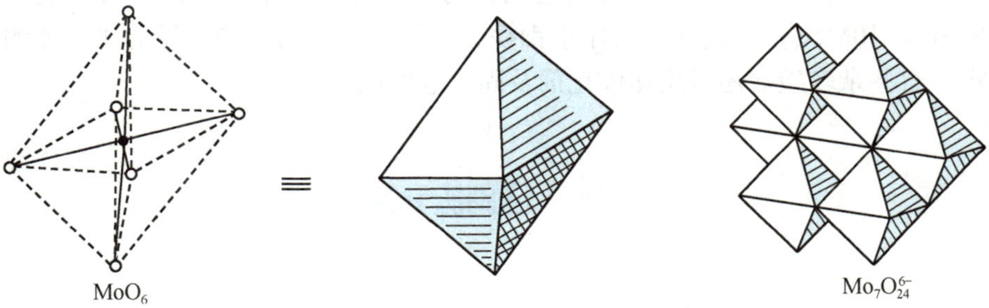

图 19-17 仲钼酸根 $Mo_7O_{24}^{6-}$ 的结构示意图

七钼酸铵$(NH_4)_6Mo_7O_{24} \cdot 4H_2O$，是一种无色至淡绿色结晶固体。主要用于制取催化剂、金属钼、颜料、金属表面处理剂、缓蚀剂、微量元素肥料等。其取代物$[XMo_6O_{24}]^{z-}$(X = I、Pt、Co、Cr)属于杂多酸，具有体内抗肿瘤活性且无细胞毒性。

杂多酸主要包括钼和钨的磷、硅杂多酸。例如，十二钼磷杂多酸 $H_3[PMo_{12}O_{40}]$，解析式为 $H_3PO_4 \cdot 12MoO_3$；十二钨硅杂多酸 $H_4[SiW_{12}O_{40}]$，解析式为 $H_4SiO_4 \cdot 12WO_3$。

杂多酸是固体酸，可看作特殊的配合物，其中 P 或 Si 为中心原子，多钼酸根或多钨酸根为配位体。

图 19-18 所示为十二钼(钨)磷(硅)杂多酸的结构示意图。$[PO_4]$或$[SiO_4]$四面体位于中心，被$[MoO_6]$或$[WO_6]$八面体围绕。每 3 个八面体共用共顶点的 3 条棱边为一组，含有 $3\times(\frac{1}{3}+4\times\frac{1}{2}+1)=10$ 个氧原子，即 Mo_3O_{10} 或 W_3O_{10}。每一组的共用角与四面体的一个角连接，并和其他组中相邻的八面体共用角氧，故共有四组 Mo_3O_{10} 或 W_3O_{10}、12 个$[MoO_6]$或$[WO_6]$八面体，P 或 Si 的配位数为 4。在十二钼或十二钨杂多酸根阴离子中存在较大的空隙可以夹杂水分子和阳离子，常形成水合物，其难溶盐是很好的阳离子交换剂。

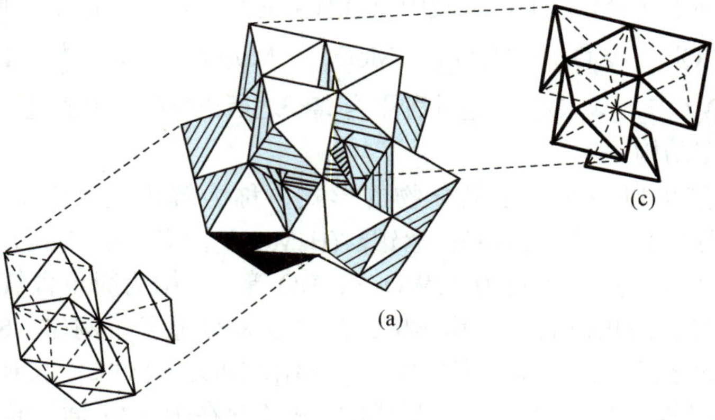

图 19-18　十二钼(钨)磷(硅)杂多酸的结构

磷钼杂多酸和一些还原剂，如 $SnCl_2$、Zn 作用，杂多酸中部分 Mo(Ⅵ)被还原为 Mo(Ⅴ)，生成特征的蓝色化合物，称为“磷钼蓝”，组成可能为 $H_3PO_4\cdot10MoO_3\cdot Mo_2O_5$，可用于钢铁、土壤、农作物中磷含量的比色法测定。有些杂多酸盐还可用作催化剂及固体电解质。

19.5　锰副族元素

19.5.1　锰副族元素概述

教学视频
锰副族元素

1. 氧化数

ⅦB 族元素包括锰(manganesium, Mn)、锝(tecinium, Tc, 放射性元素)、铼(rhenium, Re)、𬭛(bohrium, Bh, 放射性元素)共 4 种元素，通常称为锰副族元素。锰副族元素的价电子构型为$(n-1)d^5ns^2$，最高氧化数是+7。Mn 具有第一过渡系金属所有的氧化数，从−3 到+7，常见氧化数为+2、+4、+6 和+7。低氧化数表现在羰基化合物 $Mn_2(CO)_{10}$、$[Mn(CO)_5]^-$、$Mn(NO)_3CO$ 中，在

$CH_3Mn(CO)_5$、$Na_5[Mn(CN)_6]$中存在+1 氧化数。

第一过渡系金属+2 氧化数的稳定性从 Cr 到 Mn 发生突增，原因在于 $3d^5$ 的半充满结构导致 Mn 的第三电离能特别高，高于 Mn(Ⅱ)的所有氧化态都是强氧化剂。而氧化数+7 的 Tc 和 Re 是最常见和最稳定的，仅显微弱的氧化性。

Mn 元素的元素电势图如图 19-19 所示。

$$E_A^\ominus/V:\ MnO_4^- \xrightarrow{0.558} MnO_4^{2-} \xrightarrow{2.24} MnO_2 \xrightarrow{0.907} Mn^{3+} \xrightarrow{1.542} Mn^{2+} \xrightarrow{-1.185} Mn$$

MnO_4^-—Mn^{2+}：1.507；MnO_4^-—MnO_2：1.679；MnO_2—Mn^{2+}：1.224

$$E_B^\ominus/V:\ MnO_4^- \xrightarrow{0.558} MnO_4^{2-} \xrightarrow{0.60} MnO_2 \xrightarrow{-0.2} Mn(OH)_3 \xrightarrow{0.15} Mn(OH)_2 \xrightarrow{-1.56} Mn$$

MnO_4^-—MnO_2：0.595；MnO_2—$Mn(OH)_2$：−0.045

图 19-19　锰副族元素的元素电势图

2. 存在和提取

Mn 在地壳中的丰度为 $9.5\times10^{-3}\%$，占第 14 位，而在过渡金属中则排名第 3 位。最重要的矿物为软锰矿 MnO_2，其他还有黑锰矿 Mn_3O_4、方锰矿 MnO、水锰矿 MnO(OH)及褐锰矿 Mn_2O_3。另外一个重要的来源是深海锰结核，是含有大量 Mn、Fe、Cu、Ni、Co 等元素的矿石。

金属 Mn 的制备采用铝热法还原 MnO_2 或 Mn_3O_4，而 Mn_3O_4 可通过加热 MnO_2 得到：

$$3MnO_2 \xlongequal{\triangle} Mn_3O_4 + O_2\uparrow$$

$$3Mn_3O_4 + 8Al \xlongequal{\triangle} 9Mn + 4Al_2O_3$$

也可以将 MnO_2 用 CO 还原制得：

$$MnO_2 + 2CO \xlongequal{\triangle} Mn + 2CO_2\uparrow$$

3. 单质的物理和化学性质

Mn 为银白色金属，粉末状 Mn 为灰色。常温下晶体结构不规则，质脆。高温下为体心或立方密堆积结构。

单质 Mn 为活泼金属，粉末状 Mn 在空气中易着火，块状 Mn 表面存在氧化物保护膜而稳定。Mn 可被水缓慢侵蚀，生成的 $Mn(OH)_2$ 对此有抑制作用。在热水或 NH_4Cl 溶液中，置换反应能顺利进行，这与 Mg 相似。Mn 易溶于酸生成 Mn(Ⅱ)盐和 H_2，但与冷浓 H_2SO_4 反应较慢。

常温下 Mn 与卤素直接化合生成 MnX_2，结构与 $MgCl_2$ 相同。与 F_2 作用除生成 MnF_2 外，还生成 MnF_3。高温下和 S、C、N、Si、B 等生成相应化合物，但不能和 H_2 化合。

拓展知识

在大海深处，存在各种古生代海洋动物的化石，如放射虫、有孔虫等，它们和玄武岩、磷化的动物骨骼聚集在一起，形成了良好的晶核，海里的一些金属盐类就在这里沉积、结晶。从外观上看，就好像一个又一个黑色的鸡蛋或马铃薯，其中锰含量最高，人们称为“锰结核”。锰结核中含有 30 多种金属元素，其中最具商业开发价值的有锰、铜、镍、钴。由于海底锰结核含量巨大，预计在 30000 亿吨以上，因此被人们当作陆地同类金属资源枯竭后潜在的替代性资源。

纯金属 Mn 的用途较少，主要用于炼钢，几乎所有的钢都含有 Mn。Mn 能和溶解在钢里的氧及硫化合减弱钢的脆性。铜锰合金具有机械强度大和不会被磁化的优异特性，被用于船舰需要防磁的部位。Mn 是人体不可缺少的微量元素，是人体多种酶的核心，缺 Mn 会导致畸形和脑惊厥。Mn 对植物体的光合作用及一些酶的活动、维生素的转化起着十分重要的作用，缺 Mn 则小麦叶、玉米的叶会出现红色、褐色斑点，果树叶会变黄。

19.5.2 锰的化合物

1. 氧化数为+2 的化合物

1) 氧化锰和氢氧化锰

氧化锰(MnO)是灰白色到暗绿色的粉末，难溶于水，具有可变组成(MnO～$MnO_{1.5}$)，呈半导体性质。MnO 可用 H_2、CO 还原二氧化锰(MnO_2)得到：

$$MnO_2 + H_2 = MnO + H_2O$$

$$MnO_2 + CO = MnO + CO_2$$

也可以由 MnC_2O_4 或 $MnCO_3$ 热分解得到：

$$MnC_2O_4 \xlongequal{\triangle} MnO + CO\uparrow + CO_2\uparrow$$

$$MnCO_3 \xlongequal{\triangle} MnO + CO_2\uparrow$$

但由于 Mn(Ⅱ)的还原性较强，采用 $MnCO_3$ 热分解法温度高于 330℃时生成的部分 MnO 可还原 CO_2 为 CO 并生成高氧化态氧化锰，故欲制备较纯的 MnO 采用在还原性气氛，如 H_2 条件下热分解 MnC_2O_4 的方法。

Mn(Ⅱ)遇 NaOH 溶液或 $NH_3 \cdot H_2O$ 时生成碱性、近白色 $Mn(OH)_2$ 沉淀，其 $K_{sp}^{\ominus} = 1.9 \times 10^{-13}$，与 $Mg(OH)_2$ 的 $K_{sp}^{\ominus} = 5.6 \times 10^{-12}$ 相近，故采用 $NH_3 \cdot H_2O$ 沉淀时反应不完全，在有较浓的 NH_4^+ 存在时，甚至不产生沉淀。

$Mn(OH)_2$ 极易被 O_2 氧化，甚至溶于水的少量 O_2 也能将其氧化为褐色的 $MnO(OH)_2$，可用于水质分析中水中溶解氧(DO)的测定：

$$2Mn(OH)_2 + O_2 = 2MnO(OH)_2\downarrow$$

2) 锰(Ⅱ)盐

锰(Ⅱ)是锰最稳定的氧化态，许多性质与 Mg^{2+}、Fe^{2+}相似。

(1) 还原性。

酸性介质中 Mn^{2+}遇到强氧化剂，如$(NH_4)_2S_2O_8$、$NaBiO_3$、PbO_2、H_5IO_6 时被氧化成 MnO_4^-：

$$2Mn^{2+} + 5S_2O_8^{2-} + 8H_2O \xlongequal[\triangle]{AgNO_3} 2MnO_4^- + 10SO_4^{2-} + 16H^+$$

$$2Mn^{2+} + 5NaBiO_3 + 14H^+ = 2MnO_4^- + 5Bi^{3+} + 5Na^+ + 7H_2O$$

以上两个反应用于 Mn^{2+}的鉴定。反应时 Mn^{2+}浓度不宜太大，用量不宜过多，特别是第一个较慢的反应，否则尚未被氧化的 Mn^{2+}会和生成的 MnO_4^- 反应得到棕色 MnO_2：

$$2MnO_4^- + 3Mn^{2+} + 2H_2O = 5MnO_2\downarrow + 4H^+$$

(2) 溶解性。

Mn(Ⅱ)的强酸盐、乙酸盐都易溶于水并带结晶水，如 $MnCl_2 \cdot nH_2O$ ($n = 4, 6$)、$MnSO_4 \cdot nH_2O$ ($n = 1, 4, 5, 7$)、$Mn(NO_3)_2 \cdot nH_2O$ ($n = 3, 6$)、$MnAc_2 \cdot 4H_2O$，其结晶水含量与结晶温度有关，结晶温度越低，含结晶水越多。

Mn^{2+}的易溶强酸盐比弱酸盐稳定，这是由于弱酸盐水解呈碱性和 Mn^{2+} 在碱性条件下易被氧化成 $MnO(OH)_2$，因此制备 Mn(Ⅱ)的盐时，需保持溶液的 $pH < 7$。

Mn(Ⅱ)的硫化物、碳酸盐、磷酸盐、草酸盐均难溶。向 Mn(Ⅱ)盐溶液中加$(NH_4)_2S$ 得深肉色 $MnS \cdot nH_2O$ 沉淀。无水 MnS 为绿色，不溶于水，但溶于稀酸，甚至乙酸，利用此性质可除去锰盐中的 Pb^{2+}、Cu^{2+}等杂质。

Mn(Ⅱ)盐溶液与 CO_2 饱和的 $NaHCO_3$ 溶液反应生成白色 $MnCO_3 \cdot H_2O$，在 CO_2 气氛下加热失水得到浅粉色 $MnCO_3$。$MnCO_3$ 为弱酸盐，易溶于强酸，常用作制备其他锰盐的原料。例如，将 $MnCO_3$ 溶于 HNO_3 中，室温下蒸发，析出 $Mn(NO_3)_2 \cdot 6H_2O$，加热到 25℃以上部分脱水变成 $Mn(NO_3)_2 \cdot 3H_2O$，继续加热得到无水 $Mn(NO_3)_2$。无水 $Mn(NO_3)_2$ 在高温下分解的反应可用于制备化学纯 MnO_2：

$$Mn(NO_3)_2 \xlongequal{\triangle} MnO_2 + 2NO_2\uparrow$$

Mn(Ⅱ)盐溶液与 Na_2HPO_4 溶液反应得到白色 $Mn_3(PO_4)_2 \cdot 7H_2O$，在有 NH_4Cl 及少量 $NH_3 \cdot H_2O$ 存在时得到白色丝状晶体 $NH_4MnPO_4 \cdot H_2O$，受热形成焦磷酸锰 $Mn_2P_2O_7$：

$$PO_4^{3-} + Mn^{2+} + NH_4^+ + H_2O = NH_4MnPO_4 \cdot H_2O\downarrow$$

$$2NH_4MnPO_4 \cdot H_2O \xlongequal{\triangle} Mn_2P_2O_7 + 2NH_3\uparrow + 3H_2O$$

这也与 Mg^{2+}的性质相似。

(3) 配合物。

Mn^{2+}离子价电子层构型为 $3d^5$，大多数配合物为高自旋的 6 配位八面体构型，d 电子排布为$(t_{2g})^3(e_g)^2$。高自旋的 Mn(Ⅱ)配合物大多为很淡的粉红色，如$[Mn(H_2O)_6]^{2+}$，原因在于此时的 d-d 跃迁涉及电子自旋方向的反转(图 19-20)。

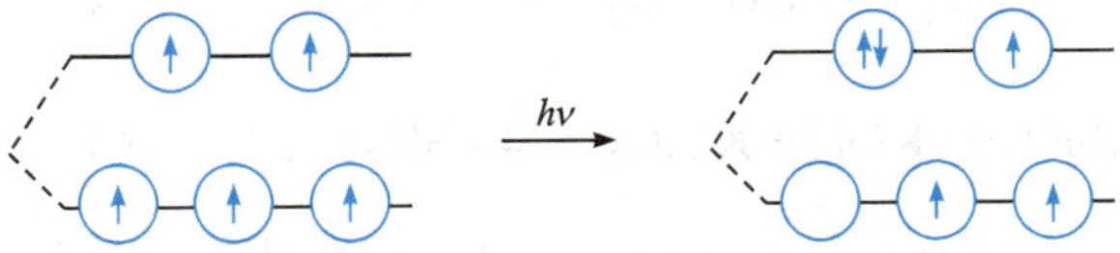

图 19-20 $[Mn(H_2O)_6]^{2+}$中的 d-d 禁阻跃迁

这种改变电子自旋方向的跃迁是量子力学禁阻的，称为禁阻跃迁。由于发生自旋禁阻跃迁的概率很小，对光的吸收很弱，因此物质显示的颜色很淡。Mn(Ⅱ)与一些很强的强场配体，如 CN^-才形成低自旋配合物，如蓝紫色的 $[Mn(CN)_6]^{4-}$。

Mn(Ⅱ)还可以形成少数配位数为 4 的配合物，四面体构型，虽然其跃迁仍然是自旋禁阻的，但由于其分裂能较小，跃迁比较容易，因此高自旋的四面体型配合物颜色较深，呈黄绿色，如 $[MnCl_4]^{2-}$。

2. 氧化数为+3 的化合物

$[Mn(H_2O)_6]^{3+}$ 为深樱桃红色，与 MnO_4^- 颜色相近，氧化性也相近。从元素电势图可知，Mn(Ⅲ)的化合物均不稳定，易发生歧化反应，并具有水解性：

$$2Mn^{3+} + 2H_2O \rightleftharpoons MnO_2(s) + Mn^{2+} + 4H^+ \quad K^\ominus \approx 10^9$$

$$2Mn^{3+} + 2H_2O \rightleftharpoons 2[MnOH]^{2+} + 2H^+ \quad K^\ominus \approx 1$$

欲在水溶液中稳定 Mn(Ⅲ)，应采取强酸性溶液和提高 Mn^{2+}的浓度以抑制其歧化和水解。例如，在酸性 $KMnO_4$ 中加入足量的 Mn(Ⅱ)(约过量 25 倍)，酸浓度约为 $4mol \cdot L^{-1}$，形成的 Mn(Ⅲ)溶液可稳定存在几天。

若要在弱酸性、中性溶液中稳定 Mn(Ⅲ)，则可通过加入合适的配合剂生成配合物的方法实现，如 $[Mn(PO_4)_2]^{3-}$、$[Mn(C_2O_4)_3]^{3-}$、$[Mn(CN)_6]^{3-}$、$[Mn(acac)_2]^{3-}$、$[MnCl_5]^{2-}$ 等。$K_3[Mn(CN)_6]$为暗红色固体，组成与晶型和赤血盐 $K_3[Fe(CN)_6]$相似。用 $KMnO_4$ 滴定草酸时，由于形成$[Mn(C_2O_4)]^+$，滴定终点前显红色。$[Mn(PO_4)_2]^{3-}$ 的溶液显紫色，可用于锰含量的测定，测定时先在 H_3PO_4 介质中，用氧化剂 NH_4NO_3 将 Mn(Ⅱ)氧化为$[Mn(PO_4)_2]^{3-}$，然后用 Fe^{2+}标准溶液滴定。

3. 氧化数为+4 的化合物

最稳定且最重要的 Mn(Ⅳ)化合物是 MnO_2，为黑色粉末状固体物质，常温下多晶型，高温下为金红石结构，不溶于水。显弱酸性，与许多金属氧化物可形成亚锰酸盐 $M^I_2[MnO_3]$。

Mn(Ⅳ)氧化态居中，既可作还原剂，又可作氧化剂。作为还原剂，$E^\ominus_B(MnO_4^{2-}/MnO_2) = 0.60V$，在碱性条件下，有氧化剂存在并加热时，被氧化为锰酸盐：

$$2MnO_2 + 4KOH + O_2 \xlongequal{\triangle} 2K_2MnO_4 + 2H_2O$$

$$3MnO_2 + 6KOH + KClO_3 \xlongequal{\triangle} 3K_2MnO_4 + KCl + 3H_2O$$

作为氧化剂，$E^\ominus_A(MnO_2/Mn^{2+}) = 1.22V$，在酸性条件下为较强的氧化剂，可氧化浓 HCl 中的 Cl^-为 Cl_2；与浓 H_2SO_4 作用放出 O_2，生成 Mn^{3+}的紫红色

溶液。

$$MnO_2 + 4HCl(浓) \xlongequal{\triangle} MnCl_2 + Cl_2\uparrow + 2H_2O$$

$$4MnO_2 + 6H_2SO_4 \xlongequal{\triangle} 2Mn_2(SO_4)_3 + 6H_2O + O_2\uparrow$$

以 MnO_2 为原料，可以制取锰的低氧化态化合物，例如：

$$3MnO_2 \xlongequal{530℃以上} Mn_3O_4 + O_2\uparrow$$

在氢气流中加热 MnO_2 或 Mn_3O_4，可生成绿色粉末状的 MnO：

$$MnO_2 + H_2 \xlongequal{450\sim500℃以上} MnO + H_2O$$

MnO_2 在干电池中用作去极剂。在锌锰干电池中，锌为负极，石墨为正极，NH_4Cl 和淀粉糊为电解质。有电流通过时，NH_4Cl 水解产生的 H^+在正极上得电子产生 H_2，有一定的超电势，可用 MnO_2 消除这种极化作用(δ-MnO_2 最佳)：

$$MnO_2 + NH_4^+ + 2H_2O + e^- = Mn(OH)_3 + NH_3 \cdot H_2O$$

4. 氧化数为+6 的化合物

Mn(Ⅵ)化合物仅有暗绿色的锰酸盐，仅在强碱性溶液中稳定，在酸性、中性及弱碱性溶液中立即歧化：

$$3K_2MnO_4 + 2H_2O = 2KMnO_4 + MnO_2 + 4KOH$$

固体 K_2MnO_4 加热至 493K 以上时开始分解为 K_2MnO_3 和 O_2：

$$2K_2MnO_4 \xlongequal{\triangle} 2K_2MnO_3 + O_2\uparrow$$

5. 氧化数为+7 的化合物

1) 高锰酸钾

高锰酸钾($KMnO_4$)是最重要的 Mn(Ⅶ)化合物，高锰酸钠因含有结晶水而不常用。

$KMnO_4$ 俗称灰锰氧，为紫黑色晶体，水溶液呈紫红色。MnO_4^- 的结构与 VO_4^{3-} 和 CrO_4^{2-} 等离子一样，呈四面体构型，它们的颜色均是由 O^{2-}向金属离子发生了电荷迁移跃迁造成的，而且 Mn—O 之间的极化作用比 Cr—O 更强，电子跃迁更容易，所以颜色更深。

$KMnO_4$ 的制备是以 K_2MnO_4 作为中间体的，方法主要有三种：

(1) CO_2 法。

利用 MnO_4^{2-} 的歧化反应，通 CO_2 入碱性 K_2MnO_4 溶液中和歧化反应产生的 OH^-，得到 $KMnO_4$ 溶液和 MnO_2 沉淀：

$$3K_2MnO_4 + 4CO_2 + 2H_2O = 2KMnO_4 + MnO_2\downarrow + 4KHCO_3$$

过滤，浓缩滤液得 $KMnO_4$ 晶体。理论上仅 50% 的 K_2MnO_4 转化为目标

产物 $KMnO_4$，产率较低，现已不用。

(2) 氧化法。

用 Cl_2 氧化 K_2MnO_4 溶液，得到 $KMnO_4$ 和 KCl：

$$2K_2MnO_4 + Cl_2 \xlongequal{} 2KMnO_4 + 2KCl$$

所得 $KMnO_4$ 和 KCl 难以分离。

(3) 电解氧化法。

工业生产中常采用电解法进行制备。电解 K_2MnO_4 溶液生成 $KMnO_4$ 和 H_2：

阳极反应：$MnO_4^{2-} - e^- \xlongequal{} MnO_4^-$

阴极反应：$2H_2O + 2e^- \xlongequal{} H_2 + 2OH^-$

总反应：$2K_2MnO_4 + 2H_2O \xlongequal{\text{通电}} 2KMnO_4 + 2KOH + H_2\uparrow$

所得产品产率高、质量好。

$KMnO_4$ 是最常用的氧化剂之一，其氧化能力和还原产物因介质的酸碱度不同而有很大差异：在酸性条件下被还原为 Mn^{2+}；碱性条件下被还原为 MnO_4^{2-}；中性条件下则为 MnO_2，这主要是因为还原产物在相应的介质中稳定。例如，与 SO_3^{2-} 反应：

酸性：$2MnO_4^- + 5SO_3^{2-} + 6H^+ \xlongequal{} 2Mn^{2+} + 5SO_4^{2-} + 3H_2O$

中性：$2MnO_4^- + 3SO_3^{2-} + H_2O \xlongequal{} 2MnO_2\downarrow + 3SO_4^{2-} + 2OH^-$

碱性：$2MnO_4^- + SO_3^{2-} + 2OH^- \xlongequal{} 2MnO_4^{2-} + SO_4^{2-} + H_2O$

$KMnO_4$ 被还原的最终产物还与反应物的加入顺序有关，如 $KMnO_4$ 和 $H_2C_2O_4$ 的反应。在酸性条件下，将 $KMnO_4$ 逐滴加入 $H_2C_2O_4$ 溶液中(相当于 $H_2C_2O_4$ 过量)，其最终产物为 Mn^{2+}；反之，若将 $H_2C_2O_4$ 逐滴加入 $KMnO_4$ 溶液中(相当于 $KMnO_4$ 过量)，其最终产物为 MnO_2。

$KMnO_4$ 作为一种氧化剂广泛用于有机制备、消毒及容量分析。作为氧化还原滴定剂可以测定过渡金属离子(Ti^{3+}、VO^{2+}、Fe^{2+}等)、H_2O_2、$C_2O_4^{2-}$、NO_2^- 等，滴定过程中由 MnO_4^- 的深紫红色变为 Mn^{2+} 的浅粉红色，滴定剂起着自身指示剂的作用。

在分析化学上，常用 $KMnO_4$ 氧化 $C_2O_4^{2-}$ 的反应来间接测定 Ca^{2+} 的含量。该方法先用 $C_2O_4^{2-}$ 将 Ca^{2+} 沉淀为 CaC_2O_4，过滤，洗涤，用稀酸溶解 CaC_2O_4 沉淀使其转化为 $H_2C_2O_4$，再用 $KMnO_4$ 标准溶液进行滴定：

$$2MnO_4^- + 5C_2O_4^{2-} + 16H^+ \xlongequal{} 2Mn^{2+} + 4CO_2\uparrow + 8H_2O$$

$KMnO_4$ 稳定性较差，在浓碱介质中分解为 MnO_4^{2-} 和 O_2：

$$4MnO_4^- + 4OH^- \xlongequal{} 4MnO_4^{2-} + O_2\uparrow + 2H_2O$$

在酸性溶液中也明显分解：

$$4MnO_4^- + 4H^+ = 4MnO_2 + 3O_2\uparrow + 2H_2O$$

而在中性或弱碱性溶液中分解缓慢，但光照会加速分解，故配制 $KMnO_4$ 的标准溶液时要存放在棕色瓶中，并在使用前标定其浓度。

$KMnO_4$ 固体加热到 180℃时分解放出 O_2，这也是实验室中制备 O_2 的常用方法之一。

$$2KMnO_4 \xlongequal{\triangle} K_2MnO_4 + MnO_2 + O_2\uparrow$$

2) 七氧化二锰

$KMnO_4$ 和冷浓 H_2SO_4 作用生成绿褐色油状七氧化二锰(Mn_2O_7)：

$$2KMnO_4 + H_2SO_4 = Mn_2O_7 + K_2SO_4 + H_2O$$

Mn_2O_7 有强氧化性，受热易爆炸分解，遇有机物(如乙醇、丙酮等)即爆炸燃烧。因此，实验室不能使用 $KMnO_4$ 和浓 H_2SO_4 配置洗液。

19.6 前过渡元素性质的递变规律

前过渡元素包括ⅢB～ⅦB 族元素，价层电子构型为 $(n-1)d^{2\sim5}ns^{1\sim2}$。它们的 $(n-1)$d 轨道电子数较少(一般不超过 5 个)，能级接近于最外层价电子轨道能级，故可以利用 $(n-1)$d 轨道成键，最高氧化数等于族数。因此，前过渡元素和化合物的性质表现出与相应主族元素的相似性。

对于前过渡元素，从 Sc 到 Mn，其最高氧化数氧化物的水合物碱性逐渐减弱，酸性逐渐增强；同一族从上至下，碱性逐渐增强，酸性逐渐减弱，如表 19-4 所示。

表 19-4 前过渡元素最高氧化数氧化物水合物的酸碱性变化

ⅢB	ⅣB	ⅤB	ⅥB	ⅦB
$Sc(OH)_3$	$Ti(OH)_4$	H_3VO_4	H_2CrO_4	$HMnO_4$
弱碱	两性	两性	中强酸	强酸
$Y(OH)_3$	$Zr(OH)_4$	$Nb(OH)_5$	H_2MoO_4	$HTcO_4$
中强碱	弱碱	两性	弱酸	中强酸
$La(OH)_3$	$Hf(OH)_4$	$Ta(OH)_5$	H_2WO_4	$HReO_4$
强碱	弱碱	两性	弱酸	中强酸
ⅢA	ⅣA	ⅤA	ⅥA	ⅦA
$Al(OH)_3$	H_4SiO_4	H_3PO_4	H_2SO_4	$HClO_4$
两性	弱酸	中强酸	强酸	强酸

第一过渡系列前过渡元素从左至右，最高氧化数的含氧酸盐的氧化性逐渐增强。过渡元素最高氧化数含氧酸盐的氧化性也强于同周期相应主族元素，如表 19-5 所示。

表 19-5　前过渡元素最高氧化数含氧酸盐氧化性对比

ⅣB	ⅤB	ⅥB	ⅦB
TiO^{2+}/Ti^{3+}	VO_2^+/VO^{2+}	$Cr_2O_7^{2-}/Cr^{3+}$	MnO_4^-/MnO_2
0.1V	0.99V	1.36V	1.68V
ⅣA	ⅤA	ⅥA	ⅦA
GeO_2/Ge^{2+}	H_3AsO_4/H_3AsO_3	SeO_4^{2-}/H_2SeO_3	BrO_4^-/BrO_3^-
−0.3V	0.56V	1.15V	1.85V

ⅥB 和ⅥA 元素最高氧化数氧化物生成焓和离子电子层结构如表 19-6 所示。首先从虚拟的最高氧化数阳离子电子层构型来看，“S^{6+}”($3s^23p^6$)与“Cr^{6+}”($3s^26p^6$)均为 8 电子构型，而“Se^{6+}”($3s^23p^63d^{10}$)为 18 电子构型。再从最高氧化数氧化物的稳定性上看，主族元素最高氧化数氧化物的稳定性从上到下逐渐降低，受第二周期性的影响，第四和第五周期元素性质较为相近，对于 SO_3、SeO_3 和 TeO_3 其稳定性变化没有规律；而副族元素与之相反，最高氧化数氧化物的稳定性从上到下逐渐升高，且由于镧系收缩，第二过渡系列和第三过渡系列元素性质相似。将 SO_3 置于相应副族元素之上，规律性仍然成立。故而 1970 年 IUPAC 曾经推荐将 P、V、Nb、Ta 作为第五主族，S、Cr、Mo、W 作为第六主族，而 As、Sb、Bi 为第五副族，Se、Te、Po 为第六副族，余者类推。1989 年又改为不分主副族的 18 族周期表。虽然现在沿用的仍是传统的主副族划分方法的周期表，但也表明相应副族元素和化合物的性质与相应主族元素具有一定相似性。

表 19-6　ⅥB 和ⅥA 元素最高氧化数氧化物生成焓和离子电子层结构比较

氧化物	CrO_3	MoO_3	WO_3	SO_3	SeO_3	TeO_3
$\Delta_f H_m^\ominus/(kJ\cdot mol^{-1})$	−590.8	−753	−840	−395.2	−172.9	−348.1
“M^{6+}”价层电子构型	$3s^23p^6$	$4s^24p^6$	$5s^25p^6$	$3s^23p^6$	$3s^23p^63d^{10}$	$4s^24p^64d^{10}$
“M^{6+}”离子构型	8 电子	8 电子	8 电子	8 电子	18 电子	18 电子

在第三周期主族元素与相同族数第一过渡系列副族元素中，它们的一些最高氧化态含氧酸盐晶型相同，溶解度也相近，如 K_2CrO_4 与 K_2SO_4、$Na_2CrO_4\cdot 10H_2O$ 与 $Na_2SO_4\cdot 10H_2O$ 的组成相似、晶型相同；而 $BaCrO_4$($K_{sp}^\ominus = 1.2\times 10^{-10}$)与 $BaSO_4$($K_{sp}^\ominus = 1.1\times 10^{-10}$)两种盐的溶解度基本相等。与主族元素相比，副族元素更易形成多酸和过氧化物。

——化学史话——

钛 的 发 现

威廉·格雷戈尔(W. Gregor，1762—1817，英国矿物学家)

钛是一种银白色过渡金属，具有耐高低温、耐腐蚀、密度小、无磁性、机械强度高、生物相容性好等特点，在航天、航空、船舶、化工、医疗器械等领域应用非常广泛，有“太空金属”“海洋金属”“智能金属”等美誉。

钛的性质十分活泼，可与周期表中许多元素发生化合反应，特别是对氧的亲和力非常大，因此自然界中没有游离态的钛元素存在，这也决定了单质钛很难制取。钛是最晚被人们发现的几种金属之一，从 1791 年发现钛到 1910 年制得钛金属，历经 120 年。

钛最早的发现者是英国牧师、矿物学家格雷戈尔(W. Gregor)。1791 年，格雷戈尔在英国康沃尔郡马纳坎教区的小溪旁发现了一些具有磁性的黑沙，并对其进行了定量分析。受制于当时的研究条件，格雷戈尔没能很详细地分析出矿石的具体成分，但他敏锐地意识到这种矿石中可能含有一种新的金属元素。后来，格雷戈尔将他的研究成果写成论文发表，并在文中谦虚地说：“我的论文不是一份完整的报告，它只是一些零散的实验记录。但我要把这些记录留给更有技巧和更具思维能力的人。也许有一天他们会揭开这种物质的神秘面纱，去解释它的不同寻常之处”。遗憾的是，他的成果当时并未引起人们的注意。

1795 年，德国化学家克拉普罗特(M. H. Klaproth)在分析匈牙利布伊尼克的金红石时也发现了这种元素，并以希腊神 Titanic 的名字给这种新元素起名为 Titanium，中文译名为钛。在听闻格雷戈尔较早前的发现之后，克拉普罗特取得了一些马纳坎矿物的样本，并证实马纳坎矿物中确实含有钛。慷慨的克拉普罗特并没有跟格雷戈尔争夺钛元素发现者的名头，现在科学界一般认为是格雷戈尔首先发现了钛元素。

格雷戈尔和克拉普罗特当时发现的其实都只是粉末状的二氧化钛，而不是金属钛。克拉普罗特也曾试图分离出金属钛，做了一系列的尝试，但无一例外地失败了。此后的 120 年间，科学家们一直在寻求高纯度钛的提炼和熔铸方法，然而却苦求不得，这曾一度是冶金史上一大难题。

1822 年，英国科学家乌拉斯顿(W. H. Wollaston)发现炼铁的炉渣中含有一些具有金属特有晶形和色泽的立方形结晶物，他当时认为自己发现了钛单质。不过 27 年后，德国化学家维勒(F. Wohler)研究发现乌拉斯顿当年发现的根本不是钛单质，而是一些钛的氮化物和氰化物的混合物。此后多年间，贝采利乌斯、维勒和德维尔等科学家也都进行了制取钛单质的实验，但都没有取得成功。

1887 年，瑞典化学家尼尔森(L. F. Nilson)和佩特森(S. O. Pettersson)首次采用钠热还原法(Na 还原 $TiCl_4$)制得了纯度为 95%的金属钛单质，但他们制得的这个纯度的金属钛质脆，经不起机械的加工。尼尔森和佩特森虽然没有制得严格意义上的纯净钛单质，但他们开创了钠热还原法制备钛的先河，表明了这种方法的可取性。

1910 年，美国化学家亨特(M. A. Hunter)改进了钠热还原法的实验设备，首次用 Na 还原 $TiCl_4$ 制得了纯度达 99.9%的金属钛。这是人类历史上第一次制取高纯度钛单质，后来人们将这种方法称为亨特法。至此，钛元素正式以钛单质的形式呈现在人们面前，钛元素作为一种确定的、独立的金属元素从此有了实证的依据，而亨特也成为第一个成功制取钛单质的人并载入化学史册。

虽然用亨特法能够制备纯度很高的金属钛，但这种方法却一直没法实现工业化量产。1932 年，卢森堡科学家克劳尔(W. J. Kroll)提出了 Mg 还原 $TiCl_4$ 的方法有望实现钛的工业化生产。1940 年，克劳尔改良了这个方法，极大地提高了钛的产率，后来这种方法被称为克劳尔法。1948 年，美国杜邦公司用克劳尔法生产出了 2t 多孔海绵状的商品海绵钛，从此开始了钛的工业化生产。

拓展阅读

时至今日，冶钛工艺不断地取得新的突破，但在众多的钛金属冶炼方法中，也只有克劳尔法和改进后的亨特法能实现大规模的工业化生产，大部分海绵钛主产国的钛生产工艺仍以克劳尔法为主。

习 题

19-1 写出制备下列物质的各步反应方程式：

(1) 由金红石制备金属 Ti；

(2) 由钨矿制备金属钨；

(3) 由软锰矿制备高锰酸钾；

(4) 由铬铁矿和 $Pb(NO_3)_2$ 制备铬黄染料($PbCrO_4$)。

19-2 根据下列实验写出有关的反应式：

(1) 将装有 $TiCl_4$ 的瓶塞打开立即冒出白烟；

(2) 向 $TiCl_4$ 溶液中加入浓 HCl 和金属锌时生成紫色溶液；

(3) 向(2)的紫色溶液中慢慢加入 NaOH 至溶液呈碱性，出现紫色沉淀；

(4) 先用 HNO_3 处理沉淀，使其溶解，然后用稀碱溶液处理，生成白色沉淀；

(5) 将白色沉淀过滤并灼烧，再与等物质的量的 MgO 共熔。

19-3 (1) $[Ti(H_2O)_6]^{3+}$离子在约 500nm 处显示一个较强吸收，预测$[Ti(NH_3)_6]^{3+}$将吸收较长波长还是较短波长的光，为什么？

(2) 已知$[TiCl_6]^{3-}$在 784nm 处有一宽吸收峰，这是由什么跃迁引起的？该配离子的分裂能为多少？

19-4 写出钒三种同多酸的化学式。在酸性介质中，钒(V)和足量 Zn 作用逐步生成什么产物？

19-5 计算 Cr^{2+}在正八面体弱场和强场中的 CFSE。

19-6 当将 $K_2Cr_2O_7$ 溶液分别加入到下列溶液中时将发生什么现象？

(1) F^-、Cl^-、Br^-、I^-；(2) OH^-；(3) NO_2^-；(4) SO_4^{2-}；(5) H_2O

19-7 如何分离下述离子？写出相关的反应方程式。

(1) Cr^{3+}和 Al^{3+}；

(2) Cr^{3+}、Mn^{2+}和 Zn^{2+}。

19-8 称取 0.5000g 铬铁矿 $Fe(CrO_2)_2$ 样品，以 Na_2O_2 熔融，然后加入 $6mol\cdot L^{-1}$ 的 H_2SO_4 酸化溶液，以 50.00mL $0.1200mol\cdot L^{-1}$ 的硫酸亚铁铵溶液处理，过剩的 Fe^{2+} 需 15.05mL $K_2Cr_2O_7$ (1.00mL $K_2Cr_2O_7$ 和 0.006 00g Fe^{2+} 反应)标准溶液氧化。计算样品中铬的含量。

19-9 解释下列现象：

(1) 在敞开的容器中，被 HCl 酸化的 $TiCl_3$ 紫色溶液会逐渐褪色；

(2) 新沉淀出的 $Mn(OH)_2$ 呈白色，在空气中转化为暗棕色；

(3) 在 $K_2Cr_2O_7$ 的饱和溶液中加入浓 H_2SO_4 并加热到200℃，溶液颜色变为蓝绿色，反应开始时并无任何还原剂存在；

(4) 酸化 K_2CrO_4 溶液，由黄色变为橙色，加入 Na_2S 溶液变为绿色；继续加入 Na_2S 出现灰绿色沉淀。

19-10 有一橙红色固体 A 受热后得绿色的固体 B 和无色的气体 C，加热时 C 能与镁反应生成灰色的固体 D。固体 B 溶于过量的 NaOH 溶液生成绿色的溶液 E，在 E 中加适量 H_2O_2 则生成黄色溶液 F。将 F 酸化变为橙色的溶液 G，在 G 中加 $BaCl_2$ 溶液，得黄色沉淀 H。在 G 中加 KCl 固体，反应完全后则有橙红色晶体 I 析出，滤出 I 烘干并强热则得到的固体产物中有 B，同时得到能支持燃烧的气体 J。推测 A～J 各代表什么物质，写出有关的反应方程式。

19-11 棕黑色粉末状物 A，不溶于水和稀 HCl，但溶于浓 HCl，生成浅粉红色溶液 B 及气体 C，将 C 赶净后加入 NaOH，生成白色沉淀 D，振荡 D 又转变为 A，将 A 加入 $KClO_3$、浓碱并加热得到绿色溶液 E，加入少量酸，绿色随即褪去，变为紫色溶液 F，还有少量 A 沉出。经分离后，在 F 中加入酸化的 Na_2SO_3，紫色褪去变为 B。加入少量 $NaBiO_3$ 固体及 HNO_3，振荡并离心，又得到紫色溶液 F。确定各字母符号所代表的物质。

19-12 根据下列元素电势图：

$$MnO_4^- \xrightarrow{1.69V} MnO_2 \xrightarrow{1.22V} Mn^{2+}; \qquad IO_3^- \xrightarrow{1.20V} I_2 \xrightarrow{0.54V} I^-$$

说明当 pH = 0 时，分别在下列两种条件下，$KMnO_4$ 与 KI 溶液将会发生哪些反应(用反应方程式表示)?为什么?

(1) KI 过量；

(2) $KMnO_4$ 过量。

19-13 已知下列配合物的磁矩：$[Mn(C_2O_4)_3]^{3-}$：4.9B.M.；$[Mn(CN)_6]^{3-}$：2.8B.M.，试回答：

(1) 中心离子的价层电子分布?

(2) 中心离子的配位数?

(3) 估计哪种配合物较稳定?

19-14 根据锰的有关电对的 $E^{\ominus}$，判断当 $c(H^+) = 1.0mol \cdot L^{-1}$ 时，Mn^{3+} 能否歧化为 MnO_2 和 Mn^{2+}。若 Mn^{3+} 能歧化，计算此歧化反应的标准平衡常数。

(北京科技大学　　王明文)

第 20 章　过渡元素(Ⅱ)

第 20 章　导学

在元素周期表中，Ⅷ族是特殊的一族，它包括第四、五、六这三个周期中的 9 种元素，即铁(iron, Fe)、钴(cobalt, Co)、镍(nickel, Ni)，钌(ruthenium, Ru)、铑(rhodium, Rh)、钯(palladium, Pd)，锇(osmium, Os)、铱(iridium, Ir)、铂(platinum, Pt)。在这 9 种元素中，虽然也存在一般的垂直相似性(如铁、钌、锇)，但水平相似性(如铁、钴、镍)更为突出。为了研究方便，通常将第四周期第一过渡系的 3 种Ⅷ族元素 Fe、Co、Ni 称为铁系元素(ferrous elements)。由于镧系收缩，位于第二、第三过渡系的 Ru、Rh、Pd、Os、Ir、Pt 的性质非常相似，这 6 种元素称为铂系元素(platinum elements)。铂系元素被列为稀有元素，并与 Au、Ag 一起称为贵金属元素。

20.1　铁 系 元 素

20.1.1　铁系元素概述

教学视频
铁系元素的通性与单质

1. 铁系元素的基本性质

铁系元素基态原子的价层电子构型分别是 $3d^64s^2$(Fe)、$3d^74s^2$(Co)和 $3d^84s^2$(Ni)。它们的最外层都有两个电子，只是次外层的 3d 电子数不同，而且原子半径又相近，所以它们的性质很相似。

铁系元素中，除最外层的 2 个 4s 电子参与成键外，内层的 3d 轨道上的电子也能参与成键，从而呈现出多变氧化态。Fe 的稳定氧化态为+2 和+3，Co 和 Ni 的稳定氧化态为+2。与其他过渡元素不同，铁系元素没有呈现出与族数相对应的最高氧化数。按照 Fe、Co、Ni 的顺序，最高氧化数逐渐降低，分别为+6、+5、+4。这是因为随原子序数的增加，原子的有效核电荷增加，增强了核对 3d 电子的束缚作用，而且已成对的 d 电子处于比较稳定的状态而不易失去。在某些羰基化合物中，铁系元素的氧化数还可以为零。

铁系元素的标准电势图如图 20-1 所示。

在酸性溶液中，氧化数为+2 的铁系元素化合物最稳定，如 Fe 与盐酸作用生成 $FeCl_2$。在酸性条件下，氧化数为+2 的铁系元素的还原性按照 Fe(Ⅱ)、Co(Ⅱ)、Ni(Ⅱ)的顺序依次减小，氧化数为+3 的铁系元素的氧化性按照 Fe(Ⅲ)、Co(Ⅲ)、Ni(Ⅲ)的顺序依次增强。例如，在酸性溶液中，空气中的 O_2 可以将 Fe^{2+}氧化为 Fe^{3+}，但不能将 Co^{2+}和 Ni^{2+}氧化为 Co^{3+}和 Ni^{3+}；Co_2O_3

和 Ni_2O_3 可将浓盐酸氧化生成 Cl_2，但 Fe_2O_3 与浓盐酸只发生酸碱中和反应，没有 Cl_2 生成。

$$E_A^\ominus/V \quad FeO_4^{2-} \xrightarrow{2.20} Fe^{3+} \xrightarrow{0.771} Fe^{2+} \xrightarrow{-0.447} Fe$$

$$Co^{3+} \xrightarrow{1.83} Co^{2+} \xrightarrow{-0.28} Co$$

$$NiO_2 \xrightarrow{1.678} Ni^{2+} \xrightarrow{-0.257} Ni$$

$$E_B^\ominus/V \quad FeO_4^{2-} \xrightarrow{0.72} Fe(OH)_3 \xrightarrow{-0.56} Fe(OH)_2 \xrightarrow{-0.877} Fe$$

$$CoO_2 \xrightarrow{0.70} Co(OH)_3 \xrightarrow{0.17} Co(OH)_2 \xrightarrow{-0.73} Co$$

$$NiO_2 \xrightarrow{0.49} Ni(OH)_2 \xrightarrow{-0.72} Ni$$

图 20-1 铁系元素的元素电势图

在碱性介质中，Fe 的最稳定氧化态是+3，而 Co 和 Ni 的最稳定氧化态仍是+2。在碱性介质中将低氧化态的 Fe、Co、Ni 氧化为高氧化态，比在酸性介质中容易。

铁系元素的基本性质列于表 20-1。

表 20-1 铁系元素的基本性质

	铁	钴	镍
元素符号	Fe	Co	Ni
原子序数	26	27	28
相对原子量	55.845	58.933	58.693
价层电子构型	$3d^64s^2$	$3d^74s^2$	$3d^84s^2$
金属半径/pm	126	125	124
熔点/K	1 808	1 767	1 726
沸点/K	3 134	3 200	3 157
电离能 I_1/(kJ · mol^{-1})	759	758	737
电离能 I_2/(kJ · mol^{-1})	1 561	1 646	1 753
电负性	1.83	1.88	1.91
氧化数	+2、+3	+2、+3	+2、+3
密度/(g · cm^{-3})	7.86	8.90	8.90

2. 铁系元素的存在

铁系元素一般以氧化物或硫化物的形式存在于自然界。Fe 是地壳中丰度排第 4 的元素。在自然界，游离态的 Fe 只能从陨石中找到，分布在地壳中的 Fe 都以化合态存在。Fe 的主要矿物有赤铁矿(Fe_2O_3)、磁铁矿

(Fe_3O_4)、褐铁矿($2Fe_2O_3 \cdot 3H_2O$)、菱铁矿($FeCO_3$)和黄铁矿(FeS_2)。黄铁矿含硫高，不适宜炼铁，是生产 H_2SO_4 的重要原料。我国的铁矿资源储量居世界第 4 位，但贫矿多，富矿少，高品位的铁矿还有赖于从巴西和澳大利亚等国进口。

Co 在地壳中含量很少，虽然发现有 200 多种含钴的矿物，但有价值的很少，Co 常与 S、As 共生，如辉钴矿(CoAsS)。

Ni 在地壳中广泛存在，地心中的含量约为 10%，通常与 S、As、Sb 结合，与 Fe、Cu、Co 及贵金属伴生，如镍黄铁矿($NiS \cdot FeS$)。在加拿大发现了巨大的针镍矿(NiS)资源，据研究认为是由巨大陨石撞击而形成。

3. 铁系元素的主要用途

Fe、Co、Ni 三种元素在生产生活中都有重要的应用。在人类物质文明的发展进程中，金属铁的重要性独一无二，是唯一用名字命名一个时代(铁器时代)的元素。Fe 的出现使金属在结构材料和工具制造中的应用得到了巨大发展，从而产生了现代文明。目前，Fe 仍是最重要的结构材料。在当今冶炼的金属中，Fe 的份额超过 90%。在生物学上，Fe 在氧的输送和储存及电子传递中起着关键的作用，可以说没有 Fe 就没有生命。此外，在最近的几十年里，二茂铁等金属有机化合物的发现为 Fe 的研究及应用添加了新的动力。

Co 主要用于制造特种钢和磁性材料(如永久磁铁)。Co 的化合物主要用作催化剂、电池材料及颜料等。维生素 B_{12} 含有 Co，可用作防治恶性贫血病的药物。

Ni 是不锈钢的重要组成部分，含镍 2%～4%的钢用于制造电传输、再生声音的器械。Ni 还是一种很好的催化剂，常用于催化不饱和有机物的加氢反应及水蒸气中 CH_4 裂解生产 CO 和 H_2 的反应。

20.1.2 铁系元素的单质

1. 物理性质

铁系元素单质都是具有金属光泽的银白色金属(Co 略带灰色)，密度大，熔点高。由于它们的 3d 轨道上均含有未成对电子，因此均为磁性物质，它们的合金是很好的磁性材料。纯铁质软、强度差，只有将铁炼成钢并除去 S、P 等杂质，才能有较高的硬度和强度。钢铁(铁和碳形成的合金体系的总称)中的含碳量是影响其性质的关键因素。含碳量小于 0.02%的钢铁称为纯铁，大于 2.0%的称为生铁，处于 0.02%～2.0%之间的称为钢。高炉炼铁得到的是含碳量为 3%～4%的生铁。

铁系元素单质的熔点、沸点随原子序数的增加而降低，这可能是由 3d 轨道中成单电子数依次减少，金属晶体中自由电子数减少，金属键减弱引起的。

2. 化学性质

从铁系元素的元素电势图 20-1 可以看出，Fe、Co、Ni 均属于中等活泼的金属，活泼性按 Fe、Co、Ni 顺序递减。纯铁(块状)、钴、镍单质在空气和水中都很稳定，含杂质的 Fe 在潮湿的空气中会缓慢生成结构疏松的铁锈 $Fe_2O_3 \cdot nH_2O$。在常温和无水的条件下，铁系元素单质不与 O_2、S、Cl_2、P 等非金属起作用，但在高温下能发生剧烈反应：

$$4Fe + 3O_2 \xlongequal{} 2Fe_2O_3$$

$$3Fe + 2O_2 \xlongequal{} Fe_3O_4$$

$$2Fe + 3X_2 \xlongequal{} 2FeX_3(X = F、Cl、Br)$$

思考题 20-1

为什么 Fe 与卤素反应生成的产物 $FeX_3(X = F、Cl、Br)$中没有 FeI_3 这种物质?

Fe、Co、Ni 能从非氧化性酸中置换出 H_2(钴反应较慢)。例如，Fe 溶于稀的无机酸中，置换出氢，变为+2 氧化态离子。

冷的浓 H_2SO_4 能使 Fe 的表面钝化。Fe 能与 HNO_3 作用，但反应与 HNO_3 的浓度、反应温度有关。Fe 与冷的稀 HNO_3 作用，不会产生氮氧化物：

$$4Fe + 10H^+ + NO_3^- \xlongequal{} 4Fe^{2+} + NH_4^+ + 3H_2O$$

当 Fe 与热的稀 HNO_3 作用时，则生成 Fe^{2+}和 N_2O。当 HNO_3 的浓度大于 22%时，则将 Fe^{2+}氧化成 Fe^{3+}的同时，有 NO 或 NO_2 气体放出：

$$Fe + 4H^+ + NO_3^- \xlongequal{} Fe^{3+} + NO\uparrow + 2H_2O$$

$$Fe + 6H^+ + 3NO_3^- \xlongequal{} Fe^{3+} + 3NO_2\uparrow + 3H_2O$$

冷的浓 HNO_3 可使 Fe、Co、Ni 变成钝态，因此储运浓 HNO_3 的容器和管道可用铁制品。但有空气存在时，或与热稀 HNO_3 反应，则有一部分铁变为 Fe^{3+}。

铁系元素在碱性溶液中的稳定性较高，不易与碱反应。但 Fe 能被热的浓碱所侵蚀，而 Co 和 Ni 在碱性溶液中的稳定性比铁高，其中 Ni 的稳定性最高。因此，在实验室中可用镍制坩埚熔融强碱。

20.1.3 铁系元素的简单化合物

Fe、Co、Ni 常能形成氧化数为+2 和+3 的化合物。其中 Fe 以氧化数+3 的化合物较稳定，而 Co、Ni 以氧化数+2 的化合物较为稳定。这是由于 $Fe^{2+}(3d^6)$再丢失一个 3d 电子能成为半充满的稳定结构($3d^5$)，而 $Co^{2+}(3d^7)$和 $Ni^{2+}(3d^8)$却不能，因此较容易得到 Fe(Ⅲ)的化合物，而不易得到 Ni(Ⅲ)的化合物。氧化数为+2、+3 的 Fe、Co、Ni 离子，半径较小，又有未充满的 d 轨道，很容易形成配合物。

教学视频
铁系元素的氧化物和氢氧化物

教学视频
铁系元素的盐和配合物

1. 氧化数为+2 的化合物

1) 氧化物

铁系元素氧化数为+2 的氧化物主要有 FeO(黑色)、CoO(灰绿色)和 NiO(暗绿色)，它们溶于强酸而不溶于碱，为碱性。这些氧化物可以通过在隔绝空气的条件下，加热无氧化性的含氧酸盐(如碳酸盐、草酸盐等)而得到。

$$MCO_3 \xlongequal{\triangle} MO + CO_2\uparrow \qquad (M = Fe、Co、Ni)$$

$$MC_2O_4 \xlongequal{\triangle} MO + CO_2\uparrow + CO\uparrow \qquad (M = Fe、Co、Ni)$$

2) 氢氧化物

在严格无氧的条件下，向 Fe^{2+}、Co^{2+}、Ni^{2+}盐溶液中加入碱，即得到白绿色的 $Fe(OH)_2$、粉红色的 $Co(OH)_2$ 和果绿色的 $Ni(OH)_2$ 沉淀。

在碱性溶液中，Fe(Ⅱ)的还原性突然增大，这主要是由于 $Fe(OH)_2$ 与 $Fe(OH)_3$ 相比有较大的溶解度，因此在碱性溶液中 Fe(Ⅱ)很容易被空气中的氧所氧化，白绿色 $Fe(OH)_2$ 先部分被氧化为灰绿色沉淀，最后转化为红棕色的 $Fe(OH)_3$ 沉淀：

$$4Fe(OH)_2 + O_2 + 2H_2O \xlongequal{} 4Fe(OH)_3$$

$Co(OH)_2$ 能比较缓慢地被空气中的氧气氧化成棕褐色 $Co(OH)_3$ 沉淀：

$$4Co(OH)_2 + O_2 + 2H_2O \xlongequal{} 4Co(OH)_3$$

而在同样条件下绿色的 $Ni(OH)_2$ 不易被空气中的氧所氧化，只有在更强的氧化剂作用下(如 NaClO 或 NaBrO 等)，才会被氧化成黑色的 $Ni(OH)_3$ 沉淀：

$$2Ni(OH)_2 + NaClO + H_2O \xlongequal{} 2Ni(OH)_3 + NaCl$$

由以上实验现象可以得出，铁系元素氢氧化物 $M(OH)_2$ 的还原性按 $Fe(OH)_2$、$Co(OH)_2$、$Ni(OH)_2$ 的顺序依次减弱。

$Fe(OH)_2$ 呈碱性，但对碱也能显示出弱的反应能力，溶于浓碱溶液时生成$[Fe(OH)_6]^{4-}$。粉红色的 $Co(OH)_2$ 具有两性，溶于酸形成钴(Ⅱ)盐，溶于浓碱生成深蓝色的$[Co(OH)_4]^{2-}$离子。

3) 重要的盐

铁系元素氧化数为+2 的盐在性质上有许多相似之处。它们的强酸盐都易溶于水，并有微弱的水解，因而溶液显酸性。强酸盐从水溶液中析出结晶时，通常带有一定数目的结晶水，如 $MCl_2 \cdot 6H_2O$、$M(NO_3)_2 \cdot 6H_2O$、$MSO_4 \cdot 7H_2O$。

铁系元素+2 氧化态离子与许多弱酸根(如 F^-、CO_3^{2-}、$C_2O_4^{2-}$、CrO_4^{2-}、PO_4^{3-}、S^{2-}等)生成难溶盐，这些性质与 Mg^{2+}类似(除 MgS 易溶外)。

铁系元素的硫酸盐可由它们的氧化物溶于稀硫酸得到。$FeSO_4 \cdot 7H_2O$ 俗称绿矾，是其中最重要的硫酸盐。$FeSO_4$ 不稳定，易被氧化成黄褐色的碱式硫酸铁 $Fe(OH)SO_4$：

$$4FeSO_4 + O_2 + 2H_2O \xlongequal{} 4Fe(OH)SO_4\downarrow$$

因此，亚铁盐中常含有杂质 Fe^{3+}。为了防止 Fe^{2+}氧化，常在 $FeSO_4$ 溶液中加入少量的金属铁。

Fe^{2+}具有较强的还原性，在酸性溶液中可将较强的氧化剂，如 MnO_4^-、$Cr_2O_7^{2-}$、H_2O_2 等还原，这些反应可用于定量分析：

$$2MnO_4^- + 10Fe^{2+} + 16H^+ = 2Mn^{2+} + 10Fe^{3+} + 8H_2O$$

$$Cr_2O_7^{2-} + 6Fe^{2+} + 14H^+ = 2Cr^{3+} + 6Fe^{3+} + 7H_2O$$

$$H_2O_2 + 2Fe^{2+} + 2H^+ = 2Fe^{3+} + 2H_2O$$

$FeSO_4 \cdot 7H_2O$ 在空气中逐渐失去结晶水，风化得到无水 $FeSO_4$。无水 $FeSO_4$ 为白色粉状物，受到强热则分解成 Fe_2O_3 和硫的氧化物：

$$2FeSO_4 \xlongequal{\triangle} Fe_2O_3 + SO_2\uparrow + SO_3\uparrow$$

Co(Ⅱ)盐主要有 $CoSO_4 \cdot 7H_2O$ 和 $CoCl_2 \cdot 6H_2O$。其中 $CoCl_2 \cdot 6H_2O$ 是常用的钴盐，它在受热脱水过程中伴有颜色的变化：

$$\underset{\text{粉红}}{CoCl_2\cdot 6H_2O} \xrightleftharpoons{325K} \underset{\text{紫红}}{CoCl_2\cdot 2H_2O} \xrightleftharpoons{363K} \underset{\text{蓝紫}}{CoCl_2\cdot H_2O} \xrightleftharpoons{393K} \underset{\text{蓝}}{CoCl_2}$$

根据颜色变化，可判断其含结晶水的情况。利用这一特性可用来制备变色硅胶，即将 $CoCl_2$ 用作干燥剂硅胶的指示剂，指示硅胶的吸湿情况。制备时先用 $CoCl_2$ 溶液浸泡，再烘干使其呈蓝色。当蓝色硅胶吸水后，逐渐变为粉红色，表示硅胶吸水已达饱和。再将吸水硅胶烘干至蓝色，可重复使用。用稀 $CoCl_2$ 溶液在白纸上写字后几乎看不出字迹，烘烤后显出蓝色字迹，历史上曾作为隐显墨水。

镍(Ⅱ)盐以硫酸镍 $NiSO_4 \cdot 7H_2O$ 最为常见，为绿色结晶。常利用金属 Ni 与 H_2SO_4、HNO_3 的反应制备硫酸镍：

$$2Ni + 2HNO_3 + 2H_2SO_4 = 2NiSO_4 + NO_2\uparrow + NO\uparrow + 3H_2O$$

$NiSO_4$ 大量地用于电镀工业。

铁系元素的硫酸盐都能与碱金属或铵的硫酸盐形成复盐，如硫酸亚铁铵 $(NH_4)_2Fe(SO_4)_2 \cdot 6H_2O$(俗称摩尔盐)，它比 $FeSO_4 \cdot 7H_2O$ 更稳定，不易被氧化。在化学分析中，可用硫酸亚铁铵代替硫酸亚铁作为还原剂配制 Fe(Ⅱ)标准溶液，用于标定 $KMnO_4$ 或 $K_2Cr_2O_7$ 等标准溶液。

在 Fe^{2+}、Co^{2+}、Ni^{2+}溶液中加入 Na_2S 或$(NH_4)_2S$ 溶液，能生成黑色的 FeS、CoS、NiS 沉淀。这三种硫化物的 $K_{sp}^{\ominus}$ 均较大，可溶于稀盐酸中。

2. 氧化数为+3 的化合物

1) 氧化物

氧化数为+3 的铁系元素氧化物有 Fe_2O_3(砖红色)、Co_2O_3(黑褐色)和 Ni_2O_3(黑色)。它们可以通过氧化性的含氧酸盐(如硝酸盐)热分解得到。

$$4Fe(NO_3)_3 \xlongequal{\triangle} 2Fe_2O_3 + 12NO_2\uparrow + 3O_2\uparrow$$

$$4Co(NO_3)_2 \xlongequal{\triangle} 2Co_2O_3 + 8NO_2\uparrow + O_2\uparrow$$

砖红色的 Fe_2O_3 在工业上称为氧化铁红，有很强的着色力，广泛用作陶瓷、涂料的颜料，还可作为磨光剂和某些反应的催化剂。Fe_2O_3 是两性偏碱的氧化物，与酸反应生成 Fe(Ⅲ)盐，与碱性物质，如 NaOH、Na_2CO_3 等共熔反应，则形成 Fe(Ⅲ)酸盐：

$$Fe_2O_3 + 6HCl \xlongequal{} 2FeCl_3 + 3H_2O$$

$$Fe_2O_3 + Na_2CO_3 \xlongequal{\triangle} 2NaFeO_2 + CO_2\uparrow$$

铁还能形成混合价态的黑色氧化物 Fe_3O_4。Fe_3O_4 是强磁性物质，故又称为磁性氧化铁，过去曾认为它是 FeO 和 Fe_2O_3 的混合物，经 X 射线结构研究证明，Fe_3O_4 实质上是一种铁(Ⅲ)酸盐，即 $Fe^{II}[Fe^{III}Fe^{III}O_4]$。

Co_2O_3 和 Ni_2O_3 在酸性溶液中具有强氧化性，能与浓盐酸作用放出 Cl_2：

$$Co_2O_3 + 6HCl(浓) \xlongequal{} 2CoCl_2 + 3H_2O + Cl_2\uparrow$$

$$Ni_2O_3 + 6HCl(浓) \xlongequal{} 2NiCl_2 + 3H_2O + Cl_2\uparrow$$

Fe_2O_3、Co_2O_3 和 Ni_2O_3 的氧化性依次增强，Fe_2O_3 与浓盐酸作用没有 Cl_2 放出。

Co_2O_3 和 Ni_2O_3 是制备高温陶瓷颜料的重要原料。

拓展知识

纳米氧化铁

纳米材料是指三维空间中至少有一维处于纳米尺度范围(1～100 nm)或者由该尺度范围的物质为基本结构单元所构成的材料的总称。与普通材料相比，纳米材料具有许多独特的物理化学性质，如表面效应、体积效应、量子效应、界面效应及极高的反应活性等。这些特性使纳米科学已经成为当今世界上三大支柱科学(生命科学、信息科学、纳米科学)之一。

纳米氧化铁是指铁的氧化物及羟基氧化物等氧化铁系列纳米材料，按氧化态、晶型和结构的不同可分为 α-Fe_2O_3、β-Fe_2O_3、γ-Fe_2O_3、Fe_3O_4、FeO 和 α-FeOOH、β-FeOOH、γ-FeOOH 等。纳米级的氧化铁材料通常具有比氧化铁颗粒更好的物理和化学性质，呈现出更广阔的应用潜力，故而受到了越来越多的关注。

纳米氧化铁的主要应用有：

(1) 在催化方面的应用。纳米氧化铁具有很大的比表面积，表面效应显著，是一种很好的催化剂。目前纳米氧化铁作为催化剂使用主要运用在催化降解有机污染物、催化氧化有毒气体 CO 或者汽车尾气中的 NO_x 等，起到净化空气和保护环境的作用。将氧化铁纳米颗粒制成空心小球，浮在含有机物的废水表面上，在光照下可进行有机物的降解，美国、日本等国家已利用此方法处理海上石油泄漏造成的污染。纳米 α-Fe_2O_3 催化剂可使石油的裂解速度提高 1～5 倍，以其作为燃烧催化剂制成的固体推进剂的燃烧速度较普通推进剂可提高 1～10 倍，这对制造高性能火箭及导弹十分有利。

(2) 在磁性材料中的应用。纳米氧化铁具有良好的磁性和硬度，作为磁性材料的两种形式是软磁氧化铁(α-Fe_2O_3)和磁记录氧化铁(γ-Fe_2O_3)。软磁氧化铁已经在广播、雷达导航、无线电通信领域得到了使用。纳米磁记录氧化铁作为一种新型的材料，其记录密度大，特别在高磁记录密度领域有着巨大的潜力。磁性纳米氧化铁有着非常高的矫顽力，能大大提高信噪比，改善图像质量。

(3) 在生物医学方面的应用。靶向药物是目前药物技术研究的热点之一。在外加磁场的作用下，通过载体——纳米微粒的磁性导航，可以将包裹或表面修饰了药物分子的磁性纳米颗粒移向病变部位，达到靶向治疗的目的。这样不但可以极大地提高药物的效率，而且能减少药物对人体其他正常组织的损害，降低毒副作用。磁性氧化铁纳米颗粒具有比表面效应和磁效应，易定向和较高的生物安全性，可作为药物定向的有效载体。随着制备和表面修饰技术的不断发展，加上磁性氧化铁纳米颗粒具有的体内安全性、磁敏感性、表面结合位点多等优势，使纳米氧化铁成为靶向药物研究的理想材料之一。

除此之外，纳米氧化铁还在净水材料、光吸收材料、装饰材料、陶瓷材料等方面有着越来越多的应用。

2) 氢氧化物

$Fe(OH)_3$显两性，以碱性为主，新制的$Fe(OH)_3$能溶于强碱：

$$Fe(OH)_3 + KOH = KFeO_2 + 2H_2O$$

$Co(OH)_3$、$Ni(OH)_3$呈碱性，可溶于酸，但得不到相应的盐。原因是Co^{3+}和Ni^{3+}具有强的氧化性，能将H_2O、Cl^-等氧化成O_2或Cl_2：

$$2Co(OH)_3 + 6HCl = 2CoCl_2 + 6H_2O + Cl_2\uparrow$$

3) 重要的盐

铁系元素中，只有 Fe 能形成稳定的、氧化数为+3 的可溶性盐。Co^{3+}与Ni^{3+}由于具有强氧化性，它们的盐在热力学上通常都不稳定。例如，Co^{3+}的氯化物中，只CoF_3较稳定，$CoCl_3$在室温下就分解为$CoCl_2$和Cl_2，$CoBr_3$和CoI_3更不稳定。Ni^{3+}能将水氧化，因此在水溶液中不能稳定存在。

思考题 20-2

由于Fe^{3+}、Al^{3+}、Cr^{3+}电荷相同，半径相近，所以有许多相似之处，常在矿物中共存。但它们的电子构型不同，性质也有差异，设计实验将这三种离子分离。

常见Fe^{3+}可溶性盐有橘黄色的$FeCl_3\cdot 6H_2O$、浅紫色的$Fe(NO_3)_3\cdot 6H_2O$、浅黄色的$Fe_2(SO_4)_3\cdot 12H_2O$和浅紫色的$NH_4Fe(SO_4)_2\cdot 12H_2O$等。

三氯化铁是重要的Fe(Ⅲ)盐，包括无水$FeCl_3$和$FeCl_3\cdot 6H_2O$。无水$FeCl_3$可由铁屑与Cl_2在高温下直接反应得到：

$$2Fe + 3Cl_2 = 2FeCl_3$$

无水$FeCl_3$的熔点(555K)和沸点(588K)都比较低，能用升华法提纯，能溶于丙酮等有机溶剂中，这些都说明无水$FeCl_3$具有明显的共价性。在 673K 时，气态的$FeCl_3$以双聚分子Fe_2Cl_6的形式存在(图 20-2)，其结构与Al_2Cl_6很相似。在 1023K 以上时，双聚分子分解为单分子$FeCl_3$。

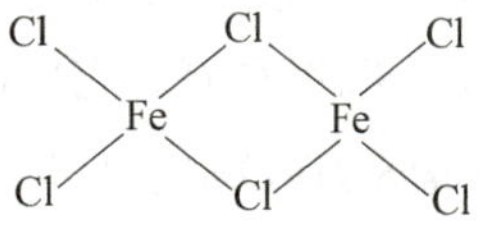

图 20-2 Fe_2Cl_6的结构示意图

无水$FeCl_3$在空气中易潮解，易溶于水，并形成含有 2～6 个结晶水的水合物。加热 $FeCl_3 \cdot 6H_2O$ 晶体，则水解失去 HCl 而生成碱式盐：

$$FeCl_3 \cdot 6H_2O = Fe(OH)Cl_2 \downarrow + HCl \uparrow + 5H_2O$$

在水溶液中，Fe^{2+}和 Fe^{3+}分别以$[Fe(H_2O)_6]^{2+}$和$[Fe(H_2O)_6]^{3+}$的形式存在。由于两种离子的 d 轨道均为未充满状态(价电子构型分别为 $3d^6$ 和 $3d^5$)，可以发生 d-d 跃迁，所以它们的水合离子均具有一定的颜色，$[Fe(H_2O)_6]^{2+}$为淡绿色，$[Fe(H_2O)_6]^{3+}$为淡紫色。通常所看到的 Fe(Ⅲ)盐溶液呈黄棕色或红棕色，这主要是 Fe^{3+}水解引起的颜色。

Fe^{3+}容易水解，使溶液显酸性。由于 Fe^{3+}比 Fe^{2+}电荷高，半径小，因此 Fe^{3+}比 Fe^{2+}更易发生水解。Fe^{3+}的水解过程较为复杂，首先发生水解生成黄色的$[Fe(H_2O)_5(OH)]^{2+}$，$[Fe(H_2O)_5(OH)]^{2+}$还可以再水解生成$[Fe(H_2O)_4(OH)_2]^+$：

$$[Fe(H_2O)_6]^{3+} + H_2O \rightleftharpoons [Fe(H_2O)_5(OH)]^{2+} + H_3O^+$$

$$[Fe(H_2O)_5(OH)]^{2+} + H_2O \rightleftharpoons [Fe(H_2O)_4(OH)_2]^+ + H_3O^+$$

另外，伴随着水解的进行，同时发生聚合反应生成二聚体$[Fe_2(H_2O)_8]^{4+}$：

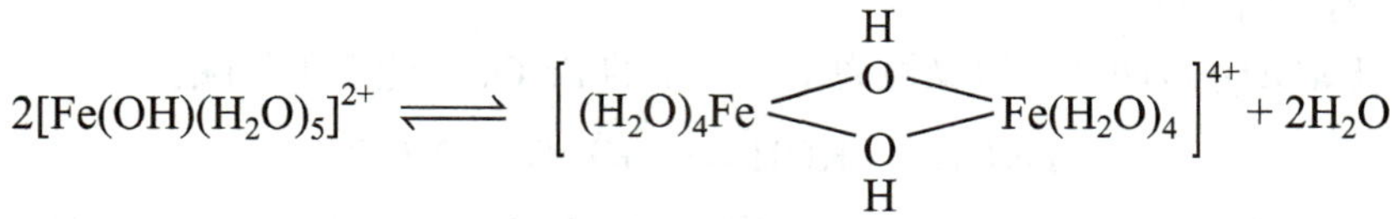

从水解平衡可以看出，当向溶液中加酸时，平衡向左移动，水解度降低。若溶液酸性较强($pH < 0$)，Fe^{3+}主要以淡紫色的$[Fe(H_2O)_6]^{3+}$形式存在。当 pH 增大时，水解程度增加，生成棕色的 β-FeO(OH)胶体。随着 pH 的继续升高，最终析出红棕色的 $Fe_2O_3 \cdot nH_2O$ 胶状沉淀[通常写成 $Fe(OH)_3$]。加热和增大 pH 都可以促进水解，使溶液的颜色加深；反之，加酸可以抑制水解，使颜色变浅。这也说明水解产物不是单一的，是多物种共存体系。

向 Fe^{3+}溶液中加入 CO_3^{2-}或 S^{2-}时，均生成 $Fe(OH)_3$ 沉淀，这也是 Fe^{3+}发生水解的一个表现。由于 Fe^{3+}水解产生的胶状 FeO(OH)能与污水中悬浮的泥土等杂质一起聚沉下来，使浑浊的水变澄清，因此 $FeCl_3$ 可用作净水剂。

长期以来在冶金和化工生产中采用 Fe^{3+}水解析出 $Fe(OH)_3$ 沉淀作为一种典型的除铁方法。但这种方法存在的一个缺点就是 $Fe(OH)_3$ 具有胶体性质，沉淀速度慢，过滤困难，且易于吸附其他离子，造成有价元素回收率低。

目前，在湿法冶金和化工中，广泛采用生成黄铁矾的方法除去杂质铁。即在酸度较大的情况下，Fe^{3+} 在溶液中以聚合的形式$[Fe_2(OH)_2]^{4+}$、$[Fe_2(OH)_4]^{2+}$存在，它们能与 SO_4^{2-}结合，生成浅黄色的复盐晶体，其化学式为 $M_2Fe_6(SO_4)(OH)_{12}$ ($M = K^+$、Na^+、NH_4^+)，俗称黄铁矾，如黄钾铁矾$[K_2Fe_6(SO_4)(OH)_{12}]$。黄铁矾在水中的溶解度小，而且颗粒大，沉降速度快，很容易过滤。

在酸性溶液中，Fe^{3+}是较强的氧化剂[$E^\ominus(Fe^{3+}/Fe^{2+}) = 0.771V$]，能将 I^-、H_2S、Cu、Sn^{2+}等氧化：

$$2FeCl_3 + 2KI = 2FeCl_2 + 2KCl + I_2$$

$$2FeCl_3 + H_2S = 2FeCl_2 + 2HCl + S$$

$$2FeCl_3 + Cu = 2FeCl_2 + CuCl_2$$

$$2FeCl_3 + SnCl_2 = 2FeCl_2 + SnCl_4$$

利用 Fe^{3+}的氧化作用，工业上可用 $FeCl_3$ 溶液在铁制品上刻蚀文字，或在铜板上制作印刷电路板。$FeCl_3$ 可以作为某些有机反应的催化剂。它能引起蛋白质的迅速凝聚，在医药上可用作伤口的止血剂。它还用作照相、制板、印染等的腐蚀剂和氧化剂。

3. 氧化数为+6 的化合物

在浓碱中，用 NaClO 可以将 $Fe(OH)_3$ 氧化为紫红色的 FeO_4^{2-}，将 Fe_2O_3、KNO_3 和 KOH 混合、加热、共熔，也能制得 K_2FeO_4：

$$2Fe(OH)_3 + 3ClO^- + 4OH^- = 2FeO_4^{2-} + 3Cl^- + 5H_2O$$

$$Fe_2O_3 + 3KNO_3 + 4KOH = 2K_2FeO_4 + 3KNO_2 + 2H_2O$$

从铁系元素的元素电势图(图 20-1)可以看出，FeO_4^{2-}在酸性溶液中具有很强的氧化性[$E^\ominus(FeO_4^{2-}/Fe^{3+}) = 2.20V$]，在水或者酸性的介质中不稳定，易被还原成 Fe^{3+}：

$$4FeO_4^{2-} + 20H^+ = 4Fe^{3+} + 3O_2\uparrow + 10H_2O$$

高铁酸盐是比 $KMnO_4$ 更强的氧化剂，它安全、无毒、无刺激，可以用作有机工业氧化剂的理想替代品。高铁酸盐也是一种优良的水处理剂，具有氧化杀菌的性质，其还原产物 $Fe(OH)_3$ 对各种阴阳离子都有吸附作用。

在碱性介质中，FeO_4^{2-} 的氧化性大大降低[$E^\ominus(FeO_4^{2-}/Fe(OH)_3) = 0.72V$]，能够稳定地存在。如前所述，在强碱性介质中，NaClO 等强氧化剂可以将 $Fe(OH)_3$ 氧化为 FeO_4^{2-}。利用这一原理可以制备高铁酸盐。

20.1.4 铁系元素的重要配合物

铁系元素都有空的 d 轨道可以接受电子对，能与许多配体形成结构与性质丰富多样的配合物。

1. 氨配合物

Fe^{2+}、Fe^{3+}和氨水作用时的产物都是氢氧化物，而难以形成稳定的氨配合物，说明这两种离子与 OH^-的结合能力比 NH_3 更强。

Co^{2+}、Ni^{2+}均能和氨形成氨合配离子$[Co(NH_3)_6]^{2+}$和$[Ni(NH_3)_6]^{2+}$，后者比前者更稳定。Co^{2+}与过量氨水反应时，首先生成土黄色$[Co(NH_3)_6]^{2+}$，在空气中可慢慢被氧化变成更稳定的红褐色的$[Co(NH_3)_6]^{3+}$：

$$4[Co(NH_3)_6]^{2+} + O_2 + 2H_2O = 4[Co(NH_3)_6]^{3+} + 4OH^-$$

思考题 20-3

$[Co(NH_3)_6]^{3+}$和 Cl^-能共存于同一溶液中，而 Co^{3+}和 Cl^-却不能共存于同一溶液中，试解释。

对比标准电极电势：

$$E^{\ominus}(Co^{3+}/Co^{2+}) = 1.83V > E^{\ominus}([Co(NH_3)_6]^{3+}/[Co(NH_3)_6]^{2+}) = 0.108V$$

可以看出，Co^{3+}氧化性很强，很不稳定，易被还原成Co^{2+}；而Co(Ⅲ)氨配合物的氧化性大为减弱，稳定性显著增强。

Ni^{2+}在过量的氨水中可生成蓝色$[Ni(NH_3)_4(H_2O)_2]^{2+}$及紫色$[Ni(NH_3)_6]^{2+}$。$Ni^{2+}$的配合物都比较稳定。例如，将$Ni(OH)_2$溶于HBr中，并加入过量的氨水，就会沉淀出紫色的溴化六氨合镍$[Ni(NH_3)_6]Br_2$：

$$Ni(OH)_2 + 2HBr + 6NH_3 = [Ni(NH_3)_6]Br_2\downarrow + 2H_2O$$

2. 氰配合物

Fe^{2+}、Fe^{3+}、Co^{2+}、Ni^{2+}等离子均能与CN^-形成配合物。Fe(Ⅱ)盐与KCN溶液作用得白色$Fe(CN)_2$沉淀，当KCN过量时$Fe(CN)_2$溶解，形成$[Fe(CN)_6]^{4-}$。

$$Fe^{2+} + 2CN^- = Fe(CN)_2\downarrow$$

$$Fe(CN)_2 + 4CN^- = [Fe(CN)_6]^{4-}$$

$[Fe(CN)_6]^{4-}$的钾盐$K_4[Fe(CN)_6]\cdot 3H_2O$为黄色晶体，俗称黄血盐。$[Fe(CN)_6]^{4-}$是一种沉淀剂，能与多种金属离子形成特殊颜色的难溶化合物，如Cu^{2+}(红棕)、Co^{2+}(绿)、Cd^{2+}(白)、Mn^{2+}(白)、Ni^{2+}(绿)、Pb^{2+}(白)、Zn^{2+}(白)等。在实验室，常用黄血盐与Cu^{2+}反应，生成红棕色$Cu_2[Fe(CN)_6]$沉淀来检验Cu^{2+}的存在。

向Fe^{3+}溶液中加入少量的黄血盐溶液，生成蓝色沉淀$KFe[Fe(CN)_6]$，俗称普鲁士蓝(Prussian blue)。该反应可用来检测溶液中的Fe^{3+}：

$$K_4[Fe(CN)_6] + Fe^{3+} = KFe[Fe(CN)_6]\downarrow + 3K^+$$

$K_4[Fe(CN)_6]$非常稳定，若用Cl_2、H_2O_2等氧化剂可将其氧化为$K_3[Fe(CN)_6]$：

$$2K_4[Fe(CN)_6] + Cl_2 = 2K_3[Fe(CN)_6] + 2KCl$$

反应中析出$K_3[Fe(CN)_6]$深红色晶体，俗称赤血盐。向Fe^{2+}的溶液中加入赤血盐溶液生成蓝色沉淀$KFe[Fe(CN)_6]$，称为滕氏蓝(Turnbull's blue)。该反应可用来检测溶液中的Fe^{2+}：

$$K^+ + Fe^{2+} + [Fe(CN)_6]^{3-} = KFe[Fe(CN)_6]\downarrow$$

经X射线衍射实验证实，普鲁士蓝和滕氏蓝具有相同的结构。因为两种氧化态的铁都位于配合物的内界，故将化学式写成$K[Fe^{III}Fe^{II}(CN)_6]$更为合理，其结构如图20-3所示。Fe(Ⅱ)、Fe(Ⅲ)相互交替地排列在立方体的八个角上，配体CN^-位于立方体的棱上，Fe(Ⅱ)与C原子相连，Fe(Ⅲ)与N原子相连，K^+位于立方体的体心。化合物显蓝色主要是由于电子在Fe(Ⅱ)和Fe(Ⅲ)之间传递。

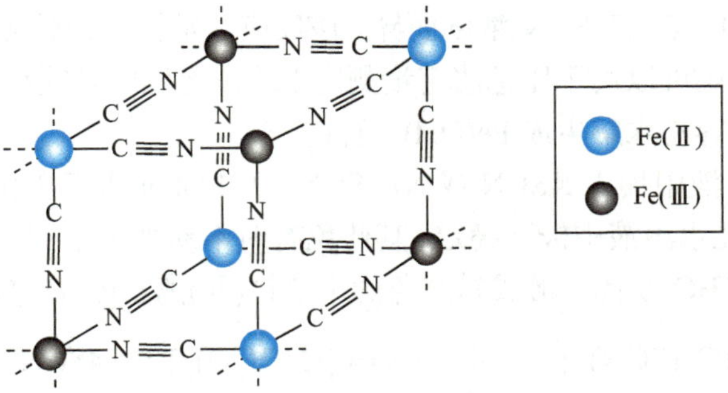

图 20-3　普鲁士蓝结构示意图(K^+未表示出)

普鲁士蓝是一种重要的蓝色颜料，色泽鲜艳，着色力强。此外，普鲁士蓝还可用作重金属铊中毒的解毒剂。

配离子$[Fe(CN)_6]^{4-}$和$[Fe(CN)_6]^{3-}$的稳定常数都非常大，分别为 1×10^{35} 和 1×10^{42}，表明它们在热力学上都非常稳定，后者比前者的稳定性更大。但是在处理含 CN^-废水时，常选用 Fe(Ⅱ)盐。这是因为 Fe(Ⅱ)盐与 CN^-生成的$[Fe(CN)_6]^{4-}$在动力学上是惰性的，很难与水中的其他配体发生交换，CN^-难以解离，不易产生二次污染，可以达到废水排放标准。而$[Fe(CN)_6]^{3-}$在动力学上是活性的，由于交换迅速进行，所以$[Fe(CN)_6]^{4-}$造成的二次污染毒性较大。

Co^{2+}与 KCN 反应，先生成 $Co(CN)_2$ 红色沉淀，再加入过量 KCN 溶液，生成紫红色的 $K_4[Co(CN)_6]$晶体：

$$Co^{2+} + 2KCN \xlongequal{\quad} Co(CN)_2\downarrow + 2K^+$$

$$Co^{2+} + 6KCN \xlongequal{\quad} K_4[Co(CN)_6]\downarrow + 2K^+$$

从标准电极电势 $E^\ominus[Co(CN)_6]^{3-}/[Co(CN)_6]^{4-} = -0.81V$ 来看，$[Co(CN)_6]^{4-}$不稳定，是一个很强的还原剂，容易被氧化。稍加热$[Co(CN)_6]^{4-}$的溶液，它就能被水中的 H^+氧化，还原出氢气：

$$2[Co(CN)_6]^{4-} + 2H_2O \xlongequal{\quad} 2[Co(CN)_6]^{3-} + 2OH^- + H_2\uparrow$$

Ni^{2+}与 CN^-反应，先生成 $Ni(CN)_2$ 灰蓝色沉淀，该沉淀溶于过量的 CN^-溶液中，形成橙黄色的$[Ni(CN)_4]^{2-}$：

$$Ni^{2+} + 4KCN \xlongequal{\quad} [Ni(CN)_4]^{2-} + 4K^+$$

$[Ni(CN)_4]^{2-}$配离子是 Ni^{2+}最稳定的配合物之一。研究表明，$[Ni(CN)_4]^{2-}$是反磁性物质，Ni^{2+}以 dsp^2 杂化成键。由于 Ni^{2+}中 $3d^8$ 电子与 CN^-的强烈排斥作用，Ni^{2+}稍偏离平面四方中心，成为变形平面四方几何构型。

3. 硫氰配合物

向 Fe^{3+}溶液中加入 KSCN 或 NH_4SCN，立即呈血红色，生成$[Fe(NCS)_n]^{3-n}$：

$$Fe^{3+} + nSCN^- \xlongequal{\quad} [Fe(NCS)_n]^{3-n}$$

其中 $n = 1\sim6$，随 SCN^-浓度而异。该反应非常灵敏，不仅可以用于 Fe^{3+}的定性鉴定，还可以用于比色法定量测定 Fe^{3+}。但反应必须在酸性环境下进行，否则 Fe^{3+}容易水解生成 $Fe(OH)_3$ 沉淀。

向 Co^{2+}溶液中加入 KSCN 或 NH_4SCN，可以形成蓝色的$[Co(SCN)_4]^{2-}$。$[Co(SCN)_4]^{2-}$在水溶液中极不稳定，其蓝色有时不易被观察到，主要原因是配体 SCN^-易被 H_2O 取代，形成粉红色的水合钴(Ⅱ)离子$[Co(H_2O)_6]^{2+}$：

$$[Co(SCN)_4]^{2-} + 6H_2O = [Co(H_2O)_6]^{2+} + 4SCN^-$$

$[Co(SCN)_4]^{2-}$在一些有机溶剂中能够稳定存在。向$[Co(SCN)_4]^{2-}$的水溶液中加入乙醚或戊醇，蓝色的$[Co(SCN)_4]^{2-}$可以被萃取到有机层而提高显色灵敏度。因此，可利用 SCN^-与 Co^{2+}反应，生成能在有机溶剂中稳定存在的蓝色物质$[Co(SCN)_4]^{2-}$的方法来检验 Co^{2+}。若试样中存在 Fe^{3+}，与 SCN^-反应生成的血红色将干扰 Co^{2+}的检验。此时可加入适量的 F^-，使 Fe^{3+}与 F^-反应生成稳定无色的$[FeF_6]^{3-}$，消除 Fe^{3+}对检验 Co^{2+}的影响。

Ni^{2+}可与 SCN^-反应，形成$[Ni(NCS)]^+$、$[Ni(NCS)_3]^-$等配合物，这些配离子均不太稳定。

物质鉴定

Fe^{3+}、Fe^{2+}、Co^{2+}的鉴定

Fe^{3+}的鉴定：向含有 Fe^{3+}的溶液中，加入 KSCN 溶液，溶液因生成$[Fe(NCS)_n]^{3-n}$呈血红色。

Fe^{3+}的鉴定：向含有 Fe^{3+}的溶液中，加入 $K_4[Fe(CN)_6]$溶液，会生成蓝色 $KFe[Fe(CN)_6]$沉淀。

Fe^{2+}的鉴定：向含有 Fe^{2+}的溶液中，加入 $K_3[Fe(CN)_6]$溶液，会生成蓝色 $KFe[Fe(CN)_6]$沉淀。

Co^{2+}的鉴定：向含有 Co^{2+}的溶液中加入乙醚或戊醇，再加入 KSCN 溶液，溶液因生成$[Co(SCN)_4]^{2-}$呈蓝色。

4. 其他重要配合物

1) 螯合物

铁系元素均能与一些多齿配体形成稳定的螯合物。例如，Fe^{3+}与草酸根($C_2O_4^{2-}$)反应生成黄绿色的$[Fe(C_2O_4)_3]^{3-}$。将 $FeCl_3$ 溶液与过量的 $K_2C_2O_4$ 溶液混合，能析出 $K_3[Fe(C_2O_4)_3]\cdot 3H_2O$ 绿色晶体。

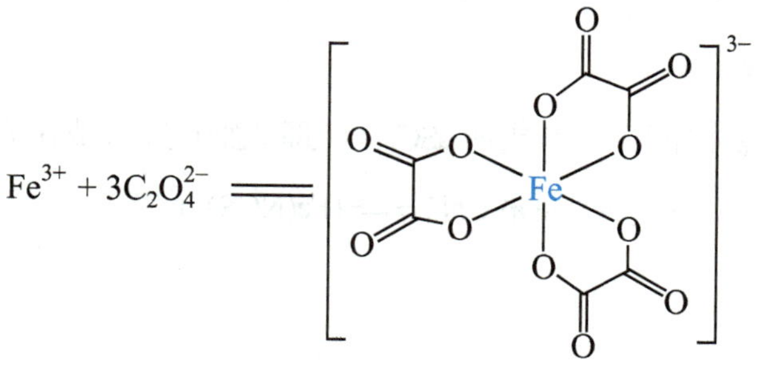

Fe^{3+}与磺基水杨酸反应生成紫红色的三(磺基水杨酸)合铁(Ⅲ)螯合配离子$[Fe(C_6H_3(OH)(COO)SO_3)_3]^{3-}$($pH \leqslant 4$)，可用于比色法测定$Fe^{3+}$。

Fe^{2+}与1,10-菲咯啉(phen)反应形成稳定的螯合物$[Fe(phen)_3]^{2+}$。$[Fe(phen)_3]^{2+}$在水溶液中为红色，可以将其氧化得到蓝色的$[Fe(phen)_3]^{3+}$。利用这种颜色的明显变化，可将1,10-菲咯啉用作容量分析中测定铁的指示剂。

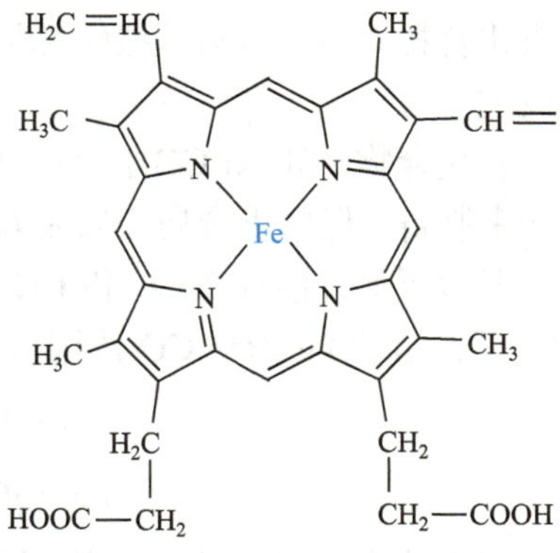

图 20-4 血红素的结构

在生物体内与呼吸作用密切相关的血红蛋白(hemoglobin)也是铁的重要螯合物，它是一种以Fe(Ⅱ)血红素配合物为辅基的蛋白质。血红素是Fe^{2+}与卟啉衍生物结合而成的大环配合物，其结构如图20-4所示。血红蛋白中的Fe^{2+}能可逆地结合氧分子，它能从氧分压较高的肺泡中摄取氧，并随着血液循环将氧气释放到氧分压较低的组织中去，从而起到输氧作用。CO或CN^-均为强场配体，它们与Fe^{2+}的配位能力均比氧高得多。所以人体一旦吸入CO或CN^-，它们极易与血红蛋白结合，致使血红蛋白丧失载氧的能力和作用，导致人体中毒。

Co^{3+}的重要螯合物是维生素B_{12}，它是钴(Ⅲ)与大环四齿配体咕啉形成的配合物，其结构详见本章“化学史话”——伍德沃德与维生素B_{12}。

Ni^{2+}能与乙二胺(en)形成螯合物$[Ni(en)_3]^{2+}$。由于螯合效应的影响，$[Ni(en)_3]^{2+}$的稳定性远大于$[Ni(NH_3)_6]^{2+}$，因此若在$[Ni(NH_3)_6]^{2+}$溶液中加入乙二胺，可以发生如下置换反应：

$$[Ni(NH_3)_6]^{2+} + 3en = [Ni(en)_3]^{2+} + 6NH_3$$

物质鉴定

Ni^{2+}的鉴定

向含有Ni^{2+}的溶液中，加入氨水和丁二酮肟，可生成鲜红色的螯合物二(丁二酮肟)合镍(Ⅱ)沉淀，利用该法可鉴定Ni^{2+}。

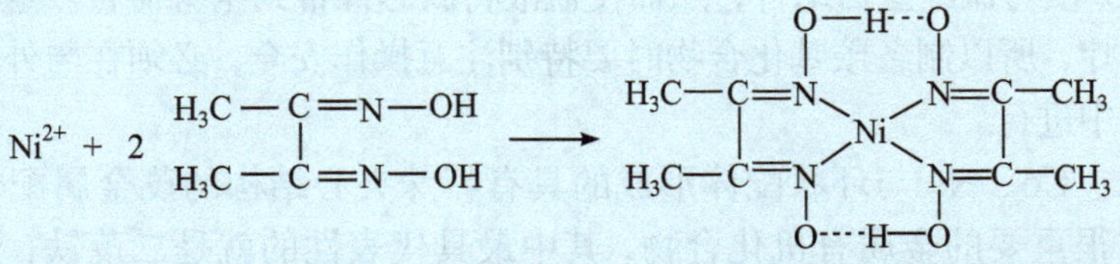

上述反应宜在pH为5～10的范围内进行。pH太高，易生成$Ni(OH)_2$沉淀；pH太低，螯合物易于分解。Fe^{2+}也与镍试剂反应，生成红色可溶性螯合物。为了避免Fe^{2+}对检验Ni^{2+}的干扰，可加入少量的H_2O_2将Fe^{2+}氧化成Fe^{3+}，以消除干扰。

2) 金属有机化合物

铁系元素通常还能与一些含碳中性分子，如一氧化碳、烯烃、炔烃、芳烃等形成特殊配合物——金属有机化合物(organometallic compound)。金属有机化合物是指金属原子(或离子)与有机基团中的碳原子直接键合而成的化合物。本教材 4.1.3 小节已简要地介绍了羰基化合物和茂金属配合物这两类金属有机化合物，本节再对这些特殊配合物的制备、结构、性质与反应等方面进行概述。

羰基化合物，如 $Ni(CO)_4$、$Fe(CO)_5$、$Co_2(CO)_8$ 等可以通过金属与 CO 直接化合来制备，但要求金属必须是新还原出来的具有较高活性的粉状物。例如，常温常压下，活性 Ni 粉和 CO 作用，可得到 $Ni(CO)_4$；在 200℃，2～20MPa 下，活性 Fe 粉与 CO 作用可得到 $Fe(CO)_5$：

$$Ni + 4CO \xlongequal{} Ni(CO)_4$$

$$Fe + 5CO \xlongequal{} Fe(CO)_5$$

除直接法合成外，也可以通过其他的方法制备羰基化合物。例如，在 120～200℃和 25～30MPa 下，用 $CoCO_3$ 在氢气气氛中与一氧化碳反应，可得到 $Co_2(CO)_8$：

$$2CoCO_3 + 8CO + 2H_2 \xlongequal{} Co_2(CO)_8 + 2CO_2 + 2H_2O$$

羰基化合物的熔点和沸点一般都比较低，容易挥发(表 20-2)。大多数金属羰基化合物不溶于水，可溶于有机溶剂，受热易分解为金属和 CO，常利用这类分解反应来分离或提纯金属。一般先将金属制成羰基化合物，然后使之挥发与金属中的杂质分离，得到纯的羰基化合物；再将羰基化合物分解，便可得到很纯的金属。例如，$Fe(CO)_5$ 的蒸气在 200～250℃分解，可以得到纯度很高的铁粉。这种方法制得的纯铁粉可用于制造磁铁和催化剂。

表 20-2 铁、钴、镍羰基化合物的性质

羰基化合物	颜色	常温下状态	熔点/K	沸点/K
$Fe(CO)_5$	浅黄	液体	253	376
$Co_2(CO)_8$	深橙	固体	(324～325K 分解)	—
$Ni(CO)_4$	无色	液体	248	316

特别值得注意的是，羰基化合物有毒。例如，吸入的 $Ni(CO)_4$ 进入血液后，CO 便与血红蛋白结合，从而使血液将胶态镍带到全身器官。这种中毒很难治疗，所以制备羰基化合物时要特别注意操作安全，必须在与外界隔绝的容器中进行。

Fe、Co、Ni 与环状配体形成的具有特殊夹心结构的茂金属配合物也是一类很重要的金属有机化合物，其中最具代表性的就是二茂铁，该化合物的合成是金属有机化学发展的一个里程碑。在二茂铁结构中，环戊二烯基 $C_5H_5^-$ 为平面五元环结构[图 20-5(a)]，每个 C 原子上各有一个垂直于其平面的 2p 轨道“肩并肩”重叠形成 Π_5^6 离域 π 键。2 个 $C_5H_5^-$ 各提供 6 个电子与铁配位，并将其夹在中间。二茂铁结构中没有未成对电子，因此属于反磁性物质。

研究表明，在固相时二茂铁中的两个茂环为交错型[图 20-5(b)]，在气相时为重叠型[图 20-5(c)]，但气相中仍有相当部分分子为交错型或接近交错型的结构，而在溶液中时茂环可以自由旋转。

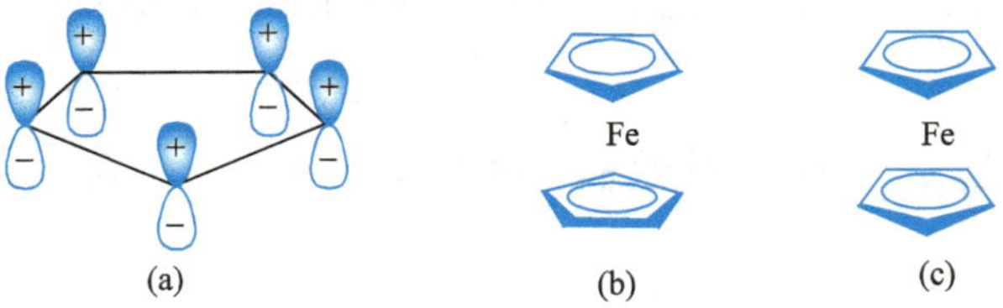

图 20-5　环戊二烯基和二茂铁的夹心结构

二茂铁为橙黄色具有反磁性的固体，熔点为 446K，但在 373K 即发生升华。不溶于水，易溶于乙醚、苯、乙醇等有机溶剂中，是典型的共价化合物。

二茂铁等茂金属配合物可以通过先将环戊二烯与 Na 或 NaOH 在四氢呋喃中反应生成环戊二烯基钠，再将环戊二烯基钠与过渡金属盐反应而制得：

$$2Na(C_5H_5) + Fe^{2+} \longrightarrow (C_5H_5)_2Fe + 2Na^+$$

另外，由格式试剂 C_5H_5MgBr 与 $FeCl_2$ 反应也可制得二茂铁：

$$2C_5H_5MgBr + FeCl_2 \longrightarrow (C_5H_5)_2Fe + MgBr_2 + MgCl_2$$

二茂铁中的茂环具有一定的芳香性，因此在茂环上可以发生一些类似于苯的反应，如烷基化反应、酰基化反应、酯化反应等。例如，在路易斯酸(如 $AlCl_3$)的作用下，茂环上氢可以被酰基取代。

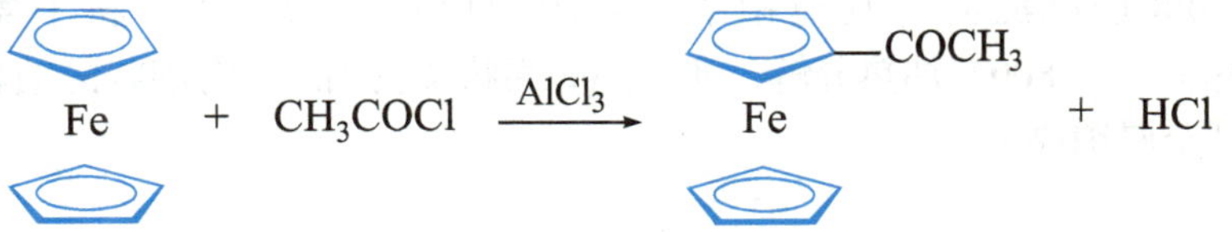

拓展知识

1973 年的诺贝尔化学奖被授予德国科学家费歇尔(E. O. Fischer)和英国科学家威尔金斯(G. Wilkinson)，以表彰他们在金属有机化学和茂金属化学领域的开拓性贡献。

20.2 铂 系 元 素

教学视频
铂系元素

20.2.1 铂系元素概述

1. 氧化数

铂族元素的价电子构型分别为 Ru($4d^75s^1$)、Rh($4d^85s^1$)、Pd($4d^{10}5s^0$)、Os($5d^66s^2$)、Ir($5d^76s^2$)、Pt($5d^96s^1$)。受镧系收缩的影响，铂系元素的原子半径相差不大，价层电子能量相差不大。Os 和 Ir 的电子属正常排布，最外层 ns 轨道上有 2 个电子，其余四种元素的 ns 轨道都只有 1 或 0 个电子，这说明铂系元素原子的最外层电子有从 ns 填入$(n-1)$d 层的强烈趋势，也说明它们的$(n-1)$d 和 ns 原子轨道之间的能级间隔小，因而有多种不同的氧化数。受价电子构型差异的影响，铂系元素的最常见氧化数不大一样。除 Ru 和 Os 外，其余元素的最高氧化数均低于族数。各元素的主要氧化数分别为 Ru(+4、+8)、Rh(+3)、Pd(+2)、Os(+6、+8)、Ir(+3、+4)、Pt(+2、+4、+6)。与铁系元素类似，同一周期从左到右，各元素高氧化态的稳定性逐渐降低。

铂系元素的氧化态和氧化还原性质表示在图 20-6 所示的元素电势图中。

$E_A^\ominus$/V：

$$RuO_4 \xrightarrow{1.29} RuO_2 \xrightarrow{1.99} Ru^{3+} \xrightarrow{0.2487} Ru^{2+} \xrightarrow{0.455} Ru$$

$$Rh^{3+} \xrightarrow{0.758} Rh$$

$$Pd^{2+} \xrightarrow{0.951} Pd$$

$$OsO_4 \xrightarrow{1.02} OsO_2 \xrightarrow{0.66} Os$$

$E_B^\ominus$/V：

$$Pd(OH)_2 \xrightarrow{0.07} Pd$$

$$Ir_2O_3 \xrightarrow{0.098} Ir$$

$$Pt(OH)_2 \xrightarrow{0.14} Pt$$

图 20-6　铂系元素的元素电势图

2. 存在和提取

铂系元素在地壳中的储量很少，稳定性也很高，在自然界几乎完全以单质状态存在。由于在性质上有很多相似之处，所以铂系元素在自然界中常共生在一起，并高度分散在各种矿物中。因此，铂系元素单质的提取过程较为复杂。钯主要是从精炼镍的副产物中提取的。铂虽属于稀有资源，但全球均有发现。南非、俄罗斯和加拿大等国当今都在开采铂矿，但铂通常是从铜、镍的精炼过程中提取。利用化学方法，也可以从天然铂矿中提取铂。主要方法就是利用铂容易形成配合物这一性质，先用王水溶解铂矿，将其转化成氯铂酸(H_2PtCl_6)，再向 H_2PtCl_6 溶液中加入铵盐，形成氯铂酸铵[$(NH_4)_2PtCl_6$]沉淀而与其他铂系元素的配位化合物分离。将干燥后的$(NH_4)_2PtCl_6$于 800℃加热分解，便得到海绵状金属铂。将海绵状的铂熔炼，可得到金属铂块。

20.2.2　铂系元素的单质

铂系元素除锇为蓝灰色外，其余都是银白色。它们都是难熔的金属，同一周期三种元素中，熔点从左至右逐渐降低，其中 Os 的熔点最高(3318K)，Pd 的熔点最低(1825K)。熔点的变化趋势与铁系金属相似，这是因为 *n*d 轨道中成单电子数从左至右逐渐减少，金属键逐渐减弱。铂系元素的密度都很大，其中 Os 是密度最大的金属($22.57 g \cdot cm^{-3}$)。它们的可塑性从左至右逐渐增大。Ru 和 Os 硬而脆，不易加工；而 Pt 最易加工，冷轧可以制得厚度为 2.5μm 的箔。大多数铂系金属能吸收气体，尤其是氢气，其中 Pd 的吸氢能力最大。

铂系元素的化学稳定性非常高，常温下与氧、硫、氯等非金属元素不发生反应，必须在高温下才反应，生成相应的化合物。这种化合物一般不稳定，在高温下又重新分解出金属。

铂系元素对酸的稳定性比其他各族金属都高。Pd 能溶于硝酸和热硫酸中，Pd和Pt都溶于王水，而Ru、Os、Rh、Ir不溶于普通强酸，甚至不溶于王水。

$$Pd + 4HNO_3(浓) = Pd(NO_3)_2 + 2NO_2\uparrow + 2H_2O$$

$$3Pt + 4HNO_3 + 18HCl = 3H_2[PtCl_6] + 4NO\uparrow + 8H_2O$$

铂系元素的单质及其化合物是非常重要且常用的催化剂，催化活性高。例如，Ru和Os可作为某些加氢反应的催化剂；Rh可用作汽车尾气净化的催化剂，还可以催化加氢反应或氢甲酰化反应；Pd可作为加氢和脱氢反应的催化剂；Pt可以催化氨氧化法制硝酸、石油重整、汽车尾气净化等反应。此外，铂可用于制作实验室使用的铂坩埚、铂蒸发皿和铂电极等。铂还是首饰加工的良好材料，铂铑合金可作为热电偶材料，用来测定1473～2023K范围内的温度。

拓展知识

美国科学家理查德·赫克和日本科学家根岸英一和铃木章因在“有机合成领域中钯催化交叉偶联反应”方面的卓越成就，共同获得2010年的诺贝尔化学奖。三位科学家通过实验发现，碳原子会和钯原子连接在一起，进行一系列化学反应。这一技术让化学家们能够精确有效地制造人们需要的复杂化合物。

20.2.3 铂系元素的化合物

1. 氧化物

在常温下，铂系元素对氧很稳定，在高温或者炽热的空气中会发生氧化，生成相应的氧化物。铂系元素的氧化物主要有RuO_2、RuO_4，Rh_2O_3、RhO_2，PdO，OsO_2、OsO_4，IrO_2，PtO_2等。

Ru、Rh、Pd在空气中加热时也可形成氧化物RuO_2、Rh_2O_3和PdO。其中Rh、Pd需要在炽热高温时，才能反应；温度再上升，氧化物又将分解。当Cl_2流通入钌酸盐的酸性溶液时，金黄色的RuO_4便挥发出来。RuO_4在真空中升华，在大约450K时爆炸分解成RuO_2和O_2。

粉状Os在室温下的空气中会发出一种淡淡的特殊气味，这是因为Os会慢慢地被氧化，生成无色、具有特殊气味的OsO_4。块状的金属Os加热到773K以上，则会在空气中燃烧生成OsO_4。

RuO_4和OsO_4为共价型化合物，四面体结构，微溶于水，易溶于CCl_4，利用它们的挥发性，可以将钌和锇与其他铂系金属分开。RuO_4和OsO_4的蒸气都有特殊的臭味，且有毒。例如，OsO_4的蒸气对眼睛和呼吸道有剧毒，甚至能造成暂时失明。

RuO_4和OsO_4均是强氧化剂，OsO_4在有机合成中可用作氧化剂。它们均能与强碱作用，但得到的产物不一样：

$$2RuO_4 + 4OH^- = 2[RuO_4]^{2-} + 2H_2O + O_2$$

Ir在高温时氧化生成的是氧化物的混合物。

Pt对氧的稳定性比铂系其他元素的更高，在空气中加热很难与氧化合，其氧化物可由如下方法制得：向$PtCl_4$溶液中加碱，得到黄色的两性水合二氧化物沉淀，再加热脱水生成近黑色的PtO_2。

2. 卤化物

铂系元素的卤化物种类繁多，其中以氟化物的数量最多，而且氧化数最高。高氧化数的氟化物比较稳定，其他卤化物趋于形成低氧化数卤化物。

除 Pd 外，其他铂系元素的六氟化物 MF_6 都是已知的，其中以 PtF_6 研究得最多。PtF_6 是目前已知的化合物中最强的氧化剂之一，它可以氧化 O_2 生成 $O_2^+[PtF_6]^-$，也能将 Xe 氧化成 $Xe[PtF_6]$。

五氟化物，如 OsF_5、PtF_5 等通常为四聚体结构，金属原子的配位数为 6，八面体构型，金属原子通过氟原子桥连(图 20-7)。

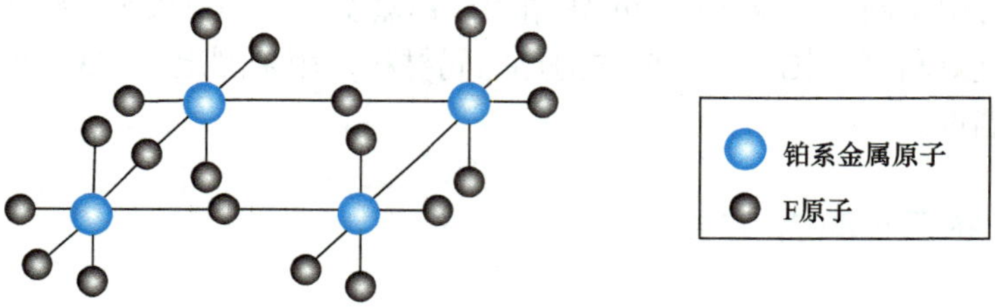

图 20-7　铂系元素五氟化物四聚体结构示意图

所有铂系元素都能生成四卤化物。四氟化物遇水后激烈地水解。铂的四溴化物或四碘化物为深褐色的化合物，均可通过单质直接合成。

大多数三卤化物可由单质直接合成，或者从溶液中以沉淀析出。$RhCl_3$ 是铑最常见的化合物，红色固体，1073K 时挥发，化学性质呈惰性，通常不溶于水。

二卤化物以 Pt 和 Pd 居多。在红热的条件下，将 Pd 直接氯化得 $PdCl_2$。$PdCl_2$ 容易被甲醛等还原成金属 Pd。利用 $PdCl_2$ 与 CO 作用生成黑色金属 Pd 的反应可以鉴定 CO 的存在，并估算 CO 的含量。$PtCl_2$ 通常由 $PtCl_4$ 热分解制得。$PdCl_2$ 和 $PtCl_2$ 可溶解在盐酸中分别形成 $H_2[PdCl_4]$ 和 $H_2[PtCl_4]$。

3. 配合物

铂系元素与铁系元素一样可形成很多配合物。Pd(Ⅱ)、Pt(Ⅱ)、Ir(Ⅰ)、Rh(Ⅰ)等 d^8 构型离子与强场配体常形成反磁性的平面四边形配合物。这些正方形配合物配位不饱和，在适当的条件下，可在 z 轴的方向加入配体，使配合物的配位数发生改变，形成配位数为 6 的八面体结构，有时其氧化态也会变化。这种配位数、氧化态的变化，有可能使分子活化，这是目前对许多均相催化剂反应机理的一种解释。

1) 卤素配合物

大多数铂系元素都能生成卤配合物，其中最常见的是氯的配合物。例如，红色的 $H_2[PdCl_6]$、橙红色的 $H_2[PtCl_6]$ 及其盐是很重要的铂系金属配合物。

在 Pt(Ⅳ)化合物中加碱，可以得到两性的氢氧化铂 $[Pt(OH)_4]$。它溶于盐酸得 $H_2[PtCl_6]$，溶于碱得铂酸盐：

$$PtCl_4 + 4NaOH \longrightarrow Pt(OH)_4 + 4NaCl$$

$$Pt(OH)_4 + 6HCl \longrightarrow H_2[PtCl_6] + 4H_2O$$

$$Pt(OH)_4 + 2NaOH \longrightarrow Na_2[Pt(OH)_6]$$

将氯化铵或氯化钾加到 $H_2[PtCl_6]$中，生成难溶的氯铂酸铵或氯铂酸钾：

$$H_2[PtCl_6] + 2NH_4Cl \longrightarrow (NH_4)_2[PtCl_6] + 2HCl$$

$$H_2[PtCl_6] + 2KCl \longrightarrow K_2[PtCl_6] + 2HCl$$

氯铂酸铵不稳定，加热分解得海绵状铂。此反应可用于铂系金属的提纯：

$$(NH_4)_2[PtCl_6] \xlongequal{\triangle} Pt + 2NH_4Cl + 2Cl_2\uparrow$$

用草酸钾、二氧化硫等还原剂和氯铂酸盐反应可生成氯亚铂酸盐：

$$K_2[PtCl_6] + K_2C_2O_4 \longrightarrow K_2[PtCl_4] + 2KCl + 2CO_2\uparrow$$

2) 氨配合物

铂系元素最重要的氨配合物为二氯二氨合铂$[Pt(NH_3)_2Cl_2]$，其结构为平面四边形。$[Pt(NH_3)_2Cl_2]$有顺式(*cis*-)和反式(*trans*-)两种几何异构体，其中顺式结构(即顺铂)是治疗癌症的主要药物之一。这两种异构体的结构与性质上的差异已在本教材 4.2.2 小节中有介绍。它们除可通过颜色、溶解度和偶极矩的差别进行区分外，还可以利用与硫脲反应的产物不同予以区分。顺式异构体生成黄色的氯化四硫脲合铂(Ⅱ)晶体，反式异构体生成无色的氯化二氯二硫脲合铂(Ⅱ)晶体。另外，也可以通过测定它们的红外光谱进行鉴定。

3) 其他配合物

铂系元素可以与 CO 形成羰基化合物，如$[Pd(CO)_4]$、$[Ru(CO)_5]$、$[Os(CO)_5]$、$[Rh_2(CO)_8]$、$[Os_2(CO)_9]$等。这些羰基化合物除 Ru、Os 的单核羰基化合物为液体外，其余羰基化合物均为固体。多核羰基化合物均具有颜色，且颜色随金属原子序数的增加而逐渐加深。固体羰基化合物的熔点低、易升华，都是典型的共价化合物，多数易溶于非极性溶剂，受热易分解为金属和一氧化碳。大多数羰基化合物是反磁性的。利用羰基化合物加热分解的性质可以制备纯金属。

1827 年，丹麦化学家蔡斯(W. C. Zeise)将乙烯通入氯亚铂酸盐 $K_2[PtCl_4]$的稀盐酸溶液中，再用乙醚萃取制得了第一个金属不饱和烃配合物——$K[PtCl_3(C_2H_4)]\cdot H_2O$，俗称蔡斯盐。蔡斯盐是人们最早合成的金属有机化合物，标志着金属有机化学这一学科发展的开端。

$$[PtCl_4]^{2-} + C_2H_4 \longrightarrow [PtCl_3(C_2H_4)]^- + Cl^-$$

蔡斯盐的结构直到 20 世纪 50 年代才研究清楚。经 X 射线分析证明，$[PtCl_3(C_2H_4)]^-$呈平面四边形构型，3 个 Cl^-和中心离子 Pt^{2+}在同一个平面，该平面与 C_2H_4 的 C＝C 键垂直，C_2H_4 的两个 C 原子和 Pt^{2+}保持等距离，结构如图 20-8 所示。

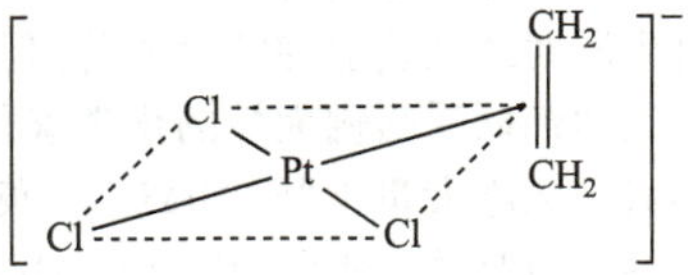

图 20-8　$[PtCl_3(C_2H_4)]^-$的结构

在$[PtCl_3(C_2H_4)]^-$中，中心离子Pt^{2+}采取dsp^2杂化接受3个Cl^-的3对孤对电子和乙烯的π电子形成4个σ配键；同时Pt^{2+}未参与杂化、充满电子的d轨道和乙烯的π^*反键空轨道重叠形成反馈π键(图20-9)。当乙烯分子与Pt^{2+}配位后，一方面，乙烯分子中的π成键轨道上的电子与Pt^{2+}形成σ配键而偏离乙烯；另一方面，乙烯分子的π^*反键空轨道又填入了Pt^{2+}的电子。这两方面都起到稳定配合物的作用，同时也起到了削弱乙烯分子中C＝C键的作用，使乙烯分子活化，有利于乙烯被氧化为乙醛。例如，蔡斯盐中配位的C_2H_4分子中的C＝C键的键长为137pm，比单独的C_2H_4分子中C＝C键的键长(133.7pm)更长，表明σ-π键的形成削弱了乙烯中的C＝C键，也说明了Pt^{2+}在乙烯氧化反应中起了催化作用。

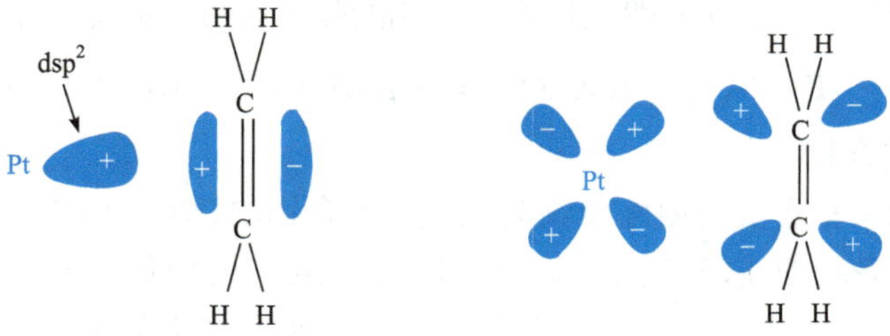

图20-9　C_2H_4分子与Pt^{2+}形成σ配键和反馈π键示意图

化学史话

伍德沃德与维生素B_{12}

罗伯特·伯恩斯·伍德沃德（R. B. Woodward，1917—1979，美国有机化学家）

19世纪40年代末，英国内科医生阿迪生报道了一种恶性贫血病，病人往往在3～5年内死亡，当时每年约有5万人因该病去世。此后70多年间，始终无法找到恶性贫血的病因，病人处于绝望境地。1926年，美国哈佛医学院的米诺特和莫菲等发现食用新鲜牛肝对恶性贫血症疗效显著。但让病人每天食用1斤左右的生牛肝，实在难以下咽。于是他们联手哈佛大学的化学家科恩，从牛肝中提取出浸膏，疗效提高50倍，病人不必每天吃大量生肝。1948年，英美两国的科学家几乎同时从牛肝浓缩物中分离出了一种红色晶体，命名为维生素B_{12}(简写为VB_{12})。用VB_{12}治疗恶性贫血，疗效比肝浓缩物提高一万倍。

1956 年，英国科学家霍奇金利用 X 射线衍射法确定了 VB_{12} 的晶体结构，并因此荣获 1964 年诺贝尔化学奖。VB_{12} 是一种 Co(Ⅲ)配合物，是维生素家庭中分子量最大、结构最复杂、唯一含金属元素的成员，也是除聚合物外分子量最大的天然产物，其结构如图 20-10 所示。VB_{12} 的结构确定为其后的人工合成和深入研究奠定了基础。

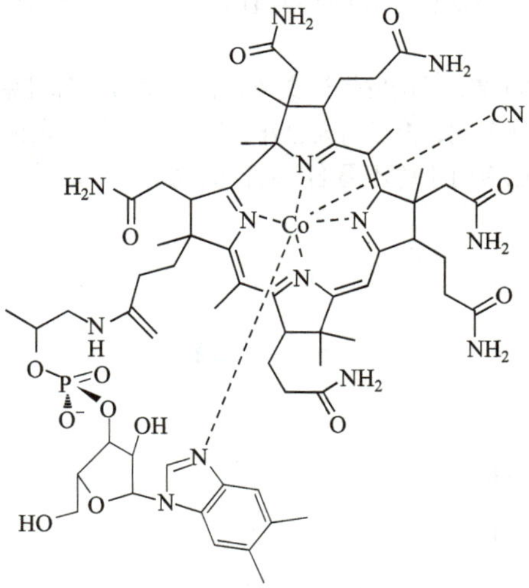

图 20-10　维生素 B_{12} 的结构

起初，由于 VB_{12} 只能从牛肝中提取，所以价格十分昂贵，且供不应求，这促使人们考虑人工合成 VB_{12}。VB_{12} 分子含有 181 个原子，空间结构呈魔毡状，结构非常复杂，性质脆弱，在强酸、强碱、高温作用下都容易分解。此外，VB_{12} 拥有 9 个手性基团，这样理论上就有 512 种立体异构体，合成难度可想而知。

20 世纪 60 年代，美国哈佛大学教授伍德沃德组织了全球 14 个国家的 110 多位研究人员开始进行 VB_{12} 这个复杂天然大分子的化学全合成研究工作。伍德沃德是 20 世纪科学史上一位传奇式人物，他合成了数十种复杂有机化合物，被誉为“现代有机合成之父”，也因在有机合成方面的杰出贡献荣膺 1965 年诺贝尔化学奖。

复杂化合物的全合成主要有两种策略，即线性合成和汇聚合成。线性合成是指先合成一个核心结构，然后由此核心结构逐渐扩大分子，最终完成整体分子的合成；汇聚合成是指先合成分子的若干片段结构，然后再将这些片段“拼接”到一起从而得到整体分子。化学家们多数情况下采用汇聚合成策略，因为这种合成策略更直观、更高效。对于 VB_{12} 这样复杂的大分子，伍德沃德等也采用了汇聚合成策略，即先合成 VB_{12} 分子的若干片段，然后再将这些片段“拼接”到一起，从而最终完成全合成。经过 11 年的艰苦工作，伍德沃德等科学家们共做了近千个复杂的有机合成实验，终于在 1972 年宣布完成了 VB_{12} 的全合成，实现了这项极为复杂的合成工作，登上了有机合成的巅峰。时至今日，VB_{12} 的全合成仍被认为是有机合成史上最伟大的成就之一。

令人赞叹的是，伍德沃德合成许多天然产物仅仅靠光谱结构，大多数科学家认为这些不可能在实验室里完成，而他应用物理有机化学原理和精密逻辑推理，使“不可能”最终成为可能。他的合成过程还包含大量艺术成分，自此以后，当化学家进行有机物合成路线的设计时，在考虑实用性的基础上还力求路径优雅，这种风格得益于伍德沃德的影响。

伍德沃德还善于从实践中总结并提出理论。在 VB_{12} 合成过程中，不仅存在一个创立新的合成技术的问题，还遇到一个传统化学理论不能解释的有机理论问题。他发现了有机反应的一个基本规律，即分子轨道对称性。此规律对反应的难易和产物的构型起决定作用。为此，他于 1965 年参照日本化学家福井谦一提出的“边界电子论”，和他的学生兼助手霍夫曼一起，提出了分子轨道对称守恒原理，通常称为伍德沃德-霍夫曼规则。这一理论用对称性简单直观地解释了许多有机化学过程。轨道对称守恒是 20 世纪 60 年代有机化学领域最重要的理论进展，使霍夫曼和福井谦一共同获得了 1981 年诺贝尔化学奖。遗憾的是，伍德沃德已在两年前逝世，否则他将极有可能第二次获诺贝尔化学奖。

拓展阅读

伍德沃德特别注重细节，无论发表论文还是做学术报告都准备充分、精益求精，以求完美。他谦虚和善，不计名利，善于与人合作，研究出成果发表论文时，总喜欢将合作者的名字署在前边，他自己有时干脆不署名。对他的这一高尚品质，学术界和与他共事过的人都赞不绝口。

习　题

20-1 完成并配平下列方程式

(1) $FeSO_4 + Br_2 + H_2SO_4 \longrightarrow$

(2) $FeCl_3 + H_2S \longrightarrow$

(3) $FeCl_3 + KI \longrightarrow$

(4) $Fe(OH)_3 + KClO_3 + KOH \longrightarrow$

(5) $Co(OH)_2 + H_2O_2 \longrightarrow$

(6) $Co_2O_3 + HCl \longrightarrow$

(7) $K_4[Co(CN)_6] + O_2 + H_2O \longrightarrow$

(8) $Ni(OH)_2 + Br_2 \longrightarrow$

(9) $Ni^{2+} + HCO_3^- \longrightarrow$

(10) $Ni^{2+} + NH_3$(过量) $\longrightarrow$

(11) 将 SO_2 通入 $FeCl_3$ 溶液中。

(12) 向硫酸亚铁溶液加入 Na_2CO_3 后滴加碘水。

(13) 硫酸亚铁溶液与赤血盐混合。

(14) 过量氯水滴入 FeI_2 溶液中。

(15) 硫酸亚铁受热分解。

(16) 用浓硫酸处理 $Co(OH)_3$。

(17) 向 $K_4[Co(CN)_6]$晶体滴加水。

(18) 向 $CoCl_2$ 和溴水的混合溶液中滴加 NaOH 溶液。

(19) 弱酸性条件下向 $CoSO_4$ 溶液中滴加饱和 KNO_2 溶液。

(20) 碱性条件下向 $NiSO_4$ 溶液中加入 NaClO 溶液。

(21) $Ni(OH)_3$ 在煤气灯上灼烧。

(22) 铂溶于王水。

(23) 将一氧化碳通入 $PdCl_2$ 溶液。

(24) 向黄血盐溶液中滴加碘水。

20-2 解释现象，写出相应的方程。

(1) 向 $FeCl_3$ 溶液中加入 Na_2CO_3 时生成 $Fe(OH)_3$ 沉淀而得不到 $Fe_2(CO_3)_3$。

(2) I_2 不能氧化 $FeCl_2$ 溶液中的 Fe(Ⅱ)，但是在 KCN 存在下 I_2 却能氧化 Fe(Ⅱ)。

(3) 在含有 Fe(Ⅲ)的溶液中加入氨水，得不到 Fe(Ⅲ)的氨合物。

(4) 在 Fe^{3+} 的溶液中加入 KSCN 时出现血红色，若再加入少许铁粉或 NH_4F 固体，则血红色消失。

(5) $Co_2(SO_4)_3$ 溶于水。

(6) $K_4[CO(CN)_6]$ 溶于水。

(7) 蓝色的变色硅胶吸水后变成粉红色。

20-3 写出以下过程的反应式：将 $[Ni(NH_3)_6]SO_4$ 溶液水浴加热一段时间再加氨水。

20-4 设计一分离 Fe^{3+}、Al^{3+}、Cr^{3+}、Ni^{2+} 的方案。

20-5 $K_4[Fe(CN)_6]$ 可用 $FeSO_4$ 与 KCN 直接在溶液中制备，但 $K_3[Fe(CN)_6]$ 却不能由 $Fe_2(SO_4)_3$ 和 KCN 直接在水溶液中制备，为什么？应如何制备 $K_3[Fe(CN)_6]$？

20-6 某氧化物 A，溶于浓盐酸得溶液 B 和气体 C，C 通入 KI 溶液后用 CCl_4 萃取生成物，CCl_4 层呈现紫色。B 加入 KOH 溶液后析出桃红色沉淀。B 遇过量氨水，得不到沉淀而得土黄色溶液，放置则变为红褐色。B 中加入 KSCN 及少量丙酮时成蓝色溶液。判断 A 是什么氧化物，写出有关反应式。

20-7 将浅蓝绿色晶体 A 溶于水后加入氢氧化钠溶液和 H_2O_2 并微热，得到棕色沉淀 B 和溶液 C。B 和 C 分离后将溶液 C 加热有碱性气体 D 放出。B 溶于盐酸得黄色溶液 E。向 E 中加入 KSCN 溶液有红色的 F 生成。向 F 中滴加 $SnCl_2$ 溶液则红色褪去，F 转化为 G。向 G 中滴加赤血盐溶液有蓝色沉淀 H 生成。向 A 的水溶液中滴加 $BaCl_2$ 溶液有不溶于硝酸的白色沉淀生成。给出 A～H 代表的化合物或离子，并写出各步反应方程式。

20-8 蓝色化合物 A 溶于水得粉红色溶液 B。向 B 中加入过量氢氧化钠溶液得粉红色沉淀 C。用次氯酸钠溶液处理 C 则转化为黑色沉淀 D，洗涤、过滤后将 D 与浓盐酸作用得蓝色溶液 E。将 E 用水稀释后又得到粉红色溶液 B。写出 A、B、C、D、E 所代表的物质，并写出相应的反应方程式。

20-9 混合溶液 A 为紫红色。向 A 中加入浓盐酸并微热得到蓝色溶液 B 和气体 C。向 A 中加入 NaOH 溶液则得到棕黑色沉淀 D 和绿色溶液 E。向 A 中通入过量二氧化硫则溶液最后变为粉红色溶液 F。向 F 中加入过量氨水得到白色沉淀 G 和棕黄色溶液 H。G 在空气中缓慢转变为棕黑色沉淀。将 D 与 G 混合后加入硫酸又得到溶液 A。A、B、C、D、E、F、G、H 各为什么化合物或离子？给出相关的反应方程式。

20-10 已知：

$[Fe(bipy)_3]^{3+} + e^- \longrightarrow [Fe(bipy)_3]^{2+}$，$E^\ominus = 1.03V$；$K_f^\ominus([Fe(bipy)_3]^{3+}) = 1.82\times10^{14}$，求 $K_f^\ominus([Fe(bipy)_3]^{2+})$，并比较两种配离子的稳定性。

20-11 已知反应：

$$Co^{2+} + 6NH_3 \rightleftharpoons [Co(NH_3)_6]^{2+},\ K_f^\ominus = 1.3\times10^5$$

$$Co^{3+} + 6NH_3 \rightleftharpoons [Co(NH_3)_6]^{3+}, \quad K_f^{\ominus} = 1.6 \times 10^{35}$$

$$Co^{3+} + e^- = Co^{2+}, \quad E^{\ominus}(Co^{3+}/Co) = 1.808V$$

求反应：$[Co(NH_3)_6]^{3+} + e^- = [Co(NH_3)_6]^{2+}$ 的标准电极电势 $E^{\ominus}$。

(中南大学　　钱频)

第 21 章　铜副族和锌副族元素

21.1　铜副族元素

第 21 章　导学

教学视频

铜副族元素通性与单质

21.1.1　铜副族元素概述

铜副族元素位于周期表的 ds 区，是第 I B 族元素，包括铜(copper, Cu)、银(silver, Ag)、金(gold, Au)三种元素。铜副族元素的一些基本性质列于表 21-1 中。

表 21-1　铜副族元素的一些基本性质

元素	铜	银	金
元素符号	Cu	Ag	Au
原子序数	29	47	79
相对原子量	63.546	107.87	196.97
价层电子构型	$3d^{10}4s^1$	$4d^{10}5s^1$	$5d^{10}6s^1$
原子半径/pm	128	144	144
M^+离子半径/pm	77	115	137
M^{2+}离子半径/pm	73	94	—
M^{3+}离子半径/pm	54	75	85
电离能 I_1/(kJ · mol^{-1})	745	731	890
电离能 I_2(kJ · mol^{-1})	1 958	2 073	1 980
电离能 I_3/(kJ · mol^{-1})	3 555	3 361	(2 895)
M^+(g)离子水合能(kJ · mol^{-1})	− 582	− 485	− 644
M^{2+}(g)离子水合能/(kJ · mol^{-1})	− 2 121	—	—
升华能/(kJ · mol^{-1})	337.7	285	385
电负性	1.90	1.93	2.4
氧化数	+ 1、+ 2	+ 1	+ 1、+ 3
密度(293K)/(g · cm^{-3})	8.96	10.49	19.3
电阻(293K)/(μΩ · cm^{-1})	1.678	1.587	2.214

铜副族元素的价层电子构型为$(n-1)d^{10}ns^1$，最外层只有 1 个 s 电子，与碱金属相同，失去 s 电子后能呈现 +1 氧化数，I B 与 I A 族元素在氧化数和某些化合物性质方面有一些相似之处。然而，I B 族元素次外层比 I A

族多出了 10 个 d 电子，ⅠB 与ⅠA 族元素又有一些显著的差异。例如，NaCl 易溶于水，而 AgCl 难溶于水。

学习副族元素时，要注意与对应的主族元素比较对照，加深对结构与性质的关系的理解。铜副族元素次外层为 18 个电子，它对核的屏蔽作用比碱金属次外层的 8 电子小得多，使铜副族元素的有效核电荷较大，对外层电子的吸引力较强。因此，与同周期的碱金属相比，铜副族元素的原子半径较小，第一电离能较大，金属密度较大。

铜副族元素有 +1、+2、+3 三种氧化数，而碱金属只有 +1 一种氧化数。这是因为铜副族元素的 ns 电子和次外层的$(n-1)$d 电子能量相差不大，与其他元素化合时，不仅 ns 电子能参与成键，$(n-1)$d 电子也可以部分参与成键。水溶液中铜、银、金最常见的氧化数分别为 +2、+1、+3。水合离子的稳定性与水合过程中总能量的变化密切相关。Cu^{2+}的水合作用比 Cu^+强，其水合能$(-2121kJ\cdot mol^{-1})$已经超过第二电离能，所以 Cu^{2+}在水溶液中比 Cu^+更稳定。Ag^{2+}和 Ag^+的离子半径都较大，它们的水合能相应就小，银的第二电离能又比铜的第二电离能大，因此水溶液中 Ag^{2+}并不稳定，而 Ag^+比较稳定。由于金的离子半径明显比银的大，金的第 3 个电子比较容易失去，Au^{3+}的 d^8 电子构型在平面四边形场中具有较高的晶体场稳定化能，因此金容易形成 +3 氧化态。

铜、银、金的标准电极电势图如图 21-1 所示。

$E_A^\ominus/V$:

$$CuO^+ \xrightarrow{2.0} Cu^{2+} \xrightarrow{0.153} Cu^+ \xrightarrow{0.521} Cu$$

$$AgO^+ \xrightarrow{1.8} Ag^{2+} \xrightarrow{1.98} Ag^+ \xrightarrow{0.7996} Ag$$

$$Au^{3+} \xrightarrow{>1.29} Au^{2+} \xrightarrow{<1.29} Au^+ \xrightarrow{1.692} Au \quad (Au^{3+} \xrightarrow{1.49} Au)$$

$E_B^\ominus/V$:

$$Cu(OH)_2 \xrightarrow{-0.08} Cu_2O \xrightarrow{-0.358} Cu$$

$$Ag_2O_3 \xrightarrow{0.74} AgO \xrightarrow{0.57} Ag_2O \xrightarrow{0.344} Ag$$

$$H_2AuO_3^- \xrightarrow{0.7} Au$$

图 21-1　铜副族元素的元素电势图

由上图可知，铜、银和金的标准电极电势 $E^\ominus(M^+/M)$大于 0，它们的金属活泼性远小于碱金属，且依铜、银和金的顺序降低。这与碱金属从上至下金属活泼性增强恰好相反。可以通过升华能、第一电离能和 $M^+(g)$离子水合能(表 21-1)的求和来计算 $M(s) = M^+(aq)$的总能量变化，对铜、银和金分别为 $500.7kJ\cdot mol^{-1}$、$531kJ\cdot mol^{-1}$ 和 $631kJ\cdot mol^{-1}$，因此金属性质按铜、银和金的顺序越来越不活泼。从元素电势图还可看出，在酸性溶液中，Cu^+和 Au^+均不稳定，容易发生歧化。

由于铜副族金属离子具有 18 或 9～17 电子构型，有较强的极化力，本身变形性又大，所以它们的二元化合物一般有相当程度的共价性。此外，铜副族元素离子的$(n-1)$d、ns、np 轨道能量相差不大，能级较低的空轨道多，所以与其他过渡元素类似，铜副族元素也易与多种配体形成配合物。

21.1.2　铜副族元素的存在和提取

Cu、Ag、Au 是人类最早知道的 3 种金属，有“货币金属”之称。Cu、Ag、Au 在地壳里的相对丰度分别为 6.8×10^{-3}%、8×10^{-6}%和 4×10^{-7}%。Cu 主要以硫化物、氧化物和碳酸盐的形式存在，它的主要矿石是黄铜矿($CuFeS_2$，占全部铜矿储藏量的 50%以上)、辉铜矿(Cu_2S)、赤铜矿(Cu_2O)和孔雀石[$Cu_2CO_3(OH)_2$]。Ag 广泛地分布在硫化物矿石中，以辉银矿(Ag_2S)为主。金很稀少，主要以单质形式散存于岩石和沙砾中，也以碲金矿($AuTe_2$)的形式分布。此外，海水中也含有金元素。

1) 铜的冶炼

从矿石中提取金属铜，需要根据矿石种类的不同选择适当的冶炼方法。氧化物矿可直接用碳还原，也可用湿法冶炼，如用稀硫酸或其他配位剂浸出，然后进行电解。硫化物矿则常用冰铜熔炼法，本章简单介绍黄铜矿($CuFeS_2$)的冰铜熔炼法。

通常采用泡沫浮选法获得精矿，精矿在沸腾炉中 650～800℃下通空气氧化焙烧，得到焙砂。其主要成分为 Cu_2S 和 FeS，部分 FeS 被氧化为 FeO：

$$2CuFeS_2 + O_2 = Cu_2S + 2FeS + SO_2\uparrow$$

$$2FeS + 3O_2 = 2FeO + 2SO_2\uparrow$$

焙砂中掺入适量的 SiO_2 等氧化物，混合后在反射炉中加热至 1220～1350℃。此时，FeO 与 SiO_2 形成熔渣 $FeSiO_3$，因密度小而浮在上层，Cu_2S 和 FeS 熔融在一起即生成“冰铜”沉于下层：

$$m\mathrm{Cu_2S} + n\mathrm{FeS} = \text{冰铜}$$

$$FeO + SiO_2 = FeSiO_3(\text{渣})$$

由反射炉底放出熔融态冰铜，立即送入转炉，于高温下吹入空气将 FeS 氧化成 FeO，与加入的 SiO_2 形成炉渣而被除去，同时使 Cu_2S 转化成含铜 98%左右的粗铜。其主要反应为

$$2Cu_2S + 3O_2 = 2Cu_2O + 2SO_2\uparrow$$

$$2Cu_2O + Cu_2S = 6Cu + SO_2\uparrow$$

将所得粗铜送入特种炉熔炼，控制氧化还原气氛，并加入少量的造渣物，进一步除去 Zn、Co、Ni、Sn 和 Pb 等金属杂质，得到含铜 99.4%～99.5%的粗铜。

工业上采用电解法精炼除杂。在 $CuSO_4$ 和 H_2SO_4 混合液的电解槽内，以粗铜为阳极，纯铜为阴极进行电解，于阴极获得高纯铜(99.95%)。

阳极反应：$Cu(\text{粗铜}) - 2e^- = Cu^{2+}$

阴极反应：$Cu^{2+} + 2e^- = Cu\ (\text{精铜})$

近年来铜的湿法冶炼有很大发展。工业上用2-羟基-5-十二烷基二苯甲酮肟作为铜的萃取剂，从低品位的铜矿浸出液中回收铜。该萃取剂的萃取能力强，生产过程产生的三废少，成为炼铜的一种新选择。

2) 银和金的提取

自然界中独立的银矿床很少，Ag基本上以硫化物，如Ag_2S的形式与Pb、Cu和Zn等的硫化物共生。因含Ag的硫化物较难被氰化物溶解，所以首先将Ag_2S转化为容易被氰化物溶解的AgCl。用热水浸取，除去可溶性盐后，浸出渣与NaCN溶液作用，其中的AgCl发生反应：

$$AgCl(s) + 2CN^- \Longrightarrow [Ag(CN)_2]^- + Cl^-$$

该反应的平衡常数和反应速率均很大，因而Ag的回收率较高。再用Zn与其中的银配离子发生置换反应：

$$2[Ag(CN)_2]^- + Zn \Longrightarrow [Zn(CN)_4]^{2-} + 2Ag$$

得到的粗银，最后用电解法制成纯银。矿物中Au与Ag往往共生，NaCN溶液浸取法可将Au与Ag一同提取。

Au在自然界的分布非常分散，经富集后的精矿可用混汞法、氰化法或硫脲法等方法提取。另外，有色金属冶炼厂的阳极泥也是提取金的重要原料。氰化法提取金与前面提到的氰化法提取银类似，即用0.03%～0.2% NaCN溶液处理粉碎后的精金矿，通入空气，使Au溶解；残渣分离后，用Zn或Al将Au置换出来。然后用电解法精炼，可以制得纯度为99.95%的金。氰化法提金的浸出率高(含As、Sb等金矿石除外)，是传统提金方法，浸出速率较慢，且氰化法所用的NaCN有剧毒，世界各国都在寻找新的提金方法。目前研究较多的无氰提金工艺主要有硫脲法、水氯化法、溴化法等。

21.1.3 铜副族元素的单质

1) 物理性质

铜副族元素的单质Cu、Ag、Au都具有特定的颜色，如铜为紫红色、银为白色、金为黄色；它们的熔点、沸点、硬度均比同周期碱金属高，可能与d电子也参与金属键有关；它们的密度都很大，都是重金属，其中金的密度最大，为$19.3g \cdot cm^{-3}$。

与其他过渡金属相比，它们具有优良的导电性、传热性及延展性等特性。在所有的金属中，Ag的导电性最好，Cu次之。由于铜副族金属均是面心立方结构，有较多的滑移面，因此有很好的延展性。Au具有非常好的延展性，如1g Au能拉成长达3km的金丝，或压成约0.1μm厚的金箔。

Cu、Ag、Au之间及与其他金属都易形成合金。其中Cu的合金品种最多，如黄铜(Cu 60%、Zn 40%)、青铜(Cu 80%、Sn 15%、Zn 5%)、白铜(Cu 50%～70%、Ni 13%～15%、Zn 13%～25%)等。

Cu、Ag的用途很广。Cu的导电性很好，可用来制造电线电缆；Cu

还被广泛地用于电子工业、航天工业及各种化工设备。Cu 是生命必需的微量元素，故有“生命之素”之称。Ag 的导电性和导热性在金属中居第一位，但其价格贵，用途受到限制。它主要用于电镀、制镜、感光材料、器皿、饰物及货币等。Au 是贵金属，历史上还是国际通用货币，主要作为黄金储备、铸币、电子工业及制造首饰。

2) 化学性质

Cu、Ag、Au 的化学活泼性较差，且依次降低。Au 的化学惰性与铂系金属类似。常温下在纯净干燥的空气中，Cu、Ag、Au 都很稳定。在加热时，Cu 形成黑色 CuO，但 Ag 和 Au 不与空气中的氧化合。在含有 CO_2 的潮湿空气中，Cu 的表面会缓慢形成一层绿色的碱式碳酸铜(铜绿)，而 Ag 和 Au 不发生类似反应：

$$2Cu + O_2 + H_2O + CO_2 \longrightarrow Cu_2(OH)_2CO_3 或 Cu(OH)_2 \cdot CuCO_3(绿色)$$

当有沉淀剂或配位剂存在时，Cu、Ag、Au 均可与 O_2 发生反应：

$$4M + O_2 + 2H_2O + 8CN^- \longrightarrow 4[M(CN)_2]^- + 4OH^-(M = Cu、Ag、Cu)$$

$$4Cu + 2O_2 + 4H_2O + 16NH_3 \longrightarrow 4[Cu(NH_3)_4]^{2+} + 8OH^-$$

$$4Ag + O_2 + 2H_2S \longrightarrow 2Ag_2S\downarrow + 2H_2O$$

这是因为它们的离子能与沉淀剂或配位剂形成难溶物或配合物，使它们单质的还原性增强，从而被空气中的 O_2 氧化。

铜副族元素均能与卤素反应。Cu 在常温下就能与卤素反应，Ag 反应很慢，Au 必须加热才能与干燥的卤素反应。Cu 还可被硫腐蚀。Ag 对硫及其化合物很敏感，形成黑色的 Ag_2S，从而使银器失去光泽。Au 是它们中唯一不与硫直接反应的金属。

铜副族元素一般不能与酸反应置换出氢气，但 Cu 与一些强配体作用时，可与酸反应置换出 H_2。例如，在有硫脲存在的盐酸溶液中，Cu 能置换出 H_2。

$$2Cu + 2HCl + 4CS(NH_2)_2 \longrightarrow 2\{Cu[CS(NH_2)_2]_2\}^+ + H_2 + 2Cl^-$$

Cu、Ag 能溶于氧化性酸，或者能溶于有氧化剂存在的酸性溶液中；Au 只能溶于王水中，这时 HNO_3 作为氧化剂，HCl 作为配位剂：

$$Cu + 4HNO_3(浓) \longrightarrow Cu(NO_3)_2 + 2NO_2\uparrow + 2H_2O$$

$$3Cu + 8HNO_3(稀) \longrightarrow 3Cu(NO_3)_2 + 2NO\uparrow + 4H_2O$$

$$2Ag + 2H_2SO_4(浓) \longrightarrow Ag_2SO_4\downarrow + SO_2\uparrow + 2H_2O$$

$$Au + 4HCl + HNO_3 \longrightarrow H[AuCl_4] + NO\uparrow + 2H_2O$$

21.1.4　铜的化合物

氧化数为 +1 和 +2 的铜的化合物主要包括氧化物及氢氧化物、卤化物、硫酸盐、硫化物和配合物等。

思考题 21-1

铜能溶于 KCN 溶液并置换出 H_2，而银在通入空气时才能溶于 KCN 溶液。请查阅相关电极电势和配位化合物稳定常数，通过计算说明以上现象。

思考题 21-2

Ag 是很不活泼的金属，为什么能与氢碘酸反应产生氢气呢？

教学视频

铜副族元素的化合物

教学视频

铜副族元素的配合物

1. 氧化物及氢氧化物

Cu 可以形成黄色或红色的氧化亚铜(Cu_2O)和黑色的氧化铜(CuO)两种氧化物，它们都不溶于水。

加热 $Cu(OH)_2$、$Cu_2(OH)_2CO_3$、$Cu(NO_3)_2$ 等可以得到 CuO，如：

$$Cu(OH)_2 \xlongequal{353\sim363K} CuO + H_2O$$

$$2Cu(NO_3)_2 \xlongequal{\triangle} 2CuO + 4NO_2\uparrow + O_2\uparrow$$

高温(超过 1273K)下，CuO 发生明显的分解，生成暗红色的 Cu_2O：

$$4CuO \xlongequal{>1273K} 2Cu_2O + O_2\uparrow$$

CuO 是碱性氧化物，不溶于水可溶于酸，具有氧化性。在有机分析中常使有机物的气体从热的 CuO 上通过，从而将气体氧化成 CO_2 和 H_2O。CuO 在高温下易被 H_2、C、NH_3 等还原为铜，如：

$$3CuO + 2NH_3 \xlongequal{\quad} 3Cu + 3H_2O + N_2\uparrow$$

在碱性溶液中，糖、肼、酒石酸钾钠和亚硫酸钠等还原剂能将 Cu^{2+}还原成 Cu_2O，如：

$$2Cu^{2+} + SO_3^{2-} + 4OH^- \xlongequal{\quad} Cu_2O\uparrow + SO_4^{2-} + 2H_2O$$

Cu_2O 为共价型化合物，呈弱碱性，对热十分稳定，是一种有毒的物质。主要用作玻璃、搪瓷工业的红色颜料，还广泛应用于船底漆。此外，由于 Cu_2O 具有半导体性质，可用于制造亚铜整流器。

Cu_2O 难溶于水，但易溶于稀酸，并立即歧化为 Cu 和 Cu^{2+}：

$$Cu_2O + 2H^+ \xlongequal{\quad} Cu^{2+} + Cu\downarrow + H_2O$$

与盐酸反应形成难溶于水的 CuCl 白色沉淀：

$$Cu_2O + 2HCl \xlongequal{\quad} 2CuCl\downarrow + H_2O$$

将碱加到 Cu^{2+}溶液中，便可得到浅蓝色的 $Cu(OH)_2$ 沉淀。$Cu(OH)_2$ 微显两性(以弱碱性为主)，易溶于酸。

CuOH 极不稳定，至今尚未制得。在 Cu(Ⅰ)盐的溶液中加入 NaOH，首先生成相应的氢氧化物，随后立即脱水变成 Cu_2O。

2. 卤化物

除 CuI_2 不存在外，其他卤化铜均可由 CuO 与氢卤酸反应制得，其中 CuF_2 为白色，$CuCl_2$ 和 $CuBr_2$ 为棕黄色。$CuCl_2$ 是最重要的卤化物，可由单质直接化合而成，也可将 $CuCO_3$ 或 CuO 与盐酸作用得到 $CuCl_2$：

$$CuCO_3 + 2HCl \xlongequal{\quad} CuCl_2 + H_2O + CO_2\uparrow$$

无水 $CuCl_2$ 呈棕黄色，X 射线衍射表明 $CuCl_2$ 是共价化合物，$CuCl_2$ 以正方形 $CuCl_4$ 为单元，铜原子通过氯原子桥连成长链状[图 21-2(a)]。再通过其他链的两个氯原子与铜原子的连接，构成一个个拉长的八面体结构，从而将这些 $CuCl_2$ 链连接在一起，构成如图 21-2(b)所示的晶体结构。

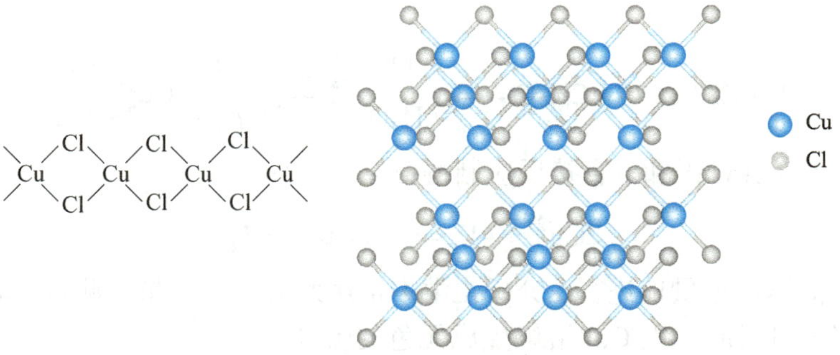

(a) $CuCl_2$ 的链结构　　(b) $CuCl_2$ 的晶体结构

图 21-2　无水 $CuCl_2$ 的结构

$CuCl_2$ 易溶于水，也易溶于乙醇、丙酮等有机溶剂。$CuCl_2$ 水溶液浓度不同，颜色逐渐变化，浓度较高的溶液显黄绿色，浓溶液显绿色，稀溶液显蓝色。黄绿色是有 $[CuCl_4]^{2-}$ 的存在，蓝色是 $[Cu(H_2O)_6]^{2+}$ 的颜色，两者并存时为绿色。

水合氯化铜 $CuCl_2 \cdot 2H_2O$ 是蓝色固体，其结构与无水 $CuCl_2$ 类似。所不同的只是围绕着铜原子的四方平面是由两个氯原子和两个水分子构成。$CuCl_2 \cdot 2H_2O$ 受热时按下式分解：

$$2CuCl_2 \cdot 2H_2O \xrightarrow{\triangle} Cu(OH)_2 \cdot CuCl_2 + 2HCl + 2H_2O$$

因此，制备无水 $CuCl_2$ 必须在 HCl 的气流中加热到 413～423K 脱水，无水 $CuCl_2$ 进一步加热至 773K 分解为氯化亚铜(CuCl)和 Cl_2：

$$2CuCl_2 \xrightarrow{773K} 2CuCl + Cl_2 \uparrow$$

亚铜的卤化物，除氟因其电负性很大而不能形成 CuF 外，其他三种 CuX(X = Cl、Br、I)都是白色难溶于水的化合物，其溶解度按 Cl、Br、I 的顺序降低。几乎所有的 Cu(Ⅰ)化合物都是难溶化合物。

思考题 21-3

Na^+ 和 Cu^+ 的电荷数相同，半径相近，为何 NaCl 易溶于水，而 CuCl 却难溶于水？

CuCl 可通过还原剂(如 SO_2、$SnCl_2$ 等)将 $CuCl_2$ 还原得到：

$$2CuCl_2 + SO_2 + 2H_2O = 2CuCl + H_2SO_4 + 2HCl$$

$$2CuCl_2 + SnCl_2 = 2CuCl + SnCl_4$$

在实验室可以向热的 $CuSO_4$ 或 $CuCl_2$ 的浓盐酸溶液中加入 Cu 来制取 CuCl：

$$CuSO_4 + 4HCl + Cu \xrightarrow{\triangle} 2H[CuCl_2] + H_2SO_4$$

在泥黄色 $[CuCl_2]^-$ 溶液中加入大量的水稀释，会有白色的 CuCl 析出：

$$[CuCl_2]^- \rightleftharpoons CuCl\downarrow + Cl^-$$

CuCl 是亚铜盐中最重要的化合物，可以用作有机合成的催化剂、电镀工业中的添加剂，还可以用作木材和纸张的防腐剂、印染工业中的媒染剂，以及作为颜料和杀菌剂等。CuCl 的盐酸溶液能吸收 CO 而形成氯化碳酰铜(Ⅰ)$Cu(CO)Cl\cdot H_2O$，分析化学上可利用此性质测定混合气体中的 CO 含量：

$2CuCl + 2CO + 2H_2O \longrightarrow$ 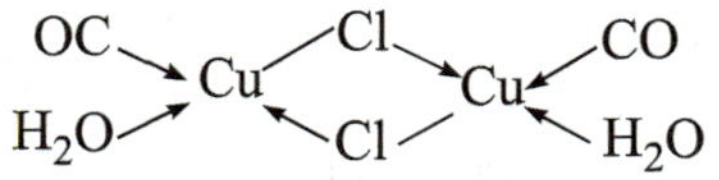

CuI 可由 Cu^{2+}和 I^-直接反应制得：

$$2Cu^{2+} + 4I^- = 2CuI\downarrow + I_2$$

此反应能迅速定量地进行，分析化学中常用此反应以碘量法测定 Cu^{2+}的含量。当 I^-过量时，则 CuI 溶解生成无色的$[CuI_2]^-$。

3. 硫酸盐

硫酸铜是最常见的铜盐，无水硫酸铜($CuSO_4$)为白色粉末，从水溶液中结晶时，得到的是蓝色五水合硫酸铜($CuSO_4\cdot 5H_2O$)晶体，俗称胆矾。硫酸铜可用热的浓 H_2SO_4 溶解铜，或在充足空气的情况下，用热的稀 H_2SO_4 溶解铜制得：

$$Cu + 2H_2SO_4(\text{浓}) \xlongequal{\triangle} CuSO_4 + SO_2\uparrow + 2H_2O$$

$$2Cu + 2H_2SO_4(\text{稀}) + O_2 \xlongequal{\triangle} 2CuSO_4 + 2H_2O$$

$CuSO_4\cdot 5H_2O$ 可写成$[Cu(H_2O)_4]SO_4\cdot H_2O$，其平面结构和晶体结构如图 21-3 所示。在 $CuSO_4\cdot 5H_2O$ 中，4 个 H_2O 以配位键与 Cu^{2+}相结合，第 5 个 H_2O 以氢键与 2 个配位 H_2O 以及 SO_4^{2-} 结合。两个 SO_4^{2-} 在 $Cu(H_2O)_4$ 平面四边形的上和下，形成不规则的八面体。

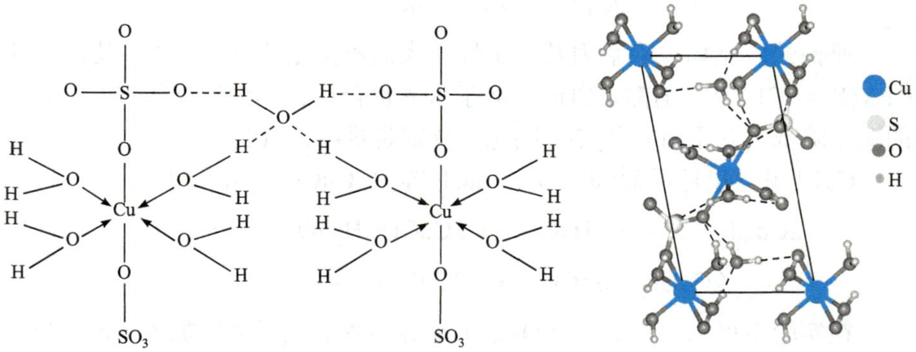

(a) (b)

图 21-3 $CuSO_4\cdot 5H_2O$ 的平面示意图(a)和晶体结构图(b)

由于 $CuSO_4\cdot 5H_2O$ 中的 5 个 H_2O 所处的环境不完全相同，加热时在不同温度下可以逐步失水。

$$CuSO_4\cdot 5H_2O \xrightarrow{375\,K} CuSO_4\cdot 3H_2O \xrightarrow{423\,K} CuSO_4\cdot H_2O \xrightarrow{523\,K} CuSO_4$$

无水 $CuSO_4$ 不溶于乙醇和乙醚，但吸水性很强，吸水后即显蓝色，因而可用来检验乙醇、乙醚等有机溶剂中的微量水，并可除去水分。无水 $CuSO_4$ 加热到 923K 时，即分解成 CuO：

$$CuSO_4 \xlongequal{\triangle} CuO + SO_3\uparrow$$

$CuSO_4$ 的水溶液由于水解而显酸性，这是 Cu(Ⅱ)的易溶强酸盐的共同性质。配制盐溶液时，常加少量相应的酸防止其水解。

$CuSO_4$ 是一种很重要的化工原料，广泛地应用于电镀、电池、颜料等工业中。添加于蓄水池、游泳池中，可以防止藻类生长。同石灰乳混合而得"波尔多液"，可防治植物的病虫害。

拓展知识

奥运赛场游泳池中水的颜色是碧蓝色的，十分迷人。原因是游泳池里加入了少量的 $CuSO_4$。$CuSO_4$ 溶于水呈蓝色，同时还具有防治绿藻、杀灭泳池内的细菌的作用，使运动员免遭细菌感染，保障他们的身体健康。

4. 硫化物

Cu^{2+}溶液中通入 H_2S，生成黑色 CuS 沉淀。CuS 不溶于稀酸，可溶于热的稀硝酸或浓氰化钠溶液中：

$$3CuS + 2NO_3^- + 8H^+ \xlongequal{\triangle} 3Cu^{2+} + 2NO\uparrow + 3S\downarrow + 4H_2O$$

$$2CuS + 10CN^- \xlongequal{\triangle} 2[Cu(CN)_4]^{3-} + 2S^{2-} + (CN)_2\uparrow$$

后一反应中，Cu(Ⅱ)被还原到 Cu(Ⅰ)，CN^-既是还原剂又是配位剂，注意 CN^-和$(CN)_2$有剧毒。

Cu^{2+}溶液中加入 $Na_2S_2O_3$ 溶液共热生成 Cu_2S 沉淀，分析化学中常用此反应除去铜：

$$2Cu^{2+} + 2S_2O_3^{2-} + 2H_2O \xlongequal{\triangle} Cu_2S\downarrow + S\downarrow + 2SO_4^{2-} + 4H^+$$

过量的铜和硫直接加热也可以制得 Cu_2S。Cu_2S 是难溶的黑色物质，其溶度积常数为 $K_{sp}^\ominus = 2.5\times10^{-48}$。$Cu_2S$ 能溶于热的浓硝酸或氰化钠溶液中：

$$3Cu_2S + 16HNO_3(浓) \xlongequal{\triangle} 6Cu(NO_3)_2 + 4NO\uparrow + 3S\uparrow + 8H_2O$$

$$Cu_2S + 4CN^- \xlongequal{} 2[Cu(CN)_2]^- + S^{2-}$$

5. 配合物

Cu(Ⅱ)的价电子构型为 d^9，带两个正电荷，与配体的静电作用强，很容易形成配合物。配合物的配位数可为 4、5 或 6，但最常见的为 4。

$Cu(OH)_2$ 溶于过量的浓碱溶液中即可生成蓝紫色的四羟基合铜 $[Cu(OH)_4]^{2-}$：

$$Cu(OH)_2 + 2OH^-(浓) \xlongequal{} [Cu(OH)_4]^{2-}$$

Cu^{2+}离子有一定的氧化性，$[Cu(OH)_4]^{2-}$能解离出少量的 Cu^{2+}，它可以被含有醛基的葡萄糖还原成红色的氧化亚铜 Cu_2O：

$$2[Cu(OH)_4]^{2-} + C_6H_{12}O_6 \xlongequal{} Cu_2O\downarrow + C_6H_{12}O_7 + 4OH^- + 2H_2O$$

由于生成的 Cu_2O 具有特殊的颜色，在医疗上利用 Cu^{2+}与葡萄糖的反应来诊断糖尿病；另外，在分析化学中利用类似的反应测定醛。

物质鉴定

Cu^{2+}的鉴定

方法 1：以 $CuSO_4$ 溶液为例，向 $CuSO_4$ 溶液中加入少量氨水，开始生成浅蓝色的碱式硫酸铜，继续加入过量氨水，生成深蓝色溶液：

$$2CuSO_4 + 2NH_3 \cdot H_2O \longrightarrow Cu_2(OH)_2SO_4\downarrow + (NH_4)_2SO_4$$

$$Cu_2(OH)_2SO_4 + 8NH_3 \longrightarrow 2[Cu(NH_3)_4]^{2+} + SO_4^{2-} + 2OH^-$$

方法 2：在中性或弱酸性溶液中，Cu^{2+}与$[Fe(CN)_6]^{4-}$反应，生成红棕色沉淀，利用该法可鉴定微量 Cu^{2+}：

$$2Cu^{2+} + [Fe(CN)_6]^{4-} \longrightarrow Cu_2[Fe(CN)_6]\downarrow\text{(红棕色)}$$

$[Cu(NH_3)_4]^{2+}$的溶液具有溶解纤维素的性能，在所得的纤维素溶液中加水或酸时，纤维素又可沉淀析出。工业上利用这种性质来制造人造丝。

向 $CuSO_4$ 溶液中加入适量的 $Na_4P_2O_7$，先生成浅蓝色的 $Cu_2P_2O_7$ 沉淀，继续加过量的 $Na_4P_2O_7$，则沉淀溶解，生成蓝色的$[Cu(P_2O_7)_2]^{6-}$。工业上利用$[Cu(P_2O_7)_2]^{6-}$溶液进行无氰镀铜。

由于姜-泰勒效应(见 4.4.4 节)，Cu(Ⅱ)的配合物中具有规则几何结构的很少，一般不易区分是四边形配位还是畸变八面体型配位。最极端的情况相当于完全失去轴向配体，只留下平面四边形配合物，如$[Cu(H_2O)_4]^{2+}$、$[Cu(NH_3)_4]^{2+}$等。

Cu(Ⅰ)的价电子构型为 $3d^{10}$，具有空的外层 s、p 轨道，能以 sp、sp^2 或 sp^3 等杂化轨道和卤离子 X^-(F^-除外)、NH_3、$S_2O_3^{2-}$、CN^-等易变形的配体形成配位数为 2、3、4 的配合物，这些配合物大多数是无色的。这是由于 Cu(Ⅰ)的价层为全充满构型，配合物不会由于 d-d 跃迁而产生颜色。

Cu(Ⅰ)的卤离子配合物的稳定性符合软硬酸碱原理，依 Cl、Br、I 的顺序增大。实质上是随离子的变形性增大，化学键的共价性增加，稳定性增加。

Cu_2O 溶于氨水和氢卤酸时，分别形成无色的$[Cu(NH_3)_2]^+$和$[CuX_2]^-$等配合物：

思考题 21-4

为什么 $[Cu(NH_3)_4]^{2+}$ 是深蓝色的，而 $[Cu(NH_3)_2]^+$却是无色的？将 Cu_2O 溶于氨水后最终得到蓝色溶液，试说明其原因。

$$Cu_2O + 4NH_3 \cdot H_2O \longrightarrow 2[Cu(NH_3)_2]^+ + 2OH^- + 3H_2O$$

无色的$[Cu(NH_3)_2]^+$在空气中不稳定，会立即被氧化为$[Cu(NH_3)_4]^{2+}$：

$$4[Cu(NH_3)_2]^+ + 8NH_3 \cdot H_2O + O_2 \longrightarrow 4[Cu(NH_3)_4]^{2+} + 4OH^- + 6H_2O$$

多数 Cu(Ⅰ)配合物的溶液具有吸收烯烃、炔烃和 CO 的能力。例如：

$$[Cu(NH_3)_2]Ac + CO + 2NH_3 \longrightarrow [Cu(NH_3)_4CO]Ac$$

$[Cu(NH_3)_2]Ac$ 可用于吸收对催化剂有害的 CO 气体，加热后 CO 又可以放出，继续循环使用。

21.1.5 Cu(Ⅰ)和 Cu(Ⅱ)的相互转化

从 Cu(Ⅰ)的价层电子结构($3d^{10}$)看，Cu(Ⅰ)化合物应该是稳定的，自然界中也确有 Cu_2O 和 Cu_2S 的矿物存在：

$$Cu_2O(s) = CuO(s) + Cu(s) \qquad \Delta_r G_m^\ominus = 16.3kJ \cdot mol^{-1}$$

$$4CuO(s) = 2Cu_2O(s) + O_2 \qquad \Delta_r G_m^\ominus = 226.8kJ \cdot mol^{-1}$$

以上两个反应的 $\Delta_r G_m^\ominus > 0$，说明在常温、标态下 Cu_2O 和 CuO 都能稳定地存在。

在高温下，Cu(Ⅱ)化合物分解成 Cu(Ⅰ)的化合物：

$$2CuCl_2(s) \xlongequal{773\,K} 2CuCl(s) + Cl_2\uparrow$$

$$4CuO(s) \xlongequal{1273\,K} 2Cu_2O(s) + O_2\uparrow$$

$$2CuS(s) \xlongequal{708\,K} Cu_2S + S$$

说明在高温下的固态 Cu(Ⅰ)化合物比 Cu(Ⅱ)化合物稳定。

然而，在水溶液中简单的 Cu^+不稳定，易发生歧化反应生成 Cu^{2+}和 Cu。这是因为 Cu^{2+}所带的电荷比 Cu^+多，半径比 Cu^+小，Cu^{2+}的水合能($-2121kJ \cdot mol^{-1}$)比 Cu^+($-582kJ \cdot mol^{-1}$)的负得多，水溶液中 Cu^{2+}更稳定。

由铜的元素电势图(图 21-1)可知，在酸性溶液中，Cu^+易发生歧化反应

$$2Cu^+ = Cu^{2+} + Cu$$

在 298K 时，反应的标准平衡常数 $K^\ominus$为 1.70×10^6。$K^\ominus$很大，说明歧化反应进行得很完全。那么，该反应能否朝逆方向进行？若将 Cu^+转化为难溶盐或者稳定的配离子，使 Cu^+的浓度降到非常低，可使反应发生逆转。

配合物或难溶物的生成提供了一种在水溶液中稳定 +1 氧化态铜的方法。以 CuI 为例，它们的电势图如下：

$$Cu^{2+} \xrightarrow{+0.860} CuI \xrightarrow{-0.183} Cu$$

因为 $E^\ominus(Cu^{2+}/CuI)$ 大于 $E^\ominus(CuI/Cu)$，所以 Cu^+不发生歧化反应，CuI 能稳定地存在于水溶液中。同理，在热的 Cu(Ⅱ)盐溶液中加入 KCN，可得到白色 CuCN 沉淀：

$$2Cu^{2+} + 4CN^- = 2CuCN\downarrow + (CN)_2\uparrow$$

若继续加入过量的 KCN，则 CuCN 因形成 Cu(Ⅰ)最稳定配离子 $[Cu(CN)_x]^{1-x}$ 而溶解：

$$CuCN + (x-1)CN^- = [Cu(CN)_x]^{1-x} (x = 2\sim4)$$

在工业上将废铜氧化成 CuO，然后将它与饱和食盐-盐酸水溶液在 85～90℃下反应，再加入铜粉，就可以得到 Cu_2O。

因此，Cu(Ⅰ)和 Cu(Ⅱ)的化合物各自在一定的条件下稳定存在，改变条件，它们又可以相互转化。一般地，在高温固态、气态或者溶剂极性很小时，Cu(Ⅰ)较稳定；在强极性溶剂中，由于 Cu(Ⅱ)的溶剂合能高，Cu(Ⅱ)稳定。在水溶液中凡能使 Cu^+生成难溶盐或形成稳定 Cu(Ⅰ)配离子时，Cu(Ⅱ)可转化为 Cu(Ⅰ)化合物，Cu(Ⅰ)以难溶盐或者稳定性较大的配合物形式存在。

21.1.6 银的化合物

1. 氧化物

氧化银(Ag_2O)是一种暗棕色沉淀，由可溶性的 Ag(Ⅰ)盐中加入碱制得(因为 AgOH 极不稳定，所以得到的是 Ag_2O 而不是 AgOH)。若向 $AgNO_3$ 中加氨水，也得到 Ag_2O 沉淀。Ag_2O 可溶于过量的氨水中生成无色的$[Ag(NH_3)_2]^+$：

$$2Ag^+ + 2OH^- = Ag_2O\downarrow + H_2O$$

$$2Ag^+ + 2NH_3 + H_2O = Ag_2O\downarrow + 2NH_4^+$$

$$Ag_2O + 4NH_3 + H_2O = 2[Ag(NH_3)_2]^+ + 2OH^-$$

银对氧的亲和力比铜弱，Ag_2O 加热到 300℃以上时，就分解成金属银。Ag_2O 具有氧化性，能氧化 CO 和 H_2O_2：

$$2Ag_2O \xlongequal{573\ K} 4Ag + O_2\uparrow$$

$$Ag_2O + CO = 2Ag + CO_2$$

$$Ag_2O + H_2O_2 = 2Ag + H_2O + O_2\uparrow$$

氧化数为 +2 和 +3 的银氧化物分别有 AgO 和 Ag_2O_3，它们都有很强的氧化性。酸性溶液中 AgO 能将 Co^{2+}氧化为 Co^{3+}，它是仅次于 O_3 和 F_2 的强氧化剂。

2. 卤化物

AgCl、AgBr 及 AgI 可由相应的卤化物与 Ag(Ⅰ)溶液作用而得到。它们都难溶于水，依 AgCl、AgBr、AgI 的顺序，溶解度逐渐降低，颜色逐渐加深，AgCl 为白色、AgBr 为浅黄色、AgI 为黄色。AgF 为白色固体，易溶于水，可将 Ag_2O 溶于氢氟酸中，再蒸发得到：

$$Ag_2O + 2HF = 2AgF + H_2O$$

卤化银的溶解性及颜色的递变，可用离子极化理论来解释，详见 3.4.3 小节。卤化银在含 X^-(X = Cl、Br、I)的溶液中的溶解度比水中大，这是因为 Ag^+生成了$[AgX_2]^-$、$[AgX_3]^{2-}$和$[AgX_4]^{3-}$等配离子。

AgCl、AgBr 及 AgI 都有感光性质，见光容易分解。

$$2AgX \xlongequal{h\nu} 2Ag + X_2$$

利用这一性质，可将它们用作感光材料。例如，AgBr 常用于制造黑白照相底片和相纸等。照相底片上敷有一层含 AgBr 胶体粒子的明胶，在光照下 AgBr 被分解为 Ag 即“银核”：

$$2AgBr \xlongequal{h\nu} 2Ag + Br_2$$

感光后的底片用有机还原剂如对苯二酚(氢醌)等显影剂进行处理，使含有银核的 AgBr 粒子被还原为金属而显黑色，而未曝光部分的 AgBr 不被还原。最后在含有 $Na_2S_2O_3$ 的定影液的作用下，使未感光的 AgBr 形成$[Ag(S_2O_3)_2]^{3-}$而溶解：

$$AgBr + 2S_2O_3^{2-} \xlongequal{\quad} [Ag(S_2O_3)_2]^{3-} + Br^-$$

晾干后就得到底片(负像)，印相时将负像放在照相纸上再进行曝光，经显影、定影，即得正像。AgI 在人工降雨中用作冰核形成剂。

3. 其他化合物

氧化态为 +1 的银盐，只有 $AgNO_3$、AgF 和 $AgClO_4$ 等溶于水，其他则难溶于水。其中 AgF 和 $AgClO_4$ 的溶解度非常高，298K 时分别为 $1800g \cdot L^{-1}$ 和 $5570g \cdot L^{-1}$。

在酸性溶液中 $E^\ominus(Ag^+/Ag) = 0.7996V$，因此 Ag^+是一个中等强度的氧化剂，可被许多中强或强还原剂还原成银单质。例如，Ag(Ⅰ)化合物可以被羟氨、联氨、亚磷酸等还原成金属银：

$$2NH_2OH + 2AgBr \xlongequal{\quad} 2Ag\downarrow + N_2\uparrow + 2HBr + 2H_2O$$

$$5N_2H_4 + 4Ag^+ \xlongequal{\quad} 4Ag\downarrow + N_2\uparrow + 4N_2H_5^+$$

$$H_3PO_3 + 2AgNO_3 + H_2O \xlongequal{\quad} 2Ag\downarrow + H_3PO_4 + 2HNO_3$$

将 Ag 溶于热的 65%硝酸，蒸发、结晶，制得无色菱片状硝酸银晶体。$AgNO_3$ 受热不稳定，加热到 713K，按下式分解：

$$2AgNO_3 \xlongequal{\triangle} 2Ag + 2NO_2\uparrow + O_2\uparrow$$

在日光照射下，$AgNO_3$ 也会按上式缓慢地分解，因此必须保存在棕色瓶中。硝酸银具有氧化性，遇微量的有机物即被还原为黑色的单质银。$AgNO_3$ 主要用于制造照相底片所需的溴化银乳剂，它还是一种重要的分析试剂。

$AgNO_3$ 中加入 $K_2Cr_2O_7$ 溶液，生成砖红色的 Ag_2CrO_4 沉淀，Ag_2CrO_4 沉淀溶于氨水：

$$4Ag^+ + Cr_2O_7^{2-} + H_2O \xlongequal{\quad} 2Ag_2CrO_4\downarrow + 2H^+$$

$$Ag_2CrO_4 + 4NH_3 \xlongequal{\quad} 2[Ag(NH_3)_2]^+ + CrO_4^{2-}$$

$AgNO_3$ 中加入 $Na_2S_2O_3$ 溶液，先生成白色的 $Ag_2S_2O_3$ 沉淀，放置一段时间后，沉淀颜色由白色变为黄色、棕色，最后变成黑色的 Ag_2S。这一反应，可用于 Ag^+和$S_2O_3^{2-}$的鉴定。$AgNO_3$与过量的$Na_2S_2O_3$溶液反应，直接生成无色的$[Ag(S_2O_3)_2]^{3-}$：

$$2Ag^+ + S_2O_3^{2-}(少量) = Ag_2S_2O_3\downarrow$$

$$Ag_2S_2O_3 + 2H_2O = Ag_2S\downarrow + SO_4^{2-} + 2H^+$$

$$Ag^+ + 2S_2O_3^{2-}(过量) = [Ag(S_2O_3)_2]^{3-}$$

黑色的 Ag_2S 溶解度小，可由银和硫单质直接化合而成，或由 H_2S 与 Ag 或 Ag(I)水溶液反应而得到。Ag_2S 能溶于热浓硝酸或氰化钠溶液中：

$$3Ag_2S + 16HNO_3(浓) \xlongequal{\triangle} 6Ag(NO_3)_2 + 3S\downarrow + 4NO\uparrow + 8H_2O$$

$$Ag_2S + 4CN^- = 2[Ag(CN)_2]^- + S^{2-}$$

4. 配合物

思考题 21-5

根据软硬酸碱规则解释$[AgX_2]^-$的稳定性顺序$[AgCl_2]^- < [AgBr_2]^- < [AgI_2]^-$的原因。

Ag^+为 d^{10} 型离子，具有空的外层 s、p 轨道，通常以 sp 杂化轨道与配体，如 Cl^-、NH_3、$S_2O_3^{2-}$、CN^-等形成配位数为 2 的直线型配合物，它们的稳定性大小顺序如下：$[AgCl_2]^- < [Ag(NH_3)_2]^+ < [Ag(S_2O_3)_2]^{3-} < [Ag(CN)_2]^-$。

转化成配合物是溶解难溶银盐的重要方法。由配合物的稳定性结合卤化银溶解度按 AgCl、AgBr、AgI 逐渐减小的规律，可以说明 AgCl 能溶于氨水、$Na_2S_2O_3$溶液或 KCN 溶液；AgBr 微溶于氨水，易溶于 $Na_2S_2O_3$溶液或 KCN 溶液；AgI 不溶于氨水，微溶于 $Na_2S_2O_3$溶液，易溶于 KCN 溶液。

银配合物的生成具有实际意义，它们广泛地应用于电镀工业、照相技术、冶金工业等方面。

其中$[Ag(NH_3)_2]^+$具有弱氧化性，它可以被醛或葡萄糖还原为银：

$$2[Ag(NH_3)_2]^+ + RCHO + 3OH^- = 2Ag\downarrow + RCOO^- + 4NH_3\uparrow + 2H_2O$$

此反应称为银镜反应。注意该反应中$[Ag(NH_3)_2]^+$与$[Cu(OH)_4]^{2-}$相似，但是$[Cu(OH)_4]^{2-}$被还原为 Cu_2O。工业上利用银镜反应为镜子和保温瓶胆镀银；在有机化学上用它来鉴定醛基。

$[Ag(CN)_2]^-$ 很稳定，是氰化法提取银的基础。此外，$[Ag(CN)_2]^-$还作为镀银电解液的主要成分，在阴极被还原为 Ag：

$$[Ag(CN)_2]^- + e^- = Ag + 2CN^-$$

用这种方法镀银得到的镀层光洁、致密、牢固，电镀效果非常好；但因氰化物剧毒，近年来逐渐改为无毒镀银液，如$[Ag(SCN)_2]^-$等来代替氰化物镀银。

21.1.7 金的化合物

化合物中 Au 表现为 +1 和 +3 两种氧化数，其中以 +3 氧化态最稳定。水溶液中 Au^+像 Cu^+一样容易发生歧化反应，298K 时反应$3Au^+ \rightleftharpoons Au^{3+} + 2Au$的

标准平衡常数为 10^{13}。即使是溶解度很小的 AuCl 也发生歧化，但 Au^+的配离子$[Au(CN)_2]^-$稳定，能在水溶液中存在。

Au 的氧化数为 +3 的化合物有氧化物、硫化物、卤化物和配合物。

Au^{3+}水溶液中加入碱产生沉淀，这种沉淀脱水后变成棕色的 Au_2O_3，Au_2O_3 溶于浓碱形成$[Au(OH)_4]^-$。

用 H_2S 与酸化的 $K[Au(CN)_2]$水溶液作用便沉淀出 Au_2S。将 H_2S 通入 $AuCl_3$ 的无水乙醚冷溶液中，可以得到 Au_2S_3，Au_2S_3 遇水很快被还原成 Au(Ⅰ)或 Au。

Au 的氧化数 +3 的卤化物有 AuF_3、$AuCl_3$、$AuBr_3$。其中 Au 与 Cl_2 在 200℃下反应可得到 $AuCl_3$。$AuCl_3$ 是一种红褐色的晶体，无论是固态，还是气态，它都以二聚体 Au_2Cl_6 的形式存在(图 21-4)。

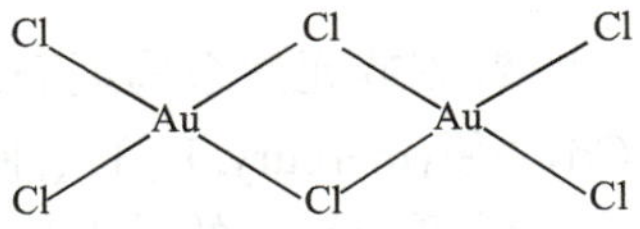

图 21-4　Au_2Cl_6 的结构示意图

将 Au 溶于王水或将 Au_2Cl_6 溶解在浓盐酸中得到$[AuCl_4]^-$的溶液，蒸发后得到亮黄色的氯金(Ⅲ)酸水合晶体 $H[AuCl_4] \cdot 4H_2O$。氯金(Ⅲ)酸的很多盐，如 $Na[AuCl_4] \cdot 2H_2O$，不仅能溶于水，还能溶于乙醚或乙酸乙酯等有机溶剂中，因而可用这些溶剂来萃取金。氯金(Ⅲ)酸铯的溶解度非常小，有时利用它来鉴定 Au 元素。

通过配体取代，由$[AuCl_4]^-$可以制得许多含有平面正方形离子$[AuX_4]^-$的盐(X = F、Cl、Br、I、CN、SCN、NO_3)。例如，可得到 $K[Au(CN)_4] \cdot 1.5H_2O$ 的无色片状晶体，其溶解度很大。$[Au(NO_3)_4]^-$是少数以硝酸根为单齿配体的例子，可析出 $H[Au(NO_3)_4] \cdot 3H_2O$ 的黄色晶体，此晶体在 72℃时分解放出硝酸，在 205℃时放出氧。

21.1.8　Ⅰ B 族元素和Ⅰ A 族元素性质对比

Ⅰ A 族金属的熔点、沸点、硬度均较低；而Ⅰ B 族金属则具有较高的熔点和沸点，并且有良好的延展性、导热性和导电性。

Ⅰ A 族是极活泼的轻金属，在空气中极易氧化，能与水剧烈反应，同族内的活泼性随原子序数增大而增加；而Ⅰ B 族都是不活泼的重金属，在空气中比较稳定，与水几乎不反应，同族内的活泼性随原子序数增大而减小。这些性质与它们的标准电极电势有关，Ⅰ A 族金属的 $E^{\ominus}(M^+/M)$值很负，是很强的还原剂，能从水中置换出氢气；而Ⅰ B 族金属的 $E^{\ominus}(M^+/M)$值很正，不能从水和稀酸中置换出氢气。

Ⅰ A 族所形成的化合物大多是无色的离子型化合物，而Ⅰ B 族的化合物有相当程度的共价性，大多数显颜色。Ⅰ A 族的氢氧化物都是极强的碱，且非常稳定；而Ⅰ B 族的氢氧化物碱性较弱，并且不稳定，易脱水形成氧化物。Ⅰ A 族的离子形成配合物的能力很弱，只有和一些多齿配体或冠醚等才能形成较稳定的配合物，而 IB 族的离子形成的配合物的能力要强得多。

Ⅰ A 和 Ⅰ B 族单质和化合物性质上的差别主要与 Ⅰ B 族元素的次外层 d 电子能参与成键，以及它们的离子具有 d^{10}、d^9、d^8 等结构特点有关。

21.2　锌副族元素

教学视频

锌副族元素通性与单质

21.2.1　锌副族元素概述

锌副族元素系周期表中第 Ⅱ B 族元素，包括锌(zinc, Zn)、镉(cadmium, Cd)、汞(mercury, Hg)三种元素，其价层电子构型为 $(n-1)d^{10}ns^2$。

锌副族元素的最大特点是它们的 $(n-1)d$ 轨道完全填满，从满层失去电子较困难，$(n-1)d$ 电子一般不参与成键。当它们失去两个最外层 s 电子时，成为 +2 氧化态，是锌副族元素的特征氧化态。它们的氧化态也有 +1，如 Hg(Ⅰ)，但它是以 Hg_2^{2+} 的形式存在。这可能是 Hg 原子中 4f 电子对 6s 电子的屏蔽作用较小，使 Hg 的第一电离能(I_1 = 1007kJ · mol^{-1}，所有金属中最大)特别高，6s 电子较难失去。两个 Hg 共用一对电子，形成[—Hg : Hg—]$^{2+}$，所有 Hg(Ⅰ)化合物无论固态或溶液都是反磁性的。Hg 还存在 Hg_3^{2+}、Hg_4^{2+}等多聚离子；Cd 和 Zn 也有多聚离子存在，如 Cd_2^{2+}、Zn_2^{2+}，但它们不稳定，仅在高温下存在。

锌副族元素的主要性质列于表 21-2。由于 18 电子结构对原子核的屏蔽作用较小，所以它们的有效核电荷较大。因此锌副族元素原子的共价半径和 M^{2+}离子半径都比同周期的碱土金属小(如 Zn^{2+}的离子半径为 74pm，Ca^{2+}为 99pm)。因而锌副族元素的电负性及第一、第二电离能都比同周期碱土金属大，它们没有碱土金属活泼。

表 21-2　锌副族元素的基本性质

元素	锌	镉	汞
元素符号	Zn	Cd	Hg
原子序数	30	48	80
相对原子量	65.38(2)	112.41	200.59
价层电子构型	$3d^{10}4s^2$	$4d^{10}5s^2$	$5d^{10}6s^2$
原子半径/pm	134	148.9	151
M^+离子半径/pm	—	—	119
M^{2+}离子半径/pm	74	95	102
电离能 I_1/(kJ·mol^{-1})	906	868	1 007
电离能 I_2/(kJ·mol^{-1})	1 733	1 631	1 810
M^{2+}(g)离子水合能/(kJ·mol^{-1})	− 2 054	− 1 816	− 1 833
升华能/(kJ·mol^{-1})	131	112	61.4
电负性	1.65	1.69	1.9
氧化数	+ 2	+ 2	+ 1、 + 2

图 21-5 为锌副族的元素电势图，可以看出金属活泼性依 Zn、Cd、Hg 的顺序降低，这与铜副族的变化趋势相同，而与碱土金属的变化趋势相反。可以通过升华能、第一电离能、第二电离能和 M^{2+}(g)离子水合能的求和来计算 $M(s) = M^{2+}(aq)$ 的总能量变化，对锌、镉和汞分别为 $716kJ \cdot mol^{-1}$、$795kJ \cdot mol^{-1}$ 和 $1045.4kJ \cdot mol^{-1}$。总热效应依 Zn、Cd、Hg 的顺序增加，因此活泼性逐渐降低。总体看，锌副族中 Zn 和 Cd 有相似之处，而与 Hg 有很大的区别，这与其他 d 区、ds 区元素性质的递变规律不同。

$E_A^\ominus$/V:

$$Zn^{2+} \xrightarrow{-0.7618} Zn$$

$$Cd^{2+} \xrightarrow{-0.403} Cd$$

$$Hg^{2+} \xrightarrow{+0.905} Hg_2^{2+} \xrightarrow{+0.7973} Hg$$

$E_B^\ominus$/V:

$$Zn(OH)_4^{2-} \xrightarrow{-1.216} Zn$$

$$Cd(OH)_2 \xrightarrow{-0.809} Cd$$

$$HgO \xrightarrow{+0.0984} Hg$$

图 21-5 锌副族元素的元素电势图

同周期锌副族(ⅡB)金属比铜副族(ⅠB)活泼。Cu 转化为 Cu^{2+}(aq)的总热效应为 $919.7kJ \cdot mol^{-1}$，Zn 转化为 Zn^{2+}(aq)的总热效应相对较小，为 $716kJ \cdot mol^{-1}$，所以锌比铜活泼。同理，镉的活泼性大于银；汞的活泼性大于金。

21.2.2 锌副族元素的存在和冶炼

锌副族元素在自然界中多以硫化物形式存在。锌的主要矿石有闪锌矿 ZnS、菱锌矿 $ZnCO_3$、红锌矿 ZnO 等，且常与方铅矿(PbS)共生而成铅锌矿。镉有 CdS 矿，大多数锌矿中存在有 0.2%～0.4%的 CdS，成为多金属矿。大部分镉是在炼锌时以副产品形式得到，铅锌矿是镉的重要来源。汞矿主要有辰砂(又称朱砂，HgS)。

闪锌矿含锌量低，经浮选法得到含 ZnS 40%～60%的精矿，焙烧精矿得到 ZnO，再将 ZnO 与焦炭混合，在鼓风炉中加热到 1373～1573K，使 ZnO 还原并蒸馏出来，冷凝得到纯度为 99%的锌粉：

焙烧 $$2ZnS + 3O_2 = 2ZnO + 2SO_2\uparrow$$

热还原 $$2C + O_2 = 2CO$$

$$ZnO + CO = Zn + CO_2\uparrow$$

在蒸馏过程中还可以回收所含的 Cd。将含 Zn 的 Cd 加热到 Cd 的沸点(1038K)以上，Zn 的沸点以下(1180K)，可将 Cd 先蒸馏出来得到粗镉。粗镉溶于盐酸后用锌粉置换，可得到较纯的 Cd。

Zn 的冶炼也可以采用电解法(湿法)，将焙烧的粗产品 ZnO 溶于稀硫酸，首先加锌粉置换出不活泼的 Cd、Co、Ni、Cu、Ag 等杂质。以 Al 为阴极，Pb 为阳极，电解 $ZnSO_4$ 溶液，可得到 99.95%的 Zn。

Hg 主要由辰砂矿中提取，HgS 矿石经粉碎、浮选富集后，在空气中焙烧，或与铁或氧化钙共同焙烧，使汞蒸馏出来：

$$HgS + O_2 \xlongequal{\triangle} Hg + SO_2\uparrow$$

$$4HgS + 4CaO \xlongequal{\triangle} 4Hg + 3CaS + CaSO_4$$

或

$$HgS + Fe \xlongequal{\triangle} Hg + FeS$$

粗制的汞含有 Pb、Cd、Cu 等杂质，可将空气鼓入热的液态粗汞中，氧化比汞活泼的金属成为浮渣，再减压蒸馏以提取纯 Hg。

21.2.3 锌副族元素的单质

1. 物理性质

Zn、Cd、Hg 都是银白色金属(锌略带蓝色)。它们在物理性质上的一个突出特点是熔点、沸点都比同一过渡系其他金属单质低。Hg 在常温下是银白色的液态金属，具有流动性，故有“水银”之称。在 0～200℃，Hg 的膨胀系数随着温度升高而均匀地改变，并且不润湿玻璃，在制造温度计时常利用汞的这一性质；因其密度大，也常用在气压计中。Hg 受热时易挥发，室内空气中即使含有微量的 Hg 蒸气，也对人体有害。如果不小心洒落 Hg，必须尽可能将 Hg 收集起来；有可能遗留 Hg 的地方，要覆盖硫磺粉，以使 Hg 变为极难溶的 HgS。

锌副族元素易与其他金属形成合金，如黄铜为 Zn 与 Cu 的合金。汞能溶解许多金属，如 K、Na、Ag、Au、Zn 等，形成汞的合金，即汞齐。汞齐因组成不同而呈液态或固态。活泼金属与汞形成汞齐后，其活性会降低，如钠汞齐与水反应，Hg 仍保持其惰性，而钠与水平稳反应，缓慢地释放出氢气；因此在有机合成中钠汞齐常用作还原剂。另外，还可用混汞法提金，利用汞与金矿中的金形成汞齐，而与金矿中其他杂质成分分离。

2. 化学性质

Zn 和 Cd 的金属活泼性相近，而 Hg 与它们差别较大。Zn、Cd、Hg 单质都较稳定。受热时，Zn 和 Cd 燃烧生成氧化物，而汞氧化得很慢。

Zn 与含有 CO_2 的潮湿空气接触时，表面会生成一层碱式碳酸锌薄膜，它能阻止 Zn 进一步被氧化：

$$4Zn + 2O_2 + 3H_2O + CO_2 \xlongequal{} ZnCO_3 \cdot 3Zn(OH)_2$$

由于 Zn 具有这种性质，而且 Zn 比铁活泼，故常将 Zn 镀在铁片上构成镀锌铁(俗称白铁皮)，以防止铁片生锈。当镀锌铁的锌层被破坏而使铁皮裸露时，在裸露的地方则会形成原电池。由于 Zn 比 Fe 活泼，Zn 是原电池的负极，Fe 是正极，所以 Zn 被腐蚀，而 Fe 仍得到保护。

Zn、Cd、Hg 都可以与硫单质直接化合，形成相应的硫化物。

从它们的电极电势可知，Zn 和 Cd 都能溶于盐酸和稀硫酸中，Hg 则完全不溶解，只能溶于硝酸或热的浓硫酸：

$$3Hg + 8HNO_3 \longrightarrow 3Hg(NO_3)_2 + 2NO\uparrow + 4H_2O$$

过量的 Hg 与冷的稀硝酸反应，得到的是硝酸亚汞：

$$6Hg + 8HNO_3 \longrightarrow 3Hg_2(NO_3)_2 + 2NO\uparrow + 4H_2O$$

Zn 与 Al 相似，是两性金属，能溶于强碱中：

$$Zn + 2OH^- + 2H_2O \longrightarrow [Zn(OH)_4]^{2-} + H_2\uparrow$$

由于 Zn^{2+}能与 NH_3 形成较稳定的配合物，因此金属 Zn 还能溶于氨水，Al 则不能：

$$Zn + 4NH_3 + 2H_2O \longrightarrow [Zn(NH_3)_4]^{2+} + H_2\uparrow + 2OH^-$$

21.2.4　锌副族元素的重要化合物

锌副族的 M^{2+}为 18 电子构型，水溶液均为无色，其化合物一般为白色。按 Zn^{2+}、Cd^{2+}、Hg^{2+}的顺序，离子的极化力和变形性逐渐加强，以致 Cd^{2+}，特别是 Hg^{2+}与易变形的阴离子(如 S^{2-}、I^-等)形成的化合物往往有显著的共价性，呈现很深的颜色和较低的溶解度。

教学视频

锌副族元素的化合物

1. 氧化物和氢氧化物

氧化态为 +2 的锌副族氧化物可以通过在氧气中加热金属单质或者加热分解它们的碳酸盐而获得；ZnO 还可以通过焙烧 ZnS 得到：

$$2ZnS + 3O_2 \xrightarrow{\triangle} 2ZnO + 2SO_2\uparrow$$

$$CdCO_3 \xrightarrow{\triangle} CdO + CO_2\uparrow$$

氧化锌(ZnO)，俗称锌白，为白色粉末，可作为白色颜料。在医药上用它制作软膏、锌糊、橡皮膏等。

氧化汞(HgO)有红、黄两种颜色，二者晶体结构相同，黄色 HgO 晶粒较细小，红色 HgO 晶粒较大。HgO 不溶于水，有毒，500℃时分解为汞和氧气。在汞盐溶液中加入碱，可得到黄色 HgO。这是由于生成的 $Hg(OH)_2$ 极不稳定，会立即脱水分解：

$$Hg^{2+} + 2OH^- \longrightarrow HgO\downarrow + H_2O$$

红色的 HgO 一般是由硝酸汞受热分解或由碳酸钠与硝酸汞反应制得：

$$2Hg(NO_3)_2 \xrightarrow{\triangle} 2HgO\downarrow + 4NO_2\uparrow + O_2\uparrow$$

$$Hg(NO_3)_2 + Na_2CO_3 \xrightarrow{\triangle} HgO\downarrow + CO_2\uparrow + 2NaNO_3$$

HgO 是制备其他汞盐的原料，还用作医药制剂、分析试剂、陶瓷颜料等。

$Zn(OH)_2$ 为两性，既可溶于酸又可溶于碱。溶于酸成锌盐，溶于碱则成四羟基合锌配离子：

$$Zn(OH)_2 + 2H^+ \longrightarrow Zn^{2+} + 2H_2O$$

$$Zn(OH)_2 + 2OH^- \longrightarrow [Zn(OH)_4]^{2-}$$

$Cd(OH)_2$ 虽然也具有两性，但酸性非常弱，难溶于强碱，只能缓慢地溶解于热的浓碱溶液。

思考题 21-6

铜副族与锌副族元素的氢氧化物中，哪些为两性？哪些不稳定？哪些可溶于氨水？

锌副族元素的氧化物和氢氧化物的碱性按锌、镉、汞的顺序递增。$Zn(OH)_2$ 和 $Cd(OH)_2$ 均易受热脱水变为 ZnO 和 CdO。铜副族、锌副族的所有氢氧化物均易脱水成为氧化物，这是它们的共性。而 Ag、Au、Hg 的氧化物也不够稳定，均易受热分解成单质。锌副族元素的氧化物均是共价化合物，其核间距与共价半径接近。

2. 硫化物

向 Zn^{2+}、Cd^{2+}、Hg^{2+}的溶液中通入 H_2S 气体时，都会生成相应的硫化物沉淀：

$$M^{2+} + H_2S \longrightarrow MS\downarrow + 2H^+$$

ZnS、CdS 和 HgS 的溶度积 $K_{sp}^{\ominus}$ 分别为 2.5×10^{-22}、8.0×10^{-29} 和 4.0×10^{-53}，其颜色分别为白色、黄色、黑色或红色。这些硫化物的溶度积依次减小，而颜色依次加深，溶于酸的能力依次变差。ZnS 溶于稀盐酸，不溶于醋酸；CdS 溶于浓盐酸、浓硫酸及热稀硝酸；而 HgS 是金属硫化物中溶解度最小的一个，不溶于浓硝酸，只能溶于王水或 Na_2S 溶液：

$$3HgS + 8H^+ + 2NO_3^- + 12Cl^- \longrightarrow 3[HgCl_4]^{2-} + 3S\downarrow + 2NO\uparrow + 4H_2O$$

$$HgS + Na_2S \longrightarrow Na_2[HgS_2]$$

黑色 HgS 加热至 659K 转变为稳定的红色变体。

ZnS、CdS 和 HgS 的颜色与电荷迁移跃迁机制有关(见 19.1.5 小节)。具有 d^{10} 构型的 Cd^{2+}在可见光区不出现 d-d 跃迁，CdS 的黄色是由 $S^{2-}\rightarrow Cd^{2+}$ 的电荷跃迁产生荷移吸收带引起的，它吸收了能量大于 2.4eV 的可见光，表现为相应的互补色。ZnS 也可以发生 $S^{2-}\rightarrow Zn^{2+}$的电荷跃迁，但需要吸收能量更高的紫外光($\Delta E > 3.9$eV)才能实现，所以它呈白色。HgS 是双晶晶体：红色的朱砂为 α-HgS 结构，是自然存在的汞最普遍的形态；黑色的黑辰砂为 β-HgS，在自然中不常见且为闪锌矿(立方 ZnS)结构。α-HgS 具旋光性，Hg-S 在结构中呈螺旋状排列，吸收能量大于 2.1eV 的可见光，表现为红色。

在 H_2S 气氛中灼烧无定形的 ZnS，将其转变成 ZnS 晶体。在 ZnS 晶体中加入微量的金属，如银等作为活化剂，在紫外光或可见光的照射下，在黑暗处能发出不同颜色的荧光，如加入银为蓝色，加入铜为黄绿色，加入锰为橙色等，因此 ZnS 可作为荧光粉用于阴极射线管(CRT)显示器和雷达屏幕等。ZnS 是常见的难溶硫化物中唯一呈白色的，可用作白色颜料，它与 $BaSO_4$ 共沉淀所形成的混合晶体 $ZnS\cdot BaSO_4$ 称为锌钡白，俗称立德粉，是一种优良的白色颜料。

CdS 可用作黄色颜料，称为镉黄。镉黄可以是纯的 CdS，也可以是

CdS · ZnS 的共熔体。CdS 主要用作半导体材料，用于陶瓷、玻璃等的着色，以及涂料、塑料及电子材料等。

3. 卤化物

氯化锌是一种重要的锌盐。无水氯化锌为白色固体，可由 Zn 与 Cl_2 反应，或在 700℃下用干燥的 HCl 气体通过金属 Zn 制得。$ZnCl_2$ 在水中的溶解度很大(10℃时，每 100g 水可溶解 330g $ZnCl_2$)，是溶解度极大的固体盐之一。因此，$ZnCl_2$ 吸水性很强，在有机合成中常用它作为脱水剂或催化剂。

从溶液中结晶出的氯化锌含有 1 分子结晶水($ZnCl_2 \cdot H_2O$)。加热时不易脱水，而容易水解形成碱式盐：

$$ZnCl_2 \cdot H_2O \xlongequal{\triangle} Zn(OH)Cl + HCl\uparrow$$

因此，要得到无水 $ZnCl_2$，必须在干燥的 HCl 气氛中对 $ZnCl_2$ 加热脱水或将含水 $ZnCl_2$ 和 $SOCl_2$(氯化亚砜)一起加热：

$$ZnCl_2 \cdot xH_2O + xSOCl_2 \xlongequal{} ZnCl_2 + 2xHCl + xSO_2$$

$ZnCl_2$ 的浓溶液具有显著的酸性(如 6mol · L^{-1} $ZnCl_2$ 溶液的 pH = 1)，这是由于生成了二氯 · 羟合锌酸：

$$ZnCl_2 + H_2O \xlongequal{} H[ZnCl_2(OH)]$$

二氯·羟合锌酸能溶解金属氧化物，常将这一特性用于点焊除锈。即在用锡焊接金属之前，用 $ZnCl_2$ 浓溶液清除金属表面的氧化物，且不损害金属表面。此外，$ZnCl_2$ 还用于干电池、电镀、医药、木材防腐和农药等方面。

汞可形成两种氯化物，即氯化汞和氯化亚汞。

氯化汞($HgCl_2$)是共价化合物，其氯原子以共价键与汞原子结合成直线型分子 Cl—Hg—Cl。其熔点低，易升华，故又称升汞。在过量的 Cl_2 中加热金属 Hg 可制得 $HgCl_2$，也可将 HgO 溶于盐酸制取 $HgCl_2$。

$HgCl_2$ 为白色针状晶体，有剧毒，微溶于水，但解离度很小，所以 $HgCl_2$ 有假盐之称。在水中主要以 $HgCl_2$ 的形式存在，还有少量的水解：

$$Cl-Hg-Cl + 2H_2O \xlongequal{} Cl-Hg-OH + H_3O^+ + Cl^-$$

$HgCl_2$ 还可与碱金属氯化物(过量 Cl^-)反应形成四氯合汞(Ⅱ)配离子 $[HgCl_4]^{2-}$，使 $HgCl_2$ 的溶解度增大：

$$HgCl_2 + 2Cl^- \xlongequal{} [HgCl_4]^{2-}$$

$HgCl_2$ 与氨水反应生成白色的氨基氯化汞，反应方程式如下：

$$HgCl_2 + 2NH_3 \xlongequal{} Hg(NH_2)Cl\downarrow + NH_4Cl$$

在酸性溶液中，$HgCl_2$ 是一种较强的氧化剂，如加入适量的 $SnCl_2$，可将 $HgCl_2$ 还原为白色的 Hg_2Cl_2 沉淀：

$$2HgCl_2 + SnCl_2 + 2HCl \longrightarrow Hg_2Cl_2\downarrow + H_2SnCl_6$$

加入过量的 $SnCl_2$，则继续反应，析出灰黑色的金属汞：

$$Hg_2Cl_2 + SnCl_2 + 2HCl \longrightarrow 2Hg\downarrow + H_2SnCl_6$$

分析化学中常用 $HgCl_2$ 和 $SnCl_2$ 的反应检验 Hg^{2+}或 Sn^{2+}。

升汞有剧毒，内服 0.2～0.4g 可致死，具有杀菌作用，在外科上用作消毒剂。汞的有效解毒剂是 1,2-二巯丙醇，它能与 Hg(Ⅱ)形成稳定的配合物而从人体中排除。

思考题 21-7

总结 Cu^{2+}、Ag^+、Zn^{2+}、Cd^{2+}、$HgCl_2$、Hg_2Cl_2 分别与氨水作用的产物和现象。

氯化亚汞(Hg_2Cl_2)也是一种重要的汞盐，其分子结构为直线形(Cl—Hg—Hg—Cl)。Hg_2Cl_2 俗称甘汞，为微溶于水的白色固体，可由金属汞与 $HgCl_2$ 固体一起研磨而制得。Hg_2Cl_2 常用于作制作饱和甘汞电极。

Hg_2Cl_2 与氨水反应可生成氨基氯化汞和汞，而使沉淀显灰色：

$$Hg_2Cl_2 + 2NH_3 \longrightarrow Hg(NH_2)Cl\downarrow + Hg\downarrow + NH_4Cl$$

4. 硝酸汞和硝酸亚汞

硝酸汞[$Hg(NO_3)_2$]和硝酸亚汞[$Hg_2(NO_3)_2$]都溶于水，并水解生成碱式盐沉淀：

$$2Hg(NO_3)_2 + H_2O \longrightarrow HgO\cdot Hg(NO_3)_2\downarrow + 2HNO_3$$

$$Hg_2(NO_3)_2 + H_2O \longrightarrow Hg_2(OH)NO_3\downarrow + HNO_3$$

在配制 $Hg(NO_3)_2$ 和 $Hg_2(NO_3)_2$ 溶液时，应先将其溶于稀硝酸中。在 $Hg(NO_3)_2$ 溶液中加入 KI 可产生橘红色 HgI_2 沉淀，后者溶于过量 KI 中，形成无色$[HgI_4]^{2-}$：

$$Hg^{2+} \xrightarrow{I^-(适量)} HgI_2\downarrow \xrightarrow{I^-(过量)} [HgI_4]^{2-}$$

$K_2[HgI_4]$与 KOH 的混合溶液，称为奈斯勒试剂(Nessler's reagent)。如果溶液中有微量的 NH_4^+存在，加几滴奈斯勒试剂就会产生特殊的红色碘化氨基·氧合二汞(Ⅱ)沉淀。

$$NH_4^+ + 2[HgI_4]^{2-} + 4OH^- \longrightarrow$$ 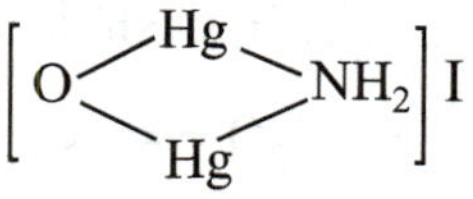 $$\downarrow + 7I^- + 3H_2O$$

在 $Hg_2(NO_3)_2$ 溶液中加入 KI，先生成草绿色的 Hg_2I_2 沉淀，继续加入 KI 溶液则形成$[HgI_4]^{2-}$，同时有汞析出：

$$Hg_2^{2+} \xrightarrow{I^-(适量)} Hg_2I_2\downarrow \xrightarrow{I^-(过量)} [HgI_4]^{2-} + Hg\downarrow$$

在 $Hg(NO_3)_2$ 溶液中加入氨水，可得碱式氨基硝酸汞白色沉淀：

$$2Hg(NO_3)_2 + 4NH_3\cdot H_2O \longrightarrow HgO\cdot NH_2HgNO_3\downarrow + 3NH_4NO_3$$

而在硝酸亚汞溶液中加入氨水，不仅有上述白色沉淀产生，同时有汞析出：

$$2Hg_2(NO_3)_2 + 4NH_3 \cdot H_2O \longrightarrow HgO \cdot NH_2HgNO_3 \downarrow + 2Hg \downarrow + 3NH_4NO_3$$

$Hg(NO_3)_2$ 是实验室常用的化学试剂，用它制备汞的其他化合物。$Hg_2(NO_3)_2$ 受热易分解：

$$Hg_2(NO_3)_2 \xlongequal{\triangle} 2HgO + 2NO_2 \uparrow$$

由于 $E^{\ominus}(Hg^{2+}/Hg_2^{2+}) = 0.911V$，$E^{\ominus}(O_2/H_2O) = 1.229V$，因此 $Hg_2(NO_3)_2$ 溶液与空气接触时易被氧化为 $Hg(NO_3)_2$：

$$2Hg_2(NO_3)_2 + O_2 + 4HNO_3 \longrightarrow 4Hg(NO_3)_2 + 2H_2O$$

可在 $Hg_2(NO_3)_2$ 溶液中加入少量金属汞，使所生成的 Hg^{2+}被还原为 Hg_2^{2+}：

$$Hg^{2+} + Hg \longrightarrow Hg_2^{2+}$$

除此之外，Hg 还能形成许多稳定的有机化合物，如甲基汞 $Hg(CH_3)_2$、乙基汞 $Hg(C_2H_5)_2$ 等。这些化合物中都含有 C—Hg—C 共价键直线结构，较易挥发且毒性大，在空气和水中相当稳定。

5. 配合物

锌副族元素的 M^{2+}为 18 电子结构，具有很强的极化力和明显的变形性，因此有较强的形成配合物的倾向。锌副族元素的 M^{2+}能和卤素离子 X^-(除 F^-外)、NH_3、SCN^-、CN^-等形成 4 配位的配离子，其中以 CN^-的配合物最稳定。当配体一定时，Hg^{2+}的配合物比 Zn^{2+}、Cd^{2+}的配合物稳定。

思考题 21-8

为什么锌、镉、汞(Ⅱ)的 4 配位配合物的空间构型是四面体而不是平面四边形？

$$Zn^{2+} + 4NH_3 \rightleftharpoons [Zn(NH_3)_4]^{2+} \qquad K_f^{\ominus} = 2.9 \times 10^9$$

$$Zn^{2+} + 4CN^- \rightleftharpoons [Zn(CN)_4]^{2-} \qquad K_f^{\ominus} = 5.0 \times 10^{16}$$

$$Hg^{2+} + 4SCN^- \rightleftharpoons [Hg(SCN)_4]^{2-} \qquad K_f^{\ominus} = 1.7 \times 10^{21}$$

$$Hg^{2+} + 4CN^- \rightleftharpoons [Hg(CN)_4]^{2-} \qquad K_f^{\ominus} = 2.5 \times 10^{41}$$

Zn^{2+}和 Cd^{2+}都是 d^{10} 电子构型的离子，不会发生 d-d 跃迁，故其配离子一般都是无色的。某些螯合剂与 Zn^{2+}反应也能生成有色的配合物。例如，二苯硫腙[$C_6H_5—(NH)_2—CS—N=N—C_6H_5$]与 Zn^{2+}反应，生成粉红色的螯合物，该反应可用于鉴定 Zn^{2+}。

锌和镉与卤素离子的配合物不很稳定，而 Hg^{2+}与卤素离子的配合物的稳定性按 $Cl^- < Br^- < I^-$的顺序增加，其规律与其他过渡金属离子相反：

$$Hg^{2+} + 4Cl^- \rightleftharpoons [HgCl_4]^{2-} \qquad K_f^{\ominus} = 1.2 \times 10^{15}$$

$$Hg^{2+} + 4Br^- \rightleftharpoons [HgBr_4]^{2-} \qquad K_f^{\ominus} = 1.0 \times 10^{21}$$

$$Hg^{2+} + 4I^- \rightleftharpoons [HgI_4]^{2-} \qquad K_f^{\ominus} = 6.8 \times 10^{29}$$

Hg_2^{2+}形成配合物的倾向较小。

21.2.5 Hg(Ⅰ)和 Hg(Ⅱ)的相互转化

从汞的元素电势图(图 21-5)可知，Hg_2^{2+}较 Hg^{2+}和 Hg 稳定，不易发生歧化反应。因 $E^{\ominus}(Hg^{2+}/Hg_2^{2+})$大于 $E^{\ominus}(Hg_2^{2+}/Hg)$，故在溶液中 Hg^{2+}可氧化 Hg 生成 Hg_2^{2+}，常利用 Hg^{2+}与 Hg 反应制备亚汞盐：

$$Hg(NO_3)_2 + Hg \xlongequal{} Hg_2(NO_3)_2 \qquad K^{\ominus} = 81.28$$

除用汞作还原剂外，还可用其他还原剂将 Hg(Ⅱ)还原为 Hg(Ⅰ)。

要使 Hg_2^{2+}的歧化反应能够进行，即 Hg(Ⅰ)转化为 Hg(Ⅱ)，最简单的方法是降低溶液中 Hg^{2+}的浓度，如使其变为某些难溶物或难解离的配合物：

$$Hg_2^{2+} + S^{2-} \xlongequal{} HgS\downarrow + Hg\downarrow$$

$$Hg_2Cl_2 + 2NH_3 \xlongequal{} Hg(NH_2)Cl\downarrow + Hg\downarrow + NH_4Cl$$

$$Hg_2^{2+} + 4I^- \xlongequal{} [HgI_4]^{2-} + Hg\downarrow$$

总之，Hg_2^{2+}在溶液中能够稳定地存在。只有当反应体系中存在使 Hg^{2+}浓度大大降低的沉淀剂或配合剂时，Hg_2^{2+}才可能发生歧化反应。Hg_2^{2+}与 Hg^{2+}的转化取决于反应条件。

21.2.6 ⅡB 族元素与ⅡA 族元素性质对比

ⅡB 族元素与ⅡA 族元素的最外层电子数相同，为 2 个 s 电子，它们的次外层分别为 18 个电子和 8 个电子。电子结构的差异导致ⅡB 族元素的单质和化合物性质与ⅡA 组元素的有显著的区别。

ⅡB 族金属的熔点、沸点都比ⅡA 族低，Hg 在室温下是液体。ⅡA 族和ⅡB 族金属的导电性、导热性及延展性都较差(只有镉具有延展性)。

ⅡA 族元素比较活泼，尤其是 Ca、Sr、Ba 在空气中易被氧化。ⅡB 族的活泼性比ⅡA 族差，它们在干燥空气中常温下不起变化。ⅡA 族元素不仅能从稀酸中置换出氢气，而且能从水中置换出氢气。ⅡB 族元素都不能从水中置换出氢气，在稀的盐酸或硫酸中，Zn 容易溶解、Cd 较难溶解、Hg 则完全不溶解。

与ⅡA 族离子相比，ⅡB 族离子具有很强的极化力和明显的变形性，因此ⅡB 族化合物表现更强的共价性和形成配合物的能力。

ⅡB 族的氢氧化物为弱碱性，而ⅡA 族的 Ca、Sr、Ba 的氢氧化物为强碱性。$Be(OH)_2$ 和 $Zn(OH)_2$ 都是两性氢氧化物。ⅡB 族元素的氢氧化物碱性自上而下增强，与金属活泼性变化趋势相反；ⅡA 族元素的氢氧化物碱性自上而下增强，与金属活泼性变化趋势一致。

这两族元素的硝酸盐都易溶于水，碳酸盐都难溶于水。ⅡB 族的硫酸盐是易溶的，而ⅡA 族的 Ca、Sr、Ba 的硫酸盐是微溶的。ⅡB 族的盐在溶液中会发生水解，而 Ca、Sr、Ba 的盐不水解。

拓展阅读

习 题

21-1 完成并配平下列反应方程式。

(1) $Cu + H_2SO_4(稀) + O_2 \xrightarrow{\triangle}$

(2) $Cu_2O + H_2SO_4(稀) \longrightarrow$

(3) $Cu_2O + NH_3 + NH_4Cl + O_2 \longrightarrow$

(4) $Cu^{2+} + I^- \longrightarrow$

(5) $Cu^{2+} + Cu + Cl^- \xrightarrow[\triangle]{浓盐酸}$

(6) $CuS + HNO_3(浓) \longrightarrow$

(7) $Ag^+ + NaOH \longrightarrow$

(8) $AgBr + Na_2S_2O_3 \longrightarrow$

(9) $Ag(NH_3)_2^+ + CH_3CHO + OH^- \longrightarrow$

(10) $Au + O_2 + CN^- + H_2O \longrightarrow$

(11) $Zn^{2+} + NH_3 \cdot H_2O$(从适量到过量) $\longrightarrow$

(12) $Cd^{2+} + HCO_3^- \longrightarrow$

(13) $Hg^{2+} + NaOH \longrightarrow$

(14) $Hg^{2+} + Sn^{2+} + Cl^- \longrightarrow$

(15) $Hg^{2+} + I^-$(从适量到过量) $\longrightarrow$

(16) $Hg_2^{2+} + I^- \longrightarrow$

21-2 解释下列现象，并写出相关的反应方程式。

(1) 铜器在潮湿的空气中表面慢慢地生成一层铜绿；

(2) 加热 $CuCl_2 \cdot H_2O$ 得不到 $CuCl_2$；

(3) 有空气存在时，铜能溶于氨水；

(4) $CuCl_2$ 加水稀释；

(5) 银器在含有 H_2S 的空气中表面会慢慢变黑；

(6) 从废的定影液中回收银常用 Na_2S 作为沉淀剂，为什么不用 NaCl 作沉淀剂?

(7) 向硝酸银溶液中滴加氰化钾时，首先形成白色沉淀，而后溶解，再加入 NaCl 时，无沉淀形成，但加入少许的 Na_2S 时，析出黑色沉淀；

(8) 焊接金属时，常用浓 $ZnCl_2$ 溶液处理金属的表面；

(9) $HgCl_2$ 溶液中逐滴加入 KI 溶液；

(10) HgS 不溶于盐酸、硝酸和$(NH_4)_2S$ 中，而能溶于王水或 Na_2S 中；

(11) $Hg_2C_2O_4$ 难溶于水，却可以溶于含有 Cl^-的溶液中；

(12) $Hg(NO_3)_2$ 溶液中有 NH_4NO_3 存在时，加入氨水得不到 $HgNH_2NO_3$ 沉淀。

21-3 CuCl、AgCl、Hg_2Cl_2 均为难溶于水的白色粉末，试用最简便的方法区别它们。

21-4 在一混合溶液中，含有 Ag^+、Cu^{2+}、Zn^{2+}、Hg_2^{2+}、Hg^{2+}、Mg^{2+}、Cd^{2+}，如何将它们分离并加以鉴定?

21-5 在硝酸铜固体中混有少量的硝酸银，用两种方法除去硝酸银杂质。

21-6 化合物 A 是一种黑色固体，不溶于水、稀 HAc 及稀 NaOH 溶液中，而易溶于热 HCl 溶液中，生成一种绿色的溶液 B；如果溶液 B 与铜丝一起煮沸，即逐渐生成土黄色溶液 C；若用较大量水稀释溶液 C，生成白色沉淀 D。D 可溶于氨水中生成无色溶液 E；无色溶液 E 在空气中迅速变成蓝色溶液 F；向 F 中加入 KCN

时，生成无色溶液 G；向 G 中加入锌粉则生成红色沉淀 H；H 不溶于稀酸或稀碱中，但可溶于热 HNO_3 中生成蓝色溶液 I；向 I 中慢慢加入 NaOH 溶液则生成沉淀 J；将 J 过滤、取出后，强热又得到原化合物 A。写出 A～J 的化学式。

21-7 白色固体物质 A 不溶于水，也不溶于 NaOH 溶液，溶于盐酸形成无色溶液 B，并放出气体 C。向溶液 B 中滴加氨水，首先形成白色沉淀 D，继续滴加氨水，沉淀消失形成无色溶液 E；将气体 C 通入 $CdSO_4$ 溶液中，得黄色沉淀 F，若将 C 通入溶液 E 中则析出固体 A。写出 A～F 的化学式。

21-8 某一化合物 A 溶于水得一浅蓝色溶液。在 A 溶液中加入 NaOH 溶液可得浅蓝色沉淀 B，B 能溶于 HCl 溶液，也能溶于氨水。A 溶液中通入 H_2S，有黑色沉淀 C 生成。C 难溶于 HCl 溶液而易溶于热浓 HNO_3 中；在 A 溶液中加入 $Ba(NO_3)_2$ 溶液，无沉淀产生，而加入 $AgNO_3$ 溶液时，有白色沉淀 D 生成，D 溶于氨水。试写出 A～D 的名称，以及各步骤的有关反应式。

21-9 化合物 A 是一白色固体，可溶于水，A 的溶液可发生下列反应：

(1) 加碱于 A 的水溶液中产生黄色沉淀 B，B 不溶于碱，可溶于酸。

(2) 通 H_2S 于 A 的溶液中产生黑色沉淀 C，此沉淀不溶于硝酸但可溶于王水得黄色固体 D、气体 E 和溶液 F；气体 E 无色，在空气中变为红棕色。

(3) 加 $AgNO_3$ 于 A 的溶液产生白色沉淀 G，G 不溶于稀硝酸而溶于氨水，得溶液 H。(4)在 A 的溶液中滴加 $SnCl_2$ 产生白色沉淀 I，继续滴加，最后得到黑色沉淀 J。试确定 A～J 各为何物质，写出反应反程式。

21-10 有一无色溶液 A：

(1) 若加入氨水，则有白色沉淀生成；

(2) 若加入稀碱，则有黄色沉淀生成；

(3) 若滴加 KI 溶液，则先析出橘红色沉淀，当 KI 过量时，橘红色沉淀消失；

(4) 若在此无色溶液中加入数滴汞并振荡，汞逐渐消失，仍变为无色溶液，此时加入氨水得灰黑色沉淀。问此无色溶液中含有哪种化合物，写出各个有关反应式。

21-11 无色晶体 A 溶于水后加入盐酸得白色沉淀 B。分离后将 B 溶于 $Na_2S_2O_3$ 溶液得无色溶液 C。向 C 中加入盐酸得白色沉淀混合物 D 和无色气体 E。E 与碘水作用后转化为无色溶液 F。向 A 的水溶液中滴加少量 $Na_2S_2O_3$ 溶液立即生成白色沉淀 G，该沉淀由白变黄、变橙、变棕最后转化为黑色，说明有 H 生成。请给出 A、B、C、D、E、F、G、H 所代表的化合物或离子，并给出相关的反应方程式。

21-12 已知 $Hg_2^{2+} + 2e^- = 2Hg$，$E^\ominus = 0.7973V$

$$Hg^{2+} + 2e^- = Hg，E^\ominus = 0.851V$$

(1) 试判断归中反应 $Hg^{2+} + Hg = Hg_2^{2+}$ 能否发生。

(2) 求 $0.10mol \cdot L^{-1}$ $Hg_2(NO_3)_2$ 溶液中 Hg^{2+}的浓度(298.15K)。

21-13 镀铜锌合金时，可用$[Cu(CN)_4]^{3-}$和$[Zn(CN)_4]^{2-}$为电镀液。因为氰化物有剧毒，人们试图用它们的氨配合物$[Cu(NH_3)_4]^{2+}$和$[Zn(NH_3)_4]^{2+}$来代替氰化物，可行吗？试解释原因。

已知：$E^\ominus(Cu^+/Cu) = 0.52V$、$E^\ominus(Cu^{2+}/Cu) = 0.34V$、$E^\ominus(Zn^{2+}/Zn) = -0.77V$。配合物$[Cu(CN)_4]^{3-}$、$[Zn(CN)_4]^{2-}$、$[Cu(NH_3)_4]^{2+}$和$[Zn(NH_3)_4]^{2+}$的标准稳定常数 $K_f^\ominus$ 分别为：2.0×10^{30}、5.0×10^{16}、2.1×10^{13}、2.9×10^9。

21-14 可用反应 $Cu + Cu^{2+} + 2Cl^- = 2CuCl\downarrow$ 制备 CuCl，若将 $0.2mol \cdot L^{-1}$ 的 $CuSO_4$ 和 $0.4mol \cdot L^{-1}$ 的 NaCl 溶液等体积混合，并加入过量的铜屑，求反应达到平衡时，Cu^{2+}的转化百分率。

21-15 在回收废定影液时，可使银沉淀为 Ag_2S，再用配位还原法回收银：

$$2Ag_2S + 8CN^- + O_2 + 2H_2O \longrightarrow 4[Ag(CN)_2]^- + 2S + 4OH^- \quad (1)$$

$$2[Ag(CN)_2]^- + Zn \longrightarrow 2Ag + [Zn(CN)_4]^{2-} \quad (2)$$

计算反应式(1)的标准平衡常数 $K^\ominus$。已知：$K_{sp}^\ominus(Ag_2S) = 6.3 \times 10^{-50}$、$K_f^\ominus[Ag(CN)_2^-] = 1.3 \times 10^{21}$、$E^\ominus(S/S^{2-}) = -0.48V$、$E^\ominus(O_2/OH^-) = 0.40V$。

(武汉理工大学　　肖亮)

第 22 章 镧系元素和锕系元素

第 22 章　导学

镧系元素和锕系元素位于元素周期表的 f 区。镧系元素包括第六周期 57 号元素镧(La)到 71 号元素镥(Lu)共 15 种元素，常用 Ln 表示；锕系元素包括第七周期 89 号元素锕(Ac)到 103 号元素铹(Lr)共 15 种元素，常用 An 表示。随着原子序数增大，镧系元素和锕系元素新增加的电子通常都填充到外数第三层的$(n-2)$f 轨道，为区别 d 区过渡元素，将这两类元素又称为内过渡元素。

22.1　镧 系 元 素

22.1.1　镧系元素概述

1. 镧系元素的电子构型

镧系元素的价电子构型和一些基本性质列于表 22-1 中。

表 22-1　镧系元素的电子构型及基本性质

原子序数	元素符号	元素名称	价电子构型	原子半径/pm	Ln^{3+}离子半径/pm	Ln^{3+}离子颜色
57	La	镧	$5d^16s^2$	187.91	106.1	无色
58	Ce	铈	$4f^15d^16s^2$	182.47	103.4	无色
59	Pr	镨	$4f^3\ 6s^2$	182.79	101.3	绿色
60	Nd	钕	$4f^4\ 6s^2$	182.14	99.5	淡红色
61	Pm	钷	$4f^5\ 6s^2$	181.3	97.9	粉红色、黄色
62	Sm	钐	$4f^6\ 6s^2$	180.41	96.4	黄色
63	Eu	铕	$4f^7\ 6s^2$	204.18	95.0	无色
64	Gd	钆	$4f^75d^16s^2$	180.13	93.8	无色
65	Tb	铽	$4f^9\ 6s^2$	178.33	92.3	无色(略带淡粉红色)
66	Dy	镝	$4f^{10}\ 6s^2$	177.40	90.8	无色
67	Ho	钬	$4f^{11}\ 6s^2$	176.61	89.4	粉红色、黄色
68	Er	铒	$4f^{12}\ 6s^2$	175.66	88.1	淡红色
69	Tm	铥	$4f^{13}\ 6s^2$	174.62	86.9	绿色
70	Yb	镱	$4f^{14}\ 6s^2$	193.92	85.8	无色
71	Lu	镥	$4f^{14}5d^16s^2$	173.49	84.8	无色

从表 22-1 中数据可知，La～Lu 的基态价电子构型可以用通式 $4f^{0\sim14}5d^{0\sim1}6s^2$ 来表示，其中 La($4f^0$)、Eu($4f^7$)、Gd($4f^7$)和 Yb($4f^{14}$)分别处于全空、半满和全满的稳定状态。镧系元素形成 Ln^{3+}时，外层的 5d 和 6s 电子都已失去，Ln^{3+}的外层电子构型为 $4f^{0\sim14}$。

2. 镧系元素的原子半径和离子半径

镧系元素的原子半径和离子半径见表 22-1。从表中数据可以看出，从 La 到 Lu，总体变化趋势是随着原子序数增大，原子半径(Ce、Eu 和 Yb 除外) 呈现缓慢减小的趋势，多数相邻元素的原子半径之差只有 1 pm 左右，这种现象称为“镧系收缩”。

造成镧系收缩的原因与镧系元素的电子结构特点有关。镧系元素的价层电子构型为 $4f^{0\sim14}5d^{0\sim1}6s^2$，新增加的电子填充在内层的 4f 轨道上。当镧系元素的原子序数增加 1，相应的 4f 电子数也增加 1。4f 电子对核的屏蔽不如内层电子，只能屏蔽核电荷的一部分，因此当 4f 电子增加时，有效核电荷略有增加，对外层电子的引力略有增强，从而使得镧系元素的原子半径和离子半径逐渐减小，但减小的幅度很小(图 22-1)。镧系元素中，Eu 和 Yb 两种元素的原子半径比相邻元素的原子半径更大，这是由于 Eu 和 Yb 分别具有半充满($4f^7$)和全充满($4f^{14}$)的电子层结构，这种相对稳定的结构对核的屏蔽增强，使核对外层电子的引力明显减弱，导致原子半径明显增大，呈现明显的“双峰效应”。

思考题 22-1

镧系元素的电离能也在 Eu 和 Yb 两元素处显著增大，呈现出与原子半径变化类似的“双峰效应”，为什么？

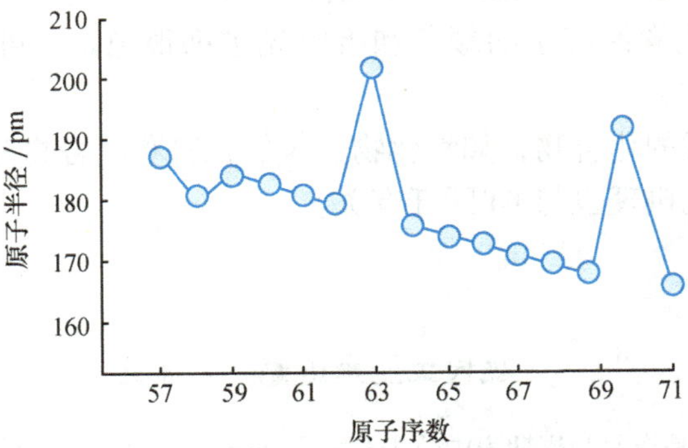

图 22-1 镧系元素的原子半径随原子序数的变化情况

镧系元素离子半径减小的趋势比原子半径显著，这是由于离子比原子少了 6s 电子层，此时离子中的 4f 轨道比原子中的 4f 轨道对核电荷的屏蔽作用小，从而使离子半径的收缩效果比原子半径更明显。

镧系收缩是元素化学中的一个重要现象，它使镧系元素后的第三系列过渡元素与上一周期的第二系列同族过渡元素的原子半径和离子半径相近，其中尤以ⅣB 族的 Zr 和 Hf、ⅤB 族的 Nb 和 Ta、ⅥB 族的 Mo 和 W 更为相近，导致 Zr 和 Hf、Nb 和 Ta、Mo 和 W 的性质非常相似，分离十分困难。

3. 镧系元素的氧化数

镧系元素最常见和最稳定的氧化数为+3。此外，镧系元素还存在一些不常见的氧化数(图 22-2)，如 Ce、Pr、Tb 存在较为稳定的 + 4 氧化数，因为它们的 4f 层保持或接近全空、半满或全满的状态比较稳定，但只有 +4 氧化数的 Ce 能存在于溶液中，它是很强的氧化剂。Sm、Eu、Yb 还具有较稳定的 +2 氧化数。

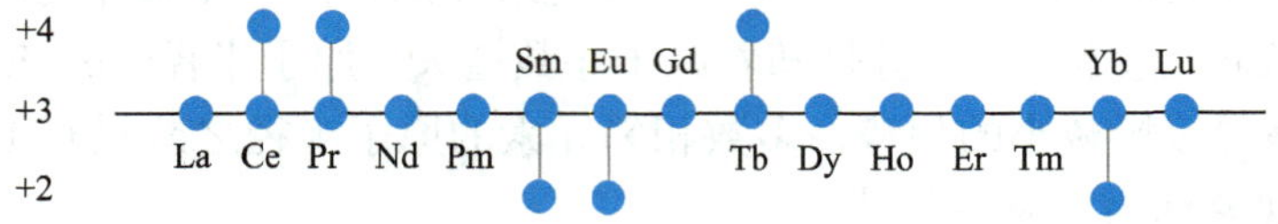

图 22-2 镧系元素氧化数的变化规律

4. 镧系元素离子的颜色

与 d 区元素离子相似，镧系元素离子的颜色也比较丰富(表 22-1)。镧系元素离子的颜色与 4f 轨道中未充满的电子数有关，主要是 4f 电子经过 f-f 跃迁引起的。$La^{3+}(4f^0)$和 $Lu^{3+}(4f^{14})$为全空或全满电子构型，无法发生 f-f 跃迁，故显无色；$Ce^{3+}(4f^1)$和 $Yb^{3+}(4f^{13})$两种离子的吸收峰位于红外区，故也为无色；$Eu^{3+}(4f^6)$、$Gd^{3+}(4f^7)$、$Tb^{3+}(4f^8)$和 $Dy^{3+}(4f^9)$四种离子的吸收峰全部或大部分位于紫外区，电子跃迁主要吸收紫外光，故也为无色；剩余的镧系元素离子在可见光区有明显的吸收，因而常呈现出特征颜色。由于 f 轨道处于内层，很少受到外界环境(如配体和溶剂)的影响，因此镧系离子的颜色和吸收光谱都很稳定，可以用于定性和定量分析。

镧系元素的化合物，如氧化物、氢氧化物和配合物等也呈现出一定的颜色，其显色机理也与 f-f 跃迁有关。

拓展知识

现代工业维生素——稀土

稀土元素是指元素周期表中位于第六周期 f 区的 15 种镧系元素和ⅢB 族的钪(Sc)、钇(Y)共 17 种元素的总称，用 RE (rare earth)表示。这些元素的性质非常相似，并常在矿物中共生。稀土一词来源于它们的矿物稀散，其氧化物和氢氧化物难溶于水，并和碱土金属相应化合物的性质相似。其实，稀土元素在地壳中的含量并不低，其中含量最高的 Ce 在地壳中比 Cu 的含量还高，即使含量较少的 Lu 和 Tm 也比人们熟知的 Ag 和 Hg 的含量高。

稀土作为现代工业的“维生素”，应用十分广泛。稀土具有多种特殊的性质，是现代工业尤其是高科技产业的重要原材料。大到军事、工业、农业、新材料、石油化工、冶金等行业，小到汽车、手机、计算机、玻璃、陶瓷等产业，都离不开稀土。因此，现在全球主要工业国均将稀土视为战略性资源。

我国是世界上稀土资源最丰富的国家，有“稀土王国”之称。据统计，全球共有稀土储量 1.2 亿吨，我国有 4400 万吨，占比 36.7%。我国也是世界稀土生产第一大国，尤其加工和提炼技术已经达到国际领先水平。北京大学徐光宪院士于 1975

年提出了稀土串级萃取理论，实现了稀土分离技术的重大突破，为我国由稀土资源大国迈向稀土产业大国做出了杰出贡献，被誉为“中国稀土之父”。

22.1.2　镧系元素的单质

镧系元素的单质通常呈银白色、有光泽、比较软、有延展性并具有顺磁性。随着原子序数的增大，镧系元素单质的熔点和密度逐渐增大，但 Eu 和 Yb 的熔点和密度均较低。

由镧系元素的标准电极电势(表 22-2)可以看出，镧系元素均为活泼金属元素，表现出强的还原性，还原能力仅次于碱金属和碱土金属，能与大部分非金属反应，一般生成 +3 氧化数的化合物。镧系元素金属单质保存时均在表面涂蜡或保存在煤油中，以隔绝空气防止氧化甚至着火。随着原子序数的增大，镧系元素由 La 到 Lu 金属活泼性递减，即 La 最活泼。

表 22-2　镧系元素的标准电极电势

元素符号	$E^\ominus(Ln^{3+}/Ln)/V$	元素符号	$E^\ominus(Ln^{3+}/Ln)/V$
La	−2.522	Tb	−2.391
Ce	−2.483	Dy	−2.353
Pr	−2.462	Ho	−2.319
Nd	−2.431	Er	−2.296
Pm	−2.423	Tm	−2.278
Sm	−2.414	Yb	−2.267
Eu	−2.407	Lu	−2.255
Gd	−2.397		

22.1.3　镧系元素的重要化合物

1. 氧化物和氢氧化物

镧系元素除 Ce、Pr 和 Tb 外，其余元素形成的稳定氧化物均为氧化数 +3 的 Ln_2O_3。Ln_2O_3 为离子型化合物，熔点很高，是很好的耐火材料。Ln_2O_3 显碱性，其碱性随着原子序数增大而减小，难溶于水或碱性介质，但易溶于强酸。

$$La_2O_3 + 6HNO_3 \xlongequal{} 2La(NO_3)_3 + 3H_2O$$

$$Dy_2O_3 + 6HCl \xlongequal{} 2DyCl_3 + 3H_2O$$

Ln_2O_3 通常是由焙烧氢氧化物或某些含氧酸盐(如草酸盐、碳酸盐、硝酸盐甚至硫酸盐)而制备。但焙烧铈盐生成的是氧化数为 +4 的 CeO_2，而焙烧镨盐和铽盐则得到高氧化数的氧化物 $Pr_6O_{11}(4PrO_2 \cdot Pr_2O_3)$ 和 $Tb_4O_7(2TbO_2 \cdot Tb_2O_3)$。

氧化数为 +4 的镧系氧化物具有极强的氧化性，如 CeO_2 可以将盐酸氧化生成 Cl_2；PrO_2 不仅可以将盐酸氧化成 Cl_2，还能氧化 H_2O 放出 O_2，因此只能存在于固体中：

$$2CeO_2 + 8HCl \longrightarrow 2CeCl_3 + Cl_2\uparrow + 4H_2O$$

$$4PrO_2 + 6H_2O \longrightarrow 4Pr(OH)_3 + O_2\uparrow$$

Tb 的高氧化数氧化物与盐酸反应生成 O_2：

$$2Tb_4O_7 + 24HCl \longrightarrow 8TbCl_3 + 12H_2O + O_2\uparrow$$

镧系元素氧化物的用途很广。例如，La_2O_3 可用作压电材料、电热材料、热电材料、磁阻材料、发光材料(蓝粉)、储氢材料、光学玻璃和激光材料等；Ce_2O_3 可用作氧化铈钨电极、陶瓷电容器、纳米氧化铈碳化硅磨料、燃料电池原料和汽油催化剂等；用 Ce_2O_3 作为紫外线吸收剂，可用于防止塑料制品因紫外线照射老化，以及坦克、汽车、舰船、储油罐等的紫外老化等；在医疗上，掺氧化钕的氧化钇铝石榴石激光器可代替手术刀用于手术或消毒创伤口；Eu_2O_3 用于荧光粉，Eu^{3+}用于红色荧光粉的激活剂，Eu^{2+}用于蓝色荧光粉。

Ln^{3+}的盐溶液中加入氨水或 NaOH 等得到 $Ln(OH)_3$ 沉淀。例如，向 $Sm_2(SO_4)_3$ 溶液中加入氨水可生成 $Sm(OH)_3$，向 $YbCl_3$ 溶液中加入氢氧化钠可生成 $Yb(OH)_3$：

$$Sm_2(SO_4)_3 + 6NH_3\cdot H_2O \longrightarrow 2Sm(OH)_3\downarrow + 3(NH_4)_2SO_4$$

$$YbCl_3 + 3NaOH \longrightarrow Yb(OH)_3\downarrow + 3NaCl$$

$Ln(OH)_3$ 的碱性与碱土金属氢氧化物接近，但在水中的溶解度却比碱土金属氢氧化物小得多。$Ln(OH)_3$ 的碱性随 Ln^{3+}半径的减小而逐渐减弱，这是因为从 La^{3+}到 Lu^{3+}，半径减小，中心离子对 OH^-的引力逐渐增强，$Ln(OH)_3$ 的解离度逐渐减小。$Ln(OH)_3$ 与酸反应生成盐和水，例如：

$$2La(OH)_3 + 3H_2SO_4 \longrightarrow La_2(SO_4)_3 + 6H_2O$$

$$Y(OH)_3 + 3HCl \longrightarrow YCl_3 + 3H_2O$$

将 $Ln(OH)_3$ 加热首先生成 LnO(OH)，继续升高温度将生成氧化物 Ln_2O_3。

2. 盐类

镧系元素的易溶盐主要有氯化物、硫酸盐和硝酸盐等，它们均可形成含不同结晶水的晶体。镧系元素的难溶盐主要有草酸盐、碳酸盐、磷酸盐和氟化物等。

1) 氯化物

镧系金属及其氧化物、氢氧化物、碳酸盐与盐酸反应均可得到氯化物，酸性水溶液通过浓缩可得氯化物结晶 $LnCl_3\cdot nH_2O$ ($n = 6$ 或 7)。镧系金属氯化物都易溶于水，也易吸水而潮解。直接加热 $LnCl_3\cdot nH_2O$ 发生部分水解生成氯氧化物。无水 $LnCl_3$ 可在氯化氢气氛中由结晶水合物加热脱水制备：

$$LnCl_3 \cdot nH_2O \xlongequal{\triangle} LnOCl + 2HCl\uparrow + (n-1)H_2O$$

$$LnCl_3 \cdot 6H_2O \xlongequal[\triangle]{HCl} LnCl_3 + 6H_2O$$

制备无水 $LnCl_3$ 的最佳方法为金属直接与 Cl_2 反应。例如，Ce 与 Cl_2 反应制备 $CeCl_3$：

$$2Ce + 3Cl_2 \xlongequal{\triangle} 2CeCl_3$$

2) 硫酸盐

镧系金属、氧化物或氢氧化物与硫酸反应均可生成硫酸盐。硫酸与镧系金属碳酸盐等弱酸盐反应也能得到硫酸盐。

从水溶液中析出的硫酸盐通常是水合硫酸盐，水合硫酸盐加热脱水生成无水硫酸盐：

$$Ln_2(SO_4)_3 \cdot nH_2O \xlongequal{\triangle} Ln_2(SO_4)_3 + nH_2O$$

镧系金属硫酸盐能与碱金属或碱土金属硫酸盐形成复盐，如 $Ln_2(SO_4)_3 \cdot Na_2SO_4 \cdot 2H_2O$。不同硫酸复盐的溶解度差别很大，这种差别在分离中非常重要。例如，处理以 La、Ce、Pr、Nd 等为主的矿物时，可利用硫酸复盐较低的溶解度而与溶液中的 Fe^{3+}进行分离。

3) 其他盐类

Ln(Ⅲ)的草酸盐也是一类重要的镧系元素盐类，可由氯化物和草酸反应制得：

$$2LnCl_3 + 3H_2C_2O_4 + nH_2O \xlongequal{} Ln_2(C_2O_4)_3 \cdot nH_2O + 6HCl$$

镧系元素草酸盐不仅难溶于水，也难溶于稀酸。利用这一特点，可使镧系离子以草酸盐形式析出而与其他许多金属离子分离开来。因此，用质量法测定镧系元素或采用各种方法使镧系元素分离时，通常都是将镧系元素先转化为草酸盐，再经过灼烧后得到氧化物。

镧系元素硝酸盐在水溶液中析出时也经常带有结晶水，它们受热时脱水形成碱式硝酸盐，进一步加热时分解生成氧化物。镧系硝酸盐也能与碱金属硝酸盐或硝酸铵形成复盐，不同复盐的溶解度差别很大，这种差别也常被用于镧系元素的分离。

3. 配合物

与 d 区元素相比，镧系元素形成配合物的能力更小，配合物的种类和数量也比 d 区元素少得多。Ln^{3+}对配体的吸引力较小，其配位能力与 Ca^{2+} 和 Mg^{2+}接近，通常与一些配位能力强的强场配体或者多齿螯合配体(如 EDTA、冠醚等)形成稳定的配合物[图 22-3(a)]。利用各种 Ln^{3+}与 EDTA 形成配合物稳定常数的差别，经过多次交换和淋洗操作，能将不同的镧系离子完全分离。镧系元素为亲氧元素，因此镧系元素还可以与一些含氧配体(如羧酸、β-二酮、含氧的磷类萃取剂等)形成较稳定的配合物[图 22-3(b)]。

由于镧系元素位于第六周期，Ln^{3+}的半径比 d 区元素离子的半径更大，因此 Ln^{3+}形成的配合物的配位数一般都大于 6，最高可达 12。

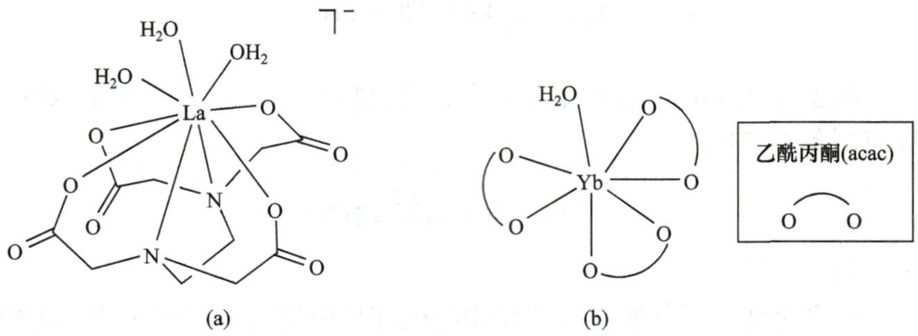

图 22-3 $[La(EDTA)(H_2O)_3]^-$(a)和$[Yb(acac)_3(H_2O)]$(b)的结构

22.1.4 稀土元素的分离

稀土分离是稀土化学的重要内容，也是稀土研究和应用的基础。在高新技术领域中对稀土的纯度要求非常高，如用作激光晶体及光学基质材料的稀土氧化物 Y_2O_3 和 Gd_2O_3 等，其中极微量的杂质也会严重影响激光及其光学性能。分离提取出单一纯稀土元素，在化学工艺上比较复杂和困难。其主要原因有两个，一是镧系元素之间的物理性质和化学性质十分相似；二是稀土精矿分解后所得到的混合稀土化合物中伴生的杂质元素较多(如铀、钍、铌、钽、钛、锆、铁、钙、硅、氟、磷等)。因此，在分离稀土元素的工艺流程中，不但要考虑这十几个化学性质极其相近的稀土元素之间的分离，而且还必须考虑稀土元素与伴生的杂质元素之间的分离。

依据稀土与其他元素或稀土元素之间微小的化学性质差异，用分级结晶、分级沉淀和氧化还原等方法可分离稀土元素。

1. 分级结晶法

分级结晶法是利用不同稀土元素生成的某种盐的溶解度差异，对它们进行多级结晶分离提纯。例如，轻稀土元素与硝酸铵生成的稀土硝酸铵复盐的溶解度随其原子序数增加而增大，经多次重复结晶和溶解，溶解度较小的稀土元素在固相不断富集，而溶解度较大的稀土元素在液相不断富集，最终达到分离提纯的目的。这是一种经典的分离方法，分离效率低。

2. 分级沉淀法

分级沉淀法是将一定量的某种试剂加入稀土溶液中，使某些稀土元素生成难溶化合物优先沉淀，其他稀土元素留在溶液中，经多次沉淀、溶解而使稀土元素分离。分级沉淀法的分离效率不高。

前面提到的方法是 20 世纪 50 年代以前的工业生产方法，分离效率低，通常为制取某种稀土元素的纯产品，甚至需要数百次的重复结晶或沉淀，用这样的方法不能大量生产单一稀土。目前工业规模的稀土分离主要采用氧化还原法、离子交换法和溶剂萃取法。

3. 氧化还原法

氧化还原法是利用某些稀土元素不同氧化态的化学性质存有较大的差别，选择性地将某些稀土元素氧化或还原，再经化学处理使其分离出来的方法。氧化还原法至今还常用于铈、铕等的分离提纯。例如，将 Ce^{3+}氧化成 Ce^{4+}后，在高酸度下 Ce^{4+}能与硝酸铵生成硝酸铈铵复盐结晶，从而与其他稀土及非稀土杂质分离，经数次重结晶，可获得很高纯度的铈化合物(99.99%)。又如，Eu^{2+}具有较强的碱性，在氨性介质中不生成难溶的氢氧化物沉淀，用锌还原铕，可制得纯度为 99.99%的氧化铕。

4. 离子交换法

离子交换法是利用离子交换柱中的阳离子交换树脂为固定相，以含有稀土离子的溶液和淋洗液为流动相进行分离提纯。

先将含有混合稀土离子的溶液从上部注入离子交换柱中，稀土离子将被交换到阳离子树脂上，其反应可以表示为

$$3[RSO_3—H] + Ln^{3+} \rightleftharpoons (RSO_3)_3Ln + 3H^+$$

因为各种稀土离子与树脂的结合力不同，所以各种稀土元素在交换柱中分布的位置也不同，与树脂的结合力强的将位于柱的上部，与树脂结合力弱的将位于柱的下部。

再将淋洗液从上部注入交换柱中进行淋洗。因为各种稀土离子对淋洗液的结合力不同，所以稀土离子被淋洗液带走的难易程度有差别。处于柱下部的稀土离子若与淋洗液的结合力强，则优先流出交换柱；处于柱上部的稀土离子若与淋洗液的结合力弱，则最后流出交换柱。

选择适当的阳离子交换树脂和淋洗液，反复交换、反复淋洗，即可将不同的稀土元素分离。

5. 溶剂萃取法

常采用的萃取剂多为某些螯合试剂。例如，二(2-乙基己基)磷酸(HDEHP)，HDEHP 在有机相以双聚分子形式存在，三个双聚分子与 Ln^{3+}离子螯合形成六配位配合物，萃取剂将 Ln^{3+}萃入有机相的反应如下：

$$Ln^{3+} + 3(HDEHP)_2 + 3H_2O = Ln[(HDEHP)_2]_3 + 3H_3O^+$$

HDEHP 与 Ln^{3+}形成螯合物的能力随镧系元素原子序数增大而增大，两相邻 Ln^{3+}的分离因子平均约为 2.5。迄今所有的萃取剂都不能通过单级萃取实现分离，工业上通过多级连续萃取实现对镧系元素的分离。

22.1.5 稀土元素的应用

稀土被誉为“工业维生素”，在冶金、石油化工、玻璃陶瓷、磁性材料、电子工业等领域有重要的用途。随着研究技术的进步，稀土金属及其化合物在现代尖端高科技领域中的应用将更加广泛和深入。

在冶金工业中，由于稀土元素对氧、硫、氢、砷等非金属元素有强亲和力，在炼钢中能净化钢液、细化晶粒、去除有害杂质，从而改善钢的机械性能，提高抗氧化、耐磨、耐腐蚀性能。

在石油化工中，稀土元素主要作为催化剂。用于石油裂化，提高石油裂化的汽油产率，降低煤油成本。稀土催化剂也可以用于催化许多其他有机反应，如氢化、氧化、聚合、脱氢等反应。

在玻璃陶瓷工业中，稀土元素可作为抛光剂、脱色剂和添加剂。例如，CeO_2是良好的玻璃抛光剂，可用于相机镜头、望远镜、眼镜、光学镜头及电视显像管等物件的抛光。利用CeO_2的强氧化性，在熔炼玻璃时加入0.1%的CeO_2可将玻璃中的Fe^{2+}氧化成Fe^{3+}，使玻璃只带有很淡的黄色，显著提高玻璃的透明度。在玻璃中加入Pr_2O_3、Nd_2O_3、Eu_2O_3等稀土氧化物可使玻璃呈现各种鲜艳的颜色，这些氧化物也是陶瓷着色剂的原料。

稀土金属与某些过渡金属生成的合金具有优异的永磁特性，可作为磁性材料。永磁材料是指经过外强磁场磁化以后，能长期保留其磁性的材料。例如，钴及钕铁硼永磁材料具有高剩磁、高矫顽力和高磁能积，被广泛用于电子及航天工业。此外，稀土还可以用于制备稀土磁光材料、磁记录材料、磁致伸缩材料等，如$SmCo_5$、Sm_2Co_{17}等磁性优良的材料已经广泛应用于微波通信和一些精密仪器中。

稀土元素还可以用于制备发光材料、电光源材料和激光材料。例如，在钇的硫氧化物中加入铕杂质(Y_2O_2S：Eu)制成彩色电视显像管的红色荧光粉，使电视画面明亮度提高40%，并增加了色彩的鲜艳度。稀土卤化物是制备新型电光源的重要材料，添加有稀土材料的汞-弧光灯能发出很强的不带蓝色而近乎日光的光线。Nd和Y的化合物是固体激光器的重要工作物质，在国防工业中得到广泛应用。

22.2 锕 系 元 素

22.2.1 锕系元素概述

锕系元素都是放射性元素，其中位于铀(U)后面的元素被称为“后铀元素”或“超铀元素”。15种锕系元素中只有锕(Ac)、钍(Th)、镤(Pa)和铀(U)这4种元素在自然界中存在，其中Ac和Pa为痕量。Th在地壳中的质量分数为1.2×10^{-3}%，略小于Pb，与稀土元素La和Ce等共生于磷酸盐矿物中。U 在地壳中的质量分数为 $2.4 \times 10^{-4}\%$，略多于 Sn，主要以氧化物 U_3O_8 的形式存在于沥青铀矿中。锕系元素的研究与原子能工业的发展有密切关系。当今除 U、Th 和钚(Pu)已大量用作核反应堆的燃料外，^{138}Pu、^{244}Cm 和 ^{252}Cf 这些核素，在空间技术、气象学、生物学及医学等领域都有重要的应用价值。

锕系元素的价电子构型和一些基本性质列于表 22-3 中。

22-3 锕系元素的价电子构型及基本性质

原子序数	元素符号	元素名称	价电子构型	原子半径/pm	An^{3+}离子半径/pm	常见氧化数*
89	Ac	锕	$6d^17s^2$	189.8	111	+3
90	Th	钍	$6d^27s^2$	179.8	108	(+3)、+$\underline{4}$
91	Pa	镤	$5f^26d^17s^2$	164.2	105	+3、+4、+$\underline{5}$
92	U	铀	$5f^36d^17s^2$	154.2	103	+3、+4、+5、+$\underline{6}$
93	Np	镎	$5f^46d^17s^2$	150.3	101	+3、+4、+$\underline{5}$、+6、+7
94	Pu	钚	$5f^6\ 7s^2$	152.3	100	+3、+$\underline{4}$、+5、+6、+7
95	Am	镅	$5f^7\ 7s^2$	173	99	(+2)、+$\underline{3}$、+4、+5、+6
96	Cm	锔	$5f^76d^17s^2$	174.3	98.6	+$\underline{3}$、+4
97	Bk	锫	$5f^9\ 7s^2$	170.4	98.1	+$\underline{3}$、+4
98	Cf	锎	$5f^{10}\ 7s^2$	169.4	97.6	(+2)、+$\underline{3}$
99	Es	锿	$5f^{11}\ 7s^2$	169	97	(+2)、+$\underline{3}$
100	Fm	镄	$5f^{12}\ 7s^2$	194	97	(+2)、+$\underline{3}$
101	Md	钔	$5f^{13}\ 7s^2$	194	96	(+2)、+$\underline{3}$
102	No	锘	$5f^{14}\ 7s^2$	194	95	(+2)、+$\underline{3}$
103	Lr	铹	$5f^{14}6d^17s^2$	171	94	+$\underline{3}$

*有下划线的数字表示最稳定氧化态，( )表示只存在于固相中。

与镧系元素类似，锕系元素原子基态的价电子构型为 $5f^{0\sim14}6d^{0\sim1}7s^2$，最外层 7s 电子和次外层的 6d 电子可以作为价层电子参与成键，内层的 5f 电子也可参与成键。镧系元素最常见和最稳定的氧化态为 +3，而锕系元素的主要氧化态除 +3 以外，+4、+5 和 +6 都比较常见。由 Ac 到 Am，前半部分锕系元素具有多种氧化态，其中最稳定的氧化态由 Ac 为 +3 上升到 U 为 +6。随后又依次下降，到 Am 为 +3，Cm 以后的稳定氧化态为 +3。锕系元素的 5f 轨道比镧系元素的 4f 轨道离核更远，成键能力更强，因此锕系元素化合物的共价性更强一些，并能保持较高的氧化态。

思考题 22-2

镧系元素的特征氧化态为+3，但为什么锕系元素的稳定氧化态可达+5 或+6?

锕系元素单质为银白色金属。与镧系金属相比，锕系金属熔点稍高，密度稍大。锕系单质的金属性较强，易与水或氧作用，保存时应避免与氧接触。锕系元素可与其他金属形成金属间化合物和合金。锕系元素放射性强，半衰期很短，一般不易制得金属单质。用碱金属或者碱土金属还原相应的氟化物或用电解熔盐等方法可制备锕系元素单质。

锕系元素的放射性阻碍了对它们的研究，对于锕系元素单质及化合物的研究也比镧系元素少得多。在锕系元素中，最常见的是 Th、U 及其化合物。

22.2.2 钍及其化合物

Th 在自然界主要存在于独居石中。从独居石提取稀土元素时，可分离出氢氧化钍[$Th(OH)_4$]，这是 Th 的重要来源之一。经分离后，还可用 TBP 萃取进行进一步提纯。金属单质 Th 的制备，可将 ThO_2 用 Ca 在 1200K 时于氢气氛中还原：

$$ThO_2 + 2Ca = Th + 2CaO$$

金属 Th 在新切开或擦亮时显银白色，但在大气中逐渐变暗。Th 是活泼金属，加热时能与许多非金属单质直接反应。Th 能缓慢溶于稀 HNO_3，但浓硝酸会使 Th 钝化。Th 与熔融 NaOH 不起反应，但与熔融的 $KHSO_4$ 很快反应。

Th 最稳定的氧化数是 +4，Th^{4+}既能存在于固体中，又能存在于溶液中。

将氢氧化钍、硝酸钍、草酸钍灼烧，生成二氧化钍(ThO_2)。ThO_2 为白色粉末，熔点高达 3623K，是熔点最高的氧化物。经高温灼烧过的 ThO_2 几乎不溶于一般的酸中，只能缓慢地溶于硝酸和氢氟酸组成的混合酸中。

在钍盐溶液中加碱或氨，生成二氧化钍水合物，为白色凝胶状沉淀。它易溶于酸，不溶于碱，但溶于碱金属的碳酸盐中而生成配合物。加热脱水时，在 530～620K 温度范围内有 $Th(OH)_4$ 稳定存在，在 743K 转化为 ThO_2。

在钍盐溶液中，加入不同试剂，可析出不同沉淀，最重要的沉淀有氢氧化物、过氧化物、氟化物、碘酸盐、草酸盐和磷酸盐。后四种盐即使在 $6mol \cdot L^{-1}$ 的强酸性溶液中也不溶解，因此可以用于分离钍离子。

Th^{4+}在 pH 大于 3 时发生剧烈水解，形成的产物是配离子，随着溶液 pH、浓度和阴离子的性质不同，配离子的性质有所不同。例如，在高氯酸溶液中，主要离子为$[Th(OH)]^{3+}$、$[Th(OH)_2]^{2+}$、$[Th_2(OH)_2]^{6+}$、$[Th_4(OH)_6]^{8+}$，最后产物为六聚物$[Th_6(OH)_{15}]^{9+}$。

22.2.3 铀及其化合物

单质 U 是一种银白色金属，密度很大($19.07g \cdot cm^{-3}$)，与 Au 相近。U 比 Th 的化学性质更丰富，它能形成 U(Ⅲ)到 U(Ⅵ)的多种氧化态，其中 U(Ⅵ)最稳定。由于正电荷高，在溶液中 U(Ⅵ)经常以铀酰离子(UO_2^{2+})形式存在。

U 的化学性质很活泼，与很多元素可以直接化合。在空气中表面很快变黄，接着变成黑色氧化膜。粉末状铀在空气中可以自燃，甚至有时在水中也能自燃。铀易溶于盐酸和硝酸，但在硫酸、磷酸和氢氟酸中溶解较慢。U 不与碱作用，但在碱中加入 H_2O_2 则 U 能溶解并生成过铀酸盐。

U 的主要氧化物有 UO_2、U_3O_8 和 UO_3。

UO_2 为棕色粉末，是核动力反应堆中广泛使用的燃料，同时也是制取 UF_4 的原料。UO_2 可用 H_2 在高温下还原高价铀氧化物制得：

$$UO_3 + H_2 \xlongequal{\text{高温}} UO_2 + H_2O$$

$$U_3O_8 + 2H_2 \xlongequal{\text{高温}} 3UO_2 + 2H_2O$$

U_3O_8 是黑色化合物，随温度不同而呈现暗绿色或橄榄色。U_3O_8 可在高温下由 UO_3 分解制得：

$$6UO_3 \xlongequal{>500℃} 2U_3O_8 + O_2\uparrow$$

UO_3 为橙黄色固体，呈两性，可溶于硝酸生成硝酸铀酰溶液：

$$UO_3 + 2HNO_3 \xlongequal{} UO_2(NO_3)_2 + 2H_2O$$

将 $UO_2(NO_3)_2$ 加热分解又能得到 UO_3：

$$2UO_2(NO_3)_2 \xlongequal{300\sim370℃} 2UO_3 + 4NO_2\uparrow + O_2\uparrow$$

在硝酸铀酰溶液中加碱，即析出黄色的重铀酸盐，如黄色的重铀酸钠 $Na_2U_2O_7 \cdot 6H_2O$。将该盐加热脱水，得到无水盐，称为“铀黄”，可应用于玻璃及陶瓷釉中。

铀的氟化物很多，如 UF_3、UF_4、UF_5 和 UF_6 等，其中以 UF_6 最重要。UF_6 可由低价氟化物氟化而制得。它是无色晶体，熔点为 337K，在干燥空气中稳定，但遇水蒸气水解。

$$UF_6 + 2H_2O \xlongequal{} UO_2F_2 + 4HF$$

UF_6 是重要的铀的化合物，具有挥发性，利用 $^{235}UF_6$ 和 $^{238}UF_6$ 蒸气扩散速度的差别，能使 ^{235}U 和 ^{238}U 分离而得到纯 ^{235}U 核燃料。

思考题 22-3

为什么 UF_3 和 UF_4 是高熔点固体，而 UF_6 在 57℃就能升华？

化学史话

中国稀土之父——徐光宪

徐光宪(1920—2015，我国化学家、教育家)

如果没有稀土，世界将会怎么样？我们每天看的电视，其鲜艳的红色就来自于稀土元素铕和钇；外出携带的照相机镜头里就有稀土镧；日常使用的手机、计算机中也有稀土元素；而现代化的高精尖武器装备更是离不开稀土。有资料显示，当今世界每 5

项发明专利中便有 1 项与稀土有关。稀土在生活中无处不在，可它的元素分离利用并不轻松，著名科学家徐光宪为此奋斗了大半生。

徐光宪 1951 年在美国哥伦比亚大学获得博士学位后，即回国投入社会主义建设。他创建了北京大学稀土化学研究中心和稀土材料化学及应用国家重点实验室，先后担任主任、学术委员会主任和名誉主任。他曾任第 4 届亚洲化学联合会主席、中国化学会第 22 届理事长、中国稀土学会副理事长和名誉副理事长、国家自然科学基金委员会第一、二届化学科学部主任。

徐光宪始终坚持“立足基础研究，面向国家目标”的研究理念，将国家重大需求和学科发展前沿紧密结合，在稀土分离理论及其应用、稀土理论和配位化学、核燃料化学等方面做出了重要的科学贡献。

徐光宪基于对稀土化学、配位化学和物质结构等基本规律的深刻认识，发现了稀土溶剂萃取体系具有“恒定混合萃取比”基本规律，在 20 世纪 70 年代建立了具有普适性的串级萃取理论。该理论已广泛应用于我国稀土分离工业，彻底改变了稀土分离工艺从研制到应用的试验放大模式，实现了设计参数到工业生产的“一步放大”，引导了我国稀土分离科技和产业的全面革新，使我国实现了从稀土资源大国到生产和应用大国的飞跃，为稀土功能材料和器件的发展提供了物质保证，大大地提高了我国稀土产业的国际竞争力。串级萃取理论的广泛应用提升了我国在国际稀土分离科技和产业竞争中的地位，迫使国外稀土垄断企业纷纷减产或停产，被国际稀土界称为“中国冲击”，影响十分深远。

由于在稀土理论研究和工业实践方面取得的卓越成就，徐光宪被誉为“中国稀土之父”。2008 年，徐光宪被授予“国家最高科学技术奖”，是我国化学、化工界首位获此殊荣的科学家。

徐光宪还非常重视教学和学生培养工作。他说：“学生不能超过先生，中国就不能进步了。”几十年来，他为国家培养了近百名博士生和硕士生。他的学生中，很多已成为我国教育、科技界的骨干力量。例如，黎乐民、黄春辉、严纯华、高松分别凭借各自在量子化学、稀土配位化学及光电功能材料、稀土分离和功能材料化学、磁分子固体材料领域的成就荣选为中国科学院院士。

拓展阅读

徐光宪的一生，造就了关于稀土的“中国奇迹”。虽然斯人已去，但桃李满天下，师德传四方。

习　题

22-1　完成并配平下列反应方程式：

(1) $EuCl_2 + FeCl_3 \longrightarrow$

(2) $CeO_2 + HCl \longrightarrow$

(3) $UO_2(NO_3)_2 \longrightarrow$

(4) $UO_3 \xrightarrow{\triangle}$

(5) $UO_3 + HF \longrightarrow$

(6) $UO_3 + NaOH \longrightarrow$

(7) $UO_3 + SF_4 \longrightarrow$

(8) $Ce(OH)_3 + NaOH + Cl_2 \longrightarrow$

22-2　试分析讨论镧系元素的下列性质：

(1) 镧系元素氢氧化物 $Ln(OH)_3$ 的碱性随着 Ln 原子序数的增加而降低；

(2) 镧系元素形成配合物的能力很弱，且其中的配位键主要显离子性，共价性较弱；

(3) 大部分 Ln^{3+}有颜色，属顺磁性。

22-3 什么是镧系收缩？镧系收缩产生的原因是什么？镧系收缩对第五、六周期中副族元素的性质有何影响？

22-4 试说明镧系元素的特征氧化数为+3，而 Ce、Pr、Tb 的稳定氧化数为+4，Sm、Eu、Yb 的稳定氧化数为+2 的原因。

22-5 从电子构型、离子电荷和离子半径等方面分析镧系元素+3 氧化态离子(Ln^{3+})在性质上的相似性。

22-6 水合稀土氯化物为什么要在一定真空度下进行脱水？

22-7 从混合稀土中提取单一稀土的主要方法有哪些？

22-8 镧系元素和锕系元素的氧化数有何不同？

22-9 分析讨论 Ln^{3+}与 EDTA 反应生成配合物 Ln(EDTA)的反应中，随镧系元素原子序数的增加，配合物的稳定性将发生怎样的递变？为什么？

22-10 铀元素的某化合物 A 呈橙黄色，灼烧后生成暗绿色的固体 B；加热条件下用 CO 气体还原 A 和 B 均得到暗棕色的固体 C。A 溶于 HNO_3 得到黄绿色溶液，蒸发该溶液，冷却结晶得黄色晶体 D。在 D 的溶液中加 $NH_3 \cdot H_2O$ 得黄色沉淀 E，灼烧 D、E 均能得到化合物 A。用 Ca 等活泼金属在一定温度时还原 A 得到银白色的固体 F。写出 A～F 的化学式及相关的反应方程式。

(中南大学　　张寿春)

主要参考书目

北京师范大学，华中师范大学，南京师范大学. 2020. 无机化学. 5 版. 北京：高等教育出版社.

大连理工大学无机化学教研室. 2018. 无机化学. 6 版. 北京：高等教育出版社.

关鲁雄. 2004. 高等无机化学. 北京：化学工业出版社.

华彤文，王颖霞，卞江，等. 2013. 普通化学原理. 4 版. 北京：北京大学出版社.

刘新锦，朱亚先，高飞. 2010. 无机元素化学. 2 版. 北京：科学出版社.

麦松威，周公度，李伟基. 2006. 高等无机结构化学. 2 版. 北京：北京大学出版社.

南京大学《无机及分析化学》编写组. 2015. 无机及分析化学. 5 版. 北京：高等教育出版社.

宋其圣，董岩，李大枝，等. 2008. 无机化学. 北京：化学工业出版社.

宋天佑，程鹏，徐宁宁，等. 2019. 无机化学. 4 版. 北京：高等教育出版社.

唐宗薰. 2011. 中级无机化学. 2 版. 北京：高等教育出版社.

天津大学无机化学教研室. 2018. 无机化学. 5 版. 北京：高等教育出版社.

威勒. 2018. 无机化学. 6 版. 李珺，雷依波，刘斌，等译. 北京：高等教育出版社.

许善锦. 2005. 无机化学. 4 版. 北京：人民卫生出版社.

张青莲. 1984～1998. 无机化学丛书. 第一卷～第十二卷. 北京：科学出版社.

张祥麟. 1992. 无机化学(上册). 长沙：湖南教育出版社.

张祖德. 2014. 无机化学. 2 版. 合肥：中国科学技术大学出版社.

浙江大学普通化学教研组. 2011. 普通化学. 6 版. 北京：高等教育出版社.

Brown T, LeMay H, Bruce B, et al. 2017. Chemistry: The Central Science. 14th ed. London: Pearson.

Cotton F A, Wilkinson G, Murillo C A, et al. 1999. Advanced Inorganic Chemistry. New York: John Wiley & Sons, Inc.

Goodenough J B, Park K S. 2013. The Li-ion rechargeable battery: A perspective. J Am Chem Soc, 135(4): 1167-1176.

Greenwood N N, Earnshaw A. 1984. Chemistry of the Elements. London: Butterworth-Heinemann Ltd.

Miessler G L, Fischer P J, Tarr D A. 2014. Inorganic Chemistry. 5th ed. Boston: Pearson Education Ltd.

Steve Z, Donald J. 2016. DeCoste, Chemical Principles. 8th ed. Stanford: Cengage Learning.

Wertz D W. 1999. Chemistry: A Molecular Science. Toronto: Patterson Jones Interactive Inc.

附　　录

本书所用单位制的说明

本书采用我国法定计量单位。国际单位制是法定计量单位的基础，为了正确使用国家标准 GB 3100—1993《国际单位制及其应用》，现将有关问题简单说明如下。

1. 国际单位制(SI)的基本单位

量(名称及符号)	单位(名称及符号)
长度(l)	米(m)
质量(m)	千克(kg)
时间(t)	秒(s)
电流(I)	安培(A)
热力学温度(T)	开尔文(K)
物质的量(n)	摩尔(mol)
发光强度(I_v)	坎德拉(cd)

2. 常用的 SI 导出单位

量	单位	
名称及符号	名称及符号	用 SI 基本单位和 SI 导出单位表示
频率(ν)	赫兹(Hz)	s^{-1}
能量(E)	焦耳(J)	$kg \cdot m^2 \cdot s^{-2}$
力(F)	牛顿(N)	$kg \cdot m \cdot s^{-2} = J \cdot m^{-1}$
压强(p)	帕斯卡(Pa)	$kg \cdot m^{-1} \cdot s^{-2} = N \cdot m^{-2}$
功率(P)	瓦特(W)	$kg \cdot m^2 \cdot s^{-3} = J \cdot s^{-1}$
电荷量(Q)	库仑(C)	$A \cdot s$
电位、电压、电动势(U)	伏特(V)	$kg \cdot m^2 \cdot s^{-3} \cdot A^{-1} = J \cdot A^{-1} \cdot s^{-1}$
电阻(R)	欧姆(Ω)	$kg \cdot m^2 \cdot s^{-3} \cdot A^{-2} = V \cdot A^{-1}$
电导(G)	西门子(S)	$A \cdot V^{-1} = kg^{-1} \cdot m^{-2} \cdot s^3 \cdot A^2 = \Omega^{-1}$
电容(C)	法拉(F)	$C \cdot V^{-1} = A^2 \cdot s^4 \cdot kg^{-1} \cdot m^{-2} = A \cdot s \cdot V^{-1}$

3. SI 单位制的词头

因数	词头名称	词头符号	因数	词头名称	词头符号
10^{24}	尧[它]	Y(yotta)	10^{-1}	分	d(deci)
10^{21}	泽[它]	Z(zetta)	10^{-2}	厘	c(centi)
10^{18}	艾[可萨]	E(exa)	10^{-3}	毫	m(milli)
10^{15}	拍[它]	P(peta)	10^{-6}	微	μ(micro)
10^{12}	太[拉]	T(tera)	10^{-9}	纳[诺]	n(nano)
10^{9}	吉[咖]	G(giga)	10^{-12}	皮[可]	p(pico)
10^{6}	兆	M(mega)	10^{-15}	飞[母托]	f(femto)
10^{3}	千	k(kilo)	10^{-18}	阿[托]	a(atto)
10^{2}	百	h(hecto)	10^{-21}	仄[普托]	z(zepto)
10^{1}	十	da(deca)	10^{-24}	幺[科托]	y(yocto)

4. 一些常用非推荐单位、导出单位与国际单位制（SI）的换算

物理量	换算单位
长度	1Å(埃) = 10^{-10}m
	1in(英寸) = 0.0254m
	1ft(英尺) = 0.304 8m
面积	$1hm^2$(公顷) = 10^4m^2
体积	1L(升) = $1dm^3$
质量	1 市斤 = 0.5kg
	1 市两 = 50g
	1lb(磅) = 0.454kg
	1oz(盎司) = 28.3 × 10^{-3}kg
	1u(原子质量单位)≈1.660 540 × 10^{-27}kg
压强	1Pa = $1N·m^{-2}$
	1bar = 10^5Pa
	1atm = 760mmHg = 1.013 × 10^5Pa
温度	T/K = t/℃ + 273.15
时间	1min = 60s
	1h = 60min = 3 600s
	1d = 24h = 86 400s
能量	1cal = 4.184J
	1eV(电子伏特) ≈1.602 177 × 10^{-19}J
电荷量	1esu = 3.335 × 10^{-10}C
其他	R(摩尔气体常量) = 1.986cal·K^{-1}·mol^{-1} = 0.082 06L^{-1}·atm·K^{-1}·mol^{-1}
	= 8.314J·K^{-1}·mol^{-1} = 8.314kPa·L·K^{-1}·mol^{-1}
	1 deb(德拜) = 3.334 × 10^{-30}C·m(库仑·米)
	1 cm^{-1}(波数) = 1.986 × 10^{-23}J = 11.96J·mol^{-1}

附表一　常用物理化学常量

常量	符号	数值
阿伏伽德罗常量	N_A	6.022 136 7(36) × $10^{23}mol^{-1}$
电子电荷量	e	1.602 177 33(49) × 10^{-19}C
电子[静]质量	m_e	9.109 389 7(54) × 10^{-31}kg
法拉第常量	F	96 485.309(29) C·mol^{-1}
普朗克常量	h	6.626 075 5(40) × 10^{-34}J·s
玻尔兹曼常量	k	1.380 658(12) × 10^{-23}J·K^{-1}
摩尔气体常量	R	8.314 510(70)J·K^{-1}·mol^{-1}
玻尔磁子	μ_B	9.274 015 4(31) × 10^{-24}J·T^{-1}
里德伯常量	R_∞	1.097 373 153 4(13) × 10^7m^{-1}
标准大气压	atm	101.325kPa
真空中的光速	c_0	299 792 458m·s^{-1}
原子的质量单位	u	1.660 540 2(10) × 10^{-27}kg

资料来源：Speight J G. 2005. Lange's Handbook of Chemistry. 16th ed. New York: McGraw-Hill Companies Inc。

附表二　一些物质的热力学数据(298.15K, 100kPa)

物质	$\Delta_f H_m^\ominus/(kJ \cdot mol^{-1})$	$\Delta_f G_m^\ominus/(kJ \cdot mol^{-1})$	$S_m^\ominus/(J \cdot K^{-1} \cdot mol^{-1})$
Ag(s)	0	0	42.55
Ag^+(aq)	105.579	77.107	72.68
$AgNO_3$(s)	−124.39	−33.41	140.92
AgF(s)	−204.6	—	—
AgCl(s)	−127.068	−109.789	96.2
AgBr(s)	−100.37	−96.9	107.1
AgI(s)	−61.84	−66.19	115.5
Ag_2CO_3(s)	−505.8	−436.8	167.4
Ag_2CrO_4(s)	−731.74	−641.76	217.6
Ag_2O(s)	−31.05	−11.20	121.3
Ag_2S(α, 斜方晶体)	−32.59	−40.67	144.01
Ag_2S(β)	−29.41	−39.46	150.6
$[Ag(NH_3)_2]^+$(aq)	−111.29	−17.12	245.2
Ag_2CO_3(s)	−505.8	−436.8	167.4
$Ag_2C_2O_4$(s)	−673.2	−584.0	209
Al(s)	0	0	28.83
Al^{3+}(aq)	−531	−485	−321.7
Al_2O_3(s, 刚玉)	−1 675.7	−1 582.3	50.92
AlF_3(s)	−1 504.1	−1 425.0	66.44
$AlCl_3$(s)	−704.2	−628.8	110.67
Al_2Cl_6(g)	−1 290.8	−1 220.4	490
$AlCl_3 \cdot 6H_2O$(s)	−2 691.6	−2 261.1	318.0
$Al_2(SO_4)_3$(s)	−3 440.84	−3 099.94	239.3
AlN(s)	−318.0	−287.0	20.17
Ar(g)	0	0	154.843
As(α, s)	0	0	35.1
AsO_4^{3-}(aq)	−888.14	−648.41	−162.8
AsH_3(g)	66.44	68.93	222.78
$AsCl_3$(l)	−305.0	−259.4	216.3
As_2S_3(s)	−169.0	−168.6	163.6
H_3AsO_3(aq)	−742.2	−639.80	195.0
H_3AsO_4(aq)	−902.5	−766.0	184
Au(s)	0	0	47.40
AuCl(s)	−37.7	—	—
$AuCl_3$(s)	−117.6	—	—
$[AuCl_2]^-$(aq)	—	−151.12	—
$[AuCl_4]^-$(aq)	−322.2	−235.14	266.9
B(s)	0	0	5.86
B_2O_3(s)	−1 272.77	−1 193.65	53.97
B_2H_6(g)	35.6	86.7	232.11
H_3BO_3(s)	−1 094.33	−968.92	88.83
H_3BO_3(aq)	−1 072.32	−968.75	162.3
$[B(OH)_4]^-$(aq)	−1 344.03	−1 153.17	102.5
BF_3(g)	−1 137.00	−1 120.33	254.12

续表

物质	$\Delta_f H_m^\ominus/(kJ\cdot mol^{-1})$	$\Delta_f G_m^\ominus/(kJ\cdot mol^{-1})$	$S_m^\ominus/(J\cdot K^{-1}\cdot mol^{-1})$
$BCl_3(g)$	−403.76	−388.72	290.10
$BCl_3(l)$	−427.2	−387.4	206.3
$BBr_3(g)$	−205.64	−232.50	324.24
$BBr_3(l)$	−239.7	−238.5	229.7
$BI_3(g)$	71.13	20.72	349.18
BN(s)	−254.4	−228.4	14.81
Ba(s)	0	0	62.8
$Ba^{2+}(aq)$	−537.64	−560.77	9.6
BaO(s)	−553.5	−525.1	70.42
$BaCl_2(s)$	−858.6	−810.4	123.68
$BaSO_4(s)$	−1 473.2	−1 362.2	132.2
$Ba(NO_3)_2(s)$	−992.07	−796.59	213.8
$BaCO_3(s)$	−1 216.3	−1 137.6	112.1
$BaCrO_4(s)$	−1 446.0	−1 345.22	158.6
Be(s)	0	0	9.50
BeO(s)	−609.6	−580.3	14.14
Bi(s)	0	0	56.74
$Bi_2O_3(s)$	−573.88	−493.7	151.5
$BiCl_3(s)$	−379.1	−315.0	177.0
BiOCl(s)	−366.9	−322.1	120.5
$Br_2(g)$	30.907	3.110	245.463
$Br_2(l)$	0	0	152.231
$BrO^-(aq)$	−94.1	−33.4	42
$BrO_3^-(aq)$	−67.07	18.60	161.71
$BrO_4^-(aq)$	13.0	118.1	199.6
HBrO(aq)	−113.0	−82.4	142
C(s, 金刚石)	1.895	2.900	2.377
C(s, 石墨)	0	0	5.740
CO(g)	−110.525	−137.168	197.674
$CO_2(g)$	−393.509	−394.359	213.74
$CO_3^{2-}(aq)$	−677.14	−527.81	−56.9
$COF_2(g)$	−639.8	−623.33	258.89
$COCl_2(g)$	−219.1	−204.9	283.5
$COBr_2(g)$	−96.2	−110.9	309.1
$CO(NH_2)_2(s)$	−333.19	−197.15	104.60
$HCO_3^-(aq)$	−691.99	−586.77	91.2
$CH_4(g)$	−74.81	−50.72	186.264
HCOOH(aq)	−425.43	−372.3	163
$CH_3OH(l)$	−238.66	−166.27	126.8
$CH_3OH(g)$	−200.66	−161.96	239.81
HCN(aq)	107.1	119.7	124.7
$C_2H_2(g)$	226.73	209.20	200.94
$C_2H_4(g)$	52.26	68.15	219.56
$C_2H_6(g)$	−84.68	−32.82	229.60
$CH_3CH_2OH(g)$	−235.10	−168.49	282.70
$CH_3CH_2OH(aq)$	−288.3	−181.64	148.5
$CH_3CHO(g)$	−166.19	−128.86	250.3

续表

物质	$\Delta_f H_m^\ominus$/(kJ·mol^{-1})	$\Delta_f G_m^\ominus$/(kJ·mol^{-1})	$S_m^\ominus$/(J·K^{-1}·mol^{-1})
CH_3COOH(aq)	−485.76	−396.46	178.7
CH_3OCH_3(g)	−184.05	−112.59	266.38
CS_2(s)	117.36	67.12	237.84
Ca(s)	0	0	41.42
Ca^{2+}(aq)	−542.83	−553.58	−53.1
CaC_2(s)	−59.8	−64.9	69.96
CaH_2(s)	−186.2	−147.2	42
CaF_2(s)	−1 219.6	−1 167.3	68.87
$CaCl_2$(s)	−795.8	−748.1	104.6
$CaCO_3$(s,方解石)	−1 206.92	−1 128.79	92.9
$CaC_2O_4·H_2O$(s)	−1 674.86	−1 513.87	156.5
CaO(s)	−635.09	−604.03	39.75
$Ca(OH)_2$(s)	−986.09	−898.49	83.39
Cd(s)	0	0	51.76
CdO(s)	−258.2	−228.4	54.8
$Cd(OH)_2$(s)	−560.7	−473.6	96
CdS(s)	−161.9	−156.5	64.9
$CdCO_3$(s)	−750.6	−669.4	92.5
Ce(s)	0	0	72.0
CeO_2(s)	−1 088.7	−1 024.6	62.30
$CeCl_3$(s)	−1 053.5	−977.8	151
Cl_2(g)	0	0	223.066
Cl^-(aq)	−167.159	−131.228	56.5
ClO^-(aq)	−107.1	−36.8	42
ClO_2^-(aq)	−66.5	17.2	101.3
ClO_3^-(aq)	−103.97	−7.95	162.3
ClO_4^-(aq)	−129.33	−8.52	182.0
HClO(aq)	−120.9	−79.9	142
$HClO_2$(aq)	−51.9	5.9	188.3
Co(α, 六方晶体)	0	0	30.04
Co^{2+}(aq)	−58.2	−54.4	−113
Co^{3+}(aq)	92	134	−305
$CoCl_2$(s)	−312.5	−269.8	109.16
$CoCl_2·6H_2O$(s)	−2 115.4	−1 725.2	343
$[Co(NH_3)_6]^{2+}$(aq)	−584.9	−157.0	146
Cr(s)	0	0	23.77
CrO_3(s)	−589.5	—	—
Cr_2O_3(s)	−1 139.7	−1 058.1	81.2
CrO_4^{2-}(aq)	−881.15	−727.75	50.21
$Cr_2O_7^{2-}$(aq)	−1 490.3	−1 301.1	261.9
Cs(s)	0	0	85.23
CsCl(s)	−443.04	−414.53	101.17
Cu(s)	0	0	33.150
Cu^+(aq)	71.67	49.98	40.6
Cu^{2+}(aq)	64.77	65.49	−99.6
CuO(s)	−157.3	−129.7	42.63
Cu_2O(s)	−168.6	−146.0	93.14
$Cu(OH)_2$(s)	−449.8	—	—
CuCl(s)	−137.2	−119.86	86.2

续表

物质	$\Delta_f H_m^\ominus/(kJ \cdot mol^{-1})$	$\Delta_f G_m^\ominus/(kJ \cdot mol^{-1})$	$S_m^\ominus/(J \cdot K^{-1} \cdot mol^{-1})$
$CuCl_2(s)$	−220.1	−175.7	108.07
CuBr(s)	−104.6	−100.8	96.11
CuI(s)	−67.8	−69.5	96.7
CuS(s)	−53.1	−53.6	66.5
$Cu_2S(\alpha, s)$	−79.5	−86.2	120.9
$CuSO_4(s)$	−771.36	−661.8	109.0
$CuSO_4 \cdot 5H_2O(s)$	−2 279.65	−1 879.745	300.4
$[Cu(NH_3)_4]^{2+}(aq)$	−348.5	−111.07	273.6
$CuCO_3 \cdot Cu(OH)_2$(孔雀石)	−1 051.4	−893.6	186.2
$F_2(g)$	0	0	202.78
$F^-(aq)$	−332.63	−278.79	−13.8
Fe(s)	0	0	27.28
$Fe^{2+}(aq)$	−89.1	−78.9	−137.7
$Fe^{3+}(aq)$	−48.5	−4.7	−315.9
FeO(s)	−272.0	−251	61
$Fe_2O_3(s)$	−824.2	−742.2	87.40
$Fe_3O_4(s)$	−1 118.4	−1 015.4	146.4
$FeS_2(s)$	−178.2	−166.9	52.93
$Fe(OH)_2(s)$	−569.0	−486.5	88
$Fe(OH)_3(s)$	−823.0	−696.5	106.7
$FeCl_3(s)$	−399.49	−334.00	142.3
$FeCO_3(s)$	−740.57	−666.67	92.9
$FeSO_4 \cdot 7H_2O(s)$	−3 014.57	−2 509.87	409.2
$Fe(CO)_5(l)$	−774.0	−705.3	338.1
$[Fe(CN)_6]^{3-}(aq)$	561.9	729.4	270.3
$[Fe(CN)_6]^{4-}(aq)$	455.6	695.08	95.0
$H_2(g)$	0	0	130.684
$H^+(aq)$	0	0	0
HF(g)	−271.1	−273.1	173.779
HCl(g)	−92.307	−95.299	186.908
HBr(g)	−36.40	−53.45	198.695
HI(g)	26.48	1.70	206.594
$H_2O(g)$	−241.818	−228.572	188.825
$H_2O(l)$	−285.830	−237.129	69.91
$H_2S(g)$	−20.63	−33.56	205.79
$H_2S(aq)$	−39.7	−27.83	121
$H_2O_2(l)$	−187.78	−120.35	109.6
$H_2O_2(aq)$	−191.17	−134.03	143.9
He(g)	0	0	126.150
Hg(l)	0	0	76.02
Hg(s, 红色斜方晶体)	−90.83	−58.539	70.29
Hg(s, 黄色晶体)	−90.46	−58.409	71.1
HgO(s, 红色)	−90.83	−58.539	70.29
HgO(s, 黄色)	−90.46	−58.409	71.1
$HgCl_2(s)$	−224.3	−178.6	146.0
$Hg_2Cl_2(s)$	−265.22	−210.745	192.5
HgI_2(s, 红色)	−105.4	−101.7	180
$[HgI_4]^{2-}(aq)$	−235.1	−211.7	360
HgS(s, 红色)	−58.2	−50.6	82.4

续表

物质	$\Delta_f H_m^\ominus/(kJ \cdot mol^{-1})$	$\Delta_f G_m^\ominus/(kJ \cdot mol^{-1})$	$S_m^\ominus/(J \cdot K^{-1} \cdot mol^{-1})$
HgS(s, 黑色)	−53.6	−47.7	88.3
I_2(g)	62.438	19.327	260.69
I_2(s)	0	0	116.135
I_3^-(aq)	−51.5	−51.4	239.3
K(s)	0	0	64.18
K^+(aq)	−252.38	−283.37	102.5
K_2O(s)	−361.5	—	—
KO_2(s)	−284.93	−239.4	116.7
KO_3(s)	−260.2	—	—
K_2O_2(s)	−494.1	−425.1	102.1
KOH(s)	−424.764	−379.08	78.9
KF(s)	−567.27	−537.75	66.57
KCl(s)	−494.63	−409.14	82.59
$KClO_3$(s)	−397.73	−296.25	143.1
$KClO_4$(s)	−432.75	−303.09	151.0
KBr(s)	−393.798	−380.66	95.90
KI(s)	−327.900	−324.892	106.32
KNO_3(s)	−494.63	−394.86	133.05
K_2SO_4(s)	−1 437.79	−1 321.37	175.56
$K_2S_2O_8$(s)	−1 916.1	−1 697.3	278.7
K_2CO_3(s)	−1 151.02	−1 063.5	155.52
$KHCO_3$(s)	−963.2	−863.5	115.5
KCN(s)	−113.0	−101.86	128.49
$KAl(SO_4)_2 \cdot 12H_2O$	−6 061.8	−5 141.0	687.4
$KMnO_4$(s)	−837.2	−737.6	171.71
K_2CrO_4(s)	−1 403.7	−1 295.7	200.12
$K_2Cr_2O_7$(s)	−2 061.5	−1 881.8	291.2
Li(s)	0	0	29.12
Li_2O(s)	−597.94	−561.18	37.57
LiH(s)	−90.54	−68.35	20.008
LiOH(s)	−484.93	−438.95	42.80
LiF(s)	−615.97	−587.71	35.65
LiCl(s)	−408.61	−384.37	59.33
Li_2CO_3(s)	−1 215.9	−1 132.06	90.37
Mg(s)	0	0	32.68
Mg^{2+}(aq)	−466.85	−454.8	−138.1
MgO(s)	−601.6	−569.3	26.94
$Mg(OH)_2$(s)	−924.54	−833.51	63.18
MgF_2(s)	−1 123.4	−1 070.2	57.24
$MgCl_2$(s)	−641.32	−591.79	89.62
$MgSO_4 \cdot 7H_2O$(s)	−3 388.71	−2 871.5	372
$MgCO_3$(s)	−1 095.8	−1 012.1	65.7
Mn(α, s)	0	0	32.01
MnO_2(s)	−520.0	−465.14	53.05
Mn^{2+}(aq)	−220.75	−228.1	−73.6
MnO_4^{2-}(aq)	−653	−500.7	59
MnO_4^-(aq)	−541.4	−447.2	191.2
$MnCl_2$(s)	−481.29	−440.50	118.24
$MnSO_4$(s)	−1 065.25	−957.36	112.1

续表

物质	$\Delta_f H_m^{\ominus}/(kJ \cdot mol^{-1})$	$\Delta_f G_m^{\ominus}/(kJ \cdot mol^{-1})$	$S_m^{\ominus}/(J \cdot K^{-1} \cdot mol^{-1})$
Mo(s)	0	0	28.66
MoO_3(s)	−745.09	−667.97	77.74
N_2(g)	0	0	191.61
NO(g)	90.25	86.55	210.761
NO_2(g)	33.18	51.31	240.06
N_2O(g)	82.05	104.20	219.85
N_2O_4(g)	9.16	97.89	304.29
N_2O_5(g)	11.3	115.1	355.7
NH_3(g)	−46.11	−16.45	192.45
NH_3(aq)	−80.29	−26.50	111.3
NH_4^+(aq)	−132.51	−79.31	113.4
N_2H_4(l)	50.63	149.34	121.21
N_2H_4(aq)	34.31	128.1	138
HN_3(aq)	260.08	321.8	146.0
HNO_2(aq)	−119.2	−50.6	135.6
NH_4F(s)	−463.96	−348.68	71.96
NH_4Cl(s)	−314.43	−202.87	94.6
$(NH_4)_2SO_4$(s)	−1 180.85	−901.67	220.1
NH_4NO_3(s)	−365.56	−183.87	151.08
NH_4HCO_3(s)	−849.4	−665.9	120.9
Na(s)	0	0	51.21
Na^+(aq)	−240.12	−261.905	59.0
NaO_2(s)	−260.2	−218.4	115.9
Na_2O(s)	−414.22	−375.46	75.06
Na_2O_2(s)	−510.87	−447.7	95.0
NaF(s)	−573.647	−543.494	51.46
NaCl(s)	−411.153	−384.138	72.13
NaBr(s)	−361.062	−348.983	86.82
NaI(s)	−287.78	−286.06	98.53
NaOH(s)	−425.609	−379.494	64.455
Na_2CO_3(s)	−1 130.68	−1 044.44	134.98
$Na_2CO_3 \cdot 10H_2O$(s)	−4 081.32	−3 427.66	562.7
$NaHCO_3$(s)	−950.81	−851.0	101.7
$Na_2SO_4 \cdot 10H_2O$(s)	−4 327.26	−3 646.85	592.0
$Na_2S_2O_3 \cdot 5H_2O$(s)	−2 607.93	−2 229.8	372
$NaHSO_4 \cdot H_2O$(s)	−1 421.7	−1 231.6	155
$NaNO_2$(s)	−358.65	−284.55	103.8
$NaNO_3$(s)	−467.85	−367.00	116.52
Na_3PO_4(s)	−1 917.40	−1 788.80	173.80
$Na_4P_2O_7$(s)	−3 188	−2 969.3	270.29
$Na_2B_4O_7 \cdot 10H_2O$(s)	−6 288.6	−5 516.0	586
Ne(g)	0	0	146.328
Ni(s)	0	0	29.87
Ni^{2+}(aq)	−54.0	−45.6	−128.9
$Ni(OH)_2$(s)	−529.7	−447.2	88
$NiCl_2 \cdot 6H_2O$(s)	−2 103.17	−1 713.19	344.3
NiS(s)	−82.0	−79.5	52.97
$NiSO_4 \cdot 7H_2O$(s)	−2 976.33	−2 461.83	378.94
$Ni(CO)_4$(l)	−633.0	−588.2	313.4

续表

物质	$\Delta_f H_m^\ominus$/(kJ·mol^{-1})	$\Delta_f G_m^\ominus$/(kJ·mol^{-1})	$S_m^\ominus$/(J·K^{-1}·mol^{-1})
$Ni(CO)_4$(g)	−602.91	−587.23	410.6
$[Ni(NH_3)_6]^{2+}$(aq)	−630.1	−255.7	394.6
$[Ni(CN)_4]^{2-}$(aq)	367.8	472.1	218
O_2(g)	0	0	205.14
O_3(g)	142.7	163.2	238.93
OH^-(aq)	−230.0	−157.2	−10.8
P(s，白磷)	0	0	41.09
P(s，红磷)	−17.6	−12.1	22.80
P(s，黑磷)	−39.3	—	—
P_4O_6(s)	−1 640.1	—	—
P_4O_{10}(s)	−2 984.0	−2 697.7	228.86
PH_3(g)	5.4	13.4	210.23
PF_3(g)	−918.8	−897.5	273.24
PF_5(g)	−1 595.8	—	—
PCl_3(g)	−287.0	−267.8	311.78
PCl_3(l)	−319.7	−272.3	217.1
PCl_5(g)	−374.9	−305.0	364.58
PCl_5(s)	−443.5	—	—
H_3PO_4(s)	−1 279.0	−1 119.1	110.50
H_3PO_4(aq)	−1 288.34	−1 142.54	158.2
$H_4P_2O_7$(aq)	−2 268.6	−2 032.0	268
Pb(s)	0	0	64.81
PbO(s，黄色)	−217.32	−187.89	68.70
PbO_2(s)	−277.4	−217.33	68.6
Pb_3O_4(s)	−718.4	−601.2	211.3
$PbCl_2$(s)	−359.41	−314.10	136.0
$PbBr_2$(s)	−278.7	−261.92	161.5
PbI_2(s)	−175.48	−173.64	174.85
PbS(s)	−100.4	−98.7	91.2
$PbSO_4$(s)	−919.94	−813.14	148.57
$PbCO_3$(s)	−699.1	−625.5	131.0
Rb(s)	0	0	76.78
RbCl(s)	−435.35	−407.80	95.90
S(s, 正交晶体)	0	0	31.80
S(s, 单斜晶体)	0.33	—	—
S(g)	278.805	238.250	167.821
S_8(g)	102.3	49.63	430.98
SO_2(g)	−296.830	−300.194	248.22
SO_3(g)	−395.72	−371.06	256.76
H_2S(g)	−20.63	−33.56	205.79
H_2S(aq)	−39.7	−27.83	121
SF_4(g)	−774.9	−731.3	292.03
SF_6(g)	−1 209	−1 105.3	291.82
Si(s)	0	0	18.83
SiO_2(s, α, 石英)	−910.94	−856.64	41.84
SiH_4(g)	34.3	56.9	204.62
SiF_4(g)	−1 614.94	−1 572.65	282.49
$SiCl_4$(g)	−657.01	−616.98	330.78
$SiCl_4$(l)	−687.0	−619.84	239.7

续表

物质	$\Delta_f H_m^\ominus/(kJ \cdot mol^{-1})$	$\Delta_f G_m^\ominus/(kJ \cdot mol^{-1})$	$S_m^\ominus/(J \cdot K^{-1} \cdot mol^{-1})$
$SiBr_4(l)$	−457.3	−443.9	277.8
$H_2SiO_3(aq)$	−1 182.8	−1 079.4	109
$H_2SiO_4(s)$	−1 481.1	−1 332.9	192
SiC(s, α, 六方晶体)	−62.8	−60.2	16.48
SiC(s, β, 立方晶体)	−65.3	−62.8	16.61
Sn(s, 白色)	0	0	51.55
Sn(s, 灰色)	−2.09	0.13	41.14
SnO(s)	−285.8	−256.9	56.5
$SnO_2(s)$	−580.7	−519.6	52.3
$Sn(OH)_2(s)$	−561.1	−491.6	155
$SnCl_4(l)$	−511.3	−440.1	258.6
$SnBr_4(s)$	−377.4	−350.2	264.4
SnS(s)	−100	−98.3	77.0
Sr(s)	0	0	52.3
SrO(s)	−592.0	−561.9	54.4
$SrCO_3(s)$	−1 220.1	−1 140.1	97.1
$ThO_2(s)$	−1 226.4	−1 168.71	65.23
$Th(NO_3)_4 \cdot 5H_2O(s)$	−3 007.79	−2 324.88	543.2
Ti(s)	0	0	30.63
TiO_2(s, 锐钛矿)	−939.7	−884.5	49.92
TiO_2(s, 金红石)	−944.7	−889.5	50.33
$TiCl_3(s)$	−720.9	−653.5	139.7
$TiCl_4(l)$	−804.2	−737.2	252.34
$TiCl_4(g)$	−763.2	−726.7	354.9
Tl(s)	0	0	64.18
TlCl(s)	−204.14	−184.92	111.25
$UO_2(s)$	−1 084.9	−1 031.7	77.03
$UF_4(s)$	−1 914.2	−1 823.3	151.67
$UF_6(s)$	−2 197.0	−2 068.5	227.6
$UF_6(g)$	−2 147.4	−2 063.7	377.9
V(s)	0	0	28.91
VO(s)	−431.8	−404.2	38.9
$V_2O_5(s)$	−1 550.6	−1 419.5	131.0
W(s)	0	0	32.64
$WO_3(s)$	−842.87	−764.03	75.90
Zn(s)	0	0	41.6
$Zn^{2+}(aq)$	−153.89	−147.06	−112.1
ZnO(s)	−348.28	−318.30	43.64
$ZnCl_2(s)$	−415.05	−369.398	111.46
ZnS(s, 闪锌矿)	−205.98	−201.29	57.7
$ZnSO_4 \cdot 7H_2O(s)$	−3 077.75	−2 562.67	388.7
$ZnCO_3(s)$	−812.78	−731.52	82.4
$[Zn(NH_3)_4]^{2+}(aq)$	−533.5	−301.9	301

资料来源：Wanman D D, et al.1998. NBS 化学热力学性质表. 刘天和，赵梦月，译. 北京：中国标准出版社。

附表三 一些物质的标准摩尔燃烧热(298.15K)

物质	$\Delta_c H_m^\ominus/(kJ \cdot mol^{-1})$	物质	$\Delta_c H_m^\ominus/(kJ \cdot mol^{-1})$
$H_2(g)$	−285.83	$(COOH)_2(s)$草酸	−245.6
C(s,石墨)	−393.51	$CH_3OH(l)$甲醇	−726.51
CO(g)	−282.98	$C_2H_5OH(l)$乙醇	−1 366.82
$CH_4(g)$	−890.36	$(CH_3)_2O(g)$二甲醚	−1 460.46
$C_2H_2(g)$	−1 299.58	$(C_2H_5)_2O(l)$乙醚	−2 723.62
$C_2H_4(g)$	−1 410.94	$(C_2H_5)_2O(g)$乙醚	−2 751.06
$C_2H_6(g)$	−1 559.83	$CH_3COOCH_2CH_3(l)$乙酸乙酯	−2 254.2
HCHO(g)甲醛	−570.77	$C_6H_6(l)$苯	−3 267.6
$CH_3CHO(g)$乙醛	−1 192.49	$C_{17}H_{35}COOH$ 硬脂酸(s)	−11 281.0
$CH_3CHO(l)$乙醛	−1 166.38	$C_6H_{12}O_6$ 葡萄糖(s)	−2 803.0
$CH_3COOH(l)$乙酸	−874.2	$C_{12}H_{22}O_{11}$ 蔗糖(s)	−5 640.9
HCOOH(l)甲酸	−254.62	$CO(NH_2)_2$ 尿素(s)	−631.7

资料来源：Lide D R.1999～2000. Handbook of Chemistry and Physics. 80th ed. New York: CRC Press。

附表四 弱酸、弱碱的解离常数(298.15K)

附表 4-1 一些弱酸的解离常数

弱酸	解离常数 $K_a^\ominus$
H_3AsO_4	$K_a^\ominus = 6.0 \times 10^{-3}$
H_3AsO_3	$K_a^\ominus = 6.3 \times 10^{-10}$
$HAsO_2$	$K_a^\ominus = 5.2 \times 10^{-10}$
H_2CrO_4	$K_{a1}^\ominus = 0.18$； $K_{a2}^\ominus = 3.3 \times 10^{-7}$
H_3BO_3	$K_a^\ominus = 5.8 \times 10^{-10}$
HBrO	$K_a^\ominus = 2.0 \times 10^{-9}$
HClO	$K_a^\ominus = 2.9 \times 10^{-8}$
$HClO_2$	$K_a^\ominus = 1.1 \times 10^{-2}$
HCN	$K_a^\ominus = 6.2 \times 10^{-10}$
HCNO	$K_a^\ominus = 3.5 \times 10^{-4}$
H_2CO_3	$K_{a1}^\ominus = 4.2 \times 10^{-7}$； $K_{a2}^\ominus = 4.8 \times 10^{-11}$
HF	$K_a^\ominus = 6.3 \times 10^{-4}$

续表

弱酸	解离常数 $K_a^\ominus$
H_2GeO_4	$K_{a1}^\ominus = 9.8 \times 10^{-10}$；$K_{a2}^\ominus = 5.0 \times 10^{-13}$
HIO	$K_a^\ominus = 3.0 \times 10^{-11}$
HIO_3	$K_a^\ominus = 0.16$
HN_3	$K_a^\ominus = 2.4 \times 10^{-5}$
HNO_2	$K_a^\ominus = 7.2 \times 10^{-4}$
H_2O_2	$K_a^\ominus = 2.3 \times 10^{-12}$
H_3PO_2	$K_a^\ominus = 5.9 \times 10^{-2}$
H_3PO_3	$K_{a1}^\ominus = 3.7 \times 10^{-2}$；$K_{a2}^\ominus = 2.1 \times 10^{-7}$
H_3PO_4	$K_{a1}^\ominus = 7.1 \times 10^{-3}$；$K_{a2}^\ominus = 6.3 \times 10^{-8}$；$K_{a3}^\ominus = 4.8 \times 10^{-13}$
$H_4P_2O_7$	$K_{a1}^\ominus = 0.12$；$K_{a2}^\ominus = 7.9 \times 10^{-3}$； $K_{a3}^\ominus = 2.0 \times 10^{-7}$；$K_{a4}^\ominus = 4.5 \times 10^{-10}$
H_2S	$K_{a1}^\ominus = 1.1 \times 10^{-7}$；$K_{a2}^\ominus = 1.3 \times 10^{-13}$
H_2Se	$K_{a1}^\ominus = 1.3 \times 10^{-4}$；$K_{a2}^\ominus = 1.0 \times 10^{-11}$
H_2SeO_3	$K_{a1}^\ominus = 2.4 \times 10^{-3}$；$K_{a2}^\ominus = 5.0 \times 10^{-9}$
H_2SeO_4	$K_a^\ominus = 2.2 \times 10^{-2}$
H_2SiO_3	$K_{a1}^\ominus = 2.5 \times 10^{-10}$；$K_{a2}^\ominus = 1.6 \times 10^{-12}$
H_2SO_3	$K_{a1}^\ominus = 1.3 \times 10^{-2}$；$K_{a2}^\ominus = 6.2 \times 10^{-8}$
H_2SO_4	$K_{a2}^\ominus = 1.0 \times 10^{-2}$
$H_2S_2O_6$	$K_{a1}^\ominus = 2.5 \times 10^{3}$；$K_{a2}^\ominus = 1.6$
H_6TeO_6	$K_{a1}^\ominus = 2.2 \times 10^{-8}$；$K_{a2}^\ominus = 1.0 \times 10^{-11}$
HVO_3	$K_a^\ominus = 1.6 \times 10^{-4}$
H_3VO_4	$K_{a1}^\ominus = 1.7 \times 10^{-4}$；$K_{a2}^\ominus = 1.7 \times 10^{-8}$；$K_{a3}^\ominus = 1.4 \times 10^{-12}$
$H_2C_2O_4$	$K_{a1}^\ominus = 5.4 \times 10^{-2}$；$K_{a2}^\ominus = 5.3 \times 10^{-5}$
HCOOH(甲酸)	$K_a^\ominus = 1.8 \times 10^{-4}$
CH_3COOH(乙酸)	$K_a^\ominus = 1.8 \times 10^{-5}$
$C_3H_6O_3$(乳酸)	$K_a^\ominus = 1.4 \times 10^{-4}$
C_6H_5OH(苯酚)	$K_a^\ominus = 1.0 \times 10^{-10}$
$C_8H_6O_4$(邻苯二甲酸)	$K_{a1}^\ominus = 1.1 \times 10^{-3}$；$K_{a2}^\ominus = 3.9 \times 10^{-6}$
$C_4H_6O_6$(α-酒石酸)	$K_{a1}^\ominus = 9.2 \times 10^{-4}$；$K_{a2}^\ominus = 4.3 \times 10^{-5}$

续表

弱酸	解离常数 $K_a^\ominus$
$C_6H_8O_7$(柠檬酸)	$K_{a1}^\ominus = 7.4 \times 10^{-4}$；$K_{a2}^\ominus = 1.7 \times 10^{-5}$；$K_{a3}^\ominus = 4.0 \times 10^{-7}$
$C_{10}H_{16}N_2O_8$(乙二胺四乙酸)	$K_{a1}^\ominus = 1.0 \times 10^{-2}$；$K_{a2}^\ominus = 2.1 \times 10^{-3}$； $K_{a3}^\ominus = 6.9 \times 10^{-7}$；$K_{a4}^\ominus = 5.5 \times 10^{-11}$

附表 4-2　一些弱碱的解离常数

弱碱	解离常数 $K_b^\ominus$
$NH_3 \cdot H_2O$	$K_b^\ominus = 1.8 \times 10^{-5}$
N_2H_4(肼)	$K_{b1}^\ominus = 8.7 \times 10^{-7}$；$K_{b2}^\ominus = 1.9 \times 10^{-14}$
CH_3NH_2(甲胺)	$K_b^\ominus = 4.2 \times 10^{-4}$
$C_2H_5NH_2$(乙胺)	$K_b^\ominus = 4.3 \times 10^{-4}$
$(CH_3)_2NH$(二甲胺)	$K_b^\ominus = 5.9 \times 10^{-4}$
$(C_2H_5)_2NH$(二乙胺)	$K_b^\ominus = 6.3 \times 10^{-4}$
$C_6H_5NH_2$(苯胺)	$K_b^\ominus = 4 \times 10^{-10}$

资料来源：Speight J G. 2005. Lange's Handbook of Chemistry. 16th ed. New York: McGraw-Hill Companies Inc。

注：表中 $K_b^\ominus$ 数据根据相应质子化化合物的 $K_a^\ominus$ 数据计算得出。

附表五　溶度积常数(298.15K)

化学式	$K_{sp}^\ominus$	化学式	$K_{sp}^\ominus$
AgAc	1.9×10^{-3}	Ag_2MoO_4	2.8×10^{-12}
Ag_3AsO_4	1.0×10^{-22}	$AgNO_2$	6.0×10^{-4}
AgBr	5.4×10^{-13}	AgOH	2.0×10^{-8}
AgCl	1.8×10^{-10}	Ag_3PO_4	8.9×10^{-17}
AgCN	6.0×10^{-17}	AgSCN	1.0×10^{-12}
Ag_2CO_3	8.5×10^{-12}	$Al(OH)_3$	1.3×10^{-33}
$Ag_2C_2O_4$	5.4×10^{-12}	$AlPO_4$	9.8×10^{-21}
Ag_2CrO_4	1.1×10^{-12}	AuCl	2.0×10^{-13}
Ag_2S	6.3×10^{-50}	$AuCl_3$	3.2×10^{-25}
Ag_2SO_4	1.2×10^{-5}	AuI_3	1×10^{-46}
Ag_2SO_3	1.5×10^{-14}	$Au(OH)_3$	5.5×10^{-46}
$Ag_2Cr_2O_7$	2.0×10^{-7}	$Ba(AsO_4)_2$	8.0×10^{-51}
AgI	8.5×10^{-17}	$Ba(BrO_3)_2$	2.4×10^{-4}
$AgIO_3$	3.2×10^{-8}	$BaCO_3$	2.6×10^{-9}

续表

化学式	$K_{sp}^{\ominus}$	化学式	$K_{sp}^{\ominus}$
$BaC_2O_4 \cdot H_2O$	2.3×10^{-8}	Ce_2S_3	6.0×10^{-11}
$BaCrO_4$	1.2×10^{-10}	$Co(OH)_2$(新制备)	5.9×10^{-15}
BaF_2	1.8×10^{-7}	$CoCO_3$	1.4×10^{-13}
$Ba(IO_3)_2 \cdot H_2O$	4.0×10^{-9}	$Co_2[Fe(CN)_6]$	1.8×10^{-15}
$Ba_3(PO_4)_2$	3.4×10^{-23}	$Co(OH)_3$	1.6×10^{-44}
$Ba_2P_2O_7$	3.2×10^{-11}	$Co_3(PO_4)_2$	2.0×10^{-35}
$BaSO_4$	1.1×10^{-10}	α-CoS	4.0×10^{-21}
$BaSO_3$	5.0×10^{-10}	β-CoS	2.0×10^{-25}
BaS_2O_3	1.6×10^{-5}	$Cr(OH)_2$	2.0×10^{-16}
$Be(OH)_2$	6.9×10^{-22}	$Cr(OH)_3$	6.3×10^{-31}
$BiAsO_4$	4.4×10^{-10}	$CuBr$	6.3×10^{-9}
BiI_3	7.7×10^{-19}	$CuCl$	1.7×10^{-7}
$Bi(OH)_3$	6.0×10^{-31}	$CuCN$	3.5×10^{-20}
$BiOBr$	3.0×10^{-7}	CuI	1.3×10^{-12}
$BiOCl$	1.8×10^{-31}	$CuOH$	1×10^{-14}
$BiONO_3$	2.8×10^{-3}	Cu_2S	2.5×10^{-48}
$BiPO_4$	1.3×10^{-23}	$CuSCN$	1.8×10^{-13}
Bi_2S_3	1×10^{-97}	$CuCO_3$	1.4×10^{-10}
$CaCO_3$	2.8×10^{-9}	CuC_2O_4	4.4×10^{-10}
$CaC_2O_4 \cdot H_2O$	2.3×10^{-9}	$CuCrO_4$	3.6×10^{-6}
$CaCrO_4$	7.1×10^{-4}	$Cu(OH)_2$	2.2×10^{-20}
CaF_2	5.3×10^{-9}	$Cu_3(PO_4)_2$	1.4×10^{-37}
$CaHPO_4$	1.0×10^{-7}	$Cu_2P_2O_7$	8.3×10^{-16}
$Ca(OH)_2$	5.5×10^{-6}	CuS	6.3×10^{-36}
$Ca_3(PO_4)_2$	2.1×10^{-29}	$Ga(OH)_3$	7.3×10^{-36}
$CaSO_4$	4.9×10^{-5}	$FeCO_3$	3.1×10^{-11}
$CaSO_4 \cdot 2H_2O$	3.1×10^{-5}	$Fe_4[Fe(CN)_6]_3$	3.3×10^{-41}
$CaSiO_3$	6.8×10^{-8}	$Fe(OH)_2$	4.9×10^{-17}
$CaWO_4$	8.7×10^{-9}	$Fe(OH)_3$	2.8×10^{-39}
$CdCO_3$	1.0×10^{-12}	$FePO_4 \cdot 2H_2O$	9.9×10^{-16}
CdF_2	6.4×10^{-3}	FeS	6.3×10^{-18}
$Cd(IO_3)_2$	2.5×10^{-8}	Hg_2Br_2	6.4×10^{-23}
$Cd(OH)_2$(新制备)	7.2×10^{-15}	Hg_2Cl_2	1.4×10^{-18}
$Cd_3(PO_4)_2$	2.5×10^{-33}	Hg_2CO_3	3.6×10^{-17}
CdS	8.0×10^{-27}	Hg_2CrO_4	2.0×10^{-9}
$Ce(OH)_3$	1.6×10^{-20}	Hg_2F_2	3.1×10^{-6}
$Ce(OH)_4$	2.0×10^{-48}	Hg_2I_2	5.2×10^{-29}
$CePO_4$	1×10^{-23}	$Hg_2(OH)_2$	2.0×10^{-24}

续表

化学式	$K_{sp}^{\ominus}$	化学式	$K_{sp}^{\ominus}$
Hg_2S	1.0×10^{-47}	$PbCl_2$	1.7×10^{-5}
Hg_2SO_4	6.5×10^{-7}	$PbCO_3$	7.4×10^{-14}
$HgBr_2$	6.2×10^{-20}	PbC_2O_4	4.8×10^{-10}
$Hg(OH)_2$	3.2×10^{-26}	$PbCrO_4$	2.8×10^{-13}
HgI_2	2.9×10^{-29}	PbI_2	9.8×10^{-9}
$Hg(IO_3)_2$	3.2×10^{-13}	$Pb(IO_3)_2$	3.7×10^{-13}
HgS(红色)	4.0×10^{-53}	$Pb(NO_3)_2$	2.5×10^{-9}
HgS(黑色)	1.6×10^{-52}	$Pb(OH)_2$	1.4×10^{-15}
$KClO_4$	1.0×10^{-2}	$Pb_3(PO_4)_2$	8.0×10^{-43}
KIO_4	3.7×10^{-4}	PbS	8.0×10^{-28}
$K_2Na[Co(NO_2)_6]\cdot H_2O$	2.2×10^{-11}	$PbSO_4$	2.5×10^{-8}
$K_2[PtBr_6]$	6.3×10^{-5}	PbS_2O_3	4.0×10^{-7}
$K_2[PtCl_6]$	7.5×10^{-6}	$Sn(OH)_2$	5.5×10^{-28}
$K_2[PtF_6]$	2.9×10^{-5}	$Sn(OH)_4$	1×10^{-56}
$K_2[SiF_6]$	8.7×10^{-7}	SnS	1.0×10^{-25}
Li_2CO_3	2.5×10^{-2}	$SrCO_3$	5.6×10^{-10}
LiF	1.8×10^{-3}	$SrC_2O_4\cdot H_2O$	1.6×10^{-7}
Li_3PO_4	2.4×10^{-11}	$SrCrO_4$	2.2×10^{-5}
$MgCO_3$	6.8×10^{-6}	SrF_2	4.3×10^{-9}
MgF_2	5.2×10^{-11}	$Sr_3(PO_4)_2$	4.0×10^{-28}
$MgNH_4PO_4$	2.5×10^{-13}	$SrSO_4$	3.4×10^{-7}
$Mg(OH)_2$	5.6×10^{-12}	TlCl	1.9×10^{-4}
$Mg_3(PO_4)_2$	1.0×10^{-24}	TlI	5.5×10^{-8}
$MnCO_3$	2.3×10^{-11}	$Tl(OH)_3$	1.7×10^{-44}
$Mn(OH)_2$	1.9×10^{-13}	$Ti(OH)_3$	1.0×10^{-40}
MnS(无定形)	2.5×10^{-10}	$TiO(OH)_2$	1.0×10^{-29}
MnS(晶形)	2.5×10^{-13}	$ZnCO_3$	1.5×10^{-10}
$NiCO_3$	1.4×10^{-7}	$Zn_2[Fe(CN)_6]$	4.0×10^{-15}
NiC_2O_4	4.0×10^{-10}	$Zn(OH)_2$	3.2×10^{-17}
$Ni(OH)_2$(新制备)	5.5×10^{-16}	$Zn_3(PO_4)_2$	9.0×10^{-33}
$Ni_3(PO_4)_2$	4.7×10^{-32}	α-ZnS	1.6×10^{-24}
α-NiS	3.2×10^{-19}	β-ZnS	2.5×10^{-22}
β-NiS	1.0×10^{-24}	$Zr_3(PO_4)_4$	1×10^{-132}
γ-NiS	2.0×10^{-26}	$ZrO(OH)_2$	6.3×10^{-49}
$PbBr_2$	6.6×10^{-6}		

数据来源：Speight J G. 2005. Lange's Handbook of Chemistry. 16th ed. New York: McGraw-Hill Companies Inc。

附表六　某些配离子的标准稳定常数(298.15K)

配离子	$K_f^\ominus$	$\lg K_f^\ominus$
$[Ag(NH_3)]_2^+$	1.1×10^7	7.05
$[Cd(NH_3)_6]^{2+}$	1.4×10^5	5.14
$[Cd(NH_3)_4]^{2+}$	1.3×10^7	7.12
$[Co(NH_3)_6]^{2+}$	1.3×10^5	5.11
$[Co(NH_3)_6]^{3+}$	1.6×10^{35}	35.2
$[Cu(NH_3)_2]^+$	7.2×10^{10}	10.86
$[Cu(NH_3)_4]^{2+}$	2.1×10^{13}	13.32
$[Fe(NH_3)_2]^{2+}$	1.6×10^2	2.2
$[Hg(NH_3)_4]^{2+}$	1.9×10^{19}	19.28
$[Mg(NH_3)_2]^{2+}$	2.0×10	1.3
$[Ni(NH_3)_6]^{2+}$	5.5×10^8	8.74
$[Ni(NH_3)_4]^{2+}$	9.1×10^7	7.96
$[Pt(NH_3)_6]^{2+}$	2.0×10^{35}	35.3
$[Zn(NH_3)_4]^{2+}$	2.9×10^9	9.46
$[AgCl_2]^-$	1.1×10^5	5.04
$[AuCl_2]^+$	6.0×10^9	9.8
$[CdCl_4]^{2-}$	6.3×10^2	2.80
$[CuCl_2]^-$	3.2×10^5	5.5
$[CuCl_3]^{2-}$	5.0×10^5	5.7
$[HgCl_4]^{2-}$	1.2×10^{15}	15.07
$[PbCl_4]^{2-}$	4.0×10	1.60
$[PtCl_4]^{2-}$	1.0×10^{16}	16.0
$[SnCl_4]^{2-}$	3.0×10	1.48
$[Ag(CN)_2]^-$	1.3×10^{21}	21.11
$[Au(CN)_2]^-$	2.0×10^{38}	38.3
$[Cd(CN)_4]^{2-}$	6.0×10^{18}	18.78
$[Cu(CN)_2]^-$	1.0×10^{24}	24.0
$[Cu(CN)_4]^{3-}$	2.0×10^{30}	30.3
$[Fe(CN)_6]^{4-}$	1×10^{35}	35
$[Fe(CN)_6]^{3-}$	1×10^{42}	42
$[Ni(CN)_4]^{2-}$	2.0×10^{31}	31.3
$[Zn(CN)_4]^{2-}$	5.0×10^{16}	16.7
$[AlF_6]^{3-}$	6.9×10^{19}	19.84
$[FeF_3]$	1.1×10^{12}	12.06
$[ScF_6]^{3-}$	2.0×10^{17}	17.3
$[Al(OH)_4]^-$	1.1×10^{33}	33.03
$[Cd(OH)_4]^{2-}$	4.2×10^8	8.62
$[Fe(OH)_4]^{2-}$	3.8×10^8	8.58

续表

配离子	$K_f^\ominus$	$\lg K_f^\ominus$
$[Cr(OH)_4]^-$	7.9×10^{29}	29.9
$[Zn(OH)_4]^-$	4.6×10^{17}	17.66
$[AgI_3]^{2-}$	4.8×10^{13}	13.68
$[AgI_2]^-$	5.5×10^{11}	11.74
$[CdI_4]^{2-}$	2.6×10^{5}	5.41
$[CuI_2]^-$	7.1×10^{8}	8.85
$[PbI_4]^{2-}$	3.0×10^{4}	4.47
$[HgI_4]^{2-}$	6.8×10^{29}	29.83
$[Ag(SCN)_2]^-$	3.7×10^{7}	7.57
$[Ag(SCN)_4]^{3-}$	1.2×10^{10}	10.08
$[Fe(SCN)]^{2+}$	8.9×10^{2}	2.95
$[Fe(SCN)_2]^+$	2.3×10^{3}	3.36
$[Cu(SCN)_2]^-$	1.5×10^{5}	5.18
$[Hg(SCN)_4]^{2-}$	1.7×10^{21}	21.23
$[Ag(S_2O_3)_2]^{3-}$	2.9×10^{13}	13.46
$[Cd(S_2O_3)_2]^{2-}$	2.8×10^{6}	6.44
$[Cu(S_2O_3)_2]^{3-}$	1.7×10^{12}	12.22
$[Pb(S_2O_3)_2]^{2-}$	1.3×10^{5}	5.13
$[Hg(S_2O_3)_4]^{6-}$	1.7×10^{33}	33.24
$[Ag(en)]^+$	5.0×10^{4}	4.70
$[Ag(en)_2]^+$	5.0×10^{7}	7.70
$[Cd(en)_3]^{2+}$	1.2×10^{12}	12.09
$[Co(en)_3]^{2+}$	8.7×10^{13}	13.94
$[Co(en)_3]^{3+}$	4.9×10^{48}	48.69
$[Cr(en)_2]^{2+}$	1.5×10^{9}	9.19
$[Cu(en)_2]^+$	6.0×10^{10}	10.8
$[Cu(en)_3]^{2+}$	1.0×10^{21}	21.0
$[Fe(en)_3]^{2+}$	5.0×10^{9}	9.70
$[Hg(en)_2]^{2+}$	2.0×10^{23}	23.3
$[Mn(en)_3]^{2+}$	4.7×10^{5}	5.67
$[Ni(en)_3]^{2+}$	2.1×10^{18}	18.33
$[Zn(en)_3]^{2+}$	1.3×10^{14}	14.11
$[Ag(edta)]^{3-}$	2.1×10^{7}	7.32
$[Al(edta)]^-$	1.3×10^{16}	16.11
$[Ca(edta)]^{2-}$	1.0×10^{11}	11.0
$[Co(edta)]^{2-}$	2.0×10^{16}	16.31
$[Co(edta)]^-$	1×10^{36}	36
$[Cu(edta)]^{2-}$	5.0×10^{18}	18.7
$[Fe(edta)]^{2-}$	2.1×10^{14}	14.33
$[Fe(edta)]^-$	1.7×10^{24}	24.23

续表

配离子	$K_f^\ominus$	$\lg K_f^\ominus$
$[Hg(edta)]^{2-}$	6.3×10^{21}	21.80
$[Mg(edta)]^{2-}$	4.4×10^{8}	8.64
$[Mn(edta)]^{2-}$	6.3×10^{13}	13.8
$[Ni(edta)]^{2-}$	3.6×10^{18}	18.56
$[Al(C_2O_4)_3]^{3-}$	2.0×10^{16}	16.3
$[Ce(C_2O_4)_3]^{3-}$	2.0×10^{11}	11.3
$[Co(C_2O_4)_3]^{4-}$	5.0×10^{9}	9.7
$[Cu(C_2O_4)_2]^{2-}$	3.2×10^{8}	8.5
$[Fe(C_2O_4)_3]^{4-}$	1.7×10^{5}	5.22
$[Fe(C_2O_4)_3]^{3-}$	1.6×10^{20}	20.2
$[Zn(C_2O_4)_3]^{4-}$	1.4×10^{8}	8.15
$[Co(SSA)_2]^{4-}$	6.6×10^{9}	9.82
$[Cr(SSA)]$	3.6×10^{9}	9.56
$[Cu(SSA)]^{-}$	3.3×10^{9}	9.52
$[Cu(SSA)_2]^{4-}$	2.8×10^{16}	16.45
$[Fe(SSA)]^{-}$	7.9×10^{5}	5.90
$[Fe(SSA)_3]^{6-}$	1.3×10^{32}	32.12
$[Mn(SSA)_2]^{4-}$	1.7×10^{9}	8.24

资料来源：Speight J G. 2005. Lange's Handbook of Chemistry. 16th ed. New York: McGraw-Hill Companies Inc。

注："en"为乙二胺的缩写；"edta"为乙二胺四乙酸根的缩写；"SSA"为磺基水杨酸根的缩写。

附表七　标准电极电势(298.15K)

A. 在酸性溶液中

电极	电极反应	$E^\ominus$/V
N_2/HN_3	$3N_2 + 2H^+ + 2e^- \rightleftharpoons 2HN_3$	−3.09
Li^+/Li	$Li^+ + e^- \rightleftharpoons Li$	−3.040 1
Cs^+/Cs	$Cs^+ + e^- \rightleftharpoons Cs$	−3.026
Rb^+/Rb	$Rb^+ + e^- \rightleftharpoons Rb$	−2.98
K^+/K	$K^+ + e^- \rightleftharpoons K$	−2.931
Ba^{2+}/Ba	$Ba^{2+} + 2e^- \rightleftharpoons Ba$	−2.912
Sr^{2+}/Sr	$Sr^{2+} + 2e^- \rightleftharpoons Sr$	−2.899
Ca^{2+}/Ca	$Ca^{2+} + 2e^- \rightleftharpoons Ca$	−2.868
Ra^{2+}/Ra	$Ra^{2+} + 2e^- \rightleftharpoons Ra$	−2.8
Na^+/Na	$Na^+ + e^- \rightleftharpoons Na$	−2.71
La^{3+}/La	$La^{3+} + 3e^- \rightleftharpoons La$	−2.379

续表

电极	电极反应	$E^\ominus$/V
Mg^{2+}/Mg	$Mg^{2+} + 2e^- \rightleftharpoons Mg$	−2.372
H_2/H^-	$H_2 + 2e^- \rightleftharpoons 2H^-$	−2.23
Sc^{3+}/Sc	$Sc^{3+} + 3e^- \rightleftharpoons Sc$	−2.077
AlF_6^{3-}/Al	$AlF_6^{3-} + 3e^- \rightleftharpoons Al + 6F^-$	−2.069
Be^{2+}/Be	$Be^{2+} + 2e^- \rightleftharpoons Be$	−1.847
Al^{3+}/Al	$Al^{3+} + 3e^- \rightleftharpoons Al$	−1.662
Ti^{2+}/Ti	$Ti^{2+} + 2e^- \rightleftharpoons Ti$	−1.630
ZrO_2/Zr	$ZrO_2 + 4H^+ + 4e^- \rightleftharpoons Zr + 2H_2O$	−1.553
Zr^{4+}/Zr	$Zr^{4+} + 4e^- \rightleftharpoons Zr$	−1.45
$[Zn(CN)_4]^{2-}/Zn$	$[Zn(CN)_4]^{2-} + 2e^- \rightleftharpoons Zn + 4CN^-$	−1.34
SiF_6^{2-}/Si	$SiF_6^{2-} + 4e^- \rightleftharpoons Si + 6F^-$	−1.24
Mn^{2+}/Mn	$Mn^{2+} + 2e^- \rightleftharpoons Mn$	−1.185
V^{2+}/V	$V^{2+} + 2e^- \rightleftharpoons V$	−1.175
Cr^{2+}/Cr	$Cr^{2+} + 2e^- \rightleftharpoons Cr$	−0.913
H_3BO_3/B	$H_3BO_3 + 3H^+ + 3e^- \rightleftharpoons B + 3H_2O$	−0.869 8
SiO/Si	$SiO + 2H^+ + 2e^- \rightleftharpoons Si + H_2O$	−0.8
Bi/BiH_3	$Bi + 3H^+ + 3e^- \rightleftharpoons BiH_3$	−0.8
Zn^{2+}/Zn	$Zn^{2+} + 2e^- \rightleftharpoons Zn$	−0.761 8
Cr^{3+}/Cr	$Cr^{3+} + 3e^- \rightleftharpoons Cr$	−0.744
As/AsH_3	$As + 3H^+ + 3e^- \rightleftharpoons AsH_3$	−0.608
$CO_2/H_2C_2O_4$	$2CO_2 + 2H^+ + 2e^- \rightleftharpoons H_2C_2O_4$	(−0.481)
Ga^{3+}/Ga	$Ga^{3+} + 3e^- \rightleftharpoons Ga$	−0.549
Sb/SbH_3	$Sb + 3H^+ + 3e^- \rightleftharpoons SbH_3$	−0.510
H_3PO_2/P	$H_3PO_2 + H^+ + e^- \rightleftharpoons P + 2H_2O$	−0.508
H_3PO_3/H_3PO_2	$H_3PO_3 + 2H^+ + 2e^- \rightleftharpoons H_3PO_2 + H_2O$	−0.499
In^{3+}/In^{2+}	$In^{3+} + e^- \rightleftharpoons In^{2+}$	−0.49
H_3PO_3/P	$H_3PO_3 + 3H^+ + 3e^- \rightleftharpoons P + 3H_2O$	−0.454
Fe^{2+}/Fe	$Fe^{2+} + 2e^- \rightleftharpoons Fe$	−0.447
Cr^{3+}/Cr^{2+}	$Cr^{3+} + e^- \rightleftharpoons Cr^{2+}$	−0.407
Cd^{2+}/Cd	$Cd^{2+} + 2e^- \rightleftharpoons Cd$	−0.403 0
In^{2+}/In^+	$In^{2+} + e^- \rightleftharpoons In^+$	−0.40
Ti^{3+}/Ti^{2+}	$Ti^{3+} + e^- \rightleftharpoons Ti^{2+}$	(−0.37)
PbI_2/Pb	$PbI_2 + 2e^- \rightleftharpoons Pb + 2I^-$	−0.365
$PbSO_4/Pb$	$PbSO_4 + 2e^- \rightleftharpoons Pb + SO_4^{2-}$	−0.358 8
In^{3+}/In	$In^{3+} + 3e^- \rightleftharpoons In$	−0.338 2
Tl^+/Tl	$Tl^+ + e^- \rightleftharpoons Tl$	−0.336
$PbBr_2/Br^-$	$PbBr_2 + 2e^- \rightleftharpoons Pb + 2Br^-$	−0.284
Co^{2+}/Co	$Co^{2+} + 2e^- \rightleftharpoons Co$	−0.28

续表

电极	电极反应	$E^{\ominus}/V$
H_3PO_4/H_3PO_3	$H_3PO_4 + 2H^+ + 2e^- \Longrightarrow H_3PO_3 + H_2O$	−0.276
$PbCl_2/Pb$	$PbCl_2 + 2e^- \Longrightarrow Pb + 2Cl^-$	−0.267 5
Ni^{2+}/Ni	$Ni^{2+} + 2e^- \Longrightarrow Ni$	−0.257
V^{3+}/V^{2+}	$V^{3+} + e^- \Longrightarrow V^{2+}$	−0.255
As/AsH_3	$As + 3H^+ + 3e^- \Longrightarrow AsH_3$	(−0.225)
Mo^{3+}/Mo	$Mo^{3+} + 3e^- \Longrightarrow Mo$	−0.200
$CO_2/HCOOH$	$CO_2 + 2H^+ + 2e^- \Longrightarrow HCOOH$	−0.199
AgI/Ag	$AgI + e^- \Longrightarrow Ag + I^-$	−0.152 24
In^+/In	$In^+ + e^- \Longrightarrow In$	−0.14
Sn^{2+}/Sn	$Sn^{2+} + 2e^- \Longrightarrow Sn$	−0.137 5
Pb^{2+}/Pb	$Pb^{2+} + 2e^- \Longrightarrow Pb$	−0.126 2
GeO_2/GeO	$GeO_2 + 2H^+ + 2e^- \Longrightarrow GeO + H_2O$	−0.118
SnO_2/Sn	$SnO_2 + 4H^+ + 4e^- \Longrightarrow Sn + 2H_2O$	−0.117
P(红磷)/PH_3	P(红磷) $+ 3H^+ + 3e^- \Longrightarrow PH_3$	−0.111
SnO_2/Sn^{2+}	$SnO_2 + 4H^+ + 2e^- \Longrightarrow Sn^{2+} + 2H_2O$	−0.094
WO_3/W	$WO_3 + 6H^+ + 6e^- \Longrightarrow W + 3H_2O$	−0.090
Se/H_2Se	$Se + 2H^+ + 2e^- \Longrightarrow H_2Se$	−0.082
P(白磷)/PH_3	P(白磷) $+ 3H^+ + 3e^- \Longrightarrow PH_3$	−0.063
Hg_2I_2/Hg	$Hg_2I_2 + 2e^- \Longrightarrow 2Hg + 2I^-$	−0.040 5
Fe^{3+}/Fe	$Fe^{3+} + 3e^- \Longrightarrow Fe$	−0.037
Ag_2S/Ag	$Ag_2S + 2H^+ + 2e^- \Longrightarrow 2Ag + H_2S$	−0.036 6
$AgCN/Ag$	$AgCN + e^- \Longrightarrow Ag + CN^-$	(−0.017)
D^+/D_2	$2D^+ + 2e^- \Longrightarrow D_2$	−0.013
H^+/H_2	$2H^+ + 2e^- \Longrightarrow H_2$	0.000 00
WO_3/WO_2	$WO_3 + 2H^+ + 2e^- \Longrightarrow WO_2 + H_2O$	+0.036
$AgBr/Ag$	$AgBr + e^- \Longrightarrow Ag + Br^-$	+0.071 33
MoO_3/Mo	$MoO_3 + 6H^+ + 6e^- \Longrightarrow Mo + 3H_2O$	+0.075
$S_4O_6^{2-}/S_2O_3^{2-}$	$S_4O_6^{2-} + 2e^- \Longrightarrow 2S_2O_3^{2-}$	+0.08
N_2/NH_4OH	$N_2 + 2H_2O + 6H^+ + 6e^- \Longrightarrow 2NH_4OH$	+0.092
$S/H_2S(aq)$	$S + 2H^+ + 2e^- \Longrightarrow H_2S(aq)$	+0.142
Sn^{4+}/Sn^{2+}	$Sn^{4+} + 2e^- \Longrightarrow Sn^{2+}$	+0.151
Sb_2O_3/Sb	$Sb_2O_3 + 6H^+ + 6e^- \Longrightarrow 2Sb + 3H_2O$	+0.152
Cu^{2+}/Cu^+	$Cu^{2+} + e^- \Longrightarrow Cu^+$	+0.153
$BiOCl/Bi$	$BiOCl + 2H^+ + 3e^- \Longrightarrow Bi + Cl^- + H_2O$	+0.158 3
SO_4^{2-}/H_2SO_3	$SO_4^{2-} + 4H^+ + 2e^- \Longrightarrow H_2SO_3 + H_2O$	+0.172
$AgCl/Ag$	$AgCl + e^- \Longrightarrow Ag + Cl^-$	+0.222 33
As_2O_3/As	$As_2O_3 + 6H^+ + 6e^- \Longrightarrow 2As + 3H_2O$	+0.234
Ge^{2+}/Ge	$Ge^{2+} + 2e^- \Longrightarrow Ge$	+0.24

续表

电极	电极反应	$E^{\ominus}$/V
$HAsO_2/As$	$HAsO_2 + 3H^+ + 3e^- = As + 2H_2O$	+0.248
Ru^{3+}/Ru^{2+}	$Ru^{3+} + e^- = Ru^{2+}$	+0.248 7
Hg_2Cl_2/Hg	$Hg_2Cl_2 + 2e^- = 2Hg + 2Cl^-$	+0.268 08
Bi^{3+}/Bi	$Bi^{3+} + 3e^- = Bi$	+0.308
BiO^+/Bi	$BiO^+ + 2H^+ + 3e^- = Bi + H_2O$	+0.320
VO_2^+/V^{3+}	$VO_2^+ + 4H^+ + 2e^- = V^{3+} + 2H_2O$	+0.337
Cu^{2+}/Cu	$Cu^{2+} + 2e^- = Cu$	+0.341 9
$[Fe(CN)_6]^{3-}/[Fe(CN)_6]^{4-}$	$[Fe(CN)_6]^{3-} + e^- = [Fe(CN)_6]^{4-}$	+0.358
Ag_2CrO_4/Ag	$Ag_2CrO_4 + 2e^- = 2Ag + CrO_4^{2-}$	+0.447 0
H_2SO_3/S	$H_2SO_3 + 4H^+ + 4e^- = S + 3H_2O$	+0.449
Ru^{2+}/Ru	$Ru^{2+} + 2e^- = Ru$	+0.455
Cu^+/Cu	$Cu^+ + e^- = Cu$	+0.521
I_2/I^-	$I_2 + 2e^- = 2I^-$	+0.535 5
MnO_4^-/MnO_4^{2-}	$MnO_4^- + e^- = MnO_4^{2-}$	+0.558
$H_3AsO_4/HAsO_2$	$H_3AsO_4 + 2H^+ + 2e^- = HAsO_2 + 2H_2O$	+0.560
$S_2O_6^{2-}/H_2SO_3$	$S_2O_6^{2-} + 4H^+ + 2e^- = 2H_2SO_3$	+0.564
Te^{4+}/Te	$Te^{4+} + 4e^- = Te$	+0.568
Sb_2O_5/SbO^+	$Sb_2O_5 + 6H^+ + 4e^- = 2SbO^+ + 3H_2O$	+0.581
TeO_2/Te	$TeO_2 + 4H^+ + 4e^- = Te + 2H_2O$	+0.593
Rh^{2+}/Rh	$Rh^{2+} + 2e^- = Rh$	+0.600
$HgCl_2/Hg_2Cl_2$	$2HgCl_2 + 2e^- = Hg_2Cl_2 + 2Cl^-$	(+0.63)
O_2/H_2O_2	$O_2 + 2H^+ + 2e^- = H_2O_2$	+0.695
Tl^{3+}/Tl	$Tl^{3+} + 3e^- = Tl$	+0.741
$[PtCl_4]^{2-}/Pt$	$[PtCl_4]^{2-} + 2e^- = Pt + 4Cl^-$	+0.755
Rh^{3+}/Rh	$Rh^{3+} + 3e^- = Rh$	+0.758
Fe^{3+}/Fe^{2+}	$Fe^{3+} + e^- = Fe^{2+}$	+0.771
Hg_2^{2+}/Hg	$Hg_2^{2+} + 2e^- = 2Hg$	+0.797 3
Ag^+/Ag	$Ag^+ + e^- = Ag$	+0.799 6
NO_3^-/N_2O_4	$2NO_3^- + 4H^+ + 2e^- = N_2O_4 + 2H_2O$	+0.803
Hg^{2+}/Hg	$Hg^{2+} + 2e^- = Hg$	+0.851
N_2O_4/NO_2^-	$N_2O_4 + 2e^- = 2NO_2^-$	+0.867
Hg^{2+}/Hg_2^{2+}	$2Hg^{2+} + 2e^- = Hg_2^{2+}$	+0.920
NO_3^-/HNO_2	$NO_3^- + 3H^+ + 2e^- = HNO_2 + H_2O$	+0.934
Pd^{2+}/Pd	$Pd^{2+} + 2e^- = Pd$	+0.951
NO_3^-/NO	$NO_3^- + 4H^+ + 3e^- = NO + 2H_2O$	+0.957
HNO_2/NO	$HNO_2 + H^+ + e^- = NO + H_2O$	+0.983
HIO/I^-	$HIO + H^+ + 2e^- = I^- + H_2O$	+0.987
VO_2^+/VO^{2+}	$VO_2^+ + 2H^+ + e^- = VO^{2+} + H_2O$	+0.991

续表

电极	电极反应	$E^\ominus$/V
$AuCl_4^-/Au$	$AuCl_4^- + 3e^- \rightleftharpoons Au + 4Cl^-$	+1.002
PtO_2/PtO	$PtO_2 + 2H^+ + 2e^- \rightleftharpoons PtO + H_2O$	+1.01
OsO_4/OsO_2	$OsO_4 + 4H^+ + 4e^- \rightleftharpoons OsO_2 + 2H_2O$	+1.02
N_2O_4/NO	$N_2O_4 + 4H^+ + 4e^- \rightleftharpoons 2NO + 2H_2O$	+1.035
N_2O_4/HNO_2	$N_2O_4 + 2H^+ + 2e^- \rightleftharpoons 2HNO_2$	+1.065
Br_2/Br^-	$Br_2 + 2e^- \rightleftharpoons 2Br^-$	+1.066
IO_3^-/I^-	$IO_3^- + 6H^+ + 6e^- \rightleftharpoons I^- + 3H_2O$	+1.085
RuO_2/Ru^{2+}	$RuO_2 + 4H^+ + 2e^- \rightleftharpoons Ru^{2+} + 2H_2O$	+1.12
Ir^{3+}/Ir	$Ir^{3+} + 3e^- \rightleftharpoons Ir$	+1.156
$ClO_3^-/HClO_2$	$ClO_3^- + 3H^+ + 2e^- \rightleftharpoons HClO_2 + H_2O$	(+1.181)
Pt^{2+}/Pt	$Pt^{2+} + 2e^- \rightleftharpoons Pt$	+1.18
ClO_4^-/ClO_3^-	$ClO_4^- + 2H^+ + 2e^- \rightleftharpoons ClO_3^- + H_2O$	+1.189
IO_3^-/I_2	$2IO_3^- + 12H^+ + 10e^- \rightleftharpoons I_2 + 6H_2O$	+1.195
MnO_2/Mn^{2+}	$MnO_2 + 4H^+ + 2e^- \rightleftharpoons Mn^{2+} + 2H_2O$	+1.224
O_2/H_2O	$O_2 + 4H^+ + 4e^- \rightleftharpoons 2H_2O$	+1.229
Tl^{3+}/Tl^+	$Tl^{3+} + 2e^- \rightleftharpoons Tl^+$	+1.252
$HBrO/Br^-$	$HBrO + H^+ + 2e^- \rightleftharpoons Br^- + H_2O$	+1.331
$HCrO_4^-/Cr^{3+}$	$HCrO_4^- + 7H^+ + 3e^- \rightleftharpoons Cr^{3+} + 4H_2O$	+1.350
Cl_2/Cl^-	$Cl_2 + 2e^- \rightleftharpoons 2Cl^-$	+1.358
$Cr_2O_7^{2-}/Cr^{3+}$	$Cr_2O_7^{2-} + 14H^+ + 6e^- \rightleftharpoons 2Cr^{3+} + 7H_2O$	+1.36
ClO_4^-/Cl^-	$ClO_4^- + 8H^+ + 8e^- \rightleftharpoons Cl^- + 4H_2O$	+1.389
ClO_4^-/Cl_2	$ClO_4^- + 8H^+ + 7e^- \rightleftharpoons \frac{1}{2}Cl_2 + 4H_2O$	+1.39
Au^{3+}/Au^+	$Au^{3+} + 2e^- \rightleftharpoons Au^+$	+1.401
BrO_3^-/Br^-	$BrO_3^- + 6H^+ + 6e^- \rightleftharpoons Br^- + 3H_2O$	+1.423
HIO/I_2	$2HIO + 2H^+ + 2e^- \rightleftharpoons I_2 + 2H_2O$	+1.439
ClO_3^-/Cl^-	$ClO_3^- + 6H^+ + 6e^- \rightleftharpoons Cl^- + 3H_2O$	+1.451
PbO_2/Pb^{2+}	$PbO_2 + 4H^+ + 2e^- \rightleftharpoons Pb^{2+} + 2H_2O$	+1.455
ClO_3^-/Cl_2	$ClO_3^- + 6H^+ + 5e^- \rightleftharpoons \frac{1}{2}Cl_2 + 3H_2O$	+1.47
BrO_3^-/Br_2	$2BrO_3^- + 12H^+ + 10e^- \rightleftharpoons Br_2 + 6H_2O$	+1.482
$HClO/Cl^-$	$HClO + H^+ + 2e^- \rightleftharpoons Cl^- + H_2O$	+1.482
Mn_2O_3/Mn^{2+}	$Mn_2O_3 + 6H^+ + 2e^- \rightleftharpoons 2Mn^{2+} + 3H_2O$	+1.485
Au^{3+}/Au	$Au^{3+} + 3e^- \rightleftharpoons Au$	+1.498
MnO_4^-/Mn^{2+}	$MnO_4^- + 8H^+ + 5e^- \rightleftharpoons Mn^{2+} + 4H_2O$	+1.507
Mn^{3+}/Mn^{2+}	$Mn^{3+} + e^- \rightleftharpoons Mn^{2+}$	+1.541 5
$HClO_2/Cl^-$	$HClO_2 + 3H^+ + 4e^- \rightleftharpoons Cl^- + 2H_2O$	+1.570
$Cu^{2+}/[Cu(CN)_2]^-$	$Cu^{2+} + 2CN^- + e^- \rightleftharpoons [Cu(CN)_2]^-$	(+1.12)
$HBrO/Br_2$	$2HBrO + 2H^+ + 2e^- \rightleftharpoons Br_2 + 2H_2O$	+1.596

续表

电极	电极反应	$E^{\ominus}/V$
H_5IO_6/IO_3^-	$H_5IO_6 + H^+ + 2e^- \rightleftharpoons IO_3^- + 3H_2O$	+1.601
$HClO/Cl_2$	$2HClO + 2H^+ + 2e^- \rightleftharpoons Cl_2 + 2H_2O$	+1.611
NiO_2/Ni^{2+}	$NiO_2 + 4H^+ + 2e^- \rightleftharpoons Ni^{2+} + 2H_2O$	+1.678
MnO_4^-/MnO_2	$MnO_4^- + 4H^+ + 3e^- \rightleftharpoons MnO_2 + 2H_2O$	+1.679
$PbO_2/PbSO_4$	$PbO_2 + SO_4^{2-} + 4H^+ + 2e^- \rightleftharpoons PbSO_4 + 2H_2O$	+1.691 3
Au^+/Au	$Au^+ + e^- \rightleftharpoons Au$	+1.692
PtO_3/PtO_2	$PtO_3 + 2H^+ + 2e^- \rightleftharpoons PtO_2 + H_2O$	+1.7
Ce^{4+}/Ce^{3+}	$Ce^{4+} + e^- \rightleftharpoons Ce^{3+}$	+1.72
H_2O_2/H_2O	$H_2O_2 + 2H^+ + 2e^- \rightleftharpoons 2H_2O$	+1.776
Co^{3+}/Co^{2+}	$Co^{3+} + e^- \rightleftharpoons Co^{2+}$	+1.83
Ag^{2+}/Ag^+	$Ag^{2+} + e^- \rightleftharpoons Ag^+$	+1.980
$S_2O_8^{2-}/SO_4^{2-}$	$S_2O_8^{2-} + 2e^- \rightleftharpoons 2SO_4^{2-}$	+2.010
$HFeO_4^-/Fe^{3+}$	$HFeO_4^- + 7H^+ + 3e^- \rightleftharpoons Fe^{3+} + 4H_2O$	+2.07
O_3/O_2	$O_3 + 2H^+ + 2e^- \rightleftharpoons O_2 + H_2O$	+2.076
F_2/F^-	$F_2 + 2e^- \rightleftharpoons 2F^-$	+2.866
F_2/HF	$F_2(g) + 2H^+ + 2e^- \rightleftharpoons 2HF$	+3.053

B. 在碱性溶液中

电极	电极反应	$E^{\ominus}/V$
$Ca(OH)_2/Ca$	$Ca(OH)_2 + 2e^- \rightleftharpoons Ca + 2OH^-$	−3.02
$Ba(OH)_2/Ba$	$Ba(OH)_2 + 2e^- \rightleftharpoons Ba + 2OH^-$	−2.99
$La(OH)_3/La$	$La(OH)_3 + 3e^- \rightleftharpoons La + 3OH^-$	−2.90
$Sr(OH)_2/Sr$	$Sr(OH)_2 + 2e^- \rightleftharpoons Sr + 2OH^-$	−2.88
$Mg(OH)_2/Mg$	$Mg(OH)_2 + 2e^- \rightleftharpoons Mg + 2OH^-$	−2.690
$Be_2O_3^{2-}/Be$	$Be_2O_3^{2-} + 3H_2O + 4e^- \rightleftharpoons 2Be + 6OH^-$	−2.63
$[Al(OH)_4]^-/Al$	$[Al(OH)_4]^- + 3e^- \rightleftharpoons Al + 4OH^-$	−2.328
$Al(OH)_3/Al$	$Al(OH)_3 + 3e^- \rightleftharpoons Al + 3OH^-$	−2.31
$H_2BO_3^-/B$	$H_2BO_3^- + H_2O + 3e^- \rightleftharpoons B + 4OH^-$	−1.79
HPO_3^{2-}/P	$HPO_3^{2-} + 2H_2O + 3e^- \rightleftharpoons P + 5OH^-$	−1.71
SiO_3^{2-}/Si	$SiO_3^{2-} + 3H_2O + 4e^- \rightleftharpoons Si + 6OH^-$	−1.697
$Mn(OH)_2/Mn$	$Mn(OH)_2 + 2e^- \rightleftharpoons Mn + 2OH^-$	−1.56
$Cr(OH)_3/Cr$	$Cr(OH)_3 + 3e^- \rightleftharpoons Cr + 3OH^-$	−1.48
ZnO/Zn	$ZnO + H_2O + 2e^- \rightleftharpoons Zn + 2OH^-$	−1.260
$Zn(OH)_2/Zn$	$Zn(OH)_2 + 2e^- \rightleftharpoons Zn + 2OH^-$	−1.249
$[Zn(OH)_4]^{2-}/Zn$	$[Zn(OH)_4]^{2-} + 2e^- \rightleftharpoons Zn + 4OH^-$	−1.199
$SO_3^{2-}/S_2O_4^{2-}$	$2SO_3^{2-} + 2H_2O + 2e^- \rightleftharpoons S_2O_4^{2-} + 4OH^-$	−1.12

续表

电极	电极反应	$E^\ominus$/V
$[Zn(NH_3)_4]^{2+}/Zn$	$[Zn(NH_3)_4]^{2+} + 2e^- = Zn + 4NH_3$	(−1.04)
SnO_2/Sn	$SnO_2 + 2H_2O + 4e^- = Sn + 4OH^-$	−0.945
SO_4^{2-}/SO_3^{2-}	$SO_4^{2-} + H_2O + 2e^- = SO_3^{2-} + 2OH^-$	−0.93
$[Sn(OH)_6]^{2-}/HSnO_2^-$	$[Sn(OH)_6]^{2-} + 2e^- = HSnO_2^- + H_2O + 3OH^-$	−0.93
Se/Se^{2-}	$Se + 2e^- = Se^{2-}$	−0.924
$HSnO_2^-/Sn$	$HSnO_2^- + H_2O + 2e^- = Sn + 3OH^-$	−0.909
P/PH_3	$P + 3H_2O + 3e^- = PH_3(g) + 3OH^-$	−0.87
H_2O/H_2	$2H_2O + 2e^- = H_2 + 2OH^-$	−0.827 7
$Cd(OH)_2/Cd(Hg)$	$Cd(OH)_2 + 2e^- = Cd(Hg) + 2OH^-$	−0.080 9
$Co(OH)_2/Co$	$Co(OH)_2 + 2e^- = Co + 2OH^-$	−0.73
$Ni(OH)_2/Ni$	$Ni(OH)_2 + 2e^- = Ni + 2OH^-$	−0.72
AsO_4^{3-}/AsO_2^-	$AsO_4^{3-} + 2H_2O + 2e^- = AsO_2^- + 4OH^-$	−0.71
Ag_2S/S^{2-}	$Ag_2S + 2e^- = 2Ag + S^{2-}$	−0.691
AsO_2^-/As	$AsO_2^- + 2H_2O + 3e^- = As + 4OH^-$	−0.68
SbO_2^-/Sb	$SbO_2^- + 2H_2O + 3e^- = Sb + 4OH^-$	−0.66
$SO_3^{2-}/S_2O_3^{2-}$	$2SO_3^{2-} + 3H_2O + 4e^- = S_2O_3^{2-} + 6OH^-$	−0.571
$Fe(OH)_3/Fe(OH)_2$	$Fe(OH)_3 + e^- = Fe(OH)_2 + OH^-$	−0.56
S/S^{2-}	$S + 2e^- = S^{2-}$	−0.476 27
Bi_2O_3/Bi	$Bi_2O_3 + 3H_2O + 6e^- = 2Bi + 6OH^-$	−0.46
NO_2^-/NO	$NO_2^- + H_2O + e^- = NO + 2OH^-$	−0.46
Cu_2O/Cu	$Cu_2O + H_2O + 2e^- = 2Cu + 2OH^-$	−0.360
$Cu(OH)_2/Cu$	$Cu(OH)_2 + 2e^- = Cu + 2OH^-$	−0.222
$CrO_4^{2-}/Cr(OH)_3$	$CrO_4^{2-} + 4H_2O + 3e^- = Cr(OH)_3 + 5OH^-$	−0.13
$Cu(OH)_2/Cu_2O$	$2Cu(OH)_2 + 2e^- = Cu_2O + 2OH^- + H_2O$	−0.080
O_2/HO_2^-	$O_2 + H_2O + 2e^- = HO_2^- + OH^-$	−0.076
NO_3^-/NO_2^-	$NO_3^- + H_2O + 2e^- = NO_2^- + 2OH^-$	+0.01
$Pd(OH)_2/Pd$	$Pd(OH)_2 + 2e^- = Pd + 2OH^-$	+0.07
HgO/Hg	$HgO + H_2O + 2e^- = Hg + 2OH^-$	+0.097 7
Ir_2O_3/Ir	$Ir_2O_3 + 3H_2O + 6e^- = 2Ir + 6OH^-$	+0.098
$[Co(NH_3)_6]^{3+}/[Co(NH_3)_6]^{2+}$	$[Co(NH_3)_6]^{3+} + e^- = [Co(NH_3)_6]^{2+}$	+0.108
$Pt(OH)_2/Pt$	$Pt(OH)_2 + 2e^- = Pt + 2OH^-$	+0.14
IO_3^-/IO^-	$IO_3^- + 2H_2O + 4e^- = IO^- + 4OH^-$	+0.15
$Co(OH)_3/Co(OH)_2$	$Co(OH)_3 + e^- = Co(OH)_2 + OH^-$	+0.17
PbO_2/PbO	$PbO_2 + H_2O + 2e^- = PbO + 2OH^-$	+0.247
IO_3^-/I^-	$IO_3^- + 3H_2O + 6e^- = I^- + 6OH^-$	+0.26
Ag_2O/Ag	$Ag_2O + H_2O + 2e^- = 2Ag + 2OH^-$	+0.342
ClO_4^-/ClO_3^-	$ClO_4^- + H_2O + 2e^- = ClO_3^- + 2OH^-$	+0.36

续表

电极	电极反应	$E^{\ominus}$/V
$[Ag(NH_3)_2]^+/Ag$	$[Ag(NH_3)_2]^+ + e^- = Ag + 2NH_3$	(+0.373)
O_2/OH^-	$O_2 + 2H_2O + 4e^- = 4OH^-$	+0.401
IO^-/I^-	$IO^- + H_2O + 2e^- = I^- + 2OH^-$	+0.485
$NiO_2/Ni(OH)_2$	$NiO_2 + 2H_2O + 2e^- = Ni(OH)_2 + 2OH^-$	+0.490
MnO_4^-/MnO_4^{2-}	$MnO_4^- + e^- = MnO_4^{2-}$	+0.558
MnO_4^-/MnO_2	$MnO_4^- + 2H_2O + 3e^- = MnO_2 + 4OH^-$	+0.595
MnO_4^{2-}/MnO_2	$MnO_4^{2-} + 2H_2O + 2e^- = MnO_2 + 4OH^-$	+0.60
AgO/Ag_2O	$2AgO + H_2O + 2e^- = Ag_2O + 2OH^-$	+0.607
BrO_3^-/Br^-	$BrO_3^- + 3H_2O + 6e^- = Br^- + 6OH^-$	+0.61
ClO_3^-/Cl^-	$ClO_3^- + 3H_2O + 6e^- = Cl^- + 6OH^-$	+0.62
$H_3IO_6^{2-}/IO_3^-$	$H_3IO_6^{2-} + 2e^- = IO_3^- + 3OH^-$	+0.7
BrO^-/Br^-	$BrO^- + H_2O + 2e^- = Br^- + 2OH^-$	+0.761
ClO^-/Cl^-	$ClO^- + H_2O + 2e^- = Cl^- + 2OH^-$	+0.841
HO_2^-/OH^-	$HO_2^- + H_2O + 2e^- = 3OH^-$	+0.878
$Cu^{2+}/[Cu(CN)_2]^-$	$Cu^{2+} + 2CN^- + e^- = [Cu(CN)_2]^-$	+1.103
$[Fe(phen)_3]^{3+}/[Fe(phen)_3]^{2+}$	$[Fe(phen)_3]^{3+} + e^- = [Fe(phen)_3]^{2+}$	+1.147
O_3/OH^-	$O_3 + H_2O + 2e^- = O_2 + 2OH^-$	+1.24

资料来源：Haynes W M. 2016. CRC handbook of chemistry and physics. 97th ed. Boca Raton: CRC Press Inc。

注：括号中的数据取自 Speight J G. 2005. Lange's Handbook of Chemistry. 16th ed. New York: McGraw-Hill Companies Inc。